KB039511

# 민사
# 소송법

民事訴訟法

전현철

박영사

# 알리는 글

이 책을 가지고 공부하시는 분들에게 이 책에 관하여 몇 가지 알려드리고자 합니다.

이 책은 우리 학교 법학부 학생들이 민사소송법 강의를 듣고 공부하는 데 도움을 주고자 하는 목적으로 만들어졌습니다. 그와 더불어 법원행정고등고시, 법원직 9급공개경쟁채용시험, 법무사시험 그리고 변호사시험을 준비하시는 분들에게 도움을 주고자 하는 목적도 있습니다. 그리하여 기출문제를 최대한 반영해서 책을 만들었습니다. 수험서로서 손색이 없으리라 감히 자부합니다.

민사소송법 공부를 하다보면 판례와 법령을 자주 찾아보게 됩니다. 반드시 필요한 과정이지만, 꽤 귀찮습니다. 그래서 이 책에서는 관련 판례와 법령을 그 내용까지 가급적 자세히 수록하고자 하였습니다. 하지만 지면(紙面) 관계상 판례는 그 요지만을 간추려 수록하였으며, 한 번 언급한 판례를 다시 인용할 때에는 내용을 반복하지 않고 사건번호만 기재하였습니다. 또한 공부하시는 분들의 편의를 위하여 판례에서 언급된 구(舊) 법령의 명칭과 조항을 현행 법령의 명칭 및 조항으로 변경하여 수록하였습니다.

이 책을 가지고 공부하시는 모든 분들에게 행운이 함께 하기를 빕니다. 또한 이 책이 나오기까지 도움을 주신 분들에게도 진심어린 감사의 말을 전합니다. 여러분과 여러분의 가정에 주님의 은총이 항상 함께 하시길 기도합니다.

2019. 2.
저자 올림

# 차 례

# 01

## 총론

# 01

# 총론

## 제1절 민사소송의 의의

## Ⅰ. 민사소송의 목적과 기능

사람은 사회공동체 안에서 다른 여러 사람들과 다양한 법률관계를 맺으며 살아가고 있다. 이러한 다양한 법률관계로부터 각종 권리의무가 발생하고, 그 가운데 권리가 침해되는 등 법적 분쟁이 발생하게 되면 당사자는 이를 해결하기 위한 구제수단을 강구하게 된다. 이러한 분쟁해결을 위한 구제수단으로서 개인의 자력구제는 원칙적으로 금지되고 있으며, 그 대신 국가에 의하여 제도화된 구제수단에 의하게 되는데, 그 중 가장 대표적인 것이 소송제도이다. 우리 헌법 역시 재판청구권을 국민의 기본권의 하나로서 보장하고 있으며(제27조 제1항), 모든 국민은 권리가 침해되는 등 법적 분쟁이 발생한 경우에 법원에 소송을 제기하여 그 해결을 구할 수 있다.

이러한 소송에는 민사소송 이외에 형사소송, 행정소송, 가사소송 등이 있다. 민사소송은 사법상 법률관계에서 일어나는 분쟁을 해결하기 위한 소송이다. 사법상 법률관계란 대등한 주체인 사인 상호간의 법률관계로서 개인의 이익을 실현하기 위한 법률관계이다. 그리하여 민사소송은 사법상 법률관계에서의 분쟁을 해결함으로써 개인의 권리구제를 도모하는 소송이라고 할 수 있다. 이에 비하여 형사소송은 범죄 유무의 확정을 통하여 국가형벌권을 행사하는 소송이다.

즉, 형사소송은 피고인의 범죄 유무의 확정을 목적으로 하고, 국가형벌권의 행사라는 기능을 수행하는 소송이다. 이러한 점에서 민사소송과 형사소송은 근본적인 차이가 있으며, 양자는 서로 독립적 성격을 갖고 있다. 그로 인하여 바람직한 것은 아니지만, 동일한 증거에 대한 가치판단이 민사법원과 형사법원에서 달라질 수 있다. 예를 들어, 교통사고로 인한 사망사건에서, 민사소송에서는 가해자인 운전자의 과실이 인정되어도 형사소송에서는 피고인인 운전자의 과실이 부정될 수도 있다.

또한 민사소송은 사법상 법률관계를 그 대상으로 하는 소송이라는 점에서, 공법상 법률관계를 그 대상으로 하는 행정소송과 구별된다.[1] 행정소송은 공법상 법률관계에서의 분쟁을 해결하기 위한 소송이다. 공법상 법률관계란 행정주체에게 법률효과가 귀속되는 법률관계로서 공익의 실현을 목적으로 하는 법률관계이다. 그로 인하여 소송의 기능면에서도 민사소송과 행정소송은 차이가 있다. 소송의 기능에는 법적 분쟁의 해결을 통하여 개인의 권리를 구제하는 기능, 즉 '권리구제기능'과 적법질서를 회복하는 기능, 즉 '적법성 보장기능'이 있다. 민사소송은 앞서 살펴보았듯이 개인의 권리구제를 그 주된 기능으로 하는 소송이다. 민사소송에서도 적법성 보장기능이 나타나기는 하지만, 이는 개인의 권리구제기능에 수반된 부차적인 것에 불과하다. 이에 대하여 공법상 법률관계를 그 대상으로 하는 행정소송, 특히 행정처분을 그 대상으로 하는 항고소송에서는 국민의 권리구제기능뿐만 아니라 행정의 적법성 보장기능도 그에 못지않은 주된 기능으로 작용하고 있다.[2] 행정소송도 소송이라는 점에서 권리구제기능은 그 본래적 속성이라고 할 수 있으며, 따라서 행정소송 또한 위법한 행정작용으로 국민의 권리가 침해된 경우에 그 침해된 권리를 구제하는 기능을 당연히 갖고 있다. 그런데 나아가 행정소송에서는 민사소송에서와는 달리 권력분립의 원칙에 근거하여 사법부의 행정부에 대한 통제수단으로서의 기능도 아울러 수행하고 있다. 그리하여 행정소송, 특히 항고소송은 행정작용에 대한 사법심사를 통하여 위법한 행정작용의 시정을 요구함으로써 행정의 적법성을 보장하는 기능도 함께 수행하고 있다. 행정소송에서의 적법성 보장기능은 권리구제기능에 수반된 부차적인 것이 아니라 그와 동등한 수준의 독자적인 기능이라고 할 수 있다. 이와 같이 민사소송과 행정소송은 그 대상과 기

---

1) 행정소송은 행정청의 위법한 처분 등을 취소·변경하거나 그 효력 유무 또는 존재 여부를 확인함으로써 국민의 권리 또는 이익의 침해를 구제하고 공법상의 권리관계 또는 법 적용에 관한 다툼을 적정하게 해결함을 목적으로 하므로, 대등한 주체 사이의 사법상 생활관계에 관한 분쟁을 심판대상으로 하는 민사소송과는 목적, 취지 및 기능 등을 달리한다(대법원 2008. 3. 20. 선고 2007두6342 판결).
2) 행정소송의 종류에는 행정청의 처분 등의 효력을 다투는 '항고소송', 공법상의 법률관계의 일방 당사자를 상대방으로 하는 '당사자소송', 국가 또는 공공단체의 기관이 법률에 위반되는 행위를 한 때에 직접 자기의 법률상 이익과 관계없이 그 시정을 구하기 위하여 제기하는 '민중소송', 국가 또는 공공단체의 기관 상호간에 있어서의 권한에 관한 다툼이 있을 때에 제기하는 '기관소송'이 있다(행정소송법 제3조).

능을 각각 달리하고 있다.

한편, 가사소송도 사법상 법률관계를 그 대상으로 한다는 점에서 민사소송의 하나라고 할 수 있다. 그러나 그 주된 대상이 당사자의 처분권이 제한되는 신분관계이고, 그리하여 법원의 직권개입이 폭 넓게 허용된다는 점에서 차이가 있다. 가류 및 나류 가사소송사건[1]에 대하여는 청구의 포기·인낙이나 자백 등이 허용되지 않으며(가사소송법 제12조 단서), 법원이 직권으로 사실조사 및 필요한 증거조사를 하여야 한다(동법 제17조). 또한 나류 및 다류[2] 가사소송사건에 대하여 소송을 제기하기 위해서는 먼저 조정을 신청하여야 하고(동법 제50조 제1항), 조정을 신청하지 않고 소송을 제기한 경우에는 가정법원은 직권으로 그 사건을 조정에 회부하여야 한다(동조 제2항).

이상의 내용을 요약하면, 민사소송의 목적과 기능을 다음과 같이 정의할 수 있다.

첫째, 민사소송은 대등한 당사자 사이에 자유로이 처분할 수 있는 사법상 법률관계에서 일어나는 분쟁의 해결을 그 목적으로 한다. 민사소송의 대상은 당사자가 자유로이 처분할 수 있는 사법상 법률관계이고, 사적 자치의 원칙은 실체법의 영역뿐만 아니라 소송법의 영역에서도 타당하다. 따라서 당사자에게 소송의 대상에 대한 처분의 자유가 인정되고, 소송자료의 수집·제출의 책임도 당사자에게 맡겨져 있으며, 법원의 직권증거조사는 원칙적으로 금지된다. 이에 비하여 공법상 법률관계를 그 대상으로 하는 행정소송이나 신분관계를 그 대상으로 하는 가사소송에서는 소송의 대상에 대한 당사자의 처분권이 제한되고,[3] 법원의 직권증거조사가 원칙적으로 허용된다.[4]

---

1) '가류 가사소송사건'으로는 혼인의 무효, 이혼의 무효, 인지의 무효, 친생자관계존부확인, 입양의 무효, 파양의 무효가 있고(가사소송법 제2조 제1항 제1호 가목), '나류 가사소송사건'으로는 사실상 혼인관계존부확인, 혼인의 취소, 이혼의 취소, 재판상 이혼, 아버지의 결정, 친생부인, 인지의 취소, 인지청구, 입양의 취소, 재판상 파양 등이 있다(동호 나목).

2) '다류 가사소송사건'으로는 약혼해제 또는 사실혼관계 부당파기로 인한 손해배상청구 및 원상회복청구, 혼인의 무효·취소, 이혼의 무효·취소 또는 이혼을 원인으로 하는 손해배상청구 및 원상회복청구, 입양의 무효·취소나 파양의 무효·취소 또는 파양을 원인으로 하는 손해배상청구 및 원상회복청구가 있다(가사소송법 제1항 제1호 다목). 배우자와 부정행위를 한 제3자를 상대로 타방 배우자가 손해배상을 청구하는 것은 가사소송사건이지만, 타방 배우자의 자녀가 부정행위를 한 제3자를 상대로 손해배상을 청구하는 것은 이혼을 원인으로 하는 손해배상청구로 볼 수 없고 일반 불법행위로 인한 손해배상청구라고 할 것이므로 민사소송사건에 해당된다.

3) 항고소송에서 청구의 포기·인낙 또는 소송상 화해가 성립할 수 있는지 여부에 관하여 논란이 있다. 종래 통설은 행정의 법률적합성의 원칙이 잠탈될 우려가 있다는 점과 처분의 내용은 법에 의하여 객관적으로 정해지므로 행정청이 자신의 의사로 임의로 변경하거나 양보할 수 없는 점 등을 들어 부정하고 있다. 한편 가사소송법에서는 가사소송에서 청구의 인낙이나 자백 등이 허용되지 않음을 명시하고 있다(가사소송법 제12조).

4) 행정소송에서 법원은 필요하다고 인정할 때에는 직권으로 증거조사를 할 수 있고, 당사자가 주장하지 않은 사실에 대하여도 판단할 수 있다(행정소송법 제26조, 제38조, 제44조, 제46조). 가류 또는 나류 가사소송에 있어서 가정법원은 직권으로 사실조사 및 필요한 증거조사를 하여야 하며, 언제든지 당사자 또는 법정대리인을 신문할 수 있다(가사소송법 제17조).

둘째, 민사소송은 개인의 권리구제를 주된 기능으로 하는 소송이다. 그리하여 원칙적으로 판결의 결과에 대하여 법률상 이해관계를 가진 자만이 당사자가 될 수 있고, 판결의 효력은 소송당사자에게만 미친다. 이에 비하여 개인의 권리구제기능뿐만 아니라 적법성 보장기능도 그 자체 독자적인 기능으로서의 역할을 수행하고 있는 행정소송, 특히 항고소송이나 가사소송에서는 당사자적격이 비교적 넓게 인정되고 있으며, 인용판결의 효력은 당사자뿐만 아니라 제3자에게도 미친다.[1]

## Ⅱ. 민사소송과 비송사건

법원의 관할에 속하는 민사사건 중에서 소송절차에 의하지 않는 것을 비송사건이라고 한다 (비송사건절차법 제1조). 비송사건은 비송사건절차법에서 규율하고 있다. 비송사건절차법에서는 비송사건을 민사비송사건과 상사비송사건으로 구분하고 있다. 가사비송사건은 가사소송법에 의하여 규율된다. 가사비송사건의 절차에 관하여 가사소송법에 특별한 규정이 없으면 비송사건절차법이 준용된다(가사소송법 제34조).

비송사건의 본질에 관하여는 여러 견해가 주장되고 있으나, 소송은 대립하는 당사자 사이의 권리의무에 관한 분쟁을 해결하기 위하여 법원이 중립적인 지위에서 권리의무의 존부를 판단하는 작용임에 비하여, 비송사건은 당사자 사이의 분쟁을 전제로 함이 없이 법원이 후견적 견지에서 사인 상호간의 법률관계에 개입하는 작용이라고 할 수 있다. 판례는 법원의 합목적적인 재량이 요구되고 또 제반 사정을 감안하여 유효적절한 조치를 강구해야 하는 경우에는 절차의 간이·신속성이 요구되므로 비송사건으로 처리하여야 한다고 한다.[2]

---

1) 항고소송에서는 권리 침해에 한정하지 않고 법에 의하여 보호되는 이익만 있으면 원고적격이 인정되고(행정소송법 제12조, 제35조, 제36조), 행정처분을 취소하는 등의 판결은 당사자뿐만 아니라 제3자에게도 그 효력이 미친다(동법 제29조 제1항, 제38조). 한편 가사소송에서도 당사자적격이 법정되어 있으며(민법 제817조 이하 및 제865조, 가사소송법 제24조, 제28조 및 제31조 등), 당사자가 사망한 경우 공익의 대표자인 검사에게 피고적격이 인정되고 있다(민법 제849조, 제864조 및 제865조, 가사소송법 제24조, 제28조 및 제31조). 또한 가류 또는 나류 가사소송에서 청구를 인용한 확정판결은 제3자에게도 효력이 있고(가사소송법 제21조 제1항), 위 소송에서 청구를 배척하는 판결이 확정된 경우에도 다른 제소권자가 소송에 참가할 수 있음에도 정당한 사유 없이 참가하지 않았다면 다시 소송을 제기할 수 없도록 하고 있다(동조 제2항).
2) 회사정리사건을 전제로서 소송사건인지 또는 비송사건인지를 한마디로 단언하기는 어려우나, 정리절차의 개시 신청에 대한 결정을 함에 있어서 법원은 개시결정이 다수 이해관계인의 이익을 조정하고 기업을 정리, 재건하기 위한 것이기 때문에 정리의 가망, 신청의 성실성 등 법정된 개개의 사유를 판단하지 않으면 안 되고 그 판단을 위해서 법원의 합목적적 재량을 필요로 하고 또 경제사정을 감안하여 유효적절한 조치를 강구하지 않으면 안

그런데 최근 소송으로 처리하여야 할 사건을 비송사건으로 처리하는 현상이 증가하고 있다. 이를 '소송의 비송화 경향'이라고 한다. 예를 들어, 부부 일방의 상대방에 대한 부양료 청구사건의 경우에는 대립당사자 구조와 분쟁성이라는 소송사건으로서의 성격을 갖고 있음에도 불구하고 가사소송법에서는 가사비송사건으로 규정하고 있다(동법 제2조 제1항 제2호 나목의 1). 이와 같이 비송사건으로 처리하게 되면 법원의 재량에 의한 신속하고 탄력적인 처리가 가능하다는 이점은 있으나, 재판의 비공개와 대립당사자 구조의 흠결이라는 비송사건의 특성으로 인하여 국민의 재판청구권이 침해될 우려가 있다.[1] 그리하여 이러한 경우에는 당사자의 절차적 권리가 침해되지 않도록 제도를 보완할 필요가 있다.[2]

소송사건과 비송사건의 구분은 해당 사건이 대립당사자 구조와 분쟁성을 띠고 있는지, 법원의 합목적적인 재량이 요구되는지, 간이·신속하게 절차를 운영할 필요가 있는지 여부 등에 의하여 판단하여야 한다. 그러나 궁극적으로는 법률의 규정에 의하여 정해진다. 대립당사자 구조와 분쟁성을 띠는 사건이라고 하더라도 법률에서 비송사건으로 규정하고 있으면 비송사건이 된다. 판례도 부양의무를 이행하지 않는 부부 일방이나 친족의 일방에 대한 상대방의 부양료청구는 가사소송법에 가사비송사건으로 규정되어 있는 이상 비송사건에 해당하지만(제2조 제1항 제2호 나목의 1 및 8), 부부 사이의 부양의무를 이행하지 않는 부부의 일방에 대하여 상대방의 친족이 구하는 부양료청구는 가사소송법에 가사비송사건으로 규정되어 있지 않음을 들어 민사소송사건이라고 한다.[3]

비송사건절차법에 규정된 민사비송사건과 상사비송사건으로는 다음과 같은 것이 있다. 민사비송사건으로는 재단법인의 정관보충, 임시이사 또는 특별대리인의 선임, 법인의 해산·청산의 감독, 임시총회 소집의 허가, 검사인의 선임, 수탁자 또는 신탁재산관리인의 선임·사임허가·해임, 재판상 대위신청의 허가, 공탁소의 지정 및 공탁물보관인의 선임·사임허가, 법인의 등기,[4]

---

되므로 절차의 간이·신속성이 요구되므로 정리절차의 개시결정절차는 비송사건으로 볼 것이다(대법원 1984. 10. 5. 자 84마카42 결정).

1) 김홍엽, 「민사소송법(제5판)」, 박영사, 2014, 12면: 이시윤, 「신민사소송법(제12판)」, 박영사, 2018, 16면.

2) 가사소송법은 마류 가사비송사건의 경우(공유재산 또는 상속재산의 분할을 위한 처분, 자녀의 양육에 관한 처분과 그 변경, 면접교섭권의 제한 또는 배제, 친권자의 지정과 변경, 부양에 관한 처분, 기여분의 결정 등)에는 대립당사자 구조의 소송적 성격이 강하다는 점에서 특별한 사정이 없으면 사건관계인을 반드시 심문하도록 규정하고 있다(가사소송법 제48조).

3) 가사소송법은 배우자 및 그 직계혈족간, 생계를 같이하는 친족간 부양에 관한 처분을 각각 가사비송사건으로 규정하고 있다. 따라서 부부간의 부양의무를 이행하지 않은 부부의 일방에 대한 상대방의 부양료 청구와 친족간의 부양의무를 이행하지 않은 친족의 일방에 대한 상대방의 부양료 청구는 가사비송사건에 해당하나, 부부간의 부양의무를 이행하지 않은 부부의 일방에 대하여 상대방의 친족이 구하는 부양료의 상환청구는 같은 법 가사비송사건의 어디에도 해당하지 아니하여 이를 가사비송사건으로 가정법원의 전속관할에 속하는 것이라고 할 수는 없고, 이는 민사소송사건에 해당한다고 봄이 타당하다(대법원 2012. 12. 27. 선고 2011다96932 판결).

4) 비송사건절차법의 등기에 관한 규정은 민법 및 상법 외의 법령에 따라 설립된 특수법인의 등기에 대하여도 적

부부재산 약정의 등기 등이 있고(비송사건절차법 제32조 내지 제71조), 상사비송사건으로는 변태설립사항의 변경, 검사인의 선임, 납입금 보관자 등의 변경허가, 단주 매각의 허가, 직무대행자의 선임, 소송상 대표자의 선임, 주식의 액면미달발행의 인가, 회사의 해산명령, 관리인의 사임허가, 회사관리인의 회사 재산상태 보고, 회사합병의 인가, 유한회사의 조직변경의 인가, 사채권자집회의 소집 허가, 청산인의 선임·해임 등이 있다(동법 제72조 내지 제128조). 상업등기는 종전에는 비송사건절차법에 의하여 규율되었으나, 지금은 상업등기법에 의하여 규율되고 있다.

비송사건절차법에 규정된 비송사건의 특성을 살펴보면, 다음과 같다. 비송사건절차에서는 소송능력만 있으면 변호사가 아니더라도 소송대리인이 될 수 있다(비송사건절차법 제6조 제1항).[1] 비송사건절차는 당사자의 신청 또는 법원의 직권에 의하여 개시되고(동법 제8조 및 제9조), 법원은 직권으로 사실탐지와 필요한 증거조사를 하여야 한다(동법 제11조). 반드시 변론을 열어야 하는 것은 아니며, 필요한 경우 법원은 사건의 관계인을 심문(審問)할 수 있고, 심문은 공개하지 않는다(동법 제13조 본문).[2] 법원 그 밖의 관청, 검사와 공무원은 그 직무상 검사의 청구에 의하여 재판을 하여야 할 경우가 발생한 것을 알았을 때에는 그 사실을 관할법원에 대응한 검찰청 검사에게 통지하여야 한다(동법 제16조). 검사는 사건에 관하여 의견을 진술하고, 심문에 참여할 수 있다(동법 제15조). 재판은 결정으로 하고(동법 제17조 제1항), 적당한 방법으로 고지함으로써 효력이 발생한다(동법 제18조). 재판에는 구속력이나 기판력이 없으므로 법원은 재판을 한 후에 그 재판이 위법 또는 부당하다고 인정할 때에는 이를 취소하거나 변경할 수 있다(동법 제19조 제1항).[3] 재판으로 인하여 권리를 침해당한 사람은 그 재판에 대하여 항고할 수 있다(동법 제20조 제1항).[4] 재판비용은 신청인이 부담하되(동법 제24조 본문),[5] 검사가 신청한 경우의 비용과 법원이 직권으로 하는 사실조사 등 필요한 처분의 비용은 국고에서 부담한다(동법 제24조 단서 및 제30조).

비송사건절차법에서는 과태료사건에 관하여도 규율하고 있다. 과태료사건은 과태료를 부과

---

용된다(비송사건절차법 제64조 제1항).

1) 다만, 법원은 변호사가 아닌 사람으로서 대리를 영업으로 하는 자의 대리를 금하고 퇴정을 명할 수 있다(비송사건절차법 제6조 제2항 전단).

2) 다만, 법원은 심문을 공개함이 적정하다고 인정하는 자에게는 방청을 허가할 수 있다(비송사건절차법 제13조 단서). 또한 가사소송법은 마류 가사비송사건의 경우에는 사건관계인을 반드시 심문하도록 규정하고 있다(동법 제48조).

3) 그러나 신청에 의하여만 재판을 하여야 하는 경우에 신청을 각하한 재판은 신청에 의하지 않고는 취소하거나 변경할 수 없고(비송사건절차법 제19조 제2항), 즉시항고로써 불복할 수 있는 재판은 취소하거나 변경할 수 없다(동조 제3항).

4) 그러나 신청에 의하여만 재판을 하여야 하는 경우에 신청을 각하한 재판에 대하여는 신청인만 항고할 수 있다(비송사건절차법 제20조 제2항).

5) 법원은 특별한 사유가 있는 경우에는 비송사건절차법에 따라 비용을 부담할 자가 아닌 관계인에게 비용의 전부 또는 일부의 부담을 명할 수 있다(비송사건절차법 제26조).

받을 사람의 주소지 소재 지방법원의 관할로 하고(동법 제247조), 과태료재판은 이유를 붙인 결정으로 한다(동법 제248조 제1항). 법원은 재판을 하기 전에 당사자의 진술을 듣고 검사의 의견을 구하여야 한다(동조 제2항). 당사자와 검사는 과태료재판에 대하여 즉시항고를 할 수 있고, 이 경우 집행정지의 효력이 있다(동조 제3항). 법원은 타당하다고 인정할 때에는 당사자의 진술을 듣지 않고 과태료재판을 할 수 있다(동법 제250조 제1항). 이를 약식재판이라고 한다. 이 약식재판에 대하여는 당사자와 검사는 재판의 고지를 받은 날부터 1주일 이내에 이의신청을 할 수 있다(동조 제2항). 이의신청에 의하여 약식재판은 그 효력을 상실하고(동조 제3항), 법원은 당사자의 진술을 듣고 다시 재판을 하여야 한다(동조 제4항).

## Ⅲ. 민사소송절차의 종류

민사소송절차에는 판결절차, 강제집행절차, 가압류·가처분절차, 독촉절차, 공시최고절차, 파산절차 등이 있다. '판결절차'는 판결에 의하여 당사자 사이의 분쟁을 해결하는 절차를 말한다. 판결절차는 당사자가 소를 제기함에 따라 개시되고, 법원은 당사자가 주장한 사실과 당사자가 제출한 증거에 의거하여 판결을 한다.

판결에서 당사자 일방에게 이행의무를 명하였음에도 임의로 이행하지 않는 경우에는 국가권력에 의하여 그 이행을 강제할 필요가 있다. 이를 위한 절차가 '강제집행절차'이다. 즉, 강제집행절차는 판결의 내용을 실현하기 위한 소송절차이다. 판결절차가 권리관계의 관념적인 확정을 도모하는 절차라면, 강제집행절차는 권리의 현실적인 만족을 도모하는 절차라 할 수 있다. 강제집행을 담당하는 기관은 원칙적으로 판결기관 이외의 기관이다. 즉, 판결기관은 강제집행을 담당하지 않는 것이 원칙이고, 집행기관에는 집행할 권리의 존부에 관한 판단을 할 권한이 없다.

한편 가압류·가처분절차는 판결의 실효성을 확보하기 위하여 현상(現狀)의 변경을 금지하거나 잠정적인 조치를 취하는 절차이다. '가압류절차'는 장래 판결을 집행할 수 없거나 판결의 집행을 매우 곤란하게 할 염려가 있는 경우에 금전채권이나 금전으로 환산할 수 있는 채권에 대하여 동산 또는 부동산에 대한 강제집행을 보전하기 위한 절차이다(민사집행법 제276조 및 제277조). 가처분절차에는 장래 당사자가 권리를 실행하지 못하거나 이를 실행하는 것이 매우 곤란할 염려가 있을 경우에 비금전채권을 보전하기 위하여 다툼의 대상에 대한 '현상의 변경을 금지하는 가처분절차(동법 276조 및 제277조)'와 계속적인 권리관계에 미칠 현저한 손해를 피하거나 급박한 위험을 방지하는 등 필요한 경우에 다툼이 있는 권리관계에 대하여 '임시의 지위를 정하는 가처분절차'가 있다(동법 제300조). 임시의 지위를 정하는 가처분의 재판에서는 변론기일을 열거나 또는 채무자가 참석할 수 있는 심문기일을 열어야 한다(동법 제304조 본문).

그 밖에 '독촉절차'는 금전이나 대체물(代替物) 등 일정한 수량의 지급을 목적으로 하는 채권에 대하여 통상적인 소송절차에 의함이 없이 채권자의 신청에 의하여 간이·신속하게 집행권원을 얻게 하는 절차이다. 또한 '파산절차'는 채무자가 경제적 파탄상태에 빠졌을 때 채무자의 총재산을 모든 채권자에게 채권비율대로 변제하는 절차이고, '공시최고절차'는 법원이 당사자의 신청에 의하여 불특정한 이해관계인에 대하여 일정기간 내에 권리를 신고할 것을 최고(催告)하고 신고가 없으면 그 권리를 잃게 될 것을 일정한 방법으로 공고하는 절차이다.

민사소송절차의 진행 순서를 살펴보면, 소송의 제기에 앞서 미리 가압류나 가처분을 해 두는 것이 일반적이다. 후일 승소판결이 나더라도 강제집행이 곤란해지는 것을 막기 위함이다. 이후 소송의 제기를 통하여 판결절차로 들어가고, 상대방이 판결에서 명한 이행의무를 임의로 이행하지 않으면 판결의 내용을 강제집행하게 된다. 금전채권의 경우에는 채권자가 소송을 제기하는 대신에 독촉절차를 이용할 수도 있다. 채권자의 신청으로 법원에서 서면심리를 거쳐 채무자에 대하여 지급명령을 발하고, 이에 대하여 채무자가 이의신청을 하지 않으면 지급명령에 확정판결과 동일한 효력이 부여되며, 채무자가 이의신청을 하면 지급명령을 신청한 때에 소가 제기된 것으로 간주되고 판결절차로 이행된다. 그리하여 민사소송절차는 시간적으로 가압류·가처분절차 또는 독촉절차가 먼저 행해지고, 그 이후 판결절차, 강제집행절차의 순서로 진행된다.


## Ⅳ. 신의성실의 원칙

### 1. 의의

사회적 공동생활에 있어서 공동생활을 하는 사람 상호간에 이해관계가 서로 경합되므로 모든 권리행사에는 필연적으로 일정한 한계가 있어야 한다. 권리행사에 있어서 사회적 공동생활에 따른 적법성의 한계로서 제시된 원칙이 바로 신의성실의 원칙이다. 신의성실의 원칙이란 권리의 행사는 신의에 좇아 성실히 하여야 한다는 원칙이다(민법 제2조). 당초 신의성실의 원칙은 사법(私法) 분야에서 요구되는 원칙이었으나, 오늘날에는 사법과 공법, 실체법과 절차법을 막론하고 모든 법 분야에서 요구되는 원칙이 되었다.

민사소송법은 제1조 제1항에서 "법원은 소송절차가 공정하고 신속하며 경제적으로 진행되도록 노력하여야 한다."라고 하여 우리 민사소송의 이념인 공정한 재판, 신속한 재판, 경제적인 재판을 규정하고, 동조 제2항에서 "당사자와 소송관계인은 신의에 따라 성실하게 소송을 수행하여야 한다."라고 하여 신의성실의 원칙을 규정하고 있다. 신의성실의 원칙은 소송당사자뿐만 아니라 소송관계인에게도 그 준수가 요구된다. 소송관계인으로는 소송상 대리인, 보조참가인, 증인, 감정인, 문서송부촉탁을 받은 사람 등이 있다. 그리하여 소송당사자와 소송관계인은 신의성실의 원칙에 따라 소송을 수행할 의무가 있고, 그럼으로써 우리 민사소송의 이념인 공정하고 신속하며 경제적인 재판이 실현될 수 있도록 하여야 한다.

## 2. 신의칙 적용의 모습

### (1) 소송상태의 부당형성 금지

당사자 일방이 부당하게 소송법규의 요건에 해당하는 상태를 고의로 만들어 내어 법규의 적용을 도모하거나 또는 고의로 방해하여 법규의 적용을 회피하는 것은 허용되지 않는다. 예를 들어, 관할만을 발생시킬 목적으로 본래 제소할 생각이 없던 사람을 공동피고로 하여 제소하는 행위,[1] 이미 채무초과인 채무자와의 사이에 법정물권인 유치권을 의도적으로 만들어 내고 이를 경매절차에서 주장하는 행위,[2] 선박을 편의치적(便宜置籍)시켜 소유·운영할 목적으로 설립한 형식상의 회사(paper company)가 그 선박의 소유권을 주장하며 그 선박에 대한 가압류집행의 불허를 구하는 행위,[3] 주권교부의무를 불이행한 주식양도인이 그 의무불이행 상태를 그의 권리로 주장하기 위하여 임시주주총회결의의 부존재확인을 구하는 행위,[4] 스스로 불법행위를 자행

---

1) 민사소송의 일방 당사자가 다른 청구에 관하여 관할만을 발생시킬 목적으로 본래 제소할 의사가 없는 청구를 병합한 것이 명백한 경우에는 관할선택권의 남용으로서 신의칙에 위배되어 허용될 수 없으므로, 그와 같은 경우에는 관련재판적에 관한 제25조의 규정을 적용할 수 없다(대법원 2011. 9. 29. 자 2011마62 결정).
2) 채무자가 채무초과의 상태에 이미 빠졌거나 임박한 상태에서 이미 채무자 소유의 목적물에 저당권 기타 담보물권이 설정되어 있어서 유치권의 성립에 의하여 저당권자 등이 그 채권 만족상의 불이익을 입을 것을 잘 알면서 자기 채권의 우선적 만족을 위하여 채무자와의 사이에 의도적으로 유치권의 성립요건을 충족하는 내용의 거래를 일으키고 그에 기하여 목적물을 점유하게 됨으로써 유치권이 성립하였다면, 유치권자가 그 유치권을 저당권자 등에 대하여 주장하는 것은 다른 특별한 사정이 없는 한 신의칙에 반하는 권리행사 또는 권리남용으로서 허용되지 아니한다. 그리고 저당권자 등은 경매절차 기타 채권실행절차에서 위와 같은 유치권을 배제하기 위하여 그 부존재의 확인 등을 소로써 청구할 수 있다(대법원 2011. 12. 22. 선고 2011다84298 판결).
3) 선박을 편의치적시켜 소유·운영할 목적으로 설립한 형식상의 회사(Paper Company)가 그 선박의 실제소유자와 외형상 별개의 회사이더라도 그 선박의 소유권을 주장하여 그 선박에 대한 가압류집행의 불허를 구하는 것은 편의치적이라는 편법행위가 용인되는 한계를 넘어서 채무를 면탈하려는 불법목적을 달성하려고 함에 지나지 아니하여 신의칙상 허용될 수 없다(대법원 1989. 9. 12. 선고 89다카678 판결).
4) 주식양도인이 양수인에게 주권을 교부할 의무를 이행하지 않고 그 후의 임시주주총회결의의 부존재확인청구를 하는 것은, 주권교부의무를 불이행한 자가 오히려 그 의무불이행 상태를 권리로 주장함을 전제로 하는 것으로서

한 사람이 무효인 약정에 의한 금전의 지급을 구하거나 그 불법행위로 인한 손해배상청구권의 양도를 내세워 손해의 배상을 구하는 행위[1] 등이 여기에 해당된다.

## (2) 선행행위와 모순되는 행위의 금지

당사자 일방이 과거에 일정한 방향의 태도를 취하여 상대방이 이를 신뢰하고 자기의 소송상의 지위를 구축하였는데, 그 신뢰를 저버리고 종전의 태도와 모순되는 소송행위를 하는 것은 금지된다. 예를 들어, 추완항소를 한 피고가 항소심에서 항소기각 되자 상고이유에서 스스로 추완항소의 부적법을 주장하는 행위,[2] 근저당권자가 건물에 대한 담보가치를 조사할 당시 임대차 사실을 부인하였던 임차인이 그 후 건물에 대한 경매절차에서 이를 번복하여 임차권의 존재를 주장하며 배당요구를 하는 행위,[3] 임야에 대한 수용보상금을 지급받고 12년 동안 아무런 이의를 제기하지 않다가 적법한 수용통지를 받지 못하였음을 이유로 수용결정의 무효를 주장하며 소유권이전등기의 말소를 구하는 행위[4] 등이 여기에 해당된다.

## (3) 소송상 권리의 실효

당사자 일방이 소송상 권리를 행사할 수 있었음에도 장기간에 걸쳐 행사하지 아니함에 따라 상대방이 더 이상 권리를 행사하지 않으리라는 정당한 기대를 가지고 행동을 한 경우에는 그 소송상 권리는 실효된 것으로 보아야 한다. 실효의 원칙이 적용되기 위한 요건으로서 권리를 행사하지 않은 기간이 어느 정도 되어야 하는지 그리고 상대방이 권리를 행사하지 않으리라고 신뢰할 만한 정당한 사유가 있는지 여부는 일률적으로 판단할 것이 아니라 개별적인 경우에 구

---

신의성실의 원칙에 반하는 소권의 행사이다(대법원 1991. 12. 13. 선고 90다카1158 판결).
1) 대법원 1983. 5. 24. 선고 82다카1919 판결.
2) 대법원 1995. 1. 24. 선고 93다25875 판결.
3) 근저당권자가 담보로 제공된 건물에 대한 담보가치를 조사할 당시 대항력을 갖춘 임차인이 그 임대차 사실을 부인하고 임차보증금에 대한 권리주장을 않겠다는 내용의 확인서를 작성해 준 경우, 그 후 그 건물에 대한 경매절차에서 이를 번복하여 대항력 있는 임대차의 존재를 주장함과 아울러 근저당권자보다 우선적 지위를 가지는 확정일자부 임차인임을 주장하여 그 임차보증금반환채권에 대한 배당요구를 하는 것은 특별한 사정이 없는 한 금반언 및 신의칙에 위반되어 허용될 수 없다(대법원 1997. 6. 27. 선고 97다12211 판결).
4) 이 사건 임야에 관한 국방부장관의 수용결정은 당연 무효이나, 원고들이 아무런 이의 없이 위 임야에 대한 보상금을 수령하고 그 이후 피고가 위 임야에 12년간 군사시설을 설치하고 이를 점유하여 오는 동안에 원고들이 아무런 이의를 제기하지 아니한 채 피고의 점유를 용인하여 왔고, 현재 위 임야에 국방의 목적상 필요한 군사시설이 설치되어 군부대에 의하여 사용되고 있는 점 등을 고려하면, 원고들이 적법한 수용통지를 받지 못하였음을 들어 위 수용결정에 터잡아 마쳐진 피고 명의의 소유권이전등기의 말소를 구하는 것은 선행행위에 모순되는 거동으로서 신의성실의 원칙에 반하는 권리행사이므로 허용될 수 없다(대법원 1995. 9. 26. 선고 94다54160 판결).

체적으로 양쪽 당사자의 주관적 사정과 객관적으로 존재하는 여러 사정을 모두 고려하여 사회
통념에 따라 합리적으로 판단하여야 한다.[1]

판례는 사용자와 근로자 사이의 고용관계의 존부를 둘러싼 노동분쟁에 있어서 실효의 원칙
이 적극적으로 적용될 필요성이 있다고 하면서,[2] 해고를 당한 근로자가 퇴직금과 해고수당을
아무런 조건 없이 수령하였고, 그로부터 3년 또는 5년이 경과한 후에 상당한 이유 없이 해고무
효의 확인을 구하는 것은 실효의 원칙상 허용될 수 없다고 한다.[3] 또한 실효의 원칙은 기간의
제한이 없는 소송행위에 적용될 여지가 많다. 예를 들어, 가압류·가처분결정에 대한 이의신청
이나 통상항고 등 기간의 정함이 없는 각종 신청, 피고의 주소를 허위로 기재하는 방법으로 이
루어진 편취판결에 있어서 항소 또는 추완항소 등에 대하여 적용될 수 있다.

## (4) 소송상 권리의 남용 금지

소송상 권리를 그 본래의 목적 이외의 다른 목적으로 남용하는 것은 허용되지 않는다. 예를
들어, 소송의 지연을 목적으로 한 기피신청,[4] 여러 차례 재심청구를 기각하였음에도 이미 배척

---

1) 대법원 2005. 10. 28. 선고 2005다45827 판결; 1996. 7. 30. 선고 94다51840 판결 등.
2) 사용자와 근로자 사이의 고용관계의 존부를 둘러싼 노동분쟁은, 그 당시의 경제적 정세에 대처하여 최선의 설비와
   조직으로 기업활동을 전개하여야 하는 사용자의 입장에서는 물론, 근로자로서의 임금수입에 의하여 자신과 가족의
   생계를 유지하고 있는 근로자의 입장에서도 신속히 해결되는 것이 바람직한 것이므로, 위와 같은 실효의 원칙이
   다른 법률관계에 있어서보다 더욱 적극적으로 적용되어야 할 필요가 있다. 징계해임처분의 효력을 다투는 분쟁에
   있어서는, 징계사유와 그 징계해임처분의 무효사유 및 징계해임된 근로자가 그 처분이 무효인 것을 알게 된 경위
   는 물론, 그 근로자가 그 처분의 효력을 다투지 아니할 것으로 사용자가 신뢰할 만한 다른 사정(예를 들면, 근로자
   가 퇴직금이나 해고수당 등을 수령하고 오랫동안 해고에 대하여 이의를 하지 않았다든지 해고된 후 곧 다른 직장
   을 얻어 근무하였다는 등의 사정), 사용자가 다른 근로자를 대신 채용하는 등 새로운 인사체제를 구축하여 기업을
   경영하고 있는지의 여부 등을 모두 참작하여 그 근로자가 새삼스럽게 징계해임처분의 효력을 다투는 것이 신의성
   실의 원칙에 위반하는 결과가 되는지의 여부를 가려야 할 것이다(대법원 1992. 1. 21. 선고 91다30118 판결).
3) 회사가 근로자를 해고한 후 근로자가 퇴직금과 해고수당의 변제를 받지 아니하여 이를 공탁하자 근로자가 아무
   런 조건의 유보 없이 공탁금을 수령하여 간 경우 근로자가 공탁금을 수령할 때 회사의 해고처분을 유효한 것으
   로 인정하였다고 볼 수밖에 없고, 근로자가 해고당한 후 약 1개월이 지난 다음 동종업체에 취업하여 전 회사에
   있어서와 유사한 봉급수준의 임금을 지급받으며 근무하고 있으면서 해고당한 때로부터 3년 가까이나 경과하여
   해고무효확인청구소송을 제기한 경우라면 위 청구는 금반언의 원칙에 위배된다(대법원 1990. 11. 23. 선고 90
   다카25512 판결); 근로자가 사직원의 작성·제출이 자신이 아닌 자신의 형에 의하여 이루어졌음을 이유로 의원
   면직의 무효확인을 구하고 있으나, 근로자의 형이 사직원을 제출하게 된 경위 및 근로자가 아무런 이의 없이 퇴직
   금을 수령한 점 등 제반 사정에 비추어 볼 때, 의원면직일로부터 5년여가 경과한 후에 위와 같은 소를 제기하는
   것은 신의칙 내지 금반언의 원칙에 반하는 것으로 부적법하다(대법원 2005. 10. 28. 선고 2005다45827 판결).
4) 재항고인의 본건 기피신청은 오직 소송의 지연 내지 재판의 저해를 목적으로 하고 있음이 분명하므로 이는 기
   피제도의 근본취지에 반하여 동 제도를 남용하는 것이 분명하여 동 제도의 정상적인 절차에 따라서 처리해야
   할 가치조차 없다 할 것이어서 이러한 경우에는 기피제도의 정상적인 절차를 밟을 필요없이 당해 법관이 스스
   로 이를 각하하는 것도 소송제도의 적정한 운영을 위하여 필요하다(대법원 1981. 2. 26. 자 81마14 결정).

된 사유를 들어 거듭 재심청구를 하는 행위,[1] 학교법인의 이사로서의 직무수행의사는 없으면서 오로지 학교법인이나 현 이사들로부터 다소의 금원을 지급받을 목적만으로 학교법인의 이사회 결의부존재확인을 구하는 것[2] 등이 여기에 해당된다.

## 3. 신의칙 위반의 효과

신의칙 위반 여부는 법원의 직권조사사항이다.[3] 소송의 제기 자체가 신의칙에 위반되는 경우에는 신의칙의 존재는 소송요건이므로 소송을 부적법 각하하여야 한다. 개개의 소송행위가 신의칙에 위반되는 경우에는 무효로 되거나 부적법 각하된다. 신의칙 위반의 소송행위를 간과하고 판결을 한 경우에는 확정 전에는 상소로 취소할 수 있으나, 확정된 후에는 당연 무효의 판결은 아니며,[4] 재심의 대상이 되지도 않는다.[5] 판결이 집행된 뒤에는 손해배상책임의 문제가 생긴다.

# 제2절　민사소송의 기초

## Ⅰ. 소송의 종류

소송은 법원에 대하여 일정한 내용의 판결을 요구하는 당사자의 신청이다. 소송의 종류에는

---

1) 재판청구권의 행사도 상대방의 보호 및 사법기능의 확보를 위하여 신의성실의 원칙에 의하여 규제된다고 볼 것이므로, 최종심인 대법원에서 수회에 걸쳐 같은 이유를 들어 재심청구를 기각하였음에도 이미 배척된 이유를 들어 최종 재심판결에 대하여 다시 재심청구를 거듭하는 것은 법률상 이유 없는 청구로 받아들일 수 없음이 명백한데도 계속 소송을 제기함으로써 상대방을 괴롭히는 결과가 되고, 나아가 사법인력의 불필요한 소모와 사법기능의 혼란과 마비를 조성하는 것으로서 소권을 남용하는 것에 해당되어 허용될 수 없다(대법원 1997. 12. 23. 선고 96재다226 판결).
2) 학교법인의 경영권을 타에 양도하기로 결의함에 따라 그 법인 이사직을 사임한 사람이 현 이사로부터 지급받은 금원에 대한 분배금을 받지 못하자 학교법인의 이사로서의 직무수행의사는 없으면서 오로지 학교법인이나 현 이사들로부터 다소의 금원을 지급받을 목적만으로 학교법인의 이사회결의부존재확인을 구하는 것은 권리보호의 자격 내지 소의 이익이 없는 부적법한 것이다(대법원 1974. 9. 24. 선고 74다767 판결).
3) 김홍엽, 29면; 이시윤, 36면.
4) 이시윤, 36면.
5) 다만, 판결의 편취와 관련하여 재심사유(제451조 제1항 제11호)가 될 수 있다(김홍엽, 29면).

이행소송, 확인소송, 형성소송이 있다. '이행소송'은 이행청구권의 확정과 피고에 대한 이행명령을 요구하는 소송이다. 이행소송에서는 다툼이 있거나 불확실한 청구권을 확정받고, 피고에 대한 이행명령의 선고를 받아 강제집행의 방법으로 청구권을 실현시키려는 것을 목적으로 한다. '확인소송'은 법률관계의 존재 또는 부존재의 확정을 요구하는 소송이다. 사실관계의 존부는 원칙적으로 확인소송의 대상이 되지 못한다. 확인소송은 모든 법률관계를 그 대상으로 할 수 있고, 확인판결에는 집행력이나 형성력이 발생하지 않는다. 그리하여 확인소송에서는 후술하는 바와 같이 확인의 이익이 요구된다. 그리하여 법률상 지위에 현존하는 불안이나 위험을 제거하는데 확인판결을 받는 것이 가장 유효하고 적절한 수단일 때에만 확인소송이 허용된다.

'형성소송'은 기존 법률관계를 변경 또는 소멸시키거나 새로운 법률관계를 발생시키는 내용의 판결을 해 달라는 소송이다. 형성소송 중에는 구체적으로 어떤 내용의 권리관계를 형성할 것인가를 법관의 재량에 일임하고 있는 형성소송이 있는데, 이를 형식적 형성소송이라고 한다. 비송사건의 성격을 띤 소송이라고 할 수 있다. 형식적 형성소송의 예(例)로는 토지경계확정소송, 부(父)를 정하는 소송(민법 제845조), 공유물분할청구소송(민법 제269조), 법정지상권상 지료결정청구소송 등이 있다. 소송요건을 갖춘 이상 어떤 형식이든지 법률관계를 형성하여야 하므로 원고의 청구를 기각할 수 없다. 형식적 형성소송에서는 후술하는 바와 같이 처분권주의가 배제되며, 불이익변경금지의 원칙도 적용되지 않는다.


## Ⅱ. 소송요건


소송요건이란 소송이 적법한 취급을 받기 위해 구비해야 하는 사항을 말한다. 소송요건은 본안판결의 요건인 동시에 본안심리의 요건이다. 따라서 소송요건이 흠결된 경우에는 본안판단에 나아갈 필요 없이 소송을 부적법 각하하여야 한다. 다만, 소송요건의 흠결을 보정할 수 있는 경우에는, 법원은 먼저 상당한 기간을 정하여 보정을 명하여야 한다.

소송요건에는 법원과 관련된 것으로 '재판권이 있을 것', '관할권이 있을 것' 등이 있고, 당사자와 관련된 것으로 '당사자가 실재하고 당사자능력이 있을 것', '당사자적격이 있을 것', '소송능력이 있을 것', 대리인에 의하는 경우에는 '법정대리권 또는 소송대리권이 있을 것', '원고가 소송비용의 담보를 제공할 필요가 없을 것 또는 그 필요가 있을 경우에는 원고가 담보를 제공할 것(제124조 본조)'[1] 등이 있다. 그리고 소송물과 관련된 것으로 '소송물이 특정되었을 것',[2] '원고의 청구가 소의 이익이 있을 것', '원고의 청구가 중복제소에 해당하지 않을 것' 등이 있고, 그 밖에 '소송의 제기기간을 준수할 것', '부제소합의가 존재하지 않을 것', '중재합의가 존재하지 않을 것(중재법 제9조 제1항)'[3] 등이 있다.

　　소송요건의 존부를 판단하는 시기는 원칙적으로 사실심의 변론종결시(辯論終結時)이다. 따라서 소 제기 당시에는 소송요건이 부존재하여도 사실심의 변론종결시까지 이를 갖추면 적법하다. 그러나 예외적으로 관할권의 존부는 제소 당시를 표준으로 한다(제33조). 그런데 판례는 소송요건의 존부는 사실심 변론종결시를 기준으로 판단하여야 하지만, 상고심 계속 중에 소의 이익이 소멸하였다면 부적법 각하할 수 있다고 한다.[4] 또한 판례는 사실심 변론종결시까지 갖추지 못한 소송요건을 상고심에서 갖춘 경우 그 하자의 치유를 인정하기도 한다. 예를 들어, 필수적 공동소송인의 관계에 있는 공동상속인 중 일부를 누락한 소송수계신청을 간과한 항소심 판결은 부적법하지만, 누락된 상속인이 상고심 계속 중에 상속받은 권리를 상실함으로써 소송수계할 자격을 잃은 경우에는 소송수계에 관한 하자가 치유된다고 한다.[5]

---

1) 원고가 대한민국에 주소·사무소와 영업소를 두지 않은 경우 또는 소장·준비서면 그 밖의 소송기록에 의하여 청구가 이유 없음이 명백한 경우 등에는 법원은 직권 또는 피고의 신청에 의하여 원고에게 소송비용에 대한 담보를 제공하도록 명하여야 하고(제117조 제1항 및 제2항), 법원이 정한 담보제공기간내에 원고가 담보를 제공하지 않은 때에는 법원은 변론 없이 판결로 소를 각하할 수 있다(제124조 본문).

2) 민사소송에서 당사자가 소송물로 하는 권리 또는 법률관계의 목적인 물건은 특정되어야 하고, 소송물이 특정되지 아니한 때에는 법원이 심리·판단할 대상과 재판의 효력범위가 특정되지 않게 되므로, 토지소유권확인소송의 소송물인 대상 토지가 특정되었는지 여부는 소송요건으로서 법원의 직권조사사항에 속한다(대법원 2011. 3. 10. 선고 2010다87641 판결).

3) 중재합의의 대상인 분쟁에 관하여 소가 제기된 경우에 피고가 중재합의가 있다는 항변을 하였을 때에는 법원은 그 소를 각하하여야 한다(중재법 제9조 제1항).

4) 근저당권설정등기의 말소등기절차의 이행을 구하는 소송 도중에 그 근저당권설정등기가 낙찰을 원인으로 하여 말소된 경우에는 더 이상 근저당권설정등기의 말소를 구할 법률상 이익이 없다고 할 것이다(대법원 2003. 1. 10. 선고 2002다57904 판결).

5) 광업법의 규정에 의하면 광업권을 공유하는 자들 사이에는 조합계약을 한 것으로 보고 있으므로, 광업권자가 사망하여 상속인들이 그 광업권을 공동으로 상속하는 경우에도 그 상속인들 사이에 조합계약을 체결한 것으로 보아야 하므로, 그 합유인 공동광업권에 관한 소송은 합일확정을 요하는 필요적 공동소송이고, 따라서 광업권자가 광업권에 관한 소송을 수행하던 중 사망한 경우에는 상속인 전원이 공동으로 수계신청을 하여야 한다. 광업권을 소유하고 있던 국민이 사망한 경우 그 상속인이 외국인일 때에는 국적법의 규정을 유추적용하여 일단 광업권을 상속한 다음 1년 이내에 광업법에 의한 허가를 받거나 대한민국 국민에게 양도를 하여야 하고, 이에 위반한 경우에는 그때 비로소 광업권을 상실한다고 해석함이 상당하다. 외국인이 광업권자의 사망으로 인하여 광업권을 공동으로 상속한 경우, 그 외국인을 제외한 나머지 상속인들만이 한 소송수계신청은 부적법하여 그 흠결을 간과한 채 본안판결을 한 원심판결은 위법하나, 그 후 그 외국인이 상속개시일로부터 1년이 경과할 때까지 광업법 소정의 허가를 받았다는 사실을 인정할 자료가 없다면, 그 외국인은 위 1년이 경과하여 상속받은 광업권에 관한 권리를 상실함으로써 소송수계를 할 자격을 상실하였으므로, 원심의 소송수계에 관한 하자는 치유되었다고 할 것이다(대법원 1995. 5. 23. 선고 94다23500 판결).

소송요건을 갖추지 못한 경우 소를 부적법 각하하여야 한다. 그러나 관할권 위반의 경우에는 소를 각하할 것이 아니라 관할권 있는 법원으로 이송하여야 한다(제34조 제1항). 또한 소송계속 중 당사자능력, 소송능력, 법정대리권의 소멸은 소각하사유가 아니라 단지 소송중단사유가 되는데 그친다(제233조, 제235조).

소송요건은 법원이 직권으로 조사하여야 하는 직권조사사항이다. 따라서 소송요건에 관한 당사자의 주장은 법원의 직권발동을 촉구하는 의미밖에 없어 그 주장에 대하여 판단하지 않더라도 판단누락이 되지 않으며,[1] 이에 관하여는 재판상 자백이나 의제자백이 성립되지 않는다.[2] 소송요건에 대한 판단자료의 수집·제출의 방법과 관련하여, 판례는 법원이 그 판단의 기초자료인 사실과 증거를 직권으로 탐지할 의무까지는 없더라도, 이미 제출된 자료에 의하여 그 존부에 관하여 의심할 만한 사정이 엿보인다면 직권으로 추가적인 심리·조사를 통하여 그 존재 여부를 확인하여야 할 의무가 있다고 한다.[3]

소송요건이 모두 직권조사사항인 것은 아니며 항변사항도 있다. 중재합의의 존재, 소송비용의 담보제공 등은 항변사항이다. 항변사항은 피고가 주장하지 않는 한 법원은 이를 고려하지 않는다. 이를 방소항변(妨訴抗辯)이라고도 한다. 중재합의의 항변과 소송비용담보제공의 항변은 피고가 본안에 관하여 변론하기 전까지 제출하여야 하고, 본안에 관한 심리에 들어간 이후에는 제출할 수 없다(중재법 제9조 제2항,[4] 제118조[5]). 부제소합의에 대하여 통설은 항변사항이라고 하나,[6] 판례는 직권조사사항으로 보고 있다.[7] 다만, 판례는 당사자가 부제소합의를 쟁점으로

---

1) 소송대리권의 존재는 소송요건으로서 법원의 직권조사사항이므로, 이에 관한 당사자의 주장은 직권발동을 촉구하는 의미밖에 없어 그 주장에 대하여 판단하지 아니하였다 하더라도 판단유탈의 상고이유로 삼을 수 없다(대법원 1994. 11. 8. 선고 94다31549 판결).

2) 소송대리권의 존부는 법원의 직권탐지사항으로서, 이에 대하여는 의제자백에 관한 규정이 적용될 여지가 없다(대법원 1999. 2. 24. 선고 97다38930 판결).

3) 채권자대위소송에서 대위에 의하여 보전될 채권자의 채무자에 대한 권리(피보전채권)가 존재하는지 여부는 소송요건으로서 법원의 직권조사사항이므로, 법원으로서는 그 판단의 기초자료인 사실과 증거를 직권으로 탐지할 의무까지는 없다 하더라도, 법원에 현출된 모든 소송자료를 통하여 살펴보아 피보전채권의 존부에 관하여 의심할 만한 사정이 발견되면 직권으로 추가적인 심리·조사를 통하여 그 존재 여부를 확인하여야 할 의무가 있다(대법원 2009. 4. 23. 선고 2009다3234 판결); 법인이 당사자인 사건에서 그 법인의 대표자에게 적법한 대표권이 있는지 여부는 소송요건에 관한 것으로서 법원의 직권조사사항이므로, 법원으로서는 그 판단의 기초 자료인 사실과 증거를 직권으로 탐지할 의무까지는 없다 하더라도, 이미 제출된 자료들에 의하여 그 대표권의 적법성에 의심이 갈 만한 사정이 엿보인다면 상대방이 이를 구체적으로 지적하여 다투지 않더라도 이에 관하여 심리·조사할 의무가 있다(대법원 1997. 10. 10. 선고 96다40578 판결). 비법인사단이 당사자인 사건에서 대표자에게 적법한 대표권이 있는지 여부에 관하여도 마찬가지이다(대법원 2009. 1. 30. 선고 2006다60908 판결).

4) 피고는 중재합의의 항변을 본안에 관한 최초의 변론을 할 때까지 하여야 한다(중재법 제9조 제2항).

5) 피고가 담보제공사유가 있음을 알고도 본안에 관하여 변론하거나 변론준비기일에서 진술한 경우에는 담보제공을 신청하지 못한다(제118조).

6) 이시윤, 215면; 정동윤·유병현, 「민사소송법(제2판)」, 법문사, 2007, 351면.

7) 특정한 권리나 법률관계에 관하여 분쟁이 있어도 제소하지 아니하기로 합의한 경우 이에 위배되어 제기된 소는

삼아 소의 적법 여부를 다투지 않았음에도 법원이 직권으로 부제소 합의에 위반되었다는 이유로 소를 부적법 각하하기 위해서는 그에 앞서 당사자에게 의견진술의 기회를 주어야 한다고 한다.[1] 한편 임의관할을 항변사항으로 보는 견해가 있으나,[2] 전속관할은 물론이고 임의관할 역시 직권조사사항이라고 할 것이다. 따라서 법원은 피고의 항변이 없어도 의심할만한 사정이 있으면 관할의 유무를 직권으로 조사하여야 한다(제32조). 다만, 임의관할위반의 경우에는 후술하는 변론관할이 생길 수 있으므로, 원고가 관할권 없는 법원에 소를 제기한 경우에도 바로 관할위반을 이유로 이송할 것은 아니며 피고의 관할위반의 항변을 기다려 판단하여야 한다.

소송요건은 본안판결의 요건이므로 본안판결에 앞서 먼저 심리하여야 한다. 따라서 소송요건을 심리하지 않고 본안에 들어가 원고청구기각의 판결을 할 수 없다.[3] 이에 대하여 소송요건과 실체법상의 요건은 동일한 판결선고의 요건이므로 소송요건을 먼저 심리할 필요가 없으며, 따라서 원고의 청구가 이유 없음이 명백한 경우에는 소송요건의 구비 여부를 따질 필요 없이 바로 원고청구기각의 판결을 할 수 있다는 견해가 있다. 그러나 소송요건은 본안판결의 전제요건이라는 점에서 본안심리에 앞서 먼저 심리되어야 하고, 따라서 소송요건의 구비 여부를 심리하지 않은 채 본안판결을 할 수는 없다고 할 것이다. 대법원도 항소심에서 원고청구가 이유 없다고 하여 기각판결을 한 사건에 대하여 소송요건이 흠결되어 부적법하다고 하면서 원심판결을 파기하고 소를 각하하는 판결을 하였다.[4]

## Ⅲ. 소송행위

### 1. 의의

소송행위는 소송절차를 구성하는 법원과 당사자 기타 소송관계인의 행위를 말한다. 소송행

---

권리보호의 이익이 없고, 또한 당사자와 소송관계인은 신의에 따라 성실하게 소송을 수행하여야 한다는 신의성실의 원칙에도 어긋나는 것이므로, 소가 부제소 합의에 위배되어 제기된 경우 법원은 직권으로 소의 적법 여부를 판단할 수 있다(대법원 2013. 11. 28. 선고 2011다80449 판결).

1) 법원이 직권으로 부제소 합의에 위배되었다는 이유로 소가 부적법하다고 판단하기 위해서는 그와 같은 법률적 관점에 대하여 당사자에게 의견을 진술할 기회를 주어야 하고, 법원이 그와 같이 하지 않고 직권으로 부제소 합의를 인정하여 소를 각하하는 것은 석명의무를 위반하여 필요한 심리를 제대로 하지 아니하는 것이다(대법원 2013. 11. 28. 선고 2011다80449 판결).
2) 이시윤, 215면.
3) 이시윤, 217면.
4) 대법원 1990.12.11. 선고 88다카4727 판결; 1983.2.8. 선고 81누420 판결.

위는 그 요건과 효과가 소송법에 의하여 규율된다. 그리하여 소송행위에는 특별한 사정이 없는 한 사법상 법률행위에 관한 규정이 적용되지 않는다. 소송행위는 그 주체에 따라 '법원의 소송행위'와 '당사자의 소송행위'로 구분할 수 있다. 법원의 소송행위로는 재판, 증거조사, 조서의 작성, 송달 등이 있다. 법원의 소송행위는 당사자의 소송행위와는 다른 법적 규율을 받으므로, 여기에서는 당사자의 소송행위에 대하여만 살펴보기로 한다.

당사자의 소송행위는 그 시기 및 장소에 따라 '소송전·소송외의 소송행위'와 '변론에서의 소송행위'로 구분된다.[1] 관할의 합의, 소송위임, 중재합의 등이 전자의 예(例)이고, 본안의 신청, 공격방어방법의 제출 등은 후자의 예이다. 또한 소송행위의 목적과 기능에 따라 법원의 재판에 의하여 비로소 소송법상 효과가 발생하는 '취효적(取效的) 소송행위'와 법원의 재판을 통하지 않고 당사자의 행위만으로 직접 소송법상 효과를 발생시키는 '여효적(與效的) 소송행위'로 구분할 수 있다. 신청이나 주장, 증거신청 등은 전자의 예이고, 소 또는 상소의 취하, 대리권소멸의 통지, 소송고지, 송달의 수령, 관할의 합의, 준비서면의 제출 등은 후자의 예이다.


## 2. 소송행위의 특성

소송절차에서는 절차의 원활과 안정이 중시되므로, 소송행위는 그 요건과 효과를 명확하고 획일적으로 규율할 필요가 있다. 사법상 법률행위와 비교되는 소송행위의 특성을 살펴보면 다음과 같다.

### (1) 행위의 주체

소송행위의 주체는 당사자능력과 소송능력, 변론능력을 갖고 있어야 하고, 대리인에 의하여 소송행위를 하는 경우에는 법정대리권이나 소송대리권이 요구된다. 소송무능력자의 소송행위는 설사 법정대리인의 동의를 얻었더라도 무효이다. 민법에서와는 달리 취소할 수 있는 행위가 아니라 무효이고, 반드시 법정대리인이 대리하여야 한다. 또한 소송절차의 명확성과 안정성을 기하기 위하여 소송대리권의 존재와 범위를 획일적으로 처리할 필요가 있다. 그리하여 소송대리권은 서면으로 증명하여야 하고(제58조, 제89조), 대리권의 소멸을 상대방에게 통지하지 않으면 소멸의 효력을 주장하지 못하며(제63조 제1항 본문), 대리권의 범위는 법률로 정해져 있다. 거래의 안전을 보호하기 위한 민법상 표현대리의 법리는 절차의 안정을 중시하는 소송행위에는

---

1) 이시윤, 394면.

적용될 여지가 없다.[1]

## (2) 행위의 방식

소송행위를 명확히 하기 위하여 관할합의(제29조 제2항)나 중재합의(중재법 제8조 제2항), 대리권의 증명(제58조, 제89조), 소송 또는 상소의 제기(제248조, 제408조, 제425조)[2] 등 일정한 소송행위는 서면에 의하도록 하고 있다. 또한 소송행위는 변론주의와 구술주의의 요청으로 변론절차에서 구술로 하는 것이 원칙이다(제134조 제1항). 준비서면을 제출해도 변론절차에서 구술로 진술하지 않으면 소송자료가 되지 못한다. 당사자의 소송행위는 법원에 대한 단독행위인 것이 원칙이다. 당사자의 소송행위는 법원에 대하여 하는 것이지 상대방 당사자에 대하여 하는 것이 아니다.

## (3) 조건과 기한

소송행위에는 기한이나 조건을 붙이지 못하는 것이 원칙이다. 다만, 예비적 주장이나 예비적 신청 등 소송 내적인 조건은 소송절차의 안정을 해칠 염려가 없으므로 허용된다.[3]

## (4) 행위의 하자

### 1) 하자의 치유

소송행위에 하자가 있는 경우에도 이를 즉시 배척하는 것보다는 가능한 한 하자를 치유하여 소송행위를 유효로 하는 것이 소송경제에 부합한다. 그리하여 소송능력, 법정대리권 또는 소송행위에 필요한 권한의 수여에 하자가 있는 경우 능력을 취득한 본인이나 법정대리인 등이 추인하면 소송행위시에 소급하여 그 하자가 치유되고, 소송절차 가운데 임의규정에 위반한 하자는 이의권의 포기·상실로 그 하자가 치유된다. 또한 소송절차에 하자가 있는 소송행위라고 하더라도 판결이 확정되면 재심사유에 해당하지 않는 한 다툴 수 없으므로 결과적으로 그 하자가 치유된다.

---

1) 대법원 2001. 2. 23. 선고 2000다45303 판결; 1994. 2. 22. 선고 93다42047 판결.
2) 다만, 소액사건에 있어서는 구술에 의한 소 제기가 허용된다(소액사건심판법 제4조 제1항).
3) 이시윤, 399면.

## 2) 의사의 하자

소송행위에 사기·강박, 착오 등 의사의 하자나 흠결이 있는 경우 민법의 규정을 유추적용하여 취소할 수 있는지 논란이 있다. 재판상 자백의 취소에 관하여는 제288조 단서에서 규정하고 있으나, 그러한 명문의 규정이 없는 경우 취소 가능 여부가 문제된다.

① 불고려설(不考慮說): 소송행위의 경우 소송절차의 명확성과 안정성을 기하기 위해 표시주의, 외관주의가 관철되어야 하므로, 소송행위에 사기·강박, 착오 등 의사의 하자가 있어도 민법의 규정에 의한 취소를 주장할 수 없다는 견해이다. 통설의 입장이다.

② 고려설(考慮說): 개개 소송행위의 특성에 응하여 각 소송주체의 구체적 이익을 형량해서 의사의 하자를 다투어야 한다는 견해이다. 특히 소의 취하나 청구의 포기·인낙 등과 같은 소송종료행위는 후행행위를 전제로 하지 않아 소송절차의 복멸(覆滅)을 걱정할 필요가 없고, 따라서 소송절차의 안정과 무관하므로 의사의 하자에 관한 민법의 규정을 유추적용할 수 있다고 한다.

③ 판례: 소송행위에는 특별한 규정 또는 특별한 사정이 없는 한 민법상 법률행위에 관한 규정이 적용되지 않는다. 따라서 항소의 취하 등 소송행위에 사기·강박이나 착오 등 의사표시의 하자가 있더라도 이를 이유로 그 무효나 취소를 주장할 수 없다.[1] 다만, 사기나 강박 등이 형사상 처벌받을 다른 사람의 행위로 인하여 이루어졌고, 그 다른 사람에 대하여 유죄판결이 확정된 경우에는 제451조 제1항 제5호 및 동조 제2항의 규정[2] 취지를 유추해석하여 그로 인한 소송행위의 효력을 부인할 수 있다. 그러나 이 경우에도 소송행위가 그에 부합되는 의사없이 외형적으로만 존재할 때에 한하여 그 효력을 부인할 수 있다고 할 것이므로 다른 사람의 범죄행위가 소송행위를 하는데 착오를 일으키게 한 정도에 불과할 뿐 소송행위에 부합되는 의사가 존재할 때에는 그 소송행위의 효력을 다툴 수 없다.[3]

---

1) 대법원 1980. 8. 26. 선고 80다76 판결.
2) 형사상 처벌을 받을 다른 사람의 행위로 말미암아 자백을 하였거나 판결에 영향을 미칠 공격방어방법의 제출에 방해를 받은 때에는 재심사유에 해당되고(제451조 제1항 제5호), 그 다른 사람에 대한 유죄판결이 확정되면 재심의 소를 제기할 수 있다(동조 제2항).
3) 소송행위에 대하여는 민법 제109조, 제110조의 규정이 적용될 여지가 없으므로 소송행위가 사기, 강박 등 형사상 처벌을 받을 타인의 행위로 인하여 이루어졌다 하더라도 이를 이유로 그 소송행위를 부인할 수 없고 다만 그 형사상 처벌을 받을 타인의 행위에 대하여 유죄판결이 확정된 경우에는 제451조 제1항 제5호, 제2항의 규정 취지를 유추해석하여 그로 인한 소송행위의 효력을 부인할 수 있다 하겠으나, 이 경우에 있어서도 그 소송행위가 이에 부합되는 의사없이 외형적으로만 존재할 때에 한하여 그 효력을 부인할 수 있다고 해석함이 상당하므로 타인의 범죄행위가 소송행위를 하는데 착오를 일으키게 한 정도에 불과할 뿐 소송행위에 부합되는 의사가

소송행위의 효과는 명확하고 획일적으로 규율되어야 하므로 소송행위의 효과는 유효 아니면 무효이고, 취소할 수 있는 소송행위는 명문의 규정이 없는 한 원칙적으로 인정되지 않는다. 소송종료행위일지라도 상대방이 이를 신뢰하여 계쟁물에 관한 처분행위를 한 경우 그 소송종료행위의 효력이 부인된다면 그 처분에 의하여 일정한 법적 지위를 취득한 사람의 지위에 영향을 줌으로써 당사자에게 손해를 줄 염려가 있다. 따라서 통설에 따르되 개별적 결점을 보완하는 것이 타당하다고 본다.

소송행위가 사기·강박 등 제451조 제1항 제5호의 '형사상 처벌받을 다른 사람의 행위'에 의하여 이루어졌을 때, 예를 들어 사기 또는 강박에 의하여 소취하서를 제출한 경우 등 형사책임이 수반되는 때에는 판결이 확정되지 않았더라도 동 조항을 유추하여 소송절차 내에서 그 무효를 주장할 수 있으며, 이때 재심에서 요구되는 제451조 제2항의 유죄확정판결을 요구하지 않음으로써 사실상 민법 제110조를 적용한 것과 같은 결론에 이를 수 있다. 사기나 강박 등 범죄행위에 의한 소송행위로 이루어진 판결은 어차피 확정 후에도 재심에 의하여 취소된다는 점에서 그 판결이 확정되기 전에 소송 내에서 그 소송행위의 효력을 부정하는 것이 소송경제에 합치된다고 할 수 있다. 그러나 판례는 위와 같은 경우에 유죄판결의 확정, 그 소송행위에 부합되는 의사 없이 외형만이 존재하는 등의 요건을 모두 갖춘 경우에 한하여 무효라고 함으로써 구제의 길을 좁히고 있다.

# 제3절   대체적 분쟁해결절차

## Ⅰ. 대체적 분쟁해결절차의 의의

대체적 분쟁해결절차(ADR, Alternative Dispute Resolution)란 전통적인 분쟁해결절차인 소송절차에 의하지 않고 분쟁을 해결하는 비소송적 분쟁해결절차를 말한다. 대체적 분쟁해결절차의 특성으로는 신속하고 저렴한 비용에 의한 분쟁해결이 가능한 점, 분쟁처리의 과정에서 당사자 본인들의 의사가 존중된다는 점, 비공개 절차로 진행되어 개인 또는 기업의 비밀이 보장될 수 있다는 점 등을 들 수 있다.

---

존재할 때에는 그 소송행위의 효력을 다툴 수 없다(대법원 1984. 5. 29. 선고 82다카963 판결; 1963. 11. 21 선고 63다441 판결).

대체적 분쟁해결절차의 유형으로는 크게 당사자들이 주도적으로 분쟁을 해결하는 절차와 제3자 개입하여 분쟁을 해결하는 절차로 구분할 수 있다. 전자의 예(例)로는 협상(negotiation)이 있고, 후자의 예로는 조정(mediation)과 중재(arbitration)가 있다. 협상(negotiation)이란 분쟁 당사자들 상호간에 의사소통을 통하여 합의에 이르는 분쟁해결절차이다. 이에 비하여 조정(mediation)은 중립적인 제3자, 즉 조정인이 협상에 개입하여 분쟁당사자들로 하여금 상호 양보를 통하여 협상에 이르도록 하는 분쟁해결절차이고, 중재(arbitration)는 분쟁당사자들 사이의 합의에 따라 법원의 판결에 의하지 않고 사인(私人)인 제3자를 중재인으로 선정하여 중재인의 판정에 의하여 분쟁을 해결하는 절차이다. 조정과 중재는 제3자의 개입정도에 따라 조정은 협상에, 중재는 판결에 각각 더 가까운 분쟁해결절차이다.

## Ⅱ. 현행법상 대체적 분쟁해결절차

현행법상 인정되고 있는 대체적 분쟁해결절차로 협상에 해당되는 화해와 조정, 중재가 있다.

### 1. 화해

화해에는 '재판외 화해'와 법원의 판사 앞에서 하는 '재판상 화해[1]'가 있다. 재판외 화해는 민법상 화해계약(민법 제731조 이하)을 뜻하는 것으로 당사자가 재판 외에서 상호 양보하여 당사자 사이의 분쟁을 종료하기로 약정하는 것을 말한다. 재판상 화해에는 '제소전 화해'와 '소송상 화해'가 있다. 제소전 화해는 당사자 일방이 지방법원에 화해신청을 하여 단독판사의 주재 하에 행한다(제385조 이하). 제소전 화해는 소송계속을 전제로 하지 않는다는 점에서 소송상 화해와 구별된다. 소송상 화해는 소송계속 중 당사자 쌍방이 양보하여 분쟁을 종료하기로 하고 그 결과를 법원에 진술하는 것으로, 조서에 적은 때에 소송은 종료된다(제225조 이하). 재판상 화해가 성립되면 확정판결과 동일한 효력이 인정된다(제220조).

화해권고결정(제225조 내지 제235조)은 소송상 화해를 활성화시키기 위하여 2002년 민사소송법을 개정하면서 도입되었다. 법원·수명법관 또는 수탁판사는 소송계속 중인 사건에 대하여 직권으로 화해권고결정을 할 수 있고, 당사자가 화해권고결정서의 정본을 송달받은 날부터 2주

---

1) 자세한 내용은 후술하는 '재판상 화해' 부분 참조.

이내에 이의를 신청하지 않으면, 화해권고결정은 재판상 화해와 동일한 효력을 가지게 되나, 당사자가 이의신청을 하면 소송은 화해권고결정 이전의 상태로 돌아간다.[1]

## 2. 조정[2]

법관 또는 조정위원회가 분쟁관계인 사이에 개입하여 화해로 이끄는 절차이다. 제3자의 중개가 필수적이라는 점에서 중개를 요하지 않는 화해와 차이가 있다. 조정은 당사자 사이에 합의된 사항을 조서에 기재함으로써 성립하고, 조정조서가 작성되면 재판상의 화해와 동일한 효력이 있다(민사조정법 제29조, 가사소송법 제52조 제2항 본문). 조정에는 민사조정법에 의한 민사조정과 가사소송법에 의한 가사조정이 있다.

조정담당판사는 당사자 사이에 합의가 성립되지 않거나 당사자 사이에 성립된 합의의 내용이 적당하지 않다고 인정되는 경우에는 상당한 이유가 없으면 직권으로 '조정을 갈음하는 결정'을 하여야 한다(민사조정법 제30조 및 제32조, 가사소송법 제49조). 조정을 갈음하는 결정의 조서정본이 송달된 날부터 2주일 이내에 당사자의 이의신청이 없는 경우에는 조정을 갈음하는 결정은 재판상 화해와 동일한 효력이 있고(민사조정법 제34조 제4항), 당사자가 이의신청을 한 경우에는 조정신청을 한 때에 소가 제기된 것으로 본다(동법 제36조 제1항).

## 3. 중재

### (1) 의의

중재는 당사자의 합의에 의하여 선출된 중재인의 중재판정에 의하여 당사자 사이의 분쟁을 해결하는 절차이다(중재법 제3조 제1호). 중재는 당사자 사이의 상호양보나 제3자가 제시하는 조정안에 동의함으로써 분쟁을 해결하는 것이 아니라 제3자의 판단에 의하여 분쟁을 해결한다는

---

1) 민사소송법상 '화해권고결정'과 구별되는 것으로 소액사건심판법상 '이행권고결정'(제5조의 3 내지 제5조의 8)이 있다. 법원은 소액사건에 속하는 소송이 제기된 경우에 소장부본을 첨부하여 피고에게 청구취지대로 이행할 것을 권고할 수 있고, 피고가 등본을 송달받은 날부터 2주일내에 서면으로 이의신청을 하지 않으면 이행권고결정은 확정판결과 같은 효력을 가지나, 이의신청이 있으면 법원은 지체없이 변론기일을 지정하여야 한다. 화해권고결정은 그 법적 성질이 화해, 즉 당사자 쌍방의 상호양보로 분쟁해결이 이르는 절차이나, 이행권고결정은 원고의 청구취지대로 이행할지 여부를 피고에게 묻는 절차라는 점에서 차이가 있다.
2) 자세한 내용은 후술하는 '조정' 부분 참조.

점에서 재판과 유사하고 화해나 조정과 구별된다. 그러나 당사자의 의사에 기초한 자주적 분쟁해결방법이라는 점에서 강제적 분쟁해결방법인 재판과 구별된다. 근거법률로는 중재법이 있고, 현재 중재기관으로 대한상사중재원이 있다.

중재는 단심제이고, 그럼으로써 신속한 분쟁해결이 가능하고, 비용이 저렴하다는 이점이 있다. 소송의 경우 대법원까지 평균 2년 내지 3년이 소요되는데 비하여 중재는 대략 7개월 내지 8개월 정도 소요된다는 점에서 그 차이가 확실하다. 또한 전문가들로 중재판정부가 구성되고, 분쟁당사자가 중재인의 선정에 참여함으로써 공정한 중재판정부의 구성이 가능하며, 심리가 비공개로 진행되므로 당사자의 영업비밀이 보장될 수 있다는 이점도 있다.

그러나 후술하는 중재판정취소소송이나 또는 집행결정을 구하는 재판이 제기되는 경우에는 시간이나 비용 측면에서 처음부터 소송에 의하는 경우와 비교하여 중재가 더 낫다고 보기 어렵다는 문제점이 있다. 그 밖에도 당사자의 변론권 등 방어권 보장이 미흡하고, 중재판정이 당사자 사이의 원만한 해결을 도모한다는 취지에서 종종 당사자 주장의 중간입장을 취해서 판정하는 경향이 있는 등 중재판정에 대한 신뢰성이 떨어지는 점 등이 문제점으로 지적되고 있다.

그런데 최근 중재법이 개정되어 보다 실효적이고 신속한 권리구제가 가능하도록 제도 개선이 이루어졌다. 주요 개정 내용을 살펴보면, 다음과 같다. 종전에는 중재의 대상을 '사법상의 분쟁'으로 한정하였으나, '재산권상의 분쟁 및 화해에 의하여 해결할 수 있는 비재산권상의 분쟁'을 그 대상으로 함으로써 중재대상의 범위를 확대하였다(제3조 제1호). 그리하여 예를 들어, 불공정거래행위 또는 특허권 등에 관한 분쟁 등 비재산권상의 분쟁도 중재에 의할 수 있게 되었다. 중재합의의 서면 요구를 완화하여 전자우편 등 통신수단에 의하여 교환된 전자적 의사표시에 중재합의가 포함된 경우에도 서면에 의한 중재합의가 있는 것으로 간주하고 있다(제8조). 종전에는 중재판정의 승인 및 집행절차를 판결절차에 의하도록 하였으나 변론을 거칠 필요가 없는 결정절차에 의하도록 함으로써 절차를 간소화하였다(제37조). 또한 종전에는 현상의 변경을 금지하거나 잠정적인 조치를 취하기 위해서는 당사자가 별도로 법원에 보전처분을 신청하여야 했으나, 개정법에서는 중재판정부가 당사자의 신청에 따라 필요하다고 인정하면 임시적 처분을 내릴 수 있고, 법원의 결정을 통하여 임시적 처분이 승인 및 집행될 수 있도록 하였다(제18조 내지 제18조의18). 그 밖에도 중재판정부의 증거조사에 관한 법원의 협조의무를 강화하였다. 종전에는 중재판정부가 법원의 증거조사에 참여할 수 없었으나, 중재인이나 당사자로 하여금 재판장의 허가를 얻어 법원의 증거조사에 참여할 수 있도록 하였으며, 법원이 증인이나 문서소지자 등에게 중재판정부에 출석하거나 필요한 문서를 제출하도록 명할 수 있게 하였다(제28조). 또한 종전에는 중재비용 및 지연이자에 대한 중재판정의 근거가 없었으나, 중재판정부가 판정으로 중재비용의 분담 및 지연이자에 관하여 정할 수 있도록 하였다(제34조의2, 3). 중재제도의 활성화를 도모하고자 하는 개정법의 취지가 충실히 구현되기를 기대해 본다.

## (2) 중재합의

중재에 의하려면, 당사자 사이에 중재합의가 있어야 한다. 중재합의란 일정한 법률관계에 있어서 당사자 사이에 이미 발생하였거나 장래 발생할 수 있는 분쟁의 전부 또는 일부를 중재에 의하여 해결하도록 하는 당사자 사이의 합의를 말한다(중재법 제3조). 중재합의는 독립된 합의에 의하거나 또는 계약 중 중재조항의 형식으로 할 수 있으나, 서면으로 하여야 한다(제8조 제2항).[1] 중재합의가 있음에도 불구하고 상대방이 법원에 소송을 제기하였을 경우 본안전 항변을 통하여 중재합의가 있었음을 주장·입증하면 법원은 소송을 각하하는 판결을 하여야 한다(제9조).

중재합의는 분쟁을 법원의 판결이 아닌 중재인의 중재판정에 의하여 해결하기로 하는 당사자 사이의 합의이다. 오로지 중재에 의하여 분쟁을 해결하기로 하는 '전속적 중재합의'가 중재합의로서 유효한 것은 물론이지만, 나아가 법원의 판결 또는 중재에 의하여 분쟁을 해결하기로 하는 '선택적 중재합의'도 중재합의로서 유효한지 논란이 있다.[2] 다양한 분쟁해결방법을 모색하려는 당사자의 사적 자치와 당사자의 편익이라는 관점에서 보면 선택적 중재합의의 유효성을 긍정할 수 있을 것이나, 모든 국민은 헌법과 법률이 정한 법관에 의한 재판을 받을 권리를 갖는다(헌법 제27조 제1항)는 점에서 보면 부정하게 될 것이다. 대법원은 선택적 중재합의는 일방 당사자가 상대방에 대하여 중재절차를 선택하여 그 절차에 따라 분쟁해결을 요구하고, 이에 대하여 상대방이 본안에 관한 답변서를 제출할 때까지 중재합의의 존부 또는 유효성에 관한 이의 없이 중재절차에 임하였을 때 중재합의로서 효력이 있다고 하여 절충적인 입장을 취하고 있다.[3]

## (3) 중재판정부의 구성

중재인의 수는 당사자 사이에 별도의 합의가 없으면 3인으로 한다(제11조). 중재인이 1인인

---

1) 구술 또는 행위 그 밖의 어떠한 수단에 의하여 이루어진 것인지 여부와 관계없이 중재합의의 내용이 기록된 경우, 전보·전신·팩스·전자우편 또는 그 밖의 통신수단에 의하여 교환된 전자적 의사표시에 중재합의가 포함된 경우, 당사자 일방이 신청서 또는 답변서의 내용에 중재합의가 있는 것을 주장하고 상대방 당사자가 이에 대하여 다투지 않는 경우에는 서면에 의한 중재합의로 본다(제8조 제3항).
2) 공사도급계약서상 "분쟁해결은 당사자 쌍방 모두 중재법에 의거 대한상사중재원 부산지부 중재에 따르고, 법률적 쟁송이 있을 경우 도급인의 주소지 관할법원으로 한다."는 내용의 중재조항은 그 작성 경위 등에 비추어 이른바 선택적 중재조항으로 볼 수 없고, 오히려 전속적 중재조항으로 해석하여야 하며, 위 합의에서 '법률적 쟁송이 있을 경우'라 함은 그 중재절차·중재판정과 관련하여 제기될 수 있는 소송에 관한 중재법 제7조 소정의 관할 합의를 한 것으로 보아야 한다(대법원 2005. 5. 13. 선고 2004다67264 판결).
3) 대법원 2005. 5. 27. 선고 2005다12452 판결.

경우 당사자가 합의에 의하여 중재인을 선정하고, 당사자 사이에 합의가 이루어지지 않으면 법원 또는 그 법원이 지정한 중재기관이 선정한다(제12조 제3항 제1호). 중재인이 3인인 경우에는 각 당사자가 1인씩 중재인을 선정하고, 선정된 2인의 중재인들이 합의하여 나머지 1인의 중재인을 선정한다(동항 제2호). 당사자는 중재인으로 선정된 사람이 공정성이나 독립성에 관하여 의심할 만한 사유가 있거나 중재인의 자격을 갖추지 못한 사유가 있는 경우에는 기피신청을 할 수 있다(제13조).

### (4) 중재절차

#### 1) 임시적 처분

중재판정부는 당사자 일방의 신청에 따라 필요한 경우 본안에 대한 중재판정이 있을 때까지 현상을 유지하거나 또는 영향을 미치는 조치를 금지하는 등의 임시적 처분을 내릴 수 있다(제18조). 중재판정부가 내린 임시적 처분의 승인을 받으려는 당사자는 법원에 그 승인의 결정을 구하는 신청을 할 수 있고, 임시적 처분에 기초한 강제집행을 하려고 하는 당사자는 법원에 이를 집행할 수 있다는 결정을 구하는 신청을 할 수 있다(제18조의7 제1항).

#### 2) 심리

양쪽 당사자는 중재절차에서 동등한 대우를 받아야 하고, 변론할 수 있는 충분한 기회를 가져야 한다(제19조). 당사자 사이에 다른 합의가 없는 경우 중재절차는 당사자, 분쟁의 대상 및 중재합의의 내용이 기재된 중재요청서를 피신청인이 받은 날부터 개시된다(제22조).

신청인은 당사자들이 합의하였거나 중재판정부가 정한 기간 내에 신청 취지와 신청 원인이 된 사실을 적은 신청서를 중재판정부에 제출하고, 피신청인은 이에 대하여 답변하여야 한다(제24조 제1항). 신청인이 정해진 기간 내에 신청서를 제출하지 않는 경우 중재판정부는 중재절차를 종료하여야 한다(제26조 제1항).[1]

당사자 사이에 다른 합의가 없는 경우 중재판정부는 구술심리를 할 것인지 또는 서면으로만 심리를 할 것인지를 결정한다(제25조 제1항). 중재판정부는 충분한 시간을 두고 구술심리기일 또는 증거조사기일을 당사자에게 통지하여야 하고(동조 제2항), 당사자 일방이 중재판정부에 제출하는 준비서면, 서류, 그 밖의 자료는 지체 없이 상대방 당사자에게 제공되어야 한다(동조 제3항).

---

1) 피신청인이 답변서를 제출하지 않는 경우에, 소송에 있어서와 같이 중재판정부가 신청인의 주장에 대하여 자백한 것으로 간주할 수는 없으며, 중재절차를 계속 진행하여야 한다(제26조 제2항).

### 3) 증거조사에 관한 법원의 협조

중재판정부는 직권으로 또는 당사자의 신청에 의하여 법원에 증거조사를 촉탁하거나 증거조사에 대한 협조를 요청할 수 있다(제28조 제1항). 이에 따른 법원의 증거조사에 중재인이나 당사자는 재판장의 허가를 얻어 참여할 수 있고(동조 제3항), 법원은 증거조사를 마친 후 증인신문조서 등본, 검증조서 등본 등 증거조사기록을 지체 없이 중재판정부에 보내야 한다(동조 제4항).

### (5) 중재판정

#### 1) 중재판정의 효력

중재판정은 법원의 확정판결과 동일한 효력을 가진다(제35조). 즉, 중재판정이 내려지면 소송에서의 항소나 상고와 같은 불복절차가 허용되지 않으며, 중재판정은 사실상 대법원의 판결과 동일한 효력이 있다.

#### 2) 중재판정의 불복

중재판정에 대한 불복은 법원에 중재판정취소소송을 제기하는 방법으로만 할 수 있다(제36조 제1항). 중재판정의 취소사유는 당사자가 중재합의 당시 무능력자인 경우 또는 중재합의가 무효인 경우, 당사자가 중재인의 선정 또는 중재절차에 관하여 적절한 통지를 받지 못하였거나 변론을 할 수 없었던 경우, 중재판정이 중재합의의 대상이 아닌 분쟁을 다루었거나 중재합의 범위를 벗어난 경우, 중재판정부의 구성 또는 중재절차가 당사자 사이의 합의에 따르지 않거나 중재법에 따르지 않은 경우, 중재판정의 대상이 된 분쟁이 국내법에 따라 중재로 해결될 수 없는 경우, 중재판정의 승인 또는 집행이 우리나라의 선량한 풍속이나 기타 사회질서에 위배되는 경우로 한정된다(제36조 제2항).

중재판정취소소송은 중재판정의 취소를 구하는 당사자가 중재판정의 정본을 받은 날부터 또는 판정의 정정이나 추가 판정의 정본을 받은 날부터 3개월 이내에 제기하여야 한다(제36조 제3항). 해당 중재판정에 대하여 국내법원에서 내려진 승인 또는 집행결정이 확정된 후에는 중재판정취소의 소를 제기할 수 없다(동조 제4항).

#### 3) 중재판정의 집행

중재판정은 그 자체로서 집행력이 없으므로 강제집행을 허가하는 법원의 결정이 있어야 집행이 가능하다(중재법 제37조 제2항). 종전에는 필요적 변론이 요구되는 판결절차에 의하도록 하였으나, 집행절차의 신속을 도모하기 위하여 결정절차에 의하도록 변경되었다. 당사자는 법원에 중재판정의 정본이나 사본을 제출하고 중재판정에 기초한 강제집행을 신청할 수 있다(제37조 제2항 및 제3항). 당사자의 신청이 있으면, 법원은 변론을 열거나 당사자 쌍방을 심문하고(동조 제4항), 결정으로 강제집행을 허가한다(동조 제2항). 강제집행 허가결정에 대하여는 즉시항고를 할 수 있다(동조 제6항).

# 02

# 소송의 주체

제2편

# 01
# 법 원

---

## 제1절   민사재판권

## I. 재판의 의의와 종류

### 1. 재판의 의의

재판은 재판기관이 행하는 공권적인 법적 판단을 말한다. 재판은 법규를 대전제로 하고 구체적 사실을 소전제로 하여 추리·판단한 결과 얻어진 결론을 외부에 표현하는 것이며, 그 판단이 공권적이라는 점에서 사인의 법적 판단과 구별된다. 여기서 '공권적'이라 함은 국가권력에 의하여 판단내용이 강제로 실현될 수 있음을 의미한다.

재판에는 소송사건에 대하여 종국적 판단을 하고 해당 심급을 끝내는 '종국판결', 소송 진행 중 쟁점을 미리 정리·판단하는 '중간판결', 소송절차의 파생적 또는 부수적인 사항에 관한 판단인 각종 '결정'이나 '명령' 등이 있다. 종국판결에는 소송요건이나 상소요건에 흠결이 있는 경우 소송 또는 상소를 부적법 각하하는 '소송판결'과 소송에 의한 청구가 실체법상 이유 있는지 여부를 판단하는 '본안판결'이 있다.

재판의 주체인 재판기관은 소송법상 의미의 법원을 뜻하며, 합의체로서의 재판부, 즉 '합의부'와 단독사건을 처리하는 법관, 즉 '단독판사'를 말한다. 경우에 따라서는 '수명법관' 또는 '수탁판사'가 재판기관이 될 때도 있다. 합의부의 재판장은 구성원 1인에게 화해의 권고, 법원 외에서의 증거조사, 변론준비절차의 진행 등의 처리를 위임할 수 있는데, 이를 수명법관이라고 하고, 수소법원이 동급의 다른 법원에 일정한 재판사항, 예를 들어 원거리에 사는 증인에 대한 현지 법원에의 신문촉탁 등의 처리를 부탁하는 경우에 그 처리를 맡은 다른 법원의 단독판사를 수탁판사라고 한다.

## 2. 재판의 종류

| 구분 | 판결 | 결정 | 명령 |
|---|---|---|---|
| 재판기관 | 법원 | 법원 | 재판장, 수명법관, 수탁판사 |
| 대상 | 종국적 또는 중간적 판단을 필요로 하는 중요사항<br>예 소(반소) 또는 상소 제기에 대한 판결 | 부수적이며 파생적 또는 신속을 요하는 사항<br>예 가압류·가처분결정 등 각종 신청에 대한 결정, 화해권고결정 등 | 부수적이며 파생적 또는 신속을 요하는 사항<br>예 소장각하명령, 석명준비명령 등 |
| 변론 | 필요적 변론 | 임의적 변론 | 임의적 변론 |
| 표시방법 | 선고 | 고지 | 고지 |
| 불복방법 | 항소, 상고 | 항고, 재항고, 이의신청 | 항고, 재항고, 이의신청 |

### (1) 재판기관, 재판의 대상

판결과 결정의 재판기관은 법원이고, 명령의 재판기관은 재판장, 수명법관, 수탁판사 등 법관이다. 다만, 법원의 재판이어서 성질은 결정이나, 명령으로 불리는 경우가 있다. 예를 들어, 문서제출명령, 압류명령, 추심명령, 전부명령 등이 그것이다. 판결은 종국적 또는 중간적 판단을 필요로 하는 중요사항을 그 대상으로 하나, 결정과 명령은 부수적이며 파생적 사항 또는 신속을 요하는 사항을 그 대상으로 한다.

### (2) 재판의 방식

판결은 신중을 기하기 위하여 필요적 변론이 원칙이나, 결정과 명령은 임의적 변론에 의한다(제134조 제1항 단서). 즉, 판결을 하려면 원칙적으로 변론을 열어야 하지만, 결정과 명령에서는 변론을 거칠지 여부가 법원의 재량에 맡겨져 있다. 또한 판결은 소액사건이 아닌 한 이유를 기재하여야 하나(제208조, 소액사건심판법 제11조의 2 제3항), 결정이나 명령에는 이유의 기재를 생략할 수 있고, 법관의 서명도 기명으로 갈음할 수 있다(제224조 제1항 단서).

판결은 판결서를 작성하여 선고하는 방법에 의하여야 하나, 결정과 명령은 결정서나 명령서를 작성하지 않고 조서의 기재로 갈음할 수 있으며(제154조 제5호), 상당한 방법으로 고지하면 충분하다(제221조). 또한 판결은 선고한 때에 성립하지만, 결정과 명령은 고지한 때가 아니라 그 원본이 법원사무관 등에게 교부된 때에 성립한다.[1]

## (3) 재판의 효력

통설은 판결에는 자기구속력이 있으나 결정과 명령에는 자기구속력이 없다고 한다. 그리하여 판결의 경우 법원은 자신이 한 판결에 스스로 구속되어 임의로 취소·변경할 수 없지만, 결정과 명령에서는 취소·변경할 수 있다고 한다. 그러나 결정과 명령도 재판인 이상 판결에서와 마찬가지로 자신이 한 결정이나 명령에 스스로 구속된다고 보아야 할 것이다. 다만, 결정이나 명령을 한 법원이 취소·변경할 수 있다는 법률의 규정이 있는 경우에는 자기구속력이 인정되지 않는다. 판례도 결정과 명령이 성립한 후에는 취소·변경을 허용하는 별도의 규정이 있는 등 특별한 사정이 없는 한 결정이나 명령을 한 법원은 자신이 한 결정 또는 명령에 구속되어 스스로 이를 취소·변경할 수 없다고 한다.[2]

그러나 결정 또는 명령을 한 법원이 스스로 취소·변경할 수 있는 경우가 있다. 소송의 지휘에

---

[1] 판결과 달리 선고가 필요하지 않은 결정이나 명령과 같은 재판은 원본이 법원사무관 등에게 교부되었을 때 성립한 것으로 보아야 하고, 또한 결정법원은 즉시항고가 제기되었는지 여부와 관계없이 일단 성립한 결정을 당사자에게 고지하여야 하고 고지는 상당한 방법으로 가능하며, 재판기록이 항고심으로 송부된 이후에는 항고심에서의 고지도 가능하다. 일단 결정이 성립하면 당사자가 법원으로부터 결정서를 송달받는 등의 방법으로 결정을 직접 고지받지 못한 경우라도 결정을 고지받은 다른 당사자로부터 전해 듣거나 기타 방법에 의하여 결론을 아는 것이 가능하여 본인에 대해 결정이 고지되기 전에 불복 여부를 결정할 수 있다. 그럼에도 이미 성립한 결정에 불복하여 제기한 즉시항고가 항고인에 대한 결정의 고지 전에 이루어졌다는 이유만으로 부적법하다고 한다면, 항고인에게 결정의 고지 후에 동일한 즉시항고를 다시 제기하도록 하는 부담을 지우는 것이 될 뿐만 아니라 이미 즉시항고를 한 당사자는 그 후 법원으로부터 결정서를 송달받아도 다시 항고할 필요가 없다고 생각하는 것이 통상의 경우이므로 다시 즉시항고를 제기하여야 한다는 것을 알게 되는 시점에서는 이미 즉시항고기간이 경과하여 회복할 수 없는 불이익을 입게 된다. 이와 같은 사정을 종합적으로 고려하면, 이미 성립한 결정에 대하여는 결정이 고지되어 효력을 발생하기 전에도 결정에 불복하여 항고할 수 있다고 할 것이다(대법원 2014. 10. 8. 자 2014마667 전원합의체 결정).
[2] 판결과 달리 선고가 필요하지 않은 결정이나 명령과 같은 재판은 원본이 법원사무관 등에게 교부되었을 때 성립한 것으로 보아야 하고, 일단 성립한 결정은 취소 또는 변경을 허용하는 별도의 규정이 있는 등의 특별한 사정이 없는 한 결정법원이라도 이를 취소·변경할 수 없다(대법원 2014. 10. 8. 자 2014마667 전원합의체 결정).

관한 결정과 명령은 언제든지 취소할 수 있고(제222조), 소송대리인 허가결정과 변론의 제한·분리·병합을 명하는 명령도 그 결정이나 명령을 한 법원이 취소할 수 있다(제88조 제3항, 제141조). 또한 결정이나 명령에 대하여 항고를 제기한 경우 항고에 정당한 이유가 인정되면 자기구속력이 상실되어 원심법원이 스스로 취소·변경할 수 있다(제446조). 이를 '재도(再度)의 고안(考案)'이라고 한다.

판결은 확정되어야 기판력이나 집행력, 형성력 등의 효력이 발생하는데 대하여, 결정과 명령은 원칙적으로 고지함으로써 효력이 발생한다(제221조 제1항). 다만, 집행절차를 취소하는 결정(민사집행법 제17조 제2항), 매각허가 또는 불허가 결정(동법 제126조 제3항), 전부명령(동법 제229조 제6항)은 확정되어야 효력이 발생하고, 또한 가압류·가처분결정에 대한 이의신청에 있어서 가압류·가처분을 취소하는 결정을 하는 경우에는 채권자가 그 고지를 받은 날부터 2주를 넘지 않는 범위 안에서 상당하다고 인정하는 기간이 경과하여야 그 결정의 효력이 생기는 것으로 선언할 수 있다(동법 제286조 제6항, 제301조).

## (4) 불복방법

판결에 대한 불복방법에는 항소와 상고가 있고, 결정과 명령에 대한 불복방법에는 항고, 재항고와 이의신청이 있다. 항소는 제1심판결에 대하여 항소심에 하는 불복신청이고, 상고는 항소심판결에 대하여 상고심에 하는 불복신청이다. 항고와 재항고는 결정·명령에 대하여 상급심법원에 하는 불복신청이고, 이의신청은 동일심급에 하는 불복신청이다.

항고에는 통상항고와 즉시항고가 있다. 통상항고는 항고제기의 기간에 제한이 없는 항고로서, 항고의 이익이 있는 한 어느 때나 제기할 수 있다. 그러나 즉시항고는 법률에 '즉시항고할 수 있다'는 명문의 규정이 있는 경우에 한하여 예외적으로 허용되며, 1주일의 불변기간 내에 제기할 것을 요하고(제444조), 그 제기에 의하여 집행정지의 효력이 생기는 것이 원칙이다(제447조). 재항고는 최초의 항고에 대한 항고법원의 결정, 고등법원 또는 지방항소법원의 결정·명령에 대하여 법률심인 대법원에 항고하는 것을 말한다(제442조).

소송지휘에 관한 재판장의 명령 또는 재판장이나 합의부원의 조치에 대하여 당사자는 이의를 신청할 수 있고, 이의신청이 있으면 법원, 즉 합의부 또는 단독판사가 이에 대하여 결정으로 재판한다(제138조). 화해권고결정, 지급명령, 이행권고결정, 조정에 갈음하는 결정, 가압류·가처분결정에 대해서도 이의신청에 의하여 불복한다. 가압류·가처분결정의 이의신청에 대하여 결정으로 재판하고(민사집행법 제286조 제3항), 이러한 결정에 대하여는 즉시항고를 할 수 있다(동조 제7항).

## Ⅱ. 민사재판권

### 1. 의의

민사재판권이란 헌법상 법원에 속하는 사법권의 한 권능으로서, 민사소송을 처리하기 위하여 행사하게 되는 국가권력을 말한다. 여기에는 법률관계에 관하여 이행·확인·형성의 판결을 하는 권한은 물론이고 강제집행을 하는 권한과 이에 부수하여 송달·공증의 사무를 시행하고, 증인·감정인 등을 소환·심문하며, 증거물의 소지자에게 그 제출과 검증의 수인(受忍)을 명하고, 이에 응하지 않는 사람에게 제재(과태료)를 가할 수 있는 권한 등이 포함된다.

### 2. 민사재판권의 범위

#### (1) 인적 범위

민사재판권은 우리나라 영토 내에 있는 모든 사람과 물건에 대하여 미친다. 그러나 국제법상 치외법권의 특권이 있는 사람에게는 그들 스스로 특권을 포기하지 않는 한, 민사재판권이 당연히 미치지는 않는다. 예를 들어, '외교관계에 관한 비엔나 협약'에 따라 외교사절과 그 구성원·가족 등에 대하여는 우리나라의 민사재판권이 미치지 않으며(다만, 외교관의 개인 부동산에 관한 소송은 제외된다), '한미행정협정(SOFA)'에 따라 주한미군의 공무집행 중 불법행위에 대하여도 우리나라의 민사재판권이 미치지 않는다. 재판관할권면제의 특권은 포기할 수 있다. 그러나 재판관할권면제의 특권을 포기하였다고 강제집행면제의 특권을 포기한 것으로 되지는 않으며, 강제집행면제의 특권을 포기하기 위해서는 별도의 포기를 요한다.

외국국가에 대해서는 제한된 범위 내에서 우리나라의 민사재판권이 미친다(상대적 면제주의).[1] 우리나라의 영토 내에서 행하여진 외국의 사법적(私法的) 행위에 대해서는 우리나라의 민사재판권이 미치는 것이 원칙이다. 다만, 그 사법적 행위가 주권적(主權的) 활동에 속하는 것이거나 이와 밀접한 관련이 있어서 이에 대한 재판권의 행사가 외국의 주권적 활동에 대한 부당한 간섭이 될 우려가 있는 등의 특별한 사정이 있는 경우에는 우리나라의 민사재판권이

---

1) 외국국가의 일체의 행위에 대하여 우리나라의 민사재판권이 미치지 않는다는 입장을 '절대적 면제주의'라고 한다. 그러나 우리나라의 통설 및 판례는 상대적 면제주의에 의하고 있다.

미치지 않는다.[1]

## (2) 물적 범위

민사재판권의 물적 범위는 섭외적(涉外的) 민사사건에 대하여 우리나라의 민사재판권이 미치는지 여부에 관한 것이다. 섭외적 민사사건이란 사법관계의 구성요소 중 일부가 외국과 관련이 있는 민사사건을 말한다. 사법관계의 구성요소란 당사자의 국적·주소·거소, 목적물의 소재지, 행위지, 이행지, 사실발생지 등을 말한다. 그리하여 예를 들어, 우리나라 국민이 외국에서 입은 불법행위에 대한 손해의 배상을 구하는 소송, 우리나라 국민이 외국에 소재한 목적물의 이행을 구하는 소송 등에서 우리나라의 민사재판권이 미치는지 아니면 해당 외국의 민사재판권이 미치는지 살펴보는 것이다. 이를 국제재판관할권이라고도 한다.

국제재판관할권에 관하여 당사자 사이에 합의가 있는 경우에는 문제될 것이 없으나, 그렇지 않은 경우 어떠한 기준에 의하여 국제재판관할권을 정할지 논란이 있다.[2] 이에 관하여는 우리나라 민사소송법의 토지관할에 관한 규정을 역(逆)으로 추지(推知)하여 국제재판관할권을 정하자는 견해(역추지설), 사건의 적정한 해결과 당사자 사이의 공평, 신속하고 경제적인 재판이라는 관할배분의 이념에 좇아 국제재판관할권을 정하여야 한다는 견해(관할배분설), 원칙적으로 우리나라 토지관할에 관한 규정을 근거로 국제재판관할권을 정하되, 이 기준에 의하여 우리나라에 재판관할권을 인정하는 것이 심히 부당한 특단의 사정이 있는 경우에는 관할배분설에 의할 것이라는 견해(수정역추지설) 등이 주장되고 있다. 역추지설이나 관할배분설이나 실질적인 차이는 없다고 본다. 우리나라의 토지관할에 관한 규정 역시 관할배분의 이념에 따라 제정된 것이기 때문이다.[3] 따라서 원칙적으로 토지관할의 규정에 근거하여 국제재판관할권을 정하고, 토지관할의 규정에 의하기 어려운 특별한 사정이 있는 경우에는 관할배분의 이념에 따라 정해야 할 것이다.

---

1) 우리나라의 영토 내에서 행하여진 외국의 사법적 행위가 주권적 활동에 속하는 것이거나 이와 밀접한 관련이 있어서 이에 대한 재판권의 행사가 외국의 주권적 활동에 대한 부당한 간섭이 될 우려가 있다는 등의 특별한 사정이 없는 한, 외국의 사법적 행위에 대하여는 해당 국가를 피고로 하여 우리나라의 법원이 재판권을 행사할 수 있다(대법원 2011. 12. 13. 선고 2009다16766 판결; 1998. 12. 17. 선고 97다39216 전원합의체 판결).
2) 다만, 부동산을 목적으로 하는 소송은 그 부동산 소재지 국가의 재판관할권에 전속한다는 것이 국제적으로 승인된 원칙이라고 한다(서울고법 2014. 4. 17. 선고 2013나17874 판결).
3) 섭외사건에 관하여 국내의 재판관할을 인정할지의 여부는 결국 당사자간의 공평, 재판의 적정, 신속을 기한다는 기본이념에 따라 조리에 의하여 이를 결정함이 상당하다 할 것이고, 이 경우 우리나라의 민사소송법의 토지관할에 관한 규정 또한 위 기본이념에 따라 제정된 것이므로 위 규정에 의한 재판적이 국내에 있을 때에는 섭외사건에 관한 소송에 관하여도 우리나라에 재판관할권이 있다고 인정함이 상당하다(대법원 1992. 7. 28. 선고 91다41897 판결).

우리나라 국제사법에서는 당사자 또는 분쟁사안이 우리나라와 실질적 관련이 있는 경우 국내 법원에 국제재판관할권을 인정하고 있다(국제사법 제2조 제1항 전단). 이 경우 실질적 관련의 유무를 판단함에 있어서 국내법의 관할규정을 참작하되, 국제재판관할 배분의 이념을 충분히 고려하도록 규정하고 있다(동조 제1항 후단 및 제2항). 판례는 국제재판관할권은 당사자 사이의 공평, 편의, 예측가능성과 같은 개인적 이익뿐만 아니라 재판의 신속, 적정, 경제 및 판결의 실효성 등과 같은 법원 내지 국가의 이익도 함께 고려하여 결정하여야 하고, 이러한 다양한 이익 중 어떤 이익을 보호할 것인지는 개별적 사건에서 수소법원과 당사자, 분쟁사안 사이의 실질적 관련성을 기준으로 합리적으로 판단해야 한다고 한다.[1] 판례는 실질적 관련성을 판단하는 개별 요소로 증거조사의 용이성, 당사자 일방이 외국인인 경우 국내 법원 제소에 대한 예견가능성 등을 들고 있다. 그리하여 손해발생지가 국내이거나 손해액 산정에 필요한 자료가 국내에 많이 있어 자료 수집이 편리한 경우, 손해가 국내 영업활동과 관련하여 발생하였거나 국내 소재 재산에 대한 강제집행이 가능하여 국내 법원에 소송이 제기될 수 있음을 충분히 예견할 수 있었던 경우 등에는 실질적 관련성을 인정하고 있다.[2]

---

[1] 대법원 2013. 7. 12. 선고 2006다17539 판결; 2012. 5. 24. 선고 2009다22549 판결; 2010. 7. 15. 선고 2010다 18355 판결.

[2] 베트남전쟁 동안 복무지역에 살포된 고엽제에 노출되어 질병이 발생한 참전군인들이 고엽제를 제조한 미국회사를 상대로 손해배상청구소송을 제기한 사안에서, 피고들은 우리나라 군인들이 베트남전에 참전하는 사실을 알고 있었으므로 우리나라 군인들이 귀국한 후 질병이 발생할 경우 우리나라에서 피고들을 상대로 제조물책임을 묻는 소를 제기할 수 있음을 충분히 예견할 수 있었으며, 베트남전 참전군인들의 베트남전 복무 및 그 발생 질병에 관한 자료들이 모두 국내에 있고 피고들이 우리말로 번역하여야 한다고 주장하는 외국 자료의 분량에 비하여 월등히 많으며, 손해액 산정에 필요한 자료 또한 국내에서 수집하는 것이 편리하고, 우리나라는 베트남전 참전국가로서 참전 중의 행위로 발생한 우리나라 군대 구성원의 질병에 관한 분쟁에 관하여 정당한 이익이 있는 점 등을 참작하면 분쟁이 된 사안의 손해발생지 겸 당사자의 생활근거지인 우리나라는 이 사건의 사안 및 당사자와 실질적 관련성이 있으므로 국내 법원에 국제재판관할권이 인정된다(대법원 2013. 7. 12. 선고 2006다17539 판결); 김해공항 인근에서 발생한 중국 항공기 추락사고로 사망한 중국인 승무원의 유가족이 중국 항공사를 상대로 우리나라 법원에 손해배상청구소송을 제기한 사안에서, 불법행위지 및 피고 회사의 영업소 소재지가 속한 우리나라 법원에 토지관할을 인정할 수 있고, 피고 회사의 영업소가 우리나라에 존재하고 피고 회사 항공기가 대한민국에 취항하며 영리를 취득하고 있는 이상 영업 활동을 전개하는 과정에서 우리나라에서 사고가 발생한 경우 피고 회사로서는 손해배상청구소송이 제기될 수 있음을 충분히 예견할 수 있었으며, 피고 회사의 재산에 대한 강제집행을 할 수도 있다는 점에서 우리나라 법원에 재판관할권을 인정할 수 있다(대법원 2010. 7. 15. 선고 2010다18355 판결); 미국의 등록기관에 등록한 도메인 이름(hpweb.com)에 대한 미국의 국가중재위원회(National Arbitration Forum)의 이전판정에 불복하여 우리나라 법원에 손해배상청구소송을 제기한 사안에서, 원고가 우리나라에 주소를 두고 영업을 하고 있으며, 도메인 이름에 대한 이전판정으로 인하여 영업상 손해가 발생한 곳도 우리나라이고, 그러한 이용행위가 침해행위인지 여부 및 손해의 유무를 판정하기 위한 증거들이 모두 우리나라에 소재하는 점 등에 비추어 분쟁사안과 우리나라 사이에 실질적 관련성을 인정할 수 있으며, 피고(후렛트 팩커드 컴퍼니)가 판정을 신청할 당시 원고의 주소지를 중심지로 하는 영업에 영향을 미치게 된다는 점을 충분히 알 수 있었을 것이므로 국내법원에 소송이 제기될 가능성을 충분히 예견할 수 있었다고 할 것이므로 국내 법원에 국제재판관할권을 인정할 수 있다(대법원 2005. 1. 27. 선고 2002다59788 판결).

### (3) 장소적 범위

민사재판권은 영토주권의 원칙에 따라 자국 내에서만 미친다. 그리하여 우리나라 법원이 외국에서 소송서류를 송달하거나 증거조사 등을 실시할 수 없다. 다만, 사법공조(司法共助)협약이 체결된 경우에는 외국 주재 대사·공사·영사 또는 외국의 국가기관 등을 통하여 소송서류의 송달 또는 증거조사의 실시를 촉탁할 수 있다.

## 3. 재판권 흠결의 효과

민사재판권의 존부는 소송요건이므로 법원이 직권으로 조사하여 재판권 흠결이 드러나면 소를 부적법 각하하여야 한다. 그러나 재판권면제의 특권을 포기할 수도 있으므로 바로 각하할 것은 아니며, 이를 조사하여 재판권의 흠결이 명백하면 소를 각하하여야 할 것이다. 재판권의 흠결을 간과하여 내려진 판결은 상소로써 다툴 수 있으나, 재심사유는 아니므로 확정 후에는 다툴 수 없다. 그러나 재판권이 미치지 않는 사람에 대하여는 판결의 효력이 발생하지 않는다는 점에서 그 판결은 무효라고 할 것이다.

# 제2절   법원의 구성

## Ⅰ. 법원의 종류와 구성

법원은 넓은 의미로는 법관, 사법보좌관, 법원사무관, 집행관 그 밖의 법원직원 등을 포함한 일체로서의 사법조직을 뜻한다. 여기에는 재판기관은 물론 사법행정기관 등도 모두 포함된다. 그러나 좁은 의미로는 재판권을 행사하는 재판기관, 즉 합의부와 단독판사만을 의미한다. 광의의 법원이 조직법상의 개념이라면, 협의의 법원은 소송법상의 개념이라고 할 수 있다.

법원의 종류에는 대법원, 고등법원, 특허법원, 지방법원, 가정법원, 행정법원, 회생법원의 일곱 가지가 있다(법원조직법 제3조 제1항). 지방법원 및 가정법원의 사무의 일부를 처리하기 위하여 그 관할구역 내에 지원과 가정지원, 시·군법원 및 등기소를 둘 수 있고(동조 제2항 본문), 또한 지방법원 소재지에서 고등법원의 사무를 처리하는 고등법원 원외재판부를 둘 수 있다(제27조

제4항).[1] 현재 고등법원이 6개(서울·대전·대구·부산·광주·수원[2]) 설치되어 있고, 지방법원은 18개, 가정법원은 6개(서울·인천·대전·대구·부산·광주)가 각각 설치되어 있으며, 특허법원과 행정법원, 회생법원은 각각 1개씩 설치되어 있다(각급 법원의 설치와 관할구역에 관한 법률 제2조 별표 1 참조).[3]

재판기관으로서의 법원은 법관만으로 구성되고, 여기에는 합의부와 단독판사가 있다. 대법원의 재판기관으로는 대법관 전원의 3분의 2 이상으로 구성되는 (전원)합의체와 대법관 3명 이상으로 구성된 부(部)가 있다. 명령·규칙이 헌법 또는 법률에 위반된다고 인정하는 경우, 종전에 대법원에서 판시한 헌법·법률·명령 또는 규칙의 해석·적용에 관한 의견을 변경할 필요가 있는 경우, 부에서 재판하는 것이 적당하지 않거나 또는 부를 구성하는 법관 사이에 의견이 일치하지 않는 경우에는 (전원)합의체에서 재판을 하고, 그 이외에는 부에서 재판을 한다(법원조직법 제7조 제2항). 고등법원, 특허법원 및 행정법원은 판사[4] 3인으로 구성된 합의부에서 재판을 한다. 다만, 행정법원의 경우 단독판사가 심판할 것으로 행정법원 합의부가 결정한 사건은 단독판사가 재판한다(동법 제7조 제3항). 지방법원·가정법원·회생법원과 지방법원 및 가정법원의 지원, 가정지원 및 시·군법원의 재판권은 단독판사가 행사하고(동법 제7조 제4항), 지방법원·가정법원·회생법원과 지방법원 및 가정법원의 지원, 가정지원에서 합의심판을 하여야 하는 경우에는 판사 3인으로 구성된 합의부에서 재판한다(동조 제5항).

1) 고등법원 원외재판부는 고등법원 관할 사건 중에서 소재지 지방법원 또는 그 관할지원의 제1심 판결·결정·명령에 대한 항소·항고사건, 다른 법률에 의하여 고등법원의 권한에 속하는 사건으로서 당해 지방법원 또는 그 지원의 관할 구역 내에 보통재판적이 인정되는 사건을 재판한다(고등법원 부의 지방법원 소재지에서의 사무처리에 관한 규칙 제4조 제1항). 현재 고등법원 원외재판부는 5군데에 설치되어 있다. 춘천지방법원 소재지에 서울고등법원 원외재판부를, 창원지방법원 소재지에 부산고등법원 원외재판부를, 청주지방법원 소재지에 대전고등법원 원외재판부를, 제주지방법원 소재지와 전주지방법원 소재지에 광주고등법원 원외재판부를 각각 두고 있다(동규칙 제2조).
2) 수원고등법원은 2019. 3. 신설되었다. 종전 서울고등법원의 관할에 속했던 수원지방법원 관할지역이 수원고등법원의 관할로 이전되었다.
3) 현재 행정법원과 회생법원은 서울에만 각각 1개씩 설치되어 있다. 행정법원 또는 회생법원이 설치되지 않은 지역에 있어서의 행정법원 또는 회생법원의 권한에 속하는 사건은 행정법원 또는 회생법원이 설치될 때까지 해당 지방법원본원 및 춘천지방법원 강릉지원이 관할하도록 하고 있다(법원조직법 부칙 참조).
4) 대법원장과 대법관이 아닌 법관은 판사로 하고(법원조직법 제5조 제1항), 고등법원·특허법원·지방법원·가정법원 및 행정법원에 판사를 둔다(동조 제2항).

## II. 법관의 제척·기피·회피

### 1. 법관의 제척

#### (1) 제척사유

법관은 구체적 사건에 대하여 법률이 정한 특별한 관계가 있는 때에 법률상 당연히 그 사건의 직무집행에서 배제된다. 이를 '제척'이라고 한다. 민사소송법은 제척사유를 제한적으로 열거하고 있다(제41조). 제척사유는 다음과 같다.

##### 1) 법관 또는 그 배우자나 배우자이었던 사람이 사건의 당사자가 되거나 사건의 당사자와 공동권리자·공동의무자 또는 상환의무자의 관계에 있는 경우

'배우자'는 법률상의 배우자를 의미하고, '사건의 당사자'에는 원고와 피고뿐만 아니라 보조참가인, 선정자 등이 포함된다. '당사자와 공동권리자·공동의무자의 관계'에 있다고 함은 소송의 목적이 된 권리관계에 관하여 당사자와 공통되는 법률상 이해관계가 있는 경우를 말한다. 예를 들어, 법관이 종중 규약을 개정한 종중결의의 무효확인을 구하는 소송에서 당사자인 종중의 종중원인 경우에는 종중원은 종중 규약의 내용에 따라 종중 소유 재산 등 권리의무 관계에 직접적인 영향을 받을 수 있는 지위에 있으므로 법률상 이해관계를 갖는다고 볼 수 있어 당사자와 공동권리자·공동의무자의 관계에 있는 사람에 속한다고 할 것이나,[1] 회사가 체결한 계약의 취소를 구하는 소송에서 당사자인 회사의 주주 또는 채권자인 경우에는 단순히 사실상 또는 경제상 이해관계를 갖는데 그치므로 당사자와 공동권리자·공동의무자의 관계에 있다고 보기 어려울 것이다.[2]

---

1) 제41조 제1호에서 말하는 사건의 당사자와 공동권리자·공동의무자의 관계라 함은 소송의 목적이 된 권리관계에 관하여 공통되는 법률상 이해관계가 있어 재판의 공정성을 의심할 만한 사정이 존재하는 지위에 있는 관계를 의미한다. 종중의 종중원들은 종중원의 재산상·신분상 권리의무 관계에 직접적인 영향을 미치는 종중 규약을 개정한 종중 총회 결의의 효력 유무에 관하여 공통되는 법률상 이해관계가 있다. 피고 종중의 종중 규약을 개정하는 결의에 대하여 종중원인 원고들이 그 무효확인을 구하는 소를 제기하였는데, 원심을 담당한 재판부를 구성한 ○○○ 판사는 피고 종중의 종중원이이므로 원고들과 마찬가지로 피고 종중 규약의 내용에 따라 피고 종중 소유 재산, 기타 권리의무 관계에 직접적인 영향을 받을 수 있는 지위에 있다. 따라서 ○○○ 판사는 이 사건 결의의 무효 여부에 관하여 원고들과 공통되는 법률상 이해관계를 가진다고 볼 수 있어 제41조 제1호 소정의 당사자와 공동권리자·공동의무자의 관계에 있는 자에 해당한다(대법원 2010. 5. 13. 선고 2009다102254 판결).
2) 정동윤·유병현, 94면.

## 2) 법관이 당사자와 친족의 관계에 있거나 그러한 관계에 있었을 경우

'친족'의 개념은 민법의 규정에 따른다. 따라서 친족은 8촌 이내의 혈족, 4촌 이내의 인척, 배우자로 한정된다(민법 제777조).

## 3) 법관이 사건에 관하여 증언이나 감정을 하였을 경우

'사건'은 현재 계속 중인 해당 사건을 말한다.

## 4) 법관이 사건당사자의 대리인이었거나 대리인이 된 경우

'사건'은 동일한 분쟁사건을 말한다. 동일한 분쟁사건이면 판결절차 뿐만 아니라 조정절차, 제소전 화해절차, 독촉절차에 관여한 경우도 포함된다. 대리인에는 소송대리인은 물론이고 법정대리인도 포함된다.[1]

## 5) 법관이 불복사건의 이전심급의 재판에 관여하였을 경우(다만, 다른 법원의 촉탁에 따라 그 직무를 수행한 경우는 제외함)

가장 논란이 되는 제척사유이다. '불복사건의 이전 심급의 재판'이란 불복사건의 하급심재판만을 의미한다. 여기에는 불복의 직접 대상이 된 종국재판뿐만 아니라 이와 더불어 상급심의 판단을 받는 중간적 재판이 포함된다. 불복사건의 하급심재판에 한정되므로 환송 또는 이송되기 전의 원심판결에 관여한 판사가 파기 환송이나 이송 후의 재판에 관여한 경우,[2] 재심의 대상이 된 원재판에 관여한 법관이 재심재판에 관여한 경우,[3] 법정화해에 관여한 법관이 그 화해내용에 따라 목적물의 인도를 구하는 재판에 관여한 경우,[4] 본안사건에 관여한 법관이 집행문부여이의의 소나 강제집행정지신청사건의 재판에 관여한 경우,[5] 기피신청사건의 재판에 관여한 법관이 본안사건의 재판에 관여한 경우,[6] 해당 사건의 사실관계와 관련이 있는 다른 형사사

---

1) 이시윤, 84면.
2) 원심판결에 관여한 판사라 함은 파기된 원심판결 자체만을 가리키는 것이고, 그 이전에 파기된 원심판결까지 포함하는 취지는 아니다(대법원 1973. 11. 27. 선고 73다763 판결). 그러나 제436조 제3항에 의하여 원심판결에 관여한 판사는 파기 환송이나 이송 후의 재판에 관여하지 못한다.
3) 법관에 대한 제척사유를 규정한 민사소송법에서 말하는 '전심재판'이라 함은 그 불복사건의 하급심재판을 가리키는 것으로서 하급심의 재판이 부당하다 하여 불복상소를 하였음에도 불구하고 그 불복을 가리는 상소심재판에 하급심재판때 관여한 법관이 다시 관여하는 것을 막자는 데에 있으므로 재심사건에서 재심의 대상으로 된 원재판은 위 '전심재판'에 해당하지 아니하는 것이며 그 원재판에 관여한 법관이 다시 재심사건의 재판에 관여하였다 하여 제척사유에 해당한다고 할 수 없다(대법원 1988. 5. 10. 선고 87다카1979 판결).
4) 법정화해에 관여한 법관이 그 화해내용에 따라 목적물의 인도를 구하는 소송에 관여하였다고 해서 전심재판에 관여한 것이라고 볼 수 없다(대법원 1969. 12. 9. 선고 69다1232 판결).
5) 본건 강제집행의 전제가 되는 대금사건에 관여한 법관이라고 하여 위 집행문부여 이의의 소나 그 강제집행정지신청사건에 대한 재판에 관여할 수 없는 것이 아니다(대법원 1969. 11. 4. 자 69그17 결정).
6) 본안사건의 재판장에 대한 기피신청사건의 재판에 관여한 법관이 다시 위 본안사건에 관여한다 하더라도 이는

건의 재판에 관여한 경우[1] 등은 여기의 제척사유에 해당되지 않는다. 그리고 '관여하였을 경우'란 최종변론과 판결의 합의에 관여한 것을 말하고, 최종변론 전의 변론이나 증거조사, 기일지정과 같은 소송지휘상의 재판, 판결선고에만 관여한 경우 등은 여기에 포함되지 않는다.[2]

### (2) 제척의 효과

제척사유가 있는 법관은 법률상 당연히 그 사건의 직무집행에서 배제된다. 법관과 그 당사자가 제척사유가 있음을 알았든 몰랐든 불문한다. 제척사유가 있는 법관이 한 소송행위는 무효이다. 그러나 제척사유가 있는 법관이 관여한 판결은 당연 무효는 아니며, 법률상 재판에 관여할 수 없는 법관이 관여한 경우에 해당되어 확정 전이면 상소(제424조 제1항 제2호)에 의하여, 확정된 후에는 재심(제451조 제1항 제2호)에 의하여 취소될 수 있다.

제척사유가 있는 법관이 재판에 관여하는 경우 법원은 직권으로 또는 당사자의 신청에 따라 제척의 재판을 한다(제42조). 제척의 효과는 재판의 유무에 관계없이 법률상 당연히 발생하므로 제척의 재판은 확인적 성질을 갖는다.[3] 제척의 재판절차는 기피의 재판절차에 준한다(제44조 내지 제48조).

## 2. 기피

### (1) 기피사유

법관에게 제척 이외에 재판의 공정을 기대하기 어려운 사정이 있는 경우에 당사자는 기피신청을 할 수 있다(제43조 제1항). 당사자의 신청에 의하여 재판의 공정을 기대하기 어려운 법관을 직무집행에서 배제하는 것을 '기피'라고 한다. 기피는 제척과는 달리 당사자의 기피신청이 이유 있다는 재판이 확정되어야 비로소 그 효과가 발생하므로, 기피의 재판은 형성적 성질을 가진다.

---

전심재판관여에는 해당하지 아니한다(대법원 1991. 12. 27. 자 91마631 결정).

[1] 제37조 제5호의 법관이 사건에 관하여 불복신청된 전심재판에 관여하였던 때라 함은 당해 사건에 관하여 하급심재판에 관여한 경우를 말하며 당해 사건의 사실관계와 관련이 있는 다른 형사사건에 관여한 경우는 이에 해당하지 아니한다(대법원 1985. 5. 6. 자 85두1 결정).

[2] 법관의 제척원인이 되는 전심관여라 함은 최종변론과 판결의 합의에 관여하거나 종국판결과 더불어 상급심의 판단을 받는 중간적인 재판에 관여함을 말하는 것이고 최종변론 전의 변론이나 증거조사 또는 기일지정과 같은 소송지휘상의 재판 등에 관여한 경우는 포함되지 아니한다(대법원 1997. 6. 13. 선고 96다56115 판결).

[3] 이시윤, 86면.

기피사유인 '재판의 공정을 기대하기 어려운 사정이 있는 경우'란 당사자가 불공평한 재판이 될지도 모른다고 추측할 만한 주관적인 사정이 있는 경우를 말하는 것이 아니고, 통상인의 판단으로서 법관과 사건과의 관계로 보아 불공정한 재판을 할 것이라는 의혹을 갖는 것이 합리적이라고 인정될 만한 객관적인 사정이 있는 경우를 말한다.[1] 따라서 재판장이 당사자에게 상기된 어조로 "이 사람아"라고 칭한 경우,[2] 재판장의 변경에 따라 소송대리인을 교체한 경우,[3] 재판장이 당사자에게 증인신청을 철회할 것을 종용한 경우,[4] 재판부가 증거채택을 일부 취소한 경우,[5] 소송이송신청에 대한 가부판단 없이 소송을 진행한 경우,[6] 재판장이 동일한 내용의 다른 사건에서 불리한 판결을 한 경우[7] 등은 재판의 공정을 기대하기 어려운 사정이 있는 경우에 해당되지 않는다.

## (2) 기피의 재판

기피신청은 합의부 법관에 대한 것은 그 합의부에, 수명법관·수탁판사 또는 단독판사에 대한 것은 그 법관에게 하여야 한다(제44조 제1항). 기피신청은 서면 또는 구술로 할 수 있다(제161조). 당사자는 기피하는 이유와 소명방법을 신청일로부터 3일 이내에 서면으로 제출하여야 한다(제2항).[8] 그러나 당사자가 법관에게 기피사유가 있음을 알면서도 본안에 관하여 변론하거나 변론준비기

---

1) 대법원 1992. 12. 30. 자 92마783 결정; 1987. 10. 21. 자 87두10 결정.
2) 재판장이 재판진행 중 당사자에 대하여 상기된 어조로 '이 사람아'라고 칭하였고 이로 인하여 당사자가 모욕감을 느꼈다고 하더라도 이것만으로는 재판의 공정을 기대하기 어려운 객관적인 사정이 있는 때에 해당한다고 보기에 부족하다(대법원 1987. 10. 21. 자 87두10 결정).
3) 설사 본안사건의 피고 측이 재판장의 변경에 따라 소송대리인을 교체하였다 하더라도 그와 같은 사유가 재판의 공정을 기대하기 어려운 객관적인 사정이 있는 때에 해당할 수 없다(대법원 1992. 12. 30. 자 92마783 결정).
4) 피고가 신청한 증인을 신문하기로 채택하고 그 증인신청절차를 이행하도록 촉구하였음에도 불구하고 미리 그 절차를 밟지 않고 제11회 변론당시에 비로소 그 절차를 밟음으로써 소송절차가 지연하게 되었다는 사정 하에서 본안소송사건의 재판장이 재항고인에게 증거신청을 철회할 것을 종용하고 결심할 뜻을 표시하였다 하여도 다른 특별한 사정이 없는 한 재판의 공정을 기대하기 어려운 사정이 있다고 할 수 없다(대법원 1966. 4. 26. 자 66마167 결정).
5) 증거의 채부결정은 담당 재판부의 전권에 속하는 사항으로서, 담당 재판부가 신청에 따른 증거채택을 일부 취소하였다는 사유만으로는 그 재판부를 구성하는 법관들에게 재판의 공정을 기대하기 어려운 사정이 있는 때에 해당한다고 할 수 없어, 위 법관들에 대한 기피신청은 이유 없다(대법원 1993. 8. 19. 자 93주21 결정).
6) 소송이송신청에 대한 가부판단 없이 소송을 진행한 사실이 있다 하더라도 그 사유만으로는 법관기피 원인인 재판의 공정을 기대하기 어려운 사정이 있는 때에 해당한다고 할 수 없다(대법원 1982. 11. 5. 자 82마637 결정).
7) 원심재판장이 본건 소유권이전등기말소청구소송과 동일내용의 다른 사건에 관하여 그 사건의 피고들에게 패소판결을 하였다 하여도 그것만으로 법관제척이나 기피사유가 있다고 할 수 없다(대법원 1984. 5. 15. 선고 83다카2009 판결).
8) 제40조 제2항에서 소명방법의 제출을 요구하는 것은 당사자가 기피신청권을 악용 또는 남용하는 것을 방지하자는 취지이며 법원이 당사자(기피신청인)가 제출한 소명방법만 가지고 판단하여야 하는 것은 아니므로 기피의 원인이 되는 사유가 당해 법원의 사건기록상 명백한 사항 즉 법원에 현저한 사실을 내용으로 하는 경우에는 기피신청인은 그 사실을 달리 소명할 필요가 없다고 할 것이고 따라서 이러한 경우에는 설사 기피신청인이 소정의 기간내에 소명방법을 제출하지 않았다 하여도 기피신청을 받은 법원이 이를 이유로 각하결정을 할 수는 없다(대법원 1988. 8. 10. 자 88두9 결정).

일에서 진술을 한 경우에는 기피신청을 하지 못한다(제43조 제2항).

기피신청에 대한 재판은 그 신청을 받은 법관의 소속 법원 합의부에서 결정으로 한다(제46조 제1항). 만일, 해당 법관의 소속 법원이 합의부를 구성하지 못하는 경우에는 바로 위의 상급법원이 결정한다(동조 제3항). 그러나 기피신청이 법률의 규정에 어긋나거나[1] 소송의 지연을 목적으로 하는 것이 분명한 경우에는 신청을 받은 법원 또는 법관이 스스로 이를 각하하는 결정을 할 수 있다(제45조 제1항, 간이각하제도).[2] 기피신청을 인용하는 결정에 대하여는 불복할 수 없으나(제47조 제1항), 각하결정 또는 기피신청이 이유 없다는 결정에 대하여는 즉시항고를 할 수 있다(동조 제2항).

법원은 기피신청이 있는 경우에는 그 재판이 확정될 때까지 소송절차를 정지하여야 한다(제48조 본문). 다만, 기피신청이 각하된 경우 또는 종국판결을 선고하거나 긴급을 요하는 행위를 하는 경우에는 그렇지 않다(동조 단서). 판례는 변론종결 후에 법관에 대한 기피신청이 있는 경우 소송절차를 정지하지 않고 종국판결을 선고하더라도 적법하다고 하고,[3] 소송절차를 정지함이 없이 판결을 선고한 경우에는 종국판결에 대한 불복절차로 그 당부를 다투어야 하는 것이지 항고로써 불복할 수는 없다고 한다.[4]

## 3. 회피

법관은 제척사유 또는 기피사유가 있는 경우에 감독권이 있는 법원의 허가를 받아 스스로 직무집행을 '회피'할 수도 있다(제49조). 회피의 허가는 재판이 아니므로, 허가를 받은 법관이 그 사건을 그대로 진행하여도 위법은 아니다.

---

1) 예를 들어, 신청일로부터 3일 이내에 기피사유와 그 소명방법을 서면으로 제출하지 않은 경우 등이다.
2) 법관에 대한 기피신청에 불구하고 본안사건 담당법원이 제48조 단서의 규정에 의하여 본안사건에 대하여 종국판결을 선고한 경우에는 그 담당법관을 그 사건의 심리재판에서 배제하고자 하는 기피신청의 목적은 사라지는 것이므로 기피신청에 대한 재판을 할 이익이 없게 된다. 이미 한 기피신청과 같은 내용으로 다시 한 기피신청은 중복신청에 해당하므로 부적법한 신청으로서 각하되어야 한다(대법원 1991. 6. 14. 자 90두21 결정).
3) 변론종결 후에 관여 법관에 대한 기피신청이 있는 때에는 소송절차를 정지하지 아니하고 종국판결을 선고할 수 있다고 할 것이므로, 변론종결 이후에 비로소 그 재판장에 대한 기피신청이 있었음이 명백한 경우, 소송절차를 정지하지 아니하고 종국판결을 선고한 것은 정당하고 거기에 어떤 위법이 있다고 할 수 없다(대법원 1996. 1. 23. 선고 94누5526 판결).
4) 법원이 기피신청을 받았음에도 소송절차를 정지하지 않고 변론을 종결하여 판결 선고기일을 지정하였다고 하더라도 종국판결에 대한 불복절차에 의하여 그 당부를 다툴 수 있을 뿐 이에 대하여 별도로 항고로써 불복할 수 없다(대법원 2000. 4. 15. 자 2000그20 결정).

# 제3절 관할

## Ⅰ. 관할의 의의와 종류

관할이란 재판권을 행사하는 여러 법원 사이에서 어떤 법원이 어떤 사건을 담당처리하느냐 하는 재판권의 분담관계를 정해 놓은 것을 말한다. 관할은 여러 법원 사이에 재판권의 분담관계를 정한 것이라는 점에서 동일한 법원 내에서의 사무분담과 구별된다. 그러나 조직상 동일한 법원이라고 하더라도 단독판사와 합의부는 별개의 재판기관이므로 단독판사와 합의부 사이의 재판권의 분담관계는 단순한 사무분담이 아니라 관할에 해당된다. 관할권이 없는 경우에는 소각하판결을 할 것이 아니라 관할권 있는 법원으로 이송하여야 한다.

관할은 그 결정 근거에 따라 법정관할, 지정관할 그리고 당사자의 거동에 의한 관할로 나눌 수 있다. 법정관할은 다시 직분관할, 사물관할, 토지관할로 나누어지고, 당사자의 거동에 의한 관할은 합의관할과 변론관할로 나누어진다. 또한 관할은 소송법상 효과의 차이에 따라 전속관할과 임의관할로 나눌 수 있다. 전속관할은 법정관할 가운데 오로지 특정법원만이 배타적으로 관할권을 갖게 한 것을 말하고, 임의관할은 전속관할을 제외한 나머지 법정관할을 말한다. 임의관할에서는 당사자 사이의 합의나 피고의 변론에 의하여 다른 법원에 관할이 생길 수 있다.

## Ⅱ. 법정관할

법정관할이란 법률에 의하여 정해진 관할을 말한다. 법정관할은 다시 직분관할, 사물관할, 토지관할로 구분된다.

### 1. 직분관할

직분관할은 법원의 직무권한을 분담함에 따라 정해진 관할이다. 즉, 재판권의 여러 작용을 어느 법원의 직무로 분담시킬 것인지를 정한 것을 말한다. 직분관할은 법원 사이에 적정한 직무의 분담을 통하여 효율적인 민사소송제도의 운영을 도모하고자 하는 것이므로 공익적 성격이 강하여 원칙적으로 전속관할이다.

## (1) 수소법원과 집행법원의 직분관할

판결절차는 수소(受訴)법원의 직분관할이다. 수소법원이란 특정 사건이 판결절차로서 장래 계속될 예정이거나, 현재 계속되어 있거나 또는 과거에 계속되어 있었던 법원을 말한다. 증거보전절차(제376조)[1], 가압류·가처분절차(민사집행법 제278조, 제303조),[2] 대체집행절차(동법 제260조)와 간접강제절차(동법 제261조)[3] 등도 수소법원의 직분관할에 속한다.

강제집행절차는 집행법원의 직분관할이다. 집행법원은 원칙적으로 집행절차를 실시할 곳이나 실시한 곳을 관할하는 지방법원이다(민사집행법 제3조 제1항). 집행법원의 업무는 단독판사가 수행하거나 또는 단독판사의 감독을 받아 사법보좌관이 수행한다(법원조직법 제7조 제4항, 제54조 제2항 제2호 및 제3항).

## (2) 지방법원 단독판사와 합의부의 직분관할

간이한 사항이나 급속을 요하는 사항은 지방법원 단독판사의 직분관할이고, 신중한 판단을 요하는 사항은 합의부의 직분관할이다. 제소전 화해절차(제385조), 독촉절차(제463조), 공시최고절차(제476조) 등은 지방법원 단독판사의 직분관할이고(법원조직법 제7조 제4항), 지방법원판사에 대한 제척·기피사건(제46조 제1항 및 법원조직법 제32조 제1항 제5호)과 정정보도청구소송(언론중재 및 피해구제 등에 관한 법률 제26조 제5항) 등은 합의부 직분관할이며, 증권관련집단소송과 소비자단체소송 등은 그 중요성을 더 고려하여 지방법원 본원 합의부의 직분관할로 하고 있다(증권관련 집단소송법 제4조, 소비자기본법 제71조 제1항). 한편 개인이 아닌 채무자에 대한 회생사건 또는 파산사건은 회생법원 합의부의 전속관할이지만(채무자 회생 및 파산에 관한 법률 제3조 제1항), 회생법원이 설치되지 않은 지역에서는 지방법원 본원 합의부의 전속관할이다.[4]

시·군법원은 소액사건심판법을 적용받는 사건, 화해·조정·독촉사건, 협의상 이혼의 확인사

---

1) 증거보전의 신청은 소를 제기한 뒤에는 그 증거를 사용할 심급의 법원에 하여야 하고, 소를 제기하기 전에는 신문을 받을 사람이나 문서를 가진 사람의 거소 또는 검증하고자 하는 목적물이 있는 곳을 관할하는 지방법원에 하여야 한다(제376조 제1항).
2) 가압류는 가압류할 물건이 있는 곳을 관할하는 지방법원이나 본안의 관할법원이 관할하고(민사집행법 제278조), 가처분의 재판은 본안의 관할법원 또는 다툼의 대상이 있는 곳을 관할하는 지방법원이 관할한다(동법 제303조).
3) 제1심 법원이 채권자의 신청에 따라 대체집행 또는 간접강제를 명하는 결정을 한다(민사집행법 제260조 및 제261조).
4) 회생법원이 설치되지 않은 지역에서는 지방법원 본원을 회생법원으로 본다(법원조직법 부칙).

건을 관할한다(법원조직법 제34조 제1항).[1] 시·군법원에서 성립된 화해·조정 또는 확정된 지급명령에 관한 집행문부여의 소, 청구이의의 소 또는 집행문부여에 대한 이의의 소로서 그 집행권원에서 인정된 권리가 소액사건심판법의 적용대상인 사건, 소액사건심판법의 적용대상인 사건을 본안으로 하는 보전처분에 관하여도 시·군법원이 관할한다(민사집행법 제22조 제1호 및 제4호 참조). 그러나 시·군법원에서 한 보전처분의 집행에 대한 제3자이의의 소, 시·군법원에서 성립된 화해·조정에 기초한 대체집행 또는 간접강제에 대하여는 시·군법원이 있는 곳을 관할하는 지방법원 또는 지방법원지원이 관할한다(민사집행법 제22조 제2호 및 제3호).

## (3) 심급관할

우리나라는 제1심, 항소심, 상고심의 3심제를 채택하고 있다. 이와 같은 3심제에서 어느 심급의 재판을 어느 법원이 담당할 것인가를 정해 놓은 것이 심급관할이다. 제1심은 지방법원과 그 지원의 단독판사와 합의부가 담당하고, 항소심은 지방법원 본원 합의부와 고등법원이 담당한다(법원조직법 제32조 제2항, 제28조 제1호 및 제2호). 다만, 춘천지방법원 강릉지원 합의부는 지원임에도 불구하고 예외적으로 항소심 사건을 담당한다(동법 제32조 제2항).[2] 그리고 상고심은 대법원이 담당한다(동법 제14조 제1호 및 제2호).

고등법원은 지방법원 합의부의 제1심 재판에 대한 항소·항고사건을 심판하고(법원조직법 제28조), 지방법원 본원 합의부(춘천지방법원 강릉지원 합의부 포함)는 지방법원 단독판사의 제1심 재판에 대한 항소·항고사건을 제2심으로 심판한다(동법 제32조 제2항). 대법원은 지방법원 본원 합의부 및 고등법원의 제2심 재판에 대한 상고·재항고사건을 제3심으로 심판한다(동법 제14조).

---

1) 대법원장은 지방법원 또는 그 지원 소속 판사 중에서 그 관할구역에 있는 시·군법원의 판사를 지명하여 시·군법원의 관할사건을 심판하게 하고, 이 경우 1명의 판사를 둘 이상의 시·군법원의 판사로 지명할 수 있다(법원조직법 제33조 제1항). 시·군법원의 판사는 소속 지방법원장 또는 지원장의 지휘를 받아 시·군법원의 사법행정사무를 관장하며, 그 소속 직원을 지휘·감독한다. 다만, 가사사건에 관하여는 그 지역을 관할하는 가정법원장 또는 그 지원장의 지휘를 받는다(동조 제2항).
2) 춘천지방법원 강릉지원 단독판사가 한 재판에 대한 항소심 사건은 춘천지방법원 합의부가 담당하여야 하지만, 강릉지역은 대관령 등 험준한 산악이 가로막고 있어 교통이 불편하다는 이유로 지원임에도 불구하고 강릉지원 합의부에서 담당하도록 하고 있다. 그러나 과거와 달리 도로가 잘 정비되어 있고 교통수단이 발달되어 있는 오늘날에도 여전히 강릉지원에 한하여 예외를 인정하는 것은 유사한 지리적 상황에 놓여 있는 다른 지역의 지원과 비교하여 균형에 맞지 않는다고 할 것이다. 법원조직법을 개정하여 삭제하거나 아니면 다른 지역의 지원에도 항소부를 설치할 수 있도록 운영함이 옳다고 본다.

| 제1심 | 항소심 | 상고심 |
|---|---|---|
| 지법 단독판사 | 지법 본원 합의부(항소부) | 대법원 |
| 지법 합의부 | 고등법원 | |

## 2. 사물관할

### (1) 의의

사물관할은 제1심법원의 지방법원 단독판사와 합의부 사이의 재판권의 분담관계를 정해 놓은 것을 말한다. 사물관할과 직분관할은 전자(前者)가 주로 소가를 기준으로 한 구분인데 비하여, 후자(後者)는 직무의 내용에 따른 구분이라는 점에서 차이가 있다. 또한 사물관할은 임의관할이므로 합의관할이나 변론관할이 성립할 수 있으나, 직분관할은 전속관할이므로 합의관할이나 변론관할이 성립할 수 없다는 점에서도 차이가 있다.

지방법원 단독판사와 합의부는 조직상 동일한 법원 내에 있어도 소송법상 별개의 법원이므로, 단독판사와 합의부 사이의 재판권의 분담관계는 사무분담의 문제가 아니라 관할의 문제가 된다. 다만, 동일한 지방법원 내에서 사건배당이 확정된 후에 착오배당임이 밝혀지거나 또는 재정합의결정이나 재정단독결정이 있는 경우에는 이송이 아니라 재배당으로 처리하는 것이 실무이다.

### (2) 합의부의 관할

#### 1) 소가가 2억원을 초과하는 사건

제1심 민사사건 가운데 소가가 2억원을 초과하는 사건은 지방법원 합의부의 관할이다. 소가는 제소 당시의 소송가액을 기준으로 한다. 청구가 확장된 경우에는 그 확장된 청구취지에 따른 소송가액을 기준으로 하고, 1개의 소송으로서 여러 개의 청구를 하는 경우에는 여러 개 청구의 값을 모두 합하여 소송가액으로 정하므로 청구가 병합된 경우에는 그 합산한 소송가액을 기준으로 한다(제27조 제1항).

그런데 판례는 같은 법원에 계속 중인 여러 개의 소송을 하나의 절차에 병합하여 심판을 하는 경우에는 원고가 청구를 확장하거나 별개의 청구를 추가한 경우와는 달리 제소 당시를 기준으로 관할의 유무를 정하여야 한다고 한다.[1] 따라서 판례에 의하면 변론병합의 경우에는 청구

---

[1] 같은 법원에 계속 중인 여러 개의 소송을 하나의 절차에 병합하여 심판을 하는 경우라 하여도, 그 관할의 유무

의 확장이나 청구병합과는 달리 제소 당시의 가액을 기준으로 하여야 하고, 병합된 각각의 청구의 값을 합산한 금액을 기준으로 하여서는 안 된다.

### 2) 소가를 산출할 수 없는 사건과 비재산권을 목적으로 하는 소송

재산권에 관한 소송으로서 소가를 산출할 수 없는 사건과 비(非)재산권을 목적으로 하는 소송도 합의부 관할이다. 재산권에 관한 소송으로서 소가를 산출할 수 없는 사건으로는 상호사용금지소송, 주주대표소송, 신주발행유지청구소송, 지식재산권에 관한 소송, 낙찰자지위확인소송 등이 있고, 비재산권을 목적으로 하는 소송으로는 성명권·초상권 등 인격권의 침해중지를 구하는 소송, 해고무효확인소송, 상법 규정에 의한 회사관계소송, 소비자단체소송 등이 있다.

### 3) 재정합의(裁定合議)사건

단독판사의 관할에 속하는 사건이라도 합의부에서 심판할 것으로 합의부가 결정한 사건은 합의부에서 심판한다(법원조직법 제32조 제1항).

### 4) 관련청구

본소가 합의부의 관할에 속하는 사건인 경우 반소, 중간확인의 소, 독립당사자참가소송 등의 관련된 청구는 그 소가가 2억원 이하라고 하더라도 본소와 함께 합의부의 관할에 속한다.[1]

### (3) 단독판사의 관할

제1심 민사사건 가운데 합의부 관할 사건을 제외한 나머지 사건은 모두 단독판사의 관할이다.

### 1) 소가가 2억원 이하인 사건

소가가 2억원 이하인 사건은 단독판사의 관할이다(법원조직법 제32조 제1항 및 민사 및 가사소송의 사물관할에 관한 규칙 제2조 본문). 단독판사의 관할에 속하는 사건의 소송 계속 중에 합의부의 관할에 속하는 반소, 중간확인의 소, 독립당사자참가소송이 제기된 경우 또는 청구취지의 확장으로 인하여 그 청구의 가액이 2억원을 초과하는 경우에는 법원은 직권 또는 당사자의 신청에 따른 결정으로 사건의 전부를 합의부로 이송하여야 한다(제269조 제2항 본문). 다만, 상대방이

---

는 원고가 청구를 확장하였거나 또는 별개의 청구를 추가한 경우와는 달리 역시 소송 제기 당시를 표준으로 하여야 할 것이므로 병합된 각개 청구의 소송물가격의 합산액을 표준으로 할 것이 아니다(대법원 1966. 9. 28. 자 66마322 결정).
1) 정동윤·유병현, 119면.

관할위반의 항변을 하지 않고 본안에 관하여 변론함으로써 후술하는 변론관할이 성립하는 경우에는 이송하지 않고 단독판사가 계속 심판한다(동조 제2항 단서).

그러나 반대로 합의부 관할에 속하는 사건의 소송 계속 중에 단독판사의 사물관할에 속하는 반소, 중간확인의 소 등이 제기되거나 또는 청구취지의 감축으로 소가가 2억원 이하로 떨어졌더라도 단독판사로 이송할 필요는 없다. 지방법원 합의부는 단독판사의 관할에 속하는 사건이라도 스스로 심판할 수 있을 뿐만 아니라(법원조직법 제32조 제1항), 이 경우 사건을 단독판사로 이송하는 것은 소송경제에 반하고 합의부에서 계속 심판하더라도 당사자에게 불리하지 않기 때문이다.[1]

### 2) 수표금·약속어음금 청구사건 등

소가가 2억원을 초과하는 경우에도 '수표금·약속어음금 청구사건',[2] '금융기관[3]이 원고인 대여금·구상금·보증금 청구사건', '자동차손해배상보장법에서 정한 자동차·원동기장치자전거·철도차량의 운행 및 근로자의 업무상 재해로 인한 손해배상 청구사건과 이에 관한 채무부존재확인사건'은 단독판사의 관할이다(민사 및 가사소송의 사물관할에 관한 규칙 제2조 단서 제1호 내지 제3호). 이들 사건은 사안의 내용이 비교적 단순하고 정형적이라는 점에서 소가와 무관하게 단독판사의 관할로 하고 있다.

### 3) 재정단독(裁定單獨)사건

합의부 관할에 속하는 사건이라도 단독판사가 심판할 것으로 합의부가 결정한 사건은 단독판사의 관할이다(위 사물관할에 관한 규칙 제2조 단서 제4호).

### (4) 소가

### 1) 의의

소가(訴價)는 원고가 소송으로 주장하는 이익을 말한다(제26조 제1항). 소가는 원고가 청구취

---

1) 김홍엽, 64면; 이시윤, 101면.
2) 수표금·약속어음금 청구사건이란 수표·어음상 권리자가 수표금·약속어음금을 청구하는 사건을 말하는 것이고, 약속어음의 발행인 등 어음상 채무자가 그 소지인을 상대로 어음금채무의 부존재확인을 청구하는 사건은 여기에 해당되지 않는다.
3) 은행, 농업협동조합, 수산업협동조합, 축산업협동조합, 산림조합, 신용협동조합, 신용보증기금, 기술신용보증기금, 지역신용보증재단, 새마을금고, 상호저축은행, 종합금융회사, 시설대여회사, 보험회사, 신탁회사·증권회사, 신용카드회사, 할부금융회사 또는 신기술사업금융회사 등이 여기에 속한다(민사 및 가사소송의 사물관할에 관한 규칙 제2조 단서 제2호).

지로써 구하는 범위 내에서 원고의 입장에서 보아 전부 승소할 경우에 직접 받게 될 경제적 이익을 객관적으로 평가한 금액으로 정한다(민사소송 등 인지규칙 제6조).[1] 소가는 소송을 제기한 때를 기준으로 하여 산정한다(동규칙 제7조). 여기서 소송을 제기한 때라 함은 소장을 법원에 제출한 때를 말한다. 따라서 소송이 제기된 후에 소송목적물이 훼손되거나 가격이 변동되더라도 관할에는 영향이 없다.

### 2) 청구를 병합한 경우

① **합산의 원칙**: 1개의 소송으로 여러 개의 청구를 하는 경우에 그 여러 개의 청구의 경제적 이익을 모두 합산하여 소가를 산정하는 것이 원칙이다(제27조 제1항 및 민사소송 등 인지규칙 제19조).[2] 그러나 이러한 합산의 원칙에는 다음과 같은 예외가 있다.

② **중복청구의 흡수**: 1개의 소송으로 주장하는 여러 개의 청구가 그 경제적 이익이 동일하거나 중복되는 경우에는 중복되는 범위 내에서 흡수되며, 그 중 가장 다액인 청구의 가액을 소가로 한다(위 인지규칙 제20조). 예를 들어, 주채무자와 보증채무자 또는 여러 사람의 연대채무자를 공동피고로 하는 대여금청구, 동일한 목적물에 대한 소유권확인청구와 인도청구, 해고무효확인청구와 해고가 무효임을 전제로 한 임금지급청구, 매매대금의 지급청구와 매매계약이 무효인 경우의 목적물반환청구, 어음금지급청구와 원인관계상 금원지급청구, 공작물의 하자로 인한 점유자에 대한 손해배상청구와 소유자에 대한 손해배상청구 등이 여기에 해당된다.

③ **수단인 청구의 흡수**: 1개의 청구가 다른 청구의 수단에 지나지 않는 경우에는 그 가액은 소가에 산입하지 않는다. 예를 들어, 토지인도청구와 함께 그 지상 건물의 철거를 청구하는 경우에 건물철거청구는 토지인도청구의 수단에 불과하므로 소가는 토지인도청구의 가액에 의하고 건물철거청구의 가액은 산입하지 않으며, 수익자에 대한 사행행위취소청구와 채무자에 대한 금전지급청구의 경우에도 수익자에 대한 청구는 채무자에 대한 청구의 수단에 불과하므로 소가는 채무자에 대한 청구의 가액에 의하고 수익자에 대한 청구의 가액은 산입하지 않는다. 다만, 수단인 청구의 가액이 주된 청구의 가액보다 다액인 경우에는 수단인 청구의 가액을 소가로 한다(위 인지규칙 제21조).

---

1) 특정부동산에 설정된 근저당권등기의 말소를 구하는 소송에 있어서의 소가는 일응 그 피담보채권액에 의할 것이나 그 근저당권이 설정된 당해 부동산의 가격이 피담보채권액 보다 적을 때는 부동산의 가격이 소가산정의 기준이 되는 것이다(대법원 1976. 9. 28. 선고 75다2064 판결).
2) 1개의 부동산에 경료된 수개의 저당권에 대하여 등기원인의 무효를 이유로 각각의 저당권의 말소청구를 병합한 경우, 말소의 원인이 동일하더라도 경제적 이익이 다르므로 합산의 원칙을 적용하되 목적물건의 다액을 한도로 한다.

④ **부대청구의 불산입**: 과실, 손해배상, 위약금 또는 비용의 청구가 주된 청구의 부대목적이 되는 경우에는 그 부대청구의 가액은 소가에 산입하지 않는다(제27조 제2항). 예를 들어, 원금청구와 함께 지연이자를 청구하는 경우에 지연이자는 원금청구의 부대목적에 불과하므로 소가는 원금청구의 가액에 의하고 지연이자청구의 가액은 산입하지 않는다. 부동산의 인도청구와 그 부동산에 관한 임대료 상당의 부당이득반환청구의 경우에도 임대료 등 부당이득금은 부동산 인도청구의 부대목적에 불과하므로 소가에 산입하지 않는다. 비록 부대청구의 가액이 다액이라고 하더라도 소가는 주된 청구의 가액에 의하고 부대청구의 가액은 산입하지 않는다.

### 3) 청구의 교환적 변경

청구의 교환적 변경의 경우에는 변경 후의 청구에 대한 소가는 변경 전후의 청구가 원시적으로 병합된 경우에 준하여 흡수 또는 불산입의 법리를 적용하여 산정한다. 청구의 교환적 변경에서는 변경 전후의 청구가 비록 그 경제적 이익이 독립한 별개의 것이라 하더라도 변경 전의 청구가 취하되는 교환적 변경의 특성상 합산의 원칙에 의할 수는 없으며 흡수의 법리에 의하여야 하고, 만일 주된 청구와 부대청구의 관계에 있다면 부대청구 불산입의 법리에 의한다. 예를 들어, 건물에 대한 소유권확인청구를 하다가 그 건물이 화재로 전소되어 손해배상청구로 교환적 변경을 한 경우에 그 소가는 흡수주의가 적용되어 소유권확인청구의 가액과 손해배상청구의 가액 중 다액인 청구의 가액에 의하고, 부동산의 인도청구를 하다가 임대료 상당의 부당이득반환청구로 교환적 변경을 한 경우에 그 소가는 부대청구의 불산입의 법리에 따라 비록 부당이득반환청구의 가액이 다액이더라도 부동산인도청구의 가액에 의한다.

### 4) 변론의 병합

변론이 병합된 경우에는 청구의 병합과는 달리 당초 제소 당시에 결정된 소가에 아무런 영향이 없다. 병합된 각각의 청구의 값을 합산한 금액을 기준으로 하지 않으며, 흡수의 법리가 적용되지도 않는다. 병합된 각각의 청구에 대하여 개별적으로 소가가 정해지고, 사물관할도 그에 따른다. 예를 들어, 소가 1억원인 청구와 소가 2억원인 청구의 변론이 병합된 경우에 그 소가가 3억원 또는 2억원이 되는 것이 아니라, 소가는 개별청구별로 1억원과 2억원 그대로이고 사물관할도 그대로 단독판사의 관할이 된다.

### 5) 소가를 산출할 수 없거나 비재산권을 목적으로 하는 경우

재산권상의 소송으로서 소가를 산출할 수 없는 것과 비재산권을 목적으로 하는 소송의 소가는 5천만원으로 한다. 다만, 상법의 규정에 의한 회사관계 소송과 회사 이외의 단체에 관한 소송, 소비자기본법 및 개인정보보호법에 따른 금지·중지청구소송, 특허법원의 전속관할에 속하는 소송, 무체재산권에 관한 소송 중 금전의 지급이나 물건의 인도를 목적으로 하지 않는 소송의 소가는 1억원으로 한다(위 인지규칙 제18조의2).

## 3. 토지관할

토지관할이란 소재지를 달리하는 같은 종류의 법원 사이에 재판권의 분담관계를 정해 놓은 것을 말한다. 각 법원은 그 직무집행의 지역적 한계로서 관할구역이 법률로 정해져 있다. 이에 관한 법률로 「각급 법원의 설치와 관할구역에 관한 법률」이 있다. 그리하여 사건의 당사자 또는 소송물이 어느 법원의 관할구역 내의 지점과 일정하게 관련되어 있는 경우에 그 법원에 토지관할권이 인정된다. 이와 같이 토지관할의 발생원인이 되는 관할구역 내의 지점을 '재판적'이라고 한다. 재판적에는 보통재판적, 특별재판적, 관련재판적이 있다.

### (1) 보통재판적

보통재판적은 모든 소송사건에 대하여 공통적으로 적용되는 재판적을 말한다. 보통재판적은 '피고의 주소지'이다. 그리하여 모든 소송사건은 피고의 주소지를 관할하는 법원에 토지관할권이 인정된다. 피고는 자신의 의사와 무관하게 원고의 소 제기에 의하여 소송에 휘말리게 된 사람이므로 피고의 주소지에 보통재판적을 인정함으로써 피고의 소송 편의를 도모하는 것이 공평하기 때문이다.

피고의 주소가 없거나 불명인 경우 보통재판적은 피고의 '거소지'가 되고, 거소도 일정하지 않거나 불명인 경우에는 피고의 '최후 주소지'가 보통재판적이 된다(제3조). 최후의 주소도 없거나 불명인 경우에는 '대법원 소재지'[1]가 보통재판적이 된다(제4조). 법인의 경우에는 '주된 사무소 또는 영업소 소재지', 즉 본점 소재지가 보통재판적이고, 주된 사무소나 영업소가 없는 경우에는 '주된 업무담당자의 주소지', 즉 대표자의 주소지가 보통재판적이 된다(제5조 제1항). 외국법인의 경우에는 '국내에 있는 사무소·영업소 또는 업무담당자의 주소지'에 의한다(동조 제2항). 국가의 경우 보통재판적은 '법무부 소재지'[2] 또는 '대법원 소재지'이다(제6조).

---

1) 대법원 소재지인 서울 서초구를 관할하는 지방법원은 서울중앙지방법원이다.
2) 법무부 소재지인 경기도 과천시를 관할하는 지방법원은 수원지방법원(안양지원)이다.

## (2) 특별재판적

특별재판적은 특정한 사건에 대하여만 적용되는 재판적을 말한다. 보통재판적과 특별재판적은 우열관계에 있는 것이 아니며, 양자는 재판적으로서 동등한 효력을 갖고 있다. 다만, 보통재판적은 모든 소송사건에 대하여 적용되지만, 특별재판적은 특정한 사건에 대하여 적용됨으로써 적용범위에 차이가 있을 뿐이다. 그 결과 양자는 중첩적으로 적용될 수 있다. 그리하여 보통재판적과 특별재판적이 경합하는 경우에 원고는 임의로 어느 하나의 재판적을 선택하여 소송을 제기할 수 있다.

### 1) 의무이행지

재산권상의 소송은 의무이행지에 특별재판적이 인정된다(제8조). 의무이행지에는 계약상 의무이행지뿐만 아니라 불법행위 또는 부당이득에 의한 의무이행지도 포함된다. 금전채권의 경우 당사자 사이에 별도의 약정이 없는 한, 지참채무의 원칙상 채권자의 주소지가 의무이행지가 된다. 그리하여 예를 들어, 대여금의 지급을 구하는 소송에서 피고의 주소지는 보통재판적으로서 관할권이 인정되고, 채권자인 원고의 주소지는 의무이행지로서 특별재판적이 인정된다. 그러나 금전채권에 대한 압류 및 추심명령이 내려진 경우에는 그 성질을 추심채무로 보아그 의무이행지는 제3채무자의 주소지라고 할 것이다. 압류 및 추심명령으로 제3채무자의 압류채무자에 대한 채무의 지급이 금지되므로 압류채무자의 주소지는 의무이행지가 아니고,[1] 압류 및 추심명령으로 압류채권자에게 제3채무자에 대한 채권의 추심 권능만 부여되는 것이지 채권 그 자체가 이전되는 것은 아니므로 압류채권자의 주소지에 의무이행지로서의 관할이 인정되는 것도 아니다.[2]

판례는 어음상 채무의 의무이행지는 어음채권자의 주소지가 아니라 어음의 지급지이고,[3] 등기의무의 이행지는 등기청구권자의 주소지가 아니라 제21조[4]에 규정된 등기할 공무소의 소재지

---

1) 채권압류 및 추심명령은 집행법원이 일방적으로 제3채무자에게 채무자에 대한 채무의 지급금지를 명령하고 피압류채권의 추심권능을 집행채권자에게 부여하는 것으로서 이에 따라 제3채무자는 집행채무자에게 채무를 지급하더라도 집행채권자에게 대항할 수 없어 여전히 추심명령을 받은 집행채권자에게 채무를 지급하여야 할 의무를 부담하게 된다(대법원 2011. 12. 13. 선고 2009다16766 판결).
2) 금전채권에 대하여 압류 및 추심명령이 있었다고 하더라도 이는 강제집행절차에서 압류채권자에게 채무자의 제3채무자에 대한 채권을 추심할 권능만을 부여하는 것으로서 강제집행절차상의 환가처분의 실현행위에 지나지 아니한 것이며, 이로 인하여 채무자가 제3채무자에 대하여 가지는 채권이 압류채권자에게 이전되거나 귀속되는 것이 아니다(대법원 1997. 3. 14. 선고 96다54300 판결; 2001. 3. 9. 선고 2000다73490 판결).
3) 약속어음은 그 어음에 표시된 지급지가 의무이행지이고, 그 의무이행을 구하는 소송의 토지관할권은 지급지를 관할하는 법원에 있으며, 채권자의 주소지를 관할하는 법원에 있는 것이 아니다(대법원 1980. 7. 22. 자 80마208 결정).
4) 등기·등록에 관한 소를 제기하는 경우에는 등기 또는 등록할 공공기관이 있는 곳의 법원에 제기할 수 있다(제21조).

라고 한다. 또한 사해행위의 취소와 그 원상회복을 구하는 소송에서의 의무이행지는 취소의 대상인 법률행위의 의무이행지가 아니라 취소로 인하여 형성되는 법률관계의 의무이행지로 보아야 하므로, 사행행위의 취소 및 그 원상회복으로 소유권이전등기의 말소를 구하는 경우에는 그 말소등기를 할 등기관서 소재지를 관할하는 법원에 관할이 인정되고 채권자인 원고의 주소지에는 관할이 인정되지 않는다고 한다.[1] 그러나 사해행위취소소송에서 원상회복에 갈음하는 가액배상을 구하는 경우에는 채권자의 주소지 법원이 의무이행지 법원으로서 관할이 인정된다.

### 2) 어음·수표의 지급지

어음·수표에 관한 소송은 어음·수표의 지급지에 특별재판적이 인정된다(제9조). 어음·수표의 행위가 이루어지는 장소에는 발행지, 인수지, 배서지, 지급지 등이 있다. 이와 같이 어음·수표의 행위지가 각각 다른 경우에도 어음·수표에 관한 소송은 지급지에서 제기할 수 있다.

### 3) 재산소재지

우리나라에 주소가 없거나 또는 주소를 알 수 없는 사람에 대하여 재산권에 관한 소송을 제기하는 경우에는 청구의 목적 또는 담보의 목적이나 압류할 수 있는 피고의 재산 소재지 법원에 제기할 수 있다(제11조). 재산권에 관한 소송의 피고가 외국인이라 할지라도 압류할 수 있는 재산이 국내에 있을 때에는 그를 상대로 승소판결을 얻으면 이를 집행하여 재판의 실효를 얻을 수 있기 때문이다.[2] 이 조항은 국내에 주소가 없거나 주소를 알 수 없는 사람을 피고로 재산권에 관한 소송을 제기할 경우에만 적용된다.

### 4) 사무소·영업소의 소재지

사무소 또는 영업소가 있는 사람에 대하여 그 사무소 또는 영업소의 업무와 관련이 있는 소

---

[1] 채권자가 사해행위의 취소와 함께 수익자 또는 전득자로부터 책임재산의 회복을 구하는 사해행위취소의 소를 제기한 경우 그 취소의 효과는 채권자와 수익자 또는 전득자 사이의 관계에서만 생기는 것이므로, 수익자 또는 전득자가 사해행위의 취소로 인한 원상회복 또는 이에 갈음하는 가액배상을 하여야 할 의무를 부담한다고 하더라도 이는 채권자에 대한 관계에서 생기는 법률효과에 불과하고 채무자와 사이에서 그 취소로 인한 법률관계가 형성되는 것은 아니다. 뿐만 아니라, 이 경우 채권자의 주된 목적은 사해행위의 취소 그 자체보다는 일탈한 책임재산의 회복에 있는 것이므로, 사해행위취소의 소에 있어서의 의무이행지는 '취소의 대상인 법률행위의 의무이행지'가 아니라 '취소로 인하여 형성되는 법률관계에 있어서의 의무이행지'라고 보아야 할 것이다. 이 사건에 있어서 부동산등기의 신청에 협조할 의무의 이행지는 성질상 등기지의 특별재판적에 관한 제21조에 규정된 '등기할 공무소 소재지'라고 할 것이므로, 원고가 사해행위취소의 소의 채권자라고 하더라도 사해행위취소에 따른 원상회복으로서의 소유권이전등기 말소등기의무의 이행지는 그 등기관서 소재지라고 볼 것이지, 원고의 주소지를 그 의무이행지로 볼 수는 없다(대법원 2002. 5. 10. 자 2002마1156 결정).

[2] 대법원 1988. 10. 25. 선고 87다카1728 판결.

송을 제기하는 경우에는 그 사무소 또는 영업소의 소재지 법원에 제기할 수 있다(제12조).[1] 여기의 업무에는 사적인 영업뿐만 아니라 공익사업이나 행정사무도 포함하고,[2] 업무와 관련된 것이면 불법행위로 인한 손해배상청구나 부당이득반환청구도 포함한다. 또한 여기의 사무소 또는 영업소에는 주된 사무소나 본점뿐만 아니라 지점까지 포함한다.[3] 다만, 본점만이 취급할 수 있는 사무에 관해서는 지점에 재판적이 인정되지 않는다.[4] 이 조항은 사무소 또는 영업소가 있는 사람을 피고로 소송을 제기하는 경우에만 적용되고, 사무소 또는 영업소가 있는 사람이 원고가 되어 소송을 제기하는 경우에는 적용되지 않는다.[5]

### 5) 불법행위지

불법행위에 관한 소송은 불법행위지에 특별재판적이 인정된다(제18조). 민법상 불법행위에 한정되지 않으며 국가배상법이나 자동차손해배상보장법 등 특별법에 의한 불법행위에 대하여도 여기의 재판적이 인정된다. 불법행위지에는 가해행위지와 손해발생지가 모두 포함된다. 예를 들어, 대전에서 교통사고를 당해서 서울에 있는 병원에서 사망한 경우 또는 대전에서 명예훼손을 하는 내용의 유인물을 제작해서 서울에서 배포한 경우 등에는 행위지인 대전은 물론이고 손해발생지인 서울에도 재판적이 각각 인정된다.[6]

---

1) 미합중국 하와이주의 법률에 의하여 설립된 외국법인의 서울 사무소에서 근무하던 외국인 직원들이 부당해고되었음을 이유로 손해배상을 청구하는 소송에 관하여 제12조 소정의 재판적이 인정되므로 국내에 재판관할권이 있다(대법원 1992. 7. 28. 선고 91다41897 판결).

2) 토지 소유자 또는 관계인이 토지수용법에 근거하여 제기하는 보상금 증액청구소송은 재결청과 기업자를 공동피고로 하여야 하는 필요적 공동소송이므로 행정소송법 제8조 제2항, 민사소송법 제25조 제2항, 제1항에 의하여 재결청이나 기업자 중 어느 하나의 당사자에 대하여만 관할권이 있더라도 그 법원에 제소할 수 있다 할 것인데, 이 사건 토지 등의 수용 및 보상금 관련 업무는 피고 대한주택공사 부산지사에서 취급하였음을 알 수 있어, 부산지역을 관할하는 원심법원은 제12조에 의하여 피고 대한주택공사에 대하여 보상금의 증액을 구하는 이 사건 소에 관하여 관할권이 있고, 따라서 피고 중앙토지수용위원회와 대한주택공사를 공동피고로 하는 이 사건 필요적 공동소송 전체에 대하여도 적법한 관할권이 있다고 할 것이다(대법원 1994. 1. 25. 선고 93누18655 판결).

3) 김홍엽, 73면 및 74면; 이시윤, 107면.

4) 등록국채의 명의변경등록에 관한 사무는 한국은행 본점만이 취급할 수 있고 그 지점 및 대리점은 지점이 원리금의 지급장소로 지정되어 있는 경우에 명의변경등록 청구서의 접수를 받아 본점에 송부하는 중계사무만을 취급할 수 있다 할 것이므로 등록국채의 명의변경등록절차의 이행을 청구하는 사건은 한국은행 지점의 사무에 관한 소송이 아니다(대법원 1967. 9. 20. 자 67마560 결정).

5) 제12조에 의하면 사무소 또는 영업소가 있는 자에 대한 소는 그 사무소 또는 영업소의 업무에 관한 것에 한하여 그 소재지의 법원에 제기할 수 있다고 규정되어 있어 농업협동조합중앙회의 영업소의 업무에 관하여 위 중앙회를 상대로 소를 제기하는 때에 한하여 위 영업소 소재지의 법원에 관할이 있다고 할 것이므로 위 중앙회가 스스로 원고가 되어 소를 제기하는 이 사건의 경우 위 규정이 적용될 여지는 없다(대법원 1980. 6. 12. 자 80마158 결정).

6) 이시윤, 107면 및 108면.

## 6) 부동산 소재지

부동산에 관한 소송은 부동산 소재지에 특별재판적이 인정된다(제20조). 여기의 부동산에는 토지와 건물뿐만 아니라 공장재단이나 광업재단 등 법률의 규정에 의하여 부동산으로 취급되는 것(공장 및 광업재단 저당법 제12조 및 제54조) 또는 광업권·어업권 등과 같이 부동산이나 토지에 관한 규정이 준용되는 것도 포함한다(광업법 제10조, 수산업법 제16조 제2항). 그러나 선박, 자동차, 중기, 항공기 등 이동성이 있는 것은 부동산에 관한 규정이 준용되더라도 여기서 제외된다. 부동산에 관한 소송이란 소유권이전등기청구소송 또는 등기말소청구소송, 소유권이나 점유권에 기한 인도청구소송, 소유권에 기한 방해배제청구소송, 부동산에 관한 소유권확인소송, 저당권등기말소청구소송 등 부동산 자체에 관한 소송에 한정되고, 부동산의 매매대금이나 임대료의 지급을 구하는 소송은 제외된다.[1]

## 7) 관할고등법원 소재지

특허권, 실용신안권, 디자인권, 상표권, 품종보호권(이하 '특허권 등'이라 한다)을 제외한 지식재산권에 관한 소송 또는 국제거래에 관한 소송은 보통재판적 또는 특별재판적이 인정되는 관할법원 소재지를 관할하는 고등법원이 있는 곳의 지방법원에 토지관할이 인정된다(제24조 제1항). 여기서 국제거래소송은 국가 사이의 인적·물적 거래에 관한 소송으로 당사자 일방이 외국인인 소송을 말한다. 고등법원 소재지 지방법원에 토지관할을 인정한 이유는 이곳에는 지식재산권이나 국제거래에 관한 사건을 전문적으로 처리하는 전문재판부가 설치되어 있어 신속하고 적정한 분쟁해결을 도모할 수 있기 때문이다. 그리하여 예를 들어, 전주에 주소를 둔 원고가 창원에 주소를 둔 피고를 상대로 저작권 침해로 인한 손해배상청구소송을 제기하는 경우 피고의 주소지 법원인 창원지방법원은 보통재판적으로 관할권이 인정되고, 금전채권의 지급을 구하는 소이므로 채권자인 원고의 주소지 법원인 전주지방법원도 의무이행지 법원으로서 관할권이 인정되지만, 창원지방법원을 관할하는 부산고등법원이 소재한 부산지방법원과 전주지방법원을 관할하는 광주고등법원이 소재한 광주지방법원에도 각각 관할권이 인정된다.

특허권 등의 지식재산권에 관한 소송을 제기하는 경우에는 보통재판적 또는 특별재판적이 인정되는 관할법원 소재지를 관할하는 고등법원이 있는 곳의 지방법원의 '전속관할'로 한다(제24조 제2항). 그리하여 예를 들어, 전주에 주소를 둔 원고가 창원에 주소를 둔 피고를 상대로 제기한 특허권 침해로 인한 손해배상청구소송의 경우, 피고의 주소지 법원인 창원지방법원을 관할하는 부산고등법원이 소재한 부산지방법원과 원고의 주소지 법원인 전주지방법원을 관할하

---

1) 김홍엽, 74면; 이시윤, 108면.

는 광주고등법원이 소재한 광주지방법원의 전속관할에 속한다. 결국, 특허권 등의 지식재산권에 관한 소송은 고등법원 소재지인 서울중앙지방법원과 대전·대구·부산·광주·수원지방법원 등 6개 지방법원 중 어느 하나에 제기되어야 한다. 그런데 당사자는 특허권 등의 지식재산권에 관한 소송을 대전·대구·부산·광주·수원지방법원에 제기하여야 함에도 불구하고 서울중앙지방법원에 제기할 수도 있다(동조 제3항). 위의 사례에서 원고는 서울중앙지방법원에 특허권 침해로 인한 손해배상청구소송을 제기할 수 있다. 이는 서울중앙지방법원에 특허권 등의 지식재산권에 관한 사건을 처리하는 전문재판부가 특히 많이 설치되어 있다는 점을 고려한 것이다. '특허권 등의 지식재산권에 관한 소송'으로는 특허권 등의 지식재산권 침해를 이유로 한 금지·폐기·신용회복 등의 청구소송 또는 손해배상청구소송, 특허권 등의 실시계약에 기초한 실시료 지급청구소송, 특허권 등의 이전·말소등록청구소송, 전용·통상실시권 등의 설정 유무나 귀속 등에 관한 소송, 직무발명·고안·디자인에 대한 보상금청구소송 등이 있다.[1] 특허권 등의 지식재산권에 관한 소송의 항소심은 특허법원의 전속관할이다(법원조직법 제28조의4 3호).

### (3) 관련재판적

1개의 소로써 여러 청구를 하는 경우에 그 중 하나의 청구에 관하여 토지관할권이 인정되면 법정관할권이 없는 나머지 청구도 그 곳에 재판적이 생기는데, 이를 관련재판적이라고 한다(제25조). 예를 들어, 대전에 주소를 둔 원고가 대구에 주소를 둔 피고를 상대로 광주 소재 부동산에 관한 인도청구와 손해배상청구를 병합하여 광주지방법원에 제소한 경우, 광주지방법원은 부동산인도청구에 관하여 부동산 소재지 법원으로 특별재판적이 인정되지만, 손해배상청구에 대하여는 보통재판적도 특별재판적도 인정되지 않는다. 그러나 부동산인도청구와 손해배상청구가 병합하여 제기된 이상 부동산 인도청구에 대하여 관할권이 인정되면 그와 병합된 손해배상청구에 대하여도 관련재판적으로 광주지방법원에 관할권이 인정된다. 병합된 청구가 나중에 취하, 각하되거나 변론의 분리가 있어 병합관계가 소멸되어도 관련재판적에 의하여 인정된 다른 청구의 관할에는 영향을 미치지 않는다.

관련재판적은 청구가 객관적으로 병합된 경우뿐만 아니라 주관적으로 병합된 경우, 즉 공동소송의 경우에도 인정된다. 예를 들어, 대전에 주소를 둔 원고가 대구에 주소를 둔 주채무자와 광주에 주소를 둔 보증채무자를 상대로 대여금의 지급을 구하는 소송을 대구지방법원에 제기한 경우, 주채무자에 대한 청구에 있어서 대구지방법원은 보통재판적으로 관할권이 인정되지만, 보증채무자에 대한 청구에 있어서는 보통재판적도 특별재판적도 인정되지 않는다. 그러나 주채무자와 보

---

1) 특허법, 실용신안법, 디자인보호법, 상표법에 규정된 특허심판원의 심결 등에 대한 소송은 특허법원의 전속관할이다.

증채무자가 공동피고가 된 이상 주채무자에 대한 청구에서 관할권이 인정되면 그와 공동피고인 보증채무자에 대한 청구에 있어서도 관련재판적으로 대구지방법원에 관할권이 인정된다.

## III. 지정관할

지정관할이란 관할이 불분명하거나 관할법원이 재판권을 법률상 또는 사실상 행사할 수 없는 경우에 상급법원의 결정으로 정해지는 관할이다(제28조). 가사소송법에서는 사건이 가정법원과 지방법원 중 어느 법원의 관할에 속하는지 불분명한 경우에는 관계 법원의 공통되는 고등법원으로 하여금 관할법원을 지정하도록 하고 있다(가사소송법 제3조).

지정관할의 사유는 관할이 불분명하거나 관할법원이 재판권을 법률상 또는 사실상 행사할 수 없는 경우이다. 관할이 불분명한 예로는 사고발생지가 어느 법원의 관할구역 내인지 불분명한 경우 등이 있다. 관할법원이 재판권을 법률상 행사할 수 없는 예로는 관할법원의 법관 전부가 제척·기피 또는 회피당한 경우 등이 있고, 사실상 행사할 수 없는 예로는 관할법원의 법관 전원이 질병이나 천재지변 등의 사고로 직무를 수행할 수 없는 경우 등이 있다.[1]

## IV. 당사자의 거동에 의한 관할

### 1. 합의관할

#### (1) 의의

합의관할이란 당사자의 합의로 발생하는 관할을 말한다(제29조). 합의관할은 관할의 변경이라는 소송법상 효과를 발생시키는 소송계약이다. 따라서 관할의 합의에는 소송능력이 필요하다. 관할합의는 독립된 합의에 의하거나 또는 계약서의 한 조항에 의할 수도 있다.

약관으로 관할합의를 한 경우에는 「약관의 규제에 관한 법률」이 적용된다. 판례는 사업자에게 유리하고 원거리에 사는 고객에게 제소 및 응소에 불편을 초래할 우려가 있는 관할합의 약관조항은 '고객에 대하여 부당하게 불리한 재판관할의 합의조항(약관의 규제에 관한 법률 제14조)'

---

1) 이시윤, 112면.

에 해당되어 무효라고 한다.[1]

## (2) 요건

### 1) 제1심 법원의 임의관할

당사자는 제1심 법원의 임의관할에 한하여 합의할 수 있다(제29조 제1항). 토지관할에 한하지 않고 사물관할에 관하여도 합의를 할 수 있다. 그러나 전속관할에 관하여는 합의할 수 없다.

### 2) 일정한 법률관계에 기인한 소송

관할의 합의는 일정한 법률관계로 말미암은 소송에 관하여 하여야 한다(제29조 제2항). 즉, 특정한 매매계약 또는 특정한 임대차계약으로 인한 소송 등 합의의 대상인 법률관계가 특정되어야 한다. 합의의 대상인 소송이 어떠한 법률관계로 인한 것인지 예측할 수 없다면 피고의 관할의 이익을 침해할 우려가 있기 때문이다. 장래에 발생하는 모든 법률관계로 인한 소송 등 막연하여 예측할 수 없는 경우에는 그러한 합의는 무효이다.

### 3) 관할법원의 특정

합의의 취지로부터 관할법원을 특정할 수 있어야 한다. 반드시 1개의 법원을 지정할 필요는 없으며, 법정관할법원의 일부를 배제하는 방식에 의하여도 무방하다. 그러나 전국의 모든 법원을 관할법원으로 하거나 또는 원고에게 관할법원의 지정을 위임하는 것은 피고의 관할의 이익을 침해하는 것이어서 허용되지 않는다.[2]

### 4) 서면에 의한 합의

합의는 서면으로 하여야 한다(제29조 제2항). 당사자의 의사를 명확히 하여 분쟁의 소지를 없애기 위함이다. 신청과 승낙이 동일 서면에 의할 필요가 없으며, 별개의 서면으로 시기를 달리

---

1) 대전에 주소를 둔 계약자와 서울에 주영업소를 둔 건설회사 사이에 체결된 아파트공급계약서상의 "본 계약에 관한 소송은 서울민사지방법원을 관할법원으로 한다."라는 관할합의 조항은 약관의 규제에 관한 법률 제2조 소정의 약관으로서 민사소송법상의 관할법원 규정보다 고객에게 불리한 관할법원을 규정한 것이어서 사업자에게는 유리할지언정 원거리에 사는 경제적 약자인 고객에게는 제소 및 응소에 큰 불편을 초래할 우려가 있으므로 약관의 규제에 관한 법률 제14조 소정의 '고객에 대하여 부당하게 불리한 재판관할의 합의조항'에 해당하여 무효라고 보아야 한다(대법원 1998. 6. 29. 자 98마863 결정).

2) "본 계약에 관한 소송은 재항고인이 지정하는 법원을 관할법원으로 한다."고 규정하였음은 결국 전국의 법원 중 재항고인이 선택하는 어느 법원에나 관할권을 인정한다는 내용의 합의라고 볼 수밖에 없어 관할법원을 특정할 수 있는 정도로 표시한 것이라고 볼 수 없을 뿐만 아니라, 이와 같은 관할에 관한 합의는 피소자의 권리를 부당하게 침해하고 공평원칙에 어긋나는 결과가 되어 무효라고 할 것이다(대법원 1977. 11. 9. 자 77마284 결정).

하여도 무방하다. 예를 들어, 어음발행인이 어음의 표면에 장래의 소지인에 대하여 합의의 청약
을 하고, 뒤에 소지인이 이를 승낙하면 관할의 합의가 성립한다.[1]

### 5) 합의의 시기

합의의 시기에는 제한이 없다. 소 제기 전에 하는 것이 일반적이지만, 소 제기 이후에도 할
수 있다. 그러나 관할은 소 제기시를 표준으로 정해지기 때문에(제33조), 소 제기 이후에는 관할
합의를 하더라도 종전의 관할이 변경되는 것은 아니며 손해 또는 지연을 피하기 위한 소송이송
을 신청하는 전제로서 의미를 가질 뿐이다.[2]

## (3) 합의의 유형

### 1) 부가적 합의와 전속적 합의

관할 합의에는 법정관할 외에 1개 또는 여러 개의 법원을 부가하는 '부가적 합의'와 특정의
법원에만 관할권을 인정하고 나머지 법원의 관할권을 배제하는 '전속적 합의'가 있다. 이 중 어
느 것인지 불분명한 경우에는 원칙적으로 부가적 합의로 보되, 경합하는 법정관할법원 중 어느
하나를 특정하는 합의는 전속적 합의로 보는 것이 타당하다.[3] 예를 들어, 대전에 주소를 둔 원
고가 대구에 주소를 둔 피고를 상대로 대여금의 지급을 구하는 소송을 제기하면서 광주지방법
원을 관할법원으로 하는 합의를 하였고, 그것이 부가적 합의인지 전속적 합의인지 불분명한 경
우, 위 소송의 법정관할법원은 보통재판적인 피고 주소지의 대구지방법원과 의무이행지인 원고
주소지의 대전지방법원이고, 광주지방법원은 법정관할법원이 아니므로 위의 관할 합의는 부가
적 합의로 보아야 한다. 그런데 만일 위의 사례에서 대구지방법원을 관할 법원으로 하는 합의
를 하였다면, 이는 전속적 합의로 보아야 한다. 법정관할법원으로서 관할권이 있음에도 불구하
고 굳이 관할법원으로 합의를 하였다는 것은 그 법원에만 관할권을 인정하고자 하는 것이 당사
자의 의사라고 할 수 있기 때문이다.

---

1) 강현중, 「신민사소송법강의」, 박영사, 2015, 106면; 정동윤·유병현, 133면.
2) 김홍엽, 79면; 이시윤, 115면.
3) 갑제1호증의 계약서의 규정에 의하면 본건 계약에 관한 소송은 원고의 주소지를 관할하는 법원을 재판적으로
   한다라고 기재되어 있는바 위의 규정은 법정관할 외에 또 관할법원을 증가하는 부가적 합의라고 해석된다(대법
   원 1963. 5. 15. 선고 63다111 판결); 당사자들이 법정 관할법원에 속하는 여러 관할법원 중 어느 하나를 관할
   법원으로 하기로 약정한 경우, 그와 같은 약정은 그 약정이 이루어진 국가 내에서 재판이 이루어질 경우를 예상
   하여 그 국가 내에서의 전속적 관할법원을 정하는 취지의 합의라고 해석될 수 있지만, 특별한 사정이 없는 한
   다른 국가의 재판관할권을 완전히 배제하거나 다른 국가에서의 전속적인 관할법원까지 정하는 합의를 한 것으
   로 볼 수는 없다(대법원 2008. 3. 13. 선고 2006다68209 판결).

## 2) 국제재판관할의 합의

외국법원을 관할법원으로 하는 합의를 할 수도 있다. 이러한 국제재판관할합의는 부가적 합의인 경우에는 문제가 없으나, 전속적 합의인 경우에는 우리나라의 재판권을 배제하는 것이 되어 문제가 있다. 외국법원을 관할법원으로 하는 전속적 합의가 있었음에도 우리나라 법원에 소송을 제기한 경우에는 국가 사이에 소송이송제도가 별도로 마련되어 있지 않는 상황에서 해당 소송을 부적법 각하할 수밖에 없다. 따라서 전속적 국제재판관할합의의 유효성에 대하여는 신중한 접근이 요구된다.

판례는 전속적 국제재판관할합의가 유효하기 위해서는, ① 당해 사건이 국내법원의 전속관할에 속하지 않아야 하고, ② 지정된 외국법원이 그 외국법상 당해 사건에 대하여 관할권을 가져야 하며, ③ 당해 사건이 그 외국법원에 대하여 합리적인 관련성이 있어야 하고, ④ 그와 같은 전속적인 합의가 현저하게 불합리하고 불공정하여 공서양속에 반하는 법률행위에 해당되지 않아야 한다고 한다.[1] 그리하여 원고와 피고 모두 국내법인이고, 사건의 심리에 필요한 주요 증거방법이 모두 국내에 있으며, 외국법이 국내법보다 피고에게 더 유리하다고 볼 만한 자료가 없는 경우 등에는 외국법원에 대한 합리적 관련성을 인정할 수 없고, 그와 같은 전속적 국제재판관할의 합의는 효력이 없다고 한다.[2]

## (4) 합의의 효력

관할합의가 있으면, 합의한 내용에 따라 관할이 변경된다. 합의된 법원에 관할권이 생기고, 전속적 합의의 경우에는 배제된 법정관할법원의 관할권이 소멸된다. 합의관할도 임의관할이므로 다시 관할합의를 할 수 있고, 변론관할도 성립한다.

관할합의는 소송계약이므로 당사자와 그 포괄승계인[3]에게만 미치고 제3자에게는 미치지 않는다. 따라서 채권자와 주채무자 사이의 관할에 관한 합의는 보증채무자 또는 다른 연대채무자에게 미치지 않는다.[4] 그런데 소송물인 권리관계의 특정승계인에게 합의의 효력이 미치는지 논란이 있다. 판례는 소송물인 권리관계가 당사자 사이에 그 내용을 자유로이 정할 수 있는 채권인 경우에는 그 채권의 승계인에게도 관할합의의 효력이 미치지만,[5] 그 권리관계의 내용이 법

---

1) 대법원 2011. 4. 28. 선고 2009다19093 판결; 2010. 8. 26. 선고 2010다28185 판결.
2) 대법원 1997. 9. 9. 선고 96다20093 판결.
3) 포괄승계인의 예(例)로는 상속인, 합병회사 등이 있다.
4) 대법원 1988. 10. 25. 선고 87다카1728 판결.
5) 관할의 합의는 소송법상의 행위로서 합의 당사자 및 그 일반승계인을 제외한 제3자에게 그 효력이 미치지 않는 것이 원칙이지만, 관할에 관한 당사자의 합의로 관할이 변경된다는 것을 실체법적으로 보면, 권리행사의 조건으

률상 정형화되어 있고 당사자가 자유로이 변경할 수 없는 물권과 같은 경우에는 관할합의의 효력이 그 승계인에게는 미치지 않는다고 한다.[1]

## 2. 변론관할

### (1) 의의

원고가 관할권 없는 법원에 소송을 제기하였으나, 피고가 이의 없이 본안에 관하여 변론을 함으로써 발생하는 관할을 변론관할이라고 한다(제30조). 관할권이 없는 법원에 소송이 제기되었다고 하더라도 피고가 이를 다투지 않고 변론을 한 이상 관할의 합의가 있었던 것과 마찬가지로 취급하여, 이후 관할위반을 다투지 못하게 함으로써 당사자 사이의 공평과 소송경제를 도모하고자 하는 데 그 인정 취지가 있다.

### (2) 요건

#### 1) 관할권 없는 제1심 법원에 소송을 제기하였을 것

원고가 관할권 없는 제1심 법원에 소송을 제기하였어야 한다. 변론관할은 임의관할, 즉 토지관할과 사물관할에 대하여만 인정된다.

#### 2) 피고가 이의 없이 본안에 관하여 변론을 할 것

피고가 관할위반의 항변을 하지 않은 채 본안에 관하여 변론하거나 변론준비기일에 진술하였어야 한다(제30조). 변론관할은 본안에 관하여 변론을 한 경우에 인정된다. 따라서 실체사항이 아닌 절차사항에 해당되는 기피신청이나 소각하판결의 신청, 담보제공명령신청 등을 하더라도 변론관할이 생기지 않는다. 일단 관할 문제를 유보하고 그 법원에 관할권이 있음을 전제로 본안에 관하여 변론을 한 경우에도 변론관할이 생기지 않는다.[2]

---

로서 그 권리관계에 불가분적으로 부착된 실체적 이해의 변경이라 할 수 있으므로, 지명채권과 같이 그 권리관계의 내용을 당사자가 자유롭게 정할 수 있는 경우에는 당해 권리관계의 특정승계인은 그와 같이 변경된 권리관계를 승계한 것이라고 할 것이어서, 관할합의의 효력은 특정승계인에게도 미친다고 할 것이다(대법원 2006. 3. 2. 자 2005마902 결정).

[1] 관할의 합의의 효력은 부동산에 관한 물권의 특정승계인에게는 미치지 않는다고 새겨야 할 것인바, 부동산 양수인이 근저당권 부담부의 소유권을 취득한 특정승계인에 불과하다면(근저당권 부담부의 부동산의 취득자가 그 근저당권의 채무자 또는 근저당권설정자의 지위를 당연히 승계한다고 볼 수는 없다), 근저당권설정자와 근저당권자 사이에 이루어진 관할합의의 효력은 부동산 양수인에게 미치지 않는다(대법원 1994. 5. 26. 자 94마536 결정).

[2] 강현중, 109면.

본안에 관한 변론이나 진술은 변론기일이나 변론준비기일에 현실로 출석하여 구술로 하여야 한다. 따라서 변론기일에 불출석하거나 변론하지 않은 경우에는 변론관할이 생기지 않으며, 본안에 관한 준비서면만 제출한 채 불출석하여 준비서면에 적혀 있는 사항이 진술간주되는 경우(제148조 제1항)에도 변론관할이 생기지 않는다.[1]

### (3) 효과

관할위반의 항변을 하지 않고 본안에 관하여 변론을 하면, 그 때부터 변론관할이 생긴다. 따라서 그 이후에는 적법한 관할법원이므로 관할위반의 항변이 허용되지 않는다. 변론관할은 그 사건에 한하여 발생하므로, 소의 취하 또는 각하 후에 다시 소를 제기하는 경우까지 변론관할의 효력이 미치는 것은 아니다.

## V. 전속관할과 임의관할

전속관할과 임의관할은 소송법상 효과의 차이에 따른 분류이다. 전속관할은 법정관할 가운데 특정한 사건에 대하여 특정법원만이 배타적으로 관할권을 갖게 한 것을 말한다. 재판의 적정·신속 등 공익(公益)적 요구에 기하여 인정된 관할이다. 전속관할은 특정법원에만 배타적으로 관할권을 갖게 한 것이므로 관련재판적, 합의관할, 변론관할이 성립할 여지가 없고, 후술하는 심판편의에 의한 이송이 원칙적으로 허용되지 않는다. 이에 대하여 임의관할은 전속관할을 제외한 나머지 법정관할을 가리키고, 당사자의 편의와 공평이라는 사익(私益)적 견지에서 인정된 관할이다. 따라서 임의관할의 경우에는 당사자 사이의 합의나 피고의 변론에 의하여 다른 법원에 관할이 생길 수 있고, 관련재판적이 인정되며, 심판편의에 의한 이송이 허용된다.

직분관할은 명문의 규정이 없어도 전속관할이고, 다만 심급관할 중 비약상고(飛躍上告)만은 임의관할이다. 비약상고란 제1심 판결에 대하여 항소심을 거치지 않고 곧바로 대법원에 상고하는 것을 말한다. 제1심 판결에 대하여 당사자 쌍방이 법원의 사실인정에는 다툼이 없고 해당 사건의 법적 판단에 대하여만 이견이 있을 경우에 분쟁의 신속한 해결과 비용의 절감을 도모하기 위하여 당사자 쌍방의 합의에 의하여 이루어진다(제390조 제1항 단서). 합의는 관할합의와 마찬가지로 일정한 법률관계로 말미암은 소에 관하여 서면으로 하여야 한다(제390조 제2항 및 제29조

---

1) 대법원 1980. 9. 26. 자 80마403 결정.

제2항). 비약상고가 있는 경우 상고심법원은 원심판결의 사실확정이 법률에 어긋남을 이유로 그 판결을 파기하지 못한다(제433조).

사물관할 및 토지관할은 원칙적으로 임의관할이고, 예외적으로 법률이 정해 놓은 것에 한하여 전속관할이 된다. 전속관할이 인정되는 예(例)로는 재심의 소에 있어서 재심 대상인 판결을 한 법원(제453조), 독촉절차에 있어서 채무자의 보통재판적 소재지 지방법원(제463조), 민사집행 사건에 있어서 집행절차를 실시할 곳이나 실시한 곳을 관할하는 지방법원(민사집행법 제21조),[1] 가사사건에 있어서 가정법원(가사소송법 제4조), 회사관계소송에 있어서 회사 본점 소재지 지방법원(상법 제184조 내지 제186조, 제376조 제2항, 제380조), 파산·회생사건에 있어서 채무자 주소지 회생법원(채무자 회생 및 파산에 관한 법률 제3조), 할부거래·통신판매업자와의 거래·방문판매· 전화권유판매·다단계판매·후원방문판매·계속거래 및 사업권유거래에 있어서 소비자의 주소지 지방법원(할부거래에 관한 법률 제44조, 전자상거래 등에서 소비자보호에 관한 법률 제36조, 방문판매 등에 관한 법률 제53조)[2] 등이 있다.

관할에 관한 사항은 법원의 직권조사사항이다(제32조). 임의관할위반을 항변사항으로 보는 견해가 있으나 직권조사사항으로 이해함이 타당하다. 다만, 임의관할의 경우 변론관할이 성립할 수 있으므로 피고의 관할위반의 항변을 기다려 판단하여야 할 것이다. 전속관할위반을 간과한 판결이라도 당연 무효는 아니다. 따라서 그 효력을 부인하기 위해서는 상소에 의하여 다투어야 한다. 상고심에서 전속관할위반임이 밝혀진 경우에는 원심을 파기하고 관할법원으로 이송하여야 한다. 그러나 판결이 확정된 후에는 재심사유가 되지 않으므로 재심으로 다툴 수 없으며, 결국 그 하자가 치유된다. 당사자는 항소심에서 제1심 법원의 임의관할위반을 주장하지 못한다(제411조). 그리하여 임의관할위반의 경우에는 당사자가 이의를 제기하였음에도 법원이 소송을 계속한 후 판결을 선고하였다면 그 하자가 치유된다. 판결이 선고된 이후에는 임의관할위반을 이유로 상소할 수 없고, 상소심에서 임의관할위반을 주장할 수도 없다.

---

1) 청구이의의 소와 집행문부여에 대한 이의의 소의 관할법원은 집행권원이 확정판결이면 제1심 판결법원이고(제44조 제1항 및 제45조), 집행권원이 공정증서인 경우에는 채무자인 원고의 보통재판적이 있는 곳의 법원이다(제59조 제4항). 제3자이의의 소는 집행법원이 관할하는 것이 원칙이지만, 소송물이 단독판사의 관할에 속하지 않을 경우에는 집행법원이 있는 곳을 관할하는 지방법원의 합의부가 관할한다(제48조 제2항).
2) 소비자의 주소 또는 거소가 분명하지 않은 경우에는 민사소송법의 규정이 준용된다(할부거래에 관한 법률 제44조, 방문판매 등에 관한 법률 제53조).

## Ⅵ. 소송의 이송

### 1. 의의

소송의 이송이란 어느 법원에 계속된 소송을 그 법원의 결정에 의하여 다른 법원으로 옮기는 것을 말한다. 이송은 소송사건을 다른 법원으로 옮김으로써 법원이 변경되는 것이라는 점에서 같은 법원 내에서 단독판사 상호간 또는 합의부 상호간에 사건을 보내는 '이부(移部)'와 구별된다. 또한 이송은 재판에 의한다는 점에서 사실행위로서 소송기록을 다른 법원에 보내는 '소송기록의 송부'와도 구별된다.

관할위반이 있는 경우에 소가 부적법하다고 각하하는 것보다는 관할권 있는 법원으로 이송하는 것이 다시 소를 제기함으로 인한 시간·노력·비용을 절감할 수 있고, 당초 소 제기로 인한 시효중단이나 기간준수의 효과를 그대로 유지할 수 있다는 이점이 있다. 한편 관할위반이 아닌 경우에도 보다 편리한 법원에서 심판하도록 하는 것이 당사자 사이의 형평과 소송경제를 도모할 수 있는 이점이 있다. 그러나 독촉절차에서는 관할위반이 있으면 관할법원으로 이송하는 것이 아니라 지급명령신청을 각하하여야 한다(제465조 제1항).

### 2. 이송의 원인

#### (1) 관할위반에 의한 이송

관할위반에 의한 이송은 사건을 관할권 없는 법원에서 있는 법원으로 이송하는 것을 말한다. 법원은 소송의 전부 또는 일부에 대하여 관할권이 없다고 인정하는 경우에는 결정으로 이를 관할법원에 이송한다(제34조 제1항). 관할의 존부는 소 제기시를 기준으로 판단한다(제33조). 여기서 소송을 제기한 때라 함은 소장을 법원에 제출한 때를 말한다. 따라서 소 제기 후에 피고의 주소가 변경되거나 소가가 변동되더라도 관할위반으로 되지 않는다.[1] 관할위반에는 전속관

---

1) 소제기 당시에 토지관할이 있는 이상 그 후의 주소이동은 관할에 영향이 없다(대법원 1970. 1. 8. 자 69마1097 결정); 소액사건이 소 제기 후에 그 목적물의 시가가 상승하였다고 하더라도, 그 사건을 소액사건으로 취급하는 데 지장이 없다(대법원 1979. 11.1 3. 선고 79다1404 판결); 지방법원 본원 합의부가 지방법원 단독판사의 판결에 대한 항소사건을 제2심(항소심)으로 심판하는 도중에 지방법원 합의부의 관할에 속하는 소송이 새로 추가되거나 그러한 소송으로 청구가 변경되었다고 하더라도, 심급관할은 제1심 법원의 존재에 의하여 결정되는 전속관할이어서 이미 정하여진 항소심의 관할에는 영향이 없는 것이므로, 추가되거나 변경된 청구에 대하여도 그대로

할위반은 물론이고, 임의관할위반도 포함된다. 다만, 임의관할위반의 경우에는 변론관할이 생길 수 있으므로 당사자의 관할위반의 항변을 기다려 이송한다.

### 1) 직권이송

관할위반에 의한 이송은 법원이 직권으로 하여야 한다(제34조 제1항). 관할위반에 의한 이송의 경우에는 다른 원인에 의한 이송에서와는 달리 당사자의 이송신청권이 인정되지 않는다. 민사소송법은 심판편의 등 다른 원인에 의한 이송의 경우에는 "직권 또는 당사자의 신청에 따른 결정으로 이송할 수 있다."고 규정하고 있으나(제34조 제2항, 제35조, 제36조, 제269조 제2항), 관할위반에 의한 이송의 경우에는 "법원은 결정으로 이송한다."고만 규정하고 있다(제34조 제1항).

이와 같이 관할위반에 의한 이송은 법원의 직권에 의하여야 하고, 당사자의 이송신청은 법원의 직권발동을 촉구하는 의미를 갖는데 불과하다. 따라서 법원은 당사자의 이송신청에 대하여 재판을 할 필요가 없고, 설사 법원이 이송신청을 거부하는 재판을 하였더라도 항고 등으로 불복할 수 없다.[1] 그러나 관할위반에 따른 이송결정에 대하여는 즉시항고를 할 수 있다(제39조).

### 2) 심급관할위반의 소제기

제1심 소송을 제기할 법원을 그르쳐 상급심법원에 소를 제기한 경우에는 관할권있는 하급심법원으로 이송하여야 한다는 것이 통설이다.[2] 판례는 재심의 소를 항소심법원에 제기하여야 함에도 제1심법원에 잘못 제기한 경우 제1심법원은 항소심법원으로 소송을 이송하여야 한다고 한다.[3]

---

심판할 수 있다(대법원 1992. 5. 12. 선고 92다2066 판결).

1) 당사자가 관할위반을 이유로 한 이송신청을 한 경우에도 이는 단지 법원의 직권발동을 촉구하는 의미밖에 없는 것이고, 따라서 법원은 이 이송신청에 대하여 재판을 할 필요가 없고, 설사 법원이 이 이송신청을 거부하는 결정을 하였다고 하여도 항고가 허용될 수 없으므로 항고심에서는 이를 각하하여야 하고, 항고심에서 항고를 각하하지 않고 항고이유의 당부에 관한 판단을 하여 기각하는 결정을 하였다고 하여도 이 항고기각결정은 항고인에게 아무런 불이익을 주는 것이 아니므로 이 항고심결정에 대하여 재항고를 할 아무런 이익이 없는 것이어서 이에 대한 재항고는 부적법한 것이다(대법원 1993. 12. 6. 자 93마524 전원합의체 결정); 관할위반을 이유로 하는 이송신청에 대하여 재판할 필요가 없음에도 이를 기각하는 결정을 하더라도 그 결정은 특별항고인에게 아무런 불이익을 주는 것이 아니어서 이에 대하여 특별항고를 할 어떤 이익도 없으므로 그 특별항고는 부적법하다(대법원 1996. 1. 12. 자 95그59 결정).

2) 강현중, 108면; 이시윤, 124면; 정동윤 · 유병현, 144면.

3) 재심 소장에 재심을 할 판결로 제1심판결을 표시하고 있다고 하더라도 재심의 이유에서 주장하고 있는 재심사유가 항소심판결에 관한 것이라고 인정되는 경우에는 그 재심의 소는 항소심판결을 대상으로 한 것으로서 재심을 할 판결의 표시는 잘못 기재된 것으로 보는 것이 타당하므로, 재심소장을 접수한 제1심법원은 그 재심의 소를 부적법하다 하여 각하할 것이 아니라 재심 관할법원인 항소심법원에 이송하여야 할 것이다(대법원 1995. 6. 19. 자 94마2513 결정); 이송결정이 확정한 때에는 소송은 처음부터 이송을 받은 법원에 계속된 것으로 간주되므로 재심의 소가 제1심법원에 재심제기기간 내에 제기된 이상 적법한 재심제기기간 내에 항소심법원에 제기된

### 3) 심급관할위반의 상소

상소심법원을 그르친 경우, 예를 들어 원심법원에 제출해야 할 상소장을 상소심법원에 제출한 경우 또는 상소장은 원심법원에 제출했는데, 상소심법원을 잘못 표시하여 원심법원이 소송기록을 잘못된 상소심법원에 송부한 경우[1] 등에는 관할권 없는 법원에 상소를 하더라도 소송이 이심되는 효력이 발생하는 것은 아니므로 소송의 이송을 인정하기 어렵다는 반대 견해가 있으나, 이송을 부정할 경우 상소기간을 도과할 위험[2]이 있으므로 제34조를 유추적용하여 이송을 긍정함이 타당하다.[3]

그러나 판례는 상소심법원을 그르친 경우 소송기록 송부의 방법에 의하여야 하고,[4] 상소기간준수 여부는 상소장이 적법한 관할법원에 접수된 때를 기준으로 하여야 한다고 한다.[5] 다만, 통상항고하여야 할 것을 대법원에 특별항고한 경우나 즉시항고하여야 할 것을 대법원에 재항고한 경우에는 관할권 있는 법원으로 이송할 것이라고 한다.[6]

---

것으로 간주되는 것이며, 항소심법원에 이송된 때를 기준으로 하여 재심제기기간의 준수여부를 판단할 것이 아니다(대법원 1984. 2. 28. 선고 83다카1981 전원합의체 판결).

1) 예를 들어, 상소장에 소가 1억원 이하의 단독판사사건의 항소심법원을 지방법원 항소부가 아닌 고등법원으로 잘못 표시하여 원심법원이 소송기록을 고등법원으로 송부한 경우 등이 여기에 해당된다.

2) 소송이 이송된 경우 소송은 처음부터 이송받은 법원에 계속된 것으로 의제되므로(제40조 제1항), 처음 소장이 제출된 때에 상소기간 준수의 효과가 발생하지만, 기록송부에 의한 경우에는 처음 소장이 제출된 때가 아니라 소송기록이 송부되어 적법한 관할법원에 접수된 때에 상소기간 준수의 효과가 발생하므로 상소기간을 도과할 위험이 있다.

3) 강현중, 108면; 이시윤, 124면; 정동윤·유병현, 144면 및 145면.

4) 특별항고만이 허용되는 재판에 대한 불복에 있어서는 당사자가 특히 특별항고라는 표시와 항고법원을 대법원으로 표시하지 않았더라도 그 항고장을 접수한 법원으로서는 이를 특별항고로 보아 소송기록을 대법원에 송부하여야 한다(대법원 2014. 1. 3. 자 2013마2042 결정; 2011. 2. 21. 자 2010마1689 결정; 1999. 7. 26. 자 99마2081 결정; 1997. 6. 20. 자 97마250 결정 등).

5) 상고장은 원심법원에 제출하도록 규정되어 있으므로, 상고장이 대법원에 제출되었다가 다시 원심법원에 송부된 경우에는 상고제기기간의 준수 여부는 상고장이 원심법원에 접수된 때를 기준으로 판단하여야 한다(대법원 2010. 12. 9. 선고 2007다42907 판결).

6) 피고경정신청을 기각하는 결정에 불복이 있는 원고는 통상항고를 제기할 수 있으므로, 위 결정에 대하여 특별항고를 제기할 수는 없는 것이다. 피고경정신청을 원심이 기각하자, 원고는 위 결정에 불복하여 원심에 '특별항고장'이라는 제목의 서면을 '대법원 귀중'이라고 기재하여 제출하였고, 원심법원은 이를 특별항고로 보고 당원에 기록을 송부하였음을 알 수 있는바, 비록 원심법원에 제출한 서면의 제목이 '특별항고장'이고, 그 끝부분에 '대법원 귀중'이라고 기재되어 있다고 하더라도, 이는 통상항고를 제기한 것으로 보아야 할 것이므로 이 사건을 관할법원으로 이송하기로 결정한다(대법원 1997. 3. 3. 자 97으1 결정); 강제집행절차상의 원심법원의 항고장각하결정은 경락허가결정을 1차적인 처분으로 한 원심법원이 그 경락허가결정의 당부에 관하여 항고법원의 재판을 대신하여 판단하는 2차적인 처분이 아니라, 위 경락허가결정의 당부와는 무관하게 채무자 또는 소유자가 위 경락허가결정에 불복하여 제출한 즉시항고장에 보증의 제공이 있음을 증명하는 서류가 첨부되었는지 여부에 관하여 자기 몫으로 판단하는 1차적인 처분으로서, 그에 대한 불복방법인 위 즉시항고는 성질상 최초의 항고라고 할 것이다. 항고인이 비록 위 각하결정에 대하여 불복하면서 제출한 서면에 '재항고장'이라고 기재하였다고 하더라도

### 4) 민사소송사건으로 혼동한 경우

행정법원 또는 가정법원에 제기하여야 할 소를 민사법원에 잘못 제기한 경우에 제소기간의 도과 등 소송요건이 흠결되었음이 명백한 경우가 아닌 한 이를 부적법 각하할 것이 아니라 관할법원으로 이송함이 타당하다.[1] 비송사건절차법에 의하여야 할 것을 민사소송으로 제기한 경우에 판례는 부적법 각하할 것이라고 하나,[2] 민사소송과 비송사건의 구별이 명확하지 않다는 점에서 이송을 긍정하는 것이 통설이다. 그러나 행정기관에 제기하여야 할 것을 법원에 잘못 제기한 경우, 예를 들어, 특허심판원에 심판청구해야 할 것을 법원에 소송으로 제기한 경우 등에는 법원 사이의 이송을 전제로 한 민사소송법상의 이송규정을 유추적용할 수 없다고 할 것이므로 부적법 각하하여야 할 것이다.[3]

## (2) 심판의 편의에 의한 이송

심판의 편의에 의한 이송은 법원이 사건에 대한 관할권이 있음에도 심판의 편의를 위하여 사건을 다른 법원으로 이송하는 것을 말한다.[4] 여기에는 현저한 손해 또는 지연을 피하기 위한 이

---

이는 즉시항고로 보아야 하므로, 그 관할법원은 항고법원인 서울민사지방법원 합의부라고 할 것이다. 그러므로 사건을 관할법원에 이송하기로 결정한다(대법원 1995. 1. 20. 자 94마1961 전원합의체 결정).

1) 행정소송법 제7조는 원고의 고의 또는 중대한 과실 없이 행정소송이 심급을 달리하는 법원에 잘못 제기된 경우에 제31조 제1항을 적용하여 이를 관할법원에 이송하도록 규정하고 있을 뿐 아니라, 관할위반의 소를 부적법하다고 하여 각하하는 것보다 관할법원에 이송하는 것이 당사자의 권리구제나 소송경제의 측면에서 바람직하므로, 원고가 고의 또는 중대한 과실 없이 행정소송으로 제기하여야 할 사건을 민사소송으로 잘못 제기한 경우, 수소법원으로서는 만약 그 행정소송에 대한 관할도 동시에 가지고 있다면 이를 행정소송으로 심리·판단하여야 하고, 그 행정소송에 대한 관할을 가지고 있지 않다면 당해 소송이 이미 행정소송으로서의 전심절차 및 제소기간을 도과하였거나 행정소송의 대상이 되는 처분 등이 존재하지도 아니한 상태에 있는 등 행정소송으로서의 소송요건을 결하고 있음이 명백하여 행정소송으로 제기되었더라도 어차피 부적법하게 되는 경우가 아닌 이상 이를 부적법한 소라고 하여 각하할 것이 아니라 관할 법원에 이송하여야 한다(대법원 1997. 5. 30. 선고 95다28960 판결); 서울가정법원의 전속관할인 청구이의의 소를 서울지방법원 성동지원에 제기하였다면 이는 전속관할위반이지만 가정법원에서도 가사심판법 등에 의하여 그 성질에 반하지 아니하는 한도 내에서는 민사소송법의 규정을 준용하도록 되어 있으므로 위 성동지원은 위 소를 각하할 것이 아니라 제31조 제1항에 의하여 서울가정법원으로 이송하여야 한다(대법원 1980. 11. 25. 자 80마445 결정).

2) 대법원 1956. 1. 12. 선고 4288민상126 판결.

3) 특허청심판소에 제기하여야 할 재심의 소를 대법원에 잘못 제기한 경우, 특허법상의 심판제도는 대법원의 최종심을 전제로 행정관청이 그 전심으로서 특허법상의 쟁송을 심리·결정하는 제도로서 특허청심판소는 외연상은 특허사건에 관한 특별법원에 해당하는 것처럼 보이지만 그 기구의 조직 및 심판의 성질상 어디까지나 행정부에 속하는 행정기관이라 할 것이므로 법원 간의 이송을 전제로 한 민사소송법상의 이송규정을 유추적용할 수도 없어 결국 그 재심의 소는 부적법하여 각하를 면치 못한다(대법원 1994. 10. 21. 선고 94재후57 판결).

4) 소액사건심판법에 따라 처리되는 사건은 고유의 사물관할이 있는 것이 아니고 민사단독사건 중에서 소가에 따라 특례로 처리하는 것뿐이므로 사안의 성질로 보아 간이한 절차로 빠르게 처리될 수 없는 사건은 통상절차에 따라 처리하여도 무방하며 따라서 단독판사가 그 사건을 지방법원 및 지원의 합의부에 이송할 수 있는 것이다

송, 지방법원 단독판사로부터 지방법원 합의부로의 이송, 지식재산권 등에 관한 소송의 이송이 있다. 전속관할인 경우에는 법률에 특별한 규정이 없는 한 심판의 편의에 의한 이송이 허용되지 않는다.

### 1) 현저한 손해 또는 지연을 피하기 위한 이송

법원은 관할권이 있더라도 현저한 손해 또는 지연을 피하기 위하여 필요한 경우, 직권 또는 당사자의 신청에 따른 결정으로 소송의 전부 또는 일부를 다른 관할법원에 이송할 수 있다(제35조). 여러 개의 법정관할법원 가운데 하나의 관할법원을 선택하여 소송을 제기하였으나, 다른 관할법원에서 재판을 받는 것이 현저한 손해 또는 지연을 피하기 위하여 필요한 경우에 인정되는 이송이다. 현저한 손해 또는 지연을 피하기 위한 이송은 직권 또는 당사자의 신청에 의하고, 그 이송 여부의 결정은 수소법원의 재량에 속한다.[1] 이송신청을 하는 때에는 신청의 이유를 밝혀야 하고, 그 신청은 서면으로 하여야 하나 기일에 출석해서 하는 경우에는 말로 할 수 있다(민사소송규칙 제10조).[2] 이송결정과 이송신청을 기각하는 결정에 대하여는 즉시항고를 할 수 있다(제39조).

이송사유는 현저한 손해 또는 지연을 피하기 위하여 필요한 경우이다. 여기서 현저한 손해란 당사자에게 소송수행상의 부담이 생겨 비용이나 노력이 과다하게 소요되는 경우를 말하고, 지연이란 법원이 증거조사 등 사건의 심리에 시간이나 노력이 과다하게 소요되어 소송촉진이 저해되는 경우를 말한다. 그런데 판례는 현저한 손해 또는 지연을 피하기 위하여 필요한 경우를 지나치게 좁게 인정하고 있어 문제이다. 예를 들어, 소송과 관련된 증거자료가 소송이 제기된 법원 이외의 다른 법원의 관할지역에 있는 경우,[3] 관련 사건이 다른 법원에서 따로 심리하고 있어 결론을 달리하는 판결이 선고될 우려가 있는 경우,[4] 소송이 제기된 법원 이외의 다른

---

(대법원 1974. 7. 23. 자 74마71 결정).

1) 대법원 1964. 3. 28. 자 63마32 결정.
2) 손해나 지연을 피하기 위한 이송신청, 재량에 따른 이송신청, 지식재산권 등에 관한 이송신청의 경우에는 1천원의 인지를 붙여야 하고(민사소송 등 인지법 제9조 제5항 제4호), 신청사건번호가 부여된다(소송이송신청사건의 결정문에 기재할 사건번호에 관한 예규). 그러나 관할위반에 의한 이송신청의 경우에는 인지를 붙일 필요가 없고(위 인지법 제10조 단서), 사건번호를 부여하지 않으며 그 신청서는 본안기록에 그대로 가철한다(민사접수서류에 붙일 인지액 및 그 편철방법 등에 관한 예규).
3) 소송에 관련된 증거자료가 피고의 주소지에 보관되어 있다는 사정만으로는 이 사건을 피고 주소지를 관할하는 법원 이외의 다른 법원에서 심리한다고 하여 제32조 소정의 현저한 손해 또는 소송의 지연을 초래할 염려가 있는 경우에 해당된다고 보기 어렵다(대법원 1980. 6. 23. 자 80마242 결정); 불법행위에 대한 수사기록과 관련증거가 다른 곳에 있고, 소송이 제기된 법원에서 재판함에 과다한 비용이 든다는 이유만으로는 제32조에서 말하는 현저한 손해 또는 소송의 지연을 가져올 경우에 해당되지 아니한다(대법원 1979. 7. 25. 자 79마208 결정).
4) 신청인이 소송을 수행하는데 많은 비용과 시간이 소요된다거나, 관련사건이 다른 법원에서 따로 심리되므로 말

법원의 관할지역에 소송 관련 증거와 증인, 피고들의 4분의 3정도가 거주하고 있는 경우[1] 등에도 현저한 손해 또는 지연을 피하기 위한 필요성을 인정하지 않고 있다.

## 2) 지방법원 단독판사로부터 지방법원 합의부로 이송

지방법원 단독판사는 관할권이 있더라도 상당하다고 인정하는 경우에는 직권 또는 당사자의 신청에 따른 결정으로 소송의 전부 또는 일부를 같은 지방법원 합의부에 이송할 수 있다(제34조 제2항). 상당한지 여부는 사안의 복잡성 등 여러 가지 사정을 고려하여 단독판사가 재량으로 판단한다. 직분관할은 전속관할이므로 지방법원 단독판사의 직분관할에 위반하여 지방법원 합의부로 이송할 수 없다. 또한 같은 지방법원의 합의부로 이송하여야 하고, 다른 지방법원의 합의부로 이송할 수 없다. 판례는 소액사건에 대하여도 제34조 제2항에 의하여 지방법원 합의부로 이송할 수 있다고 한다.[2]

## 3) 지식재산권 등에 관한 소송의 이송

특허권 등을 제외한 지식재산권과 국제거래에 관한 소가 제기된 경우 직권 또는 당사자의 신청에 따른 결정으로 그 소송의 전부 또는 일부를 관할 고등법원 소재지의 지방법원에 이송할 수 있다(제36조 제1항). 예를 들어, 전주에 주소를 둔 원고가 창원에 주소를 둔 피고를 상대로 저작권 침해로 인한 손해배상청구소송을 창원지방법원이나 전주지방법원에 제기한 경우 관할 고등법원 소재지 지방법원인 부산지방법원이나 광주지방법원으로 소송을 이송할 수 있다.

또한 특허권 등의 지식재산권에 관한 소는 보통재판적 또는 특별재판적이 인정되는 관할법

---

미암아 결론을 달리하는 판결이 선고될 우려가 있다는 사정만으로는 손해나 지연을 피하기 위한 이송사유가 있다고 볼 수 없다(대법원 1979. 12. 22. 자 79마392 결정); 부동산소유권이전등기청구사건과 그 이전등기를 구하는 부동산에 관한 가처분이의사건에 대해 별개의 법원에서 각기 재판한다는 사유만으로는 현저한 손해 또는 지연을 피하기 위한 필요가 있다고 할 수 없다(대법원 1990. 12. 4. 자 90마889 결정).

1) 제35조에서 현저한 손해라 함은 상대방측의 소송수행상의 부담을 주로 의미하는 것이기는 하나, 재항고인측의 손해도 도외시하여서는 아니 된다 할 것이고, 상대방측이 소송을 수행하는 데 많은 비용과 시간이 소요된다는 사정만으로는 위 법 제35조에서 말하는 현저한 손해 또는 소송의 지연을 가져올 사유가 된다고 단정할 수 없다고 할 것인바, 재항고인들은 서울에 사무소의 소재지를 두고 있는 변호사를 선임하여 이 사건 소송을 제기하고 있고, 이 사건 피고들 중 약 4분의 1 정도가 서울이나 부천, 안양 등지에서 거주하고 있어 이 사건을 광주지방법원 순천지원으로 이송할 경우, 이들의 비용과 시간도 상당히 소요될 것으로 보여지며, 재항고인들은 이미 이 사건과 관련이 있는 대여금 등 청구사건을 서울지방법원에 제기하여 상당한 정도의 심리가 진행되어 있는 점 등에 비추어 보면, 원심이 든 이유(이 사건과 관련된 낙찰계가 광주지방법원 순천지원 관할 지역에서 운영되어 관련 증거나 증인이 대부분 위 지역에 거주하고 있고, 상대방의 4분의 3 정도가 위 지역에 있다는 것)만으로는 이 사건을 제35조에 의하여 광주지방법원 순천지원으로 이송하여야 할 만한 정당한 사유로는 부족하다고 하지 아니할 수 없다(대법원 1998. 8. 14. 자 98마1301 결정).

2) 대법원 1974. 7. 23. 자 74마71 결정.

원 소재지를 관할하는 고등법원이 있는 곳의 지방법원의 전속관할이지만(제24조 제2항), 현저한 손해 또는 지연을 피하기 위하여 필요한 때에는 직권 또는 당사자의 신청에 따른 결정으로 소송의 전부 또는 일부를 보통재판적 또는 특별재판적이 인정되는 지방법원으로 이송할 수 있다(제36조 제2항). 예를 들어, 전주에 주소를 둔 원고가 창원에 주소를 둔 피고를 상대로 특허권 침해로 인한 손해배상청구소송을 전속관할법원인 부산지방법원이나 광주지방법원 또는 서울중앙지방법원에 제기한 경우 보통재판적이 인정되는 창원지방법원 또는 의무이행지의 특별재판적이 인정되는 전주지방법원으로 소송을 이송할 수 있다. 이는 전속관할에 해당함에도 심판의 편의에 의한 이송이 허용되는 예외적인 경우이다.

### (3) 반소제기에 의한 이송

본소가 단독사건인 경우 피고가 지방법원 합의부의 사물관할에 속하는 반소청구를 한 경우에 법원은 직권 또는 당사자의 신청에 의하여 본소와 반소를 일괄하여 합의부로 이송하여야 한다(제269조 제2항 본문). 그러나 반소피고(본소원고)가 이의 없이 반소의 본안에 관하여 변론을 함으로써 변론관할이 생긴 때에는 이송할 필요 없다(동항 단서).

## 3. 이송의 효과

### (1) 구속력

이송결정이 확정되면 이송을 받은 법원은 이에 구속된다(제38조 제1항). 따라서 이송을 받은 법원은 사건을 다른 법원으로 이송하지 못한다(동조 제2항). 비록 잘못된 이송이더라도 이송 받은 법원은 사건을 이송한 법원으로 반송하거나 다른 법원으로 전송할 수 없다. 그러나 이송결정 후에 발생한 새로운 사유에 의하여 다른 법원으로 이송할 수 있다. 예를 들어, 이송결정 후에 원고의 청구변경이나 피고의 반소제기로 인하여 사물관할이 변경되었거나 또는 현저한 손해나 지연을 피하기 위한 새로운 필요가 생긴 경우에는 다른 법원으로 이송할 수 있다.

전속관할을 위반하여 이송한 경우에도 이송결정의 구속력이 인정된다. 이송의 반복에 의한 소송지연을 피하여야 할 공익적 요청은 전속관할을 위반하여 이송한 경우에도 마찬가지로 요구되기 때문이다. 따라서 심급관할을 위반한 이송결정에 대하여도 구속력이 인정된다. 다만, 심급관할을 위반한 이송결정의 구속력은 이송받은 상급심 법원에는 미치지 않는다. 그렇지 않으면 당사자의 심급의 이익이 박탈되어 부당할 뿐만 아니라, 이송을 받은 법원이 대법원인 경우에는

사실에 관한 주장 및 입증을 할 수 없어서 사실확정이 불가능하기 때문이다.[1]

## (2) 소송계속의 이전

이송결정이 확정되었을 때에 소송은 처음부터 이송받은 법원에 계속된 것으로 본다(제40조 제1항). 따라서 처음 소제기에 의한 시효중단이나 기간준수의 효력은 그대로 유지된다. 또한 이송 전에 행한 소송행위는 이송 후에도 그 효력을 유지한다. 다만, 변론의 갱신절차(제204조 제2항)를 밟아야 한다.

## (3) 소송기록의 송부와 긴급처분

이송결정이 확정된 때에는 이송결정을 한 법원의 법원사무관 등[2]은 그 결정의 정본을 소송기록에 붙여 이송을 받을 법원에 보내야 한다(제40조 제2항). 이송결정이 확정된 뒤라도 소송기록을 송부할 때까지 사이에 급박한 사정이 있는 때에는 이송결정을 한 법원은 직권 또는 당사자의 신청에 의하여 가압류, 가처분, 증거보전 등 필요한 처분을 할 수 있다(제37조).

---

1) 이송결정의 기속력은 당사자에게 이송결정에 대한 불복방법으로 즉시항고가 마련되어 있는 점이나 이송의 반복에 의한 소송지연을 피하여야 할 공익적 요청은 전속관할을 위배하여 이송한 경우라고 하여도 예외일 수 없는 점에서 당사자가 이송결정에 대하여 즉시항고를 하지 아니하여 확정된 이상 원칙적으로 전속관할의 규정을 위배하여 이송한 경우에도 미친다고 할 것이다. 그러나 심급관할을 위배하여 이송한 경우에도 이송결정의 기속력이 이송받은 상급심법원에도 미친다고 한다면 당사자의 심급의 이익을 박탈하여 부당할 뿐만 아니라, 이송을 받은 법원이 법률심인 대법원인 경우에는 직권조사사항을 제외하고는 새로운 소송자료의 수집과 사실확정이 불가능한 관계로 당사자의 사실에 관한 주장, 입증의 기회가 박탈되는 불합리가 생긴다고 할 것이므로 심급관할을 위배한 이송결정의 기속력이 이송받은 상급심법원에는 미치지 않는다고 보아야 할 것이다. 한편 심급관할을 위배한 이송결정의 기속력이 이송받은 하급심법원에도 미치지 않는다고 한다면 사건이 하급심과 상급심 법원 간에 반복하여 전전이송되는 불합리한 결과를 초래하게 될 가능성이 있어 이송결정의 기속력을 인정한 취지에 반하는 것일 뿐더러 민사소송의 심급의 구조상 상급심의 이송결정은 특별한 사정이 없는 한 하급심을 구속하게 되는바, 이와 같은 법리에도 반하게 되므로 심급관할을 위배한 이송결정의 기속력은 이송받은 하급심법원에는 미친다고 보아야 할 것이다(대법원 1995. 5. 15. 자 94마1059 결정).
2) '법원사무관 등'이란 법원서기관, 법원사무관, 법원주사 또는 법원주사보를 말한다(제40조 제2항).

제2편

# 02
# 당사자

## 제1절  당사자 일반

## I. 당사자의 의의

민사소송에서 당사자란 자기의 이름으로 법원에 재판을 요구하거나 재판을 요구받은 사람을 말한다. 즉, 자기의 이름으로 판결이나 결정을 요구하는 사람과 그와 대립하는 상대방을 말한다. 당사자를 판결절차에서는 원고와 피고라 부르고, 독촉절차, 강제집행절차, 가압류·가처분절차에서는 채권자와 채무자 또는 신청인과 피신청인이라고 부르며, 제소전 화해절차, 증거보전절차, 소송비용액확정절차에서는 신청인과 상대방이라고 부른다. 당사자는 소송의 주체이기는 하지만, 반드시 자신이 현실적으로 소송행위를 하여야 하는 것은 아니고, 법정대리인이나 소송대리인을 통하여 소송을 수행할 수도 있다.

소송상 당사자는 실체법상 권리의무와 무관하게 소송을 제기하였거나 당하였다는 사실에 의하여 인정되는 소송법상 개념이다. 예를 들어, 제3자의 소송담당에서와 같이 제3자가 다른 사람의 실체법상 권리의무에 대하여 소송수행권을 갖고 당사자로서 소송을 수행할 수도 있다. 이와 같이 소송상 당사자 개념은 실체법과는 무관한 형식적 개념이다. 당사자에게 실체법상 권리의무가 있는지 여부는 재판을 통하여 비로소 밝혀질 사항이므로, 실체법상 권리의무가 있는 사람에 한하여 당사자자격을 부여한다면 헌법이 보장하는 국민의 재판청구권을 침해할 우려가 있다.

## Ⅱ. 당사자의 확정

### 1. 의의

당사자의 확정이란 특정한 소송에서 누가 당사자인지를 정하는 것을 말한다.[1] 당사자의 확정은 당사자의 특정과 구별되어야 한다. 당사자의 특정은 당사자를 다른 당사자와 구별할 수 있도록 식별하는 것을 말하나,[2] 당사자의 확정은 그와 같이 특정된 사람을 소송에서 당사자로 취급하는 것이 마땅한가하는 법원의 판단작업이다.[3]

일반적으로 당사자의 확정은 별 문제가 되지 않는다. 자기의 이름으로 소송을 제기한 사람이 원고이고, 소송을 제기 당한 사람이 피고가 된다. 다만, 예외적으로 성명모용소송이나 사망자를 상대로 한 소송 등에서 당사자 확정이 문제된다. 다른 사람의 성명을 모용하여 소송을 하였거나 또는 이미 사망한 사람을 상대로 소송을 제기한 경우에는 누가 당사자인지 명확히 할 필요가 있기 때문이다.

### 2. 당사자확정의 기준

#### (1) 학설

당사자확정의 기준에 관한 학설을 크게 실체법설과 소송법설로 구분할 수 있다. 전자(前者)

---

1) 소송에 있어서 당사자가 누구인가는 기판력의 주관적 범위, 인적 재판적, 법관의 제척원인, 당사자적격, 당사자능력, 소송능력, 소송절차의 중단과 수계, 송달 등에 관한 문제와 직결되는 중요한 사항이므로 사건을 심리판결하는 법원으로서는 직권으로 소송당사자가 누구인가를 확정하여 심리를 진행해야 함은 물론 판결의 표시에도 이를 분명히 하여야 한다(대법원 1987. 4. 14. 선고 84다카1969 판결).
2) 당사자는 소장의 필요적 기재사항으로서 누가 원고이고 피고인지 그 동일성을 특정할 수 있을 정도로 기재하여야 한다. 당사자의 불특정은 보정명령의 대상이 되고, 보정하지 않으면 명령으로 소장을 각하한다(제249조 제1항, 제254조).
3) 강현중, 116면.

는 소송의 목적인 권리관계의 주체인 사람을 당사자로 보는 입장이고, 후자(後者)는 소송현상을 기준으로 당사자를 확정하는 입장이다. 그러나 실체법설은 당사자의 형식적 개념에 반한다는 점에서 받아들이기 어렵고, 현재 실체법설을 지지하는 학자는 없다. 소송법설은 다시 상대방 당사자 또는 법원이 당사자로 삼으려는 사람이 당사자라는 '의사설',[1] 소송상 당사자로 취급되거나 또는 당사자로 행위하는 사람이 당사자라는 '행위설', 소장에 나타난 당사자의 표시를 기준으로 당사자를 정해야 한다는 '표시설'로 나누어진다.

### (2) 판례

판례는 당사자가 누구인지는 소장의 당사자란의 기재만을 표준으로 할 것이 아니라 청구의 취지와 원인 그 밖의 일체의 표시사항 등 소장 전체를 기준으로 합리적으로 해석하여 판단하여야 한다는 입장이다. 이를 '실질적 표시설' 또는 '수정된 표시설'이라고 한다. 그리하여 원칙적으로는 소장의 당사자 표시를 기준으로 당사자를 확정해야 할 것이나, 예외적으로 청구의 취지와 원인 등 소장 전체의 기재 내용에 비추어 소장의 당사자 표시가 잘못되었음이 분명한 경우에는 소장 전체의 기재 내용에 따라 당사자를 확정할 것이라고 한다.[2]

그러나 판례는 원고가 이미 사망한 사람인데 이를 모르고 피고로 표시하여 제소한 경우에는 원고가 사망사실을 알았다면 사망자의 상속인을 상대로 소송을 제기하였을 것이므로, 원고의 진정한 의사에 따라 피고는 사망자의 상속인이라고 하여 의사설의 입장을 취하고 있다. 이 경우 판례는 사망자의 상속인으로 당사자표시정정을 허용하고 있다.[3] 사망자의 상속인으로 당사자표시정정을 하는 경우는 피고가 일반적이지만, 원고도 표시정정의 대상이 될 수 있다. 판례는 소송 제기에 앞선 전심절차 도중에 당사자가 사망하였음에도 이를 간과하여 전심절차에서 당사자의 이름으로 결정이 이루어지고 이 결정에 대하여 사망한 사람의 상속인이 착오로 피상속인

---

1) 구체적으로는 피고의 확정은 원고의 의사를 기준으로 하고, 원고의 확정은 법원의 의사를 기준으로 할 것이라고 한다.
2) 법원은 소송의 당사자를 소장의 표시만에 의할 것이고 청구의 내용과 원인 사실을 종합하여 확정하여야 하는 것이며, 그 확정당사자가 소장의 표시와 다를 때에는 당사자의 표시를 정정·보충시키는 조치를 취하여야 할 것이다(대법원 1965. 12. 21. 선고 65누104 판결).
3) 이미 사망한 자를 사망한 것을 모르고 피고로 하여 제소하였을 경우 사실상의 피고는 사망자의 상속인이고 다만 그 표시를 그릇한 것에 불과하다고 해석함이 타당하다(대법원 1969. 12. 9. 선고 69다1230 판결); 원고가 피고의 사망 사실을 모르고 사망자를 피고로 표시하여 소를 제기한 경우 청구의 내용과 원인사실, 당해 소송을 통하여 분쟁을 실질적으로 해결하려는 원고의 소제기 목적 내지는 사망 사실을 안 이후의 원고의 피고표시정정신청 등 여러 사정을 종합하여 볼 때에 실질적인 피고는 당사자능력이 없어 소송당사자가 될 수 없는 사망자가 아니라 처음부터 사망자의 상속자이고 다만 그 표시에 잘못이 있는 것에 지나지 않는다고 인정된다면, 사망자의 상속인으로 피고의 표시를 정정할 수 있다(대법원 2006. 7. 4. 자 2005마425 결정).

의 이름으로 소송을 제기한 경우에는 실제 소를 제기한 원고는 상속인이고, 다만 그 표시를 그르친 것에 불과하므로 이를 바로잡기 위한 원고표시정정이 허용된다고 한다.[1]

## (3) 당사자표시정정

### 1) 당사자경정과 구별

당사자표시정정이란 당사자의 동일성이 인정되는 범위에서 그 표시만을 고치는 것을 말한다. 이점에서 어떤 당사자를 동일성이 없는 다른 당사자로 고치는 당사자경정과 구별된다. 당사자표시정정은 일반적으로 허용되지만, 당사자경정은 법률이 인정한 경우에만 예외적으로 허용된다(제68조, 제260조).[2] 이와 같이 당사자변경과 당사자표시정정은 당사자 사이의 동일성이 유지되는지 여부에 따라 구별되는 것이나, 민사소송법이 허용한 당사자변경의 하나인 피고의 경정(제260조 제1항)과 피고표시정정을 비교해 보면 다음과 같은 차이가 있다. 피고의 경정은 제1심 변론종결시까지 가능하며, 경정신청에 대하여 결정으로 그 허가 여부를 판단하여야 하고, 피고의 경정은 종전 피고에 대한 소 취하와 새로운 피고에 대한 소 제기의 성질을 갖고 있으므로 경정신청서를 제출한 때에 시효중단과 기간준수의 효력이 발생한다. 이에 대하여 피고표시정정은 항소심에서도 가능하고,[3] 표시정정을 허용하는 경우 별도의 명시적인 결정을 할 필요가 없으며,[4] 당초 소 제기시에 시효중단과 기간준수의 효력이 발생한다.[5] 피고표시정정의 대상이 되

---

1) 개인이나 법인이 과세처분에 대하여 심판청구 등을 제기하여 전심절차를 진행하던 중 사망하거나 흡수합병되는 등으로 당사자능력이 소멸하였으나, 전심절차에서 이를 알지 못한 채 사망하거나 합병으로 인해 소멸된 당사자를 청구인으로 표시하여 청구에 관한 결정이 이루어지고, 상속인이나 합병법인이 결정에 불복하여 소를 제기하면서 소장에 착오로 소멸한 당사자를 원고로 기재하였다면, 실제 소를 제기한 당사자는 상속인이나 합병법인이고 다만 그 표시를 잘못한 것에 불과하므로, 법원으로서는 이를 바로잡기 위한 당사자표시정정신청을 받아들인 후 본안에 관하여 심리·판단하여야 한다(대법원 2016. 12. 27. 선고 2016두50440 판결).
2) 당사자표시정정은 당사자의 표시를 잘못하였을 경우에 그 동일성을 유지하는 범위 안에서 이를 바로 잡는 것으로서, 이는 종전의 당사자를 교체하고 새로운 제3자를 당사자로 바꾸는 당사자경정과는 다른 것이므로 당연히 허용된다(대법원 1999. 4. 27. 선고 99다3150 판결).
3) 당사자는 소장에 기재된 표시 및 청구의 내용과 원인사실을 합리적으로 해석하여 확정하여야 하고, 확정된 당사자와의 동일성이 인정되는 범위 내에서라면 항소심에서도 당사자의 표시정정을 허용하여야 한다(대법원 1996. 10. 11. 선고 96다3852 판결).
4) 당사자표시정정신청이 있을 경우에는 문건으로 전산입력하고, 표시정정을 허용할 경우에는 별도의 명시적인 결정을 할 필요 없이 이후의 소송절차에서 정정 신청된 바에 따라 당사자의 표시를 해 주면 충분하다. 그러나 불허하는 경우에는 반드시 즉시 불허의 결정을 하여야 한다.
5) 이 사건 청구의 내용과 원인사실, 당해 소송을 통하여 분쟁을 실질적으로 해결하려는 원고의 소 제기 목적, 소 제기 후 바로 사실조회신청을 하여 상속인을 확인한 다음 피고표시정정신청서를 제출한 사정 등을 앞서 본 법리에 비추어 보면, 이 사건의 실질적인 피고는 당사자능력이 없어 소송당사자가 될 수 없는 사망인 소외인이 아니라 처음부터 사망자의 상속인인 피고이고 다만 소장의 표시에 잘못이 있었던 것에 불과하므로, 원고는 소외

는 것을 피고경정의 방법에 의하더라도 피고표시정정으로서의 법적 성질과 효력을 잃는 것이 아니다. 따라서 피고경정의 방법으로 피고표시정정을 하였다고 하여도 시효중단과 기간준수의 효력은 당초 소를 제기한 때에 발생한다.

## 2) 당사자표시정정의 허용범위

당사자표시정정은 당사자의 동일성이 인정되는 범위 내에서 허용된다. 판례는 단체의 대표자로서 소송을 제기한 사람이 그 단체의 명의로 당사자표시정정을 하는 것은 자연인인 대표자 개인과 그 단체 사이에는 동일성이 인정될 수 없다는 점에서 부적법하다고 한다.[1] 또한 종중의 경우 종중의 공동선조를 변경하거나 종중원의 자격을 특정 지역 거주자로 제한하는 종중 유사의 단체로 변경하는 것은 당사자의 변경에 해당되어 허용되지 않으나,[2] 종중의 명칭을 변경하더라도 변경 전의 종중과 공동선조가 동일하고 실질적으로 동일한 단체를 가리키는 경우에는 당사자표시정정에 불과하므로 허용된다고 한다.[3]

그러나 판례는 당사자표시정정의 허용범위를 비교적 넓게 인정하고 있다. 그리하여 당사자

---

인의 상속인으로 피고의 표시를 정정할 수 있고, 따라서 당초 소장을 제출한 때에 소멸시효중단의 효력이 생긴다고 할 것이다(대법원 2011. 3. 10. 선고 2010다99040 판결).

1) 당사자표시정정은 원칙적으로 당사자의 동일성이 인정되는 범위에서만 허용되는 것이므로 회사의 대표이사였던 사람이 개인 명의로 제기한 소송에서 그 개인을 회사로 당사자표시정정을 하는 것은 부적법하다(대법원 2008. 6. 12. 선고 2008다11276 판결); 종회의 대표자로서 소송을 제기한 자가 그 종회 자체로 당사자표시 변경신청을 한 경우, 그 소의 원고는 자연인인 대표자 개인이고 그와 종회 사이에 동일성이 인정된다고 할 수 없어 그 당사자표시 정정신청은 허용될 수 없다(대법원 1996. 3. 22. 선고 94다61243 판결); 이 사건 소를 제기한 원고는 ○○○ 개인이지 단체인 울산참여자치연대가 아님이 명백하다. 그렇다면 울산참여자치연대의 당사자표시정정신청은 항소심에서 원고를 변경하는 임의적 당사자변경신청에 해당하여 허용될 수 없다(대법원 2003. 3. 11. 선고 2002두8459 판결); 일반적으로 당사자표시정정신청을 하는 경우에도 실질적으로 당사자가 변경되는 것은 허용할 수 없고 필요적 공동소송이 아닌 사건에서 소송 도중에 당사자를 추가하는 것 역시 허용될 수 없으므로, 회사의 대표이사가 개인 명의로 소를 제기한 후 회사를 당사자로 추가하고 그 개인 명의의 소를 취하함으로써 당사자의 변경을 가져오는 당사자추가신청은 부적법한 것이다(대법원 1998. 1. 23. 선고 96다41496 판결).

2) 제소당시 원고로 표시된 '함양박씨병백당주억소문중'은 함양박씨의 시조 박선의 27세손인 주억공을 공동선조로 한 문중으로서 문중원은 11명이고, 원고가 표시변경을 구한 '함양박씨병백당세갑공문중'은 위 박선의 21세손인 세갑공을 공동선조로 한 문중으로서 문중원은 19명이라면, 원고의 이 사건 표시변경신청은 결과적으로 공동선조와 구성원을 서로 달리하는 별개의 실체를 가진 당사자로의 변경을 구하는 것으로서 허용될 수 없다(대법원 1995. 11. 7. 선고 94다5649 판결); 종중의 특정은 그 종중에서 봉제사의 대상으로 삼고 있는 공동선조가 누구인지에 따라 이루어지고 이를 기준으로 하여 종중 구성원의 범위도 확정될 수 있는 것이어서 공동선조를 달리하는 종중은 그 구성원도 달리하는 별개의 실체를 가지는 종중이므로, 원고가 주장하는 종중의 공동선조를 변경하는 것은 당사자 변경의 결과를 가져오는 것으로서 허용될 수 없다(대법원 2002. 8. 23. 선고 2001다58870 판결).

3) 종중이 당사자인 소송에 있어서 종중의 공동선조를 변경하거나 또는 종중원의 자격을 특정 지역 거주자로 제한하는 종중 유사의 단체로 변경하는 것은 당사자를 임의로 변경하는 것에 해당하여 허용될 수 없다고 할 것이나, 종중의 명칭을 변경하더라도 변경 전의 종중과 공동선조가 동일하고 실질적으로 동일한 단체를 가리키는 것으로 보이는 경우에는 당사자표시의 정정에 불과하므로 허용된다(대법원 1999. 4. 13. 선고 98다50722 판결).

능력 없는 사람을 당사자로 잘못 표시한 경우, 예를 들어 점포주인 대신 점포 자체, 본사 대신 지점, 학교법인 대신 학교, 대한민국 대신 관계 행정청을 당사자로 표시한 경우에는 당사자능력이 있는 사람으로 표시정정하는 것을 허용하고 있다.[1] 나아가 판례는 당사자표시에 있어서 착오가 있음이 소장의 전취지에 의하여 인정되는 경우에는 당사자표시정정을 위한 석명이 필요하고, 당사자표시정정을 위한 조치를 하지 않고 소를 각하하는 것은 심리미진의 위법한 판결이라고 한다.[2]

### 3) 항소심에서의 당사자표시정정

당사자표시정정은 당사자를 변경하는 것이 아니어서 당사자의 심급의 이익을 해할 우려가 없으므로 항소심에서도 가능하고, 상대방의 동의를 요하지도 않는다.[3] 다만, 사망자를 피고로 한 소송의 제1심에서 상속인으로 당사자표시정정을 하면서 일부 상속인을 누락시켰고, 그 누락된 상속인이 피고로 되지 않은 채 제1심 판결이 선고된 경우에는 누락된 상속인에 대한 소송이 아직 제1심에 계속 중이라고 할 것이므로 항소심에서 그 누락된 상속인을 피고로 표시정정하여 추가할 수 없다.[4] 이 경우 누락된 상속인은 제1심에서 당사자표시정정을 신청하여야 한다.


## 3. 성명모용소송

### (1) 학설

성명모용소송이란 A가 무단히 B명의로 소송을 제기하여 수행하거나(원고 모용), B에 대한

---

1) 소장에 표시된 당사자에게 당사자능력이 인정되지 않는 경우에는 소장의 전취지를 합리적으로 해석한 결과 인정되는 올바른 당사자능력자로 그 표시를 정정하는 것은 허용된다(대법원 1999. 11. 26. 선고 98다19950 판결).
2) 소장에 표시된 원고에게 당사자능력이 인정되지 않는 경우에는 소장의 전취지를 합리적으로 해석한 결과 인정되는 올바른 당사자능력자로 그 표시를 정정하는 것은 허용되며, 소장에 표시된 당사자가 잘못된 경우에 당사자표시를 정정케 하는 조치를 취함이 없이 바로 소를 각하할 수는 없다(대법원 2001. 11. 13. 선고 99두2017 판결).
3) 이 사건에서 선화고등공민학교나 영남실업고등기술학교는 재단법인이나 비법인재단에 이르지 못하고 다만 피고가 개인적으로 설립·경영하는 학교시설에 불과하다. 이 사건에서 원고가 학교시설에 불과한 영남실업고등기술학교를 피고로 표시하였다가 개인 명의로 피고표시를 변경하는 것은 당사자변경이 아니라 당사자표시정정에 해당하고, 따라서 원고는 한번 냈던 피고표시정정신청을 철회할 수 있다고 할 것이다. 당사자표시를 정정하는 것은 당사자를 변경하는 것이 아니므로 항소심에서 그러한 정정이 있었다 한들 당사자에게 심급의 이익을 박탈하는 현상이 일어난다고는 말할 수 없고, 따라서 상대편의 동의가 있어야 표시정정이 가능한 것이라고 말할 수도 없다(대법원 1978. 8. 22. 선고 78다1205 판결).
4) 원고가 망인을 사망할 줄 모르고 피고로 표시하여 제소하였다가 제1심에서 그 상속인들로 당사자의 표시를 정정함에 있어서 피고 ○○○를 빠뜨림으로써 원심에 이르러 동 ○○○를 위 망인의 상속인으로 추가하는 뜻에서 당사자표시정정을 다시 신청하자 이를 허용하고 그에 대한 본안판결을 하였으나 이는 항소심에 있어서의 소송계속의 법리를 오해하고 제1심판결을 받지 아니한 피고 ○○○ 다시 말해서 항소심에 소송계속이 없는 사람에 대하여 판결을 한 위법을 범하였다 할 것이다(대법원 1974. 7. 16. 선고 73다1190 판결).

소송에서 A가 무단히 B명의를 참칭하여 소송을 수행하는 경우를 말한다(피고 모용). 성명모용소송에서 누가 당사자인지 여부는 당사자 확정의 기준에 관한 학설에 따라 차이가 있다. '의사설'에 의하면 원고 모용의 경우에는 법원의 의사를 기준으로 모용자 A가 원고가 되고 그에게 판결의 효력이 미치지만, 피고 모용의 경우에는 원고의 의사에 따라 피모용자 B가 당사자로 되므로 판결의 효력이 피모용자 B에게 미치게 된다. '행위설'에 의하면 성명모용소송에서 소송행위를 한 사람은 모용자 A이므로 판결의 효력이 모용자 A에게 미치고, 피모용자 B에게는 미치지 않는다. '표시설'에 의하면 소장에 당사자로 표시된 피모용자인 B가 당사자가 되고 그에게 판결의 효력이 미친다.

판결의 효력은 당사자에게만 미치는 것이 원칙이다. 모용자를 당사자로 보는 경우에는 자신의 행위에 대하여 스스로 책임을 지는 것이 당연하므로 별문제가 없으나, 피모용자를 당사자로 보는 경우에는 소송에 관여하지 않은 피모용자의 권리구제와 관련하여 문제가 있다. 성명모용소송에서 피모용자는 소송의 제기 사실 자체를 알지 못하여 소송상 방어권의 행사나 상소기간 내의 상소 제기를 기대하기 어렵다. 그럼에도 피모용자에게 판결의 효력이 그대로 미치도록 하는 것은 공평의 원칙상 부당하다고 하지 않을 수 없다. '표시설'에 의하면 피모용자인 B가 당사자이고, 모용자인 A는 당사자가 아니므로 A는 소송절차에서 배제되어야 한다. 성명모용된 당사자가 원고라면 실질적으로 무권대리인으로서 소송을 제기한 것이므로 소송을 부적법 각하하여야 하고, 피고라면 모용자의 소송관여를 배제하고 피모용자에게 출석요구를 하여 소송절차를 진행하여야 한다. 만일 법원이 성명모용사실을 간과하고 피모용자를 당사자로 한 판결을 한 경우에는, 그 판결의 효력은 피모용자에게 미치므로 피모용자가 그 판결의 효력을 배제하기 위해서는 소송대리권의 흠결을 이유로 판결확정 전에는 상소(제424조 제1항 제4호), 확정 후에는 재심(제451조 제1항 제3호)을 제기하여 그 취소를 구하여야 한다.

## (2) 판례

판례는 제3자가 피고를 참칭하여 소송을 수행한 사안에서, 피고의 지위는 원고의 소(訴)에 의하여 특정되는 것이므로 제3자가 피고를 참칭하였다고 하더라도 피고가 모용자로 변경되는 것은 아니며 원고가 소에 의하여 특정한 피모용자가 피고이고, 법원은 피모용자의 소송관여를 배척하여야 할 것이나, 이를 간과하여 판결을 하였을 때에는 그 판결의 효력은 피모용자인 피고에게 미치고, 이는 적법하게 대리되지 않은 다른 사람에 의하여 소송이 진행된 것으로서 소송관여의 기회를 얻지 못하였다고 할 것이므로 피고는 소송대리권의 흠결을 이유로 상소 또는 재심을 제기하여 취소를 구할 수 있다고 한다.[1]

---

1) 피고의 지위는 피고의 의사와는 아무런 관계없이 원고의 소에 의하여 특정되는 것이므로 설령 제3자가 원고의

그런데 6.25사변 당시 월북한 부재자로부터 부동산을 매수하였다고 허위의 매매계약서를 작성한 원고가 매매계약에 기한 소유권이전등기청구소송을 제기하면서 자기와 사전에 공모한 사람의 주소를 피고의 주소로 허위 기재한 다음 그 공모자로 하여금 소송서류를 받게 하여 결국 의제자백의 형식으로 승소한 사안에서는, 피고가 판결정본을 송달받지 못하여 항소기간이 진행되지 않아 기판력이 인정되지 않으므로 피고는 지금이라도 항소를 제기할 수 있고, 위 판결에 기하여 원고명의로 소유권이전등기가 경료되었다면 위 판결을 그대로 둔 채 별소로 소유권이전등기의 말소를 구할 수도 있다고 하였다.[1]

## 4. 사망자를 당사자로 한 소송

당사자의 사망이 소송에 미치는 영향을 소송의 각 단계별로 살펴보면 다음과 같다. 여기서 당사자 확정과 관련된 것은 소송계속 전에 사망한 사람을 당사자로 하여 소송을 제기한 경우이다. 당사자의 사망에는 자연인인 당사자가 사망한 경우는 물론이고 법인이 합병으로 소멸한 경우를 포함한다.

---

소에 의하여 특정된 피고를 참칭하였다고 하더라도 그 소송의 피고가 모용자로 변경되는 것이 아니다. 만일 피고 아닌 제3자가 피고를 참칭하여 소송을 진행하여 판결이 선고되었다고 하면 피고는 그 소송에 있어서 적법히 대리되지 않는 타인에 의하여 소송절차가 진행되므로 말미암아 결국 소송관여의 기회를 얻지 못하였다고 할 것이며 이는 피고 아닌 자가 피고를 참칭하여 소송행위를 하였거나 소송대리권이 없는 자가 피고의 소송대리인으로서 소송행위를 하였거나 그간에 아무런 차이가 없는 것이며 이러한 경우에 피모용자는 상소 또는 재심의 소를 제기하여 그 판결의 취소를 구할 수 있다고 할 것이다(대법원 1964. 11. 17. 선고 64다328 판결).

[1] 제소자가 상대방의 주소를 허위로 표시하여 소송서류를 상대방이 아닌 다른 사람이 송달받아 의제자백의 형식으로 얻은 제소자 승소의 사위판결도 형식적으로 존재하는 이상 당연무효의 판결이 아니다. 그러나 판결정본이 상대방 아닌 다른 사람이 수령한 것이니 상대방에 대한 판결정본의 송달은 부적법하여 무효이고 상대방은 아직도 판결정본의 송달을 받지 않은 상태에 있는 것으로서 그 판결에 대한 항소기간은 진행을 개시하지 않은 것이라고 보아야 할 것이다. 그렇다면 본건 사위판결은 형식적으로 확정된 확정판결이 아니어서 기판력이 없는 것이라고 할 것이고, 원고가 본건 사위판결에 대하여 항소를 제기하지 아니하고 (본건 사위판결을 그대로 둔 채) 별소인 소유권이전등기말소청구를 한다고 하여도 피고로서는 이를 거부할 수 없는 것이다(대법원 1978. 5. 9. 선고 75다634 전원합의체 판결; 1981. 8. 25. 선고 80다2831 판결). 그러나 피고의 주소를 알고 있음에도 허위의 주소로 소를 제기함으로써 공시송달의 방법에 의하여 소송이 진행되고 판결정본도 공시송달된 경우에는 피고의 주소는 허위라고 하더라도 송달 자체는 유효하므로 그로부터 상소기간이 도과하면 판결이 확정되고, 피고로서는 재심의 소를 제기하거나 추완항소를 제기하여 그 취소·변경을 구할 수밖에 없다(대법원 1980. 7. 8. 선고 79다1528 판결). 이 경우 제451조 제1항 제11호 소정의 '당사자가 상대방의 주소 또는 거소를 알고 있었음에도 불구하고 허위의 주소나 거소로 하여 소를 제기한 때'가 재심사유가 된다. 이 재심사유는 공시송달의 방법에 의하여 상대방에게 판결정본이 송달된 경우에 적용되고, 공시송달의 방법에 의하여 송달된 것이 아닌 경우에는 적용되지 않는다(대법원 1978. 5. 9. 선고 75다634 전원합의체 판결). 위의 공시송달에 의한 판결편취는 피고의 주소를 허위로 기재하였을 뿐이고 모용행위는 없었다는 점에서 성명모용소송의 사례는 아니다.

## (1) 소송계속 전에 사망한 경우

소장에 당사자로 표시된 사람이 소제기 전에 이미 사망하였거나 또는 소제기 이후 소장부본이 피고에게 송달되기 전에 사망한 경우이다.[1] 이 경우 표시설 또는 실질적 표시설에 의하면 사망한 사람이 당사자이고, 사망한 사람을 당사자로 한 소송은 대립당사자구조를 요하는 민사소송의 기본원칙에 반하는 것이므로 실질적 소송관계가 이루어질 수 없어 부적법하다. 따라서 소송계속 전에 사망한 사람을 당사자로 한 소송은 부적법 각하하여야 하고,[2] 상속인에 의한 소송수계도 허용되지 않는다.[3] 법원이 당사자의 사망사실을 간과하고 본안판결을 한 경우 그 판결은 당연 무효이다.[4] 따라서 기판력 등 판결의 효력이 발생하지 않으며, 상소하여 다툴 이유가 없고,[5] 재심의 대상이 되지도 않는다.[6] 다만, 판례는 사망한 당사자에게 소송대리인이 선임되어 있는 경우, 예를 들어 당사자가 소송대리인에게 소송위임을 한 후 소제기 전에 사망한 경우에는 당사자가 사망하더라도 소송대리인의 소송대리권은 소멸하지 않으므로 그 소송의 제기는 적법하고, 사망한 사람의 상속인은 소송수계를 할 수 있다고 한다.[7]

판례는 소송계속 전에 사망한 사람을 당사자로 한 소송은 부적법하고 상속인의 소송수계가

---

1) 사망자를 피고로 하는 소제기는 원고와 피고의 대립당사자 구조를 요구하는 민사소송법상의 기본원칙이 무시된 부적법한 것으로서 실질적 소송관계가 이루어질 수 없으므로, 그와 같은 상태에서 제1심판결이 선고되었다 할지라도 그 판결은 당연무효이며, 그 판결에 대한 사망자인 피고의 상속인들에 의한 항소나 소송수계신청은 부적법하다. 이러한 법리는 소제기 후 소장부본이 송달되기 전에 피고가 사망한 경우에도 마찬가지로 적용된다(대법원 2015. 1. 29. 선고 2014다34041 판결).
2) 소장이 제1심법원에 접수되기 전에 공동원고의 한사람이 사망한 경우에는 그 원고명의의 제소는 부적법한 것으로서 그 부분은 각하할 수밖에 없다(대법원 1990. 10. 26. 선고 90다카21695 판결).
3) 소제기 전에 이미 사망한 자를 당사자로 한 제1심판결은 당연무효이며 망인의 재산상속인이 수계신청을 할 수 없어 수계신청과 동시에 한 항소도 부적법하므로 이를 각하한 것은 정당하다(대법원 1971. 2. 9. 선고 69다1741 판결).
4) 사망한 사람을 상대로 한 판결은 무효이고, 이에 터잡아 이루어진 소유권이전등기는 특별한 사정이 없는 한 부적법한 등기이다(대법원 1980. 5. 27. 선고 80다735 판결).
5) 당사자가 소제기 이전에 이미 사망하여 주민등록이 말소된 사실을 간과한 채 본안 판단에 나아간 원심판결은 당연무효이고, 민사소송이 당사자의 대립을 그 본질적 형태로 하는 것임에 비추어 사망한 자를 상대로 한 상고는 허용될 수 없다 할 것이므로, 이미 사망한 자를 상대방으로 하여 제기한 상고는 부적법하다(대법원 2000. 10. 27. 선고 2000다33775 판결).
6) 원래 재심의 소는 종국판결의 확정력을 제거함을 그 목적으로 하는 것으로 확정된 판결에 대하여서만 제기할 수 있는 것이므로 소송수계 또는 당사자표시정정 등 절차를 밟지 아니하고 사망한 사람을 당사자로 하여 선고된 판결은 당연무효로서 확정력이 없어 이에 대한 재심의 소는 부적법하다(대법원 1994. 12. 9. 선고 94다16564 판결).
7) 당사자가 사망하더라도 소송대리인의 소송대리권은 소멸하지 아니하므로, 당사자가 소송대리인에게 소송위임을 한 다음 소 제기 전에 사망하였는데 소송대리인이 당사자가 사망한 것을 모르고 당사자를 원고로 표시하여 소를 제기하였다면 소의 제기는 적법하고, 시효중단 등 소 제기의 효력은 상속인들에게 귀속된다. 이 경우 제233조 제1항이 유추적용되어 사망한 사람의 상속인들은 소송절차를 수계하여야 한다(대법원 2016. 4. 29. 선고 2014다210449 판결).

허용되지 않는다는 법리는 파산선고 전에 소송을 제기하였으나 소송계속 이전에 파산선고를 받은 경우에도 마찬가지로 적용된다고 한다. 그리하여 파산선고 전에 채권자가 채무이행을 구하는 소송을 제기하거나 채무자가 채무부존재확인소송을 제기하였는데, 그 소장부본이 송달되기 전에 채권자나 채무자에 대하여 파산선고가 이루어진 경우 그 소송은 부적법 각하되어야 하고 파산관재인의 소송수계신청은 허용되지 않는다고 한다.[1] 또한 판례는 이미 사망한 사람을 상대로 한 판결은 당연 무효라는 법리는 지급명령을 신청한 경우에도 마찬가지로 적용된다고 하면서, 사망한 사람을 채무자로 하여 지급명령을 신청하거나 지급명령신청 후 정본이 송달되기 전에 채무자가 사망한 경우에는 지급명령은 효력이 없다고 한다.[2]

그러나 앞서 언급하였듯이 판례는 이미 사망한 사람임에도 원고가 이를 모르고 또는 착오로 사망한 사람을 당사자로 표시하여 소를 제기한 경우에는 표시설에 의하지 않고 의사설의 입장에서 사망한 사람의 상속인을 당사자로 보고 있으며, 그리하여 상속인을 당사자로 하는 당사자표시정정을 허용하고 있다.[3] 이와 같이 사망한 사람의 상속인으로 당사자표시정정이 이루어지면 적법한 소송이 된다. 여기서 사망한 사람의 상속인에는 상속을 포기한 사람은 제외된다. 상속포기의 효력은 상속이 개시된 때에 소급하므로(민법 제1042조), 제1순위 상속인이라도 상속포기를 하면 상속인에 해당하지 않으며, 후순위 상속인이라도 선순위 상속인의 상속포기에 의하여 상속인이 되는 경우에는 여기에 해당된다.[4] 그러나 상속인으로 당사자표시정정을 하지 않은

---

1) 원고와 피고의 대립당사자 구조를 요구하는 민사소송법의 기본원칙상 사망한 사람을 피고로 하여 소를 제기하는 것은 실질적 소송관계가 이루어질 수 없어 부적법하다. 소 제기 당시에는 피고가 생존하였으나 소장 부본이 송달되기 전에 사망한 경우에도 마찬가지이다. 파산선고 전에 채권자가 채무자를 상대로 이행청구의 소를 제기하거나 채무자가 채권자를 상대로 채무부존재확인의 소를 제기하였더라도, 만약 그 소장 부본이 송달되기 전에 채권자나 채무자에 대하여 파산선고가 이루어졌다면 이러한 법리는 마찬가지로 적용된다. 파산재단에 관한 소송에서 채무자는 당사자적격이 없으므로, 채무자가 원고가 되어 제기한 소는 부적법한 것으로서 각하되어야 하고, 이 경우 파산선고 당시 법원에 소송이 계속되어 있음을 전제로 한 파산관재인의 소송수계신청 역시 적법하지 않으므로 허용되지 않는다(대법원 2018. 6. 15. 선고 2017다289828 판결).

2) 사망자를 피고로 하는 소 제기는 원고와 피고의 대립당사자 구조를 요구하는 민사소송법의 기본원칙에 반하는 것으로서 실질적 소송관계가 성립할 수 없어 부적법하므로, 그러한 상태에서 제1심판결이 선고되었다 할지라도 판결은 당연무효이다. 피고가 소 제기 당시에는 생존하였으나 그 후 소장부본이 송달되기 전에 사망한 경우에도 마찬가지이다. 이러한 법리는 사망자를 채무자로 한 지급명령에 대해서도 적용된다. 사망자를 채무자로 하여 지급명령을 신청하거나 지급명령 신청 후 정본이 송달되기 전에 채무자가 사망한 경우에는 지급명령은 효력이 없다. 설령 지급명령이 상속인에게 송달되는 등으로 형식적으로 확정된 것 같은 외형이 생겼다고 하더라도 사망자를 상대로 한 지급명령이 상속인에 대하여 유효하게 된다고 할 수는 없다(대법원 2017. 5. 17. 선고 2016다274188 판결).

3) 대법원 1969. 12. 9. 선고 69다1230 판결; 대법원 2016. 12. 27. 선고 2016두50440 판결; 1994. 12. 2. 선고 93누12206 판결.

4) 원고가 피고의 사망 사실을 모르고 사망자를 피고로 표시하여 소를 제기한 경우, 실질적인 피고는 처음부터 사망자의 상속자이고, 다만 그 표시에 잘못이 있는 것에 지나지 않는다고 인정되면 사망자의 상속인으로 피고의

채 소송절차가 진행되는 경우에는 당사자의 실재나 당사자능력은 소송요건이므로 법원은 이를 직권으로 조사하여 부적법 각하하여야 하고,[1] 만일 법원이 당사자의 사망을 간과하고 판결을 선고하였다면 그 판결은 당연 무효이다.

### (2) 소송계속 후 변론종결 전의 사망

일단 적법하게 소송계속이 이루어진 후 당사자 일방이 사망한 경우에는 소송절차의 중단과 수계의 문제로 될 뿐 당사자확정의 문제는 아니다. 따라서 소송계속 중 당사자가 사망하면 소송절차는 중단되고, 상속인이나 상속재산관리인 등이 소송절차를 수계하게 된다(제233조 제1항).[2] 그러나 소송물인 권리의무가 상속의 대상이 되지 않는 때에는 소송절차는 종료된다.

수계신청은 상대방도 할 수 있다(제241조). 수계신청이 있으면 법원은 상대방에게 이를 통지하여야 한다(제242조). 수계신청에 대하여 법원은 직권으로 조사하여 이유가 없으면 결정으로 기각한다(제243조 제1항). 법원은 당사자가 소송절차를 수계하지 않는 경우에 직권으로 소송절차를 계속하여 진행하도록 명할 수 있다(제244조). 소송절차의 중단 또는 중지는 기간의 진행을 정지시키며, 판결의 선고는 소송절차가 중단된 중에도 할 수 있다(제247조).

사망한 사람에게 소송대리인이 있는 경우에는 소송절차가 중단되지 않으며, 소송수계의 문제가 발생하지 않는다(제238조, 제233조 제1항). 이 경우 소송대리인은 새로이 수권을 받을 필요 없이 법률상 당연히 상속인을 위한 소송대리인이 되어 소송을 수행하고, 비록 상속인으로 당사자의 표시를 정정하지 않은 채 사망한 사람을 당사자로 하여 판결을 한 경우에도 그 판결의 효력은 상속인에게 미친다.[3] 상속인 중 일부만을 당사자로 표시한 판결도 당사자로 표시되지 않

---

표시를 정정할 수 있다. 여기서 실질적인 피고로 해석되는 사망자의 상속인이라고 함은 실제로 상속을 하는 사람을 가리키고, 상속을 포기한 자는 상속 개시시부터 상속인이 아니었던 것과 같은 지위에 놓이게 되므로 제1순위 상속인이라도 상속을 포기한 경우에는 이에 해당하지 아니하며, 후순위 상속인이라도 선순위 상속인의 상속 포기 등으로 실제로 상속인이 되는 경우에는 이에 해당한다(대법원 2014. 10. 2. 자 2014마1248 결정; 2006. 7. 4. 자 2005마425 결정).

1) 물론 법원은 그에 앞서 석명권의 행사를 통하여 당사자표시정정의 기회를 주어야 할 것이다. 그럼에도 불구하고 불응한 경우에는 부적법 각하하여야 한다(김홍엽, 116면).
2) 상속인의 존부가 분명하지 않거나 상속인이 포기한 상속재산의 보존에 필요한 경우 등에는 상속재산관리인을 선임하여야 하고, 이러한 상속재산관리인은 민사소송법에 따라 소송을 수계할 수 있는 것이므로, 법원으로서는 소송절차를 중단한 채 상속재산관리인의 선임을 기다려 그로 하여금 소송을 수계하도록 하여야 한다(대법원 2002. 10. 25. 선고 2000다21802 판결).
3) 소송대리인이 있는 경우에는 당사자가 사망하더라도 소송절차가 중단되지 않고 소송대리인의 소송대리권도 소멸하지 않으며, 이때 망인의 소송대리인은 당사자 지위의 당연승계로 인하여 상속인에게서 새로이 수권을 받을 필요 없이 법률상 당연히 상속인의 소송대리인으로 취급되어 상속인들 모두를 위하여 소송을 수행하게 되는 것이고, 당사자가 사망하였으나 그를 위한 소송대리인이 있어 소송절차가 중단되지 않는 경우에 비록 상속인으로

은 상속인을 포함한 상속인 모두에게 그 효력이 미치고,[1] 상속인 아닌 사람을 당사자로 잘못 표시한 판결도 정당한 상속인 모두에 대하여 그 효력이 미친다.[2] 사망한 사람을 당사자로 표시한 판결에 기하여 강제집행을 하기 위해서는 승계집행문을 부여받아야 한다.[3]

소송대리인이 있어서 소송절차가 중단되지 않는 경우에도 상속인이 소송절차의 수계신청을 하는 것은 무방하다.[4] 소송대리인이 있다고 하여 소송절차가 아무런 제한 없이 속행되는 것은 아니며, 심급대리의 원칙상 판결정본이 소송대리인에게 송달된 때에는 소송절차가 중단된다.[5] 이때에는 소송수계절차를 밟은 다음에 상소를 제기하여야 한다. 소송수계절차를 밟지 않고 제기한 상소는 부적법하지만, 상소심에서 수계신청을 하여 그 하자를 치유할 수 있다.[6] 그러나 소송대리인에게 상소의 제기에 관한 특별한 권한이 수여된 경우에는 판결정본이 송달되어도 중단되지 않는다. 이 경우 소송대리인이 상소를 제기하면 그 상소제기시부터 소송절차가 중단되고 상소심에서 소송수계절차를 밟아야 한다.[7]

---

당사자의 표시를 정정하지 아니한 채 망인을 그대로 당사자로 표시하여 판결하였다고 하더라도 그 판결의 효력은 망인의 소송상 지위를 당연승계한 상속인들 모두에게 미치는 것이다(대법원 2011. 4. 28. 선고 2010다 103048 판결).

1) 당사자가 사망하였으나 그를 위한 소송대리인이 있어 소송절차가 중단되지 않는 경우에 비록 상속인으로 당사자 의 표시를 정정하지 아니한 채 망인을 그대로 당사자로 표시하여 판결하였다고 하더라도 그 판결의 효력은 망 인의 소송상 지위를 당연승계한 상속인들 모두에게 미치는 것이므로, 망인의 공동상속인 중 소송수계절차를 밟 은 일부만을 당사자로 표시한 판결 역시 수계하지 아니한 나머지 공동상속인들에게도 그 효력이 미친다(대법원 2010. 12. 23. 선고 2007다22859 판결).

2) 당사자가 사망하였으나 소송대리인이 있어 소송절차가 중단되지 아니한 경우 원칙적으로 소송수계라는 문제가 발생하지 아니하고 소송대리인은 상속인들 전원을 위하여 소송을 수행하게 되는 것이며 그 사건의 판결은 상속 인들 전원에 대하여 효력이 있다 할 것이고, 이때 상속인이 밝혀진 경우에는 상속인을 소송승계인으로 하여 신 당사자로 표시할 것이지만 상속인이 누구인지 모를 때에는 망인을 그대로 당사자로 표시하여도 무방하며, 가령 신당사자를 잘못 표시하였다 하더라도 그 표시가 망인의 상속인, 상속승계인, 소송수계인 등 망인의 상속인임을 나타내는 문구로 되어 있으면 잘못 표시된 당사자에 대하여는 판결의 효력이 미치지 아니하고 여전히 정당한 상속인에 대하여 판결의 효력이 미친다(대법원 1992. 11. 5. 자 91마342 결정).

3) 사망한 자가 당사자로 표시된 판결에 기하여 사망자의 승계인을 위한 또는 사망자의 승계인에 대한 강제집행을 실시하기 위하여는 제481조를 준용하여 승계집행문을 부여함이 상당하다(대법원 1998. 5. 30. 자 98그7 결정).

4) 제238조, 동법 제233조 제1항은 당사자가 사망하더라도 소송대리인이 있어 소송절차가 중단되지 않은 경우에는 상속인은 소송절차를 수계하지도 못한다는 뜻으로 풀이될 수는 없다(대법원 1972. 10. 31. 선고 72다1271 판결).

5) 당사자가 사망하였으나 그를 위한 소송대리인이 있는 경우에는 소송절차가 중단되지 않고, 그 소송대리인은 상 속인들 전원을 위하여 소송을 수행하게 되어 그 사건의 판결은 상속인들 전원에 대하여 효력이 있다고 할 것이 며, 다만 심급대리의 원칙상 그 판결정본이 소송대리인에게 송달된 때에는 소송절차가 중단된다(대법원 1996. 2. 9. 선고 94다61649 판결).

6) 소송절차가 중단된 상태에서 제기된 상소는 부적법한 것이지만, 상소심 법원에 수계신청을 하여 그 하자를 치유 시킬 수 있다(대법원 1996. 2. 9. 선고 94다61649 판결)

7) 소송계속 중 법인 아닌 사단 대표자의 대표권이 소멸한 경우 이는 소송절차 중단사유에 해당하지만(제64조, 제 235조) 소송대리인이 선임되어 있으면 소송절차가 곧바로 중단되지 아니하고(제238조), 심급대리의 원칙상 그 심급의 판결정본이 소송대리인에게 송달됨으로써 소송절차가 중단된다. 이 경우 상소는 소송수계절차를 밟은 다

법원이 소송계속 중 당사자가 사망하였음에도 이를 간과하고 판결을 한 경우 그 판결이 당연 무효가 되는 것은 아니다. 사망한 사람의 상속인은 대리권흠결에 준하여 판결확정 전이면 상소에 의하여, 확정 후이면 재심에 의하여 다툴 수 있다.[1] 이와 같이 당사자의 사망으로 인한 소송절차의 중단을 간과한 판결은 유효하므로, 판결이 선고된 후 적법한 상속인들이 수계신청을 하여 판결을 송달받아 상소하거나 또는 사실상 송달받아 상소장을 제출하고 상소심에서 수계절차를 밟은 경우에도 그 수계와 상고는 적법하다.

### (3) 변론종결 후의 사망

판결의 효력은 당사자 사이에만 미치는 것이 원칙이지만, 변론종결 후의 승계인, 즉 변론종결 후에 소송물인 권리관계에 관한 지위를 당사자로부터 승계한 제3자에게도 미친다(제218조 제1항). 여기의 승계에는 특정승계는 물론이고 상속 등 포괄승계도 포함된다. 따라서 변론종결 후에 당사자가 사망한 경우에 사망한 사람의 상속인은 변론종결 후의 승계인으로서 판결의 효력을 받게 된다.[2]

## 5. 법인격부인의 경우

법인격부인이란 특정한 법률관계에 한정하여 회사의 법인격을 부인하고 그 배후에 있는 실질적인 주체에게 책임을 물음으로써 구체적 타당성을 도모하고자 하는 것을 말한다. 예를 들어, A회사가 실은 그 대표자 B의 개인기업에 불과한 경우 또는 채무면탈을 목적으로 A회사와 별개로 실질적으로 동일한 B회사를 설립한 경우에 법인격을 부인하여 A회사와 B를 동일한 것으로 취급함으로써 A회사의 채무에 대하여 B에게 그 책임을 묻도록 하는 것이다. 판례도 기존회사

---

음에 제기하는 것이 원칙이나, 소송대리인이 상소제기에 관한 특별수권이 있어 상소를 제기하였다면 상소제기 시부터 소송절차가 중단되므로 이때는 상소심에서 적법한 소송수계절차를 거쳐야 소송중단이 해소된다(대법원 2016. 9. 8. 선고 2015다39357 판결; 2016. 4. 2. 선고 2014다210449 판결).

1) 소송계속 중 어느 일방 당사자의 사망에 의한 소송절차 중단을 간과하고 변론이 종결되어 판결이 선고된 경우에는 그 판결은 소송에 관여할 수 있는 적법한 수계인의 권한을 배제한 결과가 되는 절차상 위법은 있지만 그 판결이 당연 무효라 할 수는 없고, 다만 그 판결은 대리인에 의하여 적법하게 대리되지 않았던 경우와 마찬가지로 보아 대리권흠결을 이유로 상소 또는 재심에 의하여 그 취소를 구할 수 있을 뿐이므로, 판결이 선고된 후 적법한 상속인들이 수계신청을 하여 판결을 송달받아 상고하거나 또는 사실상 송달을 받아 상소장을 제출하고 상고심에서 수계절차를 밟은 경우에도 그 수계와 상고는 적법한 것이라고 보아야 한다(대법원 2003. 11. 14. 선고 2003다34038 판결).

2) 이 사건의 청구인이 원심의 변론종결 후에 사망하였음에도 원심이 소송수계절차 없이 판결을 선고하였다고 하더라도 위법이라 할 수 없다(대법원 1989. 9. 26. 선고 87므13 판결).

가 채무를 면탈할 목적으로 실질적으로 동일한 신설회사를 설립하였다면, 이는 채무면탈이라는 위법한 목적을 달성하기 위하여 회사제도를 남용한 것이므로, 기존회사의 채권자에 대하여 두 회사가 별개의 법인격을 갖고 있음을 주장하는 것은 신의성실의 원칙상 허용될 수 없고, 따라서 기존회사의 채권자는 두 회사 어느 쪽에 대해서도 채무의 이행을 청구할 수 있다고 한다.[1]

법인격이 부인되는 경우 해당 회사와 그 배후의 주체 중 어느 하나 또는 그들 모두를 피고로 할 수 있다. 해당 회사와 그 배후의 주체를 모두 피고로 하는 경우에 그 공동소송의 형태는 통상공동소송이 된다. 문제는 소송계속 중에 회사의 법인격을 부인하여 피고를 해당 회사에서 그 배후의 주체로 변경할 수 있는지 여부이다. 이에 대하여 당사자 사이의 동일성을 인정할 수 없으므로 소송계속 중 배후의 주체로 변경하는 것은 임의적 당사자변경이 되어 허용될 수 없고, 다만 민사소송법에 규정된 피고의 경정(제260조 제1항)에 해당하는 경우에 한하여 당사자변경이 가능하다는 견해,[2] 참가·인수승계 등 소송승계의 방법에 의하여야 한다는 견해,[3] 당사자 사이에 동일성을 인정할 수 있으므로 당사자표시정정이 가능하다는 견해[4] 등이 주장되고 있다. 생각건대, 법인격이 부인되는 회사와 그 배후의 주체는 형식적으로는 별개의 권리주체이지만, 법인격부인의 취지가 문제된 법률관계에 한정하여 예외적으로 법인격을 부인하여 일체성을 갖는 것으로 취급함으로써 구체적 타당성을 도모하고자 하는 것이므로 해당 회사와 그 배후의 주체를 실질적으로 동일한 당사자로 보아 당사자표시정정이 가능한 것으로 이해함이 타당할 것이다. 그러나 당사자표시정정에 의한다고 할지라도 실제 당사자표시정정이 이루어지지 않았다면 해당 회사에 대한 판결의 효력이 그 배후의 주체에게 미치지 못한다. 판례도 법인격이 부인되는 경우에도 절차의 명확성과 안정성을 중시하는 소송절차에 있어서 법인격이 부인되는 회사에 대한 판결의 기판력 및 집행력이 그 배후의 주체에게 당연히 확장되는 것은 아니라고 한다.[5]

---

1) 기존회사가 채무를 면탈할 목적으로 기업의 형태·내용이 실질적으로 동일한 신설회사를 설립하였다면, 신설회사의 설립은 기존회사의 채무면탈이라는 위법한 목적달성을 위하여 회사제도를 남용한 것이므로, 기존회사의 채권자에 대하여 위 두 회사가 별개의 법인격을 갖고 있음을 주장하는 것은 신의성실의 원칙상 허용될 수 없어서 기존회사의 채권자는 위 두 회사 어느 쪽에 대하여서도 채무의 이행을 청구할 수 있다(대법원 2004. 11. 12. 선고 2002다66892 판결); 회사가 외형상으로는 법인의 형식을 갖추고 있으나 이는 법인의 형태를 빌리고 있는 것에 지나지 아니하고 그 실질에 있어서는 완전히 그 법인격의 배후에 있는 타인의 개인기업에 불과하거나 그것이 배후자에 대한 법률적용을 회피하기 위한 수단으로 함부로 쓰여 지는 경우에는, 비록 외견상으로는 회사의 행위라 할지라도 회사와 그 배후자가 별개의 인격체임을 내세워 회사에게만 그로 인한 법적 효과가 귀속됨을 주장하면서 배후자의 책임을 부정하는 것은 신의성실의 원칙에 위반되는 법인격의 남용으로서 심히 정의와 형평에 반하여 허용될 수 없고, 따라서 회사는 물론 그 배후자인 타인에 대하여도 회사의 행위에 관한 책임을 물을 수 있다(대법원 2001. 1. 19. 선고 97다21604 판결).

2) 김홍엽, 121면.

3) 정동윤·유병현, 170면.

4) 이시윤, 142면.

5) 피고 회사와 소외 주식회사 ○○은 기업의 형태·내용이 실질적으로 동일하고, 피고 회사는 소외 회사의 채무

## Ⅲ. 당사자능력

### 1. 의의

당사자능력은 소송당사자가 될 수 있는 일반적인 능력, 즉 자기의 이름으로 재판을 청구하거나 또는 재판을 받을 수 있는 일반적인 능력을 말한다. 당사자능력은 소송사건의 성질이나 내용과 관계없이 일반적으로 판정되는 능력이라는 점에서 현재 계속 중인 특정 소송에서 누가 당사자인지를 정하는 당사자의 확정이나 특정한 소송물과의 관계에서 이에 관한 본안판결을 구할 수 있는 자격인 당사자적격과 구별된다.

실체법상 법률행위를 하려면 권리능력과 행위능력이 필요한 것처럼 소송상 당사자로서 소송행위를 하기 위해서는 당사자능력과 소송능력이 요구된다. 따라서 당사자능력은 민법상 권리능력에 대응한 개념이라고 할 수 있다. 그러나 당사자능력은 소송법상 개념이므로 민법상 권리능력과 그 인정범위가 일치하지 않는다. 민사소송은 실체법상 권리의무에 관한 분쟁을 해결하는 절차이므로 민법상 권리능력자는 당연히 당사자능력을 갖지만, 나아가 민사소송법은 민법상 권리능력이 인정되지 않는 법인 아닌 사단 또는 재단에 대하여도 당사자능력을 인정하고 있다 (제52조). 그리하여 당사자능력의 인정범위가 민법상 권리능력의 범위보다 더 넓다.

### 2. 당사자능력자

#### (1) 자연인

자연인은 모두 권리능력자이고 당사자능력자이다. 사람은 생존하는 동안 권리의무의 주체가 되고(민법 제3조), 따라서 당사자능력도 갖는다. 사람으로 생존하는 동안이란 모체로부터 전부 노출된 때부터 심장박동이 영구히 정지한 때까지이다.[1] 실종선고를 받은 사람은 실종기간이 만

---

를 면탈할 목적으로 설립된 것으로서 피고 회사가 소외 회사의 채권자에 대하여 소외 회사와는 별개의 법인격을 가지는 회사라는 주장을 하는 것이 신의성실의 원칙에 반하거나 법인격을 남용하는 것으로 인정되는 경우에도, 권리관계의 공권적인 확정 및 그 신속·확실한 실현을 도모하기 위하여 절차의 명확·안정을 중시하는 소송절차 및 강제집행절차에 있어서는 그 절차의 성격상 소외 회사에 대한 판결의 기판력 및 집행력의 범위를 피고 회사에까지 확장하는 것은 허용되지 아니한다(대법원 1995. 5. 12. 선고 93다44531 판결).

1) 법률상 사람의 시기(始期)에 관하여 진통설, 일부노출설, 전부노출설, 독립호흡설이 주장되고 있고, 사람의 종기 (終期)에 관하여는 호흡정지설, 맥박종지설, 뇌사설이 주장되고 있다. 민법상으로는 사람의 시기는 전부노출설,

료한 때에 사망한 것으로 간주되고 당사자능력을 상실한다(민법 제28조).[1] 비록 실종기간이 만료된 사람이라고 하더라도 실종선고의 효력이 확정되기 전에는 당사자능력을 상실하지 않는다.[2] 소송계속 중에 당사자가 사망하면 그 당사자능력이 소멸되므로 당연승계에 의하여 상속인이나 기타의 승계인이 소송을 승계하게 된다(제233조 이하).

태아는 권리능력이 없으나, 민법은 예외적으로 불법행위로 인한 손해배상청구, 상속, 유증, 사인증여 등 일정한 경우에는 출생한 것으로 간주하고 있다(제762조, 제1000조 제3항, 제1064조). 태아의 권리능력에 관하여 '해제조건설(제한적인격설)'과 '정지조건설(인격소급설)'이 주장되고 있다. 해제조건설에서는 태아인 상태에서도 출생한 것으로 간주되는 범위 내에서 제한적인 권리능력이 인정되고, 태아가 사산(死産)된 때에는 그 권리능력이 소급적으로 소멸된다고 한다. 이에 대하여 정지조건설에서는 태아로 있는 동안에는 권리능력이 인정될 수 없고, 살아서 출생한 때에 출생시기가 문제된 사건의 시기까지 소급한다고 한다. 판례는 정지조건설의 입장에서 태아인 상태에서는 권리능력을 인정할 수 없다고 한다.[3] 그에 따라 태아인 상태에서는 당사자능력도 인정되지 않는다.

---

사람의 종기는 맥박종지설이 통설이다.

1) 실종기간이 경과한 때에 법원은 검사 또는 이해관계인의 신청을 받아 6개월 이상의 기간을 정하여 공시최고한 후에 신고가 없으면 실종선고를 하게 된다(민법 제27조 및 가사소송규칙 제53조 및 제54조). 실종선고의 심판에 대하여는 이해관계인이 즉시항고를 할 수 있다(동 규칙 제57조). 법원에서 실종선고를 하면 실종선고를 받은 사람은 실종기간이 만료한 때에 사망한 것으로 간주된다(민법 제28조).

2) 실종선고의 효력이 발생하기 전에는 실종기간이 만료된 실종자라 하여도 소송상 당사자능력을 상실하는 것은 아니므로 실종선고 확정 전에는 실종기간이 만료된 실종자를 상대로 하여 제기된 소도 적법하고 실종자를 당사자로 하여 선고된 판결도 유효하며 그 판결이 확정되면 기판력도 발생한다. 그리고 이처럼 판결이 유효하게 확정되어 기판력이 발생한 경우에는 그 판결이 해제조건부로 선고되었다는 등의 특별한 사정이 없는 한 그 효력이 유지되어 당사자로서는 그 판결이 재심이나 추완항소 등에 의하여 취소되지 않는 한 그 기판력에 반하는 주장을 할 수 없는 것이 원칙이라 할 것이며 비록 실종자를 당사자로 한 판결이 확정된 후에 실종선고가 확정되어 그 사망간주의 시점이 소제기 전으로 소급하는 경우에도 위 판결 자체가 소급하여 당사자능력이 없는 사망한 사람을 상대로 한 판결로서 무효가 된다고는 볼 수 없다. 다만 이 사건에 있어서처럼 실종자에 대하여 공시송달의 방법으로 소송서류가 송달된 끝에 실종자를 피고로 하는 판결이 확정된 경우에는 실종자의 상속인으로서는 실종선고 확정 후에 실종자의 소송수계인으로서 위 확정판결에 대하여 소송행위의 추완에 의한 상소를 하는 것이 가능할 것이다(대법원 1992. 7. 14. 선고 92다2455 판결).

3) 개별적으로 태아의 권리능력이 인정되는 경우에도 그 권리능력은 태아인 동안에는 없고 살아서 출생하면 문제된 사건의 시기까지 소급하여 그때에 출생한 것과 같이 법률상 간주되는 것이므로 태아인 동안에는 법정대리인이 있을 수 없다(대법원 1982. 2. 9. 선고 81다534 판결); 태아가 특정한 권리에 있어서 이미 태어난 것으로 본다는 것은 살아서 출생한 때에 출생시기가 문제의 사건의 시기까지 소급하여 그 때에 태아가 출생한 것과 같이 법률상 보아 준다고 해석하여야 상당하므로 그가 모체와 같이 사망하여 출생의 기회를 못 가진 이상 배상청구권을 논할 여지가 없다(대법원 1976. 9. 14. 선고 76다1365 판결).

## (2) 법인

법인격이 부여된 사단이나 재단은 권리능력이 있으므로, 소송상 당사자능력이 있다. 법인은 설립등기를 갖춘 때부터 청산종결등기가 경료 될 때까지 권리능력을 갖고 당사자능력이 인정된다. 법인이 해산하더라도 즉시 당사자능력이 소멸되는 것은 아니며 청산절차에 들어가 청산하는 동안은 청산의 목적범위 내에서 권리능력이 존속하고 당사자능력이 인정된다(민법 제81조, 상법 제245조).[1] 법인이 청산절차가 종결되면 권리능력을 상실하고 당사자능력이 인정되지 않는다. 따라서 청산절차가 종결된 법인을 상대로 한 소송은 부적법하다. 그러나 청산종결등기가 경료 되었더라도 현실적으로 아직 청산사무가 종결되지 않았다면 그 범위 내에서 당사자능력을 상실하지 않는다.[2]

법인은 당사자능력이 있지만 법인의 내부 기관은 당사자능력이 없다. 그리하여 법인의 지방조직, 내부부서에 불과한 지점,[3] 분회, 부속기관,[4] 학교장 등은 당사자능력이 없다. 그러나 법인의 하부조직이더라도 독립된 단체로서의 실체를 갖추고 독자적인 활동을 하고 있다면, 법인과는 별개로 후술하는 법인 아닌 단체로서 당사자능력이 인정될 수 있다. 예를 들어, 시민단체의 지방조직[5] 또는 노동조합의 지부[6]라고 하더라도 독자적인 정관 또는 규약을 가지고 독자적

---

1) 비법인사단에 해산사유가 발생하였다고 하더라도 곧바로 당사자능력이 소멸하는 것이 아니라 청산사무가 완료될 때까지 청산의 목적범위 내에서 권리·의무의 주체가 되고, 이 경우 청산 중의 비법인사단은 해산 전의 비법인사단과 동일한 사단이고 다만 그 목적이 청산 범위 내로 축소된 데 지나지 않는다(대법원 2007. 11. 16. 선고 2006다41297 판결).

2) 청산법인이 청산종결의 등기를 하였더라도 채권채무가 남아있는 이상 청산은 종료되지 아니한 것이므로 그 한도에 있어서 청산법인은 당사자능력을 가진다(대법원 1968. 6. 18. 선고 67다2528 판결); 피고 법인이 청산종결등기를 하였음은 기록상 명백하나 본건 재산을 해산 전에 원고에게 증여하고 그에 따른 소유권이전등기의무를 아직 이행하지 않고 있으므로 청산사무가 종료되었다 할 수 없으니 실질적으로는 피고 법인은 청산법인으로 존속하고 있다고 할 것이다(대법원 1980. 4. 8. 선고 79다2036 판결).

3) 법인의 지점은 법인격이 없으며 소득세법이 외국법인의 국내지점 또는 국내영업소는 소득세를 납부할 의무를 진다고 규정하고 있으나 이는 외국법인의 국내지점에서 소득세를 원천징수할 소득금액 또는 수입금액을 지급하는 경우에는 그 소득세를 원천징수, 납부할 의무가 있다는 취지의 규정에 지나지 아니할 뿐 나아가 동 외국법인의 국내지점에 법인격을 부여하는 취지의 규정이라 볼 수 없으므로 외국법인의 국내지점은 소송 당사자능력이 없다(대법원 1982. 10. 12. 선고 80누495 판결).

4) 전국버스운송사업조합연합회공제조합은 구 육운진흥법과 같은법 시행령에서 정한 동 연합회의 공제사업을 효율적으로 달성하고자 만든 같은 연합회 산하의 부속기관에 불과하고 동 연합회와는 별개의 독립된 단체라고 볼 수 없어 민사소송법상 당사자능력이 없다(대법원 1991. 11. 22. 선고 91다16136 판결).

5) 원고 대전충남○○시민연합, 원고 전북○○시민연합은 활동의 내용면에서는 중앙조직과 연관이 있으나, 독자적인 정관 또는 규약을 가지고 이에 근거한 총회의 의사결정기관 및 업무집행기관을 두고 있고, 각 독립된 회원으로 구성되어 있으며, 예·결산처리 및 활동도 중앙조직과는 별개로 이루어지는 사실에 비추어, 위 원고들은 비법인사단으로서의 실체를 가진 단체로서 소송상 당사자능력이 인정된다(대법원 2009. 1. 30. 선고 2006다60908 판결).

6) 피고 전국해원노동조합 목포지부는 전국해원노동조합의 하부조직의 하나이지만 독자적인 규약(지부준칙)을 가지고 독립된 활동을 하고 있는 독자적인 사회적 조직체라고 인정할 수 있으므로 피고는 법인격 없는 사단으로 소송상 당사자 능력을 가진다고 할 것이다(대법원 1977. 1. 25. 선고 76다2194 판결).

인 활동을 하고 있는 경우에는 법인 아닌 사단으로서 당사자능력이 인정될 수 있다. 국가, 지방자치단체, 영조물법인, 공공조합 등도 공법인으로서 당사자능력이 있으나, 국가의 기관에 불과한 행정청은 항고소송의 피고능력은 있지만 민사소송의 당사자능력은 없다.

## (3) 법인 아닌 사단 또는 재단

법인이 아닌 사단이나 재단은 대표자 또는 관리인이 있는 경우에는 그 사단이나 재단의 이름으로 당사자가 될 수 있다(제52조). 법인이 아니더라도 사단 또는 재단으로서의 실체를 갖추고 그 대표자 또는 관리인을 통하여 사회적 활동을 하고 있는 경우[1]에는 그로 인하여 발생하는 분쟁을 그 단체가 스스로 당사자가 되어 소송을 통하여 해결하도록 하려는데 그 입법취지가 있다.

### 1) 법인 아닌 사단

법인 아닌 사단이란 일정한 목적을 위하여 조직된 여러 사람의 결합체로서 대외적으로 사단을 대표할 기관에 관한 정함이 있는 단체로서 법인격을 취득하지 못한 단체를 말한다. 예를 들어, 설립중의 회사, 기독교교회 가운데 개신교교회, 불교사찰, 종중, 자연부락, 수리계(水利契)·보중(洑中)·제중(提中), 공동주택의 입주자대표회의, 아파트부녀회, 상가번영회 등이 여기에 해당된다.

① **설립중의 회사**: 설립중의 회사는 회사의 설립등기 이전에 어느 정도 실체가 형성된 미완성의 회사를 지칭하는 것으로 당사자능력이 인정된다.[2] 설립중의 회사는 주식회사의 설립과정에서 발기인이 회사의 설립을 위하여 필요한 행위로 인하여 취득하게 된 권리의무가 회사의 설립과 동시에 그 설립된 회사에 귀속되는 관계를 설명하기 위한 강학상의 개념으로서, 정관이 작성되고 각 발기인 또는 사원이 적어도 1주 이상의 주식을 인수하거나 출자금액의 일부를 납입하였을 때 비로소 성립된다.[3]

---

1) 원심이 원고의 당사자능력을 따짐에 있어서 비법인사단의 등기에 관한 권리능력을 정한 부동산 등기법의 각 규정에 의하였음은 잘못이다. 원심이 확정한 사실에 의하면 원고에게는 정관 기타 규약이나 그 의사를 결정하고, 이를 집행할 기관이 마련되어 있지 않으므로 이러한 원고에게 제52조의 비법인사단으로서의 단체성이 있다고 말할 수는 없다(대법원 1967. 10. 25. 선고 66다2333 판결).

2) 이른바 '설립중의 회사'라고 함은 회사의 설립등기 이전에 어느 정도 실체가 형성된 미완성의 회사를 지칭하는 것으로서 당사자능력이 있다 할 것이나, 이러한 설립중의 회사는 정관이 작성되고 각 발기인 또는 사원이 적어도 1주 이상의 주식을 인수하거나 출자금액의 일부를 납입하였을 때 비로소 성립하는 것이고, 이러한 실체가 갖추어지기 이전에 발기인 또는 사원들의 회사설립을 위한 단순한 인적 결합체에는 당사자능력을 인정할 수 없다(부산고등법원 1996. 10. 10. 선고 95구10136 판결).

3) 설립중의 회사라 함은 주식회사의 설립과정에서 발기인이 회사의 설립을 위하여 필요한 행위로 인하여 취득하게 된 권리의무가 회사의 설립과 동시에 그 설립된 회사에 귀속되는 관계를 설명하기 위한 강학상의 개념으로

② **기독교교회**: 기독교교회 가운데 천주교교회와 개신교교회는 차이가 있다. 개별 천주교교회는 단체로서의 독립성이 결여되어 있어 당사자능력이 인정되지 않으며, 각 교구 산하 성전유지재단법인이 소송상 당사자가 된다.[1] 그러나 개신교교회의 경우에는 개개의 교회가 독립성이 인정되어 법인 아닌 사단으로서 당사자능력이 인정된다.[2] 또한 개신교교회의 재산소유관계는 총유관계이므로 교회의 재산에 관하여 교회 구성원 전원이 후술하는 필수적 공동소송인이 되어 소송을 할 수도 있다.[3] 그리하여 개신교교회의 경우에는 법인 아닌 사단으로서 교회 자체의 이름으로 당사자가 되어 소송을 할 수도 있고, 교회 구성원 전원이 당사자가 되어 소송을 할 수도 있다.

③ **불교종단 및 사찰**: 불교종단은 그 자체 법인 아닌 사단으로서 당사자능력을 갖고 있으며, 종단에 소속된 개개의 사찰도 독립된 단체로서의 실체를 갖고 있는 경우에는 독자적인 당사자능력이 인정된다.[4] 다만, 「전통사찰의 보존 및 지원에 관한 법률」에 의하여 전통

---

서 정관이 작성되고 발기인이 적어도 1주 이상의 주식을 인수하였을 때 비로소 성립하는 것이고, 이러한 설립중의 회사로서의 실체가 갖추어지기 이전에 발기인이 취득한 권리, 의무는 구체적 사정에 따라 발기인 개인 또는 발기인조합에 귀속되는 것으로서 이들에게 귀속된 권리의무를 설립 후의 회사에 귀속시키기 위하여는 양수나 채무인수 등의 특별한 이전행위가 있어야 한다(대법원 1994. 1. 28. 선고 93다50215 판결).

1) 예를 들어, 대전 동구 용전동 소재 천주교 용전동성당과 관련된 법적 분쟁에서 천주교 용전동성당은 당사자가 될 수 없으며, 천주교 대전대교구 성전유지재단법인이 당사자가 된다. 재산소유관계도 개신교교회와는 달리 총유관계가 인정되지 않으며 각 교구 산하 성전유지재단법인의 소유일 뿐이다.

2) 교회가 다수의 교인들에 의하여 조직되고, 일정한 종교활동을 하고 있으며, 그 대표자가 정하여져 있다면, 제52조 소정의 비법인사단으로서 당사자능력이 있다(대법원 1991. 11. 26. 선고 91다30675 판결).

3) 교회의 총유재산에 관한 소송은 권리능력 없는 사단인 교회 자체의 명의로 하거나 그 교회 구성원 전원이 당사자가 되어 할 수 있을 뿐이고, 후자의 경우에는 필요적 공동소송이라 할 것이다(대법원 1995. 9. 5. 선고 95다21303 판결); 종전에 대법원은 각종의 법인 아닌 사단 중 오직 교회에 대하여서만 법인 아닌 사단에 원칙적으로 적용되는 법리와는 달리 교회의 분열을 허용하면서, 분열시의 재산관계는 분열 당시 교인들의 총유라고 하고(대법원 1971. 2. 9. 선고 70다2478 판결), 이 경우 교회재산의 관리·처분행위에 관한 소송은 분열 당시 교인들로 구성된 교인총회의 결의를 거쳐 종전 교회 자체가 당사자가 되어 제기하여야 한다고 판시하였다(대법원 1995. 9. 5. 선고 95다21303 판결). 그러나 그 후 대법원은 판례를 변경하여, "법인 아닌 사단의 구성원들의 집단적 탈퇴로써 사단이 2개로 분열되고 분열되기 전 사단의 재산이 분열된 각 사단들의 구성원들에게 각각 총유적으로 귀속되는 결과를 초래하는 형태의 법인 아닌 사단의 분열은 허용되지 않는다. 교회가 법인 아닌 사단으로서 존재하는 이상 그 법리는 교회에 대하여도 동일하게 적용되어야 한다. 따라서 교인들은 교회재산을 총유의 형태로 소유하면서 사용·수익할 것인데, 일부 교인들이 교회를 탈퇴하여 그 교회 교인으로서의 지위를 상실하게 되면 탈퇴가 개별적인 것이든 집단적인 것이든 이와 더불어 종전 교회의 총유재산의 관리처분에 관한 의결에 참가할 수 있는 지위나 그 재산에 대한 사용·수익권을 상실하고, 종전 교회는 잔존 교인들을 구성원으로 하여 실체의 동일성을 유지하면서 존속하며, 종전 교회의 재산은 그 교회에 소속된 잔존 교인들의 총유로 귀속된다(대법원 2006. 4. 20. 선고 2004다37775 전원합의체 판결)."고 판시하였다.

4) 대한불교조계종이 그 산하의 사찰과 승려 및 신도로써 구성되는 비법인사단으로서의 법적 성격을 가지는 것이어서, 위 종단에 소속된 사찰은 그 구성분자로서 종단의 자치법규인 종헌, 종법 등의 적용을 받아 자율적인 주지 임면권 등을 상실하고 위 종단이 그 권한 등을 행사하게 되어 있지만, 사찰도 독립된 단체로서의 실체를 가

사찰[1])로 지정된 사찰의 경우에는 법인 아닌 재단으로서 당사자능력을 갖는다.[2]) 한편 종단 소속의 불교신도회의 경우에도 임원 등을 선출하여 조직을 갖추고 독자적으로 활동하고 있다면, 종단 또는 사찰과는 별개의 법인 아닌 사단으로서 당사자능력이 인정된다.[3]) 그러나 사찰이 중앙종단에 등록되고 주지임명까지 받았다고 하더라도 사찰건물 등 재산 일체를 개인이 실질적으로 소유하면서 운영하는 개인사찰은 단순한 불교목적시설일 뿐이어서 당사자능력이 인정되지 않는다.[4]) 이 경우에는 그 개인이 당사자가 된다.

④ **종중**: 종중이란 공동선조의 후손들에 의하여 그 선조의 분묘수호 및 봉제사와 후손 상호 간의 친목 도모를 목적으로 형성되는 자연발생적인 종족단체로서 특별한 조직행위가 없더라도 그 선조의 사망과 동시에 그 후손에 의하여 성립된다. 그러나 종중에 당사자능력

지는 경우에는 독자적인 권리능력과 당사자능력을 가질 수 있는 것이다(대법원 1992. 1. 23. 자 91마581 결정); 사찰이 독립된 단체를 이루고 있는 경우에 있어서는 불교재산관리법에 따른 사찰 및 주지취임등록처분의 유무에 의하여 그 사찰의 실체가 좌우되는 것이 아니므로 독립된 단체를 이루고 있는 사찰은 그 등록처분의 유무에 불구하고 권리능력 없는 사단 또는 재단으로서의 독립된 권리능력과 소송상의 당사자능력을 가지며 그 단체의 규약에 따라 선정된 대표자가 당해 사찰을 대표할 수 있다(대법원 1988. 3. 22. 선고 85다카1489 판결).

1) 전통사찰이란 역사적으로 볼 때 시대적 특색을 뚜렷하게 지니고 있거나 또는 한국 고유의 불교·문화·예술 및 건축사의 흐름을 이해하는 데에 특히 필요하거나 문화적 가치가 있는 사찰을 말한다(전통사찰의 보존 및 지원에 관한 법률 제2조 제1호 및 제4조 제2항).

2) 전통사찰보존법에 따라 전통사찰로 등록되어 있고 독립한 사찰로서의 실체도 갖추어 권리능력 없는 재단으로 인정되는 사찰의 경우, 그 사찰 명의로 등기된 재산은 독립한 권리주체인 사찰의 소유인 것이지 그 사찰의 창건 또는 재산관리에 있어서 신도들이 기여한 바가 크다 하더라도 그것이 신도들의 총유물로서 사찰에 명의신탁된 것이라는 법리는 성립할 수 없는 것이고, 한편 전통사찰보존법에 의하여 전통사찰로 등록된 사찰의 재산에 대한 관리권은 같은 법의 규정에 의하여 그 사찰 주지에게 일임되어 있는 것이고, 특별한 사정이 없는 한 신도들의 단체인 신도회에 그 관리권이 있다고 볼 것이 아니다(대법원 1991. 6. 14. 선고 91다9336 판결)

3) 대한불교천태종 벌교지회는 벌교읍 일원에 거주하는 불교신도들을 구성원으로 하여 상호간의 유대를 강화하고 법회 등을 여는 등 종교활동을 하여 오다가 회장 등 임원을 선출하여 조직을 갖추었는데, 원고 종단(대한불교천태종) 소속의 신도회로 등록함으로써 원고 종단의 구성분자가 되어 원고 종단의 자치법규인 종헌, 종법 등의 적용을 받게 되었고, 그 후로도 계속하여 독자적인 법회활동을 하여 오면서 사찰터 마련을 위하여 기금을 적립하여 온 것이므로 전국단체인 원고 종단과는 별개로 일정한 목적하에 조직적인 공동체를 구성하고 있는 것으로서 비법인사단의 실질을 갖추고 있다고 볼 것이다(대법원 1996. 7. 12. 선고 96다6103 판결); 원고 신도회는 강원 삼척군 도계읍 일원에 거주하는 불교신도들이 모여 상호간의 유대를 강화하는 한편 법회 등을 열어 오다가, 규약을 제정하여 시행함과 동시에 그 규약에 따라 소집된 신도회에서 회장과 부회장 및 운영위원들을 선출하여 조직을 갖추고 그 때부터 회장을 중심으로 법회 및 포교활동을 해 왔다면, 원고 신도회는 비법인사단으로서 당사자능력이 있다고 할 것이다(대법원 1991. 10. 22. 선고 91다26072 판결).

4) 사찰이 명목상 중앙종단에 가입하여 그 소속으로 등록되고 소외인이 중앙종단으로부터 주지임명까지 받았다 하더라도 사찰건물 등 재산 일체는 중앙종단에 귀속시키지 않고 소외인이 사찰명의로 등기하거나 미등기인 채 실질적으로 소유하면서 단독으로 그 운영을 맡아 하는 개인사찰은 단순한 불교목적시설일 뿐 그것이 독립한 사찰로서의 단체를 이루고 그 단체가 소유하는 재산이라고 할 수 없으므로, 위 사찰은 권리능력 없는 사단이나 재단으로서 소송상의 당사자능력을 가졌다고 볼 수 없어 위 사찰이 원고가 되어 제기한 소는 부적법하다(대법원 1991. 2. 22. 선고 90누5641 판결).

이 인정되려면 일정한 정도로 조직을 갖추고 지속적인 활동을 하는 단체성이 있어야 하고 또한 그 대표자가 있어야 한다.[1] 그러나 서면으로 된 종중규약이 있어야 하거나 종중의 대표자가 계속하여 선임되어 있어야 하는 것은 아니며,[2] 대외적인 행위를 할 때에 대표자가 선임되어 있으면 된다.[3]

공동선조의 후손 중 성년인 사람[4]은 당연히 그 종중원이 되는 것이므로, 공동선조의 후손 중 특정 지역 거주자나 특정 범위 내의 사람들만으로 구성된 종중이란 있을 수 없다. 따라서 만일 공동선조의 후손 중 특정 지역 거주자나 지파 소속 종중원만으로 조직체를 구성하여 활동하는 경우에는 종중에 해당된다고 할 수는 없고, 다만 종중에 유사한 법인 아닌 사단으로서 당사자능력이 인정될 수 있다.[5]

---

1) 고유의 의미의 종중이란 공동선조의 후손들에 의하여 그 선조의 분묘수호 및 봉제사와 후손 상호간의 친목을 목적으로 형성되는 자연발생적인 종족단체로서 특별한 조직행위가 없더라도 그 선조의 사망과 동시에 그 후손에 의하여 성립한다. 다만, 비법인사단이 민사소송에서 당사자능력을 가지려면 일정한 정도로 조직을 갖추고 지속적인 활동을 하는 단체성이 있어야 하고 또한 그 대표자가 있어야 하므로, 자연발생적으로 성립하는 고유한 의미의 종중이라도 그와 같은 비법인사단의 요건을 갖추어야 당사자능력이 인정된다 할 것이고 이는 소송요건에 관한 것으로서 사실심의 변론종결시를 기준으로 판단하여야 한다(대법원 2013. 1. 10. 선고 2011다64607 판결).

2) 종중이라 함은 원래 공동선조의 후손 중 성년 이상의 남자를 종원으로 하여 구성되는 종족의 자연발생적 집단이므로 성립을 위하여 특별한 조직행위를 필요로 하는 것이 아니며, 다만 그 목적인 공동선조의 분묘수호, 제사봉행, 종원 상호간의 친목을 위한 활동을 규율하기 위하여 규약을 정하는 경우가 있고, 또 대외적인 행위를 할 때에는 대표자를 정할 필요 있는 것에 지나지 아니하며 반드시 특정한 명칭의 사용 및 서면화된 종중규약이 있어야 하거나 종중의 대표자가 계속하여 선임되어 있는 등 조직을 갖추어야 하는 것은 아니다(대법원 1992. 12. 11. 선고 92다18146 판결).

3) 종중 대표자의 선임에 있어서 그 종중에 규약이나 일반 관례가 있으면 그에 따라 선임하고 그것이 없다면 종장 또는 문장이 그 종원 중 성년 이상의 남자를 소집하여 출석자의 과반수 결의로 선출하며, 평소에 종중에 종장이나 문장이 선임되어 있지 아니하고 선임에 관한 규약이나 일반 관례가 없으면 현존하는 연고항존자가 종장이나 문장이 되어 국내에 거주하고 소재가 분명한 종원에게 통지하여 종중총회를 소집하고 그 회의에서 종중 대표자를 선임하는 것이 일반 관습이라 할 것이다(대법원 1997. 11. 14. 선고 96다25715 판결). 이러한 경우 종장 또는 문장의 자격이 있는 자인 연고항존자 자신이 직접 종회소집을 하지 아니하였다 하더라도 동인이 어느 종중원의 종회소집에 동의하여 그 종중원으로 하여금 종회를 소집케 하였다면 그와 같은 종회소집을 전혀 권한없는 자의 소집이라고 볼 수는 없다 할 것이다(대법원 1987. 6. 23. 선고 86다카2654 판결).

4) 대법원은 종전에는 종원의 자격을 성년 남자로 제한하였으나, 이러한 종래의 관습은 개인의 존엄과 양성의 평등에 기초한 우리의 전체 법질서에 부합하지 않는다고 하여 지금은 여자에게도 종원의 자격을 인정하고 있다(대법원 2005. 7. 21. 선고 2002다1178 전원합의체 판결).

5) 고유 의미의 종중이란 공동선조의 분묘 수호와 제사 및 종중원 상호간의 친목 등을 목적으로 하는 자연발생적인 관습상의 종족집단체로서 특별한 조직행위를 필요로 하는 것이 아니고, 공동선조의 후손 중 성년 이상의 남자는 당연히 그 종중원이 되는 것이며 그 중 일부 종중원을 임의로 그 종중원에서 배제할 수 없는 것이므로, 종중총회의 결의나 규약에서 일부 종중원의 자격을 임의로 제한하였다면 그 총회의 결의나 규약은 종중의 본질에 반하여 무효이고, 공동선조의 후손 중 특정 지역 거주자나 특정 범위 내의 자들만으로 구성된 종중이란 있을 수 없으므로, 만일 공동선조의 후손 중 특정 지역 거주자나 지파 소속 종중원만으로 조직체를 구성하여 활동하고 있다면 이는 본래의 의미의 종중으로는 볼 수 없고, 종중 유사의 권리능력 없는 사단이 될 수 있을 뿐이다(대법원 1996. 10. 11. 선고 95다34330 판결); 종중에 유사한 비법인사단은 반드시 총회를 열어 성문화된 규약을 만

⑤ **자연부락:** 자연부락도 그 부락 주민을 구성원으로 하여 고유한 목적을 가지고 의사결정기관과 집행기관인 대표자를 두어 독자적인 활동을 하는 경우에는 법인 아닌 사단으로서 당사자능력이 인정된다.[1] 또한 자연부락의 재산소유관계는 총유관계라 할 것이므로 자연부락의 재산에 관하여는 그 부락 주민 전원이 필수적 공동소송인이 되어 소송을 할 수도 있다.[2] 따라서 자연부락의 경우에는 앞서 살펴본 개신교교회와 마찬가지로 자연부락 그 자체의 이름으로 당사자가 될 수도 있고, 부락 주민 전원이 당사자가 되어 소송을 할 수도 있다.

⑥ **수리계, 보중, 제중:** 수리계(水利契), 보중(洑中), 제중(堤中)은 농사를 위하여 물을 효율적으로 관리하기 위한 농촌공동조직을 일컫는 말이다. 개개의 농가가 개별적으로 보(洑)나 저수지를 축조하거나 운영할 능력이 없기 때문에 대체로 한 마을 또는 몇 개 마을의 농민들이 공동으로 보나 저수지를 축조하여 관리·이용하는 것이 일반적이다. 수리계, 보중, 제중도 단체로서의 조직을 갖추고 독자적인 활동을 수행하고 있는 경우에는 법인 아닌 사단으로서 당사자능력이 인정된다.[3]

---

들고 정식의 조직체계를 갖추어야만 비로소 단체로서 성립하는 것이 아니라, 실질적으로 공동의 목적을 달성하기 위하여 공동의 재산을 형성하고 일을 주도하는 사람을 중심으로 계속적으로 사회적인 활동을 하여 온 경우에는 이미 그 무렵부터 단체로서의 실체가 존재한다고 보아야 한다(대법원 2010. 4. 29. 선고 2010다1166 판결).

1) 법인 아닌 사단이나 재단도 대표자 또는 관리인이 있으면 민사소송의 당사자가 될 수 있으므로, 자연부락이 그 부락주민을 구성원으로 하여 고유목적을 가지고 의사결정기관과 집행기관인 대표자를 두어 독자적인 활동을 하는 사회조직체라면 법인 아닌 사단으로서의 권리능력이 있다(대법원 2008. 1. 31. 선고 2005다60871 판결); 100여년 전부터 서울 성동구 도선동 부근 마을 주민들이 매년 마을의 길운과 무재앙을 기원하는 산제치성제를 올리면서 주민들의 친목과 마을의 관심사를 논의하는 주민들의 모임이 자연발생적으로 형성되어 옴으로써 산제치성이라는 목적을 위한 위 마을주민들의 결합체가 존재하여 오던 중 그 소속된 통의 통장을 대표자로 위임하고, 각 통장들은 원고 동민회의 정관과 명칭을 제정하고 집행기관으로 총회 및 이사회를 두고 대표자를 선임한 사실을 인정할 수 있는바, 위 인정사실에 의하면 원고(도선동동민회)는 일정한 목적하에 이루어진 다수인의 결합체로서 그 결합체의 의사를 결정하고 목적달성을 위한 업무를 집행할 기관들에 관한 정함이 있으며 외부에 대하여 그 결합체를 대표할 대표자 또는 관리인의 정함이 있는 법인 아닌 단체로서 비법인사단에 해당한다(대법원 1991. 5. 28. 선고 91다7750 판결).

2) 여만리 부락민들의 이 사건 임야에 관한 소유형태는 총유에 해당한다 할 것이고 총유재산인 이 사건 임야에 관한 소송은 권리능력 없는 사단인 위 여만리 부락 자체의 명의로 하거나 또는 위 여만리 부락민 전원이 당사자가 되어 할 수 있을 뿐이고 후자의 경우에는 필요적 공동소송이라 할 것이다(대법원 1994. 5. 24. 선고 92다50232 판결).

3) 장흥지에서 몽리하는 사람들이 '장흥지 수리계'라는 명칭의 단체를 조직하고 있고, 그 단체에는 규약이 있으며, 그 규약에 의하면 장흥지 수리계라는 단체는 구성원의 증감이 있을 수 있으나, 구성원의 증감에 관계없이 존속하고, 단체의사 결정기관으로서 총회를 두고, 대표 및 업무집행기관으로서 계장을 두고 있으며, 원고 대표자는 그 구성원들이 정한 규약에 따라 대표자인 계장으로 선출되어 이 사건 소송을 수행하고 있음을 알 수 있다. 그러므로 원고 수리계의 당사자능력과 원고 대표자의 자격을 인정한 원심의 조치는 정당하다(대법원 1997. 12. 9. 선고 97다18547 판결); 보중이 그 몽리민을 구성원으로 하여 고유 목적을 가지고 매년 정기적으로 총회를 개최

⑦ 공동주택의 입주자대표회의, 아파트부녀회, 상가번영회: 공동주택의 입주자대표회의는 동별 세대수에 비례하여 선출되는 동별 대표자를 구성원으로 하는 법인 아닌 사단으로서 당사자능력을 갖는다. 판례는 각 동(棟)에서 선출된 동별 대표자들로 입주자대표회의가 적법하게 구성된 이후에 동별 대표자 또는 입주자대표회의의 회장 등이 변경되더라도 법인 아닌 사단으로서 입주자대표회의의 동일성을 해하는 것은 아니며 단순히 그 구성원이 변경된 것에 불과하다고 한다.[1]

아파트 부녀회는 아파트에 거주하는 부녀를 회원으로 하여 설립된 단체로서 별도의 회칙과 임원을 두고 월례회나 임시회를 개최하여 주요업무에 관한 의사결정을 해 왔다면, 법인 아닌 사단으로서 독립된 당사자능력을 인정할 수 있다.[2] 또한 상가번영회도 정관을 채택하고 정관에 따른 임원을 선출하여 그 목적에 따른 활동을 수행해 왔다면 법인 아닌 사단으로서 당사자능력을 갖는다.[3]

---

하여 그 보증을 대표하고 업무를 집행할 대표자를 선출하여 보증을 운영하는 한편, 특정한 재산을 소유하고 있는 경우에는 비법인사단으로서 당사자능력이 있다(대법원 1995. 11. 21. 선고 94다15288 판결); 어촌계는 계원들이 공동목적을 위하여 조직한 법인 아닌 사단으로서 어업권은 물론 그 소멸에 따른 손실보상금도 특별한 사정이 없는 한 어촌계의 총유에 속한다고 할 것이다(대법원 1992. 7. 14. 선고 92다534 판결).

1) 공동주택의 입주자대표회의는 동별 세대수에 비례하여 선출되는 동별 대표자를 구성원으로 하는 법인 아닌 사단이고, 그 동별 대표자는 각 동별 입주자가 선출하는 것이므로, 동별 대표자가 적법하게 선출되어 입주자대표회의가 적법하게 구성된 이후에 있어서는, 후임 동별 대표자를 선출하는 것은 비법인사단으로서의 입주자대표회의가 동일성을 잃지 아니한 채 그대로 존속하면서 단순히 그 구성원을 변경하는 것에 지나지 아니하므로, 새로운 동별 대표자의 선출절차가 위법하여 효력이 없다면 그 동별 대표자는 입주자대표회의 구성원으로서의 지위를 취득할 수 없고 종전의 동별 대표자가 여전히 입주자대표회의 구성원으로서의 지위를 가지고, 동별 대표자 또는 입주자대표회의의 회장 등이 변경될 때마다 종전과는 별개, 독립의 새로운 비법인사단이 구성, 성립되는 것으로 볼 것은 아니며, 입주자대표회의가 비법인사단인 이상 그 존속기간의 정함이 있는 것으로 볼 수도 없다(대법원 2007. 6. 15. 선고 2007다6307 판결); 공동주택의 입주자대표회의는 동별 세대수에 비례하여 선출되는 동별 대표자를 구성원으로 하는 법인 아닌 사단이므로, 동별 대표자의 선출결의의 무효확인을 구하는 것은 결국 입주자대표회의의 구성원의 자격을 다투는 것이어서 입주자대표회의는 그 결의의 효력에 관한 분쟁의 실질적인 주체로서 그 무효확인소송에서 피고적격을 가진다. 또한, 입주자대표회의의 구성원은 그 임기가 만료되더라도 특별한 사정이 없는 한 필요한 범위 내에서 새로운 구성원이 선출될 때까지 직무를 수행할 수 있으므로, 입주자대표회의 구성원의 임기가 만료되었다는 사정만으로는 그 구성원이 무효인 동별 대표자의 선출결의를 다툴 확인의 이익이 없는 것이라고 보기 어렵다(대법원 2008. 9. 25. 선고 2006다86597 판결).

2) 아파트 부녀회는 아파트에 거주하는 부녀를 회원으로 하여 입주자의 복지증진 및 지역사회 발전 등을 목적으로 설립되었고, 회칙과 임원을 두고 있고, 주요 업무는 월례회나 임시회를 개최하여 의사결정을 하여 온 사실을 인정할 수 있으므로, 이 사건 아파트 부녀회는 법인 아닌 사단의 실체를 갖추고 있다고 할 것이다. 아파트 부녀회가 관리·사용하여 오던 수익금이 아파트 부녀회 회장의 개인 명의의 예금계좌에 입금되어 있는 경우, 위 수익금의 관리·사용권을 승계한 아파트입주자 대표회의가 수익금의 지급을 청구할 상대방은 부녀회 회장 개인이 아니라 위 아파트 부녀회가 되어야 한다(대법원 2006. 12. 21. 선고 2006다52723 판결).

3) 소외 태양건설 주식회사가 태양백화점 건물을 신축하여 보존등기를 마치고, 이 사건 건물에 입주를 희망하는 사람 32명에게 점포를 임대하였는데, 이 사건 건물에 입주하고 있던 점포의 임차인 32명 가운데 29명이 그들의 태양건설에 대한 임차보증금 채권을 확보하기 위하여 태양백화점 번영회라는 원고 명의의 단체를 만들고, 단체

## 2) 법인 아닌 재단

법인 아닌 재단은 일정한 목적을 위하여 결합된 재산의 집단으로서 법인격을 취득하지 못하였지만, 출연자로부터 독립하여 존재하며 관리인이나 관리기구에 의하여 운영되는 것을 말한다. 예를 들어, 육영회, 장학회 등이 여기에 해당된다. 물론 육영회, 장학회 등이 재단법인으로 설립된 경우에는 당연히 재단법인으로서 당사자능력을 갖는다. 그러나 학교는 국·공립학교, 사립학교 등을 불문하고 법인 또는 법인 아닌 재단에 속하지 않으며 단순한 교육시설의 명칭에 불과하므로 당사자능력이 인정되지 않는다.[1] 따라서 학교와 관련된 소송에서는 학교가 아니라 그 설립·경영자가 당사자가 된다. 즉, 국립학교는 국가, 공립학교는 해당 지방자치단체, 사립학교는 해당 학교법인, 각종 학교는 그 학교경영자[2]가 각각 소송당사자가 된다.

판례는 유치원을 법인 아닌 재단으로 보아 독립된 당사자능력을 인정하고 있다.[3] 그러나 유치원도 유아교육을 위하여 「유아교육법」에 따라 설립·운영되는 학교이다(유아교육법 제2조 제2호, 교육기본법 제9조, 사립학교법 제2조). 유치원에는 국가가 설립·경영하는 국립유치원, 지방자치단체가 설립·경영하는 공립유치원, 법인 또는 사인(私人)이 설립·경영하는 사립유치원이 있다(유아교육법 제7조). 따라서 유치원의 경우에도 다른 학교와 마찬가지로 유치원이 아니라 그 설립·경영자에게 당사자능력을 인정함이 타당하다. 국립유치원은 국가, 공립유치원은 해당 지방자치단체, 사립유치원은 학교경영자인 학교법인 또는 사인이 당사자능력을 갖는다고 보아야 할 것이다.

## 3) 소송상 지위

법인 아닌 사단 또는 재단이 당사자가 되는 경우 그 소송상 지위는 법인이 당사자가 되는 경우와 동일하다. 따라서 법인 아닌 사단 또는 재단 그 자체가 당사자가 되고, 그 대표자 또는 관리인은 법정대리인에 준하여 취급된다(제64조). 판결의 효력도 법인 아닌 사단 또는 재단에만

---

의 명칭, 목적, 임원, 총회, 회원의 자격 등의 규정을 둔 정관을 채택하고 위 정관에 따라 소외 ○○○을 대표자인 회장으로 선출한 후, 임차보증금의 반환을 요구하며 농성에 들어갔고 보증금의 일부를 지급받고 퇴거한 사실이 있다면, 원고 단체는 그 구성원들의 태양건설에 대한 임차보증금반환채권의 회수라는 일정한 목적을 가진 다수인의 결합체로서 그 결합체의 의사를 결정하고 업무를 집행할 기관 및 대표자에 관한 정함이 있는 법인 아닌 사단으로서 당사자 능력이 있다고 할 것이다(대법원 1992. 10. 9. 선고 92다23087 판결).

[1] 학교는 법인도 아니고 대표자 있는 법인격 없는 사단 또는 재단도 아닌 교육시설의 명칭에 불과하여 민사소송에 있어 당사자능력을 인정할 수 없다(대법원 2017. 3. 15. 선고 2014다208255 판결; 2001. 6. 29. 선고 2001다21991 판결).

[2] 초·중·고등학교, 특수학교, 대학은 학교법인이 아닌 자는 사립학교를 설립·경영할 수 없다(사립학교법 제3조). 그러나 유치원과 각종 학교는 학교법인 이외에 사인이 사립학교를 설립·경영할 수 있다.

[3] 피고 유치원이 어린이 보육을 위하여 원사를 신축하고 관계당국으로부터 개원허가를 받았으며 한편으로 교육법에 따른 원칙을 제정하여 계속 운영하여 왔다면 이는 법인 아닌 재단이라 할 것이고 설립자가 관리인으로서 당사자능력이 있다고 할 것이므로 피고 유치원에 본건의 당사자능력을 인정한 조치는 정당하다(대법원 1968. 4. 30. 선고 65다1651 제2부 판결).

미치고, 사단의 구성원이나 재산의 출연자에게는 미치지 않는다.[1] 강제집행도 법인 아닌 사단 또는 재단의 재산에 대하여만 행해진다. 판례는 법인 아닌 사단에 대하여 사단법인에 관한 민법의 규정 가운데 법인격을 전제로 하는 것을 제외한 나머지 규정이 유추적용된다고 하면서, 사단법인에 있어서 사원이 없게 되더라도 해산사유가 될 뿐이며(민법 제77조 제2항) 청산사무가 종결되어야 비로소 권리능력이 소멸하는 것이므로, 법인 아닌 사단에 있어서도 구성원이 없게 되더라도 청산사무가 남아 있는 한 당사자능력을 갖는다고 한다.[2]

### (4) 민법상의 조합

조합은 '2인 이상의 특정인이 서로 출자하여 공동사업을 경영할 목적으로 결합한 단체'이다.[3] 사단에서는 개개의 구성원이 단체 속에 묻혀 버려 그 개성이나 중요성을 잃고 단체가 그 구성원의 개성을 초월한 독립된 존재가 되지만, 조합에서는 단체의 구성원인 개인은 여전히 독립된 존재이고 공동의 목적을 달성하는 데에 필요한 범위에서 제약을 받을 뿐이므로 단체로서의 단일성보다는 구성원의 개성이 강하게 나타난다는 특성이 있다. 그리하여 어떤 단체가 고유의 목적을 가지고 의결기관인 총회와 집행기관인 대표자를 두는 등 조직을 갖추어 구성원의 가입·탈퇴 등으로 인한 변경에 관계없이 단체 그 자체로 존속하며, 대표방법·총회의 운영·재산의 관리 기타 단체로서의 주요사항이 확정되어 있다면, 단체로서의 단일성이 강하다고 할 것이므로 조합이 아닌 사단으로 보아야 할 것이다.[4]

---

1) 당사자가 될 수 있는 법인 아닌 사단인 교회에 대한 인낙조서의 기판력은 소송당사자가 아닌 사단구성원인 교인에게는 미치지 아니한다(대법원 1978. 11. 1. 선고 78다1206 판결).

2) 법인 아닌 사단에 대하여는 사단법인에 관한 민법규정 가운데서 법인격을 전제로 하는 것을 제외하고는 이를 유추적용하여야 할 것인바, 법인 아닌 사단에 있어서도 구성원이 없게 되었다 하여 막 바로 그 사단이 소멸하여 소송상의 당사자능력을 상실하였다고 할 수는 없고, 청산사무가 완료되어야 비로소 그 당사자능력이 소멸하는 것이다. 원고(법인 아닌 사단)의 구성원들이 모두 자격을 상실하여 그 구성원이 없게 되었다 하더라도 원고 명의로 양도받은 이 사건 물건에 대한 권리포기의 효력을 다투며 그 인도를 구하는 이 사건 소송이 계속 중인 한 그 청산사무는 아직 종료하지 아니하였으므로 재산관계의 청산에 관한 한 원고 단체가 그대로 법인 아닌 사단으로 존속하고 있는 것으로서 원고 단체는 소송법상 당사자능력을 가지고 있다고 할 것이다(대법원 1992. 10. 9. 선고 92다23087 판결).

3) 조합은 명칭에 구애됨이 없이 그 실질에 의하여 조합인지 법인인지 판단하여야 한다. 농업협동조합이나 수산업협동조합은 명칭이 조합일 뿐 실질은 법인이다. 변호사법은 법무조합에 대하여 민법상 조합규정을 준용하면서도 당사자능력을 인정하고 있다(제58조의 26).

4) 민법상의 조합과 법인격은 없으나 사단성이 인정되는 비법인사단을 구별함에 있어서는 일반적으로 그 단체성의 강약을 기준으로 판단하여야 하는바, 조합은 2인 이상이 상호간에 금전 기타 재산 또는 노무를 출자하여 공동사업을 경영할 것을 약정하는 계약관계에 의하여 성립하므로 어느 정도 단체성에서 오는 제약을 받게 되는 것이지만 구성원의 개인성이 강하게 드러나는 인적 결합체인 데 비하여 비법인사단은 구성원의 개인성과는 별개로 권리·의무의 주체가 될 수 있는 독자적 존재로서의 단체적 조직을 가지는 특성이 있다 하겠는데, 어떤 단체가 고유의 목적을 가지고 사단적 성격을 가지는 규약을 만들어 이에 근거하여 의사결정기관 및 집행기관인 대표자

판례는 민법상 조합의 실체를 갖고 있는 것에 당사자능력을 부인하고 있다.[1] 학설로는 사단과 조합의 구별이 용이하지 않으며, 조합의 당사자능력을 부인하면 누가 조합원인가를 조사하여 그 전원을 피고로 하여야 하는 불편이 따른다는 이유로 긍정하는 견해와, 조합은 공동의 사업목적을 위한 조합원 사이의 계약적 기속관계에 불과하며, 조합원의 개성과 독립된 고유의 목적을 가진 단체라고 인정할 수 있는 실질이 없다는 점을 들어 부정하는 견해가 있다.

조합과 법인 아닌 사단은 그 재산소유관계가 전자는 합유관계이나 후자는 총유관계로 전혀 별개의 조직체이고, 조합원의 채무는 조합원이 분담하도록 되어 있는데(민법 제712조),[2] 조합에 대한 판결로 그 구성원인 조합원에 대한 분담책임을 묻기 어렵다는 점에서 법인 아닌 사단에 적용되는 제52조를 조합에까지 적용하는 것은 무리라고 할 것이다.[3] 조합의 당사자능력을 부정하면 조합원 전원이 후술하는 필수적 공동소송인이 되어 소송을 수행하여야 한다. 조합원 전원이 공동으로 소송을 하게 되면 소송절차가 번잡해지는 문제점이 있으나, 선정당사자제도를 이용하거나, 업무집행조합원에게 임의적 소송신탁을 하여 그의 이름으로 소송을 수행하게 하거나, 또는 업무집행조합원을 법률상 소송대리인으로 보고 그로 하여금 소송을 대리하도록 한다면, 어느 정도 소송절차를 간소화할 수 있을 것이다.

---

를 두는 등의 조직을 갖추고 있고, 기관의 의결이나 업무집행방법이 다수결의 원칙에 의하여 행하여지며, 구성원의 가입, 탈퇴 등으로 인한 변경에 관계없이 단체 그 자체가 존속되고, 그 조직에 의하여 대표의 방법, 총회나 이사회 등의 운영, 자본의 구성, 재산의 관리 기타 단체로서의 주요사항이 확정되어 있는 경우에는 비법인사단으로서의 실체를 가진다고 할 것이다(대법원 1999. 4. 23. 선고 99다4504 판결)

1) 피고 원호대상자광주목공조합은 원호처장의 허가를 받아 당시의 한국원호복지공단법에 의하여 구성원의 직업재활과 자립정착의 달성 등을 목적으로 하여 설립된 조합으로서 위 조합에 가입하려면 전 조합원의 동의를 얻어야 하고 탈퇴하려면 조합원 3분의2 이상의 동의를 얻어야 하며 조합자산은 원칙적으로 균일지분에 의하여 조합원에게 합유적으로 귀속되어 조합원이 단독으로 그 분할청구를 하지 못하도록 되어 있는 사실과 한국원호복지공단법부칙 제8조가 같은 법 시행 전의 해산된 조합은 원호처장의 허가를 받아 민법에 의한 조합으로 설립할 수 있다고 규정한 취지에 비추어 보면 피고 조합은 민법상의 조합의 실체를 가지고 있다 하겠으므로 소송상 당사자능력이 없으며 따라서 원고의 피고 조합을 상대로 한 이 사건 소는 부적법하다(대법원 1991. 6. 25. 선고 88다카6358 판결); 부도난 회사의 채권자들이 조직한 채권단은 비법인사단으로서의 실체를 갖추지 못하였다고 할 것이므로 채권단의 당사자능력은 이를 인정할 수 없다(대법원 1999. 4. 23. 선고 99다4504 판결). 그러나 회사의 채권자들이 그 채권을 확보할 목적으로 구성한 청산위원회가 단체 고유의 목적을 가지고 의결기관인 총회 및 집행기관인 대표자를 두는 등 일정한 조직을 갖추어 탈퇴·사망 등으로 인한 구성원의 변경에 관계없이 단체 그 자체로 존속하며, 대표방법, 총회의 운영, 재산의 관리 기타 단체로서의 주요사항이 확정되어 있다면, 권리능력 없는 사단으로서의 실체를 가진다고 할 것이다(대법원 1996. 6. 28. 선고 96다16582 판결).

2) 조합채권자는 그 채권발생 당시에 조합원의 손실부담의 비율을 알지 못한 때에는 각 조합원에게 균분하여 그 권리를 행사할 수 있다(민법 제712조).

3) 이시윤, 151면.

## 3. 당사자능력의 흠결

당사자능력의 존재는 소송요건의 하나이므로 법원의 직권조사사항이다.[1] 당사자능력은 직권조사사항이므로, 이에 관한 당사자의 주장은 직권발동을 촉구하는 의미밖에 없어 그 주장에 대하여 판단하지 않았더라도 판단누락의 상고이유로 삼을 수 없으며, 소송당사자의 자백에 구속되지 않는다.[2] 조사한 결과 그 부존재를 발견하게 되면 소를 부적법 각하하여야 한다.

당사자능력의 흠결을 간과한 판결은 상소에 의하여 이를 취소할 수 있으나, 판결이 확정된 후에는 재심사유에 해당되지 않으므로 재심이 허용되지 않는다. 이 경우 판결의 효력이 문제되는데, 당사자가 실재하지 않거나 소제기 전에 이미 사망한 자에 대한 판결은 당연 무효라 할 것이고,[3] 그 밖의 경우에는 당사자능력의 흠결을 더 이상 다툴 수 없어 유효하다고 볼 것이다.

소송계속 중에 당사자가 사망하거나 또는 회사가 합병에 의하여 당사자능력이 소멸된 때에는 소송절차가 중단되고 그 상속인이나 합병에 의하여 설립된 또는 합병 후 존속하는 회사가 소송을 수계한다. 그러나 사망한 당사자에게 상속인이 없다거나 소송물의 성질상 승계가 문제되지 않는 경우에는 소송은 당연히 종료된다.

## Ⅳ. 당사자적격

### 1. 의의

당사자적격이란 소송물인 특정의 권리 또는 법률관계에 관하여 당사자로서 소송을 수행하

---

1) 당사자능력의 문제는 법원의 직권조사사항에 속하는 것이므로 그 당사자능력 판단의 전제가 되는 사실에 관하여는 법원이 당사자의 주장에 구속될 필요 없이 직권으로 조사하여야 할 것이나, 그 사실에 기하여 당사자의 능력 유무를 판단함에 있어서는 당사자가 내세우는 단체가 실재하는지의 여부만을 가려 그와 같은 의미의 단체가 실재한다면 그로써 소송상 당사자능력은 충족되는 것이고, 그렇지 않다면 소를 부적법한 것으로서 각하하면 족한 것이며, 당사자의 주장과는 전혀 다른 단체의 실체를 인정하여 당사자능력을 인정하는 것은 소송상 무의미할 뿐 아니라 당사자를 변경하는 결과로 되어 허용될 수 없다 할 것이다(대법원 2002. 5. 10. 선고 2002다4863 판결).
2) 법인 아닌 사단 또는 재단의 존재여부, 그 대표자 자격에 관한 사항은 당사자능력 또는 소송능력에 관한 사항으로서 법원의 직권조사사항이라 할 것이므로 소송당사자의 자백에 구속되지 않는다(대법원 1971. 2. 23. 선고 70다44 판결).
3) 사망자를 사망한 줄 모르고 피고로 표시하여 제소한 경우 그 상속인들을 피고로 제소한 것으로 보아 당사자정정신청을 하면 이를 허용하여야 하나, 이러한 당사자정정 없이 사망자를 당사자로 한 판결이 선고되고 확정되었다면 그 판결은 당연무효라 할 것이다(대법원 1982. 4. 13. 선고 81다1350 판결).

고 본안판결을 받을 수 있는 자격을 말한다. 이러한 자격 내지 권능을 '소송수행권'이라고 하고, 그 자격 내지 권능을 가진 자를 '정당한 당사자'라고 한다. 당사자적격은 특정한 권리 또는 법률관계와의 관계에서 구체적으로 정해지는 자격이라는 점에서 구체적인 사건과는 관계없이 일반적으로 정해지는 당사자능력이나 소송능력과 구별된다.

재판청구권이 헌법상 기본권의 하나로 보장되고 있는 이상 국민이면 누구든 당사자가 될 수 있지만, 분쟁을 효과적으로 확실하게 해결하기 위해서는 소송물인 특정의 권리 또는 법률관계에 관하여 분쟁을 해결할 수 있는 적합한 자격을 가진 자로 하여금 소송을 수행하도록 할 필요가 있다. 당사자적격은 넓은 의미의 소의 이익의 하나로서 당사자의 측면에서 무의미한 소송을 배제하기 위한 개념이라고 할 수 있다.

## 2. 당사자적격을 가지는 자(정당한 당사자)

### (1) 일반적 기준

일반적으로 소송물인 권리 또는 법률관계에 대하여 법률상 이해관계를 가진 사람이 정당한 당사자이다. 판례는 재산권상 청구에 있어서는 소송물인 권리 또는 법률관계에 관하여 관리처분권을 갖는 권리주체에게 당사자적격이 있다고 한다.[1] 소송의 유형별로 당사자적격이 인정되는 경우를 구체적으로 살펴보면 다음과 같다.

### 1) 이행소송

이행소송에서는 소송물인 이행청구권이 자기에게 있다고 주장하는 사람이 원고적격자이고, 그로부터 이행의무자라고 주장된 사람이 피고적격자이다. 이행소송에서 당사자적격은 주장 자체로 판가름이 나고, 그 사람이 실제로 실체법상 권리자이거나 의무자일 것이 요구되지 않는다. 실체법상 권리자 또는 의무자인지 여부는 본안에서 판단할 문제이고, 그 심리결과 권리자나 의무자가 아니라고 판단되면 청구기각의 판결을 할 것이지 당사자적격이 없다는 이유로 소를 각하해서는 안 된다.[2] 다만, 판례는 원고의 주장 자체로도 당사자적격이 없음이 분명한 경우에는

---

1) 민사소송 중 재산권상의 청구에 관하여는 소송물인 권리 또는 법률관계에 관하여 관리처분권을 갖는 권리주체에게 당사자적격이 있다고 함이 원칙이나, 비록 제3자라고 하더라도 법률이 정하는 바에 따라 일정한 권리나 법률관계에 관하여 당사자적격이 부여되는 경우와 본래의 권리주체로부터 그의 의사에 따라 소송수행권을 수여 받음으로써 당사자적격을 인정하는 경우도 허용된다고 풀이할 것이다(대법원 1984. 2. 14. 선고 83다카1815 판결).
2) 이행의 소에 있어서는 원고의 청구 자체로서 당사자 적격이 판가름되고 그 판단은 청구의 당부의 판단에 흡수되는 것이므로 자기의 급부청구권을 주장하는 자가 정당한 원고이고 의무자로 주장된 자가 정당한 피고이다(대

당사자적격의 판단이 청구의 당부 판단에 흡수되지 않는다고 한다. 예를 들어, 등기명의자 아닌 자를 상대로 한 등기말소청구,[1) 압류 및 추심명령이 있는 채권에 대하여 채무자가 제기한 이행소송[2) 등은 당사자적격의 흠결을 이유로 부적법 각하할 것이라고 한다. 이와 같은 판례의 입장에 대하여 당사자적격과 본안적격을 혼동한 것이라는 비판이 있지만, 원고의 주장 자체만으로 당사자적격이 없음이 분명한 경우에는 본안심리에 들어갈 필요 없이 소송을 각하하는 것이 소송경제적이라는 점에서 수긍할 만하다고 할 것이다.[3)

　판례는 등기의 말소를 구하는 소송은 등기의무자, 즉 등기명의인을 피고로 하여야 하고,[4) 부기등기로 이전된 근저당권설정등기의 말소를 구하는 소송의 경우 부기등기는 주등기의 말소에 따라 직권으로 말소되는 것이며 근저당권 양도의 부기등기는 기존 권리의 승계를 등기부상 표시하는 것뿐으로 그 등기에 의하여 새로운 권리가 생기는 것은 아니므로 근저당권설정등기의 말소청구는 양수인만을 상대로 하여야 하고 양도인은 피고적격이 없다고 한다.[5) 또한 채권이 가압류되더라도 채무자는 제3채무자로부터 현실로 급부를 추심하는 것만 금지될 뿐이므로 채무자는 제3채무자를 상대로 그 이행을 구할 당사자적격이 있으나,[6) 나아가 채권에 대한 추심명령이 있는 경우에는 제3채무자에 대한 이행소송은 추심채권자만이 제기할 수 있고, 채무자는

---

법원 1977. 8. 23. 선고 75다1676 판결).

1) 등기의무자, 즉 등기부상의 형식상 그 등기에 의하여 권리를 상실하거나 기타 불이익을 받을 자(등기명의인이거나 그 포괄승계인)가 아닌 자를 상대로 한 등기의 말소절차이행을 구하는 소는 당사자적격이 없는 자를 상대로 한 부적법한 소이다(대법원 1994. 2. 25. 선고 93다39225 판결).

2) 채무자의 제3채무자에 대한 금전채권 등에 대하여 압류 및 추심명령이 있으면 민사집행법 제238조, 제249조 제1항에 따라 압류 및 추심명령을 받은 압류채권자만이 제3채무자를 상대로 압류된 채권의 이행을 청구하는 소를 제기할 수 있고, 채무자는 압류 및 추심명령이 있는 채권에 대하여 제3채무자를 상대로 이행의 소를 제기할 당사자적격을 상실하므로, 압류 및 추심명령이 있는 채권에 대하여 채무자가 제기한 이행의 소는 부적법한 소로서 본안에 관하여 심리·판단할 필요 없이 각하하여야 하고, 이러한 사정은 직권조사사항으로서 당사자의 주장이 없더라도 법원이 이를 직권으로 조사하여 판단하여야 한다(대법원 2013. 12. 18. 선고 2013다202120 전원합의체 판결).

3) 김홍엽, 140면.

4) 대법원 1994. 2. 25. 선고 93다39225 판결.

5) 근저당권이전의 부기등기는 기존의 주등기인 근저당권설정등기에 종속되어 주등기와 일체를 이루는 것이어서, 피담보채무가 소멸된 경우 또는 근저당권설정등기가 당초 원인무효인 경우 주등기인 근저당권설정등기의 말소만 구하면 되고 그 부기등기는 별도로 말소를 구하지 않더라도 주등기의 말소에 따라 직권으로 말소되는 것이며, 근저당권양도의 부기등기는 기존의 근저당권설정등기에 의한 권리의 승계를 등기부상 명시하는 것뿐으로 그 등기에 의하여 새로운 권리가 생기는 것이 아닌 만큼 근저당권설정등기의 말소등기청구는 양수인만을 상대로 하면 족하고 양도인은 그 말소등기청구에 있어서 피고적격이 없으며, 근저당권의 이전이 전부명령확정에 따라 이루어졌다고 하여 이와 달리 보아야 하는 것은 아니다(대법원 2000. 4. 11. 선고 2000다5640 판결).

6) 채권에 대한 가압류가 있더라도 이는 채무자가 제3채무자로부터 현실로 급부를 추심하는 것만을 금지하는 것이므로 채무자는 제3채무자를 상대로 그 이행을 구하는 소송을 제기할 수 있고 법원은 가압류가 되어 있음을 이유로 이를 배척할 수는 없다(대법원 2000. 4. 11. 선고 99다23888 판결; 1999. 2. 9. 선고 98다42615 판결).

당사자적격이 없다고 한다.[1]

## 2) 확인소송

확인소송에서는 소송물인 권리 또는 법률관계의 존부에 관하여 확인의 이익을 가진 사람이 원고적격자이고, 그와 대립되는 이익을 가진 사람이 피고적격자이다. 확인의 이익은 후술하는 바와 같이 권리 또는 법률상의 지위에 현존하는 불안·위험이 있고, 그러한 불안·위험을 제거하는데 확인판결을 받는 것이 가장 유효적절한 수단일 때 인정된다. 이와 같이 확인소송에서는 확인의 이익이 있으면 소송물인 권리 또는 법률관계의 귀속주체가 아닌 누구라도 당사자적격이 인정되므로 확인소송에 있어서 당사자적격의 문제는 확인의 이익과 결부되어 개별적으로 판단되어진다.[2]

단체 내부의 분쟁에 있어서 단체 내부의 구성원이든 외부의 제3자이든 불문하고 확인의 이익이 있으면 원고가 될 수 있으나,[3] 피고는 그 단체 자체에 한정되고 단체 구성원 개인을 피고로 하는 것은 부적법하다.[4] 단체 내부 분쟁의 근본적인 해결을 위해서는 판결의 효력이 단체 자체에 미쳐야 하기 때문이다. 판례는 이사회의 결의에 하자가 있는 경우 상법에 아무런 규정이 없으나 그 결의에 무효사유가 있는 경우에는 이해관계인은 언제든지 그 무효를 주장할 수

---

1) 대법원 2013. 12. 18. 선고 2013다202120 전원합의체 판결.
2) 임원선임의 임시주주총회결의와 이사회결의에 의하여 선임된 임원이 모두 그 직을 사임하여 그 사임등기까지 경료되었고 그 후 새로운 임시주주총회 및 이사회결의에 의하여 임원이 새로 선임되었다면 특별한 사정이 없는 한 임시주주총회결의와 이사회결의의 부존재확인이나 무효확인을 구할 법률상의 이익은 없다(대법원 1982. 9. 14. 선고 80다2425 전원합의체 판결); 대학교에 재학하는 학생의 학부모에게 학교법인과 총장 개인을 상대로 학교법인의 이사장이 총장을 임명한 행위의 무효확인을 구하거나, 그 총장 개인을 상대로 교수 및 총장자격이 없다는 확인을 구할 법률상의 이익이 있다고 할 수 없고, 또한 학부모가 그 학생을 대위하여 위와 같은 소송을 제기할 수 있는 권한이 있다고 할 수도 없으므로 그 학부모의 청구 중 총장임명무효확인의 소와 교수 및 총장 자격부존재확인의 소는 확인의 이익이 없거나 원고적격이 없는 자가 제기한 것으로서 부적법하다(대법원 1994. 12. 22. 선고 94다14803 판결).
3) 학교법인의 이사회결의에 대한 무효확인의 소를 제기할 수 있는 자가 누구인지에 관하여 사립학교법이나 민법 등에 특별한 규정이 없으므로, 통상 확인의 소의 경우처럼 확인의 이익 내지 법률상 이해관계를 갖는 자는 누구든지 원고적격을 가진다고 보아야 할 것이다(대법원 2011. 9. 8. 선고 2009다67115 판결); 상법에 의하면 주주총회결의취소에 관하여 주주 또는 이사는 그 취소를 청구할 수 있다고 규정하고 있고 주주총회의결의 무효확인을 구하는 소송에는 이 규정을 준용하지 아니한 채 다른 특별한 규정을 두지 아니하였으며 주주총회의결의 부존재확인을 구하는 소송은 상법상 아무런 규정이 없으나, 무효이거나 또는 존재하지 않는 주주총회결의의 이름으로 그 이사직을 해임당한 자는 그가 주주이거나 아니거나를 막론하고 주주총회의결의 무효확인 또는 부존재확인의 청구를 할 수 있다고 할 것이다(대법원 1982. 4. 27. 선고 81다358 판결).
4) 종중 대표자라고 주장하는 자가 종중을 상대로 하지 않고 종중원 개인을 상대로 하여 대표자 지위의 적극적 확인을 구하는 소송은, 만일 그 청구를 인용하는 판결이 선고되더라도 그 판결의 효력은 당해 종중에는 미친다고 할 수 없기 때문에 대표자의 지위를 둘러 싼 당사자들 사이의 분쟁을 근본적으로 해결하는 가장 유효적절한 방법이 될 수 없고 따라서 확인의 이익이 없어 부적법하다(대법원 1998. 11. 27. 선고 97다4104 판결).

있다고 하면서,[1] 이사회결의는 회사의 의사결정이고 회사가 그 결의의 효력에 관한 분쟁의 실질적인 주체라 할 것이므로 회사를 피고로 하여야 하며 이사는 이사회의 구성원에 불과하므로 이사 개인을 상대로 무효확인을 구할 이익이 없다고 한다.[2] 그러나 이사에 대한 직무집행정지가처분에 있어서 피신청인이 될 수 있는 사람은 그 성질상 당해 이사이고, 회사에게는 피신청인의 적격이 없다고 한다.[3]

### 3) 형성소송

형성소송은 실체법에서 소송의 방법으로 형성권을 행사하도록 규정한 경우에 한하여 허용된다.[4] 따라서 형성소송에서 누가 당사자적격자인지는 해당 실체법에서 규정하고 있는 것이 일반적이다. 예를 들어, 혼인의 취소(민법 제817조 및 제818조),[5] 친생부인(동법 제847조), 인지청구(동법 제863조),[6] 입양의 취소(동법 제886조),[7] 합병의 무효(상법 제236조), 주주총회결의취소(동법 제376조),[8] 이사의 해임(동법 제385조 제2항)[9] 등에서는 해당 법률에서 당사자적격자를 규정하고

---

1) 이사회의 결의에 하자가 있는 경우에 관하여 상법은 아무런 규정을 두고 있지 아니하나 그 결의에 무효사유가 있는 경우에는 이해관계인은 언제든지 또 어떤 방법에 의하든지 그 무효를 주장할 수 있다고 할 것이지만, 이와 같은 무효주장의 방법으로서 이사회결의무효확인소송이 제기되어 승소확정판결을 받은 경우 그 판결의 효력에 관하여는 주주총회결의무효확인소송 등과는 달리 상법 제190조가 준용될 근거가 없으므로 대세적 효력은 없다 (대법원 1988. 4. 25. 선고 87누399 판결).
2) 주식회사의 이사회결의는 회사의 의사결정이고 회사는 그 결의의 효력에 관한 분쟁의 실질적인 주체라 할 것이므로 그 효력을 다투는 사람이 회사를 상대로 하여 그 결의의 무효확인을 소구할 이익은 있다 할 것이나, 그 이사회결의에 참여한 이사들은 그 이사회의 구성원에 불과하므로 특별한 사정이 없는 한, 이사 개인들을 상대로 그 결의의 무효확인을 소구할 이익은 없다(대법원 1982. 9. 14. 선고 80다2425 전원합의체 판결).
3) 임시의 지위를 정하기 위한 이사직무집행정지가처분에 있어서 피신청인이 될 수 있는 자는 그 성질상 당해 이사이고, 회사에게는 피신청인의 적격이 없다(대법원 1982. 2. 9. 선고 80다2424 판결).
4) 기존 법률관계의 변경·형성을 목적으로 하는 형성의 소는 법률에 명문의 규정이 있는 경우에 한하여 제기할 수 있는바, 조합의 이사장 및 이사가 조합업무에 관하여 위법행위 및 정관위배행위 등을 하였다는 이유로 그 해임을 청구하는 소송은 형성의 소에 해당하는데, 이를 제기할 수 있는 법적 근거가 없으므로, 조합의 이사장 및 이사 직무집행정지가처분은 허용될 수 없다(대법원 2001. 1. 16. 선고 2000다45020 판결).
5) 혼인의 취소권자는 연령위반혼인의 경우 당사자 또는 법정대리인, 근친혼의 경우 당사자, 직계존속 또는 4촌 이내의 방계혈족, 중혼의 경우 당사자, 배우자, 직계혈족, 4촌 이내의 방계혈족 또는 검사이다(민법 제817조 및 제818조).
6) 친생부인의 소는 부(夫) 또는 처가 다른 일방 또는 자(子)를(민법 제847조), 그리고 인지청구의 소는 자와 그 직계비속 또는 법정대리인이 부(父) 또는 모를 각각 상대로 제기하여야 한다(동법 제863조).
7) 입양의 취소권자는 양부모, 양자와 그 법정대리인 또는 직계혈족이다(민법 제886조).
8) 합병무효의 소는 각 회사의 사원, 청산인, 파산관재인 또는 합병을 승인하지 않은 회사채권자가 제기할 수 있고 (상법 제236조), 주주총회결의취소의 소는 주주, 이사 또는 감사가 제기할 수 있다(상법 제376조).
9) 이사가 그 직무에 관하여 부정행위 또는 법령이나 정관에 위반한 중대한 사실이 있음에도 불구하고 주주총회에서 그 해임을 부결한 때에는 발행주식의 총수의 100분의 3 이상에 해당하는 주식을 가진 주주는 총회의 결의가 있은 날부터 1월내에 그 이사의 해임을 법원에 청구할 수 있다(상법 제385조 제2항).

있다. 따라서 형성소송에서는 법정된 사람이 소송을 제기하면 당사자적격이 인정된다.

그러나 예를 들어, 주주총회결의취소소송(상법 제376조)이나 이사해임소송(상법 제385조 제2항), 채권자취소소송(민법 제406조)에서의 피고 등과 같이 법률에서 당사자적격자를 별도로 규정하고 있지 않은 경우에는 누가 피고적격을 갖는지 문제될 수 있다. 이 경우 형성판결의 대세효(對世效)에 비추어 당해 소송물에 관하여 가장 강한 이해관계를 가지고 있고 충실한 소송수행을 기대할 수 있는 자에게 피고적격을 인정하여야 할 것이다.[1] 그리하여 주주총회결의취소소송에서는 회사만을 피고로 하여야 하고,[2] 설령 이사를 선임하는 내용의 주주총회결의의 취소를 구하는 경우에도 회사만이 피고가 되고 해당 이사는 피고적격이 없다고 할 것이다. 그런데 이사해임소송은 회사와 해당 이사 사이의 위임계약의 해소를 구하는 형성소송이므로 위임계약의 당사자인 회사와 이사를 공동피고로 하여야 하고,[3] 채권자취소소송에서는 그 취소의 효력이 채권자와 수익자 또는 전득자 사이에서만 상대적으로 생기므로 수익자 또는 전득자만이 피고가 될 수 있고 채무자는 피고적격이 없다고 할 것이다.[4]

## (2) 제3자의 소송담당

소송물인 권리 또는 법률관계의 주체가 아닌 제3자에게 당사자적격이 인정되는 경우를 제3자의 소송담당이라고 한다. 제3자의 소송담당은 소송수행권이 어떻게 제3자에게 주어졌는지 여부에 따라 법정소송담당, 임의적 소송담당, 재정소송담당으로 나누어진다. 법정소송담당은 법

---

1) 정동윤·유병현, 192면.
2) 주주총회결의취소와 결의무효확인의 판결은 대세적 효력이 있으므로 그와 같은 소송의 피고가 될 수 있는 자는 그 성질상 회사로 한정된다. 또 주주총회결의 부존재확인소송은 주주총회결의 무효확인소송과는 주주총회결의가 법률상 유효한 결의로서는 존재하지 아니한다는 것의 확정을 구하는 것을 목적으로 한다는 점에서 공통의 성질을 가진다 할 것이므로 주주총회결의 부존재확인소송에는 그 결의무효확인소송에 관한 상법 제380조의 규정이 준용된다. 따라서 그 결의부존재확인판결의 효력은 제3자에게 미친다고 할 것이고, 그 부존재확인의 소송에 있어서 피고가 될 수 있는 자도 그 무효확인의 소송의 경우와 마찬가지로 회사로 한정된다(대법원 1982. 9. 14. 선고 80다2425 전원합의체 판결).
3) 이사해임소송은 회사와 이사를 모두 피고로 하여야 하는 고유필수적 공동소송에 해당되고, 이사해임소송을 본안으로 하여 임시의 지위를 정하기 위한 이사직무집행정지가처분에 있어서 해당 이사만이 피신청인적격을 갖는다.
4) 채권자가 사해행위의 취소와 함께 책임재산의 회복을 구하는 사해행위취소의 소에 있어서는 수익자 또는 전득자에게만 피고적격이 있고 채무자에게는 피고적격이 없다(대법원 2009. 1. 15. 선고 2008다72394 판결); 채권자가 사해행위의 취소와 함께 수익자 또는 전득자로부터 책임재산의 회복을 구하는 사해행위취소의 소를 제기한 경우 그 취소의 효과는 채권자와 수익자 또는 전득자 사이에서만 상대적으로 생기는 것이므로, 수익자 또는 전득자가 사해행위의 취소로 인한 원상회복 또는 이에 갈음하는 가액배상을 하여야 할 의무를 부담한다고 하더라도 이는 채권자에 대한 관계에서 생기는 법률효과에 불과하고 채무자와 사이에서 그 취소로 인한 법률관계가 형성되는 것은 아니다(대법원 2002. 5. 10. 자 2002마1156 결정).

률의 규정에 의하여 소송수행권이 제3자에게 주어지는 경우이고, 임의적 소송담당은 권리관계의 주체인 사람의 의사에 기하여 소송수행권이 주어지는 경우이며, 재정소송담당은 법원의 재판에 의하여 소송수행권이 주어지는 경우이다.

제3자의 소송담당은 제3자가 원고가 되어 다른 사람의 권리를 소송상 행사하는 경우이므로 여기에서는 당사자적격의 문제가 본안 판단에 흡수되지 않는다. 따라서 제3자에게 당사자적격이 없는 경우에는 소를 부적법 각하하여야 한다.[1] 예를 들어, 후술하는 바와 같이 파산재단에 관한 소송에서 파산관재인이 당사자가 되어야 하는데(채무자 회생 및 파산에 관한 법률 제359조), 파산채무자가 파산재단에 속하는 채권의 이행을 구하는 소송을 제기한 경우에 법원은 당사자적격의 흠결을 이유로 소송을 부적법 각하하여야 한다.

### 1) 법정소송담당

① **병행형과 갈음형**: 법정소송담당은 법률의 규정에 의하여 제3자가 소송수행권을 가지는 경우이다. 법정소송담당에는 제3자가 권리관계의 주체인 자와 '함께' 소송수행권을 갖는 경우(병행형)와 제3자가 권리관계의 주체인 자에 '갈음하여' 소송수행권을 갖는 경우(갈음형)가 있다. 전자(前者)의 예(例)로는 주주대표소송에 있어서의 주주(상법 제403조), 채권질의 질권자(민법 제353조), 공유자 전원을 위한 보존행위를 하는 공유자(민법 제265조) 등이 있고, 후자(後者)의 예(例)로는 파산관재인(채무자 회생 및 파산에 관한 법률 제359조),[2] 회생절차의 관리인(채무자 회생 및 파산에 관한 법률 제78조),[3] 추심명령을 받은 압류채권자(민사집행법 제227조, 제229조 제2항),[4] 주한미군에 대한 손해배상소송에서 미군 측을 위해 소송당사자로 되는 국가(한미행정협정 제23조 제5항 및 동협정의 시행에 관한 민사특별법 제2조) 등이 있다.

---

1) 김홍엽, 143면.
2) 파산법이 파산관재인에게 파산재단에 관한 소에 있어 원고 또는 피고가 된다고 한 것은 소송법상의 법기술적인 요청에서 당사자적격을 인정한 것뿐이지, 자기의 이름으로 소송행위를 한다고 하여도 파산관재인 스스로 실체법상이나 소송법상의 효과를 받은 것은 아니고 어디까지나 타인의 권리를 기초로 하여 실질적으로는 이것을 대리 내지 대표하는 것에 지나지 않는 것인바, 파산관재인이 건물명도단행가처분신청을 하였다가 재판상 화해를 함에 있어 법원에 허가신청을 하였으나 그 신청이 불허가 되었음에도 불구하고 감사위원의 동의나 채권자집회의 결의도 없이 피신청인과의 사이에 재판상 화해를 하였다면 이는 소송행위를 함에 필요한 수권의 흠결이 있는 것으로서 제451조 제1항 제3호 소정의 재심사유(대리권의 흠결)에 해당한다(대법원 1990. 11. 13. 선고 88다카26987 판결).
3) 구 회사정리법에서 정리절차개시의 결정이 있을 때에는 회사 사업의 경영과 재산의 관리 및 처분을 하는 권리는 관리인에 전속하고 회사의 재산에 관한 소에서 관리인이 원고 또는 피고가 된다고 규정하고 있으므로 정리회사에 관한 소에 있어서 당사자적격을 가진 자는 그 관리인이라 할 것이고 이 경우 당사자의 표시는 '주식회사○ ○○○ 관리인○○○'라 기재함이 상당하다(대법원 1985. 5. 28. 선고 84다카2285 판결).
4) 대법원 2013. 12. 18. 선고 2013다202120 전원합의체 판결.

② **채권자대위소송의 채권자:** 채권자대위소송을 하는 채권자(민법 제404조)가 병행형 소송담
당자에 해당되는지 논의가 있다. 통설은 채권자대위소송에 있어서 채무자도 소송수행권
을 갖는 것으로 이해하고 있다. 그러나 채권자가 채권자대위권을 행사하는 경우 그 사실
을 채무자에게 통지하거나 채무자가 그 사실을 알고 있었던 때에는 그 권리를 처분하더
라도 채권자에게 대항할 수 없다는 점(민법 제405조 제2항,[1] 비송사건절차법 제49조 제2항[2])
에서 채무자가 채권자대위소송이 제기된 사실을 안 다음에는 관리처분권을 상실하여 당
사자적격을 잃는 것으로 이해함이 타당하다. 그리하여 채권자대위소송에서 채무자가 대
위소송이 제기된 사실을 알기 전에는 채무자는 당사자적격을 갖지만(병행형), 채무자가
그 사실을 안 다음에는 당사자적격을 잃는다고 할 것이다(갈음형).[3] 판례는 채권자가 대
위권 행사사실을 채무자에게 통지하거나 채무자가 안 다음에는 대위의 목적인 권리에
대한 채무자의 처분행위가 금지된다고 하고,[4] 이 경우 채권자는 흡사 파산재단에 관한
소송에 있어서의 파산관재인 또는 추심명령을 받고 채무자의 채권의 추심소송을 하는
채권자의 경우(갈음형)와 같다고 한다.[5] 채권자대위소송에서 채권자가 채무자에 대한 피

---

1) 채권자가 채권자대위권을 행사한 때에는 채무자에게 통지하여야 하고(민법 제405조 제1항), 채무자가 통지를 받
   은 후 그 권리를 처분하여도 채권자에게 대항하지 못한다(동조 제2항).
2) 채권자는 자기 채권의 이행기가 도래하기 전에 채권보전의 필요가 있는 때에는 재판상 대위를 신청할 수 있다
   (비송사건절차법 제45조). 대위의 신청을 허가한 재판은 직권으로 채무자에게 고지하여야 하고(동법 제49조 제
   1항), 고지를 받은 채무자는 그 권리를 처분할 수 없다(동조 제2항).
3) 김홍엽, 145면.
4) 민법 제405조 제2항은 "채무자가 채권자대위권행사의 통지를 받은 후에는 그 권리를 처분하여도 이로써 채권자
   에게 대항하지 못한다."고 규정하고 있다. 위 조항의 취지는 채권자가 채무자에게 대위권 행사사실을 통지하거
   나 채무자가 채권자의 대위권 행사사실을 안 후에 채무자에게 대위의 목적인 권리의 양도나 포기 등 처분행위
   를 허용할 경우 채권자에 의한 대위권행사를 방해하는 것이 되므로 이를 금지하는 데에 있다(대법원 2012. 5.
   17. 선고 2011다87235 전원합의체 판결).
5) 채권자가 채권자대위권을 행사하는 방법으로 제3채무자를 상대로 소송을 제기하고 판결을 받은 경우에는 채권
   자가 채무자에 대하여 민법 제405조 제1항에 의한 보존행위 이외의 권리행사의 통지, 또는 제84조에 의한 소송
   고지 혹은 비송사건절차법 제49조 제1항에 의한 법원에 의한 재판상 대위의 허가를 고지하는 방법 등을 위시하
   여 어떠한 사유로 인하였던 적어도 채권자대위권에 의한 소송이 제기된 사실을 채무자가 알았을 경우에는 그
   판결의 효력은 채무자에게 미친다고 보는 것이 상당하다. 왜냐하면 민법 제405조에 의하여 채권자가 대위권을
   행사한 경우에는 채무자에게 그 통지를 하여야 하고 이 통지를 받은 후에는 채무자가 그 권리를 처분하여도 이
   로써 채권자에게 대항하지 못한다고 규정하고 있고, 또 이보다 직접적인 규정이라고 볼 수 있는 위 비송사건절
   차법 제49조는 채권자대위신청의 허가는 직권으로 채무자에게 고지하여야 하고 이 고지를 받은 채무자는 그 권
   리를 처분할 수 없다고 규정하고 있다. 즉, 이 대위권에 의한 제소의 고지는 채무자에게 그 권리의 처분행위를
   금하고 있다. 그러므로 이 경우에 비록 채권자는 채무자의 대리인 자격으로가 아니고 자기이름으로 원고가 되어
   제소한다고 하여도 채무자의 권리를 관리처분할 권능을 갖고 소송을 수행하므로 이는 흡사 파산재단에 관한 소
   송에 있어서의 파산관재인 또는 추심명령을 받고 채무자의 채권의 추심소송을 하는 채권자의 경우와 같아서 타
   인의 권리에 관하여 그 자를 위하여 당사자가 되는 소위 소송신탁의 경우에 해당한다고 보아 그 판결의 효력은
   채무자에게도 미친다고 보아야 할 것이다(대법원 1975. 5. 13. 선고 74다1664 전원합의체 판결).

보전채권을 갖고 있지 않거나 소멸된 경우에는 소송수행권을 상실하였다고 할 것이므로 그 대위소송은 당사자적격의 흠결을 이유로 부적법 각하하여야 한다.[1]

③ 유언집행자와 상속재산관리인: 유언집행자와 상속재산관리인에 대하여 법정대리인으로 보아야 할지 아니면 소송담당자로 보아야 할지 논란이 있다. 유언집행자는 유언자의 지정 또는 법원에 의하여 선임되고(민법 제1093조 및 제1096조), 유증의 목적인 재산의 관리 기타 유언의 집행에 필요한 행위를 할 권리의무를 갖는다(동법 제1101조). 상속재산관리인은 상속인의 존부가 분명하지 않은 경우에 법원이 선임한 상속재산의 관리인이다(동법 제1053조). 민법은 유언집행자에 대하여 상속인의 대리인으로 본다고 규정하고 있고(동법 제1103조 제1항), 상속재산관리인에 대하여는 부재자의 재산관리인에 관한 제24조 내지 제26조의 규정을 준용하고 있다(동법 제1053조 제2항). 그리하여 민법상으로는 유언집행자와 상속재산관리인의 법적 지위를 법정대리인으로 이해하는 것이 일반적이다. 그러나 민법상 유언집행자와 상속재산관리인을 상속인의 대리인으로 보는 것은 유언집행자와 상속재산관리인이 한 행위의 효과가 상속인에게 귀속된다는 의미를 갖는데 불과하고 실제로 상속인의 대리인이라는 의미는 아니다. 따라서 유언집행자와 상속재산관리인은 상속인의 대리인임을 밝혀서 행위를 할 필요가 없으며 자기의 이름으로 행위를 하고, 그러면 그 행위의 효과가 직접 상속인에게 귀속된다.[2]

판례는 유언집행자는 유언의 집행에 필요한 모든 행위를 할 수 있고, 유언의 집행에 필요한 범위 내에서 상속인과 이해가 상반되는 사항에 관하여도 중립적 입장에서 직무를 수행하여야 한다는 점에서 법정소송담당자로 보고 있으며, 유언집행자가 있는 경우 유언의 집행에 필요한 한도에서 상속인의 상속재산에 대한 처분권이 제한되며 그 범위 내에서 상속인은 당사자적격이 인정되지 않는다고 하여 갈음형 소송담당자로 보고 있다.[3]

---

1) 채권자대위소송에 있어서 대위에 의하여 보전될 채권자의 채무자에 대한 권리가 인정되지 아니할 경우에는 채권자가 스스로 원고가 되어 채무자의 제3채무자에 대한 권리를 행사할 당사자적격이 없게 되므로, 그 대위소송은 부적법하여 각하할 수밖에 없다(대법원 1994. 11. 8. 선고 94다31549 판결); 채권자대위권은 채무자가 제3채무자에 대한 권리를 행사하지 아니하는 경우에 한하여 채권자가 자기의 채권을 보전하기 위하여 행사할 수 있는 것이기 때문에 채권자가 대위권을 행사할 당시 이미 채무자가 그 권리를 재판상 행사하였을 때에는 설사 패소의 확정판결을 받았더라도 채권자는 채무자를 대위하여 채무자의 권리를 행사할 당사자적격이 없다(대법원 1993. 3. 26. 선고 92다32876 판결).

2) 곽윤직, 「상속법(개정판)」, 박영사, 2004, 272면; 송덕수, 「신민법강의」, 박영사, 2008, 1599면 및 1600면.

3) 유언집행자는 유증의 목적인 재산의 관리 기타 유언의 집행에 필요한 모든 행위를 할 권리의무가 있으므로, 유증 목적물에 관하여 경료된, 유언의 집행에 방해가 되는 다른 등기의 말소를 구하는 소송에 있어서는 유언집행자가 이른바 법정소송담당으로서 원고적격을 가진다고 할 것이고, 유언집행자는 유언의 집행에 필요한 범위 내에서는 상속인과 이해상반되는 사항에 관하여도 중립적 입장에서 직무를 수행하여야 하므로, 유언집행자가 있는 경우 그의 유언집행에 필요한 한도에서 상속인의 상속재산에 대한 처분권은 제한되며 그 제한 범위 내에서 상속

상속재산관리인에 대하여도 마찬가지 입장을 취하고 있다.[1] 판례의 입장이 타당하다. 민법상 유언집행자와 상속재산관리인을 법정대리인으로 보는 것은 그 행위의 효과를 상속인에게 귀속시키는 의미를 갖는데 불과하다. 따라서 유언집행자와 상속재산관리인은 소송상으로는 법정대리인이 아니라 당사자적격을 갖는 갈음형 소송담당자로 보아야 할 것이다.

④ **권리관계의 주체인 사람의 소송참가**: 제3자의 소송담당에서 제3자가 수행하여 받은 판결의 효력은 권리관계의 주체인 자에게도 미친다(제218조 제3항). 다만, 판례는 채권자대위소송에 있어서는 채무자가 채권자대위소송이 제기된 사실을 알았을 경우에만 그 판결의 효력이 채무자에게 미친다고 한다.[2] 이와 같이 판결의 효력이 권리관계의 주체인 자에게도 미친다고 한다면 권리관계의 주체인 자도 소송에 참가하여 자신의 이익을 방어할 수 있어야 할 것이다. 이를 위하여 법률에서 제3자로 하여금 권리관계의 주체인 자에게 소송고지를 하도록 의무지운 경우도 있다(민법 제405조 제1항, 상법 제404조 제2항,[3] 민사집행법 제238조[4]).

권리관계의 주체인 사람이 소송에 참가하는 경우 그 참가의 유형은 제3자가 권리관계의 주체인 자에 갈음하여 소송수행권을 갖는 경우(갈음형)에는 권리관계의 주체인 사람은 당사자적격이 없으므로 공동소송참가를 할 수 없고 공동소송적 보조참가만이 가능하다. 그런데 문제는 제3자와 권리관계의 주체인 사람이 함께 소송수행권을 갖는 경우(병행형)이다. 이 경우 공동소송참가는 소제기의 실질이 있으므로 제3자의 소송담당에 의한 판결의 효력을 받는 권리관계의 주체인 사람이 공동소송참가를 하는 것은 중복제소에

---

인은 원고적격이 없다고 할 것이다. 민법 제1103조 제1항은 "지정 또는 선임에 의한 유언집행자는 상속인의 대리인으로 본다."고 규정하고 있으나, 이 조항은 유언집행자의 행위의 효과가 상속인에게 귀속함을 규정한 것이지, 유언집행자의 소송수행권과 별도로 상속인 본인의 소송수행권도 언제나 병존함을 규정한 것은 아니다(대법원 2001. 3. 27. 선고 2000다26920 판결; 2010. 10. 28. 선고 2009다20840 판결).

1) 재산상속인의 존재가 분명하지 아니한 상속재산에 관한 소송에 있어서 정당한 피고는 법원에서 선임된 상속재산관리인이라 할 것이다. 상속인 존부가 분명하지 아니하여 상속재산관리인을 선임한 사실을 인정할 수 있으므로, 원고가 망인의 상속재산인 이 사건 아파트에 관하여 소유권이전등기청구를 하는 이 사건에 있어서는 오직 망인의 상속재산관리인만이 피고적격이 있다(대법원 2007. 6. 28. 선고 2005다55879 판결).

2) 채권자가 채권자대위권을 행사하는 방법으로 제3채무자를 상대로 소송을 제기하고 판결을 받은 경우 채권자가 채무자에 대하여 민법 제405조 제1항에 의한 보존행위 이외의 권리행사의 통지, 또는 제84조에 의한 소송고지 혹은 비송사건절차법 제49조 제1항에 의한 법원에 의한 재판상 대위의 허가를 고지하는 방법 등 어떠한 사유로 인하였든 적어도 채권자대위권에 의한 소송이 제기된 사실을 채무자가 알았을 때에는 그 판결의 효력이 채무자에게 미친다(대법원 2014. 1. 23. 선고 2011다108095 판결).

3) 주주는 대표소송을 제기한 후 지체없이 회사에 그 소송을 고지하여야 한다(상법 제404조 제2항).

4) 채권자가 추심명령에 따라 제3채무자를 상대로 소송을 제기할 때에는 채무자에게 그 소송을 고지하여야 한다. 다만, 채무자가 외국에 있거나 있는 곳이 분명하지 않은 때에는 고지할 필요가 없다(민사집행법 제238조).

해당되어 허용될 수 없고 공동소송적 보조참가만이 허용된다는 견해가 있다.[1] 그러나 판례는 주주의 대표소송에 회사가 참가하는 것은 공동소송참가이고, 이 경우 중복제소에 해당되지 않는다고 한다.[2]

중복제소금지의 원칙은 전소 계속 중에 동일한 내용의 후소가 제기되는 것을 금지하여 소송경제를 도모하고 기판력의 모순·저촉을 방지하고자 하는데 그 목적이 있다. 그리하여 예를 들어, 주주의 대표소송이 제기된 후에 회사가 별도의 소송을 제기하는 경우에는 중복제소에 해당된다고 할 것이나, 주주의 대표소송 계속 중에 회사가 그 소송에 참가하는 경우에는 병합심리가 이루어지고 합일확정을 도모할 수 있어 소송경제에 반한다거나 기판력의 모순·저촉이라는 문제가 생길 여지가 없으므로 중복제소에 해당되지 않는다고 할 것이다. 따라서 제3자와 권리관계의 주체인 사람이 함께 소송수행권을 갖는 경우에 권리관계의 주체인 사람은 소송담당자의 소송에 공동소송참가를 할 수 있는 것으로 이해함이 타당하다.

⑤ **직무상 당사자:** 법정소송담당의 또 다른 유형으로 직무상 당사자가 있다. 일정한 직무를 맡고 있는 자에게 법률이 소송수행권을 인정한 경우이다. 직무상 당사자의 예(例)로는 가류 또는 나류 가사소송에 있어서 당사자로 되어야 할 사람이 사망한 경우의 검사(가사소송법 제24조, 제28조, 제31조), 해난사고구조료청구에 있어서의 선장(상법 제894조) 등이 있다.

## 2) 임의적 소송담당

임의적 소송담당이란 권리관계의 주체인 사람의 승인 아래 행하여지는 소송담당을 말한다. 임의적 소송담당은 제87조의 변호사대리의 원칙이나 신탁법 제6조[3]의 소송신탁의 금지를 잠탈할 우려가 있어 법률이 허용하고 있는 경우에만 예외적으로 가능하다.[4] 법률이 임의적 소송담

---

1) 이시윤, 822면.
2) 주주의 대표소송에 있어서 원고 주주가 원고로서 제대로 소송수행을 하지 못하거나 혹은 상대방이 된 이사와 결탁함으로써 회사의 권리보호에 미흡하여 회사의 이익이 침해될 염려가 있는 경우 그 판결의 효력을 받는 권리귀속주체인 회사가 이를 막거나 자신의 권리를 보호하기 위하여 소송수행권한을 가진 정당한 당사자로서 그 소송에 참가할 필요가 있으며, 회사가 대표소송에 당사자로서 참가하는 경우 소송경제가 도모될 뿐만 아니라 판결의 모순·저촉을 유발할 가능성도 없다는 사정과, 상법 제404조 제1항에서 특별히 참가에 관한 규정을 두어 주주의 대표소송의 특성을 살려 회사의 권익을 보호하려한 입법 취지를 함께 고려할 때, 상법 제404조 제1항에서 규정하고 있는 회사의 참가는 공동소송참가를 의미하는 것으로 해석함이 타당하고, 나아가 이러한 해석이 중복제소를 금지하고 있는 제234조에 반하는 것도 아니다(대법원 2002. 3. 15. 선고 2000다9086 판결).
3) 수탁자로 하여금 소송행위를 하게 하는 것을 주된 목적으로 하는 신탁은 무효이다(신탁법 제6조).
4) 부부 사이의 채권양도가 소송행위를 하게 함을 주목적으로 하는 신탁에 해당하는 경우에는 무효라 할 것이다(대법원 1996. 3. 26. 선고 95다20041 판결).

당을 허용하고 있는 예로는 제53조의 선정당사자,[1] 어음법 제18조의 추심위임배서의 피배서인,[2] 금융기관의 연체대출금의 회수를 위임받은 한국자산관리공사(금융회사부실자산 등의 효율적 처리 및 한국자산관리공사의 설립에 관한 법률 제26조 제1항) 등이 있다.

그러나 변호사대리의 원칙이나 소송신탁의 금지를 잠탈할 염려가 없고 또는 이를 인정할 합리적 필요가 있는 등의 경우에는 예외적으로 임의적 소송담당을 허용하여도 무방할 것이다. 판례는 업무집행조합원은 조합재산에 관하여 조합원으로부터 임의적 소송신탁을 받아 자기의 이름으로 소송을 수행할 수 있다고 한다.[3] 또한 판례는 소송행위를 하게 하는 것을 주목적으로 하는 채권양도는 신탁법 제6조가 유추적용되어 무효라고 할 것이나,[4] 다수의 채권자가 단체를 구성하여 채무자로부터 채권을 양도받아 소제기를 한 경우에는 다수의 당사자가 권리를 행사하는 불편함을 없애고 채권의 효율적인 회수를 위하여 채권양도를 한 것이고 소송행위를 주목적으로 채권양도가 이루어진 것으로 볼 수 없다고 한다.[5] 채권양도의 경우에는 실체법상 권리관

---

1) 선정당사자란 동일한 사고에 의한 다수 피해자의 손해배상청구소송, 다수 임차인이 동일한 임대인을 상대로 하는 보증금반환청구소송 등과 같이 공동의 이해관계가 있는 수인이 공동소송인이 되어 소송을 하여야 할 경우에 이들 가운데 모두를 위하여 소송의 당사자로 선정된 자를 말한다. 선정당사자를 선정한 자를 선정자라 하고(제53조 제1항), 선정당사자가 받은 판결의 효력은 선정자에게도 미친다(제218조 제3항). 선정당사자에 관한 보다 자세한 내용은 후술하는 '선정당사자'를 참조.

2) 추심위임의 목적으로 하는 통상의 양도배서, 즉 숨은 추심위임배서도 유효하다고 할 것이다(대법원 1990. 4. 13. 선고 89다카1084 판결). 그러나 숨은 추심위임배서가 소송행위를 하게 하는 것을 그 주된 목적으로 하는 경우에는 신탁법 제6조를 위반하는 권리이전행위이므로 무효이다. 수표의 수취인이 발행인과의 분쟁으로 인한 인적 항변에 의하여 수표금을 지급받지 못하게 될 것이 예상되자 제3자를 통한 소제기로 승소판결을 받아 수표금을 지급받기 위하여 제3자를 피배서인으로 하여 수표의 배서양도를 한 경우, 이러한 배서는 제3자로 하여금 소송행위를 하게 하는 것을 주된 목적으로 하는 소송신탁에 해당하여 무효라고 할 것이다(대법원 2007. 12. 13. 선고 2007다53464 판결).

3) 임의적 소송신탁은 우리나라 법제 하에서는 그 허용되는 경우라는 것은 극히 제한적이라고 밖에 할 수 없을 것이나 탈법적 방법에 의한 것이 아니고(소송대리를 변호사에 한하게 하고 소송신탁을 금지하는 것을 피하는 따위) 이를 인정하는 합리적 필요가 있다고 인정되는 경우가 있을 것이므로, 따라서 민법상의 조합에 있어서 조합규약이나 조합결의에 의하여 자기의 이름으로 조합재산을 관리하고 대외적 업무를 집행할 권한을 수여받은 업무집행조합원은 조합재산에 관한 소송에 관하여 조합원으로부터 임의적 소송신탁을 받아 자기의 이름으로 소송을 수행하는 것은 허용된다고 할 것이다(대법원 1984. 2. 14. 선고 83다카1815 판결).

4) 공사의 수급인이 공사대금을 지급받을 목적으로 제3자와 매매계약상 권리를 양도하기로 하는 계약을 체결한 경우, 수급인과 제3자 사이의 양도계약은 진정한 의미에서의 권리의 양도·양수가 아니라 소송행위를 하게 하는 것을 주된 목적으로 하는 신탁으로서 무효라고 할 것이다(대법원 1997. 5. 16. 선고 95다54464 판결).

5) 채권양도가 소송행위를 하게 하는 것이 주목적인지의 여부는 채권양도계약이 체결된 경위와 방식, 양도계약이 이루어진 후 제소에 이르기까지의 시간적 간격, 양도인과 양수인간의 신분관계 등 제반 상황에 비추어 판단하여야 한다. 원고는 소외 나산유통에 대하여 임대보증금반환채권 및 손해배상채권을 가지고 있는 총 728명으로 구성된 채권자단협의회가 채권자들을 대표하여 위 채권을 회수하고 유통사업을 영위할 목적으로 설립한 회사로서 나산유통이 피고에 대하여 가지는 불법행위로 인한 손해배상채권 중 일부를 양도받아 그 양도사실을 피고에게 통지한 후 이 사건 양수금청구소송을 제기하였는데, 이는 다수 당사자가 권리를 행사하는 불편함을 없애고 채권의 효율적인 회수를 위하여 채권양도를 한 것이므로 나산유통과 원고들 사이의 위 각 채권양도가 소송행위를 하

계 자체가 이전되는 것이므로 소송수행권만 수여되는 임의적 소송담당과는 구별되어야 하나, 다수의 채권자가 채권의 효율적인 회수를 위하여 채무자로부터 채권양도를 받은 경우에는 임의적 소송담당을 받은 것과 사실상 큰 차이가 없다고 할 수 있다.

### 3) 재정소송담당

법원의 재판에 의하여 소송수행권이 주어지는 경우이다. 증권관련집단소송 또는 소비자단체소송이나 개인정보 단체소송에서는 소송을 효율적으로 진행하기 위하여 일정한 자격이 있는 사람 또는 단체로 하여금 법원의 허가를 얻어 소송당사자가 되어 피해자 전원을 위한 소송수행을 하도록 하고 있다. 증권의 매매 등 거래과정에서 여러 사람에게 피해가 발생한 경우에 그 중의 1인 또는 여러 사람이 법원의 허가를 얻어 대표당사자로 선임되어 소송수행권을 갖고 증권관련 손해배상청구소송을 제기할 수 있다(증권관련 집단소송법 제10조 제4항). 또한 사업자가 소비자의 권익을 침해하는 행위를 하거나 개인정보처리자가 집단분쟁조정을 거부하거나 집단분쟁조정의 결과를 수락하지 않는 경우에 소비자단체 등 법정된 단체는 법원의 허가를 얻어 소송수행권을 갖고 소비자권익침해행위 또는 개인정보에 관한 권리침해행위의 금지나 중지를 청구하는 소송을 제기할 수 있다(소비자기본법 제74조 제1항 및 제70조, 개인정보보호법 제55조 제1항 제51조).

## 3. 당사자적격의 흠결

당사자적격은 소송요건이므로 법원의 직권조사사항이다.[1] 조사한 결과 당사자적격에 흠결이 있으면 소를 부적법 각하하여야 한다. 당사자적격에 흠결이 있음에도 이를 간과하고 판결한 때에는 상소하여 다툴 수 있다. 그러나 판결이 확정되더라도 원래의 당사자적격을 가지는 사람에게는 효력이 미치지 않는다는 점에서 그 판결은 무효이고, 재심사유도 되지 않는다.

소송계속 중에 당사자적격을 상실하거나 소송의 목적이 포괄적으로 승계된 경우에는 당사

---

는 것을 주목적으로 하는 것은 아니라고 할 것이다(대법원 2004. 3. 25. 선고 2003다20909,20916 판결); 다수의 채권자가 채권자단의 대표에게 자신들의 채권을 양도하고 그 양도된 채권을 피담보채권으로 한 근저당권을 양수인 명의로 설정받은 경우, 다수 당사자가 권리를 행사하는 불편함을 없애고 채권의 효율적인 회수를 하기 위하여 채권양도를 한 점, 채권양도 및 근저당권설정등기일자와 근저당권에 기한 임의경매신청일자 사이의 시간적 간격이 약 2년으로 비교적 길었던 점, 채무자들도 양도인과 양수인 사이의 위와 같은 약정을 용인하고 합의당사자가 되었던 점 등 제반 사정에 비추어 그 채권양도는 소송행위를 하게 하는 것이 주목적이었다고 볼 수는 없다(대법원 2002. 12. 6. 선고 2000다4210 판결).
1) 당사자적격문제는 소송성립에 관한 것으로서 직권조사사항인 만큼 피고가 이를 다투다가 철회하여도 법원은 이 점을 심리해야 한다(대법원 1971. 3. 23. 선고 70다2639 판결).

자적격이 있는 사람이나 승계인이 소송을 수계하여야 하고(제233조 내지 제236조), 여러 사람의 선정당사자가 선정된 경우에 그 중의 일부가 당사자적격을 상실한 경우에는 나머지 선정당사자가 그 당사자적격을 이어받게 된다. 소송의 목적이 특정승계된 경우에는 새로이 당사자적격을 가지게 된 사람이 소송참가(제81조)를 하거나 소송인수(제82조)를 하여야 한다.

## V. 소송능력

### 1. 의의

소송능력은 소송당사자로서 유효하게 소송행위를 하거나 또는 자신에 대한 소송행위를 받을 수 있는 능력을 말한다. 소송능력은 민법상 행위능력에 대응한 개념으로서, 소송에서 자신의 이익을 제대로 주장·옹호할 수 없는 소송무능력자를 보호하기 위한 것이다. 소송절차 내에서의 소송행위는 물론 소송개시 전이나 소송 외에서의 소송행위, 예를 들어 소송대리권의 수여, 관할합의, 증거계약 등과 같은 소송행위에도 필요하다.

### 2. 소송능력의 판단기준

민사소송법은 소송능력에 관하여 민사소송법에 특별한 규정이 없으면 민법 기타의 법률에 의하도록 규정하고 있다(제51조). 그런데 민사소송법에는 누가 소송능력자인지에 관한 구체적인 규정을 두고 있지 않으므로, 원칙적으로 민법상 행위능력에 관한 규정을 기준으로 판단하여야 한다. 그러나 소송능력은 소송법상의 개념이므로 민사소송법의 독자적인 입장에서 판단할 필요가 있으며, 반드시 민법과 일치하는 것은 아니다.

민법상 행위능력자는 모두 소송능력자이다. 그러나 소송능력자라고 하더라도 행위 당시 의사능력이 없는 경우에는 그 소송행위는 절대무효이다.[1] 여기에는 추인이 허용되지 않는다. 의사능력이 있는지 여부는 개별적으로 판단하여야 한다. 법인을 소송능력자로 볼 것인지는 법인의 본질에 관한 학설, 즉 실재설 또는 의제설에 따라 달라지나, 민사소송법에서는 법인이 소송

---

1) 성년후견개시심판을 받지 않은 의사무능력자는 소송무능력자를 위한 특별대리인(제62조)을 통하여 소송대리가 가능하다.

무능력자임을 전제로 그 대표자 또는 관리인을 법정대리인에 준하여 취급하고 있다(제64조).

## 3. 소송무능력자

민법상 제한능력자인 미성년자와 피성년후견인은 소송무능력자이다. 미성년자는 19세 미만인 사람을 말하고(민법 제4조), 피성년후견인은 질병·장애·노령 등의 사유로 인한 정신적 제약으로 사무를 처리할 능력이 지속적으로 결여된 사람으로서 가정법원으로부터 성년후견개시의 심판을 받은 사람이다(동법 제12조 제1항). 그러나 피한정후견인은 행위능력자이고, 따라서 소송능력자이다. 피한정후견인은 질병·장애·노령 등의 사유로 인한 정신적 제약으로 사무를 처리할 능력이 부족한 사람으로서 가정법원으로부터 한정후견개시의 심판을 받은 사람이다(동법 제9조 제1항). 그런데 가정법원은 피한정후견인이 한정후견인의 동의를 받아야 하는 행위의 범위를 정할 수 있고(동법 제13조 제1항),[1] 그 범위 내에서는 행위능력이 제한되므로, 이 경우에는 소송능력도 제한된다.

소송무능력자는 원칙적으로 법정대리인에 의해서만 소송행위를 할 수 있고(제55조), 법정대리인의 동의를 얻더라도 스스로 소송행위를 할 수 없다. 소송무능력자가 스스로 한 소송행위는 제한능력자의 행위와 같이 취소할 수 있는 것이 아니라, 소송법에서는 취소를 기다릴 것 없이 무효이다. 다만, 이 무효인 소송행위도 법정대리인이 추인하면 소급하여 유효한 행위가 될 수 있다(제60조).

민법에 의하면 미성년자는 법정대리인이 처분을 허락한 재산에 대해서는 임의로 처분할 수 있으나(민법 제6조), 소송법상으로는 이 경우에 미성년자의 소송능력이 인정되지 않는다. 그러나 미성년자가 혼인한 경우(동법 제826조의2), 미성년자가 법정대리인의 동의를 얻어 영업에 관한 법률행위를 하는 등 독립하여 법률행위를 할 수 있는 경우(동법 제8조)에는 그 범위 내에서 소송능력이 인정된다. 또한 미성년자라 하더라도 근로계약의 체결, 임금의 청구는 스스로 할 수 있으므로(근로기준법 제67조 및 제68조),[2] 그 범위 내에서는 소송능력이 인정된다(제55조 제1항 제1호).

피성년후견인은 성년후견인이 대리하여서만 소송행위를 할 수 있으나, 가정법원은 취소할

---

1) 다만, 일용품의 구입 등 일상생활에 필요하고 그 대가가 과도하지 아니한 법률행위에 대하여는 그러하지 않다(민법 제13조 제4항).
2) 친권자나 후견인은 미성년자의 근로계약을 대리할 수 없으나(근로기준법 제67조 제1항), 친권자나 후견인 또는 고용노동부장관은 근로계약이 미성년자에게 불리하다고 인정하는 경우에는 이를 해지할 수 있다(동조 제2항). 미성년자는 독자적으로 임금을 청구할 수 있다(동법 제68조).

수 없는 피성년후견인의 법률행위의 범위를 정할 수 있고(민법 제10조 제2항), 이 범위 내에서는 소송능력을 가지므로(제55조 제1항 제2호), 그 경우에는 스스로 소송행위를 할 수 있다. 피한정후견인은 원칙적으로 행위능력자이므로 스스로 소송행위를 할 수 있으나, 앞서 언급하였듯이 가정법원이 한정후견인의 동의를 받아야 하는 행위의 범위를 정할 수 있고(민법 제13조 제1항), 그 범위 내에서는 소송능력이 제한되므로 한정후견인이 대리하여서만 소송행위를 할 수 있다(제55조 제2항).[1]

## 4. 소송능력의 흠결

소송능력의 존재는 소송요건의 하나이고 직권조사사항이다. 그러나 소송능력의 흠결이 있더라도 바로 소를 부적법 각하하는 것은 소송경제에 반하고 당사자에게도 불이익하므로 그러한 경우 먼저 기간을 정하여 보정을 명하여야 하고, 그럼에도 흠결을 보정하지 않은 경우에는 부적법 각하하여야 할 것이다. 만일 보정하는 것이 지연됨으로써 손해가 생길 염려가 있는 경우에는 법원은 보정하기 전에 당사자 또는 법정대리인으로 하여금 일시적으로 소송행위를 하게 할 수 있다(제59조).

소송무능력을 간과하고 본안판결을 한 경우, 그 판결은 당연 무효는 아니며 법정대리권의 흠결을 이유로 상소(제424조 제1항 제4호) 또는 재심(제451조 제1항 제3호)에 의하여 취소할 수 있다. 그러나 법정대리인 또는 소송능력을 회복한 본인이 추인한 경우에는 상소 또는 재심의 소는 허용되지 않는다.

추인은 법원 또는 상대방에 대하여 명시적 또는 묵시적으로 할 수 있고, 추인의 시기는 소송능력이 흠결된 소송행위가 확정적으로 배척되기 전까지, 예를 들어 소각하의 판결이 확정되기 전까지 할 수 있으며, 상고심이나 재심단계에서도 할 수 있다.[2] 또한 추인은 원칙적으로 소송행위 전체에 대하여 일괄적으로 하여야 하며, 일부 추인은 허용되지 않는 것이 원칙이다. 그러나 소송의 혼란을 야기할 염려가 없는 경우에는 일부 추인이 가능하다. 예를 들어, 소의 취하를 제외하고 나머지 행위를 추인하거나, 단순병합된 여러 개의 청구 중 일부의 청구에 관하여 추인하

---

1) 미성년자는 원칙적으로 법정대리인에 의하여서만 소송행위를 할 수 있으나, 미성년자 자신의 노무제공에 따른 임금의 청구는 근로기준법 제68조의 규정에 의하여 미성년자가 독자적으로 할 수 있다(대법원 1981. 8. 25. 선고 80다3149 판결).
2) 적법한 대표자 자격이 없는 비법인사단의 대표자가 한 소송행위는 후에 대표자 자격을 적법하게 취득한 대표자가 그 소송행위를 추인하면 행위시에 소급하여 효력을 갖게 되고, 이러한 추인은 상고심에서도 할 수 있다(대법원 2010. 6. 10. 선고 2010다5373 판결).

는 것 등은 허용된다.[1] 한편 소송무능력자의 보호가 제도의 취지라는 점에서 무능력자측이 승소한 경우에 상대방이 소송무능력을 이유로 상소 또는 재심을 제기할 이익은 없다고 할 것이다.[2]

## Ⅵ. 변론능력

### 1. 의의

변론능력이란 법정에 출석하여 법원에 대한 관계에서 유효하게 소송행위를 할 수 있는 능력을 말한다. 법원에 대한 소송행위를 하는데 필요한 능력이므로, 당사자 사이의 소송행위를 함에는 필요하지 않다. 변론능력은 소송절차의 원활하고 신속한 진행을 도모하기 위한 공익적 견지에서 인정된 것이다. 우리나라에서는 증권관련집단소송이나 소비자단체소송 등을 제외하고는 변호사강제주의를 채택하고 있지 않아 변론능력이 큰 의미는 없다.

### 2. 변론무능력자

#### (1) 진술금지의 재판

법원은 소송관계를 분명하게 하기 위하여 필요한 진술을 할 수 없는 당사자 또는 대리인의 진술을 금지할 수 있다(제144조 제1항). 진술금지의 재판을 받은 사람은 변론능력이 없다. 진술금지의 재판을 받은 자에 대하여 법원은 변호사 선임을 명할 수 있고(동조 제2항), 그럼에도 변호사를 선임하지 않는 채 기일에 진술금지의 재판을 받은 사람이 그대로 출석하는 때에는 기일불출석으로 인한 불이익을 입게 될 뿐만 아니라 소 또는 상소를 각하당할 수 있다(동조 제4항).

#### (2) 발언금지명령

재판장은 변론기일 또는 변론준비기일에서 그의 명령에 따르지 않는 사람의 발언을 금지할 수 있다(제135조 제2항, 제286조). 발언금지명령을 받은 사람은 해당 기일에 한하여 변론능력을

---

1) 강현중, 156면; 정동윤 · 유병현, 184면.
2) 강현중, 157면; 이시윤, 169면; 정동윤 · 유병현, 186면.

갖지 못한다.[1]

### (3) 변호사대리의 원칙

변호사 아닌 사람은 원칙적으로 다른 사람의 소송에 소송대리인이 될 수 없으므로(제87조), 변호사 자격이 없는 사람은 소송대리인으로서 변론능력이 없다.[2]

## 3. 진술보조인

질병, 장애, 연령 그 밖의 사유로 인한 정신적·신체적 제약으로 소송관계를 분명하게 하기 위하여 필요한 진술을 하기 어려운 당사자는 법원의 허가를 받아 진술을 도와주는 진술보조인과 함께 출석하여 진술할 수 있다(제143조의2 제1항). 진술보조인 제도는 필요한 진술이 어려운 당사자의 변론능력을 보충해 주는 제도이다. 진술보조인은 당사자와 친족관계 또는 고용관계 등이 있는 사람으로서 당사자와의 생활관계 또는 담당하는 사무의 내용 등에 비추어 상당하다고 인정되는 사람이어야 한다(민사소송규칙 제30조의2 제1항). 진술보조인은 변론기일에 당사자 본인과 동석하여 당사자 본인, 법원, 상대방 기타 소송관계인의 진술을 이해할 수 있도록 중개하거나 설명할 수 있고, 이때 당사자 본인은 진술보조인의 행위를 즉시 취소하거나 경정할 수 있다(동규칙 제30조의2 제3항). 허가신청은 심급마다 서면으로 하여야 하고(동규칙 제30조의2 제2항), 법원은 언제든지 허가를 취소할 수 있다(제143조의2 제2항). 허가를 취소한 경우 당사자 본인에게 그 취지를 통지하여야 한다(동규칙 동조 제6항).

## 4. 변론능력 흠결의 효과

변론능력이 없는 자의 소송행위는 무효이다. 따라서 진술이나 발언을 금지당한 사람이 진술 등 소송행위를 계속하더라도 소송법상 아무런 효력이 발생하지 않는다. 법원은 변론무능력자의 소송관여를 배척하여야 한다. 그러나 법원이 변론무능력자의 소송관여를 묵인한 경우 그 소송행위는 유효하다. 법원이 변론무능력자임을 간과하고 한 판결도 위법한 것은 아니며, 변론무능력을 이유로 상소나 재심에 의하여 취소를 구할 수 없다. 소송의 원활·신속을 목적으로 하는

---

1) 이시윤, 170면.
2) 강현중, 159면; 정동윤·유병현, 187면 및 188면.

법원을 위한 제도의 취지상 법원이 변론무능력을 문제삼지 않았다면 그 하자는 치유된 것으로 보아야 하기 때문이다.[1]

# 제2절  소송상 대리인

## I. 소송상 대리인의 의의

### 1. 대리인의 개념

소송상 대리인이란 당사자의 이름으로 소송행위를 하거나 소송행위를 받는 제3자를 말한다. 대리인은 자기의 의사에 기하여 소송행위를 하지만, 대리인이 한 행위의 효과는 당사자 본인에게만 미친다. 또한 대리인은 당사자의 이름으로 소송행위를 하는 사람이므로 자기의 이름으로 소송행위를 하는 소송담당자나 선정당사자는 당사자이지 대리인이 아니다.

대리인은 당사자 본인의 의사에 기하여 선임되었는지 여부에 따라 본인의 의사에 의하지 않고 선임된 '법정대리인'과 본인의 의사에 의하여 선임된 '임의대리인'으로 구분되고, 대리권의 범위에 따라 소송행위 전반에 걸쳐 포괄적인 대리권을 갖는 '포괄대리인'과 개개의 특정한 소송행위만을 대리하는 '개별대리인'으로 구분된다. 소송상 대리인은 포괄대리인인 것이 원칙이고, 특히 포괄적 대리권을 가진 임의대리인을 소송대리인이라고 한다.[2] 개별대리인의 예(例)로는 송달영수의 대리권을 갖는 군사용의 청사 또는 선박의 장(제181조),[3] 교도소·구치소 또는 국가경찰관서의 장(제182조),[4] 송달영수인(제184조)[5] 등이 있다.

---

1) 강현중, 159면.
2) 정동윤·유병현, 201면.
3) 군사용의 청사 또는 선박에 속하여 있는 사람에게 할 송달은 그 청사 또는 선박의 장에게 한다(제181조).
4) 교도소·구치소 또는 국가경찰관서의 유치장에 체포·구속 또는 유치(留置)된 사람에게 할 송달은 교도소·구치소 또는 국가경찰관서의 장에게 한다(제182조).
5) 당사자·법정대리인 또는 소송대리인은 주소·거소·영업소 또는 사무소 외의 장소(대한민국 안의 장소로 한정한다)를 송달받을 장소로 정하여 법원에 신고할 수 있다. 이 경우에는 송달영수인을 정하여 신고할 수 있다(제184조).

## 2. 소송상 대리의 특성

소송상 대리에서는 소송절차의 원활과 안정을 위하여 대리권의 존재와 범위를 명확히 하고 획일적으로 처리할 필요가 있다. 그에 따라 소송상 대리에서는 민법상 대리와는 구별되는 다음과 같은 특성이 인정되고 있다.

### (1) 대리권의 서면증명

소송상 대리권은 서면으로 증명하여야 한다(제58조, 제89조). 증명하는 서면으로 법정대리인은 가족관계증명서 또는 후견인선임결정서 등을 제출하고, 임의대리인은 위임장이나 법인등기부등본(지배인인 경우)을 제출한다.

### (2) 대리권소멸의 통지

대리권의 소멸사실을 상대방에게 통지하지 않으면 소멸의 효력을 주장하지 못한다(제63조 제1항 본문). 상대방이 알든 모르든, 모르는데 과실이 있든 없든 불문한다.[1] 다만, 법원에 소송상 대리권의 소멸사실이 알려진 뒤에는 그 소송상 대리인은 소의 취하, 화해, 청구의 포기·인낙 또는 소송탈퇴 등의 소송행위를 하지 못한다(제63조 제1항 단서 및 제97조).

### (3) 대리권범위의 법정

대리권의 범위가 법정되어 있다. 법정대리인의 대리권의 범위는 제51조, 제56조, 제62조 제3항, 제62조의2 제2항, 제64조에서, 임의대리인의 대리권의 범위는 제90조 내지 제92조에서 각각 규정하고 있다. 법정된 대리권의 범위를 법률에 별도의 규정이 없는 한 당사자가 임의로 제한할 수 없으며, 이를 제한하여도 효력이 없다.

---

1) 제64조, 제63조 제1항의 취지는 법인(법인 아닌 사단도 포함) 대표자의 대표권이 소멸하였다고 하더라도 당사자가 그 대표권의 소멸사실을 알았는지의 여부, 모른 데에 과실이 있었는지의 여부를 불문하고 그 사실의 통지 유무에 의하여 대표권의 소멸여부를 획일적으로 처리함으로써 소송절차의 안정과 명확을 기하기 위함에 있으므로, 법인 대표자의 대표권이 소멸된 경우에도 그 통지가 있을 때까지는 다른 특별한 사정이 없는 한 소송절차상으로는 그 대표권이 소멸되지 않은 것으로 보아야 하므로, 대표권 소멸사실의 통지가 없는 상태에서 구 대표자가 한 소취하는 유효하고, 상대방이 그 대표권 소멸사실을 알고 있었다고 하여 이를 달리 볼 것은 아니다(대법원 1998. 2. 19. 선고 95다52710 전원합의체 판결); 대표권 소멸사실의 통지가 없는 상태에서 구 대표자가 한 항소취하는 유효하고, 그 후 신 대표자가 항소취하에 이의를 제기하였다고 하여 달리 볼 것은 아니다(대법원 2007. 5. 10. 선고 2007다7256 판결).

## (4) 민법상 표현대리 법리의 배제

소송상 대리에는 민법상 표현대리의 법리가 적용되지 않는다.[1] 거래의 안전을 보호하기 위한 민법상 표현대리의 법리는 절차의 안정을 중시하는 소송행위에는 적용될 여지가 없기 때문이다. 그리하여 소송상 대리에는 유권대리와 무권대리가 있을 뿐이고, 실제로는 무권대리이지만 대리권이 있는 듯한 외관에 따라 유권대리처럼 취급되는 표현대리는 인정되지 않는다. 그 결과 소송상 대리에서는 대리권이 수여되었는지 여부가 문제될 뿐이고, 대리권이 수여되었다고 믿을만한 정당한 이유가 있는지 여부는 문제되지 않는다.


# Ⅱ. 법정대리인

## 1. 법정대리인의 종류

법정대리인이란 본인의 의사에 의하지 않고 법률의 규정이나 법원에 의하여 선임된 대리인을 말한다. 실체법상 법정대리인은 소송상으로도 법정대리인이 된다. 그 밖에 민사소송법에서는 소송무능력자를 위한 소송상 특별대리인을 두고 있으며(제62조, 제62조의2), 법인 등 단체의 대표자를 법정대리인에 준하여 취급하고 있다(제64조). 그리하여 소송상 법정대리인의 종류에는 '실체법상 법정대리인', '소송상 특별대리인', '법인 등 단체의 대표자'가 있다.

소송상 법정대리인은 민법상 제한무능력자의 법정대리인과 그 권한범위 등에 있어서 차이가 있다. 민법상 제한능력자의 행위는 일응 유효하고 후에 법정대리인이 취소하면 소급해서 효력이 소멸하나, 제한능력자의 소송행위는 처음부터 무효이고 후에 법정대리인이 추인하면 유효하게 된다. 또한 민법상 제한능력자의 경우 법정대리인이 대리하든가 또는 법정대리인의 동의를 얻어 제한능력자 스스로 법률행위를 할 수 있으나, 소송무능력자의 경우 법정대리인이 대리하여서만 소송행위를 할 수 있고 법정대리인의 동의가 있더라도 소송무능력자가 스스로 소송행위를 할 수 없다. 그 결과 소송상 법정대리인은 소송무능력자의 소송행위를 대리하거나 추인하

---

1) 공정증서가 채무명의로서 집행력을 갖기 위해서는 '즉시 강제집행할 것을 기재한 경우'이어야 하고 이러한 집행인낙표시는 합동법률사무소 또는 공증인에 대한 소송행위이고 이러한 소송행위에는 민법상의 표현대리규정이 적용 또는 준용될 수 없다고 할 것이므로, 무권대리인의 촉탁에 의하여 작성된 공정증서는 채권자는 물론 합동법률사무소나 공증인이 대리권이 있는 것으로 믿은 여부나 믿을 만한 정당한 사유의 유무에 관계없이 채무명의로서의 효력을 부정하여야 할 것이다(대법원 1984. 6. 26. 선고 82다카1758 판결).

는 권한만을 갖는데 그치고, 동의하거나 취소할 권한은 갖고 있지 않다.

## (1) 실체법상 법정대리인

실체법상 법정대리인은 소송상으로도 법정대리인이 된다(제51조). 실체법상 법정대리인에는 '친권자(민법 제909조, 제911조)', '후견인(민법 제928조, 제929조, 제938조)', '법원이 선임한 부재자 재산관리인(제22조)',[1] '민법상 특별대리인(제64조, 제921조)'[2] 등이 있다. 판례는 유언집행자[3]와 상속재산관리인[4]을 소송상 법정대리인이 아닌 당사자적격을 갖는 소송담당자로 보고 있다.

## (2) 소송상 특별대리인

민사소송법은 소송무능력자를 위한 '소송상 특별대리인'을 두고 있다(제62조, 제62조의2). 소송상 특별대리인은 개개의 소송절차에서 법원이 선임한 대리인으로서 법정대리인이다.

### 1) 선임요건

① **소송무능력자가 당사자일 것**: 소송무능력자가 원고 또는 피고가 되는 경우이어야 한다(제62조 제1항, 제62조의2 제1항). 소송무능력자인 미성년자와 피성년후견인, 피한정후견인이 당사자가 되는 경우뿐만 아니라 성년후견개시심판을 받지 않은 의사무능력자가 당사자가 되는 경우에도 특별대리인을 선임할 수 있다(제62조의2 제1항). 또한 민사소송법은 법인 등 단체를 소송무능력자에 준하는 것으로 취급하고, 그 대표자나 관리인에 대하여 법정대리인에 관한 규정을 준용하고 있다(제64조). 따라서 법인 등 단체가 당사자가 되는 경우에도 특별대리인을 선임할 수 있다.

② **법정대리인의 부재 또는 대리권행사의 곤란**: 소송무능력자에게 법정대리인이 없거나 법정대리인에게 소송에 관한 대리권이 없는 경우, 법정대리인이 사실상 또는 법률상 장애로 대리권을 행사할 수 없는 경우 또는 법정대리인의 불성실하거나 미숙한 대리권 행사

---

[1] 법원에 의하여 부재자 재산관리인의 선임이 있는 경우에는 부재자를 위하여 그 재산관리인만이 또는 그 재산관리인에게 대하여서만 송달 등 소송행위를 할 수 있다(대법원 1968. 12. 24. 선고 68다2021 판결).
[2] 법인과 이사의 이익이 상반되는 사항에 대하여는 이사는 대표권이 없고, 특별대리인을 선임하여 법인을 대표하도록 하여야 한다(민법 제64조). 또한 친권자가 그 자(子)와 이해가 상반되는 행위를 하거나 또는 그 친권에 따르는 여러 명의 자(子) 사이에 이해가 상반되는 행위를 함에는 특별대리인을 선임하여 그로 하여금 대리권을 행사하도록 하여야 한다(동법 제921조).
[3] 대법원 2010. 10. 28. 선고 2009다20840 판결; 1999. 11. 26. 선고 97다57733 판결.
[4] 대법원 2007. 6. 28. 선고 2005다55879 판결; 1976. 12. 28. 선고 76다797 판결.

로 소송절차의 진행이 현저하게 방해받는 경우이어야 한다(제62조 제1항 제1호 내지 제3호, 제62조의2 제1항). 법정대리인의 대리권행사에 법률상 장애가 있는 경우로는 당사자 본인과의 이해상반 등이 있고(민법 제64조 및 제921조), 사실상의 장애가 있는 경우로는 법정대리인의 질병 또는 장기간 해외여행 등이 있다.

법인 등 단체의 대표자에 대하여도 법정대리인에 관한 규정이 준용되므로 법인 등 단체에서 대표자가 없거나 대표권을 행사할 수 없는 경우에는 특별대리인을 선임할 수 있다(제64조 및 제62조).[1] 그런데 주식회사의 경우에는 대표이사가 임기만료 또는 사임으로 인하여 공석 중이어도 후임 대표이사가 선임될 때까지 종전 대표이사가 대표이사로서의 권리의무를 가지므로 대표자가 없거나 대표권을 행사할 수 없는 경우에 해당하지 않아 특별대리인을 선임할 수 없다(상법 제386조 제1항 및 제389조 제3항).[2] 판례도 새로 선임된 주식회사의 대표이사가 적법한 대표자로서의 자격이 없는 경우에도 종전 대표이사가 대표이사로서의 권리의무를 가지므로 특별대리인을 선임할 수 없다고 한다.[3]

법인 등 단체의 대표자가 사망한 경우 비록 소송대리인이 선임되어 있더라도 특별대리인을 선임할 수 있다. 특별대리인은 법인의 대표자가 대표권을 행사할 수 없는 흠결을 보충하기 위한 제도이기 때문이다. 그러나 자본금 총액이 10억원 미만인 주식회사로서 대표이사 이외에 이사가 있는 경우에는 대표이사가 사망하면 그 이사가 회사를 대표하므로 특별대리인을 선임할 수 없다(상법 제383조 제1항 및 제6항).[4] 법인 아닌 사단과 그 대표자 사이의 소송에서는 법인 아닌 사단과 대표자의 이익이 상반되면 대표자에게 대

---

1) 도시 및 주거환경정비법에 의하면 조합의 이사가 자기를 위하여 조합을 상대로 소를 제기하는 경우 그 소송에 관하여는 감사가 조합을 대표하므로, 조합에 감사가 있는 때에는 조합장이 없거나 조합장이 대표권을 행사할 수 없는 사정이 있더라도 조합은 특별한 사정이 없는 한 제64조, 제62조에 정한 '법인의 대표자가 없거나 대표자가 대표권을 행사할 수 없는 경우'에 해당하지 아니하여 특별대리인을 선임할 수 없다. 나아가 수소법원이 이를 간과하고 특별대리인을 선임하였더라도 특별대리인은 이사가 제기한 소에 관하여 조합을 대표할 권한이 없다(대법원 2015. 4. 9. 선고 2013다89372 판결).

2) 법률 또는 정관에 정한 이사의 원수를 결한 경우에는 임기의 만료 또는 사임으로 인하여 퇴임한 이사는 새로 선임된 이사가 취임할 때까지 이사의 권리의무가 있고(제386조 제1항), 이는 대표이사의 경우에도 마찬가지이다(제389조 제3항).

3) 주권이 발행된 바 없는 주식회사의 주식을 양수한 사람들은 유효한 주주가 될 수 없으니 그들이 주주총회를 개최하여 회사의 대표이사를 선임하였다 하더라도 그는 적법한 대표자의 자격이 없고, 이와 같이 새로이 선임된 대표이사가 주식회사의 적법한 대표자의 자격이 없다면 당초의 대표이사가 상법 제386조 및 제389조 3항에 의하여 적법한 대표이사가 새로 선임되어 취임할 때까지 회사의 대표이사의 권리의무를 지므로 당해 회사는 제64조 및 제62조에 의한 '대표자가 없거나 대표자가 대표권을 행사할 수 없는 경우'에 해당하지 않아 특별대리인을 선임할 수 없다(대법원 1974. 12. 10. 선고 74다428 판결).

4) 자본금 총액이 10억원 미만인 회사는 이사를 1명 또는 2명으로 할 수 있고(상법 제383조 제1항), 각 이사(정관에 따라 대표이사를 정한 경우에는 그 대표이사를 말한다)가 회사를 대표한다(동조 제6항).

표권이 없고 달리 법인 아닌 사단을 대표할 사람이 없으므로 특별대리인을 선임할 수 있으나,[1] 주식회사와 이사 사이의 소송에서는 감사가 회사를 대표하므로 특별대리인을 선임할 수 없다(상법 제394조 제1항).[2]

## 2) 선임절차

소송무능력자의 친족, 이해관계인(소송무능력자를 상대로 소송행위를 하려는 자를 포함한다), 대리권 없는 후견인, 지방자치단체의 장 또는 검사가 그 선임을 신청할 수 있다(제62조 제1항). 의사무능력자가 상대방인 경우에는 특정후견인 또는 임의후견인도 신청할 수 있다(제62조의2 제1항 단서). 그러나 소송무능력자 본인은 신청권이 없다.

신청인은 위의 선임요건에 해당하는 사유로 인하여 소송절차가 지연됨으로써 손해를 볼 염려가 있다는 점을 소명하여 수소법원에 특별대리인의 선임을 신청하여야 한다(제62조 제1항). 여기서 수소법원이란 이미 계속된 본안사건을 직접 심리하고 있는 특정 재판부를 의미하는 것이 아니라 그 재판부가 소속된 법원을 말한다.[3] 법원은 소송계속 후 필요한 경우 직권으로 특별대리인을 선임 또는 개임하거나 해임할 수 있다(동조 제2항). 특별대리인의 선임이나 개임 또는 해임은 법원의 결정으로 하며, 그 결정은 특별대리인에게 송달하여야 한다(동조 제4항). 특별대리인의 선임결정에 대하여는 불복할 수 없으나, 선임신청을 각하 또는 기각하는 결정에 대하여는 불복할 수 있다. 판례는 개임결정의 경우에는 당사자에게 신청권이 인정되지 않으므로 개임신청이 있더라도 이는 법원의 직권발동을 촉구하는 의미를 갖는데 불과하여 개임결정은 물론 개임을 각하 또는 기각하는 결정에 대하여도 불복할 수 없다고 한다.[4]

---

1) 비법인사단과 그 대표자 사이의 이익이 상반되는 사항에 관한 소송행위에 있어서는 위 대표자에게 대표권이 없으므로, 달리 위 대표자를 대신하여 비법인사단을 대표할 자가 없는 한 이해관계인은 제64조, 제62조의 규정에 의하여 특별대리인의 선임을 신청할 수 있고 이에 따라 선임된 특별대리인이 비법인사단을 대표하여 소송을 제기할 수 있다(대법원 1992. 3. 10. 선고 91다25208 판결).

2) 주식회사가 이사에 대하여 또는 이사가 주식회사에 대하여 소를 제기하는 경우에 감사는 그 소에 관하여 그 회사를 대표한다(상법 제394조 제1항). 합명회사 또는 합자회사와 그 사원 간의 소송에서는 그 회사를 대표할 사원이 없을 때에는 다른 사원의 과반수의 결의로 선정하여야 하고(제211조, 제269조), 유한회사와 이사 간의 소송에서는 사원총회에서 그 소송에 관하여 회사를 대표할 자를 선정하여야 한다(제563조). 따라서 합명회사, 합자회사 또는 유한회사의 경우에는 그 회사와 사원 또는 이사 간의 소송에서 회사를 대표할 자를 사원의 과반수 또는 사원총회의 결의로 선정하지 않는 경우에는 특별대리인을 선임할 수 있다.

3) 이미 본안 소송이 제기되었고 또는 항소로서 항소심에 계속 중에 있는 경우에 있어서의 제62조 제1항에서 말하는 '수소법원'을 이미 계속된 본안사건을 직접 심리하고 있는 그 재판부만을 의미한다고 협의로 해석할 필요는 없다(대법원 1969. 3. 25. 자 68그21 결정).

4) 특별대리인 선임신청을 인용한 결정에 대하여는 불복(단, 특별항고는 허용)을 할 수 없고(그 선임신청을 각하 또는 기각한 경우는 불복할 수 있다), 개임신청이 있다 하여도 이는 법원의 직권발동을 촉구하는데 불과하므로 법원은 그 개임신청에 대하여 반드시 어떠한 결정을 하여야 할 의무가 없을 뿐 아니라 가사 법원이 그 개임신

## (3) 법인 등의 대표자

법인의 대표자 또는 법인 아닌 사단이나 재단의 대표자나 관리인은 법정대리인에 준하여 취급된다(제64조). 대표자는 민법상 법인은 이사이고(민법 제59조), 주식회사는 대표이사(상법 제389조), 청산인(상법 제542조, 255조)[1] 또는 대표이사직무대행자(상법 제408조)[2]이다. 다만, 법인과 이사의 이익이 상반되는 사항에 관하여는 이사에게 대표권이 없으며 특별대리인을 선임하여 그로 하여금 법인을 대표하도록 하여야 하고(민법 제64조), 이사와 주식회사 사이의 소송에서는 감사가 회사를 대표한다(상법 제394조 제1항).[3] 판례는 회사의 이사선임결의의 무효 또는 부존재확인을 구하는 소송에서 회사를 대표할 사람은 현재 대표이사로 등기되어 그 직무를 행하는 사람이고, 비록 그 대표이사가 무효 또는 부존재확인의 대상이 된 결의에 의하여 선임된 이사라고 하여도 그 소송에서 회사를 대표할 사람임에는 변함이 없다고 한다.[4]

---

청을 각하 또는 기각한다는 결정을 하였다 하여도 이에 대하여는 불복할 수 없을 것이며(단, 그와 같은 결정이 있는 이상 특별항고 사유가 있다면 특별항고는 할 수 있을 것이다) 개임신청을 이용하여 개임결정을 하였다 하여도 역시 불복할 수 없다(단, 특별항고는 가능함)고 할 것이다(대법원 1969. 3. 25. 자 68그21 결정).

1) 상법 제520조의2의 규정에 의하여 주식회사가 해산되고 그 청산이 종결된 것으로 보게 되는 회사라도 어떤 권리관계가 남아 있어 현실적으로 정리할 필요가 있으면 그 범위 내에서는 아직 완전히 소멸하지 아니하고, 이러한 경우 그 회사의 해산 당시의 이사는 정관에 다른 규정이 있거나 주주총회에서 따로 청산인을 선임하지 아니한 경우에 당연히 청산인이 되고, 그러한 청산인이 없는 때에는 이해관계인의 청구에 의하여 법원이 선임한 자가 청산인이 되므로, 이러한 청산인만이 청산중인 회사의 청산사무를 집행하고 대표하는 기관이 된다(대법원 1994. 5. 27. 선고 94다7607 판결).
2) 민법상의 법인이나 법인이 아닌 사단 또는 재단의 대표자를 선출한 결의의 무효 또는 부존재확인을 구하는 소송에서 그 단체를 대표할 자는 의연히 무효 또는 부존재확인청구의 대상이 된 결의에 의해 선출된 대표자이나, 그 대표자에 대해 직무집행정지 및 직무대행자선임가처분이 된 경우에는 그 가처분에 특별한 정함이 없는 한 그 대표자는 그 본안소송에서 그 단체를 대표할 권한을 포함한 일체의 직무집행에서 배제되고 직무대행자로 선임된 자가 대표자의 직무를 대행하게 되므로, 그 본안소송에서 그 단체를 대표할 자도 직무집행을 정지당한 대표자가 아니라 대표자 직무대행자로 보아야 한다(대법원 1995. 12. 12. 선고 95다31348 판결).
3) 피고 회사의 이사인 원고가 피고 회사에 대하여 소를 제기함에 있어서 상법 제394조에 의하여 감사를 대표자로 표시하지 않고 대표이사를 피고 회사의 대표자로 표시한 소장을 법원에 제출하고, 법원도 이 점을 간과하여 피고 회사의 대표이사에게 소장의 부본을 송달한 채 피고 회사의 대표이사로부터 소송대리권을 위임받은 변호사들에 의하여 소송이 수행되었다면, 이 사건 소에 관하여는 피고 회사를 대표할 권한이 대표이사에게 없기 때문에 소장이 피고에게 적법유효하게 송달되었다고 볼 수 없음은 물론 피고 회사의 대표이사가 피고를 대표하여 한 소송행위나 피고 회사의 대표이사에 대하여 원고가 한 소송행위는 모두 무효이다. 그러나 이와 같은 경우에도 원고가 스스로, 또는 법원의 보정명령에 따라, 소장에 표시된 피고 회사의 대표자를 감사로 표시하여 소장을 정정함으로써 그 흠결을 보정할 수 있고 이 경우 법원은 원고의 보정에 따라 피고 회사의 감사에게 다시 소장의 부본을 송달하여야 되고, 소장의 송달에 의하여 소송계속의 효과가 발생하게 됨에 따라, 피고 회사의 감사가 위와 같이 무효인 종전의 소송행위를 추인하는지의 여부와는 관계없이 법원과 원고·피고의 3자간에 소송법률관계가 유효하게 성립한다고 보아야 할 것이다(대법원 1990. 5. 11. 선고 89다카15199 판결).
4) 회사의 이사선임결의의 무효 또는 부존재확인을 구하는 소송에서 회사를 대표할 자는 현재 대표이사로 등기되어 그 직무를 행하는 자라고 할 것이고, 그 대표이사가 무효 또는 부존재확인청구의 대상이 된 결의에 의하여 선임된 이사라고 할지라도 그 소송에서 회사를 대표할 수 있는 자임에는 변함이 없다(대법원 1983. 3. 22. 선고

법인 또는 법인 아닌 사단의 대표자에게 적법한 대표권이 있는지 여부는 소송요건에 관한 것으로서 법원의 직권조사사항이다. 따라서 자백의 대상이 될 수 없고,[1] 법원은 그 판단의 기초자료인 사실과 증거를 직권으로 탐지할 의무까지는 없다고 하더라도 이미 제출된 자료에 의하여 대표권의 적법성에 의심이 갈 만한 사정이 있다면 그에 관하여 심리·조사할 의무가 있다.[2]

국가를 당사자로 하는 소송에서는 법무부장관이 대표자가 되고(국가를 당사자로 하는 소송에 관한 법률 제2조), 법무부장관은 소송수행자를 지정하여 대리하게 할 수 있다(동법 제3조). 지방자치단체의 경우에는 시장, 도지사, 군수, 구청장 등 단체장이 대표자가 된다. 그러나 특별시·광역시·도 등 광역지방자치단체의 교육·학예에 관한 소송에 있어서는 교육감이 대표자가 된다(지방교육자치에 관한 법률 제18조 제2항). 특별시·광역시·도의 교육·학예에 관한 사무를 분장하기 위하여 1개 또는 2개 이상의 시·군 및 자치구를 관할구역으로 하는 하급교육행정기관으로서 교육지원청을 둔 경우에는 교육장이 교육감으로부터 위임받은 사무에 관하여 대표자가 된다(동법 제34조 및 제35조).

## 2. 법정대리권의 범위

### (1) 실체법상 법정대리인의 경우

실체법상 법정대리인의 대리권의 범위에 관하여는 민사소송법에 특별한 규정이 없으면 민법의 규정에 의한다(제51조). 민사소송법은 제56조에서 후견인의 대리권에 관하여 규정하고 있을 뿐이고 나머지 실체법상 법정대리인의 대리권의 범위에 관하여는 규정을 두고 있지 않다. 따라서 후견인의 대리권의 범위에 관하여는 제56조의 규정이 우선하여 적용되고, 동조에서 규정하지 않은 후견인의 대리권의 범위와 후견인을 제외한 나머지 실체법상 법정대리인의 대리권의 범위는 민법의 규정에 의하게 된다.

---

82다카1810 전원합의체 판결).

[1] 종중이 당사자인 사건에 있어서 그 종중의 대표자에게 적법한 대표권이 있는지의 여부는 소송요건에 관한 것으로서 법원의 직권조사사항이고, 이러한 직권조사사항이 자백의 대상이 될 수가 없다(대법원 2002. 5. 14. 선고 2000다42908 판결).

[2] 법인이 당사자인 사건에 있어서 그 법인의 대표자에게 적법한 대표권이 있는지 여부는 소송요건에 관한 것으로서 법원의 직권조사사항이므로, 법원으로서는 그 판단의 기초자료인 사실과 증거를 직권으로 탐지할 의무까지는 없다 하더라도 이미 제출된 자료들에 의하여 그 대표권의 적법성에 의심이 갈 만한 사정이 엿보인다면 (상대방이 이를 구체적으로 지적하여 다투지 않더라도) 이에 관하여 심리·조사할 의무가 있다(대법원 1997. 10. 10. 선고 96다40578 판결). 비법인사단이 당사자인 사건에서도 마찬가지이다(대법원 2009. 1. 30. 선고 2006다60908 판결).

## 1) 친권자

친권자의 경우 자(子)와 이해가 상반되는 행위를 제외하고는 민사소송법이나 민법에서 친권을 제한하는 특별한 규정을 두고 있지 않다. 종전에는 제56조가 친권자에 대하여도 적용되는지 여부에 관하여 학설이 나뉘었고, 통설은 이를 부정하였다. 그러나 현행 제56조는 후견인에 대하여만 적용됨을 명시하고 있으므로,[1] 더 이상 논란의 여지는 없다. 따라서 친권자는 자(子)를 대리하여 소송수행을 할 때 아무런 제약 없이 일체의 소송행위를 할 수 있다.

## 2) 후견인

후견인이 피후견인을 대리하여 소송행위를 수행할 때에는 후견감독인[2]의 동의를 받거나 또는 동의에 갈음하는 가정법원의 허가를 받아야 한다(민법 제950조 제1항 제5호).[3] 다만, 상대방의 소제기나 상소제기에 대하여 수동적 응소행위를 함에는 그러한 동의를 받을 필요가 없다(제56조 제1항). 그런데 후견인이 소의 취하, 화해, 청구의 포기·인낙 또는 소송탈퇴의 행위를 할 때에는 후견감독인으로부터 특별한 권한을 받아야 하고, 후견감독인이 없는 경우에는 가정법원으로부터 특별한 권한을 받아야 한다(제56조 제2항). 여기서 특별한 권한이란 일반적인 동의만으로는 부족하고 특히 그 종류를 명시한 특별한 동의를 의미한다.

## 3) 부재자의 재산관리인

부재자의 재산관리인이 보존행위 또는 성질을 변하지 않는 범위에서 이용하거나 개량하는 행위 등의 관리행위는 스스로 할 수 있으나, 이를 넘어선 처분행위를 함에는 법원의 허가를 얻

---

1) 미성년후견인, 대리권 있는 성년후견인 또는 대리권 있는 한정후견인이 상대방의 소 또는 상소 제기에 관하여 소송행위를 하는 경우에는 그 후견감독인으로부터 특별한 권한을 받을 필요가 없다(제56조 제1항). 그러나 소의 취하, 화해, 청구의 포기·인낙 또는 소송탈퇴를 하기 위해서는 후견감독인으로부터 특별한 권한을 받아야 한다. 다만, 후견감독인이 없는 경우에는 가정법원으로부터 특별한 권한을 받아야 한다(동조 제2항).
2) 후견감독인은 후견인의 사무를 감독하며, 피후견인의 신상이나 재산에 대하여 급박한 사정이 있는 경우에는 그의 보호를 위하여 필요한 행위 또는 처분을 할 수 있다. 후견인과 피후견인 사이에 이해가 상반되는 행위에 관하여는 후견감독인이 피후견인을 대리하고, 후견인이 없는 경우에는 지체 없이 가정법원에 후견인의 선임을 청구하여야 한다(민법 제940조의6).
3) 후견인이 피후견인을 대리하여 일정한 행위를 하거나 미성년자의 일정한 행위에 동의를 할 때에는 후견감독인의 동의를 받아야 한다. 이러한 행위에는 '영업에 관한 행위', '금전을 빌리는 행위', '의무만을 부담하는 행위', '부동산 또는 중요한 재산에 관한 권리의 득실변경을 목적으로 하는 행위', '소송행위', '상속의 승인이나 한정승인 또는 포기 및 상속재산의 분할에 관한 협의'가 있다(민법 제950조 제1항). 후견감독인의 동의가 필요한 행위에 대하여 후견감독인이 피후견인의 이익이 침해될 우려가 있음에도 동의를 하지 않는 경우에는 가정법원이 후견인의 청구에 의하여 후견감독인의 동의를 갈음하는 허가를 할 수 있고(동조 제2항), 후견감독인의 동의가 필요한 법률행위를 후견인이 후견감독인의 동의 없이 하였을 때에는 피후견인 또는 후견감독인이 그 행위를 취소할 수 있다(동조 제3항).

어야 한다(민법 제25조, 제118조). 따라서 부재자의 재산관리인은 소극적 응소행위는 스스로 할 수 있으나, 소의 취하, 화해, 청구의 포기·인낙, 소송탈퇴 등의 중요한 소송행위를 함에는 법원의 허가를 필요로 한다.[1]

### 4) 민법상 특별대리인

법인과 이사의 이익이 상반되거나 친권자와 자(子) 사이에 이해가 상반되는 경우에 선임되는 민법상 특별대리인(민법 제64조 및 제921조)은 이해가 상반되는 사항과 관련된 해당 소송에 관하여는 일체의 소송행위를 할 수 있다.

### (2) 소송상 특별대리인의 경우

소송상 특별대리인은 당해 소송에 한하여 대리권 있는 후견인과 동일한 권한을 갖는다(제62조 제3항). 그리하여 소·상소의 취하, 화해, 청구의 포기·인낙 또는 소송탈퇴 등 소송종료행위를 함에는 후견인과 같이 후견감독인 또는 가정법원으로부터 특별한 권한을 받아야 한다(제56조 제2항). 다만, 의사무능력자의 특별대리인이 이러한 소송종료행위를 한 경우에 본인의 이익을 명백히 침해한다고 인정할 때에는 수소법원이 그 행위가 있은 날로부터 14일 이내에 이를 허가하지 않을 수 있다(제62조의2 제2항 전단). 성년후견개시의 심판을 받지 않은 의사무능력자의 경우에는 후견감독인이나 가정법원에 의한 견제를 받을 수 없으므로 수소법원으로 하여금 불허결정을 할 수 있도록 하였다. 이 불허결정에 대하여는 불복할 수 없다(동항 후단).[2] 그러나 소송상 특별대리인이 그 선임결정에 따라서 소송을 제기하고 이를 수행함에는 특별수권이 필요 없다.[3] 소송상 특별대리인이 소송을 제기하고 수행하는 것은 그 선임목적에 따른 당연한 것이고, 소송무능력자인 당사자의 이익을 침해할 우려도 없기 때문이다.

소송상 특별대리인은 당해 소송행위를 할 권한뿐만 아니라 당해 소송에 있어서 공격방어의

---

1) 민법 제22조의 부재자재산관리인이 동법 제118조에 규정한 권한을 넘는 행위를 함에는 민법 제25조에 의하여 법원의 허가를 얻어야 할 것이고, 따라서 원고의 재산관리인이 법원의 허가를 얻지 않고 한 본건 재판상 화해는 (대리권 흠결을 이유로 한 재심사유인) 제451조 제1항 제3호에 해당한다(대법원 1968. 4. 30. 선고 67다2117 판결).

2) 민사소송법개정위원회에서 불복절차를 인정할 것인지 논의가 있었으나, 불복절차를 인정하게 되면 이에 대한 법원의 판단이 내려질 때까지 소송절차를 종료시키는 소송행위의 효력이 장기간 미확정인 상태로 남겨질 가능성이 있어 절차 및 거래의 안정을 해할 수 있으며, 특별히 불복절차를 두지 않더라도 종국판결에 대한 불복절차에서 다툴 수 있다는 점에서 특별한 불복절차를 두지 않는 것으로 결정하였다.

3) 민사소송법에 따라 선임된 특별대리인은 그 선임결정에 따라서 상대방이 제기한 소송에 응소할 수 있을 뿐만 아니라 스스로 소송을 제기하고 이를 수행할 수 있고 그와 같은 소송행위를 함에는 동조 제4항의 특별수권을 필요로 하는 것이 아니다(대법원 1983. 2. 8. 선고 82므34 판결).

방법으로서 필요한 때에는 사법상의 실체적 권리도 행사할 수 있다. 다만, 제한능력자의 부동산 처분행위에 대한 추인과 같은 부동산에 관한 권리의 득실변경을 초래하는 행위는 후견감독인의 동의가 없는 한 할 수 없다(민법 제950조 제1항 제4호).[1] 또한 소송상 특별대리인은 본인을 위하여 소송대리인을 선임하고 그 수임료지급약정을 체결할 권한은 있지만, 수임료지급에 갈음하여 그 판결에서 확정된 본인의 채권을 양도하는 등 처분할 권한은 없다.[2] 그런데 법인 등 단체의 대표자가 없거나 대표권을 행사할 수 없는 경우에 선임된 특별대리인에 대하여는 그 성질상 후견인에 관한 규정이 준용될 여지가 없다. 따라서 이 경우의 특별대리인은 법인 등 단체의 대표자와 동일한 권한을 갖고 일체의 소송행위를 할 수 있다고 보아야 할 것이다.[3]

특별대리인의 대리권의 범위에서 종전 법정대리인의 권한은 정지된다(제62조 제3항 후단). 종전 법정대리인의 권한정지는 민사소송법의 개정으로 새로 도입된 것이다.[4] 개정 이전의 판례는 법인 등 단체의 대표자의 자격이나 대표권에 흠결이 있어 특별대리인이 선임된 후 소송계속 중에 대표자의 자격이나 대표권에 있던 흠결이 보완되었다면 특별대리인에 대한 수소법원의 해임 결정이 있기 전에도 그 대표자는 법인을 위하여 유효하게 소송행위를 할 수 있다는 입장이었다.[5] 그러나 현행법에서는 특별대리인이 해임되기 전까지 종전 대표자는 권한이 정지되므로 유효한 소송행위를 할 수 없다.

### (3) 법인 등 대표자의 경우

법인 등 대표자에 대하여 법정대리인에 관한 규정이 준용된다(제64조). 법인 등 단체를 소송 무능력자에 준하는 것으로 보아 그 대표자를 법정대리인에 준하여 취급하고 있다. 법인 등 대표자의 권한에 관하여 특별한 규정이 없으면 실체법의 규정에 의한다(제51조). 실체법상 법인 등의 대표자는 법인의 목적인 사업의 수행에 필요한 일체의 행위를 할 수 있는 것이 원칙이다.

---

1) 대법원 1993. 7. 27. 선고 93다8986 판결.
2) 대법원 2012. 8. 30. 선고 2012다38216 판결.
3) 법인 또는 법인 아닌 사단의 대표자가 없거나 대표권을 행사할 수 없는 경우에 제64조에 의하여 준용되는 제62조의 규정에 따라 선임된 특별대리인은 법인 또는 법인 아닌 사단의 대표자와 동일한 권한을 가져 그 소송 수행에 관한 일체의 소송행위를 할 수 있다(대법원 2010. 6. 10. 선고 2010다5373 판결).
4) 법률 제13952호로 2016. 2. 3. 일부개정된 것
5) 법인 대표자의 자격이나 대표권에 흠이 있어 그 법인이 또는 그 법인에 대하여 소송행위를 하기 위하여 제64조, 제62조에 따라 수소법원에 의하여 선임되는 특별대리인은 법인의 대표자가 대표권을 행사할 수 없는 흠을 보충하기 위하여 마련된 제도이므로, 이러한 제도의 취지에 비추어 보면 특별대리인이 선임된 후 소송절차가 진행되던 중에 법인의 대표자 자격이나 대표권에 있던 흠이 보완되었다면 특별대리인에 대한 수소법원의 해임결정이 있기 전이라 하더라도 그 대표자는 법인을 위하여 유효하게 소송행위를 할 수 있다(대법원 2011. 1. 27. 선고 2008다85758 판결).

민법상 법인의 이사는 법인의 사무에 관하여 법인을 대표하고(민법 제59조), 상법상 회사를 대표하는 사람은 회사의 영업에 관하여 재판상 또는 재판 외의 모든 행위를 할 권한이 있다(상법 제209조, 제269조, 제389조 제3항, 제567조).[1] 따라서 법인 등의 대표자는 법인의 사무에 관한 소송에서 일체의 소송행위를 할 수 있다.[2] 다만, 법인 아닌 사단이 총유재산에 관한 소송을 제기하기 위해서는 대표자가 사원총회의 결의를 거쳐 소송을 제기하여야 하고, 법인 아닌 사단의 대표자가 사원총회의 결의 없이 법인 아닌 사단의 이름으로 소송을 제기한 경우에는 소송행위에 관한 특별수권을 흠결한 것으로 부적법한 소송이 된다.[3]

그런데 법원의 가처분결정에 의하여 선임된 이사 또는 대표이사의 직무대행자는 법인 또는 회사의 통상사무 또는 상무(常務)에 속한 행위만을 할 수 있고, 이를 벗어난 행위를 하려면 법원의 허가를 얻어야 한다(민법 제60조의2 제1항, 상법 제408조 제1항). 법인 또는 회사의 통상사무 또는 상무라 함은 법인 또는 회사가 그 목적인 사업 또는 영업을 계속함에 있어 통상 업무범위 내의 사무, 즉 법인의 사업 수행 또는 회사의 경영에 중요한 영향을 미치지 않는 보통의 업무를 말한다.[4] 변호사에게 소송대리를 위임하고 보수지급약정을 체결하거나 반소제기를 위임하는 행위는 법인 또는 회사의 통상사무에 속한다. 그러나 상대방 변호사의 보수지급약정은 통상사무에 속하지 않으며,[5] 항소를 취하[6]하거나 청구를 인낙[7]하는 것도 통상사무에 속하지 않는다.

---

1) 합명회사 또는 합자회사를 대표하는 사원은 회사의 영업에 관하여 재판상 또는 재판 외의 모든 행위를 할 권한이 있다(제209조, 제269조). 주식회사의 대표이사, 유한회사를 대표하는 이사도 마찬가지이다(제389조 제3항, 제567조).

2) 대법원 2010. 6. 10. 선고 2010다5373 판결.

3) 총유재산에 관한 소송은 비법인사단이 그 명의로 사원총회의 결의를 거쳐 하거나 또는 그 구성원 전원이 당사자가 되어 필수적 공동소송의 형태로 할 수 있을 뿐이며, 비법인사단의 대표자가 사원총회의 결의 없이 제기한 소송은 소제기에 관한 특별수권을 결하여 부적법하다(대법원 2007. 7. 26. 선고 2006다64573 판결).

4) 주식회사의 이사 직무집행을 정지하고 그 직무대행자를 선임하는 가처분이 있는 경우 상법 제408조 제1항은 그 직무대행자는 가처분명령에 다른 정함이 있는 경우 외에는 회사의 상무에 속하지 아니한 행위를 하지 못한다고 규정하고 있는데, 여기서 말하는 '상무'는 일반적으로 회사의 영업을 계속함에 있어 통상업무범위 내의 사무, 즉 회사의 경영에 중요한 영향을 미치지 않는 보통의 업무를 뜻하는 것이고 직무대행자의 지위가 본안소송의 판결 시까지 잠정적인 점 등에 비추어 보면 회사의 사업 또는 영업의 목적을 근본적으로 변경하거나 중요한 영업재산을 처분하는 것과 같이 당해 분쟁에 관하여 종국적인 판단이 내려진 후에 정규이사로 확인되거나 새로 취임하는 자에게 맡기는 것이 바람직하다고 판단되는 행위가 아닌 한 직무대행자의 상무에 속한다고 할 것이다(대법원 1991. 12. 24. 선고 91다4355 판결).

5) 가처분에 의하여 대표이사 직무대행자로 선임된 자가 변호사에게 소송대리를 위임하고 그 보수계약을 체결하거나 그와 관련하여 반소제기를 위임하는 행위는 회사의 상무에 속하나, 회사의 상대방 당사자의 변호인의 보수지급에 관한 약정은 회사의 상무에 속한다고 볼 수 없으므로 법원의 허가를 받지 않는 한 효력이 없다(대법원 1989. 9. 12. 선고 87다카2691 판결).

6) 가처분결정에 의해 선임된 청산인 직무대행자가 그 가처분의 본안소송인 주주총회결의무효확인의 제1심 판결에 대한 항소를 취하하는 행위는 회사의 상무에 속하지 않으므로, 그 가처분결정에 다른 정함이 있거나 관할법원의 허가를 얻지 않고서는 이를 할 수 없다(대법원 1982. 4. 27. 선고 81다358 판결).

7) 회사의 대표이사 직무대행자는 그 가처분에 다른 정함이 있는 때 외에는 법원의 허가 없이 그 회사의 상무에 속

## Ⅲ. 임의대리인

임의대리인은 본인의 의사에 기하여 대리권이 수여된 대리인을 말한다. 임의대리인 가운데 포괄적 대리권을 갖는 대리인을 소송대리인이라고 한다. 소송대리인에는 법률의 규정에 의하여 본인을 위해 재판상 행위를 할 수 있는 '법률상 소송대리인'과 특정한 사건의 소송수행을 위임 받은 '소송위임에 의한 소송대리인'이 있다.

### 1. 법률상 소송대리인

#### (1) 의의

법률상 소송대리인이란 법률의 규정에 의하여 본인을 위해 재판상 행위를 할 수 있는 대리 인을 말한다. 법률상 일정한 업무를 처리하는 지위에 있는 자에게 포괄적으로 대리권이 수여되 어 있고, 본인의 의사에 기하여 그러한 지위에 서게 되면 그 업무와 관련된 소송에서 법률상 당연히 소송대리권을 갖게 된다. 법률상 대리인의 지위를 본인이 그 의사로 부여하거나 상실하 게 할 수 있고, 그에 따라 소송대리권이 수여되거나 소멸된다는 점에서 법률상 대리인은 성질 상 임의대리인에 속한다. 법률상 소송대리인으로는 지배인(상법 제11조)[1], 선장(상법 제749조)[2], 선박관리인(상법 제765조)[3], 국가소송수행자(국가를 당사자로 하는 소송에 관한 법률 제7조)[4] 등이 있다. 민법상 조합의 업무집행조합원을 법률상 소송대리인으로 볼 수 있는지 논란이 있다. 업무 집행조합원이 재판상 행위를 대리할 수 있다는 명문의 규정이 없음을 들어 부정하는 견해가 있으

---

하지 않는 행위를 할 수 없고 법원의 허가 없이 회사를 대표하여 변론기일에서 상대방의 청구에 대한 인낙을 한 경우에는 제451조 제1항 제3호 소정의 소송행위를 함에 필요한 특별수권의 흠결이 있는 재심사유에 해당한다 (대법원 1975. 5. 27. 선고 75다120 판결).

1) 지배인은 영업주에 갈음하여 그 영업에 관한 재판상 또는 재판 외의 모든 행위를 할 수 있는 권한을 갖고 있는 사람이다(상법 제11조 제1항). 그런데 종종 영업에 관한 포괄적 대리권을 갖고 있지 않는 단순 업무만을 수행하 는 회사의 직원을 소송 편의만을 위하여 지배인으로 등기해 두는 경우가 있다. 비록 지배인으로 등기가 되어 있 더라도 고용관계, 업무내용 등을 평가하여 지배인으로서의 실체가 인정되지 않는 경우에는 그러한 자의 소송관 여를 배척하여야 할 것이다(김홍엽, 184면).
2) 선적항 외에서는 선장은 항해에 필요한 재판상 또는 재판 외의 모든 행위를 할 권한이 있다(상법 제749조 제1항).
3) 선박관리인은 선박의 이용에 관한 재판상 또는 재판 외의 모든 행위를 할 권한이 있다(상법 제765조 제1항).
4) 국가소송수행자로 지정된 사람은 그 소송에 관하여 대리인 선임을 제외한 모든 재판상의 행위를 할 수 있다(국 가를 당사자로 하는 계약에 관한 법률 제7조).

나,[1] 민법 제709조가 업무집행조합원에게 업무집행의 대리권이 있는 것으로 추정하고 있으며,[2] 여기의 대리권에는 소송대리권도 포함되는 것으로 볼 수 있다는 점에서 긍정함이 타당하다.[3]

### (2) 대리권의 범위

법률상 소송대리인의 소송대리권은 자신의 법률상 지위에서 처리하는 업무에 관한 일체의 사건에 미친다. 이 점에서 위임받은 특정한 사건에 한하여 소송대리권이 인정되는 소송위임에 의한 소송대리인과 차이가 있다. 법률상 소송대리인의 권한범위는 각 법률에서 정하고 있는데, 일체의 재판상 행위를 할 수 있음이 원칙이다. 다만, 국가소송수행자의 경우 대리인 선임권한은 인정되지 않는다(국가를 당사자로 하는 소송에 관한 법률 제7조). 법률상 소송대리인의 권한은 법률의 규정이 없는 한 제한할 수 없으며, 이를 제한하여도 효력이 없다.[4]

## 2. 소송위임에 의한 소송대리인

### (1) 변호사대리의 원칙

소송위임에 의한 소송대리인이란 본인으로부터 특정한 소송사건의 처리를 위임받은 대리인을 말한다. 소송위임에 의한 소송대리인은 변호사에 한하여 가능하다(제87조).[5] 이를 변호사대리의 원칙이라고 한다. 그러나 예외적으로 변호사가 아닌 사람도 다음과 같은 경우에는 소송대리인이 될 수 있다.

---

1) 김홍엽, 183면.
2) 조합의 업무를 집행하는 조합원은 그 업무집행의 대리권있는 것으로 추정한다(민법 제709조).
3) 강현중, 189면; 이시윤 183면.
4) 국가를 당사자로 하는 소송에 관한 법률 제7조에 의하면 국가소송수행자로 지정된 자는 당해 소송에 관하여 대리인의 선임 이외의 모든 재판상의 행위를 할 수 있도록 규정되어 있으므로, 소송수행자는 별도의 특별수권 없이 당해 청구의 인낙을 할 수 있고, 그 인낙행위가 같은법 시행령 제3조 및 같은법 시행규칙 제11조 제5항 소정의 법무부장관 등의 승인 없이 이루어졌다고 하더라도 소송수행자가 내부적으로 지휘감독상의 책임을 지는 것은 별론으로 하고 그 소송법상의 효력에는 아무런 영향이 없다(대법원 1995. 4. 28. 선고 95다3077 판결).
5) 경매신청행위는 소송행위이긴 하나 제87조에 규정된 재판상 행위에 해당하지 않으므로 변호사가 아니라도 대리할 자격이 있다(대법원 1985. 10. 12. 자 85마613 결정). 법무사와 공인중개사는 민사집행법에 따른 경매사건과 국세징수법이나 그 밖의 법령에 따른 공매사건에서 매수신청 또는 입찰신청의 대리를 할 수 있다(법무사법 제2조 제1항 제5호, 공인중개사의 업무 및 부동산거래신고에 관한 법률 제14조 제2항).

## 1) 단독사건

단독판사가 심판하는 사건 가운데 '수표금·약속어음금 청구사건', '금융기관이 원고인 대여금·구상금·보증금 청구사건', '자동차손해배상보장법 및 근로자의 업무상 재해로 인한 손해배상 청구사건과 이에 관한 채무부존재확인사건', '단독판사가 심판할 것으로 합의부가 결정한 사건'과 '소가가 소제기 당시 또는 청구취지의 확장(변론의 병합 포함) 당시 1억원 이하인 사건'에 있어서는 당사자와 배우자나 4촌 이내의 친족관계에 있는 사람 또는 당사자와 고용 등 계약관계를 맺고 사건에 관한 통상사무를 처리·보조해 온 사람은 법원의 허가를 얻어 소송대리인이 될 수 있다(제88조, 민사소송규칙 제15조).

소송대리허가신청은 서면으로 하여야 하고(민사소송규칙 제15조 제3항), 법원은 언제든지 소송대리허가를 취소할 수 있다(제88조 제3항). 단독사건이라도 상소심에서는 합의사건이 되므로 상소심에서는 변호사 아닌 사람의 소송대리가 허용되지 않는다. 소가 1억원 이하인 사건이어서 변호사 아닌 사람의 소송대리를 허가하였으나 그 후 청구취지의 확장으로 소가가 1억원을 초과한 경우에는 비록 변론관할이 발생하여 단독판사가 사건을 계속 담당하더라도 변호사 아닌 사람의 소송대리는 더 이상 허용될 수 없다. 이 경우 법원은 소송대리허가를 취소하고 당사자 본인에게 그 취지를 통지하여야 한다(동규칙 제15조 제4항).

## 2) 소액사건

소액사건의 제1심에서는 당사자의 배우자, 직계혈족, 형제자매는 법원의 허가 없이 소송대리인이 될 수 있다(소액사건심판법 제8조).

## 3) 비송사건

비송사건에서는 소송능력이 있으면 누구나 법원의 허가 없이 소송대리인이 될 수 있다(비송사건절차법 제6조 제1항).

## 4) 가사소송사건

가사소송사건에서는 원칙적으로 본인 또는 법정대리인이 출석하여야 한다(가사소송법 제7조 제1항 본문). 다만, 특별한 사정이 있는 경우에는 법원의 허가를 얻어 대리인이 출석할 수 있는데(동항 단서), 이때 변호사 아닌 사람도 미리 법원의 허가를 얻으면 대리인이 될 수 있다(동조 제2항).

## 5) 배상명령신청사건

형사소송절차에 부대하여 청구하는 배상명령신청사건에서는 피해자의 배우자, 직계혈족, 형제자매는 법원의 허가를 얻어 배상명령신청에 관한 소송행위를 대리할 수 있다(소송촉진 등에 관한 특례법 제27조 제1항).

### 6) 특허심결취소사건

변리사는 특허, 실용신안, 디자인 또는 상표에 관한 사항의 소송대리인이 될 수 있다(변리사법 제8조). 그런데 여기서 '특허, 실용신안, 디자인 또는 상표에 관한 사항'이란 특허·실용신안·디자인·상표(이하 '특허 등'이라고 한다) 등의 출원·등록, 특허 등에 관한 특허심판원의 각종 심판 및 특허심판원의 심결에 대한 취소소송을 의미한다. 따라서 변리사에게 허용되는 소송대리의 범위는 특허심판원의 심결에 대한 취소소송으로 한정되고, 특허 등의 침해를 청구원인으로 하는 침해금지청구 또는 손해배상청구 등과 같은 민사사건(특허침해소송)에서는 변리사의 소송대리가 허용되지 않는다.[1]

## (2) 소송대리권의 수여

소송대리권의 수여는 소송대리권의 발생이라는 소송법상의 효과를 목적으로 하는 소송행위이며, 대리인으로 되는 사람의 승낙을 요하지 않는 단독행위이다. 대리권수여의 기초관계로서 당사자와 대리인 사이에 위임계약에 체결되지만, 소송대리권의 수여와 위임계약은 별개의 것이다. 당사자와 변호사 사이의 권리의무는 대리권수여행위가 아닌 위임계약에 의하여 발생한다. 그리하여 본안 소송을 수임한 변호사가 그 소송을 수행함에 있어 강제집행이나 보전처분에 관한 소송행위를 할 수 있는 소송대리권을 가진다고 하여 당사자에 대한 관계에서 당연히 그 권한에 상응한 위임계약상의 의무를 부담한다고 할 수는 없다. 변호사가 처리의무를 부담하는 사무의 범위는 당사자와 변호사 사이의 사법상 위임계약의 내용에 의하여 정해진다.[2]

---

1) 대법원 2012. 10. 25. 선고 2010다108104 판결.
2) 소송위임(수권행위)은 소송대리권의 발생이라는 소송법상의 효과를 목적으로 하는 단독소송행위로서 그 기초관계인 의뢰인과 변호사 사이의 사법상의 위임계약과는 성격을 달리하는 것이고, 의뢰인과 변호사 사이의 권리의무는 수권행위가 아닌 위임계약에 의하여 발생하는 것이다. 제90조의 규정은 소송절차의 원활·확실을 도모하기 위하여 소송법상 소송대리권을 정형적·포괄적으로 법정한 것에 불과하고 변호사와 의뢰인 사이의 사법상의 위임계약의 내용까지 법정한 것은 아니므로, 본안소송을 수임한 변호사가 그 소송을 수행함에 있어 강제집행이나 보전처분에 관한 소송행위를 할 수 있는 소송대리권을 가진다고 하여 의뢰인에 대한 관계에서 당연히 그 권한에 상응한 위임계약상의 의무를 부담한다고 할 수는 없고, 변호사가 처리의무를 부담하는 사무의 범위는 변호사와 의뢰인 사이의 위임계약의 내용에 의하여 정하여진다고 할 것이다. 따라서 이 사건에 있어 갑제3호증의 2(소송위임장)의 위임권한란에 가압류·가처분에 관한 소송행위 및 반소의 제기·복대리인의 선임 등의 사항이 기재되어 있다 하더라도, 이는 이 사건 이전등기소송을 수행함에 있어서 피고가 행사할 수 있는 소송대리권의 범위를 명확하게 한 것이지 이로써 곧 원고들과 피고가 이 사건 이전등기소송의 수행에 관한 위임계약을 체결함에 있어 그 본안소송의 수행 외에 가처분 등에 관한 사항도 위임 사무

민사소송법상 소송행위에는 특별한 규정이 없는 한 민법상 법률행위에 관한 규정이 적용되지 않으므로 사기·강박 또는 착오 등 의사표시의 하자를 이유로 그 무효나 취소를 주장할 수 없다.[1] 소송대리권의 수여도 소송대리권의 발생을 목적으로 하는 소송행위이므로 달리 볼 것은 아니다. 따라서 강박에 의하여 소송대리권을 수여하였더라도 이를 이유로 수권행위를 취소할 수는 없다. 또한 당사자는 수권행위를 일방적으로 취소할 수 있지만, 취소하여도 소급효가 인정되지 않는다.[2]

### (3) 대리권의 범위

#### 1) 특별수권사항 이외의 일체의 소송행위

소송위임에 의한 소송대리인은 위임받은 특정 사건에 대하여 특별수권사항을 제외하고 소송수행에 필요한 일체의 소송행위를 할 권한이 있다(제90조, 제91조).[3] 소송대리인은 위임받은 사건에 대하여 소제기, 청구의 변경 등을 할 수 있고, 상대방이 제기한 반소나 제3자가 제기한 참가소송(독립당사자참가, 공동소송참가, 참가승계)에 응소할 수 있으며, 해당 소송에 대한 강제집행, 가압류·가처분 등을 할 수 있다. 나아가 그에 부수하거나 파생하는 소송절차, 즉 판결경정절차, 소송비용액확정절차, 집행정지절차, 위헌제청절차에 있어서도 대리권을 가진다(제90조 제1항). 또한 소송위임에 의한 소송대리인은 당사자 본인이 갖는 사법상 권리도 행사할 수 있다. 민사소송법에서는 '변제의 영수'에 대해서만 규정하고 있으나(제90조 제1항), 이는 예시적인 것에 불과하고 공격방어방법의 전제로서 본인이 가진 상계권, 취소권, 해지·해제권 등 형성권을 행사할 수 있다. 그러나 재판 외의 행위, 예를 들어 재판 외 화해계약 등을 별도의 수권 없이 체결할 수 없다.[4]

---

의 범위에 포함시키기로 약정한 것이라고 보기는 어렵다(대법원 1997. 12. 12. 선고 95다20775 판결).

[1] 대법원 1984. 5. 29. 선고 82다카963 판결; 1980. 8. 26. 선고 80다76 판결.

[2] 민법상의 법률행위에 관한 규정은 민사소송법상의 소송행위에는 특별한 규정 기타 특별한 사정이 없는 한 적용이 없는 것이므로 소송행위가 강박에 의하여 이루어진 것임을 이유로 취소할 수는 없다 할 것이고, 소송위임행위도 소송대리권의 발생을 목적으로 하는 소송행위이므로 달리 볼 것이 아니다. 따라서 이 사건 제소 전 화해사건에서 피신청인들이 위 ○○○변호사에게 소송대리를 위임한 것이 원심이 인정한 것처럼 합동수사본부 수사관들의 강박에 의한 것이라고 할지라도 위임인인 피신청인들이 이를 이유로 소송행위를 취소할 수는 없다고 보아야 할 것이다. 더구나, 소송위임행위는 위임자가 소송대리권 수여행위를 일방적으로 취소할 수 있지만 취소하여도 소급효가 없는 것이다(대법원 1997. 10. 10. 선고 96다35484 판결).

[3] 소송대리인은 특별수권을 필요로 한 경우를 제외하고는 소송에 관한 일체의 공격방어의 수단을 강구할 권한이 있으므로 공격방어의 방법으로 백지수표의 보충권을 행사할 권한이 있다고 봄이 타당하다(대법원 1959. 8. 6. 선고 4291민상382 판결); 소송상 화해나 청구의 포기에 관한 특별수권이 되어 있다면, 특별한 사정이 없는 한 그러한 소송행위에 대한 수권만이 아니라 그러한 소송행위의 전제가 되는 당해 소송물인 권리의 처분이나 포기에 대한 권한도 수여되어 있다고 봄이 상당하다(대법원 2000.01.31. 자 99마6205 결정).

[4] 김홍엽, 192면; 이시윤, 188면.

## 2) 특별수권사항에 속하는 소송행위

본인으로부터 개별적인 수권이 있어야 하는 특별수권사항으로는 '반소의 제기', '소의 취하', '화해', '청구의 포기·인낙' 또는 '소송탈퇴', '상소의 제기 또는 취하', '대리인의 선임'이 있다(제90조 제2항). '불상소합의'와 '상소권의 포기'도 상소의 취하에 준하여 특별수권을 요한다고 할 것이다. 그러나 '반소에 응소'하거나 '소 취하에 동의'[1]하는 것은 통상 대리권의 범위에 속한다. 그런데 통설 및 판례는 상소의 제기 또는 취하와 마찬가지로 '상소에 응소'하는 것도 특별수권사항이라고 한다.[2] 그리하여 소송위임에 의한 소송대리권은 특별한 사정이 없는 한 당해 심급에 한정된다고 한다.[3] 이를 심급대리의 원칙이라고 한다. 그리하여 변호사가 수임한 소송사무는 당해 심급의 판결을 송달받은 때에 종료하고, 그 때까지 소송대리권이 존속한다고 한다.[4] 판례는 상고심에서 원판결이 파기환송된 경우에 환송 전 항소심의 소송대리권이 부활한다고 하면서 환송 전 항소심의 소송대리인에게 한 송달은 적법하다고 한다.[5] 그러나 다시 상고되었을 경우에 환송 전 상고심의 소송대리권이 새로운 상고심에서 부활하는 것은 아니고,[6] 나아가 재심의 소가 제기된 경우에도 재심 전의 소송대리인이 당연히 재심소송의 소송대리인이 되는 것은 아니라고 한다.[7]

---

1) 소 취하에 대한 소송대리인의 동의는 제82조 제2항 소정의 특별수권사항이 아닐 뿐 아니라, 소송대리인에 대하여 특별수권사항인 소 취하를 할 수 있는 대리권을 부여한 경우에도 상대방의 소 취하에 대한 동의권도 포함되어 있다고 봄이 상당하므로, 그 같은 소송대리인이 한 소 취하의 동의는 소송대리권의 범위내의 사항으로서 본인에게 그 효력이 미친다(대법원 1984. 3. 13. 선고 82므40 판결).
2) 강현중, 185면; 정동윤·유병현, 214면.
3) 대법원 1994. 3. 8. 선고 93다52105 판결.
4) 소송대리권의 범위는 특별한 사정이 없는 한 당해 심급에 한정되어, 소송대리인의 소송대리권의 범위는 수임한 소송사무가 종료하는 시기인 당해 심급의 판결을 송달받은 때까지라고 할 것이다(대법원 2000.01.31. 자 99마6205 결정).
5) 사건이 상고심에서 환송되어 다시 항소심에 계속하게 된 경우에는 상고 전의 항소심에서의 소송대리인의 대리권은 그 사건이 항소심에 계속되면서 다시 부활하는 것이므로 환송받은 항소심에서 환송 전의 항소심에서의 소송대리인에게 한 송달은 소송당사자에게 한 송달과 마찬가지의 효력이 있다. 소송대리인이 판결정본의 송달을 받고도 당사자에게 그 사실을 알려 주지 아니하여 당사자가 그 판결정본의 송달사실을 모르고 있다가 상고제기기간이 경과된 후에 비로소 그 사실을 알게 되었다 하더라도 이를 가리켜 당사자가 책임질 수 없는 사유로 인하여 불변기간을 준수할 수 없었던 경우에 해당한다고는 볼 수 없다(대법원 1984. 6. 14. 선고 84다카744 판결).
6) 소송대리권의 범위는 특별한 사정이 없는 한 당해 심급에 한정되므로, 상고심에서 항소심으로 파기환송된 사건이 다시 상고되었을 경우에는 항소심에서의 소송대리인은 그 소송대리권을 상실하게 되고, 이 때 환송 전의 상고심에서의 소송대리인의 대리권이 그 사건이 다시 상고심에 계속되면서 부활하게 되는 것은 아니라고 할 것이다(대법원 1996. 4. 4. 자 96마148 결정).
7) 재심의 소 절차에 있어서의 변론은 재심 전 절차의 속행이기는 하나 재심의 소는 신소의 제기라는 형식을 취하고 재심 전의 소송과는 일응 분리되어 있는 것이며, 사전 또는 사후의 특별수권이 없는 이상 재심 전의 소송의 소송대리인이 당연히 재심소송의 소송대리인이 되는 것이 아니다(대법원 1991. 3. 27. 자 90마970 결정).

## 3) 소송대리권의 제한

소송대리인의 대리권은 당사자가 임의로 제한하지 못한다(제91조 본문). 다만, 변호사 아닌 소송대리인의 대리권은 제한할 수 있다(동조 단서). 변호사 아닌 소송대리인은 변호사에 비하여 법률지식과 소송기술이 부족하여 본인에게 주도적 지위를 인정할 필요가 있기 때문이다. 그 제한은 서면으로 명백히 하여야 한다(제89조 제1항). 그러나 이 제한에도 일정한 한계가 있다. 변제의 영수를 할 수 없다는 등의 제한은 할 수 있으나, 본인에게 불이익한 소송행위는 할 수 없다거나 반소나 참가소송이 제기되면 이에 응소할 대리권이 없다는 등의 소송수행에 지장을 줄 수 있는 제한은 무효라고 할 것이다.

# Ⅳ. 소송상 대리인의 지위

## 1. 법정대리인의 지위

법정대리인은 당사자 본인이 아니다. 따라서 법정대리인은 법관의 제척이나 재판적을 정하는 표준이 되지 않으며, 판결의 효력을 받지 않는다. 그러나 법정대리인은 당사자인 소송무능력자의 소송능력을 보충하는 사람이므로 당사자에 준하는 지위를 갖는다. 이 점에서 임의대리인과 구별된다. 그리하여 법정대리인의 표시는 소장과 판결서의 필요적 기재사항이 되고(제208조 제1항 제1호, 제249조 제1항), 소송서류의 송달은 법정대리인에게 하여야 한다(제179조).[1] 기일에의 출석도 본인을 대신하여 법정대리인이 출석하고(제140조 제1항 제1호, 제145조 제2항), 법정대리인의 사실상 진술에 대해서는 당사자의 경정권이 인정되지 않는다(제94조). 또한 법정대리인은 보조참가인이나 증인이 될 수 없으며, 법정대리인을 신문할 때에는 당사자신문의 규정에 의한다(제372조). 법정대리인이 사망하면 소송절차가 중단되고, 소송능력을 회복한 당사자 또는 새로 법정대리인이 된 사람이 소송절차를 수계하여야 한다(제236조).

---

1) 친권을 행사하는 부모 등 공동대리인에 대한 송달은 그 중 1인에게 하면 된다(제180조).

## 2. 소송대리인(임의대리인)의 지위

### (1) 제3자의 지위

소송대리인은 당사자가 아닌 제3자의 지위에 있다. 따라서 소송행위나 판결의 효력은 당사자 본인에게만 미치고 소송대리인에게 미치지 않는다. 소송대리인은 제3자로서 증인이나 감정인이 될 수 있다.

### (2) 소송수행자의 지위

소송대리인에 의하여 소송이 수행되는 경우 어떠한 사실의 지(知)·부지(不知) 또는 고의·과실은 대리인을 표준으로 결정한다(민법 제116조 제1항). 당사자 본인은 자기가 안 사정 또는 과실로 인하여 알지 못한 사정에 관하여 대리인의 부지를 주장하여 자기의 이익으로 원용할 수 없다(동조 제2항).

### (3) 당사자와의 관계

소송대리인이 선임되더라도 당사자 본인은 여전히 소송수행권을 갖는다. 따라서 소송대리인이 있더라도 기일통지서나 판결정본 등 소송서류를 당사자 본인에게 송달하여도 적법하고, 소송대리인과 함께 기일에 출석하여 변론을 할 수 있다. 또한 소송대리인의 사실상 진술을 당사자 본인이 이를 곧 취소하거나 경정하면 그 효력을 상실한다(제94조). 이를 당사자의 경정권이라고 한다. 경정권은 재판상 자백 등 사실상의 진술을 대상으로 하므로, 소송대리인이 한 신청, 소의 취하 또는 청구의 포기·인낙이나 화해 등 소송물을 처분하는 행위, 법률상 진술이나 경험법칙에 관한 진술 등은 그 대상이 되지 않는다. 경정권은 당사자 본인 또는 법정대리인이 행사한다. 경정권의 행사는 소송대리인의 진술이 있은 후 지체 없이 이루어져야 한다. 따라서 당사자 본인이 소송대리인과 함께 기일에 출석하여 소송대리인의 진술을 그 기일에서 경정할 기회가 있었음에도 그렇게 하지 않은 경우에는 다음 기일에 경정권을 행사할 수 없다.[1]

---

1) 당사자의 경정권은 소송대리인과 본인이 같이 변론에 출석한 경우에 관한 규정으로서 자백의 취소의 경우에는 제94조에 규정한 요건을 구비하지 아니한 경우라 할지라도 자백의 취소의 요건을 구비한 이상 취소할 수 있는 것이다(대법원 1962. 10. 18. 선고 62다548 판결).

## 3. 소송상 대리인이 여러 사람인 경우

### (1) 개별대리의 원칙

동일한 당사자에 대하여 여러 사람의 소송대리인이 있더라도 대리인 각자가 당사자를 대리한다(제93조 제1항). 당사자가 이와 다른 약정을 하더라도 효력이 없다(제93조 제1항). 따라서 실체법상 공동대리의 규정이 있는 경우, 예를 들어, 친권을 공동으로 행사하는 부모(민법 제909조 제2항), 공동대표이사(상법 제389조 제2항) 등의 경우 이외에는 공동대리를 정하더라도 소송법상 효력이 없다.

여러 사람의 소송대리인의 행위가 서로 모순되는 경우에 그 행위가 동시에 이루어졌다면 어느 것도 효력을 발생하지 않지만, 시기를 달리하여 이루어졌다면 앞의 행위가 철회될 수 있는지 여부에 따라 전후 모순된 소송행위의 효력이 달라진다. 만일 앞의 행위가 주장이나 증거신청 등 철회할 수 있는 소송행위인 경우에는 뒤의 행위가 효력을 발생하고, 앞의 행위가 자백, 소의 취하, 청구의 포기·인낙, 화해 등 철회할 수 없는 성질의 것인 경우에는 뒤의 행위는 효력이 없다.[1]

여러 사람의 소송대리인이 있는 경우 소송서류는 여러 소송대리인에게 각각 송달되어야 한다. 여러 사람이 공동으로 대리권을 행사하는 경우 그 중 1인에게 송달을 하도록 한 제180조는 여러 소송대리인이 개별대리를 하는 경우에는 적용되지 않는다. 이와 같이 여러 소송대리인이 각각 소송서류를 송달받아야 하지만, 여러 소송대리인은 모두 당사자 본인을 위하여 소송서류를 송달받을 지위에 있으므로 당사자에 대한 소송서류 송달의 효력은 소송대리인 중 1인에게 최초로 송달된 때에 발생한다. 그리하여 예를 들어, 판결정본이 여러 소송대리인에게 각각 송달된 경우 항소기간은 소송대리인 중 1인에게 최초로 판결정본이 송달된 때부터 기산된다.[2]

### (2) 공동대리인

여러 사람이 공동으로 대리권을 행사하는 경우를 공동대리인이라고 하는데, 실체법상 인정

---

1) 김홍엽, 199면; 이시윤, 192면.
2) 당사자에게 여러 소송대리인이 있는 때에는 제93조에 의하여 각자가 당사자를 대리하게 되므로, 여러 사람이 공동으로 대리권을 행사하는 경우 그 중 한 사람에게 송달을 하도록 한 제180조가 적용될 여지가 없어 법원으로서는 판결정본을 송달함에 있어 여러 소송대리인에게 각각 송달을 하여야 하지만, 그와 같은 경우에도 소송대리인 모두 당사자 본인을 위하여 소송서류를 송달받을 지위에 있으므로 당사자에 대한 판결정본 송달의 효력은 결국 소송대리인 중 1인에게 최초로 판결정본이 송달되었을 때 발생한다. 따라서 당사자에게 여러 소송대리인이 있는 경우 항소기간은 소송대리인 중 1인에게 최초로 판결정본이 송달되었을 때부터 기산된다(대법원 2011. 9. 29. 자 2011마1335 결정).

된 경우에 한하여 허용된다. 실체법상 공동대리가 인정되는 경우로는 친권을 공동으로 행사하는 부모(민법 제909조 제2항),[1] 공동성년후견인(민법 제949조의2 제1항),[2] 공동지배인(상법 제12조)[3], 공동대표(상법 제208조,[4] 제269조[5]), 공동대표이사(상법 제389조 제2항,[6] 제562조 제3항[7]) 등이 있다. 결국 공동대리는 법정대리에서만 허용되고, 임의대리에서는 여러 소송대리인이 있더라도 각자 당사자를 대리한다.

공동대리인은 공동으로 소송행위를 하여야 한다. 공동대리인 전원에 의하여 또는 전원에 대하여 소의 제기가 있어야 하고, 소장이나 준비서면 등 제출서면에도 공동명의로 기재되어야 한다. 다만, 상대방의 소송행위를 받아들이는 수령은 단독으로 할 수 있으며(상법 제208조 제2항, 제389조 제3항, 제562조 제4항), 송달도 공동소송인 중 1인에게 하면 된다(제180조). 공동대리인이 어느 정도 공동으로 하여야 하는지 논란이 있으나, 소 또는 상소의 제기, 소 또는 상소의 취하, 화해, 청구의 포기·인낙, 소송탈퇴 등의 행위를 함에는 제56조 제2항에서 대리인으로 하여금 특별한 권한을 받도록 한 취지에 비추어 전원이 명시적으로 공동으로 하여야 하지만, 그 밖의 소송행위는 공동소송인 가운데 1인이 단독으로 하여도 다른 대리인이 묵인하면 공동으로 한 것으로 이해함이 타당하다.[8]

---

1) 친권은 부모가 공동으로 행사한다(민법 제909조 제2항). 그러나 부모의 일방이 친권을 행사할 수 없을 때에는 다른 일방이 이를 행사한다(동조 제3항). 부모 중 일방이 친권을 사실상 행사할 수 없는 경우에는 관련 자료를 첨부하여 이를 증명함으로써 친권행사가 가능한 부모 중 일방이 법정대리인으로 소송행위를 할 수 있다. 부모가 별거 중이거나 친권행사자를 정하지 않고 이혼함으로써 부모 중 일방이 현재 동거하지 않는다는 사정만으로는 사실상 친권을 행사할 수 없는 경우에 해당한다고 단정할 수 없다.
2) 가정법원은 직권으로 여러 사람의 성년후견인이 공동으로 또는 사무를 분장하여 그 권한을 행사하도록 정할 수 있고(민법 제949조의1 제1항), 이 경우에 어느 성년후견인이 피성년후견인의 이익이 침해될 우려가 있음에도 법률행위의 대리 등 필요한 권한행사에 협력하지 아니할 때에는 가정법원은 피성년후견인, 성년후견인, 후견감독인 또는 이해관계인의 청구에 의하여 그 성년후견인의 의사표시를 갈음하는 재판을 할 수 있다(동조 제3항).
3) 상인은 수인의 지배인에게 공동으로 대리권을 행사하게 할 수 있고(상법 제12조 제1항), 이 경우 지배인 1인에 대한 의사표시는 영업주에 대하여 그 효력이 있다(동조 제2항).
4) 합명회사에서는 정관 또는 총사원의 동의로 수인의 사원이 공동으로 회사를 대표할 것을 정할 수 있으며(상법 제208조 제1항), 이 경우 제3자의 회사에 대한 의사표시는 공동대표인 사원 1인에 대하여 이를 함으로써 그 효력이 생긴다(동조 제2항).
5) 합명회사의 공동대표에 관한 상법 제208조는 합자회사에도 준용된다(상법 제269조).
6) 주식회사에서는 이사회의 결의로 회사를 대표할 이사를 선정하여야 하지만, 정관으로 주주총회에서 이를 선정할 것을 정할 수 있다(상법 제389조 제1항). 이 경우 수인의 대표이사가 공동으로 회사를 대표할 것을 정할 수 있다(동조 제2항).
7) 유한회사에서는 이사가 회사를 대표하고(상법 제562조 제1항), 이사가 수인인 경우에 정관에 다른 정함이 없으면 사원총회에서 회사를 대표할 이사를 선정하여야 하지만(동조 제2항), 정관 또는 사원총회에서 수인의 이사가 공동으로 회사를 대표할 것을 정할 수 있다(동조 제3항).
8) 이시윤, 179면; 정동윤·유병현, 204면.

## V. 소송상 대리권의 소멸

### 1. 법정대리권의 소멸

#### (1) 소멸사유

민법은 본인이 사망한 경우, 대리인이 사망 또는 성년후견개시의 심판을 받거나 파산한 경우에 대리권이 소멸하는 것으로 규정하고 있다(동법 제127조). 소송상 법정대리권도 당사자 본인이 사망한 경우, 대리인이 사망 또는 성년후견개시의 심판을 받거나 파산한 경우에 소멸한다. 또한 본인의 소송능력취득, 법정대리인의 자격상실,[1] 소송상 특별대리인의 해임(제62조 제3항) 등에 의해서도 법정대리권이 소멸된다.

#### (2) 소멸사실의 통지

법정대리권이 소멸하더라도 본인 또는 대리인이 그 사실을 상대방에게 통지하지 않으면 대리권소멸의 효력을 주장하지 못한다(제97조 및 제63조 제1항 본문). 여기서 소멸을 통지하는 본인은 소송능력을 회복한 본인을 말하고, 대리인이란 종전 대리인 또는 새로운 대리인을 말한다. 소멸통지를 하지 않는 한 상대방이 소멸사실을 알든 모르든, 모르는데 과실이 있든 없든 대리권소멸의 효력을 주장하지 못한다.[2] 따라서 대리권이 소멸하더라도 통지가 있기까지 소송절차가 중단되지 않으며, 그 때까지 종전 대리인이 한 소송행위는 유효하다. 그러나 법정대리인이 사망하거나 성년후견개시심판을 받은 경우에는 통지할 수 있는 상황이 아니므로 사망한 때 또는 성년후견이 개시된 때에 대리권소멸의 효력이 발생한다.

이와 같이 대리권의 소멸사실을 상대방에게 통지하지 않으면 대리권소멸의 효력을 주장하지 못하지만, 법원에 대리권의 소멸사실이 알려진 뒤에는 그 대리인은 소의 취하, 화해, 청구의 포기·인낙 또는 소송탈퇴 등의 소송행위를 하지 못한다(제97조 및 제63조 제1항 단서). 이는 종전 대리인이 당사자 본인을 해할 의도로 소송종료행위를 하는 것을 방지하기 위한 것이다.

---

1) 예를 들어, 친권의 상실 또는 일시정지(민법 제924조), 대리권의 상실(제925조), 대리권의 사퇴(제927조), 후견인의 사임(제939조), 후견인의 변경(제940조) 등으로 인하여 법정대리인의 자격을 상실하는 경우이다.
2) 대법원 1998. 2. 19. 선고 95다52710 전원합의체 판결; 2007. 5. 10. 선고 2007다7256 판결.

### (3) 소송절차의 중단

법정대리권이 소멸한 경우 소송절차가 중단된다. 이 경우 소송능력을 회복한 당사자 또는 새로 법정대리인이 된 사람이 소송절차를 수계하여야 한다(제235조). 법인 등 단체의 대표자에 대하여도 법정대리인에 관한 규정이 준용되므로(제64조), 소송계속 중 법인 등 단체의 대표권이 소멸한 경우 소송절차가 중단된다(제64조, 제235조). 그러나 소송대리인이 있는 경우에는 소송절차가 곧바로 중단되지는 않으며(제238조), 심급대리의 원칙상 그 심급의 판결정본이 소송대리인에게 송달됨으로써 소송절차가 중단된다.[1]

## 2. 소송대리권(임의대리권)의 소멸

### (1) 소송위임에 의한 소송대리권의 소멸

#### 1) 불소멸의 특칙

소송위임에 의한 소송대리인의 대리권은 민법에서와는 달리 당사자 본인의 사망으로 인하여 소멸되지 않는다(제95조 제1호). 민법에서는 본인이 사망한 경우 대리권이 소멸되지만, 소송대리권의 경우에는 소송절차의 명확성과 안정성을 위하여 당사자 본인의 사망에 불구하고 소멸되지 않도록 하고 있다. 나아가 당사자 본인의 소송능력상실, 당사자인 법인의 합병에 의한 소멸, 당사자인 수탁자의 신탁임무의 종료, 법정대리인의 사망이나 법정대리권의 소멸·변경, 일정한 자격에 의하여 다른 사람을 위하여 소송당사자가 된 사람의 자격상실, 즉 제3자의 소송담당에서 소송담당자의 자격이 상실된 경우에도 그 소송대리인의 대리권은 소멸되지 않는다(제95조 및 제96조).

#### 2) 소멸사유

소송대리인 자신이 사망하거나 또는 성년후견개시의 심판을 받거나 파산한 경우에는 소송대리권이 소멸한다(민법 제127조 제2호). 또한 심급대리의 원칙상 당해 심급의 판결정본의 송달된 때에도 대리권이 소멸한다. 그리고 소송위임계약의 해지(민법 제689조)[2] 또는 본인의 파산(동

---

[1] 소송계속 중 법인 아닌 사단 대표자의 대표권이 소멸한 경우 이는 소송절차 중단사유에 해당하지만 소송대리인이 선임되어 있으면 소송절차가 곧바로 중단되지 아니하고, 심급대리의 원칙상 그 심급의 판결정본이 소송대리인에게 송달됨으로써 소송절차가 중단된다. 이 경우 상소는 소송수계절차를 밟은 다음에 제기하는 것이 원칙이나, 소송대리인이 상소제기에 관한 특별수권이 있어 상소를 제기하였다면 상소제기시부터 소송절차가 중단되므로 이때는 상소심에서 적법한 소송수계절차를 거쳐야 소송중단이 해소된다(대법원 2016. 9. 8. 선고 2015다39357 판결).

[2] 위임계약은 각 당사자가 언제든지 해지할 수 있다(민법 제698조 제1항). 다만, 당사자 일방이 부득이한 사유 없

법 제690조)으로 인하여 위임이 종료[1]된 경우에도 소송대리권은 소멸한다. 그러나 소송위임계약의 해지 또는 본인의 파산 등으로 대리권이 소멸한 경우에는 그 사실을 상대방에게 통지하지 않으면 대리권소멸의 효력을 주장하지 못한다(제63조 제1항 본문). 다만, 법원에 소송상 대리권의 소멸사실이 알려진 뒤에는 그 소송대리인은 소의 취하, 화해, 청구의 포기·인낙 또는 소송탈퇴 등의 소송행위를 하지 못한다(동항 단서).

변호사의 자격상실 또는 정직처분이 대리권의 소멸원인이 되는지 논란이 있다. 변호사자격을 변론능력으로 이해하는 입장에서는 이러한 경우 변론능력이 소멸할 뿐이고 대리권이 소멸하는 것은 아니라고 한다.[2] 그러나 변호사가 자격상실 또는 정직처분을 받게 되면 변호사로서의 직무를 수행할 수 없고 그로 인하여 소송대리권의 행사가 어렵다는 점에서 변론능력뿐만 아니라 소송대리권도 소멸하는 것으로 이해함이 타당하다.[3]

### (2) 법률상 소송대리권의 소멸

법률상 소송대리권은 그 실체법상 지위가 상실되면 소멸한다. 당사자 본인의 사망 등에 의한 소송대리권 불소멸의 특칙(제95조, 제96조)은 법률상 소송대리인에게는 적용되지 않는다. 위 특칙은 변호사가 소송대리인임을 전제로 한 규정으로서, 본인과의 인적 신뢰관계에 기초하여 일정한 지위에 있는 법률상 소송대리인에게 적용하기에는 적합하지 않다.[4]

## VI. 소송상 대리권의 흠결

### 1. 무권대리

### (1) 의의

무권대리란 대리권 없이 행하여진 대리행위를 말한다. 대리행위의 다른 요건은 모두 갖추었

---

이 상대방의 불리한 시기에 계약을 해지한 때에는 그 손해를 배상하여야 한다(동조 제2항).
1) 민법에 의하면, 위임인이 사망하거나 파산한 경우, 수임인이 사망 또는 성년후견개시의 심판을 받거나 파산한 경우에 위임이 종료된다(민법 제690조).
2) 이시윤, 193면.
3) 김홍엽, 201면.
4) 강현중, 189면; 정동윤·유병현, 219면.

으나 대리행위자에게 대리권이 없는 경우이다. 대리권 없이 대리행위를 한 사람을 무권대리인이라고 한다. 당사자 본인으로부터 대리권을 수여받지 못한 경우뿐만 아니라 법정대리인이 무자격인 경우, 특별수권 없이 대리행위를 한 경우, 대리권을 서면으로 증명하지 못한 경우, 소송서류가 송달받을 권한이 없는 사람에게 잘못 송달된 경우에도 무권대리인이 된다. 법인이나 법인 아닌 단체의 대표자도 법정대리인에 준하므로 대표자에게 대표권이 없는 경우도 무권대리인에 준한다(제64조).

절차의 명확성과 안정성을 중시하는 소송행위에는 거래의 안전을 도모하기 위한 민법상 표현대리의 법리가 적용되지 않는다. 따라서 소송행위의 대리에는 무권대리와 유권대리가 있을 뿐이고 표현대리는 인정되지 않는다. 판례도 소송행위에는 민법상 표현대리의 규정이 적용 내지 준용될 수 없다고 한다.[1]

## (2) 무권대리행위의 추인

소송상 대리권은 소송행위의 유효요건이다. 따라서 무권대리인이 한 소송행위는 무효이다. 다만, 추후 적법한 소송대리인이나 본인이 추인하면 그 소송행위는 행위시에 소급하여 효력이 발생한다(제60조). 추인의 소급효는 절대적이다. 추인의 소급효로 제3자의 권리를 해하지 못한다는 민법 제133조[2] 단서의 규정은 배타적 권리를 취득한 제3자에 대한 것이므로 소송행위의 추인에는 적용될 여지가 없다.[3] 일단 추인거절의 의사표시가 있으면 그 무권대리행위는 확정적으로 무효가 되므로 그 후에 다시 이를 추인할 수는 없다.[4] 추인은 명시적으로도 할 수 있고, 묵시적으로도 할 수 있다.[5] 추인의 시기에는 제한이 없으며, 하급심에서 한 무권대리행위를 상

---

1) 대법원 1994. 2. 22. 선고 93다42047 판결.
2) 추인은 다른 의사표시가 없는 때에는 계약시에 소급하여 그 효력이 생긴다. 그러나 제3자의 권리를 해하지 못한다(민법 제133조).
3) 종중을 대표할 권한 없는 자가 종중을 대표하여 한 소송행위는 그 효력이 없으나 나중에 종중이 총회결의에 따라 위 소송행위를 추인하면 그 행위시로 소급하여 유효하게 되며, 이 경우 민법 제133조 단서의 규정은 무권대리행위에 대한 추인의 경우에 있어 배타적 권리를 취득한 제3자에 대하여 그 추인의 소급효를 제한하고 있는 것으로서 위와 같은 하자있는 소송행위에 대한 추인의 경우에는 적용될 여지가 없다(대법원 1991. 11. 8. 선고 91다25383 판결).
4) 일단 추인거절의 의사표시가 있은 이상 그 무권대리행위는 확정적으로 무효로 귀착되므로 그 후에 다시 이를 추인할 수는 없다(대법원 2008. 8. 21. 선고 2007다79480 판결).
5) 종중을 대표할 권한 없는 자로부터 소송위임을 받은 소송대리인에 의하여 이루어진 제1심에서의 소송대리인에 의한 소송행위는 그 효력이 없으나, 항소심에 이르러 종중의 정당한 대표자로부터 소송위임을 받은 소송대리인이 제1심 변론결과를 진술하는 등 변론을 하였다면, 위 제1심에서의 소송행위는 묵시적으로 추인된 것이라고 보아야 한다(대법원 1988. 10. 25. 선고 87다카1382 판결).

고심에서 추인할 수도 있다.[1] 추인은 소송행위 전체에 대하여 하여야 하며 일부추인은 허용되지 않는다.[2] 다만, 소 취하를 제외하고 나머지 소송행위를 추인하는 것과 같이 소송의 혼란을 초래할 우려가 없는 경우에는 일부추인이 허용된다.[3]

### (3) 무권대리의 심판

#### 1) 직권조사사항

소송대리권의 유무는 법원의 직권조사사항이다. 따라서 법원은 당사자의 주장을 기다리지 않고 직권으로 대리권의 유무를 조사하여야 하고, 대리권의 유무에 관한 당사자의 주장은 법원의 직권발동을 촉구하는 의미밖에 없어 이에 대하여 판단하지 않아도 판단누락이 되지 않는다.[4] 판례는 당사자 사이에 대리권의 존부에 관한 자백이 있어도 법원을 구속하지 못하고,[5] 대리권의 존부가 불분명한 경우 그에 대한 입증책임은 원고에게 있다고 한다.[6] 그러나 법원이 대리권의 유무를 판단하는 기초자료인 사실과 증거를 직권으로 탐지할 의무는 없다. 다만, 이미 제출된 자료들에 의하여 의심이 갈 만한 사정이 엿보인다면 이에 대하여 적극적으로 심리·조사할 의무가 있다.[7]

#### 2) 무권대리에 대한 법원의 조치

소송의 제기과정에서 소송대리권은 소송요건이므로 대리권 없는 사람, 즉 무권대리인이 제기한 소송은 보정되지 않는 한 법원은 부적법 각하하여야 한다. 소송이 적법하게 제기되었으나

---

1) 적법한 대표자 자격이 없는 비법인사단의 대표자가 한 소송행위는 후에 대표자 자격을 적법하게 취득한 대표자가 그 소송행위를 추인하면 행위시에 소급하여 효력을 가지게 되고, 이러한 추인은 상고심에서도 할 수 있다(대법원 2016. 7. 7. 선고 2013다76871 판결; 2010. 12. 9. 선고 2010다77583 판결).
2) 무권대리인이 행한 소송행위의 추인은 특별한 사정이 없는 한 소송행위의 전체를 대상으로 하여야 하고, 그 중 일부의 소송행위만을 추인하는 것은 허용되지 아니한다(대법원 2008. 8. 21. 선고 2007다79480 판결).
3) 무권대리인이 행한 소송행위의 추인은 소송행위의 전체를 일괄하여 하여야 하는 것이나 무권대리인이 변호사에게 위임하여 소를 제기하여서 승소하고 상대방의 항소로 소송이 2심에 계속 중 그 소를 취하한 일련의 소송행위 중 소취하행위만을 제외하고 나머지 소송행위를 추인함은 소송의 혼란을 일으킬 우려 없고 소송경제상으로도 적절하여 그 추인은 유효하다(대법원 1973. 7. 24. 선고 69다60 판결).
4) 대법원 1994. 11. 8. 선고 94다31549 판결.
5) 대법원 1999. 2. 24. 선고 97다38930 판결.
6) 제소단계에서의 소송대리인의 대리권 존부는 소송요건으로서 법원의 직권조사사항이고, 이와 같은 직권조사사항에 관하여도 그 사실의 존부가 불명한 경우에는 입증책임의 원칙이 적용되어야 할 것인바, 본안판결을 받는다는 것 자체가 원고에게 유리하다는 점에 비추어 직권조사사항인 소송요건에 대한 입증책임은 원고에게 있다(대법원 1997. 7. 25. 선고 96다39301 판결).
7) 대법원 1997. 10. 10. 선고 96다40578 판결; 2009. 12. 10. 선고 2009다22846 판결; 2009. 1. 30. 선고 2006다60908 판결.

그 후 무권대리인이 기일에 참여한 경우에는 법원은 소송관여를 배척하여야 한다. 대리권이 흠결된 경우 법원은 그 흠결을 보정할 수 없음이 명백한 경우가 아닌 한 기간을 정하여 보정을 명하여야 하고, 보정은 상소심에서도 가능하다.[1] 만일 보정하는 것이 지연됨으로써 손해가 생길 염려가 있는 경우에는 보정하기 전이라도 당사자 또는 법정대리인으로 하여금 일시적인 소송행위를 하게 할 수 있다(제59조).

## (4) 무권대리행위를 간과한 판결

대리권이 흠결되었음에도 불구하고 이를 간과하여 판결을 한 경우에는 판결 확정 전이면 상소, 확정 후에는 재심에 의하여 취소를 구할 수 있다(제424조 제1항 제4호, 제451조 제1항 제3호).[2] 다만, 대리권의 흠결을 재심사유로 한 취지는 당사자를 보호하는 데 있으므로 그 상대방이 이를 재심사유로 하기 위해서는 그러한 사유를 주장함으로써 이익을 받을 수 있는 경우, 즉 대리권 흠결 이외의 사유로도 종전 판결이 상대방에게 이익으로 변경될 수 있는 경우에 한한다.[3] 그러나 대리권의 흠결을 간과한 판결이라도 후에 적법하게 추인하였다면 더 이상 상소 또는 재심으로 다툴 수 없다.

---

1) 소송당사자인 재건축주택조합 대표자의 대표권이 흠결된 경우에는 그 흠결을 보정할 수 없음이 명백한 때가 아닌 한 기간을 정하여 보정을 명하여야 할 의무가 있다고 할 것이고, 이와 같은 대표권의 보정은 항소심에서도 가능하다(대법원 2003. 3. 28. 선고 2003다2376 판결). 그러나 종중의 대표자로 자처하면서 소송을 제기한 자에게 적법한 대표권이 있는지 여부가 상대방의 항변으로 소송의 쟁점이 되어 항소심에 이르기까지 이에 주안을 둔 당사자들의 공격방어와 법원의 심리 등을 거쳐 그에게 적법한 대표권이 없다는 사실이 밝혀지게 된 경우라면, 법원은 이 사유를 들어 소를 각하하면 족한 것이지 이러한 경우에까지 그 대표권의 흠결에 관하여 보정을 명한다거나 그 종중에 대표자 표시정정을 촉구할 의무가 법원에 있다고는 할 수 없다(대법원 1995. 9. 29. 선고 94다15738 판결).
2) 지방자치단체는 국가를 당사자로 하는 소송에 관한 법률의 적용대상이 아니어서 같은 법률 제3조, 제7조에서 정한 바와 같은 소송수행자의 지정을 할 수 없고, 또한 제87조가 정하는 변호사대리의 원칙에 따라 변호사 아닌 사람의 소송대리는 허용되지 않는 것이므로, 원심이 변호사 아닌 피고 소속 공무원으로 하여금 소송수행자로서 피고의 소송대리를 하도록 한 것은 제424조 제1항 제4호가 정하는 '소송대리권의 수여에 흠이 있는 경우'에 해당하는 위법이 있는 것이다(대법원 2006. 6. 9. 선고 2006두4035 판결).
3) 민사소송법에서 법정대리권 등의 흠결을 재심사유로 규정한 취지는 원래 그러한 대표권의 흠결이 있는 당사자 측을 보호하려는 데에 있으므로, 그 상대방이 이를 재심사유로 삼기 위하여는 그러한 사유를 주장함으로써 이익을 받을 수 있는 경우에 한하고, 여기서 이익을 받을 수 있는 경우란 위와 같은 대표권 흠결 이외의 사유로도 종전의 판결이 종국적으로 상대방의 이익으로 변경될 수 있는 경우를 가리킨다(대법원 2000. 12. 22. 선고 2000재다513 판결).

## 2. 쌍방대리의 금지

### (1) 통상적인 쌍방대리

당사자 일방이 상대방을 대리하거나 동일인이 당사자 쌍방의 대리인을 겸하는 것은 허용되지 않는다. 법정대리인에 있어서 쌍방대리에 해당하는 경우는 실체법상 법정대리권의 제한으로 규정되어 있다(민법 제64조 및 제921조, 상법 제199조 및 제394조 등). 이에 위반하면 무권대리행위가 된다. 임의대리인의 경우에는 쌍방대리를 금지하는 민법 제124조[1]가 적용되고, 소송대리인이 변호사인 경우에는 변호사법 제31조 제1항이 적용된다.

### (2) 변호사법 위반의 쌍방대리

변호사법 제31조 제1항에서는 쌍방대리에 해당하는 사건에 대하여 변호사의 수임을 제한하고 있는데, 그 내용은 다음과 같다.

#### 1) 수임을 승낙한 사건의 상대방이 위임하는 사건(제1호)

수임을 승낙한 사건에는 수임을 승낙하여 현재 수임하고 있는 사건은 물론이고 수임을 종료한 사건도 포함된다. 상대방이 위임한 사건은 수임을 승낙한 사건과 동일한 사건이어야 한다. 여기서 동일한 사건인지 여부는 소송물의 동일 여부나 민사사건 또는 형사사건과 같이 그 절차가 동일한 것인지 여부 등을 불문하고, 그 기초가 된 분쟁의 실체가 동일한지 여부에 의하여 판단한다.[2]

---

1) 대리인은 본인의 허락이 없으면 본인을 위하여 자기와 법률행위를 하거나 동일한 법률행위에 관하여 당사자쌍방을 대리하지 못한다. 그러나 채무의 이행은 할 수 있다(민법 제124조).

2) 변호사법 제31조 제1호가 적용되기 위해서는 그 변호사가 관여한 사건이 일방 당사자와 그 상대방 사이에 있어서 동일하여야 하는데, 여기서 사건이 동일한지의 여부는 그 기초가 된 분쟁의 실체가 동일한지의 여부에 의하여 결정되어야 하는 것이므로 상반되는 이익의 범위에 따라서 개별적으로 판단되어야 하는 것이고, 소송물이 동일한지 여부나 민사사건과 형사사건 사이와 같이 그 절차가 같은 성질의 것인지 여부는 관계가 없다(대법원 2003. 11. 28. 선고 2003다41791 판결); 변호사법 제31조 제1호의 입법취지 등에 비추어 볼 때 동일한 변호사가 형사사건에서 피고인을 위한 변호인으로 선임되어 변호활동을 하는 등 직무를 수행하였다가 나중에 실질적으로 동일한 쟁점을 포함하고 있는 민사사건에서 위 형사사건의 피해자에 해당하는 상대방 당사자를 위한 소송대리인으로서 소송행위를 하는 등 직무를 수행하는 것 역시 마찬가지로 금지되는 것으로 볼 것이며, 이러한 규정은 같은 법 제57조의 규정에 의하여 법무법인에 관하여도 준용된다고 할 것이므로, 법무법인의 구성원 변호사가 형사사건의 변호인으로 선임된 그 법무법인의 업무담당변호사로 지정되어 그 직무를 수행한 바 있었음에도, 그 이후 제기된 같은 쟁점의 민사사건에서 이번에는 위 형사사건의 피해자측에 해당하는 상대방 당사자를 위한 소송대리인으로서 직무를 수행하는 것도 금지되는 것임은 물론이고, 위 법무법인이 해산된 이후라도 변호사 개인의 지위에서 그와 같은 민사사건을 수임하는 것 역시 마찬가지로 금지되는 것이라고 풀이할 것이며, 비

## 2) 수임하고 있는 사건의 상대방이 위임하는 다른 사건(제2호)

수임하고 있는 사건은 현재 수임하고 있는 사건을 말하고 수임이 종료된 사건은 제외된다. 상대방이 위임하는 다른 사건이란 현재 수임하고 있는 사건과 동일성이 없는 사건을 말한다. 따라서 현재 수임하고 있는 사건의 경우에는 상대방으로부터 동일한 사건은 물론이고 다른 사건도 수임하지 못한다. 다만, 수임하고 있는 사건의 위임인이 동의한 경우에는 상대방의 다른 사건을 수임할 수 있다.

## 3) 공무원·조정위원 또는 중재인으로서 직무상 취급하거나 취급하게 된 사건(제3호)

법관으로서 변론에 관여하여 판결한 사건에 대하여 변호사로서 소송대리를 한 경우,[1] 합동법률사무소에서 공증한 사건에 대하여 그 소속 변호사가 소송대리를 한 경우[2] 등이 여기에 해당된다.

## (3) 위반행위의 효과

쌍방대리행위는 무권대리행위의 하나이다. 따라서 쌍방대리행위는 무효이다. 다만, 당사자가 미리 승낙[3]하거나 추인하면 유효하게 된다. 문제는 변호사법 제31조 제1항을 위반한 대리행위의 효력이다. 이 경우에도 통상적인 쌍방대리행위와 마찬가지로 당사자가 승낙하거나 추인하면 유효하다는 견해(추인설), 상대방 당사자가 그 위반을 알았거나 알 수 있었음에도 불구하고

---

록 민사사건에서 직접적으로 업무를 담당한 변호사가 먼저 진행된 형사사건에서 피고인을 위한 직접적인 변론에 관여를 한 바 없었다고 하더라도 달리 볼 것은 아니라고 할 것이다(대법원 2003. 5. 30. 선고 2003다15556 판결).

[1] 변호사 소외인은 이 사건 재심대상 사건에 있어서 재심원고로부터 수임하여 그 소송대리행위를 수행하였고 아울러 이에 앞선 항소심사건의 기본된 변론에 법관으로서 관여하여 판결한 사람이라면 변호사 소외인은 공무원으로서 직무상 취급한 사건에 관하여 변호사로서 그 직무를 담당하고 소송을 대리한 것이니 이것은 변호사법 제31조 3호에 저촉되는 것이라 할 것이다(대법원 1971. 5. 24. 선고 71다556 판결).

[2] 합동법률사무소의 구성원인 변호사는 법률상 합동하여 공증사무를 처리하는 것이고 따라서 공증에 관한 문서도 합동법률사무소 명의로 작성되는 것이므로 합동법률사무소가 공증한 사건에 관하여는 그 소속 구성원인 변호사는 그 공정증서에 서명날인한 여부에 불구하고 변호사법 제31조 제3호의 규정에 의하여 그 직무를 행사할 수 없는 것이라 할 것이다. 왜냐하면 변호사법 제31조 제3호에는 공무원으로서 직무상 취급한 사건에 관하여는 그 직무를 행할 수 없다고 규정하고 있으나, 이는 공무원신분을 가진 사람이 직무상 취급한 사건만을 말하는 것이 아니라 공무원신분을 갖지 않은 사람이라 할지라도 그 사람이 취급한 사건이 국권의 하나인 사법권능에 속하는 사건이면 즉 채무명의나 집행력 있는 정본의 형성에 관한 것이라면 그 취급사건에 관한 한 이에 해당되는 것으로 보아야 하기 때문이다(대법원 1975. 5. 13. 선고 72다1183 전원합의체 판결).

[3] 판례는 제소전 화해에서 신청인이 피신청인의 소송대리인을 선임한 것이 피신청인의 위임에 의하여 이루어진 것이라면 유효하다고 한다(대법원 1990. 12. 11. 선고 90다카27853 판결; 1979. 12. 26. 선고 79다1851 판결; 1969. 6. 24. 선고 69다571 판결). 그러나 현행 민사소송법에서는 제소전 화해에서 대리인을 선임하는 권리를 상대방에게 위임할 수 없다는 별도의 규정을 두어 쌍방대리를 금지하고 있다(제385조 제2항).

이의를 제기하지 않으면 이의권의 상실로 하자가 치유되어 유효하다는 견해(이의설) 등이 주장되고 있다. 판례는 이의설에 의하고 있다. 즉, 당사자가 이를 알았거나 알 수 있었음에도 불구하고 사실심 변론종결시까지 아무런 이의를 제기하지 않았다면, 그 소송행위는 소송법상 완전한 효력이 생긴다고 한다.[1] 변호사법 제31조 제1항은 뒤에 변호사를 선임한 사람보다 먼저 선임한 사람을 보호하고자 하는 입법취지를 갖고 있다는 점에서, 상대방이 이의를 제기하지 않으면 유효하다는 이의설이 타당하다고 본다.[2]

---

1) 변호사법 제31조 제1호의 수임제한규정에 위반한 변호사의 소송행위에 대하여는 상대방 당사자가 법원에 대하여 이의를 제기하는 경우 그 소송행위는 무효이고 그러한 이의를 받은 법원으로서는 그러한 변호사의 소송관여를 더 이상 허용하여서는 아니 될 것이지만, 다만 상대방 당사자가 그와 같은 사실을 알았거나 알 수 있었음에도 불구하고 사실심 변론종결시까지 아무런 이의를 제기하지 아니하였다면 그 소송행위는 소송법상 완전한 효력이 생긴다(대법원 2003. 5. 30. 선고 2003다15556 판결); 원고 소송복대리인으로서 변론기일에 출석하여 소송행위를 하였던 변호사가 피고 소송복대리인으로도 출석하여 변론한 경우라도, 당사자가 그에 대하여 아무런 이의를 제기하지 않았다면 그 소송행위는 소송법상 완전한 효력이 생긴다(대법원 1995. 7. 28. 선고 94다44903 판결; 1990. 11. 23. 선고 90다4037 판결); 변호사가 변호사법 제31조 제1항 제3호(공무원 또는 중재인으로서 취급한 사건)의 규정에 위배되는 소송행위를 하였다고 하더라도 당사자가 그에 대하여 아무런 이의를 제기하지 아니하면 그 소송행위는 소송법상 완전한 효력이 생긴다고 할 것인 바, 원고가 원심 변론종결시까지 이에 대하여 아무런 이의를 제기하지 아니하고 상고이유에서 비로소 이를 주장함이 기록상 명백하니 (소송행위의 효력이 없다는 원고의) 논지는 이유 없다(대법원 1975. 5. 13. 선고 72다1183 전원합의체 판결).
2) 김홍엽, 209면; 이시윤, 198면.

민사소송법

# 03

# 제1심 소송

제3편

# 01
## 소송의 제기

---

## 제1절  소의 이익

## I. 의의

　모든 국민은 권리가 침해되는 등 법적 분쟁이 발생한 경우에 법원에 소송을 제기함으로써 그 해결을 도모할 수 있다. 그러나 이러한 소송제도의 이용이 무제한적으로 허용되는 것은 아니며, 소송제도를 이용함에 있어서는 '논리적인' 그리고 '현실적인' 제한이 있다. '논리적인' 제한사유로는 분쟁이 소송을 통하여 해결될 수 있어야 한다는 것이고, '현실적인' 제한사유로는 법원의 시설이나 인원 등의 한계로 말미암아 사회공동생활에서 발생하는 분쟁의 전부를 법원에서 심판하는 것이 불가능하므로 꼭 필요한 사건에 한정하여 집중적으로 심판할 필요가 있다는 것이다. 이와 같은 사유로 인하여 소송제도를 이용함에는 일정한 제한이 있게 되는데 그러한 제한의 기준으로 제시된 것, 환언하면 소송제도의 이용을 합리적으로 조정하는 도구 개념으로 등장한 것이 바로 소의 이익이다.

　그리하여 소의 이익이란 당사자의 입장에서는 권리보호를 위하여 소송제도를 이용할 정당한 이익 또는 필요라 할 것이고, 소송제도를 운영하는 국가의 입장에서는 무익한 소송제도의 이용을 통제하는 원리라고 할 수 있다. 즉, 사회공동생활에서 발생하는 모든 분쟁에 대하여 소송의 제기가 허용되는 것은 아니며, 그 가운데 소의 이익을 갖춘 분쟁에 대해서만 소의 제기가 허용되고 권리보호를 위한 심판을 받게 된다. 따라서 소의 이익은 소(訴) 제기의 적법요건이자 본안판결의 전제조건이라 할 수 있고, 그 결과 소의 이익이 흠결된 소는 본안판결에 나아갈 필요 없이 부적법 각하된다.

소의 이익을 판단함에 있어서 이를 지나치게 확대하면 남소(濫訴)를 초래하여 국가의 적정한 재판권의 행사를 저해하게 되고, 이를 과도하게 좁히면 국민의 재판청구권을 침해하는 결과를 초래하게 된다. 그리하여 소의 이익을 판단함에 있어서는 재판청구권이라는 당사자의 이익과 적정한 재판권의 행사라는 국가의 이익을 비교형량하여 결정하여야 한다. 일반적으로 논의되고 있는 소의 이익의 내용을 살펴보면, 다음과 같은 세 가지가 있다. 첫째, 당사자가 제대로 소송수행을 하고 본안판결을 받기에 적합한 정당한 당사자이어야 한다. 이를 '당사자적격'이라고 한다. 둘째, 청구의 내용이 본안판결을 받기에 적합한 일반적 자격이 있어야 한다. 이를 '청구적격 또는 권리보호의 자격'이라고 한다. 셋째, 원고가 청구에 대하여 판결을 구할 현실적인 필요성이 있어야 한다. 이를 '권리보호의 필요 또는 이익'이라고 한다. 이 가운데 첫 번째는 당사자의 측면에서 본 주관적 이익의 문제이고, 두 번째와 세 번째는 청구의 측면에서 본 객관적 이익의 문제이다. 주관적 소의 이익인 당사자적격에 관하여는 이미 살펴보았으므로, 이하에서는 객관적 소의 이익의 문제인 청구적격과 권리보호의 필요에 대하여 살펴보기로 한다.


## II. 청구적격


### 1. 일반적 청구적격

청구적격은 각종의 소에 공통된 일반적 청구적격과 각 소송유형별로 특유한 청구적격으로 나눌 수 있다. 일반적 청구적격은 다음과 같다.


#### (1) 소송으로 청구할 수 있을 것

소송으로 청구할 수 있는 것이어야 한다. 자연채무[1]에 대한 청구, 약혼의 강제이행을 구하

---

1) 파산절차나 회생절차에서 면책 또는 일부 면제된 채무, 부제소합의가 붙은 채무 등이 여기에 해당된다. 그런데 부제소합의가 있는 경우는 청구적격이 흠결된 것으로 이해하기 보다는 권리보호의 필요가 없는 것으로 이해함이

는 청구는 허용되지 않는다(민법 제803조). 또한 소로써 행사할 수 있는 형성권, 즉 형성소권을 제외한 나머지 형성권, 예를 들어 계약의 해제·해지권, 취소권 등을 행사하기 위한 형성소송은 허용되지 않는다.

## (2) 법률상 쟁송에 해당할 것

청구가 법률상 쟁송에 해당되어야 한다. 여기서 법률상 쟁송이란 구체적인 권리의무에 관한 분쟁으로서 법령을 적용하여 해결할 수 있는 것을 말한다. 따라서 원고의 청구는 구체적인 권리의무에 관한 것이어야 하고, 법령을 적용하여 해결할 수 있는 것이어야 한다.

### 1) 구체적인 권리의무에 관한 청구일 것

원고의 청구는 구체적인 권리의무에 관한 것이어야 한다. 따라서 단순한 사실의 존부에 관한 다툼은 소송의 대상이 되지 않으며, 추상적인 법령의 효력을 다투는 소송 역시 허용되지 않는다. 대동보 등 족보에 등재금지나 변경을 구하는 것,[1] 통일교가 기독교 종교단체인지 확인을 구하거나[2] 어느 사찰이 특정 종파에 속한다는 확인을 구하는 것[3] 등은 단순한 사실관계의 다툼에 불과하고 권리관계의 주장이 아니므로 소의 이익이 없다. 또한 임야대장, 토지대장, 건축물대장 등은 조세의 부과징수의 편의를 도모하기 위하여 작성된 장부에 불과한 것이고 부동산에 관한 권리변동을 공시하는 장부가 아니므로 위 대장 등에 진실한 소유권자가 아닌 사람의 명의로 등재되어 있더라도 그것만으로 소유권의 행사가 방해된다고 볼 수 없고, 따라서 위 대장상의 명의말소나 명의변경을 구하는 소송은 소의 이익이 없다.[4] 무허가건물대장도 무허가건

---

일반적이다.
1) 종중의 대동보나 세보에 기재된 사항의 변경이나 삭제를 구하는 청구는 재산상이나 신분상의 어떤 권리관계의 주장에 관한 것이 되지 못하므로 제소할 법률상의 권리보호의 이익이 없어 허용될 수 없다고 할 것이다(대법원 1992. 10. 27. 선고 92다756 판결).
2) 세계기독교 통일신령협회(소위 통일교)가 기독교의 종교단체인지 여부에 관하여 사회적으로 논란이 있는 점을 알 수 있으나, 위 협회나 피고 유지재단이 종교단체인지 여부는 원고의 권리·의무 등 법률관계와는 아무런 관련이 없는 사실문제일 뿐 아니라, 피고 등이 기독교와 가톨릭 교리를 모욕하고 교조 예수 그리스도와 성모 마리아를 능멸한 여부도 한갓 과거의 사실관계에 지나지 아니함이 분명하므로 즉시 확정의 이익이 있다 할 수 없다(대법원 1980. 1. 29. 선고 79다1124 판결).
3) 이 사건 안정사가 원고(대한불교조계종)의 종파에 속한다는 확인을 구하는 것은 위 안정사에 속하는 구체적인 재산의 소유권 등에 관한 존부의 확인도 아니며, 원피고 간의 위 안정사의 관리에 관한 구체적인 계약 또는 법률관계의 존부확인을 구하는 것도 아니어서 이는 단순한 사실관계의 문제일 뿐 구체적인 권리 내지 법률관계 문제가 아니라 할 것이므로 확인의 소의 대상이 되지 아니한다(대법원 1984. 7. 10. 선고 83다325 판결).
4) 임야대장, 토지대장, 가옥대장 등은 조세의 부과징수의 편의를 도모하기 위하여 작성된 장부에 불과한 것으로서 부동산에 관한 권리변동의 공시방법이 아닌 만큼 위의 대장 등에 진실한 소유권자가 아닌 자의 명의로 등재되

물의 정비에 관한 행정상 사무처리의 편의를 위하여 작성된 장부에 불과하고 그 대장에의 기재에 의하여 무허가건물에 관한 권리의 변동이 초래되는 것은 아니므로 무허가건물대장상의 명의변경을 구하는 것도 소의 이익이 없으며,[1] 지적도의 경계오류정정을 구하는 것도 그에 따라 토지소유권의 경계가 달라지는 것은 아니므로 소의 이익이 없다.[2] 한편 부동산에 관한 권리관계를 공시하는 장부인 부동산등기부의 기재라고 하더라도 근저당권설정등기의 접수일자는 사실의 기재에 불과하고 권리관계에 관한 기재는 아니므로 그 접수일자의 변경을 구하는 것은 소의 이익이 없다.[3]

그러나 건축 중인 건물이 양도된 경우에는 건축공사를 계속하거나 건축공사를 완료한 후 소유권보존등기를 하기 위해서는 건축주명의를 변경할 필요가 있으므로 양수인은 양도인을 상대로 건축주명의변경을 구하는 소를 제기할 이익이 있고,[4] 무허가건물대장에 등재된 건물에 대하여 철거할 때 철거보상금이 지급되거나 또는 시영아파트가 특별분양될 예정이라면 무허가건물대장상 그 소유명의자로 등재된 사람은 건물철거에 따른 보상청구권이나 시영아파트 분양권을 받을 수 있는 법적 지위를 갖게 되므로 그 명의변경을 구할 소의 이익이 있다.[5]

---

어 있다고 하더라도 이것만으로는 소유권의 방해가 된다고 할 수 없어 소유권을 부인하는 자에 대하여 소유권의 확인을 청구함으로써 충분하고 대장상의 명의말소를 구할 소의 이익이 없다(대법원 1979. 2. 27. 선고 78다913 판결).

1) 무허가건물대장은 무허가건물의 정비에 관한 행정상의 사무처리의 편의를 위하여 작성·비치된 대장으로서 그 대장에의 기재에 의하여 무허가건물에 관한 권리의 변동이 초래되거나 공시되는 효과가 생기는 것이라 할 수 없으므로 무허가건물에 관하여 그 무허가건물대장상의 명의변경을 구하는 소는 그 이익이 없다(대법원 1992. 2. 14. 선고 91다29347 판결).

2) 지적도의 토지경계표시가 잘못된 경우에 이에 따라 토지소유권의 경계에 변동을 가져오는 것은 아닐뿐더러 토지경계의 증명은 반듯이 지적도에 의하여 하는 것은 아니고 달리 진정한 경계를 증명할 자료에 의하여 잘못된 지적도의 경계표시와 다른 경계를 확정할 수 있는 것이다. 그러므로 지적도 경계표시의 정정을 구하고자 하는 토지소유자는 그 소유권확인의 소에 의하여 충분히 그 목적을 이룰 수 있는 것이니 구태여 상대방에게 지적도의 경계오류정정신고를 이행하라고 구할 소의 이익이 없다고 할 것이다(대법원 1965. 12. 28. 선고 65다2172 판결).

3) 부동산등기부의 사항란에 기재된 근저당권설정등기의 접수일자는 등기가 접수된 날을 나타내는 하나의 사실기재에 불과하고 권리에 관한 기재가 아니므로 그 접수일자의 변경을 구하는 것은 구체적인 권리 또는 법률관계에 관한 쟁송이라 할 수 없고, 또 등기의 접수일자는 실체적 권리관계와 무관한 것으로서 그 변경에 등기권리자와 등기의무자의 관념이 있을 수 없어 이행청구의 대상이 될 수도 없으므로, 소의 이익이 없어 부적법하다(대법원 2003. 10. 24. 선고 2003다13260 판결).

4) 건축공사가 완료되고 소유권보존등기까지 마쳐진 건물의 경우에는 이미 허가된 내용에 따른 건축이 더 이상 있을 수 없어 건축주명의변경이 필요 없을 뿐 아니라, 건축허가서는 허가된 건물에 관한 실체적 권리의 득실변경의 공시방법이 아니며 추정력도 없어 건축주명의를 변경한다고 하더라도 그 건물의 실체적 권리관계에 아무런 영향을 미치는 것이 아니므로 위와 같은 건물에 관해서는 건축주명의의 변경을 청구할 소의 이익이 없다고 할 것이나, 건축허가에 관한 건축주명의의 변경은 미완성의 건물에 대하여 건축공사를 계속하거나 건축공사를 완료한 후 부동산등기법 등에 따른 소유권보존등기를 하는 데에 필요한 것이므로 건축 중인 건물을 양수한 자가 양도인을 상대로 건축주명의변경절차의 이행을 구하는 소는 소의 이익이 있다(대법원 2007. 12. 27. 선고 2006다60229 판결).

5) 무허가건물대장에 등재된 건물에 대해서 도시계획사업이나 토지수용법 소정의 공익사업 등에 따른 철거시 철거

## 2) 법령을 적용하여 해결할 수 있는 청구일 것

원고의 청구는 법령의 적용에 의하여 해결할 수 있는 것이어야 한다. 통치행위 또는 종교단체 등 특수한 부분사회의 내부분쟁 등은 법원이 법령을 해석·적용하여 해결하기 곤란한 성질의 분쟁이다. 통치행위는 그 고도의 정치적 성격으로 인하여 소송의 대상으로 삼기에 적절하지 않으며,[1] 종교단체나 정당 등 특수한 부분사회의 내부분쟁은 단체의 자율적인 판단에 맡기는 것이 바람직하기 때문이다. 판례도 주지·목사·장로 등에 대한 승적 제적이나 정직·면직결의는 종교단체의 내부문제에 불과하다고 하여 그 무효확인청구는 법률상 쟁송사항이 아니라고 한다. 그러나 종교단체 내부의 징계결의라고 하더라도 그것이 구체적인 권리의무에 관한 청구의 전제문제가 되는 경우에는 종교상 교리의 해석에 미치지 않는 범위 내에서 소송의 대상이 될 수 있다.[2]

## 2. 특수한 청구적격

각 소송유형별로 특유한 청구적격을 살펴보면 다음과 같다.

---

보상금이 지급되거나 또는 시영아파트가 특별분양될 예정이라면 무허가건물대장상 그 소유명의자로 등재된 사람은 특별한 사정이 없는 한 건물철거에 따른 보상청구권이나 시영아파트 분양권을 받을 수 있는 지위를 가지게 될 것이므로 소로써 그 명의변경절차의 이행을 청구할 이익이 있다(대법원 1998. 6. 26. 선고 97다48937 판결; 1992. 4. 28. 선고 92다3847 판결).

1) 고도의 정치행위에 대하여 정치적 책임을 지지 않는 법원이 정치의 합목적성이나 정당성을 도외시한 채 합법성의 심사를 감행함으로써 정책결정이 좌우되는 일은 결코 바람직한 일이 아니며, 법원이 정치문제에 개입되어 그 중립성과 독립성을 침해당할 위험성도 부인할 수 없으므로, 고도의 정치성을 띤 국가행위에 대하여는 이른바 통치행위라 하여 법원 스스로 사법심사권의 행사를 억제하여 그 심사대상에서 제외하는 영역이 있다. 그러나 이와 같이 통치행위의 개념을 인정한다고 하더라도 과도한 사법심사의 자제가 기본권을 보장하고 법치주의 이념을 구현하여야 할 법원의 책무를 태만히 하거나 포기하는 것이 되지 않도록 그 인정을 지극히 신중하게 하여야 한다(대법원 2004. 3. 26. 선고 2003도7878 판결).

2) 종교단체의 징계결의는 종교단체 내부의 규제로서 헌법이 보장하고 있는 종교자유의 영역에 속하는 것이므로 교인 개인의 특정한 권리의무에 관계되는 법률관계를 규율하는 것이 아니라면 원칙적으로 법원으로서는 그 효력의 유무를 판단할 수 없다고 할 것이지만, 그 효력의 유무와 관련하여 구체적인 권리 또는 법률관계를 둘러싼 분쟁이 존재하고 또한 그 청구의 당부를 판단하기에 앞서 위 징계의 당부를 판단할 필요가 있는 경우에는 그 판단의 내용이 종교 교리의 해석에 미치지 아니하는 한 법원으로서는 위 징계의 당부를 판단하여야 할 것이다. 이 사건에서 피고는 피고 종단에 등록된 사찰인 제1사찰의 주지이던 원고가 직무와 관련하여 종단과 사찰의 명예를 훼손하였다는 사유로 원고를 징계해임하여 원고가 그 절차의 하자를 이유로 무효확인을 구하고 있는데, 실제로 위 제1사찰의 대표자가 누구인지 및 후임 주지에 의한 사찰재산의 처분이 유효한지에 대한 쟁송이 존재한다면 그 청구의 당부를 판단하는 전제로서 이 사건 원고에 대한 징계해임처분의 유·무효를 판단할 필요가 있다할 것이고, 그 판단은 단순한 절차의 하자에 대한 것일 뿐 종교상의 교리의 해석에까지 미치는 것이 아니므로, 피고의 원고에 대한 징계해임처분의 무효확인을 구하는 이 사건 소는 법률상 쟁송에 해당한다(대법원 2005. 6. 24. 선고 2005다10388 판결).

## (1) 이행소송

이행소송은 '이행청구권'을 그 대상으로 한다. 이행청구권의 내용으로는 금전의 지급을 구하거나 물건의 인도를 구하는 것이 통상적이지만, 이에 한하지 않으며 일정한 작위 또는 부작위를 요구하거나 의사표시의 이행을 구하는 것 등도 그 내용이 될 수 있다. 기한부 청구권이나 정지조건부 청구권 등 장래 발생할 청구권이라도 그 기초가 되는 법률상·사실상 관계가 성립되어 있는 경우에는 이행소송의 대상이 될 수 있다.[1]

판례는 학교법인의 기본재산에 대한 매매계약의 경우 감독청의 허가 없이 매매계약이 체결되어 아직은 효력이 없다고 하더라도 위 매매계약에 기한 소유권이전등기청구권의 기초가 되는 법률관계는 이미 존재한다고 볼 수 있으므로 허가를 조건으로 소유권이전등기를 구할 수 있다고 한다.[2] 그러나 토지거래허가구역 내의 토지에 대한 매매계약의 경우에는 비록 그 매매계약이 허가를 전제로 한 계약이라고 하여도 허가를 받을 때까지는 아무런 법적 효력이 없어 그 어떠한 이행청구도 할 수 없으므로 허가가 있을 것을 조건으로 하여 소유권이전등기를 구하는 것은 부적법하다고 한다.[3]

## (2) 확인소송

확인소송은 '현재의 권리 또는 법률관계'를 그 대상으로 한다. 확인소송은 현존하는 법적 분쟁의 해결을 목적으로 하기 때문이다.[4]

---

1) 장래에 발생할 청구권 또는 조건부 청구권에 관한 장래이행의 소가 적법하려면 그 청구권 발생의 기초가 되는 법률상·사실상 관계가 변론종결 당시 존재하고 그러한 상태가 계속될 것이 예상되어야 하며 또한 미리 청구할 필요가 있어야만 한다(대법원 1997. 11. 11. 선고 95누4902 판결).

2) 학교법인이 감독청의 허가 없이 기본재산인 부동산에 관한 매매계약을 체결하는 한편 그 부동산에서 운영하던 학교를 당국의 인가를 받아 신축교사로 이전하고 준공검사까지 마친 경우, 위 매매계약이 감독청의 허가 없이 체결되어 아직은 효력이 없다고 하더라도 위 매매계약에 기한 소유권이전등기절차이행청구권의 기초가 되는 법률관계는 이미 존재한다고 볼 수 있고 장차 감독청의 허가에 따라 그 청구권이 발생할 개연성 또한 충분하므로, 매수인으로서는 미리 그 청구를 할 필요가 있는 한, 감독청의 허가를 조건으로 그 부동산에 관한 소유권이전등기절차의 이행을 청구할 수 있다(대법원 1998. 7. 24. 선고 96다27988 판결).

3) 국토이용관리법상의 규제구역 내의 토지의 소유권 등 권리를 이전 또는 설정하는 내용의 거래계약은 관할 관청의 허가를 받아야만 그 효력이 발생하고 허가를 받기 전에는 물권적 효력은 물론 채권적 효력도 발생하지 아니하여 무효라고 보아야 할 것인바, 다만 허가를 받으면 그 계약은 소급하여 유효한 계약이 되고 이와 달리 불허가가 된 때에는 무효로 확정되므로 허가를 받기까지는 유동적 무효의 상태에 있다고 보는 것이 타당하므로 허가받을 것을 전제로 한 거래계약은 허가받기 전의 상태에서는 거래계약의 채권적 효력도 전혀 발생하지 않으므로 권리의 이전 또는 설정에 관한 어떠한 내용의 이행청구도 할 수 없다. 이러한 계약을 체결한 당사자 사이에 있어서는 그 계약이 효력 있는 것으로 완성될 수 있도록 서로 협력할 의무가 있으므로, 계약의 쌍방 당사자는 공동으로 관할 관청의 허가를 신청할 의무가 있고, 이러한 의무에 위배하여 허가신청절차에 협력하지 않는 당사자에 대하여 상대방은 협력의무의 이행을 소송으로써 구할 이익이 있다. 그러나 허가받기 전의 상태에서는 아무런 효력이 없어 권리의 이전 또는 설정에 관한 어떠한 이행청구도 할 수 없으므로 허가가 있을 것을 조건으로 하여 소유권이전등기절차의 이행을 구하는 것은 허용되지 않는다(대법원 1991. 12. 24. 선고 90다12243 전원합의체 판결).

4) 김홍엽, 262면; 이시윤, 234면.

## 1) 권리 또는 법률관계

확인소송은 권리 또는 법률관계만을 그 대상으로 하고 단순한 사실의 존부는 확인소송의 대상이 되지 못한다. 따라서 원고 소유의 대지가 피고 소유인 건물의 부지가 아니라는 확인,[1] 부동산등기부상 지적표시부분이 무효라는 확인,[2] 사찰등록이 말소되었다는 확인[3] 등을 구하는 것은 허용되지 않는다. 다만, 민사소송법은 예외적으로 사실관계의 확인을 구하는 소송으로서 증서진부확인의 소를 인정하고 있다(제250조).

증서진부확인의 소는 법률관계를 증명하는 서면이 작성명의자에 의하여 작성되었는지 아니면 위조·변조되었는지 여부를 확정하기 위한 소송이다. 증서진부확인의 소를 허용하고 있는 이유는 법률관계를 증명하는 서면의 진부가 확정되면 당사자가 그 서면의 진부에 관하여 더 이상 다툴 수 없게 되는 결과 법률관계에 관한 분쟁 그 자체가 해결되거나 적어도 분쟁 자체의 해결에 크게 도움이 된다는 데에 있으므로, 증서진부확인의 소에 있어서 '법률관계를 증명하는 서면'은 그 기재 내용으로부터 직접 현재의 법률관계의 존부가 증명될 수 있는 서면에 한하고, 단지 과거의 사실관계를 증명하는 서면은 여기에 해당하지 않는다.[4] 따라서 매매계약서, 차용증서, 어음·수표 등 유가증권, 정관, 유언서 등 직접 법률관계를 증명하는 서면은 증서진부확인의 소의 대상이 되지만, 세금계산서,[5] 영수증,[6] 대차대조표나 회계결산보고서[7] 등 단순히 사실관

---

1) 행정소송에 있어서 확인의 소는 권리 또는 법률관계의 존부확정을 목적으로 하는 소송이므로, 현재의 구체적인 권리나 법률관계만이 확인의 소의 대상이 될 뿐인데, 원고 소유의 대지가 타인 소유의 건물의 부지가 아님의 확인을 구하는 소는 사실관계의 확인을 구하는 것이어서 부적법하다(대법원 1991. 12. 24. 선고 91누1974 판결).

2) 부동산등기부상의 지적표시부분이 무효라는 취지의 확인을 구하는 소는 사법상의 권리나 법률관계의 존부확인을 구하는 것이 아니라 단순한 사실관계의 확인을 구하는 것에 지나지 않으므로 확인의 소의 대상이 될 수 없다(대법원 1993. 10. 22. 선고 93다29976 판결).

3) 어느 사찰의 종단에의 사찰등록이 말소되었음의 확인을 구하는 경우 원고가 사찰건물 등의 소유자라면 막바로 소유권의 확인이나 소유권 행사에 대한 방해배제를 구하는 것이 직접적이고 구체적인 분쟁종식의 방법이고 사찰등록말소의 확인은 원고의 권리관계 확인에 아무런 도움이 되지 아니할 뿐 아니라, 위 확인청구가 사찰이 종단에 소속하지 않음의 확인을 구하는 취지라고 보더라도 이는 단순한 사실관계 확인에 불과하다(대법원 1992. 12. 8. 선고 92다23872 판결).

4) 대법원 2007. 6. 14. 선고 2005다29290 판결; 2001. 12. 14. 선고 2001다53714 판결.

5) 세금계산서는 일반적으로 부가가치세법에서 정한 사업자가 공급받는 자에게 재화 또는 용역을 공급한 과거의 사실을 증명하기 위하여 작성되는 보고문서에 불과하여 세금계산서에 의하여 직접 당사자 간의 현재의 법률관계의 존부가 증명되는 것은 아니라 할 것이며, 따라서 그의 진부확인에 의하여 당사자 간의 법률관계상의 분쟁이 해결되는 데 도움이 될 것으로 판단되지 아니하므로 세금계산서의 진부확인을 구하는 소는 증서진부확인의 소의 대상이 되지 아니하는 문서에 관하여 제기된 것으로 확인의 이익도 없는 부적법한 소이다(대법원 2001. 12. 14. 선고 2001다53714 판결).

6) 영수증은 그 기재대로 일정한 금원을 받았음을 증명하기 위하여 작성되는 서면에 지나지 아니하여 특별한 사정이 없는 한 그로부터 원고와 피고들 사이의 법률관계의 성립 내지 존부가 직접 증명되는 것은 아니므로, 증서의 진정 여부를 확인하는 소의 대상이 될 수 없다(대법원 2007. 6. 14. 선고 2005다29290 판결).

7) 대차대조표나 회계결산보고서는 일정한 시기의 영업재산상태를 밝힌 장부이거나 영업재산의 손익관계를 밝힌

계를 증명하는 서면은 증서진부확인의 소의 대상이 될 수 없다. 또한 증서진부확인의 소가 적법하기 위해서는 그 증서의 진부확인을 구할 이익이 인정되어야 한다. 따라서 비록 직접 현재의 법률관계를 증명하는 서면이라고 할지라도 그 서면에 의하여 증명되어야 법률관계를 둘러싸고 이미 소가 제기되어 있는 경우에는 그 소송에서 분쟁을 해결하면 되므로 그와 별도로 그 서면에 대한 진정 여부의 확인을 구하는 소를 제기하는 것은 특별한 사정이 없는 한 확인의 이익이 있다고 볼 수 없다.[1]

### 2) 현재의 권리 또는 법률관계

확인소송의 대상인 권리 또는 법률관계는 현재의 것이어야 하고, 과거 또는 장래의 것은 그 대상이 되지 못한다. 예를 들어, 저당권의 실행으로 이미 종료된 임의경매절차의 무효확인을 구하거나 임용기간이나 정년이 도과한 이후에 해고의 무효확인을 구하는 경우 등과 같이 과거의 법률관계에 대한 확인을 구하는 것은 허용되지 않으며, 또한 상속개시 전에 상속권의 확인을 구하거나 유언자 생전에 유언무효확인을 구하는 등 장래의 권리관계의 확인을 구하는 것도 허용되지 않는다. 판례는 근저당권의 피담보채무에 관한 부존재확인의 소는 근저당권이 말소되면 과거의 권리 또는 법률관계의 존부에 관한 것으로서 확인의 이익이 없다고 하고,[2] 해고무효확인과 함께 해고기간 동안의 임금을 청구하는 경우 해고무효확인의 소는 근로계약상의 지위 회복을 목적으로 하는 것임이 명백하므로 사실심 변론종결 당시 이미 정년을 지났다면 근로자로서의 지위를 회복하는 것은 불가능하게 되었으므로 해고무효확인의 소는 확인의 이익이 없다고 한다.[3]

그러나 비록 과거의 법률관계라고 할지라도 현재의 법률상 지위에 대한 위험이나 불안을 제

---

보고문서에 지나지 아니하고, 조합원입금일람표는 조합원이 일정한 금액을 동 조합에게 불입하였다는 것을 기재·확인하여 둔 것에 지나지 아니하여 어느 것이나 직접 법률관계를 증명하는 서면이 아니므로 위의 서면들은 모두 증서진부확인의 소의 대상이 될 수 없다(대법원 1967. 3. 21. 선고 66다2154 판결).

1) 대법원 2007. 6. 14. 선고 2005다29290 판결.
2) 확인의 소에 있어서 확인의 대상은 현재의 권리 또는 법률관계일 것을 요하므로 특별한 사정이 없는 한 과거의 권리 또는 법률관계의 존부확인은 인정되지 아니하는바, 근저당권의 피담보채무에 관한 부존재확인의 소는 근저당권이 말소되면 과거의 권리 또는 법률관계의 존부에 관한 것으로서 확인의 이익이 없게 된다(대법원 2013. 8. 23. 선고 2012다17585 판결).
3) 근로자에 대한 명예퇴직처분이 실질상 해고에 해당한다고 하여 그 무효임의 확인을 구함과 아울러 근로를 제공할 수 있었던 기간 동안의 임금을 청구하는 경우, 해고무효확인의 소는 피고와의 사이에 이루어진 근로계약상의 지위 회복을 목적으로 하는 것임이 명백하므로, 사실심 변론종결 당시 이미 피고의 인사규정에 의한 당연해직사유인 정년을 지났다면 근로자로서의 지위를 회복하는 것은 불가능하게 되었으므로 해고무효확인의 소는 확인의 이익이 없으며, 상고심 계속 중에 이미 인사규정 소정의 정년이 지난 경우에도 명예퇴직처분이 무효로 확인된다 하더라도 근로자로서의 지위를 회복하는 것은 불가능하므로 마찬가지라 할 것이다(대법원 2004. 7. 22. 선고 2002다57362 판결; 1996. 10. 11. 선고 96다10027 판결).

거하기 위하여 그 확인이 필요한 경우 또는 과거의 법률관계의 확인을 구하는 것이 관련 분쟁을 일거에 해결하는 유효적절한 수단이 될 수 있는 경우에는 예외적으로 확인소송의 대상이 될 수 있다. 예를 들어, 해임처분이 있은 후 임용기간이 만료되어 그 신분회복이 불가능하게 되더라도 법령에 의하여 징계해임처분으로 일정기간 공직에 임용될 수 없는 경우에는 공직에 임용될 수 있는 법률상 지위에 대한 위험이나 불안을 제거하기 위하여 해임처분의 무효확인을 구할 이익이 있고,[1] 2개월 정직의 징계처분을 받아 정직기간 동안 임금을 지급받지 못하는 법률상 불이익을 입었다면 정직기간이 도과하더라도 임금지급청구권이라는 현재의 법률상 지위에 영향을 미치고 있으므로 징계처분의 무효확인을 구할 수 있다.[2] 또한 혼인이나 입양 등 신분관계 또는 회사의 설립이나 주주총회결의취소 등 회사관계에서와 같이 그것을 전제로 수많은 법률관계가 발생하는 경우에 그에 관하여 개별적으로 확인을 구하기보다는 과거의 법률관계 그 자체의 확인을 구하는 것이 관련 분쟁을 일거에 해결하는 유효적절한 수단이 될 수 있다면 확인의 이익이 인정된다.[3] 한편 장래의 법률관계라고 할지라도 조건부권리나 기한부권리는 확인소송

---

1) 원고는 3년간의 임용기간을 정하여 피고법인이 설립운영하는 대학의 조교수로 임용되었고, 임용기간이 이미 만료되었다. 임용기간이 만료됨으로써 대학 교원으로서의 신분관계는 당연히 종료된다고 할 것이므로 피고의 원고에 대한 위 해임처분이 무효라고 하더라도 원고는 대학 교원의 신분을 회복할 수 없는 것으로서 위 해임처분의 무효확인의 소는 확인의 이익을 갖추지 못한 것으로 부적법하다. 그런데 국가공무원법은 공무원 임용의 결격사유로서 징계에 의하여 파면의 처분을 받은 때로부터 5년을 경과하지 아니하거나 징계에 의하여 해임의 처분을 받은 때로부터 3년을 경과하지 아니한 경우를 들고 있고, (교육공무원법은 교원임용의 결격사유로서 국가공무원법에 의하여 공직에 취임할 수 없는 경우를 들고 있으며, 또 사립학교법은 사립학교의 교원의 자격에 관하여는 국·공립학교의 교원의 자격에 관한 교육공무원법의 규정에 의하도록 규정하고 있는데,) 위 각 규정에 비추어보면 원고는 이 사건 해임처분으로 말미암아 해임처분이 있은 날로부터 3년간 공직 또는 교원으로 임용될 수 없는 결격자로 취급될 수밖에 없을 뿐 아니라 그 결격기간이 경과한 뒤라도 이 사건과 같은 징계해임처분을 받은 전력은 공직 또는 교원으로 임용되는 데에 있어서 불이익한 장애사유로 작용할 것은 의심의 여지가 없으므로, 원고로서는 공직이나 교원으로 임용될 수 있는 법률상 지위에 대한 위험이나 불안을 제거하기 위하여 이 사건 해임처분의 무효확인을 구할 이익이 있다(대법원 1991. 6. 25. 선고 91다1134 판결).

2) 원심은 원고가 무효확인을 구하는 이 사건 징계처분은 '2개월 무급정직 및 유동대기, 징계기간 중 회사 출입금지'로서 이미 그 징계기간인 2개월이 경과하였음이 명백하므로, 이 사건 징계처분의 무효확인을 구하는 소는 확인의 이익이 없어 부적법하다고 판단하였다. 그런데 기록에 의하면, 피고 회사의 취업규칙 제63조 제1항 제3호에서는 징계의 한 종류로 '정직'을 열거하면서 '정직기간은 3개월 이내로 하고, 사원의 신분은 유지하되 직무에는 종사하지 못하며, 사안에 따라 일정 기간 출근을 정지하고, 정직기간은 임금을 지급하지 아니한다'라고 규정하고 있음을 알 수 있다. 이에 따라 원고는 이 사건 징계처분으로 인하여 정직기간 동안 임금을 전혀 지급받지 못하는 법률상 불이익을 입게 된 이상 이 사건 징계처분은 정직기간 동안의 임금 미지급 처분의 실질을 갖는 것이고, 이는 원고의 임금청구권의 존부에 관한 현재의 권리 또는 법률상 지위에 영향을 미치고 있으므로, 원고로서는 비록 징계처분에서 정한 징계기간이 도과하였다 할지라도 이 사건 징계처분의 무효 여부에 관한 확인 판결을 받음으로써 가장 유효·적절하게 자신의 현재의 권리 또는 법률상 지위에 대한 위험이나 불안을 제거할 수 있다고 봄이 상당하다(대법원 2010. 10. 14. 선고 2010다36407 판결).

3) 일반적으로 과거의 법률관계는 확인의 소의 대상이 될 수 없는 것이나, 혼인, 입양과 같은 신분관계나 회사의 설립, 주주총회의 결의무효, 취소와 같은 사단적 관계, 행정처분과 같은 행정관계와 같이 그것을 전제로 하여

의 대상이 될 수 있다. 판례도 조건 또는 기한이 걸려있는 등 불확정한 법률관계라고 하더라도 보호할 법적 이익이 있다면 확인소송이 허용될 수 있다고 한다.[1]

### 3) 다른 사람 사이의 권리 또는 법률관계

확인소송은 반드시 당사자 사이의 법률관계만을 그 대상으로 하는 것은 아니며, 당사자의 일방과 제3자 사이 또는 제3자 상호간의 법률관계라 하여도 그 법률관계에 따라 원고의 법적 지위에 현존하는 위험·불안이 야기되고, 이를 제거하기 위하여 확인판결을 받는 것이 가장 유효적절한 수단이 될 때에는 확인소송의 대상이 될 수 있다.[2] 판례는 근저당권자가 물상보증인을 상대로 제기한 피담보채권의 존부에 관한 확인소송은 적법하고,[3] 채권자가 채무자의 권리를 방해하는 제3자를 상대로 채무자를 대위하여 제기한 채무자의 권리 확인과 그 방해의 제거를 구하는 소송도 적법하다고 한다.[4]

---

수많은 법률관계가 발생하고 그에 관하여 일일이 개별적으로 확인을 구하는 번잡한 절차를 반복하는 것보다 과거의 법률관계 그 자체의 확인을 구하는 편이 관련된 분쟁을 일거에 해결하는 유효적절한 수단일 수 있는 경우에는 예외적으로 확인의 이익이 인정되는 것이다. 그런데 사실혼 배우자는 구 산업재해보상보험법뿐 아니라 공무원연금법, 선원법, 근로기준법, 군인연금법, 독립유공자 예우에 관한 법률 등에서 각종의 급여 등을 받을 권리자로 규정되어 있는 등 법률상의 배우자가 아님에도 불구하고 특별한 법적 취급을 받고 있다. 이에 따라 사실혼관계는 여러 가지 법률관계의 전제가 되어 있고, 그 존부확인청구는 그 법률관계들과 관련된 분쟁을 일거에 해결하는 유효적절한 수단일 수 있는 것이다. 따라서 이 사건에서와 같이 사실혼관계에 있던 당사자 일방이 사망하였더라도 현재적 또는 잠재적 법적 분쟁을 일거에 해결하는 유효적절한 수단이 될 수 있는 한 그 사실혼관계존부확인청구에는 확인의 이익이 인정되는 것이고, 이러한 경우 친생자관계존부확인청구에 관한 민법 제865조와 인지청구에 관한 민법 제863조의 규정을 유추적용하여 생존 당사자는 그 사망을 안 날로부터 1년 내에 검사를 상대로 과거의 사실혼관계에 대한 존부확인청구를 할 수 있다고 보아야 한다(대법원 1995. 3. 28. 선고 94므1447 판결).

1) 이 사건 입찰절차의 취소가 효력이 없다고 할 경우 원고들은 제2순위 적격심사대상자로서 추후 진행되는 적격심사에서 제1순위 적격심사대상자가 부적격판정을 받거나 계약을 체결하지 아니하면 적격심사를 받아 낙찰자 지위를 취득할 수도 있으므로 이 사건 입찰절차상 제2순위 적격심사대상자로서의 지위에 대한 확인과 이 사건 입찰절차의 취소 및 새로운 입찰공고가 무효임의 확인을 구하는 이 사건 소가 단순한 사실관계나 과거의 법률관계의 존부 확인에 불과하다고 할 수 없으며, 확인의 소로써 위험·불안을 제거하려는 법률상 지위는 반드시 구체적 권리로 뒷받침될 것을 요하지 아니하고 그 법률상 지위에 터잡은 구체적 권리 발생이 조건 또는 기한에 걸려 있거나 법률관계가 형성 과정에 있는 등 원인으로 불확정적이라고 하더라도 보호할 가치 있는 법적 이익에 해당하는 경우에는 확인의 이익이 인정될 수 있다(대법원 2000. 5. 12. 선고 2000다2429 판결).

2) 확인의 소는 반드시 당사자 간의 법률관계에 한하지 아니하고, 당사자의 일방과 제3자 사이 또는 제3자 상호간의 법률관계도 그 대상이 될 수 있다(대법원 2004. 8. 20. 선고 2002다20353 판결).

3) 근저당권자가 근저당권의 피담보채무의 확정을 위하여 스스로 물상보증인을 상대로 확인의 소를 제기하는 것이 부적법하다고 볼 것은 아니며, 물상보증인이 근저당권자의 채권에 대하여 다투고 있을 경우 그 분쟁을 종국적으로 종식시키는 유일한 방법은 근저당권의 피담보채권의 존부에 관한 확인의 소라고 할 것이므로, 근저당권자가 물상보증인을 상대로 제기한 확인의 소는 확인의 이익이 있어 적법하다(대법원 2004. 3. 25. 선고 2002다20742 판결).

4) 채권자대위의 대상이 된 채무자의 권리가 제3자로부터 방해를 받아 그에 관해서 제3자와 채무자간에 분쟁이 생긴 경우에는 채권자의 채무자에 대한 채권도 그 내용에 실질적인 영향을 받아 불안정한 상태에 놓이게 되므로 채권자는 그의 불안정상태를 제거하고 그를 보전하기 위하여 채무자를 대위해서 제3자에 대하여 채무자의 권리

## (3) 형성소송

형성소송은 '형성소권(形成訴權)'을 그 대상으로 한다. 형성소권이란 실체법에서 소송을 통해서만 법률관계를 변동시킬 수 있도록 규정한 형성권을 말하는데, 이러한 형성소권만이 형성소송의 대상이 될 수 있다.[1] 예를 들어, 주주총회결의취소(상법 제376조), 혼인취소(민법 제816조) 등이 그것이다. 계약의 해제·해지권이나 취소권 등 일반적인 형성권은 형성소송의 대상이 될 수 없다. 일반적인 형성권은 형성권자가 그러한 권리를 일방적으로 행사한 후 결과로서 남아 있는 법률관계의 이행이나 확인을 구하는 소송을 제기할 수 있는데 그친다.


# Ⅲ. 권리보호의 필요

## 1. 일반적 권리보호의 필요

권리보호의 필요에도 각종의 소에 공통된 일반적인 권리보호의 필요와 각 소송유형별로 특유한 권리보호의 필요가 있다. 일반적인 권리보호의 필요에는 다음과 같은 것이 있다.

### 1) 제소(提訴)금지사유가 없을 것

제소금지사유가 없어야 한다. 그리하여 민사소송법상 중복제소(重複提訴)금지(제259조)나 재소(再訴)금지(제267조 제2항)에 해당되지 않아야 하고, 당사자 사이에 부제소(不提訴)합의나 중재합의 등이 없어야 한다. 중복제소의 금지란 법원에 이미 소송계속이 되어 있는 사건과 동일한 사건에 대하여 당사자는 다시 소를 제기하지 못하는 것을 말하고(제259조). 재소금지란 원고는 언제든지 소를 취하할 수 있지만, 본안에 관한 종국판결 선고 후 소를 취하하면 동일한 소를 다시 제기할 수 없는 것을 말한다(제267조 제2항). 부제소합의는 특정한 권리 또는 법률관계에 대하여 법원에 소를 제기하지 않겠다는 당사자 사이의 합의를 말하고, 중재합의는 일정한 법률관계에 있어서 당사자 사이에 이미 발생하였거나 장래 발생할 수 있는 분쟁의 전부 또는 일부를 중재에 의하여 해결하도록 하는 당사자 사이의 합의를 말한다(중재법 제3조). 이러한 제소금지사유가 존재하는 경우에는 소의 이익이 인정되지 않는다.

---

의 확인과 그 방해의 제거를 구할 수 있고 필요하다면 그 권리관계의 확인을 위하여 제3자를 상대로 소를 제기할 수 있다(대법원 1976. 4. 27. 선고 73다1306 판결).

[1] 정동윤·유병현, 377면.

## 2) 특별한 구제절차가 마련되어 있지 않을 것

소송 이외의 특별한 구제절차가 마련되어 있지 않아야 한다. 법률이 소송 이외의 신속하고 경제적인 특별한 구제절차를 마련하고 있는 경우에는 그러한 특별절차를 이용함이 합리적이라고 할 것이므로, 그러한 특별절차를 이용하지 않고 통상의 소송을 제기하게 되면 그러한 소송은 소의 이익이 없다. 예를 들어, 소송비용확정절차에 의하지 않고 소송비용의 상환을 구하는 소송을 제기한 경우,[1] 가압류집행비용은 승소확정판결의 집행시 별도의 집행권원 없이 회수할 수 있음에도 불법행위를 이유로 손해배상을 구하는 소송을 제기한 경우,[2] 집행비용을 집행절차에서 변상받지 못한 경우에는 집행비용액확정결정절차에 의하여야 함에도 채무자에게 지급명령신청의 방법으로 지급을 구하는 경우,[3] 민사집행법에 따른 구제절차에 의하지 않고 경매불허의 소를 제기한 경우,[4] 가압류·가처분결정의 취소절차에 의하지 않고 가압류·가처분말소등기의 소를 제기한 경우,[5] 비송사건절차법에 의하지 않고 임시이사선임의 취소를 구하는 통상의 소송을 제기한 경우,[6] 등기관의 직권사항임에도 부기등기나 예고등기의 말소 또는 경정등기의 이행을 구하는 소송을 제기한 경우,[7] 공탁금출급절차를 밟지 않고 직접 국가를 상대로 공탁금

---

1) 소송비용으로 지출한 금액은 재판확정 후 소송비용액확정절차를 거쳐 상환받을 수 있는 것이므로 이를 별도의 적극적 손해라 하여 그 배상을 소구할 이익이 없다(대법원 2011. 3. 24. 선고 2010다96997 판결).
2) 선박의 가압류 및 감수보존집행비용은 민사집행법 제291조, 제53조 제1항에 의하여 집행채무자의 부담이 되고 채권자의 본안 승소확정판결 집행시 별도의 채무명의 없이 회수할 수 있는 것이므로 본안소송에서 이를 불법행위로 인한 손해라 하여 별도로 소구할 이익이 없다(대법원 1979. 2. 27. 선고 78다1820 판결).
3) 유체동산에 대한 집행을 위하여 집행관에게 지급한 수수료는 민사집행법 제53조, 민사집행규칙 제24조 소정의 집행비용에 해당하므로, 그 집행절차에서 변상을 받지 못하였을 경우에는 별도로 집행법원에 집행비용액확정결정의 신청을 하여 그 결정을 채무명의로 삼아 집행하여야 하고, 집행관에게 지급한 수수료 상당의 금원을 채무자에게 지급명령신청의 방법으로 지급을 구하는 것은 허용되지 않는다(대법원 1996. 8. 21. 자 96그8 결정).
4) 부동산을 목적으로 하는 담보권을 실행하기 위한 경매절차를 정지하려면 민사집행법에 따라 경매개시결정에 대한 이의신청을 하고 집행정지명령을 받거나 그 담보권의 효력을 다투는 소를 제기하고 집행정지명령을 받아 그 절차의 진행을 정지시킬 수 있을 뿐이고, 직접 경매의 불허를 구하는 소를 제기할 수는 없다(대법원 2002. 9. 24. 선고 2002다43684 판결); 민사집행법에 의한 경매를 신청할 수 있는 권리의 존부를 다투는 경우에 그 경매절차를 정지하기 위하여는 경매개시결정에 대한 이의신청을 하고 집행정지명령을 받거나, 채무에 관한 이의의 소를 제기하고 경매정지명령을 받아 그 경매절차의 진행을 정지시킬 수 있을 뿐이므로 별개의 소로서 경매의 불허를 구하는 청구는 부적법하다(대법원 1987. 3. 10. 선고 86다152 판결).
5) 가처분등기는 집행법원의 가처분결정의 취소나 집행취소의 방법에 의하여서만 말소될 수 있는 것이니 동 등기 경료 후 가처분 목적물에 대한 소유권 취득자는 집행법원에 가처분결정의 취소나 집행취소 신청을 하여 그 결정을 받아 이를 원인증서로 하여야 하고 막바로 가처분등기 자체의 말소를 소구할 수 없다(대법원 1976. 3. 9. 선고 75다1923 판결).
6) 법원의 결정에 따른 임시이사 선임에 관하여는 비송사건절차법에 의한 항고로서만이 불복이 가능하다(대법원 1976. 10. 26. 선고 76다1771 판결).
7) 예고등기와 그 말소에 관하여는 법원의 직권에 의한 촉탁에 의하여서만 할 수 있고 그 밖에 당사자의 신청에 의하여서는 할 수 없는 것이라 할 것이고 다만 소를 제기한 자에 대한 승소판결이 확정된 경우에 있어서의 예고등

의 지급을 구하는 소송을 제기한 경우[1] 등에는 소의 이익이 인정되지 않는다.

### 3) 원고가 동일한 청구에 대하여 승소확정판결을 받은 경우가 아닐 것

원고가 동일한 청구에 대하여 승소확정판결을 받은 경우가 아니어야 한다. 판례는 원고가 이미 승소확정판결을 받았음에도 동일한 청구에 대하여 다시 소송을 제기하는 것은 권리보호의 이익이 없어 부적법하다고 한다. 승소확정판결과 동일한 효력이 있는 화해, 조정, 청구의 인낙 등이 성립한 경우에도 마찬가지이다. 다만, 시효중단의 필요가 있는 경우,[2] 판결내용이 불특정하여 집행이 곤란한 경우,[3] 판결원본이 멸실되어 집행문을 부여받을 수 없는 경우[4] 등에는 예외적으로 다시 소송을 제기할 수 있다고 한다. 이 가운데 판결원본이 멸실된 경우는 이제 더

---

기의 말소에 관하여는 부동산등기법에 아무런 규정이 없으나 위 승소판결이 확정된 후 예고등기의 목적이 된 등기의 말소 또는 회복이 이루어졌을 때에는 예고등기는 그 목적을 달하여 더 이상 이를 존치하여 둘 필요가 없게 되므로 이 경우에는 등기공무원은 직권으로 이를 말소하여야 할 것이다. 그렇다면 예고등기 후에 당해 부동산의 소유권을 취득한 제3자에게 예고등기의 말소청구권이 있다고 할 수 없음은 물론 예고등기의 원인이 된 소를 제기한 자가 그 말소등기절차를 이행하여야 할 등기의무자의 지위에 있지도 아니한다 할 것이므로 본건 예고등기 후에 이 사건 부동산의 소유권을 취득한 원고가 그 예고등기의 기본이 된 소를 제기한 피고를 상대로 본건 예고등기의 말소를 구하는 이 사건 소는 부적법한 소로서 그 흠결을 보정할 수 없는 경우에 해당함이 명백하여 변론없이 이를 각하하여야 할 것이다(대법원 1974. 5. 28. 선고 74다150 판결).

1) 공탁관의 처분에 대하여 불복이 있는 때에는 공탁법이 정한 바에 따라 이의신청과 항고를 할 수 있고, 공탁관에 대하여 공탁법이 정한 절차에 의하여 공탁금지급청구를 하지 아니하고 직접 민사소송으로써 국가를 상대로 공탁금지급청구를 할 수는 없다(대법원 2013. 7. 25. 선고 2012다204815 판결).

2) 확정판결에 기한 채권의 소멸시효기간인 10년의 도과가 임박하여서 강제집행의 실시가 현실적으로 어렵게 되었다면, 그 이전에 강제집행의 실시가 가능하였던가의 여부에 관계없이 시효중단을 위하여는 동일내용의 재판상 청구가 불가피하다고 할 것이므로 확정판결이 있었다고 하더라도 시효중단을 위한 동일내용의 소에 대하여 소멸시효완성 내지 중복제소금지 규정에 위반한 것이라고는 할 수 없다(대법원 1987. 11. 10. 선고 87다카1761 판결).

3) 소송물이 동일한 경우라도 판결 내용이 특정되지 아니하여 집행을 할 수 없는 경우에는 다시 소송을 제기할 권리보호의 이익이 있다고 보아야 한다. 시설물의 철거 및 그 부지의 인도를 구하는 소송에서 현황과 달리 작성된 감정서에 기재된 위치 및 면적에 따라 원고의 청구대로 인용판결을 하였지만, 그 판결에 기한 강제집행이 불가능하게 되었으므로, 새로운 측량에 기하여 전 소송에서와 달리 시설물의 면적과 위치를 새로이 특정하여 제기한 이 사건 소송에는 종전 소송의 기판력이 미치지 아니한다고 판단한 것은 정당하고, 거기에 기판력에 관한 법리를 오해한 위법이 있다고 할 수 없다. 또한 현황과 일치하지 않은 감정 결과에 터잡아 판결이 선고된 경우에는 제451조 제1항 제7호의 재심사유에 해당한다고 할 수도 없으므로, 이러한 경우 재심의 소송을 통하여 구제받아야 한다는 주장도 이유 없다(대법원 1998. 5. 15. 선고 97다57658 판결); 재판상의 화해를 조서에 기재한 때에는 그 조서는 확정판결과 동일한 효력이 있고 당사자 사이에 기판력이 생겨 재심의 소에 의한 취소 또는 변경이 없는 한 당사자는 그 취지에 반하는 주장을 할 수 없음이 원칙이나, 화해조서에 기재된 내용이 특정되지 아니하여 강제집행을 할 수 없는 경우에는 동일한 청구를 제기할 소의 이익이 있다(대법원 1995. 5. 12. 선고 94다25216 판결).

4) 공유물분할청구소송의 승소확정판결은 기판력과 집행력이 있는 것이므로 그 확정판결의 원본이 멸실되어 강제집행에 필요한 집행문을 받을 수 없는 등 특별한 사정이 없는 한 그와 동일한 소를 제기할 소의 이익이 없다(대법원 1981. 3. 24. 선고 80다1888 판결).

이상 신소(新訴)제기를 정당화할 근거가 될 수 없다는 견해가 있다.[1] 현행 민사집행규칙과 재판예규에서는 판결원본이 없는 경우에도 판결정본에 기하여 집행문을 부여받을 수 있도록 규정하고 있음을 논거로 든다.[2]

판례가 이처럼 승소확정판결을 받았음에도 동일한 청구에 대하여 다시 소송을 제기하는 경우 권리보호이익의 흠결로 이해하는 것은 기판력의 본질에 관한 모순금지설의 입장에서 비롯된다. 판례는 기판력의 본질에 관한 모순금지설의 입장에서 승소확정판결을 받은 원고가 동일한 내용의 소송을 다시 제기하는 경우 권리보호의 이익이 없어 부적법 각하하여야 하지만, 패소판결을 받은 원고가 동일한 내용의 소송을 다시 제기하는 경우에는 앞선 확정판결 내용과 모순되는 판단을 하여서는 안 되는 구속력 때문에 청구기각의 판결을 하여야 한다고 한다.[3] 그러나 이미 확정판결을 받았음에도 동일한 내용의 청구에 대하여 다시 판단하는 것은 무용한 일이며 소의 이익이 인정될 수 없다는 점에서 확정판결의 내용이 승소이든 패소이든 불문하고 확정판결의 존재를 소극적 소송요건으로 보아 부적법 각하하여야 하는 것으로 이해함이 타당하다고 본다.

### 4) 신의칙 위반의 제소가 아닐 것

신의칙 위반의 제소가 아니어야 한다. 예를 들어, 학교법인의 이사로서의 직무수행의사는 없으면서 오로지 학교법인으로부터 다소의 금원을 지급받을 목적으로 학교법인의 이사회결의 부존재확인을 구하는 소송 등의 경우에는 소의 이익이 인정되지 않는다.[4]


## 2. 특수한 권리보호의 필요

각 소송유형별로 특유한 권리보호의 필요를 살펴보면 다음과 같다.

---

1) 김홍엽, 248면.
2) 민사집행규칙 제21조 제1항과 대법원 재판예규 「판결정본에 기하여 집행문을 부여하는 요령」에서 집행문을 부여할 법원에 판결원본이 없는 경우에는 판결정본에 기하여 집행문을 부여하고, 집행문을 부여한 취지 등을 당해 판결정본에 기재하도록 하고 있다.
3) 원고가 소유권에 기하여 건물철거 및 대지인도청구소송을 제기한 결과, 원고가 대지의 실질적인 소유자가 아니라는 이유로 청구기각 판결이 선고되어 확정되었고, 위 사건의 변론종결 이후에 피고로부터 위 건물을 매수한 사람은 변론종결후의 승계인에 해당하므로, 원고가 다시 그 건물매수인을 상대로 제기한 소유권에 기한 위 건물의 철거와 그 대지의 인도를 청구하는 이 사건 소는 위 패소확정판결의 기판력에 저촉되어 기각되어야 한다(대법원 1991. 3. 27. 선고 91다650,667(반소) 판결).
4) 대법원 1974. 9. 24. 선고 74다767 판결.

## (1) 이행소송

### 1) 현재 이행의 소

변론종결당시까지 이행기가 도래하는 이행청구권을 주장하는 '현재 이행의 소'는 권리보호의 필요가 인정되는 것이 원칙이다. 다만 급부가 이미 실현되었거나 그 실익이 없는 경우에는 권리보호의 필요가 부인된다. 예를 들어, 근저당권설정등기의 말소청구소송 계속 중에 근저당권의 실행으로 인하여 근저당권설정등기가 말소된 경우,[1] 건물에 대한 이전등기청구소송 계속 중에 건물이 전부 멸실된 경우[2] 등에는 권리보호의 필요가 부인된다. 그런데 판례는 동일한 부동산에 순차로 경료된 등기의 말소를 구하는 소송에서 최종등기명의인에 대한 등기말소청구가 패소 확정됨으로써 최종등기명의인에 대한 등기말소의 실행이 불가능하게 되었더라도 중간등기명의인에 대한 등기의 말소를 구할 소의 이익이 있다고 한다.[3] 또한 근저당권의 이전에 의한 부기등기는 기존의 주등기인 근저당권설정등기에 종속되어 주등기와 일체를 이루는 것이고 그와 별개의 새로운 등기가 아니므로 부기등기의 말소청구는 소의 이익이 없지만,[4] 근저당권의 주등기 자체는 유효한 것임을 전제로 이와는 별도로 근저당권이전의 부기등기에 한하여 무효사유가 있다는 이유로 부기등기만의 효력을 다투는 경우에는 그 부기등기의 말소를 구할 소의 이

---

1) 대법원 2003. 1. 10. 선고 2002다57904 판결.
2) 대법원 1976. 9. 14. 선고 75다399 판결.
3) 순차로 경료된 소유권이전등기의 말소를 구하는 소송은 권리관계의 합일적인 확정을 필요로 하는 필요적 공동소송이 아니라 통상공동소송이며, 이와 같은 통상공동소송에서는 공동당사자들 상호간의 공격방어방법의 차이에 따라 모순되는 결론이 발생할 수 있고, 이는 변론주의를 원칙으로 하는 소송제도 아래서는 부득이한 일로서 판결의 이유모순이나 이유불비가 된다고 할 수 없으며, 이 경우 후순위 등기에 대한 말소청구가 패소확정됨으로써 그 전순위 등기의 말소등기실행이 결과적으로 불가능하게 되더라도, 그 전순위 등기의 말소를 구할 소의 이익이 있다(대법원 2008. 6. 12. 선고 2007다36445 판결).
4) 채무자의 변경을 내용으로 하는 근저당권변경의 부기등기는 기존의 주등기인 근저당권설정등기에 종속되어 주등기와 일체를 이루는 것이고 주등기와 별개의 새로운 등기는 아니라 할 것이므로, 그 피담보채무가 변제로 인하여 소멸된 경우 위 주등기의 말소만을 구하면 되고 그에 기한 부기등기는 별도로 말소를 구하지 않더라도 주등기가 말소되는 경우에는 직권으로 말소되어야 할 성질의 것이므로, 위 부기등기의 말소청구는 권리보호의 이익이 없는 부적법한 청구라고 할 것이다(대법원 2000. 10. 10. 선고 2000다19526 판결; 1988. 11. 22. 선고 87다카1836 판결); 근저당권의 양도에 의한 부기등기는 기존의 근저당권설정등기에 의한 권리의 승계를 등기부상 명시하는 것뿐으로, 그 등기에 의하여 새로운 권리가 생기는 것이 아닌 만큼 근저당권설정등기의 말소등기청구는 양수인만을 상대로 하면 족하고, 양도인은 그 말소등기청구에 있어서 피고적격이 없는 것이고, 또한 근저당권 이전의 부기등기는 기존의 주등기인 근저당권설정등기에 종속되어 주등기와 일체를 이루는 것이어서 피담보채무가 소멸된 경우 또는 근저당권설정등기가 당초 원인무효인 경우 주등기인 근저당권설정등기의 말소만 구하면 되고 그 부기등기는 별도로 말소를 구하지 않더라도 주등기의 말소에 따라 직권으로 말소되는 것이므로, 이 사건 근저당권설정등기의 말소는 근저당권을 이전받은 양수인을 상대로 하여 구하여야 할 것이고, 더 이상 근저당권자가 아닌 피고를 상대로 위 근저당권설정등기의 말소를 구하는 것은 당사자적격이 없는 자를 상대로 한 것이어서 부적법하다(대법원 1995. 5. 26. 선고 95다7550 판결).

익이 있다고 한다.[1]

강제집행이 불가능하거나 현저히 곤란한 경우에도 소의 이익이 인정된다. 판결절차는 분쟁의 관념적 해결절차로서 사실적인 해결방법인 강제집행절차와 별도로 독자적인 존재의의를 갖고 있으며, 집행권원의 보유는 피고에 대한 심리적 압박이 될 수 있기 때문이다. 채권이 가압류나 가처분, 압류가 된 경우에도 무조건의 이행판결을 구할 수 있다. 가압류 등이 된 경우에도 집행권원을 취득하거나 시효를 중단시킬 필요가 있고, 가압류 등이 취소되어 소멸될 수 있기 때문이다. 따라서 채권이 가압류 등이 된 경우에도 채무자는 제3채무자를 상대로 이행소송을 제기할 수 있다.[2] 그러나 채권에 대한 추심명령이 있는 경우에는 추심채권자만이 이행소송을 제기할 수 있고, 채무자는 이행소송을 제기할 당사자적격을 상실한다.[3]

한편, 당사자는 가분적인 채권의 일부만을 소송상 청구할 수도 있다. 일정한 금원의 지급이나 대체물의 인도 등 수량적으로 가분인 급부를 목적으로 하는 채권에 관하여 채권자가 임의로 분할하여 그 일부만을 소송으로 청구하는 것을 일부청구라고 한다. 판례는 일부청구임을 명시한 경우에는 그 부분만 소송물이 되고 판결의 효력도 그 부분에만 미치나, 일부청구임을 명시하지 않은 경우에는 잔부까지 포함하여 소송물이 되고 판결의 효력도 잔부까지 포함한 청구 전부에 미친다고 한다(명시적 일부청구설).[4] 일부청구도 소의 이익이 있으나, 다액의 채권을 소액사건심판법의 적용을 받을 목적으로 분할하여 구하는 일부청구는 부적법 각하하여야 한다(소액사건심판법 제5조의2).

---

1) 근저당권이전의 부기등기가 기존의 주등기인 근저당권설정등기에 종속되어 주등기와 일체를 이룬 경우에는 부기등기만의 말소를 따로 인정할 아무런 실익이 없지만, 근저당권의 이전원인만이 무효로 되거나 취소 또는 해제된 경우, 즉 근저당권의 주등기 자체는 유효한 것을 전제로 이와는 별도로 근저당권이전의 부기등기에 한하여 무효사유가 있다는 이유로 부기등기만의 효력을 다투는 경우에는 그 부기등기의 말소를 소구할 필요가 있으므로 예외적으로 소의 이익이 있다(대법원 2005. 6. 10. 선고 2002다15412, 15429 판결).

2) 일반적으로 채권에 대한 가압류가 있더라도 이는 채무자가 제3채무자로부터 현실로 급부를 추심하는 것만을 금지하는 것일 뿐 채무자는 제3채무자를 상대로 그 이행을 구하는 소송을 제기할 수 있고 법원은 가압류가 되어 있음을 이유로 이를 배척할 수는 없는 것이 원칙이다. 왜냐하면 채무자로서는 제3채무자에 대한 그의 채권이 가압류되어 있다 하더라도 채무명의를 취득할 필요가 있고 또는 시효를 중단할 필요도 있는 경우도 있을 것이며 또한 소송계속 중에 가압류가 행하여진 경우에 이를 이유로 청구가 배척된다면 장차 가압류가 취소된 후 다시 소를 제기하여야 하는 불편함이 있는데 반하여 제3채무자로서는 이행을 명하는 판결이 있더라도 집행단계에서 이를 저지하면 될 것이기 때문이다(대법원 2002. 4. 26. 선고 2001다59033 판결).

3) 채권에 대한 압류 및 추심명령이 있으면 제3채무자에 대한 이행의 소는 추심채권자만이 제기할 수 있고 채무자는 피압류채권에 대한 이행소송을 제기할 당사자적격을 상실한다(대법원 2000. 4. 11. 선고 99다23888 판결).

4) 가분채권의 일부에 대한 이행청구의 소를 제기하면서 나머지를 유보하고 일부만을 청구한다는 취지를 명시하지 아니한 이상 확정판결의 기판력은 청구하고 남은 잔부청구에까지 미치는 것이므로, 나머지 부분을 별도로 다시 청구할 수는 없다. 그러나 일부청구임을 명시한 경우에는 일부청구에 대한 확정판결의 기판력은 잔부청구에 미치지 아니한다(대법원 2016. 7. 27. 선고 2013다96165 판결).

## 2) 장래 이행의 소

이행기가 변론종결시 이후에 도래하는 이행청구권을 주장하는 '장래 이행의 소'는 권리보호의 필요가 없는 것이 원칙이다. 다만 '미리 청구할 필요'가 있는 경우에는 예외적으로 권리보호의 필요가 인정된다(제251조). 장래 이행의 소에 있어서 미리 청구할 필요가 인정되는 예(例)로는 다음과 같은 것이 있다.

① **정기(定期)행위**: 이행이 제때에 이루어지지 않으면 채무본지에 따른 이행이 되지 않거나 회복할 수 없는 손해가 발생할 경우에는 미리 청구할 필요가 있다. 예를 들어, 초대장의 주문, 결혼예복의 주문 등 정기행위(민법 제545조)가 여기에 해당된다.

② **계속적·반복적 이행청구**: 계속적·반복적 이행청구에서 현재 이행기 도래분에 대하여 불이행한 경우 또는[1] 장래의 계속적인 불법행위에 기한 손해배상청구·부당이득반환청구의 경우에 장래의 이행기 도래분 또는 장래의 손해배상이나 부당이득에 대하여 미리 청구할 필요가 있다. 다만, 장래의 시점까지 채무불이행사유 또는 침해상태가 계속하여 존재한다는 것이 변론종결 당시에 확정적으로 예정할 수 있어야 한다. 판례도 장래 이행을 명하는 판결을 하기 위해서는 채무의 이행기가 장래에 도래하는 것뿐만 아니라 그 의무불이행상태가 그 때까지 존속한다는 것이 변론종결 당시에 확정적으로 예정할 수 있어야 하고, 이러한 존속기간이 불확실하여 변론종결 당시에 확정적으로 예정할 수 없는 경우에는 장래 이행을 명하는 판결을 할 수 없다고 한다.[2]

---

1) 서울특별시가 사실심 변론종결 무렵까지 타인 소유의 토지들을 도로부지로 점유·사용하면서도 이에 대한 임료 상당의 부당이득금의 반환을 거부하고 있으며 그로 인한 계속적·반복적 이행의무에 관하여 현재의 이행기 도래분에 대하여 그 이행을 하지 않고 있다면, 그 토지들에 개설된 도로의 폐쇄에 의한 서울특별시의 점유종료일 또는 그 토지소유자가 토지들에 대한 소유권을 상실하는 날까지의 이행기 도래분에 대하여도 서울특별시가 그 채무를 자진하여 이행하지 아니할 것이 명백히 예견되므로, 토지소유자로서는 장래에 이행기가 도래할 부당이득금 부분에 대하여도 미리 청구할 필요가 있다(대법원 1994. 9. 30. 선고 94다32085 판결).

2) 피고 시(市)가 계쟁토지를 점유하여 도로로 사용관리하고 있는 경우 시(市)는 법률상 원인없이 토지를 사용하고 그 차임 상당의 이득을 얻고 토지 소유자에게 동액 상당의 손해를 입게 한 것이므로 시는 토지소유자에게 차임 상당의 부당이득을 반환할 책임이 있다. 이 경우 토지소유자의 '시(市)가 위 토지를 매수할 때까지'로 기간을 정한 장래의 차임 상당 부당이득반환청구는 장차 시가 위 토지를 매수하거나 수용하게 될는지 또는 그 시점이 언제 도래할지 불확실할 뿐만 아니라 시가 매수하거나 수용하지 않고 도로폐쇄조치를 하여 점유사용을 그칠 수도 있고 소유자가 위 토지를 계속하여 소유하지 못할 수도 있는 것이어서 위 장래의 기간 한정은 의무불이행 상태가 그때까지 계속하여 존속된다는 보장이 성립되지 않는 불확실한 시점이라 할 것이므로 이에 대하여 장래 이행을 명하는 판결을 할 수 없고(대법원 1991. 10. 8. 선고 91다17139 판결), 또한 '피고가 원고에게 위 토지를 인도하는 날까지' 차임 상당의 부당이득을 구하는 것은 그 날 이전에 피고가 위 토지의 사용·수익을 종료할 수도 있기 때문에 의무불이행상태가 '인도하는 날까지' 존속한다는 것 역시 변론종결 당시 확정적으로 예견할 수 없다고 할 것이어서 그 때까지 이행할 것을 명하는 판결을 할 수도 없다(대법원 2002. 6. 14. 선고 2000다 37517 판결). 그러나 이 사건 도로의 폐쇄에 의한 '피고의 점유종료일' 또는 이 사건 도로에 대한 '원고의 소유

③ 이행기에 즉시 이행을 기대할 수 없는 경우: 의무자가 미리 의무의 존재를 다투고 있어 이행기에 이르러 즉시 이행을 기대할 수 없는 경우에도 미리 청구할 필요가 있다.[1] 예를 들어, 채무의 이행기가 도래하지 않았거나 조건이 아직 성취되지 않았으나 채무자가 미리부터 채무의 존재를 다투기 때문에 이행기가 도래되거나 조건이 성취되었을 때에 임의의 이행을 기대할 수 없는 경우 등이 여기에 해당된다. 그러나 이행기에 이르거나 조건이 성취되었을 때에 채무자의 무자력으로 말미암아 집행이 곤란해지거나 또는 이행불능에 빠질 사정이 있는 것만으로는 미리 청구할 필요가 인정되지 않는다.[2]

④ 현재 이행의 소와 병합하여 제기하는 장래 이행의 소: 현재 이행의 소와 병합하여 장래 이행의 소를 제기할 수 있다. 예를 들어, 원금과 함께 다 갚을 때까지의 지연이자를 구하는 경우, 건물명도와 함께 명도할 때까지 임료 상당의 부당이득을 구하는 경우 등이 여기에 해당된다.

## (2) 확인소송

### 1) 확인의 이익

확인소송에서는 '확인의 이익'이 있는 경우에만 권리보호의 필요가 인정된다. 이행소송이나 형성소송의 경우에는 그 대상이 이행청구권 또는 형성소권으로 제한되어 있고 또한 이행판결에 기한 강제집행이나 형성판결에 따른 법률관계의 변동을 통하여 직접적이고 확실한 분쟁해결을 도모할 수 있다. 그리하여 이행소송이나 형성소송에서는 권리보호의 필요가 있음이 원칙이고

---

권상실일까지'의 이행기 도래분에 대하여 반환을 구하는 것은 의무불이행상태가 그 때까지 존속됨이 명백히 예견되는 경우라 할 것이어서 장래 이행기가 도래할 위 부분에 관하여 미리 청구할 필요가 있다(대법원 1993. 3. 9. 선고 91다46717 판결).

1) 피고들이 원고 주장의 구상금채권의 존부에 대하여 다투고 있어 원고가 보조참가인에게 보험금을 지급하더라도 피고들의 채무이행을 기대할 수 없음이 명백하다고 보아 원고의 이 사건 장래이행의 소가 적법하다고 판단한 것은 정당하다(대법원 2004. 1. 15. 선고 2002다3891 판결); 양도인측이 계약이 무효라고 주장하며 양수인으로부터 받은 매매대금을 변제공탁하였다면 양도인측이 양도 부동산에 관한 소유권이전의무의 존재를 다투고 있는 것이므로 양수인으로서는 위 의무의 이행기 도래 전이라도 그 의무의 이행을 미리 청구할 필요가 있다(대법원 1993. 11. 9. 선고 92다43128 판결).

2) 장래의 이행을 청구하는 소는 미리 청구할 필요가 있는 경우에 한하여 제기할 수 있는바, 여기서 미리 청구할 필요가 있는 경우라 함은 이행기가 도래하지 않았거나 조건 미성취의 청구권에 있어서는 채무자가 미리부터 채무의 존재를 다투기 때문에 이행기가 도래되거나 조건이 성취되었을 때에 임의의 이행을 기대할 수 없는 경우를 말하고, 이행기에 이르거나 조건이 성취될 때에 채무자의 무자력으로 말미암아 집행이 곤란해진다거나 또는 이행불능에 빠질 사정이 있다는 것만으로는 미리 청구할 필요가 있다고 할 수 없다(대법원 2000. 8. 22. 선고 2000다25576 판결).

부인되는 경우는 예외적이다. 그러나 확인소송의 경우에는 그 대상이 제한되어 있지 않으며, 또한 확인판결에는 집행력이나 형성력 등의 효력이 인정되지 않아 확인판결만으로는 분쟁해결이 특별히 담보되지 않는다. 그리하여 확인소송이 소송제도로서 유용성을 갖기 위해서는 확인판결을 받는 것만으로도 직접적이고 확실한 분쟁해결이 가능한 경우에 한하여 예외적으로 이를 허용할 필요가 있는데, 그것이 확인의 이익이다. 확인의 이익은 '권리 또는 법률상의 지위에 현존하는 불안·위험이 있고, 그러한 불안이나 위험을 제거하기 위하여 확인판결을 받는 것이 가장 유효적절한 수단일 때'에 인정된다. 확인의 이익의 내용을 자세히 살펴보면 다음과 같다.

## 2) 확인의 이익의 내용

① **법률상 이익**: 확인의 이익은 법률상 이익이어야 하며, 사실상 이익이나 경제적 이익만으로는 부족하다. 따라서 판결에 의하여 불안을 제거함으로써 원고의 법률상 지위에 영향을 줄 수 있는 경우라야 하고, 경제적 이익이나 사실상의 이익만으로는 확인의 이익이 있다고 할 수 없다. 판례는 주주는 주식의 소유자로서 회사의 재산관계에 대하여 경제적 이해관계만을 가질 뿐이므로 상법상 유지청구권(제424조)[1]을 행사하거나 대표소송(제403조)[2]을 제기하여 다툴 수는 있어도 회사가 제3자와 체결한 계약의 무효확인을 구할 이익은 없다고 한다.[3] 또한 계약직공무원에 대한 채용계약의 해지 또는 공무원이나 교원에 대한 직위해제나 면직 등의 경우에는 징계에 의한 파면이나 해임의 경우와는 달리 공직이나 교원으로 임용되는데 법령상 아무런 제약사유가 없으므로 계약기간 또는 임용기간이 도과한 후에는 그 무효확인을 구할 이익이 없고, 비록 그러한 전력이 공직이나 교원으로 임용되는데 불리한 사유로 작용한다고 하더라도 그것은 단순한 사실상의 이익이 침해된데 불과하다고 한다.[4] 그러나 경매절차에서 유치권의 행사로 인한 저가낙찰로 근

---

1) 회사가 법령 또는 정관에 위반하거나 현저하게 불공정한 방법에 의하여 주식을 발행함으로써 주주가 불이익을 받을 염려가 있는 경우에는 그 주주는 회사에 대하여 그 발행을 유지할 것을 청구할 수 있다(상법 제424조).

2) 발행주식의 총수의 100분의 1 이상에 해당하는 주식을 가진 주주는 회사에 대하여 이사의 책임을 추궁할 소의 제기를 청구할 수 있고(상법 제403조 제1항), 회사가 이 청구를 받은 날로부터 30일내에 소를 제기하지 않는 때에는 그 주주는 즉시 회사를 위하여 소를 제기할 수 있다(동조 제3항).

3) 주식회사의 주주는 주식의 소유자로서 회사의 경영에 이해관계를 가지고 있다고 할 것이나, 회사의 재산관계에 대하여는 단순히 사실상·경제상 또는 일반적·추상적인 이해관계만을 가질 뿐 구체적 또는 법률상의 이해관계를 가진다고는 할 수 없고, 직접 회사의 경영에 참여하지 못하고 주주총회의 결의를 통해서 또는 주주의 감독권에 의하여 회사의 영업에 영향을 미칠 수 있을 뿐이므로 주주는 일정한 요건에 따라 이사를 상대로 그 이사의 행위에 대하여 유지청구권을 행사하여 그 행위를 유지시키거나 또는 대표소송에 의하여 그 책임을 추궁하는 소를 제기할 수 있을 뿐 직접 제3자와의 거래관계에 개입하여 회사가 체결한 계약의 무효확인을 구할 이익은 없다(대법원 2001. 2. 28. 자 2000마7839 결정; 1979. 2. 13. 선고 78다1117 판결).

4) 지방자치단체와 채용계약에 의하여 채용된 계약직공무원이 그 계약기간 만료 이전에 채용계약 해지 등의 불이

저당권자의 배당액이 줄어들 위험은 근저당권자의 법률상 지위를 불안정하게 하는 것이므로 근저당권자는 유치권의 부존재확인을 구할 이익이 있다고 한다.[1]

② **현존(現存)하는 불안·위험:** 원고의 권리 또는 법률상의 지위에 현존하는 불안·위험이 있어야 한다. 원고의 권리 또는 법적 지위가 피고로부터 부인당하거나 이와 양립되지 않는 주장을 당하게 되는 경우에 법적 불안이 있다고 할 것이지만, 당사자 사이에 다툼이 없어도 소멸시효가 완성단계에 이른 경우, 원고의 주장과 반대되는 등기부 등 공부(公簿)상의 기재가 있는 경우에도 법적 불안이 있는 것으로 볼 수 있다.[2]

판례는 국가를 상대로 한 토지소유권확인소송에서 확인의 이익이 인정되는 경우는 그

익을 받은 후 그 계약기간이 만료된 때에는 그 채용계약 해지의 의사표시가 무효라고 하더라도 지방공무원법이나 지방계약직공무원규정 등에서 계약기간이 만료되는 계약직공무원에 대한 재계약의무를 부여하는 근거규정이 없으므로 계약기간의 만료로 당연히 계약직공무원의 신분을 상실하고 계약직공무원의 신분을 회복할 수 없는 것이므로, 그 해지의사표시의 무효확인청구는 과거의 법률관계의 확인청구에 지나지 않는다 할 것이고, 한편 과거의 법률관계라 할지라도 현재의 권리 또는 법률상 지위에 영향을 미치고 있고 현재의 권리 또는 법률상 지위에 대한 위험이나 불안을 제거하기 위하여 그 법률관계에 관한 확인판결을 받는 것이 유효적절한 수단일 때에는 확인의 이익이 있다고 보아야 할 것이나, 계약직공무원에 대한 채용계약이 해지된 경우에는 공무원 등으로 임용되는 데에 있어서 법령상의 아무런 제약사유가 되지 않을 뿐만 아니라, 계약기간 만료 전에 채용계약이 해지된 전력이 있는 사람이 공무원 등으로 임용되는 데에 있어서 그러한 전력이 없는 사람보다 사실상 불이익한 장애사유로 작용한다고 하더라도 그것만으로는 법률상의 이익이 침해되었다고 볼 수는 없으므로 그 무효확인을 구할 이익이 없다(대법원 2002. 11. 26. 선고 2002두1496 판결); 기간을 정하여 임용된 사립학교 교원이 임용기간 만료 이전에 해임·파면 또는 면직 등의 불이익 처분을 받은 후 그 임용기간이 만료된 때에는 당연히 교원의 신분을 상실한다고 할 것이고, 따라서 임용기간 만료 전에 행해진 직위해제 또는 면직처분이 무효라고 하더라도 교원의 신분을 회복할 수 없는 것으로서 그 무효확인청구는 과거의 법률관계의 확인청구에 지나지 않는다. 직위해제 또는 면직된 경우에는 징계에 의하여 파면 또는 해임된 경우와는 달리 공직이나 교원으로 임용되는 데에 있어서 법령상의 아무런 제약이 없고, 임기가 만료된 사립학교 교원에 대하여 위와 같은 전력이 있으면 공직 또는 교원으로 임용되는 데에 있어서 그러한 전력이 없는 사람보다 사실상 불이익한 장애사유로 작용한다 할지라도 그것만으로는 법률상의 이익이 침해되었다고는 볼 수 없으므로 그 무효확인을 구할 이익이 없다(대법원 2000. 5. 18. 선고 95재다199 전원합의체 판결).

1) 유치권자는 자신의 피담보채권이 변제될 때까지 유치목적물인 부동산의 인도를 거절할 수 있어 부동산 경매절차의 입찰인들은 낙찰 후 유치권자로부터 경매목적물을 쉽게 인도받을 수 없다는 점을 고려하여 입찰을 하게 되고 그에 따라 경매목적 부동산이 그만큼 낮은 가격에 낙찰될 우려가 있다고 할 것인바, 이와 같은 저가낙찰로 인해 원고의 배당액이 줄어들 위험은 경매절차에서 근저당권자인 원고의 법률상 지위를 불안정하게 하는 것이므로 위 불안을 제거하는 원고의 이익을 단순한 사실상·경제상의 이익으로 볼 수 없으며, 원고에게는 유치권부존재의 확인을 구할 법률상의 이익이 있다(대법원 2004. 9. 23. 선고 2004다32848 판결).

2) 공탁관은 공탁물출급청구서와 그 첨부서류만으로 공탁당사자의 공탁물지급청구가 공탁관계법령에서 규정한 요건을 갖추고 있는지 여부를 심사하는 형식적 심사권만을 가지고 있으므로, 공탁관이 가족관계증명서, 제적등본 등의 첨부서류만으로는 출급청구인이 진정한 상속인인지 여부를 심사할 수 없는 경우에는 공탁물출급청구를 불수리할 수밖에 없다. 그러한 경우에는 공탁물출급청구권확인을 구하는 것이 출급청구인이 진정한 상속인이라는 실질적 권리관계를 확정하는 데 가장 유효·적절한 수단이 되므로 정당한 공탁물수령권자는 그 법률상 지위의 불안이나 위험을 제거하기 위하여 공탁자를 상대방으로 하여 그 공탁물출급청구권의 확인을 구하는 소송을 제기할 이익이 있다(대법원 2007. 2. 9. 선고 2006다68650,68667 판결).

토지가 미등기이고 토지대장이나 임야대장상에 등록명의자가 없거나 등록명의자가 누구인지 알 수 없는 경우와 국가가 등기 또는 등록명의자의 소유를 부인하면서 계속 국가의 소유라고 주장하는 경우에 한하고,[1] 국가가 토지에 대한 시효취득을 주장하는 경우는 해당 토지에 관한 토지대장이나 임야대장상 등록명의자의 소유를 부인하면서 국가의 소유라고 주장하는 것은 아니므로 국가를 상대로 소유권확인을 구할 이익이 없다고 한다.[2] 그런데 건물의 경우에는 건축물대장의 비치·관리업무가 지방자치단체의 고유사무로서 국가사무가 아니므로 국가를 상대로 미등기건물의 소유권확인을 구할 수 없으며,[3] 아예 건축물대장이 생성되지 않은 건물에 대하여는 소유권확인판결을 받더라도 이를 근거로 소유권보존등기를 신청할 수 없으므로 소유권확인을 구할 이익이 없다고 한다.[4]

---

[1] 부동산등기법 제65조에 비추어 볼 때 부동산에 관한 소유권보존등기를 함에 있어 토지대장등본 또는 임야대장등본에 의하여 소유자임을 증명할 수 없다면, 판결에 의하여 그 소유권을 증명하여 소유권보존등기를 할 수밖에 없는 것이고, 더욱이 대장소관청인 국가기관이 그 소유를 다투고 있다면, 이와 같은 판결을 얻기 위한 소송은 국가를 상대로 제기할 수 있다(대법원 2001. 7. 10. 선고 99다34390 판결; 1993. 4. 27. 선고 93다5727,5734 판결); 국가를 상대로 한 토지소유권확인청구는 그 토지가 미등기이고 토지대장이나 임야대장상에 등록명의자가 없거나 등록명의자가 누구인지 알 수 없을 때와 그 밖에 국가가 등기 또는 등록명의인 제3자의 소유를 부인하면서 계속 국가소유를 주장하는 등 특별한 사정이 있는 경우에 한하여 그 확인의 이익이 있다(대법원 1994. 12. 2. 선고 93다58738 판결; 1995. 7. 25. 선고 95다14817 판결).

[2] 계쟁토지에 관하여 국가가 시효취득하였다고 주장하는 경우에 이는 취득시효완성을 원인으로 한 소유권이전등기청구권이 있다는 주장에 불과한 것이지 위 토지에 관한 임야대장상 등록명의자의 소유를 부인하면서 국가의 소유라 주장하는 것이라 볼 수 없으므로 별도로 국가를 상대로 소유권확인을 구할 이익이 있다고 할 수 없다(대법원 2003. 12. 12. 선고 2002다33601 판결); 국가가 미등기 토지를 20년간 점유하여 취득시효가 완성된 경우, 그 미등기 토지의 소유자로서는 국가에게 이를 원인으로 하여 소유권이전등기절차를 이행하여 줄 의무를 부담하고 있는 관계로 국가에 대하여 그 소유권을 행사할 지위에 있다고 보기 어렵고, 또 그가 소유권확인판결을 받는다고 하여 이러한 지위에 변동이 생기는 것도 아니라고 할 것이므로, 이와 같은 사정 하에서는 그 소유자가 굳이 국가를 상대로 토지에 대한 소유권의 확인을 구하는 것은 무용·무의미하다고 볼 수밖에 없어 확인판결을 받을 법률상 이익이 있다고 할 수 없다(대법원 2008. 5. 15. 선고 2008다13432 판결).

[3] 건물의 경우 가옥대장이나 건축물대장의 비치·관리업무는 당해 지방자치단체의 고유사무로서 국가사무라고 할 수도 없는데다가 당해 건물의 소유권에 관하여 국가가 이를 특별히 다투고 있지도 아니하다면, 국가는 그 소유권 귀속에 관한 직접 분쟁의 당사자가 아니어서 이를 확인해 주어야 할 지위에 있지 않다고 할 것이므로, 국가를 상대로 미등기 건물의 소유권확인을 구하는 것은 그 확인의 이익이 없어 부적법하다(대법원 1999. 5. 28. 선고 99다2188 판결; 1995. 5. 12. 선고 94다20464 판결).

[4] 부동산등기법 제65조 제2호 또는 제4호에서 판결 또는 지방자치단체장의 확인에 의하여 자기의 소유권을 증명하는 자가 소유권보존등기를 신청할 수 있다고 규정한 것은 건축물대장이 생성되어 있으나 다른 사람이 소유자로 등록되어 있는 경우 또는 건축물대장의 소유자 표시란이 공란으로 되어 있거나 소유자 표시에 일부 누락이 있어 소유자를 확정할 수 없는 등의 경우에 건물소유자임을 주장하는 자가 판결이나 위 확인에 의하여 소유권을 증명하여 소유권보존등기를 신청할 수 있다는 취지이지, 아예 건축물대장이 생성되어 있지 않은 건물에 대하여 처음부터 판결 내지 위 서면에 의하여 소유권을 증명하여 소유권보존등기를 신청할 수 있다는 의미는 아니라고 해석하는 것이 타당하다. 결국 건축물대장이 생성되지 않은 건물에 대해서는 소유권확인판결을 받는다고 하더라도 그 판결은 위 법 제65조 제2호에 해당하는 판결이라고 볼 수 없어 이를 근거로 건물의 소유권보존등기를 신청할 수 없다. 따라서 건축물대장이 생성되지 않은 건물에 대하여 위 법 제65조 제2호에 따라 소유권보

한편, 판례는 공탁관계소송에 있어서 여러 사람의 피공탁자 중 1인이 다른 피공탁자를 상대로 공탁물출급청구권이 자신에게 있다는 확인을 구할 이익은 있으나,[1] 피공탁자는 공탁공무원을 상대로 공탁물의 출급청구권을 행사하여 이를 수령하면 되는 것이므로 피공탁자가 아닌 제3자를 상대로 공탁물출급청구권의 확인을 구할 이익은 없다고 한다.[2] 또한 피공탁자가 아닌 제3자가 피공탁자를 상대로 공탁물출급청구권의 확인판결을 받더라도 공탁서상 피공탁자가 아니어서 직접 공탁물출급청구를 할 수 없으므로 제3자는 피공탁자를 상대로 공탁물출급청구권의 확인을 구할 이익은 없으며,[3] 공탁자를 상대로 확인을 구하여야 한다고 한다.[4]

존등기를 마칠 목적으로 제기한 소유권확인청구의 소는 당사자의 법률상 지위의 불안 제거에 별다른 실효성이 없는 것으로서 확인의 이익이 없어 부적법하다(대법원 2011. 11. 10. 선고 2009다93428 판결).

1) 민법 제487조 후단에 따른 채권자의 상대적 불확지를 원인으로 하는 변제공탁의 경우 피공탁자 중의 1인은 다른 피공탁자의 승낙서나 그를 상대로 받은 공탁물출급청구권확인 승소확정판결을 제출하여 공탁물출급청구를 할 수 있는데, 민사집행법 제229조 제2항에 의하면 채권압류 및 추심명령을 받은 추심채권자는 추심에 필요한 채무자의 권리를 대위절차 없이 자기 이름으로 재판상 또는 재판 외에서 행사할 수 있으므로, 상대적 불확지 변제공탁의 피공탁자 중 1인을 채무자로 하여 그의 공탁물출급청구권에 대하여 채권압류 및 추심명령을 받은 추심채권자는 공탁물을 출급하기 위하여 자기의 이름으로 다른 피공탁자를 상대로 공탁물출급청구권이 추심채권자의 채무자에게 있음을 확인한다는 확인의 소를 제기할 수 있다(대법원 2011. 11. 10. 선고 2011다55405 판결).

2) 공탁서상 피공탁자로 기재된 원고는 직접 공탁공무원에 대하여 공탁금의 출급청구권을 행사하여 이를 수령하면 되는 것이고, 구태여 피공탁자가 아닌 분쟁의 당사자를 피고로 공탁금의 출급청구권이 원고에게 있다는 확인을 구할 필요는 없다고 할 것이므로, 원고의 이 사건 소는 그 권리보호의 이익이 없어 부적법하다(대법원 2001. 6. 26. 선고 2001다19776 판결); 상대적 불확지 변제공탁의 경우 피공탁자 중의 1인이 공탁물을 출급청구하기 위해서는 다른 피공탁자들의 승낙서나 그들을 상대로 받은 공탁물출급청구권확인 승소확정판결이 있으면 되므로, 위와 같은 경우에 피공탁자가 아닌 제3자를 상대로 공탁물출급청구권의 확인을 구하는 것은 확인의 이익이 없다(대법원 2008. 10. 23. 선고 2007다35596 판결).

3) 변제공탁의 공탁물출급청구권자는 피공탁자 또는 그 승계인이고 피공탁자는 공탁서의 기재에 의하여 형식적으로 결정되므로, 실체법상의 채권자라고 하더라도 피공탁자로 지정되어 있지 않으면 공탁물출급청구권을 행사할 수 없다. 따라서 피공탁자 아닌 제3자가 피공탁자를 상대로 하여 공탁물출급청구권 확인판결을 받았더라도 그 확인판결을 받은 제3자가 직접 공탁물출급청구를 할 수는 없다(대법원 2007. 5. 31. 선고 2007다3391 판결; 2006. 8. 25. 선고 2005다67476 판결).

4) 채권자가 사망하고 과실 없이 그 상속인을 알 수 없는 경우 채무자는 민법 제487조 후단에 따라 변제공탁을 할 수 있고, 피공탁자인 상속인은 가족관계증명서, 제적등본 등 상속을 증명하는 서류를 첨부하여 공탁관에게 공탁물출급을 청구할 수 있다. 한편 공탁관은 공탁물출급청구서와 그 첨부서류만으로 공탁당사자의 공탁물지급청구가 공탁관계법령에서 규정한 요건을 갖추고 있는지 여부를 심사하여야 하는 형식적 심사권만을 가지고 있으므로, 공탁관이 가족관계증명서, 제적등본 등의 첨부서류만으로는 출급청구인이 진정한 상속인인지 여부를 심사할 수 없는 경우에는 공탁물출급청구를 불수리할 수밖에 없다. 그러한 경우에는 공탁물출급청구권확인을 구하는 것이 출급청구인이 진정한 상속인이라는 실질적 권리관계를 확정하는 데 가장 유효적절한 수단이 되고, 정당한 공탁물수령권자는 그 법률상 지위의 불안이나 위험을 제거하기 위하여 공탁자를 상대방으로 하여 그 공탁물출급청구권의 확인을 구하는 소송을 제기할 이익이 있다(대법원 2014. 4. 24. 선고 2012다40592 판결); 보상금을 받을 자가 주소불명으로 인하여 그 보상금을 수령할 수 없는 때에 해당함을 이유로 하여 공익사업을 위한 토지 등의 취득 및 보상에 관한 법률의 규정에 따라 사업시행자가 보상금을 공탁한 경우, 공탁공무원은 형식적 심사

③ 가장 유효·적절한 수단일 것(보충성): 자기의 권리 또는 법적 지위에 현존하는 불안·위험을 제거하는데 확인판결을 받는 것 이외에 다른 유효·적절한 수단이 없어야 한다. 현존하는 불안·위험을 제거하는데 확인소송 이외에 다른 직접적인 구제수단이 있는 경우에는 확인의 이익이 인정되지 않는다. 이를 '확인소송의 보충성(補充性)'이라고 한다.

판례는 이행소송을 제기할 수 있음에도 불구하고 확인소송을 제기하는 것은 분쟁의 종국적인 해결방법이 아니어서 확인의 이익이 없다고 한다.[1] 그리하여 채권의 이행이나 손해배상의 청구를 할 수 있음에도 채권이나 침해되는 권리의 존재확인을 구하거나 또는 피담보채무의 부존재를 이유로 근저당권설정등기의 말소를 구하지 않고 피담보채무의 부존재확인을 구하는 것은 확인의 이익이 없다고 한다.[2] 그러나 판례는 매매계약해제의 효과로서 이미 이행한 것의 반환을 구하는 이행의 소를 제기할 수 있는 경우에도 그 기본이 되는 매매계약의 존부에 대하여 다툼이 있는 때에는 매매계약이 해제됨으로써 현재의 법률관계가 존재하지 않는다는 확인을 구할 이익이 있으며,[3] 채권의 경우 채무자에게 급부의 이행을 구하여야 하는 것이고 그 확인을 구할 것은 아니지만, 하나의 채권에 대하여 2인 이상이 서로 채권자라고 주장하는 경우에는 그 채권이 자기에게 귀

권을 가질 뿐이므로 피공탁자와 정당한 보상금수령권자라고 주장하는 자 사이의 동일성 등에 관하여 종국적인 판단을 할 수 없고, 누가 정당한 공탁금수령권자인지는 공탁자가 가장 잘 알고 있는 것으로 볼 것인 점 등에 비추어 볼 때, 정당한 공탁금수령권자이면서도 공탁공무원으로부터 공탁금의 출급을 거부당한 자는 그 법률상 지위의 불안·위험을 제거하기 위하여 공탁자인 사업시행자를 상대방으로 하여 그 공탁금출급권의 확인을 구하는 소송을 제기할 이익이 있다(대법원 2007. 2. 9. 선고 2006다68650 판결).

1) 확인의 소는 원고의 법적 지위가 불안·위험할 때에 그 불안·위험을 제거함에는 확인판결을 받는 것이 가장 유효·적절한 수단인 경우에 인정되고, 이행을 청구하는 소를 제기할 수 있는데도 불구하고 확인의 소를 제기하는 것은 분쟁의 종국적인 해결방법이 아니어서 확인의 이익이 없다(대법원 2008. 7. 10. 선고 2005다41153 판결; 2005. 7. 14. 선고 2004다36215 판결).

2) 원고들이 피고에 대한 수수료 반환채권의 액수가 확정되어 있고 이행기도 도래하였다고 주장하고 있으므로, 피고에게 직접 그 이행을 청구하는 것은 별론으로 하고, 다른 특별한 사정이 없는 한 피고를 상대로 그 채권존재의 확인을 청구하는 것은 확인의 이익이 없어 허용될 수 없다(대법원 2001. 12. 24. 선고 2001다30469 판결); 손해배상청구를 할 수 있는 경우에 별도로 그 침해되는 권리의 존재확인을 구하는 것은 분쟁의 종국적인 해결방법이 아니어서 확인의 이익이 없다(대법원 1995. 12. 22. 선고 95다5622 판결); 근저당권설정자가 피담보채무가 존재하지 아니함의 확인을 구함과 함께 그 근저당권설정등기의 말소를 구하는 경우에 근저당권설정자로서는 피담보채무가 존재하지 않음을 이유로 근저당권설정등기의 말소를 구하는 것이 분쟁을 유효·적절하게 해결하는 직접적인 수단이 될 것이므로 별도로 피담보채무가 존재하지 아니함의 확인을 구하는 것은 확인의 이익이 없다(대법원 2000. 4. 11. 선고 2000다5640 판결).

3) 매매계약해제의 효과로서 이미 이행한 것의 반환을 구하는 이행의 소를 제기할 수 있을지라도 그 기본 되는 매매계약의 존부에 대하여 다툼이 있어 즉시확정의 이익이 있는 때에는 계약이 해제되었음의 확인을 구할 수도 있는 것이므로 매매계약이 해제됨으로써 현재의 법률관계가 존재하지 않는다는 취지의 소는 확인의 이익이 있다(대법원 1982. 10. 26. 선고 81다108 판결).

속된다는 확인을 구할 이익이 있다고 한다.[1] 또한 판례는 이행소송을 제기하여 이미 승소확정판결을 받은 사람이 소멸시효의 중단을 위한 소송을 다시 제기하는 경우, 반드시 이행소송에 의하여야 하는 것은 아니며 전소 판결로 확정된 채권이 존재한다는 확인소송을 제기할 수도 있다고 한다. 전소와 동일한 이행소송을 제기하는 경우에는 불필요한 심리를 하게 되고, 채무자는 이중집행의 위험에 노출되며, 채권자는 후소의 적법성이 10년의 경과가 임박하였는지 여부라는 불명확한 기준에 의해 좌우되는 불안정한 지위에 놓이게 되기 때문이라고 한다.[2]

한편 판례는 자기의 권리 또는 법률상의 지위를 부인하는 상대방이 자기의 주장과는 양립할 수 없는 제3자에 대한 권리 또는 법률관계를 주장하는 경우에 자기의 권리 또는 법률관계의 확인을 구하여야 하는 것이지 상대방 주장의 그 제3자에 대한 권리 또는 법률관계가 부존재한다는 확인을 구할 이익이 없으며,[3] 소유권의 귀속에 관하여 다툼이

---

1) 일반적으로 채권은 채무자로부터 급부를 받는 권능이기 때문에 소송상으로도 채권자는 통상 채무자에 대하여 채권의 존재를 주장하고 그 급부를 구하면 되는 것이지만 만약 하나의 채권에 관하여 2인 이상이 서로 채권자라고 주장하고 있는 경우에 있어서는 그 채권의 귀속에 관한 분쟁은 채무자와의 사이에 생기는 것이 아니라 스스로 채권자라고 주장하는 사람들 사이에 발생하는 것으로서 참칭채권자가 채무자로부터 변제를 받게 되면 진정한 채권자는 그 때문에 자기의 권리가 침해될 우려가 있어 그 참칭채권자와의 사이에서 그 채권의 귀속에 관하여 즉시 확정을 받을 필요가 있고 또 그들 사이의 분쟁을 해결하기 위하여는 그 채권의 귀속에 관한 확인판결을 받는 것이 가장 유효적절한 권리구제수단으로 용인되어야 할 것이므로 스스로 채권자라고 주장하는 어느 한쪽이 상대방에 대하여 그 채권이 자기에게 속한다는 채권의 귀속에 관한 확인을 구하는 청구는 그 확인의 이익이 있다(대법원 1988. 9. 27. 선고 87다카2269 판결).

2) 채권자가 전소로 이행청구를 하여 승소 확정판결을 받은 후 그 채권의 시효중단을 위한 후소를 제기하는 경우, 후소의 형태로서 항상 전소와 동일한 이행청구만이 시효중단사유인 '재판상의 청구'에 해당한다고 볼 수는 없다. 시효중단을 위한 후소의 형태로 전소와 소송물이 동일한 이행소송이 제기되면 채권자가 의도하지도 않은 청구권의 존부에 관한 실체 심리를 진행하게 된다. 채무자는 후소에서 전소 판결에 대한 청구이의사유를 조기에 제출하도록 강요되고 법원은 불필요한 심리를 해야 한다. 채무자는 이중집행의 위험에 노출되고, 실질적인 채권의 관리·보전비용을 추가로 부담하게 된다. 채권자 또한 자신이 제기한 후소의 적법성이 10년의 경과가 임박하였는지 여부라는 불명확한 기준에 의해 좌우되는 불안정한 지위에 놓이게 된다. 위와 같은 종래 실무의 문제점을 해결하기 위해서, 시효중단을 위한 후소로서 이행소송 외에 전소 판결로 확정된 채권의 시효를 중단시키기 위한 조치, 즉 '재판상의 청구'가 있다는 점에 대하여만 확인을 구하는 형태의 '새로운 방식의 확인소송'이 허용되고, 채권자는 두 가지 형태의 소송 중 자신의 상황과 필요에 보다 적합한 것을 선택하여 제기할 수 있다고 보아야 한다(대법원 2018. 10. 18. 선고 2015다232316 전원합의체 판결).

3) 자기의 권리 또는 법률상의 지위가 타인으로부터 부인당하거나 또는 그와 저촉되는 주장을 당함으로써 위협을 받거나 방해를 받는 경우에는 그 타인을 상대로 자기의 권리 또는 법률관계의 확인을 구하여야 하고, 자기의 권리 또는 법률상의 지위를 부인하는 상대방이 자기의 주장과는 양립할 수 없는 제3자에 대한 권리 또는 법률관계를 주장한다고 하여 상대방 주장의 그 제3자에 대한 권리 또는 법률관계가 부존재한다는 확인을 구하는 것은, 설령 그 확인의 소에서 승소판결을 받는다고 하더라도 그 판결로 인하여 상대방에 대한 관계에서 자기의 권리가 확정되는 것도 아니고 그 판결의 효력이 제3자에게 미치는 것도 아니어서, 그와 같은 부존재확인의 소는 확인의 이익이 없다(대법원 1995. 10. 12. 선고 95다26131 판결; 2012. 6. 28. 선고 2010다54535 판결).

있는 경우에도 적극적으로 자기의 소유권확인을 구하지 않고 소극적으로 상대방 소유권의 부존재확인을 구하는 것은 허용되지 않지만, 원고에게 내세울 소유권이 없고 피고의 소유권이 부인되면 그로써 원고의 법적 지위의 불안이 제거되어 분쟁이 해결될 수 있는 경우에는 피고 소유권의 소극적 확인을 구할 이익이 있다고 한다.[1]

## (3) 형성소송

형성소송은 법률에 규정을 두고 있는 경우에만 허용되므로 법률의 규정에 따라 소송을 제기하면 원칙적으로 권리보호의 필요가 인정된다. 그러나 법률의 규정에 따라 형성소송을 제기하였다고 하더라도 이미 다른 사유로 형성의 효과가 발생하였거나 사정변경에 의하여 형성의 필요가 없게 된 경우에는 권리보호의 필요가 부인된다. 예를 들어, 회사설립무효소송 계속 중에 회사가 해산한 경우, 이혼소송 계속 중에 협의이혼이 성립하거나 부부 일방이 사망한 경우, 이사를 선임한 주주총회결의에 대한 취소소송 계속 중에 해당 이사가 퇴임한 경우, 사해행위취소소송 계속 중에 소송의 대상이 된 재산이 채무자에게 복귀한 경우[2] 등에는 권리보호의 필요가 부인된다.

# 제2절　소송물

소송의 객체 내지 심판의 대상을 소송물이라고 한다. 소송물에 관한 원고의 주장이 소송상 청구이며, 그 당부(當否)가 판결에 의하여 확정됨으로써 분쟁이 해결된다. 소송물은 청구의 변경 여부, 중복소송 여부, 처분권주의 위반 여부, 기판력의 범위 등을 판단하는 기준이 되고, 소송물을 어떻게 정의하는지 여부에 따라 그 결론이 달라진다. 소송물에 관하여 다음과 같은 학설의 대립이 있다.

---

1) 소유권의 귀속에 관하여 다툼이 있는 경우에 적극적으로 자기의 소유권확인을 구하지 아니하고 소극적으로 상대방 소유권의 부존재확인을 구하는 것은 그 소유권의 귀속에 관한 분쟁을 근본적으로 해결하는 즉시확정의 방법이 되지 못하므로 확인의 이익이 없는 것이나, 다만 원고에게 내세울 소유권이 없고 피고의 소유권이 부인되면 그로써 원고의 법적 지위의 불안이 제거되어 분쟁이 해결될 수 있는 경우에는 피고 소유권의 소극적 확인을 구할 이익이 있다(대법원 1984. 3. 27. 선고 83다카2337 판결).

2) 채권자가 채무자의 부동산에 관한 사해행위를 이유로 수익자를 상대로 사해행위의 취소 및 원상회복을 구하는 소송을 제기한 후 소송계속 중에 사해행위가 해제 또는 해지되고 채권자가 사해행위의 취소에 의해 복귀를 구하는 재산이 벌써 채무자에게 복귀한 경우에는, 특별한 사정이 없는 한 사해행위취소소송의 목적은 이미 실현되어 더 이상 소에 의해 확보할 권리보호의 이익이 없어진다(대법원 2015. 5. 21. 선고 2012다952 전원합의체판결).

# Ⅰ. 소송물이론

## 1. 구소송물이론

구소송물이론에서는 '실체법상의 권리 또는 법률관계의 주장'을 소송물로 보고, 실체법상 권리마다 소송물이 별개라고 한다. 그리하여 소송물은 청구취지뿐만 아니라 청구원인까지 함께 고려하여 결정된다고 한다. 예를 들어, 불법행위에 기한 손해배상청구와 채무불이행에 기한 손해배상청구는 동일한 사실관계에 기초하였다고 하여도 별개의 소송물이고, 또한 민법 제840조 제1호 부정행위에 의한 이혼청구와 동조 제6호 혼인을 계속하기 어려운 중대한 사유도 별개의 소송물이라고 한다. 그러나 확인소송의 경우에는 청구취지만으로 소송물이 특정되고, 청구원인에 의한 보충은 필요 없다고 한다. 그리하여 예를 들어, 소유권확인소송에서 소유권의 취득원인이 되는 매매, 시효취득 등은 청구를 이유 있게 하는 공격방어방법에 불과하다고 한다.

## 2. 신소송물이론

신소송물이론에서는 실체법상 권리는 소송물이 이유 있는지 여부를 가리는데 전제가 되는 법률적 관점 내지 공격방어방법에 불과하고, 소송물은 소송법적 요소, 즉 '신청'만으로 또는 '신청과 사실관계'에 의하여 구성된다고 한다. 소송물은 신청만으로 구성된다는 입장을 '일분지설(一分肢設)'이라고 하고, 신청과 사실관계라는 두 가지 요소로 구성된다는 입장을 '이분지설(二分肢設)'이라고 한다.

이분지설에서 말하는 사실관계는 실체법상 권리의 발생원인이 되는 사실관계가 아니라 이보다 넓은 것으로 사회적·역사적인 일련의 사실관계라고 한다. 이에 대하여는 사실관계라는 애매한 개념을 소송물의 구성요소로 함으로써 그 한계를 획정하기 어렵다는 비판이 있다. 일분지설은 소송물의 범위를 가장 넓게 잡는 입장으로서 소송물은 신청, 즉 청구취지만으로 구성된다고 한다. 다만, 금전지급이나 대체물인도청구소송에 있어서는 청구취지가 너무 단순하여 청구원인을 구성하는 사실관계의 보충에 의하여 소송물이 특정된다고 한다.

## 3. 판례

### (1) 구소송물이론의 입장

판례는 구소송물이론의 입장이다. 그리하여 실체법상 권리마다 소송물이 별개라고 한다. 예를 들어, 채무불이행에 의한 손해배상청구와 불법행위에 의한 손해배상청구,[1] 부당이득반환청구와 불법행위로 인한 손해배상청구,[2] 어음·수표채권에 기한 청구와 원인채권에 기한 청구,[3] 소유권에 기한 반환청구와 점유권에 기한 반환청구는 각각 별개의 소송물이고,[4] 이혼소송에서는 각 이혼사유마다,[5] 재심의 소에서는 각 재심사유마다 별개의 소송물이라고 한다.[6]

### (2) 등기청구소송

판례는 소유권이전등기청구의 경우 매매계약, 대물변제, 취득시효 등 등기원인별로 소송물이 별개라고 한다.[7] 따라서 매매계약에 기한 소유권이전등기청구소송의 판결의 기판력은 취득

---

1) 해상운송인이 고의나 과실로 인하여 운송화물을 멸실·훼손시킨 때에는 그 원인이 운송인의 상사과실이나 항해과실의 여부에 관계없이 운송계약상의 채무불이행책임과 화물소유자에 대한 불법행위책임이 경합하고 그 때 권리자는 그 중의 어느 쪽의 손해배상청구권도 행사 할 수 있으며 권리자가 일단 불법행위를 원인으로 한 손해배상을 구하는 경우에 있어서 운송계약상의 면책약관이나 상법상의 면책조항은 당사자 간에 명시적이거나 묵시적으로 불법행위를 원인으로 하는 손해배상의 경우에까지 적용하기로 한다는 약정이 없는 이상 거기까지 확대하여 적용이 될 수 없다(대법원 1980. 11. 11. 선고 80다1812 판결).
2) 부당이득반환청구권과 불법행위로 인한 손해배상청구권은 서로 실체법상 별개의 청구권으로 존재하고 그 각 청구권에 기초하여 이행을 구하는 소는 소송법적으로도 소송물을 달리하므로, 채권자로서는 어느 하나의 청구권에 관한 소를 제기하여 승소확정판결을 받았다고 하더라도 아직 채권의 만족을 얻지 못한 경우에는 다른 나머지 청구권에 관한 이행판결을 얻기 위하여 그에 관한 이행의 소를 제기할 수 있다(대법원 2013. 9. 13. 선고 2013다45457 판결).
3) 이미 존재하는 금전대차 등 채권채무에 관하여 그 채무자가 발행한 약속어음은 특별한 사정이 없는 한 그 채무의 확보 또는 그 지급을 위하여 발행한 것이라 할 수 있고, 그 경우 채권자는 수표상의 권리와 일반채권의 그 어느 것이나 행사할 수 있는 것이라 할 것인바, 수표상의 권리가 시효 따위로 인하여 소멸하였다 하여 다른 일반채권도 당연히 소멸하는 것이 아니다(대법원 1976. 11. 23. 선고 76다1391 판결).
4) 소유권에 기하여 미등기 무허가건물의 반환을 구하는 청구취지 속에는 점유권에 기한 반환청구권을 행사한다는 취지가 당연히 포함되어 있다고 볼 수는 없고, 소유권에 기한 반환청구만을 하고 있음이 명백한 이상 법원에 점유권에 기한 반환청구도 구하는지의 여부를 석명할 의무가 있는 것은 아니다(대법원 1996. 6. 14. 선고 94다53006 판결).
5) 이혼의 소는 원고가 주장하는 사유에 의한 재판상 이혼청구의 이유의 유무에 관한 판단을 구하는 것이며 민법 제840조 각 호가 규정한 이혼사유마다 재판상 이혼청구를 할 수 있는 것이므로, 법원은 원고가 주장한 이혼사유에 관하여만 심판하여야 하며 원고가 주장하지 아니한 이혼사유에 관하여는 심판을 할 필요가 없고 그 사유에 의하여 이혼을 명하여서는 안 되는 것이다(대법원 1963. 1. 31. 선고 62다812 판결).
6) 제451조 제1항 각호 소정의 재심사유는 각각 별개의 청구원인에 해당한다(대법원 1992. 10. 9. 선고 92므266 판결).
7) 소유권이전등기청구사건에 있어서 등기원인을 달리하는 경우에는 그것이 단순히 공격방어방법의 차이에 불과한 것이 아니므로 대물변제를 등기원인으로 소유권이전등기를 구하는 전소 확정판결의 기판력이 취득시효완성을 청구원인으로 소유권이전등기를 구하는 후소에 미치지는 아니한다(대법원 1991. 1. 15. 선고 88다카19002 판

시효완성을 이유로 한 소유권이전등기청구소송에 미치지 않는다고 한다.[1] 그러나 등기원인무효를 이유로 한 소유권이전등기말소청구에서는 그 등기원인무효를 이루는 개개의 사유, 즉 등기원인인 매매계약이 부존재하거나 통정허위표시 또는 불공정한 법률행위로 무효, 사기·강박에 의한 취소된 사정 등은 단순한 공격방법에 불과하다고 한다.[2] 다만, 등기원인무효가 아닌 다른 이유로 소유권이전등기의 말소를 청구하는 경우에는 별개의 소송물이라고 한다. 예를 들어, 담보목적으로 경료된 소유권이전등기의 피담보채무를 변제하였음을 이유로 하는 소유권이전등기말소청구는 등기원인무효임을 이유로 하는 소유권이전등기말소청구와 별개의 소송물이라고 한다.[3]

한편, 판례는 이미 자기 앞으로 소유권을 표상하는 등기가 되어 있었거나 법률에 의하여 소유권을 취득한 사람은 현재의 등기명의인을 상대로 그 등기의 말소를 구하는 것에 갈음하여 진정한 등기명의의 회복을 원인으로 하는 소유권이전등기를 구하는 소송을 제기할 수 있다고 한다.[4] 여기서 진정한 등기명의의 회복을 원인으로 하는 소유권이전등기청구소송의 소송물은 소유권에 기한 이전등기청구권이고, 소유권취득의 원인이 되는 개개의 사실은 공격방어방법에 불

---

결); 원고가 매매를 원인으로 한 소유권이전등기를 청구한 데 대하여 원심이 양도담보약정을 원인으로 한 소유권이전등기를 명하였다면 판결주문상으로는 원고가 전부 승소한 것으로 보이기는 하나, 매매를 원인으로 한 소유권이전등기청구와 양도담보약정을 원인으로 한 소유권이전등기청구와는 청구원인사실이 달라 동일한 청구라 할 수 없음에 비추어, 원심은 원고가 주장하지도 아니한 양도담보약정을 원인으로 한 소유권이전등기청구에 관하여 심판하였을 뿐 정작 원고가 주장한 매매를 원인으로 한 소유권이전등기청구에 관하여는 심판을 한 것으로 볼 수 없어 결국 원고의 청구는 실질적으로 인용한 것이 아니어서 판결의 결과가 불이익하게 되었으므로 원심판결에 처분권주의를 위반한 위법이 있고, 따라서 그에 대한 원고의 상소의 이익이 인정된다(대법원 1992. 3. 27. 선고 91다40696 판결).

1) 매매를 원인으로 한 소유권이전등기청구소송과 취득시효완성을 원인으로 한 소유권이전등기청구소송은 이전등기청구권의 발생원인을 달리하는 별개의 소송물이므로 전소의 기판력은 후소에 미치지 아니한다(대법원 1981. 1. 13. 선고 80다204,205 판결).

2) 말소등기청구사건의 소송물은 당해 등기의 말소등기청구권이고, 그 동일성 식별의 표준이 되는 청구원인, 즉 말소등기청구권의 발생원인은 당해 '등기원인의 무효'라 할 것이며, 등기원인의 무효를 뒷받침하는 개개의 사유는 독립된 공격방어방법에 불과하여 별개의 청구원인을 구성한다고 볼 수 없다(대법원 1999. 9. 17. 선고 97다54024 판결). 따라서 전소에서 한 사기에 의한 매매의 취소 주장과 후소에서 한 매매의 부존재 또는 불성립의 주장은 다 같이 청구원인인 등기원인의 무효를 뒷받침하는 독립된 공격방어방법에 불과하고, 후소에서의 주장사실은 전소의 변론종결 이전에 발생한 사유이므로 전소와 후소의 소송물은 동일하다고 할 것이다(대법원 1981. 12. 22. 선고 80다1548 판결).

3) 담보목적으로 경료된 소유권이전등기의 피담보채무를 변제하였음을 이유로 하여 말소를 구하는 본소청구와 소유권이전등기가 원인무효임을 이유로 하여 말소를 구하는 전소청구는 소송물이 동일하다고 볼 수 없으므로 전소에 대한 확정판결의 기판력은 본소에 미치지 아니한다(대법원 1983. 3. 8. 선고 82다카1203 판결).

4) 자기 또는 피상속인 명의로 소유권을 표상하는 등기가 되어 있었거나 법률에 의하여 소유권을 취득한 진정한 소유자가 그 등기명의를 회복하기 위한 방법으로 그 소유권에 기하여 현재의 등기명의인을 상대로 그 등기의 말소를 구하는 것에 갈음하여 진정한 등기명의의 회복을 원인으로 한 소유권이전등기절차의 이행을 구하는 것도 허용된다(대법원 2002. 9. 24. 선고 2001다20103 판결).

과하다고 한다.[1] 나아가 진정한 등기명의의 회복을 위한 소유권이전등기청구는 소유권이전등기말소청구에 갈음하여 허용되는 것이고, 양 청구권은 모두 소유권에 기한 방해배제청구권으로서 그 법적 근거와 성질이 동일하므로, 비록 이전등기와 말소등기의 형식을 취하고 있다고 하더라도 양자의 소송물은 실질상 동일한 것으로 보아야 한다고 한다.[2]

## (3) 신체상해 또는 사망으로 인한 손해배상청구소송

판례는 신체상해 또는 사망을 이유로 한 손해배상청구소송에서 소송물은 치료비 등 '적극적 재산상 손해'와 일실수익의 상실에 따른 '소극적 재산상 손해' 및 '정신적 손해(위자료)'의 세 가지로 구분된다는 손해 3분설을 취하고 있다.[3] 그리하여 이미 소송으로 소극적 재산상 손해인 일실노임의 지급을 청구하였다면, 이것과 별도로 동일한 소송물인 일실퇴직금의 지급을 구하는 소송을 제기할 수 없다고 한다.[4] 그러나 후유증으로 인한 확대손해의 경우 앞선 소송의 변론종결 당시 그 확대손해의 발생을 예견할 수 없었고, 그 부분의 청구를 포기하였다고 볼 만한 사정이 없다면, 그 확대손해는 앞선 소송의 소송물과는 별개의 소송물로서 앞선 판결의 효력이 미치지 않는다고 한다.[5]

---

1) 진정한 등기명의 회복을 원인으로 한 소유권이전등기절차의 이행을 구하는 경우, 그 소송물은 소유권에 기한 이전등기청구권이고 소유권취득의 원인이 되는 각개의 사실은 공격방어방법에 불과할 뿐 별개의 소송물을 구성하지 아니한다(대법원 1999. 7. 27. 선고 99다9806 판결).

2) 진정한 등기명의의 회복을 위한 소유권이전등기청구는 이미 자기 앞으로 소유권을 표상하는 등기가 되어 있었거나 법률에 의하여 소유권을 취득한 자가 진정한 등기명의를 회복하기 위한 방법으로 현재의 등기명의인을 상대로 그 등기의 말소를 구하는 것에 갈음하여 허용되는 것인데, 말소등기에 갈음하여 허용되는 진정명의회복을 원인으로 한 소유권이전등기청구권과 무효등기의 말소청구권은 어느 것이나 진정한 소유자의 등기명의를 회복하기 위한 것으로서 실질적으로 그 목적이 동일하고, 두 청구권 모두 소유권에 기한 방해배제청구권으로서 그 법적 근거와 성질이 동일하므로, 비록 전자는 이전등기, 후자는 말소등기의 형식을 취하고 있다고 하더라도 그 소송물은 실질상 동일한 것으로 보아야 하고, 따라서 소유권이전등기말소청구소송에서 패소확정판결을 받았다면 그 기판력은 그 후 제기된 진정명의회복을 원인으로 한 소유권이전등기청구소송에도 미친다(대법원 2001. 9. 20. 선고 99다37894 전원합의체 판결).

3) 생명 또는 신체에 대한 불법행위로 인하여 입게 된 적극적 손해와 소극적 손해 및 정신적 손해는 서로 소송물을 달리하므로 그 손해배상의무의 존부나 범위에 관하여 항쟁함이 상당한지의 여부는 각 손해마다 따로 판단하여야 한다(대법원 2006. 10. 13. 선고 2006다32446 판결).

4) 불법행위로 말미암아 신체의 상해를 입었기 때문에 가해자에게 대하여 손해배상을 청구할 경우에 그 소송물인 손해는 통상의 치료비 따위와 같은 적극적 재산상 손해와 일실수익상실에 따르는 소극적 재산상 손해 및 정신적 고통에 따르는 정신상 손해(위자료)의 3가지로 나누어진다고 볼 수 있다. 그리고 일실수익상실로 인한 소극적 재산상 손해로서는, 예를 들면 일실노임, 일실상여금 또는 후급적 노임의 성질을 띤 일실퇴직금 따위가 모두 여기에 포함된다. 원고는 피고를 상대로 하여 이 사건 갱내사고로 다친 손해 중 전소에서 이미 소극적 재산상 손해로서 일실노임과 일실상여금을 청구하고 있는 사실이 분명하므로 이것과는 별도로 이 사건 소송에서 소극적 재산상 손해의 한 가닥인 일실퇴직금을 청구하지는 못한다 할 것이다. 왜냐하면 위의 전소와 이 사건 소송의 청구는 소극적 재산상 손해라는 동일소송물이기 때문이다(대법원 1976. 10. 12. 선고 76다1313 판결).

5) 불법행위로 인한 적극적 손해의 배상을 명한 전 소송의 변론종결 후에 새로운 적극적 손해가 발생한 경우에 그

## (4) 일부청구소송

판례는 가분적 채권의 일부를 청구함에 있어서 일부청구임을 명시한 경우에는 그 부분만 소송물이 되고 판결의 효력도 그 부분에만 미치나, 일부청구임을 명시하지 않은 경우에는 잔부까지 포함하여 소송물이 되고 판결의 효력도 잔부까지 포함한 청구 전부에 미친다고 한다(명시적 일부청구설).[1] 다만, 명시적 일부청구를 하였더라도 그 취지로 보아 채권 전부에 대하여 판결을 구하는 것으로 해석되는 경우, 예를 들어 신체상해로 인한 손해배상청구소송에서 신체감정결과에 따라 청구금액을 확장하겠다는 뜻을 소장에 표시한 경우 등에는 그 채권 전부가 소송물이 되고, 소송 제기에 따른 시효중단의 효력도 그 채권 전부에 미친다고 한다.[2] 일부청구임을 명시하는 방법으로는 반드시 전체 청구액을 특정하여 그 중 일부만을 청구하고 잔액에 대한 청구를 유보하는 취지임을 밝혀야 할 필요는 없으며, 일부청구의 범위를 잔부청구와 구별하여 그 심리의 범위를 특정할 수 있는 정도로 표시하는 것으로 충분하다고 한다.[3]

## (5) 확인소송

판례는 확인소송에서는 청구취지만으로 소송물이 특정된다고 한다. 소유권확인소송에서 매매계약이나 시효취득 등 소유권취득원인은 공격방어방법에 불과하다고 한다. 그리하여 소유권

---

소송의 변론종결 당시 그 손해의 발생을 예견할 수 없었고 또 그 부분 청구를 포기하였다고 볼 수 없는 등 특별한 사정이 있다면, 전 소송에서 그 부분에 관한 청구가 유보되어 있지 않다고 하더라도 이는 전소송의 소송물과는 별개의 소송물이므로 전 소송의 기판력에 저촉되는 것이 아니다. 원고가 식물인간 상태로 지속하다가 2004. 4. 23.경 사망할 것으로 예측된 전소의 감정결과와는 달리 원고의 여명이 종전의 예측에 비하여 최대 약 9년이나 더 연장되어 그에 상응한 향후치료, 보조구 및 개호 등이 추가적으로 필요하게 된 중대한 손해가 새로이 발생하리라고는 전소의 소송과정에서 예상할 수 없었다 할 것이고, 따라서 원고의 연장된 여명에 따른 손해는 전소의 변론종결 당시에는 예견할 수 없었던 새로운 중한 손해라고 할 것이므로, 이 사건 소는 전소와는 별개의 소송물로서 전소의 기판력에 저촉되지 않는다(대법원 2007. 4. 13. 선고 2006다78640 판결).

1) 대법원 2008. 12. 24. 선고 2008다51649 판결; 2000. 2. 11. 선고 99다10424 판결; 2016. 7. 27. 선고 2013다96165 판결.
2) 한 개의 채권 중 일부만을 청구한 경우에도 그 취지로 보아 채권 전부에 관하여 판결을 구하는 것으로 해석된다면 그 청구액을 소송물인 채권의 전부로 보아야 하고, 이러한 경우에는 그 채권의 동일성의 범위 내에서 그 전부에 관하여 시효중단의 효력이 발생한다고 해석함이 상당하다. 원고는 이 사건 사고로 인한 손해의 배상을 구하는 소장을 제출하면서 앞으로 시행될 법원의 신체감정결과에 따라 청구금액을 확장할 뜻을 명백히 표시한 사실이 소장 기재 자체로 보아 명백한바, 신체의 훼손으로 인한 손해의 배상을 청구하는 사건에서는 그 손해액을 확정하기 위하여 통상 법원의 신체감정을 필요로 하기 때문에, 앞으로 그러한 절차를 거친 후 그 결과에 따라 청구금액을 확장하겠다는 뜻을 소장에 객관적으로 명백히 표시한 경우에는, 그 소제기에 따른 시효중단의 효력은 소장에 기재된 일부 청구액뿐만 아니라 그 손해배상청구권 전부에 대하여 미친다(대법원 1992. 4. 10. 선고 91다43695 판결).
3) 일부청구임을 명시하는 방법으로는 반드시 전체 채권액을 특정하여 그 중 일부만을 청구하고 나머지에 대한 청구를 유보하는 취지임을 밝혀야 할 필요는 없으며, 일부청구하는 채권의 범위를 잔부청구와 구별하여 심리의 범위를 특정할 수 있는 정도의 표시를 하여 전체 채권의 일부로서 우선 청구하고 있는 것임을 밝히는 것으로 충분하다(대법원 1989. 6. 27. 선고 87다카2478 판결).

확인판결의 효력은 그 사건의 변론종결 전에 그 확인의 원인이 되는 다른 사실이 있었더라도 그 사실에도 미친다고 한다.[1]

## (6) 회사관계소송

판례는 회사설립무효소송은 형성소송으로서 그 소송물은 회사설립의 무효청구이고 개개의 무효사유는 공격방어방법에 불과하다고 한다. 그리하여 회사설립의 무효사유를 모집설립임을 전제로 창립총회를 개최하지 않았음을 주장하다가 발기설립을 하여야 함에도 탈법적으로 모집설립절차를 취하였음을 주장하는 것은 청구의 변경이 아니라 공격방어방법의 변경에 불과하다고 한다.[2]

한편, 판례는 주주총회결의에 대한 취소소송과 무효확인소송 및 부존재확인소송은 각각 소송물을 달리하는 별개의 소송이라고 한다. 그리하여 주주총회결의 자체가 법률상 존재하지 않음에도 그 결의의 취소를 구하는 것은 부적법하고,[3] 주주총회에서 여러 개의 안건이 상정되어 각기 결의가 행하여진 경우에는 각 안건별로 소송물이 별개라고 한다.[4] 다만, 주주총회결의에 대한 무효확인소송이나 부존재확인소송이 취소소송의 제기기간 내에 제기된 경우에는 비록 제소기간이 경과한 후에 취소소송으로 청구변경을 하더라도 제소기간을 준수한 것으로 보아야 하고,[5] 부존재확소송과 무효확인소송은 법률상 유효한 결의의 효과가 현재 존재하지 아니함을 확

---

1) 특정토지에 대한 소유권확인의 본안판결이 확정되면 그에 대한 권리 또는 법률관계가 그대로 확정되는 것이므로 변론종결 전에 그 확인의 원인이 되는 다른 사실이 있었다 하더라도 그 확정판결의 기판력은 거기까지도 미치는 것이다(대법원 1987. 3. 10. 선고 84다카2132 판결).

2) 원고가 소장에서 피고 회사의 설립이 모집설립임을 전제로 창립총회가 개최되지 아니하였음을 그 무효사유로 주장하고 있으나, 한편 준비서면 등에 의하여 피고 회사의 설립은 원래 발기설립으로 하여야 하나 편의상 모집설립의 절차를 취하였는바, 이는 탈법적 방법으로 그 설립이 선량한 풍속 기타 사회질서, 강행법규 또는 주식회사의 본질에 반하여 설립된 회사로서 그 설립이 당연무효라고 주장하였다면, 원심이 피고 회사 설립의 무효사유를 위 창립총회 개최의 결여를 덧붙인 외에 발기설립절차의 하자로 인정하였다 하더라도 이는 원고 청구의 범위 내에 속하는 사항에 대한 판단이어서 정당하고 변론주의의 법리를 오해한 위법이 없다(대법원 1992. 2. 14. 선고 91다31494 판결).

3) 주주총회결의취소의 소가 제기된 경우에 상법 제379조에 의하여 법원이 재량기각을 함에 있어서는 먼저 주주총회결의 자체가 법률상 존재함이 전제가 되어야 할 것이므로 주주총회소집이 이사회의 결정없이 소집된 경우에는 주주총회결의 자체가 법률상 존재하지 않은 경우로서 상법 제379조를 적용할 여지가 없고 주주총회결의취소의 소는 부적법한 소로서 각하하여야 한다(대법원 1978. 9. 26. 선고 78다1219 판결).

4) 주주총회결의취소의 소는 상법 제376조 제1항에 따라 그 결의의 날로부터 2개월 내에 제기하여야 하고, 이 기간이 지난 후에 제기된 소는 부적법하다. 그리고 주주총회에서 여러 개의 안건이 상정되어 각기 결의가 행하여진 경우 위 제소기간의 준수 여부는 각 안건에 대한 결의마다 별도로 판단되어야 한다(대법원 2010. 3. 11. 선고 2007다51505 판결).

5) 주주총회결의취소의 소는 상법 제376조에 따라 결의의 날로부터 2월 내에 제기하여야 하나, 동일한 결의에 관하여 무효확인의 소가 취소소송의 제소기간 내에 제기되었다면, 동일한 하자를 원인으로 하여 결의의 날로부터 2월이 경과한 후 취소소송으로 소를 변경하거나 추가한 경우에도 무효확인의 소 제기시에 제기된 것과 동일하게 취급하여 제소기간을 준수하였다고 보아야 한다(대법원 2007. 9. 6. 선고 2007다40000 판결). 동일한 결의

인받고자 하는 점에서 동일하므로 법률상 부존재인 총회결의에 대하여 무효확인을 구하더라도 이는 부존재확인의 의미로 무효확인을 구하는 취지라고 풀이함이 타당하다고 한다.[1]

## II. 소송물이론에 대한 평가

구소송물이론과 신소송물이론에 의하는 경우 어떠한 차이가 있는지 사례를 들어 살펴보면 다음과 같다. 예를 들어, 기차여객이 기차탈선사고로 인하여 입은 손해의 배상을 구하는 소송을 제기한 경우, 불법행위를 이유로 손해배상을 청구할 수도 있고, 여객운송계약상의 채무불이행을 이유로 손해배상을 청구할 수도 있다. 이 경우 구소송물이론에서는 불법행위를 이유로 한 손해배상청구와 채무불이행을 이유로 한 손해배상청구는 실체법상 별개의 권리이므로 소송물도 별개라고 한다. 따라서 구소송물이론에서는 불법행위에 기한 손해배상청구를 하다가 채무불이행에 기한 손해배상청구로 변경하는 것은 청구의 변경에 해당되고, 불법행위에 기한 손해배상청구소송 계속 중에 별소로 채무불이행에 기한 손해배상청구소송을 제기하는 경우 양자는 소송물을 달리하므로 중복제소에 해당되지 않으며, 불법행위에 기한 손해배상청구에 대하여 법원이 채무불이행에 기한 손해배상청구를 인용하는 것은 처분권주의 위반이고, 불법행위에 기한 손해배상판결의 기판력은 채무불이행에 기한 손해배상청구소송에는 미치지 않는다고 한다.

이에 대하여 신소송물이론에서는 역사적 사실로서의 기차사고로 인한 손해배상청구를 소송물로 보고,[2] 불법행위나 채무불이행은 청구를 이유 있게 하는 단순한 법률적 관점 내지 공격방어방법에 불과한 것으로 본다. 따라서 신소송물이론에서는 불법행위에 기한 손해배상청구를 하다가 채무불이행에 기한 손해배상청구로 변경하는 것은 단순한 공격방어방법의 변경에 불과하고, 불법행위에 기한 손해배상청구소송 계속 중에 별소로 채무불이행에 기한 손해배상청구소송을 제기하는 경우 양자는 동일한 소송이므로 중복제소에 해당되며, 불법행위에 기한 손해배상

---

에 관하여 부존재확인의 소가 취소소송의 제소기간 내에 제기된 경우에도 마찬가지이다(대법원 2003. 7. 11. 선고 2001다45584 판결).

1) 회사의 총회결의에 대한 부존재확인청구나 무효확인청구는 모두 법률상 유효한 결의의 효과가 현재 존재하지 아니함을 확인받고자 하는 점에서 동일한 것이므로 예컨대, 사원총회가 적법한 소집권자에 의하여 소집되지 않았을 뿐 아니라 정당한 사원 아닌 자들이 모여서 개최한 집회에 불과하여 법률상 부존재로 볼 수밖에 없는 총회결의에 대하여는 결의무효확인을 청구하고 있다고 하여도 이는 부존재확인의 의미로 무효확인을 청구하는 취지라고 풀이함이 타당하므로 적법하다고 할 것이다(대법원 1983. 3. 22. 선고 82다카1810 전원합의체 판결).

2) 일분지설에 의하더라도 금전지급청구소송에 있어서는 청구취지가 너무 단순하여 청구원인의 사실관계의 보충에 의하여 소송물이 특정된다고 하므로 이분지설과 차이가 없다.

청구에 대하여 법원이 채무불이행을 이유로 인용하더라도 처분권주의 위반이 아니고, 불법행위에 기한 손해배상판결의 기판력은 채무불이행에 기한 손해배상청구소송에도 미친다고 한다.

생각건대, 소송은 실체법상 권리가 침해된 경우 그 구제를 청구하는 절차이고, 소송물은 그러한 소송의 객체 또는 대상이다. 따라서 소송물을 실체법상 권리와 별개로 정의하는 것은 온당치 않다. 이러한 점에서 소송물을 실체법상 권리의 주장으로 보고, 실체법상 권리마다 소송물이 별개라고 보는 구소송물이론이 타당하다고 본다. 또한 소송절차의 명확성과 안정성을 위하여 소송물은 그 개념과 인정범위가 명확히 정의되고 획정되어야 한다. 소송물은 민사소송의 전(全) 절차를 관통하는 주요한 기준이 되기 때문이다. 그런데 신소송물이론은 소송물의 개념이나 그 인정범위가 불분명할 뿐만 아니라, 심지어 신소송물이론을 주장하는 학자마다 그 입장이 서로 상이한 상황이다. 소송물의 명확성이라는 점에서도 구소송물이론이 타당하다고 본다.

# 제3절  소제기의 절차와 효과

## Ⅰ. 소제기의 절차

원고가 소를 제기하기 위해서는 법원에 소장을 제출하여야 한다. 원고가 소장을 제출하면 재판장이 소장의 적식 여부를 심사한다. 흠결이 있으면 기간을 정하여 보정을 명하고, 기간 내에 보정하지 않으면 소장을 각하한다. 그러나 소장이 적식이라고 인정되면 피고에게 소장부본을 송달한다. 피고가 소장부본을 송달받고 30일 이내에 답변서를 제출하지 않으면, 법원은 변론없이 원고승소판결을 할 수 있다. 피고가 답변서를 제출하면, 변론절차에 들어가게 된다. 이하에서 소제기의 절차에 관하여 자세히 살펴보기로 한다.

### 1. 소장의 제출

소를 제기함에는 소장이라는 서면을 제1심법원에 제출하여야 한다. 다만, 소액사건에서는 구술에 의하여 소를 제기할 수도 있다(소액사건심판법 제4조).

### (1) 필요적 기재사항

소장의 필요적 기재사항으로는 당사자, 법정대리인, 청구취지, 청구원인이 있다(제249조 제1항). 임의대리인, 사건의 표시, 법원의 표시 등은 임의적 기재사항이다. 소장의 필요적 기재사항이 흠결되면 보정을 명하고, 보정하지 않으면 명령으로 소장을 각하한다(제249조 제1항, 제254조). 당사자는 누가 원고이고 피고인지 그 동일성을 특정할 수 있을 정도로 기재하여야 한다. 자연인의 경우에는 성명과 주소를, 법인의 경우에는 상호 또는 명칭과 주된 사무소의 소재지를 적는다. 당사자가 소송무능력자인 경우에는 그 법정대리인을 적고, 법인 등 단체인 경우에는 그 대표자를 표시한다.[1]

청구의 취지는 명확히 알아볼 수 있도록 구체적으로 특정하여야 한다. 이행소송에서는 피고의 의무이행 또는 강제집행이 가능하도록 이행의 내용을 명확하게 표시하여야 한다. 금전청구의 경우 금액을 특정하여 명시하여야 하나, 금전의 성질까지 기재할 필요는 없다.[2] 특정물청구의 경우에는 그 목적물을 구체적으로 특정하여 표시하여야 한다.[3] 예를 들어, 건물의 인도를 구하는 경우에는 지번, 구조, 층수, 용도, 면적 등을 표시하여야 하고,[4] 토지의 경우에는 지번, 지목, 지적을 표시하여야 한다.[5] 확인의 소에서는 확인의 대상인 특정한 권리 또는 법률관계와 그에 대한 존재 또는 부존재 여부의 확인을 구한다는 취지를 적어야 하고,[6] 형성의 소에서는 형성의 대상인 권리관계와 그에 대하여 어떠한 내용의 변동을 구하는지를 명확히 기재하여야 한다.[7] 그리고 청구원인에는 소송물인 권리관계의 발생원인에 해당하는 사실, 즉 법률요건사실

---

1) 예를 들어, 「원고 ○○○/ 원고의 주소/ 미성년자이므로 법정대리인 친권자 부 ○○○, 모 ○○○」, 「원고 ○○○/ 원고의 주소/ 피성년후견인이므로 법정대리인 후견인 ○○○ 후견인의 주소」, 「원고 한남주식회사/ 원고의 주소/ 대표이사 ○○○」, 「피고 학교법인 대전기독학원/ 피고의 주소/대표자 이사장 ○○○」, 「피고 대한민국/ 대표자 법무부장관 ○○○」, 「피고 대전광역시/ 대표자 시장 ○○○」 등으로 기재한다.
2) 예를 들어, 「피고는 원고에게 금50,000,000원 및 이에 대한 2015. 10. 1.부터 완제일까지 연 1할 5푼의 비율에 의한 금원을 지급하라.」 등으로 기재한다.
3) 예를 들어, 이전등기나 말소등기를 구하는 경우에 부동산표시를 기재한 별지 목록을 사용하여 「피고는 원고에게 별지 목록 기재 부동산에 관하여 2015. 4. 1. 매매를 원인으로 한 소유권이전등기절차를 이행하라.」, 「피고는 원고에게 별지 목록 기재 부동산에 관하여 청주지방법원 음성등기소 2015. 4. 1. 접수 제16785호로 마친 소유권이전등기의 말소등기절차를 이행하라.」, 「피고는 원고에게 별지 목록 기재 부동산에 관하여 청주지방법원 음성등기소 2010. 4. 1. 접수 제12981호로 마친 근저당권설정등기에 대하여 2015. 10. 1. 해지를 원인으로 한 말소등기절차를 이행하라.」 등으로 기재한다.
4) 예를 들어, 「피고는 원고에게 대전 대덕구 오정동 133 지상 철근콘크리트조 슬래브지붕 3층 영업소 1층 150m², 2층 120m², 3층 100m², 옥탑방 10m²를 명도하라.」 라고 기재한다.
5) 예를 들어, 「피고는 원고에게 대전 대덕구 오정동 133 대 500m²를 인도하라.」 라고 기재하고, 토지의 일부 인도를 구하는 경우에는 별지도면을 사용하여 「피고는 원고에게 대전 대덕구 오정동 133 대 500m² 중 별지도면 표시 1, 3, 7, 8, 10, 13, 18, 1의 각 점을 순차로 연결한 선내 부분 186m²를 인도하라.」 라고 기재한다.
6) 예를 들어, 「별지 목록 기재 부동산이 원고의 소유임을 확인한다.」, 「원고와 피고 사이의 2015. 9. 1. 금전소비대차계약에 기한 원고의 채무는 존재하지 아니함(또는 부존재함)을 확인한다.」 라고 기재한다.
7) 예를 들어, 「원고와 피고는 이혼한다.」, 「피고의 주주총회가 2016. 10. 1.에 한 별지 기재의 결의를 취소한다.」

을 기재한다.

## (2) 인지의 첩부

### 1) 의의

소장에는 「민사소송 등 인지법」 소정의 인지를 붙여야 한다(동법 제2조 내지 제4조).[1] 전자문서로 소장을 제출하는 경우에는 법정된 인지액의 10분의 9에 해당하는 인지를 붙이면 된다(동법 제16조). 항소장에는 제1심 인지액의 1.5배에 해당하는 인지를 붙이고, 상고장(대법원에 제출하는 소장을 포함한다)에는 제1심 인지액의 2배에 해당하는 인지를 붙여야 한다(동법 제3조).

### 2) 인지액의 산정

인지액은 소가에 따라 산정된다. 소가의 산정시기는 소를 제기한 때를 기준으로 하므로, 소 제기 후 소송목적물의 값의 등락이나 가치의 손상 등 사정변경이 있어도 인지를 추가로 붙이거나 반환하지 않는다. 소 제기 이후 청구의 확장이나 추가적 변경을 한 경우에는 변경된 청구에 대한 인지액에서 변경 전 청구에 대한 인지액을 공제한 나머지 인지액을 납부하여야 한다. 그러나 변론병합의 경우에는 인지액에 아무런 변동이 없다. 판례는 지급명령이 이의신청에 의하여 소송으로 이행되는 경우에 지급명령신청시의 청구금액을 소가로 하여 인지액을 산정하여야 하지만, 소송기록이 관할법원으로 송부되기 전에 채권자가 지급명령을 발령한 법원에 청구취지변경신청서를 제출한 경우에는 변경 후 청구에 관한 소가에 따라 인지액을 산정할 것이라고 한다.[2]

국가가 당사자인 경우 인지를 붙이지 않으나(인지첩부 및 공탁제공에 관한 특례법 제2조), 국가가 보조참가인의 자격에서 상소를 제기하는 경우에는 인지를 붙여야 한다.[3] 소송구조신청이 있

---

라고 기재한다.

[1] 소송목적의 값이 1천만원 미만인 경우에는 그 값에 1만분의 50을 곱한 금액, 소송목적의 값이 1천만원 이상 1억원 미만인 경우에는 그 값에 1만분의 45를 곱한 금액에 5천원을 더한 금액, 소송목적의 값이 1억원 이상 10억원 미만인 경우에는 그 값에 1만분의 40을 곱한 금액에 5만5천원을 더한 금액, 소송목적의 값이 10억원 이상인 경우에는 그 값에 1만분의 35를 곱한 금액에 55만5천원을 더한 금액이다(민사소송 등 인지법 제2조 제1항).

[2] 채무자가 지급명령에 대하여 적법한 이의신청을 하여 지급명령신청이 소송으로 이행하게 되는 경우 지급명령신청시의 청구금액을 소송목적의 값으로 하여 인지액을 계산함이 원칙이나, 소송기록이 관할법원으로 송부되기 전에 지급명령신청시의 청구금액을 기준으로 한 인지부족액이 보정되지 않은 상태에서 채권자가 지급명령을 발령한 법원에 청구금액을 감액하는 청구취지변경서를 제출하는 등 특별한 사정이 있는 경우에는 변경 후 청구에 관한 소송목적의 값에 따라 인지액을 계산하여야 할 것이다(대법원 2012. 5. 3. 자 2012마73 결정).

[3] 인지첩부ㆍ첩부 및 공탁제공에 관한 특례법 제2조에 의하면 국가는 국가를 당사자로 하는 소송 및 행정소송절차에 있어서 민사소송 등 인지법 규정의 인지를 첩부하지 아니한다고 규정되어 있으나, 국가가 당사자의 일방을 위하여 보조참가인으로서 참가하고 있는 소송은 위 규정에서 말하는 국가를 당사자로 하는 소송이라고 볼 수 없으므로, 이 사건에서 재항고인인 국가가 피참가인인 피고를 위하여 보조참가인의 자격에서 제1심판결에 불복

는 경우에는 소송구조신청에 대한 기각결정이 확정될 때까지는 인지를 붙일 의무가 없으므로 소장에 인지가 붙어있지 않음을 이유로 소장을 각하할 수는 없다.[1] 나아가 소송구조신청에 대한 기각결정이 확정되면 인지보정을 명하여야 하지만, 인지보정명령에 따른 보정기간 중에 소송구조신청이 있었고 이에 대한 기각결정이 확정된 경우에는 다시 인지보정명령을 할 필요는 없다. 이 경우 종전의 인지보정명령에 따른 보정기간 중 잔여기간이 경과한 때가 아니라 보정기간 전체가 다시 진행되어 그 기간이 경과한 때에 비로소 소장각하명령을 할 수 있다.[2]

### 3) 인지보정명령

소장에 인지가 붙어있지 않거나 부족한 경우에는 기간을 정하여 보정을 명하여야 한다. 당사자가 인지보정명령을 받고 보정기간 내에 보정하지 않은 경우 소장 또는 상소장 부본 송달 전이면 소송계속이 발생하지 않아 재판장이 명령으로 소장 또는 상소장을 각하하여야 하고, 송달 이후에는 소송계속이 발생하여 법원이 변론 없이 판결로서 소 또는 상소를 각하하여야 한다.[3] 인지보정명령에 대하여는 독립하여 상소할 수 없고, 보정명령에 따르지 않아 소장 또는 상소장이 각하되면 그 각하명령에 대하여 즉시항고로 다투어야 한다.[4] 후술하는 바와 같이 소장의 적법 여부는 각하명령을 한 때를 기준으로 하므로 즉시항고를 하고 인지를 보정하였더라도 소장각하명령을 경정할 수 없다.[5]

인지보정의 효과는 수납은행에 부족한 인지액을 납부한 때에 발생하는 것이고, 그 납부에

---

하여 항소를 제기함에 있어서는 당연히 민사소송 등 인지법 소정의 인지를 첨부하여야 한다(대법원 2008. 7. 11. 자 2008마600 결정).

1) 민사소송법상 소송구조신청이 있는 경우 원칙적으로 그에 대한 기각결정이 확정될 때까지는 인지첩부의무의 발생이 저지된다고 할 것이어서 재판장은 소장 등에 인지가 첩부되어 있지 아니함을 이유로 소장 등을 각하할 수 없다(대법원 2008. 6. 2. 자 2007무77 결정).

2) 인지첩부의무의 발생이 저지된다는 것은 소송구조신청을 기각하는 재판이 확정될 때까지 인지첩부의무의 이행이 정지 또는 유예되는 것을 의미하고, 소송구조신청이 있었다고 하여 종전에 이루어진 인지보정명령의 효력이 상실된다고 볼 근거가 없으므로, 종전의 인지보정명령에 따른 보정기간 중에 제기된 소송구조신청에 대하여 기각결정이 확정되면 재판장으로서는 다시 인지보정명령을 할 필요는 없지만 종전의 인지보정명령에 따른 보정기간 전체가 다시 진행되어 그 기간이 경과된 때에 비로소 소장 등에 대한 각하명령을 할 수 있다고 할 것이다(대법원 2008. 6. 2. 자 2007무77 결정).

3) 원심이 간과한 인지의 미첩 또는 부족함을 상급심이 발견한 때에는 상급심이 보정명령을 하여야 하나, 당사자가 이에 불응하더라도 인지의 미첩 또는 부족함을 이유로 원심판결을 취소하거나 파기할 수는 없다(대법원 2002. 11. 26. 선고 2002다48719 판결).

4) 인지보정명령에 대하여는 독립하여 이의신청이나 항고를 할 수 없고, 다만 보정명령에 따른 인지를 보정하지 아니하여 소장이나 상소장이 각하되면 그 각하명령에 대하여 즉시항고로 다툴 수밖에 없다(대법원 1995. 6. 30. 자 94다39086 결정).

5) 재판장의 소장심사권에 의하여 소장각하명령이 있었을 경우에는 즉시항고를 하고 그 흠결을 보정하였을 경우라도 이를 경정할 수 없다(대법원 1968. 7. 29. 자 68사49 전원합의체 결정).

따라 발급받은 영수필확인서 등을 보정서에 첨부하여 법원에 제출한 때에 발생하는 것이 아니다.[1] 판례는 인지보정명령에 따라 인지액 상당의 현금을 수납은행에 납부하면서 잘못하여 인지로 납부하지 않고 송달료납부서에 의하여 송달료로 납부한 경우에는 인지보정의 효과가 발생하지 않지만, 재판장이 다시 인지를 보정할 기회를 부여하지 않은 채 소장이나 상소장을 각하하는 것은 위법하다고 한다.[2]

### 4) 인지액의 환급

소장 등[3]에 대한 각하명령이 확정된 경우, 제1심 또는 항소심의 변론종결 전(前)에 소 등[4]이 취하된 경우, 상고이유서제출기간 경과 전(前)에 상고가 취하된 경우, 제1심 또는 항소심에서 청구의 포기·인낙, 재판상 화해 또는 조정이 성립된 경우, 상고심에서 심리불속행기각판결을 받은 경우, 상고이유서를 제출하지 않아 상고기각판결을 받은 경우에는 납부한 인지액의 환급을 청구할 수 있다(민사소송 등 인지법 제14조 제1항). 인지액의 환급청구는 환급사유가 발생한 날부터 3년 이내에 하여야 한다(동조 제2항). 환급금액은 소장에 붙인 인지액의 2분의 1에 해당

---

[1] 인지보정명령에 따른 인지 상당액의 현금 납부에 관하여는 송달료 수납은행에 현금을 납부한 때에 인지보정의 효과가 발생되는 것이고, 이 납부에 따라 발부받은 영수필확인서 등을 보정서 등 소송서류에 첨부하여 접수담당 법원사무관 등에게 제출하고 또 그 접수담당 법원사무관 등이 이를 소장 등 소송서류에 첨부하여 소인하는 등의 행위는 소송기록상 그 납부사실을 확인케 하기 위한 절차에 불과하다. 그렇다면 재항고인이 원심재판장의 인지보정명령에 따라 그 보정기간 안에 수납은행에 부족한 인지액을 납부한 이상 이로써 인지보정의 효과가 발생하여 위 명령에 따른 보정이 제대로 이행되었다고 할 것이고, 재항고인이 위 납부서를 원심법원에 제출하지 아니하였다고 하여 그 보정의 효과를 부정할 수 없다(대법원 2008. 8. 28. 자 2008마1073 결정).

[2] 인지와 송달료는 납부절차, 관리주체, 납부금액의 처리방법 등에 차이가 있는 점 등을 고려하면, 신청인이 인지보정명령에 따라 인지액 상당의 현금을 수납은행에 납부하면서 잘못하여 인지로 납부하지 아니하고 송달료납부서에 의하여 송달료로 납부한 경우에는 인지가 납부되었다고 할 수 없어 인지 보정의 효과가 발생되지 아니한다. 그러나 이 경우 신청인은 인지보정명령을 이행하기 위하여 인지액 상당의 현금을 수납은행에 납부한 것이고, 그 결과 인지보정과 유사한 외관이 남게 되어 이를 객관적으로 인식할 수 있는 점, 인지와 송달료의 납부기관이 수납은행으로 동일하여 납부과정에서 혼동이 생길 수 있는 점, 신청인에게 인지납부과정의 착오를 시정할 수 있는 기회를 제공함이 정의관념에 부합하는 것으로 보이는 점 등을 고려하면, 인지액 상당의 현금을 송달료로 잘못 납부한 신청인에게는 다시 인지를 보정할 수 있는 기회를 부여함이 타당하다. 따라서 소장 등을 심사하는 재판장으로서는 인지보정명령 이후 수납은행의 영수필확인서 및 영수필통지서가 보정기간 내에 제출되지 아니하였다 하더라도 곧바로 소장이나 상소장을 각하하여서는 아니 되고, 인지액 상당의 현금이 송달료로 납부된 사실이 있는지를 수납은행에 전산 기타 적당한 방법으로 확인한 후, 만일 그러한 사실이 확인되는 경우라면 신청인에게 인지를 보정하는 취지로 송달료를 납부한 것인지에 관하여 석명을 구하고 다시 인지를 보정할 수 있는 기회를 부여하여야 한다. 이러한 보정의 기회를 부여하지 아니한 채 소장이나 상소장을 각하하는 것은 석명의무를 다하지 아니하여 심리를 제대로 하지 아니한 것으로서 위법하다(대법원 2014. 4. 30. 자 2014마76 결정).

[3] 여기서 '소장 등'이란 소장, 항소장, 상고장, 반소장, 청구변경신청서, 당사자참가신청서 및 재심소장을 말한다(민사소송 등 인지법 제14조 제1항 제1호).

[4] 여기서 '소 등'이란 소, 항소, 반소, 청구변경신청, 당사자참가신청 또는 재심의 소를 말한다(민사소송 등 인지법 제14조 제1항 제2호).

하는 금액이다(동조 제1항). 당사자가 청구취지의 확장에 따라 추가 납부한 인지액이 있는 경우에는 추가 납부한 인지액을 고려하여 환급할 금액을 계산한다. 인지액의 환급사유 및 환급금액확인서는 해당 환급사유가 발생한 법원의 법원사무관 등이 발급한다.

사실심 변론종결 전에 원고가 소 등을 취하한 경우뿐만 아니라 소 등이 취하로 간주된 경우도 환급사유가 된다(동법 제14조 제1항 제2호). 따라서 당사자 쌍방의 불출석으로 소 취하 간주된 경우에도 환급사유가 되고, 항소의 취하로 부대항소도 함께 취하된 경우에 부대항소장에 붙인 인지액도 환급사유가 된다. 그러나 변론종결 이후에 소 등이 취하된 경우, 상고이유서제출기간이 경과된 후에 상고가 취하된 경우는 환급사유가 아니며, 소 등에 대한 각하판결이 확정된 경우도 환급사유가 아니다. 소를 취하한 경우에도 인지액의 변동이 없는 경우, 예를 들어, 주된 청구를 유지하고 부대청구만을 취하한 경우에는 환급하지 않는다. 판례는 여러 개의 청구 중 어느 청구를 취하한 경우에는 환급의 대상이 되나, 단순히 하나의 청구 중 일부를 감축한데 그친 경우에는 환급사유가 되지 않는다고 한다.[1]

## 2. 소장심사

### (1) 소장심사의 대상

합의부에서는 재판장이, 단독사건에서는 단독판사가 소장의 적식 여부, 즉 당사자의 동일성이 제대로 특정되어 있는지,[2] 청구취지나 청구원인이 제대로 기재되어 있는지, 소정의 인지를 붙였는지 여부 등을 심사한다. 소장심사는 소송요건의 존부, 청구의 당부에 대한 심사에 선행하여 행해진다(소장심사의 선순위성). 따라서 소송요건의 존부와 청구의 당부는 소장심사의 대상이 아니다. 판례는 소장에 대표자가 표시되어 있는 이상 그 표시가 잘못되었더라도 대표자의 표시를 정정하라는 보정명령을 하고 이에 불응하였다고 소장을 각하하는 것은 허용되지 않는다고

---

1) 민사소송 등 인지법 제14조 제1항 제2호는 제1심 또는 항소심에서 해당 심급의 변론종결 전에 소·항소·반소·청구변경신청·당사자참가신청 또는 재심의 소가 취하(취하로 간주되는 경우를 포함한다)된 경우에는 인지액의 2분의 1에 해당하는 금액의 환급을 청구할 수 있다고 규정하고 있다. 따라서 어느 청구가 취하된 것이 아니라 단순히 하나의 청구 중 일부를 감축한 데 그친 경우는 위에서 규정된 인지액의 환급사유에 해당하지 않는다(대법원 2012. 4. 13. 자 2012마249 결정).
2) 참여사무관 등이 소장의 필수적 기재사항에 관하여 1차적인 심사를 할 때에 당사자의 인적사항(성명, 주소, 주민등록번호 등)과 연락 가능한 전화번호 등을 반드시 기재하도록 한다. 특히 손해배상청구사건 등의 경우에는 피고의 인적사항을 알 수 없는 때에는 소장접수증명서를 발급받게 하여 가까운 주민센터에서 주민등록표초본을 발급받아 보완하도록 한다.

한다.[1] 법인의 대표자에게 적법한 대표권이 있는지 여부는 소송요건이기 때문이다.

## (2) 보정명령

필요적 기재사항이 흠결되었거나 법정의 인지가 붙어 있지 않은 경우 재판장은 보정을 명하거나 법원사무관 등으로 하여금 보정명령을 하게 할 수 있다(제254조 제1항 후단). 또한 소장부본을 송달할 수 없는 경우에도 보정명령을 할 수 있다(제255조 제2항). 나아가 민사소송법에서는 소장심사를 하면서 필요한 경우 원고에게 청구의 원인사실에 대한 증거방법을 구체적으로 적어 내도록 명하거나 또는 소장에 인용한 서증의 등본이나 사본을 붙이지 않은 경우 이를 제출하도록 명할 수 있게 하고 있다(제254조 제4항).

보정기간을 정하지 않은 보정명령은 위법하다.[2] 보정기간은 재정기간으로서 불변기간이 아니므로 원고는 보정기간 내에 보정이 어려우면 그 연장신청을 할 수 있으나 이에 대한 허부는 재판장의 재량에 속한다.[3] 보정명령에 응하여 보정을 하면 소 제기 당시에 소급하여 적법한 소장을 제출한 것으로 된다. 다만, 청구의 내용이 특정되지 않아 이를 보정한 경우에는 보정을 한 때에 적법한 소장이 제출된 것으로 보아야 할 것이다. 보정기간 내에 보정을 하여야 하지만, 보정기간이 경과하였더라도 소장각하명령이 송달되기 전까지 보정을 하면 소장은 적법한 것이 된다.[4] 소장에 형식적 흠결이 있더라도 보정을 명하고 이에 불응한 경우가 아니라면 소장을 각하할 수 없으며,[5] 제1심과 항소심에서 소장의 흠결이 있음에도 이를 간과하여 보정명령을 하지 않았다면 상고심에서 이를 보정하여 그 흠결을 치유할 수 있다.[6]

---

1) 제254조에 의한 재판장의 소장심사권은 소장이 제249조 제1항의 규정에 어긋나거나 소장에 법률의 규정에 따른 인지를 붙이지 아니하였을 경우에 재판장이 원고에 대하여 상당한 기간을 정하여 그 흠결의 보정을 명할 수 있고, 원고가 그 기간 내에 이를 보정하지 않을 때에 명령으로써 그 소장을 각하한다는 것일 뿐이므로, 소장에 일응 대표자의 표시가 되어 있는 이상 설령 그 표시에 잘못이 있다고 하더라도 이를 정정 표시하라는 보정명령을 하고 그에 대한 불응을 이유로 소장을 각하하는 것은 허용되지 아니한다. 이러한 경우에는 오로지 판결로써 소를 각하할 수 있을 뿐이다(대법원 2013. 9. 9. 자 2013마1273 결정).

2) 보정명령이 재항고인에게 송달되었으나 그 명령에는 기한이 공란으로 되어 보정기간이 언제까지라고 지정한 바 없으므로 이것은 적법한 보정명령이라고 할 수 없는데도 그 보정을 아니하였다고 항소장을 각하한 명령은 파기를 면치 못한다(대법원 1980. 6. 12. 자 80마160 결정).

3) 보정기간의 연장신청에 대한 허용여부는 재판장의 재량에 속한다(대법원 1969. 12. 19. 자 69마500 결정).

4) 소장각하명령이 항고인에게 송달된 후에는 항고인이 부족된 인지를 가첨하고 그 명령에 불복을 신청하였다 할지라도 항고심에서 그 각하명령을 취소할 수 없다(대법원 1996. 1. 12. 자 95두61 결정; 1969. 9. 30. 자 69마684 결정).

5) 항소장에 소정의 인지를 첩용하지 아니하였더라도 재판장 또는 항소법원이 그 보정을 명하고 당사자가 이에 불응한 경우가 아니면 흠결을 보정할 수 없는 경우에 해당한다고 할 수 없으므로 재판장이 인지첩용 부족을 간과하여 항소장을 수리하고 또 항소법원도 이를 간과한 이상 항소각하의 판결을 할 경우라고는 할 수 없다(대법원 1963. 10. 22. 선고 63아34 판결).

6) 독립당사자참가신청서에 소정의 인지를 첩용하지 아니하였을 때 그 참가신청은 부적법하다 할 것이나, 제1, 2심

원고가 보정기간 내에 소장의 흠결을 보정하지 않으면 명령으로 소장을 각하하여야 한다(제254조 제2항, 제255조 제2항).[1] 그러나 소장부본이 피고에게 송달된 이후에 소장의 흠결이 발견되고 원고가 보정명령에 불응한 경우에는 판결로써 소를 각하하여야 한다.[2] 다만, 청구의 원인사실에 대한 증거방법을 구체적으로 적어 내라는 명령이나 소장에 인용한 서증의 등본이나 사본을 제출하라는 명령에 응하지 않았다고 하더라도 소장을 각하할 수 없다(제254조 제4항). 제254조 제4항에서는 보정에 불응한 경우에 소장을 각하하여야 한다는 동조 제2항을 준용하고 있지 않다. 이는 소장의 형식적 흠결이 아닌 실질적 사항에 대한 보정명령이라는 점이 고려된 것으로 보인다.[3]

소장보정명령에 대하여는 독립하여 이의신청이나 항고를 할 수 없으며, 보정명령에 따르지 않아 소장이 각하되면 그 각하명령에 대하여 즉시항고를 할 수 있을 뿐이다.[4] 소장의 적법 여부는 각하명령을 한 때를 기준으로 한다. 따라서 소장각하명령에 대하여 즉시항고를 제기하여 항고심 계속 중에 흠결을 보정한 경우라도 그 흠결이 치유되는 것은 아니다.[5]

## 3. 소장부본의 송달

재판장은 소장을 심사하여 적식이라고 판단되면 그 즉시 소장부본을 피고에게 송달하여야 한다. 피고에게 소장부본이 송달된 때에 소송계속의 효과가 발생한다. 소장에 최고나 계약의 해제·해지 등 실체법상 의사표시가 기재되어 있는 경우에는 그 소장부본이 피고에게 송달됨으로써 그 의사표시를 한 것으로 되고,[6] 어음금청구소송의 소장부본이 피고에게 송달되면 그 어음

---

재판장이 모두 그 흠결을 발견 못하여 보정명령을 하지 않고 간과하였다면 이러한 경우까지도 참가인의 당사자참가신청이 부적법한 것으로 그 흠결을 보정할 수 없는 것이라 하여 각하하여야 할 것은 아니라 할 것인바, 참가인이 상고심에 와서 전액 보정하였다면 원심으로서는 참가인의 본건 당사자참가신청을 부적법한 소로서 그 흠결을 보정할 수 없는 경우라 하여 각하할 수 없다(대법원 1969. 12. 26. 선고 67다1744,1745,1746 판결).

1) 소장을 접수할 때에 소장의 흠을 발견하여 보정을 권고하였음에도 그 흠을 보정하지 않는다고 소장의 접수 자체를 거부할 수는 없으며, 흠결의 내용을 간명하게 기재한 부전지를 붙이고 접수를 하여야 한다(소송서류 기타 사건관계서류의 접수사무에 관한 처리지침 제6조).

2) 항소심 재판장은 항소장의 송달이 불능하여 그 보정을 명하였음에도 항소인이 이에 응하지 아니한 경우에 항소장각하명령을 할 수 있을 뿐이고, 항소장이 피항소인에게 송달되어 항소심의 변론이 개시된 후에는 피항소인에게의 변론기일소환장 등이 송달불능이라는 이유로 그 보정을 명하고 항소인이 이에 응하지 않는다고 항소장각하명령을 할 수 없다(대법원 1981. 11. 26. 자 81마275 결정).

3) 김홍엽, 309면 및 310면.

4) 재판장의 소장보정명령에 대하여는 이의신청이나 항고 등을 제기할 수 없다(대법원 1969. 12. 19. 자 69마500 결정).

5) 대법원 1968. 7. 29. 자 68사49 전원합의체 결정.

6) 소장에 매매계약해제의 의사표시가 명시되어 있지 않더라도 원고가 피고에게 매매계약의 존속과는 양립할 수 없는 위약금의 지급청구를 하고, 그 소장이 피고에게 송달됨으로써 해제권을 행사하였다 할 것이고, 해제권은 형성권이므로 비록 그 후에 원고가 그 소송을 취하하였다 하여 위 해제권 행사의 효력에 아무런 영향도 미치지

을 지급제시한 효력이 발생한다.[1]

소장에 기재된 피고의 주소가 잘못되어 송달불능이 된 경우 재판장은 원고에게 상당기간을 정하여 주소보정을 명하여야 하며,[2] 이에 불응하면 소장을 각하한다(제255조 제2항).[3] 보정기간 내에 보정하지 못하면 재판장은 명령으로 소장을 각하하여야 하고, 보정을 하지 못한 것이 설령 주소를 알 길이 없었던 데 따른 것이라 하여도 소장각하명령이 위법한 것은 아니다.[4] 소명자료를 첨부하여 공시송달신청을 한 경우[5] 이에 대한 허부의 재판 없이 주소보정의 흠결을 이유로 소장각하명령을 하는 것은 위법하다.[6] 그러나 아무런 소명 없이 단순히 소재불능이라는 이유로 공시송달신청을 한 경우에는 소장각하명령을 막을 수 없다.[7]

법인 등 단체에 대한 소장부본 등 소송서류의 송달은 그 대표자의 주소, 거소, 영업소 또는 사무소로 하여야 한다. 민사소송법은 법인이 소송무능력자임을 전제로 법인의 대표자를 법정대리인에 준하여 취급하고 있는데(제64조), 소송무능력자에 대한 소송서류의 송달은 법정대리인에게 하여야 하므로(제179조), 법인에 대한 소송서류의 송달은 대표자의 주소 등으로 하여야 한다.[8] 여기서 대표자의 영업소 또는 사무소란 당해 법인의 영업소 또는 사무소를 말하고, 그 대표자가 겸임하고 있는 별도의 법인 등 단체의 영업소 또는 사무소는 그 대표자의 근무장소에

---

않는다(대법원 1982. 5. 11. 선고 80다916 판결).

1) 약속어음금 청구소송에서 그 소장부본이 피고에게 송달되면 이때에 소지인이 그 약속어음을 발행인에게 지급을 위하여 제시한 것이라고 볼 수 있다(대법원 1970. 7. 24. 선고 70다965 판결).
2) 소장부본이 '폐문부재'로 반송된 경우에는 재송달을 실시하는 것이 원칙이나, 재송달을 하여도 반송될 만한 사정이 엿보이는 때에는 바로 주소보정명령을 할 수 있다. '주소불명' 또는 '수취인불명'으로 반송된 경우에는 먼저 송달 당시 우편봉투에 기재된 주소와 성명이 올바른지를 조사하여 오기가 있으면 정정하여 재송달을 실시하고, 오기가 없거나 재송달에서도 같은 사유로 반송된 때에는 원고에게 송달가능한 주소로 보정할 것을 명하여야 한다.
3) 주민등록법상 주민등록표의 열람이나 등·초본을 교부받을 수 있는 자는 본인이나 세대원에 한정된다. 그러나 주소보정명령서를 제시하면 주민등록표등본을 교부받지는 못해도 주민등록표초본은 교부받을 수 있다(주민등록법 제29조 제2항 제6호).
4) 주소보정명령에서 보정기간 내에 보정을 못한 것이 설령 주소를 알 길이 없었던 데 따른 것이라 하여도 소장각하명령이 위법한 것은 아니다(대법원 1968. 9. 24. 선고 68마1029 판결).
5) 공시송달을 신청하는 자는 상대방의 주소지를 파악할 수 없다는 자료를 제출하여야 한다. 주민등록이 말소되지 않은 경우에는 증거자료로 '불거주사실확인서'를 제출한다. 불거주사실확인서란 등록된 주소지에 거주하지 않고 있음을 증명하는 서면으로서, 주민등록등부에 등록된 주민등록지에 거주하지 않고 있다는 사실을 통장, 반장이나 이웃주민을 통하여 작성한다.
6) 원고가 공시송달신청을 하면서 제출한 소명자료와 그 동안의 송달결과, 특히 법정경위 작성의 송달불능보고서의 내용을 종합하면 제194조가 규정하는 공시송달의 요건인 '당사자의 주소 등 또는 근무장소를 알 수 없는 경우'에 해당한다고 볼 여지가 충분함에도 위 공시송달 신청에 대하여는 아무런 결정을 하지 아니한 채 주소보정 흠결을 이유로 소장각하명령을 한 것은 위법하다(대법원 2003. 12. 12. 자 2003마1694 결정).
7) 대법원 1958. 12. 18. 자 4291민재항155 결정.
8) 법인의 보통재판적은 본점 소재지이나, 송달장소는 대표자의 주소지이다.

불과하다.[1] 따라서 법인에 대한 송달은 법인의 대표자의 주소지 또는 법인의 주소지, 즉 본점 소재지로 송달을 실시할 수 있다. 그리하여 법인의 주소지로 먼저 송달을 실시하였다가 송달불능이 된 경우(법인의 주소지로 송달되다가 도중에 송달불능이 된 경우를 포함한다)에는 법인등기부등본 등에 나타난 법인의 대표자의 주소지로 송달을 실시하여야 한다. 따라서 법인의 주소지로 송달하였으나 송달불능이 된 경우에 소송서류에 나타난 대표자의 주소지로 송달해 보지 않고 주소보정을 명한 것은 잘못이므로 그 보정에 응하지 않았다는 이유로 한 소장각하명령은 위법하다.[2]

소장의 송달에 필요한 송달료를 예납하지 않아 그 예납을 명하는 보정명령을 하였음에도 이에 불응한 경우에도 소장의 송달불능의 한 형태로 보아 소장각하명령을 할 수 있다.[3] 일단 소송계속이 이루어진 후 개개의 절차진행에 필요한 비용이 예납되지 않은 경우와 달리, 소송계속을 위한 최초의 소송절차인 소장의 송달에 필요한 송달료가 예납되지 않은 경우에는 소장의 송달이 불가능하여 더 이상 소송절차를 진행할 수 없기 때문이다.


## 4. 피고의 답변서제출의무와 무변론판결

### (1) 답변서제출의무

피고는 소장부본을 송달받은 날부터 30일 이내에 답변서를 제출할 의무가 있다(제256조 제1항

---

1) 법인인 소송당사자에게 법적효과가 발생할 소송행위는 그 법인을 대표하는 자연인의 행위이거나 그 자연인에 대한 행위이어야 할 것이므로 동 법인에게로 소장, 기일소환장 및 판결 등 서류는 그 대표자에게 송달하여야 하고, 그 송달은 법인 대표자의 주소, 거소, 영업소 또는 사무소에서 함이 원칙인데, 여기에서 '영업소 또는 사무소'라 함은 당해 법인의 영업소 또는 사무소를 말한다고 보아야 하므로, 그 대표자가 겸임하고 있는 별도의 법인격을 가진 다른 법인의 영업소 또는 사무소는 그 대표자의 근무장소에 불과하다(대법원 2003. 4. 25. 선고 2000다60197 판결).

2) 소송당사자인 법인에의 소장, 기일소환장 및 판결 등 서류는 그 대표자의 주소, 거소에 하는 것이 원칙이고 법인의 영업소나 사무소에도 할 수 있으나, 법인의 대표자의 주소지가 아닌 소장에 기재된 법인의 주소지로 발송하였으나 이사불명으로 송달불능된 경우에는 원칙으로 되돌아가 원고가 소를 제기하면서 제출한 법인등기부등본 등에 나타나 있는 법인의 대표자의 주소지로 소장부본 등을 송달하여 보고 그 곳으로도 송달되지 않을 때에 주소보정을 명하여야 하므로, 법인의 주소지로 소장부본을 송달하였으나 송달불능되었다는 이유만으로 그 주소보정을 명한 것은 잘못이므로 그 주소보정을 하지 아니하였다는 이유로 한 소장각하명령은 위법하다(대법원 1997. 5. 19. 자 97마600 결정).

3) 송달료가 전혀 예납되지 않아 예납을 명하는 보정명령을 송달할 비용도 없고, 소장에 팩스번호나 전화번호, 이메일주소의 기재가 없어 이를 이용한 보정명령도 불가능한 경우에는 바로 소장각하명령을 할 것이 아니라, 민사소송규칙 제20조에 의하여 소송비용을 국고에서 대납받아 보정명령을 송달한 다음 보정기간 내에 보정이 없는 때에 소장각하명령을 하여야 한다.

본문). 다만, 피고가 공시송달의 방법에 의하여 소장부본을 송달받은 경우에는 이러한 답변서 제출의무가 없다(동항 단서). 법원은 소장부본을 송달할 때에 피고에게 답변서제출의무가 있음을 알려야 한다(제256조 제2항).

## (2) 무변론판결

피고가 소장부본을 송달받은 날부터 30일 이내에 답변서를 제출하지 않을 경우에는 원고의 청구원인사실에 대하여 자백한 것으로 보고 변론 없이 원고승소판결을 선고할 수 있다(제257조 제1항 본문). 피고가 청구원인사실에 대하여 모두 자백하는 취지의 답변서를 제출한 경우에도 무변론판결을 할 수 있다(동조 제2항). 다만, 직권조사사항이 있거나 판결선고기일까지 피고가 원고의 청구를 다투는 취지의 답변서를 제출한 경우[1]에는 무변론판결을 할 수 없다(동조 제1항 단서). 만일 피고가 선고기일에 출석하여 말로 다투는 경우에는 피고에게 답변서를 제출하도록 촉구한 후 선고기일을 연기하거나 선고기일의 지정을 취소하여야 할 것이다. 법원은 소장부본을 송달하면서 예고적으로 무변론판결의 선고기일을 통지할 수 있다(동조 제3항).

피고가 여러 사람인 통상공동소송에 있어서 다투지 않는 피고에 대해서만 일부기각의 무변론판결을 할 수 있다.[2] 또한 청구취지와 청구원인을 대비한 결과 지연손해금의 이율이나 그 기산점에 착오가 있는 경우 등 소장의 흠이 사소하여 일부기각을 하여도 원고가 이의를 제기하지 않을 것으로 예상되는 사건에서도 일부기각의 무변론판결을 할 수 있다. 그러나 청구취지와 청구원인이 부합하지 않는 경우 등 소장의 흠이 중대한 경우에는 보정명령을 발령하고 보정서가 제출되면 이를 피고에게 송달하여야 한다.

피고가 답변서를 제출하지 않았더라도 원고의 주장을 다투는 다른 서면을 제출한 경우에는 이를 답변서로 볼 수 있으므로 무변론판결을 해서는 안 된다. 예를 들어, 상속의 포기나 한정승인은 원고의 청구를 기각하거나 일부기각을 구하는 피고의 항변이므로, 비록 피고가 답변서를 제출하지 않고 상속 관련 심판문만을 제출한 경우에도 이를 답변서로 볼 수 있어 무변론판결을 선고해서는 안 된다. 피고가 공시송달의 방법에 따라 소장부본을 송달받은 경우에는 답변서제출의무가 없기 때문에 공시송달된 사건에 대해서도 무변론판결을 할 수 없다. 소액사건은 무변

---

1) 선고기일 이전에 답변서를 제출하지 않은 채 선고기일에 출석하여 구술로 다투는 경우, 실무에서는 피고에게 답변서를 제출하도록 촉구한 후 선고기일을 연기하거나 선고기일 지정을 취소하고 피고의 답변서 제출을 기다려 변론준비절차에 부치는 방식으로 운영하고 있다.
2) 피고가 여러 사람인 통상공동소송에서 다투지 않는 피고에 대하여는 후속절차의 진행을 일단 유보한 후 다투는 피고에 대하여 쟁점정리절차와 증거조사절차를 마치고 선고기일을 함께 지정하되 다투지 않는 피고에 대하여는 무변론판결로 처리함이 바람직하다.

론판결을 하기에 적합하지 않다. 소액사건에 있어서 이행권고결정에 대하여 이의신청을 한 경우에는 피고가 주장사실을 다툰 것으로 되므로 무변론판결의 대상이 되지 않고, 이행권고결정을 거치지 않는 경우에도 바로 변론기일을 지정하는 소액사건의 특성상 무변론판결을 활용할 여지가 거의 없기 때문이다. 지급명령에 대하여 채무자가 이의신청을 한 경우에도 채권자의 주장을 다툰 것으로 볼 수 있으므로 무변론판결을 하기에 적합하지 않다고 할 것이다.

## Ⅱ. 소제기의 효과

### 1. 의의

소가 제기되면 실체법상으로는 시효중단과 법률상 기간준수 등의 효과가 발생하고, 소송법상으로는 소송계속의 효과가 발생한다.

### (1) 실체법상 시효중단과 기간준수의 효과

### 1) 효과가 발생하는 경우

① 소송의 형식: 실체법상 시효중단의 효과는 채권에 대한 이행소송뿐 아니라 확인소송을 제기한 경우에도 인정되며,[1] 형성소송을 제기한 경우에도 중단의 효과가 인정된다.[2] 행정소송의 제기는 사법상 권리를 행사하는 것이 아니므로 시효중단의 사유가 되지 못하

---

[1] 종래 대법원은 시효중단사유로서 재판상의 청구에 관하여 반드시 권리 자체의 이행청구나 확인청구로 제한하지 않을 뿐만 아니라, 권리자가 재판상 그 권리를 주장하여 권리 위에 잠자는 것이 아님을 표명한 것으로 볼 수 있는 때에는 널리 시효중단사유로서 재판상의 청구에 해당하는 것으로 해석하여 왔다. 이와 같은 법리는 이미 승소 확정판결을 받은 채권자가 그 판결상 채권의 시효중단을 위해 후소를 제기하는 경우에도 동일하게 적용되므로, 시효중단을 위한 후소로서 이행소송 외에 전소 판결로 확정된 채권의 시효를 중단시키기 위한 조치, 즉 '재판상의 청구'가 있다는 점에 대하여만 확인을 구하는 형태의 '새로운 방식의 확인소송'이 허용되고, 채권자는 두 가지 형태의 소송 중 자신의 상황과 필요에 보다 적합한 것을 선택하여 제기할 수 있다고 보아야 한다(대법원 2018. 10. 18. 선고 2015다232316 전원합의체 판결).
[2] 소유권이전등기를 명한 확정판결의 피고가 재심의 소를 제기하여 토지에 대한 소유권이 여전히 자신에게 있다고 주장한 것은 상대방의 시효취득과 양립할 수 없는 자신의 권리를 명확히 표명한 것이므로 이는 취득시효의 중단사유가 되는 재판상의 청구에 준하는 것이라고 볼 것이고, 위 확정판결에 의해 소유권이전등기를 경료받은 자의 당해 토지에 대한 취득시효는 재심의 소 제기일로부터 재심판결 확정일까지 중단된다(대법원 1998. 6. 12. 선고 96다26961 판결).

지만, 과세처분의 취소나 무효확인을 구하는 소송은 실질적으로 민사소송인 채무부존재 확인소송과 유사하므로 과오납금에 대한 부당이득반환청구권의 시효를 중단시킨다.[1]

② **응소행위**: 권리자가 원고가 되어 소를 제기한 경우뿐만 아니라 피고로서 응소하여 적극적으로 권리를 주장하고 그것이 받아들여진 경우에도 시효중단의 효과가 발생한다.[2] 다만, 피고의 권리주장이 배척된 경우에는 시효중단의 효과가 발생하지 않지만, 그 소가 각하되거나 취하되는 등의 사유로 본안에서 그 권리주장에 관한 판단 없이 소송이 종료된 경우에는 민법 제170조 제2항[3]을 유추적용하여 그때부터 6월 이내에 재판상의 청구 등 다른 시효중단조치를 취하면 응소시에 소급하여 시효중단의 효과가 발생한다.[4] 변론주의 원칙상 피고가 응소행위를 했다고 바로 시효중단의 효과가 발생하는 것은 아니며 시효중단의 주장을 하여야 그 효과가 발생하지만, 그 주장은 사실심 변론종결 전까지 언제든지 할 수 있으며, 그렇게 하면 응소시에 소급하여 시효중단의 효과가 발생한다.[5]

③ **권리자가 직접 의무자를 상대로 할 것**: 시효중단사유인 재판상 청구에 해당하려면 권리자가 직접 의무자를 상대로 소송을 제기하거나 응소하여야 한다. 그리하여 저당권설정등기청구권의 행사는 그 피담보채권의 실현을 목적으로 하는 것이므로 저당권설정등기청구소송의 제기는 그 피담보채권에 대한 소멸시효 중단사유가 되지만,[6] 물상보증인은 물적

---

1) 일반적으로 위법한 행정처분의 취소, 변경을 구하는 행정소송은 사권을 행사하는 것으로 볼 수 없으므로 사권에 대한 시효중단사유가 되지 못하는 것이나, 다만 오납한 조세에 대한 부당이득반환청구권을 실현하기 위한 수단이 되는 과세처분의 취소 또는 무효확인을 구하는 소는 비록 행정소송이라고 할지라도 조세환급을 구하는 부당이득반환청구권의 소멸시효중단사유인 재판상 청구에 해당한다(대법원 1992. 3. 31. 선고 91다32053 전원합의체 판결).

2) 민법에서 시효중단사유의 하나로 규정하고 있는 재판상의 청구라 함은 권리자가 시효를 주장하는 자를 상대로 소로써 권리를 주장하는 경우뿐 아니라 시효를 주장하는 자가 원고가 되어 소를 제기한 데 대하여 피고로서 응소하여 그 소송에서 적극적으로 권리를 주장하고 그것이 받아들여진 경우도 포함되는 것으로 해석함이 타당하다(대법원 2010. 8. 26. 선고 2008다42416 판결; 2007. 1. 11. 선고 2006다33364 판결).

3) 재판상 청구가 각하, 기각 또는 취하된 경우에는 시효중단의 효력이 없지만(민법 제170조 제1항), 6월 이내에 재판상 청구, 파산절차참가, 압류 또는 가압류, 가처분을 한 때에는 시효는 최초의 재판상 청구로 인하여 중단된 것으로 본다(동조 제2항).

4) 권리자인 피고가 응소하여 권리를 주장하였으나 그 소가 각하되거나 취하되는 등의 사유로 본안에서 그 권리주장에 관한 판단 없이 소송이 종료된 경우에도 민법 제170조 제2항을 유추적용하여 그때부터 6월 이내에 재판상의 청구 등 다른 시효중단조치를 취하면 응소시에 소급하여 시효중단의 효력이 있는 것으로 봄이 상당하다(대법원 2010. 8. 26. 선고 2008다42416 판결).

5) 변론주의 원칙상 피고가 응소행위를 하였다고 하여 바로 시효중단의 효과가 발생하는 것은 아니고 시효중단의 주장을 하여야 그 효력이 생기는 것이지만, 시효중단의 주장은 반드시 응소시에 할 필요는 없고 소멸시효기간이 만료된 후라도 사실심 변론종결 전에는 언제든지 할 수 있다(대법원 2010. 8. 26. 선고 2008다42416 판결).

6) 근저당권설정등기청구의 소에는 그 피담보채권이 될 채권의 존재에 관한 주장이 당연히 포함되어 있는 것이고, 근저당권설정등기청구의 소의 제기에 의하여 피담보채권이 될 채권에 관한 권리의 행사가 있는 것으로 볼 수

유한책임을 지고 있을 뿐 피담보채권의 채무자가 아니므로 물상보증인이 제기한 저당권설정등기의 말소를 구하는 소송에서 저당권자가 적극적으로 응소하면서 피담보채권의 존재를 주장하였다고 하더라도 이로써 직접 채무자에 대하여 재판상 청구를 한 것으로 볼 수 없어 피담보채권의 소멸시효가 중단되는 효과가 발생하지 않는다.[1] 또한 담보가등기가 설정된 후에 그 목적 부동산의 소유권을 취득한 제3취득자도 시효를 원용할 수 있는 지위에 있으나 직접 의무를 부담하는 사람은 아니므로 제3취득자가 제기한 담보가등기말소를 구하는 소송에서 대여금채권자가 대여금채권의 존재를 적극 주장하며 응소하여 승소하였다고 하더라도 이러한 응소행위는 대여금채권의 소멸시효중단사유인 재판상 청구에 해당되지 않는다고 한다.[2]

④ 기본적 법률관계의 확인 등 관련 청구: 소멸시효의 중단사유인 재판상 청구에는 그 권리 자체의 이행을 구하거나 확인을 구하는 경우뿐만 아니라 그 권리가 발생한 기본적 법률관계에 관한 확인을 구하는 경우를 포함한다. 따라서 해고무효확인소송의 제기는 그 고용관계에서 파생하는 임금채권의 시효중단사유가 되고, 과세처분의 취소 또는 무효확인을 구하는 소송의 제기는 그 과세처분으로 오납한 조세에 대한 부당이득반환청구권의 시효중단사유가 된다.[3]

---

있으므로, 근저당권설정등기청구의 소의 제기는 그 피담보채권의 재판상의 청구에 준하는 것으로서 피담보채권에 대한 소멸시효 중단의 효력을 생기게 한다(대법원 2004. 2. 13. 선고 2002다7213 판결).

[1] 타인의 채무를 담보하기 위하여 자기의 물건에 담보권을 설정한 물상보증인은 채권자에 대하여 물적 유한책임을 지고 있어 그 피담보채권의 소멸에 의하여 직접 이익을 받는 관계에 있으므로 소멸시효의 완성을 주장할 수 있는 것이지만, 채권자에 대하여는 아무런 채무도 부담하고 있지 아니하므로, 물상보증인이 그 피담보채무의 부존재 또는 소멸을 이유로 제기한 저당권설정등기 말소등기절차이행청구소송에서 채권자 겸 저당권자가 청구기각의 판결을 구하고 피담보채권의 존재를 주장하였다고 하더라도 이로써 직접 채무자에 대하여 재판상 청구를 한 것으로 볼 수는 없는 것이므로 피담보채권의 소멸시효에 관한 재판상 청구에 해당하지 아니한다(대법원 2004. 1. 16. 선고 2003다30890 판결).

[2] 시효를 주장하는 자의 소 제기에 대한 응소행위가 민법상 시효중단사유로서의 재판상 청구에 준하는 행위로 인정되려면 의무 있는 자가 제기한 소송에서 권리자가 의무 있는 자를 상대로 응소하여야 할 것이므로, 담보가등기가 설정된 후에 그 목적 부동산의 소유권을 취득한 제3취득자나 물상보증인 등 시효를 원용할 수 있는 지위에 있으나 직접 의무를 부담하지 아니하는 자가 제기한 소송에서의 응소행위는 권리자의 의무자에 대한 재판상 청구에 준하는 행위에 해당한다고 볼 수 없다(대법원 2007. 1. 11. 선고 2006다33364 판결).

[3] 시효중단사유로서의 재판상의 청구에는 그 권리 자체의 이행청구나 확인청구를 하는 경우만이 아니라, 그 권리가 발생한 기본적 법률관계에 관한 확인청구를 하는 경우에도 그 법률관계의 확인청구가 이로부터 발생한 권리의 실현수단이 될 수 있어 권리 위에 잠자는 것이 아님을 표명한 것으로 볼 수 있을 때에는 그 기본적 법률관계에 관한 확인청구도 이에 포함된다. 이 사건 과세처분은 당연무효의 처분이어서 원고 회사가 납부한 세금은 법률상 원인 없는 오납금이 되어 원고 회사에게 환급청구권, 즉 부당이득반환청구권이 발생한 것인데, 원고들은 이러한 부당이득반환청구권을 실행하기 위하여 먼저 그 권리의 기본적 법률관계인 위 각 과세처분에 대한 취소소송(무효선언으로서의 취소소송)을 제기하였음이 명백한바, 이러한 과세처분의 취소 또는 무효확인을 구하는 행정소송은 그 과세처분으로 오납한 조세에 대한 부당이득반환청구권을 실현하기 위한 수단으로서 권리 위에

판례는 원인채권의 지급을 위하여 어음이 수수된 경우에 원인채권에 기하여 청구를 한 것만으로는 어음채권의 소멸시효를 중단시키지 못하지만, 채권자가 어음채권에 기하여 청구를 하는 경우에는 원인채권의 소멸시효를 중단시키는 효과가 있다고 하고,[1] 채권자대위권에 기하여 청구를 하다가 피대위채권을 양수하여 양수금청구로 청구를 변경한 경우에도 양 청구는 동일한 소송물에 관한 권리의무의 특정승계가 있을 뿐이며 시효중단의 효과는 특정승계인에게도 미치므로 당초 채권자대위소송으로 인한 시효중단의 효과가 소멸되지 않는다고 한다.[2] 또한 판례는 주주총회결의 부존재 또는 무효의 확인을 구하는 소송이 주주총회결의취소소송의 제소기간 내에 제기되었다면 위 기간이 경과한 후 동일한 하자를 원인으로 하여 취소소송으로 청구를 변경하거나 추가한 경우에도 제소기간을 준수한 것으로 보아야 한다고 한다.[3]

## 2) 효과가 미치는 범위

소송물로 주장한 권리관계에 대하여만 시효중단의 효과가 생기고, 법률상 기간준수의 효과도 소송물인 권리관계에 대하여만 인정된다. 예를 들어, 이혼소송에 있어서 이혼사유마다 소송물이 별개로 된다는 구소송물이론에 의하면, 기간준수의 효과는 소를 제기한 해당 이혼사유에

---

잠자는 것이 아님을 표명한 것으로 볼 수 있으므로, 위 부당이득반환청구권의 소멸시효를 중단시키는 재판상 청구에 해당한다(대법원 1992. 3. 31. 선고 91다32053 전원합의체 판결).

1) 원인채권의 지급을 확보하기 위한 방법으로 어음이 수수된 경우에 원인채권과 어음채권은 별개로서 채권자는 그 선택에 따라 권리를 행사할 수 있고, 원인채권에 기하여 청구를 한 것만으로는 어음채권 그 자체를 행사한 것으로 볼 수 없어 어음채권의 소멸시효를 중단시키지 못하는 것이지만, 다른 한편, 이러한 어음은 경제적으로 동일한 급부를 위하여 원인채권의 지급수단으로 수수된 것으로서 그 어음채권의 행사는 원인채권을 실현하기 위한 것일 뿐만 아니라, 원인채권의 소멸시효는 어음금 청구소송에 있어서 채무자의 인적항변 사유에 해당하는 관계로 채권자가 어음채권의 소멸시효를 중단하여 두어도 채무자의 인적항변에 따라 그 권리를 실현할 수 없게 되는 불합리한 결과가 발생하게 되므로, 채권자가 어음채권에 기하여 청구를 하는 반대의 경우에는 원인채권의 소멸시효를 중단시키는 효력이 있다고 봄이 상당하고, 이러한 법리는 채권자가 어음채권을 피보전권리로 하여 채무자의 재산을 가압류함으로써 그 권리를 행사한 경우에도 마찬가지로 적용된다(대법원 1999. 6. 11. 선고 99다16378 판결).

2) 원고가 채권자대위권에 기해 청구를 하다가 당해 피대위채권 자체를 양수하여 양수금청구로 소를 변경한 사안에서, 이는 청구원인의 교환적 변경으로서 채권자대위권에 기한 구청구는 취하된 것으로 보아야 하나, 그 채권자대위소송의 소송물은 채무자의 제3채무자에 대한 계약금반환청구권인데 위 양수금청구는 원고가 위 계약금반환청구권 자체를 양수하였다는 것이어서 양 청구는 동일한 소송물에 관한 권리의무의 특정승계가 있을 뿐 그 소송물은 동일한 점, 시효중단의 효력은 특정승계인에게도 미치는 점, 계속 중인 소송에 소송목적인 권리 또는 의무의 전부나 일부를 승계한 특정승계인이 소송참가하거나 소송인수한 경우에는 소송이 법원에 처음 계속된 때에 소급하여 시효중단의 효력이 생기는 점, 원고는 위 계약금반환채권을 채권자대위권에 기해 행사하다 다시 이를 양수받아 직접 행사한 것이어서 위 계약금반환채권과 관련하여 원고를 '권리 위에 잠자는 자'로 볼 수 없는 점 등에 비추어 볼 때, 당초의 채권자대위소송으로 인한 시효중단의 효력이 소멸하지 않는다(대법원 2010. 6. 24. 선고 2010다17284 판결).

3) 대법원 2007. 9. 6. 선고 2007다40000 판결; 2003. 7. 11. 선고 2001다45584 판결.

한하여만 미치고, 채권자가 동일한 목적을 달성하기 위한 복수의 채권을 갖고 있는 경우에 그 중 어느 하나의 청구를 하는 것만으로는 다른 채권에 대한 소멸시효중단의 효력이 발생하지 않는다.[1]

판례는 소송상 일부청구를 함에 있어서 일부청구임을 명시한 경우에는 그 부분만 소송물이 되고 그 한도 내에서만 시효중단의 효과가 생기지만, 명시하지 않은 경우에는 잔부를 포함한 전부가 소송물이 되고 시효중단의 효과도 전부에 미친다고 한다. 다만, 명시적 일부청구를 한 경우에도 그 취지로 보아 채권 전부에 관하여 판결을 구하는 것으로 해석되는 경우에는 그 채권의 동일성의 범위 내에서 그 채권 전부가 소송물이 되고 그 전부에 관하여 시효중단의 효과가 발생한다고 한다.[2]

### (2) 소송법상 소송계속의 효과

소송계속이란 특정한 청구에 대하여 법원에 판결절차가 현실적으로 존재하는 상태를 말한다. 소송계속은 특정한 청구에 대하여만 성립하는 것이므로 공격방어방법으로서 주장된 권리관계, 예를 들어 상계항변 등에 대하여는 소송계속이 발생하지 않는다. 또한 소송계속은 판결절차에 대하여 인정되는 것이므로 보전절차, 증거보전절차, 강제집행절차, 중재절차에 대하여는 소송계속이 인정되지 않는다. 그러나 채무자의 이의신청이나 소제기신청에 의하여 판결절차로 이행되는 독촉절차, 제소전 화해절차, 조정절차에 대하여는 소송계속을 인정할 수 있다.[3]

소송계속이 발생하면 그 소송에 소송참가(제71조, 제78조, 제79조, 제83조), 소송고지(제84조)를 할 수 있고, 관련청구의 재판적(제79조, 제264조, 제269조)이 인정되며, 중복제소가 금지된다(제259조). 이 중에서 가장 중요한 것은 중복제소금지이므로 이에 관하여는 여기에서 살펴보고, 나머지는 각각 관련된 곳에서 언급하기로 한다.

---

1) 채권자가 동일한 목적을 달성하기 위하여 복수의 채권을 갖고 있는 경우에, 채권자로서는 그 선택에 따라 권리를 행사할 수 있되, 그 중 어느 하나의 청구를 한 것만으로는 다른 채권 그 자체를 행사한 것으로 볼 수는 없으므로, 특별한 사정이 없는 한 그 다른 채권에 대한 소멸시효 중단의 효력은 없다. 따라서 원고가 피고를 상대로 공동불법행위자에 대한 구상금청구의 소를 제기하였다고 하여 이로써 원고의 이 사건 사무관리로 인한 비용상환청구권의 소멸시효가 중단될 수는 없다(대법원 2001. 3. 23. 선고 2001다6145 판결)

2) 대법원 1992. 4. 10. 선고 91다43695 판결.

3) 독촉절차에서는 채무자가 지급명령에 대하여 이의신청을 하면 지급명령을 신청한 때에 소가 제기된 것으로 간주되고(제472조 제2항), 조정이 성립되지 않거나 조정에 갈음하는 결정에 대하여 이의신청이 있는 경우에는 조정신청을 한 때에 소가 제기된 것으로 간주된다(민사조정법 제36조 제1항). 그런데 제소전 화해가 성립되지 않은 경우에는 당사자가 소제기신청을 하여야 화해신청을 한 때에 소가 제기된 것으로 간주된다(제388조 제2항).

### (3) 효과의 발생과 소멸

#### 1) 효과의 발생시기

소송법률관계는 법원·원고·피고의 3면적 법률관계이므로 소송계속의 효과는 소장부본이 송달된 때에 발생한다고 할 것이다(통설·판례). 그러나 실체법상 효과인 시효중단이나 법률상 기간준수의 효과는 소송이 제기된 때, 즉 소장을 법원에 제출한 때에 발생한다(제265조). 민사소송법에서는 소장부본의 송달 지연으로 인한 원고의 불이익을 막기 위하여 시효중단과 기간준수의 효과가 발생하는 시기를 소송을 제기한 때로 규정하고 있다.

#### 2) 효과의 소멸

소송의 제기에 의한 시효중단의 효력은 소의 취하, 소의 각하 또는 청구의 기각에 의하여 소급하여 소멸한다(민법 제170조 제1항). 그러나 소송의 이송에 의하여 소멸하지 않으며(제40조 제1항), 권리승계인의 참가승계가 있는 경우에는 소송이 법원에 처음 계속된 때에 소급하여 시효중단과 기간준수의 효과가 발생한다(제81조). 시효중단의 효과는 재판이 확정될 때까지 계속되고, 재판이 확정되면 그 때부터 새로이 시효기간이 진행된다(민법 제178조 제2항).

소송계속의 효과는 판결의 확정, 소각하결정의 확정, 소취하 내지 소취하간주, 이행권고결정 및 화해권고결정의 확정, 화해조서나 청구의 포기·인낙조서 또는 조정조서의 작성 등에 의하여 소멸한다. 소송계속이 종료되었는지 아니면 여전히 계속 중에 있는지 여부를 다투는 방법으로 기일지정신청이 있다(민사소송규칙 제67조). 심리결과 소송계속이 종료되었음이 판명되면 판결로써 소송종료선언을 한다(동조 제3항).

## 2. 중복제소의 금지

### (1) 의의

중복제소의 금지란 법원에 이미 소송계속이 되어 있는 사건과 동일한 사건에 대하여 당사자가 다시 소송을 제기하지 못하는 것을 말한다(제259조). 동일한 사건에 대하여 거듭 소제기를 허용하는 것은 심판이 중복되어 소송경제에 반할 뿐만 아니라 판결이 모순·저촉될 우려가 있으므로, 이를 금지하고 있다.

## (2) 요건

### 1) 사건이 동일할 것

후소(後訴)가 중복제소에 해당하려면 전소(前訴)와 사건이 동일하여야 한다. 사건이 동일하다는 것은 당사자와 청구가 동일한 것을 의미한다.

① 당사자의 동일: 전소와 후소의 당사자가 동일하여야 한다. 당사자가 동일하면 원고와 피고가 전소와 후소에서 뒤바뀌어도 무방하다. 그러나 양소의 당사자가 다르더라도 후소의 당사자가 전소 판결의 효력을 받는 경우에는 당사자가 동일한 것으로 볼 수 있다. 예를 들어, 아직 소송계속 중인데 변론종결 후의 승계인이 같은 당사자에 대하여 별도로 소를 제기한 경우, 선정당사자가 소송계속 중인데 선정자가 별도로 소를 제기한 경우, 채권자대위소송의 계속 중에 채무자가 동일한 내용의 후소를 제기한 경우 등이 여기에 해당된다.

판례는 채권자대위소송 계속 중에 채무자가 동일한 내용의 후소를 제기한 경우[1]는 물론이고 채권자대위소송 계속 중에 같은 채무자의 다른 채권자가 채권자대위소송을 제기한 경우[2]에도 양 소송은 실질상으로 동일한 소송이므로 시간적으로 나중에 제기된 소송은 중복제소금지의 원칙에 저촉되어 부적법하다고 한다. 그런데 채무자의 소송계속 중에 채권자대위소송이 제기된 경우에는 입장이 갈리고 있다. 이 경우 양 소송은 실질상으로 동일한 소송이므로 나중에 제기된 소송은 중복제소금지에 해당된다는 판례도 있고,[3] 채권자대위권은 채무자가 권리를 행사하지 않는 경우에 한하여 행사할 수 있는 것이어서 이미 채무자가 그 권리를 재판상 행사하고 있다면 채권자는 채권자대위권을 행사할 수 없으므로 당사자적격이 없다는 판례도 있다.[4]

---

1) 원고가 소유권이전등기말소소송을 제기하기 전에 이미 원고의 채권자가 같은 피고를 상대로 채권자대위권에 의하여 원고를 대위하여 그 소송과 청구취지 및 청구원인을 같이하는 내용의 소송을 제기하여 계속 중에 있다면, 양 소송은 비록 그 당사자는 다르다 할지라도 실질상으로는 동일소송이므로, 원고가 제기한 소송은 민사소송법의 중복소송 금지규정에 저촉되는 것이다(대법원 1995. 4. 14. 선고 94다29256 판결).
2) 채권자대위소송이 이미 법원에 계속 중에 있을 때 같은 채무자의 다른 채권자가 동일한 소송물에 대하여 채권자대위권에 기한 소를 제기한 경우 시간적으로 나중에 계속하게 된 소송은 중복제소금지의 원칙에 위배하여 제기된 부적법한 소송이 된다(대법원 1994. 2. 8. 선고 93다53092 판결; 1990. 4. 27. 선고 88다카25274,25281 (참가) 판결).
3) 채권자가 채무자를 상대로 제기한 소송이 계속 중 제3자가 채권자를 대위하여 같은 채무자를 상대로 청구취지 및 원인을 같이하는 내용의 소송을 제기한 경우에는 양 소송은 동일소송이므로 후소는 중복제소금지규정에 저촉된다(대법원 1981. 7. 7. 선고 80다2751 판결).
4) 채권자대위권은 채무자가 제3채무자에 대한 권리를 행사하지 아니하는 경우에 한하여 채권자가 자기의 채권을 보전하기 위하여 행사할 수 있는 것이기 때문에 채권자가 대위권을 행사할 당시 이미 채무자가 그 권리를 재판상 행사하였을 때에는 설사 패소의 확정판결을 받았더라도 채권자는 채무자를 대위하여 채무자의 권리를 행사

그러나 판례는 채권자취소소송의 경우에는 채권자취소권은 채권자 각자의 고유의 권리이므로 여러 사람의 채권자가 시기를 달리하여 채권자취소소송을 제기하더라도 이는 중복제소에 해당되지 않는다고 한다.[1] 다만, 채권자취소소송에서 피보전채권의 추가나 교환은 공격방어방법의 변경에 불과하므로 동일한 채권자가 피보전채권을 달리하여 동일한 사행행위의 취소 및 원상회복을 구하는 채권자취소소송을 중복하여 제기하였다면, 이는 소송물이 동일한 것으로 보아 중복제소에 해당된다고 한다.[2] 또한 판례는 채무자가 제3채무자를 상대로 제기한 이행소송 계속 중에 압류채권자가 제3채무자를 상대로 추심소송을 제기한 경우에 압류채권자의 추심소송에 대하여 심판한다고 하여 소송경제에 반한다거나 판결의 모순·저촉의 위험이 크다고 볼 수 없으므로 압류채권자의 추심소송은 중복제소에 해당되지 않는다고 한다.[3]

---

할 당사자적격이 없다(대법원 1993. 3. 26. 선고 92다32876 판결; 2009. 3. 12. 선고 2008다65839 판결 등).

1) 채권자취소권의 요건을 갖춘 각 채권자는 고유의 권리로서 채무자의 재산처분 행위를 취소하고 그 원상회복을 구할 수 있는 것이므로 여러 명의 채권자가 동시에 또는 시기를 달리하여 사행행위취소 및 원상회복청구의 소를 제기한 경우 이들 소가 중복제소에 해당하지 아니할 뿐만 아니라, 어느 한 채권자가 동일한 사행행위에 관하여 사행행위취소 및 원상회복청구를 하여 승소판결을 받아 그 판결이 확정되었다는 것만으로는 그 후에 제기된 다른 채권자의 동일한 청구가 권리보호의 이익이 없게 되는 것은 아니고, 그에 기하여 재산이나 가액의 회복을 마친 경우에 비로소 다른 채권자의 사행행위취소 및 원상회복청구는 그와 중첩되는 범위 내에서 권리보호의 이익이 없게 된다(대법원 2008. 4. 24. 선고 2007다84352 판결; 2005. 11. 25. 선고 2005다51457 판결 등). 이와 같이 채권자취소권은 각 채권자의 고유의 권리이므로 여러 명의 채권자가 채권자취소소송을 제기하여 여러 개의 소송이 계속 중인 경우에는 각 소송에서 채권자의 청구에 따라 사행행위의 취소 및 원상회복을 명하는 판결을 선고하여야 하고, 수익자 또는 전득자가 가액배상을 하여야 할 경우에도 수익자 등이 반환하여야 할 가액을 채권자의 채권액에 비례하여 채권자별로 안분한 범위 내에서 반환을 명할 것이 아니라, 수익자 등이 반환하여야 할 가액 범위 내에서 각 채권자의 피보전채권액 전액의 반환을 명하여야 한다(대법원 2008. 6. 12. 선고 2008다8690 판결; 2008. 4. 24. 선고 2007다84352 판결 등).

2) 채권자가 사행행위취소 및 원상회복청구를 하면서 보전하고자 하는 채권을 추가하거나 교환하는 것은 사행행위취소권과 원상회복청구권을 이유 있게 하는 공격방법에 관한 주장을 변경하는 것일 뿐이지 소송물 또는 청구자체를 변경하는 것이 아니므로, 채권자가 보전하고자 하는 채권을 달리하여 동일한 법률행위의 취소 및 원상회복을 구하는 채권자취소의 소를 이중으로 제기하는 경우 전소와 후소는 소송물이 동일하다고 보아야 한다(대법원 2012. 7. 5. 선고 2010다80503 판결).

3) 민사소송법에서 중복된 소제기를 금지하는 취지는, 이를 허용하면 상대방 당사자에게 이중 응소의 부담을 지우고 심리가 중복되어 소송경제에 반하므로 그러한 불합리를 피하고 판결의 모순·저촉을 방지하는 데 있다. 그런데 채무자의 제3채무자에 대한 채권에 대하여 압류 및 추심명령이 있으면 민사집행법 제238조, 제249조 제1항에 따라 압류 및 추심명령을 받은 압류채권자만이 제3채무자를 상대로 압류된 채권의 이행을 청구하는 소를 제기할 수 있고, 채무자는 압류 및 추심명령이 있는 채권에 대하여 이행의 소를 제기할 당사자적격을 상실한다. 따라서 채무자가 제3채무자를 상대로 제기한 이행의 소가 이미 법원에 계속되어 있는 상태에서 압류채권자가 제3채무자를 상대로 제기한 추심의 소의 본안에 관하여 심리·판단한다고 하여, 제3채무자에게 불합리하게 과도한 이중 응소의 부담을 지우고 본안 심리가 중복되어 당사자와 법원의 소송경제에 반한다거나 판결의 모순·저촉의 위험이 크다고 볼 수 없다. 오히려 압류채권자가 제3채무자를 상대로 제기한 추심의 소를 중복된 소제기에 해당한다는 이유로 각하한 다음 당사자적격이 없는 채무자의 이행의 소가 각하 확정되기를 기다려 다시 압류채

② **청구(소송물)의 동일**: 전소와 후소의 청구가 동일하여야 한다. 청구란 소송물을 의미한다. 따라서 청구가 동일한지 여부는 소송물이론에 따라 그 결론이 달라진다. 청구취지가 같아도 청구원인을 이루는 실체법상의 권리가 다른 경우, 예를 들어 기차사고의 피해자가 같은 금액의 손해배상청구를 하면서 전소에서는 불법행위를, 후소에서는 채무불이행을 각 청구원인으로 하는 경우에 구소송물이론에 의하면 전소와 후소의 소송물이 다르므로 중복제소에 해당되지 않는다. 그러나 신소송물이론에 의하면 이러한 경우 공격방법 내지 법률적 관점만 달리할 뿐 소송물이 동일하므로 중복제소에 해당되는 것으로 본다.

소송계속은 특정한 소송물에 대하여 성립되는 것이므로 공격방어방법을 이루는 선결적 법률관계나 동시이행항변 또는 유치권항변으로 제출한 반대채권을 별도의 소로 청구하여도 중복제소에 해당되지 않는다. 문제는 현재 계속 중인 소송에서 상계항변으로 주장한 채권을 가지고 별도의 소를 제기하거나, 반대로 별도의 소로 청구하고 있는 채권인데 이를 갖고 상대방이 제기한 소송에서 상계항변을 하는 경우이다. 이에 대하여 상계항변에 기판력이 생김에 비추어 판결의 모순·저촉의 우려가 있으므로 중복제소금지를 유추하여 이를 허용할 수 없다는 견해가 있으나, 판례 및 다수설은 상계항변 자체는 소송물이 아니라 공격방어방법에 지나지 않으므로 중복제소에 해당되지 않는다고 한다.[1]

한편, 동일한 권리에 대한 확인청구와 이행청구가 경합된 경우, 예를 들어, 대여금채권의 존재 또는 부존재의 확인을 구하는 소송 계속 중에 그 대여금의 이행을 구하는 소송이 제기된 경우, 건물에 대한 소유권확인을 구하는 소송 계속 중에 동일한 건물에 대하여 소유권에 기한 명도를 구하는 소송이 제기된 경우에 후소가 중복제소에 해당되는지 논란이 있다. 판례는 구소송물이론의 입장에서 위와 같은 경우 양 소송은 소송물이

---

권자로 하여금 추심의 소를 제기하도록 하는 것이 소송경제에 반할 뿐 아니라, 이는 압류 및 추심명령이 있는 때에 압류채권자에게 보장되는 추심의 소를 제기할 수 있는 권리의 행사를 거부하는 셈이어서 부당하다. 한편 압류채권자는 채무자가 제3채무자를 상대로 제기한 이행의 소에 제81조, 제79조에 따라 참가할 수도 있으나, 채무자의 이행의 소가 상고심에 계속 중인 경우에는 승계인의 소송참가가 허용되지 아니하므로 압류채권자의 소송참가가 언제나 가능하지는 않으며, 압류채권자가 채무자가 제기한 이행의 소에 참가할 의무가 있는 것도 아니다. 그러므로 채무자가 제3채무자를 상대로 제기한 이행의 소가 법원에 계속되어 있는 경우에도 압류채권자는 제3채무자를 상대로 압류된 채권의 이행을 청구하는 추심의 소를 제기할 수 있고, 제3채무자를 상대로 압류채권자가 제기한 추심의 소는 채무자가 제기한 이행의 소에 대한 관계에서 민사소송법이 금지하는 중복된 소제기에 해당하지 않는다고 봄이 타당하다(대법원 2013. 12. 18. 선고 2013다202120 전원합의체 판결).

1) 상계의 항변을 제출할 당시 이미 자동채권과 동일한 채권에 기한 소송을 별도로 제기하여 계속 중인 경우, 사실심의 담당재판부로서는 전소와 후소를 같은 기회에 심리·판단하기 위하여 이부, 이송 또는 변론병합 등을 시도함으로써 기판력의 저촉·모순을 방지함과 아울러 소송경제를 도모함이 바람직하였다고 할 것이나, 그렇다고 하여 특별한 사정이 없는 한 별소로 계속 중인 채권을 자동채권으로 하는 소송상 상계의 주장이 허용되지 않는다고 볼 수는 없다(대법원 2001. 4. 27. 선고 2000다4050 판결).

동일하지 않으므로 중복제소에 해당되지 않는다고 한다.[1] 또한 먼저 일부청구를 하고 후소로 나머지 청구를 하는 경우에 판례는 전소에서 일부청구임을 명시하지 않은 경우에는 후소는 중복제소에 해당되지만,[2] 명시적 일부청구의 소송 계속 중에 유보된 나머지 청구를 하는 후소의 제기는 중복제소가 아니라고 한다.[3]

### 2) 전소의 소송계속 중에 후소를 제기할 것

전소의 소송계속 중에 후소가 제기되어야 한다. 전소와 후소가 같은 법원에 제기되든지 다른 법원에 제기되든지 불문하고, 후소가 다른 소송절차에서 청구의 변경, 반소, 소송참가의 방법으로 제기되어도 상관이 없다. 그러나 전소의 소송절차에 그 판결의 효력을 받는 사람이 소송참가한 경우에는 피참가인과 참가인은 필수적 공동소송인이 되어 합일확정이 요구되므로 판결의 모순·저촉을 회피할 수 있고 심판의 중복이 생기지 않는다는 점에서 중복제소에 해당되지 않는다고 할 것이다.[4] 판례도 주주의 대표소송에 회사가 참가하는 것은 공동소송참가에 해당되고, 이 경우 중복제소가 아니라고 하며,[5] 채권자대위소송 계속 중에 다른 채권자가 동일한 채무자를 대위하여 채권자대위권을 행사하면서 공동소송참가를 할 수 있다고 한다.[6] 또한 후소가 전소의 소송절차에서 반소로 제기된 경우에도 판결의 모순·저촉과 심판의 중복이 생기지 않으므로 중복제소에 해당되지 않는다.[7]

전소와 후소의 판별기준은 소송계속이 발생한 때, 즉 소장부본이 피고에게 송달된 때의 선후에 의하여야 하고, 소장을 법원에 제출한 때 또는 가압류·가처분 등 보전절차가 경료된 때를

---

1) 채권자가 채무인수자를 상대로 제기한 채무이행청구소송과 채무인수자가 채권자를 상대로 제기한 원래 채무자의 채권자에 대한 채무부존재확인소송은 그 청구취지와 청구원인이 서로 다르므로 중복제소에 해당하지 않는다. 그러나 채무인수자를 상대로 한 채무이행청구소송이 계속 중 채무인수자가 별소로 그 채무의 부존재 확인을 구하는 것은 소의 이익이 없다(대법원 2001. 7. 24. 선고 2001다22246 판결).

2) 대법원 1976. 10. 12. 선고 76다1313 판결.

3) 원고가 전 소송에서 이 사건과 동일한 피고의 불법행위를 원인으로 적극적 재산적 손해인 치료비를 청구하면서, 치료비 중 일부만을 특정하여 청구하고 그 이외의 부분은 별도 소송으로 청구하겠다는 취지를 명시적으로 유보한 때에는 그 전(前) 소송의 소송물은 그 청구한 일부의 치료비에 한정되는 것이므로, 전 소송에서 한 판결의 기판력은 유보한 나머지 부분의 치료비에까지는 미치지 아니한다 할 것이고, 전 소송의 계속 중에 유보한 나머지 치료비청구를 별도소송으로 제기하였다 하더라도 중복제소에 해당되지 아니한다(대법원 1985. 4. 9. 선고 84다552 판결).

4) 김홍엽, 335면.

5) 대법원 2002. 3. 15. 선고 2000다9086 판결.

6) 채권자대위소송이 계속 중인 상황에서 다른 채권자가 동일한 채무자를 대위하여 채권자대위권을 행사하면서 공동소송참가신청을 할 경우, 양 청구의 소송물이 동일하다면 제83조 제1항이 요구하는 '소송목적이 한쪽 당사자와 제3자에게 합일적으로 확정되어야 할 경우'에 해당하므로 참가신청은 적법하다(대법원 2015. 7. 23. 선고 2013다30301,30325 판결).

7) 정동윤·유병현, 270면.

기준으로 할 것은 아니다. 그리하여 먼저 소장이 제출되거나 보전절차가 경료되었다고 하더라도 소장부본의 송달시기가 늦으면 후소에 해당된다.[1] 소장부본이 송달된 후 피고의 표시를 그 상속인으로 정정한 경우에 소송계속의 발생시기는 당초의 소장부본이 송달된 때로 보아야 하고 정정서부본이 송달된 때로 볼 것은 아니다.[2] 그러나 소의 추가적 변경이 있는 경우 추가된 소의 소송계속의 효과는 그 변경서면을 상대방에게 송달하거나 변론기일에 교부한 때에 생긴다고 할 것이다.[3]

중복제소금지는 소송계속으로 인하여 당연히 발생하는 것이므로 전소가 소송요건을 구비하지 못하여 부적법한 소송이더라도 상관이 없다.[4] 그러나 후소의 변론종결시까지 전소가 취하되거나 각하되면 중복제소는 문제되지 않는다.

### (3) 효과

중복제소는 소극적 소송요건이다. 중복제소인지 여부는 법원의 직권조사사항이므로, 이에 해당하면 피고의 항변을 기다릴 필요 없이 판결로써 후소를 부적법 각하하여야 한다. 중복제소임을 간과하고 본안판결을 하였을 때에는 상소를 제기하여 다툴 수 있다. 그러나 판결이 확정된 뒤에는 중복제소라는 이유만으로 당연히 재심을 제기할 수 있는 것은 아니며, 그 판결 내용이 서로 모순·저촉되는 경우에 한하여 어느 것이 먼저 제소되었는가에 상관없이 뒤의 확정판결이 재심사유가 된다(제451조 제1항 제10호).

---

1) 채권자대위소송의 계속 중 다른 채권자가 같은 채무자를 대위하여 같은 제3채무자를 상대로 법원에 출소한 경우 두 개 소송의 소송물이 같다면 나중에 계속된 소는 중복제소금지의 원칙에 위배하여 제기된 부적법한 소가 된다 할 것이고, 이 경우 전소와 후소의 판별기준은 소송계속의 발생시기 즉 소장이 피고에게 송달된 때의 선후에 의할 것이며, 비록 소제기에 앞서 가압류, 가처분 등의 보전절차가 선행되어 있다 하더라도 이를 기준으로 가릴 것은 아니다(대법원 1994. 11. 25. 선고 94다12517,12524 판결; 1992. 5. 22. 선고 91다41187 판결).
2) 채권자가 채무자의 사망 사실을 모르고 제3채무자를 상대로 채무자에 대한 의무의 이행을 구하는 채권자대위소송을 제기하여 그 소장부본이 제3채무자에게 송달된 후에 채권자가 소장정정을 통하여 제3채무자의 의무이행 상대방을 채무자의 상속인들로 정정한 경우, 그 소송계속의 발생시기는 당초의 소장부본이 제3채무자에게 송달된 때로 보아야 하고 소장정정서부본 등이 제3채무자에게 송달된 때로 볼 것은 아니다(대법원 1994. 11. 25. 선고 94다12517,12524 판결).
3) 소의 추가적 변경이 있는 경우 추가된 소의 소송계속의 효력은 그 서면을 상대방에게 송달하거나 변론기일에 이를 교부한 때에 생긴다(대법원 1992. 5. 22. 선고 91다41187 판결).
4) 중복제소금지는 소송계속으로 인하여 당연히 발생하는 소송요건의 하나로서, 이미 동일한 사건에 관하여 전소가 제기되었다면 설령 그 전소가 소송요건을 흠결하여 부적법하다고 할지라도 후소의 변론종결시까지 취하·각하 등에 의하여 소송계속이 소멸되지 아니하는 한 후소는 중복제소금지에 위배하여 각하를 면치 못하게 된다(대법원 1998. 2. 27. 선고 97다45532 판결).

제3편

# 02
# 변 론

## 제1절  변론의 기본원칙

## Ⅰ. 변론의 의의

피고가 답변서를 제출하면, 바로 변론기일을 지정하여 변론절차에 들어간다(제258조 제1항). 변론이란 기일에 수소법원의 공개법정에서 당사자 쌍방이 구술로 재판의 자료, 즉 사실을 주장하고 증거를 제출하는 절차를 말한다. 판결절차에서는 반드시 변론을 열어야 한다. 이를 필요적 변론이라고 한다. 필요적 변론에서는 당사자가 기일에 구술로 한 진술만이 판결의 기초가 된다. 또한 당사자가 기일에 불출석하는 경우 기일의 해태로 되어 후술하는 바와 같이 진술간주, 자백간주, 소취하간주 등의 소송법상 효과가 발생한다(제148조, 제150조, 제268조). 그러나 판결절차라도 예외적으로 피고가 소장부본을 송달받고 30일 이내에 답변서를 제출하지 않는 경우에는 변론 없이 원고승소판결을 할 수 있고(제257조 제1항), 소송요건이나 상소요건을 흠결한 소로서 그 흠결을 보정할 수 없는 경우에는 변론 없이 각하판결을 할 수 있으며(제219조, 제413조), 상고심법원은 변론 없이 판결을 할 수 있다(제429조, 제430조 제1항).

결정으로 완결될 사건은 변론을 열지 않고 할 수 있다(제134조 제1항 단서). 결정절차에서 변론을 열지 여부는 법원의 재량이다. 이를 임의적 변론이라고 한다. 변론을 열지 않는 경우에는 서면심리만으로 재판을 할 수 있고, 법원은 당사자와 이해관계인 그 밖의 참고인을 심문(審問)할 수도 있다(동조 제2항). 심문은 당사자와 이해관계인 그 밖의 참고인에게 적당한 방법으로 서면이나 구술로 진술할 기회를 주는 것을 말한다. 심문은 법복을 입은 법관이 공개법정에서 행하여야 하는 것은 아니며, 별도의 심문실에서 할 수 있고, 법원 밖에서도 할 수 있다. 임의적 변론에서는 변론이 열려도 반드시 기일에 구술로 진술해야 하는 것은 아니며, 서면제출을 해도 된다. 변론기일에 불출석하여도 기일 해태의 문제는 생기지 않는다.[1]

## II. 처분권주의

### 1. 의의

처분권주의라 함은 절차의 개시, 심판의 대상 그리고 절차의 종결에 대하여 당사자에게 주도권을 주어 그의 처분에 맡기는 입장을 말한다. 사적 자치의 소송법적인 측면이라고 할 수 있다. 처분권주의는 당사자의 소송물에 대한 처분의 자유를 뜻한다는 점에서, 소송상 필요한 재판자료에 대한 수집·제출의 책임을 당사자에게 맡기는 변론주의와 구별된다.

소송의 주도권이 누구에게 있는지 여부에 따라 당사자에게 있는 것을 '당사자주의'라고 하고, 법원에게 있는 것을 '직권주위'라고 한다. 당사자주의와 직권주의는 '심판대상의 선정', '소송절차 진행의 주도권', '재판자료의 수집·제출'이라는 측면에서 다음과 같이 나타난다. 어떤 사항을 법원의 심판대상으로 할 것인가에 대하여 당사자에게 맡기는 것을 '처분권주의', 법원에게 맡기는 것을 '직권조사주의'라고 하고, 소송절차 진행의 주도권이 당사자에게 있는 것을 '당사자진행주의', 법원에게 있는 것을 '직권진행주의'라고 한다. 또한 재판자료의 수집·제출에 관한 책임과 권능이 당사자에게 주어지면 '변론주의', 법원에게 있으면 '직권탐지주의'가 된다. 우리 민사소송법은 원칙적으로 심판대상의 선정에 있어서는 처분권주의, 소송진행에 있어서는 직권진행주의, 재판자료의 수집·제출에 있어서는 변론주의에 의하고 있다.

---

1) 이시윤, 303면 및 304면.

## 2. 절차의 개시

소송절차는 당사자의 소의 제기에 의하여 비로소 개시되며 법원의 직권에 의하여 개시되지 않는다. 가압류·가처분절차나 강제집행절차도 당사자의 신청이 있어야 개시된다. 그러나 예외적으로 당사자의 신청 없이 직권으로 재판할 수 있는 경우가 있다. 소송비용재판(제104조), 가집행선고(제213조 제1항), 판결의 경정(제211조 제1항), 추가판결(제212조 제1항), 배상명령(소송촉진 등에 관한 특례법 제25조), 소송구조(제128조 제1항) 등이 그것이다.

## 3. 심판의 대상과 범위

법원은 당사자가 신청한 사항에 대하여 신청한 범위 내에서만 판단하여야 한다(제203조). 따라서 당사자가 신청한 것보다 적게 판결하는 것은 허용되나, 신청한 사항과 별개의 사항에 대하여 판결하거나 신청한 범위를 넘어서 판결하는 것은 허용되지 않는다. 그러나 형식적 형성소송에서는 이러한 처분권주의의 예외가 인정된다. 예를 들어, 토지경계의 확정[1]을 구하는 소송에서 법원은 당사자 쌍방이 주장하는 경계선에 구속되지 않고 스스로 진실하다고 인정하는 토지의 경계를 확정하여야 하며, 소송 도중에 당사자 쌍방이 경계에 관하여 합의를 하였다고 하여도 법원은 그에 구속되지 않고 진실한 경계를 확정하여야 한다.[2] 또한 공유물분할을 구하는

---

1) 토지경계확정의 소는 인접한 토지의 경계가 사실상 불분명하여 다툼이 있는 경우에 재판에 의하여 그 경계를 확정하여 줄 것을 구하는 소송으로서, 토지소유권의 범위의 확인을 목적으로 하는 소와는 달리 인접한 토지의 경계가 불분명하여 그 소유자들 사이에 다툼이 있다는 것만으로 권리보호의 필요가 인정된다(대법원 1993. 11. 23. 선고 93다41792 판결); 지적도에 의해 명확한 공법상의 경계가 설정되어 있는 경우 현실적으로 상대방이 그 경계를 침범하였다는 이유로 그 침범 대지의 인도를 구하는 외에 별도로 그 경계의 확인을 구하는 것은 적법한 토지경계확정소송이 될 수 없고 또 소의 이익도 없어 부적법하다(대법원 1991. 4. 9. 선고 90다12649 판결); 토지의 개수는 지적법에 의한 지적공부상의 필(筆)수에 의하여 결정되는 것이고, 그 경계는 지적공부상의 등록, 즉 지적도상의 경계에 의하여 특정되는 것이므로, 경계확정소송의 대상이 되는 경계란 공적으로 설정 인증된 지번과 지번과의 경계선을 가리키는 것이고, 사적인 소유권의 경계선을 가리키는 것은 아니다. 반면에 건물의 개수는 토지와 달리 공부상의 등록에 의하여 결정되는 것이 아니라 사회통념 또는 거래관념에 따라 물리적 구조, 거래 또는 이용의 목적물로서 관찰한 건물의 상태, 건축한 자 또는 소유자의 의사 등을 참작하여 결정되는 것이고, 그 경계 또한 사회통념상 독립한 건물로 인정되는 건물 사이의 현실의 경계에 의하여 특정되는 것이므로, 이러한 의미에서 건물의 경계는 공적으로 설정 인증된 것이 아니고 단순히 사적관계에 있어서의 소유권의 한계선에 불과함을 알 수 있고, 따라서 사적자치의 영역에 속하는 건물소유권의 범위를 확정하기 위하여는 소유권확인소송에 의하여야 할 것이고, 공법상 경계를 확정하는 경계확정소송에 의할 수는 없다(대법원 1997. 7. 8. 선고 96다36517 판결).

2) 토지경계확정의 소가 제기되면 법원은 당사자 쌍방이 주장하는 경계선에 구속되지 않고 스스로 진실하다고 인정되는 바에 따라 경계를 확정하여야 하고, 소송 도중에 당사자 쌍방이 경계에 관하여 합의를 도출해냈다고 하

소송에서도 법원은 원고가 청구하는 분할방법에 구속됨이 재량으로 분할방법을 정할 수 있고, 분할을 원하지 않는 나머지 공유자는 공유로 남겨 두는 방법에 의할 수도 있다.[1] 그러나 공유물분할을 청구한 공유자의 지분한도 내에서는 공유관계를 해소하여야 하고, 분할청구를 한 사람의 지분의 일부에 대하여만 분할을 명하는 등의 방법으로 공유관계를 유지하도록 하는 것은 허용되지 않는다.[2]

### (1) 소의 종류·순서

원고가 구하는 소의 종류에 법원은 구속된다. 따라서 원고가 이행청구를 하였는데, 법원이 확인판결을 하는 것은 허용되지 않는다. 또한 당사자가 정한 권리구제의 순서에도 법원은 구속된다. 따라서 청구의 예비적 병합의 경우 법원은 먼저 주된 청구에 대하여 심판하여야 하고, 그것이 이유 없을 때에 비로소 예비적 청구에 대하여 심판할 수 있다.[3]

---

더라도 원고가 그 소를 취하하지 않고 법원의 판결에 의하여 경계를 확정할 의사를 유지하고 있는 한, 법원은 그 합의에 구속되지 아니하고 진실한 경계를 확정하여야 하는 것이므로, 소송 도중에 진실한 경계에 관하여 당사자의 주장이 일치하게 되었다는 사실만으로 경계확정의 소가 권리보호의 이익이 없어 부적법하다고 할 수 없다(대법원 1996. 4. 23. 선고 95다54761 판결).

1) 재판에 의하여 공유물을 분할하는 경우에는 법원은 당사자가 구하는 방법에 구애받지 않고 법원의 재량에 따라 공유관계나 그 객체인 물건의 제반 상황에 따라 공유자의 지분비율에 따른 합리적인 분할을 하면 되는 것이다 (대법원 1993. 12. 7. 선고 93다27819 판결); 토지를 현물분할함에 있어 공유자 상호 간에 금전으로 경제적 가치의 과부족을 조정하게 하여 분할을 하는 것도 현물분할의 한 방법으로 허용되고, 분할을 원하지 않는 나머지 공유자는 공유로 남겨 두는 방법도 허용된다(대법원 1997. 9. 9. 선고 97다18219 판결); 공유물을 공유자 중의 1인의 단독소유 또는 수인의 공유로 하되 현물을 소유하게 되는 공유자로 하여금 다른 공유자에 대하여 그 지분의 적정하고도 합리적인 가격을 배상시키는 방법에 의한 분할도 현물분할의 하나로 허용된다( 대법원 2004. 10. 14. 선고 2004다30583 판결).

2) 공유물분할청구의 소는 형성의 소로서 법원은 공유물분할을 청구하는 원고가 구하는 방법에 구애받지 않고 재량에 따라 합리적 방법으로 분할을 명할 수 있으므로, 여러 사람이 공유하는 물건을 현물분할하는 경우에는 분할청구자의 지분 한도 안에서 현물분할을 하고 분할을 원하지 않는 나머지 공유자는 공유로 남게 하는 방법도 허용되지만, 그렇다고 하더라도 공유물분할을 청구한 공유자의 지분한도 안에서는 공유물을 현물 또는 경매·분할함으로써 공유관계를 해소하고 단독소유권을 인정하여야지, 그 분할청구자 지분의 일부에 대하여만 공유물 분할을 명하고 일부 지분에 대하여는 이를 분할하지 아니하거나 공유물의 지분비율만을 조정하는 등의 방법으로 공유관계를 유지하도록 하는 것은 허용될 수 없다(대법원 2011. 3. 10. 선고 2010다92506 판결; 2010. 2. 25. 선고 2009다79811 판결).

3) 예비적 병합이란 논리적으로 양립될 수 없는 수개의 청구를 하면서 주위적 청구가 기각·각하될 때를 대비하여 예비적 청구에 대하여 심판을 구하는 형태의 병합을 말한다. 즉, 주위적 청구가 인용될 것을 해제조건으로 하여 예비적 청구에 대하여 심판을 구하는 형태의 병합이다. 예를 들어, 주위적으로 매매계약에 기하여 목적물의 인도를 구하면서, 예비적으로 계약이 무효가 되어 주위적 청구가 이유 없을 때를 대비하여 이미 지급한 매매대금의 반환을 구하는 경우 등이다.

## (2) 소송물

법원은 원고가 심판을 구하는 소송물과 별개의 소송물에 대하여 판단을 해서는 안 된다. 구 소송물이론은 실체법상의 권리 또는 법률관계의 주장을 소송물로 보고 실체법상 권리마다 소송 물이 별개라는 입장이기 때문에 청구취지가 동일하다고 하여도 원고 주장과 다른 실체법상의 권리에 기하여 판결하는 것은 허용되지 않는다. 예를 들어, 손해배상청구를 불법행위에 기하여 청구하였는데, 채무불이행으로 인용할 수 없고, 또한 민법 제840조 제1호 부정행위에 의한 이 혼청구를 동조 제6호 혼인을 계속하기 어려운 중대사유로 평가하여 인용할 수 없다. 그러나 신 소송물이론에 의하면, 실체법상 권리는 소송물이 이유 있는지 여부를 가리는데 전제가 되는 법 률적 관점 내지 공격방법에 불과하고 소송물의 요소가 아니기 때문에 원고 주장과는 다른 실체 법상의 권리에 기하여 판단하여도 원고 주장과 같은 취지의 판결이면 동일한 소송물에 대한 판 단이므로 처분권주의 위반이 아니다.

판례는 채무불이행으로 인한 손해배상예정액의 청구와 채무불이행으로 인한 손해배상액의 청구는 그 청구원인을 달리하는 별개의 청구이므로 손해배상예정액의 청구 가운데 채무불이행 으로 인한 손해배상액의 청구가 포함되어 있다고 볼 수 없다고 하고,[1] 이행불능에 대비한 전보 배상청구와 집행불능에 대비한 대상청구도 별개의 청구이므로 원고가 집행불능에 대비한 대상 청구만을 예비적으로 병합한 경우에 원고의 청구가 이행불능으로 이유 없다면 원고의 청구를 기각하면서 대상청구도 함께 기각하는 판결을 하여야 하는 것이지 전보배상을 명하는 판결을 해서는 안 된다고 한다.[2]

## (3) 소송물의 범위

### 1) 양적 상한

원고는 자기가 구하는 권리구제의 양적인 상한을 명시하여야 하고, 법원은 그 상한을 넘어

---

1) 채무불이행으로 인한 손해배상 예정액의 청구와 채무불이행으로 인한 손해배상액의 청구는 그 청구원인을 달리 하는 별개의 청구이므로 손해배상 예정액의 청구 가운데 채무불이행으로 인한 손해배상액의 청구가 포함되어 있 다고 볼 수 없다(대법원 2000. 2. 11. 선고 99다49644 판결).
2) 일정한 물건의 인도를 명하는 판결을 구하고 동시에 위 물건의 인도가 장래에 불능이 될 경우를 예상하여 예비 적으로 대가에 해당하는 금원의 지급을 명하는 판결을 구하는 예비적 청구(단순병합)는 주된 청구인 물건의 인 도청구가 이유 없는 때에는 예비적 청구인 그 대가에 해당하는 금원의 지급청구에 관하여는 심리할 필요 없이 이를 배척하여야 할 것인바, 원심은 본위적 청구인 토지인도청구를 이행불능으로 이유 없다 하여 기각하면서 예 비적 청구인 대상청구를 인용하였음은 본위적 청구에 부가한 대상청구에 대한 법리를 오해한 잘못이 있다(대법 원 1969. 10. 28. 선고 68다158 판결).

서 판결할 수 없다.

① **인신사고로 인한 손해배상청구**: 판례는 신체상해 또는 사망으로 인한 손해배상청구소송의 소송물은 적극적 재산상 손해, 소극적 재산상 손해 및 위자료의 3개로 나누어진다고 하고,[1] 법원은 각 손해항목의 청구액에 구속되어 각 항목의 청구액을 초과하여 인용하는 것은 허용되지 않으며, 어느 한 항목의 청구액을 초과하였다면 비록 청구총액을 벗어나지 않았다고 하더라도 처분권주의 위반이라고 한다. 그러나 다수설은 청구총액을 기준으로 이를 초과하지 않는 한 각 손해항목의 청구액을 초과하여도 처분권주의 위반이 아니라고 한다.

② **원금청구와 이자청구**: 금전채무불이행의 경우에 발생하는 원금청구와 지연이자청구는 별개의 소송물이므로, 처분권주의 위반에 해당하는지 여부는 원금청구와 지연이자청구를 각각 따로 비교하여 판단하여야 하고, 원금청구와 지연이자청구를 합산한 전체 금액을 기준으로 판단하여서는 안 된다.[2] 판례는 이자청구의 소송물은 원금, 이율 및 기간 등 3개의 인자(因子)에 의하여 정해진다고 보고, 비록 원고의 이자청구액을 초과하지 않았지만 3개의 기준 중 어느 것에서나 원고 주장의 기준보다 넘어서면 처분권주의 위반이라고 한다.[3]

③ **일부청구에서의 과실상계**: 원고가 일부청구를 한데 대하여 법원이 그 전부 또는 일부를 인용하면서 과실상계를 하는 경우에 그 과실상계의 방법이 문제된다. 이에 관한 학설로는 먼저 손해전액을 산정하여 그로부터 과실상계한 뒤에 남은 잔액이 청구액을 초과한 때에는 청구액의 한도에서 인용하고 잔액이 청구액에 미달하면 잔액대로 인용할 것이라는 '외측설(外測說)', 일부청구액에서 과실상계를 해야 한다는 '내측설(內測說)', 인정된 손해전액과 일부청구액과의 비율에 따라 감액되는 부분을 안분해야 한다는 '안분설(按分

---

1) 대법원 1976. 10. 12. 선고 76다1313 판결.
2) 금전채무불이행의 경우에 발생하는 원본채권과 지연손해금채권은 별개의 소송물이므로, 불이익변경에 해당하는지 여부는 원금과 지연손해금 부분을 각각 따로 비교하여 판단하여야 하는 것이고, 별개의 소송물을 합산한 전체 금액을 기준으로 판단하여서는 아니 된다(대법원 2013. 10. 31. 선고 2013다59050 판결; 2009. 6. 11. 선고 2009다12399 판결).
3) 이자채권의 범위는 원금·이율·기간 3자의 인자에 의하여 정하여지는 것이므로 가사 금액 자체에 있어서는 원고 주장을 초과하지 아니한다 하더라도 이상 3자 중 어느 것에 있어서 원고 주장의 범위를 넘는 것을 기준으로 계산한 이자채권(지연손해금도 동일함)을 원고를 위하여 긍정함은 결국 신청하지 아니한 것을 원고에게 귀속시킨 것이라고 아니할 수 없어 민사소송법상의 처분권주의를 위반하였다고 할 것이다(대법원 1960. 9. 29. 선고 4293민상18 판결; 1974. 5. 28. 선고 74다418 판결).

說)' 등이 주장되고 있다.[1] 판례는 외측설에 의하고 있다.[2] 원고가 자신의 과실을 스스로 인정하고 과실상계한 후 남은 금액을 청구하는 경우가 일반적이라는 점에서 외측설에 의하는 것이 타당하다고 할 수 있다. 다만, 명시적 일부청구로서 잔부를 유보하여 둔 경우까지 외측설에 의할 수는 없으며, 이 경우에는 안분설에 의하여야 할 것이다.

### 2) 일부인용

원고의 청구 중 일부를 인용하는 것, 예를 들어, 1억원의 손해배상청구 중 6천만원을 인용하거나, 소유권이전등기청구에 대하여 지분이전등기를 인용하는 것 등은 처분권주의에 반하지 않는다.[3]

① **동시이행판결**: 원고가 단순이행청구를 하였는데 피고가 동시이행의 항변 또는 유치권항변을 하였고, 그 항변이 이유 있을 경우에는 원고청구기각이 아니라, 원고의 채무이행을 받음과 동시에(또는 상환으로) 피고의 채무이행을 명하는 동시이행판결 또는 상환이행판결[4]을 하여야 한다.[5] 단순이행청구에는 상환이행청구가 포함되어 있는 것으로 볼 수 있으므로, 단순이행청구에 대하여 상환이행판결을 하는 것은 질적인 의미의 일부 인용판결에 해당되어 처분권주의에 반하지 않는다.

---

1) 예를 들어, 1억원의 손해 중 6천만원만 청구하였고 원고의 과실비율이 50%인 경우, 외측설에 의하면 손해전액에서 과실상계하고 남은 금액이 5천만원{ =1억원−(1억원×50/100)}이고, 이 금액은 원고 청구액 6천만원에 미달하므로, 법원은 잔액인 5천만원을 인용하여야 한다. 그런데 내측설에 의하면 법원은 일부청구금액을 기준으로 과실상계를 하여 3천만원{ =6천만원−(6천만원 ×50/100)}을 인용하여야 하고, 안분설에 의하면 법원은 손해전액과 일부청구한 금액의 비율에 따라 과실상계한 잔액을 산정하여 3천만원{1억원: 5천만원 =6천만원: x, x = (5천만원×6천만원) ÷1억원=3천만원}을 인용하여야 한다.

2) 일개의 손해배상청구권 중 일부가 소송상 청구되어 있는 경우에 과실상계를 함에 있어서는 손해의 전액에서 과실비율에 의한 감액을 하고 그 잔액이 청구액을 초과하지 않을 경우에는 그 잔액을 인용할 것이고 잔액이 청구액을 초과할 경우에는 청구의 전액을 인용하는 것으로 해석하여야 할 것이며, 이와 같이 풀이하는 것이 일부청구를 하는 당사자의 통상적 의사라고 할 것이고, 이러한 방식에 따라 원고의 청구를 인용한다고 하여도 처분권주의에 위배되는 것이라고 할 수는 없다(대법원 2008. 12. 24. 선고 2008다51649 판결).

3) 부동산을 단독으로 상속하기로 분할협의하였다는 이유로 그 부동산 전부가 자기 소유임의 확인을 구하는 청구에는 그와 같은 사실이 인정되지 아니하는 경우 자신의 상속받은 지분에 대한 소유권의 확인을 구하는 취지가 포함되어 있다고 보아야 하므로, 이러한 경우 법원은 특단의 사정이 없는 한 그 청구의 전부를 기각할 것이 아니라 그 소유로 인정되는 지분에 관하여 일부 승소의 판결을 하여야 한다(대법원 1995. 9. 29. 선고 95다22849 판결); 임야 전체에 대한 지분이전등기청구에는 그러한 청구가 허용되지 않는다면 임야 중 매수한 특정부분에 대한 지분이전등기를 청구하는 취지가 포함되어 있다고 볼 수 있다(대법원 1990. 12. 7. 선고 90다카26355 판결).

4) 동시이행판결 또는 상환이행판결 주문의 대표적인 기재례로는 「피고는 원고로부터 금100,000,000원을 지급받음과 동시에 원고에게 별지 목록 건물을 명도하라.」 등이 있다.

5) 매매계약체결과 대금완납을 청구원인으로 하여 (무조건)소유권이전등기를 구하는 청구취지에는 대금 중 미지급금이 있을 때에는 위 금원의 수령과 상환으로 소유권이전등기를 구하는 취지도 포함되어 있다(대법원 1979. 10. 10. 선고 79다1508 판결); 물건의 인도를 청구하는 소송에 있어서 피고의 유치권 항변이 인용되는 경우에는 그 물건에 관하여 생긴 채권의 변제와 상환으로 그 물건의 인도를 명하여야 한다(대법원 1969. 11. 25. 선고 69다1592 판결).

그러나 토지임대인이 그 임차인을 상대로 건물철거와 그 토지인도를 청구하는 소송에서 피고가 적법하게 건물매수청구권(민법 제643조 및 제283조)을 행사하였을 경우에 피고는 원고로부터 건물매수대금을 지급받음과 동시에 건물을 인도하라는 판결을 할 수는 없다. 원고의 건물철거 및 토지인도청구에 건물매수대금의 지급과 동시에 건물명도를 구하는 청구가 포함된 것으로 볼 수 없기 때문이다. 토지임대인이 그 임차인에 대하여 건물철거 및 그 토지인도를 청구한 데 대하여 임차인이 적법한 건물매수청구권을 행사하게 되면 임대인과 임차인 사이에는 그 건물에 관한 매매가 성립하게 되므로 임대인의 청구는 이를 그대로 받아들일 수 없게 된다. 따라서 법원으로서는 임대인이 종전의 청구를 계속 유지할 것인지 아니면 대금지급과 상환으로 건물의 명도를 청구할 의사가 있는지를 석명하여야 하고, 임대인이 그 석명에 응하여 청구를 변경한 경우에는 건물명도의 판결을 함으로써 분쟁의 1회적 해결을 도모하여야 할 것이다.[1]

② **선이행판결**: 현재의 이행청구에 대하여 조건불성취나 이행기미도래를 이유로 하여 장래의 이행판결을 하는 것은 원고의 의사에 반하지 않는 한 일부인용으로서 허용된다. 저당권설정등기 또는 양도담보의 목적으로 한 소유권이전등기는 채무자가 피담보채무를 먼저 변제한 뒤가 아니면 그 말소를 구할 수 없는 것이 원칙이므로 채무변제와 상환으로 말소등기를 구하는 것은 허용되지 않는다. 그러나 채무자가 피담보채무 전액을 변제하였다고 주장하면서 등기의 말소를 청구하였으나 잔존채무가 있는 것으로 밝혀진 경우에는 채무자의 청구에 잔존채무를 변제한 후 등기의 말소를 미리 청구하는 취지까지 포함된 것으로 해석할 수 있고, 이는 장래이행의 소로서 미리 청구할 필요가 있다. 이 경우 법원은 잔존채무의 액수를 심리·확정한 후에 그 변제를 조건으로 등기의 말소를 명하는 선이행판결[2]을 하여야 한다.[3] 그러나 원고가 피담보채무가 발생하지 않았음을 전제로 저당

---

1) 원고의 건물철거와 그 부지인도청구에는 건물매수대금 지급과 동시에 건물명도를 구하는 청구가 포함되어 있다고 볼 수는 없다. 토지임대인이 그 임차인에 대하여 지상물철거 및 그 부지의 인도를 청구한 데 대하여 임차인이 적법한 지상물매수청구권을 행사하게 되면 임대인과 임차인 사이에는 그 지상물에 관한 매매가 성립하게 되므로 임대인의 청구는 이를 그대로 받아들일 수 없게 된다. 이 경우에 법원으로서는 임대인이 종전의 청구를 계속 유지할 것인지 아니면 대금지급과 상환으로 지상물의 명도를 청구할 의사가 있는 것인지를 석명하고 임대인이 그 석명에 응하여 소를 변경한 때에는 지상물명도의 판결을 함으로써 분쟁의 1회적 해결을 꾀하여야 한다. 법원이 이러한 점을 석명하지 아니한 채 토지임대인의 청구를 기각하는 것은 석명의무의 범위에 관한 법리를 오해하여 판결에 영향을 미친 위법을 저지른 것이다(대법원 1995. 7. 11. 선고 94다34265 전원합의체판결).
2) 선이행판결 주문의 대표적인 기재례로는「피고는 원고로부터 금50,000,000원을 지급받은 후 원고에게 별지 목록 부동산에 관하여 서울중앙지방법원 2010. 10. 1. 접수 제12345호로 마친 근저당권설정등기의 말소등기절차를 이행하라.」등이 있다.
3) 원고가 피담보채무 전액을 변제하였다고 주장하면서 근저당권설정등기에 대한 말소등기절차의 이행을 청구하였으나 잔존채무가 있는 것으로 밝혀진 경우에는 특별한 사정이 없는 한 원고의 청구 중에는 확정된 잔존채무를 변

권설정등기의 말소를 구하는 경우에는 원고의 청구에 피담보채무의 변제를 조건으로 장래의 이행을 청구하는 취지가 포함된 것으로 볼 수 없으므로 선이행판결을 할 수 없다.[1]

③ **정기금판결**: 원고가 손해배상액을 일시금으로 지급해 줄 것을 청구하였더라도 법원은 손해배상액의 전부 또는 일부를 정기금으로 지급할 것을 명하는 판결을 할 수 있다. 예를 들어, 식물인간 등과 같이 그 후유장애의 계속기간이나 잔존여명이 단축된 정도 등을 확정하기 곤란한 경우에는 손해배상청구권자가 일시금에 의한 지급을 청구하였더라도 법원이 재량에 따라 정기금에 의한 지급을 명하는 판결을 할 수 있다.[2]

④ **기타**: 채권자취소소송에서 사해행위 전부의 취소와 원상회복을 구하는 채권자의 청구에는 사해행위의 일부취소와 가액배상을 청구하는 취지가 포함되어 있는 것으로 볼 수 있으므로 채권자가 원상회복만을 청구하는 경우에도 법원은 가액배상을 명할 수 있다.[3] 그러나 유권대리에 관한 주장에는 무권대리에 속하는 표현대리의 주장이 포함된 것으로

---

제하고 그 다음에 위 등기의 말소를 구한다는 취지도 포함되어 있는 것으로 해석함이 상당하고, 이는 장래 이행의 소로서 미리 청구할 이익도 인정된다. 따라서 원심으로서는 이 사건 근저당권설정등기의 피담보채무 중 잔존원금 및 지연손해금의 액수를 심리·확정한 다음, 그 변제를 조건으로 이 사건 근저당권설정등기의 말소를 명하였어야 한다(대법원 2008. 4. 10. 선고 2007다83694 판결; 1995. 7. 28. 선고 95다19829 판결). 피담보채무 전액을 변제하였다고 주장하면서 담보목적으로 경료된 소유권이전등기의 말소나 회복을 구하였으나 잔존채무가 있는 것으로 밝혀진 경우에도 마찬가지이다(대법원 1996. 11. 12. 선고 96다33938 판결; 1981. 9. 22. 선고 80다2270 판결).

1) 원고의 이 사건 청구는 피담보채무가 발생하지 아니한 것을 전제로 근저당권설정등기의 말소등기절차의 이행을 청구하는 것이므로, 원고의 청구 중에 피담보채무의 변제를 조건으로 장래의 이행을 청구하는 취지가 포함된 것으로는 보여지지 않는다(대법원 1991. 4. 23. 선고 91다6009 판결).

2) 불법행위로 입은 상해의 후유장애로 인하여 장래에 계속적으로 치료비나 개호비 등을 지출하여야 할 손해를 입은 피해자가 그 손해의 배상을 정기금에 의한 지급과 일시금에 의한 지급 중 어느 방식에 의하여 청구할 것인지는 원칙적으로 손해배상청구권자가 임의로 선택할 수 있는 것으로서, 다만 식물인간 등의 경우와 같이 그 후유장애의 계속기간이나 잔존여명이 단축된 정도 등을 확정하기 곤란하여 일시금 지급방식에 의한 손해의 배상이 사회정의와 형평의 이념에 비추어 현저하게 불합리한 결과를 초래할 우려가 있다고 인정될 때에는 손해배상청구권자가 일시금에 의한 지급을 청구하였더라도 법원이 재량에 따라 정기금에 의한 지급을 명하는 판결을 할 수 있다(대법원 1995. 6. 9. 선고 94다30515 판결); 장래 일정기간에 걸쳐 일정시기마다 발생하는 손해의 배상을 일시금으로 청구하였다 하더라도 법원은 이를 정기금으로 지급할 것을 명할 수 있고, 정기금으로 지급할 것을 명할 것인지의 여부는 법원의 자유재량에 속한다고 할 것이므로, 원심이 장래 일정기간에 걸쳐 발생하는 손해를 그 기간 중의 일정시점을 기준으로, 그 이전의 손해는 일시금으로, 그 이후의 손해는 정기금으로 배상할 것을 명하더라도 그것이 변론주의에 위배되거나 재량의 범위를 넘는 것이라고 할 수 없다(대법원 1992. 11. 27. 선고 92다26673 판결); 향후 치료비와 개호비 손해를 산정함에 있어서 피해자의 여명 예측이 불확실한 경우에는 피해자가 확실히 생존하고 있으리라고 인정되는 기간 동안의 손해는 일시금의 지급을 명하고 그 이후의 기간은 피해자의 생존을 조건으로 정기금의 지급을 명할 수밖에 없으므로 그와 같은 산정방식을 두고 법원의 재량의 범위를 넘어섰다고 할 수는 없다(대법원 2000. 7. 28. 선고 2000다11317 판결).

3) 사해행위를 전부 취소하고 원상회복을 구하는 채권자의 주장 속에는 사해행위를 일부 취소하고 가액의 배상을 구하는 취지도 포함되어 있으므로, 채권자가 원상회복만을 구하는 경우에도 법원은 가액의 배상을 명할 수 있다(대법원 2001. 9. 4. 선고 2000다66416 판결).

볼 수 없으므로 표현대리에 관한 주장이 없는 한 법원이 나아가 표현대리의 성립여부를 심리·판단하여야 하는 것은 아니다.[1] 한편 일정액을 초과하는 채무의 부존재확인을 청구하는 소송에서 일정액을 초과하는 채무의 존재가 인정되는 경우에는 그 청구의 전부를 기각할 것이 아니라 존재하는 채무부분에 대하여 일부패소의 판결을 하여야 한다.[2] 판례는 상속채권자가 상속인을 상대로 상속채무의 이행을 구하는 소송에서 상속인의 한정승인항변이 이유 있는 경우, 상속재산이 채무의 변제에 부족하더라도 상속채무 전부에 대한 이행판결을 선고하여야 하고, 다만 집행력을 제한하기 위하여 상속재산의 한도에서만 집행할 수 있다는 취지를 명시하여야 한다고 한다.[3]

## 4. 절차의 종결

### (1) 당사자에 의한 종결

당사자는 개시된 절차를 종국판결에 의하지 않고 종결시킬 수 있다. 예를 들어, 당사자는 소의 취하, 청구의 포기·인낙, 화해, 상소의 취하, 불상소의 합의, 상소권의 포기 등으로 소송절차를 종결시킬 수 있다. 그리하여 종국판결을 제외하고 절차의 종결 여부도 당사자의 의사에 일임되어 있다. 그러나 예외적으로 다음과 같이 처분권주의가 제한되는 경우가 있다.

---

[1] 대리권에 기한 대리의 경우나 표현대리의 경우 모두 제3자가 행한 대리행위의 효과가 본인에게 귀속된다는 점에서는 차이가 없으나, 유권대리에 있어서는 본인이 대리인에게 수여한 대리권의 효력에 의하여 위와 같은 법률효과가 발생하는 반면 표현대리에 있어서는 대리권이 없음에도 불구하고 법률이 특히 거래상대방 보호와 거래안전 유지를 위하여 본래 무효인 무권대리행위의 효과를 본인에게 미치게 한 것으로서, 표현대리가 성립된다고 하여 무권대리의 성질이 유권대리로 전환되는 것은 아니므로, 양자의 구성요건 해당사실 즉 주요사실은 서로 다르다고 볼 수밖에 없다. 그러므로 유권대리에 관한 주장 가운데 무권대리에 속하는 표현대리의 주장이 포함되어 있다고 볼 수 없으며, 따로이 표현대리에 관한 주장이 없는 한 법원은 나아가 표현대리의 성립여부를 심리판단할 필요가 없다(대법원 1983. 12. 13. 선고 83다카1489 전원합의체 판결).
[2] 원고가 상한을 표시하지 않고 일정액을 초과하는 채무의 부존재의 확인을 청구하는 사건에 있어서 일정액을 초과하는 채무의 존재가 인정되는 경우에는, 특단의 사정이 없는 한, 법원은 그 청구의 전부를 기각할 것이 아니라 존재하는 채무부분에 대하여 일부패소의 판결을 하여야 한다(대법원 1994. 1. 25. 선고 93다9422 판결).
[3] 상속의 한정승인은 채무의 존재를 한정하는 것이 아니라 단순히 그 책임의 범위를 한정하는 것에 불과하기 때문에, 상속의 한정승인이 인정되는 경우에도 상속채무가 존재하는 것으로 인정되는 이상, 법원으로서는 상속재산이 없거나 그 상속재산이 상속채무의 변제에 부족하다고 하더라도 상속채무 전부에 대한 이행판결을 선고하여야 하고, 다만, 그 채무가 상속인의 고유재산에 대해서는 강제집행을 할 수 없는 성질을 가지고 있으므로, 집행력을 제한하기 위하여 이행판결의 주문에 상속재산의 한도에서만 집행할 수 있다는 취지를 명시하여야 한다(대법원 2003. 11. 14. 선고 2003다30968 판결).

## (2) 처분권주의의 제한

### 1) 가사소송과 행정소송

소송물이 공익(公益)과 관련되어 있어 그 처분의 자유가 인정되지 않는 가류 및 나류 가사소송[1]과 행정소송 등에서는 처분권주의가 제한된다. 그리하여 소극적으로 소송계속의 효력을 소멸시키는 소의 취하는 가능하지만, 청구의 포기·인낙 또는 소송상 화해 등은 원칙적으로 허용되지 않는다.

구체적으로 살펴보면, 가류 및 나류 가사소송에서는 법률상 청구의 인낙이 금지되어 있으며(가사소송법 제12조 단서), 청구의 포기 또는 소송상 화해도 허용되지 않는다. 다만, 재판상 이혼 등과 같이 당사자의 임의처분이 허용되는 경우에는 소송상 화해가 인정된다고 할 것이다. 행정소송 가운데 항고소송의 경우 청구인용판결의 효력이 제3자에게도 미치므로(행정소송법 제29조 제1항, 제38조), 이와 동일한 효력이 있는 청구의 인낙이 허용되지 않는다. 또한 당사자가 행정처분을 임의로 변경할 수 없으므로 항고소송에서는 청구의 포기나 소송상 화해도 허용되지 않는다.

### 2) 회사관계소송

회사설립무효소송, 주주총회결의취소소송 등 회사관계소송에서도 처분권주의가 일부 제한된다. 회사관계소송은 사익(私益)과 관련된 소송이지만 청구인용판결의 효력이 제3자에게 미치므로[2] 청구의 인낙이나 소송상 화해가 허용되지 않는다. 주주대표소송에서는 법원의 허가를 얻어야 소의 취하, 청구의 포기·인낙, 화해를 할 수 있다(상법 제403조 제6항).

### 3) 집단소송

증권관련집단소송에서도 소의 취하, 청구의 포기, 화해를 하려면 법원의 허가를 얻어야 하고(증권관련 집단소송법 제35조 제1항), 상소의 취하나 포기를 하는 경우에도 마찬가지이다(동법 제38조 제1항). 소비자단체소송과 개인정보단체소송에 있어서도 청구기각판결의 효력이 제3자에게 미친다는 점에서(소비자기본법 제75조, 개인정보보호법 제56조), 이와 동일한 효력이 있는 청구의 포기는 허용되지 않는다.[3]

---

1) '가류 가사소송사건'으로는 혼인·이혼·인지의 무효, 입양·파양의 무효, 친자관계존부확인 등이 있고(가사소송법 제2조 제1항 제1호 가목), '나류 가사소송사건'으로는 혼인·이혼의 취소, 재판상 이혼, 인지청구, 친생부인 등이 있다(동호 나목).
2) 설립무효 또는 취소의 소(상법 제190조), 합병무효의 소(동법 제240조), 주식회사설립무효의 소(동법 제328조), 주주총회결의취소의 소(동법 제376조), 주주총회결의무효 및 부존재확인의 소(동법 제380조), 부당결의의 취소·변경의 소(동법 제381조), 신주발행무효의 소(동법 제430조)에서는 청구인용판결에 대세효가 인정되고 있다.
3) 김홍엽, 377면; 이시윤, 325면 및 326면.

## 5. 처분권주의 위반의 효과

처분권주의에 위반된 판결이라도 당연 무효는 아니며 상소를 제기하여 취소할 수 있다. 그러나 판결이 확정된 후에는 처분권주의 위반은 재심사유에 해당되지 않으므로 재심으로 다툴 수 없다. 처분권주의를 위반하였다고 하더라도 청구취지의 확장 또는 부대항소를 통하여 심판대상이 확대된 경우에는 그 하자가 치유될 수 있다.


# Ⅲ. 변론주의

## 1. 의의

변론주의란 재판의 기초가 되는 자료, 즉 사실과 증거의 수집·제출의 책임을 당사자에게 맡기고, 당사자가 수집·제출한 자료만을 판결의 기초로 삼아야 한다는 원칙을 말한다. 변론주의가 인정되는 근거로는 사적자치의 반영, 진실발견의 수단, 절차보장에 의한 공평한 재판 등이 있다. 즉, 민사소송의 대상인 사법상 법률관계에는 사적자치의 원칙이 적용되므로 소송에 필요한 자료의 수집도 당사자에게 맡기는 것이 충실한 자료수집을 도모할 수 있으며, 그럼으로써 실체진실에 보다 용이하게 접근할 수 있고, 또한 당사자가 수집·제출한 자료만을 판결의 기초로 함으로써 불의타(不意打)를 방지하고 당사자의 절차보장을 도모할 수 있다.


## 2. 내용

### (1) 사실의 주장책임

#### 1) 의의

당사자가 변론에서 주장한 사실만이 판결의 기초가 되고, 당사자가 주장하지 않은 사실은 판결의 기초로 삼을 수 없다. 이를 '주장책임'이라고 한다. 재판의 자료에는 사실과 증거가 있다. 사실에 대하여는 주장책임이, 증거에 대하여는 증명책임이 각각 적용된다. 당사자가 주장한 사실에 대하여 다툼이 있는 경우에 이를 증거에 의하여 증명하지 않으면 그러한 사실이 존재하지 않는 것으로 취급되는데, 이를 '증명책임'이라고 한다. 주장책임은 증명책임에 선행하는 관계에 있다. 당사자의 일방이 어떤 사실을 주장하고, 이에 대하여 다른 당사자가 다투는 경우에 증명책임이 문제되기 때문이다. 주장책임의 분배는 증명책임의 분배와 그 기준이 동일하다. 따라서 당사자는 자기에게 유리한 법규의 요건사실에 관하여 주장책임을 부담하고 증명책임을 부담한다(법률요건분류설). 그러나 반드시 주장책임을 지는 당사자가 주장을 하여야 하는 것은 아니며, 어느 당사자가 주장하든 그 사실이 주장되어 있기만 하면 판결의 기초로 삼을 수 있다.[1] 이를 '주장공통의 원칙'이라고 한다. 그리하여 당사자가 주장한 사실은 그 주장한 사람에게 유리하게 판단될 수도 있지만 불리하게 판단될 수도 있다.

### 2) 소송자료와 증거자료의 준별

사실의 주장책임은 주장에 관한 자료인 '소송자료'와 증명에 관한 자료인 '증거자료'가 준별된다는 것을 의미한다. 법원이 증거에 의하여 주요사실을 알았다고 하여도 당사자가 변론에서 주장하지 않으면, 이를 판결의 기초로 삼을 수 없다. 예를 들어, 피고가 변제의 항변을 제출하지 않았는데, 증인이 변제하였다는 증언을 하고 법원이 이를 믿는다고 하더라도 석명권을 통한 주장의 권유는 별론으로 하고, 증언만으로 변제에 의한 채권소멸을 판단할 수 없다. 그러나 당사자가 직접적으로 변제사실을 주장하지 않았더라도 후술하는 바와 같이 변제사실이 기재된 서증을 제출하거나 변제사실을 입증하기 위한 증인을 신청하면서 그 입증취지를 진술하였다면, 변제사실에 대한 간접적인 주장이 있었던 것으로 볼 수 있을 것이다.

### 3) 묵시적·간접적 주장

당사자의 주장은 반드시 명시적이어야 하는 것은 아니며, 당사자의 진술 취지에 비추어 그러한 주장이 포함되어 있는 것으로 볼 수 있으면 충분하다.[2] 판례는 당사자가 동시이행의 항변권 또는 불안의 항변권을 행사한다고 명시적으로 주장하지 않았지만, 상대방이 종전의 대가를 지급하지 않아 의무이행을 거부하는 것은 채무불이행이 되지 않으므로 손해배상책임이 없다는

---

1) 실체법상 구성요건 해당사실은 당사자가 변론에서 주장하지 않는 이상 법원이 이를 인정할 수 없으나, 이와 같은 주장은 반드시 명시적인 것이어야 하는 것은 아니고 당사자의 주장 취지에 비추어 이러한 주장이 포함되어 있는 것으로 볼 수 있으면 족하며, 또한 반드시 주장책임을 지는 당사자가 진술하여야 하는 것은 아니고 소송에서 쌍방 당사자 간에 제출된 소송자료를 통하여 심리가 됨으로써 그 주장의 존재를 인정하더라도 상대방에게 불의의 타격을 줄 우려가 없는 경우에는 그 주장이 있는 것으로 보아 이를 재판의 기초로 삼을 수 있다(대법원 2008. 4. 24. 선고 2008다5073 판결; 2002. 2. 26. 선고 2000다48265 판결).
2) 대리행위는 법률효과를 발생시키는 실체법상의 구성요건 해당사실에 속하므로 법원은 변론에서 당사자가 주장하지 않은 이상 이를 인정할 수 없으나, 이와 같은 주장은 반드시 명시적인 것이어야 하는 것은 아니고 당사자의 주장 취지에 비추어 이러한 주장이 포함되어 있는 것으로 볼 수 있다면, 당연히 재판의 기초로 삼을 수 있다(대법원 1996. 2. 9. 선고 95다27998 판결).

취지로 주장하였다면 자신의 이행거부행위가 동시이행의 항변권 또는 불안의 항변권의 행사로 위법하지 않다는 주장이 포함된 것으로 볼 수 있고,[1] 채권양도사실을 내세워 당사자적격이 없다는 주장 속에는 원고가 채권을 양도하였기 때문에 채권자임을 전제로 한 청구는 이유가 없다는 주장이 포함된 것으로 볼 수 있다고 한다.[2]

그러나 유권대리에 관한 주장 속에 무권대리에 속하는 표현대리의 주장이 포함되어 있다고 볼 수는 없고,[3] 의사표시가 강박에 의한 것이어서 당연무효라는 주장 속에 강박에 의한 의사표시이므로 취소한다는 주장이 당연히 포함되어 있다고 볼 수 없다고 한다.[4] 또한 취득시효와 소멸시효는 성립요건을 달리하므로 취득시효의 주장 속에 시효소멸의 주장이 포함되었다고 볼 수 없으며,[5] 소유권에 기한 반환을 구하는 주장 속에 점유권에 기한 반환청구의 주장이 포함되어 있다고 볼 수는 없다고 한다.[6]

나아가 판례는 당사자가 직접적으로 명백히 주장하지 않았더라도 당사자가 법원에 주요사실이 기재된 서증을 제출하거나 증인신청을 하면서 그 입증취지를 진술한 경우 또는 당사자의 변론을 전체적으로 관찰하여 간접적으로 주장한 것으로 볼 수 있는 경우에는 주요사실의 주장이 있었던 것으로 보고 있다.[7] 그리하여 당사자가 대리인을 통하여 금전을 차용하였다고 진술

---

1) 원고는 민법 제536조 제2항을 들거나 동시이행의 항변권 또는 불안의 항변권을 행사하였다고 명확히 주장하지는 아니하였지만, 피고가 종전의 임가공비 지급을 지체하였기 때문에 가공원단을 납품하지 아니한 것이어서 자기의 납품거부행위가 채무불이행이 되지 아니하기 때문에 손해배상책임이 없다는 취지로 주장하였다면, 원고의 위 주장에는 자신의 납품거부행위가 동시이행의 항변권 또는 불안의 항변권의 행사로서 위법하지 아니하다는 주장을 포함하는 것으로 해석할 수 있다(대법원 1995. 2. 28. 선고 93다53887 판결).

2) 피고가 본안전 항변으로 채권양도사실을 내세워 당사자적격이 없다고 주장하는 경우 그와 같은 주장 속에는 원고가 채권을 양도하였기 때문에 채권자임을 전제로 한 청구는 이유가 없는 것이라는 취지의 본안에 관한 항변이 포함되어 있다고 볼 수 있다(대법원 1992. 10. 27. 선고 92다18597 판결).

3) 대법원 1983. 12. 13. 선고 83다카1489 전원합의체 판결.

4) 의사표시가 강박에 의한 것이어서 당연무효라는 주장 속에 강박에 의한 의사표시이므로 취소한다는 주장이 당연히 포함되어 있다고는 볼 수 없다(대법원 1996. 12. 23. 선고 95다40038 판결).

5) 소멸시효의 완성으로 권리소멸의 효과가 발생하였다고 하여도 피고들이 소송상 권리소멸의 항변을 하지 않은 이상 법원으로서는 이에 관하여 판단할 수 없는 것인바, 취득시효와 소멸시효는 그 성립요건을 달리하므로 증여를 원인으로 한 부동산소유권이전등기청구에 대하여 피고가 시효취득을 주장하였다고 하여도 그 주장 속에 원고의 위 이전등기청구권이 시효소멸하였다는 주장까지 포함되었다고 할 수 없다(대법원 1982. 2. 9. 선고 81다534 판결).

6) 소유권에 기하여 미등기 무허가건물의 반환을 구하는 청구취지 속에는 점유권에 기한 반환청구권을 행사한다는 취지가 당연히 포함되어 있다고 볼 수는 없고, 소유권에 기한 반환청구만을 하고 있음이 명백한 이상 법원에 점유권에 기한 반환청구도 구하는지의 여부를 석명할 의무가 있는 것은 아니다(대법원 1996. 6. 14. 선고 94다53006 판결).

7) 법률상의 요건사실에 해당하는 주요사실에 대하여 당사자가 주장하지도 아니한 사실을 인정하여 판단하는 것은 변론주의에 위배된다고 할 것이나, 당사자의 주요사실에 대한 주장은 직접적으로 명백히 한 경우뿐만 아니라 당사자가 법원에 서증을 제출하며 그 입증취지를 진술함으로써 서증에 기재된 사실을 주장하거나 그 밖에 당사자

한 흔적이 없더라도 당사자들 사이에 금전거래를 중개하였음을 증명하기 위하여 그 중개한 사람을 증인신청하였다면 대리인을 통하여 금전을 차용하였다는 간접적인 진술이 있었다고 볼 수 있고,[1] 또한 변제하였다는 주장을 명시적으로 하지 않았더라도 공탁서를 증거로 제출하였다면 그러한 주장이 있는 것으로 볼 수 있으며,[2] 어음금청구소송에서 피고가 원고의 청구사실을 부인하면서 그 증거로 제권판결정본만을 제출하였더라도 그 판결의 효력을 주장한 것으로 볼 수 있다고 한다.[3]

## (2) 자백의 구속력

당사자 사이에 다툼이 없는 사실은 그대로 판결의 기초로 삼아야 한다. 자백한 사실에 관하여는 법원의 사실인정권이 배제되므로, 증거에 의한 사실인정을 필요로 하지 않을 뿐만 아니라 비록 법관이 반대심증을 얻었다고 하더라도 자백에 반하는 사실인정을 해서는 안 된다. 그러나 현저한 사실 또는 경험칙에 반하는 자백은 이러한 구속력이 없다.[4]

자백이 성립하면, 위와 같이 법원에 대하여는 사실인정권이 배제되는 구속력이 발생하지만, 당사자에 대하여는 임의로 취소할 수 없는 구속력이 발생한다. 다만, 상대방의 동의가 있는 경우, 자백이 진실에 반하고 착오로 인한 것임을 증명한 경우(제288조 단서)에는 취소할 수 있다. 그 밖에 소송대리인의 자백을 당사자가 경정한 경우(제94조)에는 자백이 무효가 되고, 자백이

---

의 변론을 전체적으로 관찰하여 간접적으로 주장한 것으로 볼 수 있는 경우에도 주요사실의 주장이 있는 것으로 보아야 할 것이다(대법원 2002. 11. 8. 선고 2002다38361 판결; 2002. 6. 28. 선고 2000다62254 판결).

[1] 원고는 소장 및 준비서면에서 원고가 소외인을 통하여 피고 등에게 금원을 대여하였다고 주장하고 있으나, 원고는 소외인을 증인으로 신청하여 소외인이 원고와 피고 등 사이의 금전거래를 중개하였음을 입증하고 있다면, 비록 원고가 그 변론에서 소외인이 피고 등을 대리하여 원고로부터 금원을 차용한 것이라고 진술한 흔적이 없다 하더라도 그 증인신청으로서 그 대리행위에 관한 간접적인 진술은 있었다고 보아야 할 것이므로, 법원이 소외인이 피고 등을 대리하여 원고로부터 금원을 차용한 것으로 판단하였다고 하여 이를 변론주의에 반하는 처사라고 비난할 수 없다(대법원 1994. 10. 11. 선고 94다24626 판결).

[2] 금원을 변제공탁하였다는 취지의 공탁서를 증거로 제출하면서 그 금액 상당의 변제 주장을 명시적으로 하지 않은 경우, 비록 당사자가 공탁서를 제출하였을 뿐 그에 기재된 금액 상당에 대한 변제 주장을 명시적으로 하지 않았다고 하더라도 공탁서를 증거로 제출한 것은 그 금액에 해당하는 만큼 변제되었음을 주장하는 취지임이 명백하므로, 법원으로서는 그와 같은 주장이 있는 것으로 보고 그 당부를 판단하거나 아니면 그렇게 주장하는 취지인지 석명을 구하여 당사자의 진의를 밝히고 그에 대한 판단을 하여야 한다(대법원 2002. 5. 31. 선고 2001다42080 판결).

[3] 어음금청구소송에서 피고가 원고의 주장사실을 전부 부인하면서 증거로서 제권판결정본을 제출하였다면, 비록 피고가 그 판결의 효력에 관하여 아무런 주장을 하지 아니하였다고 하더라도 법원은 제권판결을 기초로 하여 어음금청구를 배척할 수 있다(대법원 1980. 12. 9. 선고 80다2432 판결).

[4] 당사자가 자백한 사실이라도 그것이 재판소에 있어서 현저한 사실에 배치되는 경우에는 그 자백은 효력을 발할 수 없다(대법원 1959. 7. 30. 선고 4291민상551 판결).

제3자의 형사상 처벌받을 행위에 의하여 이루어진 경우(제451조 제1항 제5호)에도 유죄판결이 확정되면 그 자백은 무효가 된다.

### (3) 증거의 제출책임(직권증거조사의 금지)

다툼이 있는 사실은 증거에 의하여 인정하여야 하는데, 당사자가 신청한 증거에 대해서만 증거조사를 하여야 하며, 원칙적으로 법원이 직권으로 증거조사해서는 안 된다. 직권증거조사는 당사자가 신청한 증거에 의하여 심증을 얻을 수 없거나 그 밖에 필요하다고 인정하는 경우에 한하여 보충적으로 허용된다(제292조). 다만, 소액사건과 증권관련 집단소송에서는 원칙적으로 직권증거조사가 허용된다(소액사건심판법 제10조, 증권관련 집단소송법 제30조).

## 3. 주요사실과 간접사실의 구별

변론주의는 주요사실에 대하여만 적용되고, 간접사실이나 보조사실에는 그 적용이 없다. 따라서 간접사실이나 보조사실은 변론에서 당사자의 주장이 없어도 증거로써 이를 인정할 수 있고, 자백이 되어도 구속력이 없다. 주요사실은 권리의 발생·변경·소멸 등 법률효과를 발생시키는 법률요건에 해당하는 사실을 말한다. 간접사실은 주요사실의 존부를 확인하는데 도움이 되는데 그치는 사실을 말하며, 보조사실은 증거능력이나 증명력에 관한 사실을 말한다. 보조사실은 간접사실에 준하여 취급된다.

판례는 실체법상 구성요건에 해당하는 사실, 즉 주요사실에 대하여만 변론주의가 적용되고,[1] 그러한 법률요건에 해당하는 사실의 경위, 내력 등은 간접사실에 불과하여 변론주의가 적용되지 않는다고 한다. 그리하여 연대보증계약의 성립경위에 관한 사실,[2] 교통사고의 추돌경위에 관한 사실,[3] 중도금을 직접 지급했는지 또는 수령권한의 수임자를 통하여 지급했는지 여부

---

[1] 민사소송에 있어서 변론주의는 주요사실에 대하여서만 인정될 뿐 주요사실의 존부를 추인케 하는 간접사실에 대하여는 그 적용이 없는 것이다(대법원 2002. 6. 28. 선고 2000다62254 판결; 1993. 4. 13. 선고 92다23315, 92다23322 판결).

[2] 판결의 기초가 되는 권리의 발생, 소멸 등 법률효과의 존부의 판단에 직접 필요한 요건사실은 당사자가 주장하는 사실관계를 그 토대로 삼아야 할 것이나 그 기본사실의 경위, 내력 등에 관해서는 당사자의 주장 유무 여하에 불구하고 법원이 증거에 의하여 자유로이 사실을 인정할 수 있다 할 것이므로, 원심이 당사자가 주장하지 않았음에도 원피고간의 본건 연대보증계약에 있어 주채무자인 소외인이 본건 약속어음이나 약정서의 피고 이름 밑에다 피고의 도장을 찍을 때에 피고를 대신해서 찍었다는 사실을 인정하였더라도 이러한 사실은 연대보증계약의 성립경위에 관한 사실에 지나지 않으므로, 원판결에 당사자가 주장하지 않은 사실을 판단한 위법이 있다고 할 수 없다(대법원 1971. 4. 20. 선고 71다278 판결).

[3] 원심이 소외 ○○○이 운전하던 승용차가 피해 트럭의 후미를 충격하게 된 경위를 원고 주장사실과 다소 다르

에 관한 사실,[1] 이혼사유인 배우자에 대한 심히 부당한 대우를 구성하는 개개의 사실[2] 등은 간접사실에 불과하므로 당사자의 주장을 요하지 않는다고 하고, 손해배상에서 일실이익 산정의 기초인 수입, 가동연한, 공제할 생활비는 주요사실이지만, 일실이익의 현가산정방식인 호프만식 또는 라이프니쯔식 계산법은 간접사실에 불과하므로 법원은 당사자가 주장한 현가산정방식에 아닌 다른 방식으로 일실이익의 현가를 산정할 수 있다고 한다.[3] 또한 소멸시효의 기산일은 주요사실에 해당하여 변론주의가 적용되므로 증거자료에 의하여 인정되는 소멸시효의 기산일과 당사자가 주장하는 기산일이 서로 다른 경우에 당사자가 주장하는 기산일을 기준으로 계산하여야 하지만,[4] 시효취득에 있어서 점유개시의 시기, 즉 취득시효의 기산일은 간접사실에 불과하므로 법원은 당사자의 주장에 구속되지 않고 증거자료에 의하여 그 시기를 인정할 수 있다고 한다.[5] 시효취득에 있어서 자주점유인지 여부를 가리는 기준이 되는 점유의 권원 역시 간접사실에 불과하므로 법원은 당사자의 주장에 구속되지 않는다고 한다.[6] 그러나 대리인에 의하여

---

게 인정하였다 하더라도 원심의 그 거시증거에 의한 사실인정은 원고 주장의 범위내에 속하는 사실임이 기록상 분명하므로 거기에 소론과 같이 원고가 주장하지도 아니한 사실을 인정한 위법이 있다 할 수 없다(대법원 1979. 7. 24. 선고 79다879 판결).

1) 변론주의는 주요사실에 대하여만 적용되고 그 경위, 내력 등 간접사실에 대하여는 적용이 없는 것인 바, 위 신○○이 중도금을 피고에게 직접 지급하였느냐 또는 그 수령권한 수임자로 인정되는 위 손○○을 통하여 지급하였느냐는 결국 변제사실에 대한 간접사실에 지나지 않는다고 할 것이어서 반드시 당사자의 구체적인 주장을 요하는 것은 아니다(대법원 1993. 9. 14. 선고 93다28379 판결).

2) 일련의 행위가 모두 합하여 재판상 이혼사유인 배우자에 대한 심히 부당한 대우가 되는 경우에 그 개개의 사실은 간접사실로서 청구인이 일일이 꼬집어 주장하지 아니하였다 하더라도 법원은 이를 인정할 수 있는 것이다(대법원 1990. 8. 28. 선고 90므422 판결).

3) 불법행위로 인한 손해배상에 있어서 장래 얻을 수 있는 일실이익의 현가는 그 수입, 가동연한, 공제할 생활비 등 기초사실과 그 손실이익의 산정방법 등에 관한 경험칙에 의하여 산출할 수 있는 것으로 그 현가는 구체적 사실에 대한 법률적 평가라 할 것이므로, 기초사실에 관한 주장은 사실상의 주장에 속할 것이나 일실이익의 현가 산정방식에 관한 주장(호프만식에 의할 것이냐 또는 라이프니쯔식에 의할 것이냐에 관한 주장)은 당사자의 평가에 지나지 않은 것으로 당사자의 주장에 불구하고 법원의 자유로운 판단에 따라 채용할 따름이라 할 것이므로, 원고 등의 호프만식 계산법에 의한 일실수익산정에 관한 방식에 의하지 아니하고 라이프니쯔식 계산법에 의하여 일실수익의 현가를 계산하였다고 하여 위법을 저질렀다고 할 수 없을 뿐만 아니라 이를 변론주의에 반한다고도 할 수 없다(대법원 1983. 6. 28. 선고 83다191 판결).

4) 소멸시효의 기산일은 채권의 소멸이라고 하는 법률효과 발생의 요건에 해당하는 소멸시효기간 계산의 시발점으로서 시효소멸 항변의 법률요건을 구성하는 구체적인 사실에 해당하므로 이는 변론주의의 적용대상이라 할 것이고, 따라서 본래의 소멸시효 기산일과 당사자가 주장하는 기산일이 서로 다른 경우에는 변론주의의 원칙상 법원은 당사자가 주장하는 기산일을 기준으로 소멸시효를 계산하여야 한다(대법원 2009. 12. 24. 선고 2009다60244 판결).

5) 부동산의 시효취득에 있어서 점유기간의 산정기준이 되는 점유개시의 시기는 취득시효의 요건사실인 점유기간을 판단하는 데 간접적이고 수단적인 구실을 하는 간접사실에 불과하므로, 이에 대한 자백은 법원이나 당사자를 구속하지 않는다(대법원 2007. 2. 8. 선고 2006다28065 판결).

6) 취득시효완성으로 인한 소유권이전등기청구소송에 있어서, 전소에서의 대물변제를 받았다는 주장과 후소에서의 증여를 받았다는 주장은 모두 부동산을 소유의 의사로 점유한 것인지를 판단하는 기준이 되는 권원의 성질에 관한 주장으로서 이는 공격방어방법의 차이에 불과하고, 취득시효의 기산점은 법률효과의 판단에 관하여 직접

계약이 체결된 사실 등 대리행위는 주요사실에 속하므로 변론에서 당사자가 주장하지 않는 이상 이를 인정할 수 없다고 한다.[1]

그런데 '과실', '인과관계', '권리남용', '신의성실' 등 불확정개념을 법률요건으로 하는 일반조항의 경우에 변론주의가 적용되는 주요사실이 무엇인지 논란이 있다. 통설 및 판례는 일반조항의 경우에도 요건사실을 주요사실로 본다. 이에 대하여 일반조항의 요건사실을 주요사실로 볼 것이 아니라, 요건사실을 구성하는 개개의 구체적 사실이 재판에서 중요한 역할을 함에 비추어, 이러한 구체적 사실을 주요사실로 보자는 견해가 있다.[2] 이 견해에서는 과실 자체는 주요사실이 아니라 그와 같은 사실에 대한 법률적 평가에 불과하고, 과실에 해당하는 개개의 구체적인 사실이 주요사실이 된다고 한다. 그리하여 예를 들어, 과실에 해당하는 사실로 졸음운전 밖에 주장하지 않았는데 법원이 당사자가 주장하지도 않은 전방주시태만이나 음주운전으로 과실을 인정할 수 없다고 한다. 그러나 주요사실이란 법률효과를 발생시키는 실체법상 구성요건에 해당하는 사실을 말한다. 졸음운전이나 전방주시태만 등은 법률효과의 발생에 직접 관련된 요건사실이 아니다. 일반조항에 있어서만 주요사실의 개념을 달리 정의할 이유가 없다. 일반조항에만 예외를 인정하는 것은 주요사실과 간접사실을 구별함에 있어 혼란만 가중시킬 뿐이다. 당사자 진술과 법원의 구체적 사실인정 사이의 모순점은 적절한 소송지휘권을 행사하여 극복할 수 있을 것이다. 통설의 입장이 타당하다.


## 4. 직권탐지주의

### (1) 의의

재판자료의 수집·제출에 관한 책임과 권능을 당사자가 아닌 법원에게 맡기는 입장을 직권탐지주의라고 한다. 직권탐지주의에 의하는 경우, 법원은 당사자가 주장하지 않은 사실도 직권

---

필요한 주요사실이 아니고 간접사실에 불과하여 법원으로서는 이에 관한 당사자의 주장에 구속되지 아니하고 소송자료에 의하여 진정한 점유의 시기를 인정하여야 하는 것이므로, 그러한 점유권원, 점유개시 시점과 그로 인한 취득시효완성일을 달리 주장한다고 하더라도, 그러한 주장의 차이를 가지고 별개의 소송물을 구성한다고 할 수 없다(대법원 1994. 4. 15. 선고 93다60120 판결).

[1] 대리인에 의한 계약체결의 사실은 법률효과를 발생시키는 실체법상의 구성요건 해당사실에 속하므로 법원은 변론에서 당사자의 주장이 없으면 그 사실을 인정할 수가 없는 것이나, 그 주장은 반드시 명시적인 것이어야 하는 것은 아닐 뿐더러 반드시 주장책임을 지는 당사자가 진술하여야 하는 것은 아니고 소송에서 쌍방 당사자 간에 제출된 소송자료를 통하여 심리가 됨으로써 그 주장의 존재를 인정하더라도 상대방에게 불의의 타격을 줄 우려가 없는 경우에는 그 대리행위의 주장은 있는 것으로 보아 이를 재판의 기초로 삼을 수 있다(대법원 1990. 6. 26. 선고 89다카15359 판결).

[2] 김홍엽, 386면 및 387면; 이시윤, 331면.

으로 수집하여 판결의 기초로 삼을 수 있고, 당사자의 자백은 법원을 구속하지 않으며, 당사자가 신청한 증거 이외에 법원은 직권으로 다른 증거를 조사할 수 있다.

## (2) 적용범위

직권탐지주의가 적용되는 사항은 공익적 성격이 강하고 그 효력이 제3자에게도 미치는 성질의 사항이다. 이러한 사항의 경우 재판자료의 수집·제출의 책임을 당사자에게만 맡기게 되면 제3자나 공익을 해할 우려가 있어 법원이 적극적으로 재판자료의 수집·제출에 나설 필요가 있기 때문이다.[1] 직권탐지주의가 적용되는 사항으로는 재판권 또는 재심사유의 존재,[2] 당사자의 실재, 전속관할 등 공익적 성격이 강한 소송요건, 경험법칙이나 관습법 또는 외국법의 존재 등이 있다.

현행법상 가류 및 나류 가사소송(가사소송법 제12조 및 제17조),[3] 행정소송(행정소송법 제26조),[4] 선거소송(공직선거법 제227조),[5] 헌법재판(헌법재판소법 제31조 및 제40조)[6]에는 직권탐지주의가 적용되고 있다. 그러나 판례는 가사소송법 제17조는 사실의 진상을 밝히기 위하여 법원으로 하여금 적극적으로 필요한 조치를 취할 수 있게 함과 아울러 당사자의 잘못된 소송행위에 의하여 사실관계가 좌우되는 것을 방지하려는 것일 뿐이고 변론주의 원칙을 배제하려는 것은 아니므로 당사자가 주장하지 않은 독립된 공격방어방법의 제출을 촉구하는 등의 석명은 가사소송에서도 허용될 수 없다고 한다.[7] 또한 행정소송법 제26조는 기록상 현출되어 있는 사항에 관해서만 직

---

1) 정동윤·유병현, 336면.
2) 재심의 소는 확정판결에 대하여 그 판결의 효력을 인정할 수 없는 흠결이 있는 경우에 구체적 정의를 위하여 법적 안정성을 희생시키면서 확정판결의 취소를 허용하는 비상수단으로서, 소송제도의 기본 목적인 분쟁해결의 실효성과 정의실현과의 조화를 도모하여야 하는 것이므로 재심사유의 존부에 관하여는 당사자의 처분권을 인정할 수 없고, 재심법원은 직권으로 당사자가 주장하는 재심사유 해당사실의 존부에 관한 자료를 탐지하여 판단할 필요가 있다(대법원 1992. 7. 24. 선고 91다45691 판결).
3) 가류 및 나류 가사소송에서는 자백의 구속력이 배제되고 청구의 인낙이 허용되지 않으며(가사소송법 제12조 단서), 가정법원은 직권으로 사실조사 및 필요한 증거조사를 하여야 하고, 언제든지 당사자 또는 법정대리인을 신문할 수 있다(동법 제17조).
4) 행정소송에서 법원은 필요하다고 인정할 때에는 직권으로 증거조사를 할 수 있고, 당사자가 주장하지 아니한 사실에 대하여도 판단할 수 있다(행정소송법 제26조, 제38조, 제44조).
5) 공직선거법 제227조에서는 직권심리에 관한 행정소송법 제26조를 준용하고 있다.
6) 헌법재판소법 제31조에서는 "재판부는 사건의 심리를 위하여 필요하다고 인정하는 경우에는 직권 또는 당사자의 신청에 의하여 다음 각 호의 증거조사를 할 수 있다."고 규정하고, 제40조에서 권한쟁의심판 및 헌법소원심판의 경우 행정소송법을 함께 준용하도록 규정하고 있다.
7) 가사소송법 제12조, 제17조의 규정취지는 어디까지나 사실의 진상을 밝히기 위하여 법원으로 하여금 적극적으로 필요한 조치를 취할 수 있게 함과 아울러 당사자의 잘못된 소송행위에 의하여 사실관계가 좌우되는 것을 방지하려는 것일 뿐 변론주의원칙 자체를 배제하려는 것은 아니라 할 것이므로 당사자가 주장하지도 아니한 독립

권으로 증거조사를 하고 이를 기초로 판단할 수 있다는 의미를 갖는데 불과하고 행정소송에서도 변론주의의 원칙이 지배하므로 당사자가 주장하지 않은 사실을 판단할 수는 없다고 한다.[1] 그리하여 실기한 공격방어방법의 각하에 관한 민사소송법의 규정이 행정소송에도 준용되며,[2] 당사자가 주장하지도 않은 사실이나 독립된 공격방어방법의 제출을 권유하는 것은 변론주의의 원칙에 위배되는 것으로 석명권 행사의 한계를 일탈한 것이라고 한다.[3]

생각건대, 변론주의는 사적 자치의 원칙이 소송상 구현된 것이다. 따라서 변론주의는 사적 자치의 원칙이 적용되는 법률관계를 그 대상으로 하는 소송에만 적용된다. 그러나 가류 및 나류 가사소송이나 행정소송 등은 당사자의 사적 자치가 제한되는 신분관계 또는 공법상 법률관계를 그 대상으로 하고 있으며, 개인의 권리구제와 함께 객관적 법질서의 회복도 그 주된 목적 내지 기능으로 한다는 점에서 민사소송과는 구별된다. 이러한 소송의 특성에 비추어 가류 및 나류 가사소송이나 행정소송 등에서는 변론주의가 아니라 직권탐지주의가 적용되는 것으로 이해함이 옳다고 본다. 더욱이 가사소송법과 행정소송법 등에서는 직권심리에 관한 명문의 규정을 두고 있다(가사소송법 제17조, 행정소송법 제26조). 가사소송이나 행정소송에도 가사소송법이나 행정소송법에 특별한 규정이 없으면 민사소송법의 규정이 준용되지만(가사소송법 제12조, 행정소송법 제8조 제2항), 가사소송법 제17조나 행정소송법 제26조는 그러한 특별한 규정에 해당된다고 볼 수 있다. 따라서 가류 및 나류 가사소송, 행정소송, 행정소송법의 규정이 준용되는 선거소송이나 헌법재판에는 변론주의가 아닌 직권탐지주의가 적용되는 것으로 이해함이 타당하다.

---

된 공격방어방법의 제출을 촉구하는 따위의 석명은 가사소송에서도 허용될 수 없다(대법원 1987. 12. 22. 선고 86므90 판결).

1) 행정소송법 제26조에 "법원은 필요하다고 인정할 때에는 직권으로 증거조사를 할 수 있고, 당사자가 주장하지 아니한 사실에 대하여도 판단할 수 있다."고 규정하고 있기는 하나, 이는 행정소송의 특수성에서 연유하는 당사자주의, 변론주의에 대한 일부 예외규정일 뿐 법원이 아무런 제한 없이 당사자가 주장하지 아니한 사실을 판단할 수 있는 것은 아니고 일건 기록상 현출되어 있는 사항에 관하여서만 직권으로 증거조사를 하고 이를 기초로 하여 판단할 수 있을 따름이라 할 것이다(대법원 1994. 4. 26. 선고 92누17402 판결).

2) 행정소송에 관하여 행정소송법에 특별한 규정이 없는 사항에 대하여는 민사소송법의 규정이 준용되므로, 원칙적으로 변론주의가 지배하는 행정소송에서도 직권조사사항에 관한 것이 아닌 이상 실기한 공격 또는 방어의 방법의 각하에 관한 제149조 제1항이 준용된다고 할 것이고, 행정소송법 제26조(직권심리)가 있다고 하여 달리 볼 것은 아니다(대법원 2014. 5. 29. 선고 2011두25876 판결; 2003. 4. 25. 선고 2003두988 판결).

3) 행정소송에 있어서 직권주의가 가미되어 있다고 하더라도 여전히 변론주의를 기본구조로 하는 이상 행정처분의 위법을 들어 그 취소를 청구함에 있어서는 직권조사사항을 제외하고는 그 취소를 구하는 자가 위법사유에 해당하는 구체적 사실을 먼저 주장하여야 하고, 법원이 당사자가 주장하지도 아니한 법률효과에 관한 요건사실이나 독립된 공격방어방법을 시사하여 그 제출을 권유함과 같은 행위를 하는 것은 석명권 행사의 한계를 일탈한 것으로 변론주의의 원칙에 위배된다(대법원 2001. 1. 16. 선고 99두8107 판결; 2000. 3. 23. 선고 98두2768 판결).

## (3) 직권탐지주의에서의 당사자의 지위

### 1) 처분권주의의 제한

직권탐지주의가 적용되는 절차에서는 당사자는 청구의 포기·인낙이나 화해 등을 할 수 없다. 직권탐지주의가 적용되는 사항은 공익적 성격이 강하거나 제3자에게 그 효력이 미치는 성질의 것이므로 당사자의 의사에 의하여 어떠한 법률관계를 형성하는 것은 공익이나 제3자의 이익을 해할 우려가 있어 허용될 수 없다. 그러나 소송을 제기하기 이전의 상태로 소극적으로 되돌리는 소의 취하는 가능하다.

### 2) 공격방어방법의 제출시기 무제한

실기한 공격방어방법의 각하 등 공격방어방법의 제출시기에 관한 제한은 당사자에게 재판자료의 제출책임이 있는 것을 전제로 한 규정이므로 직권탐지주의에는 그 적용이 없다.

### 3) 당사자의 절차권 보장

직권탐지주의에서도 당사자는 소송주체로서의 지위를 가지며 당사자로서의 절차보장이 요구된다. 따라서 법원이 직권으로 탐지한 사실이나 증거를 바로 판결의 자료로 삼을 수는 없으며, 미리 당사자에게 알려 그에 관한 의견진술의 기회를 부여한 후에 비로소 판결의 자료로 삼을 수 있다(제136조 제4항, 소액사건심판법 제10조 제1항 단서, 특허법 제157조 제6항 및 제159조 제1항 후단).[1]

## 5. 직권조사주의

## (1) 직권조사사항

당사자의 주장이나 이의에 관계없이 법원이 직권으로 고려하여 판단하여야 하는 원칙을 직권조사주의라고 한다. 심판대상의 선정에 관하여 법원에 주도권을 인정하는 것으로서 처분권주의에 대응한 것이다. 직권조사주의가 적용되는 사항을 직권조사사항이라고 한다. 직권조사사항은 항변사항과 대립된다. 직권조사사항에 대하여 법원은 당사자의 주장을 기다리지 않고 직권으로 조사하여 판단하여야 한다.

---

1) 정동윤·유병현, 338면.

직권조사사항으로는 소송요건 또는 상소요건, 상고심의 심리불속행사유 등이 대표적이다.[1] 판례는 청구취지의 특정 여부,[2] 불항소의 합의,[3] 제척기간,[4] 당사자의 확정,[5] 소송계속의 유무,[6] 전소확정판결의 유무,[7] 과실상계와 손익상계,[8] 위자료의 액수,[9] 배상책임경감사유,[10] 신의성실의 원칙 또는 권리남용,[11] 채권자대위소송에서 피보전채권의 존재[12] 등을 직권조사사항으로 보고 있다. 또한 소멸시효가 완성하였는지 여부는 항변사항이나,[13] 소멸시효의 기간이 얼마

---

1) 이시윤, 331면 및 332면

2) 민사소송에 있어서 청구의 취지는 그 내용 및 범위가 명확히 알아 볼 수 있도록 구체적으로 특정되어야 하고, 이의 특정여부는 직권조사사항이라고 할 것이므로 청구취지가 특정되지 않은 경우에는 법원은 피고의 이의여부에 불구하고 직권으로 그 보정을 명하고, 이에 응하지 않을 때에는 소를 각하하여야 한다(대법원 1981. 9. 8. 선고 80다2904 판결).

3) 불항소 합의의 유무는 항소의 적법요건에 관한 것으로서 법원의 직권조사사항이다(대법원 1980. 1. 29. 선고 79다2066 판결).

4) 제척기간이 경과하였는지 여부는 직권조사사항으로서 이에 대한 당사자의 주장이 없더라도 법원이 당연히 직권으로 조사하여 재판에 고려하여야 한다(대법원 2013. 4. 11. 선고 2012다64116 판결).

5) 소송에서 당사자가 누구인가는 당사자능력, 당사자적격 등에 관한 문제와 직결되는 중요한 사항이므로, 사건을 심리·판결하는 법원으로서는 직권으로 소송당사자가 누구인가를 확정하여 심리를 진행하여야 한다(대법원 2011. 3. 10. 선고 2010다99040 판결).

6) 소송의 계속 여부는 직권조사 사항에 속한다(대법원 1982. 1. 26. 선고 81다849 판결).

7) 전소 확정판결의 존부는 당사자 주장이 없더라도 법원이 직권으로 조사하여 판단하지 않으면 안 되고, 더 나아가 당사자가 확정판결의 존재를 사실심 변론종결 시까지 주장하지 아니하였더라도 상고심에서 새로이 주장·증명할 수 있다(대법원 2011. 5. 13. 선고 2009다94384 판결).

8) 불법행위책임을 묻고 있는 피해자에게 과실이 있다면, 법원은 과실상계의 법리에 좇아 손해배상의 책임 및 그 금액을 정함에 있어 이를 직권으로 참작하여야 한다(대법원 2011. 7. 14. 선고 2011다21143 판결); 채무불이행이나 불법행위 등이 채권자 또는 피해자에게 손해를 생기게 하는 동시에 이익을 가져다 준 경우에는 공평의 관념상 그 이익은 당사자의 주장을 기다리지 않고 손해를 산정함에 있어서 공제되어야만 하는 것이다(대법원 2002. 5. 10. 선고 2000다37296 판결).

9) 불법행위로 입은 정신적 고통에 대한 위자료 액수에 관하여는 사실심 법원이 여러 사정을 참작하여 그 직권에 속하는 재량에 의하여 이를 정할 수 있다(대법원 2014. 3. 13. 선고 2012다45603 판결).

10) 손해배상의 범위를 정함에 있어서는 가해자가 그 행위에 이른 경위나 동기, 피해자의 손해 발생에 관여된 객관적인 사정, 가해자가 그 행위로 취한 이익의 유무 등 제반 사정을 참작하여 손해분담의 공평이라는 손해배상제도의 이념에 비추어 그 손해배상액을 제한할 수 있고, 배상의무자가 이러한 책임감경사유에 관하여 주장을 하지 아니한 경우에도 소송자료에 의하여 그 사유가 인정되는 경우에는 법원이 이를 직권으로 심리·판단하여야 한다(대법원 2013. 3. 28. 선고 2009다78214 판결).

11) 신의성실의 원칙에 반하는 것은 강행규정에 위배되는 것으로서 당사자의 주장이 없더라도 법원이 직권으로 판단할 수 있으므로, 원심이 직권으로 신의칙에 의하여 피고의 신용보증책임을 감액한 것에 변론주의를 위배한 위법은 없다(대법원 1998. 8. 21. 선고 97다37821 판결).

12) 채권자대위소송에서 대위에 의하여 보전될 채권자의 채무자에 대한 권리(피보전채권)가 존재하는지 여부는 소송요건으로서 법원의 직권조사사항이다(대법원 2012. 3. 29. 선고 2011다106136 판결).

13) 소멸시효에 있어서 그 시효기간이 만료되면 권리는 당연히 소멸하는 것이지만, 그 시효의 이익을 받는 자가 소송에서 소멸시효의 주장을 하지 아니하면 그 의사에 반하여 재판할 수 없는 것이고, 그 시효이익을 받는 자는 시효기간 만료로 인하여 소멸하는 권리의 의무자를 말한다(대법원 1991. 7. 26. 선고 91다5631 판결).

인지는 법원의 직권조사사항이라고 한다. 예를 들어, 당사자가 민법상 10년의 소멸시효기간을 주장한 경우에도 법원은 직권으로 상법에 따른 5년의 소멸시효기간을 적용할 수 있다고 한다.[1] 나아가 판례는 부제소합의도 직권조사사항으로 보고 있다.[2]

## (2) 직권조사사항에 대한 판단자료의 수집·제출

직권조사사항에 대한 판단의 기초가 되는 자료의 수집·제출의 방법에 관하여 논란이 있다. 판결의 기초가 되는 재판자료의 수집·제출의 방법으로는 변론주의와 직권탐지주의가 있는데, 직권조사사항에 대한 판단자료의 수집·제출방법으로 변론주의나 직권탐지주의와는 구별되는 직권조사라는 독자적인 방법을 인정하는 견해가 있다.[3] 직권조사는 직권조사사항과 구별되는 개념으로서 직권조사사항에 대한 판단자료의 수집·제출방법을 말하고,[4] 여기에는 변론주의와 직권탐지주의의 성격이 모두 포함되어 있다고 한다.

이 견해에서는 직권조사사항에 관한 당사자의 진술은 법원의 직권발동을 촉구하는 의미밖에 없어 법원이 이에 관하여 판단하지 않아도 판단누락이 되지 않으며,[5] 제출시기의 제한이 없어 실기한 공격방어방법으로 각하되거나 실권되는 일이 없고, 소송절차에 관한 이의권의 포기·상실의 대상이 되지 않으며, 당사자 사이에 자백이 있어도 법원의 직권발동을 배제할 수 없다는

---

1) 민사소송절차에서 변론주의 원칙은 권리의 발생·변경·소멸이라는 법률효과 판단의 요건이 되는 주요사실에 관한 주장·증명에 적용된다. 따라서 권리를 소멸시키는 소멸시효항변은 변론주의 원칙에 따라 당사자의 주장이 있어야만 법원의 판단대상이 된다. 그러나 이 경우 어떤 시효기간이 적용되는지에 관한 주장은 권리의 소멸이라는 법률효과를 발생시키는 요건을 구성하는 사실에 관한 주장이 아니라 단순히 법률의 해석이나 적용에 관한 의견을 표명한 것이다. 이러한 주장에는 변론주의가 적용되지 않으므로 법원이 당사자의 주장에 구속되지 않고 직권으로 판단할 수 있다. 당사자가 민법에 따른 소멸시효기간을 주장한 경우에도 법원은 직권으로 상법에 따른 소멸시효기간을 적용할 수 있다(대법원 2017. 3. 22. 선고 2016다258124 판결); 어떤 권리의 소멸시효기간이 얼마나 되는지에 관한 주장은 단순한 법률상의 주장에 불과하므로 변론주의의 적용대상이 되지 않고 법원이 직권으로 판단할 수 있다. 원고가 민법에 의한 10년의 소멸시효완성을 주장하였는데 원심이 구 예산회계법에 의한 5년의 소멸시효를 적용한 것이 변론주의를 위반한 것이라고 할 수 없다(대법원 2008. 3. 27. 선고 2006다70929, 70936 판결).
2) 소가 부제소합의에 위배되어 제기된 경우 법원은 직권으로 소의 적법 여부를 판단할 수 있다(대법원 2013. 11. 28. 선고 2011다80449 판결); 피고가 원심에서 위 불항소의 합의에 관한 주장을 한 바 없음은 소론과 같으나, 이와 같은 합의의 유무는 항소의 적법요건에 관한 법원의 직권조사사항이므로 원심이 직권으로 위와 같이 판단하였음에 아무런 위법도 없다(대법원 1980. 1. 29. 선고 79다2066 판결).
3) 이시윤, 337면 및 338면.
4) 직권조사사항은 법원의 심판대상에 대한 것으로서 그 판단 자료의 수집·제출방법인 직권조사와는 구별되는 개념이다(강현중, 311면).
5) 소송대리권의 존재는 소송요건으로서 법원의 직권조사사항이므로, 이에 관한 당사자의 주장은 직권발동을 촉구하는 의미밖에 없어 그 주장에 대하여 판단하지 아니하였다 하더라도 판단유탈의 상고이유로 삼을 수 없다(대법원 1994. 11. 8. 선고 94다31549 판결).

점에서 직권탐지주의와 유사하지만,[1] 판단자료의 수집·제출의 책임은 원칙적으로 당사자에게 있으며, 법률이 인정한 경우를 제외하고는 법원의 직권증거조사가 허용되지 않는다는 점에서는 변론주의와 유사하다고 한다.[2]

그러나 직권조사사항에 대한 판단자료의 수집·제출의 방법으로 그 실체가 불분명한 직권조사라는 애매한 방법을 주장하기보다는 직권조사사항의 공익성의 강도에 따라 변론주의 또는 직권탐지주의에 의하는 것이 타당하다고 본다. 예를 들어, 직권조사사항인 소송요건 가운데 재판권, 당사자의 실재, 전속관할 등 공익적 성격이 강한 것은 직권탐지주의에 의하고, 소의 이익, 임의관할 등 공익성이 약한 것은 변론주의에 의하여야 할 것이다.


## Ⅳ. 직권진행주의


### 1. 의의

소송절차를 진행하는 주도권을 법원에게 맡기는 입장을 직권진행주의라고 한다. 소송절차진행의 주도권을 당사자에게 맡기는 경우에 소송지연 등의 폐해가 있어 법원에게 그 주도권을 인정하는 것이 일반적인 입법례이다.


### 2. 소송지휘권


#### (1) 의의

소송지휘권이란 소송절차를 원활하고 신속하게 진행시키고, 그럼으로써 분쟁을 신속하고 정확하게 해결하기 위하여 법원에 인정된 소송의 주재권능을 말한다. 적절한 소송지휘는 법원의 권한인 동시에 책무이기도 하다. 소송지휘는 법원의 직권에 속하는 것이므로, 당사자의 신청은 법원의 직

---

1) 소송대리권의 존부는 법원의 직권탐지사항으로서, 이에 대하여는 의제자백에 관한 규정이 적용될 여지가 없다 (대법원 1999. 2. 24. 선고 97다38930 판결).
2) 제소단계에서의 소송대리인의 대리권 존부는 소송요건으로서 법원의 직권조사사항이고, 이와 같은 직권조사사항에 관하여도 그 사실의 존부가 불명한 경우에는 입증책임의 원칙이 적용되어야 할 것인바, 본안판결을 받는다는 것 자체가 원고에게 유리하다는 점에 비추어 직권조사사항인 소송요건에 대한 입증책임은 원고에게 있다(대법원 1997. 7. 25. 선고 96다39301 판결).

권발동을 촉구하는 의미를 갖는데 불과하고, 이를 받아들이지 않는 경우에도 별도로 각하하는 재판을 할 필요가 없다. 그러나 예외적으로 법률에서 당사자에게 신청권을 인정하고 있는 경우, 예를 들어 심판의 편의에 의한 소송이송(제34조 제2항, 제35조, 제36조), 시기에 늦은 공격방어방법의 각하(제149조), 소송절차의 수계(제241조) 등의 경우에는 당사자의 신청에 대한 재판을 하여야 한다.

### (2) 소송절차에 관한 이의권

#### 1) 의의

당사자는 상대방 당사자 또는 법원의 소송행위가 소송절차에 관한 규정을 위반하였을 경우 바로 이의를 제기하여 그 소송행위의 효력을 무효로 할 수 있다(제151조 본문). 이를 소송절차에 관한 '이의권'이라고 한다. 그런데 민사소송법은 이의권을 적극적으로 규정하기보다는 소극적인 불행사의 측면에서 규정하고 있다. 즉, 바로 이의를 제기하지 않으면 이의권을 상실하는 것으로 규정하고 있다(제151조 본문). 그리하여 소송절차에 관한 규정 위반이 있는 경우에 이의권을 포기 또는 상실하면 그 하자가 치유되어 소송행위가 유효하게 된다.

#### 2) 적용범위

이의권은 상대방 당사자 또는 법원의 '소송절차'에 관한 규정의 위반이 있는 때에 인정된다. 소송절차에 관한 규정이 아닌 소송행위의 내용이나 소송상 주장의 당부에 관한 규정의 위반은 이의권의 대상이 아니다. 또한 이의권은 소송절차에 관한 규정 가운데 '임의규정' 위반의 경우에만 인정되고, 훈시규정이나 강행규정의 위반은 이의권의 대상이 되지 못한다(제151조 단서). 임의규정이 당사자의 이익이나 편의를 위한 규정이라면 강행규정은 공익과 관련된 규정이라고 할 수 있다. 강행규정에 위반한 소송행위는 당사자의 이의 여부와 상관없이 무효이다. 소송절차에 관한 강행규정으로는 직권조사사항이 대표적이다. 예를 들어, 불변기간의 준수, 소송요건이나 상소요건 또는 재심요건에 관한 사항 등이 여기에 해당된다. 그리하여 상소기간의 기산점이 되는 판결정본의 송달에 관한 하자는 이의권의 포기·상실로 치유될 수 없다.[1] 한편 소송절차에 관한 규정이라도 효력규정이 아닌 훈시규정의 경우에는 그 위반이 있더라도 소송행위의 효력에는 아무런 영향이 없으므로 이의권의 대상이 되지 않는다.[2] 판례가 이의권의 대상이 된다

---

[1] 책문권의 포기 또는 상실은 소송절차에 관한 임의규정의 위배에 한하여 인정되는 것이며 항소제기의 기간은 불변기간이고 이에 관한 규정은 성질상 강행규정으로서 그 기간의 기산점이 되는 판결정본의 송달에 관한 책문권의 상실로 인하여 그 하자가 치유될 수 없다(대법원 1972. 5. 9. 선고 72다379 판결).

[2] 당사자는 법원 또는 상대방의 소송행위가 소송절차에 관한 규정을 위반한 경우 제151조에 의하여 그 소송행위의 무효를 주장하는 이의신청을 할 수 있고 법원이 당사자의 이의를 이유 있다고 인정할 때에는 그 소송행위를

고 본 것으로는 소송서류 송달의 하자,[1] 청구변경이나 소송참가의 방식위반,[2] 당사자나 보조참가인에 대한 기일통지의 누락,[3] 소송절차중단 중의 행위,[4] 청구변경의 요건인 청구의 기초에 변경[5]이 있거나 반소요건인 상호관련성이 흠결된 경우[6] 등이 있다.

### 3) 이의권의 포기·상실

이의권은 명시적 또는 묵시적으로 포기할 수 있다. 그러나 이의권은 소송절차 위반이 있는 때에 비로소 발생하므로 사전포기는 있을 수 없다. 또한 이의할 수 있는 때에 즉시 이의를 하여야 한다. 바로 이의를 하지 않으면 이의권을 상실한다. 그리하여 당사자가 변론기일통지서를 송

---

무효로 하고 이에 상응하는 조치를 취하여야 하지만, 소송절차에 관한 규정 중 단순한 훈시적 규정을 위반한 경우에는 무효를 주장할 수 없다. 제199조(판결은 소가 제기된 날부터 5월 이내에 선고한다), 제207조(판결은 변론이 종결된 날부터 2주 이내에 선고하여야 하며, 복잡한 사건이나 그 밖의 특별한 사정이 있는 때에도 변론이 종결된 날부터 4주를 넘겨서는 아니 된다) 등은 모두 훈시규정이므로 법원이 종국판결 선고기간 5월을 도과하거나 변론종결일로부터 2주 이내 선고하지 아니하였다 하더라도 이를 이유로 무효를 주장할 수는 없다(대법원 2008. 2. 1. 선고 2007다9009 판결).

1) 부대항소장을 상대방에게 송달하지 아니한 경우에 상대방이 이를 알고 또는 알 수 있었음에도 불구하고 지체없이 이의를 주장하지 아니한 때에는 그 위법을 주장할 수 있는 책문권을 상실하는 것이다(대법원 1957. 3. 23. 선고 4290민상81 판결); 법원이 원고에게 피고의 답변서를 송달하지 아니하여 원고가 변론기일에서야 이를 직접 수령하는 등의 소송절차 위배 여부에 관하여 원고는 아무런 이의를 제기함이 없이 본안에 들어가 변론하였다면 원고는 그 책문권을 상실하였다고 할 것이다(대법원 2011. 11. 24. 선고 2011다74550 판결).

2) 서면에 의하지 아니한 청구취지의 변경은 잘못이지만 이에 대하여 상대방이 지체없이 이의를 하지 않았다면 책문권의 상실로 그 잘못은 치유 된다고 할 것인데, 원고 소송대리인은 제1심 제6차 변론기일에 "명의신탁해지를 원인으로 한 소유권이전등기절차의 이행을 주위적으로 구하고 예비적으로 말소등기절차의 이행을 구한다."는 취지로 정정진술을 하였는데도 그 자리에 참석한 피고 소송대리인이 아무런 이의를 한 흔적이 없으므로 책문권의 상실로 위 잘못은 치유되었다고 할 것이다(대법원 1993. 3. 23. 선고 92다51204 판결).

3) 당사자가 변론기일 소환장의 송달을 받은 바 없다 하더라도 변론기일에 임의출석하여 변론을 하면서 그 변론기일의 불소환을 책문하지 아니하면 책문권의 상실로 그 하자는 치유된다(대법원 1984. 4. 24. 선고 82므14 판결); 기일통지서를 송달받지 못한 보조참가인이 변론기일에 직접 출석하여 변론할 기회를 가졌고, 위 변론 당시 기일통지서를 송달받지 못한 점에 관하여 이의를 하지 아니하였다면, 기일통지를 하지 않은 절차 진행상의 흠이 치유된다(대법원 2007. 2. 22. 선고 2006다75641 판결).

4) 소송절차 중단 중의 항소제기에 대하여 피항소인이 이의를 진술하지 않고 소송행위를 속행하면 책문권을 상실한다(대법원 1955. 7. 7. 선고 4288민상53 판결).

5) 청구의 변경에 대하여 상대방이 지체 없이 이의하지 않고 변경된 청구에 관한 본안의 변론을 한 때에는 상대방은 더 이상 그 청구 변경의 적법 여부에 대하여 다투지 못한다. 원고는 원심 제1차 변론기일에 청구취지 및 원인 변경신청서를 진술하였는데, 피고들 소송대리인은 이에 대하여 아무런 이의를 제기하지 않고 제2차 변론기일에는 변경된 청구에 관한 원고의 주장을 부인하는 본안의 변론을 하였다가, 제10차 최종 변론기일에 이르러 비로소 위 청구의 변경은 청구의 기초에 동일성이 없어 허용될 수 없다는 주장을 하였음이 명백하므로, 이 사건 청구 변경이 피고들 주장과 같이 그 기초에 변경이 있는 것이라고 하더라도 피고들은 더 이상 이를 다툴 수 없게 되었다고 할 것이다(대법원 2011. 2. 24. 선고 2009다33655 판결).

6) 피고의 반소청구에 대하여 원고는 1심 변론에서 이에 대한 이의를 제기함이 없이 변론을 하였음이 분명하므로 원고는 반소청구의 적법여부에 대한 책문권을 포기한 것으로 보아야 할 것이다(대법원 1968. 11. 26. 선고 68다1886 판결).

달받지 못하였지만 변론기일에 임의출석하여 변론을 하면서 기일통지서를 송달받지 못한 점에 관하여 이의를 하지 않았다면 이의권을 상실하여 기일통지를 하지 않은 절차진행상의 하자는 치유되고,[1] 원고가 청구의 변경을 진술한 변론기일에 피고가 그 청구변경의 소송절차위배 여부에 관하여 아무런 이의를 제기함이 없이 본안에 들어가 변론을 한 때에는 피고는 이의권을 상실하여 더 이상 청구변경의 적법 여부를 다툴 수 없게 된다.[2]

## 3. 석명권

### (1) 의의

석명권이란 소송관계를 분명하게 하기 위하여 당사자에게 질문하고 증명을 촉구할 뿐 아니라, 당사자가 간과한 법률상 사항을 지적하여 의견진술의 기회를 주는 법원의 권능을 말한다(제 136조). 석명권은 법원의 소송지휘권의 하나로 인정된다. 석명권은 법원이 소송지휘에 의하여 당사자의 소송자료수집에 협력함으로써 변론주의의 결함을 시정하고 실질적인 당사자평등을 실현하는 제도이다. 법원은 당사자가 무지 또는 부주의로 주장을 제대로 못하거나 입증을 못하는 경우, 더욱이 법률전문가가 아닌 당사자본인이 소송을 수행하는 경우에는 주장책임이나 증명책임의 원칙에만 구속되어 재판을 할 것이 아니라 당사자에게 질문하거나 관련 증거의 제출을 촉구하는 등 석명권을 적절히 행사함으로써 실체적 진실을 밝히고 구체적 정의가 실현되도록 하여야 한다.[3]

---

1) 대법원 1984. 4. 24. 선고 82므14 판결.
2) 대법원 2011. 2. 24. 선고 2009다33655 판결; 대법원 1993. 3. 23. 선고 92다51204 판결; 1988. 12. 27. 선고 87다카2851 판결.
3) 사실심법원의 재판장이 당사자 간에 다툼이 있는 사실에 관하여 입증이 안 된 모든 경우에 입증책임이 있는 당사자에게 입증을 촉구하여야 하는 것은 아니지만, 소송의 정도로 보아 당사자가 무지, 부주의나 오해로 인하여 입증을 하지 않는 경우, 더욱이 법률전문가가 아닌 당사자본인이 소송을 수행하는 경우라면, 입증책임의 원칙에만 따라 입증이 없는 것으로 보아 판결할 것이 아니라, 입증을 촉구하는 등의 방법으로 석명권을 적절히 행사하여 진실을 밝혀 구체적 정의를 실현하려는 노력을 게을리하지 않아야 할 것이므로 당사자의 주장사실에 부합하는 서증이 제출되어 있다면 당사자에게 그 주장사실이나 서증의 진정성립에 대한 입증을 촉구하여야 한다(대법원 1989. 7. 25. 선고 89다카4045 판결).

## (2) 석명권의 범위

### 1) 원칙

석명권의 범위가 문제된다. 원칙적으로 소극적 석명은 허용되지만, 적극적 석명은 허용되지 않는다. 즉, 당사자의 주장에 모순된 점, 불완전한 점, 불분명한 점을 지적하여 이를 정정·보충하는 기회를 주고 또 계쟁사실에 대한 증거의 제출을 촉구하는 것은 허용되지만, 새로운 주장이나 당사자가 주장하지도 않는 요건사실 또는 공격방어방법을 시사하여 그 제출을 권유하는 것은 변론주의에 위반되며 석명권의 범위를 넘어선 것으로 허용되지 않는다.[1]

판례는 청구취지와 청구원인이 서로 맞지 않음이 분명한 경우, 청구취지와 서증으로 제출된 증거내용이 모순되는 경우, 청구변경을 하면서 계산착오로 청구금액을 잘못 기재하였음이 명백한 경우에는 석명권을 행사하여 청구의 범위를 명확히 하여야 하고,[2] 쌍무계약에서 계약해제를 주장하는 때에는 이행의 제공 여부와 상대방에게 기간을 정하여 채무이행을 최고했는지 여부를 석명할 필요가 있다고 한다.[3]

그러나 판례는 당사자가 변제사실을 주장하거나 다툰 사실이 없는 경우에 법원이 변제 여부에 대하여 석명하여야 하는 것은 아니며,[4] 채무가 이행불능이더라도 채권자가 전보배상청구를 하지 않는 이상 법원이 전보배상에 대한 주장·증명을 촉구할 의무가 없고,[5] 소유자 아닌 사람

---

1) 법원의 석명권 행사는 당사자의 주장에 모순된 점이 있거나 불완전·불명료한 점이 있을 때에 이를 지적하여 정정·보충할 수 있는 기회를 주고, 계쟁사실에 대한 증거의 제출을 촉구하는 것을 그 내용으로 하는 것으로, 당사자가 주장하지도 아니한 법률효과에 관한 요건사실이나 독립된 공격방어방법을 시사하여 그 제출을 권유함과 같은 행위를 하는 것은 변론주의의 원칙에 위배되는 것으로 석명권 행사의 한계를 일탈하는 것이 된다(대법원 2001. 10. 9. 선고 2001다15576 판결).

2) 청구취지 자체가 법률적으로 부당하거나 그 청구원인과 서로 맞지 아니함이 명백한 경우, 법원으로서는 원고가 소로써 달성하려는 진정한 목적이 무엇인가를 석명하여 청구취지를 바로잡아야 한다(대법원 2001. 11. 13. 선고 99두2017 판결); 청구취지와 서증으로 제출된 증거내용이 모순되는 경우 석명권을 행사하여 청구취지와 청구원인사실 내용을 부합시켜 심리하여야 함에도 법원이 청구의 범위를 명확히 하지 않고 원고의 주장사실을 인정하였다면 석명권 불행사로 인한 심리미진의 위법이 있다(대법원 1990. 1. 25. 선고 88다카31637 판결); 항소심에서 당사자가 청구취지 및 원인을 변경하면서 계산착오로 청구금액을 감축기재하였음이 기록상 명백한 경우, 법원이 석명권을 행사하여야 한다(대법원 1997. 7. 8. 선고 97다16084 판결).

3) 소유권이전등기를 매매대금 잔대금 지급채무와 동시에 이행하기로 약정한 매매계약이 적법하게 해제된 사실을 인정하기 위하여는 등기의무이행의 제공 여부와 기간을 정한 채무이행의 최고 여부를 석명심리하여 적법한 계약해제의 여부를 판단하여야 한다(대법원 1963. 7. 25. 선고 63다289 판결).

4) 피고가 제1심 및 원심에서 일관되게 이 사건 약정이 체결된 바 없다고 부인하고 있을 뿐 이 사건 약정의 대금을 변제하였다는 점에 대하여는 이를 다투거나 주장한 바 없었음이 기록상 명백한 만큼, 원심이 대금변제 여부에 대하여 석명하지 아니하였다고 하여 석명권을 행사하지 아니한 위법이 있다고 할 수 없다(대법원 2001. 10. 9. 선고 2001다15576 판결).

5) 손해배상책임의 원인사실이 인정되지 않는 이상 법원이 손해액에 대한 입증을 촉구하거나 석명권을 행사할 의무가 있는 것은 아니고, 채무의 이행불능사실이 인정된다 하더라도 채권자가 그로 인한 전보배상을 구하고 있지

이 등기명의자에게 직접 등기말소를 청구한 경우에 법원이 진정한 소유자를 대위하여 등기명의자에게 등기말소를 구하는 것인지 여부를 석명하여야 하는 것은 아니라고 한다.[1] 또한 이해관계를 달리하는 공동피고 상호간에 그 주장이 일치하지 않는다고 질문하고 진상을 규명하여야 할 의무가 있는 것은 아니며,[2] 가압류되어 있는 부동산에 대한 소유권이전등기청구권을 대위행사하는 원고에 대하여 법원이 가압류의 해제를 조건으로 이전등기를 구하는지 여부에 관하여 석명을 구할 의무가 있는 것은 아니라고 한다.[3]

## 2) 적극적 석명의무

적극적 석명은 허용되지 않는 것이 원칙이나, 예외적으로 적극적 석명을 해야 할 의무가 인정되는 경우가 있다. 적극적인 석명의무가 인정되는 대표적인 경우를 예시하면 다음과 같다.

① 당사자표시에 있어서 착오가 있음이 분명한 경우: 당사자표시에 있어서 착오가 있음이 소장의 전 취지에 의하여 인정되는 경우에 법원은 당사자표시정정을 위한 석명을 하여야 하고, 이러한 조치를 취함이 없이 소송을 각하하는 것은 심리미진의 위법한 판결이 된다.[4]

---

않는 이상 법원이 전보배상에 대한 주장·입증을 촉구할 의무는 없다(대법원 1996. 7. 26. 선고 96다14616 판결).

[1] 등기명의자에 대하여 직접 말소등기청구권을 갖는다는 것과 진정한 소유자의 등기말소청구권을 대위행사하여 등기명의자에 대하여 말소를 구한다는 것은 청구원인이 다르므로, 소유자가 아닌 자가 등기명의자에게 직접 등기말소를 청구한 경우에 법원이 진정한 소유자를 대위하여 등기명의자에게 등기의 말소를 구하는 것인지 여부를 심리하지 않았더라도 석명권을 행사하지 아니한 잘못이 될 수 없다(대법원 1999. 2. 23. 선고 98다56782 판결).

[2] 석명권은 당사자의 진술에 모순, 흠결이 있거나 애매하여 그 진술취지를 알 수 없을 때 이를 명백히 하기 위하여 하는 것이지, 피고 중 일부가 실질상으로는 원고와 이해관계를 같이 하고 있는 경우에 있어서 공동피고 상호간에 그 주장이 일치하지 아니하고 다른 입장을 취하고 있다하여 재판장이 당사자에게 그에 대한 발문을 하고 진상을 규명하여야 할 의무는 없다(대법원 1982. 11. 23. 선고 81다39 판결).

[3] 소유권이전등기청구권에 대하여 가압류가 있는 경우에는 가압류의 해제를 조건으로 이전등기를 구할 수 있으나, 가압류되어 있는 부동산에 대한 소유권이전등기청구권을 대위행사하는 원고에 대하여 법원이 가압류의 해제를 조건으로 이전등기를 구하는지 여부에 관하여 석명을 구할 의무가 있는 것이 아니므로, 원심이 원고에 대하여 가압류의 해제를 조건으로 이전등기를 구할 기회를 부여하지 않은 조치에 석명권 불행사 내지 심리미진의 위법이 있다 할 수 없다(대법원 1994. 10. 25. 선고 93다55012 판결).

[4] 소장에 표시된 원고에게 당사자능력이 인정되지 않는 경우에는 소장에 기재된 표시 및 청구의 내용과 원인사실 등 소장의 전취지를 합리적으로 해석한 결과 인정되는 올바른 당사자능력자로 그 표시를 정정하는 것은 허용되며, 소장에 표시된 당사자가 잘못된 경우에 당사자표시를 정정케 하는 조치를 취함이 없이 바로 소를 각하할 수는 없다(대법원 2001. 11. 13. 선고 99두2017 판결); 외국법인의 국내지점은 소송에 있어 당사자 능력이 없다고 할 것이므로 원심으로서는 원고가 외국법인인지 아니면 그의 한국지점인지를 분명히 하여 그 당사자를 확정한 연후에 본안에 들어가 판단하였어야 할 것임에도 불구하고 이에 이르지 않고 그 판시와 같이 판결하였음은 당사자능력에 관한 법리를 오해한 위법이 있고 이와 같은 위법은 직권으로 조사할 사항이라고 할 것이므로 상고이유에 대한 판단을 할 필요없이 원심판결은 파기를 면할 수 없다(대법원 1982. 10. 12. 선고 80누495 판결); 소장에 표시된 당사자가 확정당사자와 다른 경우 당사자 표시를 정정케 하는 조치를 취함이 없이 소를 각하함은 심리미진으로 인한 이유불비의 위법이 있다(대법원 1977. 6. 28. 선고 75누250 판결).

② 토지임차인이 지상물매수청구권을 행사한 경우: 토지임대인의 임차인 상대의 지상물 철거 및 토지인도청구소송에서 임차인이 지상물매수청구권을 적법하게 행사한 경우에 법원은 임대인이 그래도 종전의 청구를 계속 유지할 것인지 아니면 대금지급과 상환으로 지상물의 명도를 구하는 청구로 변경할 의사가 있는지 여부에 대하여 석명할 의무가 있다.[1]

③ 손해액을 입증하지 못하는 경우: 불법행위로 인한 손해배상책임 또는 채무불이행책임이 인정됨에도 그 손해액에 관한 당사자의 주장·입증이 미흡한 경우에 그 청구를 배척할 것이 아니라 적극적으로 석명권을 행사하여 입증을 촉구할 의무가 있다.[2] 법원은 간접사실에 의하여 배상액을 인정할 수 있으며,[3] 경우에 따라서는 직권으로라도 손해액을 심리·판단하여야 한다.[4]

또한 부당이득반환책임이나 유익비상환청구권이 인정됨에도 그 손해액이나 상환액에 관한 당사자의 주장·입증이 미흡한 경우에도 적극적으로 석명권을 행사하여 입증을 촉구하여야 하고 직권으로라도 손해액을 심리·판단하여야 한다.[5] 매매계약의 해제로 인한 원상회복의무가 이행불능이 되어 이행불능 당시 가액의 반환채권이 인정되나 그 가액에 관한 당사자의 주장·입증이 미흡한 경우에도 마찬가지이다.[6]

---

1) 대법원 1995. 7. 11. 선고 94다34265 판결.
2) 불법행위로 인한 손해배상책임이 인정되는 때에는 설사 손해액에 관한 입증이 없더라도 법원은 그 청구를 배척할 것이 아니라 석명권을 행사하여 손해액을 심리판단해야 하고 그 같은 심리를 다하지 않으면 심리미진의 위법이 있다(대법원 1982. 4. 13. 선고 81다1045 판결); 채무불이행으로 인한 손해배상책임이 인정된다면 손해액에 관한 입증이 불충분하다 하더라도 법원은 그 이유만으로 손해배상청구를 배척할 것이 아니라 그 손해액에 관하여 적극적으로 석명권을 행사하고 입증을 촉구하여 이를 밝혀야 할 것이다(대법원 1992. 4. 28. 선고 91다29972 판결).
3) 불법행위로 인한 손해배상청구소송에 있어, 재산적 손해의 발생사실이 인정되고 그의 최대한도인 수액은 드러났으나 구체적인 손해의 액수를 입증하는 것이 사안의 성질상 곤란한 경우, 법원은 증거조사의 결과와 변론의 전취지에 의하여 밝혀진 당사자들 사이의 관계, 불법행위와 그로 인한 재산적 손해가 발생하게 된 경위, 손해의 성격, 손해가 발생한 이후의 제반 정황 등의 관련된 모든 간접사실들을 종합하여 상당인과관계 있는 손해의 범위인 수액을 판단할 수 있다(대법원 2005. 11. 24. 선고 2004다48508 판결).
4) 손해배상책임의 발생을 인정한 법원으로서는 손해액에 관한 당사자의 주장과 입증이 미흡하더라도 적극적으로 석명권을 행사하여 입증을 촉구하여야 하며, 경우에 따라서는 직권으로 손해액을 심리판단하여야 한다(대법원 1986. 8. 19. 선고 84다카503 판결).
5) 부당이득반환책임이 인정되는 경우에 법원은 그 손해액에 관한 당사자의 주장과 증명이 미흡하더라도 적극적으로 석명권을 행사하여 증명을 촉구하여야 하고 경우에 따라서는 직권으로라도 손해액을 심리·판단하여야 한다(대법원 2012. 6. 14. 선고 2012다20819 판결); 점유자의 회복자에 대한 유익비상환청구권이 인정된다면 그 상환액에 관한 점유자의 입증이 없더라도 법원은 이를 이유로 유익비상환청구를 배척할 것이 아니라 석명권을 행사하여 점유자에 대하여 상환액에 관한 입증을 촉구하는 등 상환액에 관하여 심리·판단하여야 한다(대법원 1993. 12. 28. 선고 93다30471 판결).
6) 부동산에 관한 매매계약의 해제로 인한 원상회복의무가 이행불능이 되어 이행불능 당시 가액의 반환채권이 인정되는 경우, 법원으로서는 이행불능 당시의 당해 부동산의 가액에 관한 원고의 주장·입증이 미흡하더라도 적

④ **법률사항 지적의무:** 법원은 당사자가 간과하였음이 분명하다고 인정되는 법률상 사항에 관하여 당사자에게 의견진술의 기회를 주어야 할 의무가 있다(제136조 제4항). 이를 '법률사항 지적의무' 또는 '법적 관점 지적의무'라고 한다. 당사자가 부주의 또는 오해로 인하여 명백히 간과한 법률상의 사항이 있거나 당사자의 주장이 법률상의 관점에서 보아 모순 또는 불명료한 점이 있는 경우에 법원은 적극적으로 석명권을 행사하여 당사자에게 의견진술의 기회를 주어야 하고, 그러한 기회를 주지 않은 채 예상외의 재판으로 당사자 일방에게 불의의 타격을 가하는 것은 석명의무 또는 지적의무를 다하지 않은 것으로서 위법한 것이 된다.[1]

　판례는 채권자취소소송에서 제소기간의 도과 여부가 당사자 사이에 쟁점이 된 바가 없음에도 당사자에게 의견진술의 기회를 부여하거나 석명권을 행사함이 없이 제척기간의 도과를 이유로 소를 각하한 경우,[2] 당사자들이 부제소 합의를 쟁점으로 삼아 소송의 적법 여부를 다투지 않았음에도 법원이 당사자에게 의견진술의 기회를 부여하지 않은 채 직권으로 부제소 합의에 반한다는 이유로 소를 부적법 각하한 경우,[3] 손해배상청구의 법률적 근거가 계약책임인지 불법행위책임인지 불명확함에도 석명권을 행사하지 않고 불법행위책임을 묻는 것으로 단정한 뒤 증명이 부족하다는 이유로 청구를 기각한 경우,[4] 청구변경의 형태가 교환적인지 추가적인지 불분명함에도 교환적 변경으로 단정하

---

극적으로 석명권을 행사하여 주장을 정리함과 함께 입증을 촉구하여야 하고, 경우에 따라서는 직권으로라도 그 가액을 심리·판단하여야 한다(대법원 1998. 5. 12. 선고 96다47913 판결).

1) 제136조 제4항에 따라 당사자가 부주의 또는 오해로 인하여 명백히 간과한 법률상의 사항이 있거나 당사자의 주장이 법률상의 관점에서 보아 모순이나 불명료한 점이 있는 경우 법원은 적극적으로 석명권을 행사하여 당사자에게 의견 진술의 기회를 주어야 하고, 만일 이를 게을리한 경우에는 석명 또는 지적의무를 다하지 아니한 것으로서 위법하다(대법원 2009. 11. 12. 선고 2009다42765 판결).

2) 원심 변론종결 당시까지 당사자 사이에는 이 사건 부동산 처분행위가 사해행위에 해당하는지 여부 및 소외자와 피고에게 채권자를 해할 의사가 있었는지 여부에 대하여만 다투어졌을 뿐, 이 사건 소의 제척기간이 도과된 것인지 여부에 대하여는 당사자 사이에 전혀 쟁점이 된 바가 없었고 원심도 그에 대하여 원고에게 의견진술의 기회를 주거나 석명권을 행사한 바 없음을 알 수 있다. 그럼에도 불구하고 그 때까지 당사자 사이에 쟁점이 되지 아니하였던 제척기간 도과를 이유로 이 사건 사해행위 취소의 소를 각하하고 만 것은 당사자가 전혀 예상하지 못하였던 법률적인 관점에 기한 예상외의 재판으로 원고에게 불의의 타격을 가하였을 뿐만 아니라 심리를 다하지 아니하여 판결에 영향을 미친 위법이 있다(대법원 2006. 1. 26. 선고 2005다37185 판결).

3) 당사자들이 부제소 합의의 효력이나 그 범위에 관하여 쟁점으로 삼아 소의 적법 여부를 다투지 아니하는데도 법원이 직권으로 부제소 합의에 위배되었다는 이유로 소가 부적법하다고 판단하기 위해서는 그와 같은 법률적 관점에 대하여 당사자에게 의견을 진술할 기회를 주어야 하고, 부제소 합의를 하게 된 동기 및 경위, 그 합의에 의하여 달성하려는 목적, 당사자의 진정한 의사 등에 관하여도 충분히 심리할 필요가 있다. 법원이 그와 같이 하지 않고 직권으로 부제소 합의를 인정하여 소를 각하하는 것은 예상외의 재판으로 당사자 일방에게 불의의 타격을 가하는 것으로서 석명의무를 위반하여 필요한 심리를 제대로 하지 아니하는 것이다(대법원 2013. 11. 28. 선고 2011다80449 판결).

4) 손해배상청구의 법률적 근거는 이를 계약책임으로 구성하느냐 불법행위책임으로 구성하느냐에 따라 요건사실에

여 새로운 청구에 대하여만 판단한 경우[1] 등은 법률사항 지적의무를 다하지 않은 것으로 위법하다고 한다.

### (3) 석명권의 행사

석명권은 소송지휘권의 일종이므로 합의재판의 경우에는 재판장이, 단독재판의 경우에는 단독판사가 행사한다(제136조 제1항). 석명권은 법원의 권한이므로 당사자는 상대방에게 직접 석명을 구할 수 없으며, 필요한 경우에는 재판장에게 상대방에 대하여 설명을 요구하여 줄 것을 요청할 수 있다(동조 제3항, 구문권). 재판장은 필요한 경우 미리 당사자에게 석명할 사항을 지적하고 변론기일 이전에 이를 준비할 것을 명령할 수 있다(제137조, 석명준비명령). 당사자는 석명권의 행사나 석명준비명령에 대하여 이의신청을 할 수 있으며, 법원은 이의신청에 대하여 결정으로 재판한다(제138조). 나아가 법원은 소송관계를 분명하게 하기 위하여 당사자 본인 또는 법정대리인에 대한 출석명령, 당사자가 소지한 문서 또는 물건의 제출명령, 검증 또는 감정명령, 필요한 조사의 촉탁 등 처분을 할 수 있다(제140조, 석명처분). 석명처분은 사건의 내용을 이해하기 위한 것으로 증거자료의 수집을 목적으로 하는 증거조사와 다르다. 석명처분에 의하여 얻은 자료는 당사자가 이를 원용하지 않는 한 증거로서 효력이 없으며 변론의 전체 취지로서 참작되는데 그친다.[2]

---

대한 증명책임이 달라지는 중대한 법률적 사항에 해당하므로, 당사자가 이를 명시하지 않은 경우 석명권을 행사하여 당사자에게 의견 진술의 기회를 부여함으로써 당사자로 하여금 그 주장을 법률적으로 명쾌하게 정리할 기회를 주어야 함에도, 이러한 조치를 취하지 않은 채 손해배상청구의 법률적 근거를 불법행위책임을 묻는 것으로 단정한 뒤 증명이 부족하다는 이유로 청구를 받아들이지 아니하였는바, 이는 석명권을 적절하게 행사하지 아니하고 당사자에게 법률사항에 관한 의견 진술의 기회를 주지 아니하여 잘못이라고 할 것이다(대법원 2009. 11. 12. 선고 2009다42765 판결).

[1] 원고들은 제1심에서 부당이득금반환을 구한다는 청구를 하다가, 원심에 이르러 소외인으로부터 부당이득반환채권을 양수하였으므로 그 양수금의 지급을 구한다고 주장하여 청구원인을 변경하였다. 소의 변경이 교환적인가 또는 추가적인가의 여부는 기본적으로 당사자의 의사해석에 의할 것이므로 당사자가 구청구를 취하한다는 명백한 의사표시 없이 새로운 청구원인을 주장하는 등으로 그 변경형태가 불명할 경우에는 사실심법원으로서는 청구변경의 취지가 교환적인지 또는 추가적인지에 대하여 석명으로 이를 밝혀 볼 의무가 있다. 그러나 원심은 이와 같은 조치를 취함이 없이 원고들이 부당이득반환청구를 양수금청구로 교환적 변경을 한 것이라고 단정한 나머지 양수금청구에 대하여만 판단하였으니 원심판결에는 소의 변경에 관한 법리를 오해하고 석명권을 행사하지 아니한 위법이 있다(대법원 1995. 5. 12. 선고 94다6802 판결).

[2] 김홍엽, 419면; 이시윤, 350면.

## (4) 석명권 위반과 상고이유

석명권을 게을리 행사하거나 그릇 행사한 경우에 상고이유로 삼을 수 있는지 논란이 있다. 석명권은 법원의 권한이고 그 행사 여부는 법원의 재량에 속하므로 석명권의 불행사는 상소의 대상이 되지 않는 것이 원칙이다. 그러나 예외적으로 석명의무가 인정됨에도 이를 행사하지 않았다든가 석명권의 불행사 또는 그릇된 행사가 객관적으로 보아 자의적이라고 할 정도이고 그로 인하여 심리가 현저히 조잡하게 되었다고 인정되는 경우에는 상고이유가 된다고 할 것이다. 이 경우 절대적 상고이유(제424조 제1항)가 되는 것이 아니라 소송절차 위반으로 인한 일반적 상고이유(제423조)가 된다. 따라서 판결에 영향을 미칠 것을 요한다.


# V. 기타의 원칙


## 1. 공개심리주의

재판의 심리와 판결의 선고는 공개하여야 한다(헌법 제109조 본문, 법원조직법 제57조 제1항 본문). 국민에게 재판을 공개함으로써 공정성을 담보하고 재판에 대한 국민의 신뢰를 제고하기 위한 것이다. 여기서 재판이라 함은 소송사건의 재판만을 뜻하며, 공개하여야 할 것은 변론절차와 판결의 선고이다. 재판의 합의(법원조직법 제65조)는 공개하지 않으며, 임의적 변론이나 변론준비기일, 증거조사기일(변론기일 외의 경우) 등은 공개하지 않는다.

그러나 국가의 안전보장, 안녕질서 또는 선량한 풍속을 해할 염려가 있을 때에는 결정으로 재판의 심리는 공개하지 않을 수 있다(헌법 제109조 단서, 법원조직법 제57조 제1항 단서). 비공개하기로 결정한 경우에도 재판장은 적당하다고 인정되는 사람에 대해서는 법정 내에 있는 것을 허가할 수 있다(법원조직법 제57조 제3항). 비공개는 변론절차에 대하여만 가능하고 판결의 선고는 비공개로 할 수 없다. 비공개는 법원의 결정으로 하여야 하고 재판장의 명령에 의할 수 없다. 비공개결정은 이유를 밝혀 선고하여야 하고(법원조직법 제57조 제2항), 재판서 등 서면을 당사자에게 송달하는 식으로 고지만을 해서는 효력이 생기지 않는다. 비공개결정의 효력은 당해 기일에서만 미치고, 당해 기일 종료 전에 해제결정을 하여 공개상태로 환원할 수도 있다.

## 2. 쌍방심리주의

재판의 심리에 있어서 당사자 쌍방에게 평등하게 진술할 기회를 부여하여야 한다. 일방만의 공격으로 편파적인 재판이 진행되는 것을 막기 위함이다. 무기평등의 원칙이라고 할 수 있다. 다만, 결정으로 완결할 사건에서는 임의적 변론에 의하므로 반드시 쌍방심리주의가 적용되는 것은 아니다(제134조 단서). 그리하여 예를 들어, 가압류·가처분 절차, 강제집행절차 등에는 쌍방심리주의가 적용되지 않는다. 그러나 독촉절차에서 지급명령에 대한 이의신청이 있거나 또는 가압류·가처분절차에서 이의신청이나 취소신청이 있는 경우에는 소송 또는 필수적 심문절차로 이행되므로 쌍방심리주의가 적용된다(제472조 제2항, 민사집행법 제286조 제1항, 제288조 제3항, 제307조 제2항).

## 3. 구술심리주의

구술심리주의는 당사자 및 법원의 소송행위는 구술로 행해져야 한다는 원칙이다. 변론, 증거조사, 판결 모두 구술로 행해져야 한다. 변론은 당사자가 구술로 중요한 사실상 또는 법률상 사항에 대하여 진술하고, 법원이 당사자에게 구술로 해당 사항을 확인하는 방식으로 한다(제134조 제1항, 민사소송규칙 제28조 제1항). 구술로 진술한 소송자료만이 판결의 기초가 된다. 당사자가 법원에 소장이나 답변서, 준비서면 등을 제출하는 것만으로 그 서면에 기재된 사실을 주장한 것으로 되지 않으며, 또한 소장 등 소송서류에 증거를 첨부하여 제출한 것만으로 증거신청의 효과가 발생하지 않는다. 당사자가 변론에 출석하여 구술로 진술한 때에 비로소 소송서류 등에 기재된 사실을 주장한 것으로 되고 증거신청의 효과가 발생한다. 증인이나 당사자에 대한 신문도 구술에 의하여야 하고(제331조, 제373조), 판결도 재판장이 판결원본에 따라 주문을 읽는 방식으로 선고하여야 한다(제206조).

## 4. 직접(심리)주의

직접(심리)주의는 직접 변론을 듣고 증거조사를 한 법관이 판결을 선고해야 한다는 원칙이다. 다른 사람이 심리한 결과를 기초로 재판해서는 안 된다. 민사소송법에서도 직접(심리)주의를 명문으로 규정하고 있다(제204조). 판결은 변론에 관여한 법관이 하여야 한다(제204조 제1항). 직접심리주의에 위반하여 변론에 관여하지 않은 법관이 판결한 경우에는 법률에 의하여 판결법원을 구성하지 않은 때에 해당되어 상소(제424조 제1항 제1호) 또는 재심(제451조 제1항 제1호)에 의하여 취소를 구할 수 있다. 만일, 법관이 바뀐 경우에는 당사자는 새로운 법관 앞에서 종전의 변론결과를 진술하여야 한다(동조 제2항). 이를 '변론의 갱신'이라고 한다. 물론 법관이 바뀐 경우에도 종전에 한 번도 변론이 진행되지 않은 채 기일연기만 계속해 왔다면 변론의 갱신을 할 필요가 없다.[1]

　변론의 갱신은 개괄적으로 종전의 변론결과를 진술하는 것으로 족하고, 종전의 변론내용을 구체적으로 하나씩 들어 다시 진술하여야 하는 것은 아니다.[2] 합의부의 경우 법관 1명이라도 바뀐 경우에는 변론의 갱신절차를 거쳐야 한다. 변론기일이 진행되는 도중에 법관이 바뀐 경우뿐만 아니라 소송이 이송[3]되거나 항소를 제기하여 법관이 바뀐 경우, 판결이 파기되어 환송이나 이송을 받은 법원에서 사건을 심리하는 경우(제436조 제2항), 재심소송에서 본안에 관하여 심리하는 경우(제455조)에도 변론의 갱신절차를 거쳐야 한다. 그러나 변론준비절차에는 제204조 제2항이 준용되지 않으므로 변론준비기일이 진행되는 도중에 법관이 바뀌더라도 갱신절차를 거칠 필요가 없다(제286조). 소액사건에서도 간이·신속한 처리를 위하여 법관이 바뀌더라도 변론의 갱신 없이 판결할 수 있다(소액사건심판법 제9조 제2항). 또한 판결선고기일에 법관이 바뀐 경우에도 변론을 하는 것이 아니므로 갱신절차를 거칠 필요가 없다.[4] 판례는 변론의 갱신절차를 밟지 않았더라도 당사자가 최종변론기일에서 소송관계를 표명하고 변론을 하였다면 그 위법이 치유된다고 한다.[5]

　단독사건의 판사나 합의부 법관의 반수 이상이 변경된 경우에 종전에 신문한 증인에 대하여 당사자가 다시 신문신청을 한 때에는 법원은 그 신문을 하여야 하고(제204조 제3항), 증거보전절차에서 신문한 증인을 당사자가 변론에서 다시 신문하고자 신청한 때에도 법원은 그 증인을 신문하여야 한다(제384조). 이는 증거조사에 있어서의 직접(심리)주의를 규정한 것이다. 판례는 당

---

1) 한 번도 변론을 진행하지 않은 채 기일통지의 하자 등으로 인하여 변론이 연기만 계속되어 왔다면 법관이 바뀐 후의 기일에 변론을 진행하는 것은 최초의 변론이므로 변론갱신을 할 것이 아니다. 그러나 한 번이라도 속행이 있었던 경우에는 변론의 갱신을 요한다.

2) 종전 변론결과의 진술은 당사자가 사실상 또는 법률상 주장, 정리된 쟁점 및 증거조사 결과의 요지 등을 진술하거나 법원이 당사자에게 해당 사항을 확인하는 방식으로 할 수 있다(민사소송규칙 제55조).

3) 소송의 이송 전에 변론이 진행된 경우에는 이송 후 변론을 진행하려면 변론을 갱신하여야 한다.

4) 판결선고를 앞두고 법관이 변경된 경우에 변론을 재개하여 변론의 갱신절차를 거쳐야 하지만, 판결내용이 확정된 뒤에 변론에 관여한 법관이 변경된 경우에는 변론의 갱신절차를 거칠 필요 없이 다른 법관이 그 사유를 적고 서명·날인하여 선고한다(제208조 제4항).

5) 재심사유가 이유있을 경우에는 재심법원은 본안심리를 해야 하고 이 경우의 본안심리는 재심이전의 상태로 부활되어 그것이 속행되는 것이고 그 부활 전의 법관이 경질된 이상 부활된 소송에서 당사자는 종전의 변론결과를 진술해야 하는데, 이러한 이른바 변론의 갱신절차를 밟지 아니하였다 하더라도 당사자가 그 부활된 심급의 최종변론기일에서 소송관계를 표명하고 변론을 하였다면 이것으로써 변론을 갱신한 효과는 생긴 것이라 보아도 좋을 것이다(대법원 1966. 10. 25. 선고 66다1639 판결).

사자가 신청하면 반드시 재신문을 하여야 하는 것은 아니며 법원이 소송의 상태에 비추어 재신문이 필요하지 않다고 인정하는 경우에는 재신문을 하지 않을 수 있다고 한다.[1] 직접심리주의의 예외로서 수명법관 또는 수탁판사에 의한 증거조사가 있다. 법원은 필요한 경우 수명법관이나 수탁판사로 하여금 법원 밖에서 증거조사를 하도록 할 수 있고, 그 결과를 적은 조서를 판결자료로 할 수 있다(제297조). 이 한도에서 간접심리주의에 의하고 있다. 외국에서 증거조사를 하는 경우에 그 나라에 주재하는 우리나라 대사·공사·영사 또는 그 나라의 관할 공공기관에 촉탁하는 경우도 마찬가지이다(제296조).

## 5. 적시제출주의

적시제출주의라 함은 당사자는 공격방어방법을 소송의 진행 정도에 따라 적절한 시기에 제출하여야 한다는 원칙을 말한다(제146조). 적시제출주의는 변론종결에 이르기까지 아무 때나 공격방어방법을 제출할 수 있는 '수시제출주의'와 공격방어방법의 제출 순서를 정해 놓고 순서를 놓치면 실권되게 하는 '법정순서주의 또는 동시제출주의'의 절충적인 입장이다. 적시제출주의는 변론주의에 의하는 소송절차에만 적용되고, 직권탐지주의가 적용되는 절차나 직권조사사항에 대하여는 적용되지 않는다. 민사소송법은 적시제출주의를 실현하기 위하여 공격방어방법의 제출기한 제한, 실기한 공격방어방법이나 석명에 불응한 공격방어방법의 각하 등을 규정하고 있다.

### (1) 공격방어방법의 제출기한 제한

재판장은 당사자 쌍방 또는 일방에 대하여 특정한 사항에 관하여 공격방어방법을 제출할 기간, 즉 주장을 하거나 증거를 신청할 기간을 정할 수 있다. 재판장이 이 기간을 정함에 있어서 반드시 당사자의 의견을 들어야 한다(제147조 제1항).

당사자는 재정기간(裁定期間)이 도과하면 주장을 하거나 증거를 신청할 수 없다. 즉, 재정기간이 도과하면 자동으로 실권적 효력이 발생한다. 그러나 당사자가 정당한 사유로 그 기간 이내에 제출 또는 신청하지 못하였다는 것을 소명한 경우에는 예외이다(제147조 제2항).

---

1) 제204조 제3항은 경질된 법관이 변론조서나 증인신문조서의 기재에 의하여 종전에 신문한 증인의 진술의 요지를 파악할 수 있는 것이기는 하지만, 법관의 심증에 상당한 영향을 미칠 수 있는 증인의 진술태도 등을 통하여 받은 인상은 문서인 증인신문조서의 기재만으로는 알 수 없기 때문에 재신문에 의하여 경질된 법관에게 직접 심증을 얻도록 하려는 데에 그 취지가 있으므로, 당사자가 신청하기만 하면 어떤 경우에든지 반드시 재신문을 하여야 하는 것은 아니고, 법원이 소송상태에 비추어 재신문이 필요하지 아니하다고 인정하는 경우에는 제290조(증거조사의 채택 여부)에 따라 재신문을 하지 아니할 수도 있는 것이다(대법원 1992. 7. 14. 선고 92누2424 판결).

## (2) 실기한 공격방어방법의 각하

당사자가 고의 또는 중대한 과실로 공격방어방법을 뒤늦게 제출함으로써 소송의 완결을 지연시키는 때에는 법원은 직권 또는 상대방의 신청에 따라 결정으로 이를 각하할 수 있다(제149조 제1항).

### 1) 각하의 요건

① **시기에 늦은 공격방어방법의 제출**: 공격방어방법을 뒤늦게 제출하였어야 한다. 주장, 부인, 항변, 증거신청 등 공격방어방법이 각하의 대상이 되고, 반소나 청구의 변경 등과 같은 본안의 신청은 여기서 제외된다. 유일한 증거방법이라고 하여도 각하의 대상이 된다.[1]

　시기에 늦었다고 함은 변론의 경과로 보아 이전의 변론에서 제출할 기회가 있었고 이를 기대할 수 있었음에도 제출하지 않은 경우를 말한다. 항소심에서 제출된 공격방어방법이 시기에 늦었는지 여부를 판단할 때에는 항소심만을 기준으로 할 것이 아니라 제1심과 항소심을 통틀어 판단하여야 한다. 판례는 제1심에서도 충분히 제출할 수 있었던 공격방어방법을 항소심 변론이 상당히 진행된 이후에 제출한 경우,[2] 증인신문기일이 지정되었음에도 비용을 예납하지 않아 증거채택결정이 취소되고 변론이 종결된 후에 변론재개신청을 하여 기일이 지정되었음에도 불출석하고 다음 기일에 출석하여 취소된 증인신문을 다시 신청한 경우[3] 등은 실기한 공격방어방법으로 보고 있다.

　상계항변이나 건물매수청구권의 행사 등은 예비적 항변으로서 원고의 청구가 이유 있

---

1) 증거신청이 시기에 늦은 공격방어방법이어서 이를 채택하지 아니하였다 하여 유일한 증거를 조사하지 아니하거나 심리미진의 위법이 있다고 할 수 없다(대법원 1968. 1. 31. 선고 67다2628 판결).

2) 원고의 본소 건물철거와 대지명도의 청구에 대하여 피고는 1심에서 유치권의 항변을 주장할 수 있었을 뿐 아니라 항소심인 원심에서도 제1, 2, 3회 변론기일에 조차 그 항변을 넉넉히 주장할 수 있었을 것인데 만연히 그 주장을 하지 않고 제4회 변론기일에 비로소 그 주장을 한 것은 피고가 시기에 늦어서 방어방법을 제출한 것이라 볼 것이고 만일 그 항변의 제출을 허용한다면 소송의 완결에 지연을 가져올 것은 분명한 일인즉 같은 취지에서 피고의 유치권 항변의 제출을 각하한 것은 정당하다(대법원 1962. 4. 4. 선고 4294민상1122 판결); 원고들이 토지면적 동의율 산정이 위법하다는 취지의 주장을 4차에 걸친 제1심 변론기일은 물론 원심 1차 변론기일까지 하지 않다가 원심 2차 변론기일(마지막 변론기일)에서 비로소 위와 같은 주장을 하였으므로, 이는 적시제출주의를 규정한 제146조의 규정을 어기어 고의 또는 중대한 과실로 공격방법을 뒤늦게 제출함으로써 소송의 완결을 지연시키게 한 것이다(대법원 2014. 5. 29. 선고 2011두25876 판결).

3) 피고가 한 증인신청을 채택하고 그 신문기일을 정하였는데 피고가 그 증인들의 소환비용을 예납하지 아니하였을 뿐 아니라 그 기일에 피고가 출석도 하지 아니하였으므로 그 증거채택을 취소하고 변론을 종결하였다. 그 후 피고의 변론재개신청을 채택하여 기일을 지정 고지하였음에도 불구하고 피고는 출석하지 않고 다음 기일에 비로소 출석하여 이미 취소된 증인의 환문을 재차 신청하는 것은 시기에 늦은 공격방어방법이라고 볼 수 있다(대법원 1968. 1. 31. 선고 67다2628 제3부 판결).

음을 전제로 심리하는 것이므로 그 성질상 조기(早期)에 제출할 것을 기대하기 어렵다. 따라서 상계항변이나 건물매수청구권 등은 실기한 공격방어방법에 속하지 않는 것이 원칙이다. 그러나 상계항변이라도 의도적으로 늦게 제출한 것이 명백하거나 반대채권의 존재가 의심스러워 소송지연의 수단으로 보이는 경우에는 각하할 수 있다.[1] 판례는 환송 전 원심에서 상계항변을 할 수 있었음에도 불구하고 환송 후 원심에 이르러 상계항변을 주장하는 경우에는 실기한 공격방어방법에 해당된다고 한다.[2]

② **당사자의 고의 또는 중과실**: 당사자의 고의 또는 중과실이 있어야 한다. 당사자의 고의 또는 중과실 여부는 당사자의 법률지식정도, 공격방어방법의 종류 등을 고려하여 판단하여야 한다. 적절한 시기보다 늦게 공격방어방법이 제출된 경우에는 합리적인 이유가 없는 한 중과실이 있는 것으로 추정된다.[3] 판례는 당사자 일방과 제3자 사이의 계약에 대한 취소권은 이를 행사하면 당사자들 이외에 제3자에게까지 분쟁이 확대될 것으로 예상되어 그 행사에 신중을 기할 수밖에 없고, 동일한 쟁점에 관한 대법원 판결이 선고되자 그 판결의 취지에 따라 취소권을 행사하게 된 것이라면, 비록 항소심 제2회 변론기일에 이르러 취소권을 행사하였다고 하더라도 고의 또는 중과실로 시기에 늦게 제출한 것으로 보기 어렵다고 한다.[4]

---

1) 김홍엽, 424면; 이시윤, 354면.
2) 피고는 스스로 환송 전 원심에서 상계항변을 할 수 있음을 알고 있었지만 부제소합의의 주장으로 충분히 승산이 있다고 생각하여 상계항변을 하지 아니한 것이라고 주장함으로써 그 항변을 하지 아니한 것이 의도적이거나 또는 속단에 인한 것임을 자인하고 있는바, 이는 그 자체로 고의 또는 중대한 과실로 평가될 수 있는 점, 이 사건에서 피고는 위 상계항변과는 모순되는 내용의 주장과 입증만 계속하고 있으므로 상계적상에 있는 자동채권의 존재 자체도 의심스럽고 위 상계항변의 당부를 판단하기 위해서는 새로운 증거조사가 필요하므로 그로 인하여 이 사건 소송의 완결을 지연시키게 된다는 점, 실기한 공격방어방법의 각하는 상대방의 신청이 없더라도 법원이 직권으로 할 수 있는 점 등에 비추어 보면, 위 상계항변은 실기한 공격방어방법에 해당되어 받아들일 수 없다는 원심의 조치는 정당하다(대법원 2005. 10. 7. 선고 2003다44387 판결).
3) 강현중, 282면.
4) 미성년자의 신용카드이용계약의 취소에 따른 부당이득반환청구사건에서 미성년자의 신용카드이용계약을 취소하더라도 신용카드회원과 가맹점 사이에 체결된 매매계약은 유효하다는 동일한 쟁점에 관한 대법원 판결이 선고되자 항소심 제2차 변론기일에 이르러 원고들과 각 가맹점 사이의 개별 계약의 취소 주장을 새로이 제출한 사안에서, 위와 같은 대법원의 판결이 선고되기 전까지 원고들이나 그 소송대리인이 자신들의 종전 주장과 달리 미성년자가 신용카드발행인과 사이의 신용카드이용계약을 취소하더라도 신용카드회원과 해당 가맹점 사이에 체결된 개별적인 매매계약이 유효하게 존속한다는 점을 알았거나 이를 알지 못한 데에 중대한 과실이 있었다고 단정할 만한 자료가 없는 점, 이 사건 주장은 원고들과 피고들 사이의 거래가 아닌 원고들과 각 가맹점 사이의 거래에 대한 원고들의 취소권 행사를 전제로 하고 있고, 그 취소권을 행사하기 전에는 원고들이 예비적으로 이를 주장할 수 없는 것이어서 기존의 사실 및 법률관계를 공격·방어방법으로서 제출하는 일반적인 경우와는 달리 조기 제출에 어려움이 있고, 위 취소권이 행사되면 원고들과 피고들 사이의 분쟁이 원고들과 각 가맹점 사이, 각 가맹점과 피고들 사이의 분쟁으로 확대될 것이 예상되므로 원고들이 위 취소권을 행사하는 데에 신중을

③ **소송완결의 지연**: 공격방어방법을 심리하면 각하할 때보다 소송완결이 지연되어야 한다. 고의 또는 중대한 과실로 공격방어방법을 늦게 제출하였더라도 소송의 완결을 지연시키는 것이 아니라면 법원은 이를 실기한 공격방어방법으로 각하할 수 없다. 법률상 주장 또는 당해 기일에 즉시 조사할 수 있는 증거신청 등은 별도의 증거조사가 불필요하고 소송의 완결을 지연시키지 않으므로 실기한 공격방어방법이라고 할 수 없다. 예를 들어, 원고가 농지매매증명을 얻지 못했다는 피고의 항변은 법률상 주장으로서 별도의 증거조사를 필요로 하지 않으므로 실기한 공격방어방법이 아니다.[1] 또한 실기한 공격방어방법이라고 하여도 이미 그 공격방어방법에 대한 증거조사가 마쳐진 경우, 별도로 심리하거나 증거조사를 하여야 할 사항이 남아 있어 어차피 기일의 속행을 필요로 하고 그 속행기일의 범위 내에서 공격방어방법의 심리도 마칠 수 있거나 공격방어방법의 내용이 이미 심리를 마친 소송자료의 범위 안에 포함되어 있는 경우에는 소송의 완결을 지연시킨다고 볼 수 없어 각하할 수 없다.[2]

### 2) 각하의 절차

실기한 공격방어방법의 각하는 법원이 직권 또는 상대방의 신청에 따라 결정으로 한다(제149조 제1항). 독립된 결정으로 할 수 있을 뿐만 아니라 종국판결의 이유 중에서 판단하는 방식에 의할 수도 있다.[3] 각하결정은 중간적 재판이므로 이에 대하여는 독립하여 항고할 수 없고

---

기할 수밖에 없다고 보이는 점 등에 비추어 보면, 원고들이 이 사건 주장을 제1심 소송절차에서 제출한 바 없다고 하더라도 동일 쟁점에 대한 대법원의 첫 판결이 선고된 후 얼마 지나지 않은 시점으로서 원심의 제2차 변론기일에 이를 진술한 것에 대하여, 원고들이 고의 또는 중대한 과실로 시기에 늦게 이 사건 주장을 하였다고 보기는 어렵다(대법원 2006. 3. 10. 선고 2005다46363 판결).

1) 피고가 대법원 환송판결 후 원심에서 비로소 원고가 농지매매증명을 얻지 못하였다는 항변을 하였더라도 이는 법률상 주장으로서 별도의 증거조사를 필요로 하지 아니하고, 이로 말미암아 소송의 완결이 지연되는 것도 아니므로 실기한 방어방법이 아니라고 할 것이다(대법원 1992. 10. 27. 선고 92다28921 판결).

2) 법원은 당사자의 고의 또는 중대한 과실로 시기에 늦게 제출한 공격방어방법이 그로 인하여 소송의 완결을 지연하게 하는 것으로 인정될 때에는 이를 각하할 수 있다. 다만, 법원이 당사자의 공격방어방법에 대하여 각하결정을 하지 아니한 채 그 공격방어방법에 관한 증거조사까지 마친 경우 또는 실기한 공격방어방법이라 하더라도 따로 심리하거나 증거조사를 하여야 할 사항이 남아 있어 어차피 기일의 속행을 필요로 하고 그 속행기일의 범위 내에서 공격방어방법의 심리도 마칠 수 있거나 공격방어방법의 내용이 이미 심리를 마친 소송자료의 범위 안에 포함되어 있는 때에는 각하할 수 없다(대법원 2014. 5. 29. 선고 2011두25876 판결; 2003. 4. 25. 선고 2003두988 판결).

3) 법원은 당사자의 고의 또는 중대한 과실로 시기에 늦게 제출한 공격방어방법이 그로 인하여 소송의 완결을 지연하게 하는 것으로 인정될 때에는 이를 각하할 수 있고, 이는 독립된 결정의 형식으로 뿐만 아니라 판결이유 중에서 판단하는 방법에 의하여 할 수도 있다(대법원 2014. 5. 29. 선고 2011두25876 판결; 2003. 4. 25. 선고 2003두988 판결).

종국판결에 대한 상소와 함께 불복하여야 한다. 그러나 당사자의 각하신청을 배척하는 결정에 대하여는 불복할 수 없다. 당사자의 각하신청은 법원의 소송지휘권 행사라는 직권발동을 촉구하는 의미를 갖는데 불과하기 때문이다. 각하 여부는 법원의 재량에 속한다. 따라서 각하 요건이 갖추어졌더라도 반드시 각하를 해야 하는 것은 아니다. 시기에 늦은 공격방어방법이 각하되지 않는 경우에 그로 인하여 소송을 지연시킨 당사자는 승소에 불구하고 증가된 소송비용을 부담할 수 있다(제100조).

### (3) 석명에 불응한 공격방어방법의 각하

당사자가 제출한 공격방어방법의 취지가 분명하지 않은 경우에 당사자가 필요한 설명을 하지 않거나 설명할 기일에 출석하지 않은 때에는 법원은 직권 또는 상대방의 신청에 따라 결정으로 이를 각하할 수 있다(제149조 제2항).

### (4) 기타

피고는 소장부본을 송달받은 날로부터 30일 이내에 답변서를 제출하여야 하고(제256조 제1항), 임의관할 위반(제30조)이나 소송비용의 담보제공(제118조) 또는 중재합의의 존재(중재법 제9조 제2항) 등 항변은 본안에 관한 변론 전까지 제출하여야 한다. 또한 변론준비기일에 제출하지 않은 공격방어방법은 변론에 제출할 수 없는 것이 원칙이며(제285조), 상고이유서 제출기간이 지난 뒤에는 새로운 상고이유의 제출이 허용되지 않는다(제427조, 제431조).

## 6. 집중심리주의

집중심리주의라 함은 하나의 사건에 관하여 집중적인 변론과 증거조사를 실시하는 심리방식을 말한다. 여러 사건을 병행하여 변론하고 증거조사를 하는 '병행심리주의'에 대응한 방식이다. 집중심리주의는 쟁점이 복잡한 사건에서 그 필요성이 더욱 커진다. 변론은 집중되어야 하고(제272조 전단), 증인신문과 당사자신문은 당사자의 주장과 증거를 정리한 뒤 집중적으로 하여야 한다(제293조). 재판장은 쟁점이 복잡한 사건에 대하여 필요하다고 인정하면 변론준비절차에 부칠 수 있는데, 법원은 변론준비절차를 마친 경우 첫 변론기일을 거친 뒤 바로 변론을 종결할 수 있도록 하여야 하고(제287조 제1항), 만일 그 심리에 2일 이상이 소요되는 때에는 가능한 한 종결에 이르기까지 매일 변론을 진행하여야 한다(민사소송규칙 제72조 제1항).

# 제2절 변론의 준비 및 실시

## I. 변론의 준비

변론이 신속하고 원활하게 진행되기 위해서는 변론의 사전준비가 필요하다. 변론의 준비를 위하여 당사자는 준비서면을 제출하고, 법원은 변론준비절차를 열어 미리 쟁점 및 증거를 정리할 수 있다.

### 1. 준비서면

#### (1) 의의

준비서면이란 당사자가 변론 또는 변론준비기일에서 구술로 하고자 하는 사실상 또는 법률상 사항을 기일 전에 예고적으로 기재하여 법원에 내는 서면을 말한다(제272조 제1항). 준비서면은 변론의 예고에 불과하기 때문에 이를 제출하는 것만으로는 소송자료가 되지 못하며, 변론에서 당사자가 준비서면에 기재된 내용을 진술한 때에 비로소 소송자료가 된다. 준비서면에는 공격방어방법에 관한 진술, 상대방의 청구와 공격방어방법에 대한 진술, 증거신청 등을 기재하고 당사자 또는 대리인이 기명날인 또는 서명한다(제274조 제1항). 당사자가 가지고 있는 문서로서 준비서면에서 인용한 것은 그 등본 또는 사본을 준비서면에 첨부하여야 하고(제275조 제1항), 상대방이 요구하면 그 원본을 보여주어야 한다(동조 제3항). 합의부사건에서는 준비서면의 제출이 필수적이지만, 단독사건에서는 제출하지 않을 수 있다(제272조 제2항). 그러나 단독사건에서도 준비서면을 제출하는 것이 일반적이다.

#### (2) 준비서면 부제출의 효과

준비서면을 제출하지 않는 경우에는 다음과 같은 효과가 발생한다.

##### 1) 무변론판결

준비서면의 일종인 답변서를 피고가 소장부본을 송달받은 날로부터 30일 이내에 제출하지 않는 경우에는 변론 없이 피고패소판결을 선고받을 수 있다(제257조 제1항).

## 2) 예고 없는 사실주장의 금지

준비서면에 적지 않은 사실은 상대방이 출석하지 않은 때에는 변론에서 주장하지 못한다(제276조 본문). 다만, 단독사건에서는 준비서면의 제출을 필요로 하지 않으므로 예외이다(동조 단서). 그러나 상대방이 충분히 예상할 수 있는 사실은 이를 허용하여도 상대방의 절차권을 침해하지 않으므로 주장이 금지되는 사실에 포함되지 않는다. 예를 들어, 상대방의 주장사실에 대한 부인이나 부지의 진술 등이 그것이다.

주장이 금지되는 사실에는 주요사실과 간접사실이 포함됨은 물론이나, 증거신청도 포함되는지 논란이 있다. 증거신청 가운데 상대방이 예상할 수 있는 증거신청은 절차의 촉진을 위하여 여기의 사실에서 제외시켜 허용함이 타당하다.[1] 또한 여기서의 주장은 사실상의 주장을 말하므로 법률상의 진술은 포함되지 않는다. 따라서 법률상 진술은 준비서면에 적지 않았더라도 주장할 수 있다.

준비서면에 적지 않은 사실을 주장하기 위해서는 다시 기일을 지정하여 그 때까지 준비서면을 제출하여야 한다. 상대방이 출석한 경우에는 준비서면에 적지 않는 사실도 주장할 수 있으나, 그로 인하여 소송이 지연되는 때에는 승소한 경우에도 소송비용부담의 재판을 받을 수 있다(제100조).

## 3) 변론준비절차의 종결

변론준비절차에서 당사자가 법원이 정한 기간 내에 준비서면을 제출하지 않은 경우 상당한 이유가 없는 한 변론준비절차가 종결된다(제284조 제1항 제2호).

## 4) 재정기간과 실권적 효력

재판장이 기간을 정하여 특정한 사항에 관한 주장을 기재한 준비서면의 제출을 명한 경우에 당사자가 이 기간을 넘긴 때에는 정당한 사유가 있음을 소명하지 않는 한 더 이상 그 주장을 할 수 없다(제147조 제2항).[2]

## (3) 준비서면 제출의 효과

준비서면을 미리 제출한 경우에는 다음과 같은 효과가 발생한다.

---

1) 김홍엽, 432면 및 433면; 이시윤, 371면; 정동윤·유병현, 391면.
2) 정동윤·유병현, 392면.

## 1) 자백간주

준비서면을 제출하여 상대방에게 송달되었음에도 상대방이 준비서면을 제출하지 않은 채 불출석한 경우에는 준비서면에 기재된 사항에 대하여 상대방이 자백한 것으로 간주된다(제150조 제3항 본문). 다만, 상대방이 공시송달의 방법으로 기일통지서를 송달받고 불출석한 경우에는 자백간주의 효과가 발생하지 않는다(동조 단서).

## 2) 진술간주

당사자가 준비서면을 제출하고 변론기일에 불출석한 경우에 준비서면에 기재된 사항을 진술한 것으로 간주할 수 있다(제148조 제1항). 준비서면을 제출한 사람이 불출석한 경우에 진술간주를 할지 여부는 법원의 재량이지만, 출석한 당사자만으로 변론을 진행할 때에는 반드시 진술간주를 하여야 한다.

## 3) 실권효의 배제

변론준비기일에 제출하지 않은 공격방어방법은 변론에서 제출할 수 없으나, 변론준비절차 전에 제출한 준비서면에 적힌 사항은 실권되지 않고 변론에서 주장할 수 있다(제285조 제3항).

## 4) 소 취하 등에 대한 동의

피고가 본안에 관하여 준비서면을 제출한 후에는 원고가 소를 취하하려면 피고의 동의를 얻어야 하고(제266조 제2항), 피고를 경정하는 경우에도 종전 피고의 동의를 얻어야 한다(제260조 제1항 단서).

## 2. 변론준비절차

### (1) 의의

변론준비절차란 변론기일에 앞서 변론이 효율적이고 집중적으로 실시될 수 있도록 당사자의 주장과 증거를 정리하여 소송관계를 뚜렷하게 하는 절차이다(제279조). 변론준비절차는 변론의 집중을 위한 절차이다. 변론기일에 앞서 미리 쟁점과 증거를 정리함으로써 변론기일 심리의 집중과 효율을 도모하기 위한 절차이다. 그러나 변론준비절차는 변론에 앞선 절차이지 변론절차의 일부가 아니다. 따라서 변론준비절차에서 수집된 소송자료와 증거자료는 변론에서 진술되거나 변론에 상정되어야 심판의 자료가 된다.

종전에는 원칙적으로 모든 사건에 대하여 변론준비절차를 거치도록 하였다.[1] 그러나 변론준비절차가 당사자의 이해부족과 비협조, 법원의 안일한 절차 운영 등으로 형식적으로 운영됨에 따라 오히려 불필요한 절차를 거치도록 강요하는 것이 되어 소송 지연의 한 원인이 되었다. 그에따라 변론기일을 중심으로 사건의 신속한 해결을 도모하고자 민사소송법을 개정하여 원칙적으로 변론준비절차 없이 바로 변론기일을 지정하도록 하고, 재판장이 효율적인 변론의 진행을 위하여 주장과 증거를 정리할 필요가 있다고 인정하는 경우에 한하여 변론준비절차에 부치도록 하였다. 특별한 사정이 있는 때에는 변론기일을 연 뒤에도 사건을 변론준비절차에 부칠 수 있다(제279조 제2항).

## (2) 변론준비절차의 진행

변론준비절차의 진행은 재판장이 담당한다(제280조 제1항). 재판장은 필요한 경우 수명법관에게 변론준비절차를 담당하게 하거나 또는 다른 판사에게 변론준비절차의 진행을 촉탁할 수 있다(동조 제2항 및 제3항). 변론준비절차에서도 쟁점정리를 위하여 필요한 경우에는 증거채택여부를 결정할 수 있고(제281조 제1항), 당사자의 주장과 증거를 정리하기 위하여 필요한 범위 내에서 증거조사를 할 수 있다(동조 제3항 본문). 그러나 변론준비절차에서는 증인신문과 당사자신문은 원칙적으로 허용되지 않는다. 다만, 증인 또는 당사자가 정당한 사유로 변론기일에 출석하지 못하거나 출석하려면 많은 비용 또는 시간을 필요로 하는 경우, 그 밖의 상당한 이유가 있고 당사자가 이의를 제기하지 않는 경우에는 예외적으로 가능하다(제281조 제3항 단서 및 제313조).

사건이 변론준비절차에 부쳐지면, 먼저 서면방식에 의한 준비절차를 진행한다. 변론준비절차에서는 기간을 정하여 당사자로 하여금 준비서면 그 밖의 서류를 제출하게 하거나 당사자 사이에 이를 교환하게 하고 주장사실을 증명할 증거를 신청하게 하는 방법으로 진행한다(제280조 제1항). 당사자가 이 기간 내에 준비서면 등을 제출하지 않거나 증거신청을 하지 않는 경우에는 상당한 이유가 없는 한 변론준비절차를 종결하여야 한다(제284조 제1항). 또한 변론준비절차에서도 재판장은 공격방어방법의 제출에 관한 재정기간을 정할 수 있으며, 이 기간이 도과하면 자동으로 실효적 효력이 발생한다(제286조, 제147조).

변론준비절차를 진행하는 동안에 좀 더 주장 및 증거의 정리를 위하여 필요하다고 인정하는 때에는 변론준비기일을 지정한다(제282조 제1항). 사건이 변론준비절차에 부쳐진 뒤 변론준비기일이 지정됨이 없이 4개월이 지난 경우에는 재판장은 즉시 변론준비기일을 지정하거나 변론준

---

1) 종전에는 무변론 판결사건, 소액사건, 공시송달사건, 보정불능의 소송요건의 흠이 있는 사건, 소장과 답변서 등으로 보아 사건이 간단하여 쟁점정리가 필요 없는 사건 등을 제외한 모든 사건을 변론준비절차에 부치도록 하였다.

비절차를 끝내야 한다(동조 제2항). 변론준비기일에서는 변론절차의 기일진행에 대하여 협의할 수 있고, 화해를 권고하거나 화해권고결정을 할 수도 있다(제286조 및 제145조, 제225조).

변론준비기일은 비공개로 준비절차실 또는 심문실에서 자유롭게 진행한다. 변론준비기일에서는 당사자가 말로 변론의 준비에 필요한 주장과 증거를 정리하여 진술하거나, 법원이 당사자에게 말로 해당사항을 확인하여 정리하여야 한다(민사소송규칙 제70조의2). 변론준비기일에는 변론준비기일조서를 작성한다. 변론준비기일조서에는 당사자의 진술에 따라 공격방어방법 및 상대방의 청구와 공격방어방법에 대한 진술, 변론준비절차의 시행결과를 기재하고, 특히 증거에 관한 진술을 명확히 하여야 한다(제283조 제1항, 동규칙 제71조 제1항).

변론준비기일에 당사자가 불출석한 경우 변론기일에서의 당사자 불출석에 관한 법리가 준용된다. 그리하여 한쪽 당사자가 불출석하면 진술간주와 자백간주의 효과가 발생하고(제286조 및 제148조), 양쪽 당사자가 2회 불출석하면 소 취하간주의 효과가 발생한다(제286조 및 제268조). 그러나 준비서면으로 예고하지 않은 사실의 주장을 금지하는 제276조는 변론준비절차에는 준용되지 않는다(제286조). 변론준비기일은 그 자체가 변론의 준비를 위한 것이기 때문이다. 따라서 변론준비기일에서는 상대방이 불출석한 때에도 준비서면에 적혀있지 않은 사항을 진술할 수 있다.[1]

## (3) 변론준비절차의 종결

변론준비절차에서 주장 및 증거가 정리된 경우 변론준비절차를 종결한다. 또한 사건을 변론준비절차에 부친 뒤 6개월이 지난 경우, 당사자가 기간 내에 준비서면 등을 제출하지 않거나 증거신청을 하지 않는 경우 또는 변론준비기일에 당사자가 출석하지 않는 경우에도 변론준비절차를 종결하여야 한다(제284조 제1항 본문). 다만, 변론의 준비를 계속하여야 할 상당한 이유가 있으면 종결하지 않고 진행할 수 있다(동항 단서). 변론준비절차를 종결하는 경우 재판장은 변론기일을 미리 지정할 수 있다(동조 제2항).

### 1) 실권효

변론준비기일을 연 경우 그 기일에 제출하지 않은 공격방어방법은 그 뒤 변론에서 제출하지 못한다(민소법 제285조 제1항). 그러나 직권조사사항, 제출하여도 현저하게 소송을 지연시키지 않는 사항, 중대한 과실 없이 변론준비절차에서 제출하지 못하였음을 소명한 사항, 소장 또는 변론준비절차 전에 제출한 준비서면에 적힌 사항 등은 예외이다(동조 제1항 및 제3항).

---

1) 김홍엽, 433면.

## 2) 변론준비절차 뒤의 변론의 운영

법원은 변론준비절차를 마친 경우에는 첫 변론기일을 거친 뒤 바로 변론을 종결할 수 있도록 하여야 하고, 당사자는 이에 협력하여야 한다(제287조 제1항). 변론준비기일을 거친 경우에는 당사자는 변론기일에서 변론준비기일의 결과를 진술하여야 한다(동조 제2항). 법원은 변론기일에 변론준비절차에서 정리된 결과에 따라서 바로 증거조사를 하여야 한다(동조 제3항).

# II. 변론의 실시

피고가 답변서를 제출하거나 또는 변론준비절차가 종결되면 바로 변론기일을 지정하여 변론에 들어간다(제258조). 변론은 원고의 본안의 신청으로 시작되고, 피고의 반대신청, 주장, 증거신청 등으로 이어진다.

## 1. 변론의 내용

### (1) 본안의 신청과 반대신청

변론은 먼저 원고가 소장에 기재된 청구취지에 따라 특정한 내용의 판결을 구하는 뜻의 진술을 함으로써 시작된다. 이는 본안재판의 대상과 내용에 관계되는 신청이므로 본안의 신청이라고 한다. 피고는 원고의 본안신청에 대응하여 소(訴)각하나 청구기각의 판결을 구하는 신청, 즉 반대신청을 하게 된다.

### (2) 공격방어방법의 제출

원고가 자기의 청구를 이유 있게 하기 위하여 제출하는 소송자료를 공격방법, 피고가 원고의 청구를 배척하기 위해 제출하는 소송자료를 방어방법이라고 한다. 공격방어방법에는 법률상 또는 사실상의 주장, 부인 및 증거신청 등이 있다.

법률상 주장이란 법규의 존부·내용 또는 그 해석·적용에 관한 당사자의 의견을 진술하는 것을 말하는데, 좁게는 구체적인 권리관계의 존부에 대한 자신의 판단을 진술하는 것을 말한다. 법률상 주장에는 변론주의가 적용되지 않는다. 그리하여 법률상 주장을 상대방이 다투지 않더라도 법원을 구속하지 못한다. 법률상 주장에 대한 자백을 권리자백이라고 하는데, 자백으로서의 구속력이 발생하지 않으므로, 법원은 이와 다른 판단을 할 수 있다. 다만, 소송물인 권리관계 자체에 대한 법률상 주장을 다투지 않는 경우에는 청구의 포기·인낙이 되어 구속력이 인정된다(제220조).

사실상의 주장이란 구체적 사실의 존부에 대한 당사자의 지식이나 인식의 진술을 말한다. 당사자가 주장하는 사실에는 주요사실, 간접사실, 보조사실이 모두 포함된다. 당사자는 사실상 주장을 하였더라도 사실심 변론종결시까지 이를 임의로 철회하거나 정정할 수 있다. 다만, 자백이 성립한 경우에는 취소요건을 갖추지 않는 한 취소가 허용되지 않는다. 사실상 주장에는 조건이나 기한을 붙일 수 없다. 다만, 주위적 주장이 배척될 때를 대비하여 하는 예비적 주장은 절차의 안정을 해칠 염려가 없어 허용된다.

당사자의 사실상 주장에 대한 상대방의 답변태도에는 부인(否認), 부지(不知), 자백, 침묵이 있다. 부지는 부인으로 추정하고(제150조 제2항), 침묵은 변론 전체의 취지로 보아 다툰 것으로 인정될 경우를 제외하고는 자백한 것으로 간주된다(동조 제1항). 사실상의 주장 가운데 주요사실에 대하여는 변론주의가 적용된다. 따라서 자백한 사실은 증거를 필요로 하지 않으며 그대로 판결의 기초로 삼아야 하고, 부인이나 부지로 답변한 사실은 증거신청을 통하여 증명하여야 한다.

### (3) 부인과 항변

#### 1) 부인(否認)

부인은 상대방의 주장사실을 부정하는 진술이다. 부인에는 상대방의 주장을 진실이 아니라고 소극적으로 부정하는 '직접부인(단순부인)'과 상대방의 주장과 양립할 수 없는 별개의 사실을 적극적으로 주장하여 부정하는 '간접부인(적극부인)'이 있다. 예를 들어, 원고의 '금전을 대여하였다'는 주장에 대하여 '그런 사실이 없다'라는 진술은 직접부인 또는 단순부인이고, '금전을 받았으나, 빌린 것이 아니고 증여로 받은 것이다'라는 진술은 간접부인 또는 적극부인에 해당된다.[1]

#### 2) 항변(抗辯)

피고가 원고의 청구를 배척하기 위하여 소송상 또는 실체상 이유를 들어 적극적인 방어를 하는 것을 널리 항변이라고 한다. 항변에는 소송절차에 관한 항변인 '소송상 항변'과 실체법상 효과에 관한 항변인 '본안의 항변'이 있다. 소송상 항변에는 소송요건의 흠결이 있어 소송이 부

---

1) 이시윤, 389면.

적법하다는 '본안전 항변'과 상대방의 증거신청에 대하여 각하를 구하거나 또는 증거력이 없다고 하여 증거조사결과를 채택하지 말아달라는 진술인 '증거항변'이 있다. 소송요건은 대부분 법원의 직권조사사항이므로 본안전 항변은 엄밀한 의미의 항변이 아니라 법원의 직권발동을 촉구하는 의미밖에 없다. 그러나 소송비용의 담보제공, 중재합의 등의 항변은 예외적으로 피고의 주장을 기다려 고려하므로 진정한 의미의 항변이라고 할 수 있다.

본안의 항변은 실체법상 효과에 관한 항변으로서, 원고의 청구를 배척하기 위하여 원고의 주장사실이 진실임을 전제로 이와 양립할 수 있는 별개의 사실을 주장하는 것을 말한다. 예를 들어, 원고의 '금전을 대여하였다'는 주장에 대하여 '금전을 차용했으나, 변제하였다', '금전을 차용하였으나, 소멸시효가 완성되었다'는 주장이 여기에 해당된다. 본안의 항변은 그 주장의 형태에 따라 '제한부자백'과 '가정항변'으로 나누어진다. 전자는 원고의 주장사실을 확정적으로 인정하면서 양립가능한 별개의 사실을 진술하는 것이고, 후자는 원고의 주장사실을 일응 다투면서 예비적으로 항변하는 경우이다. 예를 들어, 원고의 '금전을 대여하였다'는 주장에 대하여, '금전을 차용했으나, 변제하였다'는 항변은 전자에 해당되고, '가사 금전을 차용했다고 하여도 변제하였다'는 항변은 후자에 해당된다.

본안의 항변은 권리근거규정의 반대규정의 성질에 따라 권리장애사실의 항변, 권리소멸사실의 항변, 권리저지사실의 항변으로 나누어진다. '권리장애사실의 항변'은 권리근거규정에 기한 권리의 발생을 애당초부터 방해하는 권리장애규정의 요건사실을 주장하는 경우이다. 권리장애사실은 권리발생사실이 생김과 동시에 또는 그 이전에 존재하여야 한다. 예를 들어, 선량한 풍속 기타 사회질서 위반, 불공정 법률행위, 통정허위표시, 원시적 이행불능 등 무효사유가 여기에 해당된다. '권리소멸사실의 항변'은 권리근거규정에 기하여 일단 발생한 권리를 소멸시키는 권리멸각규정의 요건사실을 주장하는 경우이다. 변제·공탁·혼동 등 채권의 소멸원인, 소멸시효의 완성, 계약의 해제·해지권·취소권·상계권의 행사 등에 의하여 일단 발생한 법률효과를 배제하는 사실이 여기에 해당된다. '권리저지사실의 항변'은 권리근거규정에 기하여 이미 발생한 권리의 행사를 저지시키는 권리저지규정의 요건사실을 주장하는 경우이다. 이행청구에 대하여 그 이행을 일시적으로 거절하는 이행거절권의 모습으로 나타난다. 유치권의 항변, 보증인의 최고·검색의 항변, 동시이행항변, 정지조건부 법률행위라는 주장 등이 여기에 해당된다.

### 3) 부인과 항변의 구별

부인과 항변, 특히 간접부인과 본안의 항변은 모두 상대방의 주장사실을 배척하는 진술이지만, 상대방의 주장사실과 양립할 수 있는지 여부에 따라 구별된다. 상대방 주장사실과 양립할 수 없는 별개의 사실을 주장하는 것은 부인이고, 상대방 주장사실이 진실임을 전제로 이와 양립할 수 있는 별개의 사실을 주장하는 것은 항변이다. 예를 들어, 원고가 채권을 양도받았음을 주장하며 양수금의 지급을 청구한 데 대하여 피고가 채권양도가 정지조건부 법률행위라는 진술은 항변에 해당하고, 이에 대하여 정지조건부 법률행위가 아니라는 원고의 진술은 부인에 해당하나 정지조건이 성취되었다는 원고의 진술은 재항변에 해당한다.

부인의 경우 부인당한 사실에 대한 증명책임이 그 상대방에게 있으나, 항변의 경우에는 항변을 한 사람이 항변사실에 대하여 증명책임을 부담한다. 예를 들어, 위의 사례에서 원고가 정지조건부 법률행위가 아니라고 부인한 경우 정지조건부 법률행위라는 사실은 피고가 증명하여야 하지만,[1] 원고가 정지조건이 성취되었다는 재항변을 한 경우에는 피고가 정지조건부 법률행위라는 사실을 증명할 필요는 없으며, 정지조건이 성취되었다는 사실을 원고가 증명하여야 한다.[2] 한편 부인에 대하여는 판결이유에서 이를 판단할 필요가 없으나, 항변의 경우에는 이유가 없다면 판결이유에서 항변을 배척하는 판단을 하여야 하고, 이러한 판단을 하지 않으면 판단누락의 위법이 있게 된다.[3]

### (4) 소송상 형성권의 행사

계약의 해제·해지권이나 상계권 등 사법상 형성권에 기한 항변에는 소송 외에서 일단 행사한 뒤 그 사법상의 효과를 진술하는 경우도 있으나, 소송상으로 형성권의 행사와 동시에 항변하는 경우가 있다. 후자와 같이 소송상 공격방어방법으로 형성권을 행사하는 경우에 그 법적 성질을 어떻게 볼 것이지, 만일 소송이 취하·각하되거나 실기한 공격방어방법으로 각하되면 사법상 형성권 행사의 효과가 어떻게 되는지 여부에 관하여 논란이 있다. 주로 소송상 상계의 항변과 관련하여 문제가 되고 있다.

#### 1) 병존설

외관상 1개의 행위이나 법률적으로 보아 형성권의 행사라는 상대방에 대한 사법상의 의사표시(사법행위)와 그러한 의사표시가 있었다는 것의 법원에 대한 사실상의 진술(소송행위)이라는

---

1) 어떠한 법률행위가 조건의 성취시 법률행위의 효력이 발생하는 소위 정지조건부 법률행위에 해당한다는 사실은 그 법률행위로 인한 법률효과의 발생을 저지하는 사유로서 그 법률효과의 발생을 다투려는 자에게 주장·입증책임이 있다고 할 것이므로, 이 사건 명의신탁계약의 해지가 정지조건부 법률행위라면 그 사실에 대한 주장·입증책임은 그 명의신탁해지의 효과를 다투는 피고에게 있다고 할 것이다(그 정지조건의 성취에 관한 주장·입증책임이 원고에게 있음은 별론으로 한다)(대법원 1993. 9. 28. 선고 93다20832 판결).
2) 정지조건부 법률행위에 있어서 조건이 성취되었다는 사실은 이에 의하여 권리를 취득하고자 하는 측에서 그 입증책임이 있다 할 것이므로, 정지조건부 채권양도에 있어서 정지조건이 성취되었다는 사실은 채권양도의 효력을 주장하는 자에게 그 입증책임이 있다(대법원 1983. 4. 12. 선고 81다카692 판결).
3) 김홍엽, 453면.

두 가지 행위가 병존한다고 하는 견해이다. 그리하여 전자는 실체법에 의하여, 후자는 소송법에 의하여 각각 그 요건과 효과가 규율된다고 한다. 그 결과 소송상 공격방어방법으로 사법상 형성권을 행사한 경우에 그 사법상의 효과는 당해 소송이 취하·각하되거나 또는 실기한 공격방어방법으로 각하되더라도 이러한 소송법상 사유와 상관없이 유효하다고 한다.

### 2) 소송행위설

소송상 공격방어방법으로 형성권을 행사한 것이기 때문에 순수한 소송행위이고 그 요건과 효과는 전적으로 소송법의 규율을 받는다는 견해이다. 이 견해에서는 소송상 공격방어방법으로 사법상 형성권을 행사한 경우 그 사법상 효과는 당사자의 의사표시에 의하여 생기지 않고 공격방어방법을 인용한 법원의 재판에서 비롯되기 때문에 법원의 판단이 없으면 사법상 효과도 생기지 않는다고 한다.

### 3) 신병존설

형성권을 소송상 행사한 경우 원칙적으로 사법행위와 소송행위가 병존하는 것으로 보는 병존설의 입장이지만, 상계권을 소송상 행사한 경우에는 예외를 인정하여 당해 소송이 취하·각하되거나 또는 실기한 공격방어방법으로 각하됨으로써 법원에 의한 실체적인 판단을 받지 못한 경우에는 사법상 효과도 발생하지 않는 것으로 보는 견해이다. 이 견해에서는 상계권에 기한 항변에 포함된 의사표시는 그 항변이 공격방어방법으로서 유효하게 법원의 판단을 받게 될 때에만 그 사법상 효과를 발생하게 하려는 조건부 의사표시로 파악한다.

### 4) 판례

판례는 소장의 송달로써 계약해제권을 행사한 후 소송을 취하하여도 해제권은 형성권이므로 그 행사의 효력에는 아무런 영향을 미치지 않는다고 하면서,[1] 다만 소송상 상계항변은 당해 소송에서 수동채권의 존재 등 상계에 관한 법원의 실질적 판단이 이루어지는 경우에 비로소 실체법상 상계의 효과가 발생한다고 함으로써, 신병존설의 입장을 취하고 있다.[2]

---

[1] 원고의 소 제기로서 이 사건 매매계약 해제의 의사표시를 명시적으로 하지는 않았다 하더라도 원고가 피고에게 이 사건 매매계약의 존속과는 양립할 수 없는 위약금의 지급청구를 하고, 그 소장이 피고에게 송달됨으로써 해제권을 행사하였다 할 것이고, 해제권은 형성권이므로 비록 그 후에 원고가 그 소송을 취하하였다 하여 위 해제권 행사의 효력에 아무런 영향도 미치지 않는다(대법원 1982. 5. 11. 선고 80다916 판결).

[2] 소송상 방어방법으로서의 상계항변은 통상 수동채권의 존재가 확정되는 것을 전제로 하여 행하여지는 일종의 예비적 항변으로서 소송상 상계의 의사표시에 의해 확정적으로 효과가 발생하는 것이 아니라 당해 소송에서 수동채권의 존재 등 상계에 관한 법원의 실질적 판단이 이루어지는 경우에 비로소 실체법상 상계의 효과가 발생한다(대법원 2014. 6. 12. 선고 2013다95964 판결).

## 5) 결론

병존설에 의하면, 상계권의 행사와 그 소송상의 주장은 별개의 행위이기 때문에 상계의 의사표시가 상대방에게 도달하면 그 효력이 확정적으로 생기고, 그 후 소송상 주장이 효력을 잃더라도 영향을 받지 않게 된다. 그 결과 상계의 항변이 실기한 공격방어방법으로 부적법 각하된 경우에 소구채권은 상계가 없었던 것으로 되지만, 반대채권은 사법상 상계의 효과로서 소멸되고, 이후 피고는 반대채권을 받을 수 없게 되는 불합리한 결과가 생긴다.

한편, 소송행위설의 경우에는 상계가 실체법상 규정된 권리임에도 불구하고 그 요건과 효과가 전적으로 소송법에 의한다는 점에서 이론적 난점이 있고, 소송상 상계항변이 순수한 소송행위라면 이러한 상계항변을 받아들여 원고의 청구를 기각한 판결은 확인판결이 아니라 형성판결의 성질을 띠게 되는데, 이러한 형성판결이 현행 제도상 인정될 수 있는지 의문이라는 비판이 있다. 생각건대, 실체법상 행위와 소송행위는 구별되어야 하지만, 상계항변이 실기한 공격방어방법으로 각하되는 경우 등에 야기되는 불합리한 결과를 피할 수 있다는 점에서 신병존설에 의함이 타당하다고 본다.

## (5) 소송상 합의

소송상 합의란 현재 계속 중이거나 또는 장래 계속될 특정의 소송에 대하여 어떠한 법적 효과의 발생을 목적으로 하는 당사자 사이의 합의를 말한다. 소송상 합의 가운데 대표적인 것으로 부제소 합의와 소취하 합의가 있다. 특정한 권리 또는 법률관계에 대하여 법원에 소를 제기하지 않겠다는 당사자 사이의 합의를 '부제소 합의'라고 하고, 현재 계속 중인 소송을 취하하기로 하는 당사자 사이의 합의를 '소취하 합의'라고 한다.

부제소 합의는 불법행위로 인한 손해배상사건에서 당사자 사이에 손해배상액에 관한 합의와 함께 흔히 이루어지고 있는데, 종종 그 유효성이 문제되고 있다. 부제소 합의가 유효하기 위해서는 강행법규에 위반되는 것이어서 안 되고,[1] 폭리행위에 해당되어서는 안 되며,[2] 또한 당사자

---

1) 퇴직금은 사용자가 일정기간을 계속근로하고 퇴직하는 근로자에게 그 계속근로에 대한 대가로서 지급하는 후불적 임금의 성질을 띤 금원으로서 구체적인 퇴직금청구권은 계속근로가 끝나는 퇴직이라는 사실을 요건으로 하여 발생되는 것인바, 최종 퇴직시 발생하는 퇴직금청구권을 사전에 포기하거나 사전에 그에 관한 민사상 소송을 제기하지 않겠다는 부제소특약을 하는 것은 강행법규인 구 근로기준법에 위반되어 무효이다(대법원 1998. 3. 27. 선고 97다49732 판결).

2) 교통사고로 스포츠용품 대리점과 실내골프연습장을 운영하던 피해자가 사망한 후 망인의 채권자들이 그 손해배상청구권에 대하여 법적 조치를 취할 움직임을 보이자 전업주부로 가사를 전담하던 망인의 처가 망인의 사망 후 5일 만에 친지와 보험회사 담당자의 권유에 따라 보험회사와 사이에 보험약관상 인정되는 최소금액의 손해배상금만을 받기로 하고 부제소 합의를 한 경우, 그 합의는 민법 제104조에 규정된 당사자의 궁박, 경솔 또는

가 처분할 수 있는 범위 내에서 법률관계를 특정해서 합의하여야 하고, 합의 당시 예상할 수 있는 상황에 관한 것이어야 한다.[1] 소송상 합의의 법적 성질에 관하여 다음과 같은 논의가 있다.

### 1) 사법계약설

소송상 합의는 그 법적 성질이 사법상 계약이라는 견해이다. 즉, 소송상 합의의 내용에 따라 일정한 작위 또는 부작위의무를 발생시키는 사법상 계약이라고 한다. 예를 들어, 소취하 합의를 한 경우에 원고는 피고에 대하여 소의 취하라는 소송행위를 해야 할 사법상 의무를 부담하는데 불과하고, 이 합의로부터 직접적으로 소취하의 효과가 생기는 것은 아니라고 한다.

사법계약설은 다시 '의무이행소구설'과 '항변권발생설'로 나누어진다. 소송상 합의에 따른 의무불이행이 있는 경우에 전자에서는 별개의 소송으로 그 이행을 청구할 수 있다고 하고, 후자에서는 별개의 소송에 의할 것은 아니며 해당 소송에서 소송상 합의의 존재를 항변으로 주장할 수 있다고 한다. 그리하여 예를 들어, 소취하 합의를 하였음에도 원고가 소를 취하하지 않는 경우에 의무이행소구설에서는 피고가 원고를 상대로 소취하의 의사표시를 구하는 내용의 별개의 소송을 제기하여 그 승소판결을 받아 간접강제 등의 방법으로 집행할 수 있다고 하고, 항변권발생설에서는 피고가 합의의 존재를 항변으로 주장하여 입증하면, 법원은 원고에게 권리보호의 이익이 없음을 들어 소각하의 소송판결을 하게 된다고 한다.

### 2) 소송계약설

소송상 합의는 소송법적 효과의 발생을 목적으로 하는 소송행위라는 견해이다. 그리하여 소송상 합의의 내용에 따라 직접 소송법적 효과가 발생한다고 한다. 예를 들어, 소취하 합의의 존재가 증명되면 직접적으로 소송계속이 소멸하고, 다만 법원은 이를 확인하는 차원에서 해당 소송이 종료되었다는 취지의 소송종료선언을 하게 된다고 한다.

### 3) 판례

판례는 사법상 소취하 약정을 위반하였다고 하여 소송으로 그 취하를 청구하는 것은 허용되

---

무경험을 이용하여 이루어진 불공정한 법률행위에 해당한다(대법원 1999. 5. 28. 선고 98다58825 판결).

[1] 부제소 합의는 소송당사자에게 헌법상 보장된 재판청구권의 포기와 같은 중대한 소송법상의 효과를 발생시키는 것으로서 그 합의시에 예상할 수 있는 상황에 관한 것이어야 유효하고(대법원 2013. 11. 28. 선고 2011다80449 판결), 합의 당사자가 처분할 권리 있는 범위 내의 것으로서 특정한 법률관계에 한정될 때 허용된다. 이 사건에서 그 합의가 법률관계를 특정하여 한 것이 아니어서 부제소 합의의 유효성이 의문스러울 뿐만 아니라 그 합의에서 그 합의 당사자인 원고와 김○숙이 스스로 처분할 수 없는 타인이 개재된 법률관계에 관한 부제소 합의를 포함시킨 것이라면 그 부제소 약정의 효력이 합의 당사자 아닌 사람에게까지는 미치지 않는다(대법원 1999. 3. 26. 선고 98다63988 판결).

지 않으며,[1] 소송당사자가 소송 외에서 소송을 취하하기로 합의한 경우에 원고의 소는 권리보호의 이익이 없어 각하되어야 한다고 함으로써 항변권발생설에 의하고 있다.[2] 그런데 판례는 부제소합의에 위반하여 제기한 소는 권리보호의 이익이 없어 부적법하다고 하면서,[3] 부제소합의는 직권조사사항이므로 당사자의 항변이 없어도 법원이 직권으로 조사하여 판단할 수 있다고 한다. 다만, 부제소합의가 당사자들 사이에 쟁점이 되지 않았다면, 법원은 사전에 당사자에게 의견진술의 기회를 주어야 하고, 그와 같이 하지 않고 직권으로 부제소합의를 인정하여 소송을 각하하는 것은 석명의무를 위반한 위법한 판결이라고 한다.[4]

### 4) 결론

사법계약설 중 의무이행소구설은 구제방법으로 우회적이고 간접적이라는 문제점이 있고, 소송계약설은 소송상 합의를 그 요건 및 효과를 직접 소송법에서 정해 놓은 전형적인 소송행위와 동일시하는 문제점이 있다. 소송 외에서도 할 수 있고 방식상의 제약도 없는 소취하 합의를 소취하 자체와 동일시하는 것은 무리이다. 항변권발생설이 타당하다.


## 2. 변론의 경과

### (1) 변론의 개시

변론은 미리 재판장이 지정하여 당사자에게 통지한 기일에 공개법정에서 열린다. 기일은 직권 또는 당사자의 신청에 의하여 재판장이 지정한다(제165조 제1항). 사건과 당사자의 이름을 부름으로써 기일이 개시되며(제169조), 재판장의 지휘하에 변론이 진행된다(제135조 제1항). 변론은 여러 차례의 기일에 걸쳐 행하여지더라도 하나의 기일에 동시에 행하여진 것과 같이 취급된다. 이를 '변론의 일체성'이라고 한다. 그리하여 법관이 갱신된 경우 이외에는 이전의 변론의 결과를 되풀이 진술할 필요가 없으며, 어느 시기의 변론이라도 소송자료로서 동일한 효력을 갖는다.

---

1) 강제집행 당사자 사이에 그 신청을 취하하기로 하는 약정은 사법상으로는 유효하다 할지라도 이를 위배하였다하여 직접 소송으로서 그 취하를 청구하는 것은 공법상의 권리의 처분을 구하는 것이어서 할 수 없는 것이다(대법원 1966. 5. 31. 선고 66다564 판결).
2) 소송당사자가 소송 외에서 그 소송을 취하하기로 합의한 경우에는 그 합의는 유효하여 원고에게 권리보호의 이익이 없으므로 원고의 소는 각하되어야 한다(대법원 1982. 3. 9. 선고 81다1312 판결).
3) 원고와 피고 사이의 부제소특약에 반하여 제기된 원고의 이 사건 소는 권리보호의 이익이 없어 부적법하다(대법원 1992. 3. 10. 선고 92다589 판결).
4) 대법원 2013. 11. 28. 선고 2011다80449 판결.

## (2) 변론의 정리

법원은 소송심리를 정리하기 위하여 변론의 제한, 분리 또는 병합을 명하거나, 그 명령을 취소할 수 있다(제141조). 변론의 제한, 분리 또는 병합은 법원의 소송지휘권에 속하는 행위로서 직권으로 행한다.

### 1) 변론의 제한

변론의 제한은 하나의 소송절차에 여러 개의 청구가 병합되거나 여러 개의 독립한 공격방어방법이 제출되어 쟁점이 복잡할 경우에 이를 정리하기 위하여 변론의 대상을 한정하는 것을 말한다. 예를 들어, 본안전 항변에 관한 증거조사에 한정하거나, 손해배상에 있어서 배상책임원인으로 변론을 제한하는 것 등이 여기에 해당된다.[1]

### 2) 변론의 분리

변론의 분리는 하나의 소송절차에 여러 개의 청구가 병합된 경우에 그 중 어느 청구에 대하여 별개의 소송절차로 심리하는 것을 말한다. 여러 개의 청구 중 어느 청구가 다른 청구와 관련성이 없거나 먼저 판결하기에 성숙한 경우에 소송관계의 단순화 또는 심리의 효율성을 도모하기 위하여 변론의 분리를 할 수 있다. 그러나 필수적 공동소송, 독립당사자참가소송, 예비적·선택적 공동소송이나 예비적·선택적 병합 등의 경우에는 변론의 분리가 허용되지 않는다. 변론이 분리되어도 관할에는 영향이 없고(제33조), 분리 전의 증거자료는 분리 후에도 양 소송절차의 증거자료가 된다.[2]

### 3) 변론의 병합

변론의 병합이란 법원에 별개로 계속되어 있는 여러 개의 소송을 하나의 소송절차에서 심리하는 것을 말한다. 변론의 병합은 법원의 직권에 의한다는 점에서 당사자에 의한 병합과 구별되고, 여러 개의 사건을 하나의 소송절차에 병합하는 것이라는 점에서 단지 심리만을 동시에 진행하는 변론의 병행과 구별된다. 변론이 병합되면, 여러 개의 소송이 하나의 공동소송 또는 청구의 병합으로 묶이게 된다. 따라서 하나의 소송절차로 묶인 여러 개의 청구 또는 공동소송인 사이에는 병합의 요건, 공동소송의 주관적 요건을 갖추어야 한다. 그리하여 여러 개의 청구는 동종의 소송절차에서 심판될 수 있어야 하고(제253조), 수소법원에 공통의 관할권이 있어야

---

1) 김홍엽, 476면 및 477면; 이시윤, 403면 및 404면.
2) 김홍엽, 477면; 이시윤, 404면.

한다. 또한 여러 사람의 공동소송인 사이에는 소송의 목적이 되는 권리·의무 또는 그 발생원인이 공통되거나, 권리·의무가 동종(同種)이고 그 발생원인이 동종인 관계가 있어야 한다(제65조).

변론의 병합 여부는 법원의 재량이지만, 법령상 병합의무가 인정되는 경우가 있다. 예를 들어, 상법상 여러 개의 설립무효·취소의 소, 여러 개의 주주총회결의취소 또는 결의무효 및 부존재확인의 소가 제기된 때에는 법원은 이를 병합하여 심리하여야 한다(상법 제188조, 제328조 제2항, 제376조 제2항, 제380조). 또한 동일한 분쟁에 관한 여러 개의 증권관련집단소송은 병합하여 심리하여야 하고(증권관련 집단소송법 제14조 제1항 및 제3항), 동일한 법원에 청구의 기초와 피고가 같은 여러 개의 소비자단체소송 또는 개인정보 단체소송이 계속 중인 때에도 이를 병합하여 심리하여야 한다(소비자기본법 제75조 제3항 및 소비자단체소송규칙 제15조, 개인정보보호법 제57조 제3항 및 개인정보 단체소송규칙 제14조).[1]

변론이 병합되더라도 당초 소 제기시의 관할이 변경되지 않는다. 판례는 변론이 병합된 경우에는 원고가 청구를 병합한 경우와는 달리 관할의 유무는 소송 제기 당시를 표준으로 하여야 하므로, 병합된 각 청구의 소가를 합산한 금액을 표준으로 할 것은 아니라고 한다.[2] 병합 전 각 사건의 증거조사의 결과는 병합 후 소송의 증거자료가 된다. 다만, 병합 전 각 사건의 당사자가 다른 경우에는 종전 증거조사에 참여하지 않은 당사자의 절차보장을 위하여 원용이 필요하다고 할 것이다. 원용은 묵시적 의사표시로도 족하다.[3]

## (3) 변론의 재개

법원은 종결된 변론을 재개할 수 있다(제142조). 변론재개결정을 하는 때에는 재판장은 특별한 사정이 없는 한 그 결정과 동시에 변론기일을 지정하고 당사자에게 변론을 재개하는 사유를 알려야 한다(민사소송규칙 제73조). 당사자가 변론이 종결된 후에 주장·증명을 위하여 변론재개신청을 하는 경우에 이를 받아들일지 여부는 법원의 재량에 속하므로, 법원이 당사자의 변론재개신청을 받아들이지 않았다고 하여 심리미진의 위법이 있다고 할 수 없다.[4] 그러나 당사자가 책임지기 어려운 사정으로 주장·증명할 기회를 갖지 못하였고, 그 주장·증명의 대상이 판결의

---

1) 다만, 심리상황이나 그 밖의 사정을 고려하여 병합심리가 타당하지 아니한 때에는 그러하지 않다(소비자단체소송규칙 제15조 단서, 개인정보 단체소송규칙 제14조 단서).

2) 대법원 1966. 9. 28. 자 66마322 결정.

3) 김홍엽, 476면.

4) 당사자가 변론종결 후 그 항변 및 입증을 위하여 변론재개신청을 한 경우에 특별한 사정이 없는 한 당사자의 변론재개신청을 받아들이느냐의 여부는 법원의 재량에 속한 사항이므로 변론종결 후에 한 변론재개신청을 법원이 받아들이지 아니하였다 하여 이를 심리미진의 위법사유에 해당한다고 할 수 없다(대법원 2009. 5. 14. 선고 2009다6998 판결).

결과를 좌우할 관건적 요증사실에 해당하는 경우에는 법원은 당사자의 변론재개신청을 받아들일 의무가 있다.[1] 또한 법원이 석명의무나 지적의무 등을 위반한 채 변론을 종결하였는데 당사자가 그에 관한 주장·증명을 위하여 변론재개신청을 한 경우 등과 같이 사건의 적정하고 공정한 해결에 영향을 미칠 수 있는 소송절차상의 위법이 드러난 경우에도 그 위법을 치유하기 위하여 변론을 재개할 의무가 있다.[2]

### (4) 변론조서

### 1) 조서의 작성

변론조서는 변론의 경과를 명확하게 기록하여 보전하기 위하여 법원사무관 등이 작성하는 문서이다. 법원사무관 등은 변론기일에 참여하여 기일마다 조서를 작성하여야 한다(제152조 제1항 본문). 다만, 변론을 녹음하거나 속기하는 경우에는 법원사무관 등을 참여시키지 않고 변론기일을 열 수 있다(동조 제1항 단서). 또한 재판장은 변론기일과 변론준비기일을 제외한 조정기일, 증거조사기일, 화해기일, 심문기일 등에서는 필요한 경우 법원사무관 등을 참여시키지 않고 기일을 열 수 있다(동조 제2항). 이와 같이 법원사무관 등을 참여시키지 않고 기일을 연 경우에는 그 기일이 끝난 뒤에 재판장의 설명에 따라 조서를 작성하고, 그 취지를 덧붙여 적어야 한다(동조 제3항).[3]

법원은 필요하다고 인정하는 경우 변론의 전부 또는 일부를 녹음하거나 속기하도록 명할 수

---

1) 변론재개신청을 한 당사자가 변론종결 전에 그에게 책임을 지우기 어려운 사정으로 주장·증명할 기회를 제대로 갖지 못하였고, 그 주장·증명의 대상이 판결의 결과를 좌우할 수 있는 관건적 요증사실에 해당하는 경우 등과 같이 당사자에게 변론을 재개하여 그 주장·증명을 제출할 기회를 주지 않은 채 패소의 판결을 하는 것이 민사소송법이 추구하는 절차적 정의에 반하는 경우가 아니라면 법원은 당사자의 변론재개신청을 받아들일지 여부를 재량으로 결정할 수 있다(대법원 2015. 6. 11. 선고 2015두35215 판결; 2010. 10. 28. 선고 2010다20532 판결); 지적된 심리미진의 내용은 그 입증의 여하에 따라 판결의 결과가 달라질 수도 있는 관건적 요증사실에 해당할 뿐 아니라, 이는 지적공부 소관청에 대한 사실조회 또는 감정인에 대한 환문 등의 방법으로 쉽게 조사할 수 있는 사항이라고 보여지므로, 원심으로서는 당사자 사이의 분쟁을 적절하고 공평하게 해결하기 위하여 변론의 재개를 허용하고 입증의 기회를 부여하는 등으로 충분한 심리를 다하였어야 할 것이다(대법원 1996. 2. 9. 선고 95다2333 판결).
2) 법원이 사실상 또는 법률상 사항에 관한 석명의무나 지적의무 등을 위반한 채 변론을 종결하였는데 당사자가 그에 관한 주장·증명을 제출하기 위하여 변론재개신청을 한 경우 등과 같이 사건의 적정하고 공정한 해결에 영향을 미칠 수 있는 소송절차상의 위법이 드러난 경우에는 법원으로서는 그와 같은 소송절차상의 위법을 치유하고 그 책무를 다하기 위하여 변론을 재개하고 심리를 속행할 의무가 있다(대법원 2010. 10. 28. 선고 2010다20532 판결).
3) 법원사무관 등의 참여 없이 변론의 녹음이나 속기를 통하여 변론조서가 작성된 경우에는 그 기일이 끝난 뒤에 조서를 작성하고(제152조 제3항), 그 다음 기일의 종료시까지 관계인이 제164조에 의한 조서에 대한 이의를 제기하지 않으면 녹음물 또는 속기록을 폐기할 수 있다.

있으며, 당사자가 녹음 또는 속기를 신청하면 특별한 사유가 없는 한 이를 명하여야 한다(제159조 제1항). 이 경우 녹음테이프와 속기록은 조서의 일부로 삼는다(동조 제2항). 녹음테이프로 녹음한 경우뿐만 아니라 녹화테이프, 컴퓨터용 자기디스크·광디스크, 그 밖에 이와 비슷한 방법으로 음성이나 영상을 녹음 또는 녹화하여 재생할 수 있는 매체를 이용하여 변론의 전부나 일부를 녹음 또는 녹화하는 경우에도 마찬가지로 조서의 기재에 갈음할 수 있다(민사소송규칙 제37조 제1항).[1]

조서에는 사건의 표시, 법관과 법원사무관 등의 성명, 출석한 당사자·대리인·통역인·검사와 출석하지 않은 당사자의 성명, 변론의 날짜와 장소, 변론의 공개여부와 비공개이유 등 형식적 기재사항을 적고, 재판장과 법원사무관 등이 기명날인한다(제153조). 또한 조서에는 변론의 내용을 이루는 당사자나 법원의 소송행위와 증거조사의 결과 등 실질적 기재사항을 적어야 하나, 변론의 요지만을 적으면 충분하다. 그런데 민사소송법은 실질적 기재사항으로 화해, 청구의 포기·인낙, 소의 취하와 자백, 증인·감정인의 선서와 진술, 검증의 결과, 재판장이 적도록 명한 사항과 당사자의 청구에 따라 적는 것을 허락한 사항, 서면으로 작성되지 아니한 재판, 재판의 선고는 그 요지를 분명히 적도록 요구하고 있다(제154조). 그러나 조서에 기재할 사항이라도 당사자의 이의가 없는 한 생략할 수 있다. 다만, 변론방식에 관한 규정의 준수, 화해, 청구의 포기·인낙, 소의 취하와 자백은 당사자의 이의가 없더라도 그 기재를 생략할 수 없다(제155조).

법원사무관 등의 조서작성권은 공증기관으로서의 고유한 권한에 속하며, 기일을 주재하는 재판장은 물론 재판에 참여하지 않은 법원사무관 등의 대리작성도 허용되지 않는다. 따라서 재판장은 조서의 기재내용이 그가 인식한 것과 다르다고 하여 스스로 이를 정정·삭제 또는 가필할 수 없다. 조서는 관계인이 신청하면 그에게 읽어 주거나 보여주어야 하고(제157조), 조서에 적힌 사항에 대하여 관계인이 이의를 제기한 때에는 조서에 그 취지를 적어야 한다(제164조). 조서의 기재에 대한 불복은 조서에 대한 이의(제164조)의 방법에 의하여야 하고, 법원사무관 등의 처분에 대한 이의신청(제223조)[2]에 의할 수 없으며, 이를 상고이유로 삼을 수도 없다.[3] 조서

---

[1] 녹음테이프 또는 속기록을 조서의 일부로 삼은 경우라도 재판장은 법원사무관 등으로 하여금 당사자, 증인, 그 밖의 소송관계인의 진술 중 중요한 사항을 요약하여 조서의 일부로 기재하게 할 수 있고(제159조 제3항 및 민사소송규칙 제36조 제2항), 상소가 제기되거나 법관이 바뀐 때에는 녹음테이프의 요지를 정리하여 조서를 작성하여야 한다(동규칙 제36조 제3항). 조서가 작성된 경우에는 재판이 확정되거나, 양 쪽 당사자의 동의가 있으면 법원은 녹음테이프와 속기록을 폐기할 수 있다.

[2] 법원사무관 등의 처분에 관한 이의신청에 대하여는 그 법원사무관 등이 속한 법원이 결정으로 재판한다(제223조).

[3] 조서의 기재에 관하여 불복이 있으면 제164조의 규정에 의한 이의의 방법에 의하여야 할 것이고, 이를 상고이유로 삼을 수는 없다 할 것이므로, 피고의 상고이유는 결국 원심의 사실인정이 잘못되었다고 함에 귀착되는바, 사실인정은 사실심의 전권사항이므로 이를 비난함은 적법한 상고이유가 되지 못한다(대법원 1995. 7. 14. 선고 95누5097 판결); 증인신문조서의 기재에 관하여 불복이 있으면 제164조의 규정에 의한 이의의 방법에 의하여야

에 대한 이의가 이유 없으면 조서에 그 취지를 적어 처리하고, 이의가 정당하면 조서의 기재를 정정한다. 이의가 없어도 조서의 기재에 명백한 오류가 있으면 판결의 경정(제211조)에 준하여 정정할 수 있다.[1]

### 2) 조서 등 소송기록의 열람·복사

① **사건 관계인의 열람·복사 등 권리**: 당사자 또는 이해관계를 소명한 제3자는 소송기록의 열람·복사, 재판서·조서의 정본·등본·초본의 교부 또는 소송에 관한 사항의 증명서의 교부를 법원사무관 등에게 신청할 수 있다(제162조 제1항). 제3자는 이해관계를 소명한 경우에 한하여 신청할 수 있다. 정본·등본·초본의 교부는 재판서와 조서에 한하고, 그 밖의 소송기록에 대하여는 열람·복사가 허용될 뿐이다.

법원사무관 등의 참여 없이 변론을 녹음하거나 속기하는 경우 그 녹음테이프나 속기록은 기록의 일부가 아니므로 당사자나 이해관계인은 그 열람·복사를 신청할 수 없다(제152조 제1항 및 제3항). 그러나 법원이 필요하다고 인정하거나 당사자가 신청하고 특별한 사유가 없어 변론의 전부 또는 일부를 녹음하거나 속기하도록 명한 경우에는 그 녹음테이프와 속기록은 조서의 일부이므로 이에 대하여는 열람·복사를 신청할 수 있다(제159조 제1항 및 제2항).

소송기록의 열람·복사 등의 신청은 법원사무관 등에게 하여야 한다(제162조 제1항). 법원사무관 등이 행한 열람·복사 등 신청의 허부결정에 대하여 당사자나 이해관계인은 그 법원사무관 등이 속한 법원에 이의를 신청하는 방법으로 불복할 수 있으며, 이 경우 법원은 결정으로 재판한다(제223조).

② **일반인의 열람권**: 소송당사자가 아니더라도 누구든지 권리구제·학술연구 또는 공익적 목적으로 재판이 확정된 소송기록의 열람을 법원사무관 등에게 신청할 수 있다(제162조 제2항 본문). 그러나 공개를 금지한 변론에 관련된 소송기록은 열람하게 할 수 없고(동조 제2항 단서), 해당 소송관계인이 동의하지 않는 경우에도 열람이 허용되지 않는다(동조 제3항). 확정된 소송기록에 대하여 일반인은 열람만 가능하고 복사는 할 수 없다. 소송기록의 열람신청은 법원사무관 등에게 하여야 하고(제162조 제1항), 법원사무관 등의 허부결정에 대하여 신청인은 그 법원사무관 등이 속한 법원에 이의신청을 할 수 있다(제223조).

---

한다. 따라서 증인신문조서에 증인들의 증언내용과 현저히 다르게 기재되어 있고, 증언한 바 없는 내용도 기재되어 있어 잘못이라는 이유를 상고이유로 삼을 수는 없다(대법원 1981. 9. 8. 선고 81다86 판결).

1) 김홍엽, 485면; 이시윤, 410면 및 411면.

③ 비밀보호를 위한 열람·복사 등의 제한: 소송기록 중에 당사자의 사생활에 관한 중대한 비밀이 적혀 있고, 제3자에게 비밀 기재부분의 열람·복사 등을 허용하면 당사자의 사회생활에 지장이 클 우려가 있거나 또는 당사자가 가지는 영업비밀이 적혀 있다는 소명이 있는 경우에는 법원은 당사자의 신청에 따라 소송기록 중 비밀이 적혀 있는 부분의 열람·복사, 재판서·조서 중 비밀이 적혀 있는 부분의 정본·등본·초본의 교부를 신청할 수 있는 사람을 당사자로 한정하는 결정을 할 수 있다(제163조 제1항).

비밀보호를 위한 열람·복사 등의 제한은 당사자의 신청에 따른 법원의 결정에 의하여야 하고, 당사자는 그 사유를 소명하여야 한다. 당사자의 열람·복사 등의 제한신청이 있는 경우 그 신청에 관한 재판이 확정될 때까지 제3자는 비밀 기재부분의 열람·복사 등을 신청할 수 없다(제163조 제2항). 소송기록을 보관하고 있는 법원은 이해관계를 소명한 제3자의 신청에 따라 제한사유가 존재하지 않거나 소멸되었음을 이유로 제한결정을 취소할 수 있다(동조 제3항). 제한신청을 기각한 결정 또는 제3자의 취소신청에 관한 결정에 대하여는 즉시항고를 할 수 있다(동조 제4항).

## 3) 조서의 증명력

조서가 무효가 아닌 한, 변론의 방식에 관한 규정이 지켜졌다는 것은 오로지 조서로만 증명할 수 있고, 조서 이외의 다른 증거방법으로 증명하거나 반증을 들어 다툴 수 없다(제158조 본문).[1] 예를 들어, 조서를 작성한 법원사무관 등의 증언에 의하여 증명할 수 없다. 그리하여 변론의 방식에 관하여는 자유심증주의에 의하지 않고 법정증거주의에 의하고 있다. 변론의 방식이란 변론의 일시와 장소, 변론의 공개 유무, 관여 법관, 당사자와 대리인의 출석 여부, 판결의 선고일자와 선고사실 등 변론의 외형적 형식을 말한다.[2] 다만, 조서가 없어진 때에는 다른 증거방법에 의한 증명이 허용된다(제158조 단서).

변론의 방식에 관한 사항이 아닌 당사자의 변론 내용, 자백, 증인의 선서와 진술 내용 등은 법정증명력이 인정되지 않는다. 이에 관한 변론조서의 기재내용은 일응의 증거가 되는데 그치고 다른 증거로 번복할 수 있다. 그러나 변론조서는 법령에 따라 법원사무관 등이 그 내용을 기재하고 재판장이 기명날인하여 작성한 것이므로 특별한 사정이 없는 한 진실한 것이라는 강한 증명력을 갖는다.[3] 그리하여 변론조서에 기재된 내용은 변론의 방식에 관한 것이 아니더라

---

1) 변론의 방식에 관한 규정의 준수여부는 조서 이외의 다른 증거로서는 증명할 수 없다(대법원 1963. 5. 16. 선고 63다151 판결).

2) 김홍엽, 485면; 이시윤, 411면.

3) 변론조서에는 법원사무관 등이 변론의 요지를 기재하되 자백에 관한 사항은 특히 명확히 기재하여야 하며, 그 조

도 그 내용이 진실하다고 추정된다.[1]

## 3. 변론기일에서의 당사자의 불출석

### (1) 당사자의 불출석

#### 1) 불출석

당사자의 불출석이란 당사자가 적법한 소환을 받고도 변론기일에 출석하지 않거나 출석하였어도 변론하지 않은 경우를 말한다. 이를 '기일의 해태'라고도 한다. 소송대리인이 있는 경우에는 당사자 본인과 소송대리인이 모두 불출석하거나 변론하지 않은 경우에만 기일해태의 효과가 발생한다.[2] 또한 보조참가인이나 필수적 공동소송인 가운데 1인이 출석하여 변론하였을 때에는 피참가인 또는 다른 공동소송인이 출석하지 않아도 기일해태의 효과는 발생하지 않는다(제67조 제1항, 제76조 제1항). 당사자가 출석하였으나 변론을 하지 않은 경우는 물론이고 진술금지의 재판(제144조)을 받은 당사자가 출석한 경우 또는 퇴정명령을 받거나 임의로 퇴정한 경우에도 불출석으로 된다.

기일은 지정된 시각이 도래한 후 재판장이 사건과 당사자의 이름을 부름으로써 개시되는 것이므로(제169조), 그 지정된 시각이 도래하여 사건과 당사자의 이름을 불렀을 때 출석하지 않으면 불출석의 효과가 발생한다. 판례는 당사자가 합의하여 기일변경신청을 하였으나 재판장이 기일을 변경하지 않고 지정된 변론기일에 사건과 당사자를 호명하였는데 불출석하였다면 기일해태의 효과가 발생한다고 하고,[3] 비록 변론조서에 기일을 연기한다고 기재하였더라도 연기의 효과는 출석한 당

---

서에는 재판장이 기명날인하고 이해관계인은 조서의 열람을 신청하고 이의를 제기할 수 있도록 되어 있음에 비추어, 변론의 내용이 조서에 기재되어 있을 때에는 다른 특별한 사정이 없는 한 그 내용이 진실한 것이라는 점에 관한 강한 증명력을 갖는다(대법원 2001. 4. 13. 선고 2001다6367 판결; 2002. 6. 28. 선고 2000다62254 판결).

1) 변론조서의 기재는 변론의 방식에 관한 사항이 아니라고 하더라도 문서의 성질상 그 내용이 진실하다고 추정하여야 한다(대법원 2000. 10. 10. 선고 2000다19526 판결).

2) 당사자 본인과 소송대리인의 변론기일 출석여부는 변론조서의 기재에 의하여서만 증명하여야 한다 할 것인데, 원심 1차 변론조서에 의하면 '사건과 당사자를 호명, 원고대리인, 피고들 대리인 각 불출석'이라고만 기재되어 있고 원고 및 피고들 본인의 출석 여부에 대하여는 아무런 기재가 없음이 분명하므로 이 변론조서의 기재만으로는 제268조 제2항에서 말하는 이른바 당사자 쌍방의 변론기일에의 불출석은 증명되지 아니하였다고 할 것이다(대법원 1979. 9. 25. 선고 78다153,154 판결).

3) 민사소송에 있어 기일의 지정변경 및 속행은 오직 재판장의 권한에 속하므로, 최초의 기일 아닌 변론기일에서 당사자 합의로 기일변경신청을 하고 출석하지 않았더라도, 기일의 지정변경권을 가진 재판장이 기일을 변경하지 아니한 채 지정된 변론기일에서 사건과 당사자를 호명하였다면 그 불출석의 효과는 발생하였다 할 것이다(대법원 1982. 6. 22. 선고 81다791 판결).

사자에게만 미치므로 불출석한 당사자에 대하여는 기일해태의 효과가 발생한다고 한다.[1] 그러나 재판장이 증인의 소환을 위하여 또는 출석한 당사자의 동의를 얻어 기일을 연기하고 출석한 당사자에게 변론의 기회를 주지 않음으로써 변론을 하지 않은 경우에는 불출석으로 볼 수 없다고 한다.[2]

### 2) 적법한 기일통지

적법한 기일통지를 받고 변론기일에 불출석한 경우이어야 한다. 따라서 기일통지서의 송달이 불능이거나 무효인 경우에는 기일의 해태가 아니다. 공시송달에 의한 기일통지를 받고 불출석한 경우에는 자백간주의 효과가 발생하지 않는다(제150조 제3항 단서). 그러나 일단 자백간주의 효과가 발생한 때에는 그 이후 기일통지서가 송달불능이 되어 공시송달로 기일통지를 하였다고 하더라도 이미 발생한 자백간주의 효과가 소멸되는 것은 아니다.[3]

그런데 공시송달로 기일통지를 한 경우 진술간주 또는 소취하간주의 효과도 부인되는지 여부에 관하여 논란이 있다. 판례는 공시송달에 의한 경우에도 양쪽 당사자의 불출석으로 인한 소취하간주의 효과가 인정된다고 한다.[4] 그러나 부적법한 공시송달의 경우, 예를 들어, 당사자의 주소 등 송달할 장소를 알 수 있음에도 공시송달에 의한 경우에는 비록 공시송달의 효력이

---

1) 원래 기일은 사건과 당사자의 호명으로 개시되는 것이므로 법원이 변론기일에서 당사자를 호명하였을 때 당사자 쌍방이 불출석한 이상 쌍방 불출석의 효과는 이미 생기는 것이고, 변론조서에 연기라고 기재하였다고 하더라도 필요적 공동소송이 아닌 이상 기일을 해태한 공동소송인만이 불출석의 불이익을 입게 된다 할 것이다. 변론조서에 연기라는 기재가 있더라도 그 기재는 기일을 실시할 수 없는 당사자의 관계에서만 기일을 연기한다는 것일 뿐이고 적법한 소환을 받고 출석하지 아니한 당사자들과의 사이에 연기의 효과가 생기는 것은 아니다(대법원 1980. 11. 11. 선고 80다2065 판결; 1982. 6. 22. 선고 81다791 판결).

2) 원고 소송대리인이 변론기일에 출석하였으나, 원심법원이 증인소환을 위하여 변론을 연기한 경우에는 출석하여 변론을 하지 아니한 때에 해당한다고 할 수 없다(대법원 1979. 9. 25. 선고 78다153,154 판결); 변론에 들어가기도 전에 재판장이 출석한 당사자의 동의를 얻어 기일을 연기하고 출석한 당사자에게 변론의 기회를 주지 아니함으로써 변론을 하지 아니한 경우에는 출석한 당사자가 변론하지 아니한 때에 해당하지 않는다(대법원 1990. 2. 23. 선고 89다카19191 판결).

3) 의제자백의 요건이 구비되어 일단 의제자백으로서의 효과가 발생한 때에는 그 이후의 기일에 대한 소환장이 송달불능으로 되어 공시송달하게 되었다고 하더라도 이미 발생한 의제자백의 효과가 상실되는 것은 아니므로, 위 규정에 의하여 자백한 것으로 간주하여야 할 사실을 증거판단하여 의제자백에 배치되는 사실인정을 하는 것은 위법하다(대법원 1988. 2. 23. 선고 87다카961 판결).

4) 법인인 소송당사자가 법인이나 그 대표자의 주소가 변경되었는데도 이를 법원에 신고하지 아니하여 2차에 걸친 변론기일소환장이 송달불능이 되자 법원이 공시송달의 방법으로 재판을 진행하였고, 제3차 및 제4차 변론기일에 각 원고는 불출석하고 피고 소송수행자는 출석하였으나 변론하지 아니함으로써 그날로 이 사건 소는 2회 쌍방불출석으로 소취하 간주되었다. 공시송달방법으로 변론기일소환장이 송달되어 쌍방불출석으로 취하간주됨에 이른 것은 원고가 원고법인이나 대표자의 주소가 변경되었는데도 이를 법원에 신고하지 아니한 데에 말미암은 것이니 그 변론기일에 출석하지 못한 것이 원고의 책임에 돌릴 수 없는 사유로 인하여 기일을 해태한 경우라고는 볼 수 없다. 이와 같은 취지의 원심판결은 정당하고 거기에 위법사유가 있다고 할 수 없다(대법원 1987. 2. 24. 선고 86누509 판결).

있더라도 쌍방 불출석으로 인한 소취하간주의 효과가 생기지 않는다고 한다.[1]

### 3) 필요적 변론기일

필요적 변론기일에 불출석한 경우에만 기일해태의 효과가 발생하고, 임의적 변론기일에는 불출석하더라도 기일해태의 효과가 발생하지 않는다. 판결은 당사자가 출석하지 않아도 할 수 있으므로(제207조), 판결선고기일에 불출석하더라도 기일해태의 효과가 발생하지 않는다. 증거조사 역시 당사자가 기일에 출석하지 않아도 할 수 있으므로(제295조), 증거조사기일에 불출석하여도 기일해태의 효과가 발생하지 않는다. 그런데 증거조사가 법정에서 이루어지는 경우에는 당사자가 변론을 하고 증거조사를 하게 되므로 증거조사를 위하여 고지된 기일은 변론기일에 해당된다. 그리하여 증거조사기일은 변론을 수반하지 않고 단순히 증거조사만 하는 경우, 즉 법정 외에서 증거조사를 하는 경우에는 불출석하여도 기일해태의 효과가 발생하지 않지만, 변론을 함께 하는 경우, 즉 법정에서 증거조사가 이루어지는 경우에는 기일해태의 효과가 발생한다.[2] 변론준비기일에도 기일해태의 효과가 인정된다(제286조).

### (2) 한쪽 당사자의 불출석

당사자 한쪽이 적법한 기일통지를 받고 필요적 변론기일에 불출석한 경우에는 다음과 같은 소송법적 효과가 발생한다.

### 1) 진술간주

한쪽 당사자가 소장, 답변서 그 밖의 준비서면을 제출한 채 변론기일에 불출석한 경우에는 불출석자가 마치 출석하여 자신이 제출한 서면에 적혀 있는 사항에 대하여 진술한 것처럼 간주

---

1) 제268조 제2항 소정의 1월의 기일지정신청기간은 불변기간이 아니어서 그 추완이 허용되지 않는 점을 고려한다면, 동조 제1, 2항에서 '변론의 기일에 당사자 쌍방이 출석하지 아니한 때'란 당사자 쌍방이 적법한 절차에 의한 송달을 받고도 변론기일에 출석하지 않는 것을 가리키는 것이고, 변론기일의 송달절차가 적법하지 아니한 이상 비록 그 송달이 유효하고 그 변론기일에 당사자 쌍방이 출석하지 아니하였다고 하더라도 쌍방 불출석의 효과는 발생하지 않는다. 당사자의 주소 등 송달할 장소를 알 수 없는 경우가 아님이 명백함에도 재판장이 당사자에 대한 변론기일소환장을 공시송달에 의할 것으로 명함으로써 당사자에 대한 변론기일소환장이 공시송달된 경우, 그 당사자는 각 변론기일에 적법한 절차에 의한 송달을 받았다고 볼 수 없으므로, 위 공시송달의 효력이 있다 하더라도 각 변론기일에 그 당사자가 출석하지 아니하였다고 하여 쌍방 불출석의 효과가 발생한다고 볼 수 없다(대법원 1997. 7. 11. 선고 96므1380 판결).
2) 변론기일에서 당사자가 변론을 하고 증인신문신청을 하므로 법원이 그 증인을 심문하기로 하여 변론을 속행할 기일을 지정 고지하였을 경우에는 위의 증인조사를 법정 외에서 한다는 특별한 조치가 없는 한 위의 고지된 기일은 변론기일이라 할 것이므로 동 지정고지 기일이 2회에 걸쳐 출석치 않거나 출석하고서도 변론치 않은 경우에는 제268조 제2항에 의하여 쌍불취하간주로 될 것이다(대법원 1966. 1. 31. 선고 65다2296 판결).

한다(제148조 제1항). 그러나 원고가 관할권 없는 법원에 제소한 때에 피고가 본안에 관하여 다투는 사실을 기재한 답변서를 제출한 채 불출석하여 그것이 진술간주되어도 변론관할이 생기지 않으며,[1] 또한 준비서면에 증거를 첨부하여 제출하였을 때에 그 서면이 진술간주되어도 증거신청의 효과는 생기지 않는다.[2]

한쪽 당사자가 불출석한 경우 진술간주에 따라 변론을 진행할지 아니면 기일을 연기할지 여부는 법원의 재량이다. 그러나 출석한 당사자만으로 변론을 진행할 때에는 반드시 진술간주하여야 한다. 진술간주 후 변론을 진행하는 경우에 출석한 당사자는 변론과 증거신청을 할 수 있으나, 준비서면에 적지 않은 사실은 상대방이 출석하지 않은 때에는 변론에서 주장하지 못하므로(제276조), 이 경우 출석한 당사자가 할 수 있는 변론과 증거조사의 범위는 원칙적으로 그가 미리 준비서면에 적은 사실의 주장과 증거신청 및 증거조사에 한정된다.

종전에는 진술간주의 효력이 청구의 인낙에 미치는지 여부에 관하여 논란이 있었고, 판례는 부정하는 입장이었다.[3] 그러나 현행법에서는 당사자의 법원출석의 불편을 덜어주고 당사자의 의사에 의한 소송종료를 촉진하기 위하여 진술간주되는 서면에 청구의 포기·인낙 또는 화해의 의사표시가 적혀 있는 경우에 그 효력을 인정하고 있다. 다만, 당사자 의사의 진정성과 명확성을 확보하기 위하여 공증사무소의 인증을 요구하고 있다. 즉, 불출석한 당사자가 진술한 것으로 간주되는 서면에 청구의 포기·인낙의 의사표시가 적혀 있고 공증사무소의 인증을 받은 경우에는 청구의 포기·인낙이 성립한 것으로 간주하고(제148조 제2항), 화해의 의사표시가 적혀 있고 공증사무소의 인증을 받은 경우에는 상대방 당사자가 변론기일에 출석하여 그 화해의 의사표시를 받아들이면 화해가 성립한 것으로 간주한다(동조 제3항).

### 2) 자백간주

공시송달의 방법에 의하지 않고 기일통지서를 송달받은 당사자가 서면의 제출 없이 불출석한 경우에는 출석한 당사자의 주장사실에 대하여 마치 출석하여 명백히 다투지 않은 경우처럼 자백한 것으로 간주한다(제150조 제3항). 공시송달에 의하여 기일통지서를 송달받은 경우에는

---

1) 민사소송법 소정의 응소관할이 생기려면 피고의 본안에 관한 변론이나 준비절차에서의 진술은 현실적인 것이어야 하므로 피고의 불출석에 의하여 답변서 등이 법률상 진술간주되는 경우는 이에 포함되지 아니한다(대법원 1980. 9. 26. 자 80마403 결정).
2) 서증은 법원 외에서 조사하는 경우 이외에는 당사자가 변론기일 또는 준비절차기일에 출석하여 현실적으로 제출하여야 하고, 서증이 첨부된 소장 또는 준비서면 등이 진술되는 경우에도 마찬가지라고 할 것이다(대법원 1991. 11. 8. 선고 91다15775 판결).
3) 피고가 원고의 청구를 인낙하는 취지를 기재한 준비서면을 제출하여 그 준비서면이 진술간주되었다고 하여도 피고가 변론기일에 출석하여 구술로써 인낙하지 아니한 이상 인낙의 효력이 발생하지 않는다(대법원 1993. 7. 13. 선고 92다23230 판결; 1982. 3. 23. 선고 81다1336 판결).

불출석하더라도 자백간주의 효과가 발생하지 않는다. 그러나 자백간주의 효력이 발생한 후에는 기일통지가 공시송달로 이루어지더라도 자백간주의 효력이 상실되지 않는다.[1]

　자백간주는 재판상 자백과는 달리 당사자에 대한 구속력이 없으므로 당사자는 사실심의 변론종결시까지 언제든지 상대방의 주장사실을 다투어 자백간주의 효력을 배제할 수 있다. 예를 들어, 제1심에서 자백간주가 있었더라도 당사자가 항소심에서 이를 다투었다면 자백간주의 효력이 유지될 수 없다.[2] 이와 같이 자백간주가 있었더라도 이후 상대방의 주장사실을 다툰 경우에는 자백간주의 효력이 배제되므로 법원은 증거에 의하여 자백간주된 사실과 다른 사실을 인정할 수 있다.

### (3) 양쪽 당사자의 불출석

　양쪽 당사자가 적법한 기일통지를 받고 필요적 변론기일에 함께 불출석한 경우에는 다음과 같이 소취하간주의 효과가 발생한다.

#### 1) 요건

① 양쪽 당사자의 2회 불출석: 양쪽 당사자가 2회에 걸쳐 변론기일에 출석하지 않거나, 출석하더라도 변론하지 않았어야 한다. 변론기일에 양쪽 당사자가 1회 불출석한 경우 재판장은 다시 변론기일을 정하여 양쪽 당사자에게 통지하여야 한다(제268조 제1항). 2회 불출석한 경우 판결을 하기에 성숙하였다고 인정될 때에는 변론종결을 할 수 있으나, 변론을 종결하지 않고 새 기일의 지정도 없이 해당 기일을 종료하는 것이 일반적이다. 양쪽 당사자가 2회 변론기일에 불출석한 후 1월내에 기일지정의 신청을 하여 소송수행의 의사가 있는 것을 표시하지 않는 경우, 양쪽 당사자에게 소송을 유지할 의사가 없는 것으로 보아 소가 취하된 것으로 간주한다(제268조 제2항). 그런데 배당이의소송에 있어서는 이의한 사람이 첫 변론기일에 출석하지 않으면 소가 취하된 것으로 간주한다(민사집행법 제158조). 여기서 말하는 첫 변론기일에는 첫 변론준비기일은 포함되지 않는다.[3]

---

1) 대법원 1988. 2. 23. 선고 87다카961 판결.
2) 비록 제1심에서 의제자백이 있었다고 하더라도 피고가 항소심에서 변론종결시까지 이를 다툰 이상 자백의 의제는 할 수 없다고 할 것이므로 원심이 피고의 의제자백을 인정하지 아니하고 원고청구기각의 판결을 선고하였다고 하여 이를 위법한 것이라고 할 수 없다(대법원 1987. 12. 8. 선고 87다368 판결).
3) 민사집행법 제158조의 문언이 '첫 변론기일'이라고 명시하고 있을 뿐만 아니라 변론준비절차는 변론이 효율적이고 집중적으로 실시될 수 있도록 당사자의 주장과 증거를 정리하여 소송관계를 뚜렷이 하기 위하여 마련된 제도로서 당사자는 변론준비기일을 마친 뒤의 변론기일에서 변론준비기일의 결과를 진술하여야 하는 등 변론준비기일의 제도적 취지, 그 진행방법과 효과, 규정의 형식 등에 비추어 볼 때, 민사집행법 제158조에서 말하는 '첫

2회 불출석은 반드시 연속적일 필요는 없고, 단속적이어도 무방하다. 그러나 동일한 심급의 동종의 기일에서 불출석하여야 한다. 예를 들어, 제1심과 항소심에서 각각 1회씩 불출석하거나 파기환송 전후에 걸쳐 각각 1회씩 불출석[1]하여도 2회 불출석이 되지 않는다. 또한 동일한 소가 유지되는 상태에서 불출석하여야 한다. 청구의 교환적 변경 전후에 걸쳐 각각 1회씩 불출석하여도 2회 불출석이 되지 않는다. 교환적 변경으로 구청구가 취하되었기 때문이다. 그러나 본래의 소(訴) 계속 중에 1회 결석한 후에 청구의 추가적 변경, 반소, 중간확인의 소 등이 제기되거나 당사자참가가 있었는데, 다시 1회 불출석하고 기일지정신청이 없는 경우에는 본래의 소 부분만 취하간주된다. 즉, 가분적으로 본래의 소 부분만 일부 취하간주된다.[2] 변론준비기일에도 기일해태의 효과가 준용되지만(제286조), 변론준비기일과 변론기일은 별개의 기일이므로 변론준비기일에서의 불출석의 효과는 변론기일에 승계되지 않는다. 예를 들어, 양쪽 당사자가 변론준비기일에 1회, 변론기일에 2회 각 결석하였다고 하여도 3회 불출석이 되는 것은 아니며, 변론기일 2회 불출석이 되어 1개월 이내에 기일지정신청을 함으로써 소송을 속행할 수 있다.[3]

소취하의 효력이 발생하여 소송이 종료되는 시기는 양쪽 당사자가 2회 불출석한 기일로부터 1월이 경과한 날이다. 1개월의 기간은 양쪽 당사자가 2회 불출석한 기일로부터 기산하여야 하고, 당사자가 그 사실을 안 날로부터 기산하는 것이 아니다.[4] 1개월의 기일지정신청기간은 불변기간이 아니어서 기일지정신청의 추후보완이 허용되지 않는

변론기일'에 '첫 변론준비기일'은 포함되지 않는다. 따라서 배당이의의 소송에서 첫 변론준비기일에 출석한 원고라고 하더라도 첫 변론기일에 불출석하면 민사집행법 제158조에 따라서 소를 취하한 것으로 볼 수밖에 없다(대법원 2007. 10. 25. 선고 2007다34876 판결; 2006. 11. 10. 선고 2005다41856 판결).

1) 환송판결의 전후를 통하여 당사자 쌍방의 불출석이 2회 있었다 하여도 소취하가 있는 것으로 간주할 수 없다(대법원 1963. 6. 20. 선고 63다166 판결).
2) 김홍엽, 490면; 이시윤, 416면.
3) 변론준비절차는 원칙적으로 변론기일에 앞서 주장과 증거를 정리하기 위하여 진행되는 변론 전 절차에 불과할 뿐이어서 변론준비기일을 변론기일의 일부라고 볼 수 없고 변론준비기일과 그 이후에 진행되는 변론기일이 일체성을 갖는다고 볼 수도 없는 점, 변론준비기일이 수소법원 아닌 재판장 등에 의하여 진행되며 변론기일과 달리 비공개로 진행될 수 있어서 직접주의와 공개주의가 후퇴하는 점, 변론준비기일에 있어서 양쪽 당사자의 불출석이 밝혀진 경우 재판장 등은 양쪽의 불출석으로 처리하여 새로운 변론준비기일을 지정하는 외에도 당사자 불출석을 이유로 변론준비절차를 종결할 수 있는 점, 나아가 양쪽 당사자 불출석으로 인한 취하간주제도는 적극적 당사자에게 불리한 제도로서 적극적 당사자의 소송유지의사 유무와 관계없이 일률적으로 법률적 효과가 발생한다는 점까지 고려할 때 변론준비기일에서 양쪽 당사자 불출석의 효과는 변론기일에 승계되지 않는다. 양쪽 당사자가 변론준비기일에 한 번, 변론기일에 두 번 불출석하였다고 하더라도 변론준비기일에서 불출석의 효과가 변론기일에 승계되지 아니하므로 소를 취하한 것으로 볼 수 없다(대법원 2006. 10. 27. 선고 2004다69581 판결).
4) 제268조 제2항의 기일지정신청은 쌍방 불출석 변론기일로 부터 1월내에 하여야 하는 것이지 신청인이 그 사실을 안 때로부터 그 기간을 기산할 수는 없는 것이다(대법원 1992. 4. 14. 선고 92다3441 판결).

다.[1] 법원이 직권으로 기일을 지정한 때에는 당사자의 기일지정신청에 의한 기일지정이 있는 경우와 마찬가지로 소송이 속행된다.

② **기일지정신청 뒤의 양쪽 당사자의 불출석:** 양쪽 당사자가 2회 불출석한 뒤 1월내에 당사자의 기일지정신청에 따라 정한 변론기일 또는 그 뒤의 변론기일에 양쪽 당사자가 불출석한 때에도 소취하로 간주한다(제268조 제3항). 소송이 종료되는 시기는 3회 불출석한 때이다.

### 2) 효과

소취하간주되어 소송계속의 효과가 소급적으로 소멸하고 소송이 종료된다. 소취하간주는 법률상 당연히 발생하는 효과이므로 법원이나 당사자의 의사로 좌우할 수 없다. 설령 당사자에게 소송수행의 의사가 있어도 소취하간주의 효과를 부인할 수 없으며, 법원의 재량이나 소송사건의 내용, 소송의 진행상황에 따라 임의로 처리할 수 없다.[2] 또한 소취하간주는 확정적이므로 당사자에게 책임을 돌릴 수 없는 사유로 기일지정신청을 못하였다고 하여 끝난 소송을 부활시킬 수는 없다. 만일 소취하간주가 있음에도 이를 간과하고 본안판결을 한 경우에는 상소심은 소송종료선언을 하여야 한다.

소취하간주의 효과는 상소심절차에도 준용된다(제268조 제4항). 다만, 상소심에서는 소의 취하가 아니라 상소의 취하로 간주되어, 원판결이 그대로 확정된다(동조 제4항 단서). 여기서 상소심은 항소심을 말한다. 상고심의 변론은 임의적 변론에 불과하므로(제430조 제2항), 기일해태의 효과가 발생하지 않기 때문이다. 그리하여 2회에 걸쳐 항소심 변론기일에 양쪽 당사자가 불출석하고 1월내에 기일지정신청이 없거나 그 신청에 의하여 정한 기일에 출석하지 않은 때에는 항소가 취하된 것으로 간주된다.

---

1) 제268조 제2항 소정의 1월의 기일지정신청기간은 불변기간이 아니어서 기일지정신청의 추완이 허용되지 않는다(대법원 1992. 4. 21. 선고 92마175 판결).
2) 당사자가 변론기일에 2회에 걸쳐 불출석하거나 변론없이 퇴정할 때는 소취하 또는 항소취하로 간주되는 효과가 법률상 당연히 발생하는 것으로 여기에는 법원의 재량이나 소송사건의 내용·진도에 따라 임의로 처리할 수 없다(대법원 1982. 10. 12. 선고 81다94 판결).

# 제3절 절차의 진행과 정지

## Ⅰ. 기일 및 기간

### 1. 기일

#### (1) 기일의 지정

기일이란 법원, 당사자, 기타 소송관계인이 모여서 소송행위를 하기 위하여 정해진 시간을 말한다. 변론기일, 증거조사기일, 판결선고기일 등이 있다. 기일은 재판장이 직권으로 또는 당사자의 신청에 의하여 지정한다(제165조 제1항). 기일의 지정은 소송지휘에 관한 것이므로 직권으로 지정하는 것이 원칙이다. 다만, 직권으로 하는 기일지정이 인정되지 않는 경우에 보충적으로 당사자의 신청권이 인정될 수 있다. 예를 들어, 양쪽 당사자가 2회 불출석한 후에 소의 취하간주를 막기 위하여 하는 기일지정신청 등이 그것이다. 재판장은 피고의 답변서가 제출된 경우 가능한 최단기간 안으로 제1회 변론기일을 지정하여야 한다(제258조 제1항). 변론준비절차를 거친 경우에는 변론준비절차가 끝나면 바로 변론기일을 지정하여야 하고(제258조 제2항), 이 경우 당사자의 의견을 들어야 한다(민사소송규칙 제72조 제2항).

#### (2) 기일지정신청

기일지정신청이란 심리의 속행을 위하여 기일의 지정을 촉구하는 당사자의 신청을 말한다(제165조 제1항). 당사자의 기일지정신청에는 다음의 세 가지가 있다.

첫째, 당사자는 법원이 사건을 심리하지 않고 오랫동안 방치하는 경우에 법원에 의한 기일의 직권지정을 촉구하는 의미의 기일지정신청을 할 수 있다. 이 경우 당사자의 신청권은 인정되지 않으며, 법원은 당사자의 신청에 대하여 응답할 의무가 없다.

둘째, 양쪽 당사자가 2회 불출석한 후에 소의 취하간주를 막기 위하여 1개월 이내에 기일지정신청을 할 수 있다(제268조 제2항). 이 경우 법원은 기일지정을 해야 할 의무가 있다.

셋째, 당사자는 소송종료 후에 그 종료의 효력을 다투며 기일지정신청을 할 수 있다(민사소송규칙 제67조). 이는 법원의 직권에 의한 기일지정을 촉구하는 신청이 아니라 소송이 아직 종료되지 않고 계속 중이라는 전제하에 본안판결을 구하는 본안의 신청이므로, 법원은 반드시 변론을 열어 종국판결에서 판단하여야 한다. 소송이 종결된 것으로 판단되면 판결에 의한 소송종료 선언을 하여야 하고, 그렇지 않으면 변론기일을 지정하여 기일을 속행하여야 한다.

첫 번째의 경우 당사자의 신청권이 인정되지 않으므로, 법원은 당사자의 신청에 대하여 재판을 할 필요가 없다. 그러나 두 번째와 세 번째의 경우에는 당사자의 신청권이 인정되므로, 법원은 당사자의 신청에 대하여 재판을 할 의무가 있고, 당사자는 신청을 기각하는 재판에 대하여 불복할 수 있다.

### (3) 기일의 변경

기일의 변경이란 기일 개시 전에 그 지정을 취소하고 이에 갈음하여 새로 기일을 지정하는 것을 말한다. 기일 개시 후에 그 기일에 아무런 소송행위를 하지 않고 새 기일을 지정하는 기일의 연기와 구별되고, 기일에 소송행위를 하였으나 완결을 보지 못하여 계속하기 위하여 다음 기일을 지정하는 기일의 속행과 다르다.

재판장은 현저한 사유가 없는 한 기일의 변경을 허가해서는 안 된다(민사소송규칙 제41조). 기일변경을 허가하는 현저한 사유란 당사자가 출석하여 변론할 수 없는 합리적인 사유가 있는 경우를 말한다. 불가항력적인 사유뿐만 아니라 주장이나 증거제출의 준비를 하지 못한 데 정당한 이유가 있는 경우를 포함한다.[1] 다만, 첫 변론기일 또는 첫 변론준비기일은 현저한 사유가 없더라도 당사자들이 합의하면 허가한다(제165조 제2항). 기일변경신청의 허부는 재판장의 직권사항이다. 당사자들의 합의에 따른 첫 변론(준비)기일의 변경신청을 제외하고 당사자의 기일변경신청은 법원의 직권발동을 촉구하는 의미가 있는데 불과하므로 법원은 이에 대하여 응답할 의무가 없으며, 설사 당사자의 신청을 기각하는 재판을 하더라도 불복신청을 할 수 없다.

기일을 변경하거나 연기 또는 속행하는 때에는 소송절차의 중단 또는 중지, 그 밖에 다른 특별한 사정이 없으면 다음 기일을 바로 지정하여야 한다(동규칙 제42조 제1항). 기일을 변경하거나 연기 또는 속행하면서 다음 기일을 바로 지정하지 않고 추후에 지정할 수도 있다. 이를 추후지정 또는 추정(追定)이라고 한다. 기일의 추후지정은 가급적 피하여야 한다. 감정결과 등을 기다려야 하기 때문에 기일을 지정함이 사실상 무의미한 경우와 같이 특별한 사정이 있는 경우에 한하여 추후지정을 하여야 할 것이다. 기일을 추후지정하는 때에는 변론조서 등에 추후지정하게 된 구체적 사유를 기재하여야 한다. 기일을 변경하는 때에는 바로 당사자에게 그 사실을 알

---

1) 김홍엽, 495면; 이시윤, 422면.

려야 하고(동규칙 제42조 제2항), 증인·감정인 등에 대하여는 통지할 시간적 여유가 없는 때를 제외하고 바로 통지하여야 한다(동규칙 제44조 제1항).

## (4) 기일의 통지 및 실시

### 1) 기일의 통지

기일을 당사자 그 밖의 소송관계인에게 알려 출석을 요구하는 것을 기일의 통지라고 한다. 기일은 기일통지서 또는 출석요구서를 송달하여 통지한다(제167조 제1항 본문). 다만, 해당 사건으로 출석한 사람에게는 기일을 직접 고지하면 된다(동항 단서). 소송관계인이 일정한 기일에 출석하겠다고 적은 서면(출석승낙서)을 제출하거나, 법원사무관 등이 그 법원 안에서 기일통지서 또는 출석요구서를 받을 사람에게 이를 교부하고 영수증을 받은 때에는 기일통지서 또는 출석요구서를 송달한 것과 같은 효력이 있다(제168조, 제177조 제2항).

또한 법원은 간이한 방법에 의하여 기일을 통지할 수 있다(제167조 제1항 전단). 여기서 간이통지란 전화, 팩시밀리, 보통우편 또는 전자우편(e-mail) 그 밖에 상당하다고 인정되는 방법에 의한 통지를 말한다(민사소송규칙 제45조 제1항). 이 경우 기일에 출석하지 않은 당사자·증인 또는 감정인 등에 대하여 법률상의 제재 그 밖에 기일을 게을리 함에 따른 불이익을 줄 수 없다(제167조 제1항 후단).

### 2) 기일의 실시

기일은 재판장이 사건과 당사자의 이름을 부름으로써 시작된다(제169조). 기일개시의 요건으로 당사자 본인의 이름을 부르면 족하고 소송대리인까지 부를 필요는 없다.[1] 당사자에게 적법한 통지 없이 한 기일의 진행은 위법하다. 판례는 당사자에게 기일을 통지하지 않고 당사자 아닌 사람에게 통지한 채 그 기일에 실시한 변론은 위법하고, 그 변론에 의한 판결도 위법하다고 한다.[2] 다만, 당사자가 임의로 기일에 출석하여 이의를 하지 않으면 이의권의 포기·상실로 그

---

1) 제169조 기일개시요건으로 규정된 당사자 호명은 당사자 본인을 호명함으로써 족한 것이고 소송수행자까지 호명할 필요는 없다(대법원 1970. 11. 24. 선고 70다1893 판결).
2) 민사소송법상의 기일은 기일의 지정이 있고 그 기일을 당사자에 통지함으로써 실시하는 것이다. 본건 피고는 농업협동조합이므로 변론은 그 기일을 피고의 대표자인 조합장에게 통지하지 아니하면 실시할 수 없음에도 불구하고 원심은 변론기일을 피고의 대표자에게는 통지함이 없이 착오로 농업협동조합 중앙회에 통지한 채 적법한 기일통지가 있었던 것으로 착각하고 변론을 실시한 사실이 명백하므로 위 변론은 민사소송법 규정에 위반되고 그 위반은 판결에 영향을 미쳤으므로 위 변론에 의한 원판결은 파기를 면치 못한다(대법원 1962. 9. 20. 선고 62다380 판결).

하자가 치유된다.[1] 그러나 기일의 통지를 받지 못해 출석할 수 없었기 때문에 패소판결을 받은 경우에는 기일에 정당하게 대리되지 않은 사람에 준하여 상소나 재심에 의하여 구제되어야 한다.

그런데 판례는 판결선고기일의 통지는 달리 보고 있다. 즉, 판결의 선고는 당사자가 출석하지 않아도 할 수 있으므로 적법한 기일통지를 받고도 한쪽 당사자가 출석하지 않은 기일에 판결선고기일을 고지한 때에는 불출석한 당사자에게도 그 효력이 있는 것이고, 그 당사자에게 별도로 판결선고기일의 통지를 하지 않았더라도 위법하지 않다고 한다.[2] 또한 판결선고기일을 법정에서 변경하고 고지하면 적법하고,[3] 그 변경된 선고기일을 당사자에게 통지하지 않아도 위법하지 않다고 한다.[4] 그러나 판결의 선고는 반드시 선고기일을 지정하여 당사자에게 기일통지를 하고 그 지정된 선고기일에 하여야 하므로 이러한 절차를 거치지 않고 변론기일에 선고된 판결은 위법하다고 한다.[5]

## 2. 기간

### (1) 기간의 종류

기간이란 소송행위나 기일의 준비를 하여야 할 시간적 간격을 말한다. 기간에는 법률에 의하여 정해지는 법정기간과 재판으로 정해지는 재정기간이 있다. 답변서제출기간, 준비서면제출기간, 상소기간, 상고이유서 제출기간 등이 법정기간에 속하고, 소송능력 등의 보정기간(제59조),

---

1) 당사자가 변론기일 소환장의 송달을 받은 바 없다 하더라도 변론기일에 임의출석하여 변론을 하면서 그 변론기일의 불소환을 책문하지 아니하면 책문권의 상실로 그 하자는 치유된다(대법원 1984. 4. 24. 선고 82므14 판결).

2) 판결선고기일을 법정에서 지정고지하였을 경우에는 그 기일에 출석하지 아니한 당사자에 대하여 따로 선고기일 소환장을 송달하지 아니하여도 무방하다(대법원 1966. 7. 5. 선고 66다882 판결; 1955. 2. 3. 선고 4287민상232 판결).

3) 원심은 판결선고기일로 고지된 1963. 10. 16. 오전 10시에 당사자 쌍방이 출석하지 아니하였으므로 법정에서 위 판결선고기일을 오는 10월 30일 10시로 연기한다는 뜻을 고지하였음이 그 조서기재에 의하여 명백한 바, 이러한 경우에는 판결선고기일의 변경 및 다음 기일의 고지가 적법하게 이루어졌다고 할 것이다(대법원 1964. 7. 14. 선고 63다1069 판결).

4) 변경된 판결선고기일에 관한 통지 및 소환을 하지 않은 경우에도 그 위법은 판결에 영향이 없다(대법원 1964. 6. 2. 선고 63다851 판결).

5) 소액사건심판법의 적용을 받지 아니하는 일반 민사사건에 있어서 판결로 소를 각하하기 위하여는 법원이 변론을 연 경우는 물론이며 변론 없이 하는 경우에도 반드시 선고기일을 지정하여(변론을 연 경우에는 변론을 종결하고) 당사자를 소환하고 그 지정된 선고기일에 소각하의 종국판결을 선고하여야 할 것이므로, 위와 같은 절차를 거침이 없이 변론기일에 선고된 원심판결은 위법하다(대법원 1996. 5. 28. 선고 96누2699 판결).

소장보정기간(제254조), 주장·증거의 제출기간(제147조) 등은 재정기간이다.

　　법정기간은 다시 불변기간과 통상기간으로 구분된다. 법률에서 불변기간으로 한다고 정해 놓은 기간이 불변기간이 된다. 불변기간이 아닌 기간이 통상기간이다. 상소기간, 즉시항고기간, 특별항고기간, 재심기간, 화해권고결정·조정에 갈음하는 결정·지급명령·이행권고결정 등에 대한 이의신청기간, 제권판결에 대한 불복기간, 행정소송의 제소기간, 제소전 화해의 제소신청기간, 중재판정취소소송의 제소기간 등이 불변기간에 속하고, 상고이유서제출기간,[1] 취하 간주에서의 기일지정신청기간,[2] 집행법상 즉시항고에서의 항고이유서 제출기간[3] 등은 통상기간이다.

　　불변기간은 주로 재판에 대한 불복신청기간으로서 소송촉진이라는 공익상 필요에 의하여 마련된 기간이다. 불변기간은 국민의 재판받을 권리의 행사와 직접 관련된 기간이므로 그 기간 계산에 오해가 없도록 쉽고 명확하게 규정되어야 한다.[4] 불변기간에 대하여는 기간을 늘이거나 줄일 수 없지만 부가기간을 정할 수는 있으며(제172조 제1항 및 제2항), 귀책사유 없이 기간을 도과한 경우 추후보완이 허용된다(제173조). 또한 불변기간의 준수 여부는 소송요건으로 직권조사 사항이다.

## (2) 기간의 진행과 신축

　　기간의 계산은 민법에 따른다(제170조). 따라서 기간이 오전 영(零)시로부터 시작하는 때를 제외하고 기간의 초일은 산입하지 않으며(민법 제157조),[5] 기간의 말일이 토요일 또는 공휴일에 해당하는 때에는 그 기간은 그 다음날로 만료된다(동법 제161조).[6] 재정기간에서는 재판으로 정

---

1) 상고이유서 제출기간은 불변기간이 아니므로 추완신청의 대상이 될 수 없다(대법원 1981. 1. 28. 자 81사2 결정).
2) 대법원 1992. 4. 21. 선고 92마175 판결.
3) 민사집행법 제15조 제2항에 의한 항고장 제출기간과 달리 민사집행법 제15조 제3항에 의한 항고이유서 제출기간을 불변기간으로 명시하는 법률 규정은 없으므로, 민사집행법 제15조 제3항에 의한 항고이유서 제출기간은 불변기간이라 할 수 없다(대법원 2009. 4. 10. 자 2009마519 결정).
4) 제소기간과 같은 불변기간은 늘릴 수도 줄일 수도 없는 기간이며, 국민의 기본권의 하나인 재판을 받을 권리 행사와 직접 관련되기 때문에 그 기간계산에 있어서 나무랄 수 없는 법의 오해로 재판을 받을 권리를 상실하는 일이 없도록 쉽게 이해되게, 그리고 명확하게 규정되어야 한다(헌법재판소 1993. 12. 23. 선고 92헌가12 결정).
5) 예를 들어, 판결서 정본이 송달불능이 되어 공시송달을 한 경우 공시송달을 실시한 다음 날부터 기산하여 2주일이 지난 다음 날 영시에 송달의 효력이 발생하므로, 이에 대한 상소기간은 초일을 산입하여 기산하여야 한다. 예를 들어, 최초의 공시송달이 2018. 5. 1. 실시되었다면, 그로부터 2주일이 지난 2018. 5. 16. 0시부터 공시송달의 효력이 발생한다.
6) 예를 들어, 기간의 말일이 토요일인 경우 기간은 월요일에 만료한다.

한 시기(始期)가 도래한 때부터 기간이 진행되고, 별도로 시기를 정하지 않은 경우에는 재판의 효력이 생긴 때부터 진행한다(제171조). 소송절차의 중단 또는 중지는 기간의 진행을 정지시키며, 소송절차의 수계사실을 통지한 때 또는 소송절차를 다시 진행한 때부터 전체기간이 새로이 진행된다(제247조 제2항).

법원은 불변기간을 제외한 법정기간 또는 재정기간을 늘이거나 줄일 수 있다(제172조 제1항). 그러나 불변기간이 아니더라도 법문상 또는 해석상 신축이 제한되는 경우가 있다. 법문상 제한되는 경우로는 소송행위의 추후보완기간은 늘이거나 줄일 수 없고(제173조 제2항),[1] 공시송달기간은 늘리는 것은 허용되나 기간을 줄일 수 없다(제196조 제3항). 해석상 제한되는 경우로는 상고이유서 제출기간, 재항고이유서 제출기간, 민사집행절차상 항고이유서 제출기간은 늘리는 것은 허용되나 줄일 수는 없다.

법원은 불변기간에 대하여 신축할 수는 없으나, 부가기간을 정할 수는 있다(제172조 제1항 단서 및 제2항). 부가기간이란 주소 또는 거소가 멀리 떨어진 곳에 있는 사람을 위하여 법원이 직권으로 정하는 연장기간이다(동조 제2항). 부가기간은 원래의 기간과 일체가 되므로 연장기간까지 합하여 전체 기간이 불변기간이 된다. 불변기간 경과 후에는 부가기간을 정할 수 없다.

### (3) 소송행위의 추후보완

당사자가 책임질 수 없는 사유로 말미암아 불변기간을 지킬 수 없었던 경우에는 그 사유가 없어진 날부터 2주 이내에 소송행위를 추후보완할 수 있다(제173조 제1항).

### 1) 추후보완의 대상인 기간

추후보완의 대상인 기간은 '불변기간'에 한정된다. 그리하여 예를 들어, 상고이유서 제출기간이나 재항고이유서 제출기간은 불변기간이 아니므로 추후보완의 대상이 될 수 없다.[2] 다만, 당사자의 귀책사유 없이 기간 내에 상고이유서나 재항고이유서를 제출하지 못한 경우에는 대리권의 흠결이 있는 때에 준하여 재심사유가 된다.[3] 그러나 송달이 무효인 경우에는 불변기간이

---

1) 기간의 신축은 물론 부가기간까지 허용되지 않는다(제173조 제2항).
2) 상고이유서제출기간은 불변기간이 아니므로 추완신청의 대상이 될 수 없다(대법원 1981. 1. 28. 자 81사2 결정).
3) 우체국 집배원의 배달 착오로 상고인인 원고(재심원고)가 소송기록접수통지서를 송달받지 못하여 상고이유서 제출기간 내에 상고이유서를 제출하지 않았다는 이유로 원고의 상고가 기각된 경우, 원고는 적법하게 소송에 관여할 수 있는 기회를 부여받지 못하였으므로, 이는 제451조 제1항 제3호에 규정된 '법정대리권, 소송대리권 또는 대리인이 소송행위를 함에 필요한 수권의 흠결이 있는 때'에 준하여 재심사유에 해당한다(대법원 1998. 12.

진행될 수 없어 추후보완의 문제가 생기지 않는다. 예를 들어 허위주소로 판결정본이 보내져 피고 아닌 사람에게 송달된 경우 등에는 상소기간이 개시되지 않아 상소의 추후보완의 문제가 생기지 않으며, 피고는 언제든지 상소를 제기할 수 있다.[1]

## 2) 추후보완사유

추후보완은 당사자가 책임질 수 없는 사유로 기간을 도과한 경우에 한하여 허용된다. 여기서 말하는 '당사자가 책임을 질 수 없는 사유'라고 함은 당사자가 그 소송행위를 하기 위하여 일반적으로 하여야 할 주의를 다하였음에도 불구하고 그 기간을 준수할 수 없었던 사유를 가리키고,[2] 당사자에는 당사자 본인뿐만 아니라 그 소송대리인 및 그 대리인의 보조자도 포함된다.[3] 따라서 본인에게 과실이 없어도 소송대리인이나 그 보조자에게 과실이 있는 경우에는 추후보완이 허용되지 않는다. 당사자의 책임질 수 없는 사유로 기간을 도과하였다는 점은 추후보완하고자 하는 당사자 측에서 주장·증명을 하여야 한다.[4]

추후보완이 긍정되는 경우로는 천재지변으로 인한 교통·통신의 두절로 우편물의 배달이 지연된 경우,[5] 법원의 부주의로 불변기간을 지키지 못한 경우,[6] 우편집배원의 불성실한 업무처리

---

11. 선고 97재다445 판결).

1) 항소행위의 추완은 제1심 판결정본의 유효한 송달이 있었음을 전제로 하여야 할 것이며, 그렇지 아니하고 제1심의 판결정본의 송달이 무효인 경우(소장에 피고의 주소를 피고와는 아무런 관련도 없는 장소로 기재하여 그 곳으로 소장, 변론기일소환장 등이 송달되었고 피고가 전혀 알지도 못하는 가운데 소송이 진행되어 원고승소의 판결정본도 그 곳으로 송달된 경우)에는 불변기간인 항소기간이 진행될 수 없는 것이어서 항소행위의 추완이라는 문제는 생길 수 없고, 이때에는 당사자는 언제라도 항소를 제기할 수 있다(대법원 1970. 7. 24. 선고 70다1015 판결).

2) 소송의 진행 도중 통상의 방법으로 소송서류를 송달할 수 없게 되어 공시송달의 방법으로 송달한 경우에는 처음 소장부본의 송달부터 공시송달의 방법으로 소송이 진행된 경우와 달라서 당사자에게 소송의 진행상황을 조사할 의무가 있으므로, 당사자가 이러한 소송의 진행상황을 조사하지 않아 불변기간을 지키지 못하였다면 이를 당사자가 책임질 수 없는 사유로 말미암은 것이라고 할 수 없다(대법원 2012. 10. 11. 선고 2012다44730 판결).

3) 제173조 제1항에서 말하는 '당사자가 그 책임을 질 수 없는 사유'라고 함은 당사자가 그 소송행위를 하기 위하여 일반적으로 하여야 할 주의를 다하였음에도 불구하고 그 기간을 준수할 수 없었던 사유를 가리키고, 그 당사자에는 당사자 본인뿐만 아니라 그 소송대리인 및 대리인의 보조인도 포함된다(대법원 1999. 6. 11. 선고 99다9622 판결).

4) 판결의 선고 및 송달사실을 알지 못하여 상소기간을 지키지 못한 데 과실이 없다는 사정은 상소를 추후보완하고자 하는 당사자 측에서 주장·입증하여야 한다(대법원 2012. 10. 11. 선고 2012다44730 판결).

5) 김홍엽, 501면; 이시윤, 429면.

6) 피고가 제1심법원에 제출한 답변서의 표지 중 피고의 표시란에 변경된 주소와 휴대전화번호를 기재하였음에도 법원이 이를 간과한 채 변론준비기일소환장 등을 변경 전 주소로 등기우편에 의한 발송송달을 하고 판결정본을 공시송달함으로써 피고가 항소기간을 10여일 경과한 후에 판결정본을 받아 보았다면, 불변기간을 준수하지 못한 것이 피고에게 책임을 돌릴 수 있는 사유에 해당한다고 보기 어렵다(대법원 2007. 12. 14. 선고 2007다54009 판결).

로 송달불능이 된 경우,[1] 소송서류 전달의 오류,[2] 무권대리인이 소송을 수행하고 판결정본을 송달받은 경우,[3] 발송송달된 판결정본의 말미에 기재된 문구에 따라 실제 수령한 날부터 14일

1) 피고는 이사를 하면서 구 주소 관할 우체국에 주소이전신고를 하였고 따라서 그 이후 이 사건 소장부본 등을 송달하게 된 우편집배원은 피고가 이사한 사실을 이미 알고 있었으므로 이러한 경우 우편집배원으로서는 관련 송무예규에 따라 우편송달통지서의 송달장소란에 '이사하여 전송'이라고 기재하여 다른 곳으로 이사한 사실을 우편송달통지서에 나타냈어야 함에도 이 사건 소장부본 등의 우편송달통지서의 송달장소란에 그러한 기재 없이 단지 '교하우체국 창구교부'라고만 기재한 잘못이 있고, 그 결과 법원주사보는 피고가 구 주소에서 이 사건 소장부본 등을 송달받은 것으로 오인하여 변론기일소환장을 구 주소로 송달하였다가 주소이전신고로 인한 3개월의 전송기간이 경과되어 이사불명의 사유로 송달불능되자 등기우편에 의한 발송송달을 하게 됨으로써 결과적으로 그 송달이 잘못되었고 나아가 판결정본이 공시송달의 방법으로 송달되는 데까지 이르게 됨으로써 그로 인하여 피고가 불변기간인 항소기간을 준수하지 못하게 된 것인 이상 이는 피고의 책임 있는 사유보다도 우편집배원의 불성실한 업무처리에 기인한 것이라고 보아야 할 것이다. 이는 피고가 그 책임을 질 수 없는 사유로 항소기간을 준수할 수 없었던 경우에 해당한다(대법원 2003. 6. 10. 선고 2002다67628 판결); 원고에 대한 변론기일소환장이 '이사 간 곳 불명'이라는 이유로 송달불능이 되었는바 이 사유는 우편물에 표시된 송달장소가 불명하다는 것이 아니라 우편물을 송달할 장소를 찾기는 하였으나 이미 송달받을 사람이 다른 곳으로 이사 갔는데 그 이사 간 곳을 알 수 없다는 것으로 풀이되니 이는 원심이 인정한 원고가 본건 소제기 전부터 원심 변론종결 당시까지 광장시장 내 대창직물이란 점포에서 양장지를 판매하여 왔다는 사실에 저촉되므로 우체국 집배원의 송달불능으로 인한 우편물 반려는 경솔하고도 불성실한 업무처리에 기한 것인데 원심이 동 송달불능이 원고의 주소표시 불비로 주소불명으로 인한 것이라 단정하고 변론기일소환장을 공시송달한 결과 원고가 이를 알지 못하였다면 동 변론기일에의 불출석은 원고의 책임 없는 사유로 인한 경우에 해당한다(대법원 1982. 12. 28. 선고 82누486 판결).

2) 우편배달원이 상고기록 수리통지서를 원고의 마을에 사는 사람편에 전하였으나 그가 이를 분실하여 원고에게 전하지 못한 것이라면 상고이유서 제출에 관한 원고의 소송행위의 추완은 허용할 것이다(대법원 1962. 2. 8. 선고 4293민상397 판결); 피고의 어머니인 위 오○○이 피고를 대신하여 위 판결정본을 영수하였으나, 위 오○○과 종교문제 등으로 인한 갈등으로 피고는 집에서 나와 떨어져 살게 된 관계로 이 사건 판결정본 송달사실을 모르고 있다가, 미합중국에 체류하고 있는 그의 형을 통하여 비로소 위 판결정본송달사실을 알게 되었고 그때로부터 2주 내에 이 사건 항소 추완신청을 한 사실을 인정할 수 있고, 이에 덧붙여 피고는 위 오○○과 부(父)인 망 박○○의 유산의 분배와 관리를 둘러싼 다툼도 없지 아니하였던 바, 위 오○○이 피고 상속지분을 포함한 판시 부동산 전부를 원고에게 매각하면서 원고에게 자신의 부담으로 원고측 변호사를 선임하여 소유권이전등기 청구소송을 제기하게 한 사실 등을 종합해 보면, 피고가 판결정본이 송달된 사실을 모르고 이에 따라 항소기간을 준수하지 못한 데 대하여는 그에게 책임을 돌릴 수 없는 사유가 있었다고 봄이 상당하다(대법원 1992. 6. 9. 선고 92다11473 판결).

3) 공동피고 이○○이 피고들과 함께 공동재산상속인이 되었음을 기화로 원고에게 이 사건 부동산을 피고들의 동의 없이 피고들의 지분까지 포함하여 매도한 사실, 위 이○○은 이 사건 소장부본, 변론기일소환장 등을 피고들을 대신하여 송달받는 한편 피고들의 막도장을 새겨 원고에게 교부하여 원고로 하여금 피고들의 소송대리인으로 소외 조○○ 변호사를 선임하게 한 사실, 제1심에서 피고들에 대한 패소판결이 선고되고 그 판결의 정본이 위 변호사에게 송달되었으나 항소기간 내 항소를 제기하지 아니하여 위 판결이 형식상 확정되었는데, 위 변호사는 피고들에게 판결 결과를 알려주지도 아니하여 피고들로서는 위 소송내용은 물론 위 판결정본이 위 변호사에게 송달된 사실도 모르고 있었던 사실이 인정되고, 마침 다른 피고가 우연히 이 사건 소송이 제기된 사실 및 제1심 판결정본이 위 변호사에게 송달된 사실을 알게 되었고, 그 때로부터 2주일 내에 이 사건 추완항소를 제기한 사실이 인정된다. 그렇다면 피고들은 과실 없이 이 사건 소송이 제기되고 계속된 사실 및 제1심 판결정본이 송달된 사실을 몰랐다고 보여지므로 피고들의 이 사건 추완항소는 적법하다(대법원 1996. 5. 31. 선고 94다55774 판결).

이내에 상소한 경우[1] 등이 있다. 그러나 통상적으로 예견할 수 있는 우편물의 배달지연, 예를 들어 서울에서 수원까지 배달증명우편으로 발송한 항소장이 4일만에 배달된 경우,[2] 소송대리인이나 그 사무원의 귀책사유로 기간이 도과된 경우,[3] 지방출장이나 질병치료를 위해 집을 나갔으나 자신의 가족에게 송달된 경우,[4] 적극당사자인 신청인이 교도소에 수감되어 있는 경우[5] 등에는 추후보완이 부정된다.

소장부본과 판결정본 등이 공시송달에 의하여 송달된 경우에는 피고가 처음부터 소송계속 사실 자체를 알지 못하였다고 할 것이므로, 이 경우 피고가 상소기간을 지키지 못한 것은 피고

---

1) 법원이 원고에게 판결정본을 등기우편에 의하여 발송송달하였고, 송달된 판결정본 말미에는 "이 판결(결정)에 대하여 불복할 경우 이 정본을 송달받은 날부터 2주 이내에 항소장을 원심법원에 제출할 수 있습니다."라고 기재되어 있었는데, 원고는 위 문구에 따라 판결정본을 실제로 수령한 날로부터 14일이 되는 날 항소장을 제출하였다면, 발송송달은 발송한 때 송달된 것으로 보지만 이러한 특칙은 일반인들에게 통상적으로 알려져 있지 않고, 법원에서 발송송달을 하면서 그 송달이 발송송달이라는 것을 특별히 명시하지 않고 있는 점 등을 고려하여 보면, 이 같은 경우 원고는 '책임질 수 없는 사유로 말미암아 항소기간을 지킬 수 없었던 경우'에 해당하여 추완에 의한 항소가 가능하다(대법원 2007. 10. 26. 선고 2007다37219 판결).

2) 서울에서 수원으로 등기우편물을 발송할 경우 배달까지 4일 정도 소요되는 경우가 약 20퍼센트 정도이고 요즈음은 각종 선전인쇄물 등 우편물이 계속 증가되어 그 배달이 지연되는 경우가 많은 사실 등에 비추어 당사자가 통상의 주의를 기울였다면 배달증명우편으로 발송한 항소장이 항소기간을 지나 배달될지도 모른다는 것을 알 수 있었을 것이고, 그러한 경우 조치를 취하여 불변기간의 해태를 피할 수 있었을 것이므로 항소장이 늦게 배달됨으로써 불변기간을 준수할 수 없었다는 점은 당사자가 책임질 수 없는 사유로 인한 것이라고는 볼 수 없다(대법원 1991. 12. 13. 선고 91다34509 판결).

3) 소송대리인이 판결정본의 송달을 받고도 당사자에게 그 사실을 알려 주지 아니하여 당사자가 그 판결정본의 송달사실을 모르고 있다가 상고제기기간이 경과된 후에 비로소 그 사실을 알게 되었다 하더라도 이를 가리켜 당사자가 책임질 수 없는 사유로 인하여 불변기간을 준수할 수 없었던 경우에 해당한다고는 볼 수 없다(대법원 1984. 6. 14. 선고 84다카744 판결); 행정대서인에게 상고장의 작성 및 제출을 위임하였으나 위 대서인이 상고장에 첨부하여야 할 소정의 인지대와 송달료를 지급하지 않는다는 이유로 이를 해태하여 상소기간을 도과하였고, 상고인은 위 대서인으로부터 그와 같은 사실의 통보를 받고서야 알게 된 경우는 당사자가 책임질 수 없는 사유로 인하여 불변기간을 준수할 수 없었던 경우에 해당하지 아니한다(대법원 1991. 2. 12. 선고 90다16696 판결).

4) 원고의 지병으로 인한 집중력 저하와 정신과 치료 등으로 인하여 지속적으로 집중하기 힘든 상태에 있었던 관계로 부득이하게 상고기간을 넘겼다는 사유는 위 규정에서 말하는 당사자가 책임질 수 없는 사유에 해당한다고 볼 수 없다(대법원 2011. 12. 27. 선고 2011후2688 판결). 그러나 피고가 사고로 병원에 입원하였고, 그의 처는 병원에서 피고를 간병하였으며, 자녀는 외가에 거주하는 등 아무도 피고 주소지 집에 거주하지 않은 동안에 공시송달로 판결이 송달된 경우, 이는 피고가 책임질 사유가 아니라고 한다(대법원 1991. 5. 28. 선고 90다20480 판결).

5) 가처분결정에 대하여 채무자의 이의가 있으면 법원은 변론을 하기 위하여 쌍방 당사자를 소환하여야 하는 것이고, 그 소송절차에서 가처분신청인(채권자)이 적극당사자가 되고 피신청인(채무자)이 소극당사자가 되는 것이므로, 피신청인이 신청인의 주소를 확인하여 보정할 의무를 지는 것은 아닌 것이다. 설사 피신청인이 신청인의 구속상태를 알고서 이를 법원에 제출하지 아니하였다 하여 법원이 신청인에 대한 송달을 공시송달로 할 것을 결정한 조치를 위법이라 할 수 없다. 이 사건에서 적극당사자가 신청인인 이상 신청인 자신이 구속되어 있었다는 사정은 신청인이 위 기간을 준수하지 못함에 책임질 수 없는 사유에 해당할 수도 없다(대법원 1992. 4. 14. 선고 92다3441 판결).

가 책임질 수 없는 사유로 말미암은 것이라고 할 수 있다.[1] 그러나 피고가 이미 소송계속사실을 알고 있었던 경우, 예를 들어 처음에는 송달이 되었다가 이후 송달불능으로 되거나[2] 또는 주소변경신고를 하지 않아 공시송달에 이른 경우[3] 등에는 피고는 소송의 진행상황을 조사할 의무가 있다고 할 것이므로, 이 경우에 피고가 상소기간을 지키지 못하였다면 그것은 피고의 귀책사유로 말미암은 것이라고 할 수 있다. 다만, 조정불성립으로 사건이 종결된 후 피신청인의 주소가 변경되었음에도 주소변경신고를 하지 않은 상태에서 조정이 소송으로 이행되었는데, 통상의 방법으로 소송서류를 송달할 수 없어 발송송달이나 공시송달의 방법으로 송달한 경우에는 조정절차와 소송절차는 구별되는 것이어서 피신청인에게 소송의 진행상황을 조사할 의무가 있다고 할 수 없으므로 피신청인이 상소기간을 지키지 못한 것은 책임질 수 없는 사유로 말미암은 것이라고 할 수 있다.[4] 판례는 상대방의 주소를 알고 있음에도 소재불명 또는 허위주소로 소송을 제기하여 공시송달의 방법에 의하여 판결정본이 송달된 경우에는 소송행위의 추후보완에 의하여 상소를 제기할 수 있으며, 또한 제451조 제1항 제11호(당사자가 상대방의 주소 또는 거소를 알고 있었음에도 잘 모른다고 하거나 주소나 거소를 거짓으로 하여 소를 제기한 때)에 의하여 재심

---

1) 소장부본과 판결정본 등이 공시송달의 방법에 의하여 송달되었다면 특별한 사정이 없는 한 피고는 과실 없이 그 판결의 송달을 알지 못한 것이고, 이러한 경우 피고는 그 책임을 질 수 없는 사유로 인하여 불변기간을 준수할 수 없었던 때에 해당하여 그 사유가 없어진 후 2주일 내에 추완항소를 할 수 있다(대법원 2006. 2. 24. 선고 2004다8005 판결; 2000. 9. 5. 선고 2000므87 판결); 피고가 공시송달의 방법에 의하여 소장 기타의 소송서류 및 판결의 송달을 받았던 관계로 취소판결이 있는 사실을 모르고 불변기간인 상소기간을 도과하였을 경우에 피고가 전전이주하면서도 전출입신고를 하지 아니하였다는 사유만으로는 피고에게 과실이 있다고 할 수 없으므로 공시송달에 의하여 송달된 판결을 모른 것이 피고의 책임질 사유라고는 할 수 없다(대법원 1968. 7. 23. 선고 68다1024 판결; 1964. 7. 31. 선고 63다750 판결).
2) 소송의 진행 도중 통상의 방법으로 소송서류를 송달할 수 없게 되어 공시송달의 방법으로 송달한 경우에는 처음 소장부본의 송달부터 공시송달의 방법으로 소송이 진행된 경우와 달라서 당사자에게 소송의 진행상황을 조사할 의무가 있으므로, 당사자가 이러한 소송의 진행상황을 조사하지 않아 불변기간을 지키지 못하였다면 이를 당사자가 책임질 수 없는 사유로 말미암은 것이라고 할 수 없다(대법원 2012. 10. 11. 선고 2012다44730 판결).
3) 법인인 소송당사자가 법인이나 그 대표자의 주소가 변경되었는데도 이를 법원에 신고하지 아니하여 변론기일소환장이 송달불능이 되자 법원이 공시송달의 방법으로 재판을 진행한 결과 쌍방불출석으로 취하 간주되었다면, 이는 그 변론기일에 출석하지 못한 것이 소송당사자의 책임으로 돌릴 수 없는 사유로 인하여 기일을 해태한 경우라고 볼 수 없다(대법원 1987. 2. 24. 선고 86누509 판결).
4) 민사조정절차와 민사소송절차는 준별되는 것이고, 조정이 성립되지 않았다고 반드시 소송절차로 이행된다고 볼 수도 없다. 그렇다면 조정이 성립되지 아니한 것으로 사건이 종결된 후 피신청인의 주소가 변경되었음에도 피신청인이 조정법원에 주소변경신고를 하지 않은 상태에서 민사조정법 제36조 제1항 제2호에 따라 조정이 소송으로 이행되었는데, 통상의 방법으로 변론기일통지서 등 소송서류를 송달할 수 없게 되어 발송송달이나 공시송달의 방법으로 송달한 경우에는 처음부터 소장부본이 적법하게 송달된 경우와 달라서 피신청인에게 소송의 진행상황을 조사할 의무가 있다고 할 수 없다. 따라서 피신청인이 이러한 소송의 진행상황을 조사하지 않아 상소제기의 불변기간을 지키지 못하였다면 이는 당사자가 책임질 수 없는 사유로 말미암은 것에 해당한다(대법원 2015. 8. 13. 선고 2015다213322 판결).

을 제기할 수도 있다고 한다.[1]

### 3) 추후보완기간

추후보완기간은 '장애사유가 없어진 날로부터 2주 이내'이다. 다만, 그 사유가 없어질 당시 외국에 있던 당사자에 대하여는 추후보완기간이 30일이다(제173조 제1항 단서). 추후보완기간은 불변기간이 아니므로 부가기간을 정할 수 없고, 그 기간을 신축할 수도 없다(제173조 제2항). 장애사유가 없어진 때란 천재지변 등 재난의 경우에는 그 재난이 없어진 때를 말하고, 판결 등이 공시송달에 의하여 송달된 경우에는 당사자나 그 대리인이 판결이 있었음을 안 때가 아니라 나아가 판결이 공시송달의 방법에 의하여 송달된 사실을 안 때를 말한다.[2]

### 4) 추후보완절차

추후보완사유가 있는 사람이 추후보완신청을 하여야 한다. 그렇다고 별도로 추후보완신청을 하여야 하는 것은 아니며, 미처 하지 못한 소송행위를 본래의 방식에 의하여 하면 된다. 예를 들어, 상소제기를 추후보완하는 경우에 상소장을 관할법원에 제출하면 된다. 반드시 추후보완 상소임을 밝힐 필요는 없으나, 추완상소장이라고 표시하여 제출하는 것이 일반적이다. 판례도 항소를 제기하면서 추후보완항소라는 취지의 문언을 기재하지 않았더라도, 그 항소기간의 경과가 그의 책임질 수 없는 사유로 말미암은 것으로 인정되는 이상, 그 항소는 처음부터 추후보완에 의하여 제기된 항소로 볼 것이라고 한다.[3]

추후보완사유의 유무는 소송요건으로서 법원의 직권조사사항이다. 따라서 이에 관한 당사자의 주장은 직권발동을 촉구하는 의미밖에 없어 이에 대하여 판단하지 않더라도 판단누락의 상

---

1) 당사자가 상대방의 주소 또는 거소를 알고 있었음에도 소재불명 또는 허위의 주소나 거소로 하여 소를 제기한 탓으로 공시송달의 방법에 의하여 판결정본이 송달된 때에는 제451조 제1항 제11호에 의하여 재심을 제기할 수 있음은 물론이나 또한 제173조에 의한 소송행위 추완에 의하여도 상소를 제기할 수도 있다. 추완상소와 재심의 소는 독립된 별개의 제도이므로 추완상소의 방법을 택하는 경우에는 추완상소의 기간 내에, 재심의 방법을 택하는 경우에는 재심기간 내에 이를 제기하여야 한다. 추완항소의 방법이 아닌 재심의 방법을 택한 경우에는 추완상소기간이 도과하였다 하더라도 재심기간 내에는 재심의 소를 제기할 수 있다(대법원 2011. 12. 22. 선고 2011다73540 판결).

2) 소장부본과 판결정본 등이 공시송달의 방법에 의하여 송달되었다면 그 사유가 없어진 후 2주일 내에 추완항소를 할 수 있는데, 여기서 '사유가 없어진 후'라 함은 당사자나 소송대리인이 단순히 판결이 있었던 사실을 안 때가 아니고 나아가 그 판결이 공시송달의 방법으로 송달된 사실을 안 때를 가리킨다(대법원 2006. 2. 24. 선고 2004다8005 판결; 2000. 9. 5. 선고 2000므87 판결).

3) 당사자가 항소를 제기하면서 추후보완항소라는 취지의 문언을 기재하지 아니하였다 하더라도 증거에 의하여 그 항소기간의 경과가 그의 책임질 수 없는 사유로 말미암은 것으로 인정되는 이상, 그 항소는 처음부터 소송행위의 추후보완에 의하여 제기된 항소라고 보아야 한다(대법원 2008. 2. 28. 선고 2007다41560 판결; 1980. 10. 14. 선고 80다1795 판결).

고이유로 삼을 수 없다.[1] 그러나 당사자의 책임질 수 없는 사유로 기간을 도과하였음을 추후보완신청을 하는 당사자가 주장·증명할 필요가 있다.[2]

## Ⅱ. 송달

### 1. 의의

#### (1) 개념

송달이란 당사자 기타 소송관계인에게 소송상 서류를 법정의 방식에 따라 통지하는 행위를 말한다. 송달은 법원이 직권으로 하고(제174조), 당사자의 신청을 필요로 하지 않는다. 송달에 관한 사무는 법원사무관 등이 담당한다(제175조 제1항). 송달에 관한 사무에는 송달할 서류를 작성하거나 수령하고, 이를 송달실시기관에 교부하며,[3] 송달실시 후에는 송달보고서를 받아 기록에 편철하여 보관하는 사무 등이 포함된다. 송달사무는 법원사무관 등의 고유의 권한으로서 자기의 판단과 책임 하에서 행하는 것이 원칙이다. 종전에는 공시송달의 경우 재판장의 명령에 의하도록 하였으나, 현행법에서는 공시송달의 사무도 재판장의 명령을 거치지 않고 법원사무관 등이 하도록 하고 있다(제194조 제1항).

송달은 특별한 규정이 없으면 송달할 서류의 등본 또는 부본을 교부하여 실시한다(제178조 제1항). 송달하여야 하는 소송상 서류를 법원에 제출하는 때에는 송달에 필요한 수의 부본을 함께 제출하여야 한다(민사소송규칙 제48조 제1항). 그러나 기일통지서 또는 출석요구서는 원본을 교부하여 실시하고, 판결(제210조 제2항)이나 화해권고결정(제225조 제2항) 또는 조정에 갈음하는 결정(민사조정법 제34조 제1항)의 송달은 정본에 의한다.

---

1) 추완항소의 경우 추완사유의 유무는 소송요건으로서 법원의 직권조사사항이므로 이에 관한 당사자의 주장은 직권발동을 촉구하는 의미밖에 없어 이에 대하여 판단하지 아니하였다고 하더라도 판단유탈의 상고이유로 삼을 수 없다(대법원 1999. 4. 27. 선고 99다3150 판결).
2) 대법원 2012. 10. 11. 선고 2012다44730 판결.
3) 송달의 사무를 담당하는 '송달담당기관'과 송달을 실시하는 '송달실시기관'은 구별된다. 송달담당기관은 법원사무관 등이고, 송달실시기관은 원칙적으로 우편집배원과 집행관이다.

## (2) 송달실시기관

송달을 실시하는 기관은 우편집배원과 집행관이다(제176조 제1항). 송달의 실시는 원칙적으로 우편집배원이 하는 우편에 의한 송달에 의한다(동조 제2항). 집행관에 의한 송달은 실무상 우편집배원에 의한 송달이 곤란한 특별한 경우에 실시된다. 이를 실무상 '특별송달'이라고 한다. 송달받을 사람이 정당한 사유 없이 송달을 거부하고 있어 유치송달을 하여야 할 경우 등에 행해지는데, 이 경우에도 집행관보다는 주로 법정경위가 대신하여 송달을 실시한다. 우편에 의한 송달은 전국 어디에서나 실시할 수 있으나, 집행관에 의한 송달은 소속 지방법원의 관할구역 내에서 실시한다(법원조직법 제55조 제2항).

예외적으로 법원사무관 등과 법정경위가 송달실시기관이 되기도 한다. 법원사무관 등은 해당 사건에 출석한 사람이나 그 법원 안에서 송달받을 사람으로부터 영수증을 받고 서류를 교부하는 교부송달을 할 수 있으며(제177조), 또한 우편송달(제187조), 송달함송달(제188조), 간이통지방법에 의한 송달(제167조 제2항 전단), 공시송달(제194조)을 실시할 수 있다. 법정경위는 집행관을 사용하기 어려운 사정이 있는 경우에 대신하여 송달을 실시한다(법원조직법 제64조 제3항). 그리하여 송달방법에 따른 송달실시기관을 살펴보면, 교부송달의 실시기관은 원칙적으로 우편집배원과 집행관(또는 법정경위)이고, 예외적으로 법원사무관 등이 법원 내에서 하는 교부송달의 실시기관이 될 수 있다. 교부송달을 제외한 나머지 우편송달, 송달함송달, 간이통지방법에 의한 송달에서의 송달실시기관은 법원사무관 등이다. 이와 같이 법원사무관 등은 송달담당기관이지만, 예외적으로 우편송달 등에서는 송달담당기관인 동시에 송달실시기관이 되기도 한다. 공휴일 또는 해뜨기 전, 해진 뒤의 송달은 당사자의 신청이 있는 때에 집행관 또는 법정경위에 의하여 실시할 수 있다(제190조 제1항).

송달실시기관은 송달하는 데 필요한 경우 국가경찰공무원에게 원조를 요청할 수 있다(제176조 제3항). 또한 송달실시기관은 송달에 관한 사유를 서면으로 법원에 통지하여야 한다(제193조, 민사소송규칙 제53조 본문). 그리하여 송달실시기관은 송달보고서를 작성하여 법원에 제출하고 있다. 다만, 송달실시기관이 전자통신매체를 이용하여 법원에 통지한 때에는 서면통지, 즉 송달보고서를 작성하여 제출할 필요가 없다(동규칙 제53조 단서). 송달보고서는 송달이 있었음을 증명하는 서면에 불과하므로 그 작성을 게을리 하여도 송달의 효력에는 영향이 없으며, 송달이 있었음을 송달보고서로만 증명하여야 하는 것은 아니고 다른 증거에 의하여 증명할 수도 있다.[1]

---

1) 정동윤·유병현, 590면.

### (3) 송달받을 사람

송달받을 사람은 원칙적으로 소송서류의 명의인인 당사자이다. 그러나 다음과 같은 사람도 송달받을 자격이 있다.

#### 1) 법정대리인

소송무능력자에 대한 송달은 그 법정대리인에게 하여야 한다(제179조). 여러 사람이 공동으로 대리권을 행사하는 경우에는 그 가운데 1인에게 송달하면 된다(제180조). 다만, 공동대리인들이 송달을 받을 대리인 1인을 지정하여 신고한 때에는 지정된 대리인에게 송달하여야 한다(민사소송규칙 제49조). 법인 등 단체의 대표자에 대하여는 법정대리인에 관한 규정이 준용되므로(제64조), 법인 등 단체에 대한 송달 역시 그 대표자에게 하여야 하고(제179조),[1] 법인 등 단체의 대표자가 공동대표일 경우에 그 가운데 1인에 대하여 송달하면 충분하다(제180조).

국가에 대한 송달은 소송수행자나 소송대리인이 있는 경우에는 이들에게 하여야 하지만(국가를 당사자로 하는 소송에 관한 법률 제9조 제2항), 그렇지 않은 경우에는 수소법원에 대응하는 검찰청의 장에게 하여야 한다(동조 제1항). 여기의 검찰청은 지방검찰청을 의미하는 것이 일반적이지만, 수소법원이 고등검찰청 소재지 지방법원(지방법원 지원을 포함)인 경우에는 고등검찰청을 가리킨다(동법 제9조 제1항). 그리하여 국가를 당사자로 하는 소송에서 법무부장관이 국가를 대표한다고 하더라도 법무부장관에 대한 송달은 부적법하다.[2] 지방자치단체에 대한 송달은 그 지방자치단체의 장에게 하여야 한다(지방자치법 제101조). 다만, 교육·학예에 관한 사무로 인한 소송에서는 교육감이 해당 지방자치단체를 대표하도록 되어 있으므로 교육감이 송달받을 사람이 된다(지방교육자치에 관한 법률 제18조 제2항).

#### 2) 소송대리인

송달받을 사람이 소송대리인을 선임한 경우 소송서류의 송달은 소송대리인에게 하여야 한다. 그런데 판례는 소송대리인이 있는 경우 당사자 본인에게 한 송달도 유효하다고 한다.[3] 그

---

1) 대법원 2003. 4. 25. 선고 2000다60197 판결.
2) 국가를 당사자로 하는 소송에 관한 법률 제9조의 규정에 의하면, 국가소송의 경우 국가에 대한 송달은 수소법원에 대응하는 검찰청의 장에게 하도록 되어 있는바, 국가를 당사자로 하는 소송에 있어서는 법무부장관이 국가를 대표한다 하더라도 법무부장관에 대한 제1심 판결정본의 송달은 이와 같은 규정에 위배하여 부적법하고, 불변기간인 항소 제기기간에 관한 규정은 성질상 강행규정이므로, 그 기간 계산의 기산점이 되는 판결정본 송달상의 하자는 이에 대한 법무부장관의 이의권의 상실로 인하여 치유된다고 볼 수도 없다(대법원 2002. 11. 8. 선고 2001다84497 판결).
3) 소송대리인이 있는 경우에도 당사자 본인에게 한 서류의 송달은 유효하고 또 동거하는 고용인(식모)에게 교부

러나 당사자가 소송대리인을 믿고 장기간 부재중이거나 송달의 의미를 제대로 알지 못해 제때에 소송서류를 전달하지 못하는 등의 사유로 불이익을 입을 우려가 있다는 점에서 소송대리인이 선임된 경우에는 당사자 본인에 대한 송달은 부적법한 것으로 보아야 할 것이다.[1]

소송위임에 의한 소송대리인의 경우에는 여러 사람의 소송대리인이 있더라도 각자 당사자를 대리하므로(제93조 제1항), 제180조가 적용될 여지가 없어 여러 사람의 소송대리인에게 각각 송달을 하여야 한다. 그러나 이 경우 여러 사람의 소송대리인은 모두 당사자 본인을 위하여 소송서류를 송달받을 지위에 있으므로 소송서류 송달의 효력은 소송대리인 가운데 1인에게 최초로 소송서류가 송달되었을 때에 발생한다고 할 것이다.[2]

### 3) 신고된 송달영수인

당사자, 법정대리인 또는 소송대리인은 주소·거소·영업소 또는 사무소 이외의 장소를 송달장소로 지정하여 법원에 신고할 수 있고, 이 경우 송달영수인을 따로 정할 수 있다. 송달영수인을 지정하여 법원에 신고한 경우에는 소송서류의 송달은 그 신고된 송달영수인에게 하여야 한다(제184조). 판례는 원심의 소송대리인이 상고장을 제출하면서 자신의 사무실을 송달장소로 기재하였다면, 송달영수인을 따로 명시적으로 지정하지 않았더라도 자신을 상고심절차에서의 송달영수인으로 지정하여 신고하는 취지가 포함된 것으로 볼 수 있다고 한다.[3]

### 4) 법령상 송달수령권자

군사용의 청사 또는 선박에 속하여 있는 사람에게 할 송달은 그 청사 또는 선박의 장에게 하고(제181조), 교도소·구치소 또는 국가경찰관서의 유치장에 체포·구속 또는 유치된 사람에게

---

한 송달도 유효하다(대법원 1970. 6. 5. 자 70마325 결정).

1) 한충수, 「민사소송법」, 박영사, 2016, 386면.

2) 당사자에게 여러 소송대리인이 있는 때에는 제93조에 의하여 각자가 당사자를 대리하게 되므로, 여러 사람이 공동으로 대리권을 행사하는 경우 그 중 한 사람에게 송달을 하도록 한 제180조가 적용될 여지가 없어 법원으로서는 판결정본을 송달함에 있어 여러 소송대리인에게 각각 송달을 하여야 하지만, 그와 같은 경우에도 소송대리인 모두 당사자 본인을 위하여 소송서류를 송달받을 지위에 있으므로 당사자에 대한 판결정본 송달의 효력은 결국 소송대리인 중 1인에게 최초로 판결정본이 송달되었을 때 발생한다. 따라서 당사자에게 여러 소송대리인이 있는 경우 항소기간은 소송대리인 중 1인에게 최초로 판결정본이 송달되었을 때부터 기산된다(대법원 2011. 9. 29. 자 2011마1335 결정).

3) 소송대리인은 송달영수인을 지정하여 법원에 신고할 수 있으므로 상소의 특별수권을 받은 소송대리인은 상소심절차에서의 송달 편의를 위하여 송달영수인을 지정·신고할 수 있다고 할 것이고, 만일 그 소송대리인이 상고를 제기하면서 상고장에 자신의 사무실을 송달장소로 기재하여 법원에 제출하였다면, 달리 특별한 사정이 없는 한 이에는 원심 소송대리인이었던 자신을 상고심절차에서 당사자인 의뢰인을 위한 송달영수인으로 지정·신고하는 취지가 포함되어 있다고 할 것이며, 한편 송달영수인의 지정·신고가 있는 경우 송달영수인의 사무원에게 한 송달은 적법한 보충송달이 된다(대법원 2001. 5. 29. 선고 2000재다186 판결).

할 송달은 교도소·구치소 또는 국가경찰관서의 장에게 한다(제182조). 외국에서 하여야 하는 송달은 재판장이 그 나라에 주재하는 대한민국의 대사·공사·영사 또는 그 나라의 관할 공공기관에 촉탁하고(제191조), 전쟁에 나간 군대, 외국에 주둔하는 군대에 근무하는 사람 또는 군에 복무하는 선박의 승무원에게 할 송달은 재판장이 그 소속 사령관에게 촉탁한다(제192조 제1항).

판례는 수소법원이 송달을 함에 있어 당사자가 교도소 등에 수감된 사실을 모르고 당사자의 종전 주소에 한 송달은 무효라고 한다.[1] 송달을 받은 법령상 수령권자는 송달을 받을 본인에게 송달된 서류를 바로 교부하여야 하고(민사소송규칙 제50조 제1항), 부득이한 사유가 없는 한 송달을 받은 본인이 소송수행에 지장을 받지 않도록 조치하여야 한다(동조 제2항). 그러나 송달은 법령상 수령권자에게 도달하면 그 효력이 발생하고 실제로 송달받을 본인에게 전달되었는지 여부는 불문한다.[2]

## 2. 송달실시의 방법

### (1) 교부송달

송달은 송달받을 사람에게 직접 소송상 서류를 교부하는 방법에 의하는 것이 원칙이다(제178조 제1항).

### 1) 송달장소

① **주소 등**: 송달장소는 송달받을 사람의 주소, 거소, 영업소 또는 사무소(이하 '주소 등'이라고 한다)이다.[3] 다만, 법정대리인에게 할 송달은 제한능력자 본인의 영업소나 사무소에서도 할 수 있다(제183조 제1항). 여기의 영업소 또는 사무소는 송달받을 사람이 경영하는 영업소 또는 사무소를 말하고 그 근무장소를 말하는 것이 아니다.[4]

---

1) 교도소 등의 소장은 재감자에 대한 송달에 있어서는 일종의 법정대리인이라고 할 것이므로, 재감자에 대한 송달을 교도소 등의 소장에게 하지 아니하고 수감되기 전의 종전 주·거소에다 하였다면 무효이고, 이는 수소법원이 송달을 실시함에 있어 당사자 또는 소송관계인의 수감사실을 모르고 종전의 주·거소에 하였다고 하더라도 마찬가지이다(대법원 2009. 10. 8. 자 2009마529 결정).
2) 교도소 또는 구치소에 구속된 자에 대한 송달은 그 소장에게 송달하면 구속된 자에게 전달된 여부와 관계없이 효력이 생기는 것이다(대법원 1995. 1. 12. 선고 94도2687 판결).
3) 송달할 장소가 반드시 송달을 받을 사람의 주민등록상의 주소지에 한정되는 것은 아니다(대법원 2012. 10. 11. 선고 2012다44730 판결).
4) 송달은 원칙적으로 받을 사람의 주소·거소·영업소 또는 사무소에서 해야 하는데, 여기서 말하는 영업소 또는 사무소는 송달 받을 사람 자신이 경영하는 영업소 또는 사무소를 의미하는 것이지 송달 받을 사람의 근무장소는 이에

② **근무장소:** 송달받을 사람의 주소 등을 알지 못하거나 주소 등의 장소에서 송달할 수 없는 경우에는 송달받을 사람이 취업하고 있는 근무장소에서 송달할 수 있다(제183조 제2항). 근무장소에서의 송달은 송달 받을 자의 주소 등을 알지 못하거나 그 주소 등에서 송달할 수 없는 때에 한하여 할 수 있다. 따라서 소장 등에 기재된 주소 등의 장소에 송달을 시도하지 않은 채 근무장소로 한 송달은 위법하다.[1] 여기의 근무장소는 고용, 위임 등 법률상 행위로 취업하고 있는 지속적인 근무장소를 말한다. 따라서 다른 주된 직업을 가지고 있으면서 회사의 비상근이사, 사외이사 또는 비상근감사의 직에 있는 자에게 그 회사의 본점 소재지는 근무장소에 해당되지 않는다.[2]

③ **만나는 장소:** 송달받을 사람의 주소 등이나 근무장소가 국내에 없거나 알 수 없는 경우 또는 주소 등이나 근무장소가 있는 사람이더라도 송달받기를 거부하지 않는 경우에는 그를 만나는 장소에서 송달할 수 있다(제183조 제3항 및 제4항). 이를 '조우송달'이라고 한다. 조우송달은 송달장소, 즉 주소 등이나 근무장소 이외의 장소에서 송달받을 사람 본인을 만난 때에 하는 송달이므로 송달받을 사람 이외에 그 동거인이나 피용자 등 보충송달을 받을 사람에게는 할 수 없다. 송달장소가 국내에 있는 사람에 대한 조우송달은 송달받을 사람이 임의로 수령하는 경우에만 가능하고, 만일 송달받기를 거부하는 경우에는 조우송달은 물론 유치송달도 할 수 없다.

④ **종전의 송달장소:** 당사자, 법정대리인 또는 소송대리인이 송달받을 장소를 바꿀 때에는 바로 그 취지를 법원에 신고하여야 하고, 신고하지 않으면 종전의 송달장소로 우편송달할 수 있다(제185조). 다만, 화해권고결정(제225조 제2항 단서), 이행권고결정(소액사건심판법 제5조의3 제3항),[3] 조정에 갈음하는 결정(민사조정법 제38조 제2항 단서)의 송달은 당사

---

해당하지 않으며, 송달 받을 사람이 경영하는, 그와 별도의 법인격을 가지는 회사의 사무실은 송달 받을 사람의 영업소나 사무소라 할 수 없고, 이는 그의 근무장소에 지나지 아니한다(대법원 2004. 7. 21. 자 2004마535 결정).

1) 근무장소에서의 송달을 규정한 제183조 제2항에 의하면, 근무장소에서의 송달은 송달 받을 자의 주소 등의 장소를 알지 못하거나 그 장소에서 송달할 수 없는 때에 한하여 할 수 있는 것이므로 소장, 지급명령신청서 등에 기재된 주소 등의 장소에 대한 송달을 시도하지 않은 채 근무장소로 한 송달은 위법하다(대법원 2004. 7. 21. 자 2004마535 결정).

2) 제183조 제2항의 '근무장소'는 현실의 근무장소로서 고용계약 등 법률상 행위로 취업하고 있는 지속적인 근무장소라고 해석된다. 주식회사 하이스마텍은 다른 주된 직업을 가지고 있으면서 하이스마텍의 비상근이사, 사외이사 또는 비상근감사의 직에 있는 피고 등에게 지속적인 근무장소라고 할 수 없으므로 제183조 제2항에 정한 '근무장소'에 해당한다고 볼 수 없고, 위 피고 등에 대한 소장부본을 위 하이스마텍의 본점 소재지에서 그 직원이 수령한 것을 제186조 제2항의 보충송달로서 효력이 있다고 볼 수도 없다(대법원 2015. 12. 10. 선고 2012다16063 판결).

3) 법원은 우편송달이나 공시송달에 의하지 않고는 피고에게 이행권고결정서의 등본을 송달할 수 없는 때에는 지체없이 변론기일을 지정하여야 한다(소액사건심판법 제5조의3 제4항).

자 등이 송달장소의 변경을 신고하지 않아 달리 송달장소를 알 수 없는 경우에도 우편송
달에 의할 수 없다.

## 2) 보충송달

① 의의: 송달장소, 즉 주소 등이나 근무장소에서 송달받은 사람을 만나지 못한 경우에 다
른 사람에게 송달할 수 있다. 이를 '보충송달'이라고 한다. 주소 등의 장소에서 송달받을
사람을 만나지 못한 경우에는 그의 사무원, 피용자 또는 동거인으로서 사리를 분별할 지능
이 있는 사람에게 서류를 교부할 수 있고(제186조 제1항, 주소 등에서의 보충송달), 근무장소
에서 송달받을 사람을 만나지 못한 경우에는 그의 사용자 또는 사용자의 법정대리인이나
피용자 그 밖의 종업원으로서 사리를 분별할 지능이 있는 사람이 서류의 수령을 거부하지
아니하면 그에게 서류를 교부할 수 있다(동조 제2항, 근무장소에서의 보충송달).

근무장소에서의 보충송달의 경우에는 대신하여 송달 받는 사람이 서류의 수령을 거부하
지 않는 경우에 한하여 송달의 효력이 발생한다는 점에서 주소 등에서의 보충송달과 차이
가 있다. 사무원 등에게 소송서류를 교부한 때에 송달의 효력이 생기고 송달받을 사람에게
실제로 교부되었는지 여부는 불문한다.[1] 보충송달은 송달장소, 즉 주소 등이나 근무장소
에서 실시하여야 하고, 송달장소 아닌 곳에서 한 보충송달은 송달에 관한 절차위반으로 효
력이 없다.[2] 판례는 보충송달을 받을 수 없는 사람이 송달서류를 받았으나 그 후 그 서류
가 전전하여 제때에 그 사무원 등에게 전달되었다면 보충송달로서 유효하다고 한다.[3]

---

[1] 법인에 대한 송달은 대표자에게 교부함이 원칙이지만 그 대표자를 만나지 못한 때에는 사무원이나 고용인으로서
사물을 변식할 지능이 있는 자에게 서류를 교부할 수 있는 것이고 이 경우 송달은 사무원 등에게 서류를 교부한
때 완료되어 그 효력이 생긴다(대법원 1992. 2. 11. 선고 91누5877 판결).

[2] 송달은 원칙으로 송달을 받을 자의 주소, 거소, 영업소 또는 사무실 등의 '송달장소'에서 하여야 하는바, 보충송
달은 '송달장소'에서 하는 경우에만 허용되고, 송달장소가 아닌 곳에서 사무원, 고용인 또는 동거자를 만난 경우
에는 그 사무원 등이 송달받기를 거부하지 아니한다 하더라도 그 곳에서 그 사무원 등에게 서류를 교부하는 것
은 보충송달의 방법으로서 부적법하다. 우편송달보고서에 의하면 재항고인에 대한 주소보정명령의 등본은 재항
고인 본인이 아니라 그의 동거자인 재항고외 ○○○에게 교부되었는데, '송달장소'가 아닌 충북 청원권 소재 현
도우체국 창구에서 이루어진 것임을 알 수 있으므로 이는 부적법한 보충송달이라 할 것이고, 위 주소보정명령이
다른 상당한 방법에 의하여 재항고인에게 고지되었다고 볼 아무런 자료도 없으므로, 위 주소보정명령이 재항고
인에게 적법하게 고지되었음을 전제로 하여 그 명령에서 정한 기간 내에 재항고인이 주소보정을 하지 않았다는
이유로 항소장을 각하한 원심재판장의 명령은 위법하다(대법원 2001. 8. 31. 자 2001마3790 결정).

[3] 원심이 확정한 사실에 의하면 제1심 판결정본이 피고 종중 사무소의 인근에 거주하는 피고의 종원인 김○욱이
라는 사람에게 교부송달되었는데, 이후 김○욱이 위 서류를 피고 종중의 재무담당 종업원인 김○재에게 전달하
였다고 한다. 원심은 위의 김○욱에 대한 교부송달을 합법적 보충송달이라고 본 것이 아니라 그에게 건네진 서
류가 전전하여 제때에 피고 종중의 사무원의 신분을 가진 사람의 수중에 들어갔으므로 보충송달로서 유효하다
는 취지이다. 원심판결에는 보충송달에 관한 민사소송법의 규정을 곡해·오용한 잘못이 없다(대법원 1979. 1.
30. 선고 78다2269 판결).

② **사리를 분별할 지능이 있는 사람**: 보충송달에서 사리를 분별할 지능이 있는 사람이란 사법제도 일반이나 소송행위의 효력까지 이해할 수 있는 능력이 있어야 하는 것은 아니나, 송달의 취지를 이해하고 영수한 서류를 송달받을 사람에게 교부할 것을 기대할 수 있을 정도의 능력을 갖춘 사람을 말한다. 판례는 만 8세 정도의 어린이에게 송달영수에 관한 사리를 분별할 지능이 있는지 여부에 관하여 입장이 갈리고 있다. 송달 당시 만 8세 4월과 만 8세 10월인 어린이에 대하여는 긍정하였으나,[1] 만 8세 3월과 만 8세 9월의 어린이는 그 소송서류를 송달하는 집행관이나 우편집배원이 어린이에게 송달하는 서류의 중요성을 주지시키고 부모에게 이를 교부할 것을 당부하는 등의 특별한 사정이 없는 한 그 정도 연령의 어린이가 이를 송달받을 사람에게 교부할 것으로 기대할 수 없다고 하여 부정하고 있다.[2]

③ **사무원, 피용자, 종업원**: 사무원이나 피용자 또는 종업원은 반드시 송달받을 사람과 고용관계가 있어야 하는 것은 아니고, 평소 본인을 위하여 사무 등을 보조하는 자이면 충분하다.[3] 일시적인 관계이어도 무방하다. 빌딩이나 아파트의 경비원, 관리인, 수위도 여기의 피용자에 해당될 수 있다.[4] 그런데 송달받을 사람이 건물주가 아닌 건물의 임차인이

---

1) 사리를 변식할 지능이 있다고 하려면, 사법제도 일반이나 소송행위의 효력까지 이해할 필요는 없다 하더라도 적어도 송달의 취지를 이해하고 영수한 서류를 수송달자에게 교부하는 것을 기대할 수 있는 정도의 능력은 있어야 한다. 이 사건 송달 당시 8세 4월 정도라면 송달로 인하여 생기는 소송절차에 있어서의 효력까지 이해하였다고 볼 수는 없으나, 그 송달 자체의 취지를 이해하고 영수한 서류를 수송달자인 아버지인 피고인에게 교부하는 것을 기대할 수 있는 능력정도는 있다고 볼 것이다(대법원 1995. 8. 16. 자 95모20 결정); 국민학교 3학년에 재학 중인 만 8세 10월의 여아인 것이 기록상 나타나 있는데 이러한 정도면 송달영수에 관하여 사리를 판별할 지능 있는 자라고 볼 수 있다(대법원 1968. 5. 7. 자 68마336 결정).

2) 약 8세 3개월인 초등학교 2학년 남자어린이에게 이행권고결정등본을 보충송달한 경우, 남자어린이의 연령, 교육정도, 이행권고결정등본이 가지는 소송법적 의미와 중요성 등에 비추어 볼 때, 그 소송서류를 송달하는 집행관이 남자어린이에게 송달하는 서류의 중요성을 주지시키고 부모에게 이를 교부할 것을 당부하는 등 필요한 조치를 취하였다는 등의 특별한 사정이 없는 한, 그 정도 연령의 어린이의 대부분이 이를 송달받을 사람에게 교부할 것으로 기대할 수는 없다고 보이므로 이행권고결정등본 등을 수령한 남자어린이에게 소송서류의 영수와 관련한 사리를 분별할 지능이 있다고 보기 어렵다(대법원 2005. 12. 5. 자 2005마1039 결정); 만 8세 9개월 남짓의 어린이에게 상고기록접수통지서를 송달한 경우, 소외 2의 연령, 교육정도, 상고기록접수통지서가 가지는 소송법적 의미와 중요성 등에 비추어 볼 때, 그 소송서류를 송달하는 우편집배원이 소외 2에게 송달하는 서류의 중요성을 주지시키고 소외 1에게 이를 교부할 것을 당부하는 등 필요한 조치를 취하였다는 등의 특별한 사정이 없는 한, 그 정도 연령의 어린이 대부분이 이를 송달받을 사람에게 교부할 것으로 기대할 수는 없다고 보이므로 이 사건 상고기록접수통지서의 보충송달은 적법하다고 할 수 없다(대법원 2013. 1. 16. 선고 2012재다370 판결).

3) 제186조 제1항에서 규정한 보충송달에서 수령대행인이 될 수 있는 사무원이란 반드시 송달받을 사람과 고용관계가 있어야 하는 것은 아니고, 평소 본인을 위하여 사무 등을 보조하는 자이면 충분하다(대법원 2010. 10. 14. 선고 2010다48455 판결).

4) 판결정본을 송달하는 경우 송달할 장소에서 송달받을 자를 만나지 못한 때에는 사리를 변식할 지능있는 사무원 또는 고용인에게 서류를 교부할 수 있는 것이므로, 피고(서울특별시)의 수위가 위 서류를 교부받은 때에 피고에 대한 송달의 효력이 생기는 것이고 수위가 담당기관에 접수시킨 여부는 피고시의 내부관계에 불과하고 거기에

거나 입주민인 경우에는 경비원 등과의 고용관계를 인정할 수 없으므로 경비원 등에게 보충송달을 할 수 없을 것이나,[1] 경비원 등이 오로지 경비업무와 관리업무만을 맡은 것이 아니라 평소에 우편물을 대신 수령하여 건물임차인이나 입주민에게 전달해 온 사정이 있다면, 건물임차인이나 입주민이 수령권한을 명시적 또는 묵시적으로 위임한 것으로 볼 수 있으므로 경비원 등에게 소송상 서류가 송달된 때에 건물임차인이나 입주민에게 송달의 효과가 발생하는 것으로 볼 수 있을 것이다.[2]

④ 동거인: 동거인은 송달받을 사람과 동일한 세대에 속하여 생활을 같이 하는 사람을 말한다. 판례는 동거인은 송달받을 사람과 반드시 법률상 친족관계에 있어야 하는 것은 아니므로 이혼한 배우자라도 동일한 세대에 소속되어 생활을 같이하고 있다면 수령대행인으로서의 동거인이 될 수 있고,[3] 어머니와 딸이 주민등록상 별개의 독립한 세대를 구성하고 있으나 실제로는 생활을 같이 하고 있다면 동거인으로 봄이 상당하다고 한다.[4] 그러나 동일한 장소에 거주한다고 하더라도 세대를 달리하여 생활을 같이 하지 않는 경우에

---

지연이 있었다고 하여 당사자가 책임질 수 없는 사유로 인하여 불변기간인 상고기간을 준수할 수 없는 경우라 할 수 없어 피고의 추완신청은 이유없다(대법원 1984. 6. 26. 선고 84누405 판결).

1) 피고가 빌딩의 일부인 6층을 임차사용하고 있고 위 빌딩의 수위는 피고의 사용원, 고용원도 아니고 건물주의 피용자로서 건물경비자에 불과하다면 위 수위에 대한 송달은 피고에 대하여 효력이 없다(대법원 1976. 4. 7. 선고 76다192 판결). 이 경우에는 빌딩의 수위가 소송서류를 송달받을 사람, 즉 건물임차인에게 수령한 소송서류를 전달했을 때에 송달의 효력이 발생한다.

2) 과세처분의 상대방인 납세의무자 등 서류의 송달을 받을 자가 다른 사람에게 우편물 기타 서류의 수령권한을 명시적 또는 묵시적으로 위임한 경우에는 그 수임자가 해당 서류를 수령함으로써 그 송달받을 자 본인에게 해당 서류가 적법하게 송달된 것으로 보아야 하고, 그러한 수령권한을 위임받은 자는 반드시 위임인의 종업원이거나 동거인일 필요가 없다. 납세의무자가 거주하는 아파트에서 일반우편물이나 등기우편물 등 특수우편물이 배달되는 경우 관례적으로 아파트 경비원이 이를 수령하여 거주자에게 전달하여 왔고, 이에 대하여 납세의무자를 비롯한 아파트 주민들이 평소 이러한 특수우편물 배달방법에 관하여 아무런 이의도 제기한 바 없었다면, 납세의무자가 거주하는 아파트의 주민들은 등기우편물 등의 수령권한을 아파트 경비원에게 묵시적으로 위임한 것이라고 봄이 상당하므로 아파트 경비원이 우편집배원으로부터 납세고지서를 수령한 날이 과세처분의 통지를 받은 날에 해당한다(대법원 2000. 7. 4. 선고 2000두1164 판결; 1994. 1. 11. 선고 93누16864 판결).

3) 제186조 제1항에 의하면 근무장소 외의 송달할 장소에서 송달받을 사람을 만나지 못한 때에는 그 동거인 등으로서 사리를 분별할 지능이 있는 사람에게 서류를 교부하는 방법으로 송달할 수 있고, 여기에서 말하는 동거인이란 송달을 받을 사람과 동일한 세대에 속하여 생활을 같이하는 사람이기만 하면 되고 반드시 법률상 친족관계에 있어야 하는 것은 아니므로, 이혼한 배우자라도 사정에 의하여 사실상 동일 세대에 소속되어 생활을 같이 하고 있다면 여기에서 말하는 수령대행인으로서의 동거인이 될 수 있다(대법원 2013. 4. 25. 선고 2012다98423 판결).

4) 원고가 주민등록상 아파트 306호에 단독으로 전입하여 세대를 구성하고 있고, 원고의 딸인 홍○○이 원고의 처, 모와 함께 같은 아파트 305호에 전입하여 세대를 구성하고 있는데, 집배원이 원고에 대한 납세고지서를 위 305호에 배달하여 위 홍○○이 수령한 경우, 원고와 홍○○은 주민등록상 별개의 독립한 세대를 구성하고 있으나 실제로는 생활을 같이 하고 있는 동거자라고 봄이 상당하므로 이 사건 납세고지서는 위 홍○○이 이를 수령함으로써 적법하게 송달되었다고 할 것이다(대법원 1992. 9. 14. 선고 92누2363 판결).

는 동거인에 해당되지 않는다고 한다.[1] 송달받을 사람과 같은 집에 거주하더라도 임대인과 임차인의 관계일 때에는 생활을 같이 하는 사람이 아니므로 동거인에 해당되지 않는다.[2] 그러나 임대인이나 임차인이 우편물 기타 서류의 수령권한을 명시적 또는 묵시적으로 상대방에게 위임한 것으로 볼 수 있는 경우에는 임대인이나 임차인이 해당 서류를 수령하면 송달받을 사람에게 적법하게 송달된 것으로 보아야 할 것이다.[3]

### 3) 유치송달

송달받을 사람 또는 근무장소 외에서 보충송달을 받을 사람[4]이 정당한 사유 없이 송달을 거부하는 경우에는 송달장소에 서류를 놓아두는 방법으로 송달할 수 있다(제186조 제3항). 이를 '유치송달'이라고 한다. 근무장소에서 보충송달을 받을 사람이 거부한 경우에는 유치송달을 할 수 없다.

### (2) 우편송달

### 1) 의의

우편송달은 보충송달이나 유치송달을 할 수 없는 경우 또는 당사자 등이 송달장소의 변경신고를 하지 않아 달리 송달장소를 알 수 없는 경우에 법원사무관 등이 소송서류를 송달장소 또는 종전의 송달장소에 등기우편의 방법으로 발송하는 송달이다(제187조, 제185조 제2항). 민사소송법은 우편송달의 발송방법을 대법원규칙에 위임하고 있으나, 아직 등기우편에 의한 방법만을

---

1) 보충송달에 관한 제186조 제1항 소정의 동거자라 함은 송달을 받을 자와 동일한 세대에 속하여 생활을 같이 하는 자를 말하므로 수송달자가 송달받을 자의 내연의 처의 조카로서 동일 송달장소에 거주한다 하더라도 세대를 달리하는 반대당사자의 아들이라면 이를 동거자로 볼 수 없고, 따라서 특별한 사정이 없는 한 그에 대한 송달은 효력이 없다(대법원 1982. 9. 14. 선고 81다카864 판결).

2) 집주인이 적법한 수송달인이 되려면 수령대리권이 있거나 사리를 변식함에 족한 생계를 같이하는 동거인이어야 하는 바 위 수송달인인 집주인이 여기에 해당한다고 인정할 자료를 찾아 볼 수 없으므로 위 통지서는 적법히 송달되었다고 볼 수 없다(대법원 1983. 12. 30. 자 83모53 결정).

3) 과세처분의 상대방인 납세의무자 등 서류의 송달을 받을 자가 다른 사람에게 우편물 기타 서류의 수령권한을 명시적 또는 묵시적으로 위임한 경우에는 그 수임자가 해당 서류를 수령함으로써 그 송달받을 자 본인에게 해당 서류가 적법하게 송달된 것으로 보아야 하고, 그러한 수령권한을 위임받은 자는 반드시 위임인의 종업원이거나 동거인일 필요가 없다. 원고는 두 딸과 함께 이 사건 아파트에 주민등록 전입신고를 하고 거주한 것으로 되어 있으나, 실제로는 두 딸만 거주하고 다른 방 1칸은 소외인에게 임차하였는데, 소외인은 평소 원고에게 온 우편물을 대신 수령하여 원고의 두 딸들이 거주하던 방문 앞에 놓아 온 사실이 있는바, 사실관계가 이와 같다면, 원고는 이 사건 납세고지서 등의 수령권한을 소외인에게 묵시적으로 위임한 것이라고 봄이 상당하다(대법원 2011. 5. 13. 선고 2010다108876 판결).

4) 유치송달을 받을 자 중에는 동거자인 처도 포함된다(대법원 1979. 1. 23. 자 78마362 결정).

인정하고 있다(민사소송규칙 제51조).

우편송달은 법원사무관 등이 송달실시기관이 되는 점에서 우편집배원에 의한 우편에 의한 송달과 구별된다. 이와 같이 우편송달은 송달담당기관인 법원사무관 등이 동시에 송달실시기관이 되어 송달을 시행하는 것이므로 스스로 송달보고서를 작성하여야 한다.[1] 판례는 우편송달의 송달보고서에는 송달일시의 증명을 위하여 확정일자 있는 우체국의 특수우편물 수령증이 첨부되어야 하고, 이러한 특수우편물 수령증이 첨부되지 않은 송달보고서에 의한 송달은 부적법하여 효력이 없다고 한다.[2]

### 2) 허용요건

① **보충송달이나 유치송달도 할 수 없는 경우**: 우편송달은 송달받을 자의 주소 등 송달하여야 할 장소는 밝혀져 있으나, 송달받을 사람은 물론이고 그 사무원, 고용인, 동거인 등 보충송달을 받을 사람도 없거나 부재중이어서 원칙적 송달방법인 교부송달은 물론이고 보충송달이나 유치송달도 할 수 없는 경우에 할 수 있다(제187조). 여기에서 송달하여야 할 장소란 실제 송달받을 자의 생활근거지가 되는 주소·거소·영업소 또는 사무소 등 송달받을 사람이 소송서류를 받아 볼 가능성이 있는 적법한 송달장소를 말한다.[3] 따라서 소장이나 상소장에 주소지로 기재되어 있기는 하나 실제 생활근거지가 아니라면 그 곳으로의 우편송달은 효력이 없다.[4] 판례는 폐문부재와 같이 송달받을 사람은 물론이고

---

1) 우편송달의 경우 그 송달일시의 증명은 확정일자 있는 우체국의 특수우편물수령증에 의하여야 하지만, 우체국이 전자통신매체를 이용하여 법원에 특수우편물 접수사실 및 그 일시를 통지한 때에는 그 전자적 정보에 의하여 송달일시를 증명할 수 있다. 법원사무관등이 이러한 전자적 정보를 확인하고, 이를 전산시스템에 등록한 때에는 송달보고서를 작성하지 않을 수 있다(송달사무처리의 효율화와 업무상 유의사항에 관한 예규).

2) 등기우편에 의한 발송송달은 송달사무처리기관인 법원사무관 등이 동시에 송달실시기관이 되어 송달을 시행하는 것이므로 스스로 송달보고서를 작성하여야 하고, 그 송달보고서 작성시에는 소정의 양식에 따라 송달장소, 송달일시 등을 기재하되, 사건번호가 명기된 우체국의 특수우편물수령증을 첨부하여야 하며, 이러한 송달은 발송시에 그 송달의 효력이 발생하는 관계로 우편물 발송일시가 중요하고 그 송달일시의 증명은 확정일자 있는 우체국의 특수우편물수령증에 의할 수밖에 없으므로, 위와 같이 특수우편물수령증이 첨부되지 아니한 송달보고서에 의한 송달은 부적법하여 그 효력을 발생할 수 없다(대법원 2009. 8. 31. 자 2009스75 결정; 2000. 1. 31. 자 99마7663 결정).

3) 등기우편에 의한 발송송달은 송달받을 자의 주소 등 송달하여야 할 장소는 밝혀져 있으나 송달받을 자는 물론이고 그 사무원, 고용인, 동거인 등 보충송달을 받을 사람도 없거나 부재하여서 원칙적 송달방법인 교부송달은 물론이고 보충송달과 유치송달도 할 수 없는 경우에 할 수 있고, 여기에서 송달하여야 할 장소란 실제 송달받을 자의 생활근거지가 되는 주소·거소·영업소 또는 사무소 등 송달받을 자가 소송서류를 받아 볼 가능성이 있는 적법한 송달장소를 말한다(대법원 2009. 10. 29. 자 2009마1029 결정; 2007. 5. 11. 자 2004마801 결정).

4) 소장과 항소장에 원고의 주소지로 기재되어 있기는 하나 당시 원고의 실제 생활근거지가 아닌 곳으로 변론기일 소환장을 우편송달한 것이 제187조나 제185조 제2항에 의한 우편송달로서의 효력이 없다(대법원 2001. 9. 7. 선고 2001다30025 판결).

보충송달을 받을 사람도 만날 수 없는 경우에는 우편송달을 할 수 있으나,[1] 단지 송달을 받을 사람이 장기출타로 부재중이어서 그의 동거인 등에게 보충송달이나 유치송달이 가능한 경우에는 우편송달을 할 수 없다고 한다.[2]

② **송달장소의 변경신고를 하지 않아 송달장소를 알 수 없는 경우**: 우편송달은 당사자 등이 송달장소의 변경신고를 하지 않아 달리 송달장소를 알 수 없는 경우에도 할 수 있다(제185조 제2항). 송달장소를 변경하였음에도 신고를 하지 않은 경우는 물론이고 신고를 하였지만 그 변경된 장소에서의 송달이 불능인 경우를 포함한다.[3]

원고 등 적극적 당사자의 경우에는 당초 소장 등에 자신이 기재한 원고의 주소로 피고의 답변서나 기일통지서를 송달하였으나 이사불명이나 현 소재지불명을 이유로 송달불능이 된 때에는 원고가 송달장소 변경신고의무를 불이행한 것으로 보아 우편송달을 할 수 있으나,[4] 피고 등 소극적 당사자의 경우에는 적어도 한 번 이상 적법한 송달장소에서 유효한 송달이 이루어진 때에 한하여 송달장소 변경신고의무를 인정할 수 있다. 따라서 공시송달로 진행되던 중 피고가 답변서를 제출하면서 송달장소를 신고하여 공시송달을 취소하고 송달을 하였으나 송달불능이 된 때에는 신고된 장소로 한 번도 송달된 사실이 없어 적법한 송달장소로 볼 수 없으므로 우편송달을 할 수 없고, 또한 피고의 소송대리인에 대하여만 적법한 송달이 이루어졌을 뿐 피고에 대하여는 적법한 송달장소에서 송달된 사실이 없는 때에도 피고의 주소지로 우편송달을 할 수 없다.

이 사유에 의한 우편송달은 송달장소의 변경신고를 하지 않은 것만으로는 부족하고

---

1) 송달받을 자의 송달장소가 폐문되어 송달을 받을 수 있는 사람(교부송달이나 보충송달을 받을 사람)이 모두 부재중인 때에는 교부송달은 물론이고 보충송달이나 유치송달도 할 수 없는 것이어서 이러한 경우에는 우편송달을 할 수 있는 것이므로, 이 사건에서와 같이 우편집배인의 2회에 걸친 배달에도 불구하고 각 폐문부재로 반송되어 온 판결정본을 발송송달로 그 송달을 시행한 것은 적법하다(대법원 1990. 11. 28. 자 90마914 결정); 송달사무집행자가 수송달자의 주소에 가보았으나 전호 폐문부재로 아무도 만날 수 없어 송달을 할 수 없게 된 경우에는 보충송달이나 유치송달도 할 수 없는 것이므로 법원서기관은 우편송달을 할 수 있다(대법원 1990. 8. 20. 자 90마570 결정).

2) 우편송달은 보충송달이나 유치송달이 불가능한 경우에 할 수 있는 것이므로 폐문부재와 같이 송달을 받을 자는 물론 그 사무원, 고용인 또는 동거자 등 서류를 수령할만한 자를 만날 수 없는 경우라면 모르거니와 단지 송달을 받을 자만이 장기출타로 부재중이어서 그 밖의 동거자 등에게 보충송달이나 유치송달이 가능한 경우에는 위 우편송달을 할 수 없다(대법원 1991. 4. 15. 자 91마162 결정).

3) 제185조 제2항에 의하여 등기우편에 의한 발송송달을 할 수 있는 경우는 송달받을 장소를 바꾸었으면서도 그 취지를 신고하지 아니한 경우이거나 송달받을 장소를 바꾸었다는 취지를 신고하였는데 그 바뀐 장소에서의 송달이 불능되는 경우를 말한다(대법원 2007. 5. 11. 자 2004마801 결정).

4) 당초 소장 등에 기재된 주소 등으로 송달한 결과 수취인부재 또는 폐문부재를 이유로 송달불능이 된 때에는 아직 송달장소가 변경되었다고 단정할 수 없어 그 변경신고의무가 발생하였다고 볼 수 없으므로 곧바로 종전 주소지로 우편송달을 할 수 없다.

달리 송달장소를 알 수 없는 때에 한하여 가능하다. 여기서 달리 송달장소를 알 수 없다고 함은 상대방에게 주소보정을 명하거나 직권으로 주민등록표 등을 조사할 필요까지는 없지만, 적어도 기록에 현출되어 있는 자료로 송달장소를 알 수 없는 경우를 말한다.[1] 따라서 기록에 현출되어 있는 소장부본의 송달장소나 피고의 답변서 발신지 등에 송달하여 보지도 않고 상대방의 주소보정서에 기재된 송달장소로 송달하였으나 송달불능이 되자 곧바로 우편송달을 한 경우[2] 또는 소송서류가 주소지가 아닌 영업소에 수회 송달된 사실이 기록에 나타나 있음에도 판결문을 주소지로 송달하여 송달불능이 되자 우편송달을 한 경우[3] 등은 위법한 송달이다.

### 3) 효력의 발생

우편송달의 경우 법원사무관 등이 서류를 발송한 때에 송달된 것으로 본다(제189조). 이를 '발송송달'이라고도 한다. 당사자 등이 송달장소의 변경신고를 하지 않아 우편송달을 하는 경우에는 이후 송달불능상황이 계속될 것이 추정되므로 당해 소송서류뿐만 아니라 이후의 일련의 서류도 우편송달로 할 수 있으나, 보충송달이나 유치송달이 불가능하여 우편송달을 하는 경우에는 각각의 발송서류마다 우편송달의 요건이 따로 충족되어야 우편송달을 할 수 있다.[4] 화해권고결정(제225조 제2항 단서), 이행권고결정(소액사건심판법 제5조의3 제3항), 조정에 갈음하는 결정(민사조정법 제38조 제2항 단서)의 송달은 우편송달로 할 수 없다. 이는 당사자의 이의신청권을 보장하기 위함이다.[5]

---

[1] 제185조 제2항에서 말하는 '달리 송달할 장소를 알 수 없는 경우'라 함은 상대방에게 주소보정을 명하거나 직권으로 주민등록표 등을 조사할 필요까지는 없지만, 적어도 기록에 현출되어 있는 자료로 송달할 장소를 알 수 없는 경우에 한하여 등기우편에 의한 발송송달을 할 수 있음을 뜻한다(대법원 2009. 10. 29. 자 2009마1029 결정).

[2] 기록에 현출되어 있는 소장부본의 송달장소나 피고의 답변서 발신지 등에 변론기일소환장을 송달하여 보지도 않고 원고의 주소보정서에 기재된 피고의 송달장소로 변론기일소환장을 송달한 후 송달불능되자 곧바로 등기우편에 의한 발송송달을 한 제1심법원의 조치는 위법하다(대법원 2004. 10. 15. 선고 2004다11988 판결).

[3] 송달서류들이 재항고인의 주소지가 아닌 영업소로 실제로 수회 송달된 사실이 기록에 명백히 나타나 있음에도 불구하고, 판결문을 재항고인의 주소지로 송달한 후 이사불명으로 송달불능되자 바로 등기우편에 의한 발송송달을 한 법원의 조치는 위법하다(대법원 2005. 9. 28. 자 2005마625 결정).

[4] 등기우편에 의한 발송송달은 당해 서류에 관하여 교부송달, 또는 보충·유치송달 등이 불가능한 것임을 그 요건으로 하는 것이므로, 당해 서류의 송달에 한하여 할 수 있는 것이지 그에 이은 별개의 서류의 송달은 이 요건이 따로 구비되지 않는 한 당연히 이 방법에 의한 우편송달을 할 수 있는 것이 아니다. 따라서 원심이 제1회 변론기일소환장이 송달되지 않았음을 이유로 하여 제2회부터 제5회 변론기일까지 변론기일소환장을 계속 등기우편에 의한 발송송달을 한 것은 무효인 송달이므로 이를 전제로 하여 변론기일을 진행한 것은 위법하다(대법원 1994. 11. 11. 선고 94다36278 판결).

[5] 한충수, 391면.

## (3) 송달함송달

법원 내에 송달할 서류를 넣을 송달함을 설치하여 송달하는 방법이다(제188조 제1항). 송달함을 이용하는 송달은 법원사무관 등이 한다(동조 제2항). 송달함의 이용신청은 법원장 또는 지원장에게 서면으로 하여야 한다(민사소송규칙 제52조 제1항). 송달함을 이용하는 사람은 수수료를 미리 내야 하고(동규칙 동조 제2항), 송달함에서 서류를 대신 수령할 사람을 서면으로 지정할 수 있다(동규칙 동조 제3항). 송달받을 사람이 송달함에서 서류를 수령해 가지 않는 경우에는 송달함에 서류를 넣은 지 3일이 지나면 송달된 것으로 본다(제188조 제3항).

## (4) 공시송달

### 1) 의의

공시송달이란 법원사무관 등이 송달할 서류를 보관하고, 그 사유를 법원게시판에 게시하는 등의 방법에 의하여 하는 송달이다(제195조). 공시송달은 송달장소가 불분명한 경우에도 소송절차의 진행을 가능하도록 하기 위하여 인정된 것이다. 공시송달은 송달받을 사람이 송달의 내용을 현실적으로 알기가 어렵기 때문에 신중하게 하여야 하고, 다른 송달방법이 불가능한 경우에 한하여 인정되는 보충적인 송달방법이다.[1]

공시송달은 본안소송절차뿐만 아니라 강제집행절차(민사집행법 제23조 제1항), (개인)회생절차 및 파산절차(채무자회생 및 파산에 관한 법률 제33조)에도 적용된다. 그러나 화해권고결정(제225조 제2항), 이행권고결정(소액사건심판법 제5조의3 제3항), 조정에 갈음하는 결정(민사조정법 제38조 제2항 단서), 지급명령(제462조 단서)의 송달은 비록 공시송달의 요건이 충족되더라도 공시송달에 의할 수 없다. 또한 증인·감정인에 대한 출석요구서의 송달이나 제3채무자에 대한 진술최고서의 송달(민사집행법 제237조)은 절차상 그들의 출석과 진술이 필요한 경우이므로 그 성질상 공시송달의 방법에 의할 수 없고, 증거보전절차에서는 상대방을 지정할 수 없는 경우에도 특별대리인의 선임에 의하여 절차를 진행시킬 수 있으므로 공시송달을 할 필요가 없다(제378조). 한편 공시송달을 받은 당사자에게는 자백간주(제150조 제3항 단서), 답변서제출의무(제256조 제1항 단서), 외국재판의 승인(제217조 제1항 제2호) 등의 규정이 적용되지 않는다.

### 2) 허용요건

① 송달장소를 알 수 없는 경우: 당사자의 주소 등이나 근무장소를 알 수 없는 경우에 공시

---

1) 김홍엽, 522면; 이시윤, 441면.

송달을 할 수 있다(제194조 제1항). 공시송달은 당사자나 이에 준하는 보조참가인에 대하여만 인정되며, 증인이나 감정인에 대한 출석요구서의 송달은 공시송달에 의할 수 없다. 또한 당사자본인신문을 위한 출석요구도 공시송달에 의할 수 없다. 당사자의 주소 등을 알 수 없는 경우란 주민등록표나 법인등기부 등에 의하여도 송달받을 사람의 주소 등을 알 수 없어 송달할 수 없는 경우를 말한다.

법인에 대한 송달은 그 대표자의 주소지로 송달함이 원칙이므로, 법인의 주소지, 즉 본점 소재지로 한 송달이 불능이 되었다고 곧바로 공시송달을 할 수는 없고, 법인등기부 등에 나타난 대표자의 주소지에도 송달하여 그마저 송달불능으로 되어야만 비로소 공시송달을 할 수 있다.[1] 이와 같이 법인에 대한 송달은 그 대표자에게 하여야 하므로 법인의 대표자가 사망하여 달리 법인을 대표할 자가 정해지지 않아 법인에 대하여 송달을 할 수 없는 경우에는 공시송달을 할 여지도 없다.[2]

② **외국거주자에 대하여 송달할 수 없는 경우:** 외국거주자에 대하여 촉탁송달[3]을 할 수 없거나 이에 의하여도 효력이 없을 것으로 인정되는 경우에도 공시송달을 할 수 있다. 예를 들어, 해당 외국과 외교관계가 없거나 사법공조조약이나 관행도 없는 경우 또는 해당 외국이 전쟁이나 천재지변 중에 있어서 촉탁하여도 실효가 없는 경우 등이 이에 해당된다.

### 3) 절차

법원사무관 등은 공시송달의 요건이 인정되는 경우 직권 또는 당사자의 신청에 의하여 공시송달을 할 수 있다(제194조 제1항). 재판장도 소송의 지연을 피하기 위하여 필요하다고 인정되면 공시송달을 명할 수 있다(동조 제3항). 당사자는 신청함에 있어서 공시송달의 요건을 소명하여야 한다(제194조 제2항). 일반적으로 송달받을 사람의 주민등록이 말소되었거나 주민등록이 되어 있더라도 그 곳에 거주하고 있지 않다는 사실을 소명하게 되는데, 실무에서는 주민등록말소자등본이나 불거주확인서 등을 소명자료로 제출한다.[4]

---

1) 법인에 대한 송달은 본점 소재지에서 그 대표이사가 이를 수령할 수 있도록 함이 원칙이고, 그와 같은 송달이 불능인 경우에는 법인등기부 등을 조사하여 본점 소재지의 이전 여부 이외에도 법인등기부상의 대표이사의 주소지 등을 확인하여 송달을 하여 보고 그 송달이 불가능한 때에 비로소 공시송달을 할 수 있다(대법원 1992. 12. 11. 선고 92다35431 판결).
2) 법인에 대한 송달은 제64조 및 제179조에 따라서 그 대표자에게 하여야 하는 것이므로 법인의 대표자가 사망하고 달리 법인을 대표할 자도 정하여지지 아니하였기 때문에 법인에 대하여 송달을 할 수 없는 때에는 공시송달을 할 여지도 없다고 할 것이다(대법원 1991. 10. 22. 선고 91다9985 판결).
3) 외국에서 하여야 하는 송달은 재판장이 그 나라에 주재하는 대한민국의 대사, 공사, 영사 또는 그 나라의 관할 공공기관에 촉탁한다(제191조).
4) 그러나 불거주확인서는 그 작성이나 제출을 강제하기 어렵고, 또한 주민등록말소자등본을 제출하기 위해서는 주

공시송달은 법원사무관 등이 송달할 서류를 보관하고, 그 사유를 법원게시판에 게시하는 방법, 관보·공보 또는 신문에 게재하는 방법 또는 전자통신매체를 이용하여 공시하는 방법 중 어느 하나의 방법으로 공시한다(제195조 및 민사소송규칙 제54조 제1항). 재판장은 직권 또는 당사자의 신청에 의하여 법원사무관 등의 공시송달처분을 취소할 수 있다(제194조 제4항). 그러나 공시송달처분이 있은 후에 공시송달의 요건을 충족하지 못한 경우, 예를 들어 공시송달처분이 있은 후에 송달받을 사람의 주소가 판명되거나 그가 변론에 출석한 경우(이 경우 주소보정을 명한다)에는 이미 행한 공시송달처분은 유효하므로 재판장이 공시송달처분을 취소할 필요가 없으며, 그 이후의 송달은 통상의 송달방법에 의하고, 다시 주소 등이 불명이 된 때에는 당사자 등이 송달장소의 변경신고를 하지 않아 달리 송달장소를 알 수 없는 경우(제185조 제2항)에 해당되어 우편송달에 의할 수 있다.

### 4) 효력

첫 공시송달은 게시하거나 공시한 날로부터 2주가 지나야 효력이 생긴다(제196조 제1항 본문). 다만, 외국에서 할 송달에 대한 공시송달의 경우에는 그 기간은 2월로 한다(동조 제2항). 그러나 동일한 당사자에게 하는 그 뒤의 공시송달은 실시한 다음 날부터 효력이 생긴다(동조 제1항 단서). 이 기간은 늘릴 수는 있으나, 줄일 수는 없다(동조 제3항). 공시송달의 효력이 발생한 후에 당사자에게 서류를 교부하더라도 이는 사실행위임에 불과하고 이미 발생한 공시송달의 효력에는 영향이 없다. 물론 공시송달의 효력이 발생하기 전에 서류를 교부하였다면 그 때에 송달의 효력이 생기는 것은 당연하다.

공시송달의 효력은 그 취소가 없는 한 당해 심급에 있어서 지속되는 것이므로 그 심급에 관한 한 어떠한 송달서류이든 계속하여 공시송달방법에 의하여 송달할 수 있다. 그러나 공시송달로 절차가 진행되는 중에 통상의 송달방법에 의하여 송달이 이루어진 경우에는 공시송달명령은 당연히 그 효력을 상실하므로 이후의 송달은 통상의 송달방법에 의하여야 하고, 다시 공시송달을 하려면 새로운 공시송달명령이 있어야 한다.[1] 공시송달의 효력은 당해 심급에만 미치고 상소심에는 미치지 않으므로 추완상소가 제기되었다고 상소심에서 원심의 공시송달처분을 취소할 필요는 없다.

---

민등록법상의 직권말소절차(주민등록법 제17조의2)를 거쳐야 하므로 그 절차가 번잡하고 시간이 많이 걸리는 문제점이 있다. 그리하여 예를 들어, 집행관 또는 법정경위가 실시한 송달통지서에 송달불능사유가 구체적으로 적혀져 있는 때에는 이것을 공시송달의 소명자료로 활용하는 등 탄력적으로 운영할 필요가 있다.
1) 경매법원의 공시송달명령에 의하여 공시송달로서 그 절차가 진행되었더라도 항고심이 그 결정을 보정된 주소에 보통송달방법에 의하여 송달하였고 그것이 송달되었을 경우에는 위의 공시송달명령은 당연히 그 효력을 잃는다 (대법원 1965. 8. 31. 자 65마636 결정).

판례는 공시송달의 요건을 갖추지 못한 부적법한 공시송달이라도 재판장이 공시송달을 명하여 이루어진 이상 송달은 유효하다고 한다. 예를 들어, 피고의 판결정본이 공시송달의 방법에 의하여 송달되었다면 피고의 주소가 허위이거나 공시송달의 요건을 갖추지 못하였어도 그 송달은 유효하므로 상소기간의 도과로 판결은 형식적으로 확정된다고 한다.[1] 따라서 공시송달명령에 불복하거나 무효임을 전제로 재송달을 신청할 수 없으며, 부적법한 송달로 패소한 당사자는 추완상소 또는 재심을 통하여 구제받을 수 있다고 한다.[2] 그러나 하자 있는 공시송달이 유효한 것은 통상의 송달이 가능하나 공시송달의 요건만이 구비되지 않은 경우에 한하는 것이고, 당사자가 사망하거나 법인의 대표자가 없는 등 어떠한 송달방법에 의하여도 송달 자체가 불가능한 경우에는 그 송달이 공시송달의 방법에 의하여 이루어지더라도 송달로서의 효력이 없다.[3]

### (5) 간이통지방법에 의한 송달

간이통지방법에 의한 송달은 기일통지를 위한 기일통지서 또는 출석요구서를 송달하는 경우에 이용할 수 있는 송달방법이다(제167조 제2항 전단). 법원사무관 등이 전화, 팩시밀리, 보통우편 또는 전자우편(e-mail) 등 간이통지의 방법으로 한다(민사소송규칙 제45조 제1항). 이 송달

---

1) 민사소송법 소정의 공시송달의 요건이 갖추어지지 아니하였다고 하더라도, 재판장의 명에 의하여 공시송달이 된 이상 원칙적으로 공시송달의 효력에는 영향이 없다(대법원 1991. 10. 22. 선고 91다9985 판결); 판결정본이 공시송달의 방법에 의하여 송달되었다면 비록 피고의 주소가 허위이거나 그 요건에 미비가 있다 할지라도 그 송달은 유효한 것이므로 항소기간의 도과로 위 판결은 형식적으로 확정되어 기판력이 발생한다(대법원 2008. 2. 28. 선고 2007다41560 판결).

2) 공시송달의 방법에 의하여 판결정본이 송달된 경우 피고의 주소지를 허위로 하여 소가 제기된 경우이더라도 그 때부터 상소제기기간이 도과되면 그 판결이 확정되는 것이므로 피고는 재심의 소를 제기하거나 추완항소를 제기하여 그 취소변경을 구하여야 한다(대법원 1980. 7. 8. 선고 79다1528 판결).

3) 법인에 대한 송달은 그 대표자에게 하여야 하고, 그 대표자가 없는 경우에는 송달 자체가 불가능하다고 할 것이므로, 위와 같이 사망한 위 ○○○를 소외 회사의 대표자로 하여 한 송달은 부적법하다고 할 것인바, 다만 공시송달의 경우에는 재판장이 그 요건이 충족된다고 보아 일단 공시송달을 명한 이상 실제로는 그 요건이 구비되지 아니하여 공시송달을 명할 수 없는 경우였다고 하더라도 그 명령에 의한 공시송달의 송달로서의 효력에는 아무런 영향이 없는 것이기는 하나, 이와 같은 것은 통상의 송달은 가능하나 공시송달의 요건만이 구비되지 아니한 경우에 국한되는 것이고, 이 사건의 경우와 같이 법인의 대표자가 없어 어떠한 송달방법을 택하든 간에 송달 자체가 불가능한 경우에는 그 송달이 공시송달의 방법에 의하여 이루어졌다고 하여 송달로서의 효력을 갖게 된다고 볼 수 없다(대법원 1991. 10. 22. 선고 91다9985 판결); 원고가 망인을 상대로 제기한 소송은 위 망인의 사망으로 중단되었고, 다만 판결의 선고는 소송절차가 중단된 중에도 할 수 있으므로 위 법원이 이 사건 재심대상판결을 선고한 것은 적법하다고 할 것이나, 그 소송절차는 그 판결선고와 동시에 중단되었으므로 위 망인에 대하여 판결정본을 공시송달한 것은 효력이 없고, 위 망인의 상속인이 그 소송절차를 수계하여 위 판결의 정본을 송달받기 전까지는 그에 대한 항소제기기간이 진행될 수도 없으며, 이는 위 망인의 상속인들인 피고들이 위 판결의 존재를 알고 있었다거나 위 소송에 대한 수계신청을 하였다는 등의 사정이 있다고 하여 달리 볼 것은 아니라고 할 것이다(대법원 2007. 12. 14. 선고 2007다52997 판결).

방법은 기일통지를 위한 송달에 한정되고, 소장부본이나 판결정본 등 소송서류의 송달에는 적용되지 않는다. 간이통지를 받은 당사자, 증인 또는 감정인 등이 기일에 불출석하여도 법률상 제재나 그 밖에 기일을 게을리 함에 따른 불이익을 줄 수 없다(제167조 제2항 후단).

### (6) 민사소송규칙상 송달의 특례

변호사인 소송대리인에 대한 송달은 법원사무관 등이 전화·팩시밀리·전자우편 또는 휴대 전화 문자전송을 이용하여 할 수 있다(민사소송규칙 제46조 제1항). 또한 쌍방 당사자가 변호사를 소송대리인으로 선임한 경우 일방 당사자의 소송대리인인 변호사가 상대방 소송대리인인 변호사에게 송달될 소송서류의 부본을 교부하거나 팩시밀리 또는 전자우편으로 보내고 그 사실을 법원에 증명한 때에는 송달의 효력이 있다(동규칙 제47조 제1항). 이 경우 송달의 증명은 소송서류의 부본을 교부받거나 팩시밀리 또는 전자우편으로 받은 취지와 그 날짜를 적고 송달받은 변호사가 기명날인 또는 서명한 영수증을 제출함으로써 할 수 있다(동조 제2항).

## 3. 송달의 하자

송달이 법정 방식에 위배된 경우, 예를 들어, 송달받을 사람이 아닌 사람에 대한 송달, 송달장소 아닌 곳에서의 송달, 보충송달이나 유치송달을 해보지 않고 우편송달을 한 경우 등은 무효이다. 다만, 공시송달의 요건에 하자가 있어도 재판장이 공시송달을 명하여 절차를 취한 경우에는 유효한 송달이라는 것이 판례의 입장이다.[1] 판결의 선고는 당사자가 출석하지 않아도 할 수 있으므로(제207조 제2항), 당사자에게 판결선고기일 소환장을 송달하지 않았더라도 위법한 것은 아니다.[2]

송달의 하자가 있어 무효이더라도 송달받을 사람이 추인하면 유효하고, 또한 이의없이 변론하거나 수령하면 이의권의 포기·상실로 하자가 치유된다. 예를 들어, 사망한 자에 대한 송달은 무효이지만, 그 상속인이 현실적으로 그 소송서류를 수령한 경우에는 하자가 치유되어 그 송달은 그 때에 상속인에 대한 송달로서 효력을 발생한다.[3] 그러나 상소기간은 불변기간이고 이에

---

1) 대법원 1991. 10. 22. 선고 91다9985 판결; 1983. 7. 29. 자 83마300 결정.
2) 판결의 선고는 당사자가 재정하지 아니하는 경우에도 할 수 있는 것이므로 법원이 적법하게 변론을 진행한 후 이를 종결하고 판결선고기일을 고지한 때에는 재정하지 아니한 당사자에게도 그 효력이 있는 것이고, 그 당사자에 대하여 판결선고기일 소환장을 송달하지 아니하였다 하여도 이를 위법이라고 할 수 없다(대법원 2003. 4. 25. 선고 2002다72514 판결).
3) 사망한 자에 대하여 실시된 송달은 위법하여 원칙적으로 무효이나, 그 사망자의 상속인이 현실적으로 그 송달서류를 수령한 경우에는 하자가 치유되어 그 송달은 그 때에 상속인에 대한 송달로서 효력을 발생하므로, 압류 및

관한 규정은 강행규정이므로 그 기산점이 되는 판결정본의 부적법한 송달의 하자는 이의권의 포기·상실로 치유될 수 없다. 따라서 판결정본의 송달에 하자가 있는 경우에는 반드시 재송달을 실시하여야 한다.[1]

## Ⅲ. 소송절차의 정지

### 1. 의의

소송절차의 정지란 소송이 계속된 후에 아직 절차가 종료되기 전에 소송절차가 법률상 진행되지 않는 것을 말한다. 소송절차의 정지는 당사자가 소송에 관여할 수 없는 경우에 쌍방심리주의에 의한 소송절차에서 당사자의 절차적 기본권을 보장하기 위하여 마련된 제도이다. 따라서 소송절차의 정지는 대립당사자구조의 판결절차나 판결절차에 준하는 절차, 즉 독촉절차, 제소전 화해절차, 항고절차, 소송비용액확정절차 등에 적용되고, 대립당사자구조에 의한 재판의 적정보다 절차의 신속을 중요시하는 강제집행절차, 담보권실행을 위한 경매절차, 가압류·가처분절차, 증거보전절차에는 준용되지 않는다.[2]

소송절차의 정지에는 중단과 중지의 두 가지가 있다. 소송절차의 중단이란 당사자 등 소송행위자에게 소송 수행을 할 수 없는 사유가 발생한 경우에 새로운 소송수행자가 나타나 소송에 관여할 수 있을 때까지 법률상 당연히 소송절차의 진행이 정지되는 것을 말한다. 이에 대하여 소송절차의 중지란 법원이나 당사자에게 소송을 진행할 수 없는 장애가 생겼거나 진행에 부적당한 사유가 발생하여 법률상 당연히 또는 법원의 결정에 의하여 소송절차가 정지되는 경우를 말한다. 새로운 소송수행자로 소송수계가 이루어지지 않는다는 점에서 소송절차의 중단과 구별된다.

---

전부명령 정본이나 그 경정결정 정본의 송달이 이미 사망한 제3채무자에 대하여 실시되었다고 하더라도 그 상속인이 현실적으로 그 압류 및 전부명령 정본이나 경정결정 정본을 수령하였다면, 그 송달은 그 때에 상속인에 대한 송달로서 효력을 발생하고, 그 때부터 각 그 즉시항고기간이 진행한다(대법원 1998. 2. 13. 선고 95다15667 판결).

1) 항소제기기간은 불변기간이고, 이에 관한 규정은 성질상 강행규정이므로 그 기간 계산의 기산점이 되는 위 판결정본의 부적법한 송달의 하자는 이에 대한 피고의 책문권의 포기나 상실로 인하여 치유될 수 없다(대법원 2007. 12. 14. 선고 2007다52997 판결).

2) 김홍엽, 529면; 이시윤, 446면.

## 2. 소송절차의 중단

### (1) 중단사유

소송계속 중에 법정된 중단사유가 발생하면 소송절차는 당연히 중단된다.

### 1) 당사자의 사망

소송계속 중에 당사자가 사망한 때에 소송절차가 중단된다(제233조 제1항 전단). 실종선고에 의한 사망간주도 포함된다. 실종선고가 있으면 실종기간이 만료한 때에 사망한 것으로 간주되지만, 소송절차가 중단되는 시기는 실종기간이 만료한 때가 아니라 실종선고가 확정된 때이다.[1] 그러나 소송 제기 이전에 이미 사망한 사람이 당사자가 된 경우에는 중단사유가 아니며 상속인에 의한 소송수계신청은 허용되지 않는다.[2] 다만, 이 경우 상속인으로의 소송수계신청을 당사자표시정정신청으로 볼 여지는 있다.[3] 판례는 당사자가 사망하더라도 소송대리인의 소송대리권은 소멸하지 않으므로, 당사자가 소송대리인에게 소송위임을 한 다음 소 제기 전에 사망한 경우에는 비록 사망한 사람을 원고로 표시하여 소를 제기하였더라도 그 소는 적법하고, 그 상속인의 소송수계가 허용된다고 한다.[4] 통상공동소송에서는 소송절차의 중단이 사망한 당사자와 그 상대방 사이에서만 생기지만, 필수적 공동소송에서는 전면적으로 중단된다(제67조 제3항).

소송계속 중에 당사자가 사망하더라도 소송물인 권리관계가 상속의 대상이 되지 않는 경우에는 소송절차가 중단되는 것이 아니라 종료된다. 예를 들어, 이혼소송의 계속 중에 당사자 한

---

1) 소송이 적법하게 계속된 후 당해 소송의 당사자에 대하여 실종선고가 확정된 경우에는 실종자가 사망하였다고 보는 시기는 실종기간이 만료한 때라 하더라도 소송상의 지위의 승계절차는 실종선고가 확정되어야만 비로소 이를 취할 수가 있는 것이므로 실종선고가 있기까지는 소송상 당사자능력이 없다고는 할 수 없고 소송절차가 법률상 그 진행을 할 수 없게 된 때, 즉 실종선고가 확정된 때에 소송절차가 중단된다(대법원 1983. 2. 22. 선고 82사18 판결).

2) 실재하지 않은 사망자가 제기한 소는 처음부터 부적법한 것이어서 그의 재산상속인들의 소송수계신청은 허용될 수 없는 것이다(대법원 1979. 7. 24. 자 79마173 결정).

3) 대법원 2006. 7. 4. 자 2005마425 결정.

4) 당사자가 사망하더라도 소송대리인의 소송대리권은 소멸하지 아니하므로, 당사자가 소송대리인에게 소송위임을 한 다음 소 제기 전에 사망하였는데 소송대리인이 당사자가 사망한 것을 모르고 당사자를 원고로 표시하여 소를 제기하였다면 소의 제기는 적법하고, 시효중단 등 소 제기의 효력은 상속인들에게 귀속된다. 이 경우 제233조 제1항이 유추적용되어 사망한 사람의 상속인들은 소송절차를 수계하여야 한다(대법원 2016. 4. 29. 선고 2014다210449 판결).

쪽이 사망한 경우,[1] 이사회결의무효확인소송의 계속 중에 이사가 사망한 경우,[2] 공무원에 대한 면직처분의 무효확인소송 계속 중에 공무원이 사망한 경우[3] 등이 이에 해당된다. 또한 당사자 한쪽이 상대방 당사자의 수계인이 되는 경우에도 소송절차는 종료된다.

소송계속 중 당사자가 사망한 때에는 상속인이나 상속재산관리인 등이 소송절차를 수계하여야 한다(제233조 제1항 후단). 이 경우 상속인 등이 당사자가 되는 시기는 당사자가 사망한 때이다. 즉, 당사자가 사망한 때에 상속인 등이 법률상 당연히 당사자의 지위를 갖는 것이고, 상속인이 수계한 때에 당사자의 지위를 갖는 것이 아니다. 다만, 상속인 등이 소송수계를 하기 전에는 소송을 수행할 수 없는 장애사유로 인하여 소송절차가 중단될 뿐이다.[4]

### 2) 법인의 합병

당사자인 법인이 합병에 의하여 소멸된 때에 소송절차는 중단된다. 이 경우 합병에 의하여

---

1) 이혼소송과 재산분할청구가 병합된 경우, 재판상의 이혼청구권은 부부의 일신전속의 권리이므로 이혼소송 계속 중 배우자의 일방이 사망한 때에는 상속인이 그 절차를 수계할 수 없음은 물론이고, 또 그러한 경우에 검사가 이를 수계할 수 있는 특별한 규정도 없으므로 이혼소송은 종료되고, 이에 따라 이혼의 성립을 전제로 하여 이혼소송에 부대한 재산분할청구 역시 이를 유지할 이익이 상실되어 이혼소송의 종료와 동시에 종료한다고 할 것이다(대법원 1994. 10. 28. 선고 94므246,253 판결).

2) 학교법인의 이사 및 이사장의 지위에 있는 자가 그의 이사 및 이사장의 직을 사임케 한 학교법인 이사회결의의 무효확인을 구하는 소송을 제기하여 수행 중 사망한 경우에는 동 이사 및 이사장의 지위는 일신전속권으로서 상속의 대상이 된다고 할 수 없으므로 동 소송은 동인의 사망으로 중단됨이 없이 종료되었다고 할 것이고, 따라서 그 상속인 등의 소송수계신청은 기각되어야 한다(대법원 1981. 7. 16. 자 80마370 결정); 단체의 정관에 따른 의사결정기관의 구성원이 그 지위에 기하여 위 단체를 상대로 그 의사결정기관이 한 결의의 존재나 효력을 다투는 민사소송을 제기하였다가 그 소송계속 중에 사망하였다면, 단체의 의사결정기관 구성원으로서의 지위는 일신전속권으로서 상속의 대상이 된다고 할 수 없어 소송수계의 여지가 없으므로 위 소송은 본인의 사망으로 중단됨이 없이 그대로 종료된다(대법원 2004. 4. 27. 선고 2003다64381 판결).

3) 공무원으로서의 지위는 일신전속권으로서 상속의 대상이 되지 않으므로, 의원면직처분에 대한 무효확인을 구하는 소송은 당해 공무원이 사망함으로써 중단됨이 없이 종료된다(대법원 2007. 7. 26. 선고 2005두15748 판결).

4) 당사자가 사망하여 실재하지 아니한 자를 당사자로 하여 소가 제기된 경우는 당초부터 원고와 피고의 대립당사자구조를 요구하는 민사소송법상의 기본원칙이 무시된 것이므로, 그와 같은 상태하에서의 판결은 당연무효라고 할 것이지만, 일응 대립당사자구조를 갖추고 적법히 소가 제기되었다가 소송도중 일방의 당사자가 사망함으로 인해서 그 당사자로서의 자격을 상실하게 된 때에는 그 대립당사자구조가 없어져 버린 것이 아니고, 그때부터 그 소송은 그의 지위를 당연히 이어 받게 되는 상속인들과의 관계에서 대립당사자구조를 형성하여 존재하게 되는 것이고, 다만 상속인들이 그 소송을 이어 받는 외형상의 절차인 소송수계절차를 밟을 때까지는 실제상 그 소송을 진행할 수 없는 장애사유가 발생하였기 때문에 적법한 수계인이 수계절차를 밟아 소송에 관여할 수 있게 될 때까지 소송절차는 중단되도록 법이 규정하고 있을 뿐인바, 이와 같은 중단사유를 간과하고 변론이 종결되어 판결이 선고된 경우에는 그 판결은 소송에 관여할 수 있는 적법한 수계인의 권한을 배제한 결과가 되는 절차상 위법은 있지만 그 판결이 당연무효라 할 수는 없고, 다만 그 판결은 대리인에 의하여 적법하게 대리되지 않았던 경우와 마찬가지로 보아 대리권흠결을 이유로 상소 또는 재심에 의하여 그 취소를 구할 수 있을 뿐이다(대법원 1995. 5. 23. 선고 94다28444 전원합의체 판결).

설립된 법인 또는 합병한 뒤의 존속법인이 소송절차를 수계하여야 한다(제234조). 법인이 합병 이외의 사유로 해산된 경우에는 청산법인으로 존속하므로 중단되지 않는다. 그러나 법인이 합병에 의하여 소멸한 경우뿐만 아니라 청산절차를 밟지 않고 소멸한 경우에도 중단된다. 예를 들어, 법인의 권리의무가 법률의 규정에 의하여 새로 설립된 법인에 승계되는 경우 등에도 소송절차가 중단된다.[1] 법인 아닌 사단이나 재단에 대하여도 제234조가 준용된다.

### 3) 당사자의 소송능력상실, 법정대리인의 사망이나 대리권의 소멸

당사자가 소송능력을 상실한 때 또는 법정대리인이 사망하거나 대리권을 상실한 때에 소송절차는 중단된다. 이 경우 소송능력을 회복한 당사자 또는 새로 법정대리인이 된 사람이 소송절차를 수계하여야 한다(제235조). 당사자가 성년후견개시심판을 받은 경우에는 소송능력을 상실하나, 한정후견개시심판을 받은 경우에는 소송능력을 상실하지 않으므로 소송절차가 중단되지 않는다. 법정대리인의 사망 또는 소송능력의 상실 이외의 사유로 법정대리권이 소멸하는 경우에는 상대방에게 통지하여야 그 효력이 생기므로 통지가 있어야 중단된다.[2] 법인의 대표자 또는 법인 아닌 단체의 대표자나 관리인에 대하여도 법정대리인에 관한 규정이 준용되므로, 법인의 대표자 등이 사망하거나 그 대표권을 상실한 경우에 소송절차가 중단되지만, 그 대표권의 소멸은 상대방에게 통지하여야 효력이 발생하므로 통지가 있어야 중단된다.[3] 그러나 소송대리인이 사망하거나 소송능력을 상실한 경우에는 본인이 소송행위를 할 수 있으므로 중단사유가 되지 않는다.

### 4) 수탁자의 임무종료

신탁으로 말미암은 수탁자의 위탁임무가 끝난 때에 소송절차는 중단된다. 이 경우 새로운 수탁자가 소송절차를 수계하여야 한다(제236조). 신탁법에 의한 신탁에 한정되고, 명의신탁은

---

1) 법인의 권리의무가 법률의 규정에 의하여 새로 설립된 법인에 승계되는 경우에는 특별한 사유가 없는 한 계속 중인 소송에서 그 법인의 법률상 지위도 새로 설립된 법인에 승계된다(대법원 2002. 11. 26. 선고 2001다44352 판결); 소송계속 중 피고인 토지개량조합이 분할되어 새로운 토지개량조합이 설립된 경우에는 법원은 직권으로 이 점을 조사하여 새로 설립한 토지개량조합을 피고의 소송수계인으로 보아 소송절차를 진행하여야 한다(대법원 1970. 4. 28. 선고 67다1262 판결).
2) 피고는 소송계속 중 원고의 대표자 회장이 안○○에서 장○○으로 변경되었는데, 원고의 대표자를 안○○으로 표시한 제1심판결 및 소송수계절차 없이 대표자표시변경의 방법으로 원고의 대표자를 장○○으로 표시한 원심판결은 위법하다고 주장한다. 그러나 소송절차의 진행 중 법인 대표자의 대표권이 소멸된 경우에도 이를 상대방에게 통지하지 아니하면 소송절차상으로는 그 대표권이 소멸되지 아니한 것으로 보아야 하므로 위 제1심판결이 안○○을 원고의 대표자로 표시한 것은 적법하고, 원고는 원심에서 대표자표시변경신청을 하였고 이는 소송수계신청의 취지로 보아야 할 것이므로 원심에서 원고의 대표자를 장○○으로 표시한 것도 적법하다(대법원 2006. 11. 23. 선고 2006재다171 판결).
3) 대법원 1998. 2. 19. 선고 95다52710 전원합의체 판결.

여기에 해당되지 않는다.[1)]

### 5) 소송담당자 또는 선정당사자의 자격상실

제3자의 소송담당에서 소송담당자가 그 자격을 상실하거나 사망한 때에는 소송절차가 중단된다. 이 경우 같은 자격을 가진 사람이 소송절차를 수계하여야 한다(제237조 제1항). 여기의 소송담당자는 권리관계의 주체인 자에 갈음하여 소송수행권을 갖는 갈음형 소송담당자에 한정되고, 병행형 소송담당자는 자격을 상실하거나 사망하여도 소송절차가 중단되지 않는다.

선정당사자 전원이 자격을 상실하거나 사망한 때에도 소송절차가 중단된다. 이 경우 선정자 전원 또는 새로 선정된 선정당사자가 소송절차를 수계하여야 한다(제237조 제2항). 그러나 여러 사람의 선정당사자 중 일부가 자격을 상실하거나 사망한 때에는 소송절차가 중단되지 않으며, 남은 선정당사자가 소송을 속행한다(제54조).

### 6) 당사자의 파산 또는 파산절차의 해지

당사자가 파산선고를 받은 때에 파산재단에 관한 소송절차는 중단된다(제239조 전단). 이 경우 파산관재인이 소송절차를 수계한다(채무자 회생 및 파산에 관한 법률 제347조 제1항). 채권자취소소송의 계속 중에 소송의 당사자가 아닌 채무자가 파산선고를 받은 때에도 소송절차는 중단되고 파산관재인이 수계한다(동법 제406조, 제347조 제1항). 판례는 채권자대위소송의 계속 중에 채무자가 파산선고를 받은 때에도 소송절차는 중단되고 파산관재인이 이를 수계할 수 있다고 한다.[2)] 만일 수계가 이루어지기 전에 파산절차가 해지되면, 파산선고를 받은 사람이 당연히 소송절차를 수계한다(제239조 후단). 파산재단에 관한 소송의 수계가 이루어진 후에 파산절차가 해지된 때에는 소송절차가 중단되고, 파산선고를 받은 사람이 소송절차를 수계하여야 한다(제240조).

한편 당사자에 대한 회생절차개시결정이 있는 때에도 채무자의 재산에 관한 소송절차는 중단된다(채무자 회생 및 파산에 관한 법률 제59조 제1항). 중단된 소송절차 중 회생채권 또는 회생담보권과 관계없는 것은 관리인이 수계한다(동조 제2항). 만일 수계가 있기 전에 회생절차가 종료되면 채무자가 당연히 소송절차를 수계한다(동조 제3항). 수계가 있은 후에 회생절차가 종료된

---

1) 김홍엽, 534면; 이시윤, 448면.
2) 채무자 회생 및 파산에 관한 법률은 채권자취소소송의 계속 중에 소송의 당사자가 아닌 채무자가 파산선고를 받은 때에는 소송절차는 중단되고 파산관재인이 이를 수계할 수 있다고 규정하고 있는데(제406조, 제347조 제1항), 채권자대위소송도 그 목적이 채무자의 책임재산보전에 있고 채무자에 대하여 파산이 선고되면 그 소송결과는 파산재단의 증감에 직결된다는 점은 채권자취소소송에서와 같다는 점에 비추어 보면, 파산채권자가 제기한 채권자대위소송이 채무자에 대한 파산선고 당시 법원에 계속되어 있는 때에는 다른 특별한 사정이 없는 한 제239조, 위 채무자회생법의 규정을 유추적용하여 그 소송절차는 중단되고 파산관재인이 이를 수계할 수 있다고 할 것이다(대법원 2013. 3. 28. 선고 2012다100746 판결).

때에는 소송절차는 중단되고, 채무자가 소송절차를 수계하여야 한다(동조 제4항).

## (2) 중단의 예외

중단사유가 생긴 당사자에게 소송대리인이 있는 경우에는 소송절차가 중단되지 않는다. 그러나 법정된 중단사유 가운데 파산 또는 파산절차의 해지의 경우에는 파산자와 파산관재인 사이의 이해대립이 심하기 때문에 당사자에게 소송대리인이 있더라도 소송절차가 중단된다(제238조).

소송대리인이 있어 소송절차가 중단되지 않는 경우, 소송대리인의 소송대리권은 소멸하지 않으며 수계절차를 밟지 않아도 법률상 당연히 새로운 당사자의 소송대리인이 된다.[1] 이 경우에도 승계인이 소송절차를 수계할 수 있음은 물론이다.[2] 실무에서는 소송대리인이 소송절차수계신청서 또는 당사자표시정정신청서 등을 제출하여 소송절차의 수계를 신청하고, 법원은 승계인을 당사자로 하여 절차를 진행하며 판결서에도 승계인을 당사자로 표시한다.

소송대리인은 법률상 당연히 새로운 당사자의 소송대리인이 되므로 종전 당사자의 이름으로 판결을 한 경우에도 그 판결의 효력은 새로운 당사자에게 미친다.[3] 또한 판결서에 새로운 당사자가 잘못 표시된 경우에도 판결의 효력은 정당한 승계인에게 미친다.[4] 사망한 사람의 공동상속인 중 소송수계절차를 밟은 일부만을 당사자로 표시한 판결도 수계하지 않은 나머지 공동상속인들에게 그 효력이 미친다.[5] 소송대리인이 있어 소송절차가 중단되지 않고 종전 당사자

---

[1] 소송대리인이 있는 경우에는 당사자가 사망하더라도 소송절차가 중단되지 않고 소송대리인의 소송대리권도 소멸하지 않으며, 이때 망인의 소송대리인은 당사자 지위의 당연승계로 인하여 상속인에게서 새로이 수권을 받을 필요 없이 법률상 당연히 상속인의 소송대리인으로 취급되어 상속인들 모두를 위하여 소송을 수행하게 된다(대법원 2011. 4. 28. 선고 2010다103048 판결).

[2] 제238조는 제233조 제1항의 규정은 소송대리인이 있는 때에는 적용하지 아니한다고 규정하고 있음은 소송대리인이 있는 경우에는 당사자가 사망하였다 할지라도 소송대리권은 소멸되지 않고 따라서 소송절차는 이를 중단할 필요가 없게 되어 그대로 속행되므로 상속인이 소송절차를 수계함을 필요로 하지 아니한다고 한 것일 뿐 위와 같이 소송절차가 중단되지 않는 경우에는 상속인은 소송절차를 수계하지도 못한다는 뜻으로는 풀이될 수 없다 (대법원 1972. 10. 31. 선고 72다1271,1272 판결).

[3] 소송대리인이 있는 경우에는 당사자가 사망하더라도 소송절차가 중단되지 않고 이때 망인의 소송대리인은 법률상 당연히 상속인의 소송대리인으로 취급되어 상속인들 모두를 위하여 소송을 수행하게 되는 것이고, 비록 상속인으로 당사자의 표시를 정정하지 아니한 채 망인을 그대로 당사자로 표시하여 판결하였다고 하더라도 그 판결의 효력은 망인의 소송상 지위를 당연승계한 상속인들 모두에게 미치는 것이다(대법원 2011. 4. 28. 선고 2010다103048 판결).

[4] 당사자가 사망하였으나 소송대리인이 있어 소송절차가 중단되지 아니한 경우 상속인을 소송승계인으로 하여 신당사자로 표시할 것이지만 상속인이 누구인지 모를 때에는 망인을 그대로 당사자로 표시하여도 무방하며, 가령 신당사자를 잘못 표시하였다 하더라도 그 표시가 망인의 상속인, 상속승계인, 소송수계인 등 망인의 상속인임을 나타내는 문구로 되어 있으면 잘못 표시된 당사자에 대하여는 판결의 효력이 미치지 않고 여전히 정당한 상속인에 대하여 판결의 효력이 미친다(대법원 1992. 11. 5. 자 91마342 결정).

[5] 당사자가 사망하였으나 그를 위한 소송대리인이 있어 소송절차가 중단되지 않는 경우에 비록 상속인으로 당사

의 이름으로 판결이 선고된 경우, 대리권의 흠결을 이유로 상소나 재심에 의하여 취소를 구할 수는 없으며 소송승계인을 당사자로 하는 판결경정을 하면 된다.[1]

소송대리인이 있더라도 심급대리의 원칙상 그 심급의 판결정본이 소송대리인에게 송달되면 소송절차는 중단된다.[2] 이 경우 상소는 소송수계절차를 밟은 다음에 제기하는 것이 원칙이나, 판례는 상소심에서 소송수계절차를 밟을 수 있고, 그러면 그 절차상의 하자가 치유되어 그 수계와 상소는 적법한 것이 된다고 한다.[3] 만일 소송대리인에게 상소제기에 관한 특별한 권한이 수여되어 있으면 판결정본이 송달되어도 소송절차가 중단되지 않으며,[4] 이 경우에는 상소를 제기한 때에 소송절차가 중단되므로 상소심에서 소송수계절차를 밟아야 소송중단이 해소된다.[5]

### (3) 중단의 해소

소송절차의 중단은 당사자가 수계신청을 하거나 법원의 속행명령에 의하여 해소되고, 소송절차의 진행이 재개된다.

---

자의 표시를 정정하지 아니한 채 망인을 그대로 당사자로 표시하여 판결하였다고 하더라도 그 판결의 효력은 망인의 소송상 지위를 당연승계한 상속인들 모두에게 미치는 것이므로, 망인의 공동상속인 중 소송수계절차를 밟은 일부만을 당사자로 표시한 판결 역시 수계하지 아니한 나머지 공동상속인들에게도 그 효력이 미친다(대법원 2010. 12. 23. 선고 2007다22859 판결).

1) 소송대리인이 선임되어 있는 경우에는 제95조에 의하여 그 소송대리권은 당사자인 법인의 합병에 의한 소멸로 인하여 소멸되지 않고 그 대리인은 새로운 소송수행권자로부터 종전과 같은 내용의 위임을 받은 것과 같은 대리권을 가지는 것으로 볼 수 있으므로, 법원으로서는 당사자의 변경을 간과하여 판결에 구 당사자를 표시하여 선고한 때에는 소송수계인을 당사자로 경정하면 될 뿐이고 구 당사자 명의로 선고된 판결을 대리권 흠결을 이유로 상소 또는 재심에 의하여 취소할 수는 없다(대법원 2002. 9. 24. 선고 2000다49374 판결).

2) 당사자가 사망하였으나 그를 위한 소송대리인이 있는 경우에는 소송절차가 중단되지 아니하고, 그 소송대리인은 상속인들 전원을 위하여 소송을 수행하게 되어 그 사건의 판결은 상속인들 전원에 대하여 효력이 있다고 할 것이며, 다만 심급대리의 원칙상 그 판결정본이 소송대리인에게 송달된 때에는 소송절차가 중단된다(대법원 1996. 2. 9. 선고 94다61649 판결).

3) 소송절차가 중단된 상태에서 제기된 상소는 부적법한 것이지만, 상소심법원에 수계신청을 하여 그 하자를 치유시킬 수 있다(대법원 2016. 4. 29. 선고 2014다210449 판결).

4) 망인의 소송대리인에게 상소제기에 관한 특별수권이 부여되어 있는 경우에는, 그에게 판결이 송달되더라도 소송절차가 중단되지 아니하고 상소기간은 진행하는 것이므로 상소제기 없이 상소기간이 지나가면 그 판결은 확정되는 것이지만, 한편 망인의 소송대리인이나 상속인 또는 상대방 당사자에 의하여 적법하게 상소가 제기되면 그 판결이 확정되지 않는 것 또한 당연하다(대법원 2010. 12. 23. 선고 2007다22859 판결).

5) 당사자가 사망하였으나 소송대리인이 있는 경우에는 소송절차가 중단되지 아니하고, 소송대리인은 상속인들 전원을 위하여 소송을 수행하게 되며, 판결은 상속인들 전원에 대하여 효력이 있다. 이 경우 심급대리의 원칙상 판결정본이 소송대리인에게 송달되면 소송절차가 중단되므로 항소는 소송수계절차를 밟은 다음에 제기하는 것이 원칙이다. 다만 제1심 소송대리인이 상소제기에 관한 특별수권이 있어 상소를 제기하였다면 상소제기시부터 소송절차가 중단되므로 항소심에서 소송수계절차를 거치면 된다(대법원 2016. 4. 29. 선고 2014다210449 판결).

## 1) 수계신청

① **수계신청권자:** 수계신청은 중단사유가 있는 당사자의 소송수계인 뿐만 아니라 상대방 당사자도 할 수 있다(제241조). 소송수계인은 각 중단사유마다 법정되어 있다. 예를 들어, 당사자가 사망한 경우에는 상속인, 상속재산관리인, 포괄적 수증자 등이 소송절차를 수계하고(제233조 제1항), 당사자인 법인이 합병에 의하여 소멸된 경우에는 합병에 의하여 설립된 법인 또는 합병한 뒤의 존속법인이 소송절차를 수계하며(제234조), 소송능력의 상실 또는 법정대리권의 소멸의 경우에는 능력을 회복한 본인 또는 새로운 법정대리인이 소송절차를 수계한다(제235조). 법인의 대표자에 대한 직무집행정지가처분이 있는 경우에는 그 직무대행자가 소송수계인이 된다.

당사자 사망의 경우 공동상속재산은 상속인들의 공유이므로 필수적 공동소송관계가 아니어서 반드시 상속인 전원이 공동으로 수계하여야 하는 것은 아니며 개별적으로 수계하여도 무방하다. 수계하지 않은 상속인에 대한 소송은 중단된 채로 피상속인이 사망한 당시의 심급법원에 계속되어 있게 된다.[1] 따라서 제1심 소송 계속 중에 당사자가 사망하였으나 그 공동상속인 중 일부만이 소송수계를 하여 판결이 선고되고 항소한 경우에는 수계하지 않은 상속인에 대한 소송은 중단된 채 제1심 법원에 계속되어 있으므로 항소심이 아닌 제1심 법원에 소송수계신청을 하여야 한다.[2] 다만, 판례는 제1심 소송 계속 중에 사망한 피상속인에게 소송대리인이 있고, 그에게 상소제기의 특별한 권한이 수여되어 있는 경우에는 소송대리인이 항소를 제기하면 그 항소제기의 효력은 수계하지 않은 상속인을 포함한 모든 공동상속인들에게 미치고, 항소제기 이후 소송대리인의 소송대리권이 소멸함에 따라 소송절차가 중단되므로 항소심에서 소송수계신청을 하여야 한다고 한다.[3]

---

1) 소송계속 중 당사자인 피상속인이 사망한 경우 공동상속재산은 상속인들의 공유이므로 소송의 목적이 공동상속인들 전원에게 합일확정되어야 할 필요적공동소송관계라고 인정되지 아니하는 이상 반드시 공동상속인 전원이 공동으로 수계하여야 하는 것은 아니며, 수계되지 아니한 상속인들에 대한 소송은 중단된 상태로 그대로 피상속인이 사망한 당시의 심급법원에 계속되어 있다(대법원 1993. 2. 12. 선고 92다29801 판결).

2) 제1심에서 원고가 소송계속 중 사망하였고 그의 소송대리인도 없었는데 그 공동상속인들 중 1인인 제1심 공동원고 ○○○만이 수계하여 심리가 진행된 끝에 제1심법원은 ○○○만을 소송수계인으로 하여 판결을 선고한 경우, 만일 종전 원고를 수계할 다른 사람이 있음에도 수계절차를 밟지 않았다면 그에 대한 관계에서는 그 소송은 중단된 채로 제1심법원에 계속되어 있다고 보아야 한다. 이 경우 원고승계참가인이 종전 원고로부터 포괄유증을 받았다 하여 수계하려면 제1심법원에 수계신청을 하여야 하고, ○○○의 항소로 인한 항소사건이 계속된 항소심법원에 수계신청을 할 수는 없다(대법원 1994. 11. 4. 선고 93다31993 판결).

3) 제1심 소송계속 중 원고가 사망하자 공동상속인 중 ○○○만이 수계절차를 밟았을 뿐 나머지 공동상속인들은 수계신청을 하지 아니하여 ○○○만을 망인의 소송수계인으로 표시하여 원고패소판결을 선고한 제1심판결에 대하여 상소제기의 특별수권을 부여받은 망인의 소송대리인이 항소인을 제1심판결문의 원고 기재와 같이 '망인의 소송수계인 ○○○'으로 기재하여 항소를 제기하였고, 항소심 소송계속 중에 망인의 나머지 공동상속인들이

② **수계신청할 법원**: 수계신청은 중단 당시 소송이 계속된 법원에 하여야 한다. 종국판결이 송달된 뒤에 수계신청을 원심법원에서 해야 하는지 아니면 상소심법원에서도 할 수 있는지 논의가 있다. 상소장의 원법원제출주의(제397조 제1항, 제425조)와 제243조 제2항[1]을 근거로 이 경우 수계신청은 원심법원에서 하여야 한다는 견해가 있으나,[2] 판례는 상소심법원에서도 수계신청을 할 수 있다고 한다.[3] 원칙적으로 원심법원에 수계신청을 하여야 할 것이나, 소송경제에 비추어 상소를 제기한 후 상소심법원에서 수계신청을 할 수 있고, 그러면 그 하자가 치유되어 상소와 수계가 적법한 것이 된다고 이해함이 타당하다.

③ **수계신청절차**: 수계신청은 서면으로 하여야 한다(민사소송규칙 제60조 제1항). 신청서에는 소송절차의 중단사유와 수계할 사람의 자격을 소명하는 자료를 첨부하여야 한다(동규칙 동조 제2항). 수계신청인지 여부는 명칭에 구애됨이 없이 실질적으로 판단하여야 한다. 예를 들어, 당사자표시정정신청을 하였으나 소송수계의 취지가 포함되어 있다면 소송수계신청으로 볼 것이다.[4]

---

소송수계신청을 한 사안에서, 수계적격자인 망인의 공동상속인들 전원이 아니라 제1심에서 실제로 수계절차를 밟은 ○○○만을 원고로 표시한 제1심판결의 효력은 그 당사자 표시의 잘못에도 불구하고 당연승계에 따른 수계적격자인 망인의 상속인들 모두에게 미치는 것인데, 위와 같은 제1심판결의 잘못된 당사자 표시를 신뢰한 망인의 소송대리인이 판결에 표시된 소송수계인을 그대로 항소인으로 표시하여 그 판결에 전부 불복하는 위 항소를 제기한 이상, 그 항소 역시 소송수계인으로 표시되지 아니한 나머지 상속인들 모두에게 효력이 미치는 위 제1심판결 전부에 대하여 제기된 것으로 보아야 할 것이므로, 위 항소로 인하여 제1심판결 전부에 대하여 확정이 차단되고 항소심절차가 개시되었으며, 다만 제1심에서 이미 수계한 ○○○외에 망인의 나머지 상속인들 모두의 청구부분과 관련하여서는 항소제기 이후 소송대리인의 소송대리권이 소멸함에 따라 제233조에 의하여 그 소송절차는 중단된 상태에 있다고 보아야 할 것이고, 따라서 원심으로서는 망인의 정당한 나머지 공동상속인들의 위 소송수계신청을 받아들여 그 부분 청구에 대하여도 심리·판단하였어야 함에도 나머지 공동상속인들이 망인의 당사자 지위를 당연승계한 부분의 제1심판결이 이미 확정된 것으로 오인하여 원심이 위 소송수계신청을 기각한 것은 잘못이라고 할 것이다(대법원 2010. 12. 23. 선고 2007다22859 판결).

1) 재판이 송달된 뒤에 중단된 소송절차의 수계에 대하여는 그 재판을 한 법원이 결정하여야 한다(제243조 제2항).
2) 이시윤, 452면.
3) 소송계속 중 어느 일방 당사자의 사망에 의한 소송절차 중단을 간과하고 변론이 종결되어 판결이 선고된 경우 대리권흠결을 이유로 상소 또는 재심에 의하여 그 취소를 구할 수 있을 뿐이므로, 판결이 선고된 후 적법한 상속인들이 수계신청을 하여 판결을 송달받아 상고하거나 또는 사실상 송달을 받아 상고장을 제출하고 상고심에서 수계절차를 밟은 경우에도 그 수계와 상고는 적법한 것이라고 보아야 한다(대법원 2003. 11. 14. 선고 2003다34038 판결); 소송절차의 중단 중에 제기된 상소는 부적법한 것이지만, 상소심법원에 수계신청을 하여 그 하자를 치유시킬 수 있다(대법원 1996. 2. 9. 선고 94다61649 판결).
4) 소송절차가 중단 중에 있을 때 제기된 상소는 원칙적으로 부적법한 것이라고 하겠지만, 이러한 경우에도 상소심법원에 수계신청을 하여 그 하자를 치유시킬 수 있다고 할 것인 바, 이 상고가 제기된 이후 서울민사지방법원의 결정에 의하여 변호사 ○○○이 원고 법인의 대표자인 이사장 직무대행자로 선임되고 그에 의하여 이 법원에서 중단된 이 사건 소송절차의 수계가 이루어졌으므로(당사자표시변경으로 표시하여 신청되었으나 소송수계신청의 취지로 보아야 할 것이다), 이 상고 소송절차는 과거에 소급하여 유효로 되었다고 할 것이다(대법원 1980. 10. 14. 선고 80다623,624 판결).

수계신청기간에는 제한이 없으나, 당사자의 사망의 경우 상속인은 상속포기기간 내에는 수계신청을 하지 못한다(제233조 제2항). 그러나 상속포기기간 중에 한 소송수계신청을 받아들여 소송절차를 진행하였더라도 그 후 상속의 포기 없이 그 기간을 경과한 때에는 그 하자가 치유된다.[1] 가류 또는 나류 가사소송사건에서 원고가 사망 등의 사유(소송능력상실은 제외한다)로 소송절차를 계속 진행할 수 없게 된 경우에는 다른 제소권자가 소송절차를 승계할 수 있는데, 승계신청은 그 사유가 생긴 때부터 6개월 이내에 하여야 하고, 그 기간 내에 승계신청이 없으면 소가 취하된 것으로 본다(가사소송법 제16조).

④ 수계신청에 대한 재판: 수계신청이 있으면 법원은 이를 상대방에게 통지하여야 한다(제242조). 상대방에 대한 관계에서는 통지한 때에 중단이 해소되고, 수계신청인과의 관계에서는 신청과 동시에 중단이 해소된다.[2] 수계신청이 있으면 법원은 그 적법 여부 및 이유의 유무를 직권으로 조사한다. 조사 결과 수계신청이 이유 없으면 결정으로 기각한다(제243조 제1항). 이 기각결정에 대하여는 통상항고를 할 수 있다(제439조). 수계신청이 이유 있으면 별도의 재판을 할 필요 없이 그대로 소송을 진행시키면 된다.[3] 소송수계신청이 인용된 후에 참칭수계인임이 밝혀진 경우에는 판결 선고 전이면 수계재판을 취소하고 수계신청을 각하하여야 한다. 그러나 법원이 이를 간과하여 본안판결을 한 경우에는 진정한 수계인에 대한 관계에서는 소송절차는 중단된 상태에 있지만 참칭수계인에 대한 관계에서는 판결이 확정되었다면 기판력이 인정된다.[4]

## 2) 속행명령

법원은 당사자가 소송절차를 수계하지 않는 경우에 직권으로 소송절차를 계속하여 진행하

---

1) 상속포기기간 중에 한 소송수계신청을 받아들여 소송절차를 진행한 하자가 있다고 하더라도 그 후 상속의 포기 없이 상속개시 있음을 안 날로부터 3월을 경과한 때에는 그 전까지의 소송행위에 관한 하자는 치유된다(대법원 1995. 6. 16. 선고 95다5905,5912 판결).

2) 김홍엽, 543면.

3) 소송수계신청의 적법여부는 법원의 직권조사사항으로서 조사결과 수계가 이유없다고 인정한 경우에는 이를 기각하여야 하나, 이유있을 때에는 별도의 재판을 할 필요없이 그대로 소송절차를 진행할 수 있는 것이다(대법원 1984. 6. 12. 선고 83다카1409 판결).

4) 당사자의 사망으로 소송이 중단되어 수계신청이 있을 때에 신청인에게 수계자격이 없는 경우는 위 신청을 각하하여야 하고 일단 이유있다고 하여 소송절차를 진행시킨 경우에도 그 후에 자격없음이 판명된 때에는 수계재판을 취소하고 수계신청을 각하하여야 할 것인바, 위 확정판결 법원은 참칭수계인에 대하여 본안에 관한 실체판결을 하고 말았으니 위 사건은 진정한 수계인에 대한 관계에 있어서는 소송은 아직도 중단상태에 있다고 볼 것이나 위 참칭수계인에 대한 판결은 그것이 확정된 이상 재심(제451조 제1항 제3호)에 의하여 변경될 때까지는 원심으로서는 위 확정판결의 기판력의 효과로 그 내용과 상위하는 판단을 할 수 없다(대법원 1981. 3. 10. 선고 80다1895 판결).

도록 명하는 속행명령을 할 수 있다(제244조). 속행명령은 중단 당시 소송이 계속된 법원이 발하고, 속행명령이 당사자에게 송달되면 중단은 해소된다. 속행명령은 중간적 재판이므로 독립하여 불복할 수 없다.[1]

## 3. 소송절차의 중지

### (1) 당연중지

천재지변, 그 밖의 사고로 법원이 직무를 수행할 수 없을 경우에 소송절차는 그 사고가 소멸될 때까지 중지된다(제245조). 이 경우 중지는 법률상 당연히 발생하고, 직무수행불능의 상태가 소멸하면 중지도 해소된다.

### (2) 재판중지

당사자가 일정하지 않은 기간 동안 소송행위를 할 수 없는 장애사유가 생긴 경우에는 법원은 결정으로 소송절차를 중지하도록 명할 수 있다(제246조 제1항). 이 경우 중지는 법원의 결정에 의하여 발생하고, 그 취소결정에 의하여 해소된다(동조 제2항).

### (3) 기타

법원이 법률의 위헌 여부 심판을 헌법재판소에 제청한 때에는 당해 소송사건의 재판은 헌법재판소의 위헌 여부의 결정이 있을 때까지 정지되고(헌법재판소법 제42조 제1항), 소송사건이 조정에 회부된 때에는 그 절차가 종료될 때까지 소송절차는 중지된다(민사조정규칙 제4조 제2항). 이는 당연중지에 해당된다. 한편 법원은 회생절차개시의 신청이 있는 경우 필요하다고 인정하는 때에는 이해관계인의 신청에 의하거나 직권으로 회생절차개시신청에 대한 결정이 있을 때까지 채무자의 재산에 관한 소송절차의 중지를 명할 수 있다(채무자 회생 및 파산에 관한 법률 제44조 제1항 제3호). 이는 법원의 재량에 의한 재판중지에 해당된다.

---

1) 김홍엽, 544면; 이시윤, 453면; 한충수, 401면.

## 4. 소송절차정지의 효과

### (1) 소송행위의 효력

소송절차의 정지 중에는 판결의 선고를 제외하고는 일체의 소송행위를 할 수 없다(제247조 제1항). 정지 중에 당사자 또는 법원이 한 소송행위는 원칙적으로 무효이다. 그러나 당사자가 한 소송행위에 대하여는 그 상대방이, 법원이 한 소송행위에 대하여는 당사자가 아무런 이의를 제기하지 않으면 이의권의 포기·상실로 하자가 치유된다.

소송절차가 정지되었음에도 이를 간과한 채 변론을 종결하고 판결을 선고하면 위법하지만, 당연 무효의 판결은 아니다. 이 경우는 대리인에 의하여 적법하게 대리되지 않았던 것과 마찬가지로 보아 확정 전이면 상소(제424조 제1항 제4호), 확정 후이면 재심(제451조 제1항 제3호)에 의하여 그 취소를 구할 수 있을 뿐이다.[1] 소송수계인은 판결 선고 후에 수계신청을 하여 판결정본을 송달받아 상소를 제기할 수 있고, 사실상 판결정본을 송달받아 상소를 제기한 후에 상소심에서 수계신청을 할 수도 있다. 그러나 당사자가 판결 후 명시적 또는 묵시적으로 원심절차를 적법한 것으로 추인한 경우에는 이러한 상소사유 또는 재심사유는 소멸한다(제424조 제2항,[2] 제451조 제1항 제3호).[3]

소송계속 중에 당사자가 사망하였음에도 사망한 사람의 이름으로 판결이 선고된 경우 강제집행을 위하여 승계집행문을 부여받아야 하는지 아니면 판결의 경정에 의하면 되는지 논의가 있다. 판례는 소송대리인이 있어서 소송절차가 중단되지 않은 경우에는 소송수계인을 당사자로 판결을 경정하면 되지만,[4] 소송대리인이 없어 소송절차가 중단되었음에도 수계절차를 밟지 않은 경우에는 종전 당사자로 표시된 판결에 기하여 새로운 당사자를 위한 또는 새로운 당사자에 대한 강제집행을 하기 위해서는 승계집행문을 부여받아야 한다고 한다.[5] 소송대리인이 있는 경

---

1) 대법원 2002. 9. 24. 선고 2000다49374 판결; 1998. 5. 30. 자 98그7 결정.
2) 대리권의 흠결은 절대적 상고이유이지만, 당사자 또는 법정대리인이 추인한 경우에는 상고이유가 되지 않는다(제424조 제2항). 재심사유에 있어서도 마찬가지이다(제451조 제1항 제3호).
3) 소송계속 중 일방 당사자의 사망에 의한 소송절차 중단을 간과하고 변론이 종결되어 선고된 판결은 대리인에 의하여 적법하게 대리되지 않았던 경우와 마찬가지로 보아 대리권흠결을 이유로 상소 또는 재심에 의하여 그 취소를 구할 수 있을 뿐이므로, 판결이 선고된 후 적법한 상속인들이 수계신청을 하여 판결을 송달받아 상고하거나 또는 사실상 송달을 받아 상고장을 제출하고 상고심에서 수계절차를 밟은 경우에도 그 수계와 상고는 적법한 것이라고 보아야 하고, 제424조 제2항을 유추하여 볼 때 당사자가 판결 후 명시적 또는 묵시적으로 원심의 절차를 적법한 것으로 추인하면 위와 같은 상소사유 또는 재심사유는 소멸한다고 보아야 한다(대법원 2003. 11. 14. 선고 2003다34038 판결).
4) 대법원 2002. 9. 24. 선고 2000다49374 판결.
5) 소송계속 중 어느 일방 당사자의 사망에 의한 소송절차 중단을 간과하고 변론이 종결되어 판결이 선고된 경우

우에는 소송절차를 그대로 진행하여 종전 당사자의 이름으로 선고한 판결은 적법하고 그 효력이 소송수계인에게 미치므로 수계인을 당사자로 판결을 경정하면 되지만, 소송대리인이 없는 경우에는 무효의 판결은 아니지만 소송절차가 중단되었음에도 수계절차를 밟지 않은 위법한 판결이라는 점에서 판결의 경정에 의할 수는 없으며 소송수계인의 이름으로 강제집행을 하는 것은 판결에 표시된 당사자의 승계인이 강제집행을 하는 경우(민사집행법 제31조)[1]와 유사하므로 승계집행문을 받아 강제집행을 하여야 하는 것으로 이해함이 타당하다.[2]

### (2) 기간의 진행

소송절차의 중단 또는 중지는 기간의 진행을 정지시킨다. 이후 법원이 소송절차의 수계사실을 통지한 때 또는 소송절차를 다시 진행한 때부터 남은 기간이 아니라 전체 기간이 새로이 진행된다(제247조 제2항). 예를 들어, 지급명령이 송달된 후 이의신청기간 내에 회생절차개시결정 등 소송절차의 중단사유가 생긴 경우에는 이의신청기간의 진행이 정지되고,[3] 수계사실을 통지한 때에 남은 이의신청기간이 아니라 전체 이의신청기간이 새로이 진행된다.

---

에는 그 판결은 소송에 관여할 수 있는 적법한 수계인의 권한을 배제한 결과가 되는 절차상 위법은 있지만 그 판결이 당연 무효라 할 수는 없고, 이와 같이 사망한 자가 당사자로 표시된 판결에 기하여 사망자의 승계인을 위한 또는 사망자의 승계인에 대한 강제집행을 실시하기 위하여는 민사집행법 제31조를 준용하여 승계집행문을 부여함이 상당하다(대법원 1998. 5. 30. 자 98그7 결정).

1) 집행문은 판결에 표시된 채권자의 승계인을 위하여 내어 주거나 판결에 표시된 채무자의 승계인에 대한 집행을 위하여 내어 줄 수 있다. 다만, 그 승계가 법원에 명백한 사실이거나, 증명서로 승계를 증명한 때에 한한다(민사집행법 제31조).

2) 당사자는 집행문부여의 소(민사집행법 제33조), 집행문부여에 대한 이의의 소(동법 제465조) 등으로 다툴 수 있다.

3) 독촉절차는 금전, 그 밖에 대체물이나 유가증권의 일정한 수량의 지급을 목적으로 하는 청구에 대하여 채권자로 하여금 간이·신속하게 집행권원을 얻을 수 있도록 하기 위한 특별소송절차로서, 그 성질에 어긋나지 아니하는 범위에서 소에 관한 규정이 준용된다. 따라서 지급명령이 송달된 후 이의신청 기간 내에 회생절차개시결정 등과 같은 소송중단사유가 생긴 경우에는 제247조 제2항이 준용되어 이의신청기간의 진행이 정지된다(대법원 2012. 11. 15. 선고 2012다70012 판결).

제3편

# 03
# 증 거

---

## 제1절  증거의 의의

### Ⅰ. 증거의 필요성

재판은 구체적 사실을 확정하고 여기에 법규를 해석·적용하여 법적 결론을 도출하는 논리적인 판단 작업이므로, 법규의 존부·해석과 더불어 구체적 사실의 확정이 필요하다. 당사자 사이에 다툼이 없는 사실 또는 법관이 명확하게 인식하고 있는 현저한 사실은 그대로 판결의 기초로 할 수 있으나, 다툼이 있는 사실은 증거에 의하여 확정하여야 한다. 이와 같이 당사자 사이에 다툼이 있는 사실은 확정을 위하여 그 사실의 존부를 뒷받침할 증거를 필요로 한다.

### Ⅱ. 증거의 개념

#### 1. 증거방법, 증거자료, 증거원인

증거는 증거방법, 증거자료, 증거원인 등 여러 가지 의미로 사용된다. '증거방법'이란 법관이 그 오관(五官)의 작용에 의하여 조사할 수 있는 유형물을 말한다. 증인, 감정인, 당사자 본인은 인증(人證)이고, 문서, 검증물 그 밖의 증거는 물증(物證)이다. '증거자료'는 증거방법의 조사에 의하여 얻은 내용을 말한다. 증언, 감정결과, 문서의 기재내용, 검증결과, 당사자신문결과, 사진·녹음테이프 등의 조사결과, 조사촉탁결과 등이 그것이다.

'증거원인'은 법관의 심증형성의 원인이 된 자료나 상황을 말한다. 증거자료와 변론 전체의 취지가 여기에 해당된다. 변론 전체의 취지란 증거조사의 결과 얻은 증거자료 이외에 변론에 나타난 일체의 자료나 상황을 말한다. 변론 전체의 취지는 그 의미가 애매하고 객관화하기 어렵다는 점에서 독립적인 증거원인은 될 수 없으며 다른 증거자료와 함께 보충적인 증거원인이 되는데 그친다.


## 2. 증거능력과 증거력

'증거능력'이란 유형물이 증거방법으로서 증거조사의 대상이 될 자격을 말한다. 민사소송에서는 형사소송에서와는 달리 원칙적으로 증거능력의 제한이 없다. 그리하여 소송 제기 이후 그 소송에 사용하기 위하여 작성된 문서,[1] 전문증거,[2] 미확정판결서[3]도 증거능력이 있다. 그러나 법률상 예외적으로 증거능력이 제한되는 경우가 있다. 예를 들어, 법정대리인은 당사자신문의 대상이 될 뿐 증인능력이 없으며(제367조, 제372조), 기피당한 감정인은 감정인능력이 없다(제336조, 제337조). 또한 통신비밀보호법에서는 공개되지 않은 다른 사람 사이의 대화를 무단으로 녹음 또는 청취하여 얻은 내용에 대하여 증거능력을 부정하고 있다(통신비밀보호법 제14조, 제4조). 통신비밀보호법에 의하여 증거능력이 부정되는 것은 공개되지 않은 다른 사람들 사이의 대화를 무단으로 녹음한 경우이고, 상대방과 대화를 하면서 상대방의 동의 없이 녹음한 경우는 여기에 해당되지 않는다. 판례도 상대방과의 대화를 몰래 녹음한 녹음테이프의 증거능력을 인정하고 있다.[4]

---

1) 대법원 1992. 4. 14. 선고 91다24755 판결; 1966. 9. 27. 선고 66다1133 판결.
2) 증언의 내용이 백미를 대여하는 것을 직접 목격하였다는 것이 아니라 하여 그것으로서는 그 백미 대여사실을 인정할 수 없다고 하였음은 민사소송에 있어서의 전문증거의 증거력을 전적으로 부정하는 것으로서 위법이다(대법원 1967. 3. 21. 선고 67다67 판결).
3) 판결서 중에서 한 사실판단을 그 사실을 증명하기 위하여 이용하는 것을 불허하는 것이 아니어서 이를 이용하는 경우에는 판결서도 그 한도 내에서는 보고문서라 할 것이고, 판결이 확정되지 아니한 것이라고 하여 증거로 사용될 수 없다고는 할 수 없고 다만 그 신빙성이 문제될 수 있을 뿐이다(대법원 1995. 4. 28. 선고 94누11583 판결; 1992. 11. 10. 선고 92다22107 판결).
4) 자유심증주의를 채택하고 있는 우리 민사소송법하에서 상대방 부지 중 비밀리에 상대방과의 대화를 녹음하였다

이에 대하여 '증거력'은 요증사실의 인정에 기여하는 정도를 말한다. 증명력 또는 증거가치라고도 한다. 서증의 경우에는 문서의 진정성립을 의미하는 형식적 증거력과 문서 기재 내용의 진실성을 의미하는 실질적 증거력으로 구분된다. 이는 문서 그 자체가 아니라 문서의 기재 내용을 증거자료로 하는 서증의 특성에 기인한 것이다. 증거조사에 의하여 얻은 증거자료의 증거력은 법관이 논리와 경험의 법칙에 따라 자유롭게 판단한다(제202조). 이를 '자유심증주의'라고 한다.

## 3. 직접증거와 간접증거

주요사실의 존부를 직접 증명하는 증거를 '직접증거'라고 하고, 간접사실이나 보조사실을 증명하기 위한 증거를 '간접증거'라고 한다. 예를 들어, 교통사고의 현장을 목격한 증인이나 블랙박스 등의 현장영상물은 직접증거이고, 과실의 존재를 추인할 수 있는 음주운전의 사실을 증언해 줄 증인 또는 알리바이를 증명해 줄 증인 등은 간접증거에 해당된다.

## 4. 본증, 반증 및 반대사실의 증거

본증과 반증은 증명책임의 소재를 기준으로 한 분류이다. '증명책임'이란 소송상 어느 증명을 요하는 사실의 존부가 확정되지 않을 때에 당해 사실이 존재하지 않는 것으로 취급되어 법률판단을 받게 되는 당사자 일방의 위험 또는 불이익을 말한다. '본증'은 당사자가 자기에게 증명책임이 있는 사실을 증명하기 위하여 제출하는 증거이고, '반증'은 상대방이 증명책임을 지는 사실을 부정하기 위하여 제출하는 증거이다. 본증은 법관으로 하여금 요증사실의 존재에 대하여 확실하다고 확신을 갖게 할 정도에 이르러야 하나, 반증은 요증사실의 존재에 대하여 의문을 품게 하는 정도면 족하다.

'반대사실의 증거'는 법률상 추정된 사실을 깨뜨리기 위하여 그 추정을 다투는 사람이 제출하는 증거로서, 이는 반증이 아니고 본증이다. 추정에는 일반 경험칙을 적용하여 행하는 '사실상의 추정'과 법률의 규정에 의하여 행하는 '법률상 추정'이 있는데, 법률상 추정에서는 사실상 추정에서와는 달리 증명책임이 전환된다. 따라서 법률상 추정된 사실에 대하여는 그 추정을 다

---

는 이유만으로 그 녹음테이프가 증거능력이 없다고 단정할 수 없고, 그 채증 여부는 사실심법원의 재량에 속하는 것이다(대법원 2009. 9. 10. 선고 2009다37138,37145 판결; 1999. 5. 25. 선고 99다1789 판결).

투는 자에게 증명책임이 있다. 그리하여 사실상 추정은 반증으로 번복되지만, 법률상 추정은 반대사실의 증거가 있어야 번복된다.

## 5. 증명과 소명

증명과 소명은 법관의 심증정도를 기준으로 한 분류이다. 증명과 소명은 모두 본증이다. 즉자기에게 증명책임이 있는 사실을 증명하기 위하여 제출하는 증거이다. 다만, 법관의 심증형성의 정도가 다를 뿐이다. '증명'이란 법관이 요증사실의 존재에 대하여 고도(高度)의 개연성(蓋然性), 즉 십중팔구 틀림없다는 확신(確信)을 얻은 상태 또는 법관으로 하여금 그러한 확신을 얻게하기 위하여 증거를 제출하는 당사자의 노력을 말하고, '소명'은 증명에 비하여 저도(低度)의 개연성, 즉 법관이 일응 확실할 것이라는 추측을 얻은 상태 또는 그러한 상태에 이르도록 증거를 제출하는 당사자의 노력을 말한다.

소명은 법률에 특별한 규정이 있는 경우에 한하여 인정된다. 기피사유(제44조 제2항)나 보조참가이유(제73조 제1항) 등 절차상의 파생적 사항, 가압류(민사집행법 제279조 제2항)나 가처분(동법 제301조) 등 신속한 처리를 요하는 사항은 소명에 의하고 있다. 한편 소명에 있어서 증거방법은 즉시 조사할 수 있는 것에 한정된다(제299조 제1항). 예를 들어, 법정에 나와 있는 증인, 당사자가 소지하고 있는 문서 등이 여기에 해당된다. 그러나 즉시 조사할 수 있는 것이면 제한이 없으므로 증인신문이 어려운 경우에는 증인의 진술서를 서증으로 제출할 수 있고, 현장검증 대신에 현장사진을 제출할 수도 있다.[1] 그럼에도 적절한 증거방법이 없을 때에는 당사자 또는 법정대리인이 보증금을 공탁하거나 또는 자신의 주장이 진실하다는 것을 선서함으로써 소명에 갈음할 수 있다(제299조 제2항). 그러나 나중에 진술이 거짓임이 밝혀진 경우에는 보증금이 몰취되거나 또는 200만원 이하의 과태료의 제재를 받는다(제300조 및 제301조).

## 6. 엄격한 증명과 자유로운 증명

증거조사에 관한 법률규정의 준수 여부를 기준으로 엄격한 증명과 자유로운 증명으로 나눌수 있다. 법률에서 정한 증거방법에 대하여 법률이 정한 증거조사절차에 의하는 증명을 '엄격한증명'이라고 하고, 증거방법과 증거조사절차에 대하여 법률의 규정에서 해방되는 증명을 '자유

---

1) 강현중, 318면.

로운 증명'이라고 한다. 원칙적으로 엄격한 증명에 의하여야 하고, 자유로운 증명은 예외적으로 허용하여야 할 것이다. 변론이 전제되지 않는 결정절차나 상고심절차에서는 자유로운 증명이 허용된다. 직권조사사항에 대하여는 자유로운 증명이 허용된다는 것이 일반적인 견해이나, 직권조사사항 중 소송요건이나 상소요건은 실체법상 요건에 못지않게 중요한 사항이므로 엄격한 증명에 의하여야 할 것이고, 경험법칙이나 관습법의 인정, 외국법의 내용 등은 자유로운 증명에 의할 수 있을 것이다.[1] 판례는 섭외사건에 관하여 적용할 준거외국법,[2] 난민신청자가 제출한 외국의 공문서[3] 등에 대한 증명은 자유로운 증명으로 충분하다고 한다.

# 제2절 증명의 대상과 불요증사실

## I. 증명의 대상

사실이 증명의 대상이 되고 법규는 증명의 대상이 되지 않는다. 경험법칙은 원칙적으로는 증명의 대상이 아니지만, 예외적으로 증명의 대상이 되는 경우가 있다.

## 1. 사실

법규의 구성요건을 이루는 사실, 즉 주요사실이 증명의 대상이 됨은 물론이다. 그러나 주요사실을 증명하기 어려운 경우에는 주요사실을 간접적으로 추인하게 하는 간접사실도 증명의 대

---

1) 김홍엽, 556면; 한충수, 418면.
2) 섭외사건에 관하여 적용할 준거외국법의 내용을 증명하기 위한 증거방법과 절차에 관하여 우리나라의 민사소송법에 어떤 제한도 없으므로 자유로운 증명으로 충분하다고 할 것이다(대법원 1992. 7. 28. 선고 91다41897 판결).
3) 제356조 제1항에 따르면 문서의 작성 방식과 취지에 의하여 공무원이 직무상 작성한 것으로 인정한 때에는 진정한 공문서로 추정하고, 같은 조 제3항에 의하여 위 규정은 외국의 공공기관이 작성한 것으로 인정한 문서에도 준용되므로, 외국의 공문서라고 제출한 문서가 진정성립의 추정을 받기 위해서는 제출한 문서의 방식이 외관상 외국의 공공기관이 직무상 작성하는 방식에 합치되어야 하고, 문서의 취지로부터 외국의 공공기관이 직무상 작성한 것이라고 인정되어야 한다. 현실적으로 공문서의 진정성립을 증명할 만한 증거를 확보하기 곤란한 경우가 많은 난민신청자가 제출한 외국의 공문서의 경우, 반드시 엄격한 방법에 의하여 진정성립이 증명되어야 하는 것은 아니지만, 적어도 문서의 형식과 내용, 취득 경위 등 제반 사정에 비추어 객관적으로 외국의 공문서임을 인정할 만한 상당한 이유가 있어야 한다(대법원 2016. 3. 10. 선고 2013두14269 판결).

상이 되고, 증거능력이나 증거력과 관련된 사실인 보조사실, 예를 들어, 알리바이나 증인이 거짓말을 잘 한다는 사실 등도 증명의 대상이 될 수 있다. 주요사실은 법원에 현저하거나 상대방이 다투지 않는 경우를 제외하고는 언제나 증거에 의하여 인정하여야 하지만, 간접사실이나 보조사실은 상대방이 다투더라도 주요사실과 관계가 있는 경우에만 증거조사의 대상이 된다. 한편 다툼이 있는 사실이라고 하더라도 재판결과에 영향을 미치는 사실만이 증거조사의 대상이 된다. 주장 자체로 이유없는 사실, 예를 들어, 도박자금으로 금전을 대여하였다고 주장하는 경우의 금전대여사실 등은 증거조사를 할 필요 없이 배척하면 된다.[1]

## 2. 경험법칙

경험법칙이란 경험을 통하여 얻어지는 사물에 대한 지식이나 법칙을 말한다. 경험법칙은 사실에 대한 평가적 판단, 증거의 가치판단, 간접사실에 의한 주요사실의 추단에 이용된다. 경험법칙 가운데 일반 상식적인 경험법칙은 증명의 대상이 되지 않으며 법관이 직권으로 판단할 수 있으나, 특수한 전문적·학리적 경험법칙은 법관이 알기 어려우므로 증명을 필요로 한다. 증명의 대상이 되더라도 자유로운 증명으로 족하다. 경험법칙은 법규에 준할 것이므로 그 위반은 법률문제로 보아 판결에 영향을 미친 경우에는 상고이유가 된다고 할 것이다(제423조). 판례도 법령의 위반에서와 같이 경험법칙의 인정을 그르쳤거나 그 적용을 잘못하여 판결결과에 영향을 미쳤다면 상고이유가 된다고 한다.[2]

---

1) 김홍엽, 560면; 이시윤, 463면.
2) 임대차계약 공정증서로 임대기간을 1년으로 한 임대차계약을 체결하였다가 불과 3일만에 해약함과 같은 사실은 일반인으로 하여금 수긍할 수 있는 특별한 사정이 없다면 경험칙에 어긋나는 것이라고 단정하지 않을 수 없어 필경 원심은 이점 사실인정의 과정에 채증법칙을 위배한 위법이 있다고 할 것이다(대법원 1970. 10. 23. 선고 70누117 판결); 우리나라의 사회적, 경제적 구조와 생활여건이 급속하게 향상 발전됨에 따라 국민의 평균여명은 남자 63세, 여자 69세로 늘어났고, 기능직공무원 중 육체노동을 주된 업무내용으로 하는 철도원, 토목원, 건축원, 기계원 등의 정년도 법령상 만 58세로 연장되었으며, 또 국민연금법상 노동능력을 상실한 노령자에게 지급되는 노령연금의 지급대상연령도 갱내작업광부와 어로작업선원 등 특수한 경우를 제외하고 만 60세로 규정되기에 이르렀다. 이제 일반육체노동 또는 육체노동을 주된 내용으로 하는 생계활동의 가동연한이 만 55세라는 경험칙에 의한 추정은 더 이상 유지되기 어렵다고 하지 않을 수 없으며 오히려 일반적으로 만 55세를 넘어서도 가동할 수 있다고 보는 것이 경험칙에 합당하다고 할 것이므로, 위 망 박○○의 가동연한을 인정함에 있어서 채증법칙에 위반하여 판결에 영향을 미친 위법이 있다(대법원 1989. 12. 26. 선고 88다카16867 전원합의체 판결).

## 3. 법규

법규의 존부 확정이나 적용은 법원의 책무이므로 증명의 대상이 되지 않는다. 그러나 외국 법이나 관습법 등은 법관이 알지 못하는 경우에는 증명의 대상이 된다. 이 경우에 증명책임을 참작함이 없이 직권증거조사에 의할 것이지만,[1] 반드시 전문가의 감정이나 공공기관 등에 대한 조사촉탁에 의하여야 하는 것은 아니며,[2] 자유로운 증명에 의하여도 무방하다.[3] 다만, 외국법 에 대하여 직권조사를 다하여도 그 존부를 확정할 수 없는 경우에는 국내 법규를 적용할 수밖에 없고, 존부가 아니라 내용을 확인할 수 없는 경우에는 일반적인 법률해석기준인 조리에 의하여 재판하여야 할 것이다.[4]

# Ⅱ. 불요증사실

## 1. 의의

당사자 사이에 다툼이 없는 사실은 이에 반하는 법원의 사실인정권이 배제되는 결과로 증명의 대상이 되지 않고, 현저한 사실은 그 객관성에 비추어 증명을 요하지 않는다. 또한 법률상 추정을 받는 사실도 적극적 증명을 요하지 않고 판결의 기초가 된다는 점에서 증명을 요하지 않는 사실에 속한다고 할 수 있다. 따라서 불요증사실로는 당사자 사이에 다툼이 없는 사실, 현저한 사실, 법률상 추정을 받는 사실이 있다.

---

1) 법원은 법규의 적용을 직책으로 하는 것인 만큼 법규의 존재 여부에 관하여는 당사자의 입증을 기다릴 것이 아니라 직권으로 이를 탐지하여야 할 것이다. 다만 외국법규나 관습법 등은 그 법원이 분명하지 못하여 법원이 간과하는 수가 있을 것을 염려하여 당사자가 스스로 입증하여 그런 위협이나 불이익을 배제할 수는 있다. 그럼에도 원심이 외국인토지법령상 권리취득이 제한된 점에 대한 아무런 입증이 없다 하여 피고의 위 항변을 배척하였음은 입증책임에 관한 법리를 오해하였거나 심리를 다하지 아니한 위법이 있다(대법원 1981. 2. 10. 선고 80다 2189 판결).
2) 외국법은 법률이어서 법원이 권한으로 그 내용을 조사하여야 하고, 그 방법에 있어서 법원이 합리적이라고 판단하는 방법에 의하여 조사하면 충분하고, 반드시 감정인의 감정이나 전문가의 증언 또는 국내외 공무소, 학교 등에 감정을 촉탁하거나 사실조회를 하는 등의 방법만에 의하여야 할 필요는 없다(대법원 1990. 4. 10. 선고 89다 카20252 판결).
3) 섭외사건에 관하여 적용할 준거외국법의 내용을 증명하기 위한 증거방법과 절차에 관하여 우리 나라의 민사소 송법에 어떤 제한도 없으므로 자유로운 증명으로 충분하다(대법원 1992. 7. 28. 선고 91다41897 판결).
4) 이시윤, 465면.

## 2. 당사자 사이에 다툼이 없는 사실

### (1) 재판상 자백

재판상 자백이란 변론 또는 변론준비기일에서 한 상대방의 주장과 일치하고 자기에게 불리한 사실의 진술을 말한다. 자백이 성립하면, 법원은 자백에 반하는 사실인정을 할 수 없고, 자백한 당사자는 임의로 자백을 취소할 수 없다. 이러한 자백의 구속력은 변론주의에 의하는 소송절차에서만 인정되고, 직권탐지주의에 의하는 소송절차나 직권조사사항 등에 대하여는 인정되지 않는다. 예를 들어, 재심사유의 존부에 대하여는 직권탐지주의가 적용되고,[1] 법인 등 단체가 당사자인 사건에서 대표권의 존부,[2] 소송대리권의 존부,[3] 채권자대위소송에서 피보전채권의 존부[4] 등은 소송요건으로서 직권조사사항이므로, 이에 대하여는 재판상 자백이 성립할 수 없다.

### 1) 요건

① **자백의 대상적격**: 자백은 '구체적 사실'을 대상으로 하여야 한다. 자백은 사실상 진술에 대하여 성립하고, 법률상 진술은 자백의 대상이 되지 않는다. 법률상 진술에 대한 자백을 '권리자백'이라고 하는데, 자백으로서의 구속력이 인정되지 않는다.[5] 즉, 권리자백은 법원을 구속하지 않으며, 상대방의 동의 없이 자유로이 철회할 수 있다. 법규의 존부나 그 해석은 법원의 전권사항이기 때문이다. 판례는 이행불능, 유언, 혼인 외의 자(子), 법정변제충당순서의 지정, 월급으로 정한 통상임금을 시간급으로 산정하는 방법 등에 관한 당사자의 주장은 자백의 대상이 되는 사실에 관한 진술이라고 볼 수 없으나,[6] 일실이익

---

1) 재심사유의 존부에 관하여는 당사자의 처분권을 인정할 수 없고, 재심법원은 직권으로 당사자가 주장하는 재심사유 해당사실의 존부에 관한 자료를 탐지하여 판단할 필요가 있으므로, 재심사유에 대하여는 당사자의 자백이 허용되지 아니하며 의제자백에 관한 민사소송법의 규정이 적용되지 아니한다(대법원 1992. 7. 24. 선고 91다45691 판결).

2) 대법원 2002. 5. 14. 선고 2000다42908 판결.

3) 대법원 1999. 2. 24. 선고 97다38930 판결.

4) 대법원 2009. 4. 23. 선고 2009다3234 판결.

5) 자백의 대상은 사실이고, 이러한 사실에 대한 법적 판단 내지 평가는 자백의 대상이 되지 아니하는 것이다(대법원 2000. 12. 22. 선고 2000후1542 판결).

6) 이행불능에 관한 주장은 법률적 효과에 관한 진술을 한 것에 불과하고 사실에 관한 진술을 한 것이라고는 볼 수 없으므로 법원은 이에 구속되지 아니한다(대법원 2009. 4. 9. 선고 2008다93384 판결); 법률상 유언이 아닌 것을 유언이라고 시인하였다 하여 그것이 곧 유언이 될 수 없고 이와 같은 진술은 민사소송법상 자백이 될 수 없다(대법원 2001. 9. 14. 선고 2000다66430 판결); 원고가 법률상 혼인 외의 사람이 아닌 것을 혼인 외의 자라고 시인하였다 하여 망 ○○○의 혼인 외의 자로 될 수 없는 것이므로 원고의 위와 같은 주장은 이른바 권리

의 산정에 있어서 피해자의 사고 당시 수입, 피해자의 직업, 노동능력 상실비율, 후유장해등급 등은 자백의 대상이 된다고 한다.[1]

그러나 법률상 개념을 사용한 진술이 동시에 구체적인 사실관계의 표현으로서 사실상의 진술도 포함하는 경우에는 그 범위 내에서 자백이 성립한다.[2] 예를 들어, 매매, 임대차 등과 같이 널리 사용되고 있는 법률상 용어를 사용한 진술은 법률상 진술이지만 동시에 매매, 임대차를 구성하는 사실관계를 압축하여 표현하는 사실상의 진술에도 해당된다고 볼 수 있으므로, 진술자가 소송대리인과 같이 법률용어의 의미를 이해하는 사람이라면 재판상 자백으로서의 구속력이 인정될 수 있을 것이다.[3]

소송물의 전제가 되는 권리관계, 즉 선결적 법률관계 또는 법률효과를 인정하는 진술은 권리자백으로서 법원을 구속하지 않으며 당사자도 자유로이 철회할 수 있다.[4] 그러나 선결적 법률관계의 내용을 이루는 사실에 대한 진술은 자백이 된다. 예를 들어, 소유권에 기한 이전등기말소청구소송에서 원고의 소유권을 인정하는 피고의 진술,[5] 근로자

---

자백에 속하는 것이고, 이러한 권리자백이 있는 경우 법원은 소송상 인정되는 사실관계에 의하여 다른 판단을 할 수 있다(대법원 1981. 6. 9. 선고 79다62 판결); 변제충당의 순서를 지정하는 소송당사자의 주장은 자백의 대상이 되는 사실에 관한 진술이라 할 수 없다(대법원 1990. 11. 9. 선고 90다카7262 판결); 월급 금액으로 정한 통상임금을 시간급 금액으로 산정하는 방법에 관한 당사자의 주장은 자백의 대상이 되는 사실에 관한 진술이라 할 수 없다(대법원 2014. 8. 28. 선고 2013다74363 판결).

1) 타인의 불법행위로 인하여 피해자가 상해를 입게 되거나 사망하게 된 경우, 피해자가 입게 된 소극적 손해인 일실수입은 피해자의 사고 당시 수입을 기초로 하여 산정하게 되므로 피해자의 사고 당시 수입은 자백의 대상이 된다(대법원 1998. 5. 15. 선고 96다24668 판결); 원고가 본건 사고 당시에 해외취업 기능공인 콘크리트공이라는 진술은 그 직업을 기준하여 계수한 결과인 주요사실인 소극적 손해에 대한 재판상의 자백에 해당된다(대법원 1980. 3. 25. 선고 80다68 판결); 인신사고로 인한 손해배상청구사건에 있어서 노동능력상실률도 자백의 대상이 된다(대법원 1988. 4. 25. 선고 87다카2285 판결); 도시일용노동능력 상실비율도 자백의 대상이 된다(대법원 1982. 5. 25. 선고 80다2884 판결); 인신사고로 인한 손해배상청구사건에 있어 노동능력상실 비율이 자백의 대상이 된다는 점에 견주어 볼 때, 그에 상응하는 구 자동차손해배상보장법 시행령 소정의 후유장해등급 역시 자백의 대상이 된다고 봄이 상당하다(대법원 2006. 4. 27. 선고 2005다5485 판결).

2) 법률용어를 사용한 당사자의 진술이 동시에 구체적인 사실관계의 표현으로서 사실상의 진술도 포함하는 경우에는 그 범위 내에서 자백이 성립하는 것이라 할 것인바, 원고 소송대리인의 "본건 토지가 법률 제2848호 토지구획정리사업법부칙 제2항 해당 토지(공공의 용에 사실상 공하고 있는 사유지)인 사실은 다툼이 없다."란 진술 중에는 위 토지가 공공에 공용되는 하천임을 전제로 하는 사실상의 진술도 포함된 것으로 보이므로 그 취지의 자백이 인정된다(대법원 1984. 5. 29. 선고 84다122 판결).

3) 김홍엽, 563면; 이시윤, 467면.

4) 소송물의 전제문제가 되는 권리관계나 법률효과를 인정하는 진술은 권리자백으로서 법원을 기속하는 것도 아니며, 상대방의 동의 없이 자유로이 철회할 수 있다 할 것이므로 피고가 이건 매매계약의 법률효과에 대하여 자백하였다 할지라도 이미 철회된 이상 계약해제의 효과가 생긴 것이라고 할 수 없다(대법원 1982. 4. 27. 선고 80다851 판결).

5) 소유권에 기한 이전등기말소청구소송에 있어서 피고가 원고 주장의 소유권을 인정하는 진술은 그 소 전제가 되는 소유권의 내용을 이루는 사실에 대한 진술로 볼 수 있으므로 이는 재판상 자백이다(대법원 1989. 5. 9. 선고 87다카749 판결).

지위확인을 구하는 소송에서 피고 법인의 근로자의 지위에 있었다는 원고의 주장을 인정하는 피고의 진술[1] 등은 선결적 법률관계의 내용을 이루는 사실에 관한 진술로서 재판상 자백이 성립한다. 다만, 이는 법적 추론의 결과에 대하여 의문의 여지가 없는 단순한 법개념에 대한 자백의 경우에 한하여 인정되는 것이고, 법적 추론의 결과에 대하여 다툼이 있을 경우에는 권리자백으로서 법원을 구속할 수 없다. 예를 들어, 원고 주장의 소유권을 인정하는 피고의 진술이 잘못된 법적 추론의 결과로 인한 것으로 다툼이 여지가 있는 경우에는 재판상 자백이 성립하지 않는다.[2]

한편 자백의 대상은 '주요사실'에 한정되고, 간접사실이나 보조사실에는 자백이 성립하지 않는다. 변론주의는 주요사실에 대하여만 적용되고, 간접사실이나 보조사실에도 자백을 허용하면 법관의 자유심증을 지나치게 제약하기 때문이다. 다만, 판례는 문서의 진정성립에 관한 자백은 보조사실에 관한 것이지만 주요사실에 대한 자백과 동일하게 보아야 한다고 한다.[3]

② **자백의 내용**: 자백의 내용이 '자기에게 불리한 사실'이어야 한다. 자기에게 불리한 사실을 상대방이 증명책임을 부담하는 사실로 한정하는 견해(증명책임설)[4]가 있으나 비록 자

---

1) 근로자지위확인 등을 구하는 소송에 있어서 원심판결과 기록에 의하면, 원고들은 피고 법인의 근로자라고 주장하였는바, 피고 법인은 제1심 제1차 변론기일에서 원고들이 피고 법인의 근로자의 지위에 있었다는 점에 다툼이 없다고 진술하였으므로, 원고들이 임금을 목적으로 종속적인 관계에서 피고 법인에 근로를 제공하였다는 점에 대하여는 피고 법인의 재판상의 자백이 성립되었다고 보아야 할 것이다(대법원 2008. 3. 27. 선고 2007다87061 판결).

2) 소유권을 선결문제로 하는 소송에 있어서 피고가 원고 주장의 소유권을 인정하는 진술은 그 소전제가 되는 소유권의 내용을 이루는 사실에 대한 진술로 볼 수 있으므로 재판상 자백이라 할 것이나, 이는 사실에 대한 법적 추론의 결과에 대하여 의문의 여지가 없는 단순한 법개념에 대한 자백의 경우에 한하여 인정되는 것이고, 추론의 결과에 대한 다툼이 있을 수 있는 경우에는 이른바 권리의 자백으로서 법원이 이에 기속을 받을 이유는 없다. 원고가 소장에서 주장한 이 사건 건물이 원고의 소유라는 주장은 단순히 이 사건 건물의 소유권보존등기가 원고 명의로 되어 있으므로 원고의 소유라는 주장에 불과하고, 따라서 피고들이 답변서에서 자백한 소유권의 내용을 이루는 사실 역시 원고가 이 사건 건물의 등기부상 소유명의자라는 점에 그칠 뿐 소외인과 체결한 도급계약의 해석상 원고가 이 사건 건물의 소유자라는 점에 대한 자백까지 포함하는 것은 아니라고 할 것인바, 이 사건에서와 같이 시공업자의 건물의 원시취득이 문제되는 경우에는 위와 같은 법리가 당연히 적용되는 것은 아니며, 피고들이 궁극적으로 이 사건 건물의 소유권은 시공업자로서 원시취득자인 소외인에게 있다고 주장함으로써 그 소유권이 원고에게 있다는 원고의 주장에 대항하고 있으므로, 이 사건 건물의 소유권의 귀속에 관한 피고들의 자백은 이른바 권리의 자백으로서 법원이 이에 기속을 받을 이유는 없다(대법원 2007. 5. 11. 선고 2006다6836 판결).

3) 문서의 성립에 관한 자백은 보조사실에 관한 자백이기는 하나 그 취소에 관하여는 다른 간접사실에 관한 자백취소와는 달리 주요사실의 자백취소와 동일하게 처리하여야 할 것이므로 문서의 진정성립을 인정한 당사자는 자유롭게 이를 철회할 수 없다고 할 것이고, 이는 문서에 찍힌 인영의 진정함을 인정하였다가 나중에 이를 철회하는 경우에도 마찬가지이다(대법원 2001. 4. 24. 선고 2001다5654 판결).

4) 이시윤, 469면.

신에게 증명책임이 있더라도 그 사실을 바탕으로 판결이 나면 패소할 가능성이 있는 사실을 말한다고 할 것이다(패소가능성설). 판례도 자신이 증명책임을 부담하는 사항에 관하여 자신에게 불리한 진술을 하는 경우에도 자백이 성립된다고 한다.[1]

③ **자백의 모습**: 자백이 성립하려면 '상대방의 주장사실과 일치'하여야 한다. 상대방의 주장과 전부 일치하여야 하는 것은 아니며, 일부만 일치하는 경우에도 그 일치하는 부분의 한도에서 자백이 성립한다(제한부자백). 예를 들어, 금전을 대여하였다는 원고의 주장에 대하여 피고가 금전을 차용하였으나 변제하였다는 진술을 하는 경우에 금전대여부분에 대하여는 자백이 성립하고 변제부분은 항변이 된다.[2]

당사자 일방이 자기에게 불리한 사실을 먼저 진술한 경우(선행자백)에는 상대방이 원용할 때까지는 자백의 효력이 생기지 않으나, 상대방이 원용하거나 이와 일치되는 진술을 하게 되면, 자백이 성립되어 법원은 그 자백에 반하는 사실을 인정할 수 없고, 당사자도 그 자백을 철회할 수 없다.[3]

④ **자백의 형식**: 자백은 '변론기일이나 변론준비기일에 소송행위로서 진술'하여야 성립한다. 소송 외에서 상대방이나 제3자에게 자기에게 불리한 진술을 하거나 또는 다른 소송의 변론에서 자기에게 불리한 진술을 하였다고 하여도 자백으로서의 구속력이 없다. 또한 자백은 소송행위로서의 진술이기 때문에 소송자료가 되는 것이고, 당사자신문에서 상대방의 주장사실과 일치되는 진술을 하여도 이는 증거자료에 불과하고 자백으로 되지 않는다.[4]

## 2) 효과

① **사실인정권의 배제**: 자백이 성립하면 법원의 사실인정권이 배제된다. 법원은 자백한 사실이 진실인지 여부에 대하여 판단할 필요가 없으며, 비록 증거조사의 결과 자백과 반대

---

1) 원고들이 소유권확인을 구하고 있는 사건에서 원고들의 피상속인 명의로 소유권이전등기가 마쳐진 것이라는 점은 원래 원고들이 입증책임을 부담할 사항이지만 위 소유권이전등기를 마치지 않았다는 사실을 원고들 스스로 자인한 바 있고 이를 피고가 원용한 이상 이 점에 관하여는 자백이 성립한 결과가 되었다(대법원 1993. 9. 14. 선고 92다24899 판결).

2) 채무자가 특정한 채무의 변제조로 금원 등을 지급한 사실을 주장함에 대하여, 채권자가 이를 수령한 사실을 인정하고서 다만 타 채무의 변제에 충당하였다고 주장하는 경우에는, 채권자는 타 채권이 존재하는 사실과 타 채권에 대한 변제충당의 합의가 있었다거나 타 채권이 법정충당의 우선순위에 있다는 사실을 주장·증명하여야 한다(대법원 2014. 1. 23. 선고 2011다108095 판결).

3) 당사자가 변론에서 상대방이 주장하기도 전에 스스로 자신에게 불이익한 사실을 진술하는 경우, 상대방이 이를 명시적으로 원용하거나 그 진술과 일치되는 진술을 하게 되면 재판상 자백이 성립되는 것이어서, 법원도 그 자백에 구속되어 그 자백에 저촉되는 사실을 인정할 수 없다(대법원 2005. 11. 25. 선고 2002다59528 판결). 그러나 상대방이 원용하기 전에는 언제든지 그 진술을 철회할 수 있다(대법원 1993. 4. 13. 선고 92다56438 판결).

4) 이시윤, 470면 및 471면.

되는 심증을 얻었다고 하여도 자백에 반하는 사실을 인정할 수 없다. 물론 현저한 사실 또는 경험칙에 반하는 자백은 구속력이 인정되지 않는다.[1]

② 취소의 제한: 자백이 성립하면 자백한 당사자는 임의로 자백을 취소할 수 없다. 다만, 상대방의 동의가 있는 경우, 자백이 진실에 반하고 착오로 인한 것임을 증명한 경우(제288조 단서)에는 예외적으로 취소가 가능하다. 자백의 취소는 종전의 자백과 배치되는 사실을 주장함으로써 묵시적으로도 할 수 있다.[2] 따라서 자백을 한 당사자가 자백의 내용에 반하는 주장을 하고, 이에 대하여 상대방이 이의를 제기함이 없이 그 주장 내용을 인정하였다면 종전의 자백은 취소되고 새로운 자백이 성립한 것으로 보아야 할 것이다.[3] 그러나 자백을 취소하였음에도 상대방이 아무런 이의를 제기하고 있지 않다는 점만으로 자백의 취소에 동의한 것으로 볼 수는 없다.[4] 자백을 취소하려는 당사자는 그 자백이 진실에 반한다는 점과 착오로 인한 것임을 함께 증명하여야 하고, 진실에 반한다는 점이 증명되었다고 하여 착오로 인한 자백으로 추정되지 않는다.[5] 그러나 착오로 인한 것이라는 점은 변론 전체의 취지에 의하여 인정할 수 있다.[6] 그런데 법률심인 상고심에서는 자백이 진실에 반하고 착오로 인한 것임이 증명되었더라도 원심에서 한 자백을 취소할 수 없다.[7]

그 밖에 자백이 실효 내지 무효가 되는 경우가 있다. 원고의 청구원인사실에 대한 자백이 성립한 후 청구의 교환적 변경으로 청구원인사실이 소멸된 경우에는 피고의 자백은 대상이 없어짐으로써 실효되고,[8] 소송대리인의 자백을 본인이 경정권(제94조)을 행사

---

1) 대법원 1959. 7. 30. 선고 4291민상551 판결.
2) 재판상 자백의 취소는 반드시 명시적으로 하여야만 하는 것은 아니고 종전의 자백과 배치되는 사실을 주장함으로써 묵시적으로도 할 수 있는 것이다(대법원 1994. 9. 27. 선고 94다22897 판결).
3) 자백은 사적 자치의 원칙에 따라 당사자의 처분이 허용되는 사항에 관하여 그 효력이 발생하는 것이므로 일단 자백이 성립되었다고 하여도 그 후 그 자백을 한 당사자가 종전의 자백과 배치되는 내용의 주장을 하고 이에 대하여 상대방이 이의를 제기함이 없이 그 주장내용을 인정한 때에는 종전의 자백은 취소되고 새로운 자백이 성립된 것으로 보아야 한다(대법원 1990. 11. 27. 선고 90다카20548 판결).
4) 일단 자백이 성립되었다고 하여도 그 후 그 자백을 한 당사자가 위 자백을 취소하고 이에 대하여 상대방이 이의를 제기함이 없이 동의하면 자백의 취소를 인정하여야 할 것이나, 상대방이 아무런 이의를 제기하고 있지 않다는 점만으로 그 취소에 동의하였다고 볼 수는 없다(대법원 1994. 9. 27. 선고 94다22897 판결).
5) 자백을 취소하는 당사자는 그 자백이 진실에 반한다는 것 외에 착오에 의한 것임을 아울러 증명하여야 하고, 진실에 반하는 것임이 증명되었다고 하여 착오에 인한 자백으로 추정되지는 아니한다(대법원 1994. 9. 27. 선고 94다22897 판결).
6) 증거에 의하여 자백이 진실에 부합되지 않는 사실이 증명되고, 변론의 전 취지에 의하여 그 자백이 착오로 인한 것으로 인정되는 경우에는 법원은 자백의 취소를 허용하여야 한다(대법원 2001. 4. 13. 선고 2001다6367 판결).
7) 법률심인 상고심에 이르러 원심에 행한 위 자백을 취소하거나 새로운 주장을 할 수 없다(대법원 1998. 1. 23. 선고 97다38305 판결).
8) 피고가 제1심에서 대상 토지의 소유권 일부 이전등기가 아무런 원인 없이 이루어졌다는 원고의 주장사실을 인정함으로써 자백이 성립된 후 원고가 그 등기가 원인 없이 이루어졌다는 기존의 주장사실에 배치되는 명의신탁

하여 경정하면 그 자백은 무효가 된다. 자백이 제3자의 형사상 처벌받을 행위에 의하여 이루어진 경우(제451조 제1항 제5호)에도 유죄판결이 확정되면 그 자백은 무효가 된다.

## (2) 자백간주

당사자가 스스로 자백하지 않았지만, 당사자의 태도로 보아 다툴 의사가 없다고 인정되는 경우에는 자백한 것으로 간주된다. 변론주의의 원칙상 당사자가 다툴 의사가 없는 태도를 보이는 경우에는 증거조사를 할 필요가 없기 때문이다. 따라서 자백간주는 변론주의에 의하는 절차에 한하여 인정되고, 직권탐지주의에 의하는 절차 또는 직권조사사항에 대하여는 자백간주가 인정되지 않는다. 판례는 행정소송에서도 원칙적으로 변론주의가 적용되므로 자백 또는 의제자백이 인정되지만,[1] 집행절차상 즉시항고재판에는 직권주의가 강화[2]되어 있으므로 민사집행법상 경매개시결정에 대한 이의의 재판절차에는 자백이나 의제자백에 관한 규정이 준용되지 않는다고 한다.[3] 자백간주가 성립하는 경우와 그 효과는 다음과 같다.

### 1) 성립

① 상대방의 주장사실을 명백히 다투지 않은 경우: 당사자가 변론기일에 출석하여 상대방의 주장사실을 명백히 다투지 않으면 그 사실에 대하여 자백간주가 성립한다(제150조). 다만, 변론 전체의 취지로 보아 다툰 것으로 인정된 경우에는 예외이다. 다투었는지 여부는 사실심 변론종결 당시의 상태에서 당사자의 변론을 일체로 하여 종합적으로 판단하

---

사실을 주장하면서 청구취지 및 청구원인을 명의신탁해지를 원인으로 하는 소유권이전등기를 구하는 것으로 교환적으로 변경함으로써 원래의 주장사실을 철회한 경우, 이미 성립되었던 피고의 자백도 그 대상이 없어짐으로써 소멸되었다고 할 것이고, 나아가 그 후 피고가 위 자백내용과 배치되는 주장을 함으로써 그 진술을 묵시적으로 철회하였다고 보여지는 경우에는 원고들이 이를 다시 원용할 수도 없게 되고, 원고들이 원래의 원인무효주장을 예비적 청구원인사실로 다시 추가하였다 하여 자백의 효력이 되살아난다고 볼 수도 없다(대법원 1997. 4. 22. 선고 95다10204 판결).

1) 행정소송인 심결취소소송에서도 원칙적으로 변론주의가 적용되고, 따라서 자백 또는 의제자백도 인정된다(대법원 2000. 12. 22. 선고 2000후1542 판결).

2) 항고법원은 항고장 또는 항고이유서에 적힌 이유에 대하여서만 조사한다. 다만, 원심재판에 영향을 미칠 수 있는 법령위반 또는 사실오인이 있는지에 대하여 직권으로 조사할 수 있다(민사집행법 제15조 제7항).

3) 집행절차상 즉시항고재판에 관하여 변론주의의 적용이 제한됨을 규정한 민사집행법 제15조 제7항 단서 등과 같이 직권주의가 강화되어 있는 민사집행법하에서 민사집행법 제16조의 집행에 관한 이의의 성질을 가지는 강제경매개시결정에 대한 이의의 재판절차에서는 민사소송법상 재판상 자백이나 의제자백에 관한 규정은 준용되지 아니하고, 이는 민사집행법 제268조에 의하여 담보권실행을 위한 경매절차에도 준용되므로 임의경매개시결정에 대한 이의의 재판절차에서도 민사소송법상 재판상 자백이나 의제자백에 관한 규정은 준용되지 아니한다(대법원 2015. 9. 14. 자 2015마813 결정).

여야 한다.[1]

② **한쪽 당사자가 기일에 불출석한 경우**: 한쪽 당사자가 답변서 등 준비서면을 제출하지 않고 기일에 불출석한 경우에는 상대방이 제출한 소장이나 준비서면에 기재된 사실에 대하여 자백한 것으로 간주된다(제150조 제3항). 다만, 공시송달에 의하여 기일통지를 받은 경우에는 당사자가 불출석하여도 자백간주가 성립되지 않는다.

③ **답변서를 제출하지 않은 경우**: 피고가 소장부본을 송달받고 30일 이내에 답변서를 제출하지 않는 경우에는 청구의 원인사실에 대하여 자백한 것으로 간주하고, 변론없이 원고 승소판결을 할 수 있다(제257조 제1항 본문). 다만, 직권조사사항이 있거나 판결이 선고되기까지 피고가 원고의 청구를 다투는 취지의 답변서를 제출한 경우에는 예외이다(동항 단서).

### 2) 효과

자백한 것으로 간주되는 사실은 그대로 판결의 기초로 삼아야 한다. 다만, 자백간주의 경우에는 당사자에 대한 구속력이 없다. 따라서 당사자는 자백간주가 있었더라도 그 뒤 사실심에서 그 사실을 다툼으로써 그 효과를 번복할 수 있다. 판례는 비록 제1심에서 자백간주가 있었다고 하더라도 항소심의 변론종결시까지 이를 다투어 그 효과를 배제할 수 있다고 한다.[2]


## 3. 현저한 사실

현저한 사실이란 법관이 명확하게 인식하고 있고, 증거에 의하여 그 존부를 인정할 필요가 없을 정도로 객관성이 담보되어 있는 사실을 말한다. 현저한 사실에는 공지의 사실과 법원에 현저한 사실이 있다. '공지의 사실'은 통상의 지식과 경험을 가진 일반인이 믿어 의심하지 않을 정도로 알려진 사실을 말한다. 역사적으로 유명한 사건, 예를 들어, 일제시대의 창씨개명, 국회의원 선거일자, 한국 전쟁 등이 여기에 해당된다.

'법원에 현저한 사실'은 법관이 그 직무상 경험으로 명백히 알고 있거나 또는 기록 등을 조사하여 곧바로 그 내용을 알 수 있는 사실을 말한다.[3] 법관이 스스로 행한 판결, 소속법원에서

---

1) 명백히 다투었는지는 변론종결 당시의 상태에서 당사자의 변론을 일체로 하여 종합적으로 판단하여야 한다(대법원 2012. 5. 24. 선고 2012다19758 판결).
2) 대법원 1987. 12. 8. 선고 87다368 판결.
3) 법원에 현저한 사실이라 함은 법관이 직무상 경험으로 알고 있는 사실로서 그 사실의 존재에 관하여 명확한 기

행한 가압류·가처분사건, 정부노임단가, 생명표에 의한 연령별 기대여명,[1] 직종별임금실태조사보고서와 한국직업사전의 존재 및 그 기재 내용[2] 등이 여기에 해당된다.

## 4. 법률상 추정

### (1) 의의

추정이란 어느 사실에서 다른 사실을 추인하는 것을 말한다. 요증사실의 증명이 어려운 경우에 그보다 증명이 용이한 전제사실의 증명에 의하여 요증사실의 존재를 인정하는 것이다. 추정에는 일반 경험칙을 적용하여 행하는 '사실상의 추정'과 법률의 규정에 의하여 행하는 '법률상 추정'이 있다. 매도증서의 보관사실에서 매수사실을 추정하는 것 등이 사실상 추정에 해당된다. 법률상 추정은 다시 일정한 사실에서 다른 사실이 있는 것으로 추정하는 '사실추정'과 일정한 사실에서 일정한 권리가 있는 것으로 추정하는 '권리추정'이 있다. 민법 제30조에 의한 동일한 위난으로 인한 동시 사망의 추정,[3] 민법 제197조 제1항에 의한 점유의 선의·공연·평온 추정,[4] 민법 제198조에 의한 점유의 계속 추정[5] 등은 전자에 속하고, 민법 제200조에 의한 점유자의 적법 추정,[6] 민법 제830조의 부부 특유재산의 추정 및 귀속불명재산의 공유추정[7] 등은 후자에 속한다.

---

억을 하고 있거나 또는 기록 등을 조사하여 곧바로 그 내용을 알 수 있는 사실을 말한다(대법원 1996. 7. 18. 선고 94다20051 전원합의체 판결).

1) 통계청이 정기적으로 조사·작성하는 한국인의 생명표에 의한 남녀별 각 연령별 기대여명은 법원에 현저한 사실이므로 불법행위로 인한 피해자의 일실수입 등 손해액을 산정함에 있어 기초가 되는 피해자의 기대여명은 당사자가 제출한 증거에 구애됨이 없이 그 손해 발생 시점과 가장 가까운 때에 작성된 생명표에 의하여 확정할 수 있다(대법원 1999. 12. 7. 선고 99다41886 판결).

2) 원심은 노동부가 매년 조사·작성하는 직종별임금실태조사보고서(1992년부터 임금구조기본통계조사보고서로 명칭이 변경되었다)와 노동부 국립중앙직업안정소가 발간하는 한국직업사전의 각 기재에 의하여 원고가 종사하고 있는 연탄소매업은 한국표준직업분류상 분류번호가 451-172이고, 이는 1991년 노동부 발간 직종별임금실태조사보고서상 직종 중(소)분류별 직종번호 45번에 해당하는데, 이에 종사하는 경력이 10년 이상인 남자의 1991년도 직종별 통계소득은 월 평균 금 916,229원 정도인 사실을 인정하였는바, 기록에 비추어 보면 원심이 위 직종별임금실태조사보고서와 한국직업사전의 각 존재 및 그 기재 내용을 원심법원에 현저한 사실로 보아서 이를 기초로 피해자인 원고의 일실수입을 산정한 조치는 위 법리에 따른 것으로서 객관적이고 합리적인 방법에 의한 것이라고 보여진다(대법원 1996. 7. 18. 선고 94다20051 전원합의체 판결).

3) 2인 이상이 동일한 위난으로 사망한 경우에는 동시에 사망한 것으로 추정한다(민법 제30조).

4) 점유자는 소유의 의사로 선의, 평온 및 공연하게 점유한 것으로 추정한다(민법 제197조 제1항).

5) 전후양시에 점유한 사실이 있는 때에는 그 점유는 계속한 것으로 추정한다(민법 제198조).

6) 점유자가 점유물에 대하여 행사하는 권리는 적법하게 보유한 것으로 추정한다(민법 제200조).

7) 부부의 일방이 혼인 전부터 가진 고유재산과 혼인 중 자기의 명의로 취득한 재산은 그 특유재산으로 하고(민법 제830조 제1항), 부부의 누구에게 속한 것인지 분명하지 아니한 재산은 부부의 공유로 추정한다(동조 제2항).

## (2) 증명책임의 전환 내지 완화

법률상 추정이 있으면 전제사실을 증명하면 족하고 요증사실에 대하여는 증명할 필요가 없다. 법률상 추정되는 요증사실에 대하여 상대방이 그 반대사실을 증명할 책임이 있다. 즉, 법률상 추정에서는 증명책임이 상대방에게 전환된다. 그리하여 법률상 추정되는 요증사실은 증명하지 않아도 되는 불요증사실이 된다.

사실상 추정은 반증으로 번복되지만, 법률상 추정은 반대사실의 증거가 있어야 번복된다. 반대사실의 증거는 자신이 증명책임을 지는 사실을 증명하기 위한 증거이므로 본증이다. 그리하여 법률상 추정을 깨뜨리려면 상대방이 본증으로 반대사실의 증거를 제출하거나 또는 그 전제사실에 대한 반증을 제출하여야 한다. 이와 같이 법률상 추정이 있으면 요증사실을 증명할 필요 없이 증명이 용이한 전제사실을 증명하면 족하다는 점에서 증명책임이 완화된다고 할 것이고, 오히려 상대방이 반대사실을 증명할 책임이 있다는 점에서 증명책임이 전환된다고 할 수 있다.

## (3) 등기의 추정력

판례는 법률상 명문의 규정이 없음에도 등기의 추정력을 법률상 추정으로 보고 있다. 그리하여 판례는 부동산에 관하여 소유권이전등기가 마쳐진 경우, 등기명의자는 제3자는 물론 그 전의 소유자에 대하여도 적법한 등기원인에 의하여 소유권을 취득한 것으로 추정되므로, 그 등기가 위법하게 된 것이라고 주장하는 상대방에게 그 추정력을 번복할 반대사실을 증명할 책임이 있다고 한다.[1] 다만, 판례는 「부동산소유권 이전등기 등에 관한 특별조치법」[2] 등 등기에 관한 특별조치법에 의하여 등기가 경료된 경우에는 이러한 등기는 특별조치법 소정의 적법한 절차에 따라 마쳐진 것으로서 실체관계에 부합하는 등기로 추정되므로, 이러한 등기의 추정력을 번복하기 위해서는 그 등기의 말소를 청구하는 사람이 적극적으로 그 추정을 번복시킬 주장·

---

[1] 피고 명의로 지분이전등기가 마쳐져있는 이상 그 등기는 적법하게 된 것으로서 진실한 권리상태를 공시하는 것이라고 추정되므로, 그 등기가 위법하게 된 것이라고 주장하는 원고에게 그 추정력을 번복할 만한 반대사실을 입증할 책임이 있다(대법원 1992. 10. 27. 선고 92다30047 판결); 부동산에 관하여 소유권이전등기가 마쳐져 있는 경우, 등기명의자는 제3자에 대하여서뿐만 아니라 그 전의 소유자에 대하여도 적법한 등기원인에 의하여 소유권을 취득한 것으로 추정되므로, 이를 다투는 측에서 무효사유를 주장·입증하여야 한다(대법원 2013. 1. 10. 선고 2010다75044 판결).

[2] 「부동산소유권 이전등기 등에 관한 특별조치법」에서는 동법 시행 당시 토지대장 및 건축물대장에 등록되어 있는 부동산으로서 1995. 6. 30. 이전에 매매·증여·교환 등 법률행위로 사실상 양도된 부동산, 상속받은 부동산과 소유권보존등기가 되어 있지 않은 부동산에 대하여 대장소관청으로부터 확인서를 발급받아 소유권이전등기를 할 수 있도록 하고 있다. 동법은 한시법으로 2007. 12. 31.까지 시행되었다.

증명책임이 있지만, 등기의 기초가 된 확인서나 보증서 등의 실체적 기재내용이 진실이 아님을 의심할 만큼 증명이 된 때에는 등기의 추정력은 번복된 것으로 보아야 하고, 이 때 증명의 정도는 소명으로 족하다고 한다.[1]

# 제3절  자유심증주의와 증명책임

## Ⅰ. 자유심증주의

### 1. 의의

자유심증주의란 사실주장이 진실인지 아닌지를 판단함에 있어서 법관이 증거법칙의 제약을 받지 않고, 변론 전체의 취지와 증거조사의 결과를 참작하여 형성된 자유로운 심증으로 행할 수 있다는 원칙을 말한다(제202조). 이에 대응한 개념으로 '법정증거주의'가 있다. 예를 들어, 계약의 존재나 변제사실에 대한 증거방법은 문서에 한정한다든가, 과반수 증인의 진술은 믿어야 한다는 등 법관의 사실인정을 법률로 정해 놓은 증거법칙에 따르도록 하는 원칙을 말한다. 법정증거주의는 법관의 사실인정을 지나치게 형식화시켜 실체진실의 발견을 그르칠 위험이 있으므로, 오늘날에는 자유심증주의가 보편적으로 인정되고 있다.

### 2. 증거원인

법관의 심증형성의 원인으로는 '증거조사의 결과'와 '변론 전체의 취지'가 있다(제202조).

---

[1] 구 부동산소유권 이전등기 등에 관한 특별조치법에 의한 등기는 같은 법 소정의 적법한 절차에 따라 마쳐진 것으로 실체관계에 부합하는 등기로 추정되므로 그 등기의 말소를 소구하는 자에게 적극적으로 그 추정을 번복시킬 주장, 입증책임이 있지만, 상대방이 등기의 기초가 된 보증서나 확인서 등의 실체적 기재내용이 허위임을 자인하거나 실체적 기재내용이 진실이 아님을 의심할 만큼 증명이 된 때에는 등기의 추정력은 번복된 것으로 보아야 하고, 이러한 보증서 등의 허위성의 입증 정도가 법관이 확신할 정도가 되어야만 하는 것은 아니다(대법원 1994. 3. 11. 선고 93다57490 판결).

## (1) 증거조사의 결과

증거조사의 결과는 증거조사에 의하여 얻은 증거자료를 말한다. 증거방법이나 증거능력에 제한이 없다. 서류의 위조여부를 반드시 감정에 의할 필요가 없으며, 형사소송의 전문증거도 증거능력이 있다. 증거자료의 증거력평가는 법관의 자유로운 판단에 일임되어 있다. 증거자료 사이에 우열은 없으며, 증거제출자에게 유리하게 또는 불리하게 평가될 수도 있다.

증거는 어느 당사자가 제출한 것이든 상대방의 원용 여부를 불문하고 당사자 일방에게 유리하거나 불리한 사실인정의 자료로 사용될 수 있다. 이를 '증거공통의 원칙'이라고 한다. 공동소송에서도 증거공통의 원칙이 적용된다. 따라서 공동소송인 가운데 한 사람이 제출한 증거는 다른 공동소송인에 대한 사실인정의 자료로 사용될 수 있다. 다만, 통상공동소송에서 공동소송인 사이에 이해관계가 상반되는 경우에는 다른 공동소송인의 방어권의 보장을 위하여 명시적인 원용이 없으면 증거공통의 원칙이 적용되지 않는다.

## (2) 변론 전체의 취지

변론의 전체 취지란 증거조사의 결과 얻은 증거자료 이외에 변론에 나타난 일체의 자료나 상황을 말한다. 당사자 또는 대리인의 진술내용이나 진술태도, 공격방어방법의 제출시기 등 법관의 심증형성의 원인이 되는 것은 증거자료를 제외하고 모두 변론 전체의 취지에 포함된다.[1] 변론 전체의 취지는 독립적인 증거원인은 될 수 없으며 다른 증거자료와 함께 보충적인 증거원인이 되는데 그친다. 변론 전체의 취지는 그 의미가 애매하고 객관화하기 어렵다는 점에서 법관의 자의적인 사실인정을 허용할 우려가 있기 때문이다. 따라서 변론 전체의 취지만으로 사실인정을 할 수 없다. 다만, 판례는 문서의 진정성립[2]과 자백의 취소요건으로서의 착오[3]는 변론

---

1) 강현중, 340면 및 341면.
2) 사문서는 그 진정성립이 증명되어야만 이를 증거로 할 수 있으나 그 증명의 방법에 관하여 특별한 제한이 없고, 당사자가 부지라고 다투는 서증에 관하여 거증자가 특히 그 성립을 증명하지 아니한 경우라 할지라도 법원은 다른 증거에 의하지 않고 변론 전체의 취지를 참작하여 자유심증으로 그 성립을 인정할 수 있다(대법원 2010. 2. 25. 선고 2007다85980 판결).
3) 재판상의 자백에 대하여 상대방의 동의가 없는 경우에는 자백을 한 당사자가 그 자백이 진실에 부합되지 않는다는 것과 자백이 착오에 기인한다는 사실을 증명한 경우에 이를 취소할 수 있는바, 이때 진실에 부합하지 않는다는 사실에 대한 증명은 그 반대되는 사실을 직접증거에 의하여 증명할 수 있지만, 자백사실이 진실에 부합하지 않음을 추인할 수 있는 간접사실의 증명에 의하여도 가능하다고 할 것이고, 또 자백이 진실에 반한다는 증명이 있다고 하여 그 자백이 착오로 인한 것이라고 추정되는 것은 아니지만 그 자백이 진실과 부합되지 않는 사실이 증명된 경우라면 변론의 전 취지에 의하여 그 자백이 착오로 인한 것이라는 점을 인정할 수 있다(대법원 2000. 9. 8. 선고 2000다23013 판결).

전체의 취지만으로 인정할 수 있다고 한다.


## 3. 자유심증의 정도

자유심증주의에서 법관의 심증의 정도는 '고도의 개연성있는 확신', 즉 십중팔구 틀림없다는 확신의 정도이면 된다. 판례는 민사소송에서의 증명은 법관의 심증이 확신의 정도에 달하게 하는 것을 가리키고, 그 확신이란 자연과학이나 수학의 증명과 같이 반대의 가능성이 없는 절대적 정확성을 말하는 것은 아니지만, 통상인의 일상생활에서 진실하다고 믿고 의심하지 않는 고도의 개연성을 말하는 것으로, 막연한 의심이나 추측을 하는 정도에 이르는 것만으로는 부족하다고 한다.[1]


## 4. 자유심증주의의 한계

자유로운 심증에 의한 판단은 형식적인 증거법칙으로부터의 자유를 의미하는 것이지 법관의 자의적인 판단을 허용하는 것은 아니다. 따라서 사실판단은 적법한 증거조사를 거친 적법한 증거에 의하여야 하고, 일반의 논리법칙과 경험법칙에 따라야 한다. 그리하여 증거의 채택과 사실인정은 사실심의 전권에 속하는 것이어서 상고심에서 문제삼을 수 없는 것이 원칙이지만(제432조), 적법한 증거조사를 거친 증거능력 있는 증거에 의하지 않은 사실인정, 적법한 증거조사 결과를 간과한 사실인정, 논리법칙과 경험법칙을 현저히 위반한 사실인정은 자유심증주의의 한계를 일탈한 것으로 판결에 영향을 미친 경우에는 상고이유가 된다(제423조).


## 5. 자유심증주의의 예외

### (1) 증거방법·증거능력·증거력의 법정

법률에서 예외적으로 증거방법이나 증거능력을 제한하거나 증거력의 평가를 제한하고 있는

---

1) 민사소송이나 행정소송에서 사실의 증명은 자연과학이나 수학의 증명과 같이 반대의 가능성이 없는 절대적 정확성을 말하는 것은 아니지만, 통상인의 일상생활에 있어 진실하다고 믿고 의심치 않는 정도의 고도의 개연성을 말하는 것이고, 막연한 의심이나 추측을 하는 정도에 이르는 것만으로는 부족하다(대법원 2009. 12. 10. 선고 2009다56603 판결; 2016. 11. 24. 선고 2015두54759 판결).

경우가 있다. 대리권의 존재에 대한 서면증명(제59조 제1항, 제89조 제1항), 소명방법을 즉시 조사할 수 있는 것에 한정(제299조 제1항)하는 것 등은 증거방법을 제한하는 경우이고, 당사자와 법정대리인에 대한 증인능력을 부정(제367조, 제372조)하는 것 등은 증거능력을 제한하는 경우이다. 또한 변론의 방식에 대한 변론조서의 법정증거력(제158조), 문서의 형식적 증거력에 관한 추정규정(제356조, 제358조), 당사자의 증명방해에 대한 불리한 사실의 인정(제349조, 제350조, 제366조, 제369조 등)[1] 등은 증거력의 평가를 제한하는 경우이다.

### (2) 증거계약

증거계약이란 소송에서의 사실확정에 관한 당사자 사이의 합의를 말한다. 증거계약에는 일정한 사실을 인정하거나 다투지 않기로 하는 '자백계약', 일정한 증거방법을 제출하지 않기로 하는 '증거제한계약', 권리관계의 존부를 확정하는데 전제가 되는 사실의 확정을 제3자의 판정에 맡기기로 하는 '중재감정계약', 증인의 증언 내용을 진실한 것으로 인정하거나 일정한 권리관계의 존부를 소명만 있으면 증명된 것으로 보는 것 등의 증거력을 제한하는 '증거력계약' 등이 있다.

자백계약은 변론주의가 적용되는 통상의 민사소송에서는 자백이 허용되므로 유효하다. 그러나 권리자백이나 간접사실에 대한 자백은 법원을 구속하지 못하므로 이에 관한 자백계약은 무효이다. 증거제한계약은 보충적 직권증거조사가 허용되는 한도에서 효력이 없다. 즉, 보충적으로 직권증거조사를 하지 않는 경우에만 유효하다. 법관이 당사자가 제출한 증거만으로 심증형성이 되지 않을 때에 직권으로 증거조사하는 것을 막을 수 없기 때문이다.[2] 그러나 소액사건 등 직권증거조사의 원칙이 적용되는 절차에서는 증거제한계약은 무효이다. 중재감정계약의 경우 처분할 수 있는 법률관계에 관하여 권리관계의 존부확정을 당사자의 합의로 제3자에게 맡길 수 있으므로 유효하다. 그러나 증거력계약은 법관의 자유로운 심증형성을 부당하게 제약하여 자유심증주의를 근본적으로 침해하는 것이므로 무효이다.

---

1) 당사자가 문서제출명령에 따르지 않거나 또는 상대방의 사용을 방해할 목적으로 제출의무있는 문서를 훼손하여 사용할 수 없게 한 때에는 법원은 문서의 기재에 관한 상대방의 주장을 진실한 것으로 인정할 수 있다(제349조, 제350조). 이 규정은 검증에 대하여도 준용된다. 또한 당사자신문에서 당사자가 정당한 사유없이 출석하지 않거나 선서 또는 진술을 거부한 때에도 법원은 신문사항에 관한 상대방의 주장을 진실한 것으로 인정할 수 있다(제369조).

2) 김홍엽, 653면 및 654면; 이시윤, 540면.

## Ⅱ. 증명책임

### 1. 의의

증명책임이란 소송상 어느 증명을 요하는 사실의 존부가 확정되지 않는 경우에 당해사실이 존재하지 않는 것으로 취급되어 법률판단을 받게 되는 당사자 일방의 위험 또는 불이익을 말한다. 그런데 증명책임을 객관적 증명책임과 주관적 증명책임으로 구분하여 설명하는 견해가 있다. 요증사실에 대하여 진위불명인 경우에 당사자 일방의 패소위험 또는 불이익을 객관적 증명책임이라고 하고, 증명책임자가 패소를 면하기 위하여 증거를 제출해야 하는 책임을 주관적 증명책임이라고 한다. 객관적 증명책임은 심리의 최종단계에서 진위불명이라는 결과에 대한 책임이라면, 주관적 증명책임은 심리의 개시단계에서부터 문제되는 것으로 당사자의 행위책임이라고 한다. 객관적 증명책임은 변론주의뿐만 아니라 직권탐지주의에 의하는 절차에서도 문제될 수 있으나, 주관적 증명책임은 변론주의의 산물이므로 직권탐지주의에 의하는 절차에서는 그 적용이 없다고 한다.[1] 증명책임은 진위불명인 경우의 당사자 일방의 패소위험, 즉 객관적 증명책임을 말하는 것이다. 주관적 증명책임은 변론과정에서 객관적 증명책임에 따른 패소위험을 면하기 위한 당사자의 증명활동을 강조하는 개념에 불과하다. 객관적 증명책임을 지는 사람이 주관적 증명책임을 부담한다. 객관적 증명책임 이외에 주관적 증명책임을 별도로 인정할 실익은 없다고 본다.

### 2. 증명책임의 분배

#### (1) 분배의 기준

당사자는 자기에게 유리한 법규의 요건사실의 존부에 대하여 증명책임을 부담한다(법률요건분류설). 권리의 존재를 주장하는 사람은 요증사실 중 '권리근거규정'의 요건사실에 대하여 증명책임을 지고, 권리의 존재를 다투는 상대방은 요증사실 중 '반대규정'의 요건사실에 대하여 증명책임을 진다.

반대규정에는 '권리장애규정', '권리소멸규정', '권리저지규정'이 있는데, '권리장애규정'은 당

---

1) 이시윤, 541면 및 542면.

초부터 권리의 성립을 방해하는 규정으로 불공정 법률행위,[1] 통정허위표시,[2] 강행법규 위반 등 법률행위를 무효로 하는 규정이 여기에 속하고, '권리소멸규정'은 변제, 계약의 해제,[3] 소멸시효의 완성, 착오[4] 또는 사기·강박에 의한 취소 등 일단 발생한 권리를 소멸시키는 규정을 말하며, '권리저지규정'은 기한의 유예, 정지조건의 존재,[5] 동시이행항변권이나 유치권 등 권리의 행사를 저지시키는 규정을 말한다.

소송요건, 상소요건 등 직권조사사항에 대하여도 그 사실의 존부가 불명한 경우에는 증명책임의 원칙이 적용되어야 한다. 본안판결을 받는 것은 원고에게 유리하므로 직권조사사항에 대한 증명책임은 원고에게 있다.[6] 물론 소송요건이라도 직권조사사항이 아닌 항변사항에 대하여는 피고에게 증명책임이 있다.

### (2) 분배의 사례

### 1) 대여금청구소송

대여금청구소송에서 금전대여사실은 원고에게 증명책임이 있고, 피고가 소멸시효완성의 항변을 하는 경우 대여금채권이 시효로 소멸하였다는 권리소멸사실은 피고에게 증명책임이 있다.[7] 이 경우 피고는 채권자가 당해 권리를 행사할 수 있었다는 사실과 그때로부터 소멸시효가

---

1) 매도인측에서 매매계약이 불공정한 법률행위로서 무효라고 하려면 객관적으로 매매가격이 실제가격에 비하여 현저하게 헐값이고 주관적으로 매도인이 궁박, 경솔, 무경험 등의 상태에 있었으며, 매수인측에서 위와 같은 사실을 인식하고 있었다는 점을 주장·입증하여야 한다(대법원 1991. 5. 28. 선고 90다19770 판결).

2) 민법 제108조 제1항에서 상대방과 통정한 허위의 의사표시를 무효로 규정하고, 제2항에서 그 의사표시의 무효는 선의의 제3자에게 대항하지 못한다고 규정하고 있는데, 여기에서 제3자는 특별한 사정이 없는 한 선의로 추정할 것이므로, 제3자가 악의라는 사실에 관한 주장·입증책임은 그 허위표시의 무효를 주장하는 자에게 있다(대법원 2006. 3. 10. 선고 2002다1321 판결).

3) 계약이 일단 성립한 후 그 해제원인의 존부에 대한 다툼이 있는 경우에는 그 계약해제권을 주장하는 자가 이를 증명하여야 하나, 이미 발생한 계약해제권이 다른 사유로 소멸되었거나 그 행사가 저지되는지 여부에 대해 다툼이 있는 경우에는 이를 주장하는 상대방이 이를 증명하여야 한다(대법원 2009. 7. 9. 선고 2006다67602 판결).

4) 착오를 이유로 의사표시를 취소하는 자는 법률행위의 내용에 착오가 있었다는 사실과 함께 그 착오가 의사표시에 결정적인 영향을 미쳤다는 점, 즉 만약 그 착오가 없었더라면 의사표시를 하지 않았을 것이라는 점을 증명하여야 한다(대법원 2008. 1. 17. 선고 2007다74188 판결).

5) 어떠한 법률행위가 조건의 성취시 법률행위의 효력이 발생하는 소위 정지조건부 법률행위에 해당한다는 사실은 그 법률행위로 인한 법률효과의 발생을 저지하는 사유로서 그 법률효과의 발생을 다투려는 자에게 주장입증책임이 있다(대법원 1993. 9. 28. 선고 93다20832 판결).

6) 직권조사사항에 관하여도 그 사실의 존부가 불명한 경우에는 입증책임의 원칙이 적용되어야 할 것인바, 본안판결을 받는다는 것 자체가 원고에게 유리하다는 점에 비추어 직권조사사항인 소송요건에 대한 입증책임은 원고에게 있다(대법원 1997. 7. 25. 선고 96다39301 판결).

7) 소멸시효에 있어서 그 시효기간이 만료되면 권리는 당연히 소멸하지만 그 시효의 이익을 받는 자가 소송에서 소멸시효의 주장을 하지 아니하면 그 의사에 반하여 재판할 수 없고, 그 시효이익을 받는 자는 시효기간 만료로

도과할 사실만 주장·증명하면 되고, 소멸시효를 원용하는 의사표시를 한 사실을 주장·증명할 필요는 없다. 이에 대하여 원고가 시효완성 후 피고가 채무승인한 사실을 주장하며 시효이익포기의 재항변을 할 경우 원고는 시효완성 후 채무승인한 사실을 증명하여야 하나, 피고가 당시 시효완성사실을 알고 있었다는 사실을 증명할 필요는 없다.[1] 만일 원고가 대여금채무의 보증인을 상대로 보증채무의 이행을 구하는 경우에는 보증계약체결사실은 물론 주채무인 대여금채무의 발생사실도 요건사실이 되므로, 원고는 주채무의 발생사실도 주장·증명하여야 한다.

## 2) 임대차보증금(목적물)반환청구소송

임대차보증금반환청구소송에서 임차인인 원고는 임대차계약을 체결한 사실, 보증금을 지급한 사실, 임대차가 종료한 사실을 주장·증명하여야 한다. 이에 대하여 피고인 임대인이 연체차임을 임대차보증금에서 공제받으려는 경우에는 피고는 차임약정사실만 주장·증명하면 되고, 차임지급사실은 임차인인 원고가 주장·증명하여야 한다. 차임약정사실이 있으면 임차인은 당연히 차임을 지급할 의무가 있으므로 차임지급사실은 임차인이 주장·증명해야 하는 재항변사실이다. 나아가 피고인 임대인이 임대차 종료 후의 차임상당의 부당이득을 임대차보증금에서 공제해달라고 주장하기 위해서는 임차인이 임차목적물을 점유하고 있다는 사실만으로는 부족하고 나아가 임차목적물을 본래의 용법대로 사용·수익하고 있는 사실까지 주장·증명하여야 한다.

한편 임대차종료를 원인으로 한 임대차목적물반환청구소송에서 원고는 임대차계약을 체결한 사실, 목적물을 임차인에게 인도한 사실, 임대차종료의 원인이 되는 사실(임대차 기간만료, 해지)을 주장·증명하여야 한다. 그러나 타인 소유의 물건에도 임대차계약이 유효하게 성립할 수 있으므로 목적물이 임대인의 소유라는 사실은 주장·증명할 필요가 없다. 임차인의 임대차목적물반환채무가 이행불능이 된 경우, 임차인이 그 이행불능으로 인한 손해배상책임을 면하려면 그 이행불능이 임차인의 귀책사유로 인한 것이 아님을 증명할 책임이 있다.[2] 그러나 그 이행불

---

인하여 소멸하는 권리의 의무자를 말한다(대법원 1991. 7. 26. 선고 91다5631 판결).

1) 채무자가 소멸시효완성 후 채무를 일부 변제한 때에는 그 액수에 관하여 다툼이 없는 한 그 채무 전체를 묵시적으로 승인한 것으로 보아야 하고, 이 경우 시효완성의 사실을 알고 그 이익을 포기한 것으로 추정되므로, 소멸시효가 완성된 채무를 피담보채무로 하는 근저당권이 실행되어 채무자 소유의 부동산이 경락되고 그 대금이 배당되어 채무의 일부 변제에 충당될 때까지 채무자가 아무런 이의를 제기하지 아니하였다면, 경매절차의 진행을 채무자가 알지 못하였다는 등 다른 특별한 사정이 없는 한, 채무자는 시효완성의 사실을 알고 그 채무를 묵시적으로 승인하여 시효의 이익을 포기한 것으로 보아야 한다(대법원 2001. 6. 12. 선고 2001다3580 판결).

2) 임차인은 임차건물의 보존에 관하여 선량한 관리자의 주의의무를 다하여야 하고, 임차인의 임차물반환채무가 이행불능이 된 경우, 임차인이 그 이행불능으로 인한 손해배상책임을 면하려면 그 이행불능이 임차인의 귀책사유로 말미암은 것이 아님을 입증할 책임이 있다(대법원 2006. 1. 13. 선고 2005다51013,51020 판결).

능이 임대차목적물을 사용·수익하기에 필요한 상태로 유지하여야 할 임대인의 의무위반에 원인이 있음이 밝혀진 경우에는 그렇지 않다.[1]

### 3) 매매대금청구소송

매매대금청구소송에서 원고가 매매대금만 청구하는 경우에는 매매계약의 체결사실이 요건사실이다. 즉, 원고는 피고에게 재산권을 이전하여 주기로 하고, 피고는 일정액의 대금을 지급하기로 약정한 사실만 주장·증명하면 된다. 그러나 매매대금에 대한 지연이자를 함께 청구하는 경우에는 매매계약의 체결사실뿐만 아니라 대금지급기일의 약정 및 도래사실, 매매목적물의 소유권이전의무의 이행이나 이행의 제공사실 또는 매매목적물의 인도사실, 손해의 발생 및 범위가 요건사실이 된다.

한편 원고가 약정한 비율에 의한 지연손해금을 청구하는 경우에는 원고가 약정 지연손해금의 비율을 주장·증명하여야 한다. 이 약정은 손해배상액의 예정으로서의 성질을 가지므로 피고가 원고에게 손해가 발생하지 않았다는 사실 또는 실손해액이 예정배상액보다 적다는 사실을 증명하여도 약정한 배상액의 배상책임을 면하거나 감액받지 못한다. 또한 원고도 통상의 손해뿐만 아니라 특별한 사정으로 인한 손해가 있어도 예정된 배상액만 청구할 수 있을 뿐이다.

### 4) 소유권이전등기(말소)청구소송

매매로 인한 소유권이전등기청구소송에서 요건사실은 매매계약의 체결사실이고, 매매대금지급사실은 요건사실이 아니다. 매매계약의 체결만으로 매수인의 소유권이전등기청구권이 발생하므로 매수인인 원고는 매매계약의 체결사실만 주장·증명하면 되고, 매수인이 대금을 지급한 사실이나 목적물이 매도인의 소유라는 사실은 주장·증명할 필요가 없다.

원인무효로 인한 소유권이전등기말소청구소송에서 요건사실은 원고 소유의 부동산인데 피고 명의로 등기가 마쳐진 사실, 등기원인서류가 위조되거나 등기원인인 매매가 무효·취소·해제된 사실 등이다. 피고 명의로 등기가 경료된 이상 적법하게 이루어진 것으로 법률상 추정되므로 원고가 그 반대사실, 즉 등기원인의 무효사실 또는 등기절차의 위법사실까지 주장·증명하여야 한다.[2]

---

[1] 임차인의 목적물반환의무가 이행불능이 됨으로 인한 손해배상책임을 면하려면 그 이행불능이 임차인의 귀책사유로 인한 것이 아님을 입증할 책임이 있다. 그러나 그 이행불능이 임대차목적물을 임차인이 사용·수익하기에 필요한 상태로 유지하여야 할 임대인의 의무 위반에 원인이 있음이 밝혀진 경우에까지 임차인이 별도로 목적물 보존의무를 다하였음을 주장·입증하여야만 그 책임을 면할 수 있는 것은 아니다(대법원 2009. 5. 28. 선고 2009다13170 판결).

[2] 임야에 대한 소유권보존등기 및 소유권이전등기가 경료되었다면 그 등기의 효력으로 피고는 소유권자로 추정을

### 5) 채무부존재확인소송

채무부존재확인소송에서는 원고가 채무의 발생원인사실을 부인하는 주장을 하면, 피고는 채권의 존재를 증명할 책임이 있다. 그리하여 청구이의소송이나 배당이의소송에서 원고가 피고의 채권이 성립하지 않았음을 주장하는 경우에는 피고에게 채권의 발생원인사실을 증명할 책임이 있다. 만일 원고가 그 채권이 통정허위표시로서 무효라거나 변제에 의하여 소멸되었음을 주장하는 경우에는 그러한 장애사실이나 소멸사실에 대한 증명책임은 원고에게 있다.[1] 또한 근저당권의 피담보채권의 존재는 근저당권자에게 증명책임이 있으므로, 근저당설정등기의 말소를 구하는 소송에 있어서 피담보채권의 존재에 대한 증명책임은 피고에게 있다.[2]

### 6) 채권자취소소송

채권자취소소송에서 채무자의 수익자에 대한 금원지급행위가 증여라고 주장함에 대하여 수익자가 기존 채무의 변제로 받은 것이라는 다투는 경우에 그 금원지급행위가 증여라는 사실은 사해행위의 취소를 구하는 채권자에게 증명책임이 있다.[3] 사해행위를 취소하려면 수익자 또는 전득자가 그 행위 당시 사해행위임을 알고 있어야 하는데, 채권자가 수익자 또는 전득자의 악의를 증명할 필요는 없으며, 수익사 또는 전득자가 사행행위임을 몰랐다는 사실, 즉 선의라는

---

받으므로 위 등기의 추정력을 부정하려면 이를 주장하는 원고에 있어 그 등기의 무효임을 입증할 책임이 있다 (대법원 1983. 11. 22. 선고 83다카950 판결).

1) 청구이의의 소에서 청구이의사유에 관한 증명책임도 일반 민사소송에서의 증명책임 분배의 원칙에 따라야 한다. 따라서 확정된 지급명령에 대한 청구이의소송에서 원고가 피고의 채권이 성립하지 아니하였음을 주장하는 경우에는 피고에게 채권의 발생원인사실을 증명할 책임이 있고, 원고가 그 채권이 통정허위표시로서 무효라거나 변제에 의하여 소멸되었다는 등 권리 발생의 장애 또는 소멸사유에 해당하는 사실을 주장하는 경우에는 원고에게 그 사실을 증명할 책임이 있다(대법원 2010. 6. 24. 선고 2010다12852 판결); 배당이의소송에 있어서의 배당이의사유에 관한 증명책임도 일반 민사소송에서의 증명책임 분배의 원칙에 따라야 하므로, 원고가 피고의 채권이 성립하지 아니하였음을 주장하는 경우에는 피고에게 채권의 발생원인사실을 입증할 책임이 있고, 원고가 그 채권이 통정허위표시로서 무효라거나 변제에 의하여 소멸되었음을 주장하는 경우에는 원고에게 그 장애 또는 소멸 사유에 해당하는 사실을 증명할 책임이 있다(대법원 2007. 7. 12. 선고 2005다39617 판결).

2) 근저당권은 그 담보할 채무의 최고액만을 정하고, 채무의 확정을 장래에 보류하여 설정하는 저당권으로서, 계속적인 거래관계로부터 발생하는 다수의 불특정채권을 장래의 결산기에서 일정한 한도까지 담보하기 위한 목적으로 설정되는 담보권이므로, 근저당권설정행위와는 별도로 근저당권의 피담보채권을 성립시키는 법률행위가 있어야 하고, 근저당권의 성립 당시 근저당권의 피담보채권을 성립시키는 법률행위가 있었는지 여부에 대한 증명책임은 그 존재를 주장하는 측에 있다(대법원 2011. 4. 28. 선고 2010다107408 판결).

3) 사해행위의 취소를 구하는 채권자가 채무자의 수익자에 대한 금원지급행위를 증여라고 주장함에 대하여, 수익자는 이를 기존 채무에 대한 변제로서 받은 것이라고 다투고 있는 경우, 이는 채권자의 주장사실에 대한 부인에 해당할 뿐 아니라 채무자의 금원지급행위가 증여인지, 변제인지에 따라 채권자가 주장·입증하여야 할 내용이 크게 달라지게 되므로, 결국 위 금원지급행위가 사해행위로 인정되기 위하여는 그 금전지급행위가 증여에 해당한다는 사실이 입증되거나 변제에 해당하지만 채권자를 해할 의사 등 특별한 사정이 있음이 입증되어야 할 것이고, 그에 대한 입증책임은 사해행위를 주장하는 측에게 있다(대법원 2014. 10. 27. 선고 2014다41575 판결).

사실을 증명할 책임이 있다.[1]

## 3. 증명책임의 완화

기업이나 관공서, 병원 등을 대상으로 하는 소송, 예를 들어, 공해소송이나 의료소송 등에서
는 증거가 구조적으로 편재되어 있어 증명책임 분배의 원칙을 엄격히 고수할 경우에 피해자는
증명곤란으로 패소를 면하기 어렵다. 이러한 증거의 편재에 따른 당사자 사이의 실질적 불평등
을 해소하기 위하여 증명책임을 완화하려는 노력이 강구되고 있다. 이러한 증명책임의 완화와
관련하여 논의되고 있는 것으로 법률상 추정, 일응의 추정, (신)개연성 이론 등이 있다.

### (1) 법률상 추정

법률상 추정이 있는 경우 전제사실을 증명하면 족하고 요증사실에 대하여는 증명할 필요가
없다. 법률상 추정된 사실을 깨뜨리기 위해서는 상대방이 반대사실을 증명할 책임이 있다. 따라
서 법률상 추정이 있으면 증명책임이 전환된다. 다른 한편 법률상 추정이 있는 경우 증명이 용
이한 전제사실의 증명에 의하여 요증사실의 존재가 인정된다는 점에서 증명책임이 완화된다고
할 수 있다.

### (2) 일응의 추정

'일응의 추정'은 사실상 추정의 하나로서, 고도의 개연성있는 경험칙을 이용하여 간접사실로부
터 주요사실을 추정하는 경우를 말한다. 추정된 사실은 거의 증명된 것으로 보기 때문에 '표현증
명(表見證明)'이라고 한다. 일응의 추정 또는 표현증명은 주로 불법행위에 있어서 인과관계와 과실
을 인정하는데 적용되고, 흔하게 반복적으로 일어날 수 있는 정형적 사상경과(定型的 事象經過)가
문제된 경우에 적용된다. 예를 들어, 자동차가 갑자기 인도에 진입하여 인명사고를 낸 경우, 의사
가 개복수술 후에 수술용 가위를 환자의 뱃속에 남겨둔 경우, 건물의 신축 후 불과 11주만에 천
장이 무너진 경우 등은 운전사, 의사, 건축업자의 과실 및 손해발생과의 인과관계를 인정할 수 있

---

[1] 사해행위취소소송에 있어서 수익자가 사해행위임을 몰랐다는 사실은 그 수익자 자신에게 입증책임이 있는 것이
고, 이때 그 사해행위 당시 수익자가 선의였음을 인정함에 있어서는 객관적이고도 납득할 만한 증거자료 등이
뒷받침되어야 할 것이고, 채무자의 일방적인 진술이나 제3자의 추측에 불과한 진술 등에만 터 잡아 그 사해행위
당시 수익자가 선의였다고 선뜻 단정하여서는 안 된다(대법원 2010. 7. 22. 선고 2009다60466 판결).

는 정형적 사상경과에 해당된다고 할 수 있다. 이와 같이 주요사실에 대하여 일응의 추정이 생긴 경우에, 그 추정의 전제사실과 양립되는 별개의 간접사실을 증명하여 일응의 추정을 번복하기 위한 증명활동을 '간접반증'이라고 한다. 예를 들어, 자동차가 인도에 진입한 경우에 운전자의 과실로 일응의 추정이 생기나, 그것이 다른 차량의 충격 또는 보행자가 갑자기 차 앞에 출현한 결과였다는 특별한 사정을 증명하면 운전자의 과실에 대한 일응의 추정이 번복될 수 있다.[1]

판례도 공해소송과 의료소송에 있어서 일응의 추정과 간접반증이론을 채택하여 증명책임을 완화하고 있다. 공해소송의 경우 가해기업이 원인물질을 배출하였고(원인물질의 배출), 그 원인물질이 피해물건에 도달하였으며(피해물건에의 도달), 그 후 피해물건에 손해가 발생하였음(손해의 발생)이 입증되면, 가해기업의 원인물질 배출행위와 피해자의 손해발생 사이에 인과관계가 일응 증명되었다고 할 것이고, 이에 대하여 가해기업에서 자신이 배출한 원인물질에 피해물건에 악영향을 끼칠 수 있는 물질이 없다거나 또는 있더라도 안전한 범위를 넘지 않았다는 사실을 반증들어 부정하지 못하는 한 그 손해에 대한 배상책임을 부담하여야 한다고 한다.[2] 또한 의료소송의 경우에도 환자측에서 일반인의 상식에 바탕을 둔 의료상의 과실 있는 행위를 증명하고, 그 결과와의 사이에 일련의 의료행위 외에 다른 원인이 개재될 수 없다는 점, 예를 들어 환자에게 의료행위 이전에 그러한 결과의 원인이 될 만한 건강상의 결함이 없었다는 점을 증명한 경우에는 그 결과가 의료상 과실로 인하여 발생하였다고 일응 추정되고, 의사측에서 의료상 과실이 아니라 다른 원인에 의하여 그 결과가 발생하였음을 반증을 들어 부정하지 못하는 이상 의사측이 그 결과에 대하여 손해배상책임을 진다고 한다.[3]

---

1) 이시윤, 552면 및 553면.
2) 일반적으로 불법행위로 인한 손해배상청구사건에 있어서 가해행위와 손해발생간의 인과관계의 입증책임은 청구자인 피해자가 부담하나, 수질오탁으로 인한 이 사건과 같은 공해로 인한 손해배상청구 소송에 있어서는 기업이 배출한 원인물질이 물을 매체로 간접적으로 손해를 끼치는 수가 많고 공해문제에 관하여는 현재의 과학수준으로 해명할 수 없는 분야가 있기 때문에 가해행위와 손해발생 간의 인과관계의 고리를 모두 자연과학적으로 증명하는 것은 곤란 내지 불가능한 경우가 대부분이므로 피해자에게 사실적 인과관계의 존재에 관한 엄밀한 과학적 증명을 요구함은 공해의 사법적 구제의 사실상 거부가 될 우려가 있는 반면에 가해기업은 기술적·경제적으로 피해자 보다 원인조사가 훨씬 용이할 뿐 아니라 그 원인을 은폐할 염려가 있어, 가해기업이 배출한 어떤 유해한 원인물질이 피해물건에 도달하여 손해가 발생하였다면 가해자측에서 그 무해함을 입증하지 못하는 한 책임을 면할 수 없다고 봄이 사회형평의 관념에 적합하다. 수질오탁으로 인한 공해소송인 이 사건에서 ① 피고공장에서 김의 생육에 악영향을 줄 수 있는 폐수가 배출되고 ② 그 폐수 중 일부가 유류를 통하여 이 사건 김양식장에 도달하였으며 ③ 그 후 김에 피해가 있었다는 사실이 각 모순없이 증명된 이상 피고공장의 폐수배출과 양식 김에 병해가 발생함으로 말미암은 손해간의 인과관계가 일응 증명되었다고 할 것이므로, 피고가 ① 피고 공장폐수 중에는 김의 생육에 악영향을 끼칠 수 있는 원인물질이 들어 있지 않으며 ② 원인물질이 들어 있다 하더라도 그 해수혼합율이 안전농도 범위내에 속한다는 사실을 반증을 들어 인과관계를 부정하지 못하는 한 그 불이익은 피고에게 돌려야 마땅할 것이다(대법원 1984. 6. 12. 선고 81다558 판결; 1997. 6. 27. 선고 95다2692 판결).
3) 원래 의료행위에 있어서 주의의무 위반으로 인한 불법행위 또는 채무불이행으로 인한 책임이 있다고 하기 위하

## (3) (신)개연성이론

개연성이론은 주로 공해소송에서 당해 행위가 없었다면 결과가 발생하지 않았으리라는 정도의 개연성만 있으면 인과관계를 인정하자는 이론이다. 이 이론에서는 피해자는 침해행위와 손해발생 사이의 인과관계가 상당한 정도의 가능성이 있음을 입증함으로써 충분하다고 한다.[1] 개연성이론은 인과관계의 증명도를 낮춤으로써 피해자의 증명책임을 완화시키려는 이론이다.

이러한 개연성이론에 인과관계의 사실상의 추정과 간접반증이론을 도입하여 소송법적으로 구체화한 것이 신개연성이론이다. 이 이론에서는 공해소송의 인과관계를 몇 개의 간접사실, 즉, 원인물질의 배출, 피해물건에의 도달, 손해의 발생, 원인물질의 유해성 등으로 구분하고, 인과관계의 모든 과정을 피해자에게만 증명하도록 하는 것은 형평의 관념에 반하므로 그 일부를 가해자로 하여금 간접반증에 의하여 다투도록 하여야 한다는 것이다.[2] 그리하여 원칙적으로 피해자가 인과관계를 증명하여야 하지만 경험법칙에 의하여 사실상 추정함으로써 그 증명책임을 완

여는 의료행위상의 주의의무의 위반과 손해의 발생과의 사이의 인과관계의 존재가 전제되어야 하나, 의료행위가 고도의 전문적 지식을 필요로 하는 분야이고, 그 의료의 과정은 대개의 경우 환자 본인이 그 일부를 알 수 있는 외에 의사만이 알 수 있을 뿐이며, 치료의 결과를 달성하기 위한 의료 기법은 의사의 재량에 달려 있기 때문에 손해발생의 직접적인 원인이 의료상의 과실로 말미암은 것인지 여부는 전문가인 의사가 아닌 보통인으로서는 도저히 밝혀낼 수 없는 특수성이 있어서 환자측이 의사의 의료행위상의 주의의무 위반과 손해의 발생과 사이의 인과관계를 의학적으로 완벽하게 입증한다는 것은 극히 어려우므로, 환자가 치료 도중에 사망한 경우에 있어서는 피해자측에서 일련의 의료행위 과정에 있어서 저질러진 일반인의 상식에 바탕을 둔 의료상의 과실 있는 행위를 입증하고 그 결과와 사이에 일련의 의료행위 외에 다른 원인이 개재될 수 없다는 점, 이를테면 환자에게 의료행위 이전에 그러한 결과의 원인이 될 만한 건강상의 결함이 없었다는 사정을 증명한 경우에 있어서는, 의료행위를 한 측이 그 결과가 의료상의 과실로 말미암은 것이 아니라 전혀 다른 원인으로 말미암은 것이라는 입증을 하지 아니하는 이상 의료상 과실과 결과 사이의 인과관계를 추정하여 손해배상책임을 지울 수 있도록 입증책임을 완화하는 것이 손해의 공평·타당한 부담을 그 지도원리로 하는 손해배상제도의 이상에 맞는다고 할 것이다(대법원 1995. 2. 10. 선고 93다52402 판결; 2012. 1. 27. 선고 2009다82275 판결).

1) 공해로 인한 손해배상청구소송에 있어 가해행위와 손해발생 사이에 있어야 할 인과관계의 증명에 관하여 이른바 개연성이론이 대두되어 그 이론이 사실인정에 작용하고 있음을 부인할 수 없는 추세에 있다. 개연성이론 그 자체가 확고하게 정립되어 있다고는 할 수 없으나 결론적으로 말하면 공해로 인한 불법행위에 있어서의 인과관계에 관하여 당해 행위가 없었더라면 결과가 발생하지 아니 하였으리라는 정도의 개연성이 있으면 그로써 족하다는 다시 말하면 침해행위와 손해와의 사이에 인과관계가 존재하는 상당정도의 가능성이 있다는 입증을 함으로써 족하고 가해자는 이에 대한 반증을 한 경우에만 인과관계를 부정할 수 있다고 하는 것으로, 이는 손해배상을 청구하는 원고에 입증책임이 있다는 종래의 입증책임 원칙을 유지하면서, 다만 피해자의 입증의 범위를 완화 내지 경감하는 반면 가해자의 반증의 범위를 확대하자는 것을 그 골자로 하고 있는 것으로 이해된다. 무릇 불법행위로 인한 손해배상에 있어서 불법행위의 성립요건으로서의 인과관계는 현실로 발생한 손해를 누구에게 배상책임을 지울 것인가를 가리기 위한 개념이므로 자연과학의 분야에서 말하는 인과관계가 아니라 법관의 자유심증에 터 잡아 얻어지는 확신에 의하여 인정되는 인과관계를 말한다 할 것인데, 이런 확신은 통상인이 일상생활에 있어서 그 정도의 판단을 얻을 때는 의심을 품지 않고 안심하고 행동할 것이라는 정도를 일컬어 말함이니 이런 관점에서 볼 때 개연성이론을 수긍 못할 바 아니다(대법원 1974. 12. 10. 선고 72다1774 판결).

2) 김홍엽, 671면.

화하고, 가해자가 이를 부인하려면 원인물질이 유해하지 않다는 등의 반증을 들어 다투어야 한다고 한다.[1] 판례는 공해소송에서 피해자가 유해물질의 배출, 피해물건에의 도달, 손해의 발생을 증명하면 인과관계의 존재를 일응 추정하고, 이에 대하여 가해자로 하여금 원인물질이 유해하지 않다는 반증을 들어 다투도록 하고 있는데, 이는 신개연성이론의 입장을 취한 것으로 평가되고 있다.[2]

# 제4절  증거조사

## Ⅰ. 증거조사의 개시

### 1. 증거신청

변론주의에 의하는 소송절차에서는 증거의 수집·제출책임이 당사자에게 있으므로 당사자의 증거신청이 있는 때에 한하여 증거조사가 이루어지는 것이 원칙이다. 증거신청은 서면 또는 구술로 한다(제161조 제1항). 증거신청에는 증명할 사실, 특정의 증거방법, 증명취지를 표시하여야 한다. 증명취지는 해당 증거방법과 증명할 사실의 관계를 말하는데, 구체적으로 명확히 밝혀야 한다(민사소송규칙 제74조). 또한 증명할 사실을 구체적으로 특정하여 증거신청을 하여야 한다. 증명할 사실을 구체적으로 특정하지 않은 채 먼저 증거신청부터 하고 증거조사를 통하여 자기의 구체적 주장의 기초자료를 얻어내고자 하는 이른바 모색적 증명은 증거신청의 남용을 초래할 우려가 있어 원칙적으로 허용되지 않는다. 다만, 증거의 구조적 편재를 시정할 필요가 있는 현대형 소송에서는 모색적 증명을 제한적으로 허용하자는 견해가 있다.[3] 모색적 증명을 제한적으로 허용하는 경우 증명할 사실을 구체적으로 특정하지 않아도 되므로 증거신청이 용이해지는 이점이 있다. 그런데 현행법상 모색적 증명이 허용되는 경우가 있다. 상대방이 소지하고 있는 문서의 표시나 취지를 구체적으로 특정하기 어려운 경우에 문서의 취지나 그 문서로 증명할 사실을 개괄적으로 표시하여 신청하면 상대방이 신청내용과 관련된 문서의 목록을 적어내도록 하

---

1) 한충수, 455면.
2) 대법원 1984. 6. 12. 선고 81다558 판결; 1997. 6. 27. 선고 95다2692 판결.
3) 김홍엽, 582면; 이시윤, 479면.

는 문서목록제출명령(제346조)은 일종의 모색적 증명의 하나로 볼 수 있을 것이다.

증거신청이 있으면 법원은 상대방에게 그 신청에 대하여 진술할 기회를 주어야 한다(제274조, 제283조). 진술의 기회를 주었음에도 의견의 제출이 없으면 증거조사에 위법이 있더라도 소송절차에 관한 이의권의 포기·상실로 그 하자가 치유되어 적법한 것이 된다. 증거신청은 증거조사 개시 전에는 상대방의 동의 없이 자유롭게 철회할 수 있다.[1] 그러나 증거조사가 개시된 후에는 상대방의 동의가 있어야 철회할 수 있다. 증거조사가 종료된 후에는 이미 증거신청의 목적이 달성되었으므로 철회가 허용되지 않는다.


## 2. 증거신청의 채부결정

증거신청을 하면 법원은 그 채택여부를 결정한다. 증거신청이 부적법한 경우, 예를 들어 증거방법의 불특정 또는 증명할 사실이나 증명취지의 불분명 등 신청방식이 부적법한 경우, 증거능력 없는 증거방법에 대한 증거신청인 경우, 시기에 늦은 증거신청인 경우 등에는 각하결정을 한다. 증거신청이 적법하더라도 증인의 행방불명이나 목적물의 분실 등 증거조사에 장애가 있는 경우에는 증거조사를 하지 않을 수 있다.

증거신청에 대한 채택여부는 법원의 직권에 속하는 재량사항이다. 따라서 법원은 증거신청이 적법하더라도 반드시 증거조사를 하여야 하는 것은 아니며, 필요하지 않다고 인정하는 때에는 증거조사를 하지 않을 수 있다(제290조 전단). 판례도 증거신청의 채부결정은 법원이 자유롭게 할 수 있는 직권사항이므로 반드시 명시적으로 증거의 채택여부를 결정할 필요가 없다고 한다.[2] 그리하여 증거조사의 일시·장소를 당사자에게 고지하여 참여의 기회를 부여하면 족하고, 채택여부를 보류한 증거에 대하여 불필요하다고 인정하는 경우 각하결정을 하지 않고 묵과하면 묵시적으로 각하한 것이 된다고 한다.[3]

---

1) 증거조사의 개시가 있기 전에는 그 증거신청을 자유로 철회할 수 있는 법리라 할 수 있을 것이므로 문서제출명령의 신청이 있고 그에 따른 제출명령이 있었다 하여도 그 문서가 법원에 제출되기 전에는 그 신청을 철회함에는 상대방의 동의를 필요로 하지 않는다(대법원 1971. 3. 23. 선고 70다3013 판결).

2) 대법원 1989. 9. 97. 선고 89마694 판결.

3) 당사자가 신청한 증거가 당사자의 주장사실에 대한 유일한 증거가 아닌 한 법원은 필요하지 아니하다고 인정한 것은 조사하지 아니할 수 있다. 원심이 원고의 필적 및 인영감정 신청에 대하여 별다른 판단을 하지 아니한 채 변론을 종결하고 판결을 선고한 사실이 명백하여 이는 원심이 원고의 위 필적 및 인영감정 신청을 묵시적으로 기각한 취지라고 할 것이고, 원심이 위 각 신청을 받아들이지 아니한 것에 어떤 잘못이 있다고 할 수 없다(대법원 1992. 9. 25. 선고 92누5096 판결); 문서제출명령신청에 대해서, 별다른 판단을 하지 아니한 채 변론을 종결하고 판결을 선고한 것은 문서제출명령신청을 묵시적으로 기각한 취지라고 할 것이니 이를 가리켜 판단유탈에

그러나 예외적으로 '유일한 증거'인 때에는 반드시 증거조사를 하여야 한다(동조 단서). 유일한 증거란 당사자로부터 신청된 주요사실에 대한 증거방법이 유일함을 말한다. 즉, 그 증거를 조사하지 않으면, 증명할 길이 없어 아무런 증명이 없는 것으로 되는 경우의 증거이다. 유일한 증거인지 여부는 사건 전체에 대해서가 아니라 쟁점 단위별로, 전체 심급을 통하여 판단하여야 한다. 유일한 증거는 주요사실에 대한 증거인 직접증거를 말하며, 간접사실이나 보조사실에 대한 증거인 간접증거는 포함되지 않는다. 또한 유일한 증거는 자기에게 증명책임이 있는 사항에 대한 증거로서 본증에 한하고 반증은 여기에 포함되지 않는다.[1] 그러나 유일한 증거라고 하더라도 증거신청이 실기한 공격방어방법으로 각하된 경우,[2] 증거신청서를 제출하지 않거나 증거조사비용을 납부하지 않은 경우,[3] 증인에 대한 송달불능 등 증거조사에 장애가 있는 경우[4] 등에는 증거조사를 하지 않을 수 있다. 유일한 증거에 대하여는 증거조사를 거부할 수 없을 뿐이고 그 증거조사의 결과를 채택하여야 하는 것은 아니다.

법원이 증거조사결정을 한 때에는 당사자에게 증거조사비용을 미리 내게 하여야 한다(제116조 제1항, 민사소송규칙 제77조 제1항). 당사자가 비용을 예납하지 않는 경우 법원은 증거조사결정을 취소할 수 있다(제116조 제2항, 동규칙 제77조 제2항).[5] 증거신청의 채부결정은 소송지휘에 관한 재판이므로 언제든지 취소·변경할 수 있으며(제222조), 독립한 불복신청이 허용되지 않는다. 다만, 합의사건의 변론준비절차에서 재판장 등이 한 증거신청의 채부결정에 대하여는 이의신청을 할 수 있고, 이에 대하여 법원은 결정으로 재판하여야 한다(제138조, 제281조 제2항). 또한 문서제출명령신청의 채부결정도 증거신청의 채부결정에 속하지만 문서제출명령의 중요성에 비추어 즉시항고를 허용하고 있다(제348조).

---

해당한다고는 볼 수 없다(대법원 2001. 5. 8. 선고 2000다35955 판결).

[1] 제263조 단서가 규정하는 유일한 증거라 함은 당사자가 입증책임이 있는 사항에 관한 유일한 증거를 말하는 것인바, 유언의 존재 및 내용이 입증사항인 이상 유서에 대한 필적과 무인의 감정은 반증에 불과하여 유일한 증거에 해당하지 않는다(대법원 1998. 6. 12. 선고 97다38510 판결).

[2] 피고의 증인신청을 채택하였으나 피고가 그 증인들의 소환비용을 예납하지 아니하고 그 기일에 출석도 하지 아니하여 그 증거채택을 취소하고 변론을 종결하였던바, 그 후 피고의 변론재개신청을 채택하여 기일을 지정 고지하였음에도 불구하고 피고는 출석하지 아니하고 다음 기일에 비로소 출석하여 이미 취소된 증인의 환문을 재차 신청하는 것은 시기에 늦은 공격방어방법이라고 볼 것이므로 원심이 이를 채택하지 아니하였다 하여 유일한 증거를 조사하지 아니하거나 심리미진의 위법이 있다고 할 수 없다(대법원 1968. 1. 31. 선고 67다2628 판결).

[3] 증인이 주장사실에 대한 유일한 증거방법이라 하더라도 당사자가 그 비용인 증인여비를 예납하지 않을 경우에는 그 증거채택을 취소할 수 있다(대법원 1969. 1. 21. 선고 68다2188 판결).

[4] 유일한 증인의 신청을 채택한 후 이 증인을 소환하였으나 기일에 출석하지 아니하여 여러 차례 구인까지 하려 하였으나 이것 또한 실패로 돌아간 경우에 유일한 증거방법을 조사하지 아니하였다고 허물할 수는 없다(대법원 1971. 7. 27. 선고 71다1195 판결).

[5] 반드시 증거조사를 할 필요가 있음에도 당사자가 소송비용을 예납하지 않는 경우에 그로 인하여 소송절차의 진행이 현저히 곤란한 때에는 그 비용을 국고에서 대납받아 지출할 수 있다(민사소송규칙 제20조).

## 3. 증거조사의 실시

당사자가 신청한 증거에 대하여 법원이 채택하는 결정을 하게 되면 증거조사가 실시된다. 현행법은 증인신문, 서증, 검증, 감정, 당사자신문, 그 밖의 증거에 대한 증거조사를 규정하고 있다. 이에 관한 자세한 내용은 후술한다.

## 4. 직권증거조사

직권증거조사는 당사자가 신청한 증거만 가지고는 심증을 얻을 수 없거나 그 밖에 필요한 경우에 보충적으로 허용된다(제292조). 다만, 소액사건과 증권관련집단소송에서는 보충성이 요구되지 않으며, 필요한 경우 법원은 직권으로 증거조사를 할 수 있다. 직권증거조사는 보충적으로 허용되는 것이므로 처음부터 조사해야 하는 것은 아니고 심리의 최종단계에 이르러 당사자 신청의 증거로 심증형성이 안 될 때에 하여야 한다. 심증형성이 어렵다고 하여도 법원이 반드시 직권증거조사를 해야 하는 것은 아니며, 직권증거조사를 할 것인지 여부는 법원의 재량이다.

직권증거조사의 비용은 증거조사에 의하여 이익을 받는 당사자에게 그 예납을 명하여야 하고, 이익을 받을 당사자가 분명하지 않은 경우에는 원고가 예납을 하여야 한다(제116조 제1항, 민사소송규칙 제19조 제1항 제3호 단서). 당사자가 비용을 예납하지 않으면 법원은 직권증거조사를 하지 않을 수 있다(제116조 제2항). 비송사건에서는 직권증거조사비용을 국고에서 체당한다(비송사건절차법 제30조).

## Ⅱ. 증인신문

### 1. 의의

증인신문이란 증인의 증언으로부터 증거자료를 얻는 증거조사를 말한다. 증인신청을 할 때에는 증인과 당사자의 관계, 증인이 사건에 관여하거나 내용을 알게 된 경위 등을 구체적으로 밝혀야 한다. 실무상으로는 정형화된 증인신청서를 사용하고 있다.

증인은 과거에 경험한 사실을 법원에 보고할 것을 명령받은 당사자 이외의 제3자이다. 증인은 과거에 자신이 경험한 사실을 진술하는 자이고 자기 의견을 진술하는 사람이 아니라는 점에서 특별한 학식과 경험을 가진 사람이 그 지식을 이용한 판단을 진술하는 감정인과 구별된다. 그런데 특별한 학식과 경험에 의하여 알게 된 사실을 법원에 보고하는 감정증인의 경우, 예를 들어 사고현장에 있던 의사가 사고경위나 피해상황에 관한 전문적 진술을 하는 경우에 증인신문절차에 의할지 아니면 감정절차에 의할지 의문이 있으나, 감정증인은 증인일 뿐이고 감정인이 아니므로 그 조사절차는 증인심문절차에 의하여야 할 것이다(제340조).

한편 증인은 법원에 진술하는 사람이라는 점에서 수사기관에 진술하는 참고인과 구별된다. 또한 증인은 당사자 이외의 제3자라는 점에서 당사자본인이나 당사자에 준하는 법정대리인은 증인이 될 수 없다. 공동소송인도 자신의 소송과 무관한 사항에 관하여는 증인이 될 수 있으나, 공동의 이해관계가 있는 사항에 대하여는 당사자신문을 하여야 한다.[1]

## 2. 증인의 의무

### (1) 출석의무

출석요구를 받은 증인은 지정된 일시·장소에 출석할 의무가 있다. 증인에 대한 출석요구서에는 당사자의 표시, 신문사항의 요지, 출석하지 않는 경우의 법률상 제재 등을 적어야 한다(제309조). 증인에 대한 출석요구서는 부득이한 사정이 없는 한 출석할 날보다 2일 전에 송달되어야 한다(민사소송규칙 제81조 제2항).[2] 증인이 정당한 사유 없이 출석하지 않는 때에는 법원은 결정으로 증인에게 이로 인한 소송비용을 부담하도록 명하고, 500만원 이하의 과태료에 처할 수 있다(제311조 제1항). 증인이 적법한 출석요구서를 받고 출석하지 않았어야 하므로, 증인에 대한 출석요구서가 송달되지 않은 경우에는 비록 증인이 불출석하였다고 하여도 이러한 제재를 가할 수 없다. 증인이 과태료재판을 받고도 정당한 사유 없이 다시 출석하지 않는 때에는 결정으로 증인을 7일 이내의 감치에 처할 수 있다(동조 제2항). 나아가 법원은 정당한 사유 없이 출석하지 않는 증인을 구인하도록 명할 수 있다(제312조). 과태료나 감치에 처하는 결정에 대하여 증인은 즉시항고를 할 수 있다(제311조 제8항 본문). 그러나 즉시항고를 하더라도 집행을 정지시키는 효력은 없다(동항 단서).

---

1) 김홍엽, 590면 및 591면; 이시윤, 489면 및 490면.
2) 현행 집중증거조사방식에서는 '증인대동, 여비직불'이라는 취지의 증인신청은 원칙적으로 허용되지 않으나, 증인신청서에 '증인대동, 여비직불'이라는 취지가 기재되어 있고 증인 명의의 여비포기서가 첨부되어 있더라도 신청인의 증인대동 여부와 관계없이 증인에 대한 출석요구절차를 반드시 실시하여야 한다.

### (2) 선서의무

증인은 신문에 앞서 선서할 의무가 있다. 다만, 특별한 사유가 있는 때에는 신문한 뒤에 선서하도록 할 수 있다(제319조). 16세 미만인 사람과 선서의 취지를 이해하지 못하는 사람은 선서무능력자로서 선서를 시키지 못한다(제322조). 후술하는 증언거부권자가 증언을 거부하지 않고 증언을 하는 경우에 선서를 면제할 수 있고(제323조), 증인이 자기 또는 친족이나 후견인 등과 현저한 이해관계가 있는 사항에 관하여 신문을 받을 때에는 선서를 거부할 수 있다(제324조).

선서를 거부하는 경우 그 이유를 소명하여야 한다(제326조 및 제316조). 재판장은 선서거부권이 있음을 고지할 의무가 없다.[1] 수소법원은 당사자를 심문하여 선서의 거부가 정당한지를 재판하고, 이 재판에 대하여 당사자 또는 증인은 즉시항고를 할 수 있다(제326조 및 제317조). 선서의 거부에 정당한 이유가 없다고 한 재판이 확정된 뒤에도 증인이 선서를 거부한 때에는 법원은 결정으로 증인에게 이로 인한 소송비용을 부담하도록 명하고, 500만원 이하의 과태료에 처할 수 있다(제326조, 제318조, 제311조 제1항).

### (3) 진술의무

증인은 신문에 대하여 구두로 진술할 의무가 있다. 그러나 증인은 그 증언이 자기, 자기의 친족이나 이러한 관계에 있었던 사람, 자기의 후견인이나 후견을 받는 사람이 공소제기되거나 유죄판결을 받을 염려가 있는 사항 또는 자기나 위 사람들에게 치욕이 될 사항에 관한 것인 때에는 증언을 거부할 수 있고(제314조), 변호사·변리사·공증인·공인회계사·세무사·의료인·약사 그 밖에 법령에 따라 비밀을 지킬 의무가 있는 직책 또는 종교의 직책에 있거나 이러한 직책에 있었던 사람이 직무상 비밀에 속하는 사항에 대하여 신문을 받을 때, 기술이나 직업의 비밀에 속하는 사항에 대하여 신문을 받을 때에도 증언을 거부할 수 있다(제315조).

증언거부에 대한 재판 및 제재는 선서거부에 있어서와 동일하다. 그리하여 증언을 거부하는 경우 선서거부와 마찬가지로 증인은 그 이유를 소명하여야 하며(제316조), 수소법원은 증언거부가 정당한지를 재판하고, 이에 대하여 당사자 또는 증인은 즉시항고를 할 수 있다(제317조). 형사소송(형사소송법 제160조)에서와 달리 민사소송의 경우 재판장은 증언거부권이 있음을 고지할 의무가 없다.[2] 증언거부에 정당한 이유가 없음에도 증인이 증언을 거부한 때에는 증인은 소송

---

1) 선서를 거부할 수 있는 증인이 선서를 거부하지 아니하고 증언을 한 경우에 재판장이 선서거부권이 있음을 고지하지 아니하였다고 하여 위법이라고 할 수 없다(대법원 1971. 4. 30. 선고 71다452 판결).
2) 형사소송법은 증언거부권에 관한 규정(제148조, 제149조)과 함께 재판장의 증언거부권 고지의무에 관하여도 규정하고 있는 반면(제160조), 민사소송법은 증언거부권 제도를 두면서도(제314조 내지 제316조) 증언거부권 고

비용을 부담하거나 500만원 이하의 과태료에 처해질 수 있다(제318조, 제311조 제1항).

## 3. 증인신문의 절차

### (1) 증인신문사항의 제출

증인신청을 한 당사자는 법원이 정한 기한까지 증인신문사항을 적은 서면을 법원에 제출하여야 하고(민사소송규칙 제80조 제1항), 법원은 증인신문사항을 상대방에게 송달하여야 한다(동조 제2항). 증인신문사항을 송달받은 상대방은 이에 대한 반대신문사항을 작성하게 되는데, 실무상 반대신문사항은 증인신문기일에 반대신문을 할 때 재판부에 제출한다.

### (2) 신문 전 절차

증인이 출석하면, 먼저 재판장이 증인의 인적사항을 확인한다. 이후 재판장은 선서의 취지를 밝히고 위증의 벌을 경고한 후 증인으로 하여금 소리내어 읽고 기명날인 또는 서명하게 한다(제320조, 제321조). 선서한 증인이 허위 진술을 하면 형법상 위증죄가 성립한다.

### (3) 증인신문의 진행

#### 1) 구술신문과 격리신문

증인은 말로 진술함이 원칙이고, 서류에 의하여 진술하지 못한다(제331조). 다만, 당사자는 재판장의 허가를 받아 문서·도면·사진·모형·장치, 그 밖의 물건을 이용하여 신문할 수 있다(제331조 단서, 민사소송규칙 제96조 제1항).[1] 같은 기일에 두 사람 이상의 증인을 신문하는 경우

---

지에 관한 규정을 따로 두고 있지 않다. 우리 입법자는 제정 당시부터 증언거부권 및 그 고지 규정을 둔 형사소송법과는 달리 그 후 민사소송법을 제정할 때 증언거부권제도를 두면서도 그 고지 규정을 두지 아니하였고, 민사소송법을 개정하면서도 같은 입장을 유지하였다. 이러한 입법 경위 및 규정 내용에 비추어 볼 때, 이는 양 절차에 존재하는 목적·적용원리 등의 차이를 염두에 둔 입법적 선택으로 보인다. 더구나 민사소송법은 형사소송법과 달리, '선서거부권 제도'(제324조), '선서면제 제도'(제323조) 등 증인으로 하여금 위증죄의 위험에서 벗어날 수 있도록 하는 이중의 장치를 마련하고 있어 증언거부권 고지 규정을 두지 아니한 것이 입법의 불비라거나 증언거부권 있는 증인의 침묵할 수 있는 권리를 부당하게 침해하는 입법이라고 볼 수도 없다. 그렇다면 민사소송절차에서 재판장이 증인에게 증언거부권을 고지하지 아니하였다 하여 절차위반의 위법이 있다고 할 수 없다(대법원 2011. 7. 28. 선고 2009도14928 판결).

1) 문서, 도면 등이 증거로 제출될 것인 경우에는 먼저 증거조사를 하여야 한다. 증거조사를 하지 않은 경우에는 신문에 앞서 상대방에게 열람할 기회를 주어야 한다. 다만, 상대방의 이의가 없는 때에는 그렇지 않다(민사소송

에는 따로따로 신문하여야 하고, 나중에 신문할 증인은 법정에서 나가도록 하는 것이 원칙이다 (제328조 제1항 및 제2항). 재판장은 필요한 경우 증인 상호간의 대질을 명할 수 있다(제329조).

### 2) 교호신문(交互訊問)

증인신문은 교호신문방식에 의한다. 그리하여 증인신문은 증인신청을 한 당사자의 신문(주신문), 상대방의 신문(반대신문), 증인신청을 한 당사자의 재신문(재주신문)의 순으로 진행한다(민사소송규칙 제89조 제1항). 그 이후의 신문(재반대신문, 재재주신문 등)은 재판장의 허가를 얻은 경우에 한하여 허용된다(동조 제2항).

주신문에서는 허위증언을 유도할 위험성 때문에 유도신문(leading question)이 금지된다(동규칙 제91조 제2항). 유도신문이란 신문자가 바라는 답변을 질문 자체에 내포하거나 암시하는 질문을 말한다. '예' 또는 '아니오'로 답변할 수 있는 질문이 유도신문의 가장 일반적인 형식이다. 물론 질문의 형식이 '예' 또는 '아니오'의 답변을 요구한다고 하여 항상 유도신문에 해당하는 것은 아니고, 신문을 하는 사람이 원하는 답을 암시하고 있는지 여부에 달려 있다. 그러나 반대신문에서는 필요한 경우 유도신문을 할 수 있다(동규칙 제92조 제2항). 다만, 재판장이 유도신문의 방법이 상당하지 않다고 인정하는 때에는 제한할 수 있다(동조 제3항).

반대신문은 주신문에 나타난 사항과 이에 관련된 사항에 관하여 한다(동조 제1항). 반대신문에서 주신문에 나타나지 않은 새로운 사항에 관하여 신문하고자 하는 경우에는 재판장의 허가를 얻어야 하고, 그 신문은 주신문으로 본다(동조 제4항 및 제5항). 재판장은 당사자에 의한 신문이 끝난 후에 신문하는 것이 원칙이나, 필요한 경우 당사자의 신문 도중이라도 스스로 증인을 신문할 수 있다(제327조 제2항 및 제3항).

### (4) 그 밖의 증인조사방식

### 1) 증인진술서의 제출

법원은 효율적인 증인신문을 위하여 필요하다고 인정하는 때에는 증인을 신청한 당사자에게 증인진술서를 제출하게 할 수 있다(민사소송규칙 제79조 제1항). 증인진술서에는 증언할 내용을 그 시간 순서에 따라 적고, 증인이 서명날인하여야 한다(동조 제2항). 당사자가 증인진술서를 제출하면 법원은 상대방에게 미리 증인진술서를 송달하고, 법정에서는 쟁점사항에 한정하여 주신문을 하며 나머지 입증사실에 관하여는 증인진술서가 사실대로 작성되었다는 취지의 증언을

---

규칙 제96조 제2항).

한 다음 반대신문을 하는 방식으로 운영된다. 증인진술서 제출방식은 쟁점사항에 한정하여 주신문을 실시함으로써 종래 교호신문방식에 따른 비효율성을 극복하기 위한 조사방식이다. 가족, 친지, 직원 등 증인을 신청한 당사자의 지배영역 내에 있는 증인에 대하여는 증인진술서의 제출을 명하는 것을 원칙으로 하고 있다.

증인진술서는 서증으로 취급된다. 즉, 증인진술서는 그 기재내용이 법정에서 진술되지 않는 한 서증으로 남게 된다. 그러나 증인진술서를 제출한 증인이 불출석한 경우 그 증인진술서를 채택하면 상대방의 반대신문권이 사실상 침해되는 결과가 되므로 원칙적으로 증인진술서를 서증으로 채택하지 않는 것이 바람직하다. 판례는 증인이 법정에서 선서한 후 증인진술서에 기재된 구체적인 내용에 관하여 진술함이 없이 단지 그 증인진술서에 기재된 내용이 사실대로라는 취지의 진술만을 한 경우에는 증인진술서는 자체로 서증에 불과하고, 증인신문의 방법은 개별적·구체적이어야 한다는 점(민사소송규칙 제95조 제1항)에서 비록 증인진술서에 기재된 내용에 허위가 있더라도 위증죄로 처벌할 수 없다고 한다.[1]

증인진술서를 서증으로 취급하고 주신문절차에서 증인진술서의 진정성립만 확인한 채 주신문을 갈음하는 방식으로 운영하는 것은 상대방의 반대신문권을 침해하고 증인신문의 구술주의·직접주의를 형해화할 우려가 있다.[2] 증인의 증언을 보다 명확히 하고 상대방의 반대신문이 효율적으로 이루어질 수 있도록 운영되어야 할 것이다.

## 2) 서면에 의한 증언

법원은 증인과 증명할 사항의 내용 등을 고려하여 상당하다고 인정하는 경우에는 증인의 출석·증언에 갈음하여 증언할 사항을 적은 서면을 제출하게 할 수 있다(제310조 제1항). 서면에 의한 증언을 할지 여부는 법원이 직권으로 정한다. 법원은 증인신청을 한 당사자에게 증인신문사항을, 상대방에게 증인에게 회답을 바라는 사항을 적은 서면을 각각 제출하게 하고 증인에게 서면증언을 명한다(민사소송규칙 제84조 제1항). 증인은 증언할 사항을 적은 서면에 서명날인하여

---

[1] 민사소송규칙 제79조 제1항은 증인진술서제도를 채택하고 있는데 이러한 증인진술서는 그 자체로는 서증에 불과하여 그 기재내용이 법정에서 진술되지 아니하는 한 여전히 서증으로 남게 되는 점, 제331조가 원칙적으로 증인으로 하여금 서류에 의하여 진술을 하지 못하도록 규정하고 있는 점, 민사소송규칙 제95조 제1항이 증인신문의 방법에 관하여 개별적이고 구체적으로 하여야 한다고 규정하고 있는 점 등에 비추어 볼 때, 증인이 법정에서 선서 후 증인진술서에 기재된 구체적인 내용에 관하여 진술함이 없이 단지 그 증인진술서에 기재된 내용이 사실대로라는 취지의 진술만을 한 경우에는 그것이 증인진술서에 기재된 내용 중 특정 사항을 구체적으로 진술한 것과 같이 볼 수 있는 등의 특별한 사정이 없는 한 증인이 그 증인진술서에 기재된 구체적인 내용을 기억하여 반복 진술한 것으로는 볼 수 없으므로, 가사 거기에 기재된 내용에 허위가 있다 하더라도 그 부분에 관하여 법정에서 증언한 것으로 보아 위증죄로 처벌할 수는 없다고 할 것이다(대법원 2010. 5. 13. 선고 2007도1397 판결).
[2] 이시윤, 495면; 한충수, 472면 및 473면.

법원에 제출하여야 한다(동조 제3항). 법원에 제출된 서면증언은 서증으로 제출하는 증인진술서와 달리 변론기일에 현출됨으로써 증언으로서의 효력을 갖고, 신청한 당사자가 원용할 필요가 없다. 그 현출절차는 서면증언의 도착사실을 고지하고 당사자들에게 그에 대한 의견진술의 기회를 부여하는 방식으로 한다. 법원은 상대방의 이의가 있거나 필요하다고 인정하는 경우에는 서면증언을 한 증인을 출석·증언하게 할 수 있다(제310조 제2항). 여기서 상대방의 이의는 법원의 직권발동을 촉구하는 의미를 갖는데 불과하므로 그 이의를 받아들이지 않더라도 서면증언은 증언으로서의 효력을 갖는다.

공시송달사건, 피고가 형식적인 답변서만 제출하고 출석하지 않는 사건, 사건의 경위나 정황 등 당사자 사이의 실질적 다툼의 대상이 되지 않는 사실에 대하여 진술하는 경우, 객관적으로 기재된 문서를 전문적 지식에 의하여 설명·정리하는 경우(회계·경리관계, 의사의 진료관계), 장기간에 걸쳐 발생한 당사자 사이의 사실관계를 시간의 경과에 따라 정리하는 경우(부부·친족 사이의 소송에서 가족의 진술) 등 상대방의 반대신문권을 보장할 필요성이 크지 않는 사건에서 주로 활용된다.[1] 법원은 당사자가 아니라 증인에 대하여 서면의 제출을 명하고, 증인은 법정에 출석·증언하지 않는 것이 원칙이며, 제출된 서면은 서증이 아니라 증언이다. 서면은 공정증서일 필요가 없다. 서면증언을 한 경우 선서의무가 면제되므로 그 내용이 허위이더라도 위증죄로 처벌되지 않는다.

### 3) 인증진술서의 제출

증인으로 될 사람이 증언할 사항을 진술서로 작성하여 공증인의 인증을 받아 법원에 제출하는 인증진술서가 실무상 많이 활용되고 있다. 단순히 인증만을 받아 제출할 수도 있지만, 공증인 앞에서 선서한 인증서를 제출할 수도 있다. 즉, 증인으로 될 사람이 진술서에 적힌 내용이 진실함을 공증인 앞에서 선서하고 서명 또는 날인하면, 공증인이 이를 확인하고 선서 사실을 증서에 적은 다음, 그 선서인증서를 법원에 제출할 수 있다(공증인법 제57조의2). 선서인증은 증인으로 될 자 본인이 하여야 하고, 대리인이 할 수는 없다. 선서인증서의 내용이 거짓인 경우 위증죄로 처벌되는 것은 아니며, 300만원 이하의 과태료가 부과된다(동법 제90조).

---

[1] 김홍엽, 596면; 이시윤, 496면.

# Ⅲ. 감정

## 1. 의의

감정이란 특별한 학식과 경험을 가진 사람에게 그 전문적 지식 또는 그 지식을 이용한 판단을 소송상 보고시켜, 법관의 판단능력을 보충하기 위한 증거조사를 말한다. 감정인은 자신의 전문적인 지식에 근거한 판단을 보고하는 사람이라는 점에서 과거에 자신이 경험한 사실을 법원에 보고하는 증인과 구별된다. 실무상으로는 교통사고로 인한 노동능력의 상실정도, 필적·인영의 동일성, 부동산의 임대료나 공사비 등에 대한 감정이 많이 행해지고 있다.

전문적 지식을 필요로 하는 경우 감정인을 선임하여 감정을 촉탁할 수도 있지만, 해당 전문적 지식을 갖춘 전문심리위원을 소송절차에 참여시켜 설명이나 의견을 들을 수도 있다. 법원은 직권 또는 당사자의 신청에 따른 결정으로 전문심리위원을 지정하여 소송절차에 참여하게 할 수 있고, 전문심리위원은 설명 또는 의견을 기재한 서면을 제출하거나 기일에 출석하여 설명을 하거나 의견을 진술할 수 있다(제164조의2 제1항 및 제2항). 전문심리위원은 선서하지 않으며, 그 설명이나 의견은 감정인의 감정결과와는 달리 증거자료가 되지 않는다.[1]

## 2. 감정의무

감정에 필요한 학식과 경험이 있는 사람은 감정할 의무가 있다(제334조 제1항). 그 내용은 출석의무, 선서의무, 감정의견보고의무이다. 이러한 의무위반의 경우 증인의무위반의 제재규정이 준용된다(제333조 본문). 다만, 감치에 처해지거나 구인되지는 않는다(동조 단서). 선서하지 않은 감정인에 의한 감정결과는 증거능력이 없다. 그러나 당사자가 그 감정결과를 기재한 서면을 서증으로 제출하고 법원이 그 내용이 합리적이라고 인정하는 때에는 사실인정의 자료로 삼을 수 있다.[2]

---

1) 김홍엽, 597면; 이시윤, 502면.
2) 선서하지 아니한 감정인에 의한 감정결과는 증거능력이 없으므로, 이를 사실인정의 자료로 삼을 수 없다 할 것이나, 한편 소송법상 감정인신문이나 감정의 촉탁방법에 의한 것이 아니고 소송 외에서 전문적인 학식·경험이 있는 자가 작성한 감정의견을 기재한 서면이라 하더라도 그 서면이 서증으로 제출되었을 때 법원이 이를 합리적이라고 인정하면 이를 사실인정의 자료로 할 수 있다는 것인바, 법원이 감정인을 지정하고 그에게 감정을 명하면서 착오로 감정인으로부터 선서를 받는 것을 누락함으로 말미암아 그 감정인에 의한 감정결과가 증거능력이 없게 된 경우라도 그 감정인이 작성한 감정결과를 기재한 서면이 당사자에 의하여 서증으로 제출되고, 법원

## 3. 감정절차

감정절차는 증인신문절차에 준한다(제333조 본문). 다만, 교호신문방식은 준용되지 않는다. 신청에 의하는 것이 원칙이지만, 직권으로 감정을 명할 수도 있다. 신청을 함에는 감정을 구하는 사항을 적은 서면을 법원에 제출하여야 하고, 법원은 그 서면을 상대방에게 송달하여 의견을 제출하게 할 수 있다. 감정신청을 할 때 감정인을 지정할 필요가 없으며, 표시되어도 법원에 추천하는 이상의 의미가 없고, 법원은 감정인의 지정을 위한 인선에 있어서 신청에 구속되지 않는다.

감정인의 선정은 법원행정처에서 작성한 '감정인선정 전산프로그램'에 의하여 선정하는 것이 원칙이나, 양쪽 당사자가 합의하여 특정감정인에 대한 감정인선정을 신청하였을 경우에는 그렇지 않다.[1] 감정인은 감정을 위하여 필요한 경우에는 법원의 허가를 얻어 다른 사람의 토지, 주거, 관리중인 가옥, 건조물, 항공기, 선박, 차량, 그 밖의 시설물 안에 들어갈 수 있다. 이 경우 저항을 받을 때에는 감정인은 국가경찰공무원에게 원조를 요청할 수 있다(제342조).

감정결과의 보고는 감정인이 변론기일 또는 감정인신문기일에 구술로 하고, 기일 외에서는 서면으로 한다. 실무상으로는 기일 외에서의 서면보고, 즉 감정서의 제출이 통례이다. 법원은 감정을 명한 후라도 감정서를 제출하지 않거나 구술로 감정보고를 하기 전까지는 감정인지정을 취소할 수 있다. 그러나 이 경우에도 감정인에게 감정에 소요된 여비와 감정료 등은 지급하여야 한다.

## 4. 감정촉탁

법원은 필요하다고 인정하는 경우에는 공공기관, 학교 그 밖에 상당한 설비가 있는 단체 또는 외국의 공공기관에 감정을 촉탁할 수 있다(제341조 제1항 전단). 감정촉탁은 통상의 감정에서와는 달리 법관이 감정인과 함께 현장에 가서 감정대상물을 직접 확인하는 절차를 거치지 않고 실시하므로 감정대상물에 혼동이 생길 염려가 있는 경우에는 감정촉탁에 의할 수 없다.[2] 또한 감정촉탁은 개인에 대해서는 할 수 없다. 감정촉탁에는 선서에 관한 규정이 적용되지 않아(동항 후단), 감정촉탁을 받은 사람은 선서의무와 진술의무가 면제된다. 이와 같이 선서에 관한 규정

---

이 그 내용을 합리적이라고 인정하는 때에는 이를 사실인정의 자료로 삼을 수 있다(대법원 2006. 5. 25. 선고 2005다77848 판결).

1) 감정인 등 선정과 감정료 산정기준 등에 관한 예규 제4조 제1항.
2) 이시윤, 504면.

이 적용되지 않는 이유는 감정촉탁을 받은 사람이 공정하고 신뢰할 수 있는 권위 있는 기관이기 때문이다. 그리하여 감정촉탁은 감정의 공정성과 진실성 및 전문성을 담보할 수 있는 권위 있는 기관에 대하여 이루어져야 하고, 비록 고도의 전문지식을 가진 사람의 감정이더라도 이러한 요건을 갖추지 못한 자연인의 감정이라면 통상의 감정절차에 따라 선서를 하여야 하며, 그러한 선서 없이 이루어진 감정결과는 증거능력이 부인된다.[1] 감정촉탁에 의하여 제출된 감정서가 불분명하거나 불비한 점이 있으면 감정촉탁을 받은 기관에게 감정서에 대한 설명을 요구할 수 있다(제341조 제2항).

## 5. 감정결과의 채택

감정결과를 재판자료로 하기 위해서는 실무상 당사자가 감정결과를 원용한다는 진술을 하는 것이 일반적이지만, 수소법원에 의해 감정결과가 법정에 현출된 이상 당사자가 이를 증거로 원용하지 않는 경우에도 법원으로서는 증거자료로 할 수 있다.[2]

감정결과를 증거로 채용할지 여부는 법관의 자유심증에 의한다. 동일사항에 대하여 상반된 여러 개의 감정결과가 있을 때 그 중 어느 것을 채용하여도 그것이 논리법칙이나 경험법칙에 위배되지 않는 한 적법하고,[3] 채용하지 않은 다른 것에 대하여 배척하는 이유를 설시하지 않아

---

1) 제341조는 공무소, 학교 기타 상당한 설비있는 단체 또는 외국공무소 등 자연인 아닌 기관에 대하여 감정을 촉탁할 수 있도록 하고 이는 공무소나 학교 등 전문적 연구시설을 갖춘 권위있는 기관에 대한 촉탁인 까닭에 감정인 선서에 관한 규정을 적용하지 않는다고 규정하고 있으므로, 이 제341조에 의한 감정이라면 위와 같은 권위있는 기관에 의하여 그 공정성과 진실성 및 그 전문성이 담보 되어야 할 것인데, 원심의 신체감정촉탁에 의하여 감정서를 제출한 위 주○○의 이름으로 된 감정결과가 이 요건을 갖추지 아니하였음은 그 기재 자체에 의하여서도 명백하고, 한편 고도로 전문지식을 가진 사람의 감정이라고 하더라도 위와 같은 요건을 갖추지 아니한 자연인의 감정이라면 민사소송법이 정하는 절차에 따라 선서를 하여야 할 것임에도 불구하고 위 주○○가 감정인으로서 선서를 한 흔적을 일건기록상 찾아볼 수 없는 이 사건에 있어서 원심의 용의신감정결과는 그 신빙성은 물론 적법한 증거능력조차 없다고 할 것임에도 불구하고, 원심이 제1심의 서울대학교 의과대학 부속병원의 신체감정촉탁결과를 배척하고 그 결과내용에 있어서도 전후 모순이 엿보이고 경험상 의문이 있는 신빙성과 증거능력이 없는 위 주○○의 감정결과를 취신하였음은 제341조의 법리를 오해하고 채증법칙에 위반하여 사실을 오인한 잘못을 저지른 위법이 있다(대법원 1982. 8. 24. 선고 82다카317 판결).
2) 감정인의 감정결과는 당사자가 이를 증거로 원용하지 않는 경우에도 법원으로서는 증거로 할 수 있다(대법원 1994. 8. 26. 선고 94누2718 판결).
3) 감정은 법원이 어떤 사항을 판단함에 있어 특별한 지식과 경험칙을 필요로 하는 경우에 그 판단의 보조수단으로서 그러한 지식경험을 이용하는 데 지나지 아니하므로 동일한 사실에 관하여 상반되는 감정결과가 있을 때 법관이 그 하나에 의거하여 사실을 인정하였으면 그것이 경험칙이나 논리법칙에 위배되지 않는 한 위법이라고 할 수 없고, 당사자의 주장사실에 대한 유일한 증거가 아닌 한 증거의 채부는 법원이 자유로이 결정할 수 있는 재량사항이다(대법원 2006. 11. 23. 선고 2004다60447 판결; 2015. 2. 12. 선고 2012다6851 판결).

도 된다는 것이 판례이다.[1] 그러나 동일한 감정인이 동일한 감정사항에 대해 모순되거나 불명료한 감정의견을 내었을 때에는 감정서의 보충을 명하거나 감정증인으로 신문하는 등 적극적 조치를 취하여야 한다.[2]

## 6. 전문심리위원

첨단산업분야, 지식재산권, 건설공사, 국제금융분야, 파생금융상품 등 전문적인 지식을 요구하는 소송에 있어서 관련분야의 전문가를 소송절차에 참여시켜 설명이나 의견을 청취함으로써 재판의 전문성을 높이고 재판절차가 충실히 진행되도록 할 필요가 있다. 이를 위하여 도입된 것이 전문심리위원제도이다.

법원은 소송관계를 분명하게 하거나 소송절차를 원활하게 진행하기 위하여 직권 또는 당사자의 신청에 따른 결정으로 전문심리위원을 지정하여 증거조사·화해 등을 포함한 소송절차에 참여하게 할 수 있다(제164조의2 제1항). 민사소송절차뿐만 아니라 가사소송절차, 행정소송절차, 특허소송절차에 참여할 수 있으며, 심급의 제한이 없다. 다만, 조정절차는 기본적으로 비송절차의 성격이 있고, 전문심리위원에 관한 민사소송법의 규정을 준용하고 있지 않으므로 조정절차에는 참여할 수 없다. 전문심리위원 참여결정은 그 소송이 종료할 때까지 그 효력이 유지되므로, 전문심리위원은 그 소송절차가 종료할 때까지 계속하여 참여하게 된다.

전문심리위원은 전문적인 지식을 필요로 하는 소송절차에서 설명 또는 의견을 기재한 서면을 제출하거나 기일에 출석하여 설명이나 의견을 진술할 수 있다. 다만, 당사자들의 동의가 있더라도 재판의 합의에는 참여할 수 없다(제164조의2 제2항). 전문심리위원은 기일에 재판장의 허가를 받아 당사자, 증인 또는 감정인 등 소송관계인에게 직접 질문할 수 있다(동조 제3항). 법원은 전문심리위원이 제출한 서면이나 전문심리위원의 설명 또는 의견의 진술에 관하여 당사자에게 구술 또는 서면에 의한 의견진술의 기회를 주어야 한다(동조 제4항). 그러나 전문심리위원의 설명이나 의견은 감정인의 감정결과와는 달리 증거자료가 되지 않으며, 선서도 하지 않는다.

---

1) 동일한 사실에 관하여 상반되는 수개의 감정결과가 있을 때에 법원이 그 중 하나를 채용하여 사실을 인정하였다면 그것이 경험칙이나 논리법칙에 위배되지 않는 한 적법하고, 어느 하나를 채용하고 그 나머지를 배척하는 이유를 구체적으로 명시할 필요가 없다(대법원 1989. 6. 27. 선고 88다카14076 판결).

2) 동일한 감정인이 동일한 감정사항에 대하여 서로 모순되거나 매우 불명료한 감정의견을 내놓고 있는 경우에, 법원이 위 감정서를 직접 증거로 채용하여 사실인정을 하기 위하여는 특별히 다른 증거자료가 뒷받침되지 않는 한, 그 감정인에 대하여 감정서의 보완을 명하거나 감정증인으로의 신문방법 등을 통하여 정확한 감정의견을 밝히도록 하는 등의 적극적인 조치를 강구하여야 마땅할 것이다(대법원 2008. 3. 27. 선고 2007다16519 판결).

법원은 상당하다고 인정하는 때에는 직권이나 당사자의 신청으로 전문심리위원 참여결정을 취소할 수 있다(임의적 취소, 제164조의3 제1항). 그러나 당사자가 합의로 전문심리위원 참여결정을 취소할 것을 신청하는 때에는 법원은 취소신청이유의 당부를 판단할 필요 없이 그 결정을 취소하여야 한다(필수적 취소, 동조 제2항). 전문심리위원에게도 제척·기피에 관한 규정(제41조 내지 제45조 및 제47조)이 준용된다(제164조의5 제1항). 제척·기피신청을 받은 전문심리위원은 그 신청에 관한 결정이 확정될 때까지 그 신청이 있는 사건의 소송절차에 참여할 수 없으며, 이 경우 전문심리위원은 제척·기피신청에 대하여 의견을 진술할 수 있다(동조 제2항).

## Ⅳ. 서증

### 1. 의의

서증이란 문서를 열람하여 그에 기재된 의미내용을 증거자료로 하기 위한 증거조사를 말한다. 문서의 기재내용을 증거자료로 하는 것이 서증이기 때문에, 문서의 지질·형상 등 외형존재 자체를 증거자료로 할 때에는 서증이 아니라 검증이다.[1] 따라서 위조문서라는 입증취지로 제출한 문서는 서증의 대상이 아니고 검증물이 된다. 또한 동영상 파일은 문서가 아니므로 서증이 아니라 검증의 방법에 의하여야 하고, 사진이나 도면 등은 그 사진·도면의 형태, 담겨진 내용 등을 종합하여 서증에 의할지 아니면 검증이나 감정에 의할지 여부를 판단하여야 한다.[2] 당해 사건에 있어서 증거조사의 결과를 기재한 문서, 즉 증인신문조서, 검증조서, 감정조서 등은 서증의 대상이 되지 않으나, 다른 사건의 소송상 조서는 서증의 대상이 된다.

---

[1] 일방 당사자가 증거서류를 제출한 취지가 그 서류가 위조되었다는 사실을 입증하기 위한 것일 뿐, 거기에 기재된 사상이나 내용을 증거로 하려는 것이 아니어서 서증으로 제출한 것이 아님을 알 수 있는데도, 상대방이 그 서류의 진정성립을 인정하였다는 이유로 그 진정성립에 다툼이 없다고 판단하고 그 기재에 의하여 상대방 당사자의 주장사실을 인정한 원심판결에는 당사자의 주장을 오인하고 증거 없이 사실을 인정함으로써 판결에 영향을 미친 위법이 있다 할 것이다(대법원 1992. 7. 10. 선고 92다12919 판결).

[2] 동영상 파일은 검증의 방법으로 증거조사를 하여야 하므로 문서제출명령의 대상이 될 수 없고, 사진이나 도면의 경우에는 그 사진·도면의 형태, 담겨진 내용 등을 종합하여 감정·서증·검증의 방법 중 가장 적절한 증거조사 방법을 택하여 이를 준용하여야 한다(대법원 2010. 7. 14. 자 2009마2105 결정).

## 2. 문서의 종류

### (1) 공문서, 사문서

공무원이 그 직무권한 내의 사항에 관하여 직무상 작성한 문서를 '공문서(예를 들어, 등기부등본, 주민등록등본 등)'라 하고, 그 이외의 문서는 '사문서'이다. 예를 들어, 등기부등본, 주민등록등본, 공증인이 작성한 공정증서 등이 공문서에 속하고, 공증인이 작성한 사서증서의 인증부분도 공문서에 해당된다(공증인법 제57조). 후술하는 바와 같이 공문서는 진정하게 성립된 것으로 추정되나(제356조 제1항), 사문서는 본인 또는 대리인의 서명이나 날인 등이 있는 때에 한하여 진정한 것으로 추정된다(제358조). 즉, 공문서는 전면적 추정력을 갖지만, 사문서는 제한적 추정력을 갖는데 그친다.

사문서에 공무원이 직무상 일정한 사항을 기입해 넣은 공사병존문서(公私竝存文書)의 경우 공문서 부분의 진정성립으로 사문서 부분의 진정성립이 추정되지 않는다.[1] 예를 들어, 등기관이 부동산의 매매계약서에 등기필을 기입한 등기필증, 내용증명우편에 의한 통지서, 확정일자를 갖춘 임대계약서 등에 있어서 '등기필',[2] '내용증명', '확정일자'가 공문서 부분이 되는데, 공문서 부분의 진정성립으로 사문서 부분, 즉 '매매계약서', '통지서', '임대계약서'의 진정성립이 추정되지 않는다.

### (2) 처분문서, 보고문서

증명하고자 하는 법률적 행위가 그 문서 자체에 의하여 이루어진 경우의 문서를 '처분문서'라고 하고, 작성자가 보고 듣고 느끼고 판단한 바를 기재한 문서를 '보고문서'라고 한다. 예를 들어, 계약서나 차용증서 등은 처분문서에 속하고, 의사록이나 상업장부 또는 진단서 등은 보고문서에 속한다. 처분문서는 형식적 증거력이 인정되면 실질적 증거력이 추정된다.

### (3) 원본, 정본, 등본, 초본

원본은 문서 그 자체를 말하고, 정본은 정본이라고 표시한 문서의 등본으로서 원본과 같은

---

1) 공문서와 사문서가 병존해 있는 문서는 공문서부분의 성립이 인정된다고 해서 사문서부분까지 진정성립을 추정할 수 없다(대법원 1976. 5. 11. 선고 73다616 판결).
2) 부동산등기법은 새로운 권리에 관한 등기를 마쳤을 때 등기권리자에게 등기필정보를 통지하도록 규정하고 있다(제50조 제1항). 다만, 종전 법규정에 따라 등기필증을 발급받은 경우에는 등기신청을 할 때 등기필정보통지서에 갈음하여 종전 등기필증을 첨부하도록 하고 있다(부칙 제2조). 등기필정보통지서는 공문서이다.

효력이 인정되는 것을 말한다. 등본은 원본 전부의 사본이고, 초본은 그 일부의 사본이다. 인증기관이 공증한 등본을 인증등본이라고 한다. 법원에 문서를 제출하거나 보낼 때에는 원본, 정본 또는 인증등본으로 하여야 한다(제355조 제1항).

## 3. 문서의 증거능력

민사소송에서는 형사소송에서와는 달리 증거능력에 제한이 없음이 원칙이다.[1] 서증의 사본도 증거능력이 있으며,[2] 형사사건의 각종 조서 또는 소제기 이후 그 소송에 사용하기 위하여 작성된 사문서도 증거능력이 부인되지 않는다.[3]

## 4. 문서의 증거력

### (1) 문서의 형식적 증거력

#### 1) 의의

문서의 형식적 증거력이란 문서가 신청자가 주장하는 작성자의 의사에 기하여 작성된 것이고 다른 사람에 의하여 위조된 것이 아니라는 것을 말한다. 위조되지 않고 진정하게 작성된 문서를 형식적 증거력이 있다고 한다. 이와 같이 문서의 형식적 증거력은 문서의 진정성립을 의미한다는 점에서 문서 기재내용의 진실성을 의미하는 문서의 실질적 증거력과 구별된다.

이와 같이 서증에서는 증거력이 형식적 증거력과 실질적 증거력으로 구분된다. 그 이유는 서증은 문서 그 자체가 아니라 문서에 기재된 의미내용을 증거자료로 하기 때문이다. 문서에 기재된 의미내용이 증거자료로 사용되기 위해서는 먼저 그 문서가 작성자라고 주장하는 자의 의사에 기하여 작성되어야 하고 위조된 것이 아니어야 한다. 만일 문서가 위조된 것이라면 그 문서에 기재된 의미내용의 진실 여부를 따질 필요조차 없다. 따라서 문서에 기재된 의미내용이 증거자료로 사용되기 위해서는 먼저 그 문서가 진정하게 성립하였을 것, 즉 형식적 증거력이 있어

---

1) 민사소송에 있어서는 형사소송과는 달라 문서의 증거능력에 대한 제한이 없다(대법원 1964. 9. 15. 선고 64다360 판결).
2) 서증이 사본이라 하여 당연히 증거능력이 없다 할 수 없다(대법원 1966. 9. 20. 선고 66다636 판결).
3) 소제기 이후에 작성된 사문서라는 점만으로 당연히 증거능력이 부정되는 것은 아니다(대법원 1992. 4. 14. 선고 91다24755 판결); 소송계속 중에 그 소송에 사용하기 위하여 작성된 사문서라고 하여 반드시 증거능력이 없는 것이라 할 수 없다(대법원 1966. 9. 27. 선고 66다1133 판결).

야 하고, 그 다음 그 문서에 기재된 의미내용이 진실할 것, 즉 실질적 증거력이 있어야 한다.[1]

## 2) 성립의 인부

서증이 제출되면 법원은 상대방에게 진정성립의 인정 여부를 물어보는 절차를 밟는데, 원고가 제출한 갑(甲)호증은 피고에게, 피고가 제출한 을(乙)호증은 원고에게 답변을 구한다. 이 때 상대방의 답변을 '성립의 인부'라고 한다. 성립의 인부절차에서 상대방의 답변에는 성립인정, 침묵, 부인, 부지의 네 가지가 있다. 침묵은 변론 전체의 취지로 보아 다툰 것으로 인정될 경우를 제외하고는 성립인정을 한 것으로 본다. 문서의 인부를 하는 당사자 본인이나 대리인의 서명 또는 날인이 있는 경우에는 부지로 답할 수 없고 성립인정 또는 부인을 하여야 한다.[2]

제출된 서증에 대하여 상대방이 적극적·명시적으로 인부의 진술을 하지 않는다고 법원이 인부의 진술을 촉구할 필요는 없으나, 사건의 쟁점과 관련된 문서로서 인부가 반드시 필요하다고 판단되는 문서 등에 대하여는 상대방에게 인부의 진술을 하게 하여야 한다. 당사자가 상대방이 제출한 서증에 대하여 성립의 인부를 기재한 답변서 또는 준비서면을 제출한 채 불출석한 경우에 그 답변서 또는 준비서면이 진술간주되면 인부를 한 것으로 본다.

문서의 진정성립에 관한 사실은 보조사실에 불과하지만 문서의 내용에 대한 주요사실의 입증과 직결되므로 재판상 자백의 법리가 유추적용된다. 따라서 상대방이 성립인정이나 침묵으로 답변하면 법원은 이에 구속되어 문서의 진정성립을 인정해야 하고, 성립인정이나 침묵으로 답변한 당사자는 임의로 철회할 수 없다. 문서의 진정성립을 부인하는 때에는 그 이유를 구체적으로 밝혀야 한다(민사소송규칙 제116조). 단순부인은 허용되지 않으며, 부인하는 이유를 구체적으로 밝혀야 하는 이유부부인만 허용된다.[3]

당사자 또는 그 대리인이 고의나 중대한 과실로 진실에 어긋나게 문서의 진정을 다툰 때에는 법원은 결정으로 200만원 이하의 과태료에 처할 수 있다(제363조 제1항). 이 결정에 대하여 즉시항고할 수 있다(동조 제2항). 그러나 당사자 또는 대리인이 소송 계속 중에 문서의 진정을 인

---

1) 서증은 문서에 표현된 작성자의 의사를 증거자료로 하여 요증사실을 증명하려는 증거방법이므로 우선 그 문서가 증거신청당사자에 의하여 작성자로 주장되는 자의 의사에 기하여 작성된 것임이 밝혀져야 하고, 이러한 형식적 증거력이 인정된 다음 비로소 작성자의 의사가 요증사실의 증거로서 얼마나 유용하느냐에 관한 실질적 증명력을 판단하여야 한다(대법원 2002. 8. 23. 선고 2000다66133 판결).

2) 사문서에 본인 또는 그 대리인의 서명이나 날인이 있는 때에는 피고가 부지라고 다투는 것만으로는 그 증거력을 배척할 것이 아니고 사문서 중의 피고명의의 기재가 피고 자신의 서명인지 아닌지 또는 그 명하의 인영이 진정한 것인지의 여부를 석명하여 이에 대한 심리를 하여야 한다(대법원 1972. 6. 27. 선고 72다857 판결). 만일 그 서명이나 인영까지도 부인하는 취지라면 피고에게 그 입증을 촉구하는 등의 조치를 취하여야 옳다고 할 것이다(대법원 1990. 6. 12. 선고 90누356 판결).

3) 이시윤, 509면.

정하는 때에는 법원은 과태료결정을 취소할 수 있다(동조 제3항). 여기의 계속 중인 소송에는 항소심도 포함되나, 상고심은 법률심으로 이미 사실심리가 끝났으므로 여기에 해당되지 않는다.[1]

상대방이 부인이나 부지로 답변하면, 문서 제출자가 문서의 진정성립을 증명할 책임이 있다. 증명방법에는 특별한 제한이 없으나, 필적 또는 인영을 대조하여 증명하는 것이 일반적이다(제359조). 이 경우 법원이 반드시 감정으로 필적 또는 인영의 동일 여부를 판단하여야 하는 것은 아니며 육안의 대조로도 이를 판단할 수 있다.[2] 나아가 판례는 다른 증거자료에 의하지 않고 변론 전체의 취지만으로 문서의 진정성립을 인정할 수 있다고 한다.[3] 다만, 판례는 사본이 증거로 제출되어 상대방이 부지로 다투고 있는 경우에는 사본으로 원본을 대신할 수 없으므로 변론 전체의 취지만으로 원본의 존재와 진정성립을 인정하여 증거로 채용하는 것은 위법하다고 한다.[4] 그런데 문서의 진정성립과 관련하여 민사소송법에서는 다음과 같은 추정규정을 두고 있다.

### 3) 진정성립의 추정

① **공문서**: 문서의 방식과 취지에 의하여 공무원이 직무상 작성한 것으로 인정한 때에는 이를 진정한 공문서로 추정한다(제356조 제1항, 전면적 추정).[5] 공문서는 위조의 가능성이 낮

---

1) 김홍엽, 605면.
2) 문서의 진정성립은 필적 또는 인영·무인의 대조에 의하여서도 증명할 수 있고 그 필적 또는 인영·무인의 대조는 사실심의 자유심증에 속하는 사항으로서, 문서 작성자의 필적 또는 인영·무인과 증명의 대상인 문서의 필적 또는 인영·무인이 동일하다고 인정될 때에는 특별한 사정이 없는 한 문서의 진정성립을 인정할 수 있으며, 이 경우 법원은 반드시 감정으로써 필적, 인영 등의 동일 여부를 판단할 필요가 없이 육안에 의한 대조로도 이를 판단할 수 있다(대법원 1997. 12. 12. 선고 95다38240 판결).
3) 사문서는 진정성립이 증명되어야만 증거로 할 수 있으나 증명의 방법에 관하여 특별한 제한이 없고, 당사자가 부지라고 다투는 서증에 관하여 거증자가 성립을 증명하지 아니한 경우라 할지라도 법원은 다른 증거에 의하지 아니하고 변론의 전 취지를 참작하여 자유심증으로 그 성립을 인정할 수 있다(대법원 2010. 2. 25. 선고 2007다85980 판결; 1993. 4. 13. 선고 92다12070 판결).
4) 문서의 제출 또는 송부는 원본, 정본 또는 인증등본으로 하여야 하는 것이므로 단순한 사본만에 의한 증거의 제출은 정확성의 보증이 없어 원칙적으로 부적법하다 할 것이고, 다만 이러한 사본의 경우에도 원본의 존재와 원본의 성립의 진정에 관하여 다툼이 없고, 그 정확성에 문제가 없기 때문에 사본을 원본의 대용으로 하는 데 관하여 상대방으로부터 이의가 없는 경우에는 제326조 제1항의 위법에 관한 책문권의 포기 혹은 상실이 있다고 하여 사본만의 제출에 의한 증거의 신청도 허용된다고 할 것이나, 원본의 존재 및 원본의 성립의 진정에 관하여 다툼이 있고, 사본을 원본의 대용으로 하는 데 대하여 상대방으로부터 이의가 있는 경우에는 사본으로써 원본을 대신할 수 없다고 할 것이다. 증거로 제출된 사본에 대하여 원고가 부지로 다투고 있어(서증 인부도 원본의 존재 및 성립의 진정 여부에 관하여 인부하는 절차를 취하였어야 할 것이다) 증거로 채용하는 데 대하여 상대방으로부터 이의가 있는 경우에 해당함에도 불구하고, 그냥 변론의 전 취지에 의하여 원본의 존재와 진정성립을 인정하여 증거로 채용한 원심의 조치에는 문서의 직접 제출과 책문권의 포기에 관한 법리를 오해한 위법이 있다(대법원 1996. 3. 8. 선고 95다48667 판결).
5) 제356조 제1항은 공문서의 진정추정에 관하여 문서의 방식과 취지에 의하여 공무원이 그 직무상 작성한 것으로 인정할 때에는 이를 진정한 공문서로 추정한다고 규정하고 있으므로 이 추정을 뒤집을 만한 특단의 사정이 증거에 의하여 밝혀지지 않는 한 그 성립의 진정은 부인될 수 없다(대법원 1985. 5. 14. 선고 84누786 판결).

기 때문에 사문서에서와는 달리 전면적 추정이 인정된다. 이 추정은 실체법에서 볼 수 있는 법률상의 추정이 아니라, 경험칙에 따른 사실상의 추정에 불과하므로 증명책임이 전환되지 않고 상대방은 반증으로 위 추정을 깨뜨릴 수 있다. 이에 대하여 법률상 추정으로 보고 반대사실의 증명을 통해서만 번복할 수 있다는 견해가 있다. 만약 제356조의 추정을 사실상 추정으로 본다면 구태여 법에 명문으로 추정규정을 둘 이유가 없다고 한다.[1] 그러나 여기의 추정은 실체법상 법률요건사실의 추정은 아니므로 법률상 추정으로 볼 것이 아니라 사실상의 추정으로 이해함이 타당하다.[2] 법원은 공문서의 진정성립이 의심스러운 때에는 직권으로 해당 공공기관에 조회할 수 있다(제356조 제2항). 외국의 공공기관이 작성한 문서에 대하여도 위 추정 규정이 준용된다(동조 제3항).

② **사문서**: 사문서는 그 신청자가 진정성립을 증명하여야 한다(제357조). 그러나 본인 또는 대리인의 서명이나 날인 또는 무인이 있는 때에는 진정한 것으로 추정된다(제358조). 전면적 추정이 인정되는 공문서와는 달리 사문서에서는 제한적인 추정이 인정된다. 이 추정은 공문서의 경우와 마찬가지로 경험칙에 따른 사실상의 추정에 불과하므로 상대방은 반증을 들어 추정을 깨뜨릴 수 있다. 본인 또는 대리인의 서명 등이 있는 때라 함은 본인 또는 대리인의 의사에 기한 진정한 서명 등이 있는 경우를 말한다. 따라서 서명 등이 본인 또는 대리인의 의사에 기한 것이라는 점에 관하여 법원으로 하여금 의심을 품게 할 정도의 반증을 세우면 진정성립의 추정은 깨어진다.

판례는 서명이나 날인 등의 진정성립에 의하여 문서전체의 진정성립이 추정되는 것은 먼저 문서의 내용 기재가 이루어진 뒤에 서명이나 인영 등이 날인된 경우에 한하고, 작성명의인의 날인이 먼저 되어 있고 그 내용이 백지로 되었는데 뒤에 그 백지부분을 작성명의인 아닌 사람이 보충한 경우에는 이러한 추정력은 인정되지 않는다고 한다.[3] 인영의 진정성립, 즉 작성명의인이 문서에 서명이나 날인 등을 하였음이 인정되면 그 문서가 완성된 상태에서 작성명의인이 서명 등을 한 것으로 추정되므로 백지상태의 문서가 교부되었다는 점은 문서의 진정성립을 다투는 작성명의인이 반증을 들어 다투어야 한다.

---

1) 김홍엽, 609면 및 610면.
2) 이시윤, 510면.
3) 문서에 날인된 작성명의인의 인영이 작성명의인의 인장에 의하여 현출된 것임이 인정되는 경우에는 특단의 사정이 없는 한 그 인영의 진정성립 및 그 문서 전체의 진정성립까지 추정되는 것이기는 하나, 이는 어디까지나 먼저 내용기재가 이루어진 뒤에 인영이 압날된 경우에만 그러한 것이며 작성명의인의 날인만 되어 있고 그 내용이 백지로 된 문서를 교부받아 후일 그 백지부분을 작성명의자가 아닌 자가 보충한 문서의 경우에 있어서는 문서제출자는 그 기재 내용이 작성명의인으로부터 위임받은 정당한 권원에 의한 것이라는 사실까지 입증할 책임이 있다(대법원 2000. 6. 9. 선고 99다37009 판결; 1988. 4. 12. 선고 87다카576 판결).

만일 백지부분이 나중에 작성명의인 아닌 자에 의하여 보충된 사실이 밝혀지면, 그 백지부분이 정당한 권한에 기하여 보충되었다는 점을 문서의 진정성립을 주장하는 문서제출자가 증명할 책임이 있다.[1] 다만, 백지어음은 보충권을 당연히 전제하고 있으므로 일반적인 백지문서와는 달리 보아야 한다. 그리하여 발행인이 수취인 또는 소지인에게 백지부분에 대한 보충권을 줄 의사로 발행한 것이 아니라는 점, 즉 백지어음이 아니고 불완전어음으로서 무효라는 점을 발행인이 증명할 책임이 있다.[2]

문서의 인부절차에서 자기나 대리인의 서명 또는 날인이 있는 사문서에 대해서는 부지라고 할 수 없고 부인을 하여야 한다. 상대방이 부인한 경우 법원은 그 인영까지 부인하는 취지인지 아니면 문서에 날인되어 있는 인영은 인정하나 다른 사람이 인장을 도용하여 날인하였다는 취지의 인장도용의 항변을 하는 것인지 여부를 석명하여야 하고,[3] 인영까지 부인하는 취지라면 상대방에게 입증을 촉구하여야 한다. 판례는 사문서에 날인된 작성명의인의 인영이 그의 인장에 의하여 현출된 것이라면, 작성명의인의 의사에 기하여 날인된 것으로 추정되고, 날인의 진정이 추정되면 작성명의인에 의하여 문서 전체가 작성되었다는 사실이 제358조에 의하여 추정된다고 한다. 즉, 인영의 진정이 인정되면 날인의 진정이 추정되고(인영의 진정성립 추정), 이로써 문서 전체의 진정성립이 추정된다는 것이다(문서의 진정성립 추정).[4] 인영의 진정성립, 즉 날인행위가 작성명의인의 의사에 기한 것이라는 추정은 사실상의 추정이므로 반증을 들어 법원으로 하여금 의심을

---

1) 인영부분 등의 진정성립이 인정된다면 다른 특별한 사정이 없는 한 당해 문서는 그 전체가 완성되어 있는 상태에서 작성명의인이 그러한 서명·날인·무인을 하였다고 추정할 수 있다. 만일 그러한 완성문서로서의 진정성립의 추정이 번복되어 백지문서 또는 미완성 부분을 작성명의자가 아닌 자가 보충하였다는 등의 사정이 밝혀진 경우라면, 다시 그 백지문서 또는 미완성 부분이 정당한 권한에 기하여 보충되었다는 점에 관하여는 그 문서의 진정성립을 주장하는 자 또는 문서제출자에게 그 입증책임이 있다(대법원 2003. 4. 11. 선고 2001다11406 판결).
2) 백지약속어음의 경우 발행인이 수취인 또는 그 소지인으로 하여금 백지부분을 보충케 하려는 보충권을 줄 의사로서 발행하였는지의 여부에 관하여는 발행인에게 보충권을 줄 의사로 발행한 것이 아니라는 점, 즉 백지어음이 아니고 불완전어음으로서 무효라는 점에 관한 입증책임이 있다(대법원 2001. 4. 24. 선고 2001다6718 판결).
3) 서증에 피고의 인장이 날인되어 있고, 이것은 피고의 인감도장으로 보이는데 피고가 그 서증의 인부절차에서 부인으로 다투면서 인장이 위조된 것이라고 증거항변을 하였다면 그 취지가 피고가 위 서증에 날인된 인영부분은 시인하되 다만 그 인영이 피고의 의사에 의하지 않고 날인된 것이어서 위 문서가 위조된 것이라고 항변하는 것인지, 아니면 인장 그 자체가 위조된 것이므로 위 문서의 성립을 부인하는 것이라는 것인지 분명하지 아니하므로, 법원으로서는 이 점을 분명히 하고 위 인영의 위조 여부에 관하여 심리를 하여 본 후에 그 문서의 진정성립 여부를 판단하여야 한다(대법원 1994. 1. 25. 선고 93다35353 판결).
4) 문서에 날인된 작성명의인의 인영이 그의 인장에 의하여 현출된 것이라면 특별한 사정이 없는 한 그 인영의 진정성립, 즉 날인행위가 작성명의인의 의사에 기한 것임이 사실상 추정되고, 일단 인영의 진정성립이 추정되면 제358조에 의하여 그 문서 전체의 진정성립이 추정된다(대법원 2003. 2. 11. 선고 2002다59122 판결; 1995. 3. 10. 선고 94다24770 판결).

품게 하면 추정은 깨어진다.[1] 그리하여 날인행위가 작성명의인의 의사에 반하여 또는 작성명의인의 의사에 기하지 않고 이루어진 것임이 밝혀진 경우에는 위와 같은 추정은 깨어진다.

### (2) 문서의 실질적 증거력

문서의 실질적 증거력이란 문서의 기재 내용이 다툼이 있는 사실, 즉 요증사실을 증명할 수 있는 힘 또는 증거가치를 말한다. 문서의 형식적 증거력이 문서 성립의 진정이라면 문서의 실질적 증거력은 문서 내용의 진정이라고 할 수 있다. 문서의 실질적 증거력은 원칙적으로 법관의 자유심증에 맡겨져 있다. 형식적 증거력에서와 같은 인부절차가 없으며, 그리하여 재판상 자백이 성립할 여지가 없고, 민사소송법에 별도의 추정 규정을 두고 있지 않다. 문서의 실질적 증거력은 처분문서와 보고문서를 나누어 살펴볼 필요가 있다.

### 1) 처분문서

처분문서의 경우 그 진정성립이 인정되면 그 기재된 내용대로 법률행위가 존재하였음이 추정된다. 처분문서는 요증의 대상이 되고 있는 법률행위가 그 문서 자체에 의하여 이루어진 문서이므로 문서의 형식적 증거력이 인정되면 실질적 증거력, 즉 문서에 기재된 법률행위가 진실한 것이라는 추정이 생긴다. 이 추정은 사실상의 추정이므로 상대방은 반증을 들어 깨뜨릴 수 있다.

판례는 처분문서는 진정성립이 인정되면 그 기재 내용을 부인할 만한 분명하고도 수긍할 수 있는 반증이 없는 이상 문서의 기재 내용에 따른 법률행위의 존재와 내용을 인정하여야 한다고 한다.[2] 또한 일반적으로 증거력을 판단함에 있어서 그 취사 여부를 표시하면 되고 그 이유까지 설시할 필요가 없으나,[3] 진정성립이 인정된 처분문서의 증거력을 배척할 때에는 합리적인 이유를 설시하여야 하고, 그러한 이유 설시없이 증거력을 배척하는 것은 채증법칙을 위반한 위법이

---

[1] 인영의 진정성립, 즉 날인행위가 작성명의인의 의사에 기한 것이라는 추정은 사실상의 추정이므로, 인영의 진정성립을 다투는 자가 반증을 들어 인영의 날인행위가 작성명의인의 의사에 기한 것임에 관하여 법원으로 하여금 의심을 품게 할 수 있는 사정을 입증하면 그 진정성립의 추정은 깨어진다(대법원 2003. 2. 11. 선고 2002다59122 판결; 1997. 6. 13. 선고 96재다462 판결).

[2] 처분문서의 진정성립이 인정되는 이상 법원은 그 문서의 기재 내용에 따른 의사표시의 존재 및 내용을 인정하여야 하나, 그 기재 내용을 부인할 만한 분명하고도 수긍할 수 있는 반증이 인정될 경우에는 그 기재 내용과 다른 사실을 인정할 수 있다(대법원 2010. 11. 11. 선고 2010다56616 판결; 2007. 1. 12. 선고 2006다61574 판결).

[3] 일반적으로 사실심 법원이 자유심증에 의하여 증거가치를 판단함에 있어, 그것이 처분문서 등 특별한 증거가 아닌 한, 이를 취사한다는 뜻을 설시하면 충분하고 증거가치 판단의 이유까지 설시할 필요는 없다(대법원 1996. 6. 28. 선고 96다16247 판결).

있다고 한다.[1] 결국, 처분문서의 경우에는 문서의 진정성립이 인정되면 그 기재 내용을 부인할 만한 반증이 없는 한 그 기재 내용에 따른 법률행위의 존재와 내용을 인정하여야 하고, 만일 법원이 그 기재 내용을 믿지 않는 경우에는 그 배척하는 합리적인 이유를 설시하여야 한다.

추정의 범위는 문서로써 이루어진 법률행위, 예를 들어, 계약체결사실 뿐만 아니라 그 계약의 내용인 계약기간 등에 대하여도 미친다. 그러나 추정의 범위는 문서에 기재된 법률행위와 그 내용에 한정되므로 법률행위의 해석,[2] 의사의 흠결 여부에는 미치지 않으며, 이는 법관의 자유심증에 의하여 판단할 수 있다. 또한 처분문서라 할지라도 그 기재 내용과 다른 명시적 또는 묵시적 약정이 있는 사실이 인정될 경우에는 그 기재 내용과 다른 사실을 인정할 수 있다.[3]

### 2) 보고문서

보고문서는 법률행위가 이루어진 문서가 아니라 작성자가 인식한 것을 기재한 문서에 불과하므로, 진정성립이 인정된다고 하여 어떠한 법적 효과가 발생하는 것이 아니다. 따라서 보고문서의 기재 내용을 진정한 것으로 인정할지 여부는 그 작성 경위, 기재의 방식, 표현의 정확성 등 여러 사정을 고려하여 법관이 자유심증으로 판단할 문제이다.[4] 보고문서는 반증이 없어도 법관의 자유심증으로 그 증거력을 배척할 수 있으며,[5] 배척하는 경우에도 그 구체적인 이유를

---

1) 처분문서의 진정성립이 인정되면 반증에 의하여 그 기재 내용과 다른 특별한 명시적 또는 묵시적 약정이 있었다는 사실이 인정되지 아니하는 한 법원은 그 문서의 기재 내용에 따른 의사표시의 존재와 내용을 인정하여야 하고, 합리적인 이유 설시도 없이 이를 배척하여서는 아니 된다(대법원 2000. 1. 21. 선고 97다1013 판결).

2) 처분문서는 그 성립의 진정함이 인정되는 이상 그 처분문서에 기재되어 있는 문언대로의 의사표시의 존재 및 내용을 인정하여야 하나, 당사자 사이에 계약의 해석을 둘러싸고 이견이 있어 처분문서에 나타난 당사자의 의사 해석이 문제되는 경우에는 문언의 내용, 그와 같은 약정이 이루어진 동기와 경위, 약정에 의하여 달성하려는 목적, 당사자의 진정한 의사 등을 종합적으로 고찰하여 논리와 경험칙에 따라 합리적으로 해석하여야 한다(대법원 2005. 5. 13. 선고 2004다67264,67271 판결).

3) 진정성립이 인정되는 처분문서라 할지라도 그 기재 내용과 다른 명시적, 묵시적 약정이 있는 사실이 인정될 경우에는 그 기재 내용과 다른 사실을 인정할 수 있고, 작성자의 법률행위를 해석함에 있어서도 경험법칙과 논리법칙에 어긋나지 않는 범위 내에서 자유로운 심증으로 판단할 수 있다(대법원 2006. 9. 14. 선고 2006다27055 판결; 2006. 4. 13. 선고 2005다34643 판결).

4) 판결서는 처분문서이지만 판결서 중에서 한 사실판단을 그 사실을 증명하기 위하여 이용하는 것을 불허하는 것이 아니어서 그 한도 내에서는 보고문서라 할 것이므로 판결서를 자유심증주의의 대상에서 제외할 것이 아니다(대법원 1980. 12. 23. 선고 80다359 판결); 처분문서인 매매계약서의 진정성립이 인정되는 경우에는 특별한 사정이 없는 한 그 내용이 되는 매매계약의 존재를 인정하여야 하나, 그 매매목적물로 표시된 토지의 지번이 계약서에 기재된 매매일자에 존재하지 않은 지번으로 밝혀졌다면, 처분문서상의 일시·장소의 기재는 보고문서의 성질을 갖는 것에 불과하므로 당사자의 주장에 따라 그 매매일자가 진실한 것인지 여부를 심리하거나 당사자가 목적물의 지번에 관하여 착오를 일으켜 계약서상 목적물을 잘못 표시하였는지 여부 등을 심리하여야 한다(대법원 1997. 4. 11. 선고 96다50520 판결).

5) 공문서라도 보고문서에 불과한 이상 법원은 반증이 없이도 자유심증에 의하여 그 증거력을 배척할 수 있으나, 농지분배증서는 농촌근대화촉진법 및 같은법 시행령 각 규정에 의하여 농지를 분배한 전라북도지사가 그 분배

일일이 설시할 필요가 없다.[1]

그런데 판례는 법인의 의사록이나 주주명부 등에 대하여는 그 기재 내용이 진실한 것이라는 추정을 하고 있으며, 특히 공문서에 대하여는 강한 추정력을 인정하고 있다. 판례는 법인의 총회 또는 이사회 등의 의사의 경과요령 및 결과 등은 의사록을 작성하지 못했다는 등의 특단의 사정이 없는 한 의사록의 기재에 의하여 판단하여야 하고,[2] 주주명부에 주주로 등재되어 있으면 그 회사의 주주로 추정된다고 한다.[3] 나아가 공문서는 그 진정성립이 인정되면 그 기재 내용대로 증명력을 가지며, 진실에 반한다는 등의 특별한 사정이 없는 한 함부로 그 증명력을 배척할 수 없다고 한다.[4] 그리하여 가족관계등록부에 기재된 사항은 일응 진실에 부합하는 것이라는 추정을 받으며,[5] 토지대장이나 임야대장에 그 소유자로 등재되어 있으면 그 기재 내용에

---

사실을 증명하는 내용이므로 그 내용의 진정을 의심할만한 반증이 없는 한 그 내용대로 분배된 것으로 믿는 것이 경험칙에 합당하다(대법원 1983. 9. 27. 선고 83다카1069 판결).

1) 관련 형사사건의 판결에서 인정된 사실은 특별한 사정이 없는 한 민사재판에 있어서도 유력한 증거자료가 되나 민사재판에서 제출된 다른 증거내용에 비추어 형사판결의 사실판단을 채용하기 어렵다고 인정될 경우에는 이를 배척할 수 있는 것이고, 이 경우에 형사판결서는 처분문서가 아니라 보고문서에 불과한 증거이므로 배척하는 구체적인 이유를 일일이 설시할 필요는 없다(대법원 1989. 5. 9. 선고 88다카6075 판결).

2) 법인의 총회 또는 이사회 등의 의사에는 의사록을 작성하여야 하고 의사록에는 의사의 경과, 요령 및 결과 등을 기재하고 이와 같은 의사의 경과요령 및 결과 등은 의사록을 작성하지 못하였다든가 또는 이를 분실하였다는 등의 특단의 사정이 없는 한 이 의사록에 의하여서만 증명된다(대법원 2010. 4. 29. 선고 2008두5568 판결); 민법상 사단법인 총회 등의 결의와 관련하여 당사자 사이에 의사정족수나 의결정족수 충족 여부가 다투어져 결의의 성립 여부나 절차상 흠의 유무가 문제되는 경우로서 사단법인 측에서 의사의 경과, 요령 및 결과 등을 기재한 의사록을 제출하거나 이러한 의사의 경과 등을 담은 녹음·녹화자료 또는 녹취서 등을 제출한 때에는, 그러한 의사록 등이 사실과 다른 내용으로 작성되었다거나 부당하게 편집·왜곡되어 증명력을 인정할 수 없다고 볼 만한 특별한 사정이 없는 한, 의사정족수 등 절차적 요건의 충족 여부는 의사록 등의 기재에 의하여 판단하여야 한다. 그리고 위와 같은 의사록 등의 증명력을 부인할 만한 특별한 사정에 관하여는 결의의 효력을 다투는 측에서 구체적으로 주장·증명하여야 한다(대법원 2011. 10. 27. 선고 2010다88682 판결).

3) 주주명부에 주주로 등재되어 있는 자는 그 회사의 주주로 추정되며 이를 번복하기 위하여는 그 주주권을 부인하는 측에 입증책임이 있으므로, 주주명부의 주주 명의가 신탁된 것이고 그 명의차용인으로서 실질상의 주주가 따로 있다고 하려면 그러한 명의신탁관계를 주장하는 측에서 이를 입증하여야 한다(대법원 2014. 12. 11. 선고 2014다218511 판결; 2007. 9. 6. 선고 2007다27755 판결).

4) 진정성립이 추정되는 공문서는 진실에 반한다는 등의 특별한 사정이 없는 한 그 내용의 증명력을 쉽게 배척할 수 없으므로, 공문서의 기재 중에 의문점이 있는 부분이 일부 있더라도 기재 내용과 배치되는 사실이나 문서가 작성된 근거와 경위에 비추어 기재가 비정상적으로 이루어졌거나 내용의 신빙성을 의심할 만한 특별한 사정을 증명할 만한 다른 증거자료가 없는 상황이라면 기재 내용대로 증명력을 가진다(대법원 2015. 7. 9. 선고 2013두3658, 3665 판결); 진정성립이 추정되는 공문서는 진실에 반한다는 등의 특별한 사정이 없는 한 그 내용의 증명력을 쉽게 배척할 수는 없다고 할 것이고, 그 공문서의 기재 중 붉은 선으로 그어 말소된 부분이 있는 경우에도 그 말소의 경위나 태양 등에 있어 비정상으로 이루어졌다는 등의 특별한 사정이 없는 한 그 말소된 기재 내용대로의 증명력을 가진다(대법원 2002. 2. 22. 선고 2001다78768 판결).

5) 호적에 기재된 사항은 일응 진실에 부합하는 것이라는 추정을 받는다 할 것이나, 그 기재에 반하는 증거가 있거나, 그 기재가 진실이 아니라고 볼만한 특별한 사정이 있는 때에는 그 추정을 번복할 수 있다(대법원 1994. 6. 10. 선고 94다1883 판결).

따라 해당 토지 또는 임야의 소유자로 추정된다고 한다.[1] 다만, 이 추정은 부동산 등기부에서와 같은 권리귀속의 추정은 아니며 그 기재 내용대로의 증명력을 사실상 추정하는 것에 불과하다.[2]

## 5. 서증신청의 절차

서증신청은 신청자가 가지고 있는 문서는 직접 제출하는 방법으로, 상대방 또는 제3자가 가지고 있는 제출의무 있는 문서는 그 소지자에 대하여 문서제출명령을 신청하는 방법으로, 소지자에게 제출의무 없는 문서는 그에 대한 문서송부촉탁을 신청하는 방법으로, 송부촉탁이 어려운 문서는 문서가 있는 장소에서의 서증조사를 신청하는 방법으로 각각 할 수 있다.

### (1) 문서의 직접제출(제343조)

신청자가 가지고 있는 문서에 대하여 서증신청을 하는 경우에는 신청자 자신이 소지한 문서를 법원에 직접 제출하는 방식에 의한다. 문서의 제출은 원본, 정본 또는 인증등본으로 하여야 한다(제355조 제1항). 실무에서는 사본을 준비서면 등에 첨부하여 제출하고 기일에 당사자가 원본을 제출하여 원본의 존재와 사본의 정확성을 확인한 다음에 원본은 당사자에게 반환하고 사본을 기록에 편철한다.[3]

---

1) 토지대장등본에 토지의 소유자로 등재되어 있으면 토지의 소유권의 귀속에 관하여 추정을 받는 자료가 된다고 할 것이므로 토지대장등본에 토지의 소유자로 등재되어 있는 자는 반증이 없는 한 그의 소유토지로 추정을 받을 수 있다(대법원 1976. 9. 28. 선고 76다1431 판결); 구 임야대장에 소유권이 이전된 것으로 등재되어 있다면 특별한 사정이 없는 한 그 명의로 소유권이전등기가 마쳐져 있었고 따라서 동인이 그 무렵 소유권을 취득하였다고 인정된다(대법원 1993. 10. 26. 선고 93다5383 판결).
2) 호적부의 기재사항은 이를 번복할 만한 명백한 반증이 없는 한 진실에 부합되는 것으로 추정이 된다고 할 것이지만, 이는 일반적인 법률관계에 있어서의 친족관계나 사망사실 등의 추정에 관한 것이고, 상염색체유전자 감정방법에 의하여 과학적으로 어떤 사실을 증명함에 있어서 감정의 전제되는 사실에 관하여 호적부의 추정력을 적용할 수는 없으며, 따라서 이와 같은 경우 그 전제되는 사실이 진실하다는 점에 대하여는 그 감정방법을 원용하는 당사자가 이를 증명하여야 한다(대법원 2002. 6. 14. 선고 2001므1537 판결); 행정관청이 작성한 귀속임야대장은 원래 국가에 귀속된 임야를 관리하기 위한 행정목적을 위하여 작성된 문서에 불과하므로 그 기재내용에 권리귀속에 관한 추정력은 없다 하더라도 그 기재내용을 권리귀속에 관한 사실인정의 자료로는 삼을 수 있는 것인데도, 위 문서가 작성된 근거와 경위 등과 위 문서의 기재내용과 부합하는 다른 증거의 내용을 아울러 살펴 위 문서내용의 진실성 여부를 확인하여 보지도 아니한 채 그 증명력을 배척하였음은 심리미진 또는 채증법칙위반의 위법을 저지른 것이다(대법원 1990. 3. 13. 선고 89다카19306 판결).
3) 당사자가 계약서 등 처분문서의 원본을 제출하려 할 경우 접수담당자는 사본으로 제출할 것을 권고하여야 하나, 이러한 권고에도 불구하고 원본을 제출할 경우에는 이를 서증으로 취급할 것이 아니라 민사보관물로 취급하여야 한다. 민사보관물로 취급된 서증은 기록을 구성하지 않으며, 사건이 종결되거나 보관의 필요가 없게 된 때에는 그 제출자에게 반환된다.

원본을 내지 않고 사본만에 의한 증거의 제출은 정확성의 보증이 없어 원칙적으로 부적법하다. 그럼에도 사본만을 증거로 제출하는 경우가 있는데, 여기에는 사본을 원본에 갈음하여, 즉 원본에 대신하여 제출하는 경우와 사본 자체를 원본으로 제출하는 경우가 있다. 상대방이 원본의 존재와 성립을 인정하고 사본으로 원본을 갈음하는데 이의가 없는 경우에는 원본에 갈음하여 사본만을 제출할 수 있다. 상대방이 원본의 존재와 성립을 인정하고 사본으로 원본을 갈음하는데 이의가 없으면 제355조 제1항의 위법에 관한 이의권의 포기로 보아 사본만의 제출에 의한 증거신청도 허용된다. 이 경우에는 원본을 제출한 것과 동일한 효과가 있다.[1] 그러나 원본의 존재와 성립에 관하여 다툼이 있거나 사본으로 원본을 갈음하는데 상대방의 이의가 있는 경우에는 원본에 갈음하여 사본만을 제출할 수는 없으며,[2] 원본을 제출받아 증거조사를 하여야 하고, 이때에는 변론의 전체 취지만으로 원본의 존재와 진정성립을 인정할 수 없다.[3] 한편 사본 자체를 원본으로 제출할 수 있다. 이 경우에는 사본이 적법하게 독립된 서증의 대상이 된다. 그러나 이에 의하여 원본을 제출한 것으로 되지는 않으며, 이 경우에는 증거에 의하여 사본과 같은 원본이 존재하고 또 그 원본이 진정하게 성립하였음이 인정되어야 하며, 만일 그렇지 않다면 그와 같은 내용의 사본이 존재한다는 것 이상의 증거가치는 없다.[4]

그러나 원본의 제출이 불가능하거나 기대하기 어려운 경우에는 원본의 제출이 요구되지 않

---

1) 문서의 제출 또는 송부는 원본, 정본 또는 인증등본으로 하여야 하는 것이므로 단순한 사본만에 의한 증거의 제출은 정확성의 보증이 없어 원칙적으로 부적법하고, 다만 이러한 사본의 경우에도 원본의 존재와 원본의 성립의 진정에 관하여 다툼이 없고 그 정확성에 문제가 없기 때문에 사본을 원본의 대용으로 하는 데 관하여 상대방으로부터 이의가 없는 경우에는, 제355조 제1항의 위법에 관한 책문권의 포기 혹은 상실이 있다고 하여 사본만의 제출에 의한 증거의 신청도 허용된다고 할 것이나, 원본의 존재 및 원본의 성립의 진정에 관하여 다툼이 있고 사본을 원본의 대용으로 하는 데 대하여 상대방으로부터 이의가 있는 경우에는 사본으로써 원본을 대신할 수 없다(대법원 2002. 8. 23. 선고 2000다66133 판결); 제355조 제1항에 의하여 문서는 원본·정본 또는 인증있는 등본을 제출하는 것이 원칙이나, 사본을 원본에 갈음하여 또는 사본 그 자체를 원본으로서 제출할 수도 있다고 할 것인바, 상대방이 원본의 존재나 성립을 인정하고 사본으로써 원본에 갈음하는 것에 대하여 이의가 없는 경우에는 사본을 원본에 갈음하여 제출할 수 있고, 이와 같은 경우에는 그 원본이 제출된 경우와 동일한 효과가 생긴다고 할 것이다(대법원 2002. 8. 27. 선고 2001다79457 판결).
2) 문서의 원본에 갈음하여 사본을 제출하였을 경우에는 상대방이 원본의 존재를 인정하여 사본에 의한 신청에 동의한 때에 허용되므로 서증목록의 인부요지란에 '부지, 원본존재부인' 또는 '원본존재 및 성립인정' 등으로 원본존재 여부의 인부까지 함께 기재하고, 상대방이 원본의 존재를 인정하고 사본을 원본에 갈음하여 제출한 것에 이의가 없는 경우에는 그 원본이 제출된 것과 동일한 효과가 있으므로 서증명란에 '계약서사본' 등과 같이 사본의 표시를 할 필요 없이 '계약서' 등으로 기재하고 인부요지란에도 '성립인정'으로 기재한다.
3) 대법원 1996. 3. 8. 선고 95다48667 판결.
4) 제355조 제1항에 의하여 문서는 원본·정본 또는 인증있는 등본을 제출하는 것이 원칙이나, 사본을 원본에 갈음하여 또는 사본 그 자체를 원본으로서 제출할 수도 있다고 할 것인바, 사본을 원본으로서 제출하는 경우에는 그 사본이 독립한 서증이 되는 것이나 그 대신 이에 의하여 원본이 제출된 것으로 되지는 아니하고, 이때에는 증거에 의하여 사본과 같은 원본이 존재하고 또 그 원본이 진정하게 성립하였음이 인정되지 않는 한 그와 같은 내용의 사본이 존재한다는 것 이상의 증거가치는 없다고 할 것이다(대법원 2002. 8. 23. 선고 2000다66133 판결).

는다. 예를 들어, 신청자가 문서 원본을 분실하였거나 선의로 이를 훼손한 경우 또는 문서제출명령에 응할 의무가 없는 제3자가 해당 문서의 원본을 소지하고 있는 경우, 원본이 방대한 양의 문서인 경우 등에는 원본의 제출이 요구되지 않는다. 다만, 이 경우 신청자는 원본을 제출할 수 없는 정당한 사유를 구체적으로 주장·증명하여야 하고,[1] 그러한 주장·증명 없이 원본을 제출하지 않는다면 그 사본은 요증사실을 증명하는 증거가치가 인정되지 않는다.[2]

서증에는 원고 제출의 것은 '갑', 피고 제출의 것은 '을', 독립당사자참가인이 제출하는 것은 '병'으로 부호를 붙여 구분하고, 제출순서에 따라 번호를 붙여야 한다(민사소송규칙 제107조 제2항). 재판장은 서증의 내용을 이해하기 어렵거나 서증의 수가 방대한 경우 또는 서증의 입증취지가 불명확한 경우에는 당사자에게 서증과 증명할 사실의 관계를 구체적으로 밝힌 증거설명서를 제출할 것을 명할 수 있다(동규칙 제106조 제1항). 재판장의 증거설명서 제출명령에 따르지 않는 경우 법원은 서증을 채택하지 않거나 채택결정을 취소할 수 있다(동규칙 제109조 제4호).

## (2) 문서제출명령(제343조 및 제344조)

상대방 또는 제3자가 가지고 있는 것으로서 제출의무 있는 문서에 대하여 서증신청을 하는 경우에는 문서제출명령을 신청하는 방식에 의한다.

### 1) 문서제출의무

민사소송법은 종전에는 당사자와 문서 사이에 특수한 관계가 있는 문서 4가지, 즉 인용문서, 인도·열람문서, 이익문서, 법률관계문서에 한하여 제출의무 있는 문서로 열거하였으나(제344조 제1항), 문서제출명령의 활성화를 도모하고자 일반문서의 경우에도 공문서나 증언거부사유가 적혀 있는 문서 등을 제외하고 원칙적으로 제출의무가 있는 것으로 규정함으로써 문서제출의무가 인정되는 문서의 범위를 확대하였다(동조 제2항).

---

[1] 서증사본의 신청 당사자가 문서 원본을 분실하였다든가 선의로 이를 훼손한 경우 또는 문서제출명령에 응할 의무가 없는 제3자가 해당 문서의 원본을 소지하고 있는 경우, 원본이 방대한 양의 문서인 경우 등 원본 문서의 제출이 불가능하거나 비실제적인 상황에서는 원본의 제출이 요구되지 아니한다고 할 것이지만, 그와 같은 경우라면 해당 서증의 신청당사자가 원본 부제출에 대한 정당성이 되는 구체적 사유를 주장·입증하여야 할 것이다(대법원 2010. 2. 25. 선고 2009다96403 판결; 2002. 8. 23. 선고 2000다66133 판결).
[2] 원고는 피고가 연대보증한 것으로 기재되어 있는 리볼빙결제신청서의 '사본'을 갑제6호증으로 제출하였고, 이에 피고는 원고에게 지속적으로 갑제6호증의 원본 제출을 요구하면서 원본의 존재 및 원본의 성립의 진정에 관하여 이의를 제기하였음에도 원고는 갑제6호증의 원본을 제출하지 아니하였고, 원본 부제출에 대한 정당성이 되는 구체적 사유를 주장·입증하지도 아니하였으므로 갑제6호증은 피고의 연대보증사실을 증명하는 증거로서의 가치가 없다고 할 것이다(대법원 2010. 2. 25. 선고 2009다96403 판결).

민사소송법에서는 당사자와 문서와 사이에 특수관계에 있는 문서 4가지, 즉 인용문서, 인도·열람문서, 이익문서, 법률관계문서를 제출의무 있는 문서로 열거하고 있다(제344조 제1항).

① **인용문서, 인도·열람문서**: '인용문서'란 당사자가 소송에서 인용한 문서를 말한다(제344조 제1항 제1호). 당사자가 소송에서 인용한 문서를 스스로 가지고 있는 경우에는 제출의무가 있다. 당사자가 소송에서 자기를 위하여 이용한 문서는 상대방에게도 이용시키는 것이 공평하기 때문이다. 인용문서에는 증거로서 인용한 문서뿐만 아니라 주장을 명백히 하기 위하여 인용한 문서도 포함된다.[1]

'인도·열람문서'는 신청자가 문서소지자에게 인도 또는 열람을 요구할 수 있는 사법상의 권리를 가지고 있는 문서이다(동항 제2호). 인도·열람청구권은 물권적이든 채권적이든, 계약에 기한 것이든 법률상의 것이든 무관하다.[2] 그러나 사법상 권리에 한정되고 공법상 권리가 인정되는 경우에는 그 공법상 권리에 기하여 인도나 열람을 청구할 수 있으므로 여기서 제외된다. 예를 들어, 소송기록은 제162조, 등기사항증명서는 부동산등기법 제19조, 공공기관이 직무상 작성 또는 취득하여 관리하고 있는 문서는 「공공기관의 정보공개에 관한 법률」(이하 '정보공개법'이라고 한다)에 의하여 각각 그 인도나 열람을 청구한 후 그 문서를 법원에 직접 제출하면 된다.

민사소송법은 인용문서와 인도·열람문서에 대해서는 제출거부사유를 규정하고 있지 않다(제344조 제1항 제1호 및 제2호). 후술하는 이익문서나 법률관계문서의 경우에는 공무원 또는 공무원이었던 사람의 직무상 비밀이 적혀 있거나 증언거부권에 해당하는 사항이 적혀 있는 문서에 대해서는 제출을 거부할 수 있도록 규정하고 있다(동항 제3호 단서 가목 내지 다목). 그러므로 인용문서와 인도·열람문서는 제출거부사유가 인정되지 않는 절대적 제출의무 있는 문서라고 할 수 있다. 제출거부사유가 인정되지 않는 이유는 인용문서의 경우에는 당사자 사이의 형평성에서, 그리고 인도·열람문서는 신청자가 청구권을 갖고 있다는 점에서 찾을 수 있다.[3] 판례도 인용문서는 '공무원이 그 직무와 관련하

---

1) 제344조 제1항 제1호에서 말하는 '당사자가 소송에서 인용한 문서'라 함은 당사자가 소송에서 당해 문서 그 자체를 증거로서 인용한 경우뿐 아니라 자기주장을 명백히 하기 위하여 적극적으로 문서의 존재와 내용을 언급하여 자기주장의 근거 또는 보조로 삼은 문서도 포함한다(대법원 2017. 12. 28. 자 2015무423 결정; 2008. 6. 12. 자 2006무82 결정).

2) 제344조 제2호에서 문서제출의무의 원인의 하나로서 규정하고 있는 '신청자가 문서소지자에 대하여 그 인도나 열람을 구할 수 있는 때'라 함은, 신청자가 문서의 인도·열람을 청구할 수 있는 실체법상의 권리를 가지는 모든 경우를 가리키며, 그것이 물권적이든 채권적이든, 또는 계약에 근거하는 것이든 법률규정에 근거하는 것이든 이를 묻지 않는다(대법원 1993. 6. 18. 자 93마434 결정).

3) 이시윤, 517면.

여 보관하거나 가지고 있는 문서'라고 하더라도 문서제출을 거부할 수 없고,[1] 나아가 정보공개법이 정하고 있는 '비공개대상정보'에 해당하더라도 마찬가지라고 한다.[2]

② **이익문서, 법률관계문서**: '이익문서'는 신청자의 이익을 위하여 작성된 문서를 말한다(제344조 제1항 제3호). 예를 들어, 영수증, 유언서 등이 여기에 해당된다. 이익문서에는 직접 신청자의 이익을 위하여 작성한 문서뿐만 아니라 간접적으로 신청자의 이익을 위하여 작성한 문서도 포함하고, 이익의 범위에는 증거확보라는 소송상의 이익도 포함하는 넓은 의미로 이해되고 있다.

'법률관계문서'는 신청자와 문서소지자 사이의 법률관계에 관하여 작성된 문서를 말한다(동항 제3호). 예를 들어, 계약서 등이 여기에 해당된다. 신청자와 문서소지자 사이의 법률관계 자체를 기재한 문서뿐만 아니라 그 법률관계의 생성과정에서 작성된 문서, 예를 들어, 계약의 초안이나 왕복서신 등은 물론이고 신청자와 소지자와의 법률관계에 관계있는 사항을 기재한 문서, 예를 들어, 교과서 검정의 위법으로 인한 손해배상청구사건에서 조사관의 의견서나 심의록 등도 포함한다.

그러나 이익문서와 법률관계문서라고 하더라도 공무원 또는 공무원이었던 사람의 직무상 비밀에 관한 사항이 적혀있는 문서로서 그 소속 또는 감독관청 등의 동의를 받지 않은 문서(제3호 가목), 문서소지자 또는 그 친족이나 후견인 등이 공소제기되거나 유죄판결을 받을 염려가 있는 사항 또는 그들에게 치욕이 될 사항이 적혀있는 문서(제3호 나목), 변호사·공인회계사·의료인·종교인 등의 직무상 비밀에 속하는 사항이 적혀있는 문서 또는 기술이나 직업의 비밀에 속하는 사항이 적혀 있는 문서(제3호 다목) 등은 제출의무가 없다. 판례는 문서제출거부사유로서 직업의 비밀이란 그 비밀이 공개되면 직업의 수행에 심각한 영향을 주어 직업의 수행이 현저히 어려운 경우를 말하고, 어느 정보가 이러한 직업의 비밀에 해당되어도 보호가치 있는 비밀일 경우에만 문서의 제출을 거부할 수 있는데, 보호가치 있는 비밀인지 여부는 그 정보의 내용과 성질, 정보가 증거로서 필요한 정도 등 여러 사정을 고려하여 그 정보의 공개로 문서소지인이 받게 될 불이익과 소송에서의 진실발견과 재판의 공정이라는 이익을 비교형량하여 판단하여야 한다고 한

---

[1] 제344조 제1항 제1호의 인용문서에 해당하는 이상 같은 조 제2항에서 규정하는 바와는 달리, 그것이 '공무원이 그 직무와 관련하여 보관하거나 가지고 있는 문서'라도 특별한 사정이 없는 한 문서제출의무를 면할 수 없다(대법원 2017. 12. 28. 자 2015무423 결정).

[2] 제344조 제1항 제1호의 문언, 내용, 체계와 입법 목적 등에 비추어 볼 때, 인용문서가 공무원이 직무와 관련하여 보관하거나 가지고 있는 문서로서 공공기관의 정보공개에 관한 법률 제9조에서 정하고 있는 비공개대상정보에 해당한다고 하더라도, 특별한 사정이 없는 한 그에 관한 문서제출의무를 면할 수 없다(대법원 2017. 12. 28. 자 2015무423 결정).

다.[1] 이처럼 이익문서와 법률관계문서는 일정한 경우 제출의무가 인정되지 않는다는 점에서 상대적 제출의무 있는 문서라고 할 수 있다.[2]

③ **일반문서**: 민사소송법에서는 위에 열거한 4가지 문서를 제외한 일반문서의 경우 원칙적으로 제출의무가 있는 것으로 규정하여, 문서제출의무를 일반적 의무로 확대하였다.[3] 그러나 문서제출의무의 예외사유를 지나치게 광범위하게 규정함으로써 제출의무를 일반적 의무로 한 취지를 퇴색시키고 있다. 예외적으로 제출의무가 인정되지 않는 경우는 다음과 같다.

첫째, 공무원 또는 공무원이었던 사람이 그 직무와 관련하여 보관하거나 가지고 있는 문서는 제출의무 있는 문서의 범위에서 제외된다(제344조 제1항). 여기서 말하는 '공무원 또는 공무원이었던 사람이 그 직무와 관련하여 보관하거나 가지고 있는 문서'는 국가기관이 보유·관리하는 공문서를 의미한다. 이러한 공문서에 관하여는 정보공개법에서 정한 절차와 방법에 의하여야 한다.[4] 따라서 당사자는 동법에 따라 공공기관[5]을 상대로 정보공개청구를 하여 문서를 교부받아 법원에 제출할 수 있다. 그러나 당사자에게 이러한 공법상 청구권이 인정되지 않는 경우에는 문서송부촉탁을 신청하는 방법에 의하여야 할 것이다.

둘째, 증언거부사유에 해당되는 사항이 적혀 있는 문서, 즉 문서소지자 또는 그 친족

---

1) 민사소송법은 원칙적으로 문서의 제출을 거부하지 못한다고 규정하면서 그 예외사유로서 기술 또는 직업의 비밀에 속하는 사항이 적혀 있고 비밀을 지킬 의무가 면제되지 아니한 문서를 들고 있다. 여기에서 직업의 비밀은 그 사항이 공개되면 해당 직업에 심각한 영향을 미치고 이후 그 직업의 수행이 어려운 경우를 가리키는데, 어느 정보가 이러한 직업의 비밀에 해당하는 경우에도 문서소지자는 위 비밀이 보호가치 있는 비밀일 경우에만 문서의 제출을 거부할 수 있다 할 것이다. 나아가 어느 정보가 보호가치 있는 비밀인지를 판단함에 있어서는 그 정보의 내용과 성격, 그 정보가 공개됨으로써 문서소지자에게 미치는 불이익의 내용과 정도, 그 민사사건의 내용과 성격, 그 민사사건의 증거로 해당 문서를 필요로 하는 정도 또는 대체할 수 있는 증거의 존부 등 제반 사정을 종합하여 그 비밀의 공개로 인하여 발생하는 불이익과 이로 인하여 달성되는 실체적 진실 발견 및 재판의 공정을 비교형량하여야 한다(대법원 2015. 12. 21. 자 2015마4174 결정).
2) 한충수, 484면 및 485면.
3) 제344조 제2항 각 호에서 규정된 문서제출거부사유에 해당하지 아니하는 경우 그 소지인은 원칙적으로 문서제출의무를 부담한다고 보아야 할 것이다(대법원 2008. 4. 14. 자 2007마725 결정).
4) 제344조 제2항은 같은 조 제1항에서 정한 문서에 해당하지 아니한 문서라도 문서의 소지자는 원칙적으로 그 제출을 거부하지 못하나, 다만 '공무원 또는 공무원이었던 사람이 그 직무와 관련하여 보관하거나 가지고 있는 문서'는 예외적으로 제출을 거부할 수 있다고 규정하고 있는바, 여기서 말하는 '공무원 또는 공무원이었던 사람이 그 직무와 관련하여 보관하거나 가지고 있는 문서'는 국가기관이 보유·관리하는 공문서를 의미한다고 할 것이고, 이러한 공문서의 공개에 관하여는 공공기관의 정보공개에 관한 법률에서 정한 절차와 방법에 의하여야 할 것이다(대법원 2010. 1. 19. 자 2008마546 결정).
5) 여기의 '공공기관'에는 국가기관, 지방자치단체, 「공공기관의 운영에 관한 법률」에 따른 공공기관, 각급 학교, 지방공사 및 지방공단, 지방자치단체의 출자기관 및 출연기관, 국가나 지방자치단체로부터 보조금을 받는 사회복지법인, 국가나 지방자치단체로부터 연간 5천만원 이상의 보조금을 받는 기관 또는 단체 등이 포함된다(공공기관의 정보공개에 관한 법률 제2조 제3호).

이나 후견인 등이 공소제기되거나 유죄판결을 받을 염려가 있는 사항 또는 그들에게 치욕이 될 사항이 적혀있는 문서, 변호사·공인회계사·의료인·종교인 등의 직무상 비밀에 속하는 사항이 적혀있는 문서 또는 기술이나 직업의 비밀에 속하는 사항이 적혀있는 문서는 제출의무가 없다(제344조 제2항 제1호).

셋째, 오로지 문서를 가진 사람이 이용하기 위한 문서, 즉 '자기이용문서'는 제출의무가 없다(동항 제2호). 자기이용문서란 문서소지자의 이용을 위한 목적으로만 작성되고 외부에 공개하는 것이 예정되어 있지 않으며, 외부에 공개할 경우 개인의 사생활이 침해되거나 개인이나 단체의 자유로운 의사형성이 방해되는 등 문서소지자에게 간과할 수 없는 불이익이 생길 염려가 있는 문서를 말한다. 예를 들어, 개인의 일기, 가계부, 사적인 편지 등이 여기에 해당된다.[1] 판례는 회사 내부에서 작성된 문서일지라도 신청자가 열람청구권을 갖는 문서와 동일한 정보 또는 그 기초가 되는 정보가 포함된 경우, 외부에서의 이용이 작성 목적에 전혀 포함되어 있지 않다고 볼 수 없는 경우, 그 문서에 기재된 정보가 외부에 개시될 것이 예정되어 있거나 공익성을 갖는 경우에는 내부문서라는 이유로 자기이용문서라고 쉽게 단정해서는 안 된다고 한다.[2] 그리하여 급여명세서나 상여금명세서, 회사의 손익계산서 등 회계서류,[3] 매입·매출 회계처리원장[4] 등은 자기이용

---

1) 김홍엽, 622면; 이시윤, 517면.
2) 제344조 제2항은 문서를 가지고 있는 사람은 제344조 제1항에 해당하지 아니하는 경우에도 원칙적으로 문서의 제출을 거부하지 못한다고 규정하면서, 예외사유로서 '오로지 문서를 가진 사람이 이용하기 위한 문서'(이른바 '자기이용문서')를 들고 있다. 어느 문서가 오로지 문서를 가진 사람이 이용할 목적으로 작성되고 외부자에게 개시하는 것이 예정되어 있지 않으며 개시할 경우 문서를 가진 사람에게 심각한 불이익이 생길 염려가 있다면, 그 문서는 특별한 사정이 없는 한 위 규정의 자기이용문서에 해당한다. 여기서 어느 문서가 자기이용문서에 해당하는지는 문서의 표제나 명칭만으로 판단하여서는 아니 되고, 문서의 작성 목적, 기재 내용에 해당하는 정보, 당해 유형·종류의 문서가 일반적으로 갖는 성향, 문서의 소지 경위나 그 밖의 사정 등을 종합적으로 고려하여 객관적으로 판단하여야 하는데, 설령 주관적으로 내부 이용을 주된 목적으로 회사 내부에서 결재를 거쳐 작성된 문서일지라도 신청자가 열람 등을 요구할 수 있는 사법상 권리를 가지는 문서와 동일한 정보 또는 직접적 기초·근거가 되는 정보가 문서의 기재 내용에 포함되어 있는 경우, 객관적으로 외부에서의 이용이 작성 목적에 전혀 포함되어 있지 않다고는 볼 수 없는 경우, 문서 자체를 외부에 개시하는 것은 예정되어 있지 않더라도 문서에 기재된 정보의 외부 개시가 예정되어 있거나 정보가 공익성을 가지는 경우 등에는 내부문서라는 이유로 자기이용문서라고 쉽게 단정할 것은 아니다(대법원 2016. 7. 1. 자 2014마2239 결정).
3) 주식회사의 급여대장, 급여규정 및 상여금 규정, 임직원에 대한 급여명세서, 상여금명세서, 회사의 손익계산서 등은 회계서류 작성에 필요한 정보 또는 법령상 작성의무가 있는 문서로서 외부에 개시하는 것이 예정되어 있고, 문서의 성질상 외부에 개시하더라도 문서소지자에게 심각한 불이익이 생긴다고 볼 여지가 없으므로, 원심이 자기이용문서인지에 관한 판단을 누락하였더라도 재판에 영향을 미친 위법이 없다(대법원 2016. 7. 1. 자 2014마2239 결정).
4) 원심이 매입·매출 회계처리원장은 제344조 제2항 제2호가 규정한 '오로지 문서를 가진 사람이 이용하기 위한 문서'에 해당하지 아니한다고 판단한 것은 정당하고, 거기에 자기이용문서, 상법 제32조의 상업장부에 관한 법리를 오해하고 필요한 심리를 다하지 아니하는 위법이 없다(대법원 2015. 12. 21. 자 2015마4174 결정).

문서에 해당되지 않으며, 급여 및 상여금 내역 등이 개인정보보호법상 개인정보에 해당하더라도 이를 이유로 문서소지인이 문서제출을 거부할 수 없다고 한다.[1]

## 2) 문서제출명령의 신청

① **신청의 방식**: 문서제출명령의 신청은 서면으로 하며, 문서의 표시, 문서의 취지, 문서소지자, 증명할 사실, 문서제출의무의 원인 등을 명시하여야 한다(제345조, 민사소송규칙 제110조 제1항). 증거조사가 개시되기 전까지 그 증거신청을 자유로이 철회할 수 있으므로, 문서제출명령의 신청에 따른 제출명령이 있었다고 하더라도 그 문서가 법원에 제출되기 전에는 상대방의 동의 없이 그 신청을 철회할 수 있다.[2] 상대방은 문서제출명령의 신청에 관하여 의견이 있는 때에는 의견을 적은 서면을 법원에 제출할 수 있다(동 규칙 제110조 제2항).

② **문서목록제출명령**: 상대방이 소지하고 있는 문서를 구체적으로 알지 못하여 문서의 표시나 취지를 특정하기 어려운 경우에는 신청대상인 문서의 취지나 증명할 사실을 개괄적으로만 표시하여 신청하면 법원은 상대방 당사자에게 관련문서에 관하여 그 표시와 취지 등을 적은 문서목록을 제출하도록 명할 수 있다(제346조). 문서목록제출명령은 문서제출명령제도가 증거의 구조적 편재를 시정하기 위한 효율적인 수단으로 기능할 수 있도록 하기 위하여 도입한 문서정보공개제도로서, 그 취지는 미국의 증거개시제도(discovery)에서의 증거공개(disclosure)와 유사하다. 그러나 법원의 문서목록제출명령에 따르지 않더라도 그에 대한 제재수단이 없어 그 실효성은 의문이다. 문서목록에서 누락된 문서를 문서소지자가 나중에 자신을 위한 서증으로 제출하면 실기한 공격방어방법으로 각하할 수 있을 것이다(제149조).

## 3) 문서제출명령의 심판

당사자로부터 문서제출명령신청이 있으면, 법원은 제출의무의 유무와 소지사실에 대하여 심리하여 그 허가 여부를 결정하여야 한다. 문서제출명령을 하려면 문서의 존재와 소지가 증명되어야 하는데, 그 증명책임은 원칙적으로 신청인에게 있다.[3] 문서소지자가 제3자인 경우에는 변

---

1) 개인정보보호법 제18조 제2항 제2호에 따르면 개인정보처리자는 '다른 법률에 특별한 규정이 있는 경우'에는 개인정보를 목적 외의 용도로 이용하거나 이를 제3자에게 제공할 수 있고, 제344조 제2항은 각 호에서 규정하고 있는 문서제출거부사유에 해당하지 아니하는 경우 문서소지인에게 문서제출의무를 부과하고 있으므로, 임직원의 급여 및 상여금 내역 등이 개인정보보호법상 개인정보에 해당하더라도 이를 이유로 문서소지인이 문서의 제출을 거부할 수 있는 것은 아니다(대법원 2016. 7. 1. 자 2014마2239 결정).
2) 대법원 1971. 3. 23. 선고 70다3013 판결.
3) 법원이 문서제출명령을 하기 위하여는 먼저 당해 문서의 존재와 소지가 증명되어야 하고, 그 입증책임은 원칙적

론(준비)절차에서 그 의견을 들을 기회가 없으므로 심문기일을 여는 등의 방법으로 제3자 또는 그가 지정하는 자를 반드시 심문하여야 한다(제347조 제3항, 필수적 심문). 문서소지자가 상대방 당사자인 경우에는 제3자와 같이 별도로 심문절차를 거쳐야 하는 것은 아니지만(임의적 신문), 적어도 상대방에게 문서제출명령신청서를 송달하여 그에 관한 의견진술의 기회를 부여하여야 한다.[1]

법원은 형사소추·치욕 또는 직무상 비밀 사항이 포함되어 있는 등 제출거부사유가 있는지 여부를 판단하기 위하여 필요한 때에는 문서소지자에게 그 문서를 제시하도록 명할 수 있다(문서제시명령, 제347조 제4항 전단). 이 경우 그 문서를 다른 사람이 보지 않도록 공개된 법정이 아닌 심문실이나 판사실에서 다른 당사자의 참여를 배제한 채 비공개로 심리하여 제출거부사유의 유무를 판단하여야 한다(동항 후단).

법원은 문서제출명령신청이 이유 있다고 인정하는 때에는 결정으로 문서소지자에게 문서의 제출을 명할 수 있다(제347조 제1항). 문서제출명령신청이 문서의 일부에만 이유 있다고 인정하는 때에는 그 부분만의 제출을 명하여야 한다(동조 제2항). 문서제출명령신청이 이유 없다고 인정하는 때에는 이를 기각하는 결정을 한다. 문서제출명령신청의 대상이 된 문서가 제출의무 없는 문서임이 인정된 경우는 물론이고, 문서제출명령신청의 대상이 된 문서가 서증으로서 필요하지 않거나[2] 그 문서에 의하여 입증하고자 하는 사항이 당해 청구와 직접 관련이 없다고 인정된 경우에도 신청을 기각할 수 있다.[3] 판례는 문서제출명령신청에 대하여 별다른 판단 없이 변론을 종결하고 판결을 선고하였다면 문서제출명령신청을 묵시적으로 기각한 것으로 볼 것이고 판단누락은 아니라고 한다.[4]

---

으로 신청인에게 있다(대법원 2008. 4. 14. 자 2007마725 결정; 1995. 5. 3. 선고 95마415 판결).

1) 문서제출신청의 허가 여부에 관한 재판을 함에 있어서는 그때까지의 소송경과와 문서제출신청의 내용에 비추어 신청 자체로 받아들일 수 없는 경우가 아닌 한 상대방에게 문서제출신청서를 송달하는 등 문서제출신청이 있음을 알림으로써 그에 관한 의견을 진술할 기회를 부여하고, 그 결과에 따라 당해 문서의 존재와 소지 여부, 당해 문서가 서증으로 필요한지 여부, 문서제출신청의 상대방이 문서제출의무를 부담하는지 여부 등을 심리한 후 그 허가 여부를 판단하여야 한다. 그런데 원심은 이 사건 문서제출신청 후 이를 그 상대방인 재항고인에게 송달하는 등 문서제출신청에 대한 의견을 진술할 기회를 부여함에 필요한 조치를 취하지 않은 채 문서제출명령의 요건에 관하여 별다른 심리도 없이 문서제출신청 바로 다음날 이 사건 문서제출명령을 하였는바, 이러한 원심의 조치는 위법하다 할 것이다(대법원 2009. 4. 28. 자 2009무12 결정).

2) 문서를 가진 사람에게 그것을 제출하도록 명할 것을 신청하는 것은 서증을 신청하는 방식 중의 하나이므로, 법원은 그 제출명령신청의 대상이 된 문서가 서증으로서 필요하지 아니하다고 인정할 때에는 그 제출명령신청을 받아들이지 아니할 수 있다(대법원 2016. 7. 1. 자 2014마2239 결정; 2008. 9. 26. 자 2007마672 결정).

3) 문서제출명령의 대상이 된 문서에 의하여 입증하고자 하는 사항이 당해 청구와 직접 관련이 없는 것이라면 받아들이지 아니할 수 있다(대법원 2016. 7. 1. 자 2014마2239 결정).

4) 문서제출명령신청에 대해서 별다른 판단을 하지 아니한 채 변론을 종결하고 판결을 선고한 것은 문서제출명령신청을 묵시적으로 기각한 취지라고 할 것이니, 이를 가리켜 판단유탈에 해당한다고는 볼 수 없다(대법원 2001.

문서제출명령신청에 관한 결정에 대하여는 즉시항고할 수 있다(제348조). 제출명령이 있어도 그 문서가 법원에 제출되기 전까지 그 신청을 철회할 수 있고, 이때 상대방의 동의를 요하지 않는다. 문서제출명령에 따라 법원에 제출된 문서를 서증으로 제출할지 여부는 신청자가 임의로 결정할 수 있는데, 신청자가 이를 서증으로 제출하여야 증거로 삼을 수 있다.

### 4) 문서제출명령에 불응한 경우의 효과

① 당사자가 불응한 경우: 당사자가 문서제출명령이나 문서제시명령에 따르지 않은 때에는 법원은 문서에 관한 상대방의 주장을 진실한 것으로 인정할 수 있다(제349조). 상대방의 사용을 방해할 목적으로 제출의무 있는 문서를 훼손하거나 사용할 수 없게 한 때에도 같다(제350조). '문서에 관한 상대방의 주장을 진실한 것으로 인정'한다고 함은 문서의 성립과 내용에 관한 상대방의 주장을 진실한 것으로 인정한다는 의미이고, 그 문서에 의하여 증명할 사실이 직접적으로 증명되었다고 본다는 의미는 아니다. 요증사실이 증명되었다고 인정할 것인지 여부는 법관의 자유심증에 의하여야 할 것이다(자유심증설). 판례도 같은 입장이다.[1]

이에 대하여 요증사실이 증명된 것으로 인정할 수 있다는 견해(법정증거설), 행정소송·공해소송·국가배상청구소송의 경우처럼 대상문서가 상대방의 지배영역 하에 있어 신청자로서는 문서의 구체적 내용을 특정할 수 없고 다른 증거에 의하여 증명하는 것이 현저히 곤란한 경우에는 제한적으로 요증사실이 직접 증명되었다고 보는 견해(절충설)가 주장되고 있다.[2] 그러나 요증사실의 증명 여부는 문서제출명령에 따라 문서를 제출한 경

---

5. 8. 선고 2000다35955 판결).

1) 당사자가 문서제출명령에 따르지 아니한 경우에는 법원은 상대방의 그 문서에 관한 주장 즉, 문서의 성질, 내용, 성립의 진정 등에 관한 주장을 진실한 것으로 인정하여야 한다는 것이지 그 문서에 의하여 입증하고자 하는 상대방의 주장사실까지 반드시 증명되었다고 인정하여야 한다는 취지가 아니며, 주장사실의 인정 여부는 법원의 자유심증에 의하는 것인바, 위 도급계약시 피고가 작성하여 원고에게 제출한 공사내역서에 대한 문서제출명령을 위반하였다 하더라도 그 효과는 피고 주장의 위 내역서가 진정하게 성립되었다는 것과 그 내역서상 위 석구조물공사에 있어서 원고가 석재를 공급한다는 사실이 기재된 것을 인정한다는 것이지 법원이 그 문서에 의하여 입증하고자 하는 피고의 주장사실까지 인정할 수는 없는 것이다(대법원 1993. 6. 25. 선고 93다15991 판결); 의료분쟁에 있어서 의사측이 진료기록을 변조한 행위는 그 변조이유에 대하여 상당하고도 합리적인 이유를 제시하지 못하는 한, 당사자 간의 공평의 원칙 또는 신의칙에 어긋나는 입증방해행위에 해당한다 할 것이고, 법원으로서는 이를 하나의 자료로 하여 자유로운 심증에 따라 의사측에게 불리한 평가를 할 수 있다. 서증조사기일에 제출된 의사진료기록(차트)(갑 제8호증의 10)의 기재 중 원고에 대한 진단명의 일부가 흑색 볼펜으로 가필되어 원래의 진단명을 식별할 수 없도록 변조되어 있다면, 피고측이 그 변조이유에 대하여 상당하고도 합리적인 이유를 제시하지 못하고 있다면, 이는 명백한 입증방해행위라 할 것이므로, 이를 피고의 수술과정상의 과오를 추정하는 하나의 자료로 삼았음은 옳다고 할 것이다(대법원 1995. 3. 10. 선고 94다39567 판결).

2) 김홍엽, 628면; 이시윤, 520면.

우이든 문서제출명령에 불응한 경우이든 법관의 자유심증에 의하여야 할 것이고, '문서에 관한 상대방의 주장'이라고 명시한 제349조의 문언에 비추어 통설 및 판례의 입장이 타당하다고 본다.

② **제3자가 불응한 경우**: 제3자가 문서제출명령이나 문서제시명령에 따르지 않은 때에는 신청당사자의 주장을 진실한 것으로 인정할 수는 없으며, 법원은 결정으로 500만원 이하의 과태료에 처할 수 있을 뿐이다(제351조, 제318조, 제311조 제1항). 과태료에 처하는 결정에 대하여는 즉시항고를 할 수 있으나, 집행정지의 효력은 없다(제311조 제8항).

## (3) 문서송부촉탁

상대방 또는 제3자가 소지하고 있는 제출의무 없는 문서에 관하여 서증신청을 함에 있어서는, 그 소지자에 대하여 문서송부촉탁을 신청하여 할 수 있다(제352조 본문). 다만, 당사자가 법령에 의하여 문서의 정본 또는 등본을 청구할 수 있는 경우에는 문서송부촉탁에 의할 수 없다(동조 단서). 예를 들어, 등기부등본이나 가족관계증명서 등에 대하여는 문서송부촉탁을 신청할 수 없다.

법원, 검찰청 그 밖의 공공기관이 보관하고 있는 기록의 불특정한 일부에 대하여도 문서송부촉탁을 신청할 수 있다(민사소송규칙 제113조 제1항).[1] 이 경우 법원은 기록을 보관하고 있는 법원 등 공공기관에 대하여 그 기록 가운데 신청인 또는 소송대리인이 지정하는 부분의 인증등본을 보내 줄 것을 촉탁하여야 한다(동 규칙 동조 제2항). 촉탁을 받은 법원 등 공공기관은 신청인 또는 소송대리인에게 그 기록을 열람하게 하여 필요한 부분을 지정할 수 있도록 하여야 한다(동 규칙 동조 제3항).

문서소지자는 정당한 이유가 없는 한 송부촉탁에 협력할 의무가 있으며, 송부촉탁에 응할 수 없는 사정이 있는 경우에는 그 사유를 촉탁법원에 통지하여야 한다(제352조의2). 그러나 문서소지자가 문서송부촉탁에 응하지 않더라도 제재하는 수단은 없다. 그리하여 사인(私人)에 대하여 송부촉탁을 신청하는 경우는 거의 없으며, 주로 공문서 또는 공공기관이 보관하고 있는

---

1) 민사재판에서 관련 형사사건의 수사기록을 증거조사하는 방법에는 인증등본송부촉탁신청을 하는 방법과 문서가 있는 장소에서의 서증조사를 하는 방법이 있다. 인증등본송부촉탁신청은 형사사건에 대한 공소가 제기되어 형사법원에서 증거조사가 실시된 이후에 형사법원에 대하여 이루어지고, 검찰 등 수사기관에서 보관 중인 수사기록에 대하여는 검찰청 등 수사관서에서 서증조사를 하는 방법으로 이루어진다. 검찰 등 수사기관에서 수사 중이거나 검찰의 불기소처분 등으로 사건이 종결된 형사사건의 수사기록에 대하여 인증등본송부촉탁신청을 하더라도 신청자의 진술만이 담긴 신문조서나 진술서만을 송부해 주고 있어 수사기록에 대한 증거조사가 매우 어려운 실정이다.

문서에 대하여 이루지고 있다.

문서송부촉탁에 따라 법원에 송부하는 문서는 원본, 정본 또는 인증등본이어야 한다(제355조 제1항). 법원은 필요한 경우 원본을 송부하도록 할 수 있다(동조 제2항).[1] 실무에서는 '인증등본 송부촉탁신청'이라고 표기함으로써 송부할 문서의 형태를 명시하기도 한다. 송부촉탁에 의하여 송부된 문서가 자동적으로 증거자료가 되는 것은 아니며, 신청인이 송부된 문서 중 필요한 부분을 선별하여 서증으로 제출함으로써 비로소 증거자료가 된다.

### (4) 문서 있는 장소에서의 서증조사

문서제출명령신청의 대상도 아니고 문서송부촉탁신청을 하기도 어려운 문서에 대하여 서증 신청을 함에 있어서는, 법원이 그 문서가 있는 장소에 가서 서증조사를 해 줄 것을 신청할 수 있다(제297조 제1항 전단 및 민사소송규칙 제112조 제1항). 예를 들어, 미완결사건의 수사기록, 기소 중지 중의 수사기록 등 외부 반출이 어려운 문서가 주로 그 대상이 된다.[2] 이 경우 수명법관 또는 수탁판사로 하여금 증거조사를 하도록 할 수 있다(제297조 제1항 후단). 문서송부촉탁에서 와 마찬가지로 문서소지자는 서증조사에 협력할 의무가 있다(제352조의2).

## Ⅴ. 기타

### 1. 검증

#### (1) 의의

검증이란 법관이 그 오관(五官)의 작용에 의하여 직접적으로 사물의 성상(性狀)이나 현상(現 狀)을 검사하여 그 결과를 증거자료로 하는 증거조사를 말한다. 문서의 경우 그 기재내용을 증 거로 하는 경우에는 서증이 되지만, 그 지질, 필적, 인영 따위를 증거로 할 경우에는 검증의 대 상이 된다. 녹음·녹화테이프, 컴퓨터용 자기디스크·광디스크 등 음성·영상자료에 대한 증거조 사는 검증의 방법에 의한다(민사소송규칙 제121조 제2항).

---

1) 송부된 문서가 원본인 경우에는 사용이 끝난 후 즉시 반환하여야 하며, 상소기록과 함께 상소심으로 송부하여서 는 안 된다.
2) 김홍엽, 631면; 이시윤, 521면.

## (2) 신청 및 절차

검증도 원칙적으로 당사자의 신청에 의하여 개시된다. 요증사실이 전문적 지식을 바탕으로 하는 경우에는 감정과 함께 신청할 수 있다. 거증자가 검증물을 소지하고 있으면 법원에 직접 제출하면 되고, 상대방 당사자 또는 제3자가 소지하고 있으면 이에 대한 제출명령을 신청하여야 한다. 사람의 신체·용모·상처를 검증함에는 출석을 명할 수 있다(제366조 제1항). 법원은 검증을 위하여 필요한 경우에는 다른 사람의 토지나 주거 등 시설물 안에 들어갈 수 있고, 이 경우 저항을 받은 때에는 국가경찰공무원에게 원조를 요청할 수 있다(제366조 제3항).

당사자가 검증물을 제출하지 않거나 출석명령에 불응하는 때에는 문서제출의무위반에 대한 것과 유사하게 법원은 검증물의 존재·물리적 상태에 관한 증거신청자의 주장을 진실한 것으로 인정할 수 있다(제366조 제1항). 제3자가 정당한 사유 없이 제출명령에 따르지 않는 경우에는 200만원 이하의 과태료에 처해진다(제2항).

## 2. 당사자신문

### (1) 의의

당사자신문은 당사자본인을 증거방법으로 하여, 마치 증인처럼 그가 경험한 사실에 대해 진술하게 하는 증거조사를 말한다. 당사자신문에서의 당사자본인의 진술은 증인의 증언과 마찬가지로 증거자료에 불과하므로, 당사자신문 과정에서 상대방 주장사실과 일치되는 진술이 있다고 하여도 자백이 성립되지는 않는다.

### (2) 독립된 증거방법

당사자신문은 독립된 증거방법으로서 다른 증거방법이 있는지 여부에 관계없이 소송의 어느 단계에서든 할 수 있다.[1] 종전에는 다른 증거방법에 의하여 법원이 심증을 얻지 못한 경우에 한하여 보충적으로 당사자신문이 허용되었으나, 현행법은 보충성을 폐지하여 법원으로 하여금 직권 또는 당사자의 신청에 의하여 언제든지 당사자 본인을 신문할 수 있도록 하고 있다(제 367조). 상대방 당사자의 신문을 신청하는 것이 일반적이지만, 당사자가 자기의 신문을 신청할 수도 있다. 법정대리인은 당사자신문의 대상이 되고, 법인이 당사자인 경우 그 대표자도 당사자

---

1) 정동윤·유병현, 566면.

신문의 대상이 된다(제372조 본문, 제64조). 당사자신문에서의 진술은 변론이 아니므로 소송능력자일 필요가 없으며, 소송무능력자라도 당사자신문의 대상이 된다(제372조 단서).

## (3) 절차

당사자신문에는 출석요구서, 선서의무, 교호신문방식 등 증인신문절차에 관한 규정이 대부분 준용된다(제373조). 당사자신문을 신청한 당사자가 당사자신문사항을 미리 제출할 의무는 없지만, 법원이 효율적인 당사자신문을 위하여 필요하다고 인정하는 때에는 당사자신문을 신청한 당사자에게 당사자신문사항이나 당사자진술서를 제출하게 할 수 있다(민사소송규칙 제119조의2 제1항). 이 경우 증인진술서, 증인신문사항의 제출에 관한 규정이 준용된다(동조 제2항). 그러나 당사자신문은 증인신문과는 달리 법원이 직권으로 할 수 있고, 증인처럼 과태료·감치·구인 등으로 출석이나 진술이 강제되지 않는다. 또한 선서하고 허위진술을 하여도 형법상 범죄가 되지는 않으며, 500만원 이하의 과태료에 처해질 뿐이다(제370조 제1항).

당사자가 정당한 사유 없이 출석하지 않거나 선서 또는 진술을 거부한 때에는 신문사항에 관한 상대방의 주장을 진실한 것으로 인정할 수 있다(제369조). 여기서 '정당한 사유'란 법정에 출석할 수 없는 질병, 교통기관의 두절, 관혼상제, 천재지변 등을 말하고, 그러한 정당한 사유의 존재는 불출석한 당사자가 이를 주장·증명하여야 한다.[1] 또한 '신문사항에 관한 상대방의 주장'을 진실한 것으로 인정할 수 있다는 것은 신문사항에 포함된 사실을 진실로 인정할 수 있다는 의미이지, 상대방의 요증사실을 진실로 인정할 수 있다는 의미는 아니다.[2]

당사자 본인으로 신문할 사람을 증인으로 신문한 경우에도 당사자가 지체 없이 이의하지 않으면 이의권의 포기·상실(제151조)로 그 하자가 치유된다.[3] 당사자 본인으로 신문할 사람은 증

---

1) 당사자신문절차에서 당사자가 정당한 사유 없이 출석·선서·진술의 의무를 불이행한 경우에 제369조의 규정에 의하여 법원은 재량에 따라 '신문사항에 관한 상대방의 주장'을 진실한 것으로 인정할 수 있는바, 이 경우 당사자가 출석할 수 없는 정당한 사유란 법정에 나올 수 없는 질병, 교통기관의 두절, 관혼상제, 천재지변 등을 말한다고 할 것이고, 그러한 정당한 사유의 존재는 그 불출석 당사자가 이를 주장·입증하여야 한다(대법원 2010. 11. 11. 선고 2010다56616 판결).
2) 제369조의 규정에 의하여 법원이 진실한 것으로 인정할 수 있는 것은 '신문사항에 관한 상대방의 주장', 즉 신문사항에 포함된 내용에 관하여 이를 진실한 것으로 인정할 수 있다는 것이다. 이 사건의 경우 원고본인신문사항 가운데 원고 앞으로의 배서가 추심위임배서라는 취지에 관한 것으로는 제7항과 제15항 등인 바, 원심이 제369조를 적용하기 위해서는 원심판시처럼 피고 소송대리인의 추심위임의 배서에 관한 주장사실을 진실한 것으로 인정할 것이라고 설시할 것이 아니라 원고본인 신문사항 가운데 제7항, 제15항을 진실한 것으로 인정할 것이고 위의 신문사항에 의하면 원고 앞으로의 이 사건 배서가 추심위임의 목적으로 이루어진 사실을 인정할 수 있다고 판시하는 것이 정당할 것이다(대법원 1990. 4. 13. 선고 89다카1084 판결).
3) 당사자 본인으로 신문해야 함에도 증인으로 신문하였다 하더라도 상대방이 이를 지체 없이 이의하지 아니하면

인능력이 없으므로 증인으로 선서하고 증언하였다고 하여도 위증죄의 주체가 될 수 없다.[1]

## 3. 그 밖의 증거

현행법에서는 그 밖의 증거로 도면, 사진, 녹음테이프, 비디오테이프, 컴퓨터용 자기디스크 그 밖에 정보를 담기 위하여 만들어진 물건으로서 문서가 아닌 증거를 열거하고, 이에 대한 증거조사를 감정, 검증, 서증에 준하여 실시하도록 규정하고 있다(제374조). 그 밖의 증거에 대한 증거조사절차를 구체적으로 살펴보면, 다음과 같다.

### (1) 음성물이나 영상물

녹음·녹화테이프, 컴퓨터용 자기디스크·광디스크, 그 밖에 이와 비슷한 방법으로 음성이나 영상을 녹음 또는 녹화하여 재생할 수 있는 매체에 대한 증거조사는 이를 재생하여 검증하는 방법으로 한다(민사소송규칙 제121조 제2항). 이에 대한 증거조사를 신청한 당사자는 법원이 명하거나 상대방이 요구한 때에는 녹음테이프 등의 녹취서, 그 밖에 그 내용을 설명하는 서면을 제출하여야 하고(동조 제3항), 음성이나 영상이 녹음 등이 된 사람, 녹음 등을 한 사람 및 녹음 등을 한 일시·장소를 밝혀야 한다(동조 제1항).

판례는 동영상 파일은 검증의 방법으로 증거조사를 하여야 하므로 문서제출명령의 대상이 될 수 없다고 한다.[2] 또한 녹음테이프에 대한 증거조사는 검증의 방법에 의할 것이지만, 녹음테이프를 증거로 제출하지 않고 속기사에 의하여 녹취한 녹취서를 서증으로 제출하는 방법에 의할 수도 있는데, 이 경우 상대방이 부지로 인부하면, 녹음테이프의 검증을 통하여 녹취서와 녹음테이프의 내용이 동일한지 여부를 확인하여야 할 것이나, 그 녹취서의 내용이 오히려 상대

---

책문권의 포기·상실로 인하여 그 하자가 치유된다고 할 것이므로, 원심이 원고 문중의 대표자에 대하여 당사자본인신문의 방식에 의하지 아니하고 증인신문방식에 의하여 증거조사를 한 잘못이 있다 하더라도 그와 같은 방식위배에 대하여 피고측에서 지체 없이 이의를 제기한 흔적을 기록상 찾아볼 수 없는 이 사건에 있어서 원심이 그 자유심증에 의하여 위 대표자의 진술을 사실인정을 위한 증거의 하나로 채택하였다 하여 이를 위법이라 할 수 없다(대법원 1992. 10. 27. 선고 92다32463 판결).

1) 민사소송의 당사자는 증인능력이 없으므로 증인으로 선서하고 증언하였다고 하더라도 위증죄의 주체가 될 수 없고, 이러한 법리는 민사소송에서의 당사자인 법인의 대표자의 경우에도 마찬가지로 적용된다(대법원 2012. 12. 13. 선고 2010도14360 판결).

2) 동영상 파일은 검증의 방법으로 증거조사를 하여야 하므로 문서제출명령의 대상이 될 수는 없음에도 제1심법원이 검증의 대상인 동영상 파일을 문서제출명령에 포함시킨 것이 정당하다고 판단한 원심의 조치에는 문서제출명령의 대상에 관한 법리를 오해한 잘못이 있다(대법원 2010. 7. 14. 자 2009마2105 결정).

방에게 유리하다면 녹취 자체는 정확하게 이루어진 것으로 보아 녹음테이프의 검증 없이 녹취서의 진정성립을 인정할 수 있다고 한다.[1]

## (2) 정보저장매체에 기억된 문자정보

컴퓨터용 자기디스크·광디스크, 그 밖에 이와 비슷한 정보저장매체에 기억된 문자정보에 대한 증거조사는 읽을 수 있도록 출력한 문서를 제출하는 방법에 의할 수도 있다(민사소송규칙 제120조 제1항). 이 경우 증거조사의 대상은 자기디스크 등에 저장된 문자정보이고 출력문서는 저장매체의 검증을 원활하게 하기 위한 도구에 불과하다. 따라서 출력문서에 대한 증거조사는 검증의 방법에 의한다.[2] 자기디스크 등에 저장된 문자정보를 조사하는 것이므로 출력문서를 서증으로 제출하는 경우와는 구별하여야 한다. 이러한 증거조사를 신청한 당사자는 법원이 명하거나 상대방이 요구한 때에는 자기디스크 등에 입력한 사람과 입력한 일시, 출력한 사람과 출력한 일시를 밝혀야 한다(동조 제2항).

## (3) 도면이나 사진

도면, 사진 기타 정보를 담기 위하여 만들어진 물건으로서 문서가 아닌 증거의 조사에 관하여는 특별한 규정이 없으면 감정, 서증, 검증에 관한 규정을 준용한다(민사소송규칙 제122조). 판례는 사진의 경우 그 형태, 담겨진 내용 등을 종합하여 감정·서증·검증의 방법 중 가장 적절한 증거조사 방법을 택하여 이를 준용하여야 한다고 한다.[3]

---

1) 녹음테이프에 대한 증거조사는 검증의 방법에 의하여야 할 것인데, 원고들은 녹음테이프를 증거로 제출하지 않고 이를 속기사에 의하여 녹취한 각 녹취문(갑 제14호증, 갑 제15호증의 1, 2)을 증거로 제출하였고, 이에 대하여 피고들이 부지로 인부하였으므로, 원심으로서는 녹음테이프 검증을 통하여 대화자가 진술한 대로 녹취되었는지 확인하였어야 할 것이기는 하나, 위 녹취문들은 오히려 피고들에게 유리한 내용으로 되어 있는 것으로 보아 그 녹취 자체는 정확하게 이루어진 것으로 보이고, 위 녹취문들의 진정성립을 의심할 만한 특별히 석연치 않은 점은 없다고 할 것이다. (따라서 녹음테이프의 검증 없이 녹취문의 진정성립을 인정할 수 있다)(대법원 1999. 5. 25. 선고 99다1789 판결).

2) 한충수, 494면.

3) 사진의 경우에는 그 형태, 담겨진 내용 등을 종합하여 감정·서증·검증의 방법 중 가장 적절한 증거조사 방법을 택하여 이를 준용하여야 함에도, 제1심법원이 사진에 관한 구체적인 심리 없이 곧바로 문서제출명령을 한 것이 정당하다고 판단한 원심의 조치에는 문서제출명령의 대상에 관한 법리를 오해한 잘못이 있다(대법원 2010. 7. 14. 자 2009마2105 결정).

## 4. 조사의 촉탁

조사의 촉탁이란 법원이 공공기관, 학교 그 밖의 단체나 개인 또는 외국의 공공기관에게 그 업무에 속하는 사항에 관하여 필요한 조사 또는 보관중인 문서의 등본·사본의 송부를 촉탁하는 증거조사를 말한다(제294조). 실무상 '사실조회'라고 한다.

현행법은 종전과 달리 개인에게도 그 업무에 속하는 사항에 관하여 조사를 촉탁할 수 있도록 하였고, 또한 조사촉탁에 그치지 않고 보관중인 문서의 등·사본의 송부를 촉탁할 수 있도록 하였다. 조사의 촉탁은 당사자의 신청에 의한 경우만이 아니라 직권으로도 할 수 있다(제140조 제1항 제5호). 조사의 촉탁결과를 증거자료로 하기 위해서는 법원이 이를 변론에 현출하여 당사자에게 의견진술의 기회를 주어야 하지만,[1] 이를 증거로 사용하겠다는 당사자의 원용이 있어야 하는 것은 아니다.[2] 따라서 사실조회에 따라 제출된 사실조회회보서는 문서송부촉탁의 경우와는 달리 이를 따로 서증으로 제출할 필요 없이 증거자료가 된다.[3]

## 5. 증거보전

### (1) 의의

증거보전은 소송절차 내에서 본래의 증거조사를 행할 기일까지 기다리자면, 그 증거방법의 조사가 불가능하거나 또는 곤란하게 될 사정이 있는 경우에 본안의 소송절차와 별도로 미리 증거조사를 하여 그 결과를 확보하여 두는 판결절차의 부수절차이다(제375조). 증거보전절차는 소송절차와 별개로 행해진다. 증거보전절차는 본래의 소송절차에 부수되어 행해지지만 독립된 절차이다.[4]

---

1) 기록에 의하면 위의 사실조회는 원심변론종결 후에 실시하여 그 회보는 변론에서 현출되지 아니하였음이 뚜렷한 바, 위 사실조회회보가 변론에서 현출되었더라면 원고로서는 이에 대한 반론과 입증이 있었을 것이 짐작이 간다. 위 사실회보를 변론에 현출시키지 아니하고, 따라서 그에 대한 변명의 기회를 주지 아니한 원심의 처사는 심리를 다하지 아니한 위법이 있다(대법원 1982. 8. 24. 선고 81누270 판결).
2) 징발보상금 청구소송에서 구청장이 한 사실조회회답서에 토지등급이 표시된 토지대장사본이나 군수가 한 토지에 대한 과세액이 기재된 회답서가 제출되었음에도 원심법원이 원고들에 대하여 그 원용여부를 확인하거나 더 나아가서 해당 연도별 과세표준액에 관하여 더 심리판단함이 없이 보상금 산정에 필요한 연도별 과세표준액에 관하여 아무런 입증이 없다고 하였음은 위법이다(대법원 1981. 1. 27. 선고 80다51 판결).
3) 사실조회회보를 하면서 회보처에서 참고서류 사본 등을 함께 보낸 경우에도 이를 포함한 전체를 사실조회결과를 처리하고, 그 참고서류를 서증으로 제출하게 할 필요가 없다.
4) 강현중, 398면.

## (2) 증거보전의 사유

증거보전을 함에는 '보전의 필요성' 즉 미리 증거조사하지 않으면 장래 그 증거방법을 사용하는 것이 불가능하거나 또는 곤란한 사정이 존재해야 한다. 예를 들어, 증인으로 될 사람이 죽음에 임박하거나 해외로 이주를 시도하는 경우, 검증의 대상이 되는 건물의 현상이 변경될 우려가 있는 경우 등이다. 다만, 증권관련집단소송에서는 보전의 필요성이 없더라도 필요한 경우 당사자의 신청에 의하여 증거보전을 할 수 있다(증권관련 집단소송법 제33조).

## (3) 증거보전의 신청

증거보전신청의 관할법원은 소제기 전이나 긴박한 경우에는 증거방법의 소재지를 관할하는 지방법원이고, 소제기 후에는 그 증거를 사용할 심급의 법원에 하여야 한다(제376조). 증거보전의 신청은 서면으로 하여야 하고, 증거보전의 사유를 소명하여야 한다(제377조, 민사소송규칙 제124조). 증거보전은 상대방을 지정할 수 없는 경우에도 신청할 수 있으며, 이 경우 법원은 상대방이 될 사람을 위하여 특별대리인을 선임할 수 있다(제378조). 법원은 소송계속 중에는 필요하다면 직권으로 증거보전을 결정할 수 있다(제379조).

## (4) 증거보전결정의 효과

증거보전결정, 즉 증거보전신청을 인용하는 결정에 대하여는 불복할 수 없다(제380조). 그러나 증거보전신청을 기각하는 결정에 대하여는 통상항고를 할 수 있다(제439조). 증거조사의 기일은 긴급한 경우를 제외하고 신청인과 상대방에게 통지하여야 한다(제381조). 증거보전에 관한 기록은 본안소송의 기록이 있는 법원에 보내야 한다(제382조). 증거보전에 의한 증거조사결과는 변론에 제출되면 본안소송을 심리하는 법원이 증거조사한 것과 동일한 효력이 생긴다.[1] 증거보전절차에서 신문한 증인을 당사자가 변론에서 다시 신문하고자 신청한 때에는 법원은 그 증인을 신문하여야 한다(제384조).

---

1) 강현중, 399면; 이시윤, 530면.

# 04
# 소송의 종료

## 제1절  총설

### I. 소송종료사유

소송은 판결이 선고되어 확정됨으로써 종료되는 것이 일반적이지만, 당사자의 행위에 기하여 소송이 종료되기도 한다. 후자의 예(例)로는 소의 취하, 청구의 포기·인낙, 재판상 화해와 조정 등이 있다. 그 밖에도 소송계속 중 대립당사자구조가 소멸되어 양쪽 당사자 중 한쪽만이 남게 되어 소송이 종료되는 경우도 있다. 예를 들어, 성질상 승계가 허용되지 않는 소송에서 당사자 일방이 사망한 경우, 대립당사자인 두 법인이 합병한 경우 등이 있다.

### II. 소송종료선언

#### 1. 의의

소송종료선언이란 법원이 종국판결로서 계속 중인 소송이 유효하게 종료되었음을 선언하는 것을 말한다.

## 2. 소송종료선언의 사유

### (1) 당사자의 기일지정신청

당사자는 소 또는 상소의 취하에 따른 소송종료가 무효임을 다투며 기일지정신청을 할 수 있다(민사소송규칙 제67조 제1항, 제128조). 소 또는 상소가 취하 간주된 경우에도 마찬가지이다(동규칙 제68조, 제128조). 또한 명문의 규정은 없으나 당사자대립구조의 소멸로 소송이 종료된 경우에도 그 소송종료가 무효임을 다투며 기일지정신청을 할 수 있다. 예를 들어, 소송계속 중 대립당사자인 두 법인이 합병한 경우 또는 이혼소송에서 당사자 일방이 사망하거나 해고무효확인소송 계속 중 원고가 사망하는 등 소송물인 권리관계의 일신전속적 성질상 승계가 허용되지 않는 소송에서 당사자가 사망한 경우 등에도 기일지정신청을 할 수 있다. 그러나 통상적인 민사소송에서 당사자 일방이 사망하여 그 상속인의 존부가 분명하지 않는 경우는 소송절차의 중단사유에 불과하고 소송종료사유가 아니므로 기일지정신청을 할 것은 아니다.[1] 한편 소송상 화해나 조정 등으로 소송이 종료된 경우에는 준재심의 소에 의하여 그 효력을 다투어야 하고 기일지정신청의 방법으로 다툴 수는 없다. 그러나 예외적으로 확정판결의 당연무효사유와 같은 중대한 하자가 존재하는 경우에는 기일지정신청으로 다툴 수 있다.[2]

소송종료사유가 발생하면 당연히 소송이 종료되므로 별도로 법원이 소송종료선언을 할 것은 아니다. 그러나 소송종료 여부에 대하여 다툼이 있는 경우에는 당사자가 기일지정신청을 할 수 있고, 이러한 기일지정신청이 있는 때에는 법원은 변론을 열어 신청이 이유 있는지 여부를 심리하여야 한다(동규칙 제67조 제1항). 심리한 결과 신청이 이유 없는 경우에는 판결로 소송종료선언을 하여야 하며, 신청이 이유 있는 경우에는 소송종료 당시의 소송정도에 따라 필요한 절차를 계속하여 진행하고 중간판결이나 종국판결의 이유에서 그 판단을 표시하여야 한다(동조 제3항).

종국판결이 선고된 후 상소기록을 보내기 전에 이루어진 소 취하의 효력을 다투며 기일지정

---

1) 소송계속 중 당사자가 사망하고 그 상속인의 존부가 분명하지 않은 경우, 민법 제1053조 제1항은 "상속인의 존부가 분명하지 아니한 때에는 법원은 제777조의 규정에 의한 피상속인의 친족 기타 이해관계인 또는 검사의 청구에 의하여 상속재산관리인을 선임하고 지체 없이 이를 공고하여야 한다."고 규정하고 있고, 이러한 상속재산관리인은 민사소송법에 따라 소송을 수계할 수 있는 것이므로, 법원으로서는 소송절차를 중단한 채 상속재산관리인의 선임을 기다려 그로 하여금 소송을 수계하도록 하였어야 한다(대법원 2002. 10. 25. 선고 2000다21802 판결).
2) 김홍엽, 681면; 이시윤, 563면.

신청을 한 경우에는 특칙이 있다. 상소의 이익이 있는 당사자가 모두 상소를 한 경우(당사자 일부가 상소하고 나머지 당사자의 상소권이 소멸된 경우를 포함한다)에는 상소심법원에서 기일지정신청에 대한 재판을 하고(동규칙 제67조 제4항 제1호), 그 밖의 경우에는 원심법원에서 재판을 한다(동항 제2호). 원심법원에서 재판을 하는 경우에 신청이 이유 없으면 판결로 소송종료선언을 하고, 이유 있으면 판결로 소취하무효선언을 하여야 한다(동항 제2호). 소취하무효선언판결을 한 경우에는 그 판결이 확정된 다음날부터 상소기간이 새로이 진행한다(동조 제5항).

## (2) 법원의 소송종료 간과진행

확정판결,[1] 청구의 포기·인낙, 소송상 화해, 소·상소의 취하, 확정된 화해권고결정,[2] 이의신청기간의 도과 등에 의하여 소송이 종료되었음에도 법원이 이를 간과하고 소송심리를 진행한 경우에 법원은 직권으로 소송종료 여부를 조사하여 판결로 소송종료선언을 하여야 한다. 만일 이를 간과하고 본안판결을 한 경우에는 상소심법원이 원심판결을 취소하고 소송종료선언을 하여야 한다.

## 3. 효력

소송종료선언은 소송이 이미 종료하였음을 확인하는 확인판결이며, 실체적 판단을 하지 않

---

1) 원고의 청구가 일부 인용된 환송 전 원심판결에 대하여 원고만이 상고하고 상고심은 이 상고를 받아들여 원심판결 중 원고 패소부분을 파기 환송하였다면 원고 패소부분만이 상고되었으므로 위의 상고심에서의 심리대상은 이 부분에 국한되었으며, 환송되는 사건의 범위, 다시 말하자면 환송 후 원심의 심판범위도 환송 전 원심에서 원고가 패소한 부분과 환송 후 원심에서 확장된 청구부분에 한정되고, 환송 전 원심판결 중 원고의 승소부분은 확정되었다 할 것이므로 환송 후 원심으로서는 이에 대하여 심리할 수 없다. 그럼에도 불구하고 환송 후의 원심이 그 부분까지 포함하여 원고에게 불리하게 제1심판결을 변경하는 판결을 선고하였다면 이는 심판의 범위에 관한 법리오해의 위법을 저지른 것이다. 그리하여 원심판결 중 환송 전 원심판결이 지급을 명한 원고의 승소부분은 이미 확정되었으므로 이 부분에 대하여 원심판결을 파기하고 소송이 종료된 바를 밝히는 바이다(대법원 1991. 5. 24. 선고 90다18036 판결).
2) 원고 ○○○과 피고들 사이의 화해권고결정은 적법한 이의신청으로 말미암아 화해권고결정 이전의 상태로 돌아간다고 볼 것이지만, 나머지 원고들과 피고들 사이의 화해권고결정은 이의신청 제기기한을 도과함으로써 확정되어, 그 소송이 종료되었다고 할 것이다. 그럼에도 불구하고 원심이 이를 간과하고 나머지 원고들에 대한 부분까지 심리·판단한 것은 화해권고결정의 효력에 관한 법리를 오해한 잘못이 있다고 할 것이다. 그러므로 원심판결 중 원고 ○○○을 제외한 나머지 원고들에 관한 부분을 파기하되, 이 부분은 대법원에서 직접 재판하기에 충분하므로 자판하기로 하는바, 이 부분에 관한 소송은 화해권고결정의 확정으로 종료되었음을 선언한다(대법원 2010. 10. 28. 선고 2010다53754 판결).

는다는 점에서 소송판결에 해당된다. 소송종료선언으로 해당 심급이 종료되므로 종국판결에 해당하고, 이에 대하여 상소가 허용된다.

# 제2절 당사자의 행위에 의한 종료

## Ⅰ. 소의 취하

### 1. 의의

소의 취하란 원고가 자신이 제기한 소의 전부 또는 일부를 철회하는 법원에 대한 단독적 소송행위를 말한다. 소의 취하는 소송이 계속된 법원에 취하서를 제출하는 방식으로 하는 것이 일반적이지만, 변론기일 또는 변론준비기일에 구술에 의한 취하도 허용된다(제266조 제3항). 그러나 조정기일에 출석하여 구술로 소취하를 하더라도 조정절차와 소송절차는 준별되므로 소취하의 효력이 발생하지 않으며, 별도로 소취하서를 제출하여야 한다. 소의 취하는 법원에 대한 의사표시이므로 변론(준비)기일에 상대방이 불출석한 경우에도 할 수 있으며, 변론(준비)기일에 구술로 소를 취하하는 경우 상대방이 출석하지 않은 때에는 그 기일의 조서등본을 송달하여야 한다(동조 제5항).

피고에게 소장부본이 송달된 후에는 소취하서를 피고에게 송달하여야 한다(제260조 제3항). 피고에게 소장부본이 송달되기 전에 소취하서가 제출된 경우에는 바로 소송이 종료되고 피고에게 소취하서를 송달할 필요가 없지만, 소장부본이 송달된 후에는 피고가 본안에 관하여 준비서면을 제출하거나 변론을 하기 전에 소취하서가 제출되어 바로 소송이 종료되더라도 피고에게 소취하서를 송달하여야 한다. 소취하서의 제출은 본인이나 그 포괄승계인이 직접 하여야 하는 것은 아니며 제3자에 의한 제출도 허용되고, 나아가 상대방에게 소취하서를 제출하여 그로 하여금 제출하게 할 수도 있다.[1] 소취하서가 제출된 이상 상대방에게 송달되기 전후를 불문하고

---

[1] 민사소송법은 소의 취하는 서면으로 하도록 규정하고 있을 뿐, 그 제출인이나 제출방법에 관하여는 따로 규정하는 바가 없고, 상대방이나 제3자에 의한 제출을 불허하는 규정도 찾아볼 수 없으므로, 당사자가 소취하서를 작성하여 제출할 경우 반드시 취하권자나 그 포괄승계인만이 이를 제출하여야 한다고 볼 수는 없고, 제3자에 의한 제출도 허용되며, 나아가 상대방에게 소취하서를 교부하여 그로 하여금 제출하게 하는 것도 상관없다(대법원

원고는 이를 철회할 수 없다.[1]

　소의 취하로 소송계속은 소급적으로 소멸되고 소송은 종료된다(제267조 제1항). 소를 취하하면 원고는 패소자에 준하여 소송비용을 부담하고(제114조), 인지액의 2분의 1에 해당하는 금액의 환급을 받을 수 있다(민사소송 등 인지법 제14조 제1항 제2호).

## 2. 피고의 동의

　소의 취하는 판결이 확정될 때까지 어느 때나 할 수 있다(제266조 제1항). 그러나 피고가 본안에 관하여 준비서면을 제출하거나 변론준비기일에서 진술하거나 변론을 한 이후에는 피고의 동의를 얻어야 효력이 발생한다(동조 제2항). 피고가 응소한 이후에는 피고에게도 기왕의 소송에서 원고와의 분쟁을 해결하고자 하는 이해관계가 생겼기 때문이다. 그러나 본안에 관한 것이 아닌 기일변경에의 동의, 소각하 판결이나 소송이송신청을 하는데 그친 경우에는 피고의 동의를 요하지 않는다. 주위적으로 소각하판결을, 예비적으로 청구기각판결을 구한 경우에도 본안에 관한 것은 예비적으로 청구한데 불과하므로 피고의 동의를 요하지 않는다.[2]

　소취하에 대한 피고의 동의 또는 거절은 반드시 명시적으로 하여야 하는 것은 아니며 묵시적으로 하여도 무방하다.[3] 소의 취하에 대하여 피고가 동의를 거절하면 소 취하의 효력이 확정적으로 소멸하므로, 이후에는 피고가 다시 동의를 하여도 취하의 효력이 생기지 않는다.[4] 이미 동의의 대상이 없어졌기 때문이다. 피고가 소취하서를 송달받거나 또는 기일에 출석함으로써 소취하가 있음을 안 날로부터 2주일 내에 이의하지 않으면 소 취하에 동의한 것으로 간주된다(제266조 제6항).

---

2001. 10. 26. 선고 2001다37514 판결).

1) 소의 취하는 원고가 제기한 소를 철회하여 소송계속을 소멸시키는 원고의 법원에 대한 소송행위이고 소송행위는 일반 사법상의 행위와는 달리 내심의 의사보다 그 표시를 기준으로 하여 그 효력 유무를 판정할 수밖에 없는 것인바, 원고들 소송대리인으로부터 원고 중 1인에 대한 소 취하를 지시받은 사무원은 원고들 소송대리인의 표시기관에 해당되어 그의 착오는 원고들 소송대리인의 착오로 보아야 하므로, 그 사무원의 착오로 원고들 소송대리인의 의사에 반하여 원고들 전원의 소를 취하하였다 하더라도 이를 무효라 볼 수는 없고, 적법한 소 취하의 서면이 제출된 이상 그 서면이 상대방에게 송달되기 전·후를 묻지 않고 원고는 이를 임의로 철회할 수 없다(대법원 1997. 6. 27. 선고 97다6124 판결).

2) 피고가 본안전 항변으로 소각하를, 본안에 관하여 청구기각을 각 구한 경우에는 본안에 관한 것은 예비적으로 청구한 것이므로 원고는 피고의 동의 없이 소취하를 할 수 있다(대법원 1968. 4. 23. 선고 68다217 제2부 판결).

3) 소취하에 대한 피고의 동의 및 동의의 거절은 반드시 명시적으로 하여야 하는 것은 아니며 묵시적으로 하여도 무방하다(대법원 1993. 9. 14. 선고 93누9460 판결).

4) 소취하에 대하여 피고가 이의하여 동의를 거절하면 소취하 효력이 발생할 수 없고 후에 동의하더라도 취하의 효력이 없다(대법원 1969. 5. 27. 선고 69다130 판결).

## 3. 재소금지(再訴禁止)

### (1) 의의

본안에 관한 종국판결 선고 후 소를 취하하면, 동일한 소를 다시 제기할 수 없다(제267조 제2항).[1] 이는 원고의 소 취하로 인하여 그 동안 판결에 들인 법원의 노력이 무용지물이 되고, 당사자에 의하여 종국판결이 농락당하는 것을 방지하기 위한 제재적 조치이다.

### (2) 동일한 소

동일한 소란 당사자가 동일하고, 소송물(청구)이 동일한 소를 말한다. 또한 동일한 소로서 재소금지가 되려면 나아가 권리보호의 이익도 동일하여야 한다.

#### 1) 당사자의 동일

재소(再訴)를 제기할 수 없는 것은 전소(前訴)의 원고만이고, 피고는 재소의 제한을 받지 않는다. 예를 들어, 원고가 피고를 상대로 채무부존재확인의 소를 제기하여 본안판결이 선고된 후 취하하더라도 피고는 원고를 상대로 동일한 채권에 대한 이행의 소를 제기할 수 있다. 전소 원고의 변론종결 후의 승계인도 재소금지의 제재를 받는다.[2] 변론종결 후의 승계인에는 상속인 등 포괄승계인뿐만 아니라 특정승계인도 포함된다.[3] 소를 취하한 사람이 선정당사자인 경우에는 재소금지의 효력은 선정자에게도 미친다.[4] 판례는 채권자대위소송이 종국판결이 선고된 후에 취하된 경우에는 채무자가 채권자대위권에 의한 소송이 제기된 사실을 알았다면 채무자에게도 재소금지의 효력이 미친다고 한다.[5]

---

1) 항소심에서의 소의 교환적 변경은 제1심 판결 선고 후 구청구 취하의 실질을 가지므로 그 뒤 재변경에 의하여 본래의 구청구를 되살리는 것은 재소금지의 효과로 인하여 부적법해진다.

2) 종국판결 선고 후 소를 취하한 경우에 재소할 수 없는 승계인은 변론종결 후의 승계인에 한하고, 변론종결 전의 승계인으로서 특히 소송에 당사자로 참가하지 아니한 제3자는 포함되지 아니한다(대법원 1969. 7. 22. 선고 69다760 판결).

3) 민사소송법은 본안에 대한 종국판결이 있은 후 소를 취하한 자는 동일한 소를 제기 못한다고 재소금지의 규정을 두고 있는바, 여기 소를 취하한 자에는 변론종결 후의 특정승계인도 포함되는 것이다(대법원 1981. 7. 14. 선고 81다64 판결).

4) 김홍엽, 689면; 이시윤, 575면.

5) 채권자가 채권자대위권을 행사하여 제3채무자를 상대로 소송을 제기하고 판결을 받은 경우에 채권자대위권에 의한 소송사실을 채무자가 알았을 때에는 그 판결의 효력이 채무자에게 미치므로, 채권자대위권에 의한 소송이 제기된 사실을 피대위자가 알게 된 이상 위 대위소송에 관한 종국판결이 있은 후 그 소가 취하된 때에는 피대위자도 재소금지규정의 적용을 받아 위 대위소송과 동일한 소를 제기하지 못한다고 해석함이 상당하다(대법원

## 2) 소송물의 동일

전소와 후소의 소송물이 동일하여야 한다. 예를 들어, 전소가 소유권에 기한 인도청구소송이고 후소가 당사자 사이의 매매계약에 기한 인도청구소송인 경우에는 소송물을 달리하므로 재소금지의 원칙에 저촉되지 않는다.[1] 판례는 나아가 재소금지의 효력은 전소의 소송물을 선결적 법률관계로 하는 후소에도 미친다고 한다. 그리하여 면직처분의 무효확인을 구하는 소송을 제기하여 본안판결이 선고된 후 소를 취하하였음에도 다시 면직처분이 무효임을 전제로 급여의 지급을 구하는 소송을 제기한 경우, 비록 소송물은 다르지만 원고는 전소의 목적이었던 권리 또는 법률관계의 존부에 대하여 다시 법원의 판단을 구할 수 없는 관계상 후소에 대하여도 동일한 소로써 판결을 구할 수 없다고 한다.[2]

## 3) 권리보호이익의 동일

비록 전소와 후소의 당사자가 동일하고 소송물이 동일할지라도 후소가 전소와 권리보호의 이익을 달리하는 경우에는 재소가 허용된다. 재소금지는 법원의 노력을 무용화하고 당사자에 의하여 종국판결이 농락되는 것을 방지하기 위한 제재적 조치이므로, 중복제소금지와는 달리 비록 전소와 후소가 동일한 소송일라도 재소금지의 취지에 반하지 않고 소제기를 인정할 정당한 사정이 있다면 재소를 허용하여야 할 것이다. 예를 들어, 피고가 전소 취하의 전제조건인 약정사항을 이행하지 않아 약정이 해제 또는 실효된 경우,[3] 전소의 피고가 원고의 소유권을 인정

1996. 9. 20. 선고 93다20177 판결).

1) 대법원 1991. 1. 15. 선고 90다카25970 판결.

2) 민사소송법은 본안에 대한 종국판결이 있은 후에 소를 취하한 자는 동일한 소를 제기하지 못한다고 규정하고 있는 바, 여기에서 동일한 소라 함은 반드시 기판력의 범위나 중복제소금지의 그것과 같이 풀이할 것은 아니고 따라서 당사자와 소송물이 동일하더라도 재소의 이익이 다른 경우에는 동일한 소라 할 수 없는 반면, 후소가 전소의 소송물을 선결적 법률관계 내지 전제로 하는 것일 때에는 비록 소송물은 다르지만 원고는 전소의 목적이었던 권리 내지 법률관계의 존부에 대하여는 다시 법원의 판단을 구할 수 없는 관계상 위 제도의 취지와 목적에 비추어 후소에 대하여도 동일한 소로써 판결을 구할 수 없다고 풀이함이 상당하다. 원고는 피고 학교법인이 경영하는 대학에서 교수로 재직하다가 면직된 후 피고를 상대로 면직처분무효확인을 구함과 아울러 면직 이후의 봉급액지급청구의 소를 제기하였다가 패소판결을 선고받고 항소하여 고등법원에 소송이 계속 중 위 소를 취하하였으나, 그 후 원고는 다시 위법한 위 면직처분으로 본봉, 연구수당, 상여금 및 정근수당과 퇴직금을 지급받지 못하게 되는 손해를 입었으므로 위 금원 상당의 손해배상을 구하는 이 사건 소송을 제기하였는 바, 이에 의하면 전소의 소송물인 이 사건 면직처분이 위법무효인 여부에 관한 점은 이 사건 소의 선결적인 법률관계를 이루고 있음이 명백하고 그 밖에 이 사건 소의 제기를 정당시 할 아무런 사정도 보이지 아니하므로 결국 이 사건 소는 전소와 동일한 소로써 재소금지의 효과를 받는 부적법한 소라 아니할 수 없다(대법원 1989. 10. 10. 선고 88다카18023 판결).

3) 민사소송법 소정의 재소금지원칙이 적용되기 위하여는 소송물이 동일한 외에 권리보호의 이익도 동일하여야 할 것인데, 피고가 전소 취하의 전제조건인 약정사항을 지키지 아니함으로써 위 약정이 해제 또는 실효되는 사정변경이 발생하였다면, 이 사건 지상권이전등기말소등기청구와 전소가 소송물이 서로 동일하다 하더라도, 소제기를

하고 토지를 매수하겠다고 하여 소를 취하하였는데, 다시 소유권에 대한 다툼이 생긴 경우,[1] 부동산 공유자들이 제기한 명도청구소송에서 소송당사자 상호간의 지분 양도·양수에 따라 소취하 및 재소(再訴)가 이루어진 경우[2] 등에는 재소가 허용된다고 할 것이다.

### (3) 본안에 대한 종국판결선고 후의 취하

본안에 관한 종국판결이 선고된 후에 소를 취하하였어야 한다. 종국판결 전에 소를 취하하였으나 법원이 이를 간과하고 종국판결을 선고한 경우에는 재소가 가능하다. 본안에 관한 종국판결이어야 하고, 소각하판결이나 소송종료선언 등 소송판결을 선고받은 경우에는 재소금지의 제재를 받지 않는다.

항소심에서 청구의 교환적 변경을 한 후에 다시 구청구로 교환적 변경을 하는 것은 재소금지의 원칙에 저촉되어 허용되지 않는다. 청구의 교환적 변경으로 구청구가 취하되므로 항소심에서 청구의 교환적 변경은 제1심 종국판결선고 후의 구청구 취하에 해당되고, 이후 다시 교환적 변경을 통하여 구청구를 되살리는 것은 종국판결선고 후에 소를 취하하고 다시 동일한 소를 제기하는 것이 되기 때문이다. 판례는 중복제소에 해당하는 후소에 대한 본안판결이 선고된 후에 소를 취하한 사람은 재소금지의 원칙에 의하여 전소를 유지할 수 없으므로 전소는 부적법 각하되어야 한다고 한다.[3]

---

필요로 하는 사정이 같지 아니하여 권리보호의 이익이 다르다 할 것이므로, 결국 이 사건 청구는 위 재소금지원칙에 위배되지 아니한다(대법원 1993. 8.24. 선고 93다22074 판결).

1) 민사소송법은 본안에 대한 종국판결이 있은 후 소를 취하한 자는 동일한 소를 제기 못한다고 재소금지의 규정을 두고 있는바, 여기 소를 취하한 자에는 변론종결 후의 특정승계인도 포함되는 것이나, 동일한 소라 함은 당사자와 소송물인 권리관계가 동일할 뿐 아니라 소 제기를 필요로 하는 사정 즉 권리보호의 이익도 같아야 하는 것으로 해석되는바, 전소유지인 소외 도○○가 피고를 상대한 전소와 본건 소는 소송물인 권리관계는 동일하다 할지라도 위 전소의 취하 후에 본건 토지에 대한 소유권을 양수한 원고는 그 소유권을 침해하고 있는 피고에 대하여 그 배제를 구할 새로운 권리보호의 이익이 있다고 할 것이니 위 전소와 후소인 본건 소는 동일한 소라고 할 수 없으니 피고의 재소금지의 본안전 항변을 배척한 원심의 판단은 정당하다(대법원 1981. 7. 14. 선고 81다64 판결).

2) 부동산 공유자들이 제기한 명도청구소송에서 제1심 종국판결 선고 후 항소심 계속 중 소송당사자 상호간의 지분 양도·양수에 따라 소취하 및 재소가 이루어진 사안에서, 소송계속 중 부동산의 공유지분을 양도함으로써 그 권리를 상실한 공유자가 더 이상 소를 유지할 필요가 없다고 생각하고 소를 취하한 것이라면 그 지분을 양도받은 자에게 소취하에 대한 책임이 있다고 할 수 없을 뿐만 아니라, 공유지분 양수인으로서는 자신의 권리를 보호하기 위하여 양도받은 공유지분에 기하여 다시 소를 제기할 필요도 있어 그 양수인의 추가된 점포명도청구는 그 공유지분의 양도인이 취하한 전소와는 권리보호의 이익을 달리하여 재소금지의 원칙에 위배되지 아니한다(대법원 1998. 3. 13. 선고 95다48599 판결).

3) 중복소송의 경우, 본안에 대한 종국판결이 있은 후 소를 취하한 자는 동일한 소를 제기할 수 없다는 법리에 의하여, 후소의 본안에 대한 판결이 있은 후 그 후소를 취하한 자는 전소를 유지할 수 없다(대법원 1967. 7. 18. 선고 67다1042 판결).

## (4) 재소금지의 효력

재소금지는 법원의 직권조사사항이다. 따라서 전소의 피고가 재소금지항변을 하지 않더라도 법원은 직권으로 재소 여부를 조사하여 재소금지에 해당하면 소를 각하하여야 한다. 재소금지의 효력을 받는다고 실체법상 권리관계가 소멸되는 것은 아니다. 이 경우 자연채무가 된다. 가사소송, 행정소송, 소비자단체소송·개인정보단체소송 등과 같이 청구의 포기를 할 수 없는 소송에서는 재소금지의 원칙이 적용되지 않는다(소비자기본법 제75조, 개인정보보호법 제56조). 만일 재소를 금지한다면 청구의 포기를 할 수 없는 소송에 대하여 포기를 인정하는 것과 같은 결과가 되기 때문이다.


## 4. 기일지정신청

소취하의 존재 여부 또는 무효 여부에 대하여 당사자 사이에 다툼이 있는 경우에는 당해 소송 절차 내에서 해결하여야 한다. 따라서 별도의 소로써 소취하의 무효확인을 구할 수는 없으며, 당해 소송에서 기일지정신청을 하여야 한다(민사소송규칙 제67조 제1항). 기일지정신청이 있으면 법원은 변론을 열어 신청사유에 관하여 심리하여야 한다(동조 제2항). 심리한 결과 신청이 이유 없다고 인정하는 경우에는 판결로서 소송종료선언을 하여야 하고, 신청이 이유 있다고 인정하는 경우에는 취하 당시의 소송정도에 따라 필요한 절차를 계속하여 진행하고 중간판결 또는 종국판결에 그 판단을 표시하여야 한다(동조 제3항).


# Ⅱ. 청구의 포기·인낙

## 1. 의의

청구의 포기란 변론 또는 변론준비기일에서 원고가 자기의 소송상 청구가 이유 없음을 인정하는 법원에 대한 일방적 진술이고, 청구의 인낙이란 피고가 원고의 소송상 청구가 이유 있음을 인정하는 법원에 대한 일방적 진술이다. 변론조서 또는 변론준비기일조서에 기재하면 확정판결과 동일한 효력이 생기며, 이에 의하여 소송은 종료된다.

청구의 포기·인낙은 소송의 변론에서 법원에 대하여 하는 진술이라는 점에서 실체법상 권리의 포기나 채무의 승인 등과 구별된다. 또한 청구의 포기·인낙은 그 대상이 소송상 청구라는 점에서 소송상 청구의 당부판단의 전제가 되는 사실상 주장을 그 대상으로 하는 자백과 구별된다. 즉, 불리한 것이 소송물 자체이면 청구의 포기·인낙이고, 공격방어방법에 대한 것이면 자백이다.

## 2. 법적 성질

청구의 포기·인낙의 법적 성질에 대하여 실체법상 권리의 포기나 채무의 승인 등 실체법상 권리관계의 처분을 목적으로 하는 사법상 법률행위로 보는 견해(사법행위설), 법원에 대한 소송의 종료를 목적으로 하는 소송행위로 보는 견해(소송행위설), 소송의 종료를 목적으로 하는 소송행위의 성질과 실체법상 권리관계의 처분을 목적으로 하는 사법행위의 성질을 함께 갖고 있다는 견해(양성설) 등이 있다. 판례는 소송행위설의 입장이다.[1]

사법행위설과 양성설에서는 청구의 포기·인낙에 실체법상 무효사유 또는 취소사유가 있는 경우에 청구의 포기·인낙은 무효이며, 소송법상 하자가 있을 경우에는 제461조에 의하여 준재심으로 다툴 수 있다고 한다. 그러나 소송행위설에서는 실체법상 무효 또는 취소사유가 있어도 청구의 포기·인낙에는 아무런 영향이 없으며, 소송법상 하자가 있을 경우에 준재심에 의하여 그 하자를 다툴 수 있다고 한다. 제461조에서 청구의 포기·인낙의 효력을 준재심절차에 의하여 다투도록 규정한 것은 입법적으로 소송행위설을 따른 것으로 볼 수 있다. 소송행위설이 타당하다.

## 3. 요건

### (1) 당사자

당사자가 청구의 포기·인낙을 하기 위해서는 당사자능력과 소송능력을 갖고 있어야 하고, 대리인에 의하는 경우에는 특별한 권한의 수여가 있어야 한다(제56조 제2항, 제90조 제2항 제2호). 필수적 공동소송의 경우에는 공동소송인 전원이 일치하여 청구의 포기·인낙을 하여야 하고 그

---

1) 재판상 인낙은 피고가 원고의 주장을 승인하는 소위 관념표시에 불과한 소송상 행위로서 이를 조서에 기재한 때에는 확정판결과 동일한 효력이 발생되어 그로써 소송을 종료시키는 효력이 있을 뿐이요, 실체법상 채권채무의 발생원인이 되는 법률행위라 볼 수 없고, 따라서 그의 불이행 또는 이행불능의 이유로서 손해배상청구권이 발생하는 것이 아니다(대법원 1957. 3. 14. 선고 4289민상439 판결).

중 한 사람의 청구의 포기·인낙은 무효이다(제67조 제1항). 독립당사자참가의 경우에는 원고나 피고가 청구의 포기·인낙을 하여도 참가인이 다투는 한 효력이 없고(제79조 제2항, 제67조 제1항), 참가인과 본소 당사자 사이의 청구의 포기·인낙도 본소 상대방이 다투는 한 효력이 없다.

## (2) 소송물

### 1) 임의로 처분할 수 있는 소송물일 것

청구의 포기·인낙의 대상은 당사자가 자유로이 처분할 수 있는 소송물이어야 한다.

① **가사소송**: 가류 및 나류 가사소송[1]에서는 청구의 인낙이 금지되고 있다(가사소송법 제12조 단서). 그런데 가류 및 나류 가사소송에서 청구의 포기도 금지되는지 논란이 있다. 가류 및 나류 가사소송에서는 청구를 배척하는 판결에도 기판력이 제3자에게 미친다는 점을 근거로 긍정하는 견해가 있으나(가사소송법 제21조 제2항),[2] 가류 및 나류 가사소송 중에서 혼인의 무효·취소, 인지의 무효·취소, 입양의 무효·취소 등 실체법상 권리의 포기가 허용되지 않는 경우에는 소송상 청구의 포기도 허용되지 않으나, 그 밖의 경우에는 청구의 포기를 허용함이 타당하다.[3]

② **행정소송**: 행정소송에서는 청구인용판결의 대세효가 인정되고 있으므로(행정소송법 제29조 제1항, 제38조 제1항 및 제2항), 청구인용판결과 같은 효력이 있는 청구의 인낙은 허용되지 않는다. 또한 행정소송에서는 소송물에 대한 당사자의 처분권이 제한되므로 청구의 포기도 허용되지 않는다고 할 것이다.

③ **회사관계소송**: 상법상 회사관계소송에서는 청구인용판결의 효력이 제3자에게 미치므로(상법 제190조, 제376조, 제380조), 청구인용판결에 해당하는 청구의 인낙은 허용되지 않는다.[4] 그러나 청구의 포기는 허용된다. 주주대표소송에서 청구의 포기·인낙을 함에는 법원의 허가를 얻어야 한다(상법 제403조 제6항).

---

1) '가류 가사소송사건'으로는 혼인·이혼·인지의 무효, 입양·파양의 무효, 친자관계존부확인 등이 있고(가사소송법 제2조 제1항 제1호 가목), '나류 가사소송사건'으로는 혼인·이혼의 취소, 재판상 이혼, 인지청구, 친생부인, 입양·파양의 취소, 재판상 파양 등이 있다(동호 나목).

2) 이시윤, 584면.

3) 김홍엽, 699면.

4) 주주총회결의의 부존재·무효를 확인하거나 결의를 취소하는 판결이 확정되면 당사자 이외의 제3자에게도 그 효력이 미쳐 제3자도 이를 다툴 수 없게 되므로, 주주총회결의의 하자를 다투는 소에 있어서 청구의 인낙이나 그 결의의 부존재·무효를 확인하는 내용의 화해·조정은 할 수 없고, 가사 이러한 내용의 청구인낙 또는 화해·조정이 이루어졌다 하여도 그 인낙조서나 화해·조정조서는 효력이 없다(대법원 2004. 9. 24. 선고 2004다28047 판결).

④ **집단소송**: 소비자단체소송, 개인정보단체소송의 경우 청구기각판결에는 대세효가 인정되므로(소비자기본법 제75조, 개인정보보호법 제56조), 청구기각판결과 같은 효력이 있는 청구의 포기는 허용되지 않는다. 증권관련집단소송의 경우 청구의 포기에는 법원의 허가를 얻어야 한다(증권관련집단소송법 제35조 제1항). 청구의 인낙은 법원의 허가 없이 가능하다.

⑤ **예비적 청구**: 청구가 주위적·예비적으로 병합된 경우에 예비적 청구만을 인낙할 수 없으며, 인낙조서가 작성되었더라도 그 인낙은 무효이다. 예비적 청구는 주위적 청구가 이유 없을 때에만 심리·판단할 수 있고, 예비적 청구만을 분리하여 심리하거나 일부 판결을 할 수 없기 때문이다.[1]

### 2) 선량한 풍속 그 밖의 사회질서 내지 강행법규에 반하지 않을 것

청구의 포기·인낙의 대상이 되는 청구 자체가 선량한 풍속 그 밖의 사회질서 내지 강행법규에 반하는 것이어서는 안 된다. 예를 들어, 영구소작권, 중혼이나 축첩계약 등에 대하여 인낙하더라도 효력을 인정할 수 없다. 그런데 청구 자체는 허용되는 것이지만 청구원인이 선량한 풍속 그밖의 사회질서 내지 강행법규에 위반되는 경우에 청구의 인낙이 허용되는지 논란이 있다. 예를 들어, 도박채무의 이행청구에 대하여 인낙하는 경우 등이 여기에 해당된다. 청구가 이유 있는지 여부에 대한 법원의 법률판단권의 배제가 청구인낙의 취지이고, 이러한 청구에 대하여 인낙을 하여도 그로 인하여 제3자의 지위에 영향을 줄 염려가 없다는 점에서 긍정함이 타당하다. 판례도 청구원인에 있어서 강행법규에 위반된 청구인낙조서라고 하더라도 무효는 아니라고 한다.[2]

### 3) 소송요건의 흠결이 없을 것

소송요건에 흠결이 있는 경우에는 청구의 포기·인낙이 허용되지 않는다. 청구의 포기·인낙은 확정판결과 동일한 효력을 가지므로 소송요건이 구비되지 않으면 청구의 포기·인낙에 불구하고 법원은 소를 각하하여야 한다.[3]

---

1) 원심에서 추가된 청구가 종전의 주위적 청구가 인용될 것을 해제조건으로 하여 청구된 것임이 분명하다면, 원심으로서는 종전의 주위적 청구의 당부를 먼저 판단하여 그 이유가 없을 때에만 원심에서 추가된 예비적 청구에 관하여 심리판단할 수 있고, 위 추가된 예비적 청구만을 분리하여 심리하거나 일부 판결을 할 수 없으며, 피고로서도 위 추가된 예비적 청구에 관하여만 인낙을 할 수도 없고, 가사 인낙을 한 취지가 조서에 기재되었다 하더라도 그 인낙의 효력이 발생하지 아니한다(대법원 1995. 7. 25. 선고 94다62017 판결).
2) 농지소재지관서의 증명이 없더라도 농지의 소유권이전등기청구의 인낙을 기재한 조서는 무효가 아니다(대법원 1969. 3. 25. 선고 68다2024 판결).
3) 김홍엽, 701면 및 702면; 이시윤, 585면.

## 4. 시기와 방식

청구의 포기·인낙은 소송계속 중이면 판결이 확정되기 전까지 어느 때나 할 수 있으므로 항소심은 물론이고 상고심에서도 할 수 있다. 따라서 판결이 선고된 후라도 청구의 포기·인낙을 위한 기일지정신청을 허용하여야 할 것이다. 변론기일뿐만 아니라 변론준비기일에도 할 수 있다. 청구의 포기·인낙은 법원에 대한 일방적 진술이므로 상대방이 출석하지 않아도 할 수 있다.

청구의 포기 또는 인낙이 있는 것으로 간주되는 경우가 있다. 즉, 기일에 출석하지 않아 진술간주되는 답변서 등 준비서면에 청구의 포기 또는 인낙의 의사표시가 적혀 있고 공증사무소의 인증을 받은 경우에는 그 취지에 따라 청구의 포기 또는 인낙이 성립된 것으로 본다(제148조 제2항). 청구의 포기·인낙은 상대방의 청구를 무조건적으로 인정하는 것이므로 조건이나 기한을 붙인 청구의 포기·인낙은 허용되지 않는다.

## 5. 효과

### (1) 조서의 작성

청구의 포기·인낙이 있으면 조서에 기재한다(제154조 제1호). 변론조서나 변론준비기일조서에는 청구의 포기·인낙이 있었다는 취지만 기재하고, 포기조서나 인낙조서를 따로 작성하여야 한다(민사소송규칙 제31조). 그러나 조서를 따로 작성하지 않고 기일조서에만 포기·인낙의 취지를 기재하여도 효력이 있다.[1] 포기조서나 인낙조서의 정본을 청구의 포기·인낙이 있은 날부터 1주 안에 당사자에게 송달하여야 한다(동규칙 제56조).

### (2) 확정판결과 동일한 효력

소송은 포기나 인낙이 있는 범위 내에서 판결 없이 당연히 종료된다. 포기나 인낙을 한 당사자는 패소자로서 소송비용을 부담한다(제114조 제2항 및 제98조). 포기조서나 인낙조서는 확정판결과 동일한 효력을 가진다(제220조). 따라서 확정판결과 마찬가지로 기판력, 집행력, 형성력 등의 효력이 발생한다.

---

1) 피고가 원고의 청구를 인낙하여 그 취지가 변론조서에 기재되어 있으면 따로 인낙조서의 작성이 없어도 확정판결과 동일한 효력이 있는 동시에 그것으로써 소송은 종료되는 것이다(대법원 1969. 10. 7. 선고 69다1027 판결).

### (3) 조서의 하자를 다투는 방법

포기조서나 인낙조서가 작성되기 전이면 자백의 취소에 준하여 상대방의 동의를 얻거나 진술에 반하고 착오로 인한 것이라는 점을 증명하여 철회할 수 있다.[1] 그러나 조서가 작성된 이후에 그 하자를 다투려면, 확정판결의 하자를 다투는 방법과 마찬가지로 준재심의 소에 의하여야 한다(제461조). 따라서 재심사유에 해당하는 하자가 있는 경우에 한하여 그 효력을 다툴 수 있고, 실체법상 무효나 취소사유를 들어 다툴 수 없다. 준재심의 소가 아닌 무효확인소송이나 기일지정신청의 방법에 의하여 조서의 하자를 다투는 것은 허용되지 않는다. 다만, 확정판결의 당연무효사유가 있는 경우에는 예외적으로 기일지정신청의 방법으로 소송의 계속진행을 구할 수 있다.


## Ⅲ. 재판상 화해

### 1. 의의

재판상 화해에는 제소전 화해와 소송상 화해가 있다. 제소전 화해는 당사자 일방이 지방법원에 화해신청을 하여 단독판사의 주재 하에 행한다(제385조 이하). 제소전 화해는 소송계속을 전제로 하지 않는다는 점에서 소송상 화해와 구별된다. 소송상 화해는 소송계속 중 당사자 쌍방이 양보하여 분쟁을 종료하기로 하고 그 결과를 법원에 진술하는 것으로, 조서에 적은 때에 소송은 종료된다(제225조 이하). 재판상 화해가 성립되면 확정판결과 동일한 효력이 인정된다(제220조).

재판상 화해의 법적 성질에 관하여 재판상 화해는 소송행위가 아니라 민법상 화해계약과 동일한 것이라는 견해(사법행위설), 재판상 화해는 소송행위로서 소송법에 의하여 규율되고 민법상 화해계약에 관한 규정은 적용되지 않는다는 견해(소송행위설), 양설을 절충한 입장으로 재판상 화해는 1개의 행위로 민법상 화해계약임과 동시에 소송행위의 성질을 갖는 경합된 행위로 보는 견해(양행위경합설, 양성설) 등이 있다. 판례는 소송행위설의 입장이고,[2] 양행위경합설(양성설)이 다수설이다.

---

[1] 이시윤, 587면.
[2] 재판상의 화해를 조서에 기재한 때에는 그 조서는 확정판결과 동일한 효력이 있고 당사자 간에 기판력이 생기는 것이므로 확정판결의 당연무효사유와 같은 사유가 없는 한 재심의 소에 의하여만 그 효력을 다툴 수 있다(대법원 2000. 3. 10. 선고 99다67703 판결).

소송행위설에 의하면, 화해에 조건이나 기한 등의 부관을 붙일 수 없고, 강행법규위반이나 불공정행위 또는 사기·강박 등 실체법상 무효나 취소사유가 있는 경우에도 화해의 효력에는 아무런 영향이 없게 된다.[1] 그러나 양행위경합설에 의하면, 재판상 화해에 소송법과 실체법이 경합하여 적용되는 결과 재판상 화해에도 조건이나 기한을 붙일 수 있으며, 소송법과 실체법의 요건 중 어느 하나가 흠결되면 재판상 화해는 무효가 된다. 그리하여 재판상 화해에도 기판력이 인정되지만, 실체법상 무효나 취소사유가 있는 경우에는 재심의 소가 아닌 통상의 소송에 의하여 화해의 효력을 다툴 수 있다고 한다.[2]

재판상 화해는 확정판결과 동일한 효력을 갖고 있으며(제220조), 기판력이 제한 없이 인정된다. 이는 입법자가 재판상 화해에 실체법과는 단절된 소송행위로서의 성질을 부여한 것으로 볼 수 있다.[3] 만일, 실체법상 무효 또는 취소사유를 이유로 재판상 화해의 효력을 다툴 수 있다고 한다면, 이는 재판상 화해에 확정판결과 동일한 효력을 인정한 입법취지에 반하게 된다. 따라서 재판상 화해는 그 성질을 소송행위로 이해함이 타당하다.


## 2. 소송상 화해

### (1) 의의

소송상 화해란 소송계속 중 쌍방 당사자가 소송물인 법률관계의 주장을 서로 양보하여 소송을 종료시키기로 하는 기일에서의 합의를 말한다. 소송상 합의는 계속 중인 소송기일에서 하여야 한다는 점에서 법정 외에서 하는 재판외 화해와 구별되고, 소송물에 관한 주장을 서로 양보하여야 한다는 점에서 일방이 타방의 주장을 전면적으로 인정하는 청구의 포기·인낙과 구별된다.

### (2) 요건

### 1) 당사자

당사자가 소송상 화해를 하기 위하여는 당사자능력과 소송능력을 갖고 있어야 하고, 대리인에 의하는 경우에는 특별한 권한이 수여되어야 한다(제56조 제2항, 제90조 제2항 제2호). 필수적

---

1) 이시윤, 591면.
2) 강현중, 428면.
3) 한충수, 526면.

공동소송의 경우에는 공동소송인 전원이 일치하여 소송상 화해를 하여야 하고(제67조 제1항), 독립당사자참가의 경우에도 본소 당사자와 참가인 모두 일치하여 화해를 하여야 한다(제79조 제2항, 제67조 제1항). 소송물 이외의 권리관계도 추가하여 화해를 할 수 있으며, 당사자가 아닌 제3자가 참여하여 화해를 할 수도 있다. 이 경우 화해의 효력은 화해조서에 기재된 내용에 따라 제3자에게도 미친다.[1]

### 2) 소송물

① 임의로 처분할 수 있는 소송물일 것: 소송상 화해의 대상은 당사자가 자유로이 처분할 수 있는 소송물이어야 한다. 가류 및 나류 가사소송 중에서 당사자가 임의로 처분할 수 없는 사항은 화해의 대상이 될 수 없지만, 당사자가 임의로 처분할 수 있는 사항은 화해의 대상이 된다. 가류 가사소송사건에 해당하는 청구[2]와 나류 가사소송사건 중 인지청구[3]는 당사자가 임의로 처분할 수 없는 사항을 대상으로 하는 것이므로 화해의 대상이 될 수 없으나, 재판상 이혼이나 재판상 파양[4] 등은 협의이혼 및 협의파양이 허용되므로 화해의 대상이 될 수 있다. 판례는 재심대상인 확정판결은 당사자가 임의로 처분할 수 있는 것이 아니므로 재판상 화해나 조정의 대상이 될 수 없다고 한다.[5]

행정소송에서는 당사자에게 소송물인 행정처분의 내용을 임의로 변경할 수 있는 처

---

1) 재판상 화해의 당사자는 소송당사자 아닌 보조참가인이나 제3자도 될 수 있고, 또 재판상 화해를 위하여 필요한 경우에는 소송물 아닌 권리 내지 법률관계를 첨가할 수도 있으므로, 재판상 화해의 효력이 반드시 원래의 소송당사자 사이의 소송물에만 국한되어 미치는 것이라고 할 수 없고, 그 효력은 화해조서에 기재된 화해의 내용에 따라 그 조서에 기재된 당사자에게 미치는 것이라고 할 것이다(대법원 1981. 12. 22. 선고 78다2278 판결); 소송당사자 아닌 제3자도 재판상 화해의 당사자가 될 수 있고, 이 경우 그 화해의 효력은 화해조서에 기재된 내용에 따라 제3자에게도 미친다(대법원 1985. 11. 26. 선고 84다카1880 판결).

2) 친생자관계의 존부확인과 같이 현행 가사소송법상의 가류 가사소송사건에 해당하는 청구는 성질상 당사자가 임의로 처분할 수 없는 사항을 대상으로 하는 것으로, 이에 관하여 조정이나 재판상 화해가 성립하더라도 효력이 없다(대법원 2007. 7. 26. 선고 2006므2757 판결; 1999. 10. 8. 선고 98므1698 판결).

3) 인지청구권은 본인의 일신 전속적인 신분관계상의 권리로서 포기할 수 없고 포기하였다 하더라도 그 효력이 발생할 수 없는 것이므로 비록 인지청구권을 포기하기로 하는 화해가 재판상 이루어지고 그것이 화해조항에 표시되었다 할지라도 동 화해는 그 효력이 없다(대법원 1987. 1. 20. 선고 85므70 판결).

4) 양자가 미성년자 또는 피성년후견인인 경우에는 협의파양이 허용되지 않으므로(민법 제898조), 양자가 미성년자 또는 피성년후견인인 경우에는 재판상 화해에서 화해가 성립할 수 있다.

5) 조정이나 재판상 화해의 대상인 권리관계는 사적 이익에 관한 것으로서, 당사자가 자유롭게 처분할 수 있는 것이어야 하므로, 성질상 당사자가 임의로 처분할 수 없는 사항을 대상으로 한 조정이나 재판상 화해는 허용될 수 없고, 설령 그에 관하여 조정이나 재판상 화해가 성립하였더라도 효력이 없어 당연무효라고 할 것이다. 이 사건 조정 중 "재심대상판결 및 제1심판결을 각 취소한다."는 조정조항은 법원의 형성재판의 대상으로서 원고와 소외인이 자유롭게 처분할 수 있는 권리에 관한 것이 아니어서 당연무효라 할 것이고, 확정된 재심대상판결과 제1심판결이 당연무효인 위 조정조항에 의하여 취소되었다고 할 수 없다(대법원 2012. 9. 13. 선고 2010다97846 판결).

분권이 인정되지 않으므로 재판상 화해가 허용되지 않는다.[1] 상법상 회사관계소송에서는 청구인용판결의 효력이 제3자에게 미치므로(상법 제190조, 제376조, 제380조), 원고의 청구를 인용하는 내용의 화해는 허용되지 않으나, 원고의 청구를 배척하는 내용의 화해는 허용된다.[2] 주주대표소송에서 화해를 함에는 법원의 허가를 얻어야 한다(상법 제403조 제6항). 소비자단체소송과 개인정보단체소송의 경우 청구기각판결에 대세효가 인정되므로(소비자기본법 제75조, 개인정보보호법 제56조), 원고의 청구를 인용하는 내용의 화해는 허용되지 않으나, 원고의 청구를 배척하는 내용의 화해는 허용된다. 증권관련집단소송에서 화해를 함에는 법원의 허가를 얻어야 한다(증권관련집단소송법 제35조 제1항).

② **선량한 풍속 그 밖의 사회질서 내지 강행법규에 반하지 않을 것**: 화해조항이 선량한 풍속 그 밖의 사회질서 내지 강행법규에 반하는 것이어서는 안 된다. 예를 들어, 영구소작권이나 축첩 등을 인정하는 화해는 허용되지 않는다. 그러나 화해조항 자체가 아닌 청구원인의 내용이 선량한 풍속 그 밖의 사회질서 내지 강행법규에 위반되더라도 화해가 무효가 되는 것은 아니며, 재심사유에 해당되는 경우에 한하여 준재심의 소에 의하여 취소할 수 있을 뿐이다. 판례도 화해의 내용이 강행법규에 위반되거나[3] 또는 사기·강박, 착오, 통정허위표시 등 실체법상 하자가 있어도 화해가 무효로 되지 않는다고 한다.[4]

---

1) 실무에서는 '화해권고 후 소취하'라는 우회적인 방법을 통하여 사실상 화해가 이루어지고 있다. 영업정지·허가취소 사건, 조세소송사건, 과징금사건, 부당해고사건, 산재사건 등을 중심으로 법원의 권고에 따라 피고가 처분을 취소 또는 변경하고 원고가 소를 취하하는 방식으로 사실상 화해가 이루어지고 있다. 이러한 '화해권고 후 소취하' 방식으로 종결한 사건의 비율이 1999년부터 2009년까지 11년간 전체 행정사건 가운데 약 15%를 점하고 있다고 한다.
2) 주주총회결의의 부존재·무효를 확인하거나 결의를 취소하는 판결은 당사자 이외의 제3자에게도 그 효력이 미치므로, 주주총회결의의 하자를 다투는 소에 있어서 청구의 인낙이나 그 결의의 부존재·무효를 확인하는 내용의 화해·조정은 할 수 없다(대법원 2004. 9. 24. 선고 2004다28047 판결).
3) 민사소송법 소정의 화해조서는 확정판결과 동일한 효력이 있으므로 한번 재판상의 화해가 성립한 경우에는 가령 그 내용이 강행법규에 위배된 경우라도 그것은 단지 재판상 화해에 하자가 있음에 불과하고 준재심절차에 의한 구제를 받는 것은 별문제로 하고 그 화해조서의 무효를 주장할 수 없으며 이 법리는 제소전 화해에 관하여도 같다(대법원 1975. 11. 11. 선고 74다634 판결).
4) 소송상의 화해는 소송행위로서 사법상의 화해와는 달리 사기나 착오를 이유로 취소할 수는 없다(대법원 1979. 5. 15. 선고 78다1094 판결); 제소전 화해조서는 확정판결과 같은 효력이 있어 당사자 사이에 기판력이 생기는 것이므로 그 내용이 강행법규에 위반된다 할지라도 준재심절차에 의하여 취소되지 아니하는 한 그 화해가 통정한 허위표시로서 무효라는 취지의 주장은 할 수 없다(대법원 1992. 10. 27. 선고 92다19033 판결); 제1화해가 성립한 후에 다시 이와 모순·저촉되는 제2화해가 성립하였다 하여도 제1화해가 조서에 기재되어 확정판결과 동일하게 기판력이 발생한 이상 제2화해에 의하여 제1화해가 당연히 실효되거나 변경되고 나아가 제1화해조서의 집행으로 마쳐진 소유권이전등기가 무효로 된다고 볼 수는 없고, 또한 중복제소금지의 원칙에 위배되어 제기된 소에 대한 판결이나 그 소송절차에서 이루어진 화해라도 확정된 경우에는 당연무효라고 할 수는 없다(대법원 1995. 12. 5. 선고 94다59028 판결).

③ **소송요건에 흠결이 있는 경우**: 제소전 화해가 인정된다는 점에서 소송요건에 흠결이 있는 소송물에 대하여도 화해가 허용되는 것이 원칙이다.[1] 이 점에서 청구의 포기·인낙과 차이가 있다.

④ **조건부 화해의 허용 여부**: 소송상 화해에 있어서 그 내용을 이루는 이행의무의 발생에 조건을 붙이는 것은 무방하나, 소송상 화해 그 자체의 성립이나 그 효력발생에 조건을 붙일 수 있는지 논란이 있다. 양행위경합설에서는 사적 자치의 원칙에 따라 이를 긍정하지만, 소송행위설에서는 소송절차의 명확성 및 안정성을 근거로 이를 불허하고 있다.

판례는 소송행위설을 취하면서도 실효조건부 화해의 효력을 긍정하고 있다. 그리하여 소송상 화해를 함에 있어서 제3자의 이의가 있을 때 화해의 효력을 실효시키기로 하는 약정이 가능하고, 그러한 실효조건이 성취된 때에는 화해의 효력은 당연히 소멸된다고 한다.[2] 화해의 법적 성질을 소송행위로 보더라도 화해는 소송절차를 종료시키는 것이므로 여기에 조건을 붙여도 소송절차의 안정을 해할 염려는 크지 않다고 할 수 있다. 판례의 입장이 타당하다. 따라서 화해에 조건을 붙이는 것이 허용되고, 마찬가지로 기한을 붙이는 것도 가능하다.

### (3) 시기와 방식

화해는 소송계속 중 언제나 할 수 있다. 상고심에서도 할 수 있다. 화해는 기일에 쌍방 당사자가 출석하여 구술로 하는 것이 일반적이다. 그러나 기일에 출석하지 않아 진술간주되는 답변서 등 준비서면에 화해의 의사표시가 적혀 있고 공증사무소의 인증을 받은 경우에, 상대방 당사자가 변론기일에 출석하여 그 화해의 의사표시를 받아들인 때에는 화해가 성립된 것으로 간주된다(제148조 제3항). 화해조서에 명백한 오류가 있을 때에는 판결에 준하여 경정이 허용된다(제211조).

### (4) 효과

### 1) 화해조서의 작성

소송상 화해가 성립하면 조서에 기재한다(제154조 제1호). 변론조서나 변론준비기일조서에는

---

1) 김홍엽, 711면; 이시윤, 593면.
2) 재판상 화해에서도 제3자의 이의가 있을 때에 화해의 효력을 실효시키기로 하는 약정이 가능하고 그 실효조건의 성취로 화해의 효력은 당연히 소멸된다(대법원 1993. 6. 29. 선고 92다56056 판결); 재판상 화해가 실효조건의 성취로 실효되거나 준재심에 의하여 취소된 경우에는 화해가 없었던 상태로 돌아가므로 화해 성립 전의 법률관계를 다시 주장할 수가 있다(대법원 1996. 11. 15. 선고 94다35343 판결).

화해가 있었다는 취지만 기재하고 화해조서를 따로 작성하여야 한다(민사소송규칙 제31조). 조서의 정본을 화해가 있은 날부터 1주 안에 당사자에게 송달하여야 한다(동규칙 제56조).

### 2) 확정판결과 동일한 효력

화해가 이루어진 범위 내에서 소송은 당연히 종료된다. 소송비용은 별도로 정한 바 없으면 각자 비용을 부담한다(제106조). 화해조서는 확정판결과 동일한 효력을 가진다(제220조). 따라서 확정판결과 마찬가지로 기판력이 인정되고, 화해조서가 구체적인 이행의무를 내용으로 하는 경우에는 집행력을 갖는다. 또한 판례는 화해에 의하여 당사자 사이에 법률관계가 창설되는 형성력이 발생한다고 한다. 즉, 화해가 이루어지면 종전의 법률관계를 바탕으로 한 권리·의무관계는 소멸함과 동시에 그 화해에 따른 새로운 법률관계가 형성되는 창설적 효력을 갖는다고 한다.[1] 그러나 소송물의 법적 성질이 물권적 청구권에서 채권적 청구권으로 변경되는 것은 아니라고 한다.[2] 다만, 화해의 창설적 효력이 미치는 범위는 당사자가 서로 양보하여 확정하기로 합의한 사항에 한하며, 당사자가 다툰 사실이 없는 사항이나 화해의 전제로서 서로 양해하고 있는데 불과한 사항에 대하여는 창설적 효력이 생기기 않는다고 한다.[3]

### 3) 화해조서의 하자를 다투는 방법

화해조서는 확정판결과 마찬가지로 기판력이 인정되므로 소송상 화해에 하자가 있더라도 그것이 재심사유에 해당하는 경우에 한하여 준재심의 소에 의해서만 그 효력을 다툴 수 있다(무제한 기판력설).[4] 그리하여 화해의 내용이 강행법규에 위반한 경우, 화해가 착오나 사기·강박

---

1) 재판상의 화해는 창설적 효력을 가지는 것이어서 화해가 이루어지면 종전의 법률관계를 바탕으로 한 권리·의무관계는 소멸함과 동시에 그 재판상 화해에 따른 새로운 법률관계가 유효하게 형성된다(대법원 2008. 2. 1. 선고 2005다42880 판결).

2) 소유권에 기한 물권적 방해배제청구로서 소유권등기의 말소를 구하는 소송이나 진정명의 회복을 원인으로 한 소유권이전등기절차의 이행을 구하는 소송 중에 그 소송물에 대하여 화해권고결정이 확정되면 상대방은 여전히 물권적인 방해배제의무를 지는 것이고, 화해권고결정에 창설적 효력이 있다고 하여 그 청구권의 법적 성질이 채권적 청구권으로 바뀌지 아니한다(대법원 2012. 5. 10. 선고 2010다2558 판결); 재판상 화해에 의하여 소유권이전등기를 말소할 물권적 의무를 부담하는 자로부터 동 화해 성립 후에 그 부동산에 관한 담보권인 근저당권설정을 받은 자는 제218조 제1항 소정 변론종결 후의 승계인에 해당하고, 그 화해조서의 효력은 제220조 및 위 제204조에 의하여 그 화해조서의 존재를 알건 모르건간에 승계인에게 미친다(대법원 1976. 6. 8. 선고 72다1842 판결).

3) 재판상 화해 또는 제소전 화해는 확정판결과 동일한 효력이 있으며 당사자 간의 사법상의 화해계약이 그 내용을 이루는 것이면 화해는 창설적 효력을 가져 화해가 이루어지면 종전의 법률관계를 바탕으로 한 권리의무관계는 소멸하나, 재판상 화해 등의 창설적 효력이 미치는 범위는 당사자가 서로 양보를 하여 확정하기로 합의한 사항에 한하며, 당사자가 다툰 사실이 없었던 사항은 물론 화해의 전제로서 서로 양해하고 있는데 지나지 않은 사항에 관하여는 그러한 효력이 생기지 않는다(대법원 2011. 7. 28. 선고 2009다90856 판결; 2001. 4. 27. 선고 99다17319 판결).

4) 재판상의 화해를 조서에 기재한 때에는 그 조서는 확정판결과 동일한 효력이 있고 당사자 간에 기판력이 생기

또는 통정허위표시로 이루어진 경우 등과 같은 실체법상 하자가 있어도 화해가 무효가 되는 것은 아니다.[1] 또한 화해조서에서 정한 의무를 이행하지 않았다는 이유로 소송상 화해의 해제를 주장할 수 없으며,[2] 제1화해가 성립한 후 이와 모순되는 제2화해가 성립되었다고 하여도 제1화해가 조서에 기재되어 확정판결과 동일하게 기판력이 발생한 이상 제1화해가 당연히 실효되거나 변경되는 것은 아니고, 중복제소금지원칙에 위배된 소송절차에서 이루어진 화해라 하여도 당연 무효는 아니다.[3]

이에 대하여 소송상 화해에 실체법상 하자가 없는 경우에만 제한적으로 제220조에 의하여 기판력이 생긴다는 견해(제한적 기판력설)가 있다. 이 견해에서는 준재심은 실체법상 하자가 없는 경우에 인정되는 구제방법이고, 실체법상 하자가 있는 경우에는 무효임을 전제로 기일지정신청이나 화해무효확인소송으로 구제될 수 있다고 한다.[4] 현행법상 제한적 기판력설은 그 정당한 논거를 찾기 어렵다. 민사소송법은 화해조서에 대하여 확정판결과 동일한 효력을 인정(제220조)하고 있을 뿐만 아니라 화해조서가 준재심의 대상이 됨을 명시하고 있다(제461조). 무제한 기판력설이 타당하다고 본다.

그러나 소송상 화해에 확정판결의 당연무효사유와 같은 하자가 있는 경우, 예를 들어, 실재하지 않거나 사망한 사람을 당사자로 한 화해, 화해 자체가 이루어지지 않았음에도 화해가 이루어진 것처럼 화해조서가 작성된 경우 등에는 기일지정신청의 방법으로 다툴 수 있다. 당사자

---

는 것이므로 확정판결의 당연무효사유와 같은 사유가 없는 한 재심의 소에 의해서만 효력을 다툴 수 있고 그 효력을 다투기 위하여 기일지정신청을 함은 허용되지 않는다(대법원 1990. 3. 17. 자 90그3 결정); 제소전 화해조서는 확정판결과 같은 효력이 있어 당사자 사이에 기판력이 생기는 것이므로, 원고가 피고에게 토지에 관하여 신탁해지를 원인으로 한 소유권이전등기절차를 이행하기로 한 제소전 화해가 준재심에 의하여 취소되지 않은 이상, 그 제소전 화해에 기하여 마쳐진 소유권이전등기가 원인무효라고 주장하며 말소등기절차의 이행을 청구하는 것은 제소전 화해에 의하여 확정된 소유권이전등기청구권을 부인하는 것이어서 그 기판력에 저촉된다(대법원 2002. 12. 6. 선고 2002다44014 판결); 재판상의 화해를 조서에 기재한 때에는 그 조서는 확정판결과 동일한 효력이 있고, 당사자 사이에 기판력이 생겨 재심의 소에 의하여 취소 또는 변경이 없는 한 당사자는 그 취지에 반하는 주장을 할 수 없음이 원칙이라고 할 것이나, 화해조서에 기재된 내용이 특정되지 아니하여 강제집행을 할 수 없는 경우에는 동일한 청구를 제기할 소의 이익이 있다(대법원 1995. 5. 12. 선고 94다25216 판결).

1) 대법원 1979. 5. 15. 선고 78다1094 판결; 1992. 10. 27. 선고 92다19033 판결; 1995. 12. 5. 선고 94다59028 판결.
2) 재판상의 화해를 조서에 기재한 때에는 그 조서는 확정판결과 동일한 효력이 있고 당사자 간에 기판력이 생기는 것이므로 확정판결의 당연무효사유와 같은 사유가 없는 한 준재심의 소에 의하여만 효력을 다툴 수 있고, 화해조항에서 정한 의무를 이행하지 아니하였음을 이유로 재판상 화해의 해제를 주장하는 것과 같은 화해조서의 취지에 반하는 주장을 할 수 없다(대법원 2012. 4. 12. 선고 2011다109357 판결); 재판상 화해를 한 당사자는 재심의 소송에 의하지 아니 하고서 그 화해를 사법상의 화해 계약임을 전제로 하여 그 화해의 해제를 주장하는 것과 같은 화해 조서의 취지에 반하는 주장을 할 수 없다(대법원 1962. 2. 15. 선고 4294민상914 판결).
3) 대법원 1995. 12. 5. 선고 94다59028 판결.
4) 이시윤, 596면.

일방이 화해조서의 당연무효사유를 주장하며 기일지정신청을 한 경우에는 법원으로서는 그 무효사유의 존재 여부를 가리기 위하여 기일을 지정하여 심리를 한 다음 무효사유가 존재하지 않는 경우에는 판결로써 소송종료선언을 하여야 한다.[1]

## (5) 화해권고결정

법원·수명법관 또는 수탁판사는 소송계속 중인 사건에 대하여 판결의 선고 전까지 언제라도 직권으로 화해권고결정을 할 수 있다(제225조 제1항).[2] 법원사무관 등은 화해권고결정의 내용을 적은 조서 또는 결정서 정본을 당사자에게 송달하여야 한다(동조 제2항). 우편송달이나 공시송달의 방법에 의할 수 없으며(제225조 제2항 단서), 우편송달이나 공시송달 이외의 방법으로 송달할 수 없을 때에는 화해권고결정을 취소하여야 한다(민사소송규칙 제59조).

당사자는 화해권고결정의 조서 또는 결정서 정본을 송달받은 날부터 2주 이내에 이의를 신청할 수 있다. 다만, 그 정본이 송달되기 전에도 이의신청을 할 수 있다(제226조 제1항). 이 기간은 불변기간이다(동조 제2항). 이의신청은 서면으로 하여야 하고(제227조 제1항), 변론기일 등에서 구술로 한 이의신청은 효력이 없다. 이의신청서에는 당사자와 법정대리인, 화해권고결정의 표시와 그에 대한 이의신청의 취지가 기재되어야 한다(제227조 제2항). 그러나 반드시 이의신청서라는 제목의 서면을 제출하여야 하는 것은 아니며, 어떠한 화해권고결정에 대하여 이의를 한다는 취지가 서면에 나타나 있으면 충분하다.[3] 이의신청권은 그 신청 전까지 서면으로 포기할 수 있으며(제229조 제1항 및 제2항), 그 포기서면은 상대방에게 송달되어야 한다(동조 제3항).

---

1) 재판상의 화해를 조서에 기재한 때에는 그 조서는 확정판결과 동일한 효력이 있고 당사자 간에 기판력이 생기는 것이므로 확정판결의 당연무효사유와 같은 사유가 없는 한 재심의 소에 의하여만 효력을 다툴 수 있는 것이나, 당사자 일방이 화해조서의 당연무효사유를 주장하며 기일지정신청을 한 때에는 법원으로서는 그 무효사유의 존재 여부를 가리기 위하여 기일을 지정하여 심리를 한 다음 무효사유가 존재한다고 인정되지 아니한 때에는 판결로써 소송종료선언을 하여야 한다(대법원 2000. 3. 10. 선고 99다67703 판결).

2) 화해권고결정을 위하여 별도의 기일을 지정할 필요가 없으며, 조정처럼 조정회부결정을 하여 소송절차를 중단시킨 이후에 할 수 있는 것도 아니다.

3) 민사소송법이 화해권고결정에 대한 이의신청서에 기재하도록 요구하고 있는 화해권고결정의 표시와 그에 대한 이의신청의 취지는 제출된 서면을 전체적으로 보아 어떠한 화해권고결정에 대하여 이의를 한다는 취지가 나타나면 족하고, 그 서면의 표제가 준비서면 등 다른 명칭을 사용하고 있다고 하여 달리 볼 것은 아니다. 화해권고결정을 송달받은 항소인이 화해권고결정에 대한 이의신청기간 내에 '제1심판결 중 패소 부분은 받아들일 수 없다'는 취지의 준비서면과 종래 제출한 적 있던 항소장을 제출하였고, 그 무렵 '위 준비서면 자체가 화해권고 이의신청입니다'라는 내용의 화해권고결정에 대한 이의신청서를 우편으로 발송하여 그것이 이의신청기간 종료일 다음날 법원에 도착하였다면, 피고가 제출한 위 준비서면과 항소장은 전체적인 취지에 있어 이 사건 화해권고결정에 대한 이의신청에 해당한다고 봄이 상당하므로, 이 사건에 대하여 소송종료선언을 하지 아니하고 소송에 복귀하여 심리에 나아간 원심의 판단은 정당하다(대법원 2011. 4. 14. 선고 2010다5694 판결).

법원·수명법관 또는 수탁판사는 이의신청이 법령상의 방식에 어긋나거나 신청권이 소멸된 뒤의 것임이 명백한 경우에는 그 흠결을 보정할 수 없으면 결정으로 이를 각하하여야 한다(제230조 제1항). 각하결정에 대하여는 즉시항고를 할 수 있다(동조 제2항). 이의신청을 한 당사자는 그 심급의 판결이 선고될 때까지 상대방의 동의를 얻어 이의신청을 취하할 수 있다(제228조 제1항). 따라서 이의신청에 의하여 소송절차가 계속되더라도 화해권고결정의 효력이 상실되는 것은 아니며, 그 심급에서 판결이 선고되기 전까지 상대방의 동의를 얻어 이의신청을 취하하면 화해권고결정이 확정된다.

화해권고결정은 화해권고결정의 조서 또는 결정서 정본을 송달받은 날부터 2주 이내에 이의신청이 없는 때, 이의신청에 대한 각하결정이 확정된 때 또는 당사자가 이의신청을 취하하거나 이의신청권을 포기한 때에는 재판상 화해와 같은 효력을 가진다(제231조). 그러나 이의신청이 적법한 때에는 소송은 화해권고결정 이전의 상태로 돌아가고, 이전에 행한 소송행위는 그대로 효력을 가진다(제232조 제1항). 조정절차에서와는 달리 화해권고결정의 과정에 있었던 당사자의 진술을 다시 소송절차에서 원용하는데 제한이 없다.[1] 화해권고결정은 그 심급에서 판결이 선고된 때에 그 효력을 잃는다(동조 제2항).


## 3. 제소전 화해

### (1) 의의

제소전 화해란 소송 제기 전에 지방법원 단독판사 앞에서 하는 화해를 말한다. 제소전 화해는 소송계속 전에 소송을 예방하기 위하여 하는 화해라는 점에서 소송계속 후에 소송을 종료시키기 위하여 하는 소송상 화해와 구별된다. 제소전 화해는 금전소비대차의 채권자가 담보물에 대한 집행권원을 획득하기 위한 수단으로, 또는 건물주인이 명도판결을 받지 않고 세입자에 대하여 명도집행을 할 수 있는 수단으로 많이 이용되어 왔다. 그리하여 제소전 화해는 종종 재판상 다투는 길을 봉쇄하고 용이하게 집행권원을 획득하는 편법적인 수단으로 남용된 측면이 있다. 제소전 화해가 민사분쟁이 소송으로 발전하는 것을 방지한다는 본래의 목적에 충실하게 운영될 수 있도록 제도를 보완할 필요가 있다.

---

[1] 조정절차에서의 당사자 또는 이해관계인의 진술은 소송절차에서 원용하지 못한다(민사조정법 제23조).

## (2) 화해신청

제소전 화해의 관할법원은 상대방의 보통재판적 소재지 지방법원이다(제385조 제1항). 청구
금액에 상관없이 지방법원 단독판사의 직분관할이다(법원조직법 제7조 제4항). 다만, 시·군법원
관할구역 내의 사건은 시·군법원판사의 사물관할이다(제34조 제1항 제2호).

제소전 화해는 당사자가 임의로 처분할 수 있는 권리관계를 그 대상으로 한다. 제소전 화해
는 현실의 분쟁이 있는 경우에 한하여 신청할 수 있다. 이에 대하여 반드시 신청 당시 분쟁이
현존하지 않더라도 장래에 분쟁발생의 가능성이 있는 경우에도 신청할 수 있다는 견해가 있다.
그러나 제385조 제1항에서 '민사상 다툼'에 관하여 화해를 신청할 수 있다고 규정하고 있고, 분
쟁이 현존하지 않음에도 제소전 화해를 허용하면 제소전 화해가 재판상 다투는 길을 봉쇄하고
편법적으로 집행권원을 회득하는 수단으로 남용되는 것을 막기 어렵다는 점에서 신청 당시 당
사자 사이에 분쟁이 현실로 존재할 것을 요한다고 해석함이 타당하다.

신청을 함에는 청구의 취지·원인과 다투는 사정을 밝혀야 한다(제385조 제1항). 화해신청에
는 소에 관한 규정이 준용되므로(동조 제4항), 신청서에는 소장의 5분의 1에 해당하는 인지를 붙
여야 하고(민사소송 등 인지법 제7조 제1항), 신청서 제출시에 분쟁의 대상인 권리관계에 대하여
시효중단의 효력이 발생한다.

## (3) 절차

화해신청의 요건 및 방식에 흠결이 있을 때에는 결정으로 이를 각하한다. 이에 대하여 신청
인은 항고할 수 있다(제439조). 당사자는 제소전 화해를 위하여 대리인을 선임하는 권리를 상대
방에게 위임할 수 없고(동조 제2항), 법원은 필요한 경우 대리권의 유무를 조사하기 위하여 당사
자 본인 또는 법정대리인의 출석을 명할 수 있다(동조 제3항). 이는 신청자가 우월적 지위를 이
용하여 상대방으로부터 백지위임장을 받아 두었다가 자신이 직접 상대방의 대리인을 선임하여
그 대리인과 제소전 화해를 하는 것을 막기 위함이다. 화해신청이 적법하면 화해기일을 정하여
신청인과 상대방에게 출석요구를 한다. 신청인 또는 상대방이 기일에 출석하지 않는 경우에는
법원은 화해가 성립되지 않은 것으로 볼 수 있다(제387조 제2항).

## (4) 효과

화해가 불성립된 경우 법원사무관 등은 그 사유를 조서에 적어야 하고(제387조 제1항), 불성
립조서등본을 당사자에게 송달하여야 한다(동조 제3항). 당사자는 불성립조서등본이 송달된 날

부터 2주 이내에 소제기신청을 할 수 있다(제388조 제1항 및 제3항). 신청인과 피신청인 모두 소제기신청을 할 수 있다. 적법한 소제기신청이 있으면 화해신청을 한 때에 소가 제기된 것으로 본다(제388조 제2항 전단). 화해가 성립하지 않은 경우에는 화해비용은 신청인이 부담한다. 다만, 소제기신청이 있는 경우에는 화해비용을 소송비용의 일부로 한다(제389조).

화해가 성립되면 제소전 화해조서를 작성하고 판사와 법원사무관 등이 기명날인한다(제386조). 화해가 성립된 경우 화해비용은 특별한 합의가 없으면 당사자들이 각자 부담한다(제389조 본문 전단). 제소전 화해조서도 확정판결과 동일한 효력을 가진다(제220조). 소송상 화해조서와 마찬가지로 제소전 화해조서도 기판력이 인정되고, 화해조서가 구체적인 이행의무를 내용으로 하는 경우에는 집행력을 가지며, 또한 창설적 효력도 인정된다.[1] 창설적 효력이 미치는 범위는 당사자가 서로 양보를 하여 확정하기로 합의한 사항에 한한다.[2]

제소전 화해에 하자가 있는 경우 제소전 화해조서는 확정판결과 동일한 효력이 있고 기판력이 인정되므로 준재심의 소에 의해서만 그 효력을 다툴 수 있다. 준재심의 소에 의하여 제소전 화해가 취소되더라도 소송상 화해에서와는 달리 부활될 소송이 없다. 따라서 재심사유가 있더라도 원판결이 정당한 경우에는 재심을 기각하여야 한다는 제460조가 적용될 여지가 없으므로, 재심사유가 인정되는 이상 화해의 내용이 되는 법률관계의 실체관계의 부합 여부를 따질 필요 없이 화해조서를 취소하여야 하고,[3] 화해가 성립되지 않은 것으로 귀착되어 제소전 화해에 의하여 생긴 법률관계가 처음부터 없었던 것과 같이 된다.[4] 이와 같이 제소전 화해에서는 부활할

---

1) 제소전 화해는 재판상 화해로서 확정판결과 동일한 효력이 있고 창설적 효력을 가지는 것이므로 화해가 이루어지면 종전의 법률관계를 바탕으로 한 권리의무관계는 소멸하는 것이며, 제소전 화해조항에 채무의 변제기와 채무원금만 정하고 변제기 이후의 지연손해금에 관하여 아무런 규정을 두고 있지 아니한 경우에는 원칙으로 돌아가 변제기 이후에는 민법 소정의 연 5푼의 비율에 의한 지연손해금을 지급하여야 할 것이다(대법원 1992. 5. 26. 선고 91다28528 판결); 제소전 화해가 이루어지면 그 창설적 효력에 의하여 종전의 법률관계를 바탕으로 한 권리의무관계는 소멸하므로 원고가 1968. 9. 9. 소외인로부터 금 1,500만원을 이자 월4푼 변제기 1969. 3. 9.로 정하여 차용한 후 금 1,800만원을 1969. 3. 9.까지 지급하기로 제소전 화해를 하였다면 위 변제기 후의 원고의 채무액은 금 1,800만원 및 이에 대한 변제기 이후의 민법 소정의 연 5푼의 비율에 의한 지연손해금이라고 할 것이다(대법원 1981. 8. 25. 선고 80다2645 판결).
2) 재판상 화해는 확정판결과 동일한 효력이 있고 창설적 효력을 가지는 것이어서 화해가 이루어지면 종전의 법률관계를 바탕으로 한 권리·의무관계는 소멸하나, 재판상 화해 등의 창설적 효력이 미치는 범위는 당사자가 서로 양보를 하여 확정하기로 합의한 사항에 한하며, 당사자가 다툰 사실이 없었던 사항은 물론 화해의 전제로서 서로 양해하고 있는 데 지나지 않은 사항에 관하여는 그러한 효력이 생기지 아니한다(대법원 2013. 2. 28. 선고 2012다98225 판결).
3) 제소전 화해에 있어서는 종결될 본안 소송이 계속되었던 것이 아니고 종결된 것은 제소전 화해절차뿐이므로, 이러한 제소전 화해절차의 특성상 제소전 화해조서를 대상으로 한 준재심의 소에서는 제460조가 적용될 여지는 없고, 재심사유가 인정되는 이상 그 화해의 내용 되는 법률관계의 실체 관계의 부합 여부를 따질 수도 없어 화해조서를 취소할 수밖에 없다(대법원 1998. 10. 9. 선고 96다44051 판결).
4) 제소전 화해에 있어서는 종결될 소송이 계속되었던 것이 아니고 종결된 것은 화해절차뿐이므로, 준재심의 소에

소송이 없으므로 제소전 화해에 확정판결의 당연무효사유와 같은 하자가 존재한다고 하더라도 소송상 화해에서와 같이 기일지정신청의 방법으로 화해의 효력을 다툴 수는 없다.


## IV. 조정

### 1. 의의

조정은 법관이나 조정위원회가 분쟁관계인 사이에 개입하여 화해로 이끄는 절차이다. 제3자의 중개가 필수적이라는 점에서 반드시 중개를 요하지 않는 화해와 차이가 있다. 조정은 당사자 사이에 합의된 사항을 조서에 기재함으로써 성립하고, 조정조서는 재판상의 화해와 동일한 효력이 있다(민사조정법 제29조, 가사소송법 제52조 제2항 본문). 조정에는 민사조정법상 민사조정과 가사소송법상 가사조정이 있다.


### 2. 민사조정

#### (1) 조정절차의 개시

민사에 관한 분쟁의 당사자는 법원에 조정을 신청할 수 있다(민사조정법 제2조). 조정은 서면 또는 구술로 신청한다(제5조 제1항). 또한 수소법원도 필요하다고 인정하면 항소심판결 선고전까지 소송이 계속 중인 사건을 결정으로 조정에 회부할 수 있다(제6조).[1] 소송사건이 조정에 회부된 때에는 그 절차가 종료될 때까지 소송절차는 중지된다(민사조정규칙 제4조 제2항). 조정사건은 조정담당판사가 처리한다(제7조 제1항). 조정담당판사는 스스로 조정을 하거나, 상임조정위원[2] 또는 조정장 1명과 조정위원 2명 이상으로 구성된 조정위원회로 하여금 조정을 하게 할 수 있다. 다만, 당사자의 신청이 있을 때에는 조정위원회로 하여금 조정을 하게 하여야 한다(제7조 제2항).

---

의하여 제소전 화해를 취소하는 준재심 판결이 확정된다 하여도 부활될 소송이 없음은 물론, 그 화해절차는 화해가 성립되지 아니한 것으로 귀착되어 그 제소전 화해에 의하여 생긴 법률관계가 처음부터 없었던 것과 같이 되는 것뿐이다(대법원 1996. 3. 22. 선고 95다14275 판결).

1) 소송사건이 조정에 회부된 때에는 그 절차가 종료될 때까지 소송절차는 중지된다(민사조정규칙 제4조 제2항).
2) 상임조정위원은 변호사자격이 있는 사람으로서 일정한 경력을 가진 사람 가운데 법원행정처장이 위촉하고(민사조정법 제10조 제1항 단서), 조정담당판사와 동일한 권한을 가진다(동법 제7조 제4항).

## (2) 조정사건의 관할 및 이송

조정사건은 피신청인의 보통재판적 소재지, 피신청인의 사무소·영업소 소재지 또는 근무지, 분쟁의 목적물 소재지, 손해발생지 중 어느 하나에 해당하는 곳[1]을 관할하는 지방법원, 지방법원지원, 시·군법원[2]에서 관할한다(제3조 제1항). 그럼에도 불구하고 조정사건은 그에 상응하는 소송사건의 전속관할법원이나 당사자 사이에 합의로 정한 법원에서 관할할 수 있다(동조 제2항). 조정담당판사는 사건이 그 관할에 속하지 않는다고 인정할 때에는 결정으로 사건을 관할법원에 이송하여야 한다. 다만, 피신청인이 관할위반에 대하여 항변을 하지 않고 조정절차에서 진술하거나, 사건의 해결을 위하여 특히 필요하다고 인정할 때에는 그렇지 않다(제4조 제1항). 조정담당판사는 사건이 그 관할에 속하는 경우라도 이송하는 것이 적절하다고 인정하면 직권 또는 당사자의 신청에 의한 결정으로 그 사건을 다른 관할법원에 이송할 수 있다(동조 제2항). 이송결정과 이송신청기각결정에 대하여는 불복하지 못한다(동조 제3항).

## (3) 조정절차의 참가 및 대표당사자

조정의 결과에 관하여 이해관계가 있는 사람은 조정담당판사의 허가를 받아 조정에 참가할 수 있고(제16조 제1항, 임의참가), 조정담당판사도 필요한 경우 직권으로 이해관계가 있는 제3자를 조정에 참가하도록 할 수 있다(동조 제2항, 강제참가).[3] 신청인이 피신청인을 잘못 지정한 것이 명백한 경우에는 조정담당판사의 허가를 받아 피신청인을 경정할 수 있다(제17조 제1항). 공동의 이해관계가 있는 다수의 당사자는 그 중 한 사람 또는 여러 사람을 대표당사자로 선임할 수 있고(제18조 제1항), 조정담당판사도 필요한 경우 당사자에게 대표당사자를 선임할 것을 명할 수 있다(동조 제3항).[4] 대표당사자는 각자 조정절차에 관한 모든 행위를 할 수 있으나, 조정조항안의 수락, 조정신청의 취하, 조정을 갈음하는 결정과 피신청인의 불출석에 따른 결정에 관계되는 행위, 대리인의 선임은 할 수 없다(동조 제4항).

---

1) 의무이행지 특별재판적은 조정신청사건에 적용되지 않는다.
2) 화해, 독촉, 조정 사건은 소가에 상관없이 시·군법원의 관할이다(법원조직법 제34조 제1항 제2호).
3) 조정참가와 소송참가는 그 요건 및 절차가 상이하므로, 조정참가인은 조정사건이 소송절차로 이행되거나 복귀한 때에는 참가인의 지위를 상실하고 소송절차에서 다시 참가절차를 거쳐야 한다.
4) 조정에서는 당사자 본인이 분쟁해결에 직접 참여하는 것이 원칙이므로 민사조정절차에는 민사소송법상 선정당사자에 관한 규정이 준용되지 않으며, 그에 갈음하여 민사조정법은 대표당사자제도를 두고 있다.

## (4) 본인 출석의 원칙 및 조정대리인

조정기일에는 본인이 출석하여야 하지만, 특별한 사정이 있는 경우에는 대리인을 출석시키거나 보조인을 동반할 수 있다(민사조정규칙 제6조 제1항). 변호사 아닌 사람을 대리인 또는 보조인으로 함에는 조정담당판사의 허가를 받아야 한다(동규칙 동조 제2항 본문). 조정대리인에 관하여는 소송대리인에 관한 민사소송법과 소액사건심판법의 규정이 준용된다(민사조정법 제38조 제1항, 동규칙 제6조 제2항 단서). 조정사건은 비록 수소법원이 합의부사건을 조정에 회부한 경우라고 하더라도 단독사건이다. 따라서 조정사건에서는 소가에 상관없이 변호사가 아닌 사람도 당사자와 배우자 또는 4촌 이내의 친족관계에 있거나 고용관계에 있는 사람 가운데 일정한 사람은 법원의 허가를 얻어 조정대리인이 될 수 있다(제87조 및 제88조). 또한 조정사건이 소액사건에 해당하는 경우에는 당사자의 배우자, 직계혈족, 형제자매는 조정담당판사의 허가 없이도 조정사건의 대리인이 될 수 있다(소액사건심판법 제8조). 그러나 조정절차와 소송절차는 독립된 별개의 절차이므로 변호사 아닌 사람이 조정절차에서 대리인이 되었더라도 그 사건이 소송으로 이행되거나 복귀한 때에는 그 대리인의 자격은 당연히 상실된다. 소송사건이 조정에 회부된 경우 소송대리인에게 조정에 관한 권한이 있다면 소송대리인은 조정에 관하여도 당사자를 대리할 수 있다(동규칙 동조 제3항).[1)]

## (5) 조정사건의 심리 및 당사자의 불출석

조정담당판사는 사건의 실정에 따라 법원 외의 적당한 장소에서 조정을 할 수 있고(제19조), 조정절차를 공개하지 않을 수 있다(제20조). 조정담당판사는 필요한 경우 당사자의 신청을 받아 상대방과 그 밖의 사건관계인에게 현상을 변경하거나 물건을 처분하는 행위를 금지하거나 그 밖에 조정의 내용이 되는 사항의 실현을 불가능하게 하거나 현저히 곤란하게 하는 행위를 배제하는 등의 조정 전 처분을 명할 수 있다(제21조). 조정담당판사는 조정에 관하여 당사자나 이해관계인의 진술을 듣고 필요하다고 인정하면 적당한 방법으로 사실 또는 증거를 조사할 수 있다(제22조). 그러나 조정절차와 소송절차는 별개의 절차이므로 조정절차에서 한 증거조사결과를 소송절차에서 원용할 수 없으며, 소송절차에서 새로운 증거조사절차를 거쳐야 증거로 할 수 있다. 또한 조정절차에서의 당사자 또는 이해관계인의 진술을 소송절차에서 원용하지 못하며(제23조), 소송절차에서 다시 진술하여야 한다.

---

1) 소송대리인이 조정에 관하여도 당사자를 대리하기 위해서는 화해 또는 조정에 관한 권한이 있음을 서면으로 증명하여야 한다(민사조정규칙 제6조 제3항).

신청인이 조정기일에 불출석한 경우 다시 기일을 정하여 통지하여야 하고, 새로운 기일 또
는 그 후의 기일에 다시 불출석한 경우에는 조정신청이 취하된 것으로 본다(제31조). 피신청인
이 조정기일에 불출석한 경우 조정담당판사는 상당한 이유가 없으면 직권으로 '조정을 갈음하
는 결정'을 하여야 한다(제32조). 민사조정은 본질적으로 비송사건에 속하므로 민사조정법에 특
별한 규정이 있는 경우를 제외하고 그 성질에 반하지 않는 범위에서 비송사건절차법 조((총칙)
이 준용된다(제39조).[1]

## (6) 조정의 효력

조정신청은 시효중단의 효력이 있다(제35조 제1항). 그러나 조정신청이 취하되거나 또는 신
청인이 2회 이상 기일에 불출석하여 취하 간주된 때로부터 1개월 이내에 소를 제기하지 않으면
시효중단의 효력이 없다(동조 제2항). 조정은 당사자 사이에 합의된 사항을 조서에 기재함으로
써 성립하고(제28조), 조정은 재판상의 화해와 동일한 효력이 있다(제29조).[2] 조정조서는 확정판
결과 동일한 효력이 있으므로 준재심에 의해서만 그 효력을 다툴 수 있다. 그러나 당사자 일방
이 조정조서의 무효사유를 주장하며 기일지정신청을 한 경우에는 법원으로서는 그 무효사유의
존재 여부를 가리기 위하여 기일을 지정하여 심리한 다음 무효사유가 존재하면 판결로써 소송
종료선언을 하여야 한다.[3] 조정절차의 비용은 조정이 성립된 경우에는 특별한 합의가 없으면

---

1) 다만, 검사의 의견 진술 및 심문 참여에 관한 제15조는 제외한다.
2) 조정은 재판상의 화해와 동일한 효력이 있고, 재판상의 화해는 확정판결과 동일한 효력이 있으며 창설적 효력을
   가지는 것이어서, 당사자 사이에 조정이 성립되면 종전의 다툼있는 법률관계를 바탕으로 한 권리·의무관계는
   소멸하고, 조정의 내용에 따른 새로운 권리·의무관계가 성립한다. 따라서 조정채무를 불이행하면 소유권이전등
   기절차를 이행한다는 내용의 조정이 성립한 경우 그 조정이 대여금채권담보의 목적으로 경료된 가등기에 기한
   본등기절차의 이행을 구하는 소송절차에서 이루어진 것이라 하더라도 위 조정에 기한 소유권이전등기절차에 당
   연히 가등기담보 등에 관한 법률이 적용되어 청산절차를 거쳐야 소유권을 취득한다고 할 수 없고, 조정조항의
   내용이 채권담보의 목적으로 소유권이전등기절차를 이행하기로 한다거나 다시 대물변제의 예약을 한 것이 아니
   라 조정채무불이행시 바로 소유권을 이전해 주기로 한 것이라면 그 조정의 내용에 따라 소유권이전등기를 경료
   함으로써 바로 소유권을 취득한다고 보아야 할 것이다(대법원 2006. 6. 29. 선고 2005다32814 판결).
3) 재판상의 화해를 조서에 기재한 때에는 확정판결의 당연무효사유와 같은 사유가 없는 한 재심의 소에 의하여만 효
   력을 다툴 수 있는 것이나, 당사자 일방이 화해조서의 당연무효사유를 주장하며 기일지정신청을 한 때에는 법원으
   로서는 그 무효사유의 존재 여부를 가리기 위하여 기일을 지정하여 심리를 한 다음 무효사유가 존재한다고 인정되
   지 아니한 때에는 판결로써 소송종료선언을 하여야 할 것이고, 이러한 이치는 재판상의 화해와 동일한 효력이 있는
   조정조서에 대하여도 마찬가지라 할 것인바, 원고가 이 사건 조정조서에 대하여 불복하면서 제출한 서면의 제목이
   '이의신청서'이나, 조정조서에 대하여는 조정에 갈음한 결정과는 달리 이의신청이 허용되지 않고 위에서 본 불복방
   법만이 허용되는 것이고, 그 서면에 기재된 불복사유가 이 사건 조정 자체가 성립된 바 없는데도 마치 조정이 성립
   된 것처럼 조정조서가 작성되어 이 사건 조정조서는 무효라는 취지이므로, 그 서면은 이 사건 조정조서의 당연무효
   사유를 주장하며 한 기일지정신청으로 보아 처리하는 것이 상당하다(대법원 2001. 3. 9. 선고 2000다58668 판결).

당사자들이 각자 부담한다(제37조 제1항).

## (7) 조정의 성립 및 불성립

조정담당판사는 사건이 그 성질상 조정을 하기에 적당하지 않거나 당사자가 부당한 목적으로 조정신청을 한 경우에는 '조정을 하지 아니하는 결정'으로 사건을 종결시킬 수 있다(제26조 제1항). 또한 조정담당판사는 당사자 사이에 합의가 성립되지 않거나 성립된 합의의 내용이 적당하지 않은 경우에 조정을 갈음하는 결정을 하지 않을 때에는 조정이 성립되지 않은 것으로 사건을 종결시켜야 한다(제27조).

조정담당판사는 당사자 사이에 성립된 합의의 내용이 적당하지 않다고 인정되는 경우 또는 피신청인이 조정기일에 불출석하여 조정이 성립되지 않은 경우에는 상당한 이유가 없으면 직권으로 '조정을 갈음하는 결정'을 하여야 한다(제30조, 제32조). 당사자는 조정을 갈음하는 결정의 조서정본이 송달된 날부터 2주일 이내에 이의를 신청할 수 있다(제34조 제1항). 이 기간은 불변기간이다(제34조 제5항). 이의신청을 한 당사자는 해당 심급의 판결이 선고될 때까지 상대방의 동의를 받아 이의신청을 취하할 수 있다(제34조 제3항). 조정을 갈음하는 결정은 그 조서의 정본이 송달된 날부터 2주일 이내에 이의신청이 없는 경우, 이의신청이 취하된 경우, 이의신청이 적법하지 않아 각하결정이 확정된 경우에는 재판상 화해와 동일한 효력이 있다(제34조 제4항). 소송이 계속 중인 사건을 조정에 회부한 경우 조정이 성립하거나 조정을 갈음하는 결정이 확정된 때에는 소의 취하가 있는 것으로 본다(민사소송규칙 제4조 제3항).

조정담당판사가 조정을 하지 아니하는 결정을 하거나 조정이 성립되지 않는 것으로 사건을 종결한 경우, 또는 조정을 갈음하는 결정에 대하여 그 조서의 정본이 송달된 날부터 2주일 이내에 이의신청이 있는 경우에는 조정신청을 한 때에 소가 제기된 것으로 본다(제36조 제1항). 조정절차의 비용은 조정이 성립되지 않은 경우에는 신청인이 부담한다(제37조 제1항). 조정신청이 소송으로 이행되었을 때에는 조정절차비용은 소송비용의 일부로 본다(제37조 제2항). 조정신청을 한 때에 소가 제기된 것으로 보는 경우 해당 신청인은 소를 제기할 때 소장에 붙여야 할 인지액에서 그 조정신청서에 붙인 인지액을 뺀 금액에 상당하는 인지를 보정하여야 한다(제36조 제2항).

## 3. 가사조정

가사조정에 관하여는 가사소송법에 특별한 규정이 있는 경우를 제외하고는 민사조정법을 준용한다. 다만, 민사조정법상 대표당사자(제18조), 진술의 원용 제한(제23조)[1]에 관한 규정은 준용하지 않는다(가사소송법 제49조). 나류 및 다류 가사소송사건[2]과 마류 가사비송사건[3]에 대하여 가정법원에 소를 제기하거나 심판을 청구하려는 사람은 먼저 조정을 신청하여야 한다(제50조 제1항). 그럼에도 조정을 신청하지 않고 소를 제기하거나 심판을 청구한 경우 가정법원은 그 사건을 조정에 회부하여야 한다. 다만, 공시송달의 방법으로 당사자를 소환하거나 조정에 회부하더라도 조정이 성립될 수 없다고 인정하는 경우에는 그렇지 않다(동조 제2항).

가사조정사건은 가정법원이 관할한다(제51조 제1항). 가사조정사건은 조정장 1명과 2명 이상의 조정위원으로 구성된 조정위원회가 처리한다(제52조 제1항). 그러나 상당한 이유가 있고 당사자가 반대의 의사를 명백하게 표시하지 않은 경우에는 조정담당판사가 단독으로 조정할 수 있다(동조 제2항).

조정신청은 서면 또는 구술로 할 수 있고, 신청서에는 당사자와 대리인, 청구취지와 원인 등을 기재하여야 한다(제55조 및 제36조 제2항 내지 제5항). 당사자 사이의 분쟁을 일시에 해결하기 위하여 필요한 경우 당사자는 조정위원회 또는 조정담당판사의 허가를 받아 조정의 목적인 청구와 관련 있는 민사사건의 청구를 병합하여 조정신청을 할 수 있다(제57조 제2항). 가사조정에서도 민사조정에서와 마찬가지로 조정담당판사는 합의가 성립되지 않거나 합의의 내용이 적당하지 않은 경우 등에는 직권으로 조정을 갈음하는 결정을 하여야 하고, 당사자는 조정을 갈음하는 결정의 조서정본이 송달된 날부터 2주일 이내에 이의신청을 할 수 있다(제49조). 조정은 당사자 사이에 합의된 사항을 조서에 기재함으로써 성립하고(제59조 제1항), 조정이나 확정된 조정을 갈음하는 결정은 재판상 화해와 동일한 효력이 있다. 다만, 당사자가 임의로 처분할 수 없는 사항에 대하여는 그렇지 않다(동조 제2항).

병합하여 조정신청된 민사사건의 청구에 관하여 조정담당판사가 조정을 하지 아니하는 결정을 하거나 조정이 성립되지 않는 것으로 사건을 종결한 경우, 또는 조정을 갈음하는 결정에 대하여 그 조서의 정본이 송달된 날부터 2주일 이내에 이의신청이 있는 경우에는 조정신청을

---

1) 조정절차에서의 당사자 또는 이해관계인의 진술은 민사소송에서 원용하지 못한다(민사조정법 제23조).
2) '다류 가사소송사건'은 약혼해제, 사실혼관계 부당파기, 혼인의 무효·취소, 이혼의 무효·취소 또는 이혼, 입양의 무효·취소, 파양의 무효·취소 또는 파양 등을 원인으로 하는 손해배상청구 및 원상회복청구이다(가사소송법 제2조 제1항 제1호 다목).
3) '마류 가사비송사건'으로는 부부의 동거·부양·협조 또는 생활비용의 부담에 관한 처분, 재산관리자의 변경 또는 공유재산의 분할을 위한 처분, 자녀의 양육에 관한 처분과 그 변경, 면접교섭권의 제한 또는 배제, 재산분할에 관한 처분, 친권자의 지정과 변경, 친권자의 동의를 갈음하는 재판, 친권의 상실·정지·제한 및 그 실권회복의 선고 또는 법률행위의 대리권과 재산관리권의 상실 및 그 실권회복의 선고, 부양에 관한 처분, 기여분의 결정, 상속재산의 분할에 관한 처분 등이 있다(가사소송법 제2조 제1항 제2호 나목).

한 때에 소가 제기된 것으로 본다(제60조 전단 및 제36조 제1항). 이와 같이 소송으로 이행되는 경우에 가정법원은 결정으로 그 민사사건을 관할법원으로 이송하여야 한다(제60조 후단).

# 제3절 종국판결에 의한 종료

## Ⅰ. 판결의 의의

### 1. 중간판결

#### (1) 의의

중간판결이란 소송계속 중 심리가 마쳐지지 않은 상태에서 소송물 자체가 아닌 당사자 사이의 쟁점에 관하여 미리 정리하여 판단하는 판결을 말한다. 중간판결은 종국판결을 하기에 앞서 종국판결의 전제가 되는 쟁점사항에 대하여 미리 정리하여 판단함으로써 종국판결을 용이하게 하기 위한 판결이다. 소송계속 중 쟁점을 중간판결로 정리할지, 종국판결의 이유 속에서 판단할지 여부는 법원의 재량에 속한다. 판결서 작성의 번거로움으로 인하여 중간판결은 그다지 활용되고 있지 않다.

#### (2) 중간판결의 대상

중간판결의 대상에는 '독립된 공격방어방법', '중간의 다툼', '청구의 원인과 수액에 다툼이 있는 경우에 그 원인'이 있다(제201조).

##### 1) 독립된 공격방어방법

독립된 공격방어방법이란 다른 공격방어방법과 독립하여 그것만으로 소송을 인용하거나 배척하기에 충분한 것을 말한다. 예를 들어, 소유권확인소송에서 소유권의 취득원인으로서 원고가 매매, 취득시효 등을 주장하거나 대여금청구소송에서 채무자가 변제, 소멸시효 등을 주장하는 경우에, 그 매매나 취득시효 또는 변제나 소멸시효의 주장 가운데 어느 하나가 인용되면 원고의 청구가 인용되거나 배척되므로 독립된 공격방어방법이 된다.

만일 독립된 공격방어방법을 판단한 결과 바로 청구인용이나 배척하는 판결을 할 수 있다면 종국판결을 하여야 하고 중간판결을 할 것은 아니다. 예를 들어, 대여금청구소송에서 피고의 변제항변을 인용할 경우에는 바로 청구기각판결을 하여야 하고, 변제항변을 배척할 경우에는 시효의 항변과 분리하여 중간판결을 할 수 있다.[1]

### 2) 중간의 다툼

중간의 다툼이란 독립된 공격방어방법에 해당하지 않는 소송절차에 관한 다툼으로서 변론에 의하여 판단하여야 하는 것을 말한다. 예를 들어, 소송요건의 존부, 상소의 적법 여부, 소취하의 유·무효, 상소추후보완의 적법 여부, 재심의 소에서 적법성과 재심사유의 존부(제454조)[2] 등이 여기에 해당된다. 본안의 판단에 앞서서 판단하여야 하는 소송절차에 관한 다툼이라도 결정에 의하여야 하는 것은 중간판결의 대상이 되지 않는다.

중간의 다툼에 대한 판단의 결과 소송이 완결될 때에는 종국판결을 하여야 하고 중간판결을 할 것은 아니다. 예를 들어, 소송요건이 갖추어지지 않았거나 소취하가 유효한 경우에는 소각하판결이나 소송종료선언을 하여야 하고, 그 반대의 경우에 중간판결을 할 수 있다.[3]

### 3) 청구의 원인과 수액에 다툼이 있는 경우에 그 원인

청구의 원인과 수액에 다툼이 있는 경우에 그 수액을 제외한 청구의 원인에 대하여 중간판결을 할 수 있다. 청구의 원인과 수액이 다투어지는 경우 먼저 그 원인이 이유 있는지 여부를 살펴서 이유 없으면 수액에 관하여 심리할 필요 없이 청구를 배척하는 판결을 하고, 그 원인이 이유 있으면 중간판결로 이유 있다고 판단한 다음 수액에 관하여 심리를 하게 된다. 이러한 중간판결을 원인판결이라고도 한다.

중간판결의 대상인 청구의 원인은 소장의 필요적 기재사항인 청구의 원인과는 구별되어야 한다. 여기의 청구원인은 소송의 목적인 청구권에 관한 사항 중에서 청구의 수량·범위를 제외한 일체의 사항을 말한다(제201조 제2항). 예를 들어, 불법행위에 기한 손해배상청구소송에서 손해의 원인과 손해액이 다투어지는 경우 그 손해의 원인, 즉 고의·과실, 인과관계 등이 여기에 해당된다.[4]

---

1) 정동윤·유병현, 667면.
2) 법원은 재심의 소가 적법한지 여부와 재심사유가 있는지 여부에 관한 심리 및 재판을 본안에 관한 심리 및 재판과 분리하여 먼저 시행할 수 있는데, 이 경우 법원은 재심사유가 있다고 인정한 때에는 그 취지의 중간판결을 한 뒤 본안에 관하여 심리·재판한다(제454조).
3) 정동윤·유병현, 667면.
4) 이시윤, 609면.

## (3) 효력

### 1) 구속력

중간판결이 선고되면 판결을 한 법원은 이에 구속되어 스스로 취소·변경할 수 없고, 종국판결을 할 때에 중간판결의 판단을 전제로 하여야 한다(자기구속력). 또한 당사자는 중간판결을 하기 이전에 제출할 수 있었던 공격방어방법을 그 후 변론에서 제출할 수 없다(실권효). 다만, 중간판결 후에 생긴 새로운 사실에 기하여 새로운 공격방어방법을 제출하여 중간판결에서 판단한 사항을 다툴 수 있다. 이와 같이 중간판결은 법원과 당사자에 대한 구속력만 인정되고 기판력이나 집행력, 형성력은 인정되지 않는다. 그러나 중간판결의 구속력은 당해 심급에서만 미치므로 항소심 법원은 중간판결과 다른 판단을 할 수 있고, 당사자도 항소심절차에서 실기한 공격방어방법에 해당하지 않는 한 중간판결에서 판단한 사항을 뒤집기 위한 공격방어방법의 제출에 제약이 없다.

### 2) 중간판결에 대한 불복

중간판결에 대하여는 독립하여 상소할 수 없고, 종국판결에 대한 상소와 함께 상소심의 판단을 받는데 그친다(제392조 전단). 종국판결이 아니므로 소송비용에 대한 재판을 하지 않는 것이 원칙이다(제104조).


## 2. 종국판결

### (1) 의의

종국판결은 소나 상소에 의하여 계속된 사건의 전부 또는 일부를 해당 심급에서 종결하는 판결을 말한다(제198조). 본안판결이나 소각하판결 뿐만 아니라 소송종료선언도 종국판결에 속한다. 또한 종국판결이란 해당 심급을 종결하는 판결을 말하는 것이지 소송절차를 최종적으로 종료시키는 판결을 의미하는 것은 아니므로, 상소심의 환송판결이나 이송판결도 종국판결에 해당된다.[1] 종국판결은 사건을 종결시키는 범위에 따라 전부판결, 일부판결, 추가판결로 구분되

---

1) 항소심의 환송판결은 사건에 대하여 심판을 마치고 그 심급을 이탈시키는 판결이므로 종국판결이라고 해석함이 상당하고, 따라서 항소심의 환송판결에 대하여 대법원에 곧 바로 상고할 수 있다(대법원 1981. 9. 8. 선고 80다3271 전원합의체 판결); 원래 종국판결이라 함은 소 또는 상소에 의하여 계속 중인 사건의 전부 또는 일부에 대하여 심판을 마치고 그 심급을 이탈시키는 판결이라고 이해하여야 할 것이다. 대법원의 환송판결도 당해 사건에 대하여 재판을 마치고 그 심급을 이탈시키는 판결인 점에서 당연히 제2심의 환송판결과 같이 종국판결로 보아

고, 소의 적법요건에 대한 판단인지 아니면 청구의 당부에 관한 판단인지 여부에 따라 소송판결과 본안판결로 구분된다.

### (2) 전부판결과 일부판결

#### 1) 전부판결

전부판결이란 같은 소송절차에서 심리되는 사건의 전부를 동시에 종결시키는 종국판결을 말한다. 법원은 사건의 전부에 대하여 심리를 마친 때에는 전부판결을 하여야 한다(제198조). 전부판결은 하나의 판결이므로 청구 중 일부에 대하여 한 상소는 나머지 청구에 대하여도 그 효력을 미쳐 판결 전체의 확정을 차단하고 사건 전부를 상소심으로 이심하는 효력이 발생한다(상소불가분의 원칙). 다만, 상소를 하지 않은 부분은 상소심의 심판대상이 되지 않는다.

#### 2) 일부판결

일부판결이란 같은 소송절차에서 심판되는 사건의 일부를 다른 부분과 분리하여 그것만 먼저 종결시키는 종국판결을 말한다. 법원은 사건의 일부에 대한 심리를 마친 경우 일부판결을 할 수 있다(제200조 제1항). 사건의 일부에 대한 심리를 마친 경우 일부판결을 할 것인지 여부는 법원의 재량에 속한다. 그러나 선택적·예비적 병합청구의 경우[1] 또는 필수적 공동소송, 독립당사자참가, 공동소송참가, 예비적·선택적 공동소송 등 합일확정이 필요한 소송에서는 일부판결이 허용되지 않는다. 일부판결을 한 경우에 판결하지 않은 부분은 그 심급에서 심리가 계속되고 나중에 이를 종결하는 판결을 하는데, 이를 잔부판결이라고 한다. 일부판결과 잔부판결은 모두 종국판결이므로 독립해서 상소의 대상이 되고, 상소기간도 독자적으로 진행된다. 소송비용의 재판은 잔부판결에서 하는 것이 원칙이나, 일부판결에서 그 부분에 대한 비용재판을 할 수 있다(제104조).

---

야 할 것이다(대법원 1995. 2. 14. 선고 93재다27,34(반소) 전원합의체 판결).

1) 청구의 선택적 병합이란 양립할 수 있는 수개의 경합적 청구권에 기하여 동일 취지의 급부를 구하거나 양립할 수 있는 수개의 형성권에 기하여 동일한 형성적 효과를 구하는 경우에 그 어느 한 청구가 인용될 것을 해제조건으로 하여 수개의 청구에 관한 심판을 구하는 병합 형태로서, 이와 같은 선택적 병합의 경우에는 수개의 청구가 하나의 소송절차에 불가분적으로 결합되어 있기 때문에 선택적 청구 중 하나만을 기각하는 일부판결은 선택적 병합의 성질에 반하는 것으로서 법률상 허용되지 않는다(대법원 1998. 7. 24. 선고 96다99 판결).

## (3) 재판의 누락과 추가판결

추가판결은 법원이 실수로 청구의 일부에 대하여 재판을 누락한 경우, 그 누락된 청구 부분에 대하여 하는 종국판결을 말한다(제212조). 재판의 누락은 실수로 누락한 것이라는 점에서 의도적으로 재판을 하지 않은 경우(잔부판결의 대상)와 구별되고, 판결주문에서 판단할 청구의 일부를 누락한 것이라는 점에서 판결이유 중에 판단할 공격방어방법에 대한 판단의 누락과 구별된다. 재판의 누락은 판결주문을 기준으로 판단한다. 따라서 판결이유 중에 청구의 당부에 대한 설시가 있더라도 판결주문에 아무런 표시가 없으면 재판의 누락이 된다.[1] 누락된 부분의 재판은 여전히 누락시킨 법원에 계속 중이므로 그 법원에서 추가판결을 하여야 하고, 상소의 대상이 되지 않으므로 누락된 부분에 대한 상소는 부적법하다.[2]

추가판결과 종전의 판결은 별개의 판결이므로 상소기간도 개별적으로 진행한다. 다만, 종전 판결의 구속력 때문에 그 결과를 토대로 하여야 한다. 소송비용의 재판을 누락한 경우에는 법원은 직권 또는 당사자의 신청으로 그 소송비용에 대한 추가재판을 한다(제212조 제2항). 그러나 본안판결에 대하여 적법한 항소가 있는 때에는 그 재판은 효력을 잃고, 항소심법원은 소송의 총비용에 대하여 재판을 한다(동조 제3항).

## (4) 소송판결과 본안판결

소송판결은 소송요건이나 상소요건에 하자가 있어 소 또는 상소를 부적법 각하하는 종국판결이다. 소송종료선언, 소취하무효선언도 소송판결에 속한다. 소송판결에는 필수적 변론의 원칙이 적용되지 않으므로 소 또는 항소가 소송요건 또는 상소요건을 흠결하여 부적법하고 그 하

---

[1] 판결에는 법원의 판단을 분명하게 하기 위하여 결론을 주문에 기재하도록 하고 있으므로 주문에 설시가 없으면 그에 대한 재판은 누락된 것으로 보아야 한다(대법원 2008. 11. 27. 선고 2007다69834 판결). 재판의 누락이 있는지 여부는 우선 주문의 기재에 의하여 판정하여야 하고, 판결이유에서 청구가 이유 없다고 설시하고 있더라도 주문에서 설시가 없으면 특별한 사정이 없는 한 재판의 누락이 있다고 보아야 한다(대법원 2004. 8. 30. 선고 2004다24083 판결). 주문에 청구의 전부에 대한 판단이 기재되어 있으나 이유 중에 청구의 일부에 대한 판단이 빠져 있는 경우에는 어쨌든 주문에는 청구의 전부에 대한 판시가 있다고 할 수 있으므로 이유를 붙이지 아니한 위법이 있다고 볼 수 있을지언정 재판의 탈루가 있다고 볼 수는 없다(대법원 2002. 5. 14. 선고 2001다73572 판결). 항고가 이유 없다고 결정이유에서 밝히면서도 그 결정주문에 아무런 설시가 없다면 이는 결정주문이 누락되어 아직 결정이 없는 상태라 할 것이므로, 그에 대한 재항고는 그 대상이 없어 부적법하다(대법원 1984. 4. 25. 자 84마118 결정).

[2] 재판이 누락된 부분의 소송은 여전히 그 심급에 계속 중이어서 적법한 상소의 대상이 되지 아니하므로 그 부분에 대한 상소는 부적법하다(대법원 2008. 11. 27. 선고 2007다69834 판결); 항소심이 재판을 탈루한 경우에 그 부분은 아직 항소심에 소송이 계속 중이라고 볼 것이므로, 그에 대한 상고는 불복의 대상이 부존재하여 부적법하고 결국 각하를 면할 수 없다(대법원 2005. 5. 27. 선고 2004다43824 판결).

자를 보정할 수 없는 경우에는 변론 없이 소 또는 항소를 각하하는 판결을 할 수 있다(제219조, 제413조). 소가 부적법하다고 각하한 원심판결을 취소하는 경우는 상소심의 필수적 환송사유가 된다(제418조, 제436조 제1항). 소송판결이 확정되어 기판력이 생긴 후에도 그 하자를 보정하면 재소(再訴)가 허용되고, 소각하판결이 있은 후에 소를 취하하더라도 재소금지규정(제267조)이 적용되지 않는다.

본안판결이란 청구가 이유 있는지 여부에 따라 청구를 인용 또는 기각하는 종국판결을 말한다. 상소심에서 상소가 이유 있는지 여부를 재판하는 것도 본안판결에 해당된다. 본안판결은 소의 유형에 따라 이행판결, 확인판결, 형성판결이 있다. 청구가 이유 없다고 기각하는 판결은 모두 확인판결이다.[1]


## II. 판결의 성립


### 1. 판결내용의 확정

판결의 내용은 직접심리주의에 따라 변론에 관여한 법관이 확정하여야 한다(제204조 제1항). 단독판사는 판결내용을 혼자서 정하지만, 합의부는 구성법관의 합의에 의하여 정하고, 합의가 되지 않으면 과반수의 의견으로 결정한다(법원조직법 제66조 제1항). 법관이 바뀐 경우에 당사자는 종전의 변론결과를 진술하여야 한다(제204조 제2항). 다만, 판결내용이 확정된 뒤에는 변론에 관여한 법관이 퇴임이나 전근 등으로 변경되어 판결원본에 서명·날인할 수 없는 경우에는 다른 법관이 그 사유를 적고 서명·날인하여야 한다(제208조 제4항).


### 2. 판결서

#### (1) 판결서의 기재사항

판결서에는 당사자와 법정대리인, 판결주문, 청구의 취지 및 상소의 취지, 판결이유, 변론종결일(무변론판결을 하는 경우에는 판결선고일), 법원을 기재하고, 판결한 법관이 서명·날인하여야

---

1) 이시윤, 614면.

한다(제208조 제1항). 소송대리인의 표시는 송달의 필요상 표시하지만 판결서의 필요적 기재사항은 아니다.[1]

## (2) 판결주문의 자족성

판결주문은 명확하여야 하고 주문 자체로서 내용이 특정될 수 있어야 한다. 이를 판결주문의 자족성(自足性)이라고 한다. 판결주문의 내용이 불명확하거나 그 범위를 특정할 수 없는 경우에는 기판력의 객관적 범위가 불분명해지고 집행력, 형성력 등도 불확실하게 되어 분쟁의 종국적 해결을 도모하기 어렵다. 만일 판결주문이 불명확하여 강제집행이 어려운 경우에는 상소로서 취소할 수 있으며, 확정되더라도 같은 소송을 다시 제기할 수 있다.[2]

## (3) 판결이유의 기재 정도

판결이유에는 판결주문이 정당하다는 것을 인정할 수 있을 정도로 당사자의 주장, 그 밖의 공격방어방법에 관한 판단을 표시하면 되고(동조 제2항), 당사자의 주장이나 공격방어방법 전부에 대하여 판단할 필요는 없다. 증거의 취사선택은 법관의 자유심증에 의하므로 처분문서 등 특별한 증거를 제외하고 증거를 채택하는 이유를 일일이 설시할 필요는 없다. 법률적용에 있어서 해석상 다툼이 있는 경우를 제외하고는 법률적용의 결과만 표시하면 충분하고 그 적용·해석의 이론적 근거, 적용법조 등을 명시할 필요는 없다.

그런데 일정한 경우 법원의 부담 경감을 이유로 판결이유의 기재를 간략히 하거나 생략할 수 있는 특칙을 두고 있다. 항소심판결에서 이유를 기재함에는 제1심판결을 인용할 수 있고(제420조 단서), 제1심판결 가운데 무변론판결, 자백간주에 의한 판결, 공시송달에 의한 판결에서는 판결이유로 청구를 특정함에 필요한 사항과 상계항변의 판단에 관한 사항만을 간략하게 표시할 수 있다(제208조 제3항). 가압류·가처분의 이의신청이나 취소신청에 대한 결정에서는 이유를 기재하여야 하지만, 변론을 거치지 않은 경우에는 이유의 요지만을 기재할 수 있다(민사집행법 제286조 제4항, 제288조 제3항, 제301조). 나아가 결정·명령(제224조 제1항 단서), 소액사건(소액사건심판법 제11조의2 제3항), 심리불속행기각판결 또는 상고이유서부제출로 인한 상고기각판결(상고심절차에 관한 특례법 제5조 제1항) 등에서는 판결이유의 기재를 생략할 수 있다.

---

1) 김홍엽, 740면; 이시윤, 616면.
2) 대법원 1998. 5. 15. 선고 97다57658 판결; 1995. 5. 12. 선고 94다25216 판결.

## 3. 판결의 선고

판결은 소가 제기된 날 또는 상소심에서는 기록을 받은 날부터 5월 이내에 선고한다(제199조). 판결은 변론이 종결된 날부터 2주 이내에 선고하여야 하며, 복잡한 사건이나 그 밖의 특별한 사정이 있는 때에도 변론이 종결된 날부터 4주를 넘겨서는 안 된다(제207조 제1항). 그러나 이러한 규정은 훈시규정에 불과하므로 이를 위반하였다고 하여 판결의 효력에 영향을 미치지 않는다.

판결을 선고하기 위해서는 변론을 연 경우에는 변론을 종결하고 변론을 열지 않은 경우에도 선고기일을 지정하여 당사자에게 통지하여야 하고, 그 지정된 선고기일에 판결을 선고하여야 한다. 따라서 이러한 절차를 거치지 않고 변론기일에 선고한 판결은 위법하다.[1] 다만, 예외적으로 소액사건에서는 변론종결 후 즉시 판결을 선고할 수 있다(소액사건심판법 제11조의2 제1항). 판례는 법원이 변론을 종결하고 판결선고기일을 고지한 때에는 출석하지 않은 당사자에게도 그 효력이 미치므로, 그 당사자에게 선고기일통지서를 송달하지 않아도 위법한 것은 아니라고 한다.[2] 판결의 선고는 당사자가 출석하지 않아도 할 수 있으며(동조 제2항), 소송절차가 중단되어 있는 때에도 할 수 있다(제247조 제1항). 판결은 공개된 법정에서 재판장이 판결원본에 따라 주문을 읽어 선고하며, 필요한 때에는 이유를 간략히 설명할 수 있다(제206조).

판결을 선고한 후 재판장은 판결서를 바로 법원사무관 등에게 교부하여야 하고(제209조), 법원사무관 등은 판결서를 받은 날부터 2주 이내에 판결서의 정본을 당사자에게 송달하여야 한다(제210조). 판결정본은 당사자, 즉 원고와 피고, 독립당사자참가인은 물론이고 보조참가인에게도 송달하여야 한다. 보조참가인은 당사자는 아니지만 자신의 이익을 위하여 독자적인 권한으로 소송에 참여한 사람이므로 당사자에 준하여 보조참가인에게도 판결정본 등 소송서류를 송달하여야 한다. 그러나 선정당사자가 선정된 사건에서 선정자에게는 송달할 필요가 없다. 선정자는 당사자도 아니고 소송에 직접 참여한 사람도 아니기 때문이다. 다만, 선정당사자가 받은 판결의 효력은 선정자에게도 미치므로 승소판결에 대한 승계집행문부여신청이 있는 경우에는 선정자에게 판결정본을 교부하여야 한다. 판결선고 직후에 소가 취하된 경우, 이와 동시에 피고의 동의가 있으면 소취하와 함께 소송이 종료되므로 판결정본을 송달할 필요가 없으나, 소취하에 대한 피고의 동의가 없으면 우선 피고에게 소취하서 부본을 송달하고 이와 별도로 양쪽 당사자에게 판결정본을 송달하여야 한다.

---

1) 대법원 1996. 5. 28. 선고 96누2699 판결.
2) 대법원 2003. 4. 25. 선고 2002다72514 판결.

# Ⅲ. 판결의 효력

판결이 선고되면 판결을 선고한 법원에 대하여 '자기구속력(기속력)'이 발생하고, 나아가 판결이 확정되면 당사자에 대하여 '형식적 확정력'이, 후행하는 소송의 법원 및 당사자에 대하여 '실질적 확정력(기판력)'이 각각 발생하며, 그 밖에 '집행력', '형성력' 등의 효력이 생긴다. 자기구속력은 판결의 선고만으로 효력이 발생하지만, 나머지 판결의 효력은 판결이 확정되어야 발생한다. 판결이 확정되었다는 것은 통상의 불복방법으로 더 이상 판결을 다툴 수 없는 상태에 이른 것을 말한다.

## 1. 자기구속력(기속력)

### (1) 의의

자기구속력이란 일단 판결이 선고되면 비록 판결을 선고한 법원이라도 임의로 판결의 내용을 취소·변경할 수 없는 구속력을 말한다.[1] 만일 판결의 내용을 임의로 변경할 수 있다면, 법적 안정성을 해치고 재판에 대한 국민의 신뢰를 해칠 수 있기 때문이다. 자기구속력은 법원에 대한 구속력이고 판결의 확정을 기다리지 않고 판결의 선고만으로 효력이 발생한다. 그러나 판결에 잘못된 계산이나 기재, 그 밖에 이와 비슷한 잘못이 있음이 분명한 때에는 법원은 직권 또는 당사자의 신청에 의하여 그 잘못을 경정할 수 있다(제211조).

이러한 판결법원에 대한 자기구속력을 기속력이라고 부르기도 한다. 그러나 엄밀히 말하면 기속력은 판결법원에 대한 자기구속력 이외에 다른 법원에 대한 구속력까지 포함하는 넓은 의미의 개념으로 자기구속력과는 구별된다. 이송결정은 이송받은 법원을 구속하고(제38조 제1항), 사실심에서 적법하게 확정된 사실판단은 상고심을 기속하며(제432조), 상고심법원이 파기의 이유로 삼은 사실상 및 법률상의 판단은 사건을 환송받거나 이송받은 법원을 기속하는 것(제436조 제2항 후단) 등이 그것이다.[2]

---

1) 소송의 지휘에 관한 결정과 명령에 대하여는 자기구속력이 인정되지 않으며 언제든지 취소할 수 있다(제222조).
2) 김홍엽, 742면; 이시윤, 622면.

## (2) 판결의 경정

### 1) 의의

판결의 경정이란 일단 선고된 판결에 대하여 판결의 내용을 실질적으로 변경하지 않는 범위 내에서 판결의 표현상 잘못을 법원이 스스로 정정 또는 보충하는 것을 말한다. 법원 스스로 판결의 표현상 잘못을 시정함으로써 강제집행 또는 가족관계등록부의 정정이나 등기의 기재 등 판결의 집행에 지장이 없도록 하자는 데 그 취지가 있다. 판결의 경정은 결정·명령에 준용되고 (제224조 제1항), 확정판결과 동일한 효력이 있는 청구의 포기·인낙 및 화해·조정조서에도 준용된다.[1] 판결의 경정은 판결서의 표현상 분명한 잘못을 간이·신속하게 시정하기 위하여 마련된 절차이므로 경정절차에 의하지 않고 표현상 잘못을 시정하는 내용의 소송을 제기하는 것은 권리보호의 이익이 없어 부적법하다고 할 것이다.[2]

### 2) 요건

판결의 경정은 판결서의 표현상 분명한 잘못이 있는 경우에 한하여 허용되고, 판단내용의 잘못이나 판단누락은 경정사유가 아니다. 판결서의 표현상 잘못은 판결법원의 표시, 당사자, 판결주문, 변론종결일자, 판결이유 등 판결의 어느 기재부분에 있는지 관계없이 경정이 가능하다. 판결서의 표현상 잘못에는 법원의 과실로 인하여 생긴 경우는 물론이고 당사자의 청구에 잘못이 있어 생긴 경우도 포함된다. 판례는 판결을 경정함에 있어서는 그 소송의 모든 과정에 나타난 자료는 물론이고, 경정대상인 판결의 선고 이후에 제출된 자료도 다른 당사자에게 별다른 불이익이 없거나 이를 다툴 수 있는 기회가 있었던 경우에는 소송경제상 이를 참작하여 그 오류의 명백 여부를 판단할 수 있다고 한다.[3]

---

1) 판결의 경정은 일단 선고된 판결에 대하여 내용을 실질적으로 변경하지 않는 범위 내에서 판결의 표현상 잘못이나 기재 잘못, 계산 착오 또는 이와 비슷한 잘못을 법원 스스로가 결정으로써 정정 또는 보충하여 강제집행이나 호적의 정정 또는 등기의 기재 등 이른바 광의의 집행에 지장이 없도록 하자는 데 취지가 있고, 이는 확정판결과 동일한 효력을 가지는 조정조서의 경우에도 마찬가지이다(대법원 2012. 2. 10. 자 2011마2177 결정). 화해조서에서도 마찬가지이다(대법원 2001. 12. 4. 자 2001그112 결정).

2) 법정화해조서의 내용에 명백한 오류 등이 있다 하더라도 이를 제211조의 절차에 따라 결정함은 모르되 실질적으로는 그 오류의 시정을 구하는 방도로서 그 법정화해조서 자체를 청구원인으로 하여 소를 제기함은 권리보호의 요건을 갖추지 못한 부적법한 소라 할 것이다(대구고등법원 1972. 2. 24. 선고 70나771 제1민사부판결).

3) 경정할 수 있는 오류에는 법원의 과실로 인하여 생긴 경우뿐만 아니라 당사자의 청구에 잘못이 있어서 생긴 경우도 포함된다. 그리고 경정결정을 함에 있어서는 그 소송의 모든 과정에 나타난 자료는 물론이고, 경정대상인 판결 등 이후에 제출된 자료도 다른 당사자에게 별다른 불이익이 없거나 이를 다툴 수 있는 기회가 있었던 경우에는 소송경제상 이를 참작하여 그 오류의 명백 여부를 판단할 수 있다(대법원 2012. 10. 25. 자 2012그249 결정; 2000. 5. 24. 자 98마1839 결정).

판례는 당사자 성명의 오기 또는 주소의 누락,[1] 채권자대위소송에서 채무자의 주소나 주민등록번호의 누락,[2] 별지목록의 누락,[3] 지번이나 지적 또는 건평 중 어느 하나의 누락,[4] 확정판결에 첨부된 도면과 동일한 내용으로 지적현황측량을 하여 그 측량성과도로 새로운 도면을 작성하여 교체,[5] 중간이자를 과다 공제한 계산상 착오,[6] 등기원인일자의 오류[7] 등의 경우에는 경정을 허용하고 있다.

---

1) 피고의 주민등록상의 주소가 누락된 채 보정된 송달장소만이 기재된 판결이 선고된 후 원고가 위 송달장소를 피고의 현재의 주민등록상 주소로 바꾸어 달라는 판결경정신청을 한 경우에 법원은 판결상의 피고와 주민등록표상의 명의자가 동일인인지 여부를 심리하여 만약 양자가 동일인이라면 마땅히 판결경정을 허용함으로써 강제집행에 지장이 없도록 하여야 한다(대법원 2000. 5. 30. 자 2000그37 결정); 민사소송법상 판결서에는 당사자를 기재하도록 되어 있고, 일반적으로 당사자의 표시에 관하여는 당사자의 특정 및 송달의 편의를 위하여 당사자의 주소를 병기하고 있으며, 만일 당사자의 표시에 있어서 주소를 누락한 것은 판결경정의 대상이 된다(대법원 1995. 6. 19. 자 95그26 결정).

2) 채권자대위소송에 있어서 채무자가 어떤 경위로든지 간에 소송이 제기된 사실을 알았을 경우에는 그 판결의 효력이 채무자에게도 미치므로, 채권자대위소송에 있어서는 판결의 효력이 미치는 주관적 범위를 확정하기 위하여도 판결주문에 기재된 채무자는 당사자에 준하여 특정되어야 할 필요성이 있고, 이를 위하여 판결주문상 채무자의 주소나 주민등록번호를 보충하여 달라는 판결경정신청은 허용되어야 한다(대법원 1995. 6. 19. 자 95그26 결정).

3) 판결주문과 이유에 별지목록기재 물건이라고 하면서 판결서말미에 그 별지가 첨부되어 있지 않더라도 그 목록이 소장에 첨부된 목록과 동일한 것임이 분명하고 법원이 판결서를 작성함에 있어 부주의로 이를 누락한 것이 명백하다면 위와 같은 잘못은 판결경정사유로 삼을 수 있으므로 그 판결을 파기하여야 할 사유라고 할 수 없다(대법원 1989. 10. 13. 선고 88다카19415 판결).

4) 부동산에 관하여 그 지번이나 지적 또는 건평 중 하나만에 약간의 오기 또는 오류가 있음이 명백한 때에 법원이 직권 또는 당사자 신청에 의하여 결정으로서 이를 경정할 수 있으나, 지번도 다르고 건물구조도 다르고 건평수도 다른 부동산을 같은 부동산으로 인정된다 하여 결정절차로서 쉽게 이를 경정할 수는 없다(대법원 1979. 7. 25. 자 79마217 결정).

5) 토지에 대한 공유물분할청구소송에 의한 확정판결에 기하여 관할 관청에 토지의 분할신청을 하였으나 확정판결에 첨부된 도면이 대한지적공사에서 측량한 측량성과도가 아니라는 이유로 수리가 거부되자, 대한지적공사지사에 확정판결에 첨부된 도면과 동일한 내용으로 지적현황측량을 의뢰하며 그 측량성과도로 새로운 도면을 작성한 후 확정판결에 첨부된 도면을 교체하여 달라는 취지의 판결경정신청을 한 사안에서, 확정판결에 첨부할 도면을 교체함으로써 판결의 집행을 가능하게 하는 취지의 판결경정 신청은 제211조의 판결에 위산, 오기 기타 이에 유사한 오류가 있음에 명백한 경우에 해당하므로 판결의 경정을 허가함이 상당하다(대법원 2006. 2. 14. 자 2004마918 결정).

6) 원심이 원고의 개호비 손해액을 산정함에 있어서 13개월치에 해당하는 중간이자를 부당하게 과다공제함으로써 그 손해배상액의 산정에 잘못이 있으나, 위와 같은 계산상 착오는 판결에 위산이 있는 것이 명백한 때에 해당하여 판결의 경정사유에 불과하고 원심판결을 파기할 사유는 아니라고 할 것이다(대법원 2007. 7. 26. 선고 2007다30317 판결).

7) 제1심법원은 원고의 청구취지와 같이 "피고는 원고에게 대구시 남구 ○○ 대지 27평에 대한 1968. 1. 4. 대구지방법원 등기접수 제3호로서 같은 해 1. 3. 매매예약에 의한 소유권이전등기청구권의 보전을 위한 가등기에 기한 소유권이전본등기절차를 이행하라."는 판결을 하였다가, 그 후 동 법원은 직권으로서 "피고는 원고에 대하여 대구시 남구 ○○ 대지 27평에 대한 1968. 12. 17. 자 매매에 의한 소유권이전등기절차를 이행하라."는 경정결정을 하였고, 기록으로 보아 본건 소장의 부본이 1968. 12. 17. 피고에게 송달되었음이 명백(판결 경정결정 이유에 의하면 원고의 일방적 매매예약에 의한 완결권 행사는 본건 소장의 부본이 피고에게 송달되었을 때에 그 효력이 발생하였다고 판시하였다)한 바, 위와 같은 제1심 법원에서의 경정결정을 위법이라 할 수 없다(대법원 1970. 3. 31. 선고 70다104 판결).

그러나 소유권등기의 이전 또는 말소를 명하는 판결에서 피고의 등기부상 주소 또는 주민등록상 주소 중 어느 하나를 누락하더라도 동일인임을 소명하면 이전등기 또는 말소등기가 가능하므로 명백한 잘못이 있다고 할 수 없어 경정사유에 해당하지 않는다고 하고,[1] 이미 사망한 사람을 채무자로 표시하여 가압류신청을 한 경우에 그 가압류결정은 당연 무효이어서 경정할 대상이 없으므로 결과적으로 경정사유에 해당하지 않는다고 한다.[2] 또한 원고가 청구취지에서 누락한 원금부분의 표시를 추가[3]하거나 등기부 기재의 누락으로 인하여 누락된 토지의 일부를 추가[4]하는 것은 판결의 내용을 실질적으로 변경하는 경우에 해당되어 판결의 경정이 허용되지 않는다고 한다. 그런데 건축물대장상의 면적과 다르게 건물의 면적이 잘못 기재된 데 불과한 경우에는 판결의 경정이 허용된다고 한다.[5]

한편 판례는 토지의 점유부분 및 면적의 표시가 감정인의 잘못으로 실제 점유부분 및 면적과 달리 감정되었음에도 불구하고 법원이 이를 간과하고 그 감정결과에 따른 청구취지대로 판결을 선고한 경우, 그 오류가 명백하다고 볼 수 없을 뿐만 아니라 점유부분 및 면적을 변경하는 것은 판결주문의 내용을 실질적으로 변경하는 것이어서 허용될 수 없다고 한다.[6] 그러나 감정

---

1) 판결에 당사자의 주소와 다른 등기부상의 주소를 따로 명시하지 아니하였다고 하더라도 동일인임을 소명하면 등기가 가능한 것으로서, 판결에 소장 그대로 당사자의 등기부상 주소의 표시를 하지 아니하였다고 하여 경정을 하지 않으면 안 될 이유는 없다(대법원 1992. 5. 27. 자 92그6 결정); 피고들에게 소유권이전등기를 명하는 판결을 함에 있어서 그 의무자인 피고들의 주소가 주민등록표상의 주소와 일치하지 아니한 경우에 판결에 주민등록표상의 주소지를 주소로 표시하지 아니하였다 하여 이른바 명백한 오류가 있는 것이라고는 볼 수 없다(대법원 1990. 1. 12. 자 89그48 결정).

2) 이미 사망한 자를 채무자로 한 가압류신청은 부적법하고 위 신청에 따른 가압류결정이 있었다 하여도 그 결정은 당연무효라 할 것이며, 그 효력이 상속인에게 미친다고 할 수는 없는 것이므로 채무자 표시를 상속인으로 할 것을 이 사건 가압류신청 당시에 이미 사망한 피상속인으로 잘못 표시하였다는 사유는 결정에 명백한 오류가 있는 것이라고 할 수 없고, 따라서 결정을 경정할 사유에 해당한다 할 수 없다(대법원 1991. 3. 29. 자 89그9 결정).

3) 청구취지에서 지급을 구하는 금원 중 원금 부분의 표시를 누락하여 그대로 판결된 경우에는 비록 그 청구원인에서는 원금의 지급을 구하고 있더라 하더라도 판결경정으로 원금 부분의 표시를 추가하는 것은 주문의 내용을 실질적으로 변경하는 경우에 해당하여 허용될 수 없다(대법원 1995. 4. 26. 자 94그26 결정).

4) 환지확정에 따라 소유권이전등기청구소송의 청구취지를 경정하면서 대상 토지의 일부 표시를 누락하였고, 이에 따라 경정대상 판결도 정정된 청구취지에 따라 누락된 부분을 제외한 토지 부분에 대하여만 소유권이전등기를 명하였다고 하여도, 이를 판결에 위산, 오기 기타 이에 유사한 오류가 있는 것이 명백한 때에 해당한다고 할 수 없어 판결경정으로 누락된 토지 일부를 추가하는 것은 허용될 수 없고, 그 누락이 소의 일부취하나 청구의 감축 등의 의사로 행하여진 것이 아니라 등기부 기재의 누락으로 인하여 기인한 것이라고 하여도 마찬가지이다(대법원 1996. 3. 12. 자 95마528 결정).

5) 판결주문에서 이 사건 부동산 중 7층 388.98m²에 관한 소유권이전등기절차의 이행을 명하고 있으나, 그 주문 기재의 7층 면적이 건축물대장의 면적과 서로 다른 사실이 인정되므로 위 사건 판결에 의한 등기의 기재가 가능하도록 판결경정을 허용하여야 할 것임에도 이에 이르지 아니한 것은 판결경정사유에 관한 법리를 오해한 위법이 있다(대법원 1996. 1. 9. 자 95그13 결정).

6) 피고의 토지 점유 부위와 그 면적이 측량감정인의 잘못으로 피고의 실제 점유 부위 및 면적과 다르게 감정되었음에도 불구하고, 원고나 법원이 이를 간과하고 그 감정결과에 따른 청구취지대로 판결이 선고된 것이라고 하더

인이 증인신문과정에서 그 잘못을 시인하는 증언을 하였고, 상대방에게 반대신문권의 행사를 통하여 이를 다툴 기회가 있었다면 판결의 경정이 허용된다고 한다.[1]

### 3) 절차

경정은 법원이 직권 또는 당사자의 신청에 따라 결정으로 한다(제211조 제1항). 판결을 한 법원은 물론이고 상소한 경우에는 상소심법원에서도 판결을 경정할 수 있다.[2] 경정은 어느 때라도 할 수 있다. 상소제기 후에는 물론이고 판결이 확정된 후에도 할 수 있으며, 강제집행의 단계에서 비로소 오류를 발견한 경우에도 할 수 있다.

경정결정에 대하여는 즉시항고할 수 있다(제211조 제3항 본문). 다만, 판결에 대하여 적법한 항소가 있는 경우에는 항소심의 판단을 받으면 되므로 즉시항고가 허용되지 않는다(동항 단서). 그러나 경정신청기각결정에 대하여는 불복할 수 없다. 판결을 한 법원이 표현상 분명한 잘못이 없다고 하여 기각하였음에도 판결에 관여하지도 않은 다른 법원이 그러한 잘못이 분명하다고 경정을 명하는 것은 조리에 반하고,[3] 경정결정에 대하여만 즉시항고를 허용하고 있는 제211조 제3항 본문의 반대해석에 비추어 불복을 허용할 수 없기 때문이다.[4] 따라서 경정신청기각결정에 대하여는 통상항고도 할 수 없으며, 특별항고가 허용될 뿐이다.[5] 판례는 판결경정신청을 기

---

라도, 그와 같은 오류가 명백하다고 볼 수도 없을 뿐만 아니라 원고가 구하는 취지대로 판결경정에 의하여 피고의 점유 면적을 증가시키는 내용으로 그 점유 부위와 면적의 표시를 고치는 것은 판결 주문의 내용을 실질적으로 변경하는 경우에 해당하여 허용될 수 없다(대법원 1999. 4. 12. 자 99마486 결정).

1) 감정인의 계산 착오로 감정서 도면상의 경계에 따른 갑부분 면적이 1,445㎡, 을부분 면적이 5,993㎡임에도 갑부분을 1,287㎡로, 을부분을 6,151㎡로 표시한 화해조서에 대한 준재심 사건에서 감정인이 출석하여 그 잘못을 시인하는 취지의 증언을 하였고, 이에 대하여 상대방에게 위 감정인에 대한 증인신문과정에서 반대신문권의 행사를 통하여 이를 다툴 수 있는 기회가 있었다는 점을 참작한다면, 그 오류의 경정을 허용한다고 하더라도 위 화해조항의 내용을 실질적으로 변경하는 것이라고 볼 수 없다(대법원 2000. 5. 24. 자 98마1839 결정).

2) 판결의 경정을 할 수 있는 법원은 원칙으로 당해 판결을 한 법원이지만, 민사소송법이 판결을 경정할 법원을 한정하고 있지 않으므로 상소에 의하여 사건이 상소심에 이심된 경우에는 그 상소심도 원판결을 경정할 수 있다(대법원 1984. 9. 17. 자 84마522 결정). 그러나 상소를 하지 아니한 당사자 간의 원심판결의 원본과 소송기록이 우연히 상소심 법원에 있다고 하더라도, 상소심 법원이 심판의 대상이 되지도 않은 부분에 관한 판결을 경정할 권한을 가지는 것은 아니다(대법원 1992. 1. 29. 자 91마748 결정).

3) 화해조서의 기재는 제220조에 의하여 확정판결과 동일한 효력이 있는 것이므로 제211조를 준용하여 기재에 위산, 오기 기타 이에 유사한 오류가 있는 것이 명백한 때에는 법원은 직권 또는 당사자의 신청에 의하여 경정결정을 할 수 있는 것이나, 경정신청이 이유 없다고 하여 기각한 결정에 대하여는 항고를 할 수 없다고 해석하여야 할 것이다. 왜냐하면 화해의 경위와 내용을 잘 알고 있는 관여법원이 화해조서에는 위산, 오기 등의 명백한 오류가 없다 하여 경정신청을 기각하였음에도 불구하고 화해에 관여하지 않은 타 법원이 그러한 오류가 명백하다 하여 경정을 명할 수 있다고 함은 조리상 있을 수 없기 때문이다(대법원 1960. 8. 12. 선고 4293민재항200 판결).

4) 판결경정신청을 이유 없다 하여 기각한 결정에 대하여는 제211조 제3항 본문의 반대해석상 항고제기의 방법으로 불복을 신청할 수는 없다(대법원 1995. 7. 12. 자 95마531 결정).

5) 판결의 경정사유가 있는데도 경정신청을 배척하였다면 특별항고사유가 된다고 할 것이다(대법원 1992. 9. 15.

각한 결정에 대하여 통상항고를 한 경우에 특별항고라는 표시와 항고법원을 대법원이라고 표시하지 않았더라도 그 항고장을 접수한 법원은 이를 특별항고로 취급하여 소송기록을 대법원에 송부하여야 한다고 한다.[1]

### 4) 효력

경정결정은 원판결과 일체가 되어 판결선고시에 소급하여 그 효력이 발생한다.[2] 따라서 판결에 대한 상소기간은 경정에 의하여 영향을 받지 않고 판결이 송달된 날로부터 진행된다. 경정한 결과 상소이유가 발생한 경우에는 상소기간 경과 후에도 상소의 추후보완이 허용된다는 것이 다수설이나, 판례는 단순히 상소기간 경과 후에 이루어진 판결경정의 내용이 불리하다는 사정만으로는 상소의 추후보완이 허용되지 않는다고 한다.[3]

---

자 92그20 결정).

[1] 판결경정신청을 이유 없다 하여 기각한 결정에 대하여는 항고제기의 방법으로 불복을 신청할 수는 없고, 제449조 소정의 특별항고가 허용될 뿐이라 해석되며, 이러한 결정에 대한 불복은 당사자가 특별항고라는 표시와 항고법원을 대법원이라고 표시하지 아니하였다 하더라도 그 항고장을 접수한 법원으로서는 이를 특별항고로 취급하여 소송기록을 대법원에 송부함이 마땅하다(대법원 1995. 7. 12. 자 95마531 결정; 1982. 5. 11. 선고 82마41 판결).

[2] 채권집행에 있어서 압류 및 전부명령은 결정의 일종이므로 압류 및 전부명령에 위산, 오기 기타 이에 유사한 오류가 있는 것이 명백한 때에는 법원은 직권 또는 당사자의 신청에 의하여 경정결정을 할 수 있고, 다만 경정결정으로 인하여 압류 및 전부명령의 동일성의 인식이 저해되는 경우에는 당초의 압류 및 전부명령의 내용이 실질적으로 변경되는 것으로서 허용되지 않고, 압류 및 전부명령의 경정결정이 확정되는 경우 당초의 압류 및 전부명령은 그 경정결정과 일체가 되어 처음부터 경정된 내용의 압류 및 전부명령이 있었던 것과 같은 효력이 있으므로, 당초의 압류 및 전부명령 정본이 제3채무자에게 송달된 때에 소급하여 경정된 내용의 압류 및 전부명령의 효력이 발생한다(대법원 1998. 2. 13. 선고 95다15667 판결); 채권가압류결정의 경정결정이 확정되는 경우 당초의 채권가압류결정은 그 경정결정과 일체가 되어 처음부터 경정된 내용의 채권가압류결정이 있었던 것과 같은 효력이 있으므로, 원칙적으로 당초의 채권가압류결정 정본이 제3채무자에게 송달된 때에 소급하여 경정된 내용의 채권가압류결정의 효력이 발생한다. 그런데 채권가압류결정은 제3채무자를 심문하지 아니한 채 이루어지고, 제3채무자에게 송달함으로써 그 효력이 발생하는바, 직접의 당사자가 아닌 제3채무자는 피보전권리 존재와 내용을 모르고 있다가 채권가압류결정정본의 송달을 받고 비로소 이를 알게 되는 것이 일반적이기 때문에 당초의 채권가압류결정에 위산, 오기 기타 이에 유사한 오류가 있는 것이 객관적으로는 명백하다 하더라도 제3채무자의 입장에서는 당초의 가압류결정 그 자체만으로 거기에 위산, 오기 기타 이에 유사한 오류가 있다는 것을 알 수 없는 경우가 있을 수 있다. 그와 같은 경우에까지 일률적으로 채권가압류결정의 경정결정이 확정되고 당초의 채권가압류결정이 송달되었을 때에 소급하여 경정된 내용의 채권가압류결정이 있었던 것과 같은 효력이 있다고 하게 되면 순전히 타의에 의하여 다른 사람들 사이의 분쟁에 편입된 제3채무자 보호의 견지에서 타당하다고 할 수 없다. 그러므로 제3채무자의 입장에서 볼 때에 객관적으로 경정결정이 당초의 채권가압류결정의 동일성에 실질적으로 변경을 가하는 것이라고 인정되는 경우에는 경정결정이 제3채무자에게 송달된 때에 비로소 경정된 내용의 채권가압류결정의 효력이 발생한다고 보아야 할 것이다(대법원 1999. 12. 10. 선고 99다42346 판결).

[3] 피고는 상고기간이 경과한 후에 원심판결에 대한 경정결정이 있었는바, 그 경정의 내용이 피고에게 지극히 불리하고, 또한 법원의 과오로 위와 같이 뒤늦게 고지된 것이어서, 피고가 상고기간을 준수하지 못한 것은 피고에게 그 책임을 돌릴 수 없는 경우에 해당하므로, 이 사건 추완상고는 적법하다고 주장한다. 원심은 당초 피고에게 귀속시키기로 정한 재산의 가액을 합산함에 있어서 잘못 계산하였고, 그에 따른 금액의 지급을 명하였다가, 원

## 2. 형식적 확정력

### (1) 의의

종국판결이 선고되어 확정되면 당사자는 더 이상 상소제기의 통상적인 불복방법으로 다툴 수 없게 되는데, 이러한 판결을 확정판결이라고 하고, 이러한 판결의 불가변성을 판결의 형식적 확정력이라고 한다. 판결의 형식적 확정력은 상소의 추후보완이나 재심의 소에 의하여 배제될 수 있다. 판결이 형식적으로 확정되면, 소송은 종국적으로 끝이 나고, 판결의 내용에 따른 효력인 기판력, 집행력, 형성력 등의 효력이 발생하며, 부수적 효력으로서 법률요건적 효력, 참가적 효력 등이 발생하기도 한다.

### (2) 판결의 확정시기

판결의 확정시기는 상소할 수 있는 판결은 상소기간이 도과한 때이고, 상소를 할 수 없는 판결인 상고심판결 또는 판결선고 이전에 당사자가 상소하지 않기로 합의한 때의 하급심판결은 선고와 동시에 확정된다. 판결선고 이후에 불상소합의를 하거나 상소권을 포기한 경우에는 그러한 합의 또는 포기를 한 때에 확정된다. 상소를 제기하였더라도 상소장각하명령이나 상소각하판결을 받은 경우 또는 상소기간 경과 후에 상소를 취하한 경우[1]에는 상소기간이 만료한 때로 소급하여 원심판결이 확정되고, 상소기각판결을 받은 경우에는 그것이 확정된 때에 원심판결이 확정된다.

판결에 일부 불복하는 경우 나머지 부분에 대한 확정시기가 언제인지 논의가 있다. 일부 불복하는 경우에도 상소불가분의 원칙에 의하여 판결 전부에 대한 확정이 차단되지만, 불복하지

---

고가 계산착오로 인한 오류를 지적하여 판결의 경정을 신청해오자, 오류를 경정하는 결정을 하였고, 피고의 소송대리인에게 경정결정정본의 송달을 마쳤다. 원심판결정본이 피고의 소송대리인에게 송달된 때로부터 2주일의 상고기간 내에 피고가 상고를 제기하는 데 장애가 될 만한 사유가 있었다고 인정할 수 없고, 피고나 그 소송대리인인 담당변호사로서는 송달된 원심판결에 대하여 상당한 주의를 기울였더라면 당초부터 그 판결상의 기재만으로도 위와 같은 계산착오로 인한 오류가 있었음을 발견할 수 있었다고 보이는 한편, 피고가 내세우고 있는 추완상고이유는 이 사건 경정사유와는 아무런 직접적인 관련이 없는 것임을 알 수 있는바, 이에 비추어 보면 피고가 상고기간을 도과한 데에 대하여 아무런 과실이 없다고 단정할 수 없으며, 단순히 상소기간 경과 후에 이루어진 판결경정 내용이 경정 이전에 비하여 피고에게 불리하다는 사정만으로는 이 사건 추완상고가 적법한 것으로 볼 수 없다(대법원 1997. 1. 24. 선고 95므1413,1420 판결).

1) 항소의 취하가 있으면 소송은 처음부터 항소심에 계속되지 아니한 것으로 보게 되나, 항소취하는 소의 취하나 항소권의 포기와 달리 제1심 종국판결이 유효하게 존재하므로, 항소기간 경과 후에 항소취하가 있는 경우에는 항소기간 만료시로 소급하여 제1심판결이 확정되나, 항소기간 경과 전에 항소취하가 있는 경우에는 판결은 확정되지 아니하고 항소기간 내라면 항소인은 다시 항소의 제기가 가능하다(대법원 2016. 1. 14. 선고 2015므3455 판결).

않은 나머지 부분은 상소취지를 확장하거나 부대항소를 제기하지 않는 한 상소심의 심판대상이 되지 않으며 상소심 판결선고와 동시에 확정되어 소송이 종료된다. 판례도 불복신청이 없는 나머지 부분에 대하여는 항소심의 경우 항소심판결 선고시, 상고심의 경우 상고심 판결선고시에 확정된다고 한다.[1]

### (3) 판결의 확정증명

판결이 확정되면 당사자는 판결의 효력에 따른 등기신청이나 가족관계등록신고 등을 할 수 있으므로 판결의 확정을 증명할 필요가 있다. 판결의 확정사실은 판결원본이나 정본에는 나타나지 않으므로 판결확정의 유무를 알기 위해서는 소송기록을 보아야 한다. 판결의 확정증명은 현재 소송기록을 보관하고 있는 법원사무관 등에게 하여야 한다. 상소심에서 소송이 완결되었더라도 소송기록은 제1심법원에서 보존하므로(제421조, 제425조), 확정증명서의 교부신청은 제1심법원의 법원사무관 등에게 하여야 한다(제499조 제1항). 다만, 상소심에 소송계속 중에 그 사건의 판결일부가 확정된 때에는 소송기록이 상소심에 있기 때문에 그 확정부분에 대한 증명서는 상소심법원의 법원사무관 등에게 신청하여야 한다(동조 제2항).

## 3. 기판력

판결이 확정되면, 후행하는 소송에 대하여는 앞선 확정판결의 내용과 모순·저촉되는 주장을 하거나 판단을 하는 것이 금지되는데, 이를 기판력이라고 한다. 형식적 확정력이 당사자에 대한 구속력이라면, 실질적 확정력은 후행하는 소송에서의 법원 및 당사자에 대한 구속력이라고 할 수 있다. 기판력에 대하여는 후술하기로 한다.

---

1) 피고가 수개의 청구를 인용한 제1심판결 중 일부에 대하여만 항소를 제기한 경우, 항소되지 않은 나머지 부분도 확정이 차단되고 항소심에 이심은 되나, 피고가 변론종결시까지 항소취지를 확장하지 않는 한 나머지 부분에 관하여는 불복한 적이 없어 항소심의 심판대상이 되지 않고 항소심의 판결선고와 동시에 확정되어 소송이 종료된다(대법원 2011. 7. 28. 선고 2009다35842 판결); 환송판결이 환송 전 원심판결 중 정기금채무로 지급할 것을 명한 부분만 파기환송하고 나머지 상고를 기각한 것이라면, 이 사건 청구 중 환송 전 원심판결에서 정기금채무로 지급할 것을 명한 이외의 부분 즉 일시금지급을 명한 부분(기왕치료비, 기왕개호비 및 위자료 청구부분)은 위 환송판결의 선고로써 확정되었고, 정기금채무로 지급할 것을 명한 부분(향후치료비 및 향후개호비 청구부분)만이 환송되었다 할 것이므로, 환송 후 원심의 심판범위는 위 정기금채무로 지급할 것을 명한 부분에 국한되고 그 이외의 부분은 그 심판대상이 될 수 없다(대법원 1995. 3. 10. 선고 94다51543 판결).

## 4. 그 밖의 효력

### (1) 집행력

좁은 의미의 집행력이란 판결로 명한 이행의무를 강제집행절차에 의하여 실현할 수 있는 효력을 말한다. 이러한 집행력은 확정된 이행판결에 인정되는 것이나, 가집행선고에 의하여 판결확정 전에도 부여될 수 있다. 이에 대하여 넓은 의미의 집행력이란 강제집행 이외의 방법에 의하여 판결의 내용에 적합한 상태를 실현할 수 있는 효력을 포함한다. 예를 들어, 확정판결에 기하여 가족관계등록부에 기재·정정, 등기의 말소·변경 등을 신청할 수 있는 효력이 생기는 것 등이다. 좁은 의미의 집행력은 이행판결에 대하여만 인정되나, 넓은 의미의 집행력은 확인판결이나 형성판결에도 인정된다. 일반적으로 집행력이라고 하면 좁은 의미의 집행력만을 의미한다.

판결 가운데 집행력을 갖는 것은 이행판결뿐이고, 확인판결이나 형성판결에서는 소송비용재판 부분에 집행력이 생기는데 그친다. 그 밖에 배상명령, 확정판결과 동일한 효력을 갖는 각종 조서, 확정된 지급명령·이행권고결정·화해권고결정·조정을 갈음하는 결정, 검사의 집행명령, 항고로써만 불복할 수 있는 결정·명령 등도 집행력을 갖는다. 집행력이 미치는 범위는 원칙적으로 기판력의 그것에 준한다(민사집행법 제25조 제1항). 다만, 판례는 채권자대위소송판결의 기판력이 채무자에게 미치는 경우에도 집행력은 원·피고 사이에만 생길 뿐 원고와 채무자 사이에는 생기지 않는다고 한다.[1]

### (2) 형성력

형성소송에서 인용하는 판결이 확정되면 판결의 내용에 따라 법률관계가 발생, 변경 또는 소멸하는 효력이 발생하는데, 이를 형성력이라고 한다. 형성력에 의한 법률관계의 변동의 효과는 누구나 인정하여야 하기 때문에 형성력은 당사자뿐만 아니라 일반 제3자에게도 그 효력이 미친다.[2]

---

1) 채권자대위에 있어서 원고(채권자)가 소외인(채무자)을 대위하여 피고에게 그가 점유하는 토지를 직접 원고에게 인도하라는 청구를 하여 그 청구가 인용된 판결이 확정되었을 경우, 비록 그 확정판결의 기판력이 위 소외인인 채무자에게도 미치는 경우는 있다 하더라도 위 확정판결의 집행력만은 원·피고 간에만 생기는 것이지 원고와 위 소외인 사이에는 생기지 아니한다(대법원 1979. 8. 10. 자 79마232 결정).
2) 김홍엽, 821면; 이시윤, 672면.

### (3) 법률요건적 효력

법률에서 판결의 존재를 요건사실로 하여 일정한 법률효과의 발생을 규정한 경우가 있는데, 이를 법률요건적 효력이라고 한다. 예를 들어, 확정판결에 의한 시효의 진행 및 단기시효의 기간이 10년으로 연장되는 것(민법 제178조, 제165조), 공탁물회수청구권의 소멸(민법 제489조 제1항),[1] 등기 없이 형성판결에 의한 물권변동(민법 제187조),[2] 설립무효·취소와 회사계속(상법 제194조),[3] 가집행선고실효의 경우의 원상회복과 손해배상청구권의 발생(제215조), 참가적 효력(제78조),[4] 청구이의의 소에서 이의의 제한(민사집행법 제44조 제2항)[5] 등이 있다.

### (4) 반사적 효력

반사적 효력이란 판결의 당사자와 실체법상 특수한 의존관계에 있는 제3자에게 판결의 효력이 이익 또는 불이익으로 작용하는 효력을 말한다. 판례는 아직 반사적 효력의 인정여부에 관하여 명시적인 입장을 취하고 있지 않다. 다수설은 반사적 효력을 법률요건적 효력의 하나로 보아 긍정하고 있다. 실체법상 당사자의 처분행위를 수용해야 하는 법적 지위에 있는 사람은 소송상으로도 그 처분행위에 해당하는 판결의 결과를 받아들여야 마땅하고, 그리하여 반사적 효력은 당사자에 대한 판결내용과 제3자의 실체법상 의존관계를 연결시킴으로써 소송법과 실체법의 간격을 메울 수 있는 유용한 개념이라고 한다.[6] 반사적 효력의 예(例)로 채권자와 주채무자 사이의 소송에서 주채무자가 승소하면 보증채무의 부종성으로 인하여 보증인도 주채무자의 승소판결을 원용하여 보증채무의 이행을 거절할 수 있는 것, 합명회사와 그 채권자 사이의 소송에서 회사채무의 존부에 관하여 회사가 승소판결을 받은 경우에 사원이 이를 유리하게 원용하여 그 채무의 이행을 거절할 수 있는 것, 공유자가 공유물반환 또는 방해배제청구를 하여

---

1) 채권자가 공탁을 승인하거나 공탁소에 대하여 공탁물을 받기를 통고하거나 공탁유효의 판결이 확정되기까지는 변제자는 공탁물을 회수할 수 있다. 이 경우에는 공탁하지 아니한 것으로 본다(민법 제489조 제1항).
2) 상속, 공용징수, 판결, 경매 기타 법률의 규정에 의한 부동산에 관한 물권의 취득은 등기를 요하지 아니한다. 그러나 등기를 하지 아니하면 이를 처분하지 못한다(민법 제187조).
3) 설립무효의 판결 또는 설립취소의 판결이 확정된 경우에 그 무효나 취소의 원인이 특정한 사원에 한한 것인 때에는 다른 사원 전원의 동의로써 회사를 계속할 수 있다(상법 제194조 제1항). 이 경우 그 무효 또는 취소의 원인이 있는 사원은 퇴사한 것으로 본다(동조 제2항).
4) 재판의 효력이 참가인에게도 미치는 경우에는 그 참가인과 피참가인에 대하여 필수적 공동소송에 관한 특별규저(제67조 및 제69조)를 준용한다(제78조).
5) 청구에 관한 이의의 소에서 이의이유는·변론이 종결된 뒤(변론 없이 한 판결의 경우에는 판결이 선고된 뒤)에 생긴 것이어야 한다(민사집행법 제44조 제2항).
6) 강현중, 509면.

제3자에 승소한 경우에 다른 공유자도 보존행위를 이유로 제3자에게 소송결과를 원용할 수 있는 것, 채무자와 제3자 사이에 채무자의 재산에 대한 소송에서 받은 패소판결은 그 채무자를 대위하여 제3자를 상대로 소를 제기하는 채권자에게도 미치는 것 등을 들고 있다.[1]

그러나 반사적 효력은 그 개념 및 범위가 불명확할 뿐만 아니라 주로 실체법에서 작용하는 효과에 불과하다는 점에서 소송법상 판결의 효력으로 보기 어렵다. 다수설이 반사적 효력의 예로 들고 있는 것들은 판결의 실체법적인 효과를 원용하여 채권자에게 대항할 수 있는 것에 불과하고 반사적 효력이라는 소송법상 판결의 효력 때문인 것은 아니다.[2] 반사적 효력을 굳이 인정할 실익이 없다.

## Ⅳ. 기판력

### 1. 의의

#### (1) 개념

기판력이란 확정된 전소(前訴) 판결이 후소(後訴)에 미치는 구속력을 말한다. 즉, 판결이 확정되면, 그 판결내용은 후소 법원에 대하여 새로운 규준(規準)으로서 구속력을 가지게 되고, 그에 따라 후소 법원은 전소 판결의 내용에 구속되어 이를 전제로 후소를 심판하여야 하며, 당사자도 전소 판결의 내용과 모순·저촉되는 주장을 할 수 없게 된다.

#### (2) 인정근거

기판력이 인정되는 근거는 '법적 안정성'에서 찾을 수 있다. 판결이 확정된 이후에도 당사자가 거듭하여 이를 다툴 수 있고, 이미 확정된 전소 판결과 모순·저촉되는 판결이 허용된다면, 법적 안정성이 심각하게 침해될 우려가 있기 때문이다. 즉, 분쟁의 1회적 해결과 판결의 모순·저촉을 방지하여 법적 안정성을 도모하고자 인정된 것이 바로 기판력이다. 이와 같이 기판력의 인정근거를 법적 안정성에 구하는 것이 전통적인 입장이나, 최근에 법적 안정성과 더불어 '절차

---

1) 이시윤, 673면 및 674면.
2) 김홍엽, 822면 및 823면; 한충수, 590면 및 591면.

보장'에서 그 근거를 구하고자 하는 견해가 나타나고 있다. 즉, 소송절차에서 당사자로서의 권능과 기회가 충분히 보장되었음에도 소송의 결과를 다시 다투는 것은 공평의 관념 내지 신의칙에 반하여 허용되지 않는다고 한다.[1] 이에 대하여 미국[2]에서와 같이 절차보장을 따져 판결이유 중의 쟁점에 관하여도 구속력을 인정하는 법제에서는 몰라도 우리나라에서는 구체적인 절차보장을 따지지 않고 판결주문에 한하여 기판력을 인정하고 있다는 점에서 법적 안정성만을 그 근거로 보는 것이 타당하다는 지적이 있다.[3]

　　연혁적(沿革的)으로 당사자에게 절차보장이 주어졌는지 여부에 따라 판결이유 중의 쟁점에 관한 판단에 기판력을 미치게 하기 위한 노력으로 절차보장설이 주장된 것이 사실이지만, 판결주문에 한하여 기판력을 인정하고 있는 우리 법제에 있어서도 기판력의 인정근거를 절차보장에서 찾을 수 있다고 본다. 우리 법제에서 기판력은 판결주문에서 행한 소송물에 관한 판단에만 미치므로(제216조 제1항), 절차보장을 이유로 판결이유 중의 판단에까지 기판력을 확장할 수는 없으나, 절차보장이 기판력의 효력범위를 합리적으로 규정짓는 규범적 기준으로서의 역할은 수행할 수 있다고 본다. 예를 들어, 기판력의 주관적 범위와 관련하여 판결의 효력을 받는 제3자가 공동소송적 보조참가를 한 경우에도 그 제3자에게 당사자와 동일한 수준의 절차보장이 주어졌다면 당사자와 동일한 수준의 책임을 지우는 것이 마땅하다고 할 것이므로 그 제3자에 대하여도 기판력이 미친다고 보아야 할 것이고, 또한 기판력의 객관적 범위와 관련하여서도 만일 기판력이 미치는 소송물의 범위를 지나치게 넓게 정의하여 당사자가 소송에서 다투지 않은 사항에 대하여도 기판력이 미친다고 이해하는 것은 절차보장에 따른 자기책임의 원리에 반하는 것이므로 허용될 수 없다고 할 것이다. 이처럼 우리 법제에서도 절차보장이 기판력의 효력범위를 합리적으로 규정짓는 기준으로서의 기능을 수행할 수 있다는 점에서, 절차보장 역시 기판력의 인정근거로 원용될 만한 충분한 가치가 있다. 따라서 기판력의 인정근거는 법적 안정성과 더불어 절차보장을 받은 당사자의 자기책임에서 찾는 것이 타당하다고 본다.

---

1) 이시윤, 630면.
2) 미국에서는 민사소송 판결의 구속력으로 'Res Judicata'과 'Collateral Estoppel'이 인정되고 있다. 'Res Judicata'는 청구배제효(preclusive effect on claim)라고 하며, 우리나라의 기판력에 해당된다. 본안에 관한 종국판결이 있으면 그와 동일한 소인(訴因, cause of action) 또는 청구(claim)에 관하여 후소에서 다시 다투는 것이 배제된다. 이에 대해 'Collateral Estoppel'은 판결이유 중 쟁점(issue)에 대하여 미치는 효력으로서 쟁점배제효(preclusive effect on issue)라고 하며, 전소에서 실제적이고 필연적으로 다투어진 쟁점과 동일한 쟁점을 후소에서 다시 다투는 것을 배제하는 효력을 말한다. 이러한 쟁점배제효는 그 쟁점에 관하여 당사자에게 충분한 절차보장이 주어진 경우에 한하여 인정된다.
3) 정동윤·유병현, 692면.

## 2. 기판력의 작용

### (1) 작용하는 경우

기판력은 전소와 후소의 소송물이 동일(同一)한 경우, 전소의 소송물이 후소의 소송물과 선결관계(先決關係)에 있는 경우, 전소의 소송물이 후소의 소송물과 모순관계(矛盾關係)에 있는 경우에 작용한다.

### 1) 소송물의 동일

전소와 동일(同一)한 소송물을 후소로 다시 제기하는 경우에 기판력이 작용한다. 예를 들어, 대여금청구소송에서 패소한 후 다시 동일 채무자를 상대로 동일한 대여금청구소송을 제기한 경우 등이다. 판례는 사해행위의 취소 및 원물반환을 구하여 승소판결이 확정된 후에 원물반환이 불능임을 이유로 가액배상을 구하는 후소를 제기한 경우,[1] 일부청구임을 명시하지 않고 가분채권의 일부를 구하는 소송을 제기하여 판결이 확정된 후 나머지 부분을 구하는 후소를 제기한 경우[2] 등에는 전후 양소의 소송물이 동일하므로 전소 판결의 기판력이 후소에 미친다고 한다.

---

[1] 사해행위 후 그 목적물에 관하여 제3자가 저당권이나 지상권 등의 권리를 취득한 경우에는 수익자가 목적물을 저당권 등의 제한이 없는 상태로 회복하여 이전하여 줄 수 있다는 등의 특별한 사정이 없는 한 채권자는 수익자를 상대로 원물반환 대신 그 가액 상당의 배상을 구할 수 있지만, 그렇다고 하여 채권자가 스스로 위험이나 불이익을 감수하면서 원물반환을 구하는 것까지 허용되지 아니하는 것으로 볼 것은 아니며, 채권자는 원상회복 방법으로 가액배상 대신 수익자를 상대로 채무자 앞으로 직접 소유권이전등기절차를 이행할 것을 구할 수도 있다. 이 경우 원상회복청구권은 사실심 변론종결 당시의 채권자의 선택에 따라 원물반환과 가액배상 중 어느 하나로 확정되며, 채권자가 일단 사해행위 취소 및 원상회복으로서 원물반환 청구를 하여 승소 판결이 확정되었다면, 그 후 어떠한 사유로 원물반환의 목적을 달성할 수 없게 되었다고 하더라도 다시 원상회복청구권을 행사하여 가액배상을 청구할 수는 없으므로 그 청구는 권리보호의 이익이 없어 허용되지 않는다(대법원 2006. 12. 7. 선고 2004다54978 판결).

[2] 가분채권의 일부에 대한 이행청구의 소를 제기하면서 나머지를 유보하고 일부만을 청구한다는 취지를 명시하지 아니한 이상 확정판결의 기판력은 청구하고 남은 잔부청구에까지 미치는 것이므로, 나머지 부분을 별도로 다시 청구할 수는 없다. 그러나 일부청구임을 명시한 경우에는 일부청구에 대한 확정판결의 기판력은 잔부청구에 미치지 아니하고, 이 경우 일부청구임을 명시하는 방법으로는 반드시 전체 채권액을 특정하여 그중 일부만을 청구하고 나머지에 대한 청구를 유보하는 취지임을 밝혀야 할 필요는 없으며, 일부청구하는 채권의 범위를 잔부청구와 구별하여 심리의 범위를 특정할 수 있는 정도의 표시를 하여 전체 채권의 일부로서 우선 청구하고 있는 것임을 밝히는 것으로 충분하다. 원고가 피고를 상대로 의료사고에 따른 손해배상을 구하는 소송에서 적극적 손해 중 기왕치료비 금액을 특정하여 청구하고, 향후치료비 등의 금액을 특정하여 청구하면서 "향후치료비는 향후 소송시 신체감정결과에 따라 확정하여 청구한다."는 취지를 밝히고, 위자료 금액을 특정하여 청구하였는데, 승소 판결이 선고되어 확정되었고, 그 후 원고가 선행 소송과 마찬가지로 피고를 상대로 의료사고에 따른 손해배상을 구한 사안에서, 위자료 청구부분에 대하여는 선행 소송에서 일부청구임을 명시하였다고 볼 수 없으므로 선행 소송 확정판결의 기판력이 위자료 채권 전부에 미치지만, 선행 소송에서 적극적 손해의 개별 항목과 금액을 특정하면서 적극적 손해 중 다른 손해에 대하여는 신체감정결과에 따라 청구할 것임을 밝힌 점 등을 종합하면, 선행

그러나 시효중단의 필요가 있는 경우,[1] 판결내용이 불특정하여 집행이 곤란한 경우,[2] 판결원본이 멸실되어 집행문을 부여받을 수 없는 경우[3] 등에는 예외적으로 확정된 승소판결과 동일한 소송물에 기하여 다시 소송을 제기할 수 있다. 시효중단의 필요 등으로 예외적으로 후소의 제기가 허용되는 경우에도 전소의 승소확정판결의 내용에 저촉되어서는 안 되고, 후소 법원은 그 확정된 권리를 주장할 수 있는 요건이 구비되어 있는지에 관하여 다시 심리할 수 없다.[4]

### 2) 후소의 선결관계

전소의 소송물이 후소의 소송물과 선결관계(先決關係)에 있는 경우에도 기판력이 작용한다. 예를 들어, 소유권확인소송을 제기하여 확정판결을 받은 후 동일 피고에 대하여 소유권에 기한 건물명도청구소송을 제기한 경우,[5] 전소에서 원금채권의 부존재가 확정된 후 원금채권의 존재를 전제로 변론종결 후의 지연손해금을 청구하는 소송을 제기한 경우, 소유권이전등기청구소송에서 이행의무가 없다고 하여 기각판결이 확정된 후 동일 피고에게 이전등기이행의무가 있음을 전제로 이행불능을 원인으로 손해배상청구소송을 제기한 경우 등이 여기에 해당된다.

그러나 위의 사례와는 반대의 경우, 즉 소유권에 기한 건물명도청구소송을 제기하여 승소확정판결을 받은 후 소유권확인소송을 제기한 경우, 이자채권의 부존재가 확정된 후 원금채권의 지급을 구하는 소송을 제기한 경우, 소유권이전등기의무의 이행불능을 이유로 손해배상청구소송을 제기하여 패소판결이 확정된 후 소유권이전등기청구소송을 제기한 경우 등에는 전소의 소송물이 후소의 소송물과 선결관계에 있는 경우가 아니므로 기판력이 작용하지 않는다. 전소에서 소유권, 원금채권, 소유권이전등기의무의 존부 등에 관하여 판결이유 중에서 판단하게 되는데, 후술하는 바와 같이 기판력은 판결주문에서 행한 소송물에 관한 판단에 한하여 발생하고

---

소송 중 적극적 손해에 대한 배상청구 부분은 명시적 일부청구에 해당하므로 선행 소송 확정판결의 기판력은 이 부분 청구에는 미치지 않는다(대법원 2016. 7. 27. 선고 2013다96165 판결).
1) 대법원 1987. 11. 10. 선고 87다카1761 판결; 1998. 6. 12. 선고 98다1645 판결.
2) 대법원 1998. 5. 15. 선고 97다57658 판결; 1995. 5. 12. 선고 94다25216 판결.
3) 대법원 1981. 3. 24. 선고 80다1888 판결.
4) 시효중단 등 특별한 사정이 있어 예외적으로 확정된 승소판결과 동일한 소송물에 기한 신소가 허용되는 경우라 하더라도 신소의 판결이 전소의 승소 확정판결의 내용에 저촉되어서는 아니 되므로, 후소 법원으로서는 그 확정된 권리를 주장할 수 있는 요건이 구비되어 있는지에 관하여 다시 심리할 수 없다(대법원 2013. 4. 11. 선고 2012다111340 판결).
5) 확정된 전소의 기판력 있는 법률관계가 후소의 소송물 자체가 되지 아니하여도 후소의 선결문제가 되는 때에는 전소의 확정판결의 판단은 후소의 선결문제로서 기판력이 작용한다고 할 것이므로, 소유권확인청구에 대한 판결이 확정된 후 다시 동일 피고를 상대로 소유권에 기한 물권적 청구권을 청구원인으로 하는 소송을 제기한 경우에는 전소의 확정판결에서의 소유권의 존부에 관한 판단에 구속되어 당사자로서는 이와 다른 주장을 할 수 없을 뿐만 아니라 법원으로서도 이와 다른 판단을 할 수 없는 것이다(대법원 1994. 12. 27. 선고 94다4684 판결).

판결이유 중의 판단에는 인정되지 않기 때문이다. 판결이유 중에서 판단한 선결적 법률관계에 관하여 기판력 있는 판결을 받으려면 중간확인의 소를 제기하여야 한다.

### 3) 모순관계

전소의 소송물이 후소의 소송물과 모순관계(矛盾關係)에 있는 경우에도 기판력이 작용한다. 예를 들어, 소유권확인판결이 확정된 후 동일한 물건에 대하여 다시 피고가 소유권확인을 구하는 소송을 제기한 경우, 확정판결에 의하여 피고가 지급한 금전을 부당이득을 이유로 그 반환을 구하는 소송을 제기한 경우,[1] 소유권이전등기를 명하는 확정판결에 의하여 소유권이전등기가 이루어진 후 원인무효임을 내세워 그 등기의 말소를 구하는 소송을 제기한 경우[2] 등이다.

그러나 전소의 소송물이 아니라 그 전제가 된 법률관계와 모순된 사항을 후소에서 소송물로 하더라도 기판력이 미치지 않는다. 예를 들어, 가등기에 기한 소유권이전등기를 명한 판결이 확정된 후 가등기의 말소를 구하는 후소를 제기한 경우,[3] 매매계약의 무효 또는 해제를 이유로 매매대금의 반환을 구하는 소송에서 인낙조서가 작성된 후 매매계약의 유효를 전제로 소유권이전등기를 구하는 후소를 제기한 경우[4] 등이다.

---

1) 확정판결이 실체적 권리관계와 다르다 하더라도 그 판결이 재심의 소 등으로 취소되지 않는 한 그 판결의 기판력에 저촉되는 주장을 할 수 없어 그 판결의 집행으로 교부받은 금원을 법률상 원인 없는 이득이라 할 수 없는 것이므로, 불법행위로 인한 인신손해에 대한 손해배상청구소송에서 판결이 확정된 후 피해자가 그 판결에서 손해배상액 산정의 기초로 인정된 기대여명보다 일찍 사망한 경우라도 그 판결이 재심의 소 등으로 취소되지 않는 한 그 판결에 기하여 지급받은 손해배상금 중 일부를 법률상 원인 없는 이득이라 하여 반환을 구하는 것은 그 판결의 기판력에 저촉되어 허용될 수 없다(대법원 2009. 11. 12. 선고 2009다56665 판결).

2) 판결이 형식적으로 확정되면 그 내용에 따른 기판력이 생기므로, 소유권이전등기절차를 명하는 확정판결에 의하여 소유권이전등기가 마쳐진 경우에, 다시 원인무효임을 내세워 그 말소등기절차의 이행을 청구함은 확정된 이전등기청구권을 부인하는 것이어서 기판력에 저촉된다(대법원 1996. 2. 9. 선고 94다61649 판결).

3) 확정판결의 기판력은 소송물로 주장된 법률관계의 존부에 관한 판단의 결론 자체에만 미치고 그 전제가 되는 법률관계의 존부에까지 미치는 것은 아니어서, 가등기에 기한 소유권이전등기절차의 이행을 명한 전소 판결의 기판력은 소송물인 소유권이전등기청구권의 존부에만 미치고 그 등기청구권의 원인이 되는 채권계약의 존부나 판결이유 중에 설시되었을 뿐인 가등기의 효력 유무에 관한 판단에는 미치지 아니한다고 할 것이고, 따라서 만일 원고가 후소로써 위 가등기에 기한 소유권이전등기의 말소를 청구한다면 이는 1물 1권주의의 원칙에 비추어 볼 때 전소에서 확정된 원고의 소유권이전등기청구권을 부인하고 그와 모순되는 정반대의 사항을 소송물로 삼은 경우에 해당하여 전소 판결의 기판력에 저촉된다고 할 것이지만, 이와 달리 위 가등기만의 말소를 청구하는 것은 전소에서 판단의 전제가 되었을 뿐이고 그로써 아직 확정되지는 아니한 법률관계를 다투는 것에 불과하여 전소 판결의 기판력에 저촉된다고 볼 수 없다(대법원 1995. 3. 24. 선고 93다52488 판결).

4) 전소와 후소의 소송물이 동일하지 않더라도, 후소의 소송물이 전소에서 확정된 법률관계와 모순되는 정반대의 사항을 소송물로 삼았다면 이러한 경우에는 전소 판결의 기판력이 후소에 미치는 것이지만, 확정판결의 기판력은 소송물로 주장된 법률관계의 존부에 관한 판단의 결론에만 미치고 그 전제가 되는 법률관계의 존부에까지 미치는 것이 아니므로, 전소에서 확정된 법률관계란 확정판결의 기판력이 미치는 법률관계를 의미하는 것이지 그 전제가 되는 법률관계까지 의미하는 것은 아니다. 매매계약의 무효 또는 해제를 원인으로 한 매매대금반환청구에 대한 인낙조서의 기판력은 그 매매대금반환청구권의 존부에 관하여만 발생할 뿐 그 전제가 되는 선결적 법률

## (2) 작용하는 모습

기판력이 작용하는 모습에는 기판력 있는 판단을 다투기 위한 당사자의 주장이나 항변을 허용하지 않고 이를 배척하는 '소극적 작용'과 기판력 있는 판단에 구속되어 이를 전제로 법원이 후소를 심판하여야 하는 '적극적 작용'이 있다. 다수설은 기판력이 작용하는 모습을 기판력의 본질에 관한 학설과 연계하여 이해하고 있다. 그리하여 기판력의 본질에 관한 '모순금지설(矛盾禁止說)'과 '반복금지설(反復禁止說)' 가운데 어느 입장을 취하는가에 따라서 기판력의 작용 모습이 다르게 된다고 한다. '모순금지설'은 국가재판의 통일이라는 관점에서 기판력을 후소 법원에 대하여 전소의 확정판결과 모순·저촉되는 판단을 금지시키는 효력으로 파악하는 입장이고, 이에 대해 '반복금지설'은 분쟁해결의 1회성 내지 일사부재리(一事不再理)의 요청에 따라 기판력이란 후소 법원에 대해 다시 변론이나 재판을 하는 것을 금지하는 구속력으로 이해하는 입장이다.

판례는 모순금지설의 입장에서 승소확정판결을 받은 원고가 동일한 내용의 신소(新訴)를 제기하는 것은 권리보호의 이익이 없어 부적법 각하되어야 하지만, 패소확정판결을 받은 원고가 동일한 내용의 신소를 제기하면 앞선 판결내용과 모순되는 판단을 하여서는 안 되는 구속력 때문에 청구기각의 판결을 하여야 한다고 한다.[1] 또한 전소의 소송물이 후소의 소송물과 선결관계에 있거나 후소의 소송물과 모순관계에 있는 경우에는 후소 법원은 그 선결관계 또는 모순관계의 한도 내에서 전소의 기판력 있는 판단에 구속되어 이를 전제로 심판을 하여야 하므로, 결국 청구기각의 판결을 하게 된다고 한다. 그런데 반복금지설에 의하면, 전소와 동일한 소송물을 후소로 제기한 경우는 물론이고 전소의 소송물이 후소의 소송물과 모순관계에 있는 경우에도 기판력 있는 판결의 존재가 소극적 소송요건이 되어 후소는 부적법 각하되어야 하지만, 전소의 소송물이 후소의 소송물과 선결관계에 있는 경우에는 후소 법원은 전소의 기판력 있는 판단에 구속되어 이를 전제로 심판하여야 한다고 한다.[2]

---

관계인 매매계약의 무효 또는 해제에까지 발생하는 것은 아니므로 매매계약의 유효를 전제로 소유권이전등기를 구하는 후소는 전소에서 확정된 법률관계와 정반대의 모순되는 사항을 소송물로 하는 것이라 할 수 없다(대법원 2005. 12. 23. 선고 2004다55698 판결).

1) 판례는 판결이 확정된 후 동일한 내용의 소가 다시 제기된 경우에 앞선 확정판결이 원고승소판결이라면 후소는 권리보호의 요건을 갖추지 못하여 부적법 각하하여야 한다고 한다. 다만, 시효중단의 필요(대법원 1987. 11. 10. 선고 87다카1761 판결), 판결내용의 불특정(대법원 1998. 5. 15. 선고 97다57658 판결), 판결원본의 멸실(대법원 1981. 3. 24. 선고 80다1888 판결) 등 특별한 사정이 있는 경우에는 예외라고 한다. 그런데 앞선 확정판결이 원고패소판결이라면 앞선 판결과 모순되는 판단을 할 수 없으므로 청구를 기각하여야 한다고 한다(대법원 1991. 3. 27. 선고 91다650,667(반소) 판결; 1989. 6. 27. 선고 87다카2478 판결 등). 일부승소판결이 있은 후에 다시 소를 제기한 경우에는 승소부분은 각하, 패소부분은 청구를 기각하여야 한다고 한다(대법원 2009. 12. 24. 선고 2009다64215 판결).

2) 이시윤, 630면 내지 632면; 정동윤·유병현, 695면.

기판력이 작용하는 모습을 모순금지설, 반복금지설에 따라 도식적으로 그 결론을 도출하는 것은 적절하지 않다고 본다. 오히려 이러한 도식적인 굴레에서 벗어나 실제적으로 작용하는 모습을 살펴볼 필요가 있다. 전소에서 판단한 소송물과 동일한 소송물을 후소로 다시 제기한 경우에는 이를 후소에서 다시 판단하는 것은 무용한 일이며 소의 이익이 인정될 수 없다는 점에서, 이 경우에는 전소 판결의 내용이 원고의 승소이든 패소이든 불문하고 기판력 있는 전소 판결의 존재를 소극적 소송요건으로 이해하여 부적법 각하함이 타당하다. 그러나 기판력 있는 판단이 후소의 소송물과 선결관계 또는 모순관계에 있는데 불과한 경우에는 후소를 부적법 각하하는 것은 오히려 재판청구권을 침해할 우려가 있으므로, 이 경우에는 후소에서 별도로 판단을 하되, 다만 선결관계 또는 모순관계에 한하여 기판력 있는 전소 판단에 구속되어 판단해야 하는 것으로 이해함이 타당하다고 본다.

## (3) 직권조사사항

기판력은 분쟁의 종국적 해결을 위하여 인정된 소송법상 구속력이기 때문에 법원의 직권조사사항이다. 따라서 기판력이 미치는지 여부에 관한 당사자의 주장은 직권발동을 촉구하는 의미 밖에 없으므로 법원이 이에 관하여 판단하지 않더라도 판단누락이 되지 않는다.[1] 판례는 기판력이 미치는 확정판결의 존부는 당사자의 주장이 없더라도 법원이 직권으로 조사하여 판단하여야 하고, 당사자가 확정판결의 존재를 사실심 변론종결시까지 주장하지 않았더라도 상고심에서 새로이 주장·증명할 수 있다고 한다.[2] 당사자 사이에 합의에 의하여 기판력을 부여하거나 소멸시킬 수 없으며, 기판력이 미치는 범위를 확장시킬 수도 없다. 포기도 허용되지 않는다. 그러나 기판력 있는 판단에 의하여 확정된 권리관계를 합의에 의하여 변경할 수는 있다. 확정판결의 기판력에 저촉되는 판결이라도 당연 무효는 아니며, 상소(제451조 제1항 단서) 또는 재심에 의하여 취소할 수 있을 뿐이다(제451조 제1항 제10호).[3]

---

1) 후소가 전소판결의 기판력을 받는지 여부는 직권조사사항으로서 이에 관한 당사자의 주장은 직권발동을 촉구하는 의미밖에 없으므로 법원이 이에 관하여 판단하지 않았다고 하여 판단유탈의 상고이유로 삼을 수 없다(대법원 1997. 1. 24. 선고 96다32706 판결; 1994. 8. 12. 선고 93다52808 판결).

2) 소송에서 다투어지고 있는 권리 또는 법률관계의 존부가 동일한 당사자 사이의 전소에서 이미 다루어져 이에 관한 확정판결이 있는 경우에 당사자는 이에 저촉되는 주장을 할 수 없고, 법원도 이에 저촉되는 판단을 할 수 없음은 물론, 위와 같은 확정판결의 존부는 당사자의 주장이 없더라도 법원이 이를 직권으로 조사하여 판단하지 않으면 안 되고, 더 나아가 당사자가 확정판결의 존재를 사실심 변론종결시까지 주장하지 아니하였더라도 상고심에서 새로이 이를 주장·입증할 수 있는 것이다(대법원 1989. 10. 10. 선고 89누1308 판결; 2011. 5. 13. 선고 2009다94384,94391,94407 판결)

3) 기판력 있는 전소 판결과 저촉되는 후소 판결이 그대로 확정된 경우에도 전소 판결의 기판력이 실효되는 것이 아니고 재심의 소에 의하여 후소 판결이 취소될 때까지 전소 판결과 후소 판결은 저촉되는 상태 그대로 기판력

## 3. 기판력 있는 재판

### (1) 확정된 종국판결

종국판결이 확정되면 기판력이 발생한다. 그러나 종국판결이라도 무효인 판결에는 기판력이 생기지 않는다. 소송판결에도 소송요건의 흠결로 소가 부적법하다는 점에 기판력이 발생한다. 따라서 소송요건의 흠결을 보완하여 다시 소를 제기하는 경우에는 기판력이 미치지 않는다.[1] 대법원의 환송판결은 확정된 종국판결에 해당하지만 기속력이 인정될 뿐이고, 원심법원에서 다시 심리하라는 종국적 판단을 유보한 재판의 성질상 기판력이 발생하지는 않는다.[2]

### (2) 결정·명령

결정·명령은 소송의 진행이나 집행행위와 관련된 재판으로서 그 소송절차 내에서만 효력이 인정되므로 원칙적으로 기판력이 인정되지 않는다. 결정·명령을 위한 신청이 기각되더라도 다시 신청할 수 있으며, 법원도 새로운 신청에 대하여 종전의 결정·명령에서 판단한 내용에 구속됨이 없이 판단할 수 있다. 그러나 실체법적 권리관계를 종국적으로 해결하는 내용의 결정·명령에는 기판력이 인정된다. 예를 들어, 소송비용액의 확정결정(제110조, 제114조),[3] 간접강제를

---

을 갖는 것이다. 또한 기판력 있는 전소 판결의 변론종결 후에 이와 저촉되는 후소 판결이 확정되었다는 사정은 변론종결 후에 발생한 새로운 사유에 해당되지 않으므로, 그와 같은 사유를 들어 전소 판결의 기판력이 미치는 자 사이에서 전소 판결의 기판력이 미치지 않게 되었다고 할 수 없다(대법원 1997. 1. 24. 선고 96다32706 판결).

1) 소송판결의 기판력은 그 판결에서 확정한 소송요건의 흠결에 관하여 미치는 것이지만, 당사자가 그러한 소송요 건의 흠결을 보완하여 다시 소를 제기한 경우에는 그 기판력의 제한을 받지 않는다(대법원 2003. 4. 8. 선고 2002다70181 판결).

2) 대법원의 환송판결은 형식적으로 보면 '확정된 종국판결'에 해당하지만, 여기서 종국판결이라고 하는 의미는 당해 심급의 심리를 완결하여 사건을 당해 심급에서 이탈시킨다는 것을 의미하는 것일 뿐이고 실제로는 환송받은 하급심에서 다시 심리를 계속하게 되므로 소송절차를 최종적으로 종료시키는 판결은 아니며, 또한 환송판결도 동일절차 내에서는 철회·취소될 수 없다는 의미에서 기속력이 인정됨은 물론 법원조직법 제8조, 민사소송법 제 436조 제2항 후단의 규정에 의하여 하급심에 대한 특수한 기속력은 인정되지만 소송물에 관하여 직접적으로 재 판하지 아니하고 원심의 재판을 파기하여 다시 심리·판단하여 보라는 종국적 판단을 유보한 재판의 성질상 직 접적으로 기판력이나 실체법상 형성력, 집행력이 생기지 아니하므로 이는 중간판결의 특성을 갖는 판결로서 '실 질적으로 확정된 종국판결'이라 할 수 없다(대법원 1995. 2. 14. 선고 93재다27,34(반소) 전원합의체 판결).

3) 확정된 종국판결은 소송물로 주장된 법률관계의 존부에 관한 판단의 결론에 관하여 기판력을 가지며 결정·명 령재판에도 실체관계를 종국적으로 판단하는 내용의 것인 경우에는 기판력이 있다. 법원은 사건을 완결하는 재 판에서 직권으로 그 심급의 소송비용 전부에 대하여 재판하여야 하며, 소송비용의 수액은 법원이 소송비용의 부 담을 정한 재판에서 함께 정할 수도 있으나 그 재판에서 함께 정하지 아니한 경우에 그 재판의 확정 후 당사자 의 신청에 의하여 결정으로 정하도록 규정되어 있어서, 소송비용확정절차에 있어서는 상환할 소송비용의 수액을 신청의 범위 내에서 정할 따름이고 그 상환의무 자체의 존부를 심리·판단할 수는 없는 것이다. 따라서 이미 기

위한 배상금의 지급결정(민사집행법 제261조) 등이 여기에 해당된다. 가압류·가처분결정은 피보전권리의 존부를 종국적으로 확인하는 의미의 기판력은 없으나, 뒤의 보전절차에서 동일사항에 관하여 달리 판단할 수 없다는 의미에서 한정적인 기판력은 있다는 견해가 있으나,[1] 판례는 보전처분절차는 피보전권리를 종국적으로 확정하는 것을 목적으로 하는 것이 아니므로 피보전권리가 소명되어 신청을 인용하는 결정이 확정되었더라도 그 피보전권리에 기판력이 생기는 것은 아니라고 한다.[2]

## (3) 확정판결과 동일한 효력이 있는 것

청구의 포기·인낙(제220조), 화해조서(제220조), 조정조서(민사조정법 제29조), 확정된 화해권고결정(제231조), 확정된 조정을 갈음하는 결정(민사조정법 제34조), 중재판정(중재법 제35조) 등에는 기판력이 인정된다. 그러나 확정된 이행권고결정(소액사건심판법 제5조의7 제1항, 제5조의8 제3항),[3] 확정된 지급명령(제474조) 등은 확정판결과 동일한 효력은 있으나 기판력은 인정되지 않는다. 회생절차 또는 파산절차에 있어서 회생채권자표의 기재[4] 또는 파산채권자표의 기재[5]에 대하여

---

판력 있는 본안판결에서 소송비용 상환의무의 실체관계 판단이 확정된 후에 그에 근거하여 법원이 상환청구권자인 당사자가 신청한 수액에 따라 소송비용확정결정을 하였다면 그 소송비용에 관한 결정은 본안판결의 소송비용 부담의 실체관계 판단을 계량적으로 구체화한 종국적 판단을 내용으로 하는 것이므로 마찬가지로 기판력이 있다고 할 것이다(대법원 2002. 9. 23. 자 2000마5257 결정).

1) 이시윤, 634면.
2) 보전소송절차는 피보전권리를 종국적으로 확정하는 것을 목적으로 하는 것이 아니므로, 보전소송에서 피보전권리가 소명되어 보전신청이 판결에 의하여 인용되고 동 판결이 확정되었다고 하더라도, 그로써 그 피보전권리에 관해서 기판력이 생기는 것은 아니다(대법원 2008. 10. 27. 자 2007마944 결정; 1977. 12. 27. 선고 77다1698 판결).
3) 소액사건심판법 제5조의7 제1항은 이행권고결정에 관하여 피고가 일정한 기간 내 이의신청을 하지 아니하거나 이의신청에 대한 각하결정이 확정된 때 또는 이의신청이 취하된 때에는 그 이행권고결정은 확정판결과 같은 효력을 가진다고 규정하고 있다. 그러나 확정판결에 대한 청구이의 이유를 변론이 종결된 뒤(변론 없이 한 판결의 경우에는 판결이 선고된 뒤)에 생긴 것으로 한정하고 있는 민사집행법 제44조 제2항과는 달리, 소액사건심판법 제5조의8 제3항은 이행권고결정에 대한 청구에 관한 이의의 주장에 관하여는 위 민사집행법 규정에 의한 제한을 받지 아니한다고 규정하고 있으므로, 확정된 이행권고결정에 관하여는 그 결정 전에 생긴 사유도 청구에 관한 이의의 소에서 주장할 수 있다. 이에 비추어 보면 위 소액사건심판법 규정들의 취지는 확정된 이행권고결정에 확정판결이 가지는 효력 중 기판력을 제외한 나머지 효력인 집행력 및 법률요건적 효력 등의 부수적 효력을 인정하는 것이고, 기판력까지 인정하는 것은 아니다(대법원 2009. 5. 14. 선고 2006다34190 판결).
4) 회생채권 또는 회생담보권에 기하여 회생계획에 의하여 인정된 권리에 관한 회생채권자표 또는 회생담보권자표의 기재는 회생계획인가의 결정이 확정된 때에 채무자, 회생채권자·회생담보권자·주주·지분권자, 회생을 위하여 채무를 부담하거나 또는 담보를 제공하는 자, 신회사(합병 또는 분할합병으로 설립되는 신회사를 제외한다)에 대하여 확정판결과 동일한 효력이 있다(채무자 회생 및 파산에 관한 법률 제255조 제1항),
5) 확정된 채권에 대하여 파산채권자표에 기재한 때에는 그 기재는 파산채권자 전원에 대하여 확정판결과 동일한 효력이 있으며, 채무자가 채권조사의 기일에 이의를 진술하지 아니한 때에는 파산채권자표의 기재는 파산선고를 받은 채무자에 대하여 확정판결과 동일한 효력을 가진다(채무자 회생 및 파산에 관한 법률 제535조 제1항).

기판력이 인정되는지 논란이 있으나, 판례는 절차 내부에서의 불가쟁의 효력을 갖는데 불과하고 기판력은 인정되지 않는다고 한다.[1]

## (4) 외국법원의 확정재판 등

외국법원의 확정재판 또는 이와 동일한 효력이 인정되는 재판은 제217조에서 정한 요건을 모두 갖추고 승인을 받으면 기판력이 생긴다. 따라서 이후 동일한 소송을 국내법원에 제소하는 경우에는 기판력에 저촉된다.[2] 외국재판 등의 승인요건은 법원의 직권조사사항이다(제217조 제2항). 외국법원의 확정재판 등이 승인받기 위한 요건은 다음과 같다.

### 1) 국제재판관할권

국내의 법령 또는 조약에 따른 국제재판관할의 원칙상 그 외국법원에게 국제재판관할권이 인정되어야 한다(제217조 제1항 제1호).

### 2) 적법한 송달

패소한 피고가 소장 또는 이에 준하는 서면 및 기일통지서나 명령을 적법한 방식에 따라 방어에 필요한 시간여유를 두고 송달받았거나(공시송달이나 이와 비슷한 송달에 의한 경우를 제외한다) 송달받지 않았더라도 소송에 응하였어야 한다(제2호). 판례는 법정지인 판결국에서 피고에게 방어할 기회를 부여하기 위하여 규정한 송달에 관한 방식, 절차를 따르지 않은 경우에는 적법한 방식에 따른 송달이 이루어졌다고 볼 수 없다고 한다.[3]

---

1) 구 회사정리법의 규정이 정리계획인가의 결정이 확정된 때에는 그 정리채권자표 또는 정리담보권자표의 기재는 확정판결과 동일한 효력이 있다고 규정한 취지는, 정리계획인가결정이 확정된 경우 정리채권자표 또는 정리담보권자표에 기재된 정리채권 또는 정리담보권 중 정리계획의 규정에 의하여 인정된 권리를 기준으로 정리계획을 수행하도록 하여 신속하고도 안정적인 정리계획의 수행을 보장하려는 데에 있고, 이와 같은 의미에서 위 법조에서 말하는 '확정판결과 동일한 효력'이라 함은 기판력이 아닌 정리절차 내부에서의 불가쟁의 효력으로 보아야 한다(대법원 2003. 9. 26. 선고 2002다62715 판결); 파산절차에 있어서 채권조사기일에 파산관재인 및 파산채권자의 이의가 없는 때에는 채권액은 이로 인하여 확정되고, 확정채권에 관하여는 채권표의 기재는 파산채권자 전원에 대하여 확정판결과 동일한 효력을 가지는데, 확정판결과 동일한 효력이라 함은 기판력이 아닌 확인적 효력을 가지고 정리절차 내부에 있어 불가쟁의 효력이 있다는 의미에 지나지 않는다(대법원 2006. 7. 6. 선고 2004다17436 판결).
2) 반소 계속 중 반소원고가 반소피고를 상대로 그 반소청구와 같은 내용을 포함하는 소송을 제기하여 승소한 뉴욕주법원의 확정판결이 현출되었다면, 원심으로서는 위 확정판결이 우리나라에서 승인의 요건이 구비되어 그 판결의 효력이 인정됨으로써 반소청구가 그 판결의 기판력에 저촉되어 권리보호의 요건을 갖추지 못하였는지 여부를 심리·판단하여야 한다(대법원 1987. 4. 14. 선고 86므57,58 판결).
3) 제217조 제2호에서 패소한 피고가 소장 및 소송개시에 필요한 소환장 등을 적법한 방식에 따라 송달받았을 것을 요구하는 것은 소송에서 방어의 기회를 얻지 못하고 패소한 피고를 보호하려는 것에 그 목적이 있는 것이므

## 3) 공서양속

확정재판 등의 내용 및 소송절차에 비추어 그 확정재판 등의 승인이 선량한 풍속이나 그 밖의 사회질서에 어긋나지 않아야 한다(제3호). 확정재판 등의 승인이 선량한 풍속이나 그 밖의 사회질서에 어긋나는지 여부는 확정재판 등의 확정시가 아니라 승인 여부를 판단하는 시점을 기준으로 판단하여야 하고, 확정재판 등을 승인한 결과가 국내법 질서가 보호하려는 기본적인 도덕적 신념과 사회질서에 어떠한 영향을 미치는지를 확정재판 등에서 취급한 사안과 우리나라와의 관련성의 정도에 비추어 판단하여야 할 것이다.[1] 그러나 확정재판 등을 승인한 결과가 선량한 풍속이나 그 밖의 사회질서에 어긋나는지를 심리한다는 명목으로 실질적으로 확정재판 등의 옳고 그름을 전면적으로 재심사하는 것은 허용되지 않는다.[2]

## 4) 상호보증

상호보증이 있거나 우리나라와 그 외국법원이 속하는 국가에 있어 확정재판 등의 승인요건이 현저히 균형을 상실하지 않고 중요한 점에서 실질적으로 차이가 없어야 한다(제4호). 해당 외국의 법령, 판례 또는 관례 등에 의하여 인정된 판결승인의 요건이 현저히 균형을 상실하지 않고 우리나라의 요건보다 전체적으로 과중하지 않으며 중요한 점에서 실질적인 차이가 없는

---

로 법정지인 판결국에서 피고에게 방어할 기회를 부여하기 위하여 규정한 송달에 관한 방식·절차를 따르지 아니한 경우에는 여기에서 말하는 적법한 방식에 따른 송달이 이루어졌다고 할 수 없다. 미합중국 워싱턴주법이 워싱턴주 밖에 주소를 둔 피고에게 60일의 응소기간을 부여하고 있는데, 이는 재판지와 멀리 떨어진 곳에 있는 피고를 위하여 답변의 준비, 증거의 수집, 우편물의 도달기간 등을 고려하여 피고가 그 소송을 실질적으로 방어할 수 있도록 법정의 기간을 규정한 것이므로, 원고가 이러한 규정을 따르지 아니하고 워싱턴주 밖에 주소를 둔 피고에게 20일의 응소기간만을 부여한 소환장을 송달한 것은 적법한 방식에 의한 송달이라고 할 수 없다. 따라서 이를 간과하고 한 이 사건 외국법원의 판결은 제217조 제2호의 송달요건을 갖추지 못한 판결에 해당된다(대법원 2010. 7. 22. 선고 2008다31089 판결).

1) 제217조 제1항 제3호는 외국법원의 확정판결 또는 이와 동일한 효력이 인정되는 재판의 승인이 대한민국의 선량한 풍속이나 그 밖의 사회질서에 어긋나지 아니할 것을 외국재판 승인요건의 하나로 규정하고 있는데, 여기서 확정재판 등을 승인한 결과가 대한민국의 선량한 풍속이나 그 밖의 사회질서에 어긋나는지는 승인 여부를 판단하는 시점에서 확정재판 등의 승인이 우리나라의 국내법 질서가 보호하려는 기본적인 도덕적 신념과 사회질서에 미치는 영향을 확정재판 등이 다룬 사안과 우리나라와의 관련성의 정도에 비추어 판단하여야 한다(대법원 2015. 10. 15. 선고 2015다1284 판결).

2) 민사집행법 제27조 제2항 제2호, 민사소송법 제217조 제1항 제3호에 의하면 외국법원의 확정판결 또는 이와 동일한 효력이 인정되는 재판의 효력을 인정하는 것이 대한민국의 선량한 풍속이나 그 밖의 사회질서에 어긋나지 아니하여야 한다는 점이 외국판결의 승인 및 집행의 요건인데, 확정재판 등을 승인한 결과가 선량한 풍속이나 그 밖의 사회질서에 어긋나는지를 심리한다는 명목으로 실질적으로 확정재판 등의 옳고 그름을 전면적으로 재심사하는 것은 "집행판결은 재판의 옳고 그름을 조사하지 아니하고 하여야 한다."라고 규정하고 있는 민사집행법 제27조 제1항에 반할 뿐만 아니라 외국법원의 확정재판 등에 대하여 별도의 집행판결제도를 둔 취지에도 반하는 것이므로 허용되지 아니한다(대법원 2015. 10. 15. 선고 2015다1284 판결).

정도라면 충분하고, 반드시 당사국과의 조약이 체결되어 있을 필요는 없다.[1]

### 5) 손해배상에 관한 확정재판 등

법원은 손해배상에 관한 확정재판 등이 국내 법률이나 우리나라가 체결한 국제조약의 기본 질서에 현저히 반하는 결과를 초래할 경우에는 해당 확정재판 등의 전부 또는 일부를 승인할 수 없다(제217조의2 제1항). 이는 징벌적 손해배상과 같이 손해전보의 범위를 초과하는 배상액의 지급을 명한 외국법원의 확정판결 등의 승인을 적정한 범위로 제한하기 위하여 마련된 규정이다. 따라서 외국법원의 확정재판 등이 당사자가 실제로 입은 손해를 전보하는 손해배상을 명하는 경우에는 이를 근거로 그 승인을 제한할 수 없다.[2]


## 4. 기판력의 시적 범위

### (1) 사실심 변론종결시

기판력은 사실심 변론종결시의 소송물에 관한 판단에 생긴다. 당사자는 사실심의 변론종결시까지 소송자료를 제출할 수 있고, 종국판결은 그 때까지 제출한 자료를 기초로 한 결과물이기 때문이다.[3] 기판력이 확정하는 것은 변론종결 당시 권리관계의 존부의 판단이므로, 변론종결시 이전의 과거의 권리관계나 그 이후 장래의 권리관계에 관하여는 기판력이 미치지 않는다. 예를 들어, 대여금의 지급을 구하는 소송에서 원고의 패소판결이 확정되었는데, 그 변론종결일이 2014. 10. 1.이라면, 기판력은 2014. 10. 1. 대여금채권이 존재하지 않는다는 점에 생기고 그 이전의 대여금채권의 존부에는 미치지 않으므로, 원고가 후소로 대여금채권의 존재를 전제로

---

1) 민사소송법에서는 외국판결의 승인요건으로서 '상호보증이 있을 것'을 요구하고 있지만, 판결국에 있어서 외국판결의 승인요건이 우리나라의 그것과 모든 항목에 걸쳐 완전히 같거나 오히려 관대할 것을 요구하는 것은 아니며, 우리나라와 외국 사이에 동종 판결의 승인요건이 현저히 균형을 상실하지 아니하고 외국에서 정한 요건이 우리나라에서 정한 그것보다 전체로서 과중하지 아니하며 중요한 점에서 실질적으로 거의 차이가 없는 정도라면 상호보증의 요건을 구비하였다고 봄이 타당하다. 또한 이와 같은 상호의 보증은 외국의 법령, 판례 및 관례 등에 의하여 승인요건을 비교하여 인정되면 충분하고 반드시 당사국과의 조약이 체결되어 있을 필요는 없으며, 당해 외국에서 구체적으로 우리나라의 동종 판결을 승인한 사례가 없더라도 실제로 승인할 것이라고 기대할 수 있는 상태이면 충분하다(대법원 2013. 2. 15. 선고 2012므66,73 판결).
2) 제217조의2 제1항은 징벌적 손해배상과 같이 손해전보의 범위를 초과하는 배상액의 지급을 명한 외국법원의 확정판결 또는 이와 동일한 효력이 인정되는 재판의 승인을 적정범위로 제한하기 위하여 마련된 규정이므로, 외국법원의 확정재판 등이 당사자가 실제로 입은 손해를 전보하는 손해배상을 명하는 경우에는 제217조의2 제1항을 근거로 승인을 제한할 수 없다(대법원 2015. 10. 15. 선고 2015다1284 판결).
3) 이시윤, 560면.

2012. 1. 1.부터 2016. 12. 31.까지 이자의 지급을 구하는 경우 2014. 10. 1.부터 2016. 12. 31.까지 이자분 청구는 전소 기판력에 저촉되지만, 2012. 1. 1.부터 2014. 9. 30.까지 이자분 청구에는 전소의 기판력이 미치지 않는다.

## (2) 실권효

### 1) 의의

기판력은 사실심 변론종결시의 소송물에 관한 판단에 생기기 때문에 이에 반하는 판단이나 주장은 허용되지 않는다. 따라서 당사자는 전소의 사실심 변론종결시 이전에 존재하였으나 그때까지 제출하지 않은 공격방어방법을 제출하여 전소의 확정판결과 다른 판단을 구할 수 없고, 그와 같은 사유가 제출되어도 법원은 그에 관하여 심리하지 않고 배척하여야 한다.[1] 이를 실권효 또는 차단효라고 한다. 예를 들어, 원고 승소의 이행판결이 확정된 후, 패소한 피고가 채무부존재확인소송을 제기하여 변론종결 전에 발생한 변제, 면제, 소멸시효완성 등 채무의 소멸사유를 들어 다툴 수 없다. 공격방어방법을 제출하지 못한 데 대한 당사자의 과실 유무를 불문하고 실권효가 미친다.[2]

실권효는 전후의 소송물이 동일한 경우 또는 전소의 소송물이 후소의 선결관계나 모순관계에 있는 경우에 한하여 인정되는 것이고, 소송물이 별개인 경우에는 기판력이 작용하지 않아 실권효가 미치지 않는다. 예를 들어, 매매를 원인으로 한 소유권이전등기청구소송에서 패소판결이 확정된 후에 취득시효를 원인으로 한 소유권이전등기소송을 제기한 경우, 신소송물이론에 의하면 소송물이 동일한 경우에 해당되고 기판력의 시적 범위의 문제로 보아 취득시효라는 사

---

1) 정동윤·유병현, 700면.
2) 동일한 소송물에 대한 후소에서 전소 변론종결 이전에 존재하고 있던 공격방어방법을 주장하여 전소 확정판결에서 판단된 법률관계의 존부와 모순되는 판단을 구하는 것은 전소 확정판결의 기판력에 반하는 것이고, 전소에서 당사자가 그 공격방어방법을 알지 못하여 주장하지 못하였는지 나아가 그와 같이 알지 못한 데 과실이 있는지는 묻지 아니한다. 원고가 피고와 토지거래허가구역 내 토지를 매수하는 내용의 매매계약을 체결한 후 피고를 상대로 소유권이전등기청구 등의 소를 제기하여 소유권이전등기절차의 이행을 구하는 청구는 기각되고 토지거래허가신청절차의 이행을 구하는 청구는 인용한 판결이 선고되어 확정되었는데, 변론종결 전에 이미 위 토지가 토지거래허가구역에서 해제되었음에도 원고는 전소에서 그러한 사실을 주장하지 아니하였고 전소 법원은 위 토지가 토지거래허가구역 내에 위치하고 있음을 전제로 판결을 선고하였으며, 그 후 원고가 토지거래허가를 받은 다음 피고를 상대로 소유권이전등기절차의 이행을 구하는 소를 제기한 사안에서, 전소와 후소의 소송물이 모두 매매계약을 원인으로 하는 소유권이전등기청구권으로서 동일하므로 후소는 전소 확정판결의 기판력에 저촉되어 허용될 수 없고, 원고가 위 토지가 토지거래허가구역에서 해제되어 매매계약이 확정적으로 유효하게 되었다는 사정을 알지 못하여 전소에서 주장하지 못하였다고 하더라도 후소에서 이를 주장하여 전소 법률관계의 존부와 모순되는 판단을 구하는 것은 전소 확정판결의 기판력에 반하는 것이다(대법원 2014. 3. 27. 선고 2011다49981 판결).

실자료가 전소의 변론종결 전에 주장할 수 있었다면 기판력에 저촉된다고 보나, 구소송물이론에 의하면 전소와 후소의 소송물이 별개이기 때문에 기판력이 미치지 않는다고 본다. 따라서 실권효는 신소송물이론에 의할 경우 그 유용성이 상대적으로 크다고 할 수 있다.

### 2) 형성권의 행사와 실권효

공격방어방법으로 형성권을 행사하는 경우에도 실권효가 미친다. 그리하여 전소 변론종결 전에 발생한 취소권,[1] 해제권,[2] 백지보충권[3] 등 형성권을 후소에서 행사하여 전소 확정판결의 기판력을 부인할 수 없다. 그러나 상계권, 건물매수청구권, 한정승인은 실권되지 않는다. 판례는 당사자 쌍방의 채무가 상계적상에 있더라도 상계의 의사표시를 한 때 상계의 효력이 발생하므로, 변론종결 전에 상계적상에 있었더라도 변론종결 후에 상계의 의사표시를 하였다면 당사자가 그 사실을 알았는지 여부와 관계없이 변론종결 후에 생긴 사유로서 실권되지 않는다고 한다.[4] 상계권은 소구채권의 소멸원인이 되는데 그치지 않고 그 자체 자동채권을 행사하는 것이며, 실체법상 상계권은 단독행위로서 상계권자의 자유로운 행사가 보장되어 있으므로 자동채권의 행사를 변론종결시 이전으로 강제할 수 없다는 점에서 판례의 입장이 옳다고 본다.

판례는 건물매수청구권에 대하여도 같은 입장이다.[5] 건물매수청구권에 있어서도 그 행사에

---

[1] 확정된 법률관계에 있어 동 확정판결의 변론종결 전에 이미 발생하였던 취소권을 그 당시에 행사하지 않음으로 인하여 취소권자에게 불리하게 확정된 경우 그 확정 후 취소권을 뒤늦게 행사함으로써 동 확정의 효력을 부인할 수 없다(대법원 1979. 8. 14. 선고 79다1105 판결).

[2] 기판력은 후소와 동일한 내용의 전소의 변론종결 전에 있어서 주장할 수 있었던 모든 공격 방어방법에 미치므로 해제사유가 전소의 변론종결 전에 존재하였다면 그 변론종결 후에 해제의 의사표시를 하였다고 하여도 이는 기판력에 저촉된다(대법원 1981. 7. 7. 선고 80다2751 판결).

[3] 확정판결의 기판력은 동일한 당사자 사이의 소송에 있어서 변론종결 전에 당사자가 주장하였거나 주장할 수 있었던 모든 공격 및 방어방법에 미치는 것이므로, 약속어음의 소지인이 전소의 사실심 변론종결일까지 백지보충권을 행사하여 어음금의 지급을 청구할 수 있었음에도 위 변론종결일까지 백지부분을 보충하지 않아 이를 이유로 패소판결을 받고 그 판결이 확정된 후에 백지보충권을 행사하여 어음이 완성된 것을 이유로 전소 피고를 상대로 다시 동일한 어음금을 청구하는 경우, 위 백지보충권 행사의 주장은 특별한 사정이 없는 한 전소판결의 기판력에 의하여 차단되어 허용되지 않는다(대법원 2008. 11. 27. 선고 2008다59230 판결).

[4] 당사자 쌍방의 채무가 서로 상계적상에 있다 하더라도 그 자체만으로 상계로 인한 채무소멸의 효력이 생기는 것은 아니고, 상계의 의사표시를 기다려 비로소 상계로 인한 채무소멸의 효력이 생기는 것이므로, 채무자가 채무명의인 확정판결의 변론종결 전에 상대방에 대하여 상계적상에 있는 채권을 가지고 있었다 하더라도 채무명의인 확정판결의 변론종결 후에 이르러 비로소 상계의 의사표시를 한 때에는 민사집행법 제44조 제2항이 규정하는 '이의원인이 변론종결 후에 생긴 때'에 해당하는 것으로서, 당사자가 채무명의인 확정판결의 변론종결 전에 자동채권의 존재를 알았는가 몰랐는가에 관계 없이 적법한 청구이의 사유로 된다(대법원 2005. 11. 10. 선고 2005다41443 판결; 1998. 11. 24. 선고 98다25344 판결).

[5] 건물의 소유를 목적으로 하는 토지임대차에 있어서, 임대차가 종료함에 따라 토지의 임차인이 임대인에 대하여 건물매수청구권을 행사할 수 있음에도 불구하고 이를 행사하지 아니한 채, 토지의 임대인이 임차인에 대하여 제기한 토지인도 및 건물철거청구소송에서 패소하여 그 패소판결이 확정되었다고 하더라도, 그 확정판결에 의하여

의하여 새로운 법률관계가 구성되므로 비록 변론종결 전에 존재하였다고 하더라도 변론종결 후에 행사되면 그 때 새로운 소송물을 구성하게 되므로 실권되지 않는다고 한다. 또한 판례는 상속인이 한정승인을 하였으나 변론종결시까지 그 사실을 주장하지 않았더라도 그 후 한정승인사실을 들어 청구이의의 소를 제기할 수 있지만, 상속포기를 한 경우에는 변론종결시까지 이를 주장하지 않았다면 그 후 청구이의의 소를 제기할 수 없다고 한다. 한정승인에 의한 책임의 제한은 판결의 집행대상을 상속재산의 한도로 한정함으로써 판결의 집행력을 제한할 뿐이므로 판결의 강제집행단계에서 비로소 한정승인을 주장하여 고유재산에 대한 강제집행을 면할 수 있으나,[1] 상속의 포기는 상속채무의 존재 그 자체와 관련된 것으로써 그에 관한 확정판결의 주문에 기판력이 생기기 때문이라고 한다.[2]

## (3) 변론종결 후에 발생한 새로운 사유

변론종결 후에 발생한 새로운 사유에는 실권효가 미치지 않는다.[3] 따라서 변론종결 후에 발생한 새로운 사유에 의해서는 기판력에 의하여 확정된 법률효과를 다툴 수 있다. 예를 들어, 채무이행소송에서 기한미도래나 조건미성취 등을 이유로 원고의 청구가 기각되었으나 변론종결 후에 기한이 도래하거나 조건이 성취된 경우에는 전소의 기판력이 미치지 않아 다시 채무이행을 구하는 소송을 제기할 수 있고,[4] 이행소송에서 원고의 청구가 인용되었더라도 변론종결 후

---

건물철거가 집행되지 아니한 이상 토지의 임차인으로서는 건물매수청구권을 행사하여 별소로써 임대인에 대하여 건물매매대금의 지급을 구할 수 있다(대법원 1995. 12. 26. 선고 95다42195 판결).

1) 채무자가 한정승인을 하고도 채권자가 제기한 소송의 사실심 변론종결시까지 그 사실을 주장하지 아니하는 바람에 책임의 범위에 관하여 아무런 유보가 없는 판결이 선고되어 확정되었다고 하더라도, 채무자는 그 후 위 한정승인사실을 내세워 청구에 관한 이의의 소를 제기하는 것이 허용된다(대법원 2006. 10. 13. 선고 2006다23138 판결). 한정승인사실을 내세워 청구에 관한 이의의 소를 제기하는 것이 허용되는 것은, 한정승인에 의한 책임의 제한은 상속채무의 존재 및 범위의 확정과는 관계없이 다만 판결의 집행대상을 상속재산의 한도로 한정함으로써 판결의 집행력을 제한할 뿐으로, 채권자가 피상속인의 금전채무를 상속한 상속인을 상대로 그 상속채무의 이행을 구하여 제기한 소송에서 채무자가 한정승인사실을 주장하지 않으면 책임의 범위는 현실적인 심판대상으로 등장하지 아니하여 주문에서는 물론 이유에서도 판단되지 않는 관계로 그에 관하여는 기판력이 미치지 않기 때문이다(대법원 2009. 5. 28. 선고 2008다79876 판결).

2) 기판력에 의한 실권효제한의 법리는 채무의 상속에 따른 책임의 제한 여부만이 문제되는 한정승인과 달리 상속에 의한 채무의 존재 자체가 문제되어 그에 관한 확정판결의 주문에 당연히 기판력이 미치게 되는 상속포기의 경우에는 적용될 수 없다(대법원 2009. 5. 28. 선고 2008다79876 판결).

3) 확정판결의 기판력은 동일한 당사자 사이의 소송에 있어서 변론종결 전에 당사자가 주장하였거나 또는 할 수 있었던 모든 공격 및 방어방법에 미치는 것이고, 다만 그 변론종결 후에 새로 발생한 사유가 있을 경우에만 그 기판력의 효력이 차단되는 것이다(대법원 1992. 10. 27. 선고 91다24847,24854(병합) 판결).

4) 일반적으로 판결이 확정되면 법원이나 당사자는 확정판결에 반하는 판단이나 주장을 할 수 없는 것이나, 이러한 확정판결의 효력은 그 표준시인 사실심 변론종결시를 기준으로 하여 발생하는 것이므로, 그 이후에 새로운 사유

에 발생한 변제, 면제, 소멸시효완성 등을 이유로 집행채권의 소멸을 주장하여 청구이의의 소[1]를 제기할 수 있다. 주의할 것은 이와 같이 실권효가 배제되는 변론종결 후에 발생한 새로운 사유는 사실자료에 한한다는 것이다. 법률의 변경, 판례의 변경 또는 판결의 기초가 된 행정처분의 변경, 법률의 위헌결정 등은 여기의 새로운 사유에 포함되지 않는다.[2] 따라서 변론종결 후에 법률이나 판례가 변경되거나 판결의 기초가 된 행정처분이 변경되더라도 기판력에 의하여 확정된 법률효과를 다툴 수 없다.

### (4) 정기금판결에 대한 변경의 소

### 1) 의의

정기금판결에 대한 변경의 소란 정기금판결이 확정된 후에 그 액수산정의 기초가 된 사정의 변경이 있는 경우 정기금액수의 변경을 구하는 소송을 말한다(제252조). 변경의 소는 확정판결

---

가 발생한 경우까지 전소의 확정판결의 기판력이 미치는 것은 아니므로, 전소에서 정지조건 미성취를 이유로 청구가 기각되었다 하더라도 변론종결 후에 그 조건이 성취되었다면, 이는 변론종결 후의 취소권이나 해제권과 같은 형성권 행사의 경우와는 달리 동일한 청구에 대하여 다시 소를 제기할 수 있다(대법원 2002. 5. 10. 선고 2000다50909 판결); 전소에서 피담보채무의 변제로 양도담보권이 소멸하였음을 원인으로 한 소유권이전등기의 회복청구가 기각되었다고 하더라도, 장래 잔존 피담보채무의 변제를 조건으로 소유권이전등기의 회복을 청구하는 것은 전소의 확정판결의 기판력에 저촉되지 아니한다(대법원 2014. 1. 23. 선고 2013다64793 판결).
1) 청구이의의 소는 채무자가 집행권원의 내용인 청구권이 현재의 실체상태와 일치하지 않는 것을 주장하여 그 집행권원이 가지는 집행력의 배제를 구하는 소송이다(민사집행법 제44조). 청구에 관한 이의의 사유는 집행권원에 표시된 청구권의 전부 또는 일부를 소멸하게 하는 사유로서, 변론종결 이후에 발생한 사유에 한한다(제44조 제2항). 집행권원의 성립절차와 집행절차가 분리되는 제도에서 실체적 권리상태를 제대로 반영하지 않은 집행권원의 집행력을 배제하기 위한 소송으로서 그 법적 성질은 형성소송이다.
2) 일반적으로 판결이 확정되면 법원이나 당사자는 확정판결에 반하는 판단이나 주장을 할 수 없는 것이나, 이러한 확정판결의 효력은 그 표준시인 사실심 변론종결시를 기준으로 하여 발생하므로, 그 이후에 새로운 사유가 발생한 경우까지 전소의 확정판결의 기판력이 미치는 것은 아니며, 이와 같이 변론종결 이후에 발생한 새로운 사유는 원칙적으로 사실자료에 그치는 것으로 법률의 변경, 판례의 변경 혹은 판결의 기초가 된 행정처분의 변경은 그에 포함되지 아니한다. 공상을 입은 군인이 국가배상법에 의한 손해배상청구소송을 제기하였으나 다른 법령에 의한 보상을 받을 수 있다는 이유로 패소판결이 선고되고 그 판결이 확정된 후 실제로 구 국가유공자예우등에 관한법률상의 보상을 받기 위한 신체검사에서 등외 판정을 받아 보훈수혜 대상자가 될 수 없음이 판명된 경우, 이는 종전의 확정판결이 있은 후에 그 판결에서 전제로 삼은 바와는 다르게 다른 법령에서 보상을 받을 수 없음이 객관적으로 판명되게 된 것이어서 판결 확정 후에 새로운 사유가 발생하여 사정변경이 있은 경우에 해당한다고 할 수 있고, 이를 들어 법령이나 판례 혹은 판결의 기초가 된 행정처분의 변경이 있은 것과 마찬가지라고는 볼 수 없으므로, 종전의 확정판결과 동일한 청구원인으로 소를 제기하더라도 종전 확정판결의 기판력에 저촉된다고 할 수 없다(대법원 1998. 7. 10. 선고 98다7001 판결); 동일한 부동산에 관하여 전소에서 귀속재산으로서의 점유를 주장하다가 후소에서 국유재산으로서의 점유를 주장하였다고 하더라도 이는 공격방법인 점유권원에 관한 주장을 달리한 것에 불과하고, 또 판결확정 후에 그 판결의 전제가 된 법률에 관하여 헌법재판소의 위헌결정이 있었다고 하여 전소확정판결의 효력을 다툴 수 있게 되는 것은 아니다(대법원 1995. 1. 24. 선고 94다28017 판결).

의 변경을 구하는 것이므로 형성소송에 해당된다. 그런데 정기금의 금액이 증액되는 경우에는 이행판결이 행해지게 되므로 이 경우에는 이행소송의 성질도 아울러 갖게 된다. 한편 변경의 소는 단순히 집행력의 변경을 구하는 소송이 아니라 판결 그 자체의 변경을 구하는 소송이다. 따라서 기판력을 비롯한 판결의 효력이 변경된다. 이 점에서 판결의 집행력을 저지하려는 청구이의의 소와 구별된다.

변경의 소는 판결확정 후에 발생한 사정변경을 요건으로 하고, 단순히 종전 확정판결이 위법·부당하다는 사정만으로는 허용되지 않는다.[1] 또한 변경의 소는 확정된 정기금판결의 당사자 또는 확정판결의 기판력이 미치는 제3자가 정기금판결의 기판력을 배제하기 위하여 제기하는 소송이므로[2] 전소인 정기금판결소송과 소송물이 동일한 것이 전제되어 있다. 그리하여 예를 들어, 예견할 수 없었던 후유증으로 인한 확대손해[3] 등과 같이 전소와 소송물이 별개인 경우에는 별도의 소송을 제기하면 되고 변경의 소에 의할 것이 아니다. 변경의 소가 도입되기 이전에는 판결 확정 후에 사정변경이 발생한 경우 판례는 전소의 청구를 명시적 일부청구로 간주하고 후소 청구를 잔부청구로 보아 추가청구를 허용하였다.[4] 이에 대하여는 전소에서 전부청구를 하

---

1) 정기금판결에 대한 변경의 소는 판결 확정 뒤에 발생한 사정변경을 요건으로 하므로, 단순히 종전 확정판결의 결론이 위법·부당하다는 등의 사정을 이유로 본조에 따라 정기금의 액수를 바꾸어 달라고 하는 것은 허용될 수 없다(대법원 2016. 3. 10. 선고 2015다243996 판결).

2) 정기금판결에 대한 변경의 소는 정기금판결의 확정 뒤에 발생한 현저한 사정변경을 이유로 확정된 정기금판결의 기판력을 예외적으로 배제하는 것을 목적으로 하므로, 확정된 정기금판결의 당사자 또는 제218조 제1항에 의하여 확정판결의 기판력이 미치는 제3자만 정기금판결에 대한 변경의 소를 제기할 수 있다. 토지의 전 소유자가 제기한 부당이득반환청구소송의 변론종결 후에 토지의 소유권을 취득한 사람에 대해서는 소송에서 내려진 정기금지급을 명하는 확정판결의 기판력이 미치지 아니하므로, 토지의 새로운 소유자가 토지의 무단 점유자를 상대로 다시 부당이득반환청구의 소를 제기하지 아니하고, 토지의 전 소유자가 앞서 제기한 부당이득반환청구소송에서 내려진 정기금판결에 대하여 변경의 소를 제기하는 것은 부적법하다(대법원 2016. 6. 28. 선고 2014다31721 판결).

3) 대법원 2007. 4. 13. 선고 2006다78640 판결.

4) 토지의 소유자가 법률상 원인 없이 토지를 점유하고 있는 자를 상대로 장래의 이행을 청구하는 소로서, 그 점유자가 토지를 인도할 때까지 토지를 사용·수익함으로 인하여 얻을 토지의 임료에 상당하는 부당이득금(매월 일정한 액)의 반환을 청구하여, 그 청구의 전부나 일부를 인용하는 판결이 확정된 경우에, 그 소송의 사실심 변론종결 후에 토지의 가격이 현저하게 앙등하고 조세 등의 공적인 부담이 증대되었을 뿐더러 그 인근 토지의 임료와 비교하더라도 그 소송의 판결에서 인용된 임료액이 상당하지 아니하게 되는 등 경제적 사정의 변경으로 당사자간의 형평을 심하게 해할 특별한 사정이 생긴 때에는, 토지의 소유자는 점유자를 상대로 새로 소를 제기하여 전소 판결에서 인용된 임료액과 적정한 임료액의 차액에 상당하는 부당이득금의 반환을 청구할 수 있다고 봄이 상당하다. 전소의 사실심 변론종결 후에 전소 판결의 기초가 된 사정이 위와 같이 변경됨으로 말미암아 전소 판결에서 인용된 임료액이 현저하게 상당하지 아니하게 된 경우에는, 일부청구임을 명시하지는 아니하였지만 명시한 경우와 마찬가지로 그 청구가 일부청구였던 것으로 보아, 전소 판결의 기판력이 그 일부청구에서 제외된 위 차액에 상당하는 부당이득금의 청구에는 미치지 않는 것이라고 해석함이 옳다(대법원 1993. 12. 21. 선고 92다46226 전원합의체 판결).

였음에도 경제적 사정변경을 이유로 일부청구로 의제하는 것은 문제라는 비판이 있었다. 그러나 변경의 소가 도입됨으로써 입법적으로 해결되었다.

## 2) 요건

① **정기금판결의 확정**: 장래 일정 시기까지 매년 또는 매월 정기적으로 일정 금원을 지급할 것을 명하는 판결이 확정되어야 한다. 변론종결 전에 발생한 손해에 대한 정기금판결에 한하지 않으며, 장래 발생할 손해에 대한 정기금의 지급을 명한 판결도 이 소송의 대상이 된다. 미확정판결에는 이 소송이 허용되지 않으며, 판결확정 전에 사정변경이 생겼을 때에는 상소를 제기하여 원판결의 취소·변경을 구하여야 할 것이다.

② **정기금 산정의 기초가 된 사정의 현저한 변경**: 판결확정 후에 정기금 액수산정의 기초가 된 사정이 현저하게 변경됨으로써 당사자 사이의 형평을 크게 침해할 특별한 사정이 생겼어야 한다. 정기금 액수산정의 기초가 된 사정의 변경이란 당초 예상했던 후유장애의 변화, 임금이나 생필품가격 등 물가의 폭등, 공과금의 부담 증감, 화폐의 평가절하 등 경제적 사정의 변경이 주로 여기에 해당된다.[1] 이러한 사정이 예측할 수 없을 만큼 변경되어 이를 시정하지 않으면 당사자 사이의 형평을 크게 침해할 정도에 이르렀어야 한다. 판례는 공시지가가 2.2배 상승하고 임대료가 약 2.9배 상승한 것만으로는 정기금 액수산정의 기초가 된 사정이 현저하게 바뀜으로써 당사자 사이의 형평을 크게 침해할 특별한 사정이 생겼다고 할 수 없다고 한다.[2]

## 3) 절차

정기금 변경의 소는 제1심 판결법원의 전속관할이다(제252조 제2항). 정기금판결에 대한 변

---

1) 이시윤, 648면.
2) 정기금의 지급을 명한 판결이 확정된 뒤에 그 액수 산정의 기초가 된 사정이 현저하게 바뀜으로써 당사자 사이의 형평을 크게 침해할 특별한 사정이 생긴 때에는 그 판결의 당사자는 장차 지급할 정기금액수를 바꾸어 달라는 소를 제기할 수 있다. 그런데 피고들의 점유부분이 전소의 변론종결 당시와 동일하다면, 원고의 이 사건 청구 중 이 사건 소 제기일 전까지의 기간에 해당하는 부분은 확정판결이 있었던 전소와 소송물이 동일하여 그 확정판결의 기판력이 미친다고 할 것이어서, 그 중 전소의 확정판결에서 원고가 승소한 부분에 해당하는 부분은 권리보호의 이익이 없고, 이를 초과하는 부분은 전소의 확정판결의 기판력에 저촉되는 것이어서 받아들일 수 없는 것이고, 원고의 이 사건 청구 중 이 사건 소 제기일 이후의 기간에 해당하는 부분은 앞서 본 정기금 판결의 변경을 구하는 취지라고 봄이 상당하다고 할 것인데, 전소의 변론종결일 이후 원심변론종결 당시까지 사이에 피고들 점유토지의 공시지가는 약 2.2배 상승하였고 제곱미터(m²) 당 임대료는 약 2.9배 상승한 것에 불과하다면, 전소의 확정판결이 있은 후에 그 액수 산정의 기초가 된 사정이 현저하게 바뀜으로써 당사자 사이의 형평을 크게 침해할 특별한 사정이 생겼다고 할 수 없고, 따라서 원고로서는 그 임대료 상당액의 증액지급을 구할 수 없다고 할 것이다(대법원 2009. 12. 24. 선고 2009다64215 판결).

경의 소를 제기하였다고 강제집행이 정지되는 것은 아니며, 별도로 집행정지신청을 하여 집행정지결정을 받아야 한다(제501조 및 제500조). 정기금판결의 강제집행이 종료한 후에 감액을 구하는 소는 권리보호의 이익이 없다.

법원이 청구를 인용하는 경우에는 원판결을 감액 또는 증액으로 변경하는 판결을 한다. 변경판결은 전소 확정판결을 변경하는 범위 내에서 전소 확정판결을 취소한다. 변경의 소제기일 이후 장차 지급할 정기금 액수만이 변경판결의 대상이 된다. 전소 확정판결은 변경의 소제기일 이전의 이행의무에 대하여 집행권원이 되고, 소제기일 이후의 이행의무에 대하여도 변경되지 않는 범위 내에서 집행권원이 된다.[1]

## 5. 기판력의 객관적 범위

### (1) 판결주문의 판단

기판력은 '판결주문(主文)에 포함된 것'에 한하여 생긴다(제216조 제1항). 판결주문은 판결의 결론부분에 해당하는 것으로, 판결주문에서 판단하는 것은 소송의 대상인 청구, 즉 소송물에 관한 것이다. 따라서 판결주문에 포함된 것에 한하여 기판력이 생긴다는 것은 판결주문에서 행한 소송물에 관한 판단에 기판력이 생긴다는 의미이다. 소송판결의 경우에는 판결주문에서 행한 소송요건의 흠결에 관한 판단에 기판력이 생긴다.[2]

판결주문에서 행한 소송물에 관한 판단에만 기판력을 인정하는 이유는, 당사자는 소송상 청구, 즉 소송물에 관한 다툼을 해결하기 위해 소송을 제기하는 것이므로 소송물에 관한 판단에만 기판력을 인정하면 충분하고, 그 전제문제는 당사자가 소송의 목적으로 한 것이 아니고 그 수단으로서 주장된 것에 불과하므로 이에 대하여도 기판력을 인정하게 되면 당사자에게 불의의 타격이 되어 절차보장권이 침해될 우려가 있기 때문이다. 이와 같이 판결 주문에서 행한 소송물의 존부 또는 소송요건의 흠결에 관한 판단에 기판력이 생기지만, 주문에 포함된 판단은 간결하게 표현되므로 기판력의 범위를 파악하기 위해서는 판결이유를 참작하지 않을 수 없다. 따라서 판결주문에서 판단한 소송물의 존부 또는 흠결된 소송요건은 판결이유에 의하여 구체적으로 정해진다. 하지만 이 경우에도 판결이유는 주문에서 판단된 소송물이나 소송요건을 특정하기 위하여 참작되는 것일 뿐이고, 이유에 포함된 판단 자체에 기판력이 생기는 것은 아니다.

---

1) 김홍엽, 786면 및 787면; 이시윤, 649면.
2) 대법원 2003. 4. 8. 선고 2002다70181 판결.

판례는 등기원인이 무효임을 이유로 소유권이전등기의 말소청구를 인용한 판결의 기판력은 소송물인 말소등기청구권의 존부에만 미치고 그 전제인 소유권 자체의 존부에는 미치지 않으므로, 소유권이전등기말소청구소송의 판결의 기판력은 소유권에 기한 건물인도청구에 미치지 않는다고 하고,[1] 채권자대위소송에서 판결의 기판력이 채무자에게도 미친다는 의미는 소송물인 피대위채권의 존부에 관하여 채무자에게도 기판력이 인정된다는 것이고, 소송요건인 피보전채권의 존부에 관하여 당해 소송의 당사자가 아닌 채무자에게 기판력이 인정된다는 것은 아니므로, 피보전채권이 인정되지 않아 소각하판결을 받은 경우 그 판결의 기판력이 채권자가 채무자를 상대로 피보전채권의 이행을 구하는 소송에 미치는 것은 아니라고 한다.[2] 또한 매매계약의 무효 또는 해제를 원인으로 한 매매대금반환청구에 대한 인낙조서의 기판력은 후소로 제기된 매매계약의 유효를 전제로 한 소유권이전등기청구에 미치지 않는다고 한다. 전소에서의 인낙조서의 기판력은 매매대금반환청구권의 존부에 관하여만 발생하고, 그 선결적 법률관계인 매매계약의 무효 내지 해제에는 발생하지 않으며, 후소로 구하는 것은 소유권이전등기청구권의 존부이어서 양자는 모순관계에 있지 않으므로 전소에서의 인낙조서의 기판력이 후소에 미치지 않는다고 한다.[3]

---

1) 등기원인이 무효임을 이유로 한 건물 등에 관한 소유권이전등기의 말소를 구하는 소를 제기하여 원고승소의 확정판결을 받았는데, 위 판결의 변론종결 후에 위 소송의 피고로부터 건물 등의 소유권을 이전받은 자가 위 소송의 원고를 상대로 위 건물의 인도 및 차임 상당 부당이득의 반환을 구하는 소를 제기한 사안에서, 전소 판결에서 소송물로 주장된 법률관계는 건물 등에 관한 말소등기청구권의 존부이고 건물 등의 소유권의 존부는 전제가 되는 법률관계에 불과하여 전소 판결의 기판력이 미치지 아니하고, 전소인 말소등기청구권에 대한 판단이 건물인도 등 청구의 소의 선결문제가 되거나 건물인도청구권 등의 존부가 전소의 소송물인 말소등기청구권의 존부와 모순관계에 있다고 볼 수 없어 전소의 기판력이 건물인도 등 청구의 소에 미친다고 할 수 없다(대법원 2014. 10. 30. 선고 2013다53939 판결).
2) 채권자가 채권자대위권을 행사하는 방법으로 제3채무자를 상대로 소송을 제기하고 판결을 받은 경우, 채권자대위권에 의한 소송이 제기된 사실을 채무자가 알았을 때에는 그 판결의 효력이 채무자에게 미친다. 이때 채무자에게도 기판력이 미친다는 의미는 채권자대위소송의 소송물인 피대위채권의 존부에 관하여 채무자에게도 기판력이 인정된다는 것이고, 채권자대위소송의 소송요건인 피보전채권의 존부에 관하여 당해 소송의 당사자가 아닌 채무자에게 기판력이 인정된다는 것은 아니다. 따라서 채권자가 채권자대위권을 행사하는 방법으로 제3채무자를 상대로 소송을 제기하였다가 채무자를 대위할 피보전채권이 인정되지 않는다는 이유로 소각하판결을 받아 확정된 경우에 그 판결의 기판력이 채권자가 채무자를 상대로 피보전채권의 이행을 구하는 소송에 미치는 것은 아니다(대법원 2014. 1. 23. 선고 2011다108095 판결).
3) 매매계약의 무효 또는 해제를 원인으로 한 매매대금반환청구에 대한 인낙조서의 기판력은 그 매매대금반환청구권의 존부에 관하여만 발생할 뿐, 그 전제가 되는 선결적 법률관계인 매매계약의 무효 또는 해제에까지 발생하는 것은 아니므로 소유권이전등기청구권의 존부를 소송물로 하는 후소는 전소에서 확정된 법률관계와 정반대의 모순되는 사항을 소송물로 하는 것이라 할 수 없으며, 기판력이 발생하지 않는 전소와 후소의 소송물의 각 전제가 되는 법률관계가 매매계약의 유효 또는 무효로 서로 모순된다고 하여 전소에서의 인낙조서의 기판력이 후소에 미친다고 할 수 없다(대법원 2005. 12. 23. 선고 2004다55698 판결).

## (2) 판결이유 중의 판단

### 1) 원칙

판결이유 중에서 한 사실확정, 선결적 법률관계, 항변 등에 대한 판단에는 기판력이 생기지 않는다. 그리하여 예를 들어, 소유권이전등기의 말소를 명하는 확정판결에서 피고가 무권대리인에 의하여 해당 부동산을 매수하였다는 사실,[1] 임대차보증금의 지급을 명하는 확정판결에서 임대차보증금반환청구권의 전제가 되는 연체차임 등의 부존재,[2] 대여금채무가 변제로 인하여 소멸하였다는 취지의 확정판결에서 변제의 효력 유무[3] 등에는 기판력이 생기지 않는다. 또한 전소 확정판결이 동시이행판결인 경우에는 동시이행의 조건이 붙어 있다는 점에 기판력이 생기므로 동시이행관계에 있는 반대채권을 이행하지 않더라도 이행할 의무가 있다고 하는 주장은 기판력에 저촉되나, 동시이행관계에 있는 반대채권의 존재 및 액수 등에 대하여는 기판력이 생기지 않는다.[4]

---

1) 판결의 기판력은 주문에 포함된 소송물인 법률관계의 존부에 관한 판단의 결론에 대하여서만 생기고, 그 전제가 되는 법규의 해석·적용이나 법률사실의 인정 등 법률관계의 존부에 관한 부분까지는 기판력이 미치지 아니한다 할 것이다. 따라서 피고에게 공유지분에 관한 소유권이전등기의 말소등기를 명한 판결이 확정되었다 하더라도 이 판결의 기판력은 그 주문에 포함된 소유권일부이전등기의 말소등기를 이행하라는 부분에 대하여서만 발생한다 할 것이고, 그 판단의 전제가 되는 부분, 즉 피고는 이 사건 임야를 대리할 권한이 없는 소외 송○○으로부터 매수한 것이라는 사실인정이나 피고가 이 사건 임야에 대한 공유지분권(소유권)을 취득한 것이 아니라는 법률적 판단부분에까지 그 기판력이 미친다고는 할 수 없다(대법원 1970. 9. 29. 선고 70다1759 판결).
2) 확정판결은 주문에 포함한 것에 한하여 기판력이 있는 것이므로, 확정판결의 기판력은 소송물로 주장된 법률관계의 존부에 관한 판단의 결론 자체에만 미치고 그 전제가 되는 법률관계의 존부에까지 미치는 것은 아니라고 할 것인바, 임대차보증금은 임대차종료 후에 임차인이 임차목적물을 임대인에게 반환할 때 연체차임 등 모든 피담보채무를 공제한 잔액이 있을 것을 조건으로 하여 그 잔액에 대하여서만 임차인의 반환청구권이 발생하고, 또 임대차보증금의 지급을 명하는 판결이 확정되면 변론종결 전의 사유를 들어 당사자 사이에 수수된 임대차보증금의 수액 자체를 다투는 것은 허용되지 아니한다 하더라도, 임대차보증금반환청구권 행사의 전제가 되는 연체차임 등 피담보채무의 부존재에 대하여 기판력이 작용하는 것은 아니다(대법원 2001. 2. 9. 선고 2000다61398 판결).
3) 청구이의의 소에서 대여금채무가 변제로 인해 소멸하였다는 취지의 확정판결이 있었음에도 원심은 그와 달리 변제의 효력을 인정하지 아니하였는바, 확정판결의 기판력은 그 판결의 주문에 포함된 것, 즉 소송물로서 주장된 법률관계의 존부에 관한 판단의 결론 그 자체에만 미치는 것이고 판결이유에서 설시된 그 전제가 되는 법률관계의 존부에까지 미치는 것은 아니라 할 것이므로, 위 변제의 효력 유무는 위 청구이의의 소의 소송물이 아니라 그 전제가 되는 법률관계에 불과하여 이 사건 원심이 그에 대해 위 확정판결과 달리 판단하였다 하더라도 전소의 기판력에 저촉된다고 볼 수는 없다(대법원 2008. 10. 23. 선고 2008다48742 판결).
4) 제소전화해의 내용이 채권자 등은 대여금채권의 원본 및 이자의 지급과 상환으로 채무자에게 부동산에 관한 가등기의 말소등기절차를 이행할 것을 명하고, 채무자는 가등기담보등에관한법률 소정의 청산금 지급과 상환으로 채권자 등에게 가등기에 기한 소유권이전의 본등기절차를 이행할 것과 그 부동산의 인도를 명하고 있는 경우, 그 제소전화해는 가등기말소절차이행이나 소유권이전의 본등기절차 이행을 대여금 또는 청산금의 지급을 그 조건으로 하고 있는 데 불과하여 그 기판력은 가등기말소나 소유권이전의 본등기절차이행을 명한 화해내용이 대여금 또는 청산금 지급의 상환이 조건으로 붙어 있다는 점에 미치는 데 불과하고, 상환이행을 명한 반대채권의 존부나 그 수액에 기판력이 미치는 것이 아니다(대법원 1996. 7. 12. 선고 96다19017 판결); 피고 정○○(본건 원

## 2) 상계항변의 예외

① 기판력의 인정: 상계항변의 경우에는 예외가 인정되어, 자동채권의 존부에 대하여 비록 판결이유 중에서 판단하지만, 상계로서 대항한 수액의 한도 내에서는 기판력이 생긴다 (제216조 제2항). 상계항변에 기판력을 인정하는 이유는 상계는 자동채권을 행사하는 것 이므로 그 자체 청구의 성질을 갖고 있으며, 만일 기판력을 인정하지 않으면 후에 자동 채권의 존부에 대하여 다시 다툼이 유발될 수 있고, 그로 인하여 상계주장에 대한 판단 을 전제로 이루어진 원고의 소구채권의 존부에 대한 전소의 판결이 무의미해 질 우려가 있기 때문이다.[1]

② 기판력의 한계: 첫째, 상계항변에 기판력이 생기는 것은 자동채권의 존부에 관하여 실질 적으로 판단을 한 경우에 한한다. 따라서 상계항변이 실기한 공격방어방법으로 각하된 경우 또는 성질상 상계가 허용되지 않거나 상계부적상을 이유로 배척된 경우에는 기판 력이 생기지 않는다.[2]

둘째, 자동채권의 존부에 대하여 상계로써 대항한 수액에 한하여 기판력이 생긴다. 예 를 들어, 60만원을 소구한데 대하여 100만원의 자동채권으로 상계한 경우에 자동채권에 관한 판단의 기판력은 60만원에 한정되며, 나머지 40만원은 전소 판결의 기판력에 저촉 되지 않으므로 별도의 소로 청구할 수 있다.

셋째, 상계항변에 기판력이 생기는 것은 수동채권이 소송물로서 심판되는 소구채권이

---

고)은 원고 지○○(본건 피고)으로부터 소외 부동산에 관하여 매매를 원인으로 하는 소유권이전등기절차를 이 행 받음과 동시에 피고 남○○(본건 피고)에게 본건 부동산에 관하여 같은 날 매매를 원인으로 하는 소유권이 전등기절차를 이행하라고 하는 확정판결은 동일한 당사자인 본건 원·피고들에 대하여 위 주문에 표시된 부분에 관하여 기판력이 미친다고 할 것이므로(위 동시이행관계에 있는 반대채권의 존재 및 액수 등에 대하여서는 기판 력이 생길 여지가 없다 하겠으나, 본건 소유권이전등기청구에 위 동시이행의 조건이 붙어 있다는 점에 관하여는 기판력이 미치는 것이다) 위 확정판결주문에 표시된 동시이행관계에 있는 반대의무를 이행하지 아니하더라도 원 고는 피고 남○○에게 본건 부동산에 대한 소유권이전등기를 이행할 의무가 있는 것이라고 하는 주장은 위 확 정판결의 기판력에 저촉되는 것으로서 받아들일 수 없다(대법원 1975. 5. 27. 선고 74다2074 판결).

[1] 제216조 제2항에서 판결이유 중의 판단임에도 불구하고 상계주장에 관한 법원의 판단에 기판력을 인정한 취지 는, 만일 이에 대하여 기판력을 인정하지 않는다면, 원고의 청구권의 존부에 대한 분쟁이 나중에 다른 소송으로 제기되는 반대채권의 존부에 대한 분쟁으로 변형됨으로써 상계주장의 상대방은 상계를 주장한 자가 그 반대채권 을 이중으로 행사하는 것에 의하여 불이익을 입을 수 있게 될 뿐만 아니라 상계주장에 대한 판단을 전제로 이루 어진 원고의 청구권의 존부에 대한 전소의 판결이 결과적으로 무의미하게 될 우려가 있게 되므로, 이를 막기 위 함이다(대법원 2005. 7. 22. 선고 2004다17207 판결).

[2] 소송상 방어방법으로서의 상계항변은 통상 수동채권의 존재가 확정되는 것을 전제로 하여 행하여지는 일종의 예비적 항변으로서 소송상 상계의 의사표시에 의해 확정적으로 효과가 발생하는 것이 아니라 당해 소송에서 수 동채권의 존재 등 상계에 관한 법원의 실질적 판단이 이루어지는 경우에 비로소 실체법상 상계의 효과가 발생 한다(대법원 2014. 6. 12. 선고 2013다95964 판결).

거나 그와 실질적으로 동일한 경우, 예를 들어 원고가 상계주장을 하면서 청구이의의 소를 제기한 경우에 한한다. 따라서 피고가 어떤 채권을 동시이행항변으로 주장하자 원고가 재항변으로 상계항변을 한 경우, 즉 수동채권이 동시이행항변으로 행사된 채권일 경우에는 그러한 상계주장에 대한 판단에는 기판력이 생기지 않는다. 만일 이러한 경우에도 상계항변에 기판력이 생긴다고 한다면, 동시이행항변으로 제공한 채권의 존부나 범위에 관한 판결이유에서의 판단에 기판력을 인정하는 결과가 초래되기 때문이다.[1]

③ **기판력의 인정범위**: 상계항변이 배척된 경우에는 자동채권의 부존재에 기판력이 생기고, 상계항변이 채택된 경우에는 수동채권과 자동채권이 다함께 존재하였다가 그것이 상계에 의하여 소멸된 점에 기판력이 생긴다. 따라서 상계항변이 채택되어 원고의 청구가 기각된 판결이 확정된 후에 원고가 자동채권의 부존재를 전제로 부당이득의 반환을 구하는 소송을 제기하는 것은 기판력에 의하여 확정된 법률관계와 모순된 반대관계를 소송물로 하는 것이어서 전소의 기판력에 저촉된다.

④ **상계항변의 취급**: 상계항변은 출혈적 방어방법이라는 특성상 소구채권의 존재가 확정될 것을 전제로 하는 예비적 항변으로서의 성질을 갖는다. 따라서 상계항변에 대하여는 먼저 소구채권의 존재에 대하여 증거조사하여 확정하고 나서 판단을 하여야 한다. 만일 소구채권이 존재하지 않음에도 상계항변을 받아들이면 피고는 자기의 반대채권만 이유 없이 상실하기 때문이다. 이러한 점에서 후술하는 바와 같이 상계항변에 의하여 전부 승소한 피고는 소구채권의 부존재를 다투기 위하여 상소할 이익이 있다. 피고의 상계항변에 대하여 원고가 다시 상계재항변을 할 수 있는지 여부에 관하여, 판례는 원고가 소송물인 청구채권 이외에 다른 채권을 가지고 있다면 청구의 추가적 변경에 의하여 그 채권을 당해 소송에서 청구하거나 별도의 소를 제기할 수 있으므로 원칙적으로 원고의 상계재항변은 허용되지 않는다고 한다.[2]

---

1) 상계주장에 관한 판단에 기판력이 인정되는 경우는, 상계주장의 대상이 된 수동채권이 소송물로서 심판되는 소구채권이거나 그와 실질적으로 동일하다고 보이는 경우(가령 원고가 상계를 주장하면서 청구이의의 소송을 제기하는 경우 등)로서 상계를 주장한 반대채권과 그 수동채권을 기판력의 관점에서 동일하게 취급하여야 할 필요성이 인정되는 경우를 말한다. 만일 상계주장의 대상이 된 수동채권이 동시이행항변에 행사된 채권일 경우에는 그러한 상계주장에 대한 판단에는 기판력이 발생하지 않는다고 할 것이다. 이와 같이 해석하지 않을 경우 동시이행항변이 상대방의 상계의 재항변에 의하여 배척된 경우에 그 동시이행항변에 행사된 채권을 나중에 소송상 행사할 수 없게 되어 제216조가 예정하고 있는 것과 달리 동시이행항변에 행사된 채권의 존부나 범위에 관한 판결이유 중의 판단에 기판력이 미치는 결과에 이르기 때문이다(대법원 2005. 7. 22. 선고 2004다17207 판결).
2) 피고의 소송상 상계항변에 대하여 원고가 다시 피고의 자동채권을 소멸시키기 위하여 소송상 상계의 재항변을 하는 경우, 법원이 원고의 소송상 상계의 재항변과 무관한 사유로 피고의 소송상 상계항변을 배척하는 경우에는 소송상 상계의 재항변을 판단할 필요가 없고, 피고의 소송상 상계항변이 이유 있다고 판단하는 경우에는 원고의

상계항변에 대한 판결이유의 설시에 있어서, 여러 개의 자동채권에 의한 상계항변의 경우에는 어느 자동채권에 대하여 어느 범위에서 상계의 기판력이 미치는지 분명하게 알 수 있을 정도로 밝혀 주어야 한다.[1] 또한 상계적상 이전에 수동채권의 변제기가 이미 도래하여 지체가 발생한 경우에는 상계에 의하여 소멸되는 채권의 금액을 일일이 계산할 것까지는 없더라도 최소한 상계적상의 시점 및 수동채권의 지연손해금 기산일과 이율 등을 구체적으로 특정해 줌으로써 자동채권에 대하여 어느 범위에서 상계의 기판력이 미치는지 판결이유 자체로 분명하게 알 수 있을 정도까지는 밝혀 주어야 한다.[2]

## 6. 기판력의 주관적 범위

### (1) 당사자

기판력은 당사자에게만 미치고, 제3자에게는 미치지 않는 것이 원칙이다(제218조). 소송은

---

청구채권인 수동채권과 피고의 자동채권이 상계적상 당시에 대등액에서 소멸한 것으로 보게 될 것이므로 원고가 소송상 상계의 재항변으로써 상계할 대상인 피고의 자동채권이 그 범위에서 존재하지 아니하는 것이 되어 이때에도 역시 원고의 소송상 상계의 재항변에 관하여 판단할 필요가 없게 된다. 또한, 원고가 소송물인 청구채권 외에 피고에 대하여 다른 채권을 가지고 있다면 소의 추가적 변경에 의하여 그 채권을 당해 소송에서 청구하거나 별소를 제기할 수 있다. 그렇다면 원고의 소송상 상계의 재항변은 일반적으로 이를 허용할 이익이 없다. 따라서 피고의 소송상 상계항변에 대하여 원고가 소송상 상계의 재항변을 하는 것은 다른 특별한 사정이 없는 한 허용되지 않는다고 보는 것이 타당하다(대법원 2014. 6. 12. 선고 2013다95964 판결). 그리고 이러한 법리는 원고가 2개의 채권을 청구하고, 피고가 그 중 1개의 채권을 수동채권으로 삼아 소송상 상계항변을 하자, 원고가 다시 청구채권 중 다른 1개의 채권을 자동채권으로 소송상 상계의 재항변을 하는 경우에도 마찬가지로 적용된다(대법원 2015. 3. 20. 선고 2012다107662 판결).

1) 상계의 경우에도 민법 제499조에 의하여 민법 제476조, 제477조에 정한 변제충당의 법리가 준용된다. 상계를 주장하면 그것이 받아들여지든 아니든 상계하자고 대항한 액수에 대하여 기판력이 생긴다. 따라서 여러 개의 자동채권이 있는 경우에 법원으로서는 그 중 어느 자동채권에 대하여 어느 범위에서 상계의 기판력이 미치는지 판결이유 자체로 당사자가 분명하게 알 수 있을 정도까지는 밝혀 주어야 한다. 그러므로 상계항변이 이유 있는 경우에는 상계에 의하여 소멸되는 채권의 금액을 일일이 계산할 것까지는 없다고 하더라도 최소한 상계충당이 지정충당에 의하게 되는지 법정충당에 의하게 되는지 여부를 밝히고, 지정충당이 되는 경우라면 어느 자동채권이 우선 충당되는지를 특정하여야 할 것이며, 자동채권으로 이자나 지연손해금채권이 함께 주장되는 경우에는 그 기산일이나 이율 등도 구체적으로 특정해 주어야 할 것이다(대법원 2011. 8. 25. 선고 2011다24814 판결).

2) 상계를 주장하면 그것이 받아들여지든 아니하든 상계하자고 대항한 액수에 대하여 기판력이 생기므로, 상계의 항변이 이유 있고 일견하여 자동채권의 수액이 수동채권의 수액을 초과한 것이 명백해 보이는 경우라도, 상계적상의 시점 이전에 수동채권의 변제기가 이미 도래하여 지체가 발생한 상태라고 인정된다면, 법원으로서는 상계에 의하여 소멸되는 채권의 금액을 일일이 계산할 것까지는 없다고 하더라도, 최소한 상계적상의 시점 및 수동채권의 지연손해금 기산일과 이율 등을 구체적으로 특정해 줌으로써 자동채권에 대하여 어느 범위에서 상계의 기판력이 미치는지 판결이유 자체로 당사자가 분명하게 알 수 있을 정도까지는 밝혀 주어야 한다(대법원 2013. 11. 14. 선고 2013다46023 판결).

당사자 사이의 법적 분쟁을 해결하기 위한 것이므로 판결의 효력도 당사자 사이에만 상대적으로 미치는 것이 당연하고, 소송수행의 기회가 부여되지 않은 제3자에 대하여 기판력을 강요하는 것은 제3자의 재판청구권을 침해할 우려가 있기 때문이다. 따라서 소송 외의 제3자는 물론이고, 법정대리인, 소송대리인, 보조참가인, 공동소송인에게도 기판력이 미치지 않는다. 또한 법인 등 단체가 당사자가 된 경우에는 그 대표자나 구성원에게 기판력이 미치지 않는다.[1]

그러나 예외적으로 법률의 규정에 의하여 기판력이 제3자에게 미치는 경우가 있다. 민사소송법은 변론종결 후의 승계인과 청구의 목적물을 소지한 사람(제218조 제1항), 제3자의 소송담당에서 권리의무의 주체인 사람(제218조 제3항), 소송탈퇴자(제80조 단서, 제81조, 제82조 제3항)에게 판결의 효력이 미친다고 규정하고 있다.

### (2) 변론종결 후의 승계인

#### 1) 승계주의

변론종결 후의 승계인(변론 없이 한 판결의 경우에는 판결을 선고한 후의 승계인)이란 변론종결 후(변론 없이 한 판결의 경우에는 판결을 선고한 후)에 소송물인 권리관계에 관한 지위를 당사자로부터 승계한 제3자를 말한다. 민사소송법은 소송물인 권리관계에 관한 지위가 승계된 경우에 후술하는 바와 같이 승계주의를 취하고 있다. 그리하여 소송계속 중에 소송물이 승계된 경우에는 승계인으로 하여금 참가승계(제81조) 또는 인수승계(제82조)에 의하여 소송에 참가하도록 하고, 변론종결 후에 승계가 이루어진 경우에는 판결의 효력이 승계인에게 미치도록 하고 있다(제218조 제1항).

#### 2) 승계인의 인정범위

① **승계의 모습**: 피승계인이 원고이든 피고이든, 승소자이든 패소자이든 불문하고, 승계의 모습도 포괄승계이든 특정승계이든 불문한다. 승계원인도 당사자 사이의 법률행위로 인한 것이든 법률의 규정이나 강제집행에 의한 것이든 상관없다. 확정판결의 변론종결 후에 그 확정판결상의 채무자인 회사를 흡수합병한 존속회사나 신설합병되어 설립한 회사

---

1) 기판력이 미치는 주관적 범위는 신분관계소송이나 회사관계소송 등에서 제3자에게도 그 효력이 미치는 것으로 규정되어 있는 경우를 제외하고는 원칙적으로 당사자, 변론을 종결한 뒤의 승계인 또는 그를 위하여 청구의 목적물을 소지한 사람과 다른 사람을 위하여 원고나 피고가 된 사람이 확정판결을 받은 경우의 그 다른 사람에 국한되고, 그 외의 제3자나 변론을 종결하기 전의 승계인에게는 미치지 않는 것이며, 한편 제52조에 의하여 대표자가 있는 법인 아닌 사단이 소송의 당사자가 되는 경우에도 그 법인 아닌 사단은 대표자나 구성원과는 별개의 주체이므로, 그 대표자나 구성원을 당사자로 한 판결의 기판력이 법인 아닌 사단에 미치지 아니함은 물론 그 법인 아닌 사단을 당사자로 한 판결의 기판력 또한 그 대표자나 구성원에게 미치지 아니하는 것이 당연하다(대법원 2010. 12. 23. 선고 2010다58889 판결).

모두 포괄승계인으로서 변론종결 후의 승계인에 해당된다. 그러나 확정판결의 변론종결 후에 확정판결상의 채무자로부터 영업을 양수하여 양도인의 상호를 계속 사용하는 영업양수인은 그 확정판결상의 채무를 면책적으로 인수하는 등 특별사정이 없는 한 변론종결 후의 승계인에 해당되지 않으며,[1] 법인격이 부인되는 경우 해당 회사와 그 배후의 주체는 실질적으로 동일하고 별개의 법인이라는 주장이 법인격 남용에 해당되는 경우에도 판결의 기판력을 그 배후의 주체에게 확장하는 것은 허용되지 않는다.[2]

② **소송물 또는 당사자적격의 승계**: 변론종결 후의 특정승계인에는 소송물인 실체법상 권리의무를 승계한 사람뿐만 아니라 소송물에 관한 당사자적격을 승계한 사람도 포함한다.[3] 소송물인 권리의무 그 자체를 승계한 사람은 당연히 여기의 승계인에 해당되지만, 그렇지 않더라도 분쟁해결의 1회성이라는 소송경제적 측면에서 소송물의 기초가 되는 권리의무, 예를 들어 계쟁물에 관한 권리를 이전받음으로써 분쟁주체의 지위를 승계한 사람도 여기의 승계인에 포함된다.

소송물을 승계한 경우로는 소유권확인판결을 받은 소유권을 이전받은 사람, 이행판결을 받은 채권의 양수인[4] 또는 채무의 면책적 채무인수인[5] 등이 있고, 소송물에 관한 당

---

1) 확정판결의 변론종결 후 동 확정판결상의 채무자로부터 영업을 양수하여 양도인의 상호를 계속 사용하는 영업양수인은 상법 제42조 제1항에 의하여 그 양도인의 영업으로 인한 채무를 변제할 책임이 있다 하여도, 그 확정판결상의 채무에 관하여 이를 면책적으로 인수하는 등 특별사정이 없는 한, 그 영업양수인을 곧 제204조의 변론종결 후의 승계인에 해당된다고 할 수 없다(대법원 1979. 3. 13. 선고 78다2330 판결).

2) 대법원 1995. 5. 12. 선고 93다44531 판결.

3) 제81조에서 규정하고 있는 소송의 목적물인 권리관계의 승계라 함은 소송물인 권리관계의 양도뿐만 아니라 당사자적격 이전의 원인이 되는 실체법상의 권리이전을 널리 포함하는 것이므로, 신주발행무효의 소 계속 중 그 원고적격의 근거가 되는 주식이 양도된 경우에 그 양수인은 제소기간 등의 요건이 충족된다면 새로운 주주의 지위에서 신소를 제기할 수 있을 뿐만 아니라 양도인이 이미 제기한 기존의 위 소송을 적법하게 승계할 수도 있다(대법원 2003. 2. 26. 선고 2000다42786 판결).

4) 집행권원상의 청구권이 양도되어 대항요건을 갖춘 경우 집행당사자적격이 양수인으로 변경되고, 양수인이 승계집행문을 부여받음에 따라 집행채권자는 양수인으로 확정되는 것이므로, 승계집행문의 부여로 인하여 양도인에 대한 기존 집행권원의 집행력은 소멸한다. 따라서 그 후 양도인을 상대로 제기한 청구이의의 소는 피고적격이 없는 자를 상대로 한 소이거나 이미 집행력이 소멸한 집행권원의 집행력배제를 구하는 것으로 권리보호의 이익이 없어 부적법하다(대법원 2008. 2. 1. 선고 2005다23889 판결); 강집행권원을 가진 채권자의 지위를 승계한 자라고 하더라도 기존 집행권원에 기하여 강제집행을 신청하려면 승계집행문을 부여받아야 하고, 집행권원에 의한 강제집행이 개시된 후 신청채권자의 지위를 승계한 경우라도 승계인이 자기를 위하여 강제집행속행을 신청하기 위하여는 승계집행문이 붙은 집행권원의 정본을 제출하여야 하며 그 경우 법원사무관 등 또는 집행관은 그 취지를 채무자에게 통지하도록 하고 있다. 따라서 채권자가 집행권원에 기하여 채권압류 및 추심명령을 받은 후 그 집행권원상의 채권을 양도하였다고 하더라도 양수인은 승계집행문을 부여받음으로써 비로소 집행채권자로 확정되는 것이므로, 양수인이 기존 집행권원에 대하여 승계집행문을 부여받지 않았다면, 양도인이 여전히 집행채권자의 지위에서 압류채권을 추심하거나 압류명령신청을 취하할 수 있다(대법원 2014. 11. 13. 선고 2010다63591 판결).

5) 민사집행법 제31조 제1항에서 '집행문은 판결에 표시된 채권자의 승계인을 위하여 내어 주거나 판결에 표시된

사자적격을 승계한 경우로는 건물철거판결을 받은 후에 계쟁물인 건물의 소유권을 취득한 사람,[1] 건물명도판결을 받은 후에 해당 건물의 임차권을 취득한 사람[2] 등이 있다. 소송물인 실체법상 권리의무를 승계한 사람은 그 소송물인 권리의무의 성격과 상관없이 승계인이 되지만, 계쟁물, 즉 분쟁주체의 지위를 승계한 사람은 후술하는 바와 같이 소송물이 대세적 효력이 있는 물권적 청구권일 경우에만 승계인이 되고, 대인적 효력밖에 없는 채권적 청구권일 때에는 승계인이 되지 못한다.

판례는 소송물이 동일하거나 선결문제 또는 모순관계에 의하여 기판력이 미치는 객관적 범위에 해당되지 않는 경우에는 전소 판결의 변론종결 후에 당사자로부터 계쟁물 등을 승계한 자가 후소를 제기하더라도 그 후소에 전소 판결의 기판력이 미치지 않는다고 한다. 예를 들어, 소유권에 기한 건물명도소송의 소송물은 건물명도청구권이므로 그 소송에서 청구기각된 확정판결의 기판력은 건물명도청구권의 존부에만 미치고 건물소유권의 존부에는 미치지 않는다. 따라서 변론종결 후에 패소자인 원고로부터 건물을 매수하여 소유권이전등기를 마침으로써 소유권을 승계한 제3자의 건물소유권의 존부에 대하여는 위 확정판결의 기판력이 미치지 않으며, 제3자가 갖는 건물명도청구권은 적법하게 승계한 건물소유권의 일반적 효력으로서 발생된 것이고, 패소자의 건물명도청구권을 승계함으로써 가지게 된 것이 아니므로 제3자는 위 확정판결의 변론종결 후의 승계인에 해당되지 않는다고 한다.[3]

---

채무자의 승계인에 대한 집행을 위하여 내어 줄 수 있다.'라고 규정하고 있는데, 중첩적 채무인수는 당사자의 채무는 그대로 존속하며 이와 별개의 채무를 부담하는 것에 불과하므로 새로 채무의 이행을 소구하는 것은 별론으로 하고 판결에 표시된 채무자에 대한 판결의 기판력 및 집행력의 범위를 채무자 이외의 자에게 확장하여 승계집행문을 부여할 수는 없으나, 채무자의 채무를 소멸시켜 당사자인 채무자의 지위를 승계하는 이른바 면책적 채무인수는 위 조항에서 말하는 승계인에 해당한다(대법원 2016. 5. 27. 선고 2015다21967 판결).

[1] 대지소유권에 기한 방해배제청구로서 그 지상건물의 철거를 구하여 승소확정판결을 얻은 경우, 동 지상건물에 관하여 위 확정판결의 변론종결 전에 경료된 소유권이전청구권가등기에 기하여 위 확정판결의 변론종결 후에 소유권이전등기를 경료한 자는 변론종결 후의 승계인이라 할 것이어서 위 확정판결의 기판력이 미친다(대법원 1992. 10. 27. 선고 92다10883 판결).

[2] 건물명도소송에서의 소송물인 청구가 물권적 청구 등과 같이 대세적인 효력을 가진 경우에는 그 판결의 기판력이나 집행력이 변론종결 후에 그 재판의 피고로부터 그 건물의 점유를 취득한 자에게도 미치나 그 청구가 대인적인 효력밖에 없는 채권적 청구만에 그친 때에는 위와 같은 점유승계인에게 위의 효력이 미치지 아니한다(대법원 1991. 1. 15. 선고 90다9964 판결).

[3] 건물소유권에 기한 물권적 청구권을 원인으로 하는 건물명도소송의 소송물은 건물소유권이 아니라 그 물권적 청구권인 건물명도청구권이므로 그 소송에서 청구기각된 확정판결의 기판력은 건물명도청구권의 존부 그 자체에만 미치는 것이고, 소송물이 되지 아니한 건물소유권의 존부에 관하여는 미치지 아니하므로, 그 건물명도소송의 사실심 변론종결 후에 그 패소자인 건물소유자로부터 건물을 매수하고 소유권이전등기를 마침으로써 그 소유권을 승계한 제3자의 건물소유권의 존부에 관하여는 위 확정판결의 기판력이 미치지 않으며, 또 이 경우 위 제3자가 가지게 되는 물권적 청구권인 건물명도청구권은 적법하게 승계한 건물소유권의 일반적 효력으로서 발

③ 실체법상 대항할 수 있는 고유의 공격방어방법을 갖고 있는 경우: 승계인이 원고에게 대항할 실체법상 고유의 공격방어방법을 갖고 있는 경우, 예를 들어, 원고의 매매계약에 기한 소유권이전등기청구소송에서 패소한 피고로부터 계쟁부동산을 매수하여 소유권이전등기를 마친 사람은 채권자에 불과한 원고에 대하여 자신의 소유권으로 대항할 수 있고, 원고의 소유권에 기한 동산인도청구소송에서 패소한 피고로부터 동산을 선의취득한 사람은 원고에게 선의취득을 이유로 대항할 수 있는데, 이들도 변론종결 후의 승계인으로 볼 수 있는지 논의가 있다.

이에 대하여는 실체법상 원고에게 대항할 수 있는 고유의 공격방어방법을 가졌는지 여부를 불문하고 형식적으로 소송물을 승계한 사람이라면 변론종결 후의 승계인에 해당하고 그에게 판결의 효력이 미친다고 하는 견해(형식설)와 소송물을 승계한 사람이라고 하더라도 실체법상 고유의 공격방어방법을 갖고 있는 경우에는 변론종결 후의 승계인으로 볼 수 없다는 견해(실질설)가 있다. 양설 모두 실체법상 대항할 수 있는 고유의 권리를 가진 승계인은 강제집행을 당하지 않는다는 점에서 차이가 없다. 형식설에 의하면 승계인에 해당하지만 실체법상 고유의 공격방어방법으로 그 효력을 배제할 수 있고, 실질설에 의하면 아예 승계인에 해당하지 않으므로 판결의 효력이 미치지 않게 된다. 그리하여 집행문부여에 있어서 형식설에 의하면 승계인이 집행문부여에 대한 이의신청, 집행문부여에 관한 이의의 소, 청구이의의 소를 제기하여야 하나, 실질설에 의하면 피승계인의

---

생된 것이고, 위 건물명도소송의 소송물인 패소자의 건물명도청구권을 승계함으로써 가지게 된 것이라고는 할 수 없으므로, 위 제3자는 위 확정판결의 변론종결 후의 승계인에 해당한다고 할 수 없다(대법원 1999. 10. 22. 선고 98다6855 판결); 소송물이 동일하거나 선결문제 또는 모순관계에 의하여 기판력이 미치는 객관적 범위에 해당하지 아니하는 경우에는 전소 판결의 변론종결 후에 당사자로부터 계쟁물 등을 승계한 자가 후소를 제기하더라도 그 후소에 전소 판결의 기판력이 미치지 아니한다. 등기원인이 무효임을 이유로 한 건물의 소유권이전등기의 말소를 구하는 소를 제기하여 원고승소의 확정판결을 받았는데, 위 판결의 변론종결 후에 위 소송의 피고로부터 건물의 소유권을 이전받은 자가 위 소송의 원고를 상대로 위 건물의 인도를 구하는 소를 제기한 사안에서, 전소 판결에서 소송물로 주장된 법률관계는 건물에 관한 말소등기청구권의 존부이고 건물소유권의 존부는 전제가 되는 법률관계에 불과하여 전소 판결의 기판력이 미치지 아니하고, 전소인 말소등기청구권에 대한 판단이 건물인도청구의 소의 선결문제가 되거나 건물인도청구권 등의 존부가 전소의 소송물인 말소등기청구권의 존부와 모순관계에 있다고 볼 수 없어 전소의 기판력이 건물인도청구의 소에 미친다고 할 수 없다. 이는 원고가 전소 판결의 변론종결 후에 전소 피고로부터 건물을 매수하여 소유권이전등기를 마쳤더라도 마찬가지이다. 피고가 전소 판결을 집행하지 아니하여 이 사건 건물에 관하여 원고 명의의 소유권이전등기가 마쳐져 있는 이상 원고는 적법한 등기원인에 의하여 소유권을 취득한 것으로 추정되므로, 이 사건에 미치지 아니하는 전소 판결의 기판력을 원고가 받는다는 이유만으로 원고의 소유권을 부정할 수는 없다. 그럼에도 이와 달리 원고가 변론종결 후의 승계인이어서 이 사건 전소 확정판결의 기판력이 미쳐서 소유권을 취득할 수 없다는 이유로 원고의 청구를 기각한 원심판단에는 이유모순, 기판력의 효력에 관한 법리오해 등 판결에 영향을 미친 위법이 있다(대법원 2014. 10. 30. 선고 2013다53939 판결).

상대방, 즉 위의 사례에서는 원고가 집행문부여의 소를 제기하게 된다. 실체법상 대항할 수 있는 고유의 공격방어방법을 가지고 있음에도 오히려 소송상 부담을 주는 것은 부당하다는 점에서 실질설이 타당하다고 본다.[1]

판례는 실질설의 입장이다. 판례는 소송물인 청구가 대세적 효력을 갖는 물권적 청구권일 경우 피고의 지위를 승계한 사람은 변론종결 후의 승계인이지만, 대인적 효력밖에 없는 채권적 청구권일 때에는 승계인이 되지 못한다고 한다. 그리하여 예를 들어, 소유권에 기한 소유권이전등기의 말소를 구하는 소송에서 말소를 명하는 판결이 확정되었을 때에 피고로부터 변론종결 후에 소유권이전등기를 경료한 사람은 변론종결 후의 승계인에 해당되나,[2] 매매나 취득시효완성을 이유로 한 소유권이전등기청구소송에서 변론종결 후에 피고로부터 소유권이전등기를 경료한 사람은 변론종결 후의 승계인에 해당되지 않는다고 한다.[3] 후자의 경우 원고가 승소의 확정판결을 받았다고 하여도 자기 앞으로 등기를 마치기 전에는 단순한 채권자의 지위를 갖는데 불과하므로 이미 소유권이전등기를 갖추어 소유권을 취득한 사람에게 대항할 수는 없기 때문이다. 또한 토지의 소유자가 소유권에 기하여 토지의 무단점유자를 상대로 차임 상당의 부당이득반환을 구하는 소송을 제기하여 매월 일정 금액의 차임 상당 부당이득을 반환하라는 판결이 확정된 경우, 이러한 소송의 소송물은 채권적 청구권인 부당이득반환청구권이므로, 소송의 변론종결 후에 토지의 소유권을 취득한 사람은 변론종결 후의 승계인에 해당되지 않는다고 한다.[4]

---

1) 김홍엽, 806면; 한충수, 586면.

2) 부동산등기부상의 소유권명의자로부터 원인없이 그 소유권이전등기가 경유된 경우에 있어서 그 소유권명의자가 그 이후에 경유된 등기명의자들을 상대로 각기 소유권이전등기의 각기 말소등기절차이행을 청구하는 것은 이를 테면 소유권의 방해배제를 이유로 하여 각기 등기의 말소를 청구하는 것이나 다름없다 할 것이다. 따라서 이러한 경우에 있어서 원인 없이 이전된 소유권취득등기라 하여 그 등기들을 각기 말소하라는 판결이 확정되었을 때에는 이 확정판결의 최종변론이 종결된 뒤에 피고들로부터 소유권이전등기 또는 담보권설정등기를 차례로 받은 자들은 제204조 제1항에서 말하는 이른바 변론종결 후의 승계인에 해당한다 할 것이고, 따라서 전소의 기판력은 이 자들에 대하여도 미친다 할 것이다(대법원 1963. 9. 27. 선고 63마14 판결).

3) 매매 기타 사유로 인한 소유권이전등기를 명하는 확정판결의 변론종결 후에 채무자로부터 다시 그 청구목적물을 매수하여 등기를 한 제3자는 변론종결 후의 승계인에 해당되지 아니한다(대법원 1969. 10. 23. 선고 69사80 판결); 이 사건 재심대상판결의 소송물은 취득시효완성을 이유로 한 소유권이전등기청구권으로서 채권적 청구권이므로, 그 변론종결 후에 원고로부터 소유권이전등기를 경료받은 승계인은 기판력이 미치는 변론종결 후의 제3자에 해당하지 아니하고, 따라서 피고들은 재심대상판결의 기판력을 배제하기 위하여 승계인에 대하여도 재심의 소를 제기할 필요는 없다고 할 것이므로, 승계인에 대한 재심의 소는 부적법하다(대법원 1997. 5. 28. 선고 96다41649 판결); 제소전 화해에 기한 가등기가 경료된 후에 그 가등기에 기한 본등기 절차를 마치기 전에 그 부동산의 소유권을 승계취득한 자는 변론종결 후의 승계인에 해당하지 않으므로 그 제소전 화해의 기판력이 미치지 아니한다(대법원 1993. 12. 14. 선고 93다16802 판결).

4) 토지의 소유자가 소유권에 기하여 토지의 무단점유자를 상대로 차임 상당의 부당이득반환을 구하는 소송을 제기하여 무단점유자가 점유토지의 인도 시까지 매월 일정 금액의 차임 상당 부당이득을 반환하라는 판결이 확정

### 3) 승계의 시기

매매 등 원인행위가 변론종결 이전에 있었더라도 등기를 후에 갖추었으면 변론종결 후의 승계로 보아야 한다. 변론종결 이전에 경료된 가등기에 기하여 변론종결 후에 소유권이전등기가 이루어진 경우에도 변론종결 후의 승계에 해당된다.[1] 그러나 제1차 승계가 변론종결 전에 이미 있었다면 비록 변론종결 후에 제2차 승계가 있었다고 할지라도 제2차 승계인은 변론종결 후의 승계인이 아니다.[2]

### 4) 추정승계인

당사자가 변론을 종결할 때(변론 없이 한 판결의 경우에는 판결을 선고할 때)까지 승계사실을 진술하지 않는 경우에는 변론을 종결한 후(변론 없이 한 판결의 경우에는 판결을 선고한 후)에 승계한 것으로 추정된다(제218조 제2항). 여기서 변론종결 전의 승계사실을 진술할 사람이 승계인인지 아니면 피승계인인지 논란이 있으나, 법문에서 '당사자'라고 규정하고 있는 점에 비추어 피승계인으로 보아야 할 것이다.[3] 승계인은 변론종결 전에 승계되었음을 주장·증명하여 판결의 효력에서 벗어날 수 있다.

## (3) 청구의 목적물을 소지한 사람

기판력은 청구의 목적물을 소지한 사람에게도 미친다. 여기서 '청구의 목적물을 소지한 사람'이란 특정물인도청구의 대상이 되는 특정물을 당사자 또는 변론종결 후의 승계인을 위하여 소지하는 사람을 말한다. 청구가 물권적이거나 채권적이거나 상관없고, 소지의 시기도 변론종결 전후를 불문한다. 예를 들어, 수치인, 창고업자, 관리인, 운송인 등이 여기에 해당된다. 이들에게는 집행력이 미치므로 승계집행문을 부여받아 집행할 수 있다.

그러나 자기 고유의 이익을 위하여 목적물을 소지하는 사람, 예를 들어 임차인, 질권자, 전세권자, 지상권자 등은 여기서 제외된다. 이들에게는 집행력이 미치지 않으므로 승계집행문을 부여받을 수 없고, 이들에 대하여는 별도의 집행권원이 필요하다. 또한 당사자 본인의 소지기관

---

된 경우, 이러한 소송의 소송물은 채권적 청구권인 부당이득반환청구권이므로 소송의 변론종결 후에 토지의 소유권을 취득한 사람은 제218조 제1항에 의하여 확정판결의 기판력이 미치는 변론을 종결한 뒤의 승계인에 해당한다고 볼 수 없다(대법원 2016. 6. 28. 선고 2014다31721 판결).

1) 대법원 1992. 10. 27. 선고 92다10883 판결.
2) 확정판결의 피고측의 제1차 승계가 이미 그 변론종결 이전에 있었다면 비록 그 제2차 승계가 그 변론종결 이후에 있었다 할지라도 이 제2차 승계인은 변론종결 후의 승계인으로 볼 수 없다. 따라서 이러한 제2차 승계인에 대하여서는 승계집행문이 부여될 수 없다(대법원 1967. 2. 23. 자 67마55 결정).
3) 김홍엽, 807면; 이시윤, 665면.

(법인 임직원), 점유보조자도 여기에 속하지 않는다. 본인 자신이 직접 소지하는 것과 같기 때문이다.

## (4) 제3자의 소송담당에 있어서 권리귀속의 주체

제3자의 소송담당에서 소송담당자가 받은 판결의 효력은 소송물인 권리의무의 주체인 자에게 미친다(제218조 제3항). 예를 들어, 선정당사자가 받은 판결의 효력은 선정자에게 미치고, 유언집행자가 받은 판결의 효력은 상속인에게 미친다.

판례는 채권자대위소송에서 확정판결의 효력은 채무자가 대위소송이 제기된 사실을 알았을 경우에 한하여 채무자에게 미친다고 하고,[1] 이와 같이 기판력이 채무자에게 미치는 경우에는 같은 채무자의 다른 채권자가 제기한 채권자대위소송에도 앞선 채권자대위소송에서의 판결의 기판력이 미친다고 한다.[2] 또한 채무자가 제3채무자를 상대로 한 소송에서의 확정판결의 효력은 당사자만 다를 뿐 실질적으로 동일한 내용의 채권자대위소송에도 미친다고 한다.[3]

그러나 채권자취소소송의 경우 판례는 채권자취소권은 채권자 각자의 고유한 권리이므로 어느 한 채권자가 동일한 사해행위에 관하여 사해행위취소 및 원상회복청구를 하여 승소확정판결을 받았다고 하더라도 그 후에 제기된 다른 채권자의 동일한 청구에 대하여 판결의 효력이 미치지 않는다고 한다. 다만, 그 승소확정판결에 기하여 재산이나 가액의 회복을 마친 경우에는 다른 채권자의 사해행위취소 및 원상회복청구는 그와 중첩되는 범위 내에서 권리보호의 이익이

---

1) 대법원 1975. 5. 13. 선고 74다1664 전원합의체 판결.
2) 어느 채권자가 채권자대위권을 행사하는 방법으로 제3채무자를 상대로 소송을 제기하여 판결을 받은 경우, 어떠한 사유로든 채무자가 채권자대위소송이 제기된 사실을 알았을 때에는 그 판결의 효력이 채무자에게 미치므로, 이러한 경우에는 그 후 다른 채권자가 동일한 소송물에 대하여 채권자대위권에 기한 소를 제기하면 전소의 기판력을 받게 된다(대법원 2008. 7. 24. 선고 2008다25510 판결). 그러나 채무자가 전소인 채권자대위소송이 제기된 사실을 알지 못하였을 경우에는 전소의 기판력이 다른 채권자가 제기한 후소인 채권자대위소송에 미치지 않는다(대법원 1994. 8. 12. 선고 93다52808 판결); 채무자가 채권자대위권에 의한 소송이 제기된 것을 알았을 경우에는 그 확정판결의 효력은 채무자에게도 미친다는 것인바, 다수의 채권자들이 각 채권자대위권에 기하여 공동하여 채무자의 권리를 행사하는 이 사건의 경우 소송계속 중 채무자가 제1심 증인으로 증언까지 한 바 있어 당연히 채권자대위권에 의한 소송이 제기 중인 것을 알았다고 인정되므로 그 판결의 효력은 위 채무자에게도 미치게 되는 것이다. 따라서 위 다수의 채권자들은 유사필요적 공동소송관계에 있다고 할 것이다(대법원 1991. 12. 27. 선고 91다23486 판결).
3) 채권자가 채무자를 대위하여 제3자를 상대로 제기한 소송과 이미 판결확정이 되어 있는 채무자와 그 제3자 간의 기존 소송이 당사자만 다를 뿐 실질적으로 동일내용의 소송이라면, 위 확정판결의 효력이 채권자대위권행사에 의한 소송에 미친다(대법원 1979. 3. 13. 선고 76다688 판결); 제3자가 채권자를 대위하여 채무자를 상대로 제기한 소송과 이미 확정판결이 되어 있는 채권자와 채무자간의 기존 소송이 실질적으로 동일내용의 소송이라면 위 확정판결의 효력은 채권자대위권행사에 의한 소송에도 미친다(대법원 1981. 7. 7. 선고 80다2751 판결).

없게 된다고 한다.[1]

### (5) 소송탈퇴자

제3자가 독립당사자참가(제79조), 참가승계(제81조), 인수승계(제82조)한 경우에 종전 당사자는 소송에서 탈퇴할 수 있고, 그 후 제3자와 상대방 당사자 사이의 판결의 기판력은 탈퇴자에게도 미친다(제80조 단서, 제81조, 제82조 제3항).

### (6) 일반 제3자에의 확장

신분관계 또는 단체의 법률관계 등의 소송에 있어서는 판결의 효력을 일정한 이해관계가 있는 제3자 또는 일반 제3자에게 확장하여 법률관계의 획일적인 처리를 도모할 필요가 있는 경우가 있다.

#### 1) 일정한 이해관계인에게 확장되는 경우

파산채권확정소송이나 개인회생채권확정소송의 판결의 효력은 채권자 전원에게 미치고(채무자 회생 및 파산에 관한 법률 제460조, 제607조),[2] 회생채권 또는 회생담보권확정소송의 판결은 회생채권자·회생담보권자·주주·지분권자 전원에게 미친다(동법 제168조).[3] 또한 추심소송의 판결의 효력은 그 소송에 공동소송인으로 참가하도록 명령을 받은 채권자에게 미친다(민사집행법 제249조 제4항).[4] 증권관련집단소송의 판결의 효력은 제외신고를 하지 않은 구성원에게 미치

---

1) 채권자취소권의 요건을 갖춘 각 채권자는 고유의 권리로서 채무자의 재산처분행위를 취소하고 그 원상회복을 구할 수 있는 것이므로 여러 명의 채권자가 동시에 또는 시기를 달리하여 사해행위취소 및 원상회복청구의 소를 제기한 경우 이들 소가 중복제소에 해당하지 아니할 뿐만 아니라 어느 한 채권자가 동일한 사해행위에 관하여 사해행위취소 및 원상회복청구를 하여 승소판결을 받아 그 판결이 확정되었다는 것만으로는 그 후에 제기된 다른 채권자의 동일한 청구가 권리보호의 이익이 없게 되는 것은 아니고, 그에 기하여 재산이나 가액의 회복을 마친 경우에 비로소 다른 채권자의 사해행위취소 및 원상회복청구는 그와 중첩되는 범위 내에서 권리보호의 이익이 없게 된다(대법원 2008. 4. 24. 선고 2007다84352 판결).

2) 확정채권에 관하여 파산채권자표에 기재한 때에는 그 기재는 파산채권자 전원에 대하여 확정판결과 동일한 효력이 있다(채무자 회생 및 파산에 관한 법률 제460조). 개인회생채권의 확정에 관한 소송에 대한 판결은 개인회생채권자 전원에 대하여 그 효력이 있고(동법 제607조 제1항), 개인회생채권조사확정재판에 불복하는 자가 결정서의 송달을 받은 날부터 1월 이내에 이의의 소를 제기하지 않거나 각하된 때에는 그 재판은 개인회생채권자 전원에 대하여 확정판결과 동일한 효력이 있다(동조 제2항).

3) 확정된 회생채권 및 회생담보권을 회생채권자표 및 회생담보권자표에 기재한 때에는 그 기재는 회생채권자·회생담보권자·주주·지분권자 전원에 대하여 확정판결과 동일한 효력이 있다(채무자 회생 및 파산에 관한 법률 제168조).

4) 압류채권자의 추심소송에서 집행력 있는 정본을 가진 모든 채권자는 공동소송인으로 원고 쪽에 참가할 권리가

고(증권관련집단소송법 제37조),[1] 소비자단체소송에서 원고단체가 패소판결을 받은 경우에는 다른 단체는 동일한 사안에 관하여 다시 단체소송을 제기할 수 없다(소비자기본법 제75조, 개인정보보호법 제56조).[2]

## 2) 일반 제3자에게 확장되는 경우

가류 또는 나류 가사소송사건에서 청구인용판결은 일반 제3자에게도 그 효력이 있다(가사소송법 제21조 제1항). 그러나 청구배척판결은 제3자가 그 소송에 참가하지 못한 데 정당한 사유가 있으면 미치지 않지만, 그렇지 않으면 판결의 효력이 미쳐 재소가 금지된다(동조 제2항).[3] 또한 피고를 회사로 하는 회사관계소송에서 청구인용판결은 원칙적으로 제3자에게도 미친다(상법 제385조 제2항, 제539조 제2항).[4] 그러나 청구기각판결은 당사자 사이에만 미친다(동법 제190조).[5] 판례는 법인의 이사회결의무효확인소송에 있어서 청구인용판결의 대세효를 부정하고 있다.[6]

---

있고(민사집행법 제249조 제2항), 소송을 제기당한 제3채무자는 위의 채권자를 공동소송인으로 원고 쪽에 참가하도록 명할 것을 첫 변론기일까지 신청할 수 있다(동조 제3항). 추심소송에 대한 재판은 이러한 명령을 받은 채권자에 대하여 효력이 미친다(동조 제4항).

1) 증권관련집단소송에서의 확정판결은 제외신고를 하지 않은 구성원에 대하여도 그 효력이 미친다(증권관련집단소송법 제37조).

2) 소비자단체소송 또는 개인정보단체소송에서 원고의 청구를 기각하는 판결이 확정된 경우 이와 동일한 사안에 관하여는 다른 단체는 단체소송을 제기할 수 없다. 다만, 판결이 확정된 후 그 사안과 관련하여 국가ㆍ지방자치단체 또는 국가ㆍ지방자치단체가 설립한 기관에 의하여 새로운 연구결과나 증거가 나타난 경우, 기각판결이 원고의 고의로 인한 것임이 밝혀진 경우에는 그렇지 않다(소비자기본법 제75조, 개인정보보호법 제56조).

3) 가류 또는 나류 가사소송사건의 청구를 인용(認容)한 확정판결은 제3자에게도 효력이 있으나(가사소송법 제21조 제1항), 청구를 배척한 판결이 확정된 경우에는 다른 제소권자는 사실심의 변론종결 전에 참가하지 못한 데 대하여 정당한 사유가 있지 않으면 다시 소를 제기할 수 없다(동조 제2항).

4) 이사가 그 직무에 관하여 부정행위 또는 법령이나 정관에 위반한 중대한 사실이 있음에도 불구하고 주주총회에서 그 해임을 부결한 때에는 발행주식의 총수의 100분의 3 이상에 해당하는 주식을 가진 주주는 총회의 결의가 있은 날부터 1월 내에 그 이사의 해임을 법원에 청구할 수 있고(상법 제385조 제2항), 청산인이 그 업무를 집행함에 현저하게 부적임하거나 중대한 임무에 위반한 행위가 있는 때에는 발행주식의 총수의 100분의 3 이상에 해당하는 주식을 가진 주주는 법원에 그 청산인의 해임을 청구할 수 있다(동법 제539조 제2항).

5) 설립무효의 판결 또는 설립취소의 판결은 제3자에 대하여도 그 효력이 있다. 그러나 판결확정 전에 생긴 회사와 사원 및 제3자간의 권리의무에 영향을 미치지 아니한다(상법 제190조). 상법 제190조는 합병무효의 소(제240조, 제530조 제2항, 제530조의11), 유한책임회사의 설립의 무효와 취소(제287조의6), 주식회사설립무효의 소(제328조 제2항), 주식교환무효의 소(제360조의14 제4항), 주식이전무효의 소(제360조의23 제4항), 주주총회결의 취소, 무효 및 부존재확인의 소(제376조 제2항, 제380조), 부당결의 취소변경의 소(제381조 제2항), 신주발행무효의 소(제430조), 감자무효의 소(제446조), 유한회사설립무효취소의 소(제562조 제2항) 등에 준용된다. 그러나 주주의 대표소송에서는 청구인용판결의 대세효가 인정되지 않는다(제403조).

6) 민법상 법인의 이사회의 결의에 하자가 있는 경우에 관하여 법률에 별도의 규정이 없으므로 그 결의에 무효사유가 있는 경우에는 이해관계인은 언제든지 또 어떤 방법에 의하든지 그 무효를 주장할 수 있다고 할 것이지만, 이와 같은 무효주장의 방법으로서 이사회결의무효확인소송이 제기되어 승소확정판결이 난 경우, 그 판결의 효력은 위 소송의 당사자 사이에서만 발생하는 것이지 대세적 효력이 있다고 볼 수는 없다(대법원 2000. 1. 28. 선

행정소송에 있어서 항고소송의 청구인용판결은 대세효가 있으나(행정소송법 제29조 제1항, 제38조 제1항 및 제2항),[1] 청구기각판결은 그 효력이 당사자에게만 미친다. 회사관계소송이나 행정소송에서 청구인용판결의 대세효를 형성력의 효과로 보는 견해가 있으나, 형성소송에 해당하는 경우에는 이를 형성력으로 볼 수 있지만, 확인소송인 경우에는 기판력의 확장으로 이해하여야 할 것이다.

## V. 판결의 무효와 편취

### 1. 판결의 무효

#### (1) 의의

판결의 외관을 갖추고 있으나 그 내용에 있어서 중대한 흠결이 있어서 판결의 내용상 효력, 즉 기판력, 집행력, 형성력 등이 발생하지 않는 판결을 무효의 판결이라고 한다. 무효인 판결이라도 판결의 외관이 존재하므로 당해 심급을 완결시키고 통상적인 불복방법으로 다툴 수 없다는 형식적 확정력이 존재한다는 견해가 있다.[2] 그러나 무효인 판결에는 어떠한 효력도 인정되지 않는다고 할 것이다.[3] 유효한 판결인 것과 같은 외관의 존재로 인하여 판결이 집행될 위험이 있어 이를 제거할 필요가 있으나, 이를 위하여 무효인 판결에 대하여 효력이 발생하는 것으로 의제하는 것은 타당하지 않다.

#### (2) 구체적 사례

무효인 판결로는 ① 국내재판권이 미치지 않는 사람에 대한 판결, ② 실재하지 않는 사람이나 소 제기 당시 이미 사망한 사람을 당사자로 한 판결,[4] ③ 배우자의 일방이 사망하였음에도

---

고 98다26187 판결).

1) 처분 등을 취소하는 확정판결은 제3자에 대하여도 효력이 있다(행정소송법 제29조 제1항). 이 조항은 무효 등 확인소송과 부작위법확인소송에 준용된다(동법 제38조).
2) 김홍엽, 824면; 이시윤, 677면.
3) 한충수, 608면.
4) 피고는 이 사건 소 제기 이전에 이미 사망하여 주민등록이 말소된 사실이 인정되므로, 이를 간과한 채 본안 판단에 나아간 원심판결은 당연무효라 할 것이다(대법원 2000. 10. 27. 선고 2000다33775 판결).

한 이혼판결[1] 등 현재 존재하지 않는 법률관계의 형성을 목적으로 한 판결, ④ 심판의 대상이 되지 않는 사항에 대한 판결, 예를 들어 소 취하를 간과하여 한 판결,[2] 당사자가 처분할 수 없는 사항을 대상으로 한 조정이나 화해,[3] 청구의 예비적 병합에서 주위적 청구를 인용하면서 한 예비적 청구에 대한 판결,[4] 본소청구의 인용을 조건으로 한 예비적 반소에서 본소청구를 배척하면서 한 예비적 반소에 대한 판결[5] ⑤ 판결주문에서 강행법규나 선량한 풍속 기타 사회질서 위반 등 국내법이 인정하지 않는 법률효과를 긍정한 판결 등이 있다.

그러나 소송제기 이후 당사자 일방이 사망하였으나 이를 간과하고 한 판결은 무효의 판결은 아니며 대리권의 흠결을 이유로 상소 또는 재심에 의하여 취소를 구할 수 있을 뿐이다.[6] 또한 판결주문이 아니라 판결이유에서 강행법규나 사회질서에 반하는 판단이 포함되었다고 하여 무효인 판결이 되는 것은 아니다.[7] 판결주문이 불특정하여 집행불능인 판결은 무효라는 견해가 있으나, 무효인 판결로 볼 것은 아니며 유효한 판결이지만 집행불능을 구제하기 위하여 재소(再

---

1) 청구인은 원심 변론종결 후에 사망하였음이 뚜렷한 바, 재판상 이혼청구권은 부부의 일신전속의 권리이므로 이혼소송 계속 중 배우자의 일방이 사망한 경우에는 상속인이 그 소송절차를 수계할 수 없음은 물론이고, 또 그러한 경우에 검사가 이를 수계할 수 있는 특별한 규정도 없으므로 이 사건 소송은 청구인의 사망과 동시에 당연히 종료하였다고 해석함이 상당할 것이다. 그러므로 원심이 위 청구인 사망사실을 간과한 채 이 사건 항소가 불변기간인 항소기간 도과 후에 제기된 부적법한 것이라 하여 항소를 각하한 원심판결은 당연무효라고 할 것이다(대법원 1982. 10. 12. 선고 81므53 판결).

2) 김홍엽, 824면; 이시윤, 676면.

3) 조정이나 재판상 화해의 대상인 권리관계는 사적 이익에 관한 것으로서, 당사자가 자유롭게 처분할 수 있는 것이어야 하므로, 성질상 당사자가 임의로 처분할 수 없는 사항을 대상으로 한 조정이나 재판상 화해는 허용될 수 없고, 설령 그에 관하여 조정이나 재판상 화해가 성립하였더라도 효력이 없어 당연무효이다(대법원 2012. 9. 13. 선고 2010다97846 판결).

4) 청구의 예비적 병합이란 병합된 수개의 청구 중 주위적 청구가 인용되지 않을 것에 대비하여 그 인용을 해제조건으로 예비적 청구에 관하여 심판을 구하는 병합형태로서, 이와 같은 예비적 병합의 경우에는 주위적 청구를 배척할 때에는 예비적 청구에 대하여 심판하여야 하나 주위적 청구를 인용할 때에는 다음 순위인 예비적 청구에 대하여 심판할 필요가 없는 것이므로, 주위적 청구에 대하여 인용하였다면 적어도 그 인용부분과 관련한 예비적 청구부분은 특별한 사정이 없는 한 심판대상이 될 수 없는 것이고, 이와 같이 심판대상이 될 수 없는 청구에 대하여 제1심이 판단하였다고 하더라도 그 효력이 없다 할 것이다(대법원 2000. 11. 16. 선고 98다22253 전원합의체 판결).

5) 피고의 예비적 반소는 본소청구가 인용될 것을 조건으로 심판을 구하는 것으로서 제1심이 원고의 본소청구를 배척한 이상 피고의 예비적 반소는 제1심의 심판대상이 될 수 없는 것이고, 이와 같이 심판대상이 될 수 없는 소에 대하여 제1심이 판단하였다고 하더라도 그 효력이 없다고 할 것이다(대법원 2006. 6. 29. 선고 2006다19061,19078 판결).

6) 소송계속 중 일방 당사자의 사망에 의한 소송절차중단을 간과하고 변론이 종결되어 판결이 선고된 경우에는 그 판결이 당연무효라 할 수는 없고, 대리권흠결을 이유로 상소 또는 재심에 의하여 그 취소를 구할 수 있을 뿐이므로, 판결이 선고된 후 적법한 상속인들이 수계신청을 하여 판결을 송달받아 상고하거나 또는 사실상 송달을 받아 상고장을 제출하고 상고심에서 수계절차를 밟은 경우에도 그 수계와 상고는 적법한 것이라고 보아야 한다(대법원 1995. 5. 23. 선고 94다28444 전원합의체 판결).

7) 이시윤, 676면.

訴)가 허용되는 것으로 이해함이 타당하다. 판결주문을 특정하기 위하여 다시 소송을 제기한 경우 전소 판결의 불특정한 범위 내에서 기판력이 미치지 않는다.[1]

### (3) 무효인 판결에 대한 불복

무효인 판결에 대한 상소가 허용되는지 논란이 있다. 통설은 무효인 판결이라도 유효한 판결인 것과 같은 외관을 제거하기 위하여 상소를 제기할 수 있다고 한다.[2] 이 경우 상소심은 무효인 판결을 취소하고 소를 각하할 것이라고 한다.[3] 그러나 판례는 무효인 판결에 대한 상소는 부적법하다고 한다.[4] 다만, 무효인 가처분결정으로 인하여 생긴 외관(등기나 등록 등)을 제거하기 위하여 이의신청으로써 그 취소를 구할 수 있다고 한다.[5] 또한 판례는 무효인 판결에는 확정력이 없어 이에 대한 재심의 소도 부적법하다고 한다.[6]

생각건대, 무효인 판결은 아무런 효력이 발생하지 않으므로 원칙적으로 상소의 이익이 없고, 확정력이 없어 재심의 대상이 될 수도 없다. 무효인 판결은 송달되더라도 효력이 없어 상소기간이 개시될 여지도 없다. 또한 무효인 판결에 기한 강제집행도 무효이다. 그러나 무효인 판결이라고 하더라도 판결로서의 외관을 갖추고 있는 이상 이에 기하여 강제집행을 당할 위험이 있으며, 이러한 위험을 제거할 현실적인 필요성을 부인할 수는 없다. 따라서 판결의 집행을 당

---

1) 소송물이 동일한 경우라도 판결내용이 특정되지 아니하여 집행을 할 수 없는 경우에는 다시 소송을 제기할 권리보호의 이익이 있다. 원고가 피고를 상대로 제기한 전소송에서 법원이 남양주시 별내면 덕송리 176 전 2,922m² 토지 위에 설치된 우사 19m²의 철거 및 그 부지 25m²의 인도를 명한 것은 현황과 달리 작성된 감정서에 기재된 대로의 위치 및 면적에 따른 것으로서 비록 원고의 청구대로 인용된 것이기는 하지만, 그 판결에 기한 강제집행이 불가능하게 되었으므로 새로운 측량에 기하여 전소송에서와 달리 우사의 면적(82m²)과 위치를 새로이 특정하여 제기한 이 사건 소송에는 종전 소송의 기판력이 미치지 아니한다(대법원 1998. 5. 15. 선고 97다57658 판결).

2) 이시윤, 677면; 한충수, 611면.

3) 이시윤, 677면.

4) 피고는 이 사건 소 제기 이전에 이미 사망하여 주민등록이 말소된 사실이 인정되므로, 이를 간과한 채 본안판단에 나아간 원심판결은 당연무효라 할 것이다. 이미 사망한 피고를 상대방으로 하여 제기한 이 사건 상고는 부적법하다(대법원 2000. 10. 27. 선고 2000다33775 판결).

5) 이미 사망한 자를 채무자로 한 처분금지가처분신청은 부적법하고 그 신청에 따른 처분금지가처분결정이 있었다고 하여도 그 결정은 당연무효로서 그 효력이 상속인에게 미치지 않는다고 할 것이므로, 채무자의 상속인은 일반승계인으로서 무효인 그 가처분결정에 의하여 생긴 외관을 제거하기 위한 방편으로 가처분결정에 대한 이의신청으로써 그 취소를 구할 수 있다(대법원 2002. 4. 26. 선고 2000다30578 판결).

6) 원래 재심의 소는 종국판결의 확정력을 제거함을 그 목적으로 하는 것으로 확정된 판결에 대하여서만 제기할 수 있는 것이므로 소송수계 또는 당사자표시정정 등 절차를 밟지 아니하고 사망한 사람을 당사자로 하여 선고된 판결은 당연무효로서 확정력이 없어 이에 대한 재심의 소는 부적법하다(대법원 1994. 12. 9. 선고 94다16564 판결).

할 위험이 있는 경우에는 이러한 위험을 제거하기 위하여 상소 또는 집행단계에서는 청구이의의 소나 집행법상의 이의의 소를 제기할 이익이 있다고 할 것이다.

## 2. 판결의 부존재(비판결)

판결로서 성립하기 위한 요건을 갖추지 않아 판결로서의 존재 자체를 인정할 수 없는 경우를 말한다. 예를 들어, 법관이 아닌 사람이 한 판결, 선고되지 않은 판결, 선고조서가 없거나 선고조서에 재판장의 기명날인이 없는 판결[1] 등이다. 판결이 부존재하는 경우에는 판결로서의 효력이 발생하지 않으며, 상소의 대상이 되지 않는다. 판결부존재의 경우에는 무효인 판결에서와 같은 판결집행의 위험성이 크지 않아 상소의 허용 여부를 논할 실익이 없다.

## 3. 판결의 편취

### (1) 의의

판결의 편취란 당사자가 상대방 또는 법원을 기망하여 부당한 내용의 판결을 받은 경우를 말한다. 이렇게 취득한 판결을 편취판결이라고 한다. 편취판결의 대표적인 유형으로는 ① 다른 사람의 이름으로 소송을 제기하여 판결을 받은 경우(성명모용판결), ② 소취하합의를 하여 피고로 하여금 불출석하도록 한 다음 소송을 그대로 진행하여 승소판결을 받은 경우(소취하합의에 의한 판결편취), ③ 피고의 주소를 알고 있음에도 불구하고 소재불명으로 속여 공시송달명령을 받아 피고가 모르는 사이에 승소판결을 받은 경우(공시송달에 의한 판결편취), ④ 피고의 주소를 허위로 적어 그 주소에 소장부본이 송달되도록 하고 실제로는 피고가 아닌 원고와 통모한 사람이 송달받았음에도 피고 자신이 송달받고도 답변서를 제출하지 않은 것으로 속여 피고의 자백간주로 승소판결을 받은 경우(자백간주에 의한 판결편취) 등이 있다. 이러한 경우에 소장에 당사자로 기재된 사람이 당사자로서 판결의 효력을 받게 되는데, 절차적 기본권을 침해당한 진정한 당사자에게 어떠한 권리구제수단이 인정될 수 있는지 문제된다.

---

1) 원심판결선고조서에는 본건판결을 선고한 취지의 기재가 있고 서기의 서명날인이 있으나 특별한 사유없이 재판장인 판사의 서명날인이 전혀 결여되어 있음으로 조서로는 원심의 판결선고의 사실을 증명할 수 없다. 원결결이 비록 기록에 편철되어 있고 당사자에게 적법하게 송달되었더라도 적법한 선고가 있었음을 인정할 수 없으므로 판결선고의 효력이 아직 생기지 못한 것이라 아니할 수 없다(대법원 1955. 4. 7. 선고 4288민상6 판결).

## (2) 소송법상 구제방법

### 1) 학설

① **무효설**: 판결이 편취되었을 때에는 피고의 재판을 받을 권리가 실질적으로 보장된 것이 아니기 때문에 편취판결은 당연무효라고 한다.

② **항소설**: 진정한 당사자에게 소송서류가 송달된 사실이 없어 항소기간이 진행되지 않았고 판결이 확정되지도 않았으므로 상소의 추완이나 재심청구는 허용되지 않으며, 진정한 당사자는 이제라도 항소를 제기할 수 있다고 한다.

③ **재심설**: 항소기간이 도과하였으므로 진정한 당사자는 항소를 제기하여 구제받을 수 없고 상소의 추완이나 재심을 청구하는 방법으로 구제받아야 한다고 한다. 성명모용판결과 소취하합의에 의한 판결편취는 제451조 제1항 제3호(대리권의 흠결) 재심사유에 해당하고, 공시송달에 의한 판결편취와 자백간주에 의한 판결편취는 동항 제11호(당사자가 상대방의 주소·거소를 알고 있었음에도 모른다고 하거나 주소·거소를 거짓으로 하여 소를 제기한 때) 재심사유에 해당한다고 한다.

### 2) 판례

판례는 편취판결의 유형별로 상이한 입장을 보이고 있다. 판례는 기본적으로 재심설의 입장이나 자백간주에 의한 판결편취의 경우에는 항소설의 입장이다. 성명모용판결의 경우 표시설의 입장에서 당사자는 소장에 당사자로 표시된 자이고 실제 소송을 수행한 사람이 아니므로 판결의 효력은 소장에 당사자로 표시된 자에게만 미친다고 하면서 판결의 효력을 배제하려면 제451조 제1항 제3호 소정의 소송대리권의 흠결을 이유로 재심의 소를 제기하여야 한다고 하여 재심설의 입장을 취하고 있다.[1]

그런데 자백간주에 의한 판결편취의 경우에는, 진정한 피고가 판결정본 기타 소송서류를 전혀 받은 바 없으므로 항소기간이 진행되지 아니하여, 판결이 확정되지 않았으므로 진정한 피고는 지금이라도 항소를 제기할 수 있다고 하고, 아직 판결이 확정되지 않았으므로 상소의 추완이나 제451조 제1항 제11호에 의한 재심청구는 허용되지 않는다고 하여 항소설의 입장을 취하고 있다.[2] 그러나 공시송달에 의한 판결편취의 경우에는, 판결의 송달이 유효하므로 진정한 피고는 상소의 추완이나 제451조 제1항 제11호에 의한 재심청구의 방법에 의하여 구제받을 수 있

---

1) 대법원 1964. 11. 17. 선고 64다328 판결; 1964. 3. 31. 선고 63다656 판결.
2) 대법원 1978. 5. 9. 선고 75다634 판결; 1994. 12. 22. 선고 94다45449 판결.

다고 하여 재심설의 입장이다.[1]

### 3) 결론

무효설에 대하여는 만일 판결이 무효라면 기판력제도를 동요시켜서 법적 안정성을 해할 우려가 있으며, 더구나 판결편취의 대표적인 경우인 자백간주 또는 공시송달에 의한 판결편취의 경우에 제451조 제1항 제11호에서 당연무효의 판결이 아님을 전제로 하여 재심사유로 규정하고 있으므로 우리 실정법에는 맞지 않는다는 문제점이 있다. 한편 항소설에 대하여는 제451조 제1항 제11호에서 재심사유로 규정하고 있음에도 불구하고 항소 제기를 허용하는 것은 명문의 규정에 반하고, 어느 때라도 항소를 할 수 있게 하는 것은 불안정한 법률상태를 무한정 방치시키는 것이며, 제1심을 하지 못한 채 곧바로 항소심에 들어가야 한다는 것은 심급의 이익이 박탈된다는 문제점이 있다. 재심설이 타당하다고 본다. 재심설에 대하여는 재심기간[2]이 도과한 경우에는 당사자의 구제에 불충분하다는 비판이 있지만, 법문의 규정에 가장 충실하고, 논리적 일관성 및 법적 안정성이 인정된다는 점에서 가장 타당하다고 본다.

### 4) 청구이의의 소에 의한 구제

편취판결에 기하여 강제집행을 하려는 경우에는 청구이의의 소[3]에 의하여 구제받을 수 있는지 논의가 있다. 판례는 확정판결에 의한 권리라 하더라도 신의에 좇아 성실히 행사되어야 하고 확정판결에 기한 집행이 권리남용이 되는 경우에는 허용되지 않으므로, 편취판결에 기하여 강제집행을 하는 경우에 그것이 현저히 부당하고 상대방으로 하여금 그 집행을 수인하도록 하는 것이 정의에 반함이 명백하여 사회생활상 용인할 수 없다고 인정되는 때에는 청구이의의 소에 의하여 그 집행력의 배제를 구할 수 있다고 한다.[4] 확정판결에 기한 집행행위 자체가 권리남용에 해당되는 때에는 변론종결 후에 발생한 새로운 사유로 볼 수 있으므로 청구이의의 소

---

1) 대법원 1980. 7. 8. 선고 79다1528 판결. 실제로는 상소의 추완이 요건이 간단하고 절차가 용이하므로 재심절차 보다는 상소의 추완제도가 이용될 가능성이 높다.
2) 판결확정 후 5년을 경과한 때에는 재심의 소를 제기하지 못한다(제456조 제3항).
3) 청구이의의 소는 변론종결 후에 발생한 새로운 사유를 이유로 집행권원이 가지는 집행력의 배제를 구하는 소송을 말한다(민사집행법 제44조).
4) 확정판결에 의한 권리라 하더라도 신의에 좇아 성실히 행사되어야 하고 그 판결에 기한 집행이 권리남용이 되는 경우에는 허용되지 않으므로 집행피고는 청구이의의 소에 의하여 그 집행의 배제를 구할 수 있다고 할 것인바, 확정판결의 내용이 실체적 권리관계에 배치되는 경우 그 판결에 의하여 집행할 수 있는 것으로 확정된 권리의 성질과 그 내용, 판결의 성립경위 및 판결성립 후 집행에 이르기까지의 사정, 그 집행이 당사자에게 미치는 영향 등 제반 사정을 종합하여 볼 때, 그 확정판결에 기한 집행이 현저히 부당하고 상대방으로 하여금 그 집행을 수인하도록 하는 것이 정의에 반함이 명백하여 사회생활상 용인할 수 없다고 인정되는 경우에는 그 집행은 권리남용으로서 허용되지 않는다(대법원 2007. 5. 31. 선고 2006다85662 판결; 1997. 9. 12. 선고 96다4862 판결).

에 의하여 그 집행의 배제를 구할 수 있다고 할 것이다. 다만, 청구이의의 소로는 집행이 종료되지 않은 부분에 대하여만 그 집행을 저지할 수 있을 뿐이고, 이미 집행이 종료된 부분에 대하여는 불법행위에 기한 손해배상책임으로 해결하여야 한다.[1]

### (3) 실체법상 구제방법

편취판결에 기한 강제집행 등으로 손해가 생긴 경우에 부당이득반환청구나 손해배상청구를 하려면, 먼저 재심의 소를 제기하여 편취판결을 취소해야 하는지 논란이 있다.

#### 1) 학설

① **재심필요설**: 편취판결이라도 당연무효는 아니므로 부당이득이나 손해배상청구를 함에는 재심의 소를 제기하여 판결이 취소되어야 한다고 한다.

② **재심불요설**: 진정한 피고에게 소송서류가 송달된 사실이 없어 항소기간이 진행되지 않았고 판결이 확정되지도 않아 기판력이 없으므로 진정한 피고는 별소를 제기하여 부당이득이나 손해배상 등을 청구할 수 있다고 한다.

③ **제한적불요설**: 재심필요설과 불요설의 절충적인 입장이다. 여기에는 당사자의 절차적 기본권이 근본적으로 침해되었거나 재심사유가 존재하는 등 확정판결의 효력을 인정하는 것이 명백히 정의에 반하는 경우에 한하여 재심을 거치지 않고도 부당이득이나 손해배상 등의 청구를 할 수 있다는 견해[2]와 판결의 편취행위가 재심사유에 해당하고 또 재심의 요건을 갖추고 있으나 재심에 의한 전소 판결의 취소가 큰 의미가 없는 경우, 예를 들어 대여금청구소송에서 그 대여금을 지급하였다든가, 건물철거소송에서 그 확정판결에 의해 건물이 이미 철거된 경우, 소유권이전등기청구소송의 승소판결에 의하여 등기가 마쳐진 경우 등에는 재심을 거치지 않고 곧바로 손해배상청구 등을 할 수 있다는 견해[3]가 있다.

---

1) 피고는 채권을 양수받았다는 허위의 주장을 하며 양수금청구소송을 제기하여 법원을 기망하고 상대방의 소송관여를 방해하는 등 부정한 방법으로 의제자백에 의한 승소확정판결을 받아 강제집행을 하였는바, 이는 정의에 반하고 사회생활상 도저히 용인될 수 없는 것이어서 권리남용에 해당하여 불법행위를 구성한다고 할 것이고, 또 원고는 그로 인하여 집행이 종료된 금원 상당의 손해를 입게 되었다고 할 것이니, 피고는 원고에게 그로 인한 손해를 배상할 책임이 있고, 이 사건 판결에 기한 강제집행은 위와 같이 이미 그 집행이 종료된 위 금원을 초과하는 부분에 관하여는 위법하여 이를 불허함이 상당하다(대법원 2001. 11. 13. 선고 99다32899 판결).

2) 정동윤·유병현, 745면.

3) 강현중 661면.

## 2) 판례

판례는 편취판결의 유형 중 자백간주에 의한 편취판결의 경우에는 항소설의 입장이므로 실체법상 권리구제를 위하여 재심을 제기할 필요가 없음은 당연한 결론이다. 판례는 자백간주에 의한 편취판결에 기하여 원고명의로 소유권이전등기가 경료되었다면 그 소유권이전등기는 실체적 권리관계에 부합하지 않는 원인무효의 등기이므로 그 등기의 말소를 구하는 별소를 제기할 수 있다고 한다.[1]

그리하여 판례에 의하는 경우에는 자백간주에 의한 편취판결을 제외한 나머지 유형의 편취판결에 대하여만 실체법상 권리구제를 위하여 재심이 필요한지 여부를 따질 실익이 있다. 판례는 부당이득의 성립과 관련하여 일반적으로 편취판결에 의한 강제집행의 경우에 그 판결이 재심의 소 등으로 취소되지 않는 한 판결의 기판력에 저촉되어 부당이득의 반환을 주장할 수 없으므로, 강제집행에 의한 이득을 법률상 원인 없는 이득이라고 할 수 없다고 하고,[2] 불법행위에 의한 손해배상청구에서는 재심의 소에 의하여 그 취소를 구하는 것이 원칙이지만, 예외적으로 당사자의 절차적 기본권이 근본적으로 침해된 상태에서 판결이 선고되었거나 확정판결에 재심사유가 존재하는 등 확정판결의 효력을 존중하는 것이 정의에 반함이 명백하여 이를 묵과할 수 없는 경우에는 불법행위가 성립한다고 한다.[3] 판례의 입장은 부당이득에 관하여는 재심필요설, 불법행위에 관하여는 제한적 불요설에 가깝다고 할 수 있다.

## 3) 결론

편취판결이라도 당연무효는 아니므로 부당이득이나 손해배상청구를 하기 위해서는 재심의 소를 제기하여 판결을 취소하는 것이 선결적이라고 할 것이다. 재심의 소를 제기하면서 관련청구로 부당이득이나 손해배상청구를 병합하여 제기한다면, 먼저 재심소송을 하고 뒤에 부당이득반환소송을 하게 됨으로써 생기는 번거로움과 비효율을 극복할 수 있을 것이다. 판례는 재심청구에 통상의 민사상 청구를 병합할 수 없다고 하나,[4] 재심원고가 승소할 경우에 대비한 원상

---

1) 대법원 1992. 4. 24. 선고 91다38631 판결; 1978. 5. 9. 선고 75다634 판결.
2) 대법원 1995. 6. 29. 선고 94다41430 판결.
3) 편취된 판결에 기한 강제집행이 불법행위로 되는 경우가 있더라도 법적 안정성을 위해 확정판결에 기판력을 인정한 취지나 확정판결의 효력을 배제하기 위하여는 그 확정판결에 재심사유가 존재하는 경우에 재심의 소에 의하여 그 취소를 구하는 것이 원칙적인 방법인 점에 비추어 볼 때 불법행위의 성립을 쉽게 인정하여서는 아니되고, 확정판결에 기한 강제집행이 불법행위로 되는 것은 당사자의 절차적 기본권이 근본적으로 침해된 상태에서 판결이 선고되었거나 확정판결에 재심사유가 존재하는 등 확정판결의 효력을 존중하는 것이 정의에 반함이 명백하여 이를 묵과할 수 없는 경우로 한정하여야 한다(대법원 2007. 5. 31. 선고 2006다85662 판결; 2001. 11. 13. 선고 99다32899 판결).
4) 원고(재심피고)승소확정판결의 취소를 구하는 재심의 소에서는 위 확정판결의 취소를 구하는 동시에 그 본소청

회복 등 관련 청구를 병합하여 제기함이 소송경제적이라고 할 것이므로 긍정함이 타당하다.

## VI. 종국판결의 부수적 재판

### 1. 소송비용재판

#### (1) 소송비용

소송비용은 소송당사자가 현실적으로 소송에서 지출한 비용 중 법령에서 정한 범위에 속하는 비용을 말한다. 소송비용에는 재판비용과 당사자비용이 있다. 재판비용은 소송절차를 수행하기 위하여 법원에 납부하는 비용으로 인지대, 송달료, 증인·감정인·통역인과 번역인 등에게 지급하는 여비·감정료·숙박료, 법관과 법원사무관 등의 검증 때의 출장일당·여비·숙박료 등이 여기에 속한다. 당사자비용은 당사자가 소송수행을 위하여 자신이 직접 지출하는 비용으로 소장 등 소송서류의 작성료, 당사자나 대리인의 기일 출석을 위한 여비·일당·숙박료와 변호사 보수 등이 여기에 속한다. 판례는 피해자가 법원의 감정명령에 따라 신체감정을 받으면서 그 검사비용으로 지출한 금액은 비록 예납절차에 의하지 않고 직접 지출하였다고 하여도 감정비용으로서 소송비용에 해당된다고 한다.[1]

소송비용에 산입되는 변호사의 보수는 변호사에게 실제 지급한 보수 전액이 아니라 당사자가 약정한 보수액의 범위 내에서 각 심급단위로 대법원규칙인 「변호사보수의 소송비용산입에 관한 규칙」에서 정한 보수기준에 따라 산정한 금액에 의한다(제109조 제1항).[2] 피고의 전부자백 또는 자백간주에 의한 판결과 피고의 답변서부제출로 인한 무변론판결의 경우 소송비용에 산입할 변호사의 보수는 위 보수규칙에서 산정한 금액의 2분의 1로 한다(동규칙 제5조).[3] 그러나 변호사가 변론이나 증거조사절차에 전혀 관여하지 않았다면 그 보수는 소송비용에 포함되지 않는다.[4]

---

구의 기각을 구하는 이외에 원고가 위 확정판결에 기하여 경료한 소유권이전등기의 말소절차의 이행을 구하는 청구 등을 병합할 수 없다(대법원 1971. 3. 31. 선고 71다8 판결).

1) 피해자가 법원의 감정명령에 따라 신체감정을 받으면서 그 감정을 위한 제반 검사비용으로 지출하였다는 금액은 예납의 절차에 의하지 않고 직접 지출하였다 하더라도 감정비용에 포함되는 것으로서 소송비용에 해당하는 것이고, 소송비용으로 지출한 금액은 소송비용확정의 절차를 거쳐 상환받을 수 있는 것이어서 이를 별도로 소구할 이익이 없다(대법원 2000. 5. 12. 선고 99다68577 판결).

2) 여러 변호사가 소송을 대리한 경우에도 한 변호사가 대리한 것으로 본다(제109조 제2항).

3) 상고심에서 변론 없이 심리불속행기각판결을 받은 경우에는 이러한 감액규정이 적용되지 않는다.

4) 소송대리인으로 선임된 변호사가 소송사건의 변론종결시까지 변론이나 증거조사 등 소송절차에 전혀 관여한 바

## (2) 소송비용의 부담

소송비용은 패소한 당사자가 부담한다(제98조). 공동소송인은 소송비용을 균등하게 부담한다.[1] 다만, 법원은 사정에 따라 공동소송인에게 소송비용을 연대하여 부담하게 하거나 다른 방법으로 부담하게 할 수 있다(제102조 제1항). 일부패소의 경우에 승패의 비율만을 고려할 것이 아니라 여러 사정을 종합하여 당사자들이 부담할 소송비용을 정한다.[2] 다만, 사정에 따라 일방 당사자에게 소송비용의 전부를 부담하게 할 수 있다(제101조). 법원은 사정에 따라 승소한 당사자에게 그 권리를 지키는 데 필요하지 않은 행위로 말미암은 소송비용 또는 소송지연으로 인한 소송비용의 전부나 일부를 부담하게 할 수 있다(제99조, 제100조).

당사자가 법원에서 화해한 경우(화해권고결정을 포함한다) 화해비용과 소송비용의 부담에 대하여 특별히 정한 바가 없으면 그 비용은 당사자들이 각자 부담한다(제106조). 소가 취하된 경우에는 원칙적으로 원고가 패소자에 준하여 소송비용을 부담한다.

법원은 종국판결에서 직권으로 그 심급의 소송비용 전부에 대하여 재판하여야 한다. 다만, 사정에 따라 일부판결이나 중간판결에서 그 비용에 대한 재판을 할 수 있다(제104조). 상소심이 상소기각이나 각하판결을 하는 경우에는 그 심급에서 생긴 상소비용만 재판하면 되지만, 하급심법원의 본안판결을 변경하는 경우에는 하급심법원의 비용까지 합하여 총비용에 대하여 재판을 하여야 한다.

소송비용의 재판은 법원이 직권으로 한다. 실무상 당사자가 소송비용의 부담에 관하여 신청하는 것은 직권발동을 촉구하는 의미를 갖는데 불과하다. 소송비용의 재판을 누락한 경우에는 직권 또는 당사자의 신청에 의하여 소송비용에 대한 재판을 한다(제212조 제2항).[3] 이 경우 본안판결에 대하여 적법한 항소가 있는 때에는 소송비용의 재판은 그 효력을 잃고, 항소심법원은

---

가 없다면 그에 대하여 보수가 지급되었다 하더라도 소송비용에 포함될 수 없다(대법원 1992. 11. 30. 자 90마 1003 결정).

1) 수인의 공동소송인이 공동으로 변호사를 선임하여 소송을 수행하게 한 경우에 그 공동소송인들이 지급하였거나 지급할 변호사보수를 소송비용에 산입함에 있어서는 동일한 변호사를 선임한 공동소송인들의 각 소송물가액을 모두 합산한 총액을 기준으로 변호사보수의 소송비용 산입에 관한 규칙 제3조에 따른 비율을 적용하여 소송비용에 산입될 변호사보수액을 산정하여야 하지만, 이와는 달리 별개로 진행된 복수의 소송에서 당사자가 각각 별도로 변호사를 소송대리인으로 선임하였다가 나중에 법원의 변론병합결정에 의하여 공동소송인이 되었다면, 그 선임된 변호사가 동일인이라고 하더라도 그 공동소송인마다 따로 소송물가액에 따라 위 규칙 제3조에 의한 변호사보수액을 산정한 후 이를 합산함이 상당하다(대법원 2008. 6. 23. 자 2007마634 결정).

2) 일부 패소의 경우에 각 당사자가 부담할 소송비용은 법원이 제반 사정을 종합하여 재량에 의해 정할 수 있는 것이고, 반드시 청구액과 인용액의 비율만으로 정해야 하는 것은 아니다(대법원 2007. 7. 12. 선고 2005다 38324 판결).

3) 이 경우에는 당사자의 신청권이 인정된다(김홍엽, 839면).

소송의 총비용에 대하여 재판을 한다(동조 제3항). 소송비용재판에 대해서만 독립하여 상소할 수 없으며, 본안재판과 함께 불복하여야 한다(제391조, 제425조). 소송비용의 재판에 대한 불복은 본안에 대한 상소가 이유 있는 경우에 한하여 허용되고, 본안에 대한 상소가 이유 없을 때에는 그 불복신청은 부적법하다.[1]

### (3) 소송비용액확정절차

소송비용의 부담을 정하는 재판에서 그 액수가 정해지지 않은 경우에 제1심 법원이 당사자의 신청을 받아 결정으로 그 소송비용액을 확정한다(제110조 제1항). 판결 중의 소송비용재판에서는 부담자와 부담비율만 정하는 것이 실무관행이고, 구체적인 부담액수는 소송비용액확정절차에 의한다. 소송비용액확정절차에서는 소송비용의 액수만을 정할 수 있을 뿐이고, 소송비용부담재판에서 확정한 상환의무 자체의 범위를 심리·판단하거나 변경할 수 없다.[2] 소송비용액확정결정을 받으면 이를 집행권원으로 하여 강제집행할 수 있다.

소송비용액확정절차는 제1심 수소법원 전속관할이다.[3] 본안재판으로 소송비용부담의 재판이 행하여진 경우 소송비용액확정절차는 본안재판이 완결될 당시의 법원이 아니라 제1심 법원의 관할이다(제110조 제1항). 그러나 소의 취하 등 소송이 재판에 의하지 않고 완결된 경우(화해로 완결된 경우는 제외한다)에는 완결 당시의 법원이 관할한다(제114조 제1항). 따라서 소가 취하된 경우에는 완결될 당시 소송계속 법원에 소송비용부담 및 그 액수의 확정재판을 신청하여야 한다.[4] 항소심에서 소를 취하한 경우에는 제1심을 포함한 총 소송비용에 관하여 항소심법원에

---

1) 소송비용의 재판에 대한 불복은 본안에 대한 상고의 전부 또는 일부가 이유 있는 경우에 한하여 허용되고, 본안에 대한 상고가 이유 없을 때에는 허용될 수 없으므로, 이 사건 본안에 대한 상고가 이유 없는 이상 원심이 한 소송비용의 재판이 위법하다는 주장은 받아들일 수 없다(대법원 2005. 3. 24. 선고 2004다71522,71539 판결; 1998. 9. 8. 선고 98다22048 판결).

2) 소송비용 상환의무가 재판에 의하여 확정된 경우에 소송비용액 확정절차에서는 상환할 소송비용의 수액을 정할 수 있을 뿐 그 상환의무 자체의 존부를 심리·판단할 수는 없다(대법원 2011. 3. 24. 선고 2010다96997 판결).

3) 제110조에 의하면 소송비용의 부담을 정하는 재판에서 그 액수가 정하여지지 아니한 경우에는 그 재판이 확정되거나 소송비용부담의 재판이 집행력을 갖게 된 후에 제1심법원이 당사자의 신청을 받아 그 소송비용액을 확정하는 결정을 하는 것인바, 상소심에 제기된 재심청구사건의 판결에서 소송비용의 부담자만을 정하고 그 액수를 정하지 아니한 경우에도 그 소송비용액의 확정결정은 제1심법원이 하여야 한다(대법원 2008. 3. 31. 자 2006마1488 결정).

4) 소의 일부가 취하되거나 또는 청구가 감축된 경우에 있어서 소송비용에 관하여는 제104조의 적용이 있는 것으로 해석함이 상당하므로, 이 경우 당사자가 일부 취하되거나 청구가 감축된 부분에 해당하는 소송비용을 상환받기 위하여는 위 규정에 의하여 일부 취하되거나 감축되어 그 부분만이 종결될 당시의 소송계속 법원에 종국판결과는 별개의 절차로서의 소송비용부담재판의 신청을 하고 그에 따라 결정된 소송비용의 부담자 및 부담액에 의할 것이며, 당초 소송의 종국판결에서는 직접적으로 판단의 대상이 된 나머지 청구에 관하여만 소송의 승패,

소송비용부담 및 그 액수의 확정재판을 신청하여야 한다. 그러나 항소심에서 항소가 취하된 경우에는 제1심판결이 확정되므로 제1심 소송비용은 제1심 법원에 소송비용액확정절차를 신청하고, 항소심 소송비용은 항소심법원에 소송비용부담재판을 신청하여야 한다.

소송비용부담의 재판이 확정된 경우뿐만 아니라 확정되기 전이라도 가집행선고가 붙어 집행력을 갖게 된 경우 당사자는 소송비용액확정신청을 할 수 있다(제110조 제1항). 사법보좌관이 소송비용액확정결정을 한다(사법보좌관규칙 제2조 제1항 제1호).[1] 이 결정에 대하여는 즉시항고를 할 수 있다(제110조 제3항). 먼저 사법보좌관에게 이의신청을 하고(동규칙 제4조 제1항), 이의신청을 받은 사법보좌관은 이의신청사건을 지체 없이 소속 법원의 판사에게 송부한다(동조 제5항). 판사가 이의신청이 이유 있다고 인정하는 때에는 사법보좌관의 처분을 경정하고(동조 제6항 제3호), 이유 없다고 인정하는 때에는 이의신청사건을 항고법원으로 송부하는데,[2] 이 경우 이의신청은 즉시항고로 본다(동항 제5호).

사법보좌관의 처분에 대한 이의신청의 인가 여부의 재판을 담당하는 판사는 '제1심 수소법원'을 의미한다. 따라서 예를 들어, 대전지방법원 단독판사가 수소법원으로 판결한 본안사건에 관한 소송비용액확정신청에 대한 사법보좌관의 처분에 대한 이의신청의 인가 여부의 재판은 수소법원인 대전지방법원 단독판사가 하여야 하고, 대전지방법원 합의부가 인가하는 재판을 하는 것은 전속관할위반으로 위법하다.[3] 사법보좌관의 처분에 대한 이의신청에 관하여 지방법원 단독판사가 인가한 경우 그 이의신청에 의한 즉시항고사건은 항고법원인 지방법원 합의부가 관할 법원이 된다.[4]

---

소송수행의 상황 등을 참작하여 소송비용의 부담자 및 부담비율을 정하는 것이다(대법원 1999. 8. 25. 자 97마 3132 결정).

1) 소송비용액의 계산은 법원사무관 등이 한다(제115조).

2) 이 사건 소송비용액확정신청은 피신청인이 신청인을 상대로 제기한 울산지방법원 2005재나327호 재심청구사건에서 재심소송비용의 부담자를 피신청인으로 정한 판결이 확정된 후 신청인이 그 소송비용액의 확정을 구하는 것으로서, 그에 대한 사법보좌관의 처분은 제1심법원의 사무를 행한 것이라고 볼 것이므로, 이에 대한 피신청인의 이의신청에 대하여 울산지방법원 소속 단독판사가 사법보좌관의 처분을 인가한 경우 그 이의신청에 의한 즉시항고사건은 항고법원인 울산지방법원 합의부가 관할법원이 된다고 할 것이다(대법원 2008. 3. 31. 자 2006마 1488 결정).

3) 제110조 제1항의 소송비용액확정결정은 제1심 수소법원의 전속관할에 속한다. 이 사건 소송비용액확정결정은 대전지방법원 천안지원 합의부가 수소법원으로서 판결한 본안사건에 관한 것이므로, 이 사건 소송비용액확정신청에 관한 사법보좌관의 처분에 대한 이의신청의 인가 여부의 재판은 수소법원인 대전지방법원 천안지원 합의부에서 하였어야 할 것이다. 그런데도 원심은, 본안사건의 수소법원이 아닌 대전지방법원 천안지원 단독판사가 소송비용액확정신청에 관한 사법보좌관의 처분을 인가하는 재판을 한 것이 옳음을 전제로 재항고인의 항고를 기각하고 말았으니, 원심결정에는 전속관할에 관한 법리를 위반한 위법이 있다(대법원 2010. 4. 16. 자 2010마 357 결정).

4) 소송비용의 부담자를 정한 판결이 확정된 후의 소송비용액의 확정신청에 대한 사법보좌관의 처분은 제1심법원

### (4) 소송비용의 담보

원고가 국내에 주소·사무소와 영업소를 두지 않은 때 또는 소장·준비서면 그 밖의 소송기록에 의하여 청구가 이유 없음이 명백한 때 등 소송비용에 대한 담보제공이 필요하다고 판단되는 경우에 법원은 직권 또는 피고의 신청에 의하여 원고에게 소송비용에 대한 담보를 제공하도록 명하여야 한다(제117조 제1항 및 제2항). 담보를 제공할 사유가 있다는 것을 알고도 피고가 본안에 관하여 변론하거나 변론준비기일에서 진술한 경우에는 담보제공을 신청하지 못한다(제118조).

법원은 담보를 제공하도록 명하는 결정에서 담보액과 담보제공의 기간을 정하여야 하고(제120조 제1항), 당사자는 담보제공신청에 관한 결정에 대하여는 즉시항고를 할 수 있다(제121조). 담보제공을 신청한 피고는 원고가 담보를 제공할 때까지 소송에 응하지 않을 수 있고(제119조), 담보제공기간 내에 원고가 담보를 제공하지 않는 때에는 법원은 변론 없이 판결로 소를 각하할 수 있다(제124조 본문). 다만, 판결하기 전에 담보를 제공한 때에는 그렇지 않다(동조 단서).

## 2. 가집행선고

### (1) 의의

가집행선고는 미확정의 종국판결에 대하여 확정된 경우와 같이 집행력을 미리 주는 형성적 재판이다. 판결은 확정되어야만 집행력이 발생하는 것이 원칙이지만, 판결확정 전이라도 승소자의 신속한 권리실현을 위하여 마련된 제도이다. 또한 피고로서도 가집행을 피하기 위해서는 제1심에서 적극적으로 모든 소송자료를 제출하여 다투어야 할 것이므로 제1심의 심리를 충실하게 하는 효과도 있다.

### (2) 가집행선고의 대상

가집행선고는 종국판결로서 가집행할 수 있는 판결에 붙일 수 있다. 중간판결에는 가집행선고를 붙일 수 없고, 청구기각이나 소각하판결에도 가집행선고를 붙일 수 없다. 결정이나 명령은 원칙적으로 즉시 집행력이 있으므로 가집행선고가 허용되지 않는다(민사집행법 제56조 제1호).

---

의 사무를 행한 것이므로, 이에 대한 이의신청에 관하여 지방법원 단독판사가 사법보좌관의 처분을 인가한 경우 그 이의신청에 의한 즉시항고사건은 항고법원인 지방법원 합의부가 관할법원이 된다(대법원 2008. 3. 31. 자 2006마1488 결정).

배상명령에는 가집행을 붙일 수 있다(소송촉진 등에 관한 특례법 제31조 제3항).

가집행선고는 재산권상의 청구에 관한 판결에 붙일 수 있다(제213조 제1항 본문). 이혼청구 등 신분상 청구에는 가집행을 붙일 수 없다. 판례는 민법상 재산분할청구권은 이혼이 성립한 때에 비로소 발생하는 권리이므로, 이혼과 동시에 재산분할을 명하는 판결을 하는 경우 아직 이혼판결이 확정되지 않은 상태이므로 재산분할판결에 가집행선고를 붙일 수 없다고 한다.[1]

확인판결이나 형성판결에도 넓은 의미의 집행력을 부여할 필요가 있으므로 가집행선고를 붙일 수 있다는 것이 통설이나, 판례는 이행판결에 한하여 가집행선고를 붙일 수 있고, 형성판결에 있어서는 법률에 특별한 규정이 있거나 성질상 허용되는 경우 이외에는 가집행선고를 붙일 수 없다고 한다.[2] 법률에서 형성판결에 대하여 가집행선고를 하도록 규정하고 있는 경우가 있다. 예를 들어, 청구이의의 소, 집행문부여에 대한 이의의 소, 제3자이의의 소에서 강제집행의 정지, 담보제공, 집행처분의 취소 등의 잠정처분을 취소·변경 또는 인가하는 판결을 하는 경우에는 직권으로 가집행선고를 하여야 한다(민사집행법 제47조 제2항, 제48조 제3항).

## (3) 가집행선고의 절차

가집행선고는 인용채권의 전액에 대하여는 물론이고 일부에 대하여도 할 수 있다. 가집행선고는 법원이 직권으로 하여야 하고, 당사자의 신청은 직권발동을 촉구하는 의미밖에 없다. 다만, 상소법원은 원심판결 중 불복신청이 없는 부분에 대하여 당사자의 신청에 따라 결정으로 가집행선고를 할 수 있다(제406조 제1항, 제435조).[3] 즉, 불복신청이 없는 부분에 대한 상소심법원의 가집행선고는 당사자의 신청이 있는 때에만 가능하다. 재산권상 청구에 관한 판결은 상당

---

1) 민법상의 재산분할청구권은 이혼을 한 당사자의 일방이 다른 일방에 대하여 재산분할을 청구할 수 있는 권리로서 이혼이 성립한 때에 그 법적 효과로서 비로소 발생하는 것이므로, 당사자가 이혼이 성립하기 전에 이혼소송과 병합하여 재산분할의 청구를 하고, 법원이 이혼과 동시에 재산분할을 명하는 판결을 하는 경우에도 이혼판결은 확정되지 아니한 상태이므로, 그 시점에서 가집행을 허용할 수는 없다(대법원 1998. 11. 13. 선고 98므1193 판결).

2) 논지는 원심이 그 판결주문에 "부동산임의경매는 이를 불허한다."는 부분에 가집행선고를 붙인 것은 위법이라는 취지이다. 절차법상 일종의 형성력의 발생을 목적으로 하는 이른바 형성청구에 있어서는 법률에 특별한 규정이 있다거나 또는 그 성질이 허용되는 경우 이외에는 가집행선고를 붙여서 미리 그 집행력을 발생시킬 수 없다고 보는 것이 상당하다. 그렇다면 원심이 가집행선고를 붙일 수 없는 경우에 가집행선고를 붙인 것은 쓸데없는 기재에 불과하다고 할 것이고, 따라서 이것이 원심판결에 영향을 미칠만한 것은 못 된다(대법원 1966. 1. 25. 선고 65다2374 판결).

3) 가집행선고는 재산권의 청구에 관한 판결의 경우 상당한 이유가 없는 한 당사자의 신청 유무와 관계없이 선고하게 되어 있는 것으로 법원의 직권판단사항이어서 처분권주의를 근거로 하는 제415조(항소를 받아들이는 범위)의 적용을 받지 않는 것이므로 가집행선고가 붙지 않은 제1심판결에 대하여 피고만이 항소한 항소심에서 법원이 항소를 기각하면서 가집행선고를 붙였다 하여 제1심 판결을 피고가 신청한 불복의 한도를 넘어 불이익하게 변경한 것이라 할 수 없다(대법원 1991. 11. 8. 선고 90다17804 판결).

한 이유가 없는 한 가집행선고를 하여야 한다(제213조 제1항). 여기서 상당한 이유란 건물의 철거 등 패소한 피고에게 회복할 수 없는 손해가 발생할 염려가 있는 경우를 말한다.[1]

가집행선고는 피고를 위하여 담보를 제공하거나 또는 담보를 제공하지 않을 것을 조건으로 할 수 있다. 다만, 어음금·수표금 청구에 관한 판결에는 담보를 제공하게 하지 않고 가집행선고를 하여야 한다(제213조 제1항). 담보를 제공하게 할지 여부는 법원의 재량이지만 상소심에서 판결이 변경될 가능성이 있을 때에는 담보의 제공을 명하여야 할 것이다. 이는 가집행으로 인하여 피고가 입을 손해배상을 담보하기 위한 것이고, 이 담보물에 대하여 피고는 질권자와 동일한 권리가 있다(제214조 및 제123조).

법원은 직권으로 또는 당사자의 신청에 따라 채권 전액을 담보로 제공하고 가집행을 면제받을 수 있다는 것을 선고할 수 있다(제213조 제2항). 이를 '가집행면제선고'라고 한다. 가집행면제의 선고가 있는 때에는 담보를 제공한 취지의 증명서를 제출하여 강제집행정지를 신청할 수 있다.

## (4) 가집행선고의 효력

가집행선고가 붙은 판결은 선고에 의하여 즉시 집행력이 발생하고, 집행권원이 된다. 그러나 가집행은 확정적 집행이 아니며, 상급심에서 가집행선고 있는 본안판결이 취소되면 효력이 없어지는 해제조건부집행이다.[2] 따라서 가집행선고에 따라 채권자가 집행을 완료하였다고 하더라도 상소심에서는 그 집행의 이행상태를 고려하지 않고 청구의 당부를 판단하여야 하며,[3] 가집행선고에 의한 금원지급에 따른 채권소멸의 효과는 그 판결이 확정된 때에 비로소 발생하므로 채무자가 가집행선고에 따라 금원을 지급하였다는 사유는 변론종결 후에 발생한 사유로서 적법한 청구이의사유가 된다.[4] 또한 확정판결과는 달리 가집행선고 있는 판결을 집행권원으로 하여서는 재산명시신청(민사집행법 제61조 제1항 단서), 채무불이행자명부등재신청(동법 제70조 제

---

1) 김홍엽, 833면; 이시윤, 691면.
2) 제1심 판결에 붙은 가집행선고에 의하여 지급된 금원은 확정적으로 변제의 효과가 발생하는 것이 아니며, 그 금원지급에 의한 채권소멸의 효과는 그 판결이 확정된 때에 비로소 발생한다(대법원 1995. 6. 30. 선고 95다15827 판결).
3) 가집행으로 인한 변제의 효력은 확정적인 것이 아니고 어디까지나 상소심에서 그 가집행의 선고 또는 본안판결이 취소되는 것을 해제조건으로 하여 발생하는 것에 지나지 않으므로, 제1심 가집행선고부판결에 기하여 피고가 그 가집행선고금액을 지급하였다 하더라도 항소심 법원으로서는 이를 참작함이 없이 당해 청구의 당부를 판단하여야 한다(대법원 2009. 3. 26. 선고 2008다95953, 95960 판결; 1993. 10. 8. 선고 93다26175,26182(반소) 판결).
4) 제1심 판결에 붙은 가집행선고에 의하여 지급된 금원에 의한 채권소멸의 효과는 그 판결이 확정된 때에 비로소 발생한다고 할 것이므로, 채무자가 그와 같이 금원을 지급하였다는 사유는 본래의 소송의 확정판결의 집행력을 배제하는 적법한 청구이의사유가 된다(대법원 1995. 6. 30. 선고 95다15827 판결).

1항 제1호 단서), 재산조회신청(동법 제74조 이하)을 할 수 없다.

가집행선고에 대해서만 독립하여 상소할 수 없으며, 본안판결과 함께 불복하여야 한다(제391조, 제425조). 가집행선고가 붙은 판결에 피고가 상소를 하더라도 그 집행이 정지되는 것은 아니다. 가집행에 기한 강제집행을 정지시키려면 별도로 피고가 강제집행정지신청을 하여 강제집행정지결정을 받아야 한다(제501조 및 제500조 제1항). 법원은 담보를 제공하게 하거나 제공하지 않고 강제집행을 일시 정지하도록 명할 수 있고(제500조 제1항),[1] 이러한 강제집행정지결정에 대하여는 불복할 수 없다(제500조 제3항). 가집행에 기한 강제집행정지를 위하여 공탁한 담보는 강제집행정지로 인하여 원고에게 생길 손해를 담보하기 위한 것이고 정지의 대상인 기본채권을 담보하는 것이 아니다.[2] 본안판결에 대한 상소가 이유 있는 경우에만 가집행선고에 대한 불복이유가 인정되므로, 가집행선고에 비록 잘못이 있더라도 본안판결에 대한 상소가 이유 없는 경우에는 가집행선고를 시정하는 판단을 할 수 없다.[3]

## (5) 가집행선고의 실효

상소심에서 가집행선고만 변경되거나 또는 가집행선고가 붙은 본안판결이 변경되는 판결이 선고되었을 경우 가집행선고는 그 한도에서 그 효력을 잃는다(제215조 제1항).[4] 확정을 기다리지 않고 선고와 동시에 효력을 상실한다. 다만, 가집행선고의 실효는 소급효가 없으므로 그 이

---

1) 실무에서는 가집행을 선고하면서 원고에게 담보를 제공하게 하는 경우는 전무한 반면에 피고가 상소해 강제집행 정지를 신청하는 경우에는 판결금전액과 지연이자에 해당하는 금액을 전부 현금으로 공탁하도록 하는 경우가 많다. 현재 실무에 의하면 상소심에서 가집행선고가 붙은 원심판결이 취소되는 경우 가집행으로 인한 피해를 회복하기 어려워 피고의 권리보호에 미흡하다는 비판이 있다.

2) 가집행선고 있는 판결에 대한 강제집행정지를 위하여 공탁한 담보는 강제집행정지로 인하여 채권자에게 생길 손해를 담보하기 위한 것이고 정지의 대상인 기본채권 자체를 담보하는 것이 아니므로 채권자는 위 손해배상청구권에 한하여만 질권자와 동일한 권리가 있다(대법원 1986. 6. 16. 자 86마282 결정). 따라서 원고가 결국 승소하더라도 판결금채권으로 담보공탁금을 출급할 수는 없고, 피고의 담보회수청구권을 압류하는 우회적인 방법이 가능할 뿐이다.

3) 가집행선고의 재판에 대하여는 본안재판의 불복과 더불어서만 불복할 수 있으며, 본안의 재판에 대한 상소의 전부 또는 일부가 이유 있다고 판단되는 경우에만 가집행선고의 재판에 불복이유가 있다고 할 것이므로, 본안과 더불어 상소된 가집행선고의 재판에 비록 잘못이 있다 하더라도 본안사건에 대한 상소가 이유 없다고 판단되는 경우에 있어서는 가집행선고의 재판을 시정하는 판단을 할 수 없다(대법원 1981. 10. 24. 선고 80다2846 판결).

4) 가집행선고에 기한 강제집행이 종료된 경우에 그 후 가집행선고가 실효되더라도 강제집행의 효력이 여전히 유지되는 것은 그것이 집행 당시에는 유효하였던 채무명의의 집행력에 기한 강제집행의 결과일 뿐만 아니라 그 강제집행의 결과 이해관계를 맺게 되는 제3자를 보호할 필요가 있기 때문인데, 이와 같은 채무명의에 기한 강제집행이 아닌 채무자가 가집행선고를 면하기 위하여 채권자의 승낙을 얻어 한 대물변제의 경우에는 그와 같은 필요성이 있다고 할 수 없으므로 가집행선고가 실효되고 원래의 채무가 존재하지 않음이 밝혀진 경우에까지 그 대물변제를 유효한 것으로 인정할 수는 없는 것이다(대법원 1993. 4. 23. 선고 92다19163 판결).

전에 이미 집행이 끝난 경우에는 그 효력에 영향이 없다. 판례는 가집행선고가 붙은 항소심판결이 상고심에서 파기되어 항소심에 환송된 경우에는 그 집행을 정지하기 위하여 제공된 담보는 그 담보원인이 소멸되지만,[1] 가집행선고가 붙은 제1심판결이 항소심에서 취소되더라도 그 항소심판결이 미확정인 상태에서는 그 집행정지를 위한 담보는 그 담보원인이 소멸된 것으로 볼 수 없다고 한다.[2]

가집행선고가 붙은 본안판결이 상소심에서 변경된 경우에 피고는 가집행선고에 따라 지급한 물건이나 금전의 반환 및 그로 인한 손해의 배상을 청구할 수 있다. 원고를 상대로 별도의 소송을 제기하여 원상회복 및 손해배상청구를 할 수 있지만, 민사소송법은 별도 소송의 제기에 따른 비용이나 시간 등을 절약하기 위하여 피고의 신청에 의하여 해당 소송의 항소심절차에서 병합하여 청구할 수 있도록 하고 있다(제215조 제2항). 이를 '가지급물반환신청'이라고 한다.[3] 그리하여 상소법원은 본안판결을 변경하는 경우에 가집행선고에 따라 지급한 물건이나 금전의 반환 및 그로 인하여 입은 손해의 배상을 원고에게 명하여야 한다.

가집행선고의 실효로 인한 손해배상의무는 공평의 원칙에 따른 일종의 무과실책임이므로, 원고의 고의·과실을 불문하고 가집행으로 인하여 피고가 입은 손해를 배상할 책임이 있다.[4] 손해배상의 범위는 가집행과 상당인과관계에 있는 모든 손해이다. 따라서 강제집행의 집행비

---

1) 가집행선고가 붙은 항소심판결이 상고심에서 파기되어 항소심에 환송된 경우에는 비록 본안판결이 확정되지 아니하였다 하여도 위의 가집행선고가 붙은 판결집행을 정지하기 위하여 제공된 담보는 그 담보원인이 소멸되었다고 할 것이다(대법원 1984. 4. 26. 자 84마171 결정).

2) 제1심판결에 붙은 가집행선고는 그 본안판결을 변경한 항소심판결에 의하여 변경의 한도에서 효력을 잃게 되지만 그 실효는 변경된 본안판결의 확정을 해제조건으로 하는 것이어서, 그 항소심판결을 파기하는 상고심판결이 선고되면 가집행선고의 효력은 다시 회복되기에, 그 항소심판결이 확정되지 아니한 상태에서는 가집행선고부 제1심판결에 기한 가집행이 정지됨으로 인하여 입은 손해의 배상을 상대방에게 청구할 수 있는 가능성이 여전히 남아 있다고 할 것이므로, 가집행선고부 제1심판결이 항소심판결에 의하여 취소되었다 하더라도 그 항소심판결이 미확정인 상태에서는 가집행선고부 제1심판결에 대한 강제집행정지를 위한 담보는 그 사유가 소멸되었다고 볼 수 없다(대법원 1999. 12. 3. 자 99마2078 전원합의체 결정).

3) 가지급물반환신청은 가집행에 의하여 집행을 당한 채무자로 하여금 본안심리절차를 이용하여 그 신청의 심리를 받을 수 있게 함으로써 반소나 별소를 제기하는 비용과 시간 등을 절약할 수 있게 하려는 제도로서, 그 신청은 집행을 당한 채무자가 본안에 대하여 불복을 제기함과 아울러 본안을 심리하고 있는 상소심에서 그 변론종결 전에 함이 원칙이고, 그 신청의 이유인 사실의 진술 및 그 당부의 판단을 위하여서는 소송에 준하여 변론이 필요한 것인데, 상고심은 법률심이어서 과연 집행에 의하여 어떠한 지급이 이행되었으며 어느 범위의 손해가 있었는가 등의 사실관계를 심리 확정할 수 없기 때문에 신청의 이유로서 주장하는 사실관계에 대하여 당사자 사이에 다툼이 없어 사실심리를 요하지 아니하는 경우를 제외하고는 가집행선고로 인한 지급물의 반환신청은 상고심에서는 원칙적으로 허용되지 아니한다(대법원 1999. 11. 26. 선고 99다36617 판결).

4) 본안판결의 변경으로 가집행의 선고가 실효되었을 경우, 법원은 가집행선고로 인하여 지급된 물건의 반환은 물론 가집행으로 인한 손해의 배상까지 명할 수 있는데, 위 배상의무는 공평원칙에 입각한 일종의 무과실책임이라고 봄이 상당하다(대법원 1979. 9. 11. 선고 79다1123 판결).

용, 가집행에 따른 금원에 대한 강제집행 당시로부터의 법정이자 등도 여기의 손해에 포함되고,[1] 만일 피고에게 과실이 있는 때에는 과실상계도 인정된다.[2] 반환의 대상이 되는 가지급물은 가집행의 결과 피고가 원고에게 이행한 물건 또는 그와 동일시 할 수 있는 것을 말한다. 가집행선고에 따라 피고가 변제공탁한 판결금액은 원고가 이를 수령하지 않는 한 가집행선고의 실효에 따른 반환대상이 되는 가지급물에 해당되지 않는다.[3]

---

1) 본안판결의 변경으로 가집행선고가 실효되는 경우에는 가집행채권자는 그의 고의 또는 과실의 유무에 불구하고 가집행으로 인한 손해를 배상할 책임이 있다 할 것이고, 또한 그 손해배상의 범위는 통상의 손해배상의 경우와 비교하여 특별히 제한해야 할 이유는 없는 것이므로 가집행과 상당인과관계에 있는 모든 손해를 포함하는 것이라고 할 것이다. 강제집행의 집행비용은 가집행선고로 인한 지급물 자체라고는 할 수 없으나 원고의 집행에 의하여 피고가 부담하게 된 손해라 할 것이므로 원고가 수령해간 금액에서 이를 공제하여서는 아니 될 것이고, 또 위 금액에 대한 강제집행시로부터 연 5푼의 비율에 의한 이자 상당의 손해 역시 피고가 입은 통상의 손해라 할 것이어서 원고에게 그 손해의 배상의무가 있다 할 것이다(대법원 1979. 9. 25. 선고 79다1476 판결).
2) 본안판결의 취소변경으로 가집행선고가 실효된 경우, 그 가집행채권자는 고의·과실 유무에 불구하고 가집행으로 인한 손해를 배상할 책임이 있다 할 것이나, 그 가집행에 관하여 그 가집행채무자에게 과실이 있는 때에는 민법 제396조 또는 동법 제763조의 규정을 준용하여 가집행채권자의 손해배상책임 및 그 금액을 정함에 있어 이를 참작하여야 한다(대법원 1984. 12. 26. 선고 84다카1695 판결).
3) 제215조 제2항은 가집행선고 있는 본안판결을 변경하는 경우에는 법원은 피고의 신청에 의하여 그 판결에서 가집행선고로 인한 지급물의 반환을 원고에게 명하도록 규정하고 있는데, 여기에서 반환의 대상이 되는 가집행선고로 인한 지급물은 가집행의 결과 피고가 원고에게 이행한 물건 또는 그와 동일시할 수 있는 것을 의미한다. 그런데 가집행선고부판결에 기한 공탁은 채무를 확정적으로 소멸시키는 원래의 변제공탁이 아니고 상소심에서 가집행선고 또는 본안판결이 취소되는 것을 해제조건으로 하는 것이므로 가집행선고부판결이 선고된 후 피고가 판결인용금액을 변제공탁하였다 하더라도 원고가 이를 수령하지 아니한 이상 그와 같이 공탁된 돈 자체를 가집행선고로 인한 지급물이라고 할 수 없다. 따라서 피고가 가집행선고부 제1심판결에 기한 판결인용금액을 변제공탁한 후 항소심에서 제1심판결의 채무액이 일부 취소되었다 하더라도 그 차액이 가집행선고의 실효에 따른 반환대상이 되는 가지급물이라고 할 수 없다. 다만 그 차액에 대해서는 공탁원인이 소멸된 것이므로 공탁자인 피고로서는 공탁원인의 소멸을 이유로 그에 해당하는 공탁금을 회수할 수 있다(대법원 2011. 9. 29. 선고 2011다17847 판결).

# 04

# 병합소송

제4편

# 01

# 병합청구소송

## 제1절   청구의 병합

## Ⅰ. 의의

청구의 병합이란 원고가 하나의 소송절차에서 여러 개의 청구를 하는 경우를 말한다(제253조). 청구의 병합을 인정하는 이유는 소송경제를 도모하고 서로 관련 있는 사건 상호간의 판결의 모순·저촉을 회피하기 위함이다.

청구병합의 인정범위는 소송물이론에 따라 차이가 있다. 실체법상 권리마다 소송물이 별개라는 구소송물이론에 의하면 청구병합의 인정범위가 넓어지지만, 실체법상 권리는 소송물이 이유 있는지 여부를 가리는데 전제가 되는 법률적 관점 내지 공격방어방법에 불과하다고 보는 신소송물이론에 의하여 청구병합의 인정범위가 상대적으로 협소해 진다. 예를 들어, 불법행위에 기한 손해배상청구와 채무불이행에 기한 손해배상청구를 병합하거나 또는 배우자의 부정행위를 이유로 한 이혼청구와 혼인생활을 계속하기 어려운 중대한 사유를 이유로 한 이혼청구를 병합하는 경우에 구소송물이론에서는 이를 청구의 병합으로 보지만, 신소송물이론에서는 단순히 공격방어방법이 복수인 경우로 본다.

## Ⅱ. 병합의 요건

여러 개의 청구 사이에는 다음과 같은 요건이 갖추어져야 한다.

### 1. 동종의 소송절차에서 심판될 것

여러 개의 청구는 동종의 소송절차에 의하여 심판될 수 있어야 한다(제253조). 민사본안사건과 가압류·가처분사건, 민사소송사건과 비송사건은 절차의 종류를 달리하므로 병합이 허용되지 않는다. 행정소송사건과 민사소송사건, 가사소송사건과 민사소송사건[1] 사이에도 병합이 허용되지 않는다. 다만, 행정소송에 있어서 민사상 관련 청구, 즉 당해 처분 등과 관련된 손해배상·부당이득반환·원상회복 등 청구소송을 병합하는 것은 예외적으로 허용되며(행정소송법 제10조 및 제44조 제2항),[2] 가사조정에서도 당사자 사이의 분쟁을 일시에 해결하기 위하여 필요한 경우 조정위원회 또는 조정담당판사의 허가를 받아 조정의 목적인 청구와 관련 있는 민사사건의 청구를 병합하여 조정신청을 할 수 있다(가사소송법 제57조 제2항). 판례는 재심의 소에서는 확정판결의 취소와 본소청구의 기각을 구하는 외에 새로운 청구를 병합하는 것은 허용되지 않는다고 한다.[3]

### 2. 공통의 관할권이 있을 것

여러 개의 청구에 대하여 수소법원에 공통의 관할권이 있어야 한다. 전속관할에 속하는 것

---

1) 가사소송법 제2조 제1항 소정의 나류 가사소송사건과 마류 가사비송사건은 통상의 민사사건과는 다른 종류의 소송절차에 따르는 것이므로, 원칙적으로 위와 같은 가사사건에 관한 소송에서 통상의 민사사건에 속하는 청구를 병합할 수는 없다(대법원 2006. 1. 13. 선고 2004므1378 판결).

2) 손해배상청구 등의 민사소송이 행정소송에 관련 청구로 병합되기 위해서는 그 청구의 내용 또는 발생원인이 행정소송의 대상인 처분 등과 법률상 또는 사실상 공통되거나, 그 처분의 효력이나 존부 유무가 선결문제로 되는 등의 관계에 있어야 함이 원칙이다(대법원 2000. 10. 27. 선고 99두561 판결).

3) 재심의 소에서는 확정판결의 취소를 구하는 동시에 그 본소청구의 기각을 구하는 이외에 원고가 위 확정판결에 기하여 경료한 소유권이전등기의 말소절차의 이행을 구하는 청구나 원고 명의로부터 다시 소유권이전등기를 받은 제3자를 인수참가인으로 하여 그의 소유권이전등기에 대한 말소등기절차를 구하는 청구 등을 병합할 수 없다. 위와 같은 새로운 청구들은 별소로 청구하여야 할 것이다(대법원 1971. 3. 31. 선고 71다8 판결; 1997. 5. 28. 선고 96다41649 판결).

이 아닌 한, 병합된 청구 가운데 어느 하나의 청구에 대하여 수소법원에 관할이 인정되면, 다른 청구에 대하여도 수소법원에 관련재판적이 인정되므로, 이 요건은 크게 문제되지 않는다.

## Ⅲ. 병합의 종류

병합의 종류에는 단순병합, 선택적 병합, 예비적 병합이 있다. 단순병합은 아무런 관계가 없는 여러 개의 청구 전부에 대하여 심판을 구하는 형태의 병합이고, 선택적 병합은 논리적으로 양립할 수 있는 여러 개의 청구 중 어느 하나가 택일적으로 인용될 것을 해제조건으로 다른 청구에 대하여 심판을 구하는 형태의 병합이며, 예비적 병합은 논리적으로 양립할 수 없는 여러 개의 청구를 하면서 주위적 청구가 인용될 것을 해제조건으로 예비적 청구에 대하여 심판을 구하는 형태의 병합이다.

### 1. 단순병합

단순병합은 병합된 다른 청구가 이유 있든 없든 관계없이 차례로 심판을 구하는 형태의 병합이다. 예를 들어, 매매대금과 대여금을 함께 청구하는 경우 등이다. 단순병합은 논리적으로 아무런 관계가 없는 여러 개의 청구 전부에 대하여 그 심판을 구하는 형태의 병합이지만, 상호간에 의존관계에 있는 여러 개의 청구도 단순병합에 의할 수 있다. 예를 들어, 매매계약의 무효확인을 구하면서 매매로 넘어간 목적물의 반환을 함께 구하는 경우에 전자가 인용되어야 후자에 대한 판단이 가능하므로 후자는 전자에 종속적인 관계에 있지만, 원고는 두 개의 판결을 구하는 것이므로 단순병합에 해당된다. 본래의 급부청구에 이행불능 또는 집행불능에 대비하여 그 대상청구로 전보배상청구를 병합하는 경우, 이는 본래의 급부청구권의 존재를 전제로 그에 갈음하는 전보배상을 미리 청구하는 것이므로 현재 이행의 소와 장래 이행의 소의 단순병합에 속한다.[1]

---

1) 채권자가 본래적 급부청구인 소유권이전등기청구에다가 이에 대신할 전보배상을 부가하여 대상청구를 병합하여 소구한 경우의 대상청구는 본래적 급부청구권이 현존함을 전제로 하여 이것이 판결확정 전에 이행불능되거나 또는 판결확정 후에 집행불능이 되는 경우에 대비하여 전보배상을 미리 청구하는 경우로서 그 중 후자의 양자의 병합은 현재의 급부청구와 장래의 급부청구와의 단순병합에 속하는 것으로 허용된다(대법원 2006. 1. 27. 선고 2005다39013 판결; 2011. 8. 18. 선고 2011다30666,30673 판결). 이러한 대상청구를 본래의 급부청구에 예비적으로 병합한 경우에도 본래의 급부청구가 인용된다는 이유만으로 예비적 청구에 대한 판단을 생략할 수는 없다(대법원 2011. 8. 18. 선고 2011다30666,30673 판결).

## 2. 선택적 병합

선택적 병합은 논리적으로 양립할 수 있는 여러 개의 청구 중 어느 하나가 택일적으로 인용될 것을 해제조건으로 하여 다른 청구에 대하여 심판을 구하는 형태의 병합이다. 선택적 병합은 하나의 목적을 위한 여러 개의 청구권 또는 형성권이 경합하는 경우에 인정되는 형태의 병합이다. 예를 들어, 손해배상청구를 불법행위와 계약불이행에 기하여 구하는 경우, 이혼소송을 부정행위와 혼인을 계속하기 어려운 중대한 사유에 기하여 구하는 경우 등이다. 그러나 권리경합관계가 아닌 법조경합관계에 있는 여러 법률에 기한 청구, 선택채권에 기한 청구는 하나의 실체법상 권리에 기한 청구이므로 선택적 병합으로 청구할 수 없다.

논리적으로 양립할 수 없는 여러 개의 청구는 선택적 병합으로 청구할 수 없다.[1] 병합의 형태가 선택적 병합인지 예비적 병합인지는 당사자의 의사가 아닌 병합청구의 성질을 기준으로 판단하여야 한다.[2] 나아가 논리적으로 전혀 관계가 없어 순수하게 단순병합으로 구하여야 할 여러 개의 청구를 선택적 병합이나 예비적 병합으로 청구하는 것도 허용되지 않는다.[3]


## 3. 예비적 병합

예비적 병합은 논리적으로 양립할 수 없는 여러 개의 청구를 하면서 주위적 청구가 기각이

---

1) 청구의 선택적 병합은 원고가 양립할 수 있는 수개의 경합적 청구권에 기하여 동일 취지의 급부를 구하거나 양립할 수 있는 수개의 형성권에 기하여 동일한 형성적 효과를 구하는 경우에 그 어느 한 청구가 인용될 것을 해제조건으로 하여 수개의 청구에 관한 심판을 구하는 병합형태이므로, 논리적으로 양립할 수 없는 수개의 청구는 선택적 병합이 허용되지 아니한다. 그런데 잔여지의 수용청구와 잔여지의 가격감소로 인한 손실보상청구는 서로 양립할 수 없는 관계에 있어 선택적 병합이 불가능한데 원심이 위 두 청구의 선택적 병합청구를 허가한 것 또한 잘못이다(대법원 2014. 4. 24. 선고 2012두6773 판결).
2) 병합의 형태가 선택적 병합인지 예비적 병합인지는 당사자의 의사가 아닌 병합청구의 성질을 기준으로 판단하여야 하고, 항소심에서의 심판범위도 그러한 병합청구의 성질을 기준으로 결정하여야 한다. 따라서 실질적으로 선택적 병합관계에 있는 두 청구에 관하여 당사자가 주위적·예비적으로 순위를 붙여 청구하였고, 그에 대하여 제1심법원이 주위적 청구를 기각하고 예비적 청구만을 인용하는 판결을 선고하여 피고만이 항소를 제기한 경우에도, 항소심으로서는 두 청구 모두를 심판의 대상으로 삼아 판단하여야 한다(대법원 2014. 5. 29. 선고 2013다96868 판결).
3) 논리적으로 전혀 관계가 없어 순수하게 단순병합으로 구하여야 할 수개의 청구를 선택적 또는 예비적 청구로 병합하여 청구하는 것은 부적법하여 허용되지 않는다. 따라서 원고가 그와 같은 형태로 소를 제기하였고 제1심법원이 소송지휘권을 적절히 행사하여 이를 단순병합청구로 보정하게 하는 등의 조치를 취함이 없이 그 중 하나의 청구에 대하여만 심리·판단하여 이를 인용하는 판결을 하였다 하더라도 그로 인하여 청구의 병합형태가 선택적 또는 예비적 병합관계로 바뀔 수는 없다(대법원 2008. 12. 11. 선고 2005다51495 판결).

나 각하될 때를 대비하여, 즉 주위적 청구가 인용될 것을 해제조건으로 예비적 청구에 대하여 심판을 구하는 형태의 병합이다. 예를 들어, 주위적으로 매매계약에 기하여 목적물의 인도를 구하면서, 예비적으로 계약이 무효가 되어 주위적 청구가 이유 없을 때를 대비하여 이미 지급한 매매대금의 반환을 구하는 경우 등이다. 주위적 청구의 일부에 대한 예비적 청구도 허용된다. 주위적 청구의 일부를 특정하여 그 부분이 인용될 것을 해제조건으로 그 부분에 대해서만 하는 예비적 청구도 허용되고,[1] 주위적 청구가 전부 인용되지 않을 때에는 주위적 청구에서 인용되지 않은 수액의 범위 내에서 예비적으로 판단하여 달라는 예비적 청구도 허용된다.[2]

예비적 청구는 주위적 청구와 논리적으로 양립할 수 없는 관계에 있어야 한다. 따라서 예비적 청구가 주위적 청구에 포함되는 관계에 있거나 논리적인 관련성이 없는 경우에는 예비적 병합이 허용되지 않는다. 예를 들어, 동일한 청구원인을 내용으로 하면서 주된 청구의 수량만을 감축하여 예비적으로 청구하는 것은 소송상 예비적 청구라고 볼 수 없고,[3] 주위적으로 소유권이전등기를 구하면서 예비적으로 일정한 금원의 지급과 상환으로 소유권이전등기를 구하는 것도 질적으로 일부 감축하여 청구하는데 불과하므로 소송상 예비적 청구로 볼 수 없다.[4] 또한 논리적으로 전혀 관계가 없어 순수하게 단순병합으로 구하여야 할 여러 개의 청구를 예비적 병합으로 청구하는 것도 허용되지 않는다.[5]

---

1) 주위적 청구와 예비적 청구가 분할가능한 것이고, 주위적 청구가 일부만 인용되는 경우에 나아가서 예비적 청구를 심리할 것인지의 여부는 소송에서의 당사자 의사 해석에 달린 문제라고 할 것이므로, 주위적 청구의 일부를 특정하여 그 부분이 인용될 것을 해제조건으로 하여 그 부분에 대해서만 하는 예비적 청구도 특별히 소송절차의 안정을 해친다거나 예비적 청구의 성질에 반하는 것이 아닌 한 이를 허용하지 아니할 이유가 없다(대법원 1996. 2. 9. 선고 94다50274 판결).
2) 주위적 청구가 전부 인용되지 않을 경우에는 주위적 청구에서 인용되지 아니한 수액범위 내에서의 예비적 청구에 대해서도 판단하여 주기를 바라는 취지로 불가분적으로 결합시켜 제소할 수도 있는 것인바, 진정한 예비적 청구병합소송에서와 마찬가지로 규율될 것이다(대법원 2002. 9. 4. 선고 98다17145 판결).
3) 주위적 청구로서 석회석광업에 관한 보험료율인 62/1,000에 의하여 산출한 산재보험료 부과처분이 위법하다 하여 그 전체의 취소를 구하고 예비적 청구로서 위 부과처분 전체가 위법하지 않을 때를 전제로 하여 위 부과처분 중 시멘트원료 채굴 및 제조업에 관한 보험료율인 15/1,000에 의하여 산정한 보험료를 초과한 부분만이 위법하다 하여 그 부분의 취소를 구하는 경우, 위 예비적 청구는 주위적 청구와 동일한 목적물에 관하여 동일한 청구원인을 내용으로 하고 있고 다만 주위적 청구에 대한 수량적 일부분을 감축하는 것에 지나지 아니하여 소송상 예비적 청구라고 할 수 없다(대법원 1991. 5. 28. 선고 90누1120 판결). 이러한 예비적 청구는 소송상의 예비적 청구라고 볼 수 없으므로 따로 나누어 판단할 필요가 없다(대법원 1972. 2. 29. 선고 71다1313 판결).
4) 주위적으로 무조건적인 소유권이전등기절차의 이행을 구하고, 예비적으로 소외 김종숙으로부터 금 30,000,000원을 지급받음과 동시에 소유권이전등기절차를 이행할 것을 구하고 있으나, 위 예비적 청구는 주위적 청구를 질적으로 일부 감축하여 하는 청구에 지나지 아니할 뿐 그 목적물과 청구원인은 주위적 청구와 완전히 동일하므로 이를 소송상의 예비적 청구라고는 볼 수 없다. 따라서 원심이 위 예비적 청구가 주위적 청구에 포함된다고 보고 이를 따로 나누어 판단하지 아니한 조치는 정당하다(대법원 1999. 4. 23. 선고 98다61463 판결).
5) 대법원 2008. 12. 11. 선고 2005다51495 판결.

그런데 판례는 상호 의존관계에 있거나 논리적으로 양립할 수 있는 여러 개의 청구를 당사자가 주위적, 예비적 청구로 심판의 순서를 정하여 청구하는 부진정예비적 병합도 허용된다고 한다.[1] 예를 들어, 주위적으로 매매계약의 무효확인을 구하면서 예비적으로 매매가 무효임이 인정될 때를 대비하여 매매로 넘어간 목적물의 반환을 구하는 경우, 주위적으로 어음금의 지급을 구하면서 예비적으로 어음의 무효 등으로 기각될 것을 대비하여 원인관계상의 채권의 이행을 구하는 경우 등이다. 부진정예비적 병합은 주위적 청구가 인용되거나 배척될 때를 대비하여 예비적 청구에 대하여 심판을 구하는 것이라는 점에서도 주위적 청구가 배척될 때만을 대비한 진정예비적 병합과 구별된다. 부진정예비적 병합도 진정예비적 병합과 마찬가지로 취급된다.

## Ⅳ. 병합청구의 심판

### 1. 소가의 산정과 병합요건의 조사

소가의 산정에 있어서, 단순병합의 경우에는 병합된 청구의 가액을 합산하는 것이 원칙이고, 선택적·예비적 병합의 경우에는 중복청구의 흡수의 법리에 따라 그 중 가장 다액인 청구의 가액에 의한다. 병합요건은 청구병합의 소송요건이므로 법원의 직권조사사항이다. 병합요건의 흠결이 있으면, 변론을 분리하여 별도의 소로 분리심판하는 것이 원칙이다. 다만, 병합된 청구 중 어느 하나가 다른 법원의 전속관할에 속하는 경우에는 결정으로 이송하여야 한다(제34조 제1항). 병합청구의 요건을 갖추었으면 각 청구에 대한 소송요건을 조사하여야 하며, 그 흠결이 있으면 해당 청구의 소를 판결로 각하하여야 한다(제219조).

### 2. 심리의 공통

병합된 청구는 같은 절차에서 심판된다. 따라서 변론, 증거조사, 판결은 같은 기일에 여러

---

1) 청구의 예비적 병합은 논리적으로 양립할 수 없는 수개의 청구에 관하여 주위적 청구의 인용을 해제조건으로 예비적 청구에 대하여 심판을 구하는 형태의 병합이라 할 것이지만, 논리적으로 양립할 수 있는 수개의 청구라 하더라도 당사자가 심판의 순위를 붙여 청구를 할 합리적 필요성이 있는 경우에는 당사자가 붙인 순위에 따라서 당사자가 먼저 구하는 청구를 심리하여 이유가 없으면, 다음 청구를 심리하여야 할 것이다(대법원 2002. 2. 8. 선고 2001다17633 판결).

개의 청구에 대하여 공통으로 하여야 하며, 여기에 나타난 증거자료나 사실자료는 모든 청구에 대한 판단의 자료가 된다. 병합된 청구에 대하여 변론의 제한이 가능하나, 변론의 분리는 단순병합에 한하여 허용된다. 다만, 단순병합이라도 쟁점을 공통으로 하는 병합청구의 경우에는 재판의 모순·저촉을 방지하기 위하여 변론의 분리를 삼갈 필요가 있다.

## 3. 종국판결

### (1) 단순병합

#### 1) 심판의 방법

법원은 병합된 모든 청구에 대하여 심판하여야 한다. 단순병합에서는 변론의 분리가 허용되고, 일부판결을 할 수 있다.

#### 2) 재판의 누락

단순병합된 여러 개의 청구 중 어느 한 청구에 대하여 판단을 하지 않으면, 이는 재판의 누락이 된다. 그리하여 누락된 청구는 상소에 불구하고 그대로 원심법원에 계속되어 있으며, 이는 추가판결의 대상이 된다(제212조). 논리적으로 전혀 관계가 없어 순수하게 단순병합으로 구하여야 할 여러 개의 청구를 원고가 선택적 또는 예비적으로 병합하여 청구한 경우, 법원은 소송지휘권을 적절히 행사하여 단순병합으로 보정하게 하는 등의 조치를 취해야 하지만 이를 간과하고 그 중 하나의 청구에 대하여만 인용하는 판결을 하였더라도 그로 인하여 청구의 병합형태가 선택적 또는 예비적 병합으로 바뀔 수는 없으므로, 이러한 판결에 대하여 피고만이 상소하면 원심법원이 인용한 청구만이 상소심으로 이심될 뿐이고 나머지 청구는 여전히 원심법원에 남아 있게 된다.[1]

---

1) 논리적으로 전혀 관계가 없어 순수하게 단순병합으로 구하여야 할 수개의 청구를 선택적 또는 예비적 청구로 병합하여 청구하는 것은 부적법하여 허용되지 않는다. 따라서 원고가 그와 같은 형태로 소를 제기한 경우 제1심법원이 본안에 관하여 심리·판단하기 위해서는 소송지휘권을 적절히 행사하여 이를 단순병합청구로 보정하게 하는 등의 조치를 취하여야 하는바, 법원이 이러한 조치를 취함이 없이 본안판결을 하면서 그 중 하나의 청구에 대하여만 심리·판단하여 이를 인용하고 나머지 청구에 대한 심리·판단을 모두 생략하는 내용의 판결을 하였다 하더라도 그로 인하여 청구의 병합형태가 선택적 또는 예비적 병합 관계로 바뀔 수는 없으므로, 이러한 판결에 대하여 피고만이 항소한 경우 제1심법원이 심리·판단하여 인용한 청구만이 항소심으로 이심될 뿐 나머지 심리·판단하지 않은 청구는 여전히 제1심에 남아 있게 된다(대법원 2008. 12. 11. 선고 2005다51495 판결).

## (2) 선택적 병합

### 1) 심판의 방법

법원은 이유 있는 청구 어느 하나를 선택하여 원고 청구를 인용하면 되고, 나머지 청구에 대하여는 심판할 필요가 없다. 그러나 원고패소판결을 하는 경우에는 청구 전부에 대하여 배척하는 판단을 하여야 한다. 선택적 병합에서는 여러 개의 청구가 하나의 소송절차에 불가분적으로 결합되어 있기 때문에 변론의 분리나 일부판결이 허용되지 않는다.

### 2) 판단의 누락

선택적 병합에서 원고패소판결을 하면서 병합된 여러 개의 청구 중 어느 하나를 판단하지 않는 것은 허용되지 않는다. 그럼에도 원고패소판결을 하면서 어느 한 청구를 판단하지 않았다면, 그 청구는 판단의 누락이 되는데 불과하고 재판의 누락이 되는 것은 아니다. 따라서 원고가 상소하면 누락된 청구를 포함한 선택적 청구 전부가 상소심으로 이심된다.[1]

### 3) 상소심의 심판

선택적으로 병합된 여러 개의 청구 중 어느 하나를 인용한 판결에 대하여 피고가 상소한 경우, 판단하지 않은 나머지 청구를 포함한 청구 전부가 상소심으로 이심되고, 또 상소심의 심판대상이 된다. 이 경우 상소심에서 원고승소판결을 하는 경우에는 선택적으로 병합된 여러 개의 청구 중 어느 하나를 임의로 선택하여 심판할 수 있으나, 원고패소판결을 하는 경우에는 선택적 청구 전부에 대하여 판단하여야 한다.[2] 상소심에서 원심에서 인정하지 않은 다른 청구가 이유 있어 원고승소판결을 하는 경우에는 비록 판결주문이 원심과 동일하다고 할지라도 피고의

---

1) 청구의 선택적 병합이란 양립할 수 있는 수개의 경합적 청구권에 기하여 동일 취지의 급부를 구하거나 양립할 수 있는 수개의 형성권에 기하여 동일한 형성적 효과를 구하는 경우에 그 어느 한 청구가 인용될 것을 해제조건으로 하여 수개의 청구에 관한 심판을 구하는 병합형태로서, 이와 같은 선택적 병합의 경우에는 수개의 청구가 하나의 소송절차에 불가분적으로 결합되어 있기 때문에 선택적 청구 중 하나만을 기각하는 일부판결은 선택적 병합의 성질에 반하는 것으로서 법률상 허용되지 않는다. 따라서 제1심법원이 원고의 선택적 청구 중 하나만을 판단하여 기각하고 나머지 청구에 대하여는 아무런 판단을 하지 아니한 조치는 위법한 것이고, 원고가 이와 같이 위법한 제1심판결에 대하여 항소한 이상 원고의 선택적 청구 전부가 항소심으로 이심되었다고 할 것이므로, 선택적 청구 중 판단되지 않은 청구부분이 재판의 탈루로서 제1심법원에 그대로 계속되어 있다고 볼 것은 아니다(대법원 1998. 7. 24. 선고 96다99 판결).
2) 수개의 청구가 제1심에서 선택적으로 병합되고 그 중 어느 하나의 청구에 대한 인용판결이 선고되어 피고가 항소를 제기한 때에는 제1심이 판단하지 아니한 나머지 청구까지도 항소심으로 이심되어 항소심의 심판범위가 되므로, 항소심이 원고의 청구를 인용할 경우에는 선택적으로 병합된 수개의 청구 중 어느 하나를 임의로 선택하여 심판할 수 있으나, 원고의 청구를 모두 기각할 경우에는 원고의 선택적 청구 전부에 대하여 판단하여야 한다(대법원 2010. 5. 27. 선고 2009다12580 판결).

항소를 기각해서는 안 되며, 원심판결을 취소한 다음 새로이 청구를 인용하는 주문을 선고하여야 한다.[1]

## (3) 예비적 병합

### 1) 심판의 방법

법원은 당사자가 청구한 심판의 순서에 구속된다.[2] 법원은 주위적 청구를 인용하는 때에는 예비적 청구를 판단할 필요가 없으나, 주위적 청구를 배척하는 때에는 예비적 청구의 당부를 판단하여야 한다. 주위적 청구를 일부 인용한 경우에도 예비적 청구에 대하여는 판단할 필요가 없다.[3] 다만, 원고가 주위적 청구의 일부를 특정하여 그 부분이 인용될 것을 해제조건으로 하여 그 부분에 대하여만 예비적 청구를 하였다는 등의 특별한 사정이 있다면 예외이다. 주위적 청구를 배척하고 예비적 청구를 인용하는 때에는 판결주문에 주위적 청구기각과 예비적 청구인용의 뜻을 다 같이 표시하여야 한다.[4] 예비적 병합에서는 여러 개의 청구가 하나의 소송절차에 불가분적으로 결합되어 있기 때문에 변론의 분리나 일부판결이 허용되지 않는다.[5]

---

1) 수개의 청구가 제1심에서 처음부터 선택적으로 병합되고 그 중 어느 한 개의 청구에 대한 인용판결이 선고되어 피고가 항소를 제기한 경우는 물론 원고의 청구를 인용한 판결에 대하여 피고가 항소를 제기하여 항소심에 이심된 후 청구가 선택적으로 병합된 경우에 있어서도, 항소심은 제1심에서 인용된 청구를 먼저 심리하여 판단할 필요는 없고, 원심이 한 것처럼 선택적으로 병합된 수개의 청구 중 제1심에서 심판되지 아니한 청구를 임의로 선택하여 심판할 수 있다고 할 것이나, 심리한 결과 그 청구가 이유 있다고 인정되고 그 결론이 제1심판결의 주문과 동일한 경우에도 피고의 항소를 기각하여서는 안 되며 제1심판결을 취소한 다음 새로이 청구를 인용하는 주문을 선고하여야 한다(대법원 2006. 4. 27. 선고 2006다7587 판결).

2) 양립할 수 없는 수개의 청구를 하면서 주위적 청구가 기각되거나 각하될 것에 대비하여 예비적 청구에 대하여 심판을 구하는 병합형태인 예비적 병합에 있어서 예비적 청구는 주위적 청구가 인용되는 것을 해제조건으로 하는 것이므로 법원의 심판순서는 당사자가 청구한 심판의 순서에 구속을 받게 된다(대법원 1993. 3. 23. 선고 92다51204 판결).

3) 원고의 주위적 청구원인이 이유 있다고 인정한 다음에 피고의 일부항변을 받아들여 그 부분에 대한 원고의 청구를 기각하는 경우, 원고가 주위적 청구의 일부를 특정하여 그 부분이 인용될 것을 해제조건으로 하여 그 부분에 대하여만 예비적 청구를 하였다는 등의 특별한 사정이 없는 한, 주위적 청구원인에 기한 청구의 일부가 기각될 운명에 처하였다고 하여 다시 그 부분에 대한 예비적 청구원인이 이유 있는지의 여부에 관하여 나아가 판단할 필요는 없다(대법원 2000. 4. 7. 선고 99다53742 판결).

4) 청구의 예비적 병합의 경우에 주된 청구를 배척하고, 예비적 청구를 인용한 때에는 주된 청구에 관하여 판결이유 중에 이를 배척하는 이유를 설시하는 것만으로는 족하지 아니하고 반드시 판결의 주문에 주된 청구를 기각한다는 뜻과 예비적 청구를 인용한다는 뜻을 다 같이 표시하지 않으면 안 된다. 위와 같은 경우 판결주문에 예비적 청구를 인용하는 뜻의 판단을 하였으나 주된 청구를 기각한다는 뜻의 판단을 표시하지 아니하였다면, 그 판결은 법률에 위배된 것이라 할 것이다(대법원 1974. 5. 28. 선고 73다1942 판결).

5) 원심에서 추가된 청구가 종전의 주위적 청구가 인용될 것을 해제조건으로 하여 청구된 것임이 분명하다면, 원심으로서는 종전의 주위적 청구의 당부를 먼저 판단하여 그 이유가 없을 때에만 원심에서 추가된 예비적 청구에 관하여 심리판단할 수 있고, 위 추가된 예비적 청구만을 분리하여 심리하거나 일부판결을 할 수 없으며, 피고로

## 2) 판단의 누락

예비적 병합에서 주위적 청구를 먼저 판단하지 않고 예비적 청구만을 인용하거나 주위적 청구만을 배척하고 예비적 청구에 대하여 판단하지 않는 등의 일부판결을 하는 것은 허용되지 않는다. 그럼에도 주위적 청구만을 배척하고 예비적 청구를 판단하지 않았다면 판단하지 않은 청구부분은 판단의 누락이 되는데 그치고 재판의 누락이 되는 것은 아니다. 따라서 원고가 상소하면 누락된 예비적 청구를 포함한 청구 전부가 상소심으로 이심된다.[1]

## 3) 상소심의 판단

예비적 병합에서 주위적 청구를 인용한 판결에 대하여 피고가 상소한 경우에는 판단하지 않은 예비적 청구를 포함한 청구 전부가 상소심으로 이심되고, 또한 상소심의 심판대상이 된다.[2] 예비적 병합에서는 주위적 청구가 배척되면 예비적 청구에 대하여 심판하여야 하기 때문이다. 그러나 주위적 청구를 기각하고, 예비적 청구를 인용한 판결에 대하여 피고만이 상소한 경우에는 불복하지 않은 주위적 청구도 상소심에 이심은 되지만, 상소심의 심판범위는 피고의 불복신청의 범위에 한하므로 원고의 부대상소가 없는 한 주위적 청구는 상소심의 심판대상이 되지는 않는다.[3] 이 경우 피고의 상소가 이유 있는 때에는 상소심은 예비적 청구에 대하여만 취소하여

---

서도 위 추가된 예비적 청구에 관하여만 인낙을 할 수도 없고, 가사 인낙을 한 취지가 조서에 기재되었다 하더라도 그 인낙의 효력이 발생하지 아니한다(대법원 1995. 7. 25. 선고 94다62017 판결).

1) 예비적 병합의 경우에는 수개의 청구가 하나의 소송절차에 불가분적으로 결합되어 있기 때문에 주위적 청구를 먼저 판단하지 않고 예비적 청구만을 인용하거나 주위적 청구만을 배척하고 예비적 청구에 대하여 판단하지 않는 등의 일부판결은 예비적 병합의 성질에 반하는 것으로서 법률상 허용되지 않으며, 그럼에도 불구하고 주위적 청구를 배척하면서 예비적 청구에 대하여 판단하지 아니하는 판결을 한 경우에는 그 판결에 대한 상소가 제기되면 판단이 누락된 예비적 청구부분도 상소심으로 이심이 되고 그 부분이 재판의 탈루에 해당하여 원심에 계속 중이라고 볼 것은 아니다(대법원 2000. 11. 16. 선고 98다22253 전원합의체 판결).

2) 청구의 예비적 병합이란 병합된 수개의 청구 중 주위적 청구(제1차 청구)가 인용되지 않을 것에 대비하여 그 인용을 해제조건으로 예비적 청구(제2차 청구)에 관하여 심판을 구하는 병합형태로서, 이와 같은 예비적 병합의 경우에는 원고가 붙인 순위에 따라 심판하여야 하며, 주위적 청구를 배척할 때에는 예비적 청구에 대하여 심판하여야 하나 주위적 청구를 인용할 때에는 다음 순위인 예비적 청구에 대하여 심판할 필요가 없는 것이므로, 주위적 청구를 인용하는 판결은 전부판결로서 이러한 판결에 대하여 피고가 항소하면 제1심에서 심판을 받지 않은 다음 순위의 예비적 청구도 모두 이심되고 항소심이 제1심에서 인용되었던 주위적 청구를 배척할 때에는 다음 순위의 예비적 청구에 관하여 심판을 하여야 하는 것이다(대법원 2000. 11. 16. 선고 98다22253 전원합의체 판결).

3) 제1심법원이 원고들의 주위적 청구와 예비적 청구를 병합심리한 끝에 주위적 청구는 기각하고 예비적 청구만을 인용하는 판결을 선고한 데 대하여 피고만이 항소한 경우, 항소제기에 의한 이심의 효력은 당연히 사건 전체에 미쳐 주위적 청구에 관한 부분도 항소심에 이심되는 것이지만, 항소심의 심판범위는 이에 관계없이 피고의 불복신청의 범위에 한하는 것으로서 예비적 청구를 인용한 제1심판결의 당부에 그치고 원고들의 부대항소가 없는 한 주위적 청구는 심판대상이 될 수 없다(대법원 1995. 2. 10. 선고 94다31624 판결).

야 하고, 심판대상이 아닌 주위적 청구부분은 예비적 청구에 대한 취소판결의 선고와 동시에 확정된다.[1] 심판대상은 아니지만 상소심으로 이심된 주위적 청구에 대하여 피고가 인낙을 할 수 있으며, 인낙을 하면 더 이상 심판할 필요 없이 사건은 그대로 종결된다.[2] 만일 항소심에서 심판대상이 아닌 주위적 청구에 대하여 판결을 하였더라도 원고가 이에 대하여 상고함으로써 상고심의 심판대상이 되지 않으므로 이러한 상고는 불복의 이익이 없어 부적법하다.[3] 한편 주위적 청구 중 일부를 인용하고 예비적 청구를 기각한 판결에 대하여 피고만이 상소한 경우에는 기각된 주위적 청구부분과 예비적 청구 모두 상소심의 심판대상이 된다.[4]

### 4) 부진정예비적 병합

부진정예비적 병합의 경우에도 진정예비적 병합에서와 마찬가지로 법원은 당사자가 청구한 심판의 순서에 구속되어 판단하여야 한다. 부진정예비적 병합의 유형에는 여러 개의 청구가 상호 의존관계에 있는 경우(상호의존형)와 논리적으로 양립가능한 관계에 있는 경우(양립가능형)가

---

1) 원고의 주위적 청구를 기각하면서 예비적 청구를 일부 인용한 환송 전 항소심판결에 대하여 피고만이 상고하고 원고는 상고도 부대상고도 하지 않은 경우에, 주위적 청구에 대한 항소심판단의 적부는 상고심의 조사대상으로 되지 아니하고 환송 전 항소심판결의 예비적 청구 중 피고 패소부분만이 상고심의 심판대상이 되는 것이므로, 피고의 상고에 이유가 있는 때에는 상고심은 환송 전 항소심판결 중 예비적 청구에 관한 피고 패소부분만 파기하여야 하고, 파기환송의 대상이 되지 아니한 주위적 청구부분은 예비적 청구에 관한 파기환송판결의 선고와 동시에 확정되며 그 결과 환송 후 원심에서의 심판범위는 예비적 청구 중 피고 패소부분에 한정된다(대법원 2001. 12. 24. 선고 2001다62213 판결).
2) 제1심 법원이 원고의 주위적 청구와 예비적 청구를 병합심리한 끝에 주위적 청구는 기각하고 예비적 청구만을 인용하는 판결을 선고한 데 대하여 피고만 항소를 하더라도, 항소의 제기에 의한 이심의 효력은 피고의 불복신청의 범위와는 관계없이 사건 전부에 미쳐 주위적 청구에 관한 부분도 항소심에 이심되는 것이므로, 피고가 항소심의 변론에서 원고의 주위적 청구를 인낙하여 그 인낙이 조서에 기재되면 그 조서는 확정판결과 동일한 효력이 있는 것이고, 따라서 그 인낙으로 인하여 주위적 청구의 인용을 해제조건으로 병합심판을 구한 예비적 청구에 관하여는 심판할 필요가 없어 사건이 그대로 종결되는 것이다(대법원 1992. 6. 9. 선고 92다12032 판결).
3) 제1심법원이 주위적 청구인 입양무효확인청구와 예비적 청구인 파양 및 위자료청구를 병합심리한 끝에 주위적 청구는 기각하고 예비적 청구만을 인용하는 판결을 선고한 데 대하여 피고만이 항소하였다. 이러한 경우 항소제기에 의한 이심의 효력은 당연히 사건 전체에 미쳐 주위적 청구에 관한 부분도 항소심에 이심되지만, 항소심의 심판범위는 피고가 불복신청한 범위, 즉 예비적 청구를 인용한 제1심판결의 당부에 한정되는 것이므로, 원고의 부대항소가 없는 한 주위적 청구는 심판대상이 될 수 없고, 그 판결에 대한 상고심의 심판대상도 예비적 청구 부분에 한정된다. 그럼에도 불구하고, 원심이 심판의 대상이 아닌 입양무효확인청구에 대하여도 판단하여 이 부분을 배척하는 취지의 판결을 하였다고 하더라도, 원고가 그에 대하여 상고함으로써 입양무효확인청구 부분이 상고심의 심판대상이 되는 것은 아니므로, 이 부분에 관한 원고의 상고는 심판대상이 되지 않은 부분에 대한 상고로서 불복의 이익이 없어 부적법하다(대법원 2002. 12. 26. 선고 2002므852 판결).
4) 원고의 주위적 청구 중 일부를 인용하고 예비적 청구를 모두 기각한 제1심판결에 대하여 피고가 불복 항소하자 항소심이 피고의 항소를 받아들여 제1심판결을 취소하고 그에 해당하는 원고의 주위적 청구를 기각하는 경우에는 항소심은 기각하는 주위적 청구 부분과 관련된 예비적 청구를 심판대상으로 삼아 판단하여야 한다(대법원 2000. 11. 16. 선고 98다22253 전원합의체 판결).

있다. 각각 전자는 단순병합, 후자는 선택적 병합에 의하여야 함에도 예비적으로 병합한 경우이다. 그리하여 비록 상호의존형은 성질상 단순병합에 해당되지만 주위적·예비적 청구로 불가분적으로 결합되어 있는 이상 진정예비적 병합에서와 마찬가지로 규율된다. 상호의존형은 주위적 청구가 인용될 것을 조건으로 예비적 청구에 대한 판단을 구하는 형태의 병합이므로 주위적 청구를 인용하면 예비적 청구도 판단하여야 하나, 주위적 청구를 배척하면 예비적 청구에 대하여 판단할 필요가 없다. 그러나 양립가능형은 주위적 청구가 배척될 경우 예비적 청구에 대한 판단을 구하는 형태의 병합이므로 주위적 청구를 인용하면 예비적 청구를 판단할 필요가 없지만, 주위적 청구를 배척하면 예비적 청구에 대하여 판단하여야 한다.

부진정예비적 병합에서도 상호의존형이든 양립가능형이든 여러 개의 청구가 하나의 소송절차에 불가분적으로 결합되어 있기 때문에 진정예비적 병합에서와 마찬가지로 변론의 분리나 일부판결이 허용되지 않는다. 상호의존형에서 주위적 청구를 인용하면서 예비적 청구에 대하여 판단하지 않는 경우에 피고만이 상소하면 그 예비적 청구부분도 재판의 누락이 됨이 없이 이심되어 상소심의 심판대상이 되고, 양립가능형에서 주위적 청구를 기각하고 예비적 청구만을 인용한 경우에 피고만이 상소하면 두 청구 모두 상소심의 심판대상이 된다.[1] 판례는 성질상 선택적 관계에 있는 양 청구를 부진정예비적 병합으로 청구한 경우, 원고에게 주위적 청구가 전부 인용되지 않을 때에는 주위적 청구에서 인용하지 않은 수액의 범위 내에서 예비적 청구에 대해서도 판단하여 주기를 바라는 취지인지 여부를 석명하여 그 결과에 따라 예비적 청구에 대한 판단 여부를 정하여야 할 것이라고 하면서,[2] 만일 그러한 취지로 예비적 청구를 병합하였음에도 법원이 주위적 청구를 일부만 인용하고 예비적 청구에 관하여 전혀 판단하지 않았다면, 그 판단은 그 예비적 병합청구의 성격에 반하여 위법한 것이 되어 그 사건이 상소되면 그 예비적

---

1) 병합의 형태가 선택적 병합인지 예비적 병합인지는 당사자의 의사가 아닌 병합청구의 성질을 기준으로 판단하여야 하고, 항소심에서의 심판범위도 그러한 병합청구의 성질을 기준으로 결정하여야 한다. 따라서 실질적으로 선택적 병합관계에 있는 두 청구에 관하여 당사자가 주위적·예비적으로 순위를 붙여 청구하였고, 그에 대하여 제1심법원이 주위적 청구를 기각하고 예비적 청구만을 인용하는 판결을 선고하여 피고만이 항소를 제기한 경우에도, 항소심으로서는 두 청구 모두를 심판의 대상으로 삼아 판단하여야 한다(대법원 2014. 5. 29. 선고 2013다96868 판결).

2) 주위적 청구원인과 예비적 청구원인이 양립 가능한 경우에도 당사자가 심판의 순위를 붙여 청구를 할 합리적인 필요성이 있는 경우에는 심판의 순위를 붙여 청구할 수 있다 할 것이고, 이러한 경우 주위적 청구가 전부인용되지 않을 경우에는 주위적 청구에서 인용되지 아니한 수액범위 내에서의 예비적 청구에 대해서도 판단하여 주기를 바라는 취지로 불가분적으로 결합시켜 제소할 수도 있는 것이므로, 법원이 주위적 청구원인에 기한 청구의 일부를 기각하고 예비적 청구취지보다 적은 금액만을 인용할 경우에는 원고에게 주위적 청구가 전부 인용되지 않을 경우에는 주위적 청구에서 인용되지 아니한 수액범위 내에서의 예비적 청구에 대해서도 판단하여 주기를 바라는 취지인지 여부를 석명하여 그 결과에 따라 예비적 청구에 대한 판단 여부를 정하여야 할 것이다(대법원 2002. 10. 25. 선고 2002다23598 판결).

청구부분도 재판의 누락이 됨이 없이 이심되어 모두 상소심의 심판대상이 된다고 한다.[1]

# 제2절  청구의 변경

## Ⅰ. 의의

청구의 변경은 법원과 당사자의 동일성을 유지하면서 청구, 즉 소송물을 변경하는 것을 말한다(제262조). 소의 요소에는 법원, 당사자, 청구 세 가지가 있고, 법원의 변경이나 당사자의 변경도 광의의 소의 변경에 해당하나, 제262조에서 말하는 청구의 변경은 법원과 당사자의 동일성을 유지한 채 소송물을 변경함으로써 소의 변경을 초래하는 것을 말한다.

## 1. 청구취지의 변경

청구취지의 변경은 원칙적으로 청구의 변경이 된다. 소송의 종류를 달리하면 비록 청구원인이 동일하더라도 청구의 변경이 된다. 예를 들어, 소유권에 기한 건물명도청구를 그 건물에 대한 소유권확인청구로, 소유권행사방해금지청구를 소유권확인청구로, 지분이전등기청구를 공유물분할청구로, 채무부존재확인청구를 부당이득반환청구로 바꾸는 경우 등이다. 또한 심판의 대상이나 내용을 바꾸는 경우도 청구의 변경이 된다. 예를 들어, 대지인도청구를 그 대지상의 가건물의 철거청구로, 물건인도청구를 하다가 전보배상청구로, A건물의 명도청구를 B건물의 명도청구로, 건물명도청구를 건물철거청구로 바꾸는 경우 등이다.

---

[1] 성질상 선택적 관계에 있는 양 청구를 당사자가 주위적, 예비적 청구병합의 형태로 제소함에 의하여 그 소송심판의 순위와 범위를 한정하여 청구하는 이른바 부진정예비적 병합청구의 소도 허용되는 것이며, 아울러 주위적 청구가 전부 인용되지 않을 경우에는 주위적 청구에서 인용되지 아니한 수액범위 내에서의 예비적 청구에 대해서도 판단하여 주기를 바라는 취지로 불가분적으로 결합시켜 제소할 수도 있는 것인바, 사실심에서 원고가 그러한 내용의 예비적 청구를 병합제소하였음에도, 법원이 주위적 청구를 일부만 인용하고서도 예비적 청구에 관하여 전혀 판단하지 아니한 경우, 그 판단은 그 예비적 병합청구의 성격에 반하여 위법한 것으로 되어 그 사건이 상소되면 그 예비적 청구부분도 재판의 탈루가 됨이 없이 이심되어 당사자는 상소심에서 그 위법사유에 대한 시정판단을 받는 등 진정한 예비적 청구병합소송에서와 마찬가지로 규율될 것이다(대법원 2002. 9. 4. 선고 98다17145 판결).

청구를 확장하는 것은 그것이 질적 확장이든 양적 확장이든 청구의 추가적 변경에 해당된다. 예를 들어, 장래 이행의 소를 현재 이행의 소로, 상환이행의 소를 무조건이행의 소로 변경하는 경우(질적 확장), 동일 금전채권 중 일부만 청구하였다가 나머지 부분까지 청구하는 경우(양적 확장) 등이다. 그러나 청구를 감축하는 것은 그것이 질적 감축이든 양적 감축이든 청구의 변경은 아니며 소의 일부취하로 볼 것이다.[1] 따라서 피고가 본안에 대해 변론한 뒤에는 피고의 동의를 얻지 않으면 청구의 감축은 효력이 없다. 피고의 동의 또는 동의거절이 반드시 명시적이어야 하는 것은 아니며 묵시적으로 하여도 무방하다.[2] 청구감축의 예로는 독립채무자로서의 지급청구를 연대채무자로의 지급청구로, 무조건의 이행청구를 상환이행청구로, 현재의 이행청구를 장래의 이행청구로 바꾸는 경우(질적 감축)와 금전청구의 경우에 양적으로 일부 줄이는 경우(양적 감축) 등이 있다.

## 2. 청구원인의 변경

청구취지는 변경하지 않고 청구원인의 실체법상의 권리만을 변경하는 경우에 이것이 청구의 변경에 해당되는지 논란이 있다. 예를 들어, 기차사고의 피해자가 손해배상청구를 하면서 처음에는 청구원인으로 불법행위를 주장하다가 계약불이행으로 변경하는 경우, 불법경작을 원인으로 한 손해배상청구를 부당이득청구로 변경하는 경우, 어음금청구에서 원인관계채권에 기한 청구로 변경하거나 이혼청구를 부정행위에서 이혼을 계속하기 어려운 중대사유로 변경하는 경우 등이다. 이에 대하여 실체법상 권리마다 소송물이 별개라는 구소송물이론에서는 청구의 변경으로 이해하지만, 실체법상 권리는 소송물이 이유 있는지 여부를 가리는데 전제가 되는 법률적 관점 내지 공격방어방법에 불과한 것으로 보는 신소송물이론에서는 단순한 공격방어방법의 변경에 불과한 것으로 이해한다.

판례에 의하면 이혼소송에서 이혼사유를 변경[3]하거나 어음금청구를 동일한 금액의 원인채권에 기한 청구로 변경[4]하거나 또는 소유권이전등기청구소송에서 그 등기원인을 매매에서 취

---

[1] 소송상 청구금액을 감축한다는 것은 소의 일부취하를 뜻하는 것이니 취하된 부분의 청구를 포기하였다고는 볼 수 없다(대법원 1983. 8. 23. 선고 83다카450 판결).
[2] 소송상 청구금액을 감축한다는 것은 소의 일부취하를 뜻하는 것이고, 피고가 본안에 관하여 응소한 때에는 소의 취하에 피고의 동의가 있어야 하는 바, 소취하에 대한 피고의 동의 및 동의의 거절은 반드시 명시적으로 하여야 하는 것은 아니며 묵시적으로 하여도 무방하다(대법원 1993. 9. 14. 선고 93누9460 판결).
[3] 대법원 1963. 1. 31. 선고 62다812 판결.
[4] 대법원 1976. 11. 23. 선고 76다1391 판결.

득시효로 변경[1]하는 것은 청구의 변경에 해당하지만, 소유권이전등기말소청구소송에서 그 등기원인무효사유를 다른 사유로 변경[2]하거나 또는 채권자취소소송에서 피보전채권을 추가하거나 교환하는 것은 공격방어방법의 변경에 불과하고 청구의 변경은 아니라고 한다.[3]

## Ⅱ. 청구변경의 형태

### 1. 교환적 변경

교환적 변경은 구청구에 갈음하여 신청구를 제기하는 경우이다. 판례는 교환적 변경을 신청구의 추가적 병합과 구청구 취하의 결합형태로 보고 있다. 다수설은 피고가 구청구에 대하여 변론을 했거나 준비서면을 제출한 후에는 피고가 청구의 변경에 동의하여야 구청구에 대한 취하의 효력이 생기며, 피고가 동의하지 않은 경우에는 구청구에 대한 취하의 효력이 생기지 않기 때문에 청구의 변경은 구청구와 함께 계속되는 추가적 변경형태가 된다고 한다. 그러나 판례는 교환적 변경에 있어서 변경 전후의 청구기초의 동일성이 유지되므로 구청구의 취하에 피고의 동의가 없어도 취하의 효력이 발생하는 것으로 보고 있다.[4]

### 2. 추가적 변경

구청구를 그대로 유지하면서 다시 별개의 청구를 추가하는 경우이다. 단순병합, 선택적 병합 또는 예비적 병합의 형태로 추가적 변경이 이루어진다. 이는 청구의 후발적 병합에 해당되므로 청구의 병합요건(제253조)을 갖추어야 한다.

---

1) 대법원 1991. 1. 15. 선고 88다카19002 판결; 1992. 3. 27. 선고 91다40696 판결.
2) 대법원 1999. 9. 17. 선고 97다54024 판결.
3) 채권자가 사해행위의 취소를 청구하면서 그 보전하고자 하는 채권을 추가하거나 교환하는 것은 그 사해행위취소권을 이유 있게 하는 공격방법에 관한 주장을 변경하는 것일 뿐이지 소송물 또는 청구 자체를 변경하는 것이 아니므로, 소의 변경이라 할 수 없다(대법원 2003. 5. 27. 선고 2001다13532 판결).
4) 교환적인 청구의 변경에 있어서도 변경 전후의 청구의 기초사실의 동일성에 영향이 없으므로 구 청구와의 교환에 대하여 취하에 준하여 피고의 동의를 얻어야 된다고 할 수 없다(대법원 1962. 1. 31. 선고 4294민상310 판결).

## 3. 변경형태가 불분명한 경우

청구의 변경이 교환적인지 추가적인지 여부는 당사자의 의사에 의하여 판단하여야 한다. 따라서 원고가 구청구를 취하한다는 분명한 의사 없이 새로운 청구를 하는 등 그 변경형태가 불분명한 경우에는 법원은 그 청구의 변경이 교환적인지 추가적인지 석명할 의무가 있다.[1] 그러나 신청구가 부적법한 경우까지 구청구가 취하되는 교환적 변경으로 볼 수는 없을 것이다.[2]

## Ⅲ. 청구변경의 요건

청구의 변경을 제한 없이 허용하면 피고의 방어권행사에 지장을 초래하고 특히 항소심에서는 심급의 이익을 박탈할 우려가 있다. 그러나 반대로 청구의 변경을 지나치게 억제하면 별도의 소송을 제기하여야 하므로 신속하고 경제적인 분쟁해결을 도모하기 어렵다. 피고의 방어권을 보호하면서 신속하고 경제적인 분쟁해결을 도모하기 위하여 일정한 요건 하에 청구의 변경을 허용하고 있다.

### 1. 청구기초의 동일성

청구기초의 동일성이 인정되는 범위 내에서 청구의 변경이 가능하다(제262조 제1항 본문). 청구의 기초란 신청구와 구청구 사이의 관련성을 의미한다. 동일성의 구체적 의미에 관하여는 사실적인 분쟁이익 자체를 공통으로 하는 경우로 보는 '이익설', 신청구와 구청구의 사실자료(재판자료)

---

[1] 소의 변경이 교환적인가 추가적인가 또는 선택적인가의 여부는 기본적으로 당사자의 의사해석에 의할 것이므로 당사자가 구 청구를 취하한다는 명백한 표시 없이 새로운 청구로 변경하는 등으로 그 변경형태가 불분명한 경우에는 사실심법원으로서는 과연 청구변경의 취지가 교환적인가 추가적인가 또는 선택적인가의 점을 석명할 의무가 있다(대법원 2014. 6. 12. 선고 2014다11376 판결).

[2] 소의 변경에 있어서 구청구를 취하한다는 명백한 표시가 없이 신청구를 한 경우에는 경우에 따라서 청구의 추가적 변경으로 보아야 할 경우도 있을 수 있고 혹은 청구의 교환적 변경으로 보아야 할 경우도 있을 것이나, 청구의 교환적 변경으로 본다 함은 구청구를 취하하고 신청구만을 유지한다는 것이므로 그 신청구가 적법한 소임을 전제로 하여 구청구가 취하된다 할 것이고, 신청구가 부적법하여 법원의 판단을 받을 수 없는 청구인 경우까지도 구청구가 취하되는 소위 교환적 변경이라고 볼 수는 없다. 왜냐하면 청구의 변경을 하는 당사자의 의사는 자기가 법원에 대하여 요구하고 있는 권리 또는 법률관계에 대한 판단을 구하는 것을 단념하여 소송을 종료시킬 의도로 청구를 변경하였다고는 볼 수 없기 때문이다(대법원 1975. 5. 13. 선고 73다1449 판결).

사이에 심리의 계속적 시행을 정당화할 정도의 공통성이 있는 경우로 보는 '사실설', 신청구와 구청구의 재판자료의 공통만이 아니라 신·구청구의 이익관계도 공통적인 경우로 보는 '병용설'이 주장되고 있다. 신청구와 구청구 사이에 사실자료에 공통성이 있는 경우에는 구청구에 대한 재판자료를 그대로 이용할 수 있게 되므로 신소를 제기하는 것보다 청구를 변경하는 것이 소송경제에 도움이 되고, 피고의 방어권행사에도 지장을 줄 염려가 없다. 따라서 동일성이란 구청구의 재판자료를 신청구의 심리에 계속적으로 이용할 수 있을 정도의 공통성이 있는 경우로 이해함이 타당하다.

판례의 주류는 청구기초의 동일성이 인정되는 경우를 동일한 생활사실 또는 동일한 경제적 이익에 관한 분쟁에 있어서 그 해결방법에 차이가 있는 것에 불과한 경우로 이해하고 있다. 그리하여 ① 청구원인이 동일한데 청구취지만을 변경한 경우,[1] ② 신청구와 구청구 중 일방이 타방의 변형물이거나 부수물인 경우,[2] ③ 신청구와 구청구가 동일한 급부의 이행을 목적으로 하지만 법률적 구성을 달리하는데 그치는 경우,[3] ④ 동일한 생활사실이나 경제이익에 관한 것인데 분쟁의 해결방법을 달리하는 경우[4] 등에는 청구기초의 동일성이 인정된다고 한다.

청구기초의 동일성이 있어야 한다는 것은 피고의 방어권보호를 위한 사익적(私益的) 요건이므로, 피고가 동의하거나 이의 없이 응소한 때에는 청구기초의 동일성이 없더라도 청구의 변경이 허용된다. 판례도 청구의 기초에 변경이 있더라도 피고가 이에 대하여 아무런 이의를 제기하지 않았다면 소송절차에 관한 이의권의 상실로 하자가 치유되는 것으로 본다.[5]

---

1) 예를 들어, 청구취지의 금액을 확장하는 경우, 소유권행사방해금지청구에서 소유권확인청구로 바꾸는 경우, 같은 지상의 방해물의 철거를 구하면서 그 대상만을 달리하는 경우, 건물명도청구에서 같은 건물에 대한 소유권확인청구로 바꾸는 경우, 재산상의 손해배상으로서 청구하는 금액 중에서 일부를 위자료로 변경한 경우 등이다.

2) 예를 들어, 목적물의 인도청구에서 목적물의 멸실을 이유로 손해배상청구를 하는 경우, 소유권이전등기를 청구하다가 등기의무의 이행불능으로 전보배상청구를 하는 경우, 건물명도청구에서 임대료상당의 손해배상청구를 추가하는 경우 등이다.

3) 예를 들어, 어음금청구에서 원인채권의 지급청구를 추가하는 경우, 소유권에 기한 물건인도청구에서 점유권에 기한 것으로 바꾸는 경우, 소유권이전등기청구에서 소유권의 취득원인을 대물변제에서 매도담보로 바꾸는 경우, 이혼청구를 부정행위에서 이혼을 계속할 수 없는 중대사유로 바꾸는 경우 등이다.

4) 예를 들어, 매매에 의한 소유권이전등기청구에서 매매계약해제로 인한 계약금반환청구로 변경하는 경우, 원인무효로 인한 소유권이전등기말소청구에서 명의신탁해지로 인한 소유권이전등기청구로 변경하는 경우, 근저당권설정등기말소청구가 계속 중에 경락으로 인한 소유권이전등기의 말소청구로 변경하는 경우, 어음금청구를 하다가 그 어음이 피고의 사용인이 위조한 것이라고 하여 손해배상청구를 하는 경우 등이다.

5) 원고가 청구의 변경을 진술한 변론기일에 피고가 그 청구변경의 소송절차위배 여부에 관하여 아무런 이의를 제기함이 없이 본안에 들어가 변론을 한 때에는 피고는 그 책문권을 상실하여 더 이상 청구변경의 적법여부를 다툴 수 없게 된다. 원고 소송대리인은 제1심 제11차 변론기일에 청구원인을 변경하였는 바, 위 변론기일에 출석한 피고들 소송대리인은 위 청구변경의 소송절차위배 여부에 관하여 아무런 이의를 제기하지 않고 본안에 대하여 답변을 하였고, 뒤늦게 그 다음 변론기일인 제1심 제12차 변론기일에 이르러서야 원고의 위 청구변경은 청구의 기초에 동일성이 없으므로 위법하다고 주장하였음이 명백하므로, 피고들로서는 위 청구변경에 지체 없이 이의를 하지 않음으로써 책문권을 상실하였다고 할 것이다(대법원 1988. 12. 27. 선고 87다카2851 판결).

## 2. 소송절차를 현저히 지연시키지 않을 것

청구기초의 동일성이 인정되더라도 소송절차를 현저히 지연시키는 경우에는 청구의 변경이 허용되지 않는다(제262조 단서). 이 요건은 공익적(公益的) 요건이므로 피고의 이의가 없어도 직권조사를 요한다. 청구기초의 동일성이 인정되어도 구청구에 대한 심리가 마쳐지고 신청구에 대하여는 새로운 사실관계의 심리와 새로이 특단의 소송자료의 제출을 필요로 하는 경우에는 청구의 변경보다도 별도의 소에 의하게 하려는 취지이다.[1] 판례는 새로운 청구의 심리를 위해 종전의 소송자료를 대부분 이용할 수 있는 경우는 절차지연에 해당하지 않지만,[2] 2회에 걸쳐 상고심으로부터 파기환송된 후 항소심 변론종결시에 비로소 청구의 변경을 하는 것은 소송절차를 현저히 지연시키는 경우라고 한다.[3]

## 3. 사실심의 변론종결 전일 것

청구의 변경은 사실심 변론종결시(무변론판결의 경우에는 판결선고시)까지 할 수 있다(제262조 본문). 항소심에서도 상대방의 동의 없이 청구변경을 할 수 있다. 판례는 항소심에서 청구를 변경하더라도 청구의 기초에 변경이 없어 피고의 방어권 행사나 심급의 이익을 해할 염려가 없으므로 상대방의 동의를 필요로 하지 않는다고 한다.[4] 사실심 변론종결 후에는 청구의 변경이 허용되지 않으며, 법원이 변론을 재개할 필요도 없다.

항소심에서 청구를 교환적으로 변경한 경우에 기존의 청구는 취하되므로 기존 청구에 대한 소송은 실효된다. 따라서 가집행선고 있는 승소판결 이후 항소심에서 교환적 변경이 있으면 그 가집행선고는 실효되고, 교환적 변경이 있은 후에 항소를 취하하더라도 그 항소취하는 대상이 없어 아무런 효력이 발생하지 않는다.[5] 또한 항소심에서 교환적 변경을 한 후에 청구의 변경으

---

1) 다만, 청구이의의 소에서는 이의사유가 여러 가지인 때에는 동시에 주장하여야 하고(민사집행법 제44조 제3항), 별도의 소가 금지되므로 소송절차를 지연시키는 경우에도 예외적으로 청구의 변경을 허용할 것이다(김홍엽, 873면; 이시윤, 716면).
2) 새로운 청구의 심리를 위하여 종전의 소송자료를 대부분 이용할 수 있는 경우에는 소송절차를 지연케 함이 현저하다고 할 수 없다(대법원 1998. 4. 28. 선고 97다44416 판결).
3) 2회에 걸쳐 상고심으로부터 환송된 후 항소심변론종결 당시 청구를 변경한 것은 소송절차를 지연케 함이 현저한 경우에 해당한다(대법원 1964. 12. 29. 선고 64다1025 판결).
4) 청구변경에 관하여 항소심에 특별한 규정이 없으므로 제408조에 따라 동법 제262조의 요건을 갖추면 항소심에서도 청구의 변경을 할 수 있다고 할 것이다(대법원 1984. 2.14. 선고 83다카514 판결).
5) 제1심에서 원고 승소판결이 선고되었고, 이에 대하여 피고가 항소를 제기하여 사건이 원심에 계속 중 원고는 소

로 기존의 청구를 다시 청구하는 것은 본안에 관한 종국판결선고 후에 소를 취하하고 다시 제소한 것이 되므로, 재소금지(再訴禁止)의 원칙에 저촉되어 부적법하다.

항소심에서 청구변경이 있는 경우에 항소심은 변경된 새로운 청구에 대하여 사실상 제1심으로 재판하게 된다. 따라서 항소심에서 기존의 청구와 새로운 청구를 모두 배척할 경우에 판결주문에 '항소를 기각한다'고만 표시해서는 안 되고, 그와 함께 '원고의 청구를 기각한다'고 표시하여야 한다. 만일, 판결주문에 '항소를 기각한다'고만 표시한 경우에 판단하지 않은 새로운 청구부분이 재판의 누락에 해당되는지 여부는 기존의 청구와 새로운 청구의 병합형태가 단순병합인지 아니면 선택적 또는 예비적 병합인지 여부에 따라 달라진다. 그 병합형태가 단순병합이라면, 새로운 청구부분에 대하여 재판을 누락한 것이 되고, 원고가 상고하더라도 새로운 청구부분은 여전히 항소심에 계속 중이라고 할 것이므로 추가판결로 보정하여야 한다.[1] 그러나 그 병합형태가 선택적 또는 예비적 병합인 경우에는 재판의 누락은 아니며 원고가 상고하면 판단이 누락된 선택적 또는 예비적 청구부분을 포함한 청구 전부가 상고심의 심판대상이 된다. 그런데 항소심에서 교환적 변경으로 기존의 청구는 취하되고 새로운 청구만 남은 경우에 원고의 청구를 배척할 때에는 판결주문에 '원고의 청구를 기각한다'고만 표시하여야 하고, '항소를 기각한다'는 표시를 하여서는 안 된다.[2]

---

의 교환적 변경을 하였다. 그렇다면 이 사건 제1심판결은 소의 교환적 변경에 의한 소취하로 실효되고, 원심의 심판대상은 새로운 소송으로 바뀌어지고 원심은 사실상 제1심으로 재판하는 것이 되므로, 그 뒤에 피고가 항소를 취하한다 하더라도 항소취하 그 대상이 없어 아무런 효력을 발생할 수 없다(대법원 1995. 1. 24. 선고 93다25875 판결).

1) 항소심에 이르러 새로운 청구가 추가된 경우, 항소심은 추가된 청구에 대하여는 실질상 제1심으로서 재판하여야 하므로 제1심이 기존의 청구를 배척하면서 '원고의 청구를 기각한다'고 판결하였는데, 항소심이 기존의 청구와 항소심에서 추가된 청구를 모두 배척할 경우 단순히 '항소를 기각한다'는 주문표시만 하면 되는 것은 아니고, 이와 함께 항소심에서 추가된 청구에 대하여 '원고의 청구를 기각한다'는 주문표시를 하여야 한다. 원고는 이 사건 청구로서 제1심에서 건물철거 및 토지인도청구를 하였으나 '원고의 청구를 기각한다'는 판결을 받고, 이에 불복 항소하여 항소심에서 소유권이전등기말소청구를 추가하는 소의 추가적 변경을 하였다. 그런데 원심은 주문에서는 '원고의 항소를 기각한다'고만 하였을 뿐 위 소유권이전등기말소청구 부분에 관하여는 아무런 판단을 하지 않았다. 이러한 경우 원심으로서는 추가된 소유권이전등기말소청구에 관하여 실질상 제1심으로서 재판을 하였어야 함에도 불구하고, 판결이유에서만 이에 관하여 설시하였을 뿐 주문에서 아무런 판단을 하지 않은 이상, 이는 소유권이전등기말소청구에 관한 재판을 누락한 경우에 해당하고, 이 부분 청구는 여전히 원심에 계속 중이라고 할 것이어서 적법한 상고의 대상이 되지 아니하므로, 이 부분에 대한 원고의 상고는 부적법하여 각하를 면할 수 없다(대법원 2004. 8. 30. 선고 2004다24083 판결).

2) 항소심에 이르러 소가 교환적으로 변경된 경우 제1심이 원고의 청구를 기각하였고 항소심이 교환적으로 변경된 신청구를 기각할 경우에는 '원고의 청구를 기각한다'는 주문표시를 하여야 하고, '항소를 기각한다'는 주문표시를 하여서는 아니된다. 그런데 이 사건에서 원고는 항소심에서 소를 교환적으로 변경하였으므로 원심은 원고의 본소청구에 관하여는 제1심판결의 당부에 관하여 판단할 필요가 없고, 교환적으로 변경된 신청구에 대하여 판단하여야 할 것인데도 원심이 주문에 원고의 새로운 청구에 관한 판단을 표시하지 아니한 것은 옳지 못하다(대법원 1997. 6. 10. 선고 96다25449 판결).

## 4. 청구병합의 일반적 요건을 갖출 것

신청구와 구청구가 동종의 소송절차에 의하여 심리될 수 있는 것이어야 하고, 신청구가 구청구와 다른 법원의 전속관할에 속해서는 안 된다.

# IV. 청구변경의 절차 및 심판

## 1. 청구변경의 절차

### (1) 원고의 서면신청

청구의 변경은 원고의 신청에 의하여야 하고, 직권에 의한 변경은 허용되지 않는다. 청구의 변경은 서면에 의하여야 한다(제262조 제2항). 청구의 변경은 소송계속 중에 신소를 제기하는 것과 같고, 소의 제기는 서면주의를 원칙으로 하고 있기 때문이다.[1] 청구변경신청서라는 제목의 서면으로 하여야 하는 것은 아니며, 준비서면의 형식이라도 그 내용이 청구를 변경하는 뜻을 포함하고 있으면 서면에 의한 청구의 변경이 있는 것으로 볼 수 있다.[2]

민사소송법에서는 청구취지의 변경은 서면으로 하여야 한다고 규정하고 있다(제262조 제2항). 그리하여 청구원인의 변경은 구술로도 가능한 것으로 이해하고 있다. 판례는 청구취지의 변경을 서면으로 하지 않은 경우에도 이의권의 상실로 그 하자가 치유될 수 있다고 한다.[3] 청구의 확장이나 추가적 변경을 내용으로 하는 신청서에는 인지를 추가로 붙여야 한다. 이때 추가로 붙이는 인지는 소송목적의 값을 비교한 차액에 해당하는 인지가 아니라 확장 이후의 총 소송목적의 값에 의한 인지액과 종전 인지액과의 차액에 해당하는 인지이다(인지차액주의, 민사소송 등 인지법 제5조 제1호).

---

1) 다만, 구술제소가 가능한 소액사건에서는 구술에 의한 청구변경이 허용된다(소액사건심판법 제4조).

2) 청구취지의 변경은 서면으로 신청하여야 한다. 그러나 나아가 청구취지를 변경하기 위하여 반드시 '청구취지 변경신청서'라는 제목 내지 형식을 갖춘 서면이 필요한 것은 아니라고 할 것이고, 준비서면의 형식에 따른 서면이라도 그 때까지 이루어진 소송의 경과 등에 비추어 그 내용이 청구취지를 변경하는 뜻을 포함하고 있다면 서면에 의한 청구취지의 변경이 있는 것으로 볼 수 있을 것이다(대법원 2009. 5. 28. 선고 2008다86232 판결).

3) 청구취지의 변경은 서면으로 신청하여야 하므로 서면에 의하지 아니한 청구취지의 변경은 잘못이나, 이에 대하여 상대방이 지체 없이 이의하지 않았다면 책문권의 상실로 그 잘못은 치유된다(대법원 1990. 12. 26. 선고 90다4686 판결).

### (2) 상대방에게 송달

청구변경신청서는 새로운 청구의 소장에 해당하므로 상대방에게 바로 송달하여야 한다(제262조 제3항). 청구변경신청서를 상대방에게 송달하거나 변론기일에 이를 교부한 때에 신청구에 대해 소송계속의 효력이 발생한다. 청구변경에 의한 시효중단이나 법률상의 기간준수의 효과는 청구변경신청서를 법원에 제출하였을 때에 발생한다.

## 2. 청구변경의 심판

### (1) 부적법한 경우

청구의 변경이 부적법한 경우에는 법원은 상대방의 신청이나 직권으로 청구의 변경을 허용하지 않는다는 불허결정을 하여야 한다(제263조). 불허결정은 중간적 결정으로 하든 종국판결의 이유 속에서 판단하든 법원의 재량이다. 불허결정에 대하여는 독립하여 불복할 수 없고, 종국판결에 대한 상소로서만 다툴 수 있다.

### (2) 적법한 경우

청구의 변경이 적법한 경우에는 법원은 따로 청구변경을 허가한다는 뜻의 명시적 재판을 할 필요는 없으며, 바로 신청구에 대하여 심리하면 된다. 상대방이 다투는 경우에는 결정으로 청구의 변경이 적법하다는 중간적 재판을 하거나 종국판결이유 속에서 판단할 수 있다. 청구변경허가결정에 대하여는 불복할 수 없다.

적법한 청구의 변경이 있으면 신청구에 대하여 심판하여야 한다. 구청구의 소송자료는 신청구의 자료로 된다. 교환적 변경의 경우에는 신청구만이, 추가적 변경의 경우에는 구청구와 함께 신청구가 각각 심판의 대상이 된다.

## 3. 청구변경의 간과

청구의 변경이 적법함에도 이를 간과하여 신청구에 대해서는 판단하지 않고 구청구에 대해서만 판결을 한 경우에 그 처리방법이 문제된다.

### (1) 교환적 변경의 간과

교환적 변경을 간과하고 구청구에 대해서만 판결을 한 경우에는 신청구에 대한 재판을 누락한 채 이미 취하되어 소멸된 구청구에 대하여 판단을 한 것이 된다. 따라서 상소심법원은 처분권주의 위반을 이유로 원심판결을 취소하고, 구청구에 대하여는 소송종료선언을 하여야 한다. 신청구에 대한 부분은 재판의 누락이 되어 원심법원에 계속되어 있으므로 원심법원이 이에 대하여 추가판결을 하여야 한다.

### (2) 추가적 변경의 간과

추가적 변경을 간과하여 구청구에 대하여만 판결을 한 경우에는 구청구와 신청구의 병합형태에 따라 달리 판단하여야 한다. 그 병합형태가 단순병합인 경우에는 신청구에 대하여는 재판의 누락이 되어 원심법원에 계속 중에 있으므로 원심법원이 이에 대하여 추가판결을 하여야 하고, 상소심법원은 이심된 구청구에 대하여 판단을 하면 된다. 그런데 선택적 또는 예비적 병합인 경우에는 판단의 누락이 되어 청구의 전부가 상소심에 이심되고 상소심의 심판대상이 된다. 그리하여 신청구에 대한 판단누락은 원심판결의 취소사유가 될 수 있다.[1]

# 제3절  반소

## Ⅰ. 의의

반소라 함은 소송계속 중에 피고가 그 소송절차를 이용하여 원고에 대하여 제기하는 소를 말한다(제269조). 본소의 능동적 주체와 수동적 주체가 반소에서는 역으로 바뀌므로 본소원고는 반소피고로, 본소피고는 반소원고로 불리게 된다.

---

1) 불법행위로 인한 손해배상청구소송사건의 변론기일에서 원고가 피고의 채무를 모두 대위변제하였으니 그 변제금원에 대하여 피고에게 구상한다고 기재된 준비서면을 진술한 경우에는, 원고가 청구원인을 변경하여 불법행위로 인한 손해배상청구와 대위변제로 인한 구상금청구를 선택적으로 병합한 취지로 보여지므로, 청구의 변경에 대하여 불허재판을 함이 없이 대위변제로 인한 구상금청구에 대하여 아무런 판단도 하지 않고 원고의 청구를 모두 기각한 것은 잘못이다(대법원 1989. 9. 12. 선고 88다카16270 판결).

반소는 독립된 소이고 방어방법이 아니다. 반소는 피고가 자기의 신청에 대하여 판결을 구하는 소송행위이므로 소의 일종이며, 본소를 기각시키기 위한 방어방법과는 성질이 다르다. 예를 들어, 매매로 인한 물건의 인도를 구하는 본소에 있어서 피고가 그 매매사실은 인정하나 물건의 인도의무는 원고의 매매대금의 지급의무와 동시이행관계에 있다는 취지의 항변을 제출하였다면, 이는 피고가 본소에 대한 방어방법을 제출한 것뿐이고 적극적으로 매매대금의 지급을 청구하는 것이 아니므로 반소에 해당되지 않는다. 이 경우에 피고가 자기의 반대채권인 매매대금의 지급을 구하려면 위의 항변으로는 안 되고 매매대금의 지급을 구하는 반소를 제기하여야 한다.

반소에는 본소의 방어방법 이상의 적극적 내용이 포함되어 있어야 한다. 본소청구의 기각이나 감축을 구하는데 그친다면 반소청구로서의 이익이 없다. 예를 들어, 채무의 이행을 구하는 소송에 대하여 채무부존재확인을 구하는 반소 등은 부적법하다.[1] 판례는 손해배상채무의 부존재확인을 구할 이익이 있어 본소로 그 확인을 구하였다면, 피고가 그 후 그 손해배상채무의 이행을 구하는 반소를 제기하였다고 하여 본소의 이익이 소멸하여 부적법하다고 할 수 없다고 한다.[2]

반소는 본소피고가 본소원고를 상대로 제기한 소이다. 보조참가인이 본소원고를 상대로 또는 본소피고가 보조참가인을 상대로 한 반소제기는 부적법하다.[3] 다만, 독립당사자참가(제79조)나 참가승계(제81조)의 경우에는 당사자의 지위에서 소송에 참가하는 것이므로, 참가소송의 상대방 당사자가 되는 원고나 피고는 참가인을 상대로 반소를 제기할 수 있다.[4] 판례는 원고 이외에 제3자를 추가하여 반소피고로 하는 반소는 허용되지 않지만, 반소가 필수적 공동소송이 될 때에는 필수적 공동소송인의 추가요건(제68조)을 갖추면 허용될 수 있다고 한다.[5] 또한 반소

---

1) 반소청구에 본소청구의 기각을 구하는 것 이상의 적극적 내용이 포함되어 있지 않다면 반소청구로서의 이익이 없고, 어떤 채권에 기한 이행의 소에 대하여 동일 채권에 관한 채무부존재확인의 반소를 제기하는 것은 그 청구의 내용이 실질적으로 본소청구의 기각을 구하는 데 그치는 것이므로 부적법하다(대법원 2007. 4. 13. 선고 2005다40709,40716 판결).

2) 소송요건을 구비하여 적법하게 제기된 본소가 그 후에 상대방이 제기한 반소로 인하여 소송요건에 흠결이 생겨 다시 부적법하게 되는 것은 아니므로, 원고가 피고에 대하여 손해배상채무의 부존재확인을 구할 이익이 있어 본소로 그 확인을 구하였다면, 피고가 그 후에 그 손해배상채무의 이행을 구하는 반소를 제기하였다 하더라도 그러한 사정만으로 본소청구에 대한 확인의 이익이 소멸하여 본소가 부적법하게 된다고 볼 수는 없다(대법원 2010. 7. 15. 선고 2010다2428,2435 판결).

3) 미국의 경우에는 본소피고가 공동피고를 상대로 소를 제기할 수 있으며(crossclaim), 원고 또는 피고는 제3자를 상대방으로 소송에 끌어들일 수 있다(third party practice). 독일에서는 피고가 제3자를 반소피고로 추가하거나 제3자가 피고와 함께 반소원고가 되어 원고를 상대로 반소를 제기할 수 있다(Dritt Widerklage).

4) 반소는 본소의 피고가 상대방 당사자(본소원고)를 상대로 하는 소라고 할 것인바, 참가소송에 있어서 제81조나 제79조에 의한 참가는 그 어느 것이나 당사자로서 소송에 참가하는 것이므로 참가의 소의 상대방 당사자가 되는 원고나 피고는 제81조 또는 제78조에 의하여 소송에 참가하는 당사자를 상대로 반소를 제기할 수 있다고 하여야 할 것이다(대법원 1969. 5. 13. 선고 68다656,657,658 판결).

5) 피고가 원고 이외의 제3자를 추가하여 반소피고로 하는 반소는 원칙적으로 허용되지 아니하고, 다만 피고가 제

를 제기할지 여부는 피고의 선택에 맡겨져 있다. 미국에서와 같은 강제반소(compulsory counterclaim)[1]는 인정되지 않는다.

## Ⅱ. 반소의 형태

### 1. 단순반소

단순반소는 본소청구가 인용되든 기각되든 상관없이 반소청구에 대하여 심판을 구하는 경우이다. 예를 들어, 원고의 소유권에 기한 건물명도청구에 대하여 피고가 동일한 건물에 대한 소유권이전등기말소청구의 반소를 제기하는 경우 등이다.

### 2. 예비적 반소

예비적 반소는 본소청구가 인용되거나 또는 배척되는 경우에 대비하여 조건부로 반소청구에 대하여 심판을 구하는 경우이다. 예를 들어, 원고가 매매로 인한 소유권이전등기청구를 한 경우에 원고의 청구가 인용될 때를 대비하여 피고가 잔대금의 지급을 반소로 구하는 경우, 건물명도의 본소청구에 대하여 피고가 본소청구가 인용될 경우에 대비하여 건물에 지출한 유익비의 상환을 반소로 구하는 경우, 매매대금의 본소청구에 대하여 피고가 매매계약이 무효라고 하여 본소청구가 기각될 경우를 대비하여 이미 인도한 목적물을 부당이득으로 반환을 구하는 반소를 제기하는 경우 등이다.

소에는 조건을 붙일 수 없지만 조건부 반소는 심리과정에서 조건의 성취가 명확해지므로 절차의 불안정을 초래할 염려가 없어 인정된다. 예비적 반소 중에는 본소청구가 배척될 경우를 대비한 형태보다는 본소청구가 인용될 경우를 대비한 형태의 것이 더 많다. 이 경우 본소청구가 각하되거나 취하되면 반소청구는 본소와 운명을 같이 하여 소멸되며, 본소청구가 기각되는 경우에는 반소청구에 아무런 판단을 요하지 않는다.

---

기하려는 반소가 필수적 공동소송이 될 때에는 제68조의 필수적 공동소송인 추가의 요건을 갖추면 허용될 수 있다(대법원 2015. 5. 29. 선고 2014다235042,235059,235066 판결).

1) 미국에서는 본소의 대상인 거래 또는 사건을 청구원인으로 하는 피고의 청구는 반드시 반소에 의하여야 하고, 별소의 제기가 허용되지 않는다.

## 3. 재반소

반소에 대한 재(再)반소도 반소로서의 요건을 충족하면 허용된다고 할 것이다. 예를 들어, 유치권부존재확인을 구하는 본소에 대하여 피고가 점유권에 기한 건물의 인도를 구하는 반소를 제기한 경우, 원고는 반소청구가 인용되어 건물이 인도될 경우를 대비하여 조건부로 소유권에 기한 건물의 인도를 구하는 재반소를 제기할 수 있다. 판례는 원고가 본소의 이혼청구에 병합하여 재산분할청구를 제기한 후 피고가 반소로서 이혼청구를 한 경우, 원고의 재산분할청구 중에는 본소의 이혼청구가 받아들여지지 않고 피고의 반소청구에 의하여 이혼이 명하여지는 경우에도 재산을 분할해 달라는 취지의 청구가 포함된 것으로 봄이 상당하고, 이때 원고의 재산분할청구는 피고의 반소청구에 대한 재반소로서의 실질을 갖는다고 한다.[1]

## Ⅲ. 반소의 요건

### 1. 상호관련성

반소청구가 본소청구나 본소의 방어방법과 상호관련성이 있어야 한다. 여기의 상호관련성이라 함은 본소와 반소가 소송물 혹은 그 대상이나 발생원인에 있어서 법률상·사실상으로 공통성이 있음을 의미한다. 이는 청구변경에 있어서 청구기초의 동일성에 대응하는 요건이다.

### (1) 본소청구와 상호관련성

본소청구와 상호관련성이 인정되는 경우는 다음과 같다.
첫째, 반소청구가 본소청구와 동일한 법률관계의 형성을 목적으로 하는 경우이다. 예를 들어, 원고가 이혼을 청구함에 대하여 피고도 반소로써 이혼청구를 하는 경우이다.

---

1) 원고가 본소의 이혼청구에 병합하여 재산분할청구를 제기한 후 피고가 반소로서 이혼청구를 한 경우, 원고가 반대의 의사를 표시하였다는 등의 특별한 사정이 없는 한 원고의 재산분할청구 중에는 본소의 이혼청구가 받아들여지지 않고 피고의 반소청구에 의하여 이혼이 명하여지는 경우에도 재산을 분할해 달라는 취지의 청구가 포함된 것으로 봄이 상당하다고 할 것이므로(이때 원고의 재산분할청구는 피고의 반소청구에 대한 재반소로서의 실질을 가지게 된다), 이러한 경우 사실심으로서는 원고의 본소 이혼청구를 기각하고 피고의 반소청구를 받아들여 원·피고의 이혼을 명하게 되었다고 하더라도, 마땅히 원고의 재산분할청구에 대한 심리에 들어가 원고에게 재산분할을 할 액수와 방법을 정하여야 한다(대법원 2001. 6. 15. 선고 2001므626,633 판결).

둘째, 반소청구가 본소청구의 청구원인과 법률상·사실상 공통성이 있는 경우이다. 예를 들어, 원고가 매매를 원인으로 소유권이전등기를 청구함에 대하여 피고가 매매대금의 지급을 청구하는 반소를 제기하는 경우, 원고가 매매계약의 무효확인을 청구함에 대하여 피고가 반소로써 동일한 매매계약의 유효를 주장하며 매수한 목적물의 인도를 구하는 경우 등이다.

셋째, 반소청구가 본소청구와 대상이나 발생원인에 있어서 주된 부분이 공통인 경우이다. 예를 들어, 원고가 건물소유권의 확인을 청구하였는데 피고가 반소로써 동일건물에 대한 임차권의 확인을 구하는 경우, 원고가 건물에 관한 피고명의의 소유권이전등기말소를 청구함에 대해 피고가 본소가 인용될 때를 대비하여 건물부지의 소유권에 기하여 그 건물의 철거를 구하는 예비적 반소를 제기한 경우(대상의 공통성), 원고가 교통사고로 인한 손해배상을 청구하였는데 피고가 동일한 사고를 원인으로 손해배상을 청구하는 반소를 제기하는 경우, 원고가 임대차종료를 원인으로 하여 건물명도를 청구한 데 대하여 피고가 원고가 그동안 그 건물에 대한 급수·전기공급을 단절시킨 것을 원인으로 한 손해배상청구의 반소를 제기한 경우(발생원인의 공통성) 등이다.

## (2) 본소의 방어방법과 상호관련성

본소의 방어방법과 상호관련성이 인정되는 경우에도 반소가 가능하다. 본소의 방어방법과 상호관련성이 있다는 것은 반소청구가 본소의 항변사유와 대상이나 발생원인에 있어서 사실상·법률상 공통성이 있는 경우를 말한다. 예를 들어, 원고의 가등기에 기한 본등기절차의 이행을 구하는 본소에 대하여 피고가 방어방법으로 가등기담보채무의 변제항변을 하면서 이에 의한 담보채무의 소멸을 원인으로 가등기말소를 구하는 반소를 제기한 경우, 원고가 토지소유권에 기하여 건물철거 및 토지인도를 구하는 본소를 제기한데 대하여 피고가 방어방법으로 그 토지에 관한 임차권을 주장하면서 그 임차권존재확인의 반소를 제기한 경우, 원고의 대여금청구에 대하여 피고가 반대채권으로 본소채권과 대등액에서 상계한다는 항변을 하면서 그 상계초과채권의 이행을 반소로써 청구하는 경우 등이다.

본소의 방어방법과 상호관련성이 있는 반소는 그 방어방법이 반소제기 당시에 현실적으로 제출되어야 하고, 또 법률상 허용되어야 한다. 실체법상 허용되지 않는 항변에 기한 반소,[1] 실기한 공격방어방법으로 각하된 항변에 기한 반소 등은 부적법하다.

---

1) 불법행위채권, 압류금지채권, 지급금지채권 등을 수동채권으로 하는 상계는 법률상 금지되고 있고(민법 제496조 내지 제498조, 근로기준법 제21조), 이러한 상계금지채권에 대한 상계항변에 바탕을 둔 반소는 부적법하다.

## (3) 사익적 요건

상호관련성이라는 반소요건은 반소피고, 즉 원고의 방어권을 보호하기 위한 사익적(私益的) 요건이므로 원고가 동의하거나 또는 이의 없이 응소한 때에는 상호관련성이 없더라도 반소가 허용된다. 판례도 반소요건으로서의 상호관련성은 절차에 관한 이의권의 대상이 되는 것으로 본다.[1]

## 2. 본소절차를 현저히 지연시키지 않을 것

반소청구가 상호관련성이 있더라도 반소청구의 심리를 위하여 본소절차가 지연되어 별도의 소송에 의하는 것이 오히려 적절한 경우에는 반소가 허용되지 않는다. 이는 공익적(公益的) 요건이므로 법원의 직권조사사항이다.

## 3. 본소가 사실심에 계속 중이고 변론종결 전일 것

## (1) 본소가 계속 중일 것

반소를 제기하려면 본소가 사실심에 계속되어 있어야 한다. 그러나 본소의 소송계속은 반소 제기의 요건이고 그 존속요건은 아니다. 따라서 반소가 적법하게 제기된 후에는 본소가 취하되거나 각하되더라도 반소의 소송계속에는 영향이 없다.

본소가 취하된 경우 피고는 원고의 응소 후라도 그의 동의 없이 반소를 취하할 수 있으나(제271조), 본소가 각하된 경우에는 피고의 반소취하에는 원고의 동의를 요한다.[2] 그러나 본소청구가 인용될 때를 대비한 예비적 반소의 경우에는 본소가 각하 또는 취하되면 반소도 당연히 소멸하게 되므로, 당사자가 반소를 취하한다든지 법원이 반소를 각하하는 등의 조치가 필요 없다.

---

[1] 원고가 피고의 반소청구에 대하여 이의를 제기함이 없이 변론을 한 경우에는 반소청구의 적법 여부에 대한 책문권을 포기한 것으로 보아야 한다(대법원 1968. 11. 26. 선고 68다1886,1887 판결).

[2] 제271조의 규정은 원고가 반소의 제기를 유발한 본소는 스스로 취하해 놓고 그로 인하여 유발된 반소만의 유지를 상대방에게 강요하는 것은 공평치 못하다는 이유에서 원고가 본소를 취하한 때에는 피고도 원고의 동의 없이 반소를 취하할 수 있도록 한 규정이므로, 본소가 원고의 의사와 관계없이 부적법하다 하여 각하됨으로써 종료된 경우에까지 유추적용 할 수 없고, 원고의 동의가 있어야만 반소취하의 효력이 발생한다 할 것이다(대법원 1984. 7. 10. 선고 84다카298 판결).

## (2) 본소가 사실심에 계속 중일 것

반소는 사실심인 항소심의 변론종결시까지 제기할 수 있다. 그런데 민사소송법은 청구변경에서와는 달리 항소심에서 반소를 제기하는 경우 원고의 심급의 이익을 보호하기 위한 특별한 규정을 두고 있다. 즉, 항소심에서 반소의 제기는 원고의 심급의 이익을 해할 우려가 없는 경우 또는 원고의 동의를 얻은 경우라야 가능하다(제412조 제1항). 원고가 이의 없이 반소의 본안에 대하여 변론을 한 때에는 반소제기에 동의한 것으로 본다(동조 제2항).

원고의 심급의 이익을 해할 우려가 없는 경우라 함은 반소청구의 기초를 이루는 실질적인 쟁점이 제1심에서 본소의 청구원인 또는 방어방법과 관련하여 충분히 심리되어 원고의 심급의 이익을 잃게 할 염려가 없는 경우를 말한다.[1] 이러한 제1심에서 이미 충분히 심리한 쟁점과 관련된 반소의 예(例)로는 중간확인의 반소, 본소와 청구원인을 같이하는 반소, 항소심에서 추가된 예비적 반소 등이 있다. 이 경우에는 원고의 동의 없이 반소제기가 가능하다. 판례는 피고가 항소를 하면서 항소심에서 반소를 제기하였으나 항소가 부적법각하되면 반소도 소멸한다고 하고,[2] 가지급물반환신청[3]은 그 성질이 예비적 반소이므로 피고가 항소하면서 가지급물반환신청을 하였으나 항소가 기각되면 가지급물반환신청에 대하여 판단을 하지 않아도 적법하다고 한다.[4]

## (3) 본소의 변론종결 전일 것

변론종결 후에 제기한 반소는 부적법하다. 반소의 제기가 있다고 법원이 변론을 재개하여야 하는 것도 아니다.

---

[1] 제412조 제1항은 상대방의 심급의 이익을 해할 우려가 없는 경우 또는 상대방의 동의를 받은 경우 항소심에서 반소를 제기할 수 있다고 규정하고 있고, 여기서 '상대방의 심급의 이익을 해할 우려가 없는 경우'라 함은 반소청구의 기초를 이루는 실질적인 쟁점이 제1심에서 본소의 청구원인 또는 방어방법과 관련하여 충분히 심리되어 상대방에게 제1심에서의 심급의 이익을 잃게 할 염려가 없는 경우를 말한다(대법원 2005. 11. 24. 선고 2005다20064,20071 판결).

[2] 피고가 본소에 대한 추완항소를 하면서 항소심에서 비로소 반소를 제기한 경우에 항소가 부적법각하되면 반소도 소멸한다(대법원 2003. 6. 13. 선고 2003다16962,16979 판결).

[3] 가집행선고가 붙은 본안판결이 상소심에서 변경된 경우에 피고는 가집행선고에 따라 지급한 물건이나 금전의 반환 및 그로 인한 손해의 배상을 청구할 수 있다. 원고를 상대로 별도의 소송을 제기하여 원상회복 및 손해배상청구를 할 수 있지만, 민사소송법은 별도 소송의 제기에 따른 비용이나 시간 등을 절약하기 위하여 피고의 신청에 의하여 해당 소송의 항소심절차에서 병합하여 청구할 수 있도록 하고 있다(제215조 제2항). 이를 '가지급물반환신청'이라고 한다.

[4] 가지급물반환신청은 소송 중의 소의 일종으로서 그 성질은 예비적 반소라 할 것이므로 가집행의 선고가 붙은 제1심판결에 대하여 피고가 항소를 하였지만 피고의 항소가 기각된 이 사건에서 원심이 따로 가지급물반환신청에 대한 판단을 하지 아니한 것은 적법하다고 할 것이다(대법원 2005. 1. 13. 선고 2004다19647 판결).

## 4. 청구병합의 일반적 요건을 갖출 것

반소는 본소계속 중에 그 소송절차에서 신소를 제기하는 것이므로, 반소는 본소와 동종의 소송절차에 의할 것이 요구되고,[1] 또한 반소가 다른 법원의 전속관할에 속하지 않아야 한다. 지방법원 단독판사는 본소심리 중에 피고가 합의부 관할에 속하는 청구를 반소로 제기한 경우에는 본소와 반소를 모두 합의부로 이송하여야 한다(제269조 제2항). 다만, 원고가 관할위반의 항변 없이 반소에 대하여 변론하면 변론관할이 생기므로 이송할 필요가 없다.

# Ⅳ. 반소의 절차와 심판

## 1. 반소의 제기

반소는 독립한 소이므로, 반소를 제기함에 있어서는 본소의 소장과 같이 반소장을 제출하여야 한다. 다만, 소액사건에서는 구술제소가 허용되므로 구술에 의한 반소의 제기가 가능하다. 반소장에는 소장의 필요적 기재사항과 마찬가지로 반소청구의 취지와 원인을 기재하여야 하며, 적극적 당사자를 '반소원고'로, 소극적 당사자를 '반소피고'로 표시한다. 반소장에는 소장에 붙이는 것과 동액의 인지를 붙여야 하나, 다만 예외적으로 본소와 반소의 목적이 동일한 때에는 반소의 인지액에서 본소의 인지액을 공제한 차액의 인지를 붙이면 된다(인지차액주의, 민사소송 등 인지법 제4조 제2항).[2]

## 2. 반소요건 등의 조사

반소요건은 원칙적으로 직권조사사항이나, 상호관련성만은 공익적 요구에 기인한 것이 아니므로 소송절차에 관한 이의권의 대상이 된다. 반소요건에 흠결이 있는 부적법한 반소에 대하여 법원은 판결로써 각하하여야 한다. 반소제기에 의한 시효중단 또는 제소기간 준수의 효과는 소

---

1) 가사소송·행정소송·보전절차·독촉절차 등은 통상의 민사소송과는 다른 종류의 절차이다.
2) 반소는 독립한 사건이므로 별개의 사건번호와 사건명을 부여하되, 본소기록의 표지 해당란에 사건번호와 사건명을 병기한다.

제기의 경우와 마찬가지로 반소장을 제출한 때이고, 반소제기에 의한 소송계속의 효과는 반소장이 상대방에 송달된 때이다. 반소요건을 갖추어도 소송요건의 흠결이 있는 경우에는 보정이 이루어지지 않으면 판결로 반소를 각하하여야 한다.

### 3. 본안심판

본소와 반소는 병합심리를 하고, 1개의 전부판결을 하는 것이 원칙이다. 다만, 절차의 번잡·지연의 염려 등 특별한 사정이 있는 경우에는 변론의 분리, 일부판결을 할 수 있다(제141조, 제200조 제2항). 1개의 전부판결을 하는 경우에도 본소와 반소의 판결주문은 따로 내어야 하나, 소송비용은 본소비용과 반소비용을 분리하지 않고 전부에 대하여 판단하여야 한다. 판례는 본소청구를 배척하고 본소청구가 인용될 것을 조건으로 한 예비적 반소를 각하하는 판결에 대하여 원고만이 항소한 경우, 항소심에서 원고의 항소를 받아들여 본소청구를 인용하는 이상 예비적 반소청구를 심판대상으로 삼아 판단하여야 한다고 한다.[1]

# 제4절 중간확인의 소

## I. 의의

중간확인의 소란 소송계속 중에 다툼이 있는 선결적 법률관계의 존부에 대하여 기판력 있는 판단을 받기 위하여 본소법원에 제기하는 소를 말한다(제264조 제1항). 예를 들어, 소유권에 기한 건물명도소송에서 선결적 법률관계인 소유권의 존부가 다투어질 때 원고가 소유권확인의 소를 병합하여 제기하는 경우 등이 여기에 해당된다. 선결적 법률관계는 판결이유 중에서 판단되

---

1) 피고의 예비적 반소는 본소청구가 인용될 것을 조건으로 심판을 구하는 것으로서 제1심이 원고의 본소청구를 배척한 이상 피고의 예비적 반소는 제1심의 심판대상이 될 수 없는 것이고, 이와 같이 심판대상이 될 수 없는 소에 대하여 제1심이 판단하였다고 하더라도 그 효력이 없다고 할 것이므로, 피고가 제1심에서 각하된 반소에 대하여 항소를 하지 아니하였다는 사유만으로 이 사건 예비적 반소가 원심의 심판대상으로 될 수 없는 것은 아니라고 할 것이고, 따라서 원심으로서는 원고의 항소를 받아들여 원고의 본소청구를 인용한 이상 피고의 예비적 반소청구를 심판대상으로 삼아 이를 판단하였어야 한다(대법원 2006. 6. 29. 선고 2006다19061,19078 판결).

기 때문에 기판력이 생기지 않으므로, 이에 대한 기판력 있는 판단을 받기 위하여 기왕의 소송절차를 이용하여 제기하는 소가 중간확인의 소이다. 중간확인의 소를 원고가 제기하는 경우에는 청구의 추가적 변경에 해당되고, 피고가 제기하는 경우에는 반소에 해당된다.


## II. 요건

### 1. 다툼이 있는 선결적 법률관계의 확인을 구할 것

중간확인의 소는 법률관계의 확인을 구하는 것이어야 하므로, 사실관계나 증서의 진정여부(제250조)는 그 대상이 아니다(법률관계). 현재의 법률관계이어야 하고, 과거의 법률관계는 그 대상이 될 수 없다.[1] 또한 당사자 사이에 다툼이 있는 법률관계이어야 한다(계쟁성). 비록 현재에는 다툼이 없어도 장래 다툴 가능성이 있으면 허용할 것이다.

본소청구의 전부 또는 일부와 선결적 관계에 있어야 한다(선결성). 선결적 관계는 중간확인소송의 판결선고시까지 현실적으로 존재하여야 한다. 따라서 본소청구가 취하 또는 각하되는 경우나 확인의 대상인 법률관계에 대한 판단까지 가지 않고도 청구기각될 경우이면 현실적으로 선결적 관계에 있지 않아 중간확인의 소는 부적법하다.[2]


### 2. 사실심의 변론종결 전일 것

중간확인의 소는 사실심 변론종결시까지 제기할 수 있고, 항소심에서도 상대방의 동의를 요

---

1) 확인의 소에 있어 과거의 법률관계는 그것이 현재의 법률관계의 존부에 영향을 미치는 경우라 하더라도 단지 현재의 분쟁을 해결하는 전제에 불과한 것이므로 현재의 법률관계에 관한 존부에 대하여 확인의 소를 인정하는 것 외에 따로 그 과거의 법률관계의 존부에 대하여서까지 확인의 소를 인정할 필요는 없다(대법원 1988. 4. 25. 선고 87다카1280 판결).
2) 재심의 소송절차에서 중간확인의 소를 제기하는 것은 재심청구가 인용될 것을 전제로 하여 재심대상소송의 본안청구에 대하여 선결관계에 있는 법률관계의 존부의 확인을 구하는 것이므로, 재심사유가 인정되지 않아서 재심청구를 기각하는 경우에는 중간확인의 소의 심판대상인 선결적 법률관계의 존부에 관하여 나아가 심리할 필요가 없으나, 한편 중간확인의 소는 단순한 공격방어방법이 아니라 독립된 소이므로 이에 대한 판단은 판결의 이유에 기재할 것이 아니라 종국판결의 주문에 기재하여야 할 것이므로 재심사유가 인정되지 않아서 재심청구를 기각하는 경우에는 중간확인의 소를 각하하고 이를 판결주문에 기재하여야 한다(대법원 2008. 11. 27. 선고 2007다69834 판결).

하지 않는다.[1] 제1심에서 쟁점이 되어 이미 충분한 심리가 이루어진 선결적 법률관계를 그 대상으로 하므로 상대방의 심급의 이익을 해할 우려가 없기 때문이다.


## 3. 청구병합의 일반적 요건을 갖출 것

중간확인의 소가 본소와 동종의 소송절차에 의하여 심리될 수 있는 것이어야 하고, 본소와 다른 법원의 전속관할에 속해서도 안 된다.


## Ⅲ. 절차와 심판

### 1. 중간확인의 소의 제기

중간확인의 소는 소송 중의 소이므로 소장에 준하는 서면을 제출하여야 하고(제264조 제2항), 그 서면은 상대방에게 송달되어야 한다(제3항). 서면을 제출한 때 시효중단과 기간준수의 효력이 발생하고, 서면이 상대방에게 송달된 때에 소송계속의 효과가 발생한다(제265조). 피고가 중간확인의 소를 제기하는 경우에는 반소의 제기에 준하므로 그 소송대리인에게 특별한 권한수여가 있어야 하나(제90조 제2항 제1호), 원고가 제기하는 경우에는 청구의 추가적 변경에 해당되어 특별한 권한수여가 필요 없다.


### 2. 심판

중간확인의 소에 대한 조사와 심판은 소의 추가적 변경 또는 반소의 경우에 준한다. 그리하여 병합요건을 조사하여 그 흠결이 있으면 독립의 소로 취급될 수 없는 한 부적법각하하여야 한다. 그러나 병합요건을 갖추었다면 본소 청구와 병합심리하고, 1개의 전부판결에 의하여 동시에 재판하여야 한다.

---

1) 소유권이전등기나 그 말소등기이행청구의 소가 계속 중 당해 부동산에 대한 소유권확인청구를 추가하는 소변경을 제2심에서도 유효하게 할 수 있고, 또 소유권이전등기나 말소등기이행청구에 관한 판결의 기판력은 소유권확인청구에는 미치지 아니한다(대법원 1973. 9. 12. 선고 72다1436 판결).

제4편

# 02
# 다수당사자소송

## 제1절　공동소송

## Ⅰ. 공동소송의 의의

### 1. 개념

공동소송이란 하나의 소송절차에 여러 사람의 원고 또는 피고가 관여한 소송형태를 말한다. 공동소송을 소의 주관적 병합이라고도 한다. 공동소송은 다수 당사자 사이의 관련분쟁을 동일한 절차에서 동시에 심판함으로써 분쟁의 통일적 해결과 소송경제를 도모할 수 있다는 이점이 있으나, 소송관계가 번잡해지고 그로 인하여 소송이 지연될 수 있다는 문제점이 있다.

### 2. 종류

공동소송은 공동소송인 사이에 '합일확정(合一確定)'이 요구되는지 여부에 따라 통상공동소송과 필수적 공동소송으로 구분된다. 여기서 합일확정이란 소송행위의 효력 유무와 소송절차의 진행을 모든 공동소송인에 대하여 획일적으로 처리하여야 함을 의미한다. 통상공동소송은 공동소송인 사이에 합일확정이 요구되지 않는 공동소송이다. 그리하여 통상공동소송에서는 각 공동소송인별로 재판결과가 다르게 나와도 무방하다. 이에 대하여 필수적 공동소송에서는 재판결과가 다르게 나오는 것이 허용되지 않는다. 그리하여 필수적 공동소송에서는 모든 공동소송인에 대하여 재판결과가 동일하게 나오도록 하기 위하여 합일확정, 즉 소송자료의 통일과 소송진행의 통일이 요청되는 것이다.

필수적 공동소송은 다시 고유필수적 공동소송과 유사필수적 공동소송으로 구분된다. 고유필수적 공동소송이란 전원이 공동으로 제소하거나 또는 제소당하지 않으면 당사자적격을 잃는 공동소송을 말하고, 유사필수적 공동소송이란 개별적으로 제소하거나 또는 제소당하여도 당사자적격을 잃는 것은 아니지만, 일단 공동으로 제소하거나 또는 제소당한 이상 공동소송인 사이에 합일확정이 요청되어 승패를 일률적으로 하여야 하는 공동소송을 말한다.


## 3. 요건

### (1) 주관적 요건(제65조)

공동소송인으로 될 사람들 사이에 일정한 관련성이 있어야 한다. 공동소송인이 될 사람들 사이에 소송의 목적이 되는 '권리·의무가 공통'되거나 '권리·의무의 발생원인이 공통'되거나 또는 '권리·의무의 발생원인이 동종(同種)'인 관계에 있어야 한다. 권리·의무를 공통으로 하거나, 권리·의무의 발생원인이 공통되는 공동소송의 경우에는 관련재판적이 준용되고(제25조 제2항), 선정당사자를 세울 수 있다. 그러나 권리·의무의 발생원인이 동종(同種)인 공동소송의 경우에는 관련재판적이 준용되지 않고, 발생원인이 동종인 것만으로는 공동의 이해관계가 인정되지 않아 선정당사자를 세우기 어려울 수 있다.

권리를 공통으로 하는 경우로는 합유물에 관한 소송에 있어서 합유자, 공유물에 관한 소송에 있어서 공유자, 여러 사람의 피고에 대한 동일소유권의 확인청구 등이 있고, 의무를 공통으로 하는 경우로는 불가분채무자, 연대채무자에 대한 소송에 있어서 각 채무자, 보증인과 주채무자에 대한 소송에 있어서 보증인과 주채무자 등이 있다. 권리·의무의 발생원인이 공통되는 경우로는 동일사고에 의한 여러 사람의 피해자의 손해배상청구, 여러 사람의 가해자에 대한 배상청구, 토지소유자가 건물의 소유자에 대해 그 철거를 구하고 그 입주자에 대해 퇴거를 청구하는 경우 등이 있고, 권리·의무 발생원인이 동종(同種)인 경우로는 여러 통의 어음의 발행인에 대한 각 별개의 어음금청구, 같은 종류의 매매계약에 기해 여러 사람의 매수인에게 대금지급을 청구하는 경우 등이 있다.

## (2) 객관적 요건

공동소송에 있어서는 고유필수적 공동소송의 경우를 제외하고는 최소한 공동소송인의 수만큼의 청구의 병합이 따르므로 청구의 병합요건을 갖추어야 한다. 따라서 공동소송인의 각 청구가 같은 종류의 소송절차에 의하여 심판될 것이어야 하고, 또한 각 청구에 대하여 수소법원에 관할권이 있어야 한다.

권리·의무가 공통되거나 권리·의무의 발생원인이 공통되는 공동소송의 경우에는 관련재판적이 인정되므로 관할권이 문제되지 않으나(제25조 제2항), 권리·의무의 발생원인이 동종인 공동소송의 경우에는 관련재판적이 인정되지 않아 공통의 관할권을 찾기 어려워 공동소송으로의 제소에 어려움이 있을 수 있다.


# Ⅱ. 통상공동소송의 심판

## 1. 공동소송인 독립의 원칙(제66조)

### (1) 의의

통상공동소송은 공동소송인별로 각자 별개의 소송이 병합된 것에 불과하고, 공동소송인별로 소송결과가 다르게 나와도 아무런 상관이 없다. 따라서 통상공동소송에서는 각 공동소송인은 다른 공동소송인에 의한 제한이나 간섭을 받지 않고 각자 독립하여 소송을 수행할 권능을 가지며, 상호간에 연합관계나 협력관계가 없다. 이를 '공동소송인 독립의 원칙'이라고 한다(제66조).

### (2) 내용

#### 1) 소송요건의 개별처리

소송요건의 존부는 각 공동소송인별로 개별적으로 심사·처리하여야 한다. 소송요건을 심사한 결과 흠결이 있는 공동소송인에 한하여 소를 각하한다.

#### 2) 소송자료의 불통일

공동소송인 중 1인의 소송행위는 원칙적으로 다른 공동소송인에게 영향을 미치지 않는다. 각 공동소송인은 각자 청구의 포기·인낙, 소송상 화해, 소 또는 상소의 취하, 상소 등의 소송행위를 할 수 있으며, 이에 의하여 다른 공동소송인에게 그 효력이 미치지 않는다. 공동소송인 중 1인이 자백한 경우에도 상대방의 주장사실을 다투는 다른 공동소송인에 대한 관계에서는 그 사실을 증거에 의하여 확정하여야 한다.[1]

### 3) 소송진행의 불통일

공동소송인 1인에 관한 사항은 다른 공동소송인에게 영향이 없다. 1인의 공동소송인에 대하여 생긴 소송절차의 중단·중지의 사유는 그 사람의 소송관계에 대해서만 절차를 정지하게 하고, 기일의 해태도 다른 공동소송인에게 그 효과가 미치지 않는다. 기일을 해태한 공동소송인만이 자백간주(제150조)나 소 취하(제268조) 등의 불이익을 입게 된다.

### 4) 당사자지위의 독립

각 공동소송인은 자신의 소송관계에 있어서만 당사자이다. 각 공동소송인은 다른 공동소송인의 대리인이나 보조참가인이 될 수 있고, 또한 그에게 소송고지를 할 수도 있다(제84조).

### 5) 재판의 불통일

공동소송인별로 변론을 분리할 수 있고, 일부판결을 할 수 있다. 판결결과가 공동소송인 사이에 다르게 나와도 상관없다.

## (3) 사실상 소송절차진행의 통일

통상공동소송에 있어서 각 공동소송인은 독립의 지위를 갖지만 같은 절차에서 병합심리되는 이상 각 공동소송인에 대하여 기일을 공통으로 지정하고 변론, 증거조사, 판결도 같이 하는 것이 원칙이다. 그리하여 사실상 소송절차의 진행도 같이 하고, 재판의 통일도 어느 정도 기대할 수 있다.

---

[1] 통상공동소송에 있어서 공동소송인의 1인의 소송행위는 다른 공동소송인에게 영향을 미치지 아니한다. 따라서 공동소송인의 1인이 상대방 주장사실을 자백한 경우에도 다른 공동소송인에 대하여는 아무런 효력이 생기지 아니하므로 법원은 상대방의 주장을 다투는 다른 공동소송인에 대한 관계에 있어서는 그 사실을 증거에 의하여 확정하여야 할 것이다(대법원 1968. 5. 14. 선고 67다2787 판결).

## 2. 공동소송인 독립원칙의 수정

### (1) 증거공통의 원칙

통상공동소송에서는 각 공동소송인은 독립의 지위를 갖지만 같은 절차에서 병합심리되는 이상 변론의 전체 취지 및 증거조사의 결과 얻은 법관의 심증(제202조)은 각 공동소송인에 대하여 공통되어야 한다. 따라서 1인의 공동소송인이 제출한 증거는 다른 공동소송인과 공통 혹은 관련된 계쟁사실에 대해서는 그 원용이 없어도 이를 사실인정의 자료로 할 수 있다. 이를 공동소송인 사이의 증거공통의 원칙이라고 한다.

그러나 공동소송인 사이에 이해가 상반되는 경우에는 다른 공동소송인의 방어권의 보장을 위하여 명시적인 원용이 없으면 증거공통의 원칙이 적용되지 않는다. 또한 공동소송인 중 한 사람이 자백한 경우에 자백한 공동소송인에 대하여는 증거에 의한 심증에 불구하고 자백한 대로 사실확정을 하여야 한다. 다만, 어느 한 공동소송인의 자백이 다른 공동소송인에 대해서 변론의 전체 취지로 영향을 미칠 수 있다.

### (2) 주장공통의 원칙

공동소송인 중 1인의 주장사실이 다른 공동소송인에게도 유리한 경우에 다른 공동소송인의 원용이 없어도 그에 대하여 효력이 미치는지 논란이 있다. 이를 긍정하는 견해가 있다. 예를 들어, 채권자가 주채무자와 보증채무자를 공동피고로 제소하였는데, 주채무자는 변제 등 이유있는 항변을 하였으나 보증채무자는 그러한 항변의 원용조차 하지 않는 경우에 법원은 주채무자에 대하여는 주채무의 소멸을 이유로 청구기각, 보증채무자에 대하여는 주채무의 존재를 전제로 원고청구인용을 하여야 한다는 것은 역사적 사실은 하나밖에 있을 수 없다는 논리의 거역으로 재판불신의 요인이 될 수 있으므로 긍정함이 타당하다고 한다.[1]

판례는 변론주의를 취하고 있는 소송제도 아래에서 공동소송인들 상호간의 공격방어방법의 차이에 따라 모순된 결론이 발생하는 것은 부득이한 일로서 통상공동소송에서는 주장공통의 원칙이 인정될 수 없다고 한다.[2] 증거자료와 소송자료는 구분되어야 하고, 증거자료에 관해서는 법관의 자유심증주의에 의하여 공동소송인독립의 원칙이 제한될 수도 있을 것이나, 주장책임을

---

[1] 이시윤, 727면.
[2] 제66조의 명문의 규정과 우리 민사소송법이 취하고 있는 변론주의 소송구조 등에 비추어 볼 때, 통상의 공동소송에 있어서 이른바 주장공통의 원칙은 적용되지 아니한다(대법원 1994. 5. 10. 선고 93다47196 판결).

확대하는 정도까지 공동소송인 독립의 원칙을 수정하는 것은 소송자료의 제출에 관한 민사소송의 기본원칙인 변론주의에 반한다고 할 것이므로 부정함이 타당하다.

## Ⅲ. 필수적 공동소송의 성립

### 1. 고유필수적 공동소송

고유필수적 공동소송은 실체법상 하나의 권리 또는 법률관계를 여러 사람이 공동으로 관리처분하여야 할 경우, 즉 실체법상 관리처분권이 여러 사람에게 공동으로 귀속된 경우에 성립한다. 그리하여 고유필수적 공동소송을 실체법상 이유에 의한 필수적 공동소송이라고 한다.

#### (1) 공유관계

공유자는 지분을 자유로이 처분할 수 있고, 공유물 전부를 지분의 비율로 사용·수익할 수 있다(민법 제263조). 그러나 공유자는 다른 공유자의 동의 없이 공유물을 처분하거나 변경하지 못한다(민법 제264조). 다만, 보존행위는 각자 할 수 있다(민법 제265조). 따라서 공유지분을 처분하거나 지분의 비율로 공유물을 사용·수익하는 것, 공유물에 대한 보존행위는 공유자 각자가 할 수 있으므로 이에 관한 소송은 고유필수적 공동소송이 아니다. 그러나 공유물 전체를 처분하거나 변경하는 것은 공유자 전원이 함께 하여야 하므로 이에 관한 소송은 고유필수적 공동소송에 해당된다.

판례는 공유물이 방해당하거나 그 점유를 빼앗긴 경우에 각 공유자는 보존행위로서 방해제거청구소송 또는 공유물인도청구소송을 각자 제기할 수 있으며, 불법점거로 인한 손해배상청구소송을 각 지분의 한도에서 단독으로 제기할 수 있다고 한다.[1] 또한 제3자가 공유자를 상대로

---

[1] 부동산의 공유자 중 한 사람은 공유물에 대한 보존행위로서 그 공유물에 관한 원인무효의 등기전부의 말소를 구할 수 있다(대법원 2005. 9. 29. 선고 2003다40651 판결); 공유자라고 할지라도 다른 공유자와의 협의 없이는 공유물을 배타적으로 점유하여 사용·수익할 수 없는 것이므로, 다른 공유권자는 자신이 소유하고 있는 지분이 과반수에 미달되더라도 공유물을 배타적으로 점유하고 있는 공유자에 대하여 공유물의 보존행위로서 공유물(전부)의 인도나 명도를 구할 수 있다(대법원 1994. 3. 22. 선고 93다9392,9408 전원합의체 판결); 부동산공유자의 1인은 당해 부동산에 관하여 제3자 명의로 원인무효의 소유권이전등기가 경료되어 있는 경우 공유물에 관한 보존행위로서 제3자에 대하여 그 등기전부의 말소를 구할 수 있다. 그러나 그 제3자가 당해 부동산의 공유자 중의 1인인 경우에는 그 소유권이전등기는 동인의 공유지분에 관하여는 실체관계에 부합하는 등기라고 할 것이므로,

제기하는 소유권확인 및 등기말소청구소송, 이전등기청구소송 또는 공유물인도청구소송이나 공유건물철거청구소송은 공유자 전원을 피고로 하여야 하는 필수적 공동소송이 아니며, 각 공유자에 대하여 그 지분권의 한도 내에서 인도나 철거를 구하는 것으로 볼 것이라고 한다.[1]

그러나 판례는 공유물 전체에 대하여 소유권확인을 구하는 경우에는 공유자 전원이 함께 하여야 하는 필수적 공동소송이라고 한다. 예를 들어, 공동상속인이 상속지분에 관한 지분권확인을 구하는 것은 통상공동소송이나,[2] 공동상속인이 어떤 재산이 상속재산임의 확인을 구하는 소송은 다른 공동소송인들 전원을 공동피고로 하여야 한다고 한다.[3] 또한 공유물분할청구의 소는 분할을 청구하는 공유자가 다른 모든 공유자를 공동피고로 하여야 하고,[4] 인접하는 토지가 공유인 경우의 경계확정의 소는 공유자 전원을 공동피고 또는 공동원고로 하여야 한다고 한다.[5]

## (2) 합유관계

합유는 조합의 재산소유형태로서 공유에 비하여 단체주의적 성격이 강한 공동소유형태이다. 합유자는 전원의 동의 없이 그 지분을 처분하지 못하고(민법 제273조 제1항), 합유물을 처분 또는 변경함에는 합유자 전원의 동의가 있어야 한다(민법 제272조 전단). 따라서 합유물에 관한 소송은 원칙적으로 합유자 전원이 함께 당사자가 되어야 하는 고유필수적 공동소송이다. 그리하

---

이러한 경우 공유자의 1인은 단독명의로 등기를 경료하고 있는 공유자에 대하여 그 공유자의 공유지분을 제외한 나머지 공유지분 전부에 관하여만 소유권이전등기말소등기절차의 이행을 구할 수 있다(대법원 2015. 4. 9. 선고 2012다2408 판결).

1) 수인 앞으로 경료된 공유등기의 말소를 구하는 소송은 권리관계의 합일적인 확정을 필요로 하는 필요적 공동소송이 아니라 통상공동소송이다(대법원 1991. 4. 12. 선고 90다9872 판결); 토지를 수인이 공유하는 경우에 공유자들의 소유권이 지분의 형식으로 공존하는 것뿐이고 그 처분권이 공동으로 귀속하는 것은 아니므로, 공유토지의 일부에 대하여 취득시효완성을 원인으로 공유자들을 상대로 그 시효취득부분에 대한 소유권이전등기절차의 이행을 청구하는 소송은 필요적 공동소송이라고 할 수 없다(대법원 1994. 12. 27. 선고 93다32880, 93다32897 판결).

2) 공동상속재산의 지분에 관한 지분권존재확인을 구하는 소송은 필수적 공동소송이 아니라 통상의 공동소송이다(대법원 2010. 2. 25. 선고 2008다96963,96970 판결); 공동상속재산의 지분에 관한 등기말소와 지분권존재확인을 구하는 소송은 필요적 공동소송이 아니라 통상의 공동소송이다(대법원 1965. 5. 18. 선고 65다279 판결).

3) 공동상속인이 다른 공동상속인을 상대로 어떤 재산이 상속재산임의 확인을 구하는 소는 이른바 고유필수적 공동소송이라고 할 것이고, 고유필수적 공동소송에서는 원고들 일부의 소 취하 또는 피고들 일부에 대한 소 취하는 특별한 사정이 없는 한 그 효력이 생기지 않는다(대법원 2007. 8. 24. 선고 2006다40980 판결).

4) 공유물분할청구의 소는 분할을 청구하는 공유자가 원고가 되어 다른 공유자 전부를 공동피고로 하여야 하는 고유필수적 공동소송이다(대법원 2003. 12. 12. 선고 2003다44615, 44622 판결).

5) 토지의 경계는 토지소유권의 범위와 한계를 정하는 중요한 사항으로서, 그 경계와 관련되는 인접토지의 소유자 전원 사이에서 합일적으로 확정될 필요가 있으므로, 인접하는 토지의 한편 또는 양편이 여러 사람의 공유에 속하는 경우에, 그 경계의 확정을 구하는 소송은 관련된 공유자 전원이 공동하여서만 제소하고 상대방도 관련된 공유자 전원이 공동으로서만 제소될 것을 요건으로 하는 고유필요적 공동소송이다(대법원 2001. 6. 26. 선고 2000다24207 판결).

여 조합원이 매수한 부동산에 관한 소유권이전등기청구소송,[1] 조합재산에 속하는 채권의 이행을 구하는 소송은 고유필수적 공동소송이다.[2]

그러나 합유물에 관한 보존행위는 각자 할 수 있으므로(민법 제272조 단서), 보존행위에 관한 소송은 고유필수적 공동소송이 아니다. 또한 조합채권자는 그 채권발생 당시에 조합원의 손실부담의 비율을 알지 못한 때에는 각 조합원에게 균분하여 그 권리를 행사할 수 있으므로(민법 제712조), 조합채권자가 각 조합원의 개인적 책임에 기하여 조합채무의 이행을 구하는 소송도 고유필수적 공동소송이 아니다.[3]

판례는 공동이행방식의 공동수급체의 공사대금채권,[4] 공동광업권,[5] 공유지식재산권,[6] 공동

---

1) 피고 등 7인의 합유로 소유권이전등기가 마쳐진 부동산에 대한 원고의 명의신탁해지로 인한 소유권이전등기이행청구소송은 합유재산에 관한 소송으로서 고유필요적 공동소송에 해당된다(대법원 1983. 10. 25. 선고 83다카850 판결).

2) 민법상 조합계약은 2인 이상이 상호 출자하여 공동으로 사업을 경영할 것을 약정하는 계약으로서, 조합재산은 조합의 합유에 속하므로 조합재산에 속하는 채권에 관한 소송은 합유물에 관한 소송으로서 특별한 사정이 없는 한 조합원들이 공동으로 제기하여야 하는 고유필수적 공동소송에 해당한다(대법원 2012. 11. 29. 선고 2012다44471 판결); 조합의 채권은 조합원 전원에게 합유적으로 귀속하는 것이어서, 특별한 사정이 없는 한 조합원 중 1인이 임의로 조합의 채무자에 대하여 출자지분의 비율에 따른 급부를 청구할 수 없는 것이므로, 조합원 중 1인의 채권자가 그 조합원 개인을 집행채무자로 하여 조합의 채권에 대하여 강제집행을 할 수 없고, 강제집행하는 경우 다른 조합원은 보존행위로서 제3자이의 소를 제기하여 그 강제집행의 불허를 구할 수 있다(대법원 1997. 8. 26. 선고 97다4401 판결).

3) 조합의 채무는 각 조합원의 채무로서 그 채무가 불가분의 채무이거나 연대의 특약이 없는 한 조합채권자는 각 조합원에 대하여 지분의 비율에 따라 또는 균일적으로 변제의 청구를 할 수 있을 뿐이지 달리 그 금원 전부나 연대의 지급을 구할 수는 없는 것이다(대법원 1985. 11. 12. 선고 85다카1499 판결). 그러나 조합채무가 특히 조합원 전원을 위하여 상행위가 되는 행위로 인하여 부담하게 된 것이라면 그 채무에 관하여 조합원들에 대하여 상법 제57조 제1항을 적용하여 연대책임을 인정함이 상당하다(대법원 1992. 11. 27. 선고 92다30405 판결; 1991. 11. 22. 선고 91다30705 판결).

4) 공동이행방식의 공동수급체는 기본적으로 민법상 조합의 성질을 가지는 것이므로, 공동수급체가 공사를 시행함으로 인하여 도급인에 대하여 가지는 채권은 원칙적으로 공동수급체 구성원에게 합유적으로 귀속하는 것이어서 특별한 사정이 없는 한 구성원 중 1인이 임의로 도급인에 대하여 출자지분비율에 따른 급부를 청구할 수 없고, 구성원 중 1인에 대한 채권으로써 그 구성원 개인을 집행채무자로 하여 공동수급체의 도급인에 대한 채권에 대하여 강제집행을 할 수 없다. 그러나 공동이행방식의 공동수급체와 도급인이 공사도급계약에서 발생한 채권과 관련하여 공동수급체가 아닌 개별 구성원으로 하여금 지분비율에 따라 직접 도급인에 대하여 권리를 취득하게 하는 약정을 하는 경우와 같이 공사도급계약의 내용에 따라서는 공사도급계약과 관련하여 도급인에 대하여 가지는 채권이 공동수급체 구성원 각자에게 지분비율에 따라 구분하여 귀속될 수도 있고, 위와 같은 약정은 명시적으로는 물론 묵시적으로도 이루어질 수 있다(대법원 2012. 5. 17. 선고 2009다105406 전원합의체 판결).

5) 광업법의 규정에 의하면 광업권을 공유하는 자들 사이에는 조합계약을 한 것으로 본다고 규정하고 있으므로, 광업권자가 사망하여 상속인들이 그 광업권을 공동으로 상속하는 경우에도 그 상속인들 사이에 조합계약을 체결한 것으로 보아야 하므로, 그 합유인 공동광업권에 관한 소송은 합일확정을 요하는 필요적공동소송이고, 따라서 광업권자가 광업권에 관한 소송을 수행하던 중 사망한 경우에는 상속인 전원이 공동으로 수계신청을 하여야 한다(대법원 1995. 5. 23. 선고 94다23500 판결).

6) 특허법 제99조 제2항, 제3항에 의하면 특허의 공유관계는 민법 제273조에 규정된 합유에 준하는 것이라 할 것이므로 특허권이 공유인 때에는 그 특허권에 관한 심판사건에 있어서는 공유자 전원이 심판의 청구인 또는 피

명의의 허가권·면허권 등에 관한 소송,[1] 여러 사람의 유언집행자에 대하여 유증의무의 이행을 구하는 소송,[2] 여러 사람의 수탁자에 의한 신탁재산(신탁법 제50조 제1항)[3], 회생절차상 여러 사람의 관리인 또는 파산절차상 여러 사람의 파산관재인이 하는 소송,[4] 같은 선정자단에서 선출된 여러 사람의 선정당사자가 수행하는 소송, 증권관련집단소송에서 여러 사람의 대표당사자가 수행하는 소송(증권관련 집단소송법 제20조)[5] 등은 합유관계에 기한 소송으로써 모두 고유필수적 공동소송이라고 한다.

한편, 판례는 은행에 동업자들이 동업자금을 공동명의로 예금한 경우에 은행에 대한 예금반환청구소송은 필수적 공동소송이지만, 동업 이외의 목적을 위하여 공동명의로 예금을 하고 은행에 대하여 그 권리를 함께 행사하기로 한 경우에는 예금에 관한 관리처분권이 공동명의 예금채권자 전원에게 공동으로 귀속된다고 볼 수 없으므로 은행에 대한 예금반환청구소송은

---

청구인이 되어야 하고 그 심판절차는 공유자 전원에게 합일적으로 확정되어야 할 필요에서 이른바 필요적 공동소송관계에 있다(대법원 1987. 12. 8. 선고 87후111 판결). 그러나 상표권의 공유자가 그 상표권의 효력에 관한 심판에서 패소한 경우에 제기할 심결취소소송은 공유자 전원이 공동으로 제기하여야만 하는 고유필수적 공동소송이라고 할 수 없고, 공유자의 1인이라도 당해 상표등록을 무효로 하거나 권리행사를 제한·방해하는 심결이 있는 때에는 그 권리의 소멸을 방지하거나 그 권리행사방해배제를 위하여 단독으로 그 심결의 취소를 구할 수 있다(대법원 2004. 12. 9. 선고 2002후567 판결).

1) 공유수면매립법에 의하여 수인이 공동명의로 매립면허를 받았을 경우에 그 매립권은 그 공동명의인들의 합유(또는 총유) 관계에 있다고 보는 것이 타당하므로, 이러한 합유(또는 총유)에 속하는 매립권을 소송목적물로 하여 소를 제기하는 본안소송에 있어서는 그 면허명의자 전원을 필요적 공동소송인으로 하여야 함은 물론이고, 위와 같은 공동매립권에 대한 처분금지 가처분 및 그 현장 사업담당 관장권자를 신청인으로 지정하여 달라는 가처분신청에 있어서도 본안소송의 경우와 마찬가지로 공동명의자 전원을 필요적 공동소송인으로 하여야 할 것이다(대법원 1969. 11. 25. 선고 65다1352 판결); 주류공동제조면허의 경우 공동면허명의자의 상호관계는 민법상의 조합으로서 합유적 관계에 있고, 합유재산에 관한 소송은 고유필요적 공동소송에 해당하는 것이므로 주류제조면허의 공동면허명의자 중의 1인으로부터 면허를 양수한 자는 공동면허명의자 전원을 상대로 하여야만 면허취소신청과 보충면허신청절차의 이행을 소구할 수 있고, 양도인만을 상대로 하여서는 그 이행을 소구할 수 없다(대법원 1993. 7. 13. 선고 93다12060 판결).

2) 상속인이 유언집행자가 되는 경우를 포함하여 유언집행자가 수인인 경우에는, 유언집행자를 지정하거나 지정위탁한 유언자나 유언집행자를 선임한 법원에 의한 임무의 분장이 있었다는 등의 특별한 사정이 없는 한, 유증목적물에 대한 관리처분권은 유언의 본지에 따른 유언의 집행이라는 공동의 임무를 가진 수인의 유언집행자에게 합유적으로 귀속되고 그 관리처분권 행사는 과반수의 찬성으로써 합일하여 결정하여야 하므로, 유언집행자가 수인인 경우 유언집행자에게 유증의무의 이행을 구하는 소송은 유언집행자 전원을 피고로 하는 고유필수적 공동소송으로 봄이 상당하다(대법원 2011. 6. 24. 선고 2009다8345 판결).

3) 수탁자가 여럿인 경우 신탁재산은 수탁자들의 합유로 한다(신탁법 제50조 제1항).

4) 구 파산법의 규정에 의하면 파산재단에 속하는 재산의 관리처분권은 파산자로부터 이탈하여 파산관재인에게 전속하게 되고 파산재단에 관한 소송에서는 파산관재인이 원고 또는 피고가 되므로, 파산관재인이 여럿인 경우에는 법원의 허가를 얻어 직무를 분장하였다는 등의 특별한 사정이 없는 한 그 여럿의 파산관재인 전원이 파산재단의 관리처분권을 갖고 있기 때문에 파산관재인 전원이 소송당사자가 되어야 하므로 그 소송은 필수적 공동소송에 해당한다(대법원 2008. 4. 24. 선고 2006다14363 판결).

5) 증권관련집단소송에서 대표당사자가 둘 이상인 경우에는 필수적 공동소송에 관한 특칙인 제67조제1항 및 제2항이 준용된다(증권관련 집단소송법 제20조).

필수적 공동소송이 아니라고 한다.[1] 다만, 후자의 경우 은행에 대한 지급청구만은 공동반환의 특약에 의하여 공동명의 예금채권자 모두가 공동으로 하여야 하지만, 은행은 공동명의 예금채권자 중 1인에 대한 대출금채권을 자동채권으로 하여 그의 지분에 상응하는 예금반환채권에 대하여 상계할 수 있고,[2] 공동명의 예금채권자 중 1인에 대한 채권자는 그 1인의 지분에 상응하는 예금채권에 대하여 압류 및 추심명령 등을 얻어 이를 집행할 수 있다고 한다.[3]

### (3) 총유관계

총유는 법인 아닌 사단의 재산소유형태로서 관리처분권이 구성원 전원에게 귀속되며, 지분권이라는 관념이 존재하지 않는다. 총유물의 관리 및 처분은 사원총회의 결의에 의하고(민법 제276조 제1항), 각 사원은 정관 기타의 규약에 따라 총유물을 사용·수익할 수 있다(동조 제2항). 따라서 총유재산에 관하여 구성원 전원이 나서서 소송을 하는 경우에 그 공동소송형태는 고유필수적 공동소송이다. 그리하여 총유재산에 관한 소송은 구성원 전원이 고유필수적 공동소송인이 되어 소송을 하든지 아니면 사원총회의 결의를 거쳐 법인 아닌 사단의 이름으로 소송을 하

---

1) 은행에 공동명의로 예금을 하고 은행에 대하여 그 권리를 함께 행사하기로 한 경우에 만일 동업자들이 동업자금을 공동명의로 예금한 경우라면 채권의 준합유관계에 있어 합유의 성질상 은행에 대한 예금반환청구가 필요적 공동소송에 해당한다고 볼 것이나, 공동명의 예금채권자들 중 1인이 전부를 출연하거나 또는 각자가 분담하여 출연한 돈을 동업 이외의 특정목적을 위하여 공동명의로 예치해 둠으로써 그 목적이 달성되기 전에는 공동명의 예금채권자가 자신의 예금에 대하여도 혼자서는 인출할 수 없도록 방지·감시하고자 하는 목적으로 공동명의로 예금을 개설한 경우라면 그 예금에 관한 관리처분권까지 공동명의 예금채권자 전원에게 공동으로 귀속된다고 볼 수 없을 것이므로, 이러한 경우에는 은행에 대한 예금반환청구가 필요적 공동소송에 해당한다고 할 수 없다(대법원 1994. 4. 26. 선고 93다31825 판결; 2008. 10. 9. 선고 2005다72430 판결).

2) 공동명의 예금채권자들 각자가 분담하여 출연한 돈을 동업 이외의 목적을 위하여 공동명의로 예치해 둠으로써 그 목적이 달성되기 전에는 공동명의 예금채권자가 단독으로 예금을 인출할 수 없도록 방지·감시하고자 하는 목적으로 공동명의로 예금을 개설한 경우에는 하나의 예금채권이 분량적으로 분할되어 각 공동명의 예금채권자들에게 공동으로 귀속되고, 각 공동명의 예금채권자들이 예금채권에 대하여 갖는 각자의 지분에 대한 관리처분권은 각자에게 귀속된다 할 것이므로, 공동명의 예금채권자 중 1인에 대한 별개의 대출금채권을 가지는 은행으로서는 그 대출금채권을 자동채권으로 하여 그의 지분에 상응하는 예금반환채권에 대하여 상계할 수 있다 할 것이다(대법원 2004. 10. 14. 선고 2002다55908 판결).

3) 공동명의 예금채권자들 각자가 분담하여 출연한 돈을 동업 이외의 목적을 위하여 공동명의로 예치해 둠으로써 그 목적이 달성되기 전에는 공동명의 예금채권자가 단독으로 예금을 인출할 수 없도록 방지·감시하고자 하는 목적으로 공동명의로 예금을 개설한 경우에는 각 공동명의 예금채권자들이 예금채권에 대하여 갖는 각자의 지분에 대한 관리처분권은 각자에게 귀속되는 것이고, 다만 은행에 대한 지급청구만을 공동반환의 특약에 의하여 공동명의 예금채권자들 모두가 공동으로 하여야 하는 것이므로, 공동명의 예금채권자 중 1인에 대한 채권자로서는 그 1인의 지분에 상응하는 예금채권에 대한 압류 및 추심명령 등을 얻어 이를 집행할 수 있고, 이러한 압류 등을 송달받은 은행으로서는 압류채권자의 압류명령 등에 기초한 단독 예금반환청구에 대하여, '공동명의 예금채권자가 공동으로 그 반환을 청구하는 절차를 밟아야만 예금청구에 응할 수 있다'는 공동명의 예금채권자들과 사이의 공동반환특약을 들어 그 지급을 거절할 수는 없다(대법원 2005. 9. 9. 선고 2003다7319 판결).

여야 한다. 또한 보존행위도 공유나 합유에서와는 달리 구성원 각자가 할 수 있다는 규정을 두고 있지 않으므로 구성원 전원 또는 법인 아닌 사단이 당사자가 되어 소송을 하여야 한다.

판례도 총유재산에 관한 소송은 법인 아닌 사단의 이름으로 소송을 할 수 있는 외에 그 구성원 전원이 당사자로 나서서 소송을 할 수 있으며, 이때의 소송관계는 고유필수적 공동소송이라고 한다. 또한 보존행위도 구성원 각자가 단독으로 할 수 없으며 법인 아닌 사단의 이름으로 하든지 아니면 그 구성원 전원이 나서서 소송을 하여야 한다고 한다. 그리하여 법인 아닌 사단의 구성원은 비록 그가 대표자라 하더라도 나아가 사원총회의 결의를 거쳤다고 하더라도 소송의 당사자가 될 수 없으며, 총유재산의 보존행위를 위한 소송에서도 마찬가지라고 한다.[1]

### (4) 가사소송, 회사관계소송

제3자가 제기하는 가사소송에 있어서 일정한 경우 권리관계의 당사자들을 모두 공동피고로 하여야 한다. 제3자가 제기하는 혼인무효·취소의 소(가사소송법 제24조 제2항)는 부부를, 제3자가 제기하는 친생자관계존부확인의 소(동법 제28조 및 제24조 제2항)는 부모와 자(子)를 각각 공동피고로 하여야 하는 고유필수적 공동소송이다. 아버지를 정하는 소(동법 제27조 제2항 및 제3항)도 권리관계의 당사자들을 모두 공동피고로 하여야 하는 고유필수적 공동소송에 속한다.[2]

회사관계소송에 있어서 소액주주에 의한 이사해임의 소(상법 제385조 제2항)는 회사와 이사를, 소액주주에 의한 청산인해임의 소(상법 제539조 제2항)는 회사와 청산인을 각각 공동피고로 하여야 하는 고유필수적 공동소송이다.[3] 다만, 위 소송을 본안소송으로 하는 가처분에 있어서는 이사 또는 청산인 개인만이 피신청인적격이 있고 회사는 피신청인적격이 없다. 판례는 구분

---

1) 민법 제276조 제1항은 "총유물의 관리 및 처분은 사원총회의 결의에 의한다.", 같은 조 제2항은 "각 사원은 정관 기타의 규약에 좇아 총유물을 사용, 수익할 수 있다."라고 규정하고 있을 뿐 공유나 합유의 경우처럼 보존행위는 그 구성원 각자가 할 수 있다는 민법 제265조 단서 또는 민법 제272조 단서와 같은 규정을 두고 있지 아니한바, 이는 법인 아닌 사단의 소유형태인 총유가 공유나 합유에 비하여 단체성이 강하고 구성원 개인들의 총유재산에 대한 기본권이 인정되지 아니하는 데에서 나온 당연한 귀결이라고 할 것이다. 따라서 총유재산에 관한 소송은 법인 아닌 사단이 그 명의로 사원총회의 결의를 거쳐 하거나 또는 그 구성원 전원이 당사자가 되어 필수적 공동소송의 형태로 할 수 있을 뿐 그 사단의 구성원은 설령 그가 사단의 대표자라거나 사원총회의 결의를 거쳤다 하더라도 그 소송의 당사자가 될 수 없고, 이러한 법리는 총유재산의 보존행위로서 소를 제기하는 경우에도 마찬가지라 할 것이다(대법원 2005. 9. 15. 선고 2004다44971 판결).
2) 아버지를 정하는 소를 자녀가 제기하는 경우에는 어머니, 어머니의 배우자 및 어머니의 전 배우자를, 어머니가 제기하는 경우에는 그 배우자 및 전 배우자를, 어머니의 배우자가 제기하는 경우에는 어머니 및 어머니의 전 배우자를 어머니의 전 배우자가 제기하는 경우에는 어머니 및 어머니의 배우자를 각각 공동피고로 하여야 한다(가사소송법 제27조 제2항 및 제3항).
3) 상법 제539조 제2항, 제3항 규정의 청산인의 해임은 상대방 회사의 본점 소재지 법원에 그 회사와 청산인들을 상대로 하는 소에 의하여서만 이를 청구할 수 있을 뿐이다(대법원 1976. 2. 11. 자 75마533 결정).

소유자가 제기하는 집합건물의 관리인해임의 소는 관리단과 관리인을 모두 공동피고로 하여야 하는 고유필수적 공동소송이라고 한다.[1]

## 2. 유사필수적 공동소송

유사필수적 공동소송은 소송법상 판결의 효력이 제3자에게 확장될 경우에 인정되는 공동소송이다. 만일 이러한 경우에 합일확정이 안 되는 통상공동소송이 된다면 공동소송인 중 한 사람이 승소하였음에도 그와 달리 패소한 다른 공동소송인이 받은 판결의 효력으로 인하여 패소의 효력도 받아 이긴 것이기도 하고 진 것이기도 한 모순된 결과가 생기게 된다. 그리하여 유사필수적 공동소송을 소송법상 이유에 의한 필수적 공동소송이라고 한다.

유사필수적 공동소송은 판결의 효력이 제3자에게 미치는 경우에 성립한다. 판결의 형성력이 제3자에게 미치는 경우가 일반적이나, 기판력이 미치는 경우에도 유사필수적 공동소송이 성립할 수 있다. 판결의 형성력이 미쳐 유사필수적 공동소송이 되는 경우로는 여러 사람이 제기하는 회사설립무효·취소소송(상법 제184조), 회사합병무효소송(상법 제236조), 주주총회결의취소소송(상법 제376조), 주주총회결의무효확인소송(상법 제380조),[2] 혼인무효 또는 취소소송(가사소송법 제22조 내지 제24조)[3] 등이 있고, 판결의 기판력이 미쳐 유사필수적 공동소송이 되는 경우로는 여러 사람의 채권자가 제기하는 채권자대위소송, 여러 사람의 압류채권자가 제기하는 추심소송,[4] 여러 사람의 주주가 제기하는 주주대표소송 등이 있다.

그런데 다수설은 여러 사람의 채권자가 제기하는 채권자대위소송, 여러 사람의 압류채권자가 제기하는 추심소송, 여러 사람의 주주가 제기하는 주주대표소송 등은 판결의 반사효가 제3자에게 미쳐 유사필수적 공동소송이 되는 경우라고 한다.[5] 이는 판결의 반사적 효력이 인정됨

---

1) 집합건물의 소유 및 관리에 관한 법률 제24조 제3항에서 정한 관리인해임의 소는 관리단과 관리인 사이의 법률관계 해소를 목적으로 하는 형성의 소이므로 법률관계의 당사자인 관리단과 관리인 모두를 공동피고로 하여야 하는 고유필수적 공동소송에 해당한다(대법원 2011. 6. 24. 선고 2011다1323 판결).

2) 상법 제190조는 회사설립무효 또는 취소판결은 제3자에 대하여도 그 효력이 있다고 규정하고 있으며, 동 조항은 회사합병무효의 소, 주주총회결의취소의 소, 주주총회결의무효확인 및 부존재확인의 소, 부당결의취소 및 변경의 소의 경우에 각각 준용되고 있다(상법 제240조, 제376조, 제380조, 제381조).

3) 가사소송법은 제21조 제1항에서 가류 또는 나류 가사소송사건의 청구를 인용한 확정판결은 제3자에게도 효력이 있다고 규정하고 있다.

4) 민사집행법에서는 추심소송에서 집행력 있는 정본을 가진 모든 채권자는 원고 쪽에 참가할 권리가 있으며, 추심소송의 판결은 원고 쪽에 공동소송인으로 참가하도록 명령을 받은 채권자에 대하여 미친다고 규정하고 있다(동법 제249조 제2항 내지 제4항).

5) 이시윤, 748면.

을 전제로 한 주장이다. 그러나 앞서 언급하였듯이 판결의 반사적 효력은 실체법에서 작용하는 효력에 불과하고 소송법상 판결의 효력으로 보기는 어렵다고 할 것이다. 채권자대위소송에서 판결의 기판력은 같은 채무자의 다른 채권자가 제기한 동일한 소송물에 대한 채권자대위소송에도 미친다. 판례도 채권자대위소송에서 확정판결의 효력은 채무자가 대위소송이 제기된 사실을 알았을 경우 채무자에게 미치므로, 이러한 경우에는 같은 채무자의 다른 채권자가 동일한 소송물에 대하여 채권자대위소송을 제기하면 앞선 채권자대위소송의 판결의 기판력을 받게 된다고 한다.[1] 추심소송이나 주주대표소송에서도 마찬가지이다. 추심소송이나 주주대표소송에서도 그 판결의 기판력은 다른 압류채권자나 다른 주주가 제기한 동일한 소송물에 대한 추심소송이나 주주대표소송에도 미친다. 따라서 이러한 경우 기판력이 미쳐 유사필수적 공동소송이 된다고 이해하면 충분하고, 불명확한 반사적 효력의 개념을 차용하여 유사필수적 공동소송의 성립을 의제할 필요는 없다고 본다.

## Ⅳ. 필수적 공동소송의 심판

필수적 공동소송에 있어서는 합일확정의 필요상 각 공동소송인에 대한 관계에 있어서 '소송자료의 통일'과 '소송진행의 통일'이 필요하다.

### 1. 소송요건의 조사

#### (1) 개별조사

필수적 공동소송에 있어서도 소송요건은 각 공동소송인별로 개별적으로 조사하여야 한다. 개별적으로 조사한 결과 고유필수적 공동소송에 있어서 공동소송인 1인에 관하여 소송요건의 흠결이 있고 그 흠결을 보정할 수 없는 경우 전체 소송이 부적법해진다.[2] 그러나 유사필수적 공동소송에서는 소송요건이 흠결된 해당 공동소송인의 소송만을 각하하는데 그치고, 나머지 공

---

[1] 대법원 2008. 7. 24. 선고 2008다25510 판결; 1994. 8. 12. 선고 93다52808 판결.
[2] 공유물분할청구의 소는 분할을 청구하는 공유자가 원고가 되어 다른 공유자 전부를 공동피고로 하여야 하는 필수적 공동소송으로서 공유자 전원에 대하여 판결이 합일적으로 확정되어야 하므로, 공동소송인 중 1인에 소송요건의 흠이 있으면 전 소송이 부적법하게 된다(대법원 2012. 6. 14. 선고 2010다105310 판결).

동소송인의 소송에는 아무런 영향이 없다.

### (2) 누락된 공동소송인의 보정

고유필수적 공동소송에서는 공동소송인으로 될 사람 모두가 원고 또는 피고가 되어야 하고, 그 중 1인이라도 누락하면 그 소송은 당사자적격의 흠결로 부적법각하된다. 그러나 필수적 공동소송의 요건은 사실심 변론종결시까지 갖추면 되기 때문에 탈락된 사람에 대하여 별도의 소송을 제기하여 법원이 변론을 병합하는 방법(제141조), 원고의 신청에 의하여 필수적 공동소송인을 추가하는 방법(제68조), 누락된 사람이 스스로 공동소송참가를 하는 방법(제83조)에 의하여 그 흠결을 보정할 수 있다.

필수적 공동소송인의 추가는 제1심 변론종결시까지 가능하고, 원고의 신청에 따른 법원의 결정이 있어야 하며, 원고를 추가하려면 추가될 자의 동의가 있어야 한다(제68조). 공동소송참가의 경우에는 참가시기의 제한이 없으며 사실심 변론종결시까지 가능한 것으로 해석된다. 필수적 공동소송인의 추가와 공동소송참가는 고유필수적 공동소송이 누락된 경우뿐만 아니라 유사필수적 공동소송인이 누락된 경우에도 가능하다.

## 2. 소송자료의 통일

### (1) 공동소송인의 소송행위

필수적 공동소송인이 한 소송행위는 모든 공동소송인에 대하여 그 효력이 생기거나 아니면 생기지 않는다. 즉, 필수적 공동소송에서는 소송행위의 효과가 획일적으로 규율된다. 민사소송법에서는 공동소송인 전원에게 이익이 되는 행위와 불리한 행위를 구분하여 규율하고 있다. 먼저, 공동소송인에게 이익이 되는 행위는 공동소송인 가운데 한 사람만 하더라도 전원에 대하여 그 효력이 생긴다(제67조 제1항). 예를 들어, 공동소송인 가운데 한 사람이 상대방의 주장사실을 다투거나 증거를 제출하면 이러한 소송행위는 이익이 되는 소송행위이기 때문에 전원에 대하여 효력이 있고, 피고측 공동소송인 가운데 한 사람이 본안에 관하여 다투었으면 소 취하에 공동소송인 전원의 동의를 얻어야 하며, 공동소송인 가운데 한 사람이 기일이 출석하여 변론을 한 경우에는 다른 공동소송인이 기일에 불출석하더라도 자백간주나 취하간주의 효과가 발생하지 않는다.

그러나 불리한 소송행위는 공동소송인 전원이 함께 하지 않으면 효력이 없다(제67조 제1항 반대해석). 따라서 자백, 소의 취하, 청구의 포기·인낙 또는 재판상의 화해는 불리한 소송행위이기 때문에 전원이 함께 하지 않으면 그 효력이 생기지 않는다. 다만, 유사필수적 공동소송에서는 공동소송인 가운데 일부의 소취하가 허용되고,[1] 취하간주의 규정도 적용된다.

## (2) 상대방의 소송행위

상대방의 소송행위는 이익·불이익을 불문하고 공동소송인 1인에 대하여만 하여도 공동소송인 전원에 대하여 효력이 발생한다(제67조 제2항). 따라서 공동소송인 가운데 한 사람이라도 기일에 출석하였으면 상대방은 그 사람에 대하여 준비서면에 기재하지 않은 사실을 주장할 수 있고, 상대방이 공동원고의 1인에 대하여 그 청구를 인낙하거나 자백을 하면 공동원고 모두에게 청구의 인낙 또는 자백의 효력이 발생한다.

## 3. 소송진행의 통일

### (1) 절차의 진행

변론·증거조사는 같은 기일에 행하고, 변론의 분리는 허용되지 않는다. 전부판결을 하여야 하고, 공동소송인 일부에 대한 일부판결이나 추가판결은 허용되지 않는다. 또한 공동소송인 1인에게 소송절차의 중단 또는 중지의 원인이 발생하면 다른 공동소송인 모두에 대하여 중단·중지의 효과가 생겨 모든 소송절차의 진행이 정지된다(제67조 제3항).

### (2) 상소

상소기간은 각 공동소송인에 대하여 판결정본이 송달된 때로부터 개별적으로 진행되나, 공동소송인 전원에 대하여 상소기간이 만료되기까지는 판결이 확정되지 않는다. 공동소송인 중 한 사람이 상소를 하면 전원에 대하여 판결의 확정이 차단되고 전 소송이 상급심으로 이심된다. 상소심판결의 효력은 상소를 하지 않은 공동소송인에게 미치므로 상소심으로서는 공동소송인 전원에 대하여 심리·판단하여야 한다.[2] 필수적 공동소송의 경우 합일확정의 요청상 불이익

---

1) 유사필수적 공동소송에서는 원고들 중 일부가 소를 취하하는 경우에 다른 공동소송인의 동의를 받을 필요가 없다(대법원 2013. 3. 28. 선고 2011두13729 판결).
2) 고유필수적 공동소송에서는 공동소송인 중 일부가 제기한 상소는 다른 공동소송인에게도 그 효력이 미치므로 공동소송인 전원에 대한 관계에서 판결의 확정이 차단되고 그 소송은 전체로서 상소심에 이심되며, 상소심판결의 효력은 상소를 하지 아니한 공동소송인에게 미치므로 상소심으로서는 공동소송인 전원에 대하여 심리·판단

변경금지의 원칙이 적용되지 않으며, 따라서 패소하고도 상소를 제기하지 않은 공동소송인의 판결부분이 상소인의 불복범위 내에서 유리하게 변경될 수 있다.

상소를 제기하지 않은 공동소송인은 상소인은 아니며 합일확정의 요청 때문에 소송관계가 상소심으로 이심되는 단순한 '상소심당사자'로서의 지위를 갖는다. 상소하지 않은 공동소송인은 '상소인'으로 표시하지 않고 단순히 '원고' 또는 '피고'라고만 표시하고, 상소인지와 패소한 경우의 상소비용도 실제 상소한 공동소송인만이 부담한다.[1] 상소심의 심판범위도 실제 상소를 한 공동소송인의 불복범위에 한정되며, 상소하지 않은 공동소송인은 피상소인이 아니므로 부대상소를 할 수도 없다. 또한 상소하지 않은 공동소송인이 소송무능력자라고 하더라도 상소심에서 소송행위를 함에는 후견감독인으로부터 특별한 권한을 부여받을 필요가 없다(제69조 및 제56조 제1항).


## V. 예비적·선택적 공동소송


### 1. 의의

공동소송인 사이의 각 청구가 법률상 양립할 수 없는 관계에 있을 때에 공동소송인 사이에 순위를 정하여 주위적 공동소송인의 청구를 인용해 줄 것을 우선적으로 신청하면서 이것이 배척될 경우 예비적 공동소송인의 청구를 인용해 달라고 하거나, 또는 순위를 정하지 않고 여러 공동소송인 중 한 사람의 공동소송인의 청구를 선택하여 인용해 달라고 하는 경우가 있는데, 전자를 '예비적 공동소송', 후자를 '선택적 공동소송'이라고 한다.

예비적 공동소송의 예(例)로는, 공작물의 설치·보존의 하자로 인하여 손해를 입은 사람이 점유자를 주위적 피고로 손해배상을 청구하고, 그것이 인용되지 않을 때를 대비하여 소유자를 예비적 피고로 손해배상을 청구하는 경우(민법 제758조),[2] 대리행위의 거래상대방이 본인을 주

---

하여야 한다(대법원 2003. 12. 12. 선고 2003다44615 판결). 고유필수적 공동소송에 대하여 본안판결을 할 때에는 공동소송인 전원에 대한 하나의 종국판결을 선고하여야 하는 것이지 공동소송인 일부에 대해서만 판결하거나 남은 공동소송인에 대해 추가판결을 하는 것은 모두 허용될 수 없다(대법원 2010. 4. 29. 선고 2008다50691 판결).

1) 대법원 1995.1.12. 선고 94다33002 판결; 1993.4.23. 선고 92누17297 판결.
2) 공작물의 설치 또는 보존의 하자로 인하여 타인에게 손해를 가한 때에는 공작물점유자가 손해를 배상할 책임이 있다. 그러나 점유자가 손해의 방지에 필요한 주의를 해태하지 않은 때에는 그 소유자가 손해를 배상할 책임이

위적 피고로 계약의 이행을 구하고, 대리권이 없다는 이유로 인용되지 않을 때를 대비하여 무권대리인을 예비적 피고로 손해배상을 청구하는 경우(민법 제135조)[1] 등이 있다. 위의 예에서 공동소송인 사이에 순위를 정하지 않고 선택적으로 인용해 줄 것을 구하게 되면 선택적 공동소송이 된다.

## 2. 인정 여부

종전에는 예비적·선택적 공동소송의 인정 여부에 대하여 이를 부정하는 견해와 긍정하는 견해로 학설이 나뉘어 있었고, 판례는 예비적으로 병합된 당사자에 대한 소송은 원고의 승소를 해제조건으로 하는 조건부소송이 되어 부적법하다는 입장이었다. 긍정설은 하나의 절차에서 분쟁의 1회적 해결을 도모함으로써 소송경제적이고 재판의 모순·저촉을 방지할 수 있다는 점을 근거로 제시하였고, 이에 대하여 부정설은 경우에 따라 예비적 피고는 아무런 판단도 받지 못한 채 소송이 종료되고 뒤에 다시 소제기를 당할 위험이 있는 등 예비적 피고의 지위가 불안정하고, 공동소송인 독립의 원칙으로 인하여 재판의 통일이 보장되지 않는다고 반박하였다.

그러나 현행 민사소송법은 제70조를 신설하여 예비적·선택적 공동소송을 명문으로 허용하고 있다. 즉, 공동소송인 가운데 일부의 청구가 다른 공동소송인의 청구와 법률상 양립할 수 없거나 공동소송인 가운데 일부에 대한 청구가 다른 공동소송인에 대한 청구와 법률상 양립할 수 없는 경우에는 필수적 공동소송의 규정을 준용하여 심판하도록 규정하고 있다(제70조 제1항). 또한 종전 논의되었던 예비적 공동소송은 주위적 당사자에 대한 청구가 인용되는 것을 해제조건으로 하여 예비적 당사자에 대한 판결을 구하는 형태의 공동소송이었으나, 현행 민사소송법은 예비적·선택적 공동소송에 있어서 모든 공동소송인들에 관한 청구에 대하여 판결을 하도록 하고 있어서(제2항), 예비적 공동소송인이라 하여도 소송계속이 의존관계에 있지 않다는 점에서 차이가 있다. 이는 종래 부정설에서 지적한 공동소송인 독립의 원칙으로 인한 재판의 불통일, 예비적 피고의 지위 불안정이라는 문제점을 시정한 것이다.

---

있다(민법 제758조 제1항). 손해를 배상한 점유자 또는 소유자는 그 손해의 원인에 대한 책임있는 자에 대하여 구상권을 행사할 수 있다(동조 제3항).

[1] 다른 자의 대리인으로서 계약을 맺은 자가 그 대리권을 증명하지 못하고 또 본인의 추인을 받지 못한 경우에는 그는 상대방의 선택에 따라 계약을 이행할 책임 또는 손해를 배상할 책임이 있다(민법 제135조 제1항). 그러나 대리인으로서 계약을 맺은 자에게 대리권이 없다는 사실을 상대방이 알았거나 알 수 있었을 때 또는 대리인으로서 계약을 맺은 사람이 제한능력자일 때에는 그렇지 않다(동조 제2항).

## 3. 유형

예비적·선택적 공동소송의 유형으로 수동형과 능동형, 원시형과 후발형이 있다. 수동형은 피고측이 수동적으로 공동소송인이 되는 유형이고, 능동형은 원고측이 능동적으로 공동소송인이 되는 유형이다(제70조 제1항). 원시형은 소 제기 당초부터 예비적·선택적 공동소송으로 제기된 유형이고, 후발형은 소송계속 중에 공동소송인이 추가되어 예비적·선택적 공동소송이 된 유형이다. 후발형의 경우 필수적 공동소송인의 추가에 관한 규정이 준용되므로 제1심 변론종결시까지 추가할 수 있으며, 원고를 추가하는 경우에는 추가되는 원고의 동의가 있어야 한다(제70조 제1항 및 제68조). 예비적 당사자를 추가할 수도 있고 주위적 당사자를 추가할 수도 있다. 판례도 선정당사자 및 선정자들이 임대보증금의 반환을 구하다가 소송계속 중에 선정당사자의 대여금의 청구를 추가하면서 이를 주위적으로 구하고 위 임대보증금의 반환청구를 예비적으로 구하는 것도 허용된다고 한다.[1]

## 4. 요건

### (1) 법률상 양립할 수 없는 경우일 것

공동소송인의 각 청구가 서로 법률상 양립할 수 없는 경우이어야 한다(제70조 제1항). 법률상 양립할 수 없는 경우란 어느 한 청구가 인용되면 다른 청구는 배척되는 관계에 있는 경우를 말하고, 청구가 모두 인용될 수 있는 경우라면 여기에 해당되지 않는다. 공동소송인 사이에 법률효과가 달리 인정되는 것만으로는 부족하고 공동소송인의 각 청구 상호간에 필연적인 결합관계가 있을 것이 요구된다. 즉, 공동소송인 일방의 법률효과를 긍정하거나 부정하면 그로 인하여 필연적으로 다른 일방의 법률효과를 부정하거나 긍정하는 결과가 되는 경우이어야 한다.[2] 예를

---

1) 원고(선정당사자) 및 선정자들이 제1심에서 임대보증금의 반환을 구하다가 항소심에 이르러 원고의 대여금청구를 추가하면서 이를 주위적으로 구하고, 위 임대보증금의 반환청구는 예비적으로 구하는 것으로 변경하였는바, 이에 대하여 원심은 대여금청구를 전부 인용하면서, 임대보증금의 반환청구에 관하여는 대여금청구를 인용하는 이상 나아가 살펴볼 필요가 없다는 이유를 들어 판단하지 아니하였다. 그런데 위의 대여금청구와 임대보증금의 반환청구는 주관적·예비적 공동소송의 관계에 있는바, 이러한 주관적·예비적 공동소송은 동일한 법률관계에 관하여 모든 공동소송인이 서로간의 다툼을 하나의 소송절차로 한꺼번에 모순 없이 해결하는 소송형태로서 모든 공동소송인에 관한 청구에 관하여 판결을 하여야 하고, 그 중 일부 공동소송인에 대하여만 판결을 하거나, 남겨진 자를 위한 추가판결을 하는 것은 허용되지 않는다. 원심으로서는 대여금청구를 인용하더라도 다른 공동소송인인 선정자들의 임대보증금의 반환청구에 관하여도 판결을 하였어야 함에도 이와 달리 예비적 청구에 관하여는 판결을 하지 않았으니, 원심판결에는 주관적·예비적 공동소송에 관한 법리 등을 오해하여 판결에 영향을 미친 위법이 있고, 이러한 위법은 소송요건에 준하여 직권으로 조사하여야 할 사항에 해당한다(대법원 2008. 4. 10. 선고 2007다36308 판결).
2) 제70조 제1항 소정의 예비적·선택적 공동소송에 있어서 '법률상 양립할 수 없다'는 것은, 동일한 사실관계에 대

들어, 앞서 언급하였던 공작물의 설치·보존의 하자를 이유로 점유자를 주위적 피고로, 소유자를 예비적 피고로 손해배상을 청구하는 경우 또는 대리행위의 상대방이 본인을 주위적 피고로 계약이행을 구하고 무권대리인을 예비적 피고로 손해배상을 청구하는 경우 등이 여기에 해당된다. 그러나 직접점유자와 간접점유자의 점유사용으로 인한 부당이득반환의무는 부진정연대채무의 관계에 있으므로 이들을 공동피고로 한 각 청구는 법률상 양립할 수 없는 경우에 해당되지 않으며,[1] 아파트 입주자대표회의의 건설공제조합에 대한 하자보수보증금의 지급청구와 구분소유자들의 사업주체인 건설회사에 대한 하자보수에 갈음한 손해배상청구는 인정근거와 권리관계의 당사자 및 책임내용 등이 서로 다른 별개의 청구이고 상호 배척관계에 있지 않으므로 그 소송을 예비적·선택적 공동소송이라고 할 수 없다.[2]

---

한 법률적인 평가를 달리하여 두 청구 중 어느 한쪽에 대한 법률효과가 인정되면 다른 쪽에 대한 법률효과가 부정됨으로써 두 청구가 모두 인용될 수는 없는 관계에 있는 경우나 당사자들 사이의 사실관계 여하에 의하여 또는 청구원인을 구성하는 택일적 사실인정에 의하여 어느 일방의 법률효과를 긍정하거나 부정하고 이로써 다른 일방의 법률효과를 부정하거나 긍정하는 반대의 결과가 되는 경우로서, 두 청구들 사이에서 한쪽 청구에 대한 판단이유가 다른 쪽 청구에 대한 판단이유에 영향을 주어 각 청구에 대한 판단과정이 필연적으로 상호 결합되어 있는 관계를 의미한다(대법원 2008. 3. 27. 선고 2005다49430 판결; 2007. 6. 26.자 2007마515 결정).

1) 어떤 물건에 대하여 직접점유자와 간접점유자가 있는 경우 그에 대한 점유사용으로 인한 부당이득의 반환의무는 동일한 경제적 목적을 가진 채무로서 서로 중첩되는 부분에 관하여는 일방의 채무가 변제 등으로 소멸하면 타방의 채무도 소멸하는 이른바 부진정연대채무의 관계에 있다고 할 것이다. 그와 같이 부진정연대채무의 관계에 있는 채무자들을 공동피고로 하여 이행의 소가 제기된 경우 그 공동피고에 대한 각 청구는 법률상 양립할 수 없는 것이 아니므로 그 소송은 제70조 제1항에서 규정한 본래 의미의 예비적·선택적 공동소송이라고 할 수 없으므로, 따라서 거기에는 필수적 공동소송에 관한 제67조는 준용되지 않는다고 할 것이다(대법원 2012. 9. 27. 선고 2011다76747 판결).

2) 아파트의 입주자대표회의와 구분소유자들이 사업주체인 주식회사 대우건설을 상대로 손해배상청구를 주관적·예비적 병합의 형태로 병합하여 청구하고, 이와 별도로 입주자대표회의가 피고 건설공제조합을 상대로 하자보수보증계약에 기한 보증책임으로서 보증금지급을 청구한 사안에서, 집합건물법에 의하여 하자담보추급권으로 인정되는 손해배상청구권은 특별한 사정이 없는 한 구분소유자에게 귀속되는 것으로 입주자대표회의에는 권리가 없고, 주택법령에 의하여 입주자대표회의가 가지는 권리는 사업주체에 대하여 하자보수의 이행을 청구할 수 있는 권리일 뿐이고 그에 갈음한 손해배상을 청구할 권리는 인정되지 않는다. 또한 입주자대표회의가 주택법령에 근거하여 건설공제조합에 대하여 가지는 보증금청구권은 사업주체의 하자보수의무를 주채무로 한 보증채무의 성격을 가지는 것일 뿐 집합건물법에 의한 구분소유자들의 손해배상청구권과는 무관한 것이다. 다시 말해 집합건물법에 의한 구분소유자들의 손해배상청구권과 주택법령에 의한 입주자대표회의의 하자보수이행청구권 및 보증금지급청구권은 인정근거와 권리관계의 당사자 및 책임내용 등이 서로 다른 별개의 책임이다. 또한 입주자대표회의에 대한 건설공제조합의 보증금지급채무는 사업주체의 하자보수이행의무에 대한 보증채무일 뿐이고 입주자대표회의에 대한 사업주체의 손해배상채무가 주채무인 것은 아니므로, 입주자대표회의가 사업주체에 대하여 주장하는 손해배상청구권과 건설공제조합에 대하여 주장하는 보증금지급청구권 사이에도 법률상의 직접적인 연계관계는 없다. 따라서 원심이 입주자대표회의의 피고 조합에 대한 청구와 구분소유자들의 피고 회사에 대한 청구를 병렬적으로 인용한 것을 잘못이라 할 수 없고, 향후 원고들이 그 중 어느 한 권리를 행사하여 하자보수에 갈음한 보수비용 상당이 지급되면 그 금원이 지급된 하자와 관련된 한도 내에서 다른 권리도 소멸하는 관계에 있지만, 이는 의무이행단계에서의 조정에 관한 문제일 뿐 의무의 존부를 선언하는 판결 단계에서 상호 배척 관계로 볼 것은 아니므로, 원심이 위 각 청구를 함께 인용한 것이 중복지급을 명한 것이라고 할 수 없다(대법원 2012. 9. 13. 선고 2009다23160 판결).

공동소송인의 청구 전부와 양립할 수 없어야 하는 것은 아니며, 그 가운데 일부 청구와 양립할 수 없으면 예비적·선택적 공동소송이 가능하다. 그리하여 주위적 피고에 대한 주위적·예비적 청구 중 주위적 청구부분이 인용되지 않을 경우 그와 법률상 양립할 수 없는 관계에 있는 예비적 피고에 대한 청구를 인용하여 달라는 취지로 결합하여 소를 제기하는 것이 가능하고,[1] 이 경우 주위적 피고에 대한 예비적 청구와 예비적 피고에 대한 청구가 서로 법률상 양립할 수 있는 관계에 있으면 양 청구를 병합하여 통상의 공동소송으로 보아 심리·판단할 수 있다.[2]

판례는 법률상 양립할 수 없는 경우에는 실체법상 양립할 수 없는 경우뿐만 아니라 소송법상 양립할 수 없는 경우를 포함한다고 한다.[3] 따라서 누가 피고적격을 가지는지에 관한 법률적 평가에 따라 어느 한 쪽에 대한 청구는 부적법하고 다른 쪽의 청구만이 적법하게 될 수 있는 경우에도 예비적·선택적 공동소송이 가능하다고 한다.[4] 그런데 나아가 사실상 양립할 수 없는 경우에도 예비적·선택적 공동소송이 성립할 수 있는지 논란이 있다. 이를 허용하면 법률상 양립할 수 없는 경우라고 규정한 민사소송법 제70조 제1항에 반한다거나 이를 허용하는 것은 법률문제와 사실문제를 혼동한 것으로 투망식 소송을 조장하는 것이라는 이유로 부정하는 견해[5]가 있으나, 사실인정의 결과에 따라 법률효과가 달라지는 경우를 법률상 양립할 수 없는 경우

---

1) 제70조 제1항 본문이 규정하는 '공동소송인 가운데 일부에 대한 청구'를 반드시 '공동소송인 가운데 일부에 대한 모든 청구'라고 해석할 근거는 없으므로, 주위적 피고에 대한 주위적·예비적 청구 중 주위적 청구부분이 인용되지 아니할 경우 그와 법률상 양립할 수 없는 관계에 있는 예비적 피고에 대한 청구를 인용하여 달라는 취지로 결합하여 소를 제기하는 것도 가능하다(대법원 2014. 3. 27. 선고 2009다104960,104977 판결).

2) 주위적 피고에 대한 주위적·예비적 청구 중 주위적 청구부분이 인용되지 아니할 경우 그와 법률상 양립할 수 없는 관계에 있는 예비적 피고에 대한 청구를 인용하여 달라는 취지로 결합하여 소를 제기하는 경우, 주위적 피고에 대한 예비적 청구와 예비적 피고에 대한 청구가 서로 법률상 양립할 수 있는 관계에 있으면 양 청구를 병합하여 통상의 공동소송으로 보아 심리·판단할 수 있다(대법원 2009. 3. 26. 선고 2006다47677 판결).

3) 제70조 제1항 소정의 예비적·선택적 공동소송에 있어서 '법률상 양립할 수 없다'는 것은 실체법적으로 서로 양립할 수 없는 경우뿐 아니라 소송법상으로 서로 양립할 수 없는 경우를 포함한다(대법원 2008. 3. 27. 선고 2005다49430 판결; 2007. 6. 26.자 2007마515 결정).

4) 법인 또는 비법인 등 당사자능력이 있는 단체의 대표자 또는 구성원의 지위에 관한 확인소송에서 그 대표자 또는 구성원 개인뿐 아니라 그가 소속된 단체를 공동피고로 하여 소가 제기된 경우에 있어서는, 누가 피고적격을 가지는지에 관한 법률적 평가에 따라 어느 한 쪽에 대한 청구는 부적법하고 다른 쪽의 청구만이 적법하게 될 수 있으므로 이는 제70조 제1항 소정의 예비적·선택적 공동소송의 요건인 각 청구가 서로 법률상 양립할 수 없는 관계에 해당한다. 원고가 '상대방이 아파트 입주자대표회의 구성원 중 112동 동대표 지위에 있지 아니함을 확인한다'는 내용의 동대표지위부존재확인의 소를 제1심법원에 제기하여 소송계속 중에 아파트 입주자대표회의를 피고로 추가하는 주관적·예비적 피고의 추가신청을 하였다. 이 사건 동대표 지위의 부존재확인을 구하는 소송에서 입주자대표회의와 상대방 중 누가 피고적격을 가지는지에 따라 어느 일방에 대한 청구는 부적법하고 다른 일방에 대한 청구는 적법하게 될 수 있으므로 이들 각 청구는 법률상 양립할 수 없는 경우에 해당하여 주관적·예비적 피고의 추가가 허용되는 것으로 보아야 할 것이다(대법원 2007. 6. 26.자 2007마515 결정).

5) 이시윤, 757면.

에서 제외할 이유가 없다는 점에서 긍정함이 타당하다. 판례도 사실관계 여하에 의하여 또는 택일적 사실인정에 의하여 어느 일방의 법률효과를 긍정하거나 부정하면 이로써 다른 일방의 법률효과를 부정하거나 긍정하는 반대의 결과가 되는 경우에는 법률상 양립할 수 없는 경우에 해당된다고 한다.[1] 예를 들어, 주위적 피고인 보험회사에 대하여 보험금의 공탁이 무효임을 전제로 보험금의 지급을 구하고, 예비적 피고에 대하여 공탁이 유효임을 전제로 공탁금의 출급을 구하는 경우,[2] 주의적 청구로 차량대금을 지급하였음을 전제로 피고 자동차판매회사를 상대로 차량미인도로 인한 채무불이행책임을 묻고, 예비적 청구로 차량대금을 지급하지 않았음을 전제로 피고 카드회사를 상대로 이미 납입한 할부금의 반환을 구하는 경우,[3] 주위적 청구로 매도인으로부터 소유권을 이전받은 사람을 상대로 매도인을 대위하여 통정허위표시로 등기원인무효임을 이유로 소유권이전등기의 말소를 구하고, 예비적 청구로 매도인을 상대로 통정허위표시의 주장이 배척된다면 원고에 대한 소유권이전등기의무가 이행불능임을 이유로 전보배상청구를 하는 경우[4] 등이 여기에 해당된다.

---

1) 대법원 2008. 3. 27. 선고 2005다49430 판결; 2007. 6. 26.자 2007마515 결정.
2) 주위적 청구는 공탁이 채권자불확지의 변제공탁 사유 없이 보험금 일부가 공탁된 것이어서 무효임을 전제로 피고 삼성화재에 대하여 보험금의 지급을 구하는 것이고, 예비적 청구는 공탁이 채권자불확지의 변제공탁 사유로 보험금 전부가 공탁된 것이어서 유효임을 전제로 공동피고들에 대하여 공탁금의 출급청구에 관한 승낙의 의사표시와 대한민국에 대한 통지를 구하는 것인데, 위 주위적 청구와 예비적 청구는 공탁의 효력 유무에 따라 한쪽 청구에 대한 판단이유가 다른 쪽 청구에 대한 판단이유에 영향을 주어 각 청구에 대한 판단과정이 필연적으로 상호 결합되어 있는 관계에 있어서 모든 당사자들 사이에 결론의 합일확정을 기할 필요가 인정되므로, 위 주위적 청구와 예비적 청구는 제70조에서 정한 주관적·예비적 공동소송의 관계에 있다(대법원 2011. 2. 24. 선고 2009다43355 판결).
3) 주위적 청구는 피고 삼성카드가 피고 대우자동차판매에게 차량대금을 지급하였음을 전제로 피고 대우자동차판매에 대하여 차량미인도로 인한 채무불이행책임 또는 사용자책임을 묻는 것이고, 예비적 청구는 피고 삼성카드가 피고 대우자동차판매에게 차량대금을 지급하지 않았음을 전제로 피고 삼성카드에 대하여 할부금 지급채무가 없음의 확인과 아울러 이미 납입한 할부금의 반환을 구하는 것임을 알 수 있는바, 주위적 청구와 예비적 청구는 법률상 양립할 수 없고, 또한 주위적 청구는 예비적 청구와 그 상대방을 달리하고 있어 이 사건 소송은 제70조 제1항 소정의 예비적 공동소송에 해당한다고 할 것이다(대법원 2008. 7. 10. 선고 2006다57872 판결).
4) 주위적 청구는 피고가 원고에게 소유권이전등기의무를 부담하고 있음에도 피고 선정자에게 그 소유권을 이전한 것은 통정허위표시 또는 반사회질서의 법률행위에 해당한다고 주장하면서 원고가 피고를 대위하여 피고 선정자 명의로 경료된 소유권이전등기의 말소를 구하는 것이고, 예비적 청구는 통정허위표시와 반사회질서의 법률행위에 관한 주장이 배척된다면 피고의 원고에 대한 소유권이전등기의무는 이행불능의 상태에 빠진 것이라고 주장하면서 피고에 대하여 그 이행불능에 따른 전보배상을 구하는 것임을 알 수 있다. 주위적 청구의 통정허위표시 또는 반사회질서의 법률행위 주장에 대한 판단이유가 예비적 청구의 이행불능주장에 대한 판단이유에 영향을 줌으로써 위 각 청구에 대한 판단과정이 필연적으로 상호 결합되어 있는 관계에 있어 위 두 청구는 법률상 양립할 수 없어, 이 소송은 제70조 제1항 소정의 예비적 공동소송에 해당한다(대법원 2008. 3. 27. 선고 2005다49430 판결).

## (2) 제1심 변론종결시까지 공동소송인을 추가할 것

소송계속 중에 공동소송인이 추가되어 예비적·선택적 공동소송이 되는 경우(후발형)에는 제1심 변론종결시까지 공동소송인을 추가하여야 한다. 항소심에서도 예비적·선택적 공동소송의 추가가 가능하다는 견해가 있다. 변론의 병합에 의하는 경우에는 심급의 이익을 해할 염려가 없고 판결의 모순·저촉을 막을 수 있다는 점을 근거로 들거나 또는 당사자들이 동의하면 가능하다고 주장한다. 그러나 예비적·선택적 공동소송에 관하여는 필수적 공동소송인의 추가에 관한 제68조가 준용되는데(제70조 제1항), 동조 제1항에서 공동소송인의 추가를 제1심 변론종결시까지로 제한하고 있다는 점에서 부정함이 타당하다. 그런데 판례는 항소심에서 주위적 공동소송인을 추가하여 예비적 공동소송이 되는 것을 허용하고 있다.[1]

## 5. 심판

### (1) 필수적 공동소송 규정의 준용

예비적·선택적 공동소송에는 필수적 공동소송에 관한 규정이 준용된다(제70조 제1항 본문 및 제67조 내지 제69조). 그리하여 소송자료의 통일과 소송진행의 통일이 요청된다. 다만, 필수적 공동소송에서와는 달리 공동소송인은 각자 청구의 포기·인낙, 화해 및 소의 취하를 할 수 있다(제70조 제1항 단서).

이와 같이 예비적·선택적 공동소송에는 필수적 공동소송의 심판에 관한 규정이 준용되지만, 양자는 공동소송인 상호간의 관계, 합일확정이 요청되는 이유에 있어서 상당한 차이가 있다.

첫째, 필수적 공동소송은 실체법상 관리처분권이 공동소송인에게 공동으로 귀속되거나 공동소송인 상호간에 판결의 효력이 확장되는 경우에 인정되므로, 필수적 공동소송에서는 공동소송인 사이에 승패를 일률적으로 해야 할 필요성이 있고, 그리하여 필수적 공동소송인은 동일한 공동운명체로서 '상호 협력 내지 연합하는 관계'에 놓이게 된다. 그러나 예비적·선택적 공동소송에서는 법률상 양립할 수 없는 청구를 소송의 목적으로 하므로 공동소송인 상호간에 승패를

---

[1] 원고(선정당사자) 및 선정자들이 제1심에서 임대보증금의 반환을 구하다가 항소심에 이르러 원고의 대여금청구를 추가하면서 이를 주위적으로 구하고, 위 임대보증금의 반환청구는 예비적으로 구하는 것으로 변경하였는바, 이러한 주관적·예비적 공동소송에서는 모든 공동소송인에 관한 청구에 관하여 판결을 하여야 한다(대법원 2008. 4. 10. 선고 2007다36308 판결).

달리하는 것이 전제되어 있으며, 따라서 예비적·선택적 공동소송인은 '상호 대립 내지 견제하는 관계'에 놓여 있다.

둘째, 필수적 공동소송과 예비적·선택적 공동소송은 모두 합일확정이 요청되는 공동소송이지만, 그 요청되는 이유가 상이하다. 필수적 공동소송에서 합일확정이 요청되는 이유는 공동소송인 사이의 승패를 일률적으로 해야 한다는 필요성 때문이다. 즉, 필수적 공동소송인 사이의 '재판결과의 동일' 때문이라고 할 수 있다. 그러나 예비적·선택적 공동소송에서 필수적 공동소송의 심판에 관한 규정이 준용되는 이유는 이를 통상의 공동소송으로 취급하여 공동소송인 독립의 원칙을 적용하면 절차가 분리될 수 있고, 실체법상 모순된 재판결과가 나올 수 있기 때문이다. 즉, 예비적·선택적 공동소송에서의 합일확정이 요청되는 이유는 공동소송인 사이의 모순 없는 재판, 즉 '재판의 통일'이라고 할 수 있다. 이와 같이 예비적·선택적 공동소송에서는 공동소송인 사이에 승패를 달리하는 상호 대립 내지 견제하는 관계에 있고, 합일확정이 요청되는 이유가 재판의 통일이라는 점에서 필수적 공동소송의 경우와는 구별된다. 그리하여 필수적 공동소송의 심판에 관한 규정을 준용함에 있어서 이러한 차이점이 고려되어야 할 것이다.

## (2) 소송요건의 조사

예비적·선택적 공동소송은 본질적으로 통상공동소송에 불과하므로, 소송요건은 각 공동소송인별로 독립하여 조사하여야 한다. 예비적·선택적 공동소송의 요건을 갖추지 못한 경우, 예를 들어, 공동소송인의 각 청구가 법률상 양립할 수 있는 경우에는 소를 각하할 것이 아니라 통상공동소송으로 취급해야 할 것이다. 판례도 주위적 피고에 대한 청구와 예비적 피고에 대한 청구가 서로 법률상 양립할 수 있는 관계에 있으면 양 청구를 병합하여 통상공동소송으로 보아 심리·판단할 수 있다고 한다.[1] 만일, 공동소송의 요건을 갖추지 못하였다면 단독의 소로 취급해야 할 것이다.

## (3) 소송자료의 통일

### 1) 원칙

공동소송인 가운데 한 사람의 소송행위는 다른 사람의 이익을 위해서만 효력을 갖고, 불리한 소송행위는 모두 함께 하지 않으면 효력이 없다(제67조 제1항). 그러나 상대방의 공동소송인 1인

---

1) 대법원 2009. 3. 26. 선고 2006다47677 판결.

에 대한 소송행위는 유리·불리를 불문하고 공동소송인 모두에게 그 효력이 있다(동조 제2항).

필수적 공동소송에서 소송자료의 통일이 요청되는 이유는 앞서 언급하였듯이 공동소송인 사이의 승패를 일률적으로 해야 할 필요성 때문이고, 이는 공동소송인 사이에 상호 협력 내지 연합관계가 있음을 전제로 한 것이다. 그런데 예비적·선택적 공동소송에서는 공동소송인 상호간에 승패를 달리하는 상호 대립 내지 견제하는 관계에 있다. 이러한 점에서 예비적·선택적 공동소송에 대하여 필수적 공동소송의 규정을 그대로 적용하는 것은 문제가 있으며, 예비적·선택적 공동소송의 특성을 고려하여 소송자료통일의 문제를 달리 생각할 필요가 있다. 따라서 예비적·선택적 공동소송인들 사이에서도 마치 필수적 공동소송인들 사이에 있어서와 같이 어떤 협력관계를 인정할 수 있는 경우, 즉 예비적·선택적 공동소송에서 공동소송인들 사이에 '공통의 이해관계'가 인정되는 경우에 한하여 소송자료의 통일이 요청된다고 해석함이 타당하다. 예를 들어, 공작물의 설치에 하자가 있다는 사실을 소유자가 다투면 점유자도 이를 다툰 것으로 되지만, 공동소송인 사이에 이해가 대립되는 경우, 예를 들어, 본인에게 계약의 이행을 구하고 무권대리인에게 손해배상을 구하는 경우에서의 대리권 존재 여부와 같이 공동소송인 사이에 법률상 양립할 수 없는 사실에 관하여는 공동소송인 가운데 한 사람의 자백은 다른 공동소송인에게는 오히려 유리한 행위가 되므로 이에 관한 자백의 성립은 각 공동소송인별로 개별적으로 판단하여야 할 것이다.

### 2) 소송종료행위

민사소송법은 필수적 공동소송의 규정을 준용하면서도, 예비적·선택적 공동소송에서 공동소송인은 각자 청구의 포기·인낙, 화해 및 소의 취하를 할 수 있도록 규정하고 있다(제70조 제1항 단서). 예비적·선택적 공동소송에서 필수적 공동소송의 규정을 준용하는 이유는 재판의 통일을 보장하기 위한 방편에 불과하다. 예비적·선택적 공동소송은 본질적으로 통상공동소송이므로 청구의 포기·인낙, 화해 및 소의 취하를 필수적 공동소송에서와 같이 공동소송인 전원이 함께 하도록 한다면 각 공동소송인의 소송물에 대한 처분의 자유를 지나치게 제한하여 가혹하다는 점에서 각자 할 수 있게 하였다.

예비적·선택적 공동소송에서 소를 취하하거나 청구를 포기하는 경우 그 공동소송인의 소송관계는 소멸하므로 법원은 나머지 공동소송인에 대하여 심리·판단하면 된다. 예비적 공동소송에서 주위적 피고가 청구를 인낙하거나 주위적 당사자와 화해를 한 경우에는 예비적 당사자에 대한 청구는 심리를 계속할 필요 없이 청구기각판결을 하여야 할 것이고, 예비적 피고가 청구를 인낙하거나 예비적 당사자와 화해를 한 경우에는 주위적 당사자에 대한 심리를 계속하여 주위적 당사자에 대한 청구가 이유 없으면 청구기각판결을 하고, 이유 있으면 청구인용판결을 하여야 할 것이다. 그런데 주위적 당사자에 대한 청구가 이유 있어 청구인용판결을 할 경우 예비적 피고의 청구인낙 또는 예비적 당사자와의 화해의 효력이 문제된다. 이에 대하여 제70조 제1항 단서에 근거하여 예비적 피고의 청구인낙이나 예비적 당사자와의 화해의 효력을 긍정하는 견해가 있으나, 주위적 당사자에 대한 청구와 예비적 당사자에 대한 청구는 법률상 양립할 수 없는 관계에 있으므로 주위적 당사자에 대한 청구가 인용될 때에는 예비적 피고의 청구인낙 또는 예비적 당사자와의 화해의 효력을 부인하고 예비적 당사자에 대한 청구를 기각함이 타당하다고 본다. 법원은 적절한 소송지휘를 통하여 주위적 당사자에 대한 청구를 판단한 이후에 예비적 피고의 인낙이나 예비적 당사자와의 화해가 이루어지도록 할 필요가 있다.

법원의 조정에 갈음하는 결정 또는 화해권고결정에 대하여 공동소송인 중 일부가 이의신청을 하지 않은 경우에 이의신청을 한 공동소송인의 청구와 이의신청을 하지 않은 공동소송인의 청구가 분리되어 확정되는지 논란이 있다. 이에 대하여 학설로는 제70조 제1항 단서에 따라 분리확정된다는 견해, 제70조 제1항 단서는 당사자의 의사에 의한 소송물의 처분을 규정하고 있는데, 조정을 갈음하는 결정이나 화해권고결정은 당사자의 처분이 아닌 재판의 성질을 갖고 있으므로 제70조 제1항 본문에 따라 공동소송인 중 일부만 이의신청을 하더라도 그 결정은 확정되지 않는다는 견해, 분리확정되는 것이 원칙이나 당사자들 사이의 형평 및 예비적·선택적 공동소송제도의 목적 등에 비추어 타당하지 않은 경우에는 예외적으로 분리확정이 허용되지 않는다는 견해가 주장되고 있다. 판례는 절충설의 입장이다. 그리하여 분리확정되는 것이 원칙이지만, 조정을 갈음하는 결정 등에서 분리확정을 불허하고 있거나 또는 분리확정을 허용하면 형평에 반하고 이해관계가 상반된 공동소송인들 사이에서의 소송진행의 통일을 목적으로 하는 제70조 제1항 본문의 입법취지에 반하는 결과가 초래되는 경우에는 분리확정이 허용되지 않는다고 한다.[1] 조정을 갈음하는 결정이나 화해권고결정도 당사자가 이의신청을 하지 않으면 소송이 종료되므로 제70조 제1항 단서의 규정이 유추적용된다고 할 것이고, 다만 당사자 사이의 형평

---

[1] 제70조 소정의 예비적·선택적 공동소송에는 제67조 내지 제69조가 준용되어 소송자료 및 소송진행의 통일이 요구된다 할 것이지만, 청구의 포기·인낙, 화해 및 소의 취하는 공동소송인 각자가 할 수 있는바, 이에 비추어 보면 조정에 갈음하는 결정이 확정된 경우에는 재판상 화해와 동일한 효력이 있으므로 그 결정에 대하여 일부 공동소송인이 이의하지 않았다면 원칙적으로 그 공동소송인에 대한 관계에서는 조정에 갈음하는 결정이 확정될 수 있다. 다만, 조정에 갈음하는 결정에서 분리확정을 불허하고 있거나, 그렇지 않더라도 그 결정에서 정한 사항이 공동소송인들에게 공통되는 법률관계를 형성함을 전제로 하여 이해관계를 조절하는 경우 등과 같이 결정사항의 취지에 비추어 볼 때에 분리확정을 허용할 경우 형평에 반하고 또한 이해관계가 상반된 공동소송인들 사이에서의 소송진행 통일을 목적으로 하는 제70조 제1항 본문의 입법취지에 반하는 결과가 초래되는 경우에는 분리확정이 허용되지 않는다(대법원 2008. 7. 10. 선고 2006다57872 판결). 이러한 법리는 이의신청 기간 내에 이의신청이 없으면 재판상 화해와 동일한 효력을 가지는 화해권고결정의 경우에도 마찬가지로 적용된다(대법원 2015. 3. 20. 선고 2014다75202 판결).

과 예비적·선택적 공동소송에서 합일확정이 요구되는 취지에 반하는 경우에는 분리확정이 허용될 수 없다는 점에서 절충설이 타당하다고 본다. 예비적 공동소송에서 주위적 공동소송인과 상대방이 이의신청을 하지 않아 주위적 공동소송인에 대한 청구부분만 분리되어 확정되거나 또는 선택적 공동소송에서 이의신청을 하지 않은 공동소송인의 청구부분만 분리되어 확정된 경우에는 예비적 공동소송인 또는 다른 공동소송인의 청구에 대하여는 심리를 계속할 필요 없이 청구기각판결을 하여야 한다. 그러나 분리확정이 형평에 반하고 제70조 제1항 본문의 입법취지에 반하는 결과가 되는 경우에는 공동소송인 중 일부만 이의신청을 하더라도 공동소송인 모두에 대하여 조정을 갈음하는 결정 등은 확정되지 않고 소송으로 복귀한다고 할 것이다.

### (4) 소송진행의 통일

필수적 공동소송에서의 소송진행의 통일에 관한 규정은 예비적·선택적 공동소송에도 그대로 준용된다. 예비적·선택적 공동소송에서 필수적 공동소송의 심판에 관한 규정을 준용하는 이유가 재판의 통일을 기하기 위한 것이기 때문이다. 그리하여 변론·증거조사·판결은 같은 기일에 함께 하여야 하며, 변론의 분리나 일부판결을 할 수 없다. 공동소송인 가운데 한 사람에 대하여 소송절차의 중단·중지사유가 발생하면 공동소송인 모두에 대하여 소송절차가 정지된다. 상소기간도 공동소송인 모두에게 만료되어야 판결이 확정되며, 공동소송인 중 한 사람이 상소를 제기하면 전원에 대하여 판결확정이 차단되고 상소심으로 이심되는 효과가 생긴다. 상소를 제기하지 않은 공동소송인은 상소심에서 상소인도 피상소인도 아닌 단순한 상소심당사자로서의 지위를 갖는다. 공동소송인 중 일부가 상소를 제기한 경우 다른 공동소송인에 대한 청구부분도 상소심의 심판대상이 된다.[1] 이 경우 합일확정의 요청 때문에 불이익변경금지의 원칙이 적용되지 않는다.[2] 예를 들어, 예비적 공동소송에서 주위적 피고에 대한 청구가 기각되고 예비적 피고에 대한 청구가 인용되자 예비적 피고만이 항소한 경우에 주위적 피고에 대한 청구도 상소심의 심판대상이 되고, 주위적 피고에 대한 패소부분이 상소하지 않은 원고에게 유리하게 변경될 수도 있다. 즉, 예비적 피고의 항소가 이유 있는 경우 원심판결을 취소한 후 예비적 피

---

1) 주관적·예비적 공동소송에서 주위적 공동소송인과 예비적 공동소송인 중 어느 한 사람이 상소를 제기하면 다른 공동소송인에 관한 청구부분도 확정이 차단되고 상소심에 이심되어 심판대상이 되고, 이러한 경우 상소심의 심판대상은 주위적·예비적 공동소송인들 및 상대방 당사자 간 결론의 합일확정 필요성을 고려하여 판단하여야 한다(대법원 2015. 3. 20. 선고 2014다75202 판결; 2014. 3. 27. 선고 2009다104960,104977 판결; 2011. 2. 24. 선고 2009다43355 판결).

2) 예비적 공동소송인 중 어느 한 사람의 상고가 이유 있어 원심판결을 파기하는 경우에는 합일확정의 필요에 의하여 상고가 이유 없는 다른 한 사람의 청구부분도 함께 파기하여야 할 것이다(대법원 2009. 4. 9. 선고 2008다88207 판결).

고에 대하여 청구기각판결을 하고 주위적 피고에 대한 청구가 이유 있으면 청구인용판결을 할수 있다.

## (5) 본안재판의 통일

공동소송인에 대한 판결은 하나의 전부판결로 하여야 하며, 모든 공동소송인에 관한 청구에 대하여 판결하여야 한다(제70조 제2항). 따라서 예비적 공동소송에서는 주위적 공동소송인에 대한 청구가 이유 있고 예비적 공동소송인에 대한 청구가 이유 없을 경우에 주위적 공동소송인에 대한 인용판결과 함께 예비적 공동소송인에 대한 기각판결을 하여야 한다. 그리고 선택적 공동소송에서는 특정 공동소송인에 대한 청구에 대하여 인용판결을 함과 동시에 나머지 공동소송인에 대하여 기각판결을 하여야 한다.

모든 공동소송인의 청구에 대하여 판결을 하여야 하고, 그 중 일부 공동소송인에 대하여만 판결을 하거나 남겨진 자를 위하여 추가판결을 하는 것은 허용되지 않는다.[1] 일부 공동소송인의 청구에 대하여만 판결을 하는 경우 이는 일부판결이 아닌 흠결이 있는 전부판결에 해당하여 상소로써 이를 다투어야 하고, 그 판결에서 누락된 공동소송인은 이러한 판단누락을 시정하기 위하여 상소를 제기할 이익이 있다.[2]


# VI. 추가적 공동소송

추가적 공동소송이란 소송계속 중에 제3자가 당사자로 추가되어 공동소송이 되는 경우이다. 여기에는 제3자가 스스로 소송에 가입하여 공동소송이 되는 경우와 종래의 당사자가 제3자에 대한 소를 추가적으로 병합하여 제기하는 경우가 있다. 현행법에서 명문으로 추가적 공동소송

---

[1] 주관적·예비적 공동소송은 동일한 법률관계에 관하여 모든 공동소송인이 서로간의 다툼을 하나의 소송절차로 한꺼번에 모순 없이 해결하는 소송형태로서 모든 공동소송인에 대한 청구에 관하여 판결을 하여야 하고, 그 중 일부 공동소송인에 대하여만 판결을 하거나 남겨진 자를 위하여 추가판결을 하는 것은 허용되지 아니한다(대법원 2014. 3. 27. 선고 2009다104960,104977 판결; 2011. 2. 24. 선고 2009다43355 판결).

[2] 제70조 제2항은 같은 조 제1항의 예비적·선택적 공동소송에서는 모든 공동소송인에 관한 청구에 대하여 판결을 하도록 규정하고 있으므로, 이러한 공동소송에서 일부 공동소송인에 관한 청구에 대하여만 판결을 하는 경우 이는 일부판결이 아닌 흠이 있는 전부판결에 해당하여 상소로써 이를 다투어야 하고, 그 판결에서 누락된 공동소송인은 이러한 판단유탈을 시정하기 위하여 상소를 제기할 이익이 있다(대법원 2008. 3. 27. 선고 2005다49430 판결).

을 인정한 예로는 필수적 공동소송인의 추가(제68조), 예비적·선택적 공동소송인의 추가(제70조 제1항 본문 및 제68조), 참가승계(제81조), 인수승계(제82조), 공동소송참가(제83조) 등이 있다.

　법률이 명문으로 인정하는 경우 외에도 추가적 공동소송을 허용할 수 있는지 논란이 있다. 다수설은 추가적 공동소송을 허용하는 것이 별소의 제기와 변론의 병합이라는 간접적이고 우회적인 방법에 의하는 것보다 소송경제적이고 관련 분쟁의 1회적 해결을 도모할 수 있다는 점에서 긍정하고 있다. 그러나 판례는 법률에 명문의 규정 없이 소송계속 중 당사자를 추가하는 것은 허용될 수 없다고 하여 부정하는 입장이다.[1] 법률에서는 남소를 방지하고 소송절차의 안정성과 명확성을 확보하기 위하여 일정한 요건을 정하여 추가적 공동소송을 허용하고 있다. 만일 법률의 규정이 없음에도 불구하고 해석에 의하여 추가적 공동소송을 허용하게 되면 그 허용요건의 불명확성으로 인하여 소송절차의 혼란이 가중될 뿐만 아니라 소송절차를 복잡하게 하고 심리의 지연 등을 초래하여 오히려 소송경제에 반할 우려가 있다.[2] 법률에 명문의 규정이 있는 경우에 한하여 추가적 공동소송을 인정함이 타당하다.

# 제2절　소송참가

　제3자가 소송에 참가하는 유형에는 당사자로 참가하는 경우와 당사자 일방의 승소보조자로 참가하는 경우가 있다. 전자를 '당사자참가', 후자를 '보조참가'라고 한다. 다시 당사자참가에는 계속 중인 소송의 원·피고와는 독립된 당사자로서 참가하는 '독립당사자참가'와 원고 또는 피고의 공동소송인으로 참가하는 '공동소송참가'가 있고, 보조참가에는 판결의 효력을 받는 제3자가 당사자 일방의 보조자로서 참가하는 '공동소송적 보조참가'와 소송결과에 이해관계가 있는 제3자가 보조자로서 참가하는 '(단순)보조참가'가 있다. 이하에서는 이해의 편의를 위하여 먼저 보조참가와 독립당사자참가에 대하여 살펴보고, 그 다음 공동소송참가, 공동소송적 보조참가의 순으로 살펴보기로 한다.

---

1) 필요적 공동소송이 아닌 사건에 있어 소송도중에 피고를 추가하는 것은 그 경위가 어떻든 간에 허용될 수 없다 (대법원 1993. 9. 28. 선고 93다32095 판결).
2) 김홍엽, 940면.

# Ⅰ. 보조참가

## 1. 의의

보조참가라 함은 다른 사람 사이의 소송계속 중에 그 소송결과에 관하여 이해관계 있는 제3자가 당사자 일방의 승소를 보조하기 위하여 소송에 참가하는 것을 말한다(제71조). 보조참가하는 제3자를 보조참가인, 보조받는 당사자를 피참가인이라고 한다. 보조참가인은 자기의 이름으로 판결을 구하는 사람이 아니며 단지 일방 당사자의 승소를 위하여 소송을 수행하는 사람이라는 점에서 소송당사자와 구별된다.

## 2. 참가요건

### (1) 다른 사람 사이에 소송이 계속 중일 것

보조참가는 다른 사람 사이의 소송에 한하여 허용된다. 일방 당사자가 자기 소송의 상대방을 위하여 보조참가할 수는 없지만, 자기의 공동소송인이나 그 공동소송인의 상대방을 위하여 보조참가하는 것은 가능하다.[1] 법정대리인은 소송수행상 당사자에 준하기 때문에 본인의 소송에 보조참가할 수 없다.

소송계속 중이면 상고심에서도 보조참가를 할 수 있으나, 사실상의 주장이나 증거의 제출이 허용되지 않는다(제76조 제1항 단서). 판결확정 후에도 재심의 소의 제기와 동시에 보조참가를 할 수 있다(제72조 제3항). 여기의 소송계속에는 판결절차뿐만 아니라 독촉절차와 같이 이의신청에 의하여 판결절차로 이행되는 절차를 포함한다. 결정절차에서도 보조참가가 허용되는지 논의가 있으나, 대립당사자구조를 가지는 결정절차, 예를 들어, 가압류·가처분결정에 대한 이의신청절차나 취소신청절차(민사집행법 제283조, 제286조 및 제288조) 등에서는 보조참가가 허용된다고 할 것이나, 대립당사자구조가 아닌 결정절차, 예를 들어, 매각허가결정에 대한 (즉시)항고

---

1) 불법행위로 인한 손해배상책임을 지는 자는 피해자가 다른 공동불법행위자들을 상대로 제기한 손해배상청구소송의 결과에 대하여 법률상의 이해관계를 갖는다고 할 것이므로, 위 소송에 원고를 위하여 보조참가를 할 수가 있고, 피해자인 원고가 패소판결에 대하여 상소를 하지 않더라도 원고의 상소기간 내라면 보조참가와 동시에 상소를 제기할 수도 있는 것이다. 따라서 원고들에게 이 사건 사고로 인한 손해배상책임을 지는 원고들 보조참가인(원심 공동피고)이 다른 공동불법행위자인 피고들에 대한 원고의 패소판결이 확정되는 것을 방지하기 위하여 원고의 상고기간 내에 이 사건 보조참가신청과 아울러 상고를 제기한 것은 적법하다(대법원 1999. 7. 9. 선고 99다12796 판결).

절차(민사집행법 제129조 및 제130조) 등에서는 보조참가가 허용되지 않는다. 판례도 대립당사자 구조를 갖지 못한 결정절차에서는 보조참가를 할 수 없다고 한다.[1]

### (2) 소송의 결과에 대하여 이해관계가 있을 것(참가의 이유)

#### 1) 판결주문에 대한 법률상 이해관계

보조참가는 소송결과에 대하여 이해관계가 있을 때 인정된다(제71조 본문). 소송의 결과는 판결주문에 표시되므로, 소송결과에 대한 이해관계란 판결주문에서 판단되는 소송물인 권리관계의 존부에 대한 이해관계를 말한다. 단지 판결이유 중의 법률상 또는 사실상의 판단에 대해 이해관계가 있는 것만으로는 참가가 허용되지 않는다. 판결이유 속에서 판단되는 중요쟁점인 사항에 참가인의 지위가 논리적으로 의존관계에 있으면 참가의 이익을 인정하자는 견해가 있으나, 소송의 결과에 대한 이해관계를 요구하는 현행법의 명문규정에 반하여 받아들이기 어렵다. 따라서 동일사고의 공동피해자 가운데 한 사람이 제기한 손해배상청구소송에 있어서 다른 피해자가 원고가 패소하면 자기도 동일한 이유로 패소당할 염려가 있다는 이유로 보조참가를 할 수는 없다.

여기의 이해관계는 법률상 이해관계에 한정된다. 그리하여 피참가인이 패소하면 자기가 친족으로서 도의상 부양의무를 부담하게 될 우려가 있다든지, 당사자인 회사가 패소하여 재산이 감소하면 주주인 자신의 이익배당이 적어진다는 등의 사실상, 경제상 또는 감정상의 이해관계만으로는 보조참가가 허용되지 않는다. 판례도 학교법인에 대하여 등록금의 반환을 구하는 소송에서 반환청구가 인용되면 그 파급효로 다른 학교법인들의 등록금제도의 운영에 차질이 생기는 경우,[2] 피고가 다른 지역으로 이주함에 따라 분묘사용권을 상실하였음을 이유로 분묘철거를 구하는 소송에서 원고의 청구가 인용되면 그 영향으로 피고와 마찬가지로 다른 지역으로 이주하는 사람이 분묘사용권을 상실하게 될 우려가 있는 경우,[3] 사찰이 도지사를 상대로 사찰등록

---

1) 대립하는 당사자구조를 갖지 못한 결정절차(부동산경락허가결정에 대한 즉시항고절차)에 있어서는 보조참가를 할 수 없다(대법원 1994. 1. 20. 자 93마1701 결정; 1973. 11. 15. 자 73마849 결정).
2) 특정 소송사건에서 당사자 일방을 보조하기 위하여 보조참가를 하려면 당해 소송의 결과에 대하여 이해관계가 있어야 하고, 여기서 말하는 이해관계라 함은 사실상·경제상 또는 감정상의 이해관계가 아니라 법률상의 이해관계를 가리킨다. 이 사건 소송에서 대학입시합격자인 원고의 피고 학교법인에 대한 등록금환불청구가 인용되면 피고와 마찬가지로 사립대학을 경영하고 있는 다른 학교법인들에게도 위 소송의 간접적 영향으로서 파급효가 미치게 되어 교육 재정의 대부분을 차지하는 등록금제도 운영에 차질이 생기게 된다는 사정만으로는 이 사건 소송의 결과에 법률상 이해관계가 있다고 할 수 없고, 이는 사실상·경제상의 이해관계에 지나지 않는다(대법원 1997. 12. 26. 선고 96다51714 판결).
3) 피고와 마찬가지로 원고의 정계원으로 있다가 타 지역으로 이주함으로써 특별계원이 된 보조참가인들은 개정된

처분무효확인을 구하는 소송에서 사찰재산을 처분하려면 소속 종단의 승인을 받아야 하는 관계에 있는 경우[1] 등은 소송의 결과에 대한 법률상 이해관계로 볼 수 없다고 하고, 어업권의 명의신탁은 수산업법에 의하여 무효이므로 법률상 이해관계에 해당하지 않는다고 한다.[2]

## 2) 구체적 유형

소송의 결과에 대하여 이해관계가 인정되는 경우를 구체적으로 유형화하면, 다음과 같다.

① 피참가인이 패소하면 참가인이 피참가인으로부터 손해배상청구 또는 구상청구를 당할 우려가 있는 경우: 예를 들어, 보증채무자에 대한 채권자의 소송에서 주채무자, 연대채무자의 1인과 채권자 사이의 소송에서 다른 연대채무자, 공동불법행위자 1인과 피해자 사이의 소송에서 다른 공동불법행위자,[3] 가해자인 피보험자를 상대로 한 손해배상청구소송에서 보험자, 매수인이 하자담보책임을 청구당한 소송에 있어서 당초의 매도인, 원고가 소송에서 패소할 경우 매매계약이 해제되는 것을 조건으로 해당 건물을 매수한 사람[4] 등이 여기에 해당된다.

---

원고의 규약으로 인해 묘지사용권을 상실할 상황에 처해 있는데 원고의 이 사건 분묘굴이청구가 인용될 경우 그 영향을 받게 되므로 보조참가의 이유가 있다는 것이나, 위와 같은 사정은 법률상 이해관계라고 할 수는 없다 (대법원 2007. 6. 28. 선고 2007다16885 판결).

1) 사찰의 도지사를 상대로 한 사찰등록처분무효확인소송에 사찰 소속 종단이 보조참가한 사안에서, 사찰이 그 재산을 처분함에 있어서 소속 종단의 승인을 받아야 하는 관계 등은 종단과 사찰 사이의 계약에 의하여 결정되는 것이고, 피고의 사찰등록처분과는 아무런 관계가 없으며 피고의 사찰등록처분의 존부에 의하여 사찰의 실체가 좌우되는 것도 아니므로 사찰등록처분의 무효임이 확인된다 하더라도 종단의 위와 같은 계약상의 지위와 재산상의 청구권이 해소 내지 소멸된다고 볼 수 없어 종단이 소송결과에 대하여 법률상 이해관계를 가진다고 볼 수 없다(대법원 1982. 2. 23. 선고 81누42 판결).

2) 어업권의 명의신탁은 타인이 사실상 당해 어업의 경영을 지배할 의도로 어업권자의 명의로 어업의 면허를 받아 어업권자를 배제하고 사실상 당해 어업의 경영을 지배하는 것이므로 수산업법의 규정에 비추어 무효라고 할 것이어서 피고 보조참가인들이 내세우는 어업권에 관한 명의신탁관계는 보조참가의 요건으로서 요구되는 법률상의 이해관계에 해당하는 것이라 할 수 없다(대법원 2000. 9. 8. 선고 99다26924 판결).

3) 불법행위로 인한 손해배상책임을 지는 자는 피해자가 다른 공동불법행위자들을 상대로 제기한 손해배상청구소송의 결과에 대하여 법률상의 이해관계를 갖는다고 할 것이므로, 위 소송에 원고를 위하여 보조참가를 할 수가 있다(대법원 1999. 7. 9. 선고 99다12796 판결).

4) 특정 소송사건에서 당사자 일방을 보조하기 위하여 보조참가를 하려면 당해 소송의 결과에 대하여 이해관계가 있어야 할 것이고, 여기서 말하는 이해관계라 함은 사실상·경제상 또는 감정상의 이해관계가 아니라 법률상의 이해관계를 말하는 것으로, 이는 당해 소송의 판결의 기판력이나 집행력을 당연히 받는 경우 또는 당해 소송의 판결의 효력이 직접 미치지는 아니한다고 하더라도 적어도 그 판결을 전제로 하여 보조참가를 하려는 자의 법률상의 지위가 결정되는 관계에 있는 경우를 의미하는 것이다. 원고 보조참가인은 원심 변론종결 후 원고로부터 원고가 이 사건 소송에서 패소할 경우에는 매매계약이 해지되는 것을 조건으로 하여 이 사건 건물을 매수하였는바, 원고 보조참가인은 이 사건 건물의 원시취득자인 원고가 그 소유권에 기한 방해배제청구로서 피고에 대하여 건축주명의변경절차의 이행을 구하는 이 사건 소송의 결과에 대하여 법률상의 이해관계를 갖는다고 할 것이므로, 위 보조참가신청은 적법하다(대법원 2007. 4. 26. 선고 2005다19156 판결).

② 피참가인이 패소하면 참가인의 권리 또는 법률상 지위가 침해당할 우려가 있는 경우: 예를 들어, 동일 부동산에 대하여 매수인이라 주장하는 사람이 매도인을 상대로 소유권이전등기청구소송을 제기한 경우에 아직 등기를 마치지 못한 다른 매수인, 2순위 낙찰예정자가 발주자를 상대로 제기한 낙찰자지위확인소송에서 1순위 낙찰예정자, 종전 학교법인 이사장의 교육부를 상대로 한 임원취임승인취소처분의 취소소송에서 학교법인[1] 등이 여기에 해당된다.

## (3) 소송절차를 현저하게 지연시키지 않을 것

참가이유가 인정되더라도 소송절차를 현저히 지연시키는 경우에는 보조참가가 허용되지 않는다(제71조 단서). 보조참가제도를 남용하여 소송을 지연시키는 것을 방지하기 위한 것이다. 이는 공익적 요건으로 직권조사사항이다.

## 3. 참가절차

### (1) 참가신청

참가신청은 서면 또는 말로 참가의 취지와 이유를 명시하여 현재 소송이 계속된 법원에 제기하여야 한다(제72조 제1항). 참가신청은 참가인으로서 할 수 있는 소송행위, 예를 들어, 상소 또는 재심의 제기, 지급명령에 대한 이의신청 등의 소송행위와 동시에 할 수 있다(제72조 제3항). 서면으로 참가를 신청한 경우에는 법원은 그 서면을 양쪽 당사자에게 송달하여야 한다(제72조 제2항). 참가신청이 있으면 허가결정이 없더라도 불허결정이 확정되기 전까지는 보조참가인에게도 별도로 기일통지나 소송서류의 송달 등을 하여야 한다.

---

1) 피고가 원고에 대한 학교법인 이사 및 이사장 취임승인을 취소하는 이 사건 처분을 한 후 학교법인이사회의 결의에 의하여 후임 이사 겸 이사장이 새로이 선임되었음을 알 수 있으므로, 이 사건 소송에서 이 사건 처분이 취소되어 원고가 종전의 이사 및 이사장 지위를 회복하게 되면 학교법인으로서는 결과적으로 그 의사와 관계없이 법인 이사회의 구성원과 대표자가 변경되는 관계에 있다고 할 것이고, 이는 이 사건 소송의 결과에 의하여 그 법률상 지위가 결정되는 관계로서 보조참가의 요건인 법률상 이해관계에 해당한다(대법원 2001. 1. 19. 선고 99두9674 판결).

## (2) 참가허가 여부에 대한 재판

신청의 방식이나 참가이유의 유무에 대하여는 당사자의 이의가 있는 경우에 조사함이 원칙이다. 이의신청은 피참가인의 상대방뿐만 아니라 피참가인 자신도 할 수 있다. 이의신청이 있으면 참가인은 참가이유를 소명하여야 한다(제73조 제1항 전단). 당사자가 참가에 대하여 이의신청 없이 변론 또는 변론준비기일에서 진술한 때에는 이의신청권을 상실한다(제74조). 그러나 법원은 당사자의 이의신청이 없더라도 필요한 경우에는 직권으로 참가의 이유를 소명하도록 명할 수 있다(제73조 제2항 전단).

당사자의 이의신청이 있는 경우에는 법원은 참가 허부의 결정을 하여야 한다(제73조 제1항). 법원이 직권으로 소명을 명한 경우에는 참가이유가 인정되지 않으면 참가불허결정을 하여야 한다(제73조 제2항). 그런데 판례는 결정이 아닌 종국판결로 심판하더라도 위법한 것은 아니라고 한다. 다만, 판결이유에서만 설시하고 판결주문에서 참가 허부에 대한 판단을 하지 않은 경우에는 재판의 누락에 해당되고, 이에 대하여 항소를 하였다고 하더라도 참가허부에 대한 재판은 여전히 제1심에 계속 중이라고 한다.[1] 참가의 허부결정에 대하여는 당사자 또는 참가인이 즉시항고를 할 수 있다(제73조 제3항). 참가불허결정이 있어도 확정될 때까지는 참가인으로 할 수 있는 소송행위를 할 수 있다(제75조 제1항). 불허결정이 확정되면 참가인이 한 소송행위는 효력을 잃지만, 피참가인이 원용하면 그 소송행위는 효력을 가진다(제75조 제2항).

---

1) 당사자가 보조참가에 대하여 이의를 신청한 때에는 법원은 참가를 허가할 것인지 아닌지를 결정하여야 하고, 다만 이를 결정이 아닌 종국판결로써 심판하였더라도 위법한 것은 아니다. 그러나 판결에는 법원의 판단을 분명하게 하기 위하여 결론을 주문에 기재하도록 하고 있으므로, 비록 판결이유에서 그 당부를 판단하였더라도 주문에 설시가 없으면 특별한 사정이 없는 한 그에 대한 재판은 누락된 것으로 보아야 하고, 재판의 누락이 있는 경우 그 부분 소송은 여전히 그 심급에 계속 중이라 할 것이어서 적법한 상소의 대상이 되지 아니하므로 그 부분에 대한 상소는 부적법한 것이 된다. 피고 보조참가인은 1심 제1차 변론준비기일에 보조참가신청서를 진술하였고 이에 대해 원고가 이의를 신청하였는데, 1심은 피고 보조참가인의 참가신청에 대하여 별도의 허부재판을 하지 않은 채 종국판결을 선고하면서, 판결이유에서 보조참가에 대한 원고의 이의주장은 이유 없다고 설시하기는 하였으나, 그 주문에서 "원고의 청구를 기각한다."라고만 하였을 뿐, 피고 보조참가인의 참가 허부에 관하여는 아무런 판단도 하지 않았다. 앞서 본 법리에 비추어 볼 때 이 사건 1심 판단에는 피고 보조참가인의 참가 허부에 대한 재판이 누락된 경우에 해당하고, 그러한 이상 이 부분은 여전히 1심에 계속 중이라 할 것이어서 적법한 상소의 대상이 될 수 없으므로, 원고가 이 부분에 대하여 항소를 제기하였다 하더라도 이는 부적법한 것이라 할 것이다. 그러므로 원심으로서는 이 부분에 대한 원고의 항소가 부적법함을 이유로 이를 각하하였어야 할 것인데, 이를 간과한 채 참가신청의 적법 여부에 대한 판단으로까지 나아가 이 부분에 대한 원고의 항소가 이유 없다는 이유로 이를 기각하는 판단을 한 것에는 재판의 누락과 상소의 대상에 관한 법리를 오해한 위법이 있다.(대법원 2007. 11. 16. 선고 2005두15700 판결).

### (3) 참가신청의 취하

참가인은 어느 때나 신청을 취하할 수 있다. 그러나 신청이 취하되어도 참가적 효력을 면하지 못한다. 참가인이 한 소송행위는 취하에 불구하고 그 효력을 상실하지 않으며 당사자의 원용이 없어도 판결자료로 할 수 있다.[1]

## 4. 참가인의 지위

### (1) 보조참가인의 종속성

보조참가인은 피참가인의 승소를 위한 보조자일 뿐이고 당사자가 아니다. 따라서 참가인은 피참가인과의 관계에서 그 지위가 종속적이다. 참가인은 소송비용의 재판을 제외하고 자기의 이름으로 판결을 받지 않으며, 제3자로서 증인 또는 감정인이 될 수 있다. 피참가인에게 사망이나 소송능력의 상실 등 소송절차의 중단사유가 생기면 참가인에 대한 관계에서도 소송절차가 중단되지만, 참가인에게 사망 등 중단사유가 생겨도 본소송절차가 중단되지는 않는다.[2]

보조참가인에게는 독립된 상소기간이 인정되지 않으며 피참가인의 상소기간 내에 상소를 제기할 수 있을 뿐이다. 따라서 보조참가인에게 판결정본이 송달된 때로부터 기산한다면 상소기간 내이더라도 피참가인의 상소기간을 도과하였다면 보조참가인의 상소는 위법하다.[3] 상고이유서의 제출도 마찬가지이다. 또한 보조참가인은 피참가인이 귀책사유 없이 상소기간을 준수하지 못한 경우에 추후보완상소를 제기할 수도 있다.[4] 보조참가인이 상소를 제기하여도 보조참

---

1) 김홍엽, 965면; 이시윤, 791면.

2) 보조참가인은 피참가인인 당사자의 승소를 위한 보조자일 뿐 자신이 당사자가 되는 것이 아니므로 소송계속 중 보조참가인이 사망하더라도 본소의 소송절차는 중단되지 아니하고 사망한 보조참가인의 승계인이 그 지위를 수계하는 문제만 남게 될 뿐이다(대법원 1995. 8. 25. 선고 94다27373 판결).

3) 피고 보조참가인은 참가할 때의 소송의 진행정도에 따라 피참가인이 할 수 없는 소송행위를 할 수 없으므로, 피고 보조참가인이 상고장을 제출한 경우에 피고 보조참가인에 대하여 판결정본이 송달된 때로부터 기산한다면 상고기간 내의 상고라 하더라도 이미 피참가인인 피고에 대한 관계에 있어서 상고기간이 경과한 것이라면 피고 보조참가인의 상고 역시 상고기간 경과 후의 것이 되어 피고 보조참가인의 상고는 부적법하다(대법원 2007. 9. 6. 선고 2007다41966 판결).

4) 피고가 공시송달의 방법에 의하여 소장 기타의 소송서류 및 판결의 송달을 받았던 관계로 패소판결이 있은 사실을 모르고 상소기간을 넘긴 경우에는 피고에게 귀책시킬 만한 사정이 없는 한 과실없이 판결의 송달을 받지 못한 것이라고 할 것이고, 피고에게 귀책될 수 없는 사유로 피고가 항소기간을 준수하지 못한 경우에 피고 보조참가인이 동 판결이 있은 사실을 비로소 알아 그로부터 2주일 이내에 보조참가신청과 동시에 제기한 추완항소는 적법하다(대법원 1981. 9. 22. 선고 81다334 판결).

가인은 상소행위의 수행자에 불과하며 피참가인만이 상소심의 당사자가 된다.

## (2) 보조참가인의 독립성

보조참가인은 피참가인의 대리인이 아니며 자기의 이익을 보호하기 위하여 독자적인의 권한으로 소송에 참여하는 사람이다. 따라서 참가인에게 당사자에 준하는 절차보장이 이루어져야 한다. 참가인에게 별도로 기일통지, 소송서류의 송달 등을 하여야 하고, 참가인에게 기일통지를 하지 않고 변론의 기회를 부여하지 않은 채 이루어진 기일의 진행은 적법한 것으로 볼 수 없다. 다만, 참가인이 변론기일에 출석하여 아무런 이의를 제기하지 않았다면 절차진행의 하자가 치유되었다고 볼 수 있다.[1]

또한 참가인은 피참가인의 승소를 위하여 필요한 일체의 소송행위를 자기의 이름으로 할 수 있다. 참가인이 한 소송행위는 피참가인 자신이 행한 것과 같은 효과가 생긴다. 피참가인이 기일에 불출석하여도 참가인이 출석하면 피참가인을 위하여 기일을 지킨 것이 된다. 피참가인이 이미 항소를 제기한 경우에도 보조참가인은 이와 별도로 항소를 제기할 수 있다. 예를 들어, 피참가인의 항소가 각하된 경우 등에는 보조참가인의 항소제기가 실익이 있기 때문이다. 참가인이 지출한 소송비용은 상대방과의 사이에 따로 부담에 관한 재판을 받는다(제103조).

## (3) 보조참가인이 할 수 없는 행위

보조참가인은 피참가인의 보조자에 불과하므로 다음과 같은 행위를 할 수 없으며, 그럼에도 불구하고 행위를 하면 무효가 된다.

① 참가 당시 소송의 진행정도에 따라 피참가인도 할 수 없는 행위(제76조 제1항 단서): 예를 들어, 이의권을 포기·상실한 후 이의제기, 피참가인이 본안에 관한 변론을 하여 변론관할이 생긴 뒤에 관할위반의 항변제출, 상고심에 참가한 경우에 새로운 사실의 주장이나 새로운 증거의 제출, 피참가인의 상소기간 또는 상고이유서제출기간이 경과한 후 상소제기[2] 또는 상고이유서제출 등은 불허된다.

---

1) 보조참가인의 소송수행권능은 피참가인으로부터 유래된 것이 아니라 독립의 권능이라고 할 것이므로 피참가인과는 별도로 보조참가인에 대하여도 기일의 통지, 소송서류의 송달 등을 행하여야 하고, 보조참가인에게 기일통지서 또는 출석요구서를 송달하지 아니함으로써 변론의 기회를 부여하지 아니한 채 행하여진 기일의 진행은 적법한 것으로 볼 수 없다. 그러나 기일통지서를 송달받지 못한 보조참가인이 변론기일에 직접 출석하여 변론할 기회를 가졌고, 위 변론 당시 기일통지서를 송달받지 못한 점에 관하여 이의를 하지 아니하였다면, 기일통지를 하지 않은 절차진행상의 흠이 치유된다(대법원 2007. 2. 22. 선고 2006다75641 판결).

2) 대법원 2007. 9. 6. 선고 2007다41966 판결.

② **피참가인의 소송행위와 어긋나는 행위(제76조 제2항)**: 예를 들어, 피참가인의 자백을 참가인이 부인하거나, 피참가인이 상소권을 포기하거나 또는 상소를 취하한 뒤 참가인이 제기하는 상소는 무효로 된다. 그러나 피참가인의 명백하고 적극적인 의사에 어긋나지 않으면 참가인의 행위는 효력이 있다. 예를 들어, 피참가인이 명백히 다투지 않아 자백한 것으로 간주되는 사실에 대하여 참가인이 다툴 수 있으며,[1] 피참가인의 패소부분 가운데 일부는 상소하고 일부는 상소하고 있지 않을 때에 참가인이 패소부분 전부에 대하여 상소하는 것은 허용된다.[2]

③ **피참가인에게 불이익한 소송행위**: 예를 들어, 청구의 포기·인낙, 이의권의 포기, 상소권의 포기, 피참가인이 제기한 상소의 취하, 자백 등을 할 수 없다. 다만, 증거공통의 원칙에 따라 보조참가인이 신청한 증거에 기하여 피참가인에게 불이익한 사실이 인정될 수 있다.[3]

④ **소송물을 처분하거나 변경하는 행위**: 참가인은 기존의 소송을 전제로 피참가인의 승소를 보조하기 위하여 참여하는 사람이므로 소의 취하, 청구의 변경, 반소나 중간확인의 소의 제기 등을 할 수 없다.[4]

⑤ **사법상 권리의 행사**: 참가인은 법률의 규정이 있는 경우[5]를 제외하고는 피참가인이 가진 사법상 권리를 행사할 수 없다. 따라서 참가인은 피참가인의 채권을 가지고 상계할 수 없으며, 취소권, 해지·해제권 등을 행사할 수 없다.

---

1) 제76조 제2항이 규정하는 참가인의 소송행위가 피참가인의 소송행위에 어긋나는 경우라 함은 참가인의 소송행위가 피참가인의 행위와 명백히 적극적으로 배치되는 경우를 말하고 소극적으로만 피참가인의 행위와 불일치하는 때에는 이에 해당하지 않는 것인바, 피참가인인 피고가 원고가 주장하는 사실을 명백히 다투지 아니하여 제150조에 의하여 그 사실을 자백한 것으로 보게 될 경우라도 참가인이 보조참가를 신청하면서 그 사실에 대하여 다투는 것은 피참가인의 행위와 명백히 적극적으로 배치되는 경우라 할 수 없어 그 소송행위의 효력이 없다고 할 수 없다(대법원 2007. 11. 29. 선고 2007다53310 판결).
2) 대법원 2002. 8. 13. 선고 2002다20278 판결.
3) 보조참가인의 증거신청행위가 피참가인의 소송행위와 저촉되지 아니하고(즉, 피참가인이 증거신청행위와 저촉되는 소송행위를 한 바 없고), 그 증거들이 적법한 증거조사절차를 거쳐 법원에 현출되었다면 법원이 이들 증거에 터잡아 피참가인에게 불이익한 사실을 인정하였다 하여 그것이 제70조 제2항에 위배된다고 할 수 없다(대법원 1994. 4. 29. 선고 94다3629 판결).
4) 보조참가인은 피참가인이 당사자로 되어 있는 기존의 소송을 전제로 피참가인을 승소시키기 위하여 참가하는 것이기 때문에 소의 변경과 같이 기존의 소송형태를 변형시키는 행위는 할 수 없으므로, 보조참가인은 별개의 청구원인에 해당하는 새로운 재심사유를 주장하여 재심청구를 추가할 수 없다(대법원 1992. 10. 9. 선고 92므266 판결).
5) 예를 들어, 채권자는 자기의 채권을 보전하기 위하여 채무자의 권리를 행사할 수 있고(민법 제404조 제1항), 연대채무자는 상계할 채권이 있는 다른 연대채무자가 상계하지 않은 때에는 그 채무자의 부담부분에 한하여 상계할 수 있으며(동법 418조 제2항), 보증인은 주채무자의 채권에 의한 상계로 채권자에게 대항할 수 있다(동법 제434조).

## 5. 판결의 참가인에 대한 효력(참가적 효력)

### (1) 의의

민사소송법에서는 "재판은 참가인에게도 그 효력이 미친다."고 규정하고 있는데(제77조), 여기의 효력은 기판력과는 다른 특수한 효력, 즉 참가적 효력을 의미한다. 참가적 효력이란 피참가인이 패소한 경우에 참가인과 피참가인 사이의 제2의 소송에서 그 판결의 내용이 부당하다고 주장할 수 없는 구속력을 말한다(참가적 효력설). 판례도 참가적 효력이란 보조참가인이 피참가인을 보조하여 공동으로 소송을 수행하였으나 피참가인이 그 소송에서 패소한 경우에 형평의 원칙상 보조참가인이 피참가인에게 그 패소판결이 부당하다고 주장할 수 없도록 하는 구속력을 의미하고 판결의 기판력과는 구별되는 것이라고 한다.[1]

### (2) 범위

#### 1) 주관적 범위

참가적 효력은 피참가인과 참가인 사이에만 미치고, 참가인과 상대방 사이에는 미치지 않는다. 예를 들어, 채권자와 보증채무자 사이의 보증금청구소송에서 주채무자가 피고인 보증인 측에 참가하였으나 피고 패소로 종결된 경우, 주채무자가 뒤에 보증인으로부터 구상금청구소송을 제기당한 때에 주채무자는 보증인에 대한 관계에서 주채무의 존재를 다시 다툴 수 없으나, 채권자로부터 다시 주채무금청구소송을 제기당한 때에는 주채무자는 보조참가소송의 판결이 부당하다고 주장하여 주채무의 존재를 다시 다툴 수 있다.

#### 2) 객관적 범위

판결주문에서의 소송물에 대한 판단뿐만 아니라, 판결이유 가운데 패소이유가 되었던 중요한 사실인정이나 선결적 법률관계에 대한 판단에도 그 효력이 미친다. 예를 들어, A가 B를 상대로 제기한 소유권이전등기말소와 건물명도청구소송에서 B에게 해당 건물을 매도한 C가 B의 승소를 보조하기 위하여 소송에 참가하였으나, 건물의 소유권은 A에게 있으며 C는 소유권자가 아니라는 이유로 패소한 경우, 뒤에 B가 C를 상대로 매도인의 하자담보책임을 묻는 손해배상

---

[1] 보조참가인이 피참가인을 보조하여 공동으로 소송을 수행하였으나 피참가인이 그 소송에서 패소한 경우에는 형평의 원칙상 보조참가인이 피참가인에게 그 패소판결이 부당하다고 주장할 수 없도록 구속력을 미치게 하는 이른바 참가적 효력이 있음에 불과하고 피참가인과 그 소송상대방 간의 판결의 기판력을 참가인과 피참가인의 상대방과의 사이에까지 미치게 하는 것은 아니다(대법원 1988. 12. 13. 선고 86다카2289 판결).

청구소송을 제기한 때에 C가 건물소유권자가 아닌데 이를 B에게 매각하였다는 전소 판결이유 중의 판단에 구속을 받게 된다.

그러나 참가적 효력은 전소 판결의 결론의 기초가 된 사실상 및 법률상 판단으로서 보조참가인이 피참가인과 공동의 이익으로 주장하거나 다툴 수 있었던 사항에 한하여 미친다. 보조참가인과 피참가인의 이해관계가 상반되는 사항[1]이나 판결의 결론에 영향을 미칠 수 없는 부가적 또는 보충적 판단이나 방론[2] 등에게는 미치지 않는다.

### (3) 참가적 효력의 배제

참가적 효력이란 보조참가인이 피참가인을 보조하여 공동으로 소송을 수행하였으나 피참가인이 패소한 경우에 형평의 원칙상 부담하는 불이익이므로 보조참가인에게 그 책임을 물을 수 없는 경우에는 참가적 효력이 배제되어야 한다. 그리하여 현행법은 참가인이 참가 당시의 소송 정도로 보아 필요한 행위를 유효하게 할 수 없었거나 피참가인의 행위와 어긋나게 되어 효력을 잃은 경우(제77조 제1호), 피참가인이 참가인의 소송행위를 방해한 경우(동조 2호), 피참가인이 참가인이 할 수 없는 소송행위를 고의나 과실로 하지 않은 경우(동조 3호)에는 참가인에게 참가적 효력이 미치지 않도록 하고 있다. 판례는 보조참가인이 참가한 후 소송이 확정판결이 아닌 화해권고결정에 의하여 종료된 경우에는 참가적 효력이 인정되지 않는다고 한다.[3]

---

1) 보조참가인이 피참가인을 보조하여 공동으로 소송을 수행하였으나 피참가인이 소송에서 패소한 경우에 인정되는 전소 확정판결의 참가적 효력은 전소 확정판결의 결론의 기초가 된 사실상 및 법률상의 판단으로서 보조참가인이 피참가인과 공동이익으로 주장하거나 다툴 수 있었던 사항에 한하여 미친다고 할 것인데, 이 사건에서 다투어지는 이 사건 약정의 해제의 당부는 원고와 피고의 이해관계가 상반되는 입장이어서 원고가 피고의 보조참가인으로 참가하였던 종전의 소송에서 상대방에 대하여 피고와의 공동이익으로 다툴 수 있었던 사항이 아니라 피참가인인 피고와 다투어야만 할 사항이므로, 원심판결이 위 종전 소송의 확정판결의 참가적 효력에 반한다고 볼 수 없다(대법원 2007. 12. 27. 선고 2006다60229 판결).

2) 전소 확정판결의 참가적 효력은 전소 확정판결의 결론의 기초가 된 사실상 및 법률상의 판단으로서 보조참가인이 피참가인과 공동이익으로 주장하거나 다툴 수 있었던 사항에 한하여 미치고, 전소 확정판결에 필수적인 요소가 아니어서 그 결론에 영향을 미칠 수 없는 부가적 또는 보충적인 판단이나 방론 등에까지 미치는 것은 아니다(대법원 1997. 9. 5. 선고 95다42133 판결).

3) 보조참가인이 피참가인을 보조하여 공동으로 소송을 수행하였으나 피참가인이 소송에서 패소한 경우에는 형평의 원칙상 보조참가인이 피참가인에게 패소판결이 부당하다고 주장할 수 없도록 구속력을 미치게 하는 이른바 참가적 효력이 인정되지만, 전소 확정판결의 참가적 효력은 전소 확정판결의 결론의 기초가 된 사실상 및 법률상의 판단으로서 보조참가인이 피참가인과 공동이익으로 주장하거나 다툴 수 있었던 사항에 한하여 미친다. 이러한 법리에 비추어 보면 전소가 확정판결이 아닌 화해권고결정에 의하여 종료된 경우에는 확정판결에서와 같은 법원의 사실상 및 법률상의 판단이 이루어졌다고 할 수 없으므로 참가적 효력이 인정되지 아니한다(대법원 2015. 5. 28. 선고 2012다78184 판결).

### (4) 기판력과의 차이

참가적 효력과 기판력은 다음과 같은 차이가 있다.

첫째, 기판력은 승패에 불구하고 생기는 효력이고 직권조사사항이나, 참가적 효력은 피참가인이 패소한 경우에만 문제되고 주장을 기다려 고려하여야 할 항변사항이다.

둘째, 기판력은 원칙적으로 소송당사자 사이에 미치는 것임에 대하여, 참가적 효력은 당사자인 피참가인과 제3자인 참가인 사이에 효력이 미친다.

셋째, 기판력은 판결의 주문, 즉 판결의 결론부분인 소송물에 대한 판단에 미치는데 대하여, 참가적 효력은 판결이유 속에서 판단한 사실인정·법률판단에도 미친다.

넷째, 기판력은 당사자 사이의 주관적 책임과 관계없이 생기는 효력이나, 참가적 효력은 패소에 대하여 피참가인의 단독책임으로 돌릴 사정이 있을 때에는 예외적으로 배제된다.


## Ⅱ. 독립당사자참가


## 1. 의의

독립당사자참가는 다른 사람 사이의 소송계속 중에 제3자가 당사자 쌍방이나 일방을 상대방으로 하여 당사자 사이의 청구와 관련된 자기의 청구에 대하여 심판을 받기 위하여 독립된 당사자로서 참가하는 경우이다(제79조). 예를 들어, 토지에 대한 소유권확인을 구하는 원고의 본소청구에 대하여 제3자가 피고에 대하여는 피고 명의의 소유권보존등기말소 및 참가인의 소유권확인을 구하고 원고에 대하여는 소유권확인을 구하며 소송에 참가하는 경우[1] 등이 여기에 해당된다.

독립당사자참가소송의 소송구조에 관하여 동일한 권리관계를 둘러싼 3개의 소송, 즉, 원·피고, 원고·참가인, 피고·참가인 사이에 각각 1개씩 3개의 소송관계가 성립된다는 견해(3개소송병합설), 제3자가 당사자로 참가함으로써 종전의 원·피고와 참가인 3자 사이에 각각 독립된 지

---

[1] 소유권확인을 구하는 원고들의 본소청구에 대하여 참가인은 피고에 대하여 토지에 대한 피고 명의의 소유권보존등기말소 및 그 토지가 참가인 및 선정자들의 소유권임의 확인을 구하고 원고들에 대하여도 위와 같은 소유권확인을 구하고 있으므로, 참가인은 피고에 대하여 일정한 청구를 하고 있음은 물론이고 원고들에 대하여도 일정한 청구를 하고 있으며, 원고들의 청구와 참가인의 청구는 서로 양립할 수 없는 관계에 있으므로 독립당사자참가는 적법하다(대법원 1998. 7. 10. 선고 98다5708,5715 판결).

위에서 대립되는 3면의 1개의 소송관계가 성립된다는 견해(3면소송설) 등이 있다. 판례는 원·피고와 참가인 사이의 3면의 소송관계가 성립한다고 하여 3면소송설을 취하고 있다.[1] 3개소송병합설에서는 본소 또는 참가신청의 취하나 각하의 경우 2개 소송으로 전환된다는 점과 편면적 참가가 허용된다는 점을 그 근거로 들고 있으나, 독립당사자참가소송에 대하여는 필수적 공동소송의 심판에 관한 규정이 준용되고 있는데, 이는 1개의 3면소송관계가 성립함을 전제로 한 것이라는 점에서 3면소송설이 타당하다고 본다.

## 2. 참가요건

### (1) 다른 사람 사이에 소송이 계속 중일 것

다른 사람 사이에 소송이 계속 중이어야 한다. 보조참가인도 제3자이므로 독립당사자참가를 할 수 있다. 다만, 독립당사자참가를 하게 되면 보조참가는 종료된다. 통상공동소송인은 자신의 소송관계에서만 당사자이므로 다른 공동소송인과 그 상대방과의 소송에 독립당사자참가를 할 수 있다.

한편 여기서 소송은 판결절차 및 이에 준하는 절차를 말한다. 이에 준하는 절차란 독촉절차 등과 같이 이의신청에 의하여 판결절차로 이행되는 절차를 가리킨다. 항소심에서도 참가할 수 있으나, 독립당사자참가는 실질에 있어서 소송제기의 성질을 가지고 있으므로 상고심에서는 독립당사자참가를 할 수 없다.[2]

### (2) 소송목적의 전부나 일부가 자기의 권리라고 주장하거나, 소송결과에 따라 권리가 침해된다고 주장할 것(참가의 이유)

#### 1) 권리주장참가

제3자가 소송목적의 전부나 일부가 자기의 권리라고 주장하는 경우이다(제79조 제1항 전단). 제3자가 원고의 본소청구와 양립할 수 없는 권리를 주장하여야 한다. 본소청구와 참가인의 청

---

1) 독립당사자참가는 소송의 목적의 전부나 일부가 자기의 권리임을 주장하거나 소송의 결과에 의하여 권리의 침해를 받을 것을 주장하는 제3자가 당사자로서 소송에 참가하여 3당사자 사이의 3면적 소송관계를 하나의 판결로써 모순 없이 일시에 해결하려는 것이다(대법원 1995. 6. 16. 선고 95다5905 판결; 1980. 7. 22. 선고 80다362 판결).

2) 독립당사자참가는 실질에 있어서 소송제기의 성질을 가지고 있으므로 상고심에서는 독립당사자참가를 할 수 없다(대법원 1994. 2. 22. 선고 93다43682 판결; 1977. 7. 12. 선고 76다2251 판결).

구가 채권적 청구권일지라도 어느 일방의 청구권이 인정되면 다른 일방의 청구권이 인정될 수 없는 경우에는 각 청구는 서로 양립할 수 없는 관계에 있다고 할 것이다.[1] 예를 들어, 명의신탁 해지로 인한 소유권이전등기를 구하는 원고의 본소청구에 대하여 참가인이 피고에 대하여 명의신탁해지로 인한 소유권이전등기를 구하고 원고에 대하여 소유권확인을 구하는 경우,[2] 취득시효완성을 원인으로 한 소유권이전등기를 구하는 원고의 본소청구에 대하여 참가인이 피고에 대하여 취득시효완성을 원인으로 한 소유권이전등기를 구하고 원고에 대하여 관리위탁계약의 해제를 이유로 한 토지의 인도를 구하는 경우,[3] 원고가 중도금반환채권에 대한 전부명령을 받은 채권자로서 피고를 상대로 전부금채권의 이행을 구하는 본소청구를 한 데 대하여 참가인이 위 중도금반환채권을 양도받았다고 주장하며 피고에 대하여 양수금채권의 이행을 구하고 원고에 대하여 위 중도금반환채권이 참가인에게 있다는 확인을 구하는 경우[4] 등이 여기에 해당된다.

그러나 원고의 매매계약에 기한 소유권이전등기청구와 참가인의 취득시효완성을 이유로 한 소유권이전등기청구는 서로 양립할 수 있는 것이어서 부적법하고,[5] 원고의 예탁금반환청구에 대하여 참가인이 예탁금반환채권이 자신에게 양도되었으나 대항요건이 갖추어지지 않았음을 이유로 원고에 대하여는 채권양도에 따른 양도통지절차의 이행을 구하고 피고에 대하여는 예탁금의 반환을 구하는 경우에 참가인이 채권양도를 받았으나 대항요건을 갖추지 못하였다면 원고

---

1) 원고의 피고에 대한 청구는 이 사건 토지에 대한 원고의 점유가 자주점유를 전제로 하여 취득시효완성을 원인으로 한 이전등기청구임에 비하여, 참가인의 피고에 대한 청구는 이 사건 토지에 대한 참가인의 점유가 자주점유를 전제로 하여 취득시효완성을 원인으로 한 소유권이전등기청구로서, 본소청구와 참가인의 피고에 대한 청구는 주장하는 권리가 채권적인 권리인 등기청구권이기는 하나 어느 한 쪽의 청구권이 인정되면 다른 한 쪽의 청구권은 인정될 수 없는 것으로서 각 청구가 서로 양립할 수 없는 관계에 있다. 따라서 참가인의 원고에 대한 청구와 원고의 본소청구는 논리적으로 그 주장 자체에서 양립할 수 없는 것이므로, 참가인의 원·피고에 대한 각 청구 사이에는 동일분쟁을 1개의 판결로써 모순 없이 해결할 필요가 있는 견련성이 있다고 할 것이다. 이 사건 독립당사자 참가신청은 적법하다(대법원 1996. 6. 28. 선고 94다50595,50601 판결)
2) 대법원 1995. 6. 16. 선고 95다5905 판결.
3) 대법원 1996. 6. 28. 선고 94다50595 판결.
4) 원고는 이 사건 부동산을 피고들로부터 매수한 당사자가 소외 주식회사 세운종합건설이라고 주장하면서 그 매매계약해제에 따라 위 회사가 피고들에 대하여 취득한 중도금반환채권을 전부 받은 자로서 피고들에게 그 이행을 구하고 있고, 이에 대하여 참가인은 위 부동산의 매수인이 위 주식회사 세운종합건설과는 다른 소외 세운건설주식회사라고 주장하면서 위 회사의 중도금반환채권을 참가인이 양도받았다 하여 원고에 대하여는 참가인의 권리확인을 구하고 피고들에 대하여는 위 금원의 지급을 구하고 있다. 위와 같은 경우에 있어서는 원고의 피고들에 대한 전부금채권과 참가인의 피고들에 대한 양수금채권은 어느 한 쪽의 채권이 인정되면 다른 한 쪽의 채권은 인정될 수 없는 것으로서 각 청구가 서로 양립할 수 없는 관계에 있고 이는 하나의 판결로써 모순 없이 일시에 해결할 수 있는 경우에 해당한다고 할 것이다(대법원 1991. 12. 24. 선고 91다21145,21152 판결)
5) 원고의 피고에 대한 본소청구인 매매를 원인으로 한 소유권이전등기절차이행청구와 참가인의 피고에 대한 청구인 취득시효완성을 원인으로 한 소유권이전등기절차이행청구는 합일확정을 필요로 하는 동일한 권리관계에 관한 것이 아니어서 서로 양립될 수 있는 것이어서 참가인의 독립당사자참가신청은 부적법하다(대법원 1982. 12. 14. 선고 80다1872,1873 판결).

의 권리와 참가인의 권리는 서로 양립할 수 있는 것이어서 참가인의 참가신청은 부적법하다.[1] 또한 부동산이중매매에 있어서 원고의 매매계약에 기한 소유권이전등기청구와 참가인의 매매계약에 기한 소유권이전등기청구도 양립할 수 있는 관계에 있으므로 참가인의 참가신청은 부적법하다.[2] 다만, 원고와 참가인의 소유권이전등기청구가 하나의 계약에 기초한 경우, 예를 들어, 원고가 매매계약에 기하여 소유권이전등기를 구하는데 대하여 참가인이 그 매매계약상의 매수인은 자신이라고 주장하며 원고에 대하여는 매수인으로서의 권리의무가 참가인에게 있다는 확인을 구하고 피고에 대하여는 원고가 주장하는 것과 동일한 매매계약에 기한 소유권이전등기청구를 하는 경우에는 어느 일방의 이전등기청구권이 인정되면 다른 일방의 이전등기청구권은 부인될 수밖에 없어 원고의 권리와 참가인의 권리가 양립할 수 없는 관계에 있으므로, 이러한 경우의 독립당사자참가는 적법하다.[3]

본소청구와 참가인의 청구가 주장 자체에서 양립하지 않는 관계에 있으면 참가가 허용되고, 본안심리의 결과 양 청구가 실제로 양립된다고 하여도 참가가 부적법해지는 것은 아니다.[4] 예를 들어, 원고의 소유권에 기한 건물명도소송에서 참가인이 자신의 소유임을 주장하며 독립당

---

[1] 참가인들이 원고들의 피상속인으로부터 피고 신용금고에 대한 이 사건 예탁금반환채권을 양수하기는 하였으나 아직 양도인에 의한 통지 또는 채무자의 승낙이라는 대항요건을 갖추지 못하였다면 참가인들은 현재는 피고와 사이에 아무런 법률관계가 없어 피고에 대하여 아무런 권리주장을 할 수 없기 때문에 이러한 청구는 장래의 이행의 소로서의 요건을 갖추지 못하여 부적법하다 할 것이다. 그렇다면 참가인들의 이 사건 독립당사자참가는 부적법한 것이라 할 것이다(대법원 1992. 8. 18. 선고 90다9452,9469(참가) 판결).

[2] 채권자는 채무자로부터 이 사건 토지를 매수한 자의 공동상속인으로서 공유물보존행위의 일환으로 채무자를 상대로 이 사건 토지에 대한 처분금지가처분을 신청하였는데, 소외 ○○○은 위 채권자의 피상속인으로부터 그 생전에 이 사건 토지를 매수하였다고 주장하며 채무자를 상대로 이 사건 토지에 관하여 처분금지가처분신청을 하여 이미 가처분등기까지 마친 다음 채무자를 상대로 소유권이전등기절차의 순차적 이행을 구하는 본안소송을 계속 중에 있다. 이 사건에서 채권자가 채무자에 대하여 내세우는 소유권이전등기청구권과 소외 ○○○이 채권자 등에 대하여 내세우는 소유권이전등기청구권은 양립할 수 없는 것이 아니므로 채권자에 의한 권리주장참가는 허용될 수 없는 것이다(대법원 2005. 10. 17. 자 2005마814 결정).

[3] 원고는 피고와의 사이에 체결된 매매계약의 매수당사자가 원고라고 주장하면서 그 소유권이전등기절차이행을 구하고 있고 이에 대하여 참가인은 자기가 그 매수당사자라고 주장하는 경우 원고의 피고에 대한 소유권이전등기청구권과 참가인의 피고에 대한 소유권이전등기청구권은 당사자참가가 인정되지 아니하는 2중 매매 등 통상의 경우와는 달리 하나의 계약에 기초한 것으로서 어느 한쪽의 이전등기청구권이 인정되면 다른 한쪽의 이전등기청구권은 인정될 수 없는 것이므로 그 각 청구가 서로 양립할 수 없는 관계에 있음은 물론이고, 이는 하나의 판결로써 모순 없이 일시에 해결할 수 있는 경우에 해당한다고 할 것이므로 이 사건 당사자참가는 적법하다고 아니할 수 없다(대법원 1988. 3. 8. 선고 86다148(본소),149(반소),150(참가) 판결).

[4] 독립당사자참가 중 권리주장참가는 소송의 목적의 전부나 일부가 자기의 권리임을 주장하면 되는 것이므로 참가하려는 소송에 수개의 청구가 병합된 경우 그 중 어느 하나의 청구라도 독립당사자참가인의 주장과 양립하지 않는 관계에 있으면 그 본소청구에 대한 참가가 허용된다고 할 것이고, 양립할 수 없는 본소청구에 관하여 본안에 들어가 심리한 결과 이유가 없는 것으로 판단된다고 하더라도 참가신청이 부적법하게 되는 것은 아니라고 할 것이다(대법원 2007. 6. 15. 선고 2006다80322,80339 판결).

사자참가를 한 경우 주장 자체에 의하여 원고의 권리와 참가인의 권리가 양립할 수 없는 관계에 있다고 할 것이므로, 비록 본안에서 참가인의 소유권이 인정되지 않는다고 하더라도 참가인의 청구가 이유 없는 것일 뿐이고 참가신청이 부적법한 것은 아니므로 이를 각하하여서는 안된다.[1]

### 2) 사해방지참가

제3자가 소송결과에 따라 권리가 침해된다고 주장하는 경우이다(제79조 제1항). 여기의 권리침해의 의미를 원고와 피고가 당해 소송을 통하여 참가인을 해하려는 의사, 즉 사해의사를 갖고 있다고 객관적으로 판정할 수 있는 경우로 이해하는 것이 다수설이다(사해의사설). 그러나 판례는 원고와 피고가 소송을 통하여 제3자를 해하려는 의사가 있다고 객관적으로 인정되고(사해의사), 그 소송의 결과 제3자의 권리 또는 법률상의 지위가 침해될 우려가 있다고 인정되는 경우(권리침해의 우려)에 사해방지참가가 허용된다고 한다.[2] 사해의사가 인정되면 권리침해의 우려가 추정된다고 하여 판례의 입장과 사해의사설이 크게 차이가 없다는 견해가 있으나,[3] 판례는 사해의사와 권리침해의 우려를 명백히 별개의 요건으로 보고 있다는 점에서 양자를 동일시하는 것은 무리라고 본다.[4]

권리주장참가는 원고와 참가인이 서로 자신의 권리라고 주장하는 경우에 그 권리가 누구에게 귀속되는지 합일확정의 필요성이 요구되어, 원고와 피고 및 참가인 사이에 하나의 판결로써 서로 모순 없이 일시에 해결하기 위하여 참가하는 것이지만, 사해방지참가는 소송의 결과로 참가인의 권리가 침해될 염려가 있는 경우에 그러한 판결을 방지하기 위하여 참가하는 것이다. 따라서 원고의 청구와 참가인의 청구가 논리상 양립할 수 있는 관계에 있더라도 사해방지참가를 할 수 있다.[5] 그러나 참가인의 청구가 그대로 받아들여져도 원고와 피고 사이의 법률관계에

---

1) 원고가 건물의 증축부분의 소유권에 터잡아 명도를 구하는 소송에서 참가인이 증축부분이 자기 소유임을 이유로 독립당사자참가신청을 한 경우 주장 자체에 의해서는 원고가 주장하는 권리와 참가인이 주장하는 권리가 양립할 수 없는 관계에 있다 할 것이므로, 비록 본안에 들어가 심리한 결과 증축부분이 기존건물에 부합하여 원고의 소유로 되었고 참가인의 소유로 된 것이 아니라고 판단되더라도 이는 참가인의 청구가 이유 없는 사유가 될 뿐 참가신청이 부적법한 것은 아니므로 이를 각하하여서는 아니된다(대법원 1992. 12. 8. 선고 92다26772,26789 판결).

2) 독립당사자참가 중 사해방지참가는 본소의 원고와 피고가 당해 소송을 통하여 참가인을 해할 의사를 갖고 있다고 객관적으로 인정되고, 그 소송의 결과 참가인의 권리 또는 법률상 지위가 침해될 우려가 있다고 인정되는 경우에 허용된다(대법원 2017. 4. 26. 선고 2014다221777,221784 판결; 2013. 11. 28. 선고 2011다74192,74208 판결).

3) 이시윤, 811면.

4) 김홍엽, 996면.

5) 제79조 제1항의 사해방지참가의 경우는 원고와 피고가 당해 소송을 통하여 제3자를 해할 의사, 즉 사해의사를

아무런 영향을 미치지 못한다면, 그러한 참가신청은 사해방지참가의 목적을 달성할 수 없으므로 부적법하다.[1]

### (3) 참가의 취지

참가인은 참가신청의 참가취지에서 당사자 쌍방에 대하여 각기 청구하는 것이 원칙이지만 (쌍면참가), 당사자 일방에 대하여만 청구를 하여도 무방하다(편면참가)(제79조 제1항). 종전에는 쌍면참가만을 허용하였으나, 독립당사자참가의 활성화를 도모하기 위하여 현행법에서는 편면참가를 허용하는 명문의 규정을 두었다. 그리하여 종전에는 당사자 일방에 대하여 청구하지 않는 경우는 물론이고 당사자 일방에 대하여 청구기각을 구할 뿐 독립된 청구를 하지 않는 경우,[2] 당사자 일방에 대한 청구가 소의 이익이 없거나 승소가능성이 없는 경우[3] 등도 모두 부적법한 참가신청으로 보았으나, 현행법에 의하면 모두 적법한 참가신청이 된다.

---

갖고 있다고 객관적으로 인정되고 그 소송의 결과 제3자의 권리 또는 법률상의 지위가 침해될 염려가 있다고 인정되는 경우에는 제3자인 참가인의 청구와 원고의 청구가 논리상 서로 양립할 수 있는 관계에 있다고 하더라도 독립당사자참가를 할 수 있다(대법원 1996. 3. 8. 선고 95다22795,22801 판결).

1) 원고가 대물변제약정에 기하여 소유권이전등기를 구하는 본소청구에 대하여 참가인이 위 약정이 사해행위에 해당한다는 이유로 원고에 대하여 사해행위취소를 구하며 독립당사자참가신청을 한 사안에서, 채권자가 사해행위의 취소와 함께 수익자 또는 전득자로부터 책임재산의 회복을 명하는 사해행위취소판결을 받는 경우 취소의 효과는 채권자와 수익자 또는 전득자 사이에만 미치므로 수익자 또는 전득자가 채권자에 대하여 사해행위의 취소로 인한 원상회복의무를 부담하게 될 뿐 채권자와 채무자 사이에서 취소로 인한 법률관계가 형성되거나 취소의 효력이 소급하여 채무자의 책임재산으로 복구되는 것은 아니다. 이러한 사해행위취소의 상대적 효력에 의하면, 원고의 피고에 대한 청구의 원인행위가 사해행위라는 이유로 원고에 대하여 사해행위취소를 청구하면서 독립당사자참가신청을 하는 경우, 독립당사자참가인의 청구가 그대로 받아들여진다 하더라도 원고와 피고 사이의 법률관계에는 아무런 영향이 없고, 따라서 그러한 참가신청은 사해방지참가의 목적을 달성할 수 없으므로 부적법하다(대법원 2014. 6. 12. 선고 2012다47548,47555 판결).

2) 당사자참가인들은 원고들에 대하여는 이 사건 청구의 기각을 구하고, 피고들에 대하여는 이 사건 각 지층부분이 당사자참가인들의 소유라는 확인을 구하기 위하여 당사자참가를 하였음이 분명하므로, 결국 당사자참가인들이 피고들에게만 소유권확인의 청구를 하고 원고들에게는 그들의 피고들에 대한 청구의 기각만을 구할 뿐 적극적으로 독립된 청구를 하지 아니한 것이 되어 당사자참가의 요건을 갖추지 못하였다 할 것이다(대법원 1992. 8. 18. 선고 92다18399,18405(당사자참가),18412(병합) 판결).

3) 참가인은 우선 참가하려는 소송의 원·피고에 대하여 본소청구와 양립할 수 없는 별개의 청구를 해야 하고 또 비록 형식상 별개의 청구가 있다 하더라도 그 어느 한편에 대하여 소가 부적법한 때에는 당사자 참가를 할 수 없다(대법원 1982. 12. 14. 선고 80다1872,1873 판결). 그리하여 당사자 일방에 대한 참가의 소가 중복제소 또는 소의 이익이 없는 경우에는 독립당사자참가신청은 참가의 요건을 갖추지 못한 것이어서 부적법하다(대법원 1994. 11. 25. 선고 94다12517,12524 판결; 1991. 5. 28. 선고 91다6832,6849(참가) 판결).

### (4) 청구병합의 요건을 갖출 것

참가신청은 본소청구에 참가인의 청구를 병합하는 것이므로 청구병합의 요건을 갖추어야 한다. 따라서 참가인의 청구가 본소청구와 동종의 소송절차에 의하여 심판될 청구이어야 하고, 참가인의 청구가 본소청구와 다른 법원의 전속관할에 속하여서는 안 된다.

### (5) 소송요건

참가신청은 실질이 소송제기의 성질을 갖고 있으므로 당사자능력, 중복제소금지 등 일반 소송요건을 구비하여야 한다. 이미 본소 당사자를 상대로 소송을 제기하여 계속 중임에도 별개의 소송에서 그와 동일한 청구로 독립당사자참가를 한 경우, 이는 중복소송에 해당되어 부적법하다.[1]

## 3. 참가절차

참가신청은 참가의 취지와 이유를 밝혀 참가하고자 하는 소송이 계속된 법원에 제기하여야 한다(제79조 제2항 및 제72조 제1항). 참가신청은 소송제기의 성질을 갖고 있으므로 소액사건의 경우를 제외하고는 반드시 서면에 의하여야 하고, 소장에 준하는 인지를 붙여야 한다. 제1심 참가신청서에는 소장과 같은 금액의 인지를 붙이고, 항소심 참가신청서에는 그 금액의 1.5배에 해당하는 인지를 붙여야 한다(민사소송 등 인지법 제6조 제1항).[2] 참가신청에 대하여 본소의 당사자는 이의신청을 할 수 없다. 이의신청권을 인정하는 법적 근거가 없을 뿐만 아니라[3] 소송제기의 성질을 갖는 참가신청에 대하여 종전 당사자의 이의신청을 인정하는 것도 적당하지 않기 때문이다.[4]

참가신청은 참가인으로서 할 수 있는 소송행위와 동시에 할 수 있다(제79조 제2항 및 제72조 제2항). 그리하여 당사자가 상소하지 않을 때에는 참가인이 상소제기와 동시에 참가신청을 할 수 있다.[5] 그런데 판례는 독립당사자참가신청을 하면서 예비적으로 보조참가를 신청하는 것은

---

[1] 김홍엽, 997면; 이시윤, 813면.

[2] 상고심 참가신청서의 인지액에 관하여는 규정이 없다. 이는 상고심에서는 독립당사자참가가 허용되지 않음을 전제로 한 것이다.

[3] 독립당사자참가신청에 대하여는 보조참가신청의 방식에 관한 규정을 준용하고 있지만(제79조 제2항 및 제72조), 보조참가에 있어서 당사자의 이의신청에 관한 규정(제73조)은 준용하고 있지 않다.

[4] 한충수, 730면.

[5] 당사자참가인이 제1심판결선고 후 적법한 항소기간 내에 당사자참가신청과 동시에 제1심판결에 대하여 항소를

부적법하다고 한다.[1] 참가신청은 소송제기의 성질을 갖고 있으므로 소제기의 효과인 시효중단 및 기간준수의 효력이 있다. 참가에 의하여 종전 당사자는 참가인에 대한 관계에서 피고의 지위에 서게 되므로 종전 당사자는 참가인을 상대로 반소를 제기할 수 있다.[2]

중첩적 참가가 허용되는지 논란이 있다. 하나의 권리관계를 둘러싼 여러 사람의 분쟁을 통일적으로 해결하고자 하는 독립당사자참가의 취지에 비추어 제1참가인은 물론 제2참가인까지 끌어 들여 하나의 소송에서 4자 사이의 분쟁을 일거에 모순 없이 해결하려는 4면 소송을 막을 이유가 없다고 하여 긍정하는 견해가 있다.[3] 그러나 판례는 권리참가가 복수인 경우에는 권리참가자 상호간에는 아무런 소송관계도 성립하지 않으므로 참가인 상호간의 청구는 부적법한 것으로 각하되어야 한다고 하여 4면 소송까지는 인정할 수 없다고 한다.[4]

## 4. 참가소송의 심판

### (1) 참가요건 및 소송요건의 조사

참가신청이 있으면 참가요건을 직권으로 조사하여야 하고, 참가요건의 흠결이 있으면 부적

---

제기하여 당사자참가인의 본위적 청구의 소가 원심에 계속 중에 있는 경우 예비적으로 구한 추가적 청구가 항소기간 경과 후에 하여졌다는 이유만으로서 추가적 청구를 배척할 수 없다(대법원 1978. 11. 28. 선고 77다1515 판결).

1) 당사자참가와 보조참가의 제도취지에 비추어 볼 때 당사자참가를 하면서 예비적으로 보조참가를 한다는 것은 허용될 수 없다. 비록 소송관계인의 소송행위가 분명하지 아니한 경우에 이를 합리적으로 해석하여 그 소송관계인에게 유리한 쪽으로 보아 줄 수 있는 경우가 있다 하더라도, 당사자참가인들이 제1심에서부터 상고심에 이르기까지 그 참가가 당사자참가임을 명시하고 있는 경우에는 상고이유서에 비로소 '예비적으로 원고의 보조참가인'이라는 표시를 덧붙였다 하여 당사자참가인들의 소송행위를 원고를 위한 보조참가소송행위로 보아 줄 수는 없다(대법원 1994. 12. 27. 선고 92다22473,22480 판결).

2) 반소는 본소의 피고가 상대방 당사자(본소원고)를 상대로 하는 소라고 할 것인바, 참가소송에 있어서 독립당사자참가 또는 참가승계에 의한 참가는 그 어느 것이나 당사자로서 소송에 참가하는 것이므로 참가의 소의 상대방 당사자가 되는 원고나 피고는 이러한 참가인을 상대로 반소를 제기할 수 있다(대법원 1969. 5. 13. 선고 68다656,657,658 판결).

3) 이시윤, 814면.

4) 같은 본소의 소송당사자를 상대로 몇 사람이 순차로 각각 독립당사자참가를 하고 참가인 사이에는 아무런 청구를 하지 아니하는 경우에는 몇 개의 독립당사자참가소송이 성립하며 각 독립당사자참가소송은 각각 소송관계인에게 합일적으로 판결이 확정하여야 할 관계에 있으나, 어느 참가인 대 다른 참가인과 소송당사자 사이에 합일적 판결을 할 법률상의 필요가 없고, 다만 같은 기회에 판결한다면 소송자료의 동일 등에 비추어 같은 결론으로 판결하는 것이 이론상 당연한 바이나 그것이 어떠한 이유로 서로 모순된 판결이 내렸다 하여 반드시 위법인 것은 아니다(대법원 1963. 10. 22. 선고 62다29 판결; 1958. 11. 20. 선고 4290민상308 판결). 따라서 권리참가가 복수인 경우에는 권리참가자 상호간에는 아무런 소송관계도 성립하지 않으므로 참가인의 다른 참가인에 대한 청구는 부적법한 것으로 되어 각하되어야 한다(서울고등법원 1961. 11. 30. 선고 4292민222 제1민사부판결).

법 각하하여야 한다. 또한 참가인의 청구가 소송요건을 갖추었는지 여부도 직권조사하여 흠결이 있으면 부적법각하하여야 한다. 참가요건의 흠결이 있더라도 소송요건을 갖추고 있는 경우에는 참가신청을 본소에 병합시켜 통상의 공동소송으로 심리하여야 하고, 만일 공동소송의 요건을 갖추지 못하여 병합심리가 허용되지 않으면 별개의 소로서 심리함이 타당하다는 견해가 있다.[1] 그러나 소송참가형태의 전환을 일반적으로 허용하게 되면 법정된 소송참가형태를 잠탈할 우려가 있고, 참가의 적법 여부에 대한 재판을 본소에 대한 판결과 함께 하는 법원실무의 입장을 고려할 때 받아들이기 어려운 주장이다.[2] 판례도 독립당사자참가의 요건을 갖추지 못한 경우 통상의 공동소송 또는 보조참가로의 전환을 허용하고 있지 않다.[3]

## (2) 본안심판

### 1) 합일확정의 필요

독립당사자참가소송은 본소 당사자와 참가인 사이의 분쟁을 모순 없이 한꺼번에 해결하고자 하는 소송형태이다. 따라서 본소 당사자와 참가인 사이의 합일확정이 요구된다. 이를 위하여 민사소송법은 필수적 공동소송의 심판에 관한 제67조를 준용하여 소송자료의 통일과 소송진행의 통일을 도모하고 있다(제79조 제2항). 독립당사자참가소송은 그 참가가 강제되는 것은 아니며, 일단 참가를 한 이상 합일확정이 요구되는 것이므로, 필수적 공동소송 가운데 유사필수적 공동소송의 법리가 적용된다.

그러나 필수적 공동소송과 독립당사자참가소송에서의 합일확정의 의미는 차이가 있다. 필수적 공동소송에서는 공동소송인 상호간에 협력 내지 연합하는 관계에 있고, 그리하여 여기서의 합일확정은 공동소송인 사이에 재판결과가 동일하여야 한다는 의미를 갖지만, 독립당사자참가소송의 경우 본소 당사자와 참가인은 상호 대립 내지 견제하는 관계에 있으며, 여기서 합일확정은 본소 당사자와 참가인 사이의 모순 없는 재판, 즉 재판의 통일을 의미한다. 따라서 독립당사자참가소송에서의 합일확정의 의미는 예비적·선택적 공동소송에서의 그것과 유사하다고 할 수 있다.

---

1) 강현중, 605면.
2) 김홍엽, 999면; 한충수, 731면.
3) 당사자참가신청이 부적법하다 하더라도, 그 신청이 종전 당사자들을 상대로 하여 새로운 소를 제기하는 실질을 갖추고 있고, 당사자참가인이 본소와 함께 일거에 전면적으로 해결하려는 뜻을 강하게 표시하지 아니하는 한 이를 각하하기보다는 본소에 병합하여 통상공동소송의 형태로 심리함이 온당하고 소송경제를 위하여도 바람직하다는 당사자참가인의 상고이유는 독자적인 견해로서 받아들일 수 없다(대법원 1993. 3. 12. 선고 92다48789,48796 판결); 참가의 소 있는 경우에 참가의 소를 각하하는 판결을 할 때에는 원·피고간의 본안재판을 참가의 소의 귀결이 날 때까지 기다려야 한다 함은 독자적 견해로 취할 바 못되며 참가인의 독립당사자참가의 소를 보조참가로 보지 아니하였다 하여 허물할 바 아니다(대법원 1976. 12. 28. 선고 76다797 판결).

## 2) 소송자료의 통일

원고, 피고, 참가인 3인 가운데 1인의 소송행위 중 이익이 되는 것은 전원에 대하여 효력이 생기고 불이익이 되는 것은 그 효력이 없다. 예를 들어, 당사자 3인 가운데 1인이 상대방의 주장사실을 부인하거나 답변서를 제출하거나 항변 또는 증거를 제출하면 이러한 소송행위는 이익이 되는 소송행위이기 때문에 당연히 전원에 대하여 효력이 있고, 다른 당사자가 자백하거나 답변서의 제출이 없거나 기일에 불출석하였다 하여도 관계없다.[1] 이에 반하여 불리한 소송행위는 원고, 피고, 참가인 3인이 함께 하지 않으면 안 되며, 그 중 1인이 하여도 전원을 위하여 효력이 없다. 따라서 자백, 청구의 포기·인낙 또는 재판상의 화해는 불리한 소송행위이기 때문에 전원이 함께 하지 않으면 그 효력이 생기지 않는다.[2]

## 3) 소송진행의 통일

변론·증거조사·판결은 같은 기일에 함께 하여야 하며, 변론의 분리나 일부판결을 할 수 없다. 원고, 피고, 참가인 3인 가운데 1인에 소송절차의 중단 또는 중지의 원인이 발생하면 전원에 대하여 중단·중지의 효과가 생겨 전 소송절차의 진행이 정지된다. 또한 원고와 피고, 참가인에 대하여 하나의 전부판결로서 동시에 재판하여야 한다. 당사자의 일부에 관해서만 판결을 하는 것은 허용되지 않는다. 잘못하여 일부판결을 한 경우에는 남겨진 당사자를 위한 추가판결을 할 수는 없으며, 이는 흠결이 있는 전부판결이 되어 판결 전체가 위법하게 되고 상소심의 심판대상이 된다.[3]

---

1) 참가인이 주장하는 주요사실에 대해 원고만이 다투고 피고가 자백을 하였다고 하여도 피고가 다툰 것과 같은 효력이 생긴다(이시윤, 815면).

2) 원·피고 사이에만 재판상 화해를 하는 것은 3자 간의 합일확정의 목적에 반하기 때문에 허용되지 않는다. 화해권고결정은 참가인의 이의에 의하여 참가인에 대하여 뿐 아니라 원고와 피고 사이에서도 효력이 발생하지 않고, 원고와 참가인의 소송은 화해권고결정 이전의 상태로 돌아간다(대법원 2005. 5. 26. 선고 2004다25901 판결); 피고가 제출한 준비서면에 원고가 이 사건 아파트에 대한 관리업자의 지위에 있다는 점에 대하여 피고가 다투지 않는다는 취지로 기재되어 있다고 하더라도, 참가인이 원·피고에 대하여 이 사건 아파트에 대한 관리업자로서의 지위의 확인을 구하고 있어 3당사자 사이에 판결의 합일확정을 필요로 하는 이 사건에 있어서 위와 같은 진술은 그 효력이 없다(대법원 2009. 1. 30. 선고 2007다9030 판결); 비록 참가인들이 원심에서 참가신청을 취하하였다고 하더라도 독립당사자참가신청의 성질은 소이고 따라서 그 취하에는 제239조 제2항이 적용되어 상대방인 원·피고 쌍방의 동의를 얻지 아니하면 그 효력이 없다 할 것인바, 이 사건에서는 참가신청취하에 대하여 원고의 동의만 있었을 뿐 피고들의 동의는 없었으므로 위 참가신청취하는 효력이 없다고 할 것이다(대법원 1981. 12. 8. 선고 80다577 판결).

3) 제79조에 의한 소송은 동일한 권리관계에 관하여 원고, 피고 및 참가인이 서로간의 다툼을 하나의 소송절차로 한꺼번에 모순 없이 해결하는 소송형태로서 원·피고, 참가인간의 소송에 대하여 본안판결을 할 때에는 위 삼당사자를 판결의 명의인으로 하는 하나의 종국판결을 내려야만 하는 것이지 위 당사자의 일부에 관하여만 판결을 하거나 남겨진 자를 위한 추가판결을 하는 것들은 모두 허용되지 않는 것이므로, 제1심에서 원고 및 참가인 패

## 4) 판결에 대한 상소

독립당사자참가가 적법하다고 인정되어 원고와 피고, 참가인 사이의 소송에 대하여 본안판결을 한 경우에는 세 당사자 중 어느 일방이 상소를 하면 전원에 대하여 판결의 확정이 차단되고 전소송이 상소심으로 이심된다(이심설).[1] 참가신청이 부적법각하된 경우에는 원고 또는 피고가 상소하더라도 참가신청에 대한 부적법각하부분은 본소청구부분과 분리하여 확정된다. 예를 들어, 독립당사자참가신청을 부적법각하하고 원고의 청구를 기각한 판결에 대하여 원고만이 항소한 경우에 피고에 대한 본소청구부분만 상소심으로 이심되고 참가신청에 대한 각하부분은 분리되어 확정된다.[2] 그러나 참가신청을 부적법각하한 부분에 대하여 참가인만 상소한 경우에는 참가신청부분은 물론이고 본소청구부분까지 판결의 확정이 차단되고 상소심으로 이심된다.

상소심의 심판대상은 실제 상소를 제기한 사람의 불복범위에 한정된다. 그러나 원고와 피고, 참가인 사이의 결론의 합일확정의 필요성을 고려하여 그 심판범위를 판단하여야 한다.[3] 세 당사자 사이의 합일확정의 요청으로 인하여 불이익변경금지의 원칙이 적용되지 않으며, 패소하고도 상소 또는 부대상소를 제기하지 않는 당사자의 판결부분이 상소인의 불복범위 내에서 유리하게 변경될 수 있다.[4] 다만, 참가인만이 상소한 경우에는 참가신청이 적법한 경우에 한하여 불이익변경금지의 원칙이 적용되지 않는다. 예를 들어, 원고의 피고에 대한 청구를 인용하고 참

---

소, 피고승소의 본안판결이 선고된 데 대하여 원고만이 항소한 경우 원고와 참가인 그리고 피고간의 세 개의 청구는 당연히 항소심의 심판대상이 되어야 하는 것이므로 항소심으로서는 참가인의 원·피고에 대한 청구에 대하여도 같은 판결로 판단을 하여야 한다(대법원 1991. 3. 22. 선고 90다19329,19336 판결).

1) 독립당사자참가소송은 동일한 권리관계에 관하여 원고, 피고 및 참가인이 서로간의 다툼을 하나의 소송절차로 한꺼번에 모순 없이 해결하는 소송형태로서, 독립당사자참가가 적법하다고 인정되어 원고, 피고 및 참가인간의 소송에 대하여 본안판결을 할 때에는 위 세 당사자를 판결의 명의인으로 하는 하나의 종국판결을 선고하여야 하고, 이러한 본안판결에 대하여 일방이 항소한 경우에는 제1심판결 전체의 확정이 차단되고 사건 전부에 관하여 이심의 효력이 생긴다(대법원 2014. 11. 13. 선고 2009다71312,71329,71336,71343 판결; 2007. 10. 26. 선고 2006다86573,86580 판결).

2) 제1심판결에서 참가인의 독립당사자참가신청을 각하하고 원고의 청구를 기각한 데 대하여 참가인은 항소기간 내에 항소를 제기하지 아니하였고, 원고만이 항소한 경우 위 독립당사자참가신청을 각하한 부분은 원고의 항소에도 불구하고 피고에 대한 본소청구와는 별도로 이미 확정되었다 할 것이다(대법원 1992. 5. 26. 선고 91다4669,4676 판결).

3) 독립당사자참가소송에서의 본안판결에 대하여 일방이 항소한 경우에는 제1심판결 전체의 확정이 차단되고 사건 전부에 관하여 이심의 효력이 생긴다. 이러한 경우 항소심의 심판대상은 실제 항소를 제기한 자의 항소취지에 나타난 불복범위에 한정하되, 위 세 당사자 사이의 결론의 합일확정의 필요성을 고려하여 그 심판의 범위를 판단하여야 한다(대법원 2014. 11. 13. 선고 2009다71312,71329,71336,71343 판결).

4) 독립당사자참가소송에서의 본안판결에 대하여 일방이 항소한 경우, 항소심에서 심리·판단을 거쳐 결론을 내림에 있어 위 세 당사자 사이의 결론의 합일확정을 위하여 필요한 경우에는 그 한도 내에서 항소 또는 부대항소를 제기한 바 없는 당사자에게 결과적으로 제1심판결보다 유리한 내용으로 판결이 변경되는 것도 배제할 수 없다(대법원 2007. 10. 26. 선고 2006다86573,86580 판결).

가신청을 부적법하다고 각하한 판결에 대하여 참가인만이 상소를 한 경우에 상소심에서 원고의 피고에 대한 청구인용부분을 원고에게 불리하게 변경할 수 있는 것은 참가인의 참가신청이 적법하고 나아가 합일확정의 요청상 필요한 경우에 한정되며, 참가인의 항소를 기각하면서 피고가 항소하지도 않은 본소청구부분을 취소하고 원고의 피고에 대한 청구를 기각하는 것은 부적법하다.[1]

독립당사자참가소송에서 패소하였으나 상소를 하지 않은 당사자는 상소인도 피상소인도 아니며, 합일확정의 요청 때문에 소송관계가 상소심으로 이심되는 단순한 상소심당사자로서의 지위를 갖는데 그친다. 그리하여 상소하지 않은 당사자는 '상소인' 또는 '피상소인'으로 표시하지 않고 단순히 '원고', '피고' 또는 '독립당사자참가인'이라고만 표시하며, 상소인지와 패소한 경우의 상소비용도 실제 상소한 당사자만이 부담한다. 또한 상소를 제기하지 않은 당사자는 상소취하를 할 수 없으며, 피상소인이 아니므로 부대상소를 할 수도 없다.[2]


## 5. 독립당사자참가소송의 소멸

### (1) 본소의 취하 또는 각하

원고는 피고와 참가인의 동의를 얻어 본소를 취하할 수 있고, 법원은 본소가 부적법하면 각하할 수 있다. 본소가 취하 또는 각하된 경우에 3면소송관계는 소멸하고, 참가인의 원·피고에 대한 소가 독립의 소로서 소송요건을 갖춘 이상 그 소송계속은 적법하며, 참가인의 원·피고 쌍방에 대한 공동소송으로 남게 된다. 이 경우 참가신청이 참가의 요건을 갖추지 못하였다고 하더라도 본소가 소멸되어 3면소송관계가 해소된 이상 참가요건의 구비 여부를 더 이상 판단할 필요가 없다.[3] 편면참가에서는 참가인과 원고 또는 참가인과 피고 사이의 단일소송으로 남게 된다.

---

1) 원고승소의 판결에 대하여 참가인만이 상소를 했음에도 상소심에서 원고의 피고에 대한 청구인용부분을 원고에게 불리하게 변경할 수 있는 것은 참가인의 참가신청이 적법하고 나아가 합일확정의 요청상 필요한 경우에 한한다. 이러한 법리에 비추어 살펴보면, 원고의 피고에 대한 청구를 인용하고 참가인의 참가신청을 각하한 제1심판결에 대하여 참가인만이 항소한 이 사건에서, 참가인의 참가신청이 부적법하다는 이유로 참가인의 항소를 기각하면서도, 제1심판결 중 피고가 항소하지도 않은 본소부분을 취소하고 원고의 피고에 대한 청구를 기각한 원심의 판단에는 독립당사자참가소송에서 패소한 당사자 중 일부만이 항소한 경우의 항소심의 심판대상에 관한 법리를 오해하여 판결에 영향을 미친 위법이 있다(대법원 2007. 12. 14. 선고 2007다37776,37783 판결).
2) 김홍엽, 1002면; 이시윤, 818면.
3) 독립당사자참가소송에서 본소가 피고 및 당사자참가인의 동의를 얻어 적법하게 취하되면 그 경우 3면소송관계는 소멸하고, 그 이후부터는 당사자참가인의 원·피고들에 대한 청구가 일반 공동소송으로 남아 있게 되므로, 당사자참가인의 원·피고에 대한 소가 독립의 소로서 소송요건을 갖춘 이상 그 소송계속은 적법하며, 이 때 당

## (2) 참가신청의 취하 또는 각하

참가인은 소의 취하에 준하여 원·피고가 본안에 관하여 응소한 이후에는 양쪽 모두의 동의를 얻어 참가신청을 취하할 수 있다.[1] 참가신청이 취하 또는 각하된 경우 원고와 피고 사이의 본소만이 남게 된다. 다만, 참가인이 쌍면참가를 하였다가 원고 또는 피고 중 어느 일방에 대해서만 참가신청을 취하하면 편면참가의 형태로 남게 된다.

참가신청이 취하 또는 각하되어 본소로 환원된 경우 참가인이 제출한 증거방법은 본소의 당사자가 원용하지 않는 한 증거판단을 할 필요가 없다.[2] 그러나 이미 법원이 그 증거방법에 대하여 증거조사를 실시하였다면 법원이 얻은 증거자료의 효력에는 아무런 영향이 없다.[3]

## (3) 소송탈퇴

### 1) 의의

참가로 인하여 더 이상 소송을 계속할 필요가 없는 경우 원고나 피고는 상대방 당사자의 승낙을 얻어 소송에서 탈퇴할 수 있다(제80조 본문). 소송탈퇴를 하려면 상대방 당사자의 승낙을 얻어야 하지만 참가인의 승낙을 얻을 필요는 없다. 또한 소송탈퇴는 원고 또는 피고만이 할 수 있고, 참가인은 참가신청을 취하할 수 있을 뿐이다. 따라서 설령 참가인이 소송탈퇴서를 제출하였더라도 이는 참가신청을 취하한 것으로 보아야 할 것이다.[4]

---

사자참가인의 신청이 비록 참가신청 당시 당사자참가의 요건을 갖추지 못하였다고 하더라도 이미 본소가 소멸되어 3면소송관계가 해소된 이상 종래의 3면소송 당시에 필요하였던 당사자참가요건의 구비 여부는 더 이상 가려볼 필요가 없는 것이다(대법원 2007. 2. 8. 선고 2006다62188(참가) 판결; 1991. 1. 25. 선고 90다4723 판결).

1) 독립당사자참가신청의 성질은 소이므로 그 취하에는 제266조 제2항이 적용되어 상대방인 원·피고 쌍방의 동의를 요한다(대법원 1981. 12. 8. 선고 80다577 판결).

2) 참가인의 독립당사자참가가 부적법하여 각하됨이 마땅한 이상 기록에 의하여도 참가인제출의 증거방법을 피고들이 원용한 흔적이 없는 이 사건에 있어서는 참가인제출의 증거에 대하여 판단할 필요가 없다(대법원 1966. 3. 29. 선고 66다222,223 판결); 독립당사자참가를 한 경우 참가각하의 재판이 확정한 때에는 참가부분은 이탈이 되어 본소송만으로 환원되는 것이며 그 경우에 참가인이 제출하였던 증거방법은 원·피고 당사자가 수용하지 않는 한 원·피고간의 소송에 있어서 증거판단을 할 필요가 없다(대법원 1962. 5. 24. 선고 4294민상251,252 판결).

3) 원고와 피고사이의 소송에 있어서 피고가 본건가옥을 참가인으로 부터 적법히 임차하여 점유하고 있다는 주장에는 참가인이 본건가옥을 피고에게 적법히 임대할 권한 있음을 주장한 취지가 포함된 것이며 피고가 참가인의 임대인으로서의 적법한 지위의 취득경위에 관한 구체적인 주장이 없었다 하더라도 소송자료로서 나타난 증거자료에 의하여 인정하였다 하여 당사자의 주장이 아닌 사실을 판단한 위법이 있다 할 수 없고 그 증거자료가 참가인이 제출한 서증 내지 동인이 신청한 증인의 증언이었다 하여 위법이 없다. 그 증거를 제출한 참가인의 참가신청이 부적법각하되었다 하여도 이미 법원이 실시한 증거방법에 의하여 법원이 얻은 증거자료의 효력에 아무런 영향이 없기 때문이다(대법원 1971. 3. 31. 선고 71다309,310 판결).

4) 제79조의 규정상 독립당사자참가소송에서 탈퇴할 수 있는 것은 원고 또는 피고이고, 참가인은 참가신청을 취하

민사소송법에서는 '자기의 권리를 주장하기 위하여 소송에 참가한 사람이 있는 경우' 소송탈퇴를 할 수 있다고 하여 마치 권리주장참가의 경우에만 소송탈퇴가 허용되는 것처럼 규정하고 있으나(제80조 본문),[1] 사해방지참가의 경우에도 원고 또는 피고가 제3자의 소송참가로 더 이상 소송을 수행할 필요가 없는 때에는 소송탈퇴를 할 수 있다고 할 것이다.

소송탈퇴는 참가신청이 적법한 경우에만 허용되며, 상소심에서도 할 수 있다. 소송탈퇴는 서면에 의하는 것이 원칙이나, 변론기일이나 변론준비기일에는 구술로 할 수 있다. 그러나 소의 취하에 있어서와 같은 동의간주는 인정되지 않으므로 명시적인 승낙이 없으면 소송탈퇴의 효력이 발생하지 않는다.

### 2) 소송탈퇴 후의 소송관계

소송탈퇴 후의 소송관계에 관하여, 소송탈퇴는 종전 당사자 일방이 자기의 상대방과 참가인 사이의 소송결과에 승복할 것을 조건으로 소송에서 물러나는 것이라는 견해(조건부 청구의 포기·인낙설)와 소송탈퇴는 소송수행권만 잔존 당사자에게 맡겨 소송담당을 하도록 하는 것일 뿐이고 탈퇴자의 소송관계가 소멸되는 것은 아니라는 견해(소송담당설)가 주장되고 있다. 전자(前者)에 의하면 본소원고가 탈퇴하는 경우에는 피고의 승소, 즉 참가인의 패소를 조건부로 탈퇴자인 원고가 청구를 포기한 것이고, 본소피고가 탈퇴하는 경우에는 원고의 승소, 즉 참가인의 패소를 조건부로 탈퇴자인 피고가 원고의 청구를 인낙하는 것이라고 한다. 그리하여 소송탈퇴에 의하여 참가인의 상대방에 대한 소송관계만이 남게 되고, 본소와 참가인·탈퇴자 사이의 소송관계는 종료된다고 한다. 판례는 참가승계의 경우 소송탈퇴에 의하여 피승계인에 대한 소송관계는 소멸된다고 하여 조건부 청구의 포기·인낙설의 입장에 따르고 있다.[2] 조건부 청구의 포기·인낙설에 의하면 탈퇴자가 승소한 경우에 판결의 효력이 탈퇴자에게 미치는 것을 설명하기 어렵다는 문제가 있다. 이보다는 소송의 결과에 상관없이 소송담당의 효과로서 판결의 효력이 탈퇴자에게 미친다고 이해함이 타당하다고 본다. 실무상 판결서에 본소의 사건번호와 사건명을 기재하고, 탈퇴당사자를 괄호하여 '탈퇴'라고 표시한다.[3]

---

할 수 있을 뿐이라고 할 것이므로 원심에서 독립당사자참가신청서를 제출하였던 자가 소송탈퇴서를 제출한 것은 그 참가신청을 취하한 취지라고 보아야 할 것이다(대법원 2010. 9. 30. 선고 2009다71121 판결).

1) 자기의 권리를 주장하기 위하여 소송에 참가한 사람이 있는 경우 그가 참가하기 전의 원고나 피고는 상대방의 승낙을 받아 소송에서 탈퇴할 수 있다(제80조 본문).
2) 승계참가인의 참가신청이 적법한 이상 피승계참가인과 상대방의 소송관계는 피승계참가인이 상대방의 승낙을 얻어 소송에서 탈퇴함으로써 종료된다고 보아야 하므로, 법원은 탈퇴한 피승계참가인의 청구에 관하여 심리·판단할 수 없다(대법원 2014. 10. 27. 선고 2013다67105,67112 판결).
3) 예를 들어, 원고가 탈퇴한 경우에는 '원고(탈퇴)'라고 표시한다.

### 3) 탈퇴자에 대한 판결의 효력

소송탈퇴의 경우 탈퇴한 당사자에 대하여도 판결의 효력이 미친다(제80조 단서). 여기의 판결의 효력에는 기판력과 집행력이 모두 포함된다. 집행력이 탈퇴자에게 미치는 경우 판결주문에서의 탈퇴자에 대한 의무이행선언이 집행권원이 된다. 예를 들어, 원고가 피고에 대하여 소유권에 기한 건물명도청구를 한 데 대하여 참가인이 원고에 대하여는 소유권확인을 구하면서 피고에 대하여는 소유권에 기한 건물명도를 구하는 권리주장참가를 한 경우에 피고가 원고의 동의를 얻어 소송탈퇴를 하였다면 참가인의 원고에 대한 소유권확인청구만이 남게 되고, 원고와 참가인 사이의 판결의 효력은 피고에게 미치게 된다. 이 경우 참가인이 원고에 대하여 승소판결을 받은 경우 판결주문에는 소유권확인뿐만 아니라 피고의 건물명도의무 역시 기재되어야 하고,[1] 건물명도의무의 선고가 집행권원이 된다. 만일 이러한 선고를 빠뜨린 경우에는 판결경정(제211조 제1항)의 대상이 된다.[2]

## Ⅲ. 공동소송참가

### 1. 의의

공동소송참가란 계속 중인 소송의 일방 당사자와 합일확정의 관계에 있는 제3자가 그 당사자의 공동소송인으로 소송에 참가하는 것을 말한다(제83조 제1항). 즉, 계속 중인 소송의 당사자 일방과 필수적 공동소송의 관계에 있는 제3자가 그 소송에 공동소송인으로 참가하는 것이다.[3] 예를 들어, 주주가 회사를 상대로 주주총회결의취소를 구하는 소송을 제기하였는데, 그 소송계속 중에 그 판결의 효력을 받는 다른 주주가 그 소송에 참가하는 경우 등이다. 공동소송참가는 별도의 소송에 의하는 것보다 현재 계속 중인 소송에서 공동소송인이 되어 소송을 수행함으로서 소송경제를 도모하고 소송참가인을 보호하기 위한 제도이다. 공동소송참가는 소의 주관적·추가적 병합에 해당된다.

---

1) 예를 들어, 「1. 별지 목록 기재 건물이 당사자참가인의 소유임을 확인한다. 2. 피고(탈퇴)는 당사자참가인에게 제1항 기재 건물을 명도하라. 3. 소송비용은 원고의 부담으로 한다.」 라고 기재한다.
2) 김홍엽, 1008면; 한충수, 739면.
3) 공동소송참가는 타인간의 소송의 목적이 당사자 일방과 제3자에 대하여 합일적으로 확정될 경우, 즉 타인간의 소송의 판결의 효력이 제3자에게도 미치게 되는 경우에 한하여 그 제3자에게 허용된다(대법원 1986. 7. 22. 선고 85다620 판결).

## 2. 참가요건

### (1) 소송계속 중일 것

소송계속 중이라면 항소심에서도 참가할 수 있다.[1] 그러나 공동소송참가는 실질에 있어서 소송제기의 성질을 가지고 있으므로 상고심에서는 참가를 할 수 없다.[2]

### (2) 당사자적격이 있을 것

공동소송참가를 하려는 제3자는 당사자적격을 갖고 있어야 한다. 공동소송참가는 당사자로서 소송을 제기하는 성질을 갖고 있기 때문이다. 따라서 제3자가 당사자적격이 없거나 또는 당사자적격이 있더라도 제소기간을 도과하였거나 중복제소에 해당되는 경우에는 공동소송참가를 할 수 없고 공동소송적 보조참가를 할 수 있을 뿐이다. 그리하여 예를 들어, 주주가 회사를 상대로 제기한 주주총회결의취소소송에 그 판결의 효력을 받는 다른 주주는 공동소송참가를 할 수 있으나, 제소기간이 도과한 때에는 당사자적격이 없어 공동소송적 보조참가를 할 수 있을 뿐이다.[3] 판례는 주주의 대표소송에서 회사가 원고 측에 공동소송참가를 할 수 있고,[4] 사실심 변론종결시까지 원고 주주들이 주주요건을 구비하지 못하여 소각하판결을 하여야 할 경우에도 그 각하판결이 선고되기 이전에 회사가 공동소송참가를 하였다면 그 참가는 적법하다고 한다.[5]

### (3) 합일확정의 관계가 있을 것

참가인이 계속 중인 소송의 당사자 일방과 합일확정의 관계에 있어야 한다. 즉, 참가인과 당

---

1) 공동소송참가는 항소심에서도 할 수 있는 것이고, 항소심절차에서 공동소송참가가 이루어진 이후에 피참가소송이 소송요건의 흠결로 각하된다고 할지라도 소송의 목적이 당사자 일방과 제3자에 대하여 합일적으로 확정될 경우에 한하여 인정되는 공동소송참가의 특성에 비추어 볼 때, 심급이익 박탈의 문제는 발생하지 않는다(대법원 2002. 3. 15. 선고 2000다9086 판결).
2) 대법원 1961. 5. 4. 선고 4292민상853 판결.
3) 주주총회결의 취소의 소는 판결의 대세효가 인정되고(상법 제376조 제2항), 주주·이사 또는 감사가 결의의 날로부터 2월내에 제기할 수 있다(동조 제1항).
4) 대법원 2002. 3. 15. 선고 2000다9086 판결.
5) 비록 원고 주주들이 주주대표소송의 사실심 변론종결시까지 대표소송상의 원고 주주요건을 유지하지 못하여 종국적으로 소가 각하되는 운명에 있다고 할지라도 회사인 원고 공동소송참가인의 참가시점에서는 원고 주주들이 적법한 원고적격을 가지고 있었다고 할 것이어서 회사인 원고 공동소송참가인의 참가는 적법하다고 할 것이고, 뿐만 아니라 원고 주주들의 주주대표소송이 확정적으로 각하되기 전에는 여전히 그 소송계속상태가 유지되고 있는 것이어서 그 각하판결 선고 이전에 회사가 원고 공동소송참가를 신청하였다면 그 참가 당시 피참가소송의 계속이 없다거나 그로 인하여 참가가 부적법하게 된다고 볼 수는 없다(대법원 2002. 3. 15. 선고 2000다9086 판결).

사자 일방이 필수적 공동소송의 관계에 있을 것이 요구된다. 판결의 효력을 받는 제3자가 유사 필수적 공동소송인으로 참가하는 것이 일반적이지만, 고유필수적 공동소송인으로 될 관계에 있는 경우에도 공동소송참가를 할 수 있다.

판례는 채권자대위소송이 계속 중에 다른 채권자가 동일한 채무자를 대위하여 채권자대위권을 행사하면서 공동소송참가신청을 할 경우, 양 청구의 소송물이 동일하다면 소송의 목적이 합일적으로 확정되어야 할 경우에 해당하여 적법하다고 한다.[1] 그러나 이사회결의무효확인소송에서는 판결의 효력이 소송당사자에게만 미치고 대세적 효력이 없으므로 제3자는 공동소송참가를 할 수 없다고 한다.[2]

## 3. 참가절차

### (1) 참가신청

참가신청은 참가의 취지와 이유를 밝혀 참가하고자 하는 소송이 계속된 법원에 제기하여야 한다(제83조 제2항 및 제72조 제1항). 참가신청서에는 소장과 같은 금액의 인지를 붙이고, 항소심 참가신청서에는 그 금액의 1.5배에 해당하는 인지를 붙여야 한다(민사소송 등 인지법 제6조 제1항).[3] 참가신청은 참가인으로서 할 수 있는 소송행위와 동시에 할 수 있다(제72조 제2항). 참가신청에는 소제기의 효과인 시효중단 및 기간준수의 효력이 있다.

---

[1] 채권자대위소송이 계속 중인 상황에서 다른 채권자가 동일한 채무자를 대위하여 채권자대위권을 행사하면서 공동소송참가신청을 할 경우, 양 청구의 소송물이 동일하다면 제83조 제1항이 요구하는 '소송목적이 한쪽 당사자와 제3자에게 합일적으로 확정되어야 할 경우'에 해당하므로 참가신청은 적법하다. 이때 양 청구의 소송물이 동일한지는 채권자들이 각기 대위행사하는 피대위채권이 동일한지에 따라 결정되고, 채권자들이 각기 자신을 이행상대방으로 하여 금전의 지급을 청구하였더라도 채권자들이 채무자를 대위하여 변제를 수령하게 될 뿐 자신의 채권에 대한 변제로서 수령하게 되는 것이 아니므로 이러한 채권자들의 청구가 서로 소송물이 다르다고 할 수 없다. 여기서 원고가 일부 청구임을 명시하여 피대위채권의 일부만을 청구한 것으로 볼 수 있는 경우에는 참가인의 청구금액이 원고의 청구금액을 초과하지 아니하는 한 참가인의 청구가 원고의 청구와 소송물이 동일하여 중복된다고 할 수 있으므로 소송목적이 원고와 참가인에게 합일적으로 확정되어야 할 필요성을 인정할 수 있어 참가인의 공동소송참가신청을 적법한 것으로 보아야 한다(대법원 2015. 7. 23. 선고 2013다30301,30325 판결).

[2] 학교법인의 이사회의 결의에 하자가 있는 경우에 관하여 법률에 별도의 규정이 없으므로 그 결의에 무효사유가 있는 경우에는 이해관계인은 언제든지 또 어떤 방법에 의하든지 그 무효를 주장할 수 있고, 이와 같은 무효주장의 방법으로서 이사회결의무효확인소송이 제기되어 승소확정판결이 난 경우, 그 판결의 효력은 위 소송의 당사자 사이에서만 발생하는 것이지 대세적 효력이 있다고 볼 수는 없으므로, 이사회결의무효확인의 소는 그 소송의 목적이 당사자 일방과 제3자에 대하여 합일적으로 확정될 경우가 아니어서 제3자는 공동소송참가를 할 수 없다(대법원 2001. 7. 13. 선고 2001다13013 판결).

[3] 상고심 참가신청서의 인지액에 관하여는 규정이 없다. 이는 상고심에서는 공동소송참가가 허용되지 않음을 전제로 한 것이다.

## (2) 참가신청의 재판

참가신청은 소송제기의 실질을 가지므로, 종전 당사자가 이의신청을 할 수 없다. 법원은 직권으로 참가요건을 조사하여 그 흠결이 있으면 판결로 각하하여야 한다. 판례는 공동소송참가신청을 하였으나 통상의 보조참가에 해당하는 경우 공동소송참가신청을 각하하여야 한다고 한다.[1] 참가가 적법하면 피참가인과 참가인은 필수적 공동소송인이 된다. 따라서 필수적 공동소송에 관한 심판규정이 적용된다.


# IV. 공동소송적 보조참가

## 1. 의의

공동소송적 보조참가는 판결의 효력을 받는 제3자가 당사자적격이 없어 공동소송인으로 참가하지 못하고 보조참가하는 경우를 말한다(제78조). 판결의 효력이 제3자에게 미치는 경우에도 그 제3자에게 당사자적격이 없거나 또는 있더라도 제소기간이 도과하거나 중복제소에 해당하는 경우에는 공동소송참가를 할 수 없으므로 보조참가만이 가능하다.

공동소송적 보조참가는 유사필수적 공동소송의 관계에 있는 제3자가 당사자적격이 없거나 제소기간이 도과하는 등의 사유로 공동소송참가를 할 수 없는 경우에 이루어진다. 고유필수적 공동소송의 관계에 있는 제3자가 공동소송적 보조참가를 하는 것은 생각하기 어렵다. 고유필수적 공동소송의 관계에 있으나 누락된 제3자가 당사자로서 소송에 참가하지 못한다면 그 소송 전부가 당사자적격의 흠결로 부적법각하되어야 하기 때문이다.

공동소송적 보조참가에서는 판결의 효력이 참가인에게 미치므로 참가인의 소송절차권을 보장하기 위해서는 통상의 보조참가에서와는 달리 필수적 공동소송에 준하는 소송수행권을 참가인에게 부여할 필요가 있다는 점에서 그 제도적 의의가 있다. 공동소송적 보조참가인지, 공동소송참가인지 또는 통상의 보조참가인지 여부는 법원이 해석에 의하여 결정하여야 할 것이고 당사자의 신청에 따라 결정할 것은 아니다.

---

[1] 원심이 참가인의 공동소송참가신청이 부적법하고, 그 보조참가는 통상의 보조참가에 해당한다는 전제에서 참가인의 공동소송참가신청을 각하한 것은 정당하다(대법원 2012. 6. 28. 선고 2011다63758 판결).

## 2. 참가요건

공동소송적 보조참가는 판결의 효력이 당사자 이외에 참가인에게도 미치는 경우에 성립한다. 판결의 효력이 제3자에게 미치는 경우로는 제3자의 소송담당, 회사관계소송이나 가사소송 등 판결의 대세효가 인정되는 소송 등이 대표적이다.

### (1) 제3자의 소송담당

제3자의 소송담당에서 제3자가 제기한 소송에 권리의무의 귀속주체가 보조참가하면 공동소송적 보조참가가 된다. 제3자의 소송담당에는 본래의 권리의무의 귀속주체에 갈음하여 제3자만이 소송수행권을 갖는 경우(갈음형)와 본래의 권리의무의 귀속주체와 함께 제3자가 소송수행권을 갖는 경우(병행형)가 있다. 전자(前者)의 경우, 예를 들어 파산관재인, 회생절차의 관리인, 추심명령을 받은 압류채권자, 유언집행자 등이 제기한 소송에 권리의무의 귀속주체인 파산채무자, 회생채무자, 압류된 채권의 채권자, 상속인 등은 당사자적격이 없어 공동소송참가를 할 수 없으므로 공동소송적 보조참가를 하게 된다.

한편 후자(後者)의 경우, 예를 들어 주주대표소송의 주주, 채권질의 질권자, 채권자대위소송의 채권자, 선정당사자 등이 제기한 소송에 권리의무의 귀속주체인 회사, 채권자, 채무자, 선정자 등이 공동소송참가를 하면, 이는 중복제소에 해당되어 허용되지 않으므로 공동소송적 보조참가만이 가능하다는 견해가 있다. 그러나 판례는 주주의 대표소송에 회사가 참가하는 것은 공동소송참가에 해당되고, 이 경우 중복제소가 아니라고 하며,[1] 채권자대위소송 계속 중에 다른 채권자가 동일한 채무자를 대위하여 채권자대위권을 행사하면서 공동소송참가를 할 수 있다고 한다.[2] 판결의 효력을 받는 사람이 별도의 소송을 제기하지 않고 피참가인이 제기한 소송에 참가하는 경우에는 피참가인과 참가인은 필수적 공동소송인이 되어 합일확정이 요구되므로 판결의 모순·저촉을 회피할 수 있고 심판의 중복이 생기지 않는다는 점에서 중복제소에 해당되지 않는다고 할 것이므로 판례의 입장이 타당하다고 본다.

### (2) 회사관계소송 등

회사관계소송, 가사소송, 행정소송 등 판결의 대세효가 인정되는 소송에 당사자적격이 없는

---

1) 대법원 2002. 3. 15. 선고 2000다9086 판결.
2) 대법원 2015. 7. 23. 선고 2013다30301,30325 판결.

제3자가 참가하거나 또는 있더라도 제소기간이 도과한 후에 참가하는 경우, 이는 공동소송적 보조참가에 해당된다. 예를 들어, 주주총회결의취소를 구하는 소송에서 제소기간이 도과한 후에는 다른 주주는 당사자적격이 없어 공동소송적 보조참가만이 가능하다. 또한 건축허가처분의 제3자인 인근주민이 제기한 건축허가처분의 취소를 구하는 항고소송에서 항고소송의 제기기간이 도과한 후 다른 인근주민이 위 소송의 원고 측에 참가하거나 또는 건축허가를 받은 사람이 피고인 처분청을 위하여 참가하는 경우, 모두 당사자적격이 인정되지 않아 공동소송적 보조참가만이 허용된다.[1]

## 3. 참가소송의 심판

### (1) 필수적 공동소송인에 준하는 지위

공동소송적 보조참가에 대하여는 필수적 공동소송인의 심판에 관한 제67조 및 제69조가 준용된다(제78조). 그리하여 공동소송적 보조참가인과 피참가인은 필수적 공동소송인, 그 중에서 유사필수적 공동소송인에 준하는 소송상 지위를 갖게 된다.

참가인과 피참가인 가운데 1인의 소송행위는 전원의 이익을 위하여서만 효력을 가진다(제67조 제1항). 참가인이 한 유리한 소송행위는 피참가인의 행위에 어긋나더라도 효력이 있다. 그러나 불리한 것은 피참가인이라도 참가인의 동의를 얻지 않으면 할 수 없다. 참가인이 상소를 한 경우에 피참가인이 상소취하나 상소포기를 하더라도 상소는 그 효력이 있다.[2] 다만, 피참가인이 소를 취하함에 참가인의 동의를 얻지 않더라도 유효하다. 유사필수적 공동소송에서는 소를 취하하는데 다른 공동소송인의 동의가 필요 없고, 또한 소취하는 소가 처음부터 계속되지 않은 것으로 간주되는데, 이는 재판의 효력과는 직접적인 관련이 없는 소송행위로서 참가인에게 불이익이 되는 행위가 아니기 때문이다.[3] 그런데 재심의 소를 취하하는 경우에는 참가인의 동의

---

1) 행정소송사건에서 참가인이 한 보조참가가 행정소송법 제16조가 규정한 제3자의 소송참가에 해당하지 않는 경우에도, 판결의 효력이 참가인에게까지 미치는 점 등 행정소송의 성질에 비추어 보면 그 참가는 제78조에 규정된 공동소송적 보조참가라 할 것이다(대법원 2013. 3. 28. 선고 2011두13729 판결).

2) 제78조의 공동소송적 보조참가에는 필수적 공동소송에 관한 제67조 제1항의 규정이 준용되므로, 피참가인의 소송행위는 모두의 이익을 위하여서만 효력을 가지고 공동소송적 보조참가인에게 불이익이 되는 것은 효력이 없으므로, 참가인이 상소를 할 경우에 피참가인이 상소취하나 상소포기를 할 수는 없다(대법원 2017. 10. 12. 선고 2015두36836 판결).

3) 공동소송적 보조참가는 그 성질상 필수적 공동소송 중에서 유사필수적 공동소송에 준한다 할 것인데, 유사필수적 공동소송에서는 원고들 중 일부가 소를 취하하는 경우에 다른 공동소송인의 동의를 받을 필요가 없다. 또한 소취하는 취하된 부분에 대해서는 소가 처음부터 계속되지 아니한 것으로 간주되며, 이는 재판의 효력과는 직접

를 얻어야 효력이 있다. 재심의 소를 취하하면 확정된 종국판결에 대한 불복의 기회를 상실하게 하여 더 이상 확정판결의 효력을 배제할 수 없게 되므로, 이는 재판의 효력과 직접적인 관련이 있는 소송행위로서 확정판결의 효력이 미치는 참가인에 대하여 불리한 행위이기 때문이다.[1]

참가인과 피참가인 가운데 1인에게 소송절차의 중단 또는 중지의 원인이 발생하면 모두에 대하여 중단·중지의 효과가 생겨 전 소송절차의 진행이 정지된다(동조 제3항). 변론의 분리나 일부판결을 할 수 없다. 상소기간은 참가인과 피참가인에 대하여 개별적으로 진행되고, 참가인과 피참가인 전원에 대하여 상소기간이 만료되기까지는 판결이 확정되지 않는다, 참가인과 피참가인 중 1인이 상소하면 전원에 대하여 판결의 확정이 차단되고 전 소송이 상소심으로 이심된다.

## (2) 보조참가인의 지위

판결의 효력이 참가인에게 미친다는 점에서 참가인은 필수적 공동소송인에 준하여 취급되지만, 참가인은 본질적으로 당사자가 아니라 보조참가인의 지위를 갖는데 그친다. 따라서 참가인은 참가 당시 소송의 진행 정도에 따라 피참가인이 할 수 없는 행위를 할 수 없으며(제76조 제1항 단서),[2] 소의 취하나 청구의 포기·인낙, 화해 등의 처분행위를 할 수 없다.[3]

---

적인 관련이 없는 소송행위로서 공동소송적 보조참가인에게 불이익이 된다고 할 것도 아니다. 따라서 피참가인이 공동소송적 보조참가인의 동의 없이 소를 취하하였다 하더라도 이는 유효하다(대법원 2013. 3. 28. 선고 2011두13729 판결).

1) 재심의 소를 취하하는 것은 통상의 소를 취하하는 것과는 달리 확정된 종국판결에 대한 불복의 기회를 상실하게 하여 더 이상 확정판결의 효력을 배제할 수 없게 하는 행위이므로, 이는 재판의 효력과 직접적인 관련이 있는 소송행위로서 확정판결의 효력이 미치는 공동소송적 보조참가인에 대하여는 불리한 행위이다. 따라서 재심의 소에 공동소송적 보조참가인이 참가한 후에는 피참가인이 재심의 소를 취하하더라도 공동소송적 보조참가인의 동의가 없는 한 효력이 없다(대법원 2015. 10. 29. 선고 2014다13044 판결).

2) 통상의 보조참가인은 참가 당시의 소송상태를 전제로 하여 피참가인을 보조하기 위하여 참가하는 것이므로 참가할 때의 소송의 진행정도에 따라 피참가인이 할 수 없는 행위를 할 수 없다. 공동소송적 보조참가인 또한 판결의 효력을 받는 점에서 제78조, 제67조에 따라 필수적 공동소송인에 준하는 지위를 부여받기는 하였지만 원래 당사자가 아니라 보조참가인의 성질을 가지므로 위와 같은 점에서는 통상의 보조참가인과 마찬가지이다. 따라서 피참가인인 원고가 재심의 소를 제기할 수 없는 이상 원고 보조참가인도 위와 같은 판단누락을 재심사유로 하여 재심의 소를 제기할 수 없다고 할 것이고, 이는 참가인이 이 사건 재심의 소에 공동소송적 보조참가를 하였더라도 마찬가지이다(대법원 2015. 10. 29. 선고 2014다13044 판결).

3) 이시윤, 800면.

# V. 소송고지

## 1. 의의

소송고지란 소송계속 중에 당사자가 소송참가를 할 이해관계 있는 제3자에 대하여 일정한 방식에 좇아서 소송계속의 사실을 통지하는 것을 말한다. 고지를 하는 사람을 고지자, 고지를 받는 제3자를 피고지자라고 한다. 소송고지는 제3자에게 소송계속의 사실을 알려 소송에 참가할 기회를 주는 동시에 피고지자에게 참가적 효력 등을 미치게 하려는데 그 목적이 있다.

## 2. 소송고지의 요건

### (1) 소송계속 중일 것

소송고지는 소송계속 중에 할 수 있다(제84조 제1항). 여기의 소송계속이란 판결절차뿐만 아니라 독촉절차와 같이 이의신청에 의하여 판결절차로 이행되는 절차를 포함한다. 대립당사자구조를 가지는 결정절차에서는 보조참가가 허용되므로 소송고지가 가능하다. 소송고지는 피고지자에게 소송참가의 기회를 주기 위한 것이므로 소송이 계속 중이면 상고심에서도 소송고지가 가능하다.

### (2) 고지자

계속 중인 소송의 당사자가 소송고지를 하는 것이 일반적이지만, 보조참가인이나 이들로부터 고지를 받은 사람도 소송고지를 할 수 있다. 소송고지를 할지 여부는 고지자의 자유이나, 예외적으로 법률의 규정에 의하여 소송고지가 의무인 경우도 있다. 채권자대위권행사의 통지의무(민법 제405조 제1항),[1] 재판상 대위(비송사건절차법 제49조 제1항),[2] 추심의 소(민사집행법 제238조),[3]

---

[1] 채권자가 채권자대위권을 행사한 때에는 채무자에게 통지하여야 한다(민법 제405조 제1항).
[2] 법원이 재판상 대위의 신청을 허가한 경우 직권으로 채무자에게 고지하여야 하고(비송사건절차법 제49조 제1항), 채무자가 그 고지를 받은 후에는 그 권리를 처분할 수 없다(동조 제2항).
[3] 채권자가 추심명령에 따라 제3채무자를 상대로 소를 제기할 때에는 일반규정에 의한 관할법원에 제기하고 채무자에게 그 소를 고지하여야 한다. 다만, 채무자가 외국에 있거나 있는 곳이 분명하지 아니한 때에는 고지할 필요가 없다(민사집행법 제238조).

주주대표소송(상법 제404조 제2항),[1] 회사관계소송에서의 공고의무(상법 제187조)[2] 등이 그것이다. 판례는 추심의 소에서 채무자에 대한 소송고지는 추심의 소제기의 필요적 요건이 아니고 법원의 직권조사사항도 아니라고 한다.[3]

### (3) 피고지자

소송고지를 받을 사람은 당사자 이외에 그 소송에 참가할 수 있는 제3자이다. 보조참가, 공동소송적 보조참가, 당사자참가, 소송승계의 이익 있는 제3자가 그 대상이 된다. 그러나 소송고지는 피고지자에게 참가적 효력을 미치게 하려는데 그 목적이 있으므로 보조참가의 이익이 있는 제3자가 주된 대상이 된다.


## 3. 소송고지의 절차

### (1) 소송고지서의 제출

소송고지는 서면으로 하여야 하고, 고지서는 소송이 계속되어 있는 법원에 제출하여야 한다(제85조 제1항). 소송고지서에는 고지이유와 소송의 진행정도를 적어야 한다(제85조 제1항). 고지서의 제출을 받은 법원은 고지서의 방식을 준수했는지 여부를 조사하고, 방식에 맞지 않을 때에는 보정을 시켜서 송달하여야 한다. 보정을 하지 않을 때에는 각하할 수 있고, 이 각하결정에 대해서는 항고로서 불복을 할 수 있다(제439조). 그러나 고지서 방식의 흠결이 있는 경우에도 피고지자가 고지자의 소송에 참가한 후 또는 고지자와의 차후 소송에서 지체 없이 이의를 진술하지 않으면 이의권의 상실로 그 흠결이 치유된다(제151조).

### (2) 소송고지서의 송달

법원은 고지서를 피고지자뿐만 아니라 상대방 당사자에게도 송달하여야 한다(제85조 제2항).

---

1) 주주대표소송을 제기한 주주는 소를 제기한 후 지체없이 회사에 대하여 그 소송의 고지를 하여야 한다(상법 제404조 제2항).
2) 회사설립의 무효 또는 취소의 소(제187조, 제287조의6, 제328조 제2항, 제562조 제2항), 합병무효의 소(제240조, 제530조 제1항, 제530조의11 제1항, 제603조), 주주총회결의취소 및 부존재확인의 소(제380조), 주주총회부당결의의 취소 또는 변경의 소(제381조), 신주발행무효의 소(제430조) 등이 제기된 때에는 회사는 지체 없이 공고하여야 한다.
3) 민사집행법 제238조의 채무자에 대한 소송고지는 채권자의 추심의 소제기 자체에 대한 필요적 요건도 아니고 법원의 직권조사사항이라고도 볼 수 없다(대법원 1976. 9. 28. 선고 76다1145,1146 판결).

소송고지의 효력은 소송고지서를 법원에 제출한 때가 아니라 피고지자에게 송달된 때에 발생한다.[1] 소송고지서는 상대방 당사자에게도 송달하여야 하지만 상대방에게 송달하지 않았더라도 소송고지의 효력에는 영향이 없다. 고지비용은 소송비용에 산입하지 않는다.

## 4. 소송고지의 효과

### (1) 소송법상 효과

#### 1) 피고지자의 지위

피고지자가 소송고지를 받은 경우에도 참가할 것이냐 아니냐는 피고지자의 자유이다. 피고지자가 참가신청을 한 경우에 고지자는 참가에 대하여 이의를 진술할 수 없으나, 상대방은 이의를 진술할 수 있다. 그러나 피고지자가 고지를 받고도 소송에 참가하지 않으면 당사자가 아님은 물론 보조참가인이 아니기 때문에 변론기일을 통지하거나 판결문에 피고지자의 이름을 표시할 필요가 없다.

#### 2) 참가적 효력

소송고지를 받은 사람이 보조참가를 한 경우는 물론이고 참가를 하지 않더라도 참가할 수 있었을 때에 참가한 것과 마찬가지로 참가적 효력을 받는다. 즉, 피고지자는 참가하지 않더라도 참가적 효력을 면할 수 없다. 그러나 그때까지 또는 그 이후에 참가적 효력의 배제사유가 발생한 경우에는 참가적 효력을 받지 않는다. 즉, 참가할 수 있었을 때 참가하였더라도 이미 피고지자가 소송행위를 할 수 없는 경우, 피고지자가 참가하였더라도 할 수 없는 행위를 고지자가 고의 또는 과실로 하지 않는 경우 또는 고지자가 피고지자의 참가를 방해한 경우 등에는 판결의 참가적 효력이 피고지자에게 미치지 않는다.[2] 피고지자가 양쪽 당사자로부터 이중으로 소송고지를 받은 경우에는 패소한 당사자와의 사이에 참가적 효력이 발생한다. 참가적 효력은 피고지자가 고지자와 공동이익으로 주장하거나 다툴 수 있었던 사항에 한하여 발생하고, 고지자와 피

---

1) 소송고지는 그 고지서를 법원에 제출한 때 생기는 것이 아니라 피고지자에게 적법하게 송달된 때에 비로소 생긴다(대법원 1975. 4. 22. 선고 74다1519 판결).
2) 제3자가 고지자를 상대로 제기한 전부금청구소송에서 피고지자가 소송고지를 받고도 위 소송에 참가하지 아니하였지만 고지자가 위 소송에서 제3자로부터 채권압류 및 전부명령을 받기 전에 피고지자에게 채권이 양도되고 확정일자 있는 증서에 의하여 양도통지된 사실을 항변으로 제기하지 아니하여 위 소송의 수소법원이 위 채권압류 및 전부명령과 위 채권양도의 효력의 우열에 관하여 아무런 사실인정이나 법률판단을 하지 아니한 채 고지자에게 패소판결을 하였다면 피고지자는 위 소송의 판결결과에 구속받지 아니한다(대법원 1991. 6. 25. 선고 88다카6358 판결).

고지자 사이에 이해가 대립되는 사항에 대하여는 참가적 효력이 생기지 않는다.[1]

## (2) 실체법상 효과

소송고지에는 시효중단의 효력이 인정되지 않는다. 다만, 법률의 규정이 있거나 민법상 최고(민법 제174조)[2]로서 시효중단의 효력이 인정될 수 있다. 예를 들어, 어음법과 수표법에서는 소송고지에 의하여 어음 또는 수표상의 상환청구권의 소멸시효가 중단됨을 규정하고 있고(어음법 제80조, 수표법 제64조),[3] 소송고지서에 고지자가 피고지자에 대하여 채무의 이행을 청구하는 의사가 표시되어 있으면 민법상 최고로서 시효중단의 효력이 인정된다.[4]

소송고지가 민법상 최고에 해당하는 경우에 시효중단효력의 발생시기는 소송고지서를 법원에 제출한 때이고,[5] 해당 소송이 계속 중인 동안은 최고에 의하여 권리를 행사하고 있는 상태가 지속되는 것으로 보아 민법 제174조에 규정된 6월의 기간은 해당 소송이 종료된 때부터 기산한다.[6] 즉, 고지자가 소송고지서를 법원에 제출한 때에 피고지자를 상대로 한 채권 등에 대

---

1) 소송고지제도는 소송의 결과에 대하여 이해관계를 가지는 제3자로 하여금 보조참가를 하여 그 이익을 옹호할 기회를 부여함과 아울러 한편으로는 고지자가 패소한 경우의 책임을 제3자에게 분담시켜 후일에 고지자와 피고지자간의 소송에서 피고지자가 패소의 결과를 무시하고 전소 확정판결에서의 인정과 판단에 반하는 주장을 못하게 하기 위해 둔 제도이므로 피고지자가 후일의 소송에서 주장할 수 없는 것은 전소 확정판결의 결론의 기초가 된 사실상, 법률상의 판단에 반하는 것으로서 피고지자가 보조참가를 하여 상대방에 대하여 고지자와 공동이익으로 주장하거나 다툴 수 있었던 사항에 한한다(대법원 1986. 2. 25. 선고 85다카2091 판결).

2) 최고는 6월내에 재판상의 청구, 파산절차참가, 화해를 위한 소환, 임의출석, 압류 또는 가압류, 가처분을 하지 아니하면 시효중단의 효력이 없다(민법 제174조).

3) 배서인의 다른 배서인과 발행인에 대한 어음 또는 수표상의 청구권의 소멸시효는 그 자가 제소된 경우에는 전자에 대한 소송고지를 함으로 인하여 중단되고, 재판이 확정된 때로부터 다시 시효가 진행된다(어음법 제80조, 수표법 제64조).

4) 소송고지의 요건이 갖추어진 경우에 그 소송고지서에 고지자가 피고지자에 대하여 채무의 이행을 청구하는 의사가 표명되어 있으면 민법 제174조에 정한 시효중단사유로서의 최고의 효력이 인정된다(대법원 2009. 7. 9. 선고 2009다14340 판결).

5) 소송고지의 요건이 갖추어진 경우에 소송고지서에 고지자가 피고지자에 대하여 채무의 이행을 청구하는 의사가 표명되어 있으면 민법 제174조에 정한 시효중단사유로서의 최고의 효력이 인정된다. 소송고지에 의한 최고는 보통의 최고와는 달리 법원의 행위를 통하여 이루어지는 것이므로 만일 법원이 소송고지서의 송달사무를 우연한 사정으로 지체하는 바람에 소송고지서의 송달 전에 시효가 완성된다면 고지자가 예상치 못한 불이익을 입게 된다는 점 등을 고려하면, 소송고지에 의한 최고의 경우에는 제265조를 유추적용하여 당사자가 소송고지서를 법원에 제출한 때에 시효중단의 효력이 발생한다고 할 것이다(대법원 2015. 5. 14. 선고 2014다16494 판결).

6) 소송고지로 인한 최고의 경우 보통의 최고와는 달리 법원의 행위를 통하여 이루어지는 것으로서 그 소송에 참가할 수 있는 제3자를 상대로 소송고지를 한 경우에 그 피고지자는 그가 실제로 그 소송에 참가하였는지 여부와 관계없이 후일 고지자와의 소송에서 전소 확정판결에서의 결론의 기초가 된 사실상·법률상의 판단에 반하는 것을 주장할 수 없어 그 소송의 결과에 따라서는 피고지자에 대한 참가적 효력이라는 일정한 소송법상의 효력까지 발생함에 비추어 볼 때, 고지자로서는 소송고지를 통하여 당해 소송의 결과에 따라 피고지자에게 권리를 행사하겠다는 취지의 의사를 표명한 것으로 볼 것이므로 당해 소송이 계속 중인 동안은 최고에 의하여 권리를

한 시효중단의 효력이 발생하고, 고지자가 해당 소송이 종료된 때로부터 6개월 이내에 피고지자를 상대로 소송 등 재판상 청구를 하면 시효중단의 효력이 그대로 유지된다.

# 제3절 당사자의 변경

## Ⅰ. 임의적 당사자변경

### 1. 의의

임의적 당사자변경이란 소송계속 중 당사자의 임의의 의사에 의하여 종전의 원고나 피고에 갈음하거나 또는 추가하여 제3자를 당사자로 가입시키는 것을 말한다. 임의적 당사자변경은 당사자의 동일성을 해한다는 점에서 당사자의 동일성을 유지한 채 그 표시만을 정정하는 당사자표시정정과 구별되고, 당사자적격의 승계가 없다는 점에서 소송승계와 구별된다.

임의적 당사자변경에는 종전의 당사자에 갈음하여 제3자를 당사자로 가입시키는 교환적 당사자변경과 종전의 당사자에 제3자를 당사자로 추가하는 추가적 당사자변경이 있다. 민사소송법에서는 교환적 당사자변경으로 피고의 경정(제260조)을, 추가적 당사자변경으로 필수적 공동소송인의 추가(제68조)를 각각 규정하고 있다.

### 2. 허용 여부

법률상 명문의 규정이 없는 경우에도 임의적 당사자변경이 허용되는지 여부에 관하여 논란이 있다. 판례는 당사자표시정정은 폭 넓게 허용하면서도 당사자변경은 법률에 규정된 경우를 제외하고 원칙적으로 불허하고 있다. 그리하여 개인을 단체로 변경하거나[1] 고유필수적 공동소

---

행사하고 있는 상태가 지속되는 것으로 보아 민법 제174조에 규정된 6월의 기간은 당해 소송이 종료된 때로부터 기산되는 것으로 해석하여야 한다(대법원 2009. 7. 9. 선고 2009다14340 판결).

[1] 당사자표시정정은 원칙적으로 당사자의 동일성이 인정되는 범위에서만 허용되는 것이므로 회사의 대표이사이었던 자의 개인명의로 제기된 소송에서 그 개인을 회사로 당사자표시를 정정하는 것은 부적법하다(대법원 2008. 6. 12. 선고 2008다11276 판결); 소장에 기재된 표시 및 청구의 내용과 원인사실 등 소장의 전 취지에 의하면 이 사건 소를 제기한 원고는 ○○○ 개인이지 단체인 울산참여자치연대가 아님이 명백하다. 그렇다면 울산참여자치연

송이 아닌 사건에서 소송 도중에 당사자를 추가하는 것은 허용될 수 없다고 하고,[1] 당사자의 주장과 전혀 다른 단체의 실체를 인정하여 당사자능력을 인정하는 것도 당사자를 변경하는 결과가 되어 허용될 수 없다고 한다.[2]

　　그러나 통설은 임의적 당사자변경을 불허하면 별도의 소를 제기하여야 하는 불편이 따르고, 이를 허용함으로써 소송진행 중에 밝혀진 상황에 맞추어 탄력적으로 대응할 필요가 있다는 이유로 임의적 당사자변경을 허용하자고 한다. 임의적 당사자변경을 허용하는 경우 그 법적 성질은 새로 가입하는 신당사자에게는 신소의 제기이고 구당사자에게는 구소의 취하라는 두 개의 소송행위가 복합되어 있는 것으로 본다(신소제기구소취하설, 복합설).[3] 생각건대, 법률에 명문의 규정이 없음에도 당사자변경을 허용하게 되면 소송절차의 혼란을 초래하고 상대방의 방어권 행사에도 지장을 줄 우려가 있으므로, 법률에 명문의 규정을 둔 경우를 제외하고 원칙적으로 임의적 당사자변경은 허용되지 않는다고 봄이 타당하다. 이하에서 법률이 명문으로 허용하고 있는 임의적 당사자변경에 대하여 살펴보기로 한다.


## 3. 피고의 경정

### (1) 의의

　　피고의 경정이란 원고가 피고를 잘못 지정한 것이 분명한 경우에 원고의 신청에 따라 제3자로 피고를 변경하는 것을 말한다(제260조 제1항 본문). 법률이 허용하는 당사자변경의 하나로서 교환적 당사자변경에 해당된다. 피고만을 변경하는 것이므로 피고변경 전후의 소송물은 동일하여야 한다.

---

대의 당사자표시정정신청은 항소심에서 원고를 변경하는 임의적 당사자변경신청에 해당하여 허용될 수 없다(대법원 2003. 3. 11. 선고 2002두8459 판결).

1) 이른바 고유필수적 공동소송이 아닌 사건에서 소송 도중에 당사자를 추가하는 것은 허용될 수 없고, 동일한 특허권에 관하여 2인 이상의 자가 공동으로 특허의 무효심판을 청구하여 승소한 경우에 그 특허권자가 제기할 심결취소소송은 심판청구인 전원을 상대로 제기하여야만 하는 고유필수적 공동소송이라고 할 수 없으므로, 위 소송에서 당사자의 변경을 가져오는 당사자추가신청은 명목이 어떻든 간에 부적법하여 허용될 수 없다(대법원 2009. 5. 28. 선고 2007후1510 판결).

2) 당사자능력 유무에 관한 사항은 법원의 직권조사사항이므로, 그 당사자능력 판단의 전제가 되는 사실에 관하여는 법원이 당사자의 주장에 구속될 필요 없이 직권으로 조사하여야 할 것이나, 당사자가 내세우는 단체가 실재하는지의 여부만을 가려 그와 같은 의미의 단체가 실재한다면 그로써 소송상 당사자능력은 충족되는 것이고, 그렇지 아니하다면 소를 부적법한 것으로서 각하하면 족한 것이며, 당사자의 주장과는 전혀 다른 단체의 실체를 인정하여 당사자능력을 인정하는 것은 소송상 무의미할 뿐 아니라 당사자를 변경하는 결과로 되어 허용될 수 없다(대법원 1997. 12. 9. 선고 94다41249 판결).

3) 이시윤, 826면

## (2) 경정의 요건

### 1) 피고를 잘못 지정한 것이 분명한 경우

피고를 잘못 지정한 것이 분명한 경우라고 함은 청구취지나 청구원인의 기재내용 자체로 보아 원고가 법률적 평가를 그르치는 등의 이유로 피고의 지정이 잘못된 것이 명백하거나 법인격의 유무에 관하여 착오를 일으킨 것이 명백한 경우 등을 말한다.[1] 판례는 피고로 되어야 할 사람이 누구인지를 증거조사를 거쳐 인정할 수 있는 경우는 피고를 잘못 지정한 것이 분명한 경우에 해당되지 않는다고 한다.[2] 이에 대하여 판례와 같이 좁게 해석하면 원고는 소를 취하하고 다시 소를 제기할 수밖에 없어 시간과 비용을 낭비할 우려가 있으므로 이 경우에도 피고의 경정을 허용함이 타당하다는 견해가 있다.[3] 그러나 피고를 잘못 지정한 것인지 여부를 증거조사를 거쳐야 비로소 알 수 있다면, 이는 피고를 잘못 지정한 것이 분명하다고 할 수 없으므로 판례의 입장이 타당하다고 본다.

피고의 지정이 잘못된 경우에는 법원은 석명권을 행사하여 피고를 경정하도록 하여야 하고, 이러한 조치를 취하지 않은 채 피고의 지정이 잘못되었다는 이유로 부적법각하하는 것은 위법하다.[4] 물론 석명에 응할 기회를 주었음에도 피고경정을 하지 않은 경우에는 피고적격이 없음을 이유로 부적법각하하는 것은 정당하다.[5]

---

[1] 제260조 제1항 소정의 '피고를 잘못 지정한 것이 명백한 때'라고 함은 청구취지나 청구원인의 기재내용 자체로 보아 원고가 법률적 평가를 그르치는 등의 이유로 피고의 지정이 잘못된 것이 명백하거나 법인격의 유무에 관하여 착오를 일으킨 것이 명백한 경우 등을 말한다(대법원 1997. 10. 17. 자 97마1632 결정).

[2] 원고가 공사도급계약상의 수급인은 그 계약명의인인 피고라고 하여 피고를 상대로 소송을 제기하였다가 심리 도중 변론에서 피고측 답변이나 증거에 따라 이를 번복하여 피고경정을 구하는 경우에는 계약 명의인이 아닌 실제상의 수급인이 누구인지는 증거조사를 거쳐 사실을 인정 할 수 있는 사항이므로 피고를 잘못 지정한 것이 명백한 경우에 해당한다고 볼 수 없다(대법원 1997. 10. 17. 자 97마1632 결정).

[3] 이시윤, 829면.

[4] 피고의 지정이 잘못되었다면 원고로 하여금 피고를 경정하게 하여 소송을 진행케 하였어야 할 것임에도 불구하고 이러한 조치를 취하지 아니한 채 피고의 지정이 잘못되었다는 이유로 이 사건 소를 각하한 원심판결에는 심리를 다하지 아니하여 판결결과에 영향을 미친 위법이 있다(대법원 1985. 11. 12. 선고 85누621 판결).

[5] '저작권심의조정위원회'가 저작권 등록업무의 처분청으로서 그 등록처분에 대한 무효확인소송에서 피고적격을 가진다고 할 것이고, '저작권심의조정위원회 위원장'을 피고로 하여 이 사건 저작권등록처분의 무효확인을 구하는 이 사건 소는 피고적격이 없는 자를 상대로 한 부적법한 소라 할 것인데, 원심의 원고소송대리인은 원심재판장이 피고적격에 대하여 구체적으로 석명을 구하고, 그 사항만으로 두 차례나 변론기일을 속행하면서 석명에 응할 기회를 충분히 제공하였음에도 불구하고 최종적으로 피고경정을 하지 아니한 채 피고를 피고적격이 없는 '저작권심의조정위원회 위원장'으로 그대로 유지한다고 명시적으로 답변하고 있으므로, 이러한 사정에 비추어보면 이 사건 소는 피고적격이 없는 자를 상대로 한 것이어서 부적법각하되어야 한다고 본 원심의 판단은 정당하다(대법원 2009. 7. 9. 선고 2007두16608 판결).

### 2) 피고의 동의

피고가 본안에 관하여 준비서면을 제출하거나 변론준비기일에서 진술하거나 변론을 한 뒤에는 그의 동의를 받아야 한다(제260조 제1항 단서). 피고가 경정신청서를 송달받은 날부터 2주 이내에 이의를 제기하지 않으면 동의를 한 것으로 본다(동조 제4항).

### 3) 제1심 변론종결 전일 것

피고의 경정은 제1심의 변론종결 전까지 가능하다(제260조 제1항 본문). 항소심에서는 피고의 경정을 할 수 없다. 이는 새로 가입되는 피고의 심급의 이익을 보호하기 위한 것이다. 다만, 가사소송과 행정소송에서는 사실심의 변론종결시까지 피고의 경정이 가능하다(가사소송법 제15조 제1항,[1] 행정소송법 제14조 제1항[2]).

## (3) 경정절차

### 1) 경정신청

피고의 경정은 원고가 서면으로 법원에 신청하여야 한다(제260조 제1항 본문 및 제2항). 피고나 제3자의 신청권은 인정되지 않는다. 경정신청은 제1심 변론종결 전까지 하여야 한다. 종전 피고에게 소장부본이 송달되기 전이라면 경정신청서를 송달할 필요가 없으나, 송달되고 난 이후에는 신청서를 그 피고에게 송달하여야 한다(동조 제3항).

### 2) 경정 허부의 결정

원고의 경정신청에 대하여 법원은 결정으로 그 허가 여부를 재판한다(제260조 제1항 본문). 경정허부결정은 피고에게 송달하여야 하나, 소장부본이 송달되지 않은 경우에는 송달할 필요가 없다(제261조 제1항). 경정허가결정을 한 때에는 그 결정정본과 소장부본을 새로운 피고에게 송달하여야 한다(동조 제2항).

경정허가결정에 대하여는 원칙적으로 불복이 허용되지 않으며, 종전 피고가 자신이 경정에 동의하지 않았다는 사유로만 즉시항고를 할 수 있다(제261조 제3항). 경정기각결정에 대하여는

---

[1] 가사소송에서 민사소송법 제68조 또는 제260조에 따라 필수적 공동소송인을 추가하거나 피고를 경정하는 것은 사실심의 변론종결시까지 할 수 있다(가사소송법 제15조 제1항).

[2] 행정소송법에서는 "원고가 피고를 잘못 지정한 때에는 법원은 원고의 신청에 의하여 결정으로써 피고의 경정을 허가할 수 있다(제14조 제1항)."고 규정하고 있다. 그리하여 판례는 행정소송법 제14조에 의한 피고경정은 사실심 변론종결에 이르기까지 허용된다고 할 것이고, 제1심 단계에서만 허용되는 것으로 해석할 것은 아니라고 한다(대법원 2006. 2. 23. 자 2005부4 결정).

신청인인 원고가 통상항고를 제기할 수 있다.[1]

### (4) 경정의 효과

신청을 허가하는 결정이 있으면 종전의 피고에 대한 소는 취하된 것으로 본다(제261조 제4항). 피고의 경정도 새로운 피고에게는 소의 제기이므로, 이에 의한 시효중단이나 기간준수의 효과는 경정신청서를 법원에 제출한 때에 발생한다(제265조). 그러나 가사소송과 행정소송에서의 피고의 경정(가사소송법 제15조 제2항,[2] 행정소송법 제14조 제4항[3])과 소송승계(제81조, 제82조 제3항)에서는 당초 소 제기시에 소급하여 그 효력이 발생한다.

종전 피고가 한 소송수행의 결과는 새로운 당사자에게는 효력이 없다. 다만, 새로운 피고가 종전 피고의 소송수행의 결과를 원용한 때에는 새로운 당사자의 소송자료로 할 수 있다. 나아가 새로운 피고가 경정에 동의한 경우 또는 새로운 피고가 종전부터 사실상 소송수행에 관여하여 왔고 종전 피고에 의한 소송수행이 새로운 피고에 의한 소송수행과 동일시 할 수 있는 경우에는 원용이 없어도 그 소송수행의 결과가 그대로 새로운 피고에게 미친다고 할 것이다.[4]

## 4. 필수적 공동소송인의 추가

### (1) 의의

필수적 공동소송인의 추가란 필수적 공동소송인 중 일부가 누락된 경우에 원고의 신청에 따라 원고 또는 피고를 추가하는 것을 말한다(제68조 제1항). 예비적·선택적 공동소송인 중 일부가 누락된 경우에도 필수적 공동소송인의 추가에 관한 제68조가 준용된다(제70조). 필수적 공동소송인의 추가는 법률이 허용하는 당사자변경의 하나로서 추가적 당사자변경에 해당된다.

---

1) 제260조 소정의 피고경정신청을 기각하는 결정에 불복이 있는 원고는 제439조의 통상항고를 제기할 수 있으므로, 위 결정에 대하여 특별항고를 제기할 수는 없는 것이다. 이와 같이 피고경정신청을 기각하는 결정에 불복이 있는 경우에는 통상항고를 제기하여야 하는 것이고, 따라서 비록 원심법원에 제출한 서면의 제목이 '특별항고장'이고, 그 끝부분에 '대법원 귀중'이라고 기재되어 있다고 하더라도, 이는 통상항고를 제기한 것으로 보아야 할 것이므로, 이 사건을 관할법원에 이송하기로 결정한다(대법원 1997. 3. 3. 자 97으1 결정).

2) 가사소송에서 피고를 경정한 경우에는 신분에 관한 사항에 한정하여 처음의 소가 제기된 때에 경정된 피고와의 사이에 소가 제기된 것으로 본다(가사소송법 제15조 제2항).

3) 행정소송에서 피고경정을 허가하는 결정이 있는 때에는 새로운 피고에 대한 소송은 처음에 소를 제기한 때에 제기된 것으로 본다(행정소송법 제14조 제4항, 제38조, 제44조 제1항).

4) 김홍엽, 1023면; 이시윤, 830면.

## (2) 추가의 요건

### 1) 필수적 공동소송인 중 일부가 누락되었을 것

필수적 공동소송인 중 일부가 누락된 경우이어야 한다(제68조 제1항). 판례는 고유필수적 공동소송에서만 당사자의 추가가 허용되고, 유사필수적 공동소송에서는 당사자의 추가가 허용되지 않는다고 한다.[1] 그러나 민사소송법에서 고유필수적 공동소송에 한정하여 규정하고 있지 않으며, 유사필수적 공동소송에서도 당사자의 추가를 인정할 실익이 있다는 점에서 고유필수적 공동소송뿐만 아니라 유사필수적 공동소송에서도 당사자의 추가를 인정함이 타당하다. 예비적·선택적 공동소송에 대하여도 필수적 공동소송인의 추가를 규정한 제68조가 준용되고 있으므로, 예비적·선택적 공동소송에서도 당사자의 추가가 허용된다(제70조).

### 2) 원고의 동의

원고이든 피고이든 추가가 허용되지만, 원고를 추가하는 경우에는 추가될 사람의 동의를 얻어야 한다(제68조 제1항 단서). 이는 추가되는 새로운 원고의 절차보장을 위한 것이다.

### 3) 제1심 변론종결 전일 것

필수적 공동소송인의 추가는 제1심의 변론종결 전까지 가능하다(제68조 제1항 본문). 항소심에서는 추가를 할 수 없다. 이는 새로 가입되는 당사자의 심급의 이익을 보호하기 위한 것이다.

### 4) 공동소송의 요건을 갖출 것

추가된 새로운 당사자는 종전의 당사자와 공동소송인이 되므로, 공동소송의 요건을 갖추어야 한다.

## (3) 추가절차

### 1) 추가신청

공동소송인의 추가는 원고가 서면으로 법원에 신청하여야 한다(제68조 제1항 본문). 피고 또

---

[1] 고유필수적 공동소송이 아닌 사건에서 소송 도중에 당사자를 추가하는 것은 허용될 수 없고, 동일한 특허권에 관하여 2인 이상의 자가 공동으로 특허의 무효심판을 청구하여 승소한 경우에 그 특허권자가 제기할 심결취소소송은 심판청구인 전원을 상대로 제기하여야만 하는 고유필수적 공동소송이라고 할 수 없으므로, 위 소송에서 당사자의 변경을 가져오는 당사자추가신청은 명목이 어떻든 간에 부적법하여 허용될 수 없다. 특허를 무효로 한다는 심결이 확정된 때에는 당해 특허는 제3자와의 관계에서도 무효로 되므로, 동일한 특허권에 관하여 2인 이상의 자가 공동으로 특허의 무효심판을 청구하는 경우 그 심판은 심판청구인들 사이에 합일확정을 필요로 하는 이른바 유사필수적 공동심판에 해당한다(대법원 2009. 5. 28. 선고 2007후1510 판결).

는 제3자의 신청권은 인정되지 않는다. 공동소송인의 추가는 소송제기의 실질이 있으므로 추가신청은 서면으로 하여야 한다(민사소송규칙 제14조).[1] 추가신청은 제1심 변론종결 전까지 하여야 한다(제68조 제1항 본문). 가사소송에서는 사실심 변론종결시까지 할 수 있다(가사소송법 제15조 제1항).

### 2) 추가 허부의 결정

원고의 추가신청에 대하여 법원은 결정으로 그 허가 여부를 재판한다(제68조 제1항 본문). 허가결정을 한 때에는 허가결정의 정본을 당사자 모두에게 송달하여야 하며, 추가될 당사자에게는 소장부본도 송달하여야 한다(동조 제2항). 허가결정에 대하여는 불복할 수 없고, 다만, 추가될 원고의 동의가 없었다는 것을 사유로 하는 경우에 한하여 즉시항고를 할 수 있을 뿐이다(동조 제4항). 그러나 기각하는 결정에 대하여는 이러한 제한 없이 즉시항고를 할 수 있다(동조 제6항).

### (4) 추가의 효과

공동소송인이 추가된 경우에는 처음 소가 제기된 때에 추가된 당사자와의 사이에 소가 제기된 것으로 본다(제68조 제3항). 따라서 시효중단이나 기간준수의 효과는 처음 제소시에 소급한다. 필수적 공동소송인을 추가하는 것이므로 종전 공동소송인의 소송수행의 결과는 유리한 소송행위인 범위 내에서 새로운 당사자에게도 효력이 미친다.

## II. 소송승계

### 1. 의의

소송승계란 소송계속 중에 소송의 목적인 권리의무의 변동으로 제3자가 종전 당사자의 지위를 승계하는 것을 말한다. 당사자적격이 승계된다는 점에서 당사자적격의 혼동·누락의 경우에 허용되는 임의적 당사자변경과 구별된다. 변론종결 후의 승계인이 기판력을 인수한다면, 변론종결 전의 승계인은 소송을 인수하는 것이라고 할 수 있다는 점에서, 소송승계는 생성중인

---

[1] 필수적 공동소송인의 추가신청은 추가될 당사자의 이름·주소와 추가신청의 이유를 적은 서면으로 하여야 한다(민사소송규칙 제14조).

기판력의 확장이라고 할 수 있다.

소송승계가 있는 경우 새로운 당사자는 종전 당사자의 소송상 지위를 이익·불이익을 불문하고 그대로 승계한다. 그리하여 종전의 변론이나 증거조사, 종전 소제기에 의한 시효중단·기간준수의 효과가 새로운 당사자에게 미치고, 자백에 반하는 주장이나 실기한 공격방어방법의 제출 등 종전 당사자가 할 수 없는 행위는 새로운 당사자도 할 수 없다. 다만, 소송비용은 소송물의 양도에 의한 특정승계에 있어서는 특별한 사정이 없는 한 승계되지 않는다.

소송승계에는 당사자의 사망 등 실체법상 포괄승계원인이 발생한 경우 법률상 당연히 당사자적격이 승계되는 '당연승계(포괄승계)'와 소송물의 양도 등 특정승계원인이 발생한 경우 승계인 또는 당사자의 신청에 의하여 당사자적격이 승계되는 '소송물의 양도에 의한 승계(특정승계)'가 있다. 후자는 다시 참가승계와 인수승계로 나누어진다.

## 2. 당연승계

### (1) 승계원인

당사자의 사망 등 실체법상 포괄승계원인이 발생한 때에 당연승계가 이루어진다. 소송능력의 상실이나 법정대리권의 소멸은 소송절차의 중단사유는 되지만(제235조), 당사자적격이 승계되는 것은 아니므로 당연승계의 원인이 되지는 않는다. 당연승계의 원인은 다음과 같다.

### 1) 당사자의 사망

당사자가 사망한 때에 소송절차는 중단되고, 상속인, 상속재산관리인,[1] 포괄적 수증자[2] 등이 소송절차를 승계한다(제233조 제1항).[3] 그러나 상속을 포기한 경우(동조 제2항), 소송목적인

---

[1] 소송계속중 당사자가 사망하고 그 상속인의 존부가 분명하지 않은 경우, 법원으로서는 소송절차를 중단한 채 상속재산관리인의 선임을 기다려 그로 하여금 소송을 수계하도록 하였어야 한다(대법원 2002. 10. 25. 선고 2000다21802 판결).

[2] 유언자가 자신의 재산 전부 또는 전 재산의 비율적 일부가 아니라 단지 일부 재산을 특정하여 유증한 데 불과한 특정유증의 경우에는, 유증목적인 재산은 일단 상속재산으로서 상속인에게 귀속되고 유증을 받은 자는 단지 유증의무자에 대하여 유증을 이행할 것을 청구할 수 있는 채권을 취득하게 될 뿐이므로, 유증자가 사망한 경우 그의 소송상 지위도 일단 상속인에게 당연승계되는 것이고 특정유증을 받은 자가 이를 당연승계할 여지는 없다(대법원 2010. 12. 23. 선고 2007다22859 판결).

[3] 소송계속 중 당사자인 피상속인이 사망한 경우 공동상속재산은 상속인들의 공유이므로 소송의 목적이 공동상속인들 전원에게 합일확정되어야 할 필요적 공동소송관계라고 인정되지 아니하는 이상 반드시 공동상속인 전원이 공동으로 수계하여야 하는 것은 아니며, 수계되지 아니한 상속인들에 대한 소송은 중단된 상태로 그대로 피상속인이 사망한 당시의 심급법원에 계속되어 있다(대법원 1993. 2. 12. 선고 92다29801 판결).

권리의무가 일신전속적인 경우에는 소송이 종료된다.

### 2) 법인의 합병으로 인한 소멸

당사자인 법인이 합병에 의하여 소멸된 때에 소송절차는 중단되고, 합병에 의하여 설립된 법인 또는 합병한 뒤의 존속법인이 소송절차를 승계한다(제234조).

### 3) 신탁재산에 관한 소송의 당사자인 수탁자의 임무종료

신탁으로 말미암은 수탁자의 위탁임무가 끝난 때에 소송절차는 중단되고, 새로운 수탁자가 소송절차를 승계한다(제236조).

### 4) 소송담당자의 자격상실 및 선정당사자 전원의 자격상실

일정한 자격에 의하여 자기 이름으로 남을 위하여 소송당사자가 된 사람이 그 자격을 잃거나 죽은 때에는 소송절차가 중단되고, 같은 자격을 가진 사람이 소송절차를 승계한다(제237조 제1항). 선정당사자 전원이 자격을 상실하거나 사망한 때에도 소송절차는 중단되며, 선정자 전원 또는 새로운 선정당사자가 소송절차를 승계한다(동조 제2항).

### 5) 파산재단에 관한 소송 중의 파산선고 및 파산해지

당사자가 파산선고를 받은 때에 파산재단에 관한 소송절차는 중단되고, 파산관재인이 소송절차를 승계한다(제239조, 채무자 회생 및 파산에 관한 법률 제347조 제1항). 이후에 파산절차가 해지되면 소송절차는 중단되고, 파산자가 소송절차를 승계한다(제240조).

### 6) 회생절차개시결정 및 회생절차의 종료

회생절차개시결정이 있는 때에도 채무자의 재산에 관한 소송절차는 중단되고, 이 중 회생채권 또는 회생담보권과 관계없는 것은 회생절차관리인이 승계한다(채무자 회생 및 파산에 관한 법률 제59조 제1항 및 제2항). 이후에 회생절차가 종료하면 소송절차는 중단되고, 채무자가 소송절차를 승계한다(동조 제4항).

## (2) 소송상 취급

당연승계의 원인이 발생하면 소송절차가 중단되고, 승계인이 수계절차를 밟아 소송절차를 속행한다. 수계신청은 승계인 자신이나 상대방이 한다(제241조). 소송절차의 수계신청은 법원이 직권으로 조사하여 이유가 없다고 인정한 때에는 결정으로 기각하여야 하고(제243조 제1항), 이유 있으면 명시적인 결정 없이 승계인의 소송관여를 허용할 것이다.

소송수계신청이 이유 있다고 하여 소송절차를 진행하였으나 그 후에 신청인적격이 없음이 판명된 경우에는 당사자적격이 흠결된 부적법한 소이므로 판결로 각하하여야 한다는 견해가 있다(소각하설). 필요적 변론을 거친 사람을 배척하는 것이므로 판결로 하여야 한다고 한다. 그러나 신청인적격이 없는 사람을 소송절차에서 배척하면 충분하므로 번잡하게 판결에 의할 것은 아니며 수계허가결정을 하였다면 수계허가결정을 취소하고 수계신청을 기각하면 된다고 할 것이다(신청기각설).[1] 그런데 나아가 종국판결까지 선고되었고 상소심에서 그 부적법함이 밝혀진 경우에는 정당한 승계인에 대한 소송은 원심법원에 중단된 채 남아 있으므로 상소법원은 원심판결을 파기 또는 취소하고 수계허가결정을 한 경우에는 수계허가결정을 취소하고 수계신청을 기각한 다음에 소송이 중단된 원심법원으로 환송하여야 한다.[2]

당연승계가 있어도 종전 당사자에게 소송대리인이 있는 경우에는 소송절차는 중단되지 않는다(제238조). 소송대리인은 계속하여 종전 당사자의 이름으로 소송을 수행하지만, 실질적으로는 승계인의 소송대리인이다. 판결문에 종전 당사자가 그대로 당사자로 표시되어 있더라도 판결의 효력은 정당한 승계인에게 미친다.[3] 다만, 종전 당사자 명의의 판결로 강제집행을 하기 위해서는 승계집행문을 부여받아야 한다(민사집행법 제31조). 그러나 판결 전에 승계인과 승계사실이 판명된 경우에는 따로 수계절차를 밟을 필요 없이 판결문에 승계인을 당사자로 표시하여야 한다.[4]

---

1) 당사자의 사망으로 소송이 중단되어 수계신청이 있을 때에 신청인에게 수계자격이 없는 경우는 위 신청을 각하하여야 하고, 일단 이유 있다고 하여 소송절차를 진행시킨 경우에도 그 후에 자격없음이 판명된 때에는 수계재판을 취소하고 수계신청을 각하하여야 할 것이다(대법원 1981. 3. 10. 선고 80다1895 판결). 이 판결에서 수계신청을 각하하여야 한다고 표현하고 있으나, 이는 기각하여야 한다는 것을 잘못 표현한 것으로 판단된다(김홍엽, 1027면; 한충수, 750면).

2) 이 사건 소송수계신청은 적법한 수계권자에 의한 신청이 아니라 할 것이다. 따라서 제1심 법원은 그 신청을 기각했어야 함이 마땅하다. 그럼에도 불구하고, 소송수계신청인을 적법한 소송수계인으로 취급하여 소송절차를 속행한 다음 소송수계신청인의 청구를 기각한다고 하는 제1심을 그대로 유지하여 소송수계신청인의 항소를 기각한 원심판결은 그 자체로서 이유가 모순되고 소송절차의 진행을 잘못한 위법이 있다 할 것이므로 상고이유의 당부를 떠나 원심과 제1심은 파기 및 취소를 면할 수 없다. 그러므로 원심판결을 파기하고, 제1심판결을 취소하며, 소송수계신청인의 소송수계신청을 기각하고, 이 사건 소송이 중단된 채 제1심에 계속되어 있음을 명백히 하는 의미에서 사건을 제1심법원에 환송하기로 판결한다(대법원 2002. 10. 25. 선고 2000다21802 판결).

3) 당사자가 사망하였으나 소송대리인이 있어 소송절차가 중단되지 아니한 경우 원칙적으로 소송수계라는 문제가 발생하지 아니하고 소송대리인은 상속인들 전원을 위하여 소송을 수행하게 되는 것이며 그 사건의 판결은 상속인들 전원에 대하여 효력이 있다 할 것이고, 이때 상속인이 밝혀진 경우에는 상속인을 소송승계인으로 하여 신당사자로 표시할 것이지만 상속인이 누구인지 모를 때에는 망인을 그대로 당사자로 표시하여도 무방하며, 가령 신당사자를 잘못 표시하였다 하더라도 그 표시가 망인의 상속인, 상속승계인, 소송수계인 등 망인의 상속인임을 나타내는 문구로 되어 있으면 잘못 표시된 당사자에 대하여는 판결의 효력이 미치지 아니하고 여전히 정당한 상속인에 대하여 판결의 효력이 미친다(대법원 1992. 11. 5. 자 91마342 결정).

4) 대법원 1970. 9. 17. 선고 70다1415 판결.

## 3. 소송물의 양도에 의한 승계

### (1) 의의

### 1) 소송물의 양도

소송물의 양도란 소송계속 중에 소송의 목적인 권리의무에 관한 당사자적격이 특정적으로 제3자에게 이전되는 것을 말한다. 양도에는 매매·증여 등의 임의처분은 물론이고 금융위원회의 계약이전의 결정(금융산업의 구조개선에 관한 법률 제14조 제2항) 등 행정처분, 경매에 의한 취득(민사집행법 제135조, 제268조)이나 전부명령(민사집행법 제229조 제3항) 등 집행처분, 변제자의 법정대위(민법 제481조) 등 법률상 당연이전을 포함하고, 소송물인 권리의무의 전부를 양도받은 경우는 물론 일부를 양도받은 경우를 포함한다. 소송물인 권리의무 자체가 양도된 경우뿐만 아니라 소송물인 권리의무의 목적인 물건, 즉 계쟁물이 양도된 경우를 포함한다.[1]

소송물의 양도는 특정승계원인에 의하여 종전 당사자는 당사자적격을 잃고 새로운 당사자가 당사자적격을 취득하는 당사자적격의 이전이므로, 소송물의 양도에 의한 소송승계인은 이른바 변론종결 전의 승계인으로서 변론종결 후의 승계인에 준하여 취급된다. 따라서 변론종결 후의 승계인에서와 마찬가지로 채권적 청구권에 기한 소송계속 중에 계쟁물을 취득한 사람은 여기의 승계인에 포함되지 않지만,[2] 물권적 청구권에 기한 소송계속 중에 계쟁물을 취득한 사람은 여기의 승계인에 포함된다.

소송물의 특정승계로 인하여 당사자적격이 이전되는 교환적 승계 이외에 당사자적격이 추가되는 추가적 승계도 인정할 수 있는지 논란이 있다. 예를 들어, 건물철거소송 중에 피고가 그 건물을 제3자에게 임차한 경우, 채무의 이행을 구하는 소송계속 중에 중첩적 채무인수가 있는 경우 등이다. 이 경우에는 당사자의 추가와 함께 청구취지 및 청구원인을 새로 추가하는 청구

---

1) 제81조에서 규정하고 있는 소송의 목적물인 권리관계의 승계라 함은 소송물인 권리관계의 양도뿐만 아니라 당사자적격 이전의 원인이 되는 실체법상의 권리이전을 널리 포함하는 것이므로, 신주발행무효의 소 계속 중 그 원고적격의 근거가 되는 주식이 양도된 경우에 그 양수인은 제소기간 등의 요건이 충족된다면 새로운 주주의 지위에서 신소를 제기할 수 있을 뿐만 아니라 양도인이 이미 제기한 기존의 위 소송을 적법하게 승계할 수도 있다. 승계참가가 인정되는 경우에는 그 참가시기에 불구하고 소가 제기된 당초에 소급하여 법률상의 기간준수의 효력이 발생하는 것이므로, 신주발행무효의 소에 승계참가하는 경우에 그 제소기간의 준수 여부는 승계참가시가 아닌 원래의 소 제기시를 기준으로 판단하여야 한다(대법원 2003. 2. 26. 선고 2000다42786 판결).
2) 피고 회사에 대한 채권적 청구권에 기한 부동산소유권이전등기청구의 소송계속 중 그 소송목적이 된 피고 회사의 위 부동산에 대한 이전등기이행채무 자체를 승계함이 없이 단순히 위 부동산에 대한 소유권이전등기가 피고 회사로부터 상대방들 앞으로 경료되었다 하여 이를 가지고 제82조 제1항 소정의 그 소송의 목적이 된 채무를 승계한 때에 해당한다고 할 수 없고, 이와 같은 상대방들에 대하여 위 경료된 상대방들 명의의 각 등기의 말소를 구하기 위한 소송의 인수는 허용되지 않는다(대법원 1983. 3. 22. 자 80마283 결정).

변경이 뒤따르게 된다. 관련분쟁의 1회적 해결을 위하여 추가적 승계도 허용하자는 견해가 있다.[1] 그러나 추가적 승계를 허용하는 것은 소송의 목적인 권리의무의 전부나 일부를 승계한 경우에 한하여 소송승계를 허용하고 있는 민사소송법의 명문의 규정에 반하고 소송승계의 범위가 지나치게 확대되어 심리의 복잡화를 초래할 우려가 있다는 점에서 부정함이 타당하다.[2] 판례도 교환적 승계만을 인정하고, 추가적 승계는 인정하고 있지 않다.[3]

### 2) 입법례

소송계속 중 소송물이 양도된 경우, 이에 대한 입법례로는 '당사자항정주의'와 '소송승계주의'가 있다. 당사자항정주의는 소송물의 양도가 있더라도 당사자를 바꾸지 않은 채 종전 당사자가 그대로 승계인을 위하여 소송수행권을 가지며, 그 판결의 효력을 승계인에게 미치게 하는 입장이고, 소송승계주의는 소송의 목적인 실체법상 권리의무의 변동을 소송에 반영시켜 승계인을 새로운 당사자로 하고 종전 당사자의 소송상 지위를 승계시키는 입장이다.

우리나라는 소송승계주의를 취하고 있다(제81조, 제82조). 소송승계주의에 의하는 경우에는 당사자적격의 변동이 있음에도 상대방이 이를 알지 못하여 소송승계절차를 밟지 못해서 힘들게 얻은 판결이 무용지물이 될 위험성이 있다. 이를 방지하기 위해서는 미리 가처분이나 가압류를 해 둠으로써 피고적격을 고정시켜 둘 필요가 있다. 또한 민사소송법은 당사자가 변론종결시까지 승계사실을 진술하지 않으면 변론종결 후의 승계인으로 추정함으로써(제218조 제2항), 승계사실을 상대방에게 알리도록 강제하고 있다.

---

1) 강현중, 623면; 이시윤, 839면.
2) 김홍엽, 1033면.
3) 소송당사자가 제82조의 규정에 의하여 제3자로 하여금 그 소송을 인수하게 하기 위하여서는 그 제3자가 소송계속 중 그 소송의 목적된 채무를 승계하였음을 전제로 하여 그 제3자에 대하여 인수한 소송의 목적된 채무이행을 구하는 경우에 허용되고, 그 소송의 목적된 채무와는 전혀 별개의 채무의 이행을 구하기 위한 경우에는 허용될 수 없다 할 것이므로, 재항고인은 본건 신청의 이유로서 본건 소송의 목적된 채무인 본건 건물철거채무의 승계를 전제로 한 그 건물의 철거채무와는 전혀 별개의 채무인 본건 건물에 관한 재항고인 주장의 상대방 등 명의로 경료된 각 등기의 말소채무의 이행을 구하기 위하여 본건 신청에 이르렀음이 뚜렷한 바이므로 본건 신청은 위 법리에 따라 부적법하다 할 것이다(대법원 1971. 7. 6. 자 71다726 결정); 부동산소유권이전등기소송 계속 중 그 소송목적이 된 부동산에 대한 이전등기이행채무 자체를 승계함이 없이 단순히 같은 부동산에 대한 소유권이전등기가 제3자 앞으로 경료되었다 하여도 이는 제82조 제1항 소정의 '그 소송의 목적이 된 채무를 승계한 때'에 해당한다고 할 수 없으므로 위 제3자에 대하여 등기말소를 구하기 위한 소송의 인수는 허용되지 않는다(대법원 1983. 3. 22. 자 80마283 결정).

## (2) 참가승계

### 1) 의의

참가승계란 소송계속 중에 소송의 목적인 권리의무의 전부나 일부를 승계한 사람이 스스로 소송에 참가하여 새로운 당사자가 되고 소송을 승계하는 것을 말한다(제81조). 주로 권리승계인이 그 대상이 되지만, 의무승계인도 참가승계를 할 수 있다. 승계인은 독립당사자참가의 규정에 따라 새로운 당사자로서 소송에 참가하게 된다(제81조). 따라서 독립당사자참가에서와 같이 쌍면 또는 편면참가의 방식을 취할 수 있지만, 피승계인과 다툼이 없는 경우가 일반적이므로 대부분 편면참가의 방식에 의하게 된다.[1]

### 2) 참가신청

소송의 목적인 권리의무를 승계한 사람이 소송참가를 신청하여야 한다. 권리승계인의 참가신청은 소의 제기에 해당한다. 참가신청에 대하여 피신청인이 신청인의 승계주장사실을 다투는 경우에는 참가신청서에 소장에 준하는 인지를 붙여야 한다(민사소송 등 인지법 제6조 제2항).

승계인에 해당하는지 여부는 본소청구와 참가인의 신청이유에 의하여 판단한다. 참가요건은 소송요건에 해당하므로 참가요건에 흠결이 있는 경우에는 판결로 각하하여야 한다.[2] 예를 들어, 소송의 목적인 권리의무가 소송제기 전에 이전된 경우에는 소송계속 중에 이전된 것이 아니어서 신청 자체로 부적법하므로 각하하여야 한다.[3] 참가신청을 각하하는 판결은 본소에 대한 판결과 함께 하여야 하는 것은 아니며 본소와 분리하여 할 수도 있다.[4]

---

1) 한충수, 757면.
2) 제81조에 의하면 소송이 법원에 계속되어 있는 동안에 제3자가 소송목적인 권리 또는 의무의 전부나 일부를 승계한 경우 제3자는 참가의 취지와 이유를 밝혀 소송이 계속된 법원에 승계참가신청을 할 수 있는바, 위와 같은 승계참가신청은 일종의 소의 제기에 해당하고 참가요건은 소송요건에 해당하므로 참가요건에 흠이 있는 때에는 변론을 거쳐 판결로 이를 각하하여야 한다(대법원 2007. 8. 23. 자 2006마1171 결정).
3) 제81조의 권리승계참가는 소송의 목적이 된 권리를 승계한 경우뿐만 아니라 채무를 승계한 경우에도 이를 할 수 있으나, 다만 그 채무승계는 소송의 계속 중에 이루어진 것임을 요함은 위 법조의 규정상 명백하다. 그러므로 청구이의의 소의 계속 중 그 소송에서 집행력배제를 구하고 있는 채무명의에 표시된 청구권을 양수한 자는 소송의 목적이 된 채무를 승계한 것이므로 승계집행문을 부여받은 여부에 관계없이 위 청구 이의의 소에 제81조에 의한 승계참가를 할 수 있으나, 다만 위 소송이 제기되기 전에 그 채무명의에 표시된 청구권을 양수한 경우에는 특단의 사정이 없는 한 승계참가의 요건이 결여된 것으로서 그 참가인정은 부적법한 것이라고 볼 수밖에 없다(대법원 1983. 9. 27. 선고 83다카1027 판결).
4) 제81조에 의하면, 소송이 법원에 계속되어 있는 동안에 제3자가 소송목적인 권리 또는 의무의 전부 또는 일부를 승계한 경우 그 제3자는 소송이 계속된 법원에 승계참가신청을 할 수 있는바, 이러한 승계참가신청은 일종의 소의 제기에 해당하고 참가요건은 소송요건에 해당하므로 참가요건에 흠이 있는 때에는 변론을 거쳐 판결로 참가신청을 각하하여야 하고, 이때 승계참가인의 부적법한 참가신청을 각하하는 판결을 반드시 원래의 당사자 사이의 소송에 대한 판결과 함께 하여야 하는 것은 아니다(대법원 2012. 4. 26. 선고 2011다85789 판결).

참가승계신청은 상고심에서는 허용되지 않는다.[1] 참가요건에 흠결이 없는 경우에는 본안에 대하여 심리·판단을 한다. 승계인의 청구 또는 승계인에 대한 청구의 당부에 대한 심리결과 승계사실이 인정되지 않으면 승계인의 청구 또는 승계인에 대한 청구를 기각하는 판결을 한다.

참가승계에서 그 참가방식은 독립당사자참가와 같지만(제81조), 종전 당사자와 승계인 사이에 이해가 대립되는 관계가 아니므로 소송구조는 독립당사자참가와 근본적인 차이가 있다. 그리하여 참가인의 참가취지를 참가신청서에 표시하지 않더라도 무방하고, 종전 당사자의 소송대리인이 참가인의 소송행위를 대리하여도 쌍방대리금지에 저촉되지 않는다.[2] 그러나 예외적으로 종전 당사자와 승계인 사이에 승계사실에 대한 다툼이 있는 경우에는 종전 당사자와 승계인, 상대방 당사자의 3면 대립관계가 성립하므로 승계인은 종전 당사자에 대해서도 일정한 청구를 하여야 하고, 종전 당사자의 소송대리인이 참가인의 대리인을 겸할 수 없다.

### 3) 효과

적법한 참가승계가 있는 경우 참가의 시기에 관계없이 소송이 법원에 처음 제기된 때에 소급하여 시효중단이나 기간준수의 효력이 발생한다(제81조). 종전 당사자의 지위는 참가승계인에게 승계되고, 종전 당사자가 참가시까지 한 소송행위의 효력은 참가승계인에게 미친다.[3]

### (3) 인수승계

### 1) 의의

인수승계란 소송계속 중에 소송목적인 권리의무가 양도된 경우에 종전 당사자의 신청에 의하여 승계인을 소송에 강제로 끌어들여 소송을 승계하게 하는 것을 말한다(제82조 제1항). 인수승계는 주로 의무승계인이 그 대상이 되지만, 권리승계인에 대하여도 인수승계가 가능하다.

---

[1] 승계참가인이 소송당사자로부터 계쟁 부동산에 대한 지분 중 일부를 양도받은 권리승계인이라 하여 상고심에 이르러 승계참가신청을 한 경우, 이러한 참가신청은 법률심인 상고심에서는 허용되지 아니한다(대법원 2001. 3. 9. 선고 98다51169 판결).

[2] 권리승계인의 소송참가의 경우는 권리승계인은 피승계인의 당사자로서의 지위를 승계한다 할 것이므로 본건 가옥의 소유권을 양도한 원고의 소송상 지위는 양수인의 권리승계참가인의 소송참가로써 참가인에게 승계된다 할 것이고, 원고는 상대방인 피고의 승낙을 얻어 소송에서 탈퇴할 수 있으나 본건에 있어 원고는 참가인에 대한 본건 가옥양도의 사실을 인정하고 본 소송에서의 탈퇴신고까지 하였으되 피고의 동의가 없으므로 원고로서 남아 있을 뿐이다. 위와 같은 사안에 있어 원고와 참가인이 서로 이해대립되는 관계에 있다할 수 없으므로, 원고 소송대리인인 변호사가 참가인의 소송행위를 대리하였다하여 쌍방대리금지에 관한 법조에 저촉된다고 할 수 없다(대법원 1969. 12. 9. 선고 69다1578 판결).

[3] 소송이 법원에 계속되어 있는 동안에 제3자가 소송목적인 권리의 전부나 일부를 승계하여 소송에 참가한 경우 원고의 소송상 지위는 그 승계참가인에게 승계되고, 원고가 승계참가시까지 한 소송행위의 효력은 그 승계참가인에게 미친다(대법원 2013. 7. 25. 선고 2011다56187 판결).

## 2) 인수신청

소송의 당사자가 소송인수를 신청하여야 한다(제82조 제1항). 여기의 당사자는 피승계인인 종전 당사자와 상대방 당사자를 모두 포함한다. 인수신청은 상고심에서는 허용되지 않는다. 사실심 변론종결 후의 승계인은 판결의 효력이 미치므로 굳이 소송승계를 인정할 실익이 없다.

인수신청이 있는 때에는 법원은 신청인과 제3자를 심문하고 결정으로 그 허가 여부를 재판한다(제82조 제2항). 신청각하결정에 대하여는 항고할 수 있으나(제439조),[1] 인수결정은 중간적 재판이므로 독립하여 불복할 수 없으며, 본안에 대한 판결과 함께 상소할 수 있을 뿐이다.[2]

인수신청의 이유로서 주장하는 사실관계 자체에서 그 승계적격의 흠결이 명백하지 않는 한 결정으로 그 신청을 인용하여야 하고, 그 승계인에 해당하는지 여부는 승계인의 청구 또는 승계인에 대한 청구의 당부와 관련하여 판단할 사항이다. 따라서 심리결과 승계사실이 인정되지 않으면 승계인의 청구 또는 승계인에 대한 청구를 기각하는 판결을 하여야 하고, 인수신청을 각하하여서는 안 된다.[3]

## 3) 효과

인수승계를 한 경우 인수의 시기에 관계없이 소송이 법원에 처음 제기된 때에 소급하여 시효중단이나 기간준수의 효력이 발생한다(제82조 제3항 및 제81조). 종전 당사자의 지위는 인수승계인에게 승계되고, 종전 당사자가 인수시까지 한 소송행위의 효력은 유리·불리를 불문하고 인수승계인에게 미친다.

## (4) 피승계인의 소송탈퇴

피승계인인 종전 당사자는 상대방의 승낙을 얻어 소송탈퇴를 할 수 있다(제81조, 제82조 제3항). 이러한 소송탈퇴는 참가승계 또는 인수승계가 적법한 경우에만 허용된다. 참가승계나 인수승계가 부적법한 경우에는 피승계인의 소송탈퇴는 허용되지 않으며 피승계인과 상대방 사이의 소송

---

1) 인수신청을 각하하는 결정에 대하여는 신청인이 항고할 수 있다(대법원 1995. 6. 30. 선고 95다12927 판결).
2) 소송인수를 명하는 결정은 승계인의 적격을 인정하여 이를 당사자로서 취급하는 취지의 중간적 재판이므로 이에 불복이 있으면 본안에 대한 판결과 함께 상소할 수 있을 뿐이고, 승계인이 위 결정에 대하여 독립하여 불복할 수 없으므로, 고등법원의 위 결정에 대한 재항고는 부적법하다(대법원 1981. 10. 29. 자 81마357 결정).
3) 소송계속 중에 소송목적인 의무의 승계가 있다는 이유로 하는 소송인수신청이 있는 경우 신청의 이유로서 주장하는 사실관계 자체에서 그 승계적격의 흠결이 명백하지 않는 한 결정으로 그 신청을 인용하여야 하는 것이고, 그 승계인에 해당하는가의 여부는 피인수신청인에 대한 청구의 당부와 관련하여 판단할 사항으로 심리한 결과 승계사실이 인정되지 않으면 청구기각의 본안판결을 하면 되는 것이지 인수참가신청 자체가 부적법하게 되는 것은 아니다(대법원 2005. 10. 27. 선고 2003다66691 판결).

관계가 유효하게 존속한다.[1] 소송탈퇴로 피승계인과 상대방 사이의 소송관계는 종료된다. 그러나 판결의 효력은 탈퇴한 피승계인에게 미친다(제81조, 제82조 제3항, 제80조).

피승계인이 승계사실을 다투거나 권리의무의 일부승계가 있는 경우에는 피승계인이 소송탈퇴를 할 이유가 없고, 상대방이 소송탈퇴에 승낙하지 않은 경우에는 소송탈퇴가 불가능하다. 이 경우에는 피승계인은 당사자적격을 잃지 않으며, 새로운 당사자와 통상공동소송의 관계에 있게 된다. 다만, 피승계인이 승계사실을 다투는 경우에는 독립당사자참가의 소송형태가 되므로 제79조의 규정에 따라 재판하여야 할 것이다.[2] 판례는 인수참가인에 대한 청구기각 또는 소각하 판결이 확정된 날부터 6개월 내에 소송탈퇴한 원고가 다시 탈퇴 전과 같은 재판상 청구를 한 때[3]에는 탈퇴 전에 원고가 제기한 재판상의 청구로 인한 시효중단의 효력이 그대로 유지된다고 한다.[4]

판례는 조건부 청구의 포기·인낙설의 입장에서 피승계인이 소송탈퇴를 하면 피승계인의 청구는 소멸하고 승계인의 상대방에 대한 청구만 남게 된다고 한다.[5] 따라서 항소심에서 피승계인의 소송탈퇴가 있는 경우에 승계인의 청구만이 항소심의 심판대상이 되므로 항소심법원은 제1심판결을 변경하여 승계인의 청구에 대하여 판단을 하여야 한다. 예를 들어, 제1심판결에 대하여 피고가 항소하였고, 항소심 계속 중에 원고 측에 승계사유가 발생하여 승계인이 참가승계

---

1) 소송계속 중에 승계참가인에게 소송목적인 권리나 의무를 양도한 피참가인은 상대방의 승낙을 받아 소송에서 탈퇴할 수 있고, 탈퇴한 당사자에 대하여도 판결의 효력이 미치는바, 이러한 소송의 탈퇴는 승계참가가 적법한 경우에만 허용되는 것이므로, 승계참가가 부적법한 경우에는 피참가인의 소송탈퇴는 허용되지 않고 피참가인과 상대방 사이의 소송관계가 유효하게 존속한다. 따라서 승계참가인의 참가신청이 부적법함에도 불구하고 법원이 이를 간과하여 승계참가인의 참가신청과 피참가인의 소송탈퇴가 적법함을 전제로 승계참가인과 상대방 사이의 소송에 대해서만 판결을 하였는데 상소심에서 승계참가인의 참가신청이 부적법하다고 밝혀진 경우, 피참가인과 상대방 사이의 소송은 여전히 탈퇴 당시의 심급에 계속되어 있으므로 상소심법원은 탈퇴한 피참가인의 청구에 관하여 심리·판단할 수 없다(대법원 2012. 4. 26. 선고 2011다85789 판결).
2) 한충수, 760면.
3) 재판상 청구가 각하, 기각 또는 취하된 경우에는 시효중단의 효력이 없지만(민법 제170조 제1항), 6월내에 재판상의 청구, 파산절차참가, 압류 또는 가압류, 가처분을 한 때에는 시효는 최초의 재판상 청구로 인하여 중단된 것으로 본다(동조 제2항).
4) 소송목적인 권리를 양도한 원고는 법원이 소송인수결정을 한 후 피고의 승낙을 받아 소송에서 탈퇴할 수 있는데, 그 후 법원이 인수참가인의 청구의 당부에 관하여 심리한 결과 인수참가인의 청구를 기각하거나 소를 각하하는 판결을 선고하여 판결이 확정된 경우에는 원고가 제기한 최초의 재판상 청구로 인한 시효중단의 효력은 소멸한다. 다만, 소송탈퇴는 소취하와는 성질이 다르며, 탈퇴 후 잔존하는 소송에서 내린 판결은 탈퇴자에 대하여도 효력이 미친다. 이에 비추어 보면 인수참가인의 소송목적 양수효력이 부정되어 인수참가인에 대한 청구기각 또는 소각하 판결이 확정된 날부터 6개월 내에 탈퇴한 원고가 다시 탈퇴 전과 같은 재판상의 청구 등을 한 때에는, 탈퇴 전에 원고가 제기한 재판상의 청구로 인하여 발생한 시효중단의 효력은 그대로 유지된다(대법원 2017. 7. 18. 선고 2016다35789 판결).
5) 대법원 2014. 10. 27. 선고 2013다67105,67112 판결.

를 하자 원고가 소송탈퇴를 하였는데, 피고의 항소가 이유 없는 경우 항소심법원은 제1심판결을 변경하여 승계인의 청구에 대하여 새로이 판결을 하여야 하고 단순히 피고의 항소를 기각하는 판결을 선고할 수는 없다.[1]

# 제4절　선정당사자

## Ⅰ. 의의

선정당사자란 공동의 이해관계를 가진 여러 사람이 공동소송인이 되어 소송을 하여야 할 경우에, 이들 가운데 모두를 위하여 소송의 당사자로 선정된 사람을 말한다. 선정당사자를 선정한 사람을 선정자라고 한다(제53조 제1항). 선정당사자제도는 여러 사람이 공동소송인이 되어 소송을 수행해야 할 경우에 소송의 번잡을 피하고 간이·신속하게 소송을 진행하기 위한 수단으로 인정된 것이다. 선정당사자는 선정자의 대리인이 아니며, 소송의 당사자이다. 선정당사자는 선정자 모두의 소송수행권을 신탁하는 임의적 소송담당의 하나이다.

## Ⅱ. 요건

### 1. 공동소송인으로 될 여러 사람이 있을 것

여러 사람이 공동소송인이 되어 소송을 하여야 할 경우이어야 한다. 여러 사람이 법인 아닌 사단을 구성하고 있는 경우에는 그 사단의 이름으로 당사자가 될 수 있으므로 굳이 선정당사자

---

[1] 원고는 이 사건 손해배상청구권을 승계참가인에게 양도하고 원심 소송계속 중에 피고에게 채권양도의 통지를 한 다음 승계참가인이 승계참가신청을 하자 탈퇴한 사실을 알 수 있는바, 원고가 적법하게 탈퇴한 경우에 원심으로서는 제1심판결을 변경하여 승계참가인의 청구에 대하여 판단을 하였어야 할 것임에도, 원심은 단순히 피고의 항소를 기각함으로써 원고의 청구를 전부 인용한 제1심판결을 그대로 유지하고 말았으니, 원심판결에는 소송탈퇴 및 승계참가에 관한 법리를 오해하여 판결에 영향을 미친 위법이 있다(대법원 2004. 1. 27. 선고 2000다63639 판결).

제도를 이용할 필요가 없다. 그러나 법인 아닌 사단의 구성원 전원이 공동소송인으로서 소송을 수행하는 경우에는 선정당사자제도를 이용할 수도 있다. 민법상 조합과 같이 그 자체에 당사자능력이 인정되지 않는 경우에는 선정당사자제도를 활용할 여지가 크다.

## 2. 공동의 이해관계를 가질 것

여러 사람 사이에 공동의 이해관계가 있어야 한다. 여기서 공동의 이해관계란 여러 사람 사이에 공동소송인이 될 관계에 있고, 또 주요한 공격방어방법을 공통으로 하는 경우를 의미한다. 여러 사람이 제65조 전단의 권리·의무가 공통되거나 권리·의무의 발생원인이 공통되는 경우에는 공동의 이해관계가 인정되어 선정당사자를 선정할 수 있다.

문제는 여러 사람이 제65조 후단의 권리·의무가 동종이며 그 발생원인이 동종인 관계에 있는 경우에도 공동의 이해관계를 인정할 수 있는지 여부이다. 이 경우에는 공동의 이해관계가 인정되지 않으므로 선정당사자를 허용할 수 없다는 견해가 있으나, 주요한 공격방어방법을 공통으로 한다면 공동의 이해관계가 있다고 보아야 할 것이다. 판례도 여러 사람이 제65조 후단의 관계에 있는 것만으로는 공동의 이해관계를 인정할 수 없어 선정당사자를 허용할 것은 아니지만,[1] 나아가 주요한 공격방어방법을 공통으로 하는 경우에는 공동의 이해관계를 인정할 수 있다고 한다. 그리하여 여러 사람의 임차인들이 동일한 사람을 상대로 임차보증금의 반환을 구하는 사안에서, 이 사건의 쟁점은 피고가 임대인으로서 계약당사자인지 여부에 있으므로, 주요한 공격방어방법을 공통으로 하는 경우에 해당한다고 하여 선정당사자의 선정을 허용하였다.[2]

---

1) 공동의 이해관계가 있는 다수자는 선정당사자를 선정할 수 있는 것인데, 이 경우 공동의 이해관계란 다수자 상호간에 공동소송인이 될 관계에 있고, 또 주요한 공격방어방법을 공통으로 하는 것을 의미한다고 할 것이므로 다수자의 권리·의무가 동종이며 그 발생원인이 동종인 관계에 있는 것만으로는 공동의 이해관계가 있는 경우라고 할 수 없을 것이어서 선정당사자의 선정을 허용할 것은 아니다(대법원 2007. 7. 12. 선고 2005다10470 판결; 1997. 7. 25. 선고 97다362 판결).
2) 이 사건은 주택의 임차인들인 원고를 포함한 선정자들이 피고를 임대차계약상의 임대인이라고 주장하면서 피고에게 그 각 보증금의 전부 내지 일부의 반환을 구하고 있는 사안으로, 그 쟁점은 피고가 이 사건 임대차계약상의 임대인으로서의 계약당사자인지 여부에 있음을 알 수 있으므로, 원고 등은 상호간에 공동소송인이 될 관계가 있을 뿐 아니라 주요한 공격방어방법을 공통으로 하는 경우에 해당함이 분명하다고 할 것이어서 민사소송법 소정의 공동의 이해관계가 있다고 인정되므로, 원심이 선정당사자의 선정을 허용한 조치는 정당하다(대법원 1999. 8. 24. 선고 99다15474 판결).

## 3. 공동의 이해관계 있는 사람 중에서 선정할 것

선정당사자는 공동의 이해관계 있는 여러 사람 가운데 선정되어야 한다. 선정당사자도 동시에 선정자이다.[1]


## Ⅲ. 선정의 방법

선정당사자의 선정은 선정자가 자신의 소송수행권을 수여하는 것으로 대리권수여에 유사한 단독소송행위이다. 따라서 선정행위를 함에는 소송능력이 필요하다. 또한 선정에 조건을 붙여서는 안 된다.

심급을 한정한 선정이 허용되는지 논란이 있다. 제1심 소송절차에 한정하여 선정을 하였더라도 선정당사자는 소송이 종료될 때까지 소송수행권을 갖는다는 견해가 있으나,[2] 심급을 한정하는 것을 조건으로 볼 수는 없으며, 선정자는 언제든지 선정을 철회할 수 있으므로 심급을 한정한 선정을 부정할 이유는 없다고 본다.[3] 판례는 심급을 한정하여 선정당사자를 선정할 수 있다고 하고, 선정할 당시 심급을 한정하는 등의 약정이 없다면 선정의 효력은 소송이 종료될 때까지 계속된다고 한다.[4]

선정의 시기는 소송계속 전후를 불문하나, 소송계속 후에 선정하면 선정자는 당연히 소송에서 탈퇴하고(제53조 제2항), 선정당사자가 그 지위를 승계한다. 선정은 각 선정자가 개별적으로 하여야 하고, 다수결로 정하는 것이 아니다. 따라서 전원이 공동으로 같은 사람을 선정할 필요가 없다. 선정당사자를 선정하는 경우 대리인과 마찬가지로 서면으로 그 자격을 증명하여야 하고(제58조), 그 서면을 소송기록에 첨부하여야 한다.

---

1) 선정당사자 자신도 공동의 이해관계를 가진 사람으로서 선정행위를 하였다면, 선정행위를 하였다는 의미에서 선정자로 표기하는 것이 허용되지 않는다고 할 수 없으므로, 선정당사자를 선정자로 표기하는 것이 위법하다고 볼 수 없다(대법원 2011. 9. 8. 선고 2011다17090 판결).

2) 이시윤, 766면.

3) 김홍엽, 945면.

4) 공동의 이해관계가 있는 다수자가 당사자를 선정한 경우에는 선정된 당사자는 당해 소송의 종결에 이르기까지 총원을 위하여 소송을 수행할 수 있고, 상소와 같은 것도 역시 이러한 당사자로부터 제기되어야 하는 것이지만, 당사자선정은 총원의 합의로써 장래를 향하여 이를 취소·변경할 수 있는 만큼 당초부터 특히 어떠한 심급을 한정하여 당사자인 자격을 보유하게끔 선정을 하는 것도 역시 허용된다고 할 것이나, 선정당사자의 선정행위시 심급의 제한에 관한 약정 등이 없는 한 선정의 효력은 소송이 종료에 이르기까지 계속되는 것이다(대법원 2003. 11. 14. 선고 2003다34038 판결).

# IV. 선정의 효과

## 1. 선정당사자의 지위

선정당사자는 선정자의 대리인이 아니고 당사자이다. 따라서 선정당사자는 일체의 소송행위를 할 수 있고, 소송수행에 필요한 모든 사법상의 행위를 할 수 있다.[1] 소의 취하, 화해, 청구의 포기·인낙, 상소의 제기 등 소송대리인의 특별수권사항(제90조 제2항)에 속하는 행위에 대하여도 선정당사자는 선정자의 개별적인 동의 없이 할 수 있다. 다만, 변호사보수약정은 소송위임에 필수적으로 수반되어야 하는 것은 아니므로 선정당사자가 선정자로부터 별도의 수권 없이 변호사보수에 관한 약정을 하였다면 선정자들이 이를 추인하는 등의 특별한 사정이 없는 한 선정자에 대하여 효력이 없다.[2] 선정당사자가 선정자와의 사이에 권한행사에 관한 내부적인 제한계약을 하였다고 하더라도 그러한 제한으로 법원이나 상대방에게 대항할 수 없다. 판례는 가처분신청에서 이루어진 선정행위의 효력은 그에 기한 제소명령신청에도 미치지만, 가처분결정취소신청에는 미치지 않는다고 한다.[3]

동일한 선정자단에서 여러 사람의 선정당사자가 선정된 경우에 그 여러 사람의 선정당사자는 선정자들의 소송수행권을 합유하는 관계에 있으므로 그들 사이의 소송관계는 필수적 공동소송이 된다. 그러나 별개의 선정자단에서 각각 선정된 여러 사람의 선정당사자는 원래의 소송이 필수적 공동소송이 아닌 한 통상공동소송의 관계에 있다.

---

1) 선정당사자는 선정자들로부터 소송수행을 위한 포괄적인 수권을 받은 것으로서 일체의 소송행위는 물론 소송수행에 필요한 사법상의 행위도 할 수 있는 것이고 개개의 소송행위를 함에 있어서 선정자의 개별적인 동의가 필요한 것은 아니다(대법원 2003. 5. 30. 선고 2001다10748 판결).

2) 선정당사자는 선정자들로부터 소송수행을 위한 포괄적인 수권을 받은 것으로서 일체의 소송행위는 물론 소송수행에 필요한 사법(私法)상의 행위도 할 수 있는 것이고 개개의 소송행위를 함에 있어서 선정자의 개별적인 동의가 필요한 것은 아니라 할 것이지만, 변호사인 소송대리인과 사이에 체결하는 보수약정은 소송위임에 필수적으로 수반되어야 하는 것은 아니므로 선정당사자가 그 자격에 기한 독자적인 권한으로 행할 수 있는 소송수행에 필요한 사법상의 행위라고 할 수 없다. 따라서 선정당사자가 선정자로부터 별도의 수권 없이 변호사보수에 관한 약정을 하였다면 선정자들이 이를 추인하는 등의 특별한 사정이 없는 한 선정자에 대하여 효력이 없다고 할 것이며, 그와 같은 보수약정을 하면서 향후 변호사보수와 관련하여 다투지 않기로 부제소합의를 하거나 약정된 보수액이 과도함을 이유로 선정자들이 제기한 별도의 소송에서 소취하합의를 하더라도 이와 관련하여 선정자들로부터 별도로 위임받은 바가 없다면 선정자에 대하여 역시 그 효력을 주장할 수 없다(대법원 2010. 5. 13. 선고 2009다105246 판결).

3) 가처분신청절차에서 이루어진 선정행위의 효력은 그에 기한 제소명령신청사건에는 미친다고 할 것이나 가처분결정취소신청사건에서는 그 선정의 효력이 미치지 아니한다(대법원 2001. 4. 10. 선고 99다49170 판결).

## 2. 선정자의 지위

소송계속 후에 선정을 하면 선정자는 당연히 소송에서 탈퇴하고, 당사자로서의 지위를 상실한다. 따라서 증인이 될 수도 있다. 그러나 선정자가 소송수행권, 즉 당사자적격을 상실하는 것은 아니다 (적격유지설). 다만, 선정당사자가 소송계속 중인데 선정자가 소송을 하면 중복제소에 해당되어 배척된다. 그런데 판례는 선정당사자가 선정되면 선정자는 소송수행권을 상실한다고 한다(적격상실설).[1]

선정당사자가 받은 판결은 선정자에 대하여도 그 효력이 미친다(제218조 제3항). 선정당사자가 받은 이행판결은 선정자에게도 미치므로, 승계집행문을 받아 강제집행을 할 수 있다. 판결문에는 선정당사자만 표시하고, 판결문 뒤에 선정자목록을 별도로 첨부한다. 선정자는 당사자가 아니므로 선정자의 이름으로 판결해서는 안 된다.[2]

## 3. 선정당사자의 자격상실

선정당사자의 자격은 선정당사자의 사망이나 선정의 취소에 의하여 상실된다. 또한 선정당사자 본인에 대한 소의 취하, 판결의 확정 등으로 공동의 이해관계가 소멸되어도 자격을 상실한다.[3] 그러나 선정자의 사망, 선정자의 공동의 이해관계의 소멸 등은 선정당사자의 자격에 영향이 없다. 선정자는 어느 때나 선정행위를 취소할 수 있다. 취소와 동시에 새로 선정당사자를 선정하면 선정당사자의 변경이 있게 된다.

선정당사자의 자격상실이나 변경은 대리권소멸의 경우처럼 상대방에게 통지하여야 하고, 통지하지 않으면 그 효력이 발생하지 않는다. 그러나 자격상실이나 변경사실이 법원에 알려진 경우에는 종전의 선정당사자는 소의 취하, 화해, 청구의 포기·인낙, 소송탈퇴 등의 소송행위를 하지 못한다(제63조 제2항 및 제1항).

여러 사람의 선정당사자 중 일부가 사망하거나 그 자격을 상실한 경우에도 소송절차가 중단

---

1) 공동의 이해관계가 있는 여러 사람은 그 가운데에서 모두를 위하여 당사자가 될 선정당사자를 선정할 수 있고, 이와 같이 선정된 선정당사자는 선정자들로부터 소송수행을 위한 포괄적인 수권을 받은 당사자로서 선정자들 모두를 위한 일체의 소송행위를 할 수 있으며, 선정자들은 소송수행권을 상실하고 소송관계에서 탈퇴하게 된다(대법원 2013. 1. 18. 자 2010그133 결정).

2) 선정자는 당사자가 아니므로 선정자에게 판결정본을 송달하거나 교부할 수 없다. 그러나 선정당사자가 받은 판결의 효력은 선정자에게 미치므로 승소판결에 대한 승계집행문부여신청이 있는 경우에는 선정자에게 판결정본을 교부하여야 한다(민사집행법 제29조 내지 제31조).

3) 선정당사자는 공동의 이해관계를 가진 여러 사람 중에서 선정되어야 하므로, 선정당사자 본인에 대한 부분의 소가 취하되거나 판결이 확정되는 등으로 공동의 이해관계가 소멸하는 경우에는 선정당사자는 선정당사자의 자격을 당연히 상실한다(대법원 2006. 9. 28. 선고 2006다28775 판결).

되지 않으며 남은 선정당사자가 소송을 속행한다(제54조). 그러나 선정당사자 모두가 자격을 상실한 경우에는 선정자 모두 또는 새로운 선정당사자가 소송을 수계할 때까지 소송절차가 중단된다(제237조 제2항). 다만, 소송대리인이 있으면 중단되지 않는다(제238조).

## V. 선정당사자 자격 흠결의 효과

선정당사자의 자격 유무는 당사자적격에 관한 것으로서 법원의 직권조사사항이다. 선정행위에 하자가 있거나 서면에 의한 자격증명이 없는 경우에는 법원은 기간을 정하여 보정을 명하여야 하고, 만일 보정하는 것이 지연됨으로써 손해가 생길 염려가 있는 경우에는 법원은 보정하기 전의 선정당사자로 하여금 일시적으로 소송행위를 하게 할 수 있다(제61조 및 제59조). 선정행위에 하자가 있거나 또는 자격증명이 없는 선정당사자가 한 소송행위일지라도 후에 선정자나 적법한 선정당사자가 이를 추인하거나 또는 자격증명을 한 경우에는 소송행위를 한 때에 소급하여 유효하게 된다(제61조 및 제60조).

선정당사자의 자격이 없음을 간과하고 본안판결을 한 경우에 당사자적격의 흠결과 같이 상소로써 취소할 수 있으나, 재심사유는 되지 않는다. 그 판결은 무효이며 선정자에게 효력이 미치지 않는다.[1] 그런데 판례는 공동의 이해관계가 없는 사람이 선정당사자로 선정되었음에도 법원이 이를 간과하여 그를 당사자로 한 판결이 확정된 경우, 선정자가 스스로 그러한 선정당사자를 선정하였다면 선정자로서 실질적인 소송행위를 할 기회 또는 적법하게 소송에 관여할 기회를 박탈당한 것이 아니므로 대리권 흠결의 재심사유에 해당되지 않으며 그러한 판결은 유효하다고 한다.[2]

---

1) 김홍엽, 951면; 이시윤, 770면.

2) 다수자 사이에 공동소송인이 될 관계에 있기는 하지만 주요한 공격방어방법을 공통으로 하는 것이 아니어서 공동의 이해관계가 없는 자가 선정당사자로 선정되었음에도 법원이 그러한 선정당사자 자격의 흠을 간과하여 그를 당사자로 한 판결이 확정된 경우, 그와 같은 사정이 제451조 제1항 제3호가 정하는 재심사유인 대리권의 흠결에 해당하는지에 관하여 보건대, 위 재심사유에 해당하기 위해서는 무권대리인이 대리인으로서 본인을 위하여 실질적인 소송행위를 하였거나 또는 대리권의 흠으로 인하여 본인이나 그의 소송대리인이 실질적인 소송행위를 할 수 없었던 경우가 아니면 안 된다고 할 것인바, 위와 같은 경우 선정자가 스스로 당해 소송의 공동소송인 중 1인인 선정당사자에게 소송수행권을 수여하는 선정행위를 하였다면 그 선정자로서는 실질적인 소송행위를 할 기회 또는 적법하게 당해 소송에 관여할 기회를 박탈당한 것이 아니므로, 비록 그 선정당사자와의 사이에 공동의 이해관계가 없었다고 하더라도 그러한 사정은 위 재심사유에 해당하지 않는 것으로 봄이 상당하고, 이러한 법리는 그 선정당사자에 대한 판결이 확정된 경우뿐만 아니라 그 선정당사자가 청구를 인낙하여 인낙조서가 확정된 경우에도 마찬가지라 할 것이다(대법원 2007. 7. 12. 선고 2005다10470 판결).

# 제5절 집단소송

## I. 의의

집단소송이란 기업이나 국가 등에 의하여 여러 사람이 피해를 입었을 경우, 피해자 중 1인 또는 일부가 다른 피해자를 대표하여 가해자를 상대로 소송을 제기하고, 판결의 효력이 소송당사자뿐만 아니라 피해자 전원에게 미치도록 하는 제도이다. 집단소송은 소액다수의 피해에 대한 효율적인 소송방식이 될 수 있다. 소액다수의 피해의 경우 사회적 해악이 큼에도 불구하고 소송가액이 크지 않아 소송에 드는 시간이나 노력, 비용 등의 측면에서 개별적인 피해자의 적극적인 소송 제기를 기대하기 힘든 상황이다. 소액다수의 피해자를 대표하여 소송을 제기하고, 그 판결의 효력을 미치게 한다면 효율적인 권리구제수단으로 기능할 수 있을 것이다.

## II. 외국의 입법례

### 1. 대표당사자소송(class action)

미국의 대표당사자소송은 다수의 소비자나 투자자들이 원인이나 쟁점을 공통으로 하는 소액의 손해배상청구권을 갖고 있는 경우에, 그 피해자집단(class) 중에서 대표자가 나서서 피해자집단에 속하는 총원을 위하여 일괄적으로 소를 제기하고 일거에 전체의 권리를 실현시키는 소송형태이다. 대표당사자소송을 허용할 것인지의 여부는 법원이 결정하고, 피해자집단의 구성원(class member)이 제외신청(opt out)을 하지 않으면 판결의 승패를 불문하고 구성원 전원에게 판결의 효력이 미친다. 대표당사자소송에는 대표자가 피해자집단 구성원의 권리를 그 소송에서 일괄 청구하여 배상받아 구성원에게 분배하는 방식과 공통의 쟁점에 대하여 피해자집단 구성원 전원에게 효력이 미치는 판결을 받는데 그치고 이를 바탕으로 구성원 각자가 배상금액을 주장·증명하여 각자 배상청구하는 방식이 있다.

## 2. 단체소송(Verbandsklage)

독일의 단체소송은 미국의 대표당사자소송과 같이 대표당사자 개인이 나서는 것이 아니라, 단체가 나서서 소송을 하는 것이다. 독일의 「금지소송법(UKlaG, Gesetz über Unterlassungsklagen bei Verbraucherrechts und anderen Verstößen)」, 「부정경쟁방지법(UWG, Gesetz Gegen Den Unlauteren Wettbewerb)」 등에서 소비자보호 관련 규정의 위반행위나 부정경쟁행위 등에 대하여 소비자보호단체 또는 영업이익증진단체가 나서서 그 이름으로 소송을 하도록 하고 있다. 무효인 약관의 사용금지소송, 소비자의 집단적 이익(Kollektivinteressen)을 침해하는 소비자보호 관련 규정의 위반행위에 대한 금지소송, 부정경쟁행위에 대한 금지소송의 제기를 허용하고 있다.

# Ⅲ. 우리나라 집단소송

## 1. 증권관련집단소송

### (1) 의의

증권관련집단소송이란 증권[1]의 매매 또는 그 밖의 거래과정에서 여러 사람에게 피해가 발생한 경우 그 중의 1인 또는 여러 사람이 대표당사자가 되어 수행하는 손해배상청구소송을 말한다(증권관련 집단소송법 제2조 제1호). 증권관련집단소송에서는 제외신청을 하지 않은 피해자에게 판결의 효력이 일괄적으로 미친다. 소액투자자들의 집단적 피해에 대한 효율적인 권리구제를 통하여 기업경영의 투명성을 제고하려는데 그 입법취지가 있다.

### (2) 소송허가의 요건

첫째, 증권관련 손해배상청구소송이어야 한다(제3조 제2항).
둘째, 구성원[2]이 50인 이상이고, 청구의 원인이 된 행위 당시를 기준으로 그 구성원이 보유

---

1) 증권이란 「자본시장과 금융투자업에 관한 법률」 제4조에 따른 증권을 말한다(제2조 제6호).
2) 증권의 매매 또는 그 밖의 거래과정에서 다수인에게 피해가 발생한 경우 그 손해의 보전에 관하여 공통의 이해관계를 가지는 피해자 전원을 총원이라고 하는데(제2조 제2호), 구성원이란 총원을 구성하는 각각의 피해자를 말한다(제2조 제3호).

하고 있는 증권의 합계가 피고 회사의 발행증권 총수의 1만분의 1 이상이어야 한다. 또한 법률상 또는 사실상의 중요한 쟁점이 모든 구성원에게 공통되어야 하고, 소송이 총원의 권리실현이나 이익보호에 적합하며 효율적인 수단이어야 한다. 그리고 소송허가신청서의 기재사항 및 첨부서류에 하자가 없어야 한다(제12조 제1항).

셋째, 대표당사자[1]는 피해집단의 구성원이어야 하고, 소송으로 얻을 수 있는 경제적 이익이 가장 큰 사람 등 총원의 이익을 공정하고 적절하게 대표할 수 있는 사람이어야 한다(제11조 제1항 및 제2항). 소송대리인도 총원의 이익을 공정하고 적절하게 대리할 수 있는 자이어야 한다(동조 제2항). 그러나 최근 3년간 3건 이상의 증권관련집단소송에 대표당사자 또는 대표당사자의 소송대리인으로 관여하였던 사람은 대표당사자 또는 소송대리인이 될 수 없는 것이 원칙이다(동조 제3항).

### (3) 소송허가의 절차

대표당사자가 되기 위하여 증권관련집단소송을 제기하는 사람은 소장과 소송허가신청서를 법원에 제출하여야 한다(제7조 제1항). 증권관련집단소송은 피고의 보통재판적 소재지를 관할하는 지방법원 본원 합의부의 전속관할로 한다(제4조).

법원은 소장 및 소송허가신청서가 접수되면 증권관련집단소송이 제기되었다는 사실 등을 공고하고, 소를 제기하는 사람과 신청서를 제출한 구성원 중에서 총원의 이익을 대표하기에 가장 적합한 사람을 결정으로 대표당사자로 선임한다(제10조 제1항 내지 제4항). 대표당사자는 소송허가신청의 이유를 소명하여야 하고(제13조 제1항), 법원은 소를 제기하는 사람과 피고를 심문한다(제2항).

법원은 결정으로 증권관련집단소송을 허가한다(제15조 제1항). 증권관련집단소송의 불허가결정에 대하여 대표당사자는 즉시항고할 수 있다(제17조 제1항). 불허가결정이 확정된 때에는 증권관련집단소송이 제기되지 않은 것으로 본다(제2항). 법원은 소송허가결정이 확정되면 지체 없이 대표당사자와 그 법정대리인, 원고 소송대리인, 피고의 인적 사항, 총원의 범위, 제외신고의 기간과 방법 등을 구성원에게 고지하여야 하고(제18조 제1항 및 제2항), 그 고지 내용을 전국을 보급지역으로 하는 일간신문에 게재하여야 한다(제3항).

---

[1] 대표당사자란 법원의 허가를 받아 총원을 위하여 증권관련집단소송 절차를 수행하는 1인 또는 수인의 구성원을 말한다(제2조 제4호).

## (4) 소송절차의 특례

증권관련집단소송은 피고의 보통재판적 소재지 지방법원 본원 합의부의 전속관할이다(전속관할, 제4조). 변호사강제주의가 채택되어 있다. 즉, 증권관련집단소송의 원고와 피고는 변호사를 소송대리인으로 선임하여야 한다(변호사강제주의, 제5조 제1항). 증권관련집단소송의 경우 소의 제기, 소의 취하, 소송상 화해, 청구의 포기, 상소의 취하 또는 상소권의 포기는 법원의 허가를 받지 않으면 그 효력이 없다(처분권의 제한, 제35조 제1항 및 제38조 제1항). 증권관련집단소송에 관하여는 쌍불취하에 관한 민사소송법 제268조가 적용되지 않는다(쌍불취하의 적용배제, 제35조 제4항).

법원은 필요하다고 인정할 때에는 직권으로 증거조사를 할 수 있고(제30조), 소송과 관련 있는 문서를 가지고 있는 사람에게 그 문서의 제출을 명하거나 송부를 촉탁할 수 있으며(제32조), 구성원과 대표당사자를 신문할 수 있다(직권증거조사, 제31조). 법원은 증거보전의 필요성이 없는 경우에도 필요한 경우 당사자의 신청에 의하여 증거조사를 할 수 있다(증거보전의 특례, 제33조).

법원은 증거조사를 통하여도 정확한 손해액을 산정하기 곤란한 경우에는 여러 사정을 고려하여 표본적·평균적·통계적 방법 또는 그 밖의 합리적인 방법으로 손해액을 정할 수 있다(손해배상액 산정의 특례, 제34조 제2항). 법원은 금전지급의 판결을 선고할 때에는 여러 사정을 고려하여 지급의 유예, 분할지급 또는 그 밖의 적절한 방법에 의한 지급을 허락할 수 있고(제36조 제2항), 확정판결은 제외신고를 하지 않은 구성원에 대하여도 그 효력이 미친다(판결에 관한 특례, 제37조).

## (5) 소송의 심판

대표당사자는 피해집단의 구성원, 즉 총원의 대리인이 아니라 소송당사자이다. 따라서 소송에 관한 일체의 소송행위를 할 수 있음이 원칙이다. 다만, 소송의 제기, 소의 취하 등 소송종료행위는 법원의 허가를 얻어야 한다. 대표당사자가 여러 사람인 경우에는 총원의 소송수행권을 합유하는 관계이므로 고유필수적 공동소송이 된다.

대표당사자 전원이 사망하거나 사임 또는 소송수행금지결정이 된 경우에는 소송절차가 중단되고(제24조 제1항), 새로 대표당사자가 되고자 하는 구성원이 법원의 허가를 얻어 소송절차를 수계한다(제2항). 소송절차의 중단 후 1년 이내에 수계신청이 없는 때에는 소가 취하된 것으로 간주한다(제3항).

피해집단의 구성원은 당사자는 아니지만 제3자의 소송담당에서의 권리귀속주체에 해당된다. 제외신고기간 내에 서면으로 법원에 제외신고를 하지 않은 구성원은 확정판결의 기판력을 받는다. 대표당사자는 승소판결을 받은 경우 패소한 법인이 임의이행하지 않으면 지체 없이 강제집행에 의하여 그 권리를 실행하여야 한다. 분배절차에는 민사집행법과 다른 특례가 인정되고 있다. 분배법원은 집행법원이 아니라 제1심 수소법원의 전속관할이다(제39조). 권리실행으로 얻은 금전은 모든 구성원이 아니라 권리신고기간 내에 권리신고를 하여 권리확인을 받은 구성원에게만 분배된다(제49조).

## 2. 소비자단체소송

### (1) 의의

소비자단체소송이란 사업자가 소비자기본법 제20조에서 정한 소비자의 권익관련기준을 위반하여 소비자의 생명·신체 또는 재산에 대한 권익을 직접적으로 침해하고 그 침해가 계속되는 경우 법정된 소비자단체가 법원에 소비자권익침해행위의 금지·중지를 구하는 소송을 말한다(소비자기본법 제70조). 법정된 단체가 일정한 행위의 부작위를 구하는 소송이라는 점에서 대표당사자 개인이 손해배상을 구하는 증권관련집단소송과 구별된다.

### (2) 원고적격

소비자단체소송을 제기할 원고적격이 인정되는 단체는 다음과 같다.

첫째, 공정거래위원회에 등록한 소비자단체로서 정회원수가 1천명 이상이고, 정관에 따라 상시적으로 소비자의 권익증진을 주된 목적으로 하는 단체이며, 등록 후 3년이 경과한 단체(제70조 제1호)

둘째, 대한상공회의소, 중소기업협동조합중앙회 및 전국 단위의 경제단체(동조 2호)

셋째, 법률상 또는 사실상 동일한 침해를 입은 50인 이상의 소비자로부터 단체소송의 제기를 요청받은 「비영리민간단체 지원법」 소정의 비영리민간단체로서, 단체의 상시 구성원수가 5천명 이상이고, 중앙행정기관에 등록되어 있으며, 정관에 소비자의 권익증진을 단체의 목적으로 명시한 후 최근 3년 이상 이를 위한 활동실적이 있는 단체(동조 제3호)

### (3) 절차와 심판

단체소송은 피고의 주된 사무소 또는 영업소가 있는 곳, 주된 사무소나 영업소가 없는 경우에는 주된 업무담당자의 주소가 있는 곳의 지방법원 본원 합의부의 전속관할이다(전속관할, 제71조 제1항).[1] 단체소송의 원고는 변호사를 소송대리인으로 선임하여야 한다(변호사강제주의, 제72조).

---

[1] 외국사업자의 경우에는 대한민국에 있는 주된 사무소·영업소 또는 업무담당자의 주소에 의한다(제71조 제2항).

단체소송을 제기하고자 하는 단체는 소장과 함께 원고 및 그 소송대리인, 피고, 금지·중지를 구하는 사업자의 소비자권익 침해행위의 범위 등을 기재한 소송허가신청서를 법원에 제출하여 법원의 허가를 받아야 한다(제73조 제1항). 법원은 다수 소비자의 권익보호 및 피해예방을 위한 공익상의 필요가 있고, 소제기단체가 사업자에게 소비자권익 침해행위를 금지·중지할 것을 서면으로 요청한 후 14일이 경과하였으며, 소송허가신청서의 기재사항에 흠결이 없는 경우에 결정으로 단체소송을 허가한다(소송허가, 제74조 제1항).

원고의 청구를 기각하는 판결이 확정된 경우 이와 동일한 사안에 관하여 다른 단체가 단체소송을 제기할 수 없다. 다만, 판결이 확정된 후 그 사안과 관련하여 국가 또는 지방자치단체가 설립한 기관에 의하여 새로운 연구결과나 증거가 나타난 경우, 기각판결이 원고의 고의로 인한 것임이 밝혀진 경우에는 예외로 한다(청구기각판결의 대세효, 제75조).

## 3. 개인정보 단체소송

### (1) 의의

개인정보 단체소송이란 개인정보처리자가 개인정보보호법 제49조에 따른 집단분쟁조정을 거부하거나 집단분쟁조정의 결과를 수락하지 않는 경우에는 법정된 단체가 법원에 개인정보에 관한 권리침해행위의 금지·중지를 구하는 소송을 말한다(개인정보보호법 제51조). 법정된 단체가 일정한 행위의 부작위를 구하는 소송이라는 점에서 소비자단체소송과 유사하고 증권관련집단소송과 구별된다.

### (2) 원고적격

개인정보 단체소송을 제기할 원고적격이 인정되는 단체는 다음과 같다.

첫째, 공정거래위원회에 등록한 소비자단체로서 정회원수가 1천명 이상이고, 정관에 따라 상시적으로 소비자의 권익증진을 주된 목적으로 하는 단체이며, 등록 후 3년이 경과한 단체(제51조 제1호)

둘째, 법률상 또는 사실상 동일한 침해를 입은 100인 이상의 정보주체로부터 단체소송의 제기를 요청받은 「비영리민간단체 지원법」 소정의 비영리민간단체로서, 단체의 상시 구성원수가 5천명 이상이고, 중앙행정기관에 등록되어 있으며, 정관에 개인정보 보호를 단체의 목적으로 명시한 후 최근 3년 이상 이를 위한 활동실적이 있는 단체(동조 제2호)

## (3) 절차와 심판

단체소송은 피고의 주된 사무소 또는 영업소가 있는 곳, 주된 사무소나 영업소가 없는 경우에는 주된 업무담당자의 주소가 있는 곳의 지방법원 본원 합의부의 전속관할이다(전속관할, 제52조 제1항).[1] 단체소송의 원고는 변호사를 소송대리인으로 선임하여야 한다(변호사강제주의, 제53조).

단체소송을 제기하고자 하는 단체는 소장과 함께 원고 및 그 소송대리인, 피고, 정보주체의 침해된 권리의 내용 등을 기재한 소송허가신청서를 법원에 제출하여 법원의 허가를 받아야 한다(제54조 제1항). 법원은 개인정보처리자가 분쟁조정위원회의 조정을 거부하거나 조정결과를 수락하지 않았고, 소송허가신청서의 기재사항에 흠결이 없는 경우에 결정으로 단체소송을 허가한다(소송허가, 제55조 제1항).

원고의 청구를 기각하는 판결이 확정된 경우 이와 동일한 사안에 관하여 다른 단체가 단체소송을 제기할 수 없다. 다만, 판결이 확정된 후 그 사안과 관련하여 국가·지방자치단체 또는 국가·지방자치단체가 설립한 기관에 의하여 새로운 연구결과나 증거가 나타난 경우, 기각판결이 원고의 고의로 인한 것임이 밝혀진 경우에는 예외로 한다(청구기각판결의 대세효, 제56조).

---

1) 외국사업자의 경우에는 대한민국에 있는 주된 사무소·영업소 또는 업무담당자의 주소에 의한다(제52조 제2항).

# 05

# 상소와 재심, 특별절차

# 05
# 상소와 재심, 특별절차

## 제1절 상소

## I. 개관

### 1. 의의

#### (1) 상소의 개념 및 종류

상소란 재판의 확정 전에 상급법원에 대하여 원심재판의 취소·변경을 구하는 불복신청을 말한다. 상소에는 항소, 상고, 항고의 세 가지가 있다. 이 중에서 항소와 상고는 판결에 대한 불복신청이고, 항고는 결정·명령에 대한 불복신청이다. 항소는 제1심판결에 대한 불복신청이고, 상고는 항소심판결에 대하여 상고심에 하는 불복신청이다.

항고에는 통상항고, 즉시항고, 재항고가 있다. 통상항고는 항고제기의 기간에 제한이 없고, 항고의 이익이 있는 한 언제나 제기할 수 있다. 그러나 즉시항고는 1주일의 불변기간 내에 제기할 것이 요구되고, 그 제기에 의하여 집행정지의 효력이 생긴다. 통상항고가 원칙이며, 즉시항고는 법률에 즉시항고를 할 수 있다는 명문의 규정이 있는 경우에 한하여 예외적으로 허용된다. 재항고는 항고법원의 결정과 고등법원 또는 항소심법원의 결정·명령에 대하여 대법원에 하는 항고이다.

## (2) 불복신청방법의 선택

당사자는 상소를 할 때 원재판의 종류에 맞는 불복신청방법을 선택하여야 한다. 그 선택을 잘못한 상소는 부적법하다. 다만, 판례는 불복신청서의 표제에 관계없이 신청취지를 선해(善解)하여 가급적 적법한 것으로 취급하고 있다. 예를 들어, 통상항고를 하여야 하는데 특별항고장이라는 제목의 서면을 제출하였더라도 통상항고를 제기한 것으로 보고 있으며, 추완항소라는 취지의 문언을 기재하지 않았더라도 증거에 의하여 추완사유가 인정된다면 추완항소로 볼 것이라고 한다.[1]

그런데 형식에 어긋난 재판을 한 경우, 즉 판결로 재판하여야 할 것을 결정으로 하였다거나 반대로 결정으로 할 것을 판결로 한 경우에 당사자로서 어떠한 불복신청방법을 선택하여야 하는지 문제된다. 이 경우 법원의 잘못으로 당사자에게 소송상 불이익을 주는 것은 부당하므로 재판의 현재 형식에 따른 상소이든 재판의 본래 하여야 할 형식에 따른 상소이든 어느 것을 선택하여도 적법한 상소로 보아야 할 것이다(선택설). 민사소송법에서도 "결정이나 명령으로 재판할 수 없는 사항에 대하여 결정 또는 명령을 한 때에는 항고할 수 있다."고 규정하여 선택설을 따르고 있다(제440조). 다만, 선택설을 취하더라도 불복할 수 없는 재판을 불복할 수 있는 재판의 형식으로 판단하였다고 하여 불복이 허용될 수는 없다.

## (3) 상소심의 구조

상소심의 구조는 '복심(覆審)'과 '사후심(事後審)'으로 구분되고, 그 중간형태로서 '속심(續審)'이 있다. 복심은 원심(原審)과 별도로 재판자료를 수집하여 이를 기초로 다시 한 번 재판을 반복하는 구조이고, 사후심은 원심에서 제출된 재판자료만을 기초로 원심판결의 당부를 재심사하는 구조를 말한다. 그 절충적인 형태인 속심은 원심에서 수집한 재판자료뿐만 아니라 여기에 새로운 재판자료를 보태어 심리를 속행하고, 원심판결의 당부를 재심사하는 구조이다.

항소심은 사실심으로 제1심 재판자료를 기초로 다시 새로이 수집한 자료를 보태어 제1심판결의 당부를 판단한다. 이와 같이 항소심은 제1심 재판자료에 다시 새로운 자료를 보태어 사건

---

[1] 피고경정신청을 기각하는 결정에 불복이 있는 경우에는 통상항고를 제기하여야 하는 것이고, 따라서 비록 원심법원에 제출한 서면의 제목이 '특별항고장'이고, 그 끝부분에 '대법원 귀중'이라고 기재되어 있다고 하더라도, 이는 통상항고를 제기한 것으로 보아야 할 것이다(대법원 1997. 3. 3. 자 97으1 결정); 강제집행절차상의 원심법원의 항고장각하결정에 대한 불복방법인 즉시항고는 성질상 최초의 항고라고 할 것이다. 항고인이 비록 위 각하결정에 대하여 불복하면서 제출한 서면에 '재항고장'이라고 기재하였다고 하더라도 이는 즉시항고로 보아야 할 것이다(대법원 1995. 1. 20. 자 94마1961 전원합의체 결정); 당사자가 항소를 제기하면서 추완항소라는 취지의 문언을 기재하지 아니하였다고 하더라도 증거에 의하여 그 항소기간의 도과가 그의 책임질 수 없는 사유에 기인한 것으로 인정되는 이상 그 항소는 처음부터 소송행위의 추완에 의하여 제기된 항소라고 보아야 한다(대법원 1980. 10. 14. 선고 80다1795 판결).

의 심리를 한다는 점에서 복심적인 성격을 갖고 있으며, 제1심판결의 당부를 심사한다는 점에서는 사후심적 성격을 갖고 있다. 그리하여 항소심은 복심과 사후심의 절충적인 형태인 속심적 구조라고 할 수 있다. 그러나 상고심은 법률심으로 새로운 사실을 주장하거나 새로운 증거를 제출하여 다툴 수 없으며, 원심판결의 당부를 법률적인 측면에서만 심판한다. 따라서 상고심은 비교적 순수한 사후심적 구조를 갖고 있다.

## 2. 상소요건

상소가 적법한 것으로 취급되어 본안심판을 받기 위한 요건을 상소요건이라고 한다. 그리하여 상소요건을 갖춘 적법한 상소에 대하여만 본안심리를 한다. 상소요건에는 적극적 요건으로 상소의 대상적격, 방식에 맞는 상소제기, 상소기간의 준수, 상소의 이익 등이 있고, 소극적 요건으로는 상소권의 포기나 불상소의 합의가 없을 것 등이 있다.

### (1) 상소의 대상적격

상소의 대상은 종국재판이어야 한다. 중간적 재판[1]이나 소송비용재판,[2] 가집행선고[3]는 독립하여 상소의 대상이 되지 못하고 종국적 재판과 함께 상소심에서 재판을 받을 수 있을 뿐이다(제391조). 판례는 항소심의 환송판결도 사건에 대한 심판을 마치고 그 심급을 이탈시키는 판결이라는 점에서 중간판결이 아니라 종국판결에 해당되고, 따라서 상고의 대상이 된다고 한다.[4] 무효인 재판은 상소의 대상이 될 수 없는 것이 원칙이나, 무효인 재판으로 생긴 외관으로 인하여 집행을 당할 염려가 있는 경우에는 이를 제거하기 위한 상소는 예외적으로 허용된다고 할 것이다.[5]

판결은 선고후에야 상소의 대상이 된다. 따라서 선고 전의 판결은 상소의 대상이 되지 못한다. 그러나 판결 선고 후에는 송달 전이더라도 상소할 수 있다.[6] 그런데 결정·명령은 원본이

---

1) 소송인수를 명하는 결정은 승계인의 적격을 인정하여 이를 당사자로서 취급하는 취지의 중간적 재판이므로 이에 불복이 있으면 본안에 대한 판결과 함께 상소할 수 있을 뿐이고, 승계인이 위 결정에 대하여 독립하여 불복할 수 없으므로, 고등법원의 위 결정에 대한 재항고는 부적법하다(대법원 1981. 10. 29. 자 81마357 결정).
2) 대법원 1998. 11. 10. 선고 98다42141 판결.
3) 대법원 1981. 10. 24. 선고 80다2846 판결.
4) 대법원 1981. 9. 8. 선고 80다3271 전원합의체 판결.
5) 대법원 2002. 4. 26. 선고 2000다30578 판결.
6) 제1심 판결정본이 적법하게 송달된 바 없으면 그 판결에 대한 항소기간은 진행되지 아니하므로 그 판결은 형식적으로도 확정되었다고 볼 수 없고, 따라서 소송행위 추완의 문제는 나올 수 없으며 그 판결에 대한 항소는 제1심 판결정본 송달 전에 제기된 것으로서 적법하다(대법원 1997. 5. 30. 선고 97다10345 판결).

법원사무관 등에게 교부되었을 때 성립되고, 이와 같이 결정·명령이 성립하면 그것이 고지되어 효력이 발생하기 전이라도 항고의 대상이 된다.[1] 판결의 경정이나 재판의 누락 등 상소 아닌 다른 불복방법이 있을 경우에는 상소의 대상이 되지 않는다.

항소의 대상은 제1심법원의 종국판결이고, 상고의 대상은 항소심법원의 종국판결이다. 그러나 제1심법원의 종국판결이라고 하더라도 당사자 사이에 비약상고의 합의가 있는 경우에는 항소가 아니라 상고의 대상이 된다(제422조 제2항). 비약상고의 합의는 상고할 권리를 유보하고 항소하지 않기로 하는 합의로서 불항소합의라고도 한다(제390조 제1항 단서). 사건의 사실관계에 관하여는 다툼이 없고 법률문제에 대하여 신속하게 상고심의 판단을 받고자 하는 경우에 이용된다. 비약상고의 합의는 제1심 종국판결 선고 후에만 할 수 있고(제390조 제1항 단서), 일정한 법률관계로 말미암은 소에 관하여 서면으로 하여야 한다(동조 제2항 및 제29조 제2항).

## (2) 방식에 맞는 상소제기

상소제기가 방식에 맞아야 한다. 상소장이라는 서면에 의하여야 하고, 상소심에 맞는 인지대를 납부하여야 하며, 상소장을 원심법원에 제출하여야 한다(제397조 제1항, 제425조). 상소장에는 당사자와 법정대리인, 원심재판의 표시, 원심재판에 대한 상소의 취지 등이 기재되어야 한다(제397조 제2항, 제425조). 불복신청의 범위나 상소이유는 상소장에 기재하지 않아도 무방하다. 다만, 상고에서는 상고장에 상고이유를 기재하지 않은 경우에 일정기간 내에 상고이유서를 제출하지 않으면 상고기각판결을 받게 된다(제427조, 제429조).

---

1) 판결과 달리 선고가 필요하지 않은 결정이나 명령과 같은 재판은 원본이 법원사무관 등에게 교부되었을 때 성립한 것으로 보아야 하고, 일단 성립한 결정은 취소 또는 변경을 허용하는 별도의 규정이 있는 등의 특별한 사정이 없는 한 결정법원이라도 이를 취소·변경할 수 없다. 또한 결정법원은 즉시항고가 제기되었는지 여부와 관계없이 일단 성립한 결정을 당사자에게 고지하여야 하고 고지는 상당한 방법으로 가능하며, 재판기록이 항고심으로 송부된 이후에는 항고심에서의 고지도 가능하므로 결정의 고지에 의한 효력발생이 당연히 예정되어 있다. 일단 결정이 성립하면 당사자가 법원으로부터 결정서를 송달받는 등의 방법으로 결정을 직접 고지받지 못한 경우라도 결정을 고지받은 다른 당사자로부터 전해 듣거나 기타 방법에 의하여 결론을 아는 것이 가능하여 본인에 대해 결정이 고지되기 전에 불복 여부를 결정할 수 있다. 그럼에도 이미 성립한 결정에 불복하여 제기한 즉시항고가 항고인에 대한 결정의 고지 전에 이루어졌다는 이유만으로 부적법하다고 한다면, 항고인에게 결정의 고지 후에 동일한 즉시항고를 다시 제기하도록 하는 부담을 지우는 것이 될 뿐만 아니라 이미 즉시항고를 한 당사자는 그 후 법원으로부터 결정서를 송달받아도 다시 항고할 필요가 없다고 생각하는 것이 통상의 경우이므로 다시 즉시항고를 제기하여야 한다는 것을 알게 되는 시점에서는 이미 즉시항고기간이 경과하여 회복할 수 없는 불이익을 입게 된다. 이와 같은 사정을 종합적으로 고려하면, 이미 성립한 결정에 대하여는 결정이 고지되어 효력을 발생하기 전에도 결정에 불복하여 항고할 수 있다(대법원 2014. 10. 8. 자 2014마667 전원합의체 결정).

## (3) 상소기간의 준수

상소기간을 준수하여야 한다. 상소기간은 항소와 상고는 판결정본을 송달받은 날로부터 2주 이내이다(제396조, 제425조). 판결정본이 적법하게 송달되지 않았다면 상소기간은 진행되지 않는다.[1] 즉시항고와 특별항고는 재판의 고지가 있은 날로부터 1주 이내에 제기하여야 하고(제444조, 제449조 제2항), 통상항고는 재판의 취소를 구할 이익이 있는 한 언제라도 제기할 수 있다.

## (4) 상소권의 포기

당사자는 상소권을 포기할 수 있다(제394조, 제425조). 상소권의 포기는 상소권자가 불리한 판결에 대하여 상소할 권리를 포기하는 단독행위로서,[2] 상소권을 포기함에는 상대방의 동의를 요하지 않는다. 상소권의 포기는 상소를 하기 이전에는 원심법원에, 상소를 한 후에는 소송기록이 있는 법원에 서면으로 하여야 한다(제395조 제1항). 상소를 한 후의 상소권의 포기는 상소취하의 효력도 가진다(동조 제3항). 상소권을 포기한 당사자가 상소를 제기하면 법원은 직권으로 상소를 각하하여야 한다.[3]

판결의 효력이 제3자에게 미치는 대세효가 있는 소송에서는 상소권의 포기가 허용되지 않는다. 제3자의 공동소송참가의 기회를 박탈하기 때문이다. 필수적 공동소송, 독립당사자참가, 예비적·선택적 공동소송에서는 어느 한 사람의 또는 어느 한 사람에 대한 포기가 허용되지 않는다. 증권관련집단소송에서 상소권의 포기에는 법원의 허가를 필요로 한다(증권관련 집단소송법 제38조).

상소권은 판결의 선고에 의하여 구체적으로 발생하는 것이므로 판결선고 전에 포기할 수는 없다. 그러나 판결선고 전에 소송 외에서 당사자 사이에 상소권포기계약을 맺을 수 있다. 상소권 포기계약이 있음에도 상소가 제기된 경우에는 피상소인이 상소권포기계약의 존재를 주장·입증

---

1) 원고가 피고의 주소를 허위로 기재하여 소를 제기함으로써 그 허위주소로 그 판결정본이 송달된 것으로 처리되었다면, 제1심판결정본은 피고에게 적법하게 송달되었다고 할 수 없으므로 그 판결에 대한 항소기간은 진행을 개시하지 아니한다 할 것이어서 그 판결은 형식적으로 확정되었다고 할 수 없다(대법원 1994. 12. 22. 선고 94다45449 판결).

2) 항소권의 포기는 불이익한 판결에 대하여 그 심사변경을 구할 이익이 있는 항소권자가 법원에 대하여 서면으로 그 권리를 포기하는 의사를 표시하는 단독행위이다(대법원 1987. 6. 23. 선고 86다카2728 판결).

3) 재항고인이 항고권포기서가 부동산임의경매신청사건의 취하로 무효로 되었다고 채권자에게 통고하였음을 인정할 수 있다 할 것이니 원심으로서는 이의 진부를 따져 위 항고권포기서의 유효·무효를 가려 판단하였어야 할 것임에도 불구하고 원심은 이에 이르지 않고 재항고인의 주장을 인정할 자료 없다고 하여 배척하였음은 직권조사사항에 대한 심리미진의 위법이 있다(대법원 1969. 3. 8. 자 68마1622 결정).

하면 법원은 상소를 부적법각하하여야 한다. 상소권의 포기 여부는 법원의 직권조사사항이지만, 상소권포기계약의 존재는 항변사항이다. 상소권포기계약을 하였더라도 상소권포기서를 법원에 제출하기 전에 포기계약을 해제하기로 합의하고 상소를 제기하였다면 그 상소는 적법하다.[1]

### (5) 불상소의 합의

불상소의 합의는 상소를 하지 않기로 하는 소송법상 합의이다. 불상소의 합의는 제1심에 한정하여 사건을 끝내려는 쌍방 당사자의 합의로서, 상고할 권리는 유보하되 항소만 하지 않기로 하는 불항소의 합의, 즉 비약상고의 합의와는 구별된다(제390조 제1항 단서).

불상소의 합의는 구체적인 일정한 법률관계에 기인한 소송에 관하여 서면으로 하여야 한다(제390조 제2항 및 제29조 제2항).[2] 서면의 문언상 당사자 쌍방이 상소를 하지 않는다는 취지가 명백하게 표현되어 있어야 하고,[3] 당사자 일방만이 상소를 하지 않기로 하는 합의는 공평에 어긋난 것으로 효력이 없다.[4] 당사자 일방만이 상소를 하지 않기로 하는 합의는 경우에 따라 상

---

1) 항소포기의 의사를 표시하는 서면이 법원에 제출되기 전에 항소포기의 약정을 해제하기로 다시 합의하고 항소를 제기하였다면 그 합의해제의 효력에 따라 위 항소는 적법하다(대법원 1987. 6. 23. 선고 86다카2728 판결).
2) 제390조 제2항에서 불항소합의에 대하여 관할에 관한 제29조 제2항의 규정을 준용하도록 규정하고 있으나, 불상소합의는 불항소합의에 비하여 당사자의 소송상 권리를 훨씬 더 제한하는 것이라는 점에서 불상소합의에 대하여도 관할에 관한 제29조 제2항이 준용된다고 해석함이 타당하다.
3) 구체적인 사건의 소송계속 중 그 소송당사자 쌍방이 판결 선고 전에 미리 상소하지 아니하기로 합의하였다면 그 판결은 선고와 동시에 확정되는 것이므로, 이러한 합의는 소송당사자에 대하여 상소권의 사전포기와 같은 중대한 소송법상의 효과가 발생하게 되는 것으로서 반드시 서면에 의하여야 할 것이며, 그 서면의 문언에 의하여 당사자 쌍방이 상소를 하지 아니한다는 취지가 명백하게 표현되어 있을 것을 요한다. 당사자 쌍방이 작성한 서면에 위와 같은 불상소합의가 포함되어 있는가 여부의 해석을 둘러싸고 이견이 있는 경우, 이러한 불상소합의와 같은 소송행위의 해석은 일반 실체법상의 법률행위와는 달리 내심의 의사가 아닌 철저한 표시주의와 외관주의에 따라 그 표시를 기준으로 하여야 하고, 표시된 내용과 저촉되거나 모순되어서는 아니 된다. 표시된 문언의 내용이 불분명하여 당사자의 의사해석에 관한 주장이 대립할 소지가 있고 나아가 당사자의 의사를 참작한 객관적·합리적 의사해석과 외부로 표시된 행위에 의하여 추단되는 당사자의 의사조차도 불분명하다면, 가급적 소극적 입장에서 그러한 합의의 존재를 부정할 수밖에 없다(대법원 2007. 11. 29. 선고 2007다52317 판결).
4) 구체적인 어느 특정법률관계에 관하여 당사자 쌍방이 제1심 판결선고 전에 미리 항소하지 아니하기로 합의하였다면, 제1심판결은 선고와 동시에 확정되는 것이므로, 그 판결선고 후에는 당사자의 합의에 의하더라도 그 불항소합의를 해제하고 소송계속을 부활시킬 수 없다 할 것이나, 불항소의 합의는 심급제도의 이용을 배제하여 간이·신속하게 분쟁을 해결하고자 하는 당사자의 의사를 존중하여 인정되는 제도이므로, 당사자의 일방만이 항소를 하지 아니하기로 약정하는 합의는 공평에 어긋나 불항소합의로서의 효력이 없다. 그런데 원피고 사이의 합의는 제1심법원에서 피고 패소판결이 선고되면, 피고가 이에 대하여 항소를 제기하지 않겠다는 내용으로만 되어 있어, 위 불항소합의로서 효력이 없을 뿐만 아니라 가사 위 합의를 항소포기의 약정으로 본다 하더라도 항소권의 포기는 불이익한 판결에 대하여 그 심사·변경을 구할 이익이 있는 항소권자가 법원에 대하여 서면으로 그 권리를 포기하는 의사를 표시하는 단독행위이므로, 항소포기의 의사를 표시하는 서면이 법원에 제출되기 전에 그 약정을 해제하기로 다시 합의하고 항소를 제기하였다면 굳이 그 합의해제의 효력을 부인할 이유는 없을 것

소권포기계약에 해당될 수 있다.

불상소의 합의는 판결선고 전이라도 할 수 있고, 오히려 그것이 일반적이다. 불상소의 합의가 판결선고 전에 있으면 소송은 판결선고와 동시에 확정되고, 판결선고 후에 있으면 그 성립과 동시에 판결을 확정시킨다. 판례는 불상소합의의 존부는 상소요건으로서 법원의 직권조사사항이라고 한다.[1]

## (6) 상소의 이익

상소의 이익은 재판에 대하여 상소를 제기할 수 있는 이익을 말한다. 상소의 이익은 소의 이익의 특수한 형태로서 무익한 상소권의 행사를 억제하기 위한 개념이다.

### 1) 상소이익의 기준

상소인은 자기에게 불이익한 재판에 대하여 상소를 제기할 수 있다. 어떠한 경우에 상소의 이익을 인정할 것인지 견해의 대립이 있다.

① **형식적 불복설**: 당사자의 신청과 그 신청에 대한 판결의 주문을 형식적으로 비교하여, 판결주문이 당사자의 신청보다 양적으로나 질적으로 불리한 경우에는 상소의 이익을 인정하는 견해이다. 소장의 청구취지(원고의 경우) 또는 답변서의 청구취지에 대한 답변(피고의 경우)을 판결주문과 형식적으로 비교한다. 그리하여 전부승소한 사람은 상소의 이익이 없다고 한다.

② **실질적 불복설**: 상소심에서 원심보다 실체법상 유리한 판결을 받을 가능성이 있으면 상소의 이익을 인정하는 견해이다. 그리하여 전부승소한 사람도 유리한 판결을 구하기 위하여 상소를 제기할 수 있다고 한다.

③ **신실질적 불복설**: 원판결이 그대로 확정되면 판결의 효력에 의하여 불이익을 입게 되는 경우에는 상소의 이익을 인정하자는 견해이다. 여기서 판결의 효력은 기판력은 물론 반사효, 쟁점효 등 판결의 부수적 효력까지 포함한 의미라고 한다. 그리하여 전부승소한 사람도 불이익한 판결의 효력을 배제하기 위하여 상소를 제기할 수 있다고 한다.

---

이다(대법원 1987. 6. 23. 선고 86다카2728 판결).

[1] 불항소합의의 유무는 항소의 적법요건에 관한 것으로서 법원의 직권조사사항이다(대법원 1980. 1. 29. 선고 79다2066 판결). 판례는 종종 불상소합의와 불항소합의를 엄밀히 구별하지 않은 채 뒤섞어 사용하고 있다. 위 86다카2728 판결에서도 제1심 판결선고 전에 미리 불항소합의를 하면 제1심판결은 선고와 동시에 확정된다고 하여 불상소합의라고 할 것을 불항소합의라고 표현하고 있다.

③ **판례:** 당사자는 자기에게 불이익한 재판에 대하여 상소를 제기할 수 있고, 재판이 상소인에게 불이익한 것인지 여부는 재판의 주문을 표준으로 하여 판단하여야 하며, 전부 승소한 사람은 상소가 허용되지 않는 것이 원칙이라고 하여 형식적 불복설에 의하고 있다.[1]

④ **결론:** 실질적 불복설에 의하면 상소를 인정하는 범위가 지나치게 넓어질 우려가 있고, 그 명확성도 결여되어 있어 받아들이기 어렵다. 신실질적 불복설은 판결이유에서 판단한 쟁점에 대하여도 기판력을 인정하여야 한다는 쟁점효이론에 기초한 견해이다. 우리 법제상 판결의 반사료나 쟁점효를 인정하기 어렵다는 점에서 이 견해도 받아들이기 곤란하다. 상소인정범위의 명확성이라는 점에서 형식적 불복설에 의하는 것이 타당하다. 다만, 판결의 기판력에 의하여 별소의 제기가 어려운 경우에는 예외적으로 실질적 불복설에 의할 수 있을 것이다.

## 2) 구체적인 경우

① **판결이유 중의 판단에 불만이 있는 경우:** 상소의 이익 여부는 판결주문에 의하여 판단하여야 하므로, 승소한 당사자는 판결이유 중의 판단에 불만이 있어도 상소의 이익이 인정되지 않는다. 기판력은 주문의 판단에 대해서만 생기기 때문에 어떠한 이유로 승소하여도 승소의 법률효과에는 차이가 없기 때문이다. 그러나 상계항변은 판결이유 중에서 판단되지만 기판력이 인정되고, 상계항변에 의하여 승소한 피고는 원고의 소구채권의 부존재를 이유로 승소한 것보다도 결과적으로 불이익이 되기 때문에 상소의 이익이 인정된다.

② **기판력을 차단할 필요가 있는 경우:** 전부승소한 당사자는 상소의 이익이 없다. 따라서 전부승소한 원고가 청구의 변경 또는 청구취지의 확장을 위하여 상소하거나 또는 전부승소한 피고가 반소를 제기하기 위하여 상소하는 것은 허용되지 않는다. 그러나 예외적으로 전부승소한 당사자라도 기판력에 의하여 별도의 소송을 제기할 수 없는 경우에는 상소의 이익을 인정할 수 있다. 예를 들어, 가분채권에 대한 이행청구소송을 제기하면서 일부청구임을 명시하지 않은 경우, 그 확정판결의 기판력이 나머지 부분에까지 미쳐 별

---

[1] 상소는 자기에게 불이익한 재판에 대하여 유리하게 취소·변경을 구하기 위한 것이므로 승소판결에 대한 불복상소는 허용할 수 없고, 재판이 상소인에게 불이익할 것인지 여부는 원칙적으로 재판의 주문을 표준으로 하여 상소제기 당시를 기준으로 하여 판단하여야 하며, 상소인의 청구가 전부 인용되었다면 그 판결이유에 불만이 있더라도 상소의 이익은 없다고 할 것이다(대법원 1998. 11. 10. 선고 98두11915 판결; 1997. 10. 24. 선고 96다12276 판결).

도의 소제기가 허용되지 않으므로, 전부승소한 사람이라고 하여도 나머지 잔부청구에 관하여 청구를 확장하기 위한 항소의 이익이 인정된다.[1] 또한 인신사고로 인한 손해배상청구소송에서 재산상 손해는 전부승소하고 위자료청구는 일부 패소하여 위자료부분만 항소한 경우, 재산상 손해와 위자료는 단일한 원인에 근거한 것인데 편의상 별개의 소송물로 분류하고 있는 것에 불과하고, 재산상 손해에 대한 청구의 확장을 허용하지 않으면 원고는 나머지 부분을 청구할 기회를 박탈당하게 되므로 전부승소한 재산상 손해라 하더라도 일부 손해를 빠뜨리고 청구하였다면 이에 대한 항소의 이익을 인정하여 청구취지의 확장을 허용함이 타당하다.[2]

③ 원·피고 모두 상소의 이익이 인정되는 경우: 청구를 일부 인용하고 일부 기각한 판결에 대해서는 원·피고 모두 상소할 수 있다. 예비적 병합청구에서 주위적 청구가 기각되고 예비적 청구가 인용된 경우에 원고는 주위적 청구가 기각된 데 대하여, 피고는 예비적 청구가 인용된 데 대하여 각각 상소의 이익이 있다. 소각하판결은 원고에게 불이익이 될 뿐만 아니라, 피고가 청구기각의 신청을 한 때에는 본안판결을 받지 못한 점에서 피고에게도 불이익이 되기 때문에 원·피고 모두 상소할 수 있다.

---

[1] 전부승소한 판결에 대하여는 항소를 허용하지 아니하는 것이 원칙이나, 다만 가분채권에 대한 이행청구의 소를 제기하면서 그것이 나머지 부분을 유보하고 일부만 청구하는 것이라는 취지를 명시하지 아니한 경우에는 그 확정판결의 기판력은 나머지 부분에까지 미치는 것이어서 별소로써 나머지 부분에 관하여 다시 청구할 수는 없는 것이므로, 일부청구에 관하여 전부 승소한 채권자는 나머지 부분에 관하여 청구를 확장하기 위한 항소가 허용되지 아니한다면 나머지 부분을 소구할 기회를 상실하는 불이익을 입게 되고, 따라서 이러한 경우에는 예외적으로 전부 승소한 판결에 대해서도 나머지 부분에 관하여 청구를 확장하기 위한 항소의 이익을 인정함이 상당하다(대법원 2010. 11. 11. 선고 2010두14534 판결).

[2] 전부승소한 판결에 대하여는 항소가 허용되지 않는 것이 원칙이라고 할 것이나, 하나의 소송물에 관하여 형식상 전부승소한 당사자의 상소이익의 부정은 절대적인 것이라고 할 수 없다. 원고는 이 사건에서 재산상의 손해(소극적 손해)를 청구함에 있어 제1심에서 일실이익 손해 중 일부를 빠뜨리고 청구한 것으로 보이는 바, 이 사건과 같이 원고는 재산상 손해(소극적 손해)에 대하여는 형식상 전부 승소하였으나 위자료에 대하여는 일부 패소하였고, 이에 대하여 원고가 원고 패소부분에 불복하는 형식으로 항소를 제기하여 사건 전부가 확정이 차단되고 소송물 전부가 항소심에 계속되게 된 경우에는, 더우이 불법행위로 인한 손해배상에 있어 재산상 손해나 위자료는 단일한 원인에 근거한 것인데 편의상 이를 별개의 소송물로 분류하고 있는 것에 지나지 아니한 것이므로 이를 실질적으로 파악하여, 항소심에서 위자료는 물론이고 재산상 손해에 관하여도 청구의 확장을 허용하는 것이 상당할 것이고, 그러지 아니하고 재산상 손해에 대한 항소의 이익을 부정하고 청구취지의 확장을 허용하지 아니하면 원고는 판결이 확정되기도 전에 나머지 부분을 청구할 기회를 절대적으로 박탈당하게 되어 부당하다고 아니할 수 없다(대법원 1994. 6. 28. 선고 94다3063 판결).

## 3. 상소의 효력

### (1) 확정차단의 효력

상소제기에 의하여 원심판결의 확정이 차단된다. 이행판결의 경우 판결이 확정되지 않으므로 집행력이 발생하지 않는다. 따라서 가집행선고가 붙지 않는 한 상소의 제기가 있으면 집행할 수 없다. 다만, 통상항고에서는 확정차단의 효력이 없으므로 항고대상인 결정·명령에 대한 집행을 저지하기 위해서는 항고에 대한 결정에 있을 때까지 결정·명령의 집행정지를 신청하여야 한다(제448조).

### (2) 이심의 효력

소송사건은 원심법원을 떠나 상소심으로 이전되어 계속된다. 원심에서 재판한 부분에 한하여 이심의 효력이 발생한다. 따라서 원심에서 재판의 누락이 있는 경우에는 그 부분은 원심에 그대로 계속되고(제212조 제1항), 상소하여도 이심의 효력이 생기지 않는다.

### (3) 상소불가분의 원칙

상소제기에 의한 확정차단의 효력과 이심의 효력은 원칙적으로 상소인의 불복신청의 범위에 관계없이 원판결의 전부에 대하여 불가분적으로 발생한다. 따라서 판결의 일부에 대하여 상소하였더라도 판결의 전부에 대하여 확정차단 및 이심의 효력이 발생한다. 그러나 예외적으로 청구의 일부에 대하여 불상소합의나 항소권·부대항소권의 포기가 있는 경우에는 그 부분만 가분적으로 확정되고, 통상공동소송에서 공동소송인 중 일부의 또는 일부에 대한 상소의 경우에는 공동소송인독립의 원칙으로 인하여 상소하지 않은 다른 공동소송인에 대한 청구는 그대로 확정된다.

확정차단 및 이심의 효력은 원판결 전부에 생기지만, 상소심의 심판범위는 원판결 중 불복신청의 범위에 국한된다. 따라서 확정차단 및 이심의 범위와 심판의 범위가 일치하지 않을 수 있다. 일부상소한 경우에도 상소불가분의 원칙에 의하여 상소의 효력은 원판결 전부에 미치므로, 항소인은 항소심 변론종결시까지 어느 때나 항소취지를 확장하여 불복신청의 범위를 넓힐 수 있고, 피항소인도 부대항소를 제기하여 불복신청의 대상이 되지 않은 부분을 항소심의 심판범위로 할 수 있다. 상고의 경우에는 상고이유서제출기간 내에 상고취지의 확장과 부대상고가 가능하다.[1]

---

1) 상고이유서제출기간 내에 부대상고가 가능한 것으로 보는 것이 확립된 판례이다(대법원 2007. 4. 12. 선고 2006

## (4) 상소의 추후보완

상소인이 책임질 수 없는 사유로 말미암아 상소기간을 지킬 수 없었던 경우에는 그 사유가 없어진 날부터 2주 이내에 상소를 제기할 수 있다(제173조 제1항). 다만, 그 사유가 없어질 당시 외국에 있던 당사자에 대하여는 이 기간을 30일로 한다(동항 단서). 이를 상소의 추후보완, 상소의 추완 또는 추완상소라고 한다.

상소의 추완이 허용되는 대표적인 사례는 소장부본과 판결정본 등이 공시송달의 방법에 의하여 송달된 경우이다. 소장부본의 송달부터 판결정본의 송달에 이르기까지 공시송달로 진행된 경우에는 피고가 소송이 제기된 사실은 물론 판결이 선고된 사실 자체를 알기 어렵기 때문이다. 따라서 이 경우에는 피고에게 책임을 물을 수 없는 사유로 인하여 상소기간을 지킬 수 없었던 것으로 보아 그 사유가 없어진 날로부터 2주일 이내에 추완상소를 할 수 있다.[1] 그러나 처음에는 송달이 되었다가 이후 송달불능이 되어 소송진행 도중에 공시송달의 방법에 의하게 되거나[2] 또는 소송당사자가 주소가 변경되었음에도 이를 법원에 신고하지 않아 공시송달에 이른 경우[3] 등에는 추완상소가 허용되지 않는다.

상소추완의 기산점인 '사유가 없어진 날'이란 당사자나 소송대리인이 단순히 판결이 있었던 사실을 안 때가 아니고 나아가 그 판결이 공시송달의 방법으로 송달된 사실을 안 때를 가리킨다. 통상적인 경우에는 당사자나 소송대리인이 그 사건기록을 열람하거나 새로이 판결정본을 영수한 때에 그 판결이 공시송달의 방법으로 송달된 사실을 알게 된 것으로 볼 수 있다.[4] 그러

---

다10439 판결; 1968. 9. 17. 선고 68다825 판결). 상고취지의 확장에 관하여는 아직 판례가 없으나, 해석상 상고인이 불복신청범위를 확장할 수 있는 시기는 피상고인이 부대상고를 제기할 수 있는 시기와 균형을 맞출 필요가 있다. 즉, 전자는 상고인에 의하여 상고심의 심판범위를 확장하는 것이고, 후자는 피상고인에 의하여 상고심의 심판범위가 확장되는 것이므로 양자를 달리 보아야 할 이유가 없다는 점에서 상고이유서제출기간 내로 해석함이 타당하다.

1) 소장부본과 판결정본 등이 공시송달의 방법에 의하여 송달되었다면 특별한 사정이 없는 한 피고는 과실 없이 그 판결의 송달을 알지 못한 것이고, 이러한 경우 피고는 그 책임을 질 수 없는 사유로 인하여 불변기간을 준수할 수 없었던 때에 해당하여 그 사유가 없어진 후 2주일(그 사유가 없어질 당시 외국에 있었던 경우에는 30일) 내에 추완항소를 할 수 있다(대법원 2006. 2. 24. 선고 2004다8005 판결).
2) 대법원 2012. 10. 11. 선고 2012다44730 판결.
3) 대법원 1987. 2. 24. 선고 86누509 판결.
4) '사유가 없어진 후'라 함은 당사자나 소송대리인이 단순히 판결이 있었던 사실을 안 때가 아니고 나아가 그 판결이 공시송달의 방법으로 송달된 사실을 안 때를 가리키는 것으로서, 다른 특별한 사정이 없는 한 통상의 경우에는 당사자나 소송대리인이 그 사건기록의 열람을 하거나 새로이 판결정본을 영수한 때에 비로소 그 판결이 공시송달의 방법으로 송달된 사실을 알게 되었다고 보아야 한다(대법원 2006. 2. 24. 선고 2004다8005 판결). 해외에 거주 중인 피고에 대한 소장부본, 판결정본 등이 공시송달의 방법으로 송달된 후 피고를 대신하여 재판기록을 열람·등사한 피고의 동생이 당해 사건에 관한 소송대리인이 아닌 경우에는 재판기록을 열람·등사한 때에 추완사유가 종료되었다고 볼 수 없고, 피고가 재판기록을 송부받아 소송의 진행 및 결과를 알게 된 때에 추

나 새로이 판결정본을 영수하였어도 공시송달의 방법으로 송달된 사실을 알 수 없는 경우에는 그렇지 않다. 예를 들어, 의제자백으로 판결이 선고되었는데 그 판결정본이 공시송달된 경우에는 판결서에 공시송달로 진행된 사건임을 알 수 있는 기재가 없으므로 판결정본의 영수만으로는 공시송달의 방법으로 송달된 사실을 알았다고 보기 어렵다.[1]

추완상소를 제기하면 판결의 확정이 차단되는지 논란이 있다. 판례도 긍정하는 입장[2]과 부정하는 입장[3]으로 나뉘고 있다. 판결은 상소기간이 도과하면 형식적으로 확정되고 집행력 등 효력이 발생하므로 추완상소의 제기만으로 판결의 집행력 등 효력이 당연히 배제되는 것은 아니라고 할 것이다. 그리하여 민사소송법에서도 추완상소를 한 경우 강제집행을 저지하려면 당사자로 하여금 상소의 추완사유가 이유 있음을 소명하여 강제집행정지를 신청하도록 하고 있다(제500조). 법원은 신청이 이유 있는 때에는 담보를 제공하게 하거나 담보를 제공함이 없이 강제집행을 정지하도록 명할 수 있다(제500조 제1항).[4] 이 재판은 변론 없이 할 수 있으며, 이에 대하여는 불복할 수 없다(동조 제3항).

---

완사유가 종료되었다고 볼 것이다(대법원 2000. 9. 5. 선고 2000므87 판결).

1) 공시송달로서 판결정본이 송달된 경우 소송행위의 추후보완을 할 수 있는 '사유가 없어진 때'라 함은 통상의 경우에는 당사자나 소송대리인이 당해 사건기록의 열람을 하거나 또는 새로이 판결정본을 영수한 때에 그 판결이 공시송달의 방법으로 송달된 사실을 알게 되었다고 볼 것이나, 그 판결이 민사소송법 소정의 의제자백판결인 경우에는 그 판결정본을 영수한 때 그 판결이 공시송달의 방법으로 송달된 사실을 알게 되었다고 보기는 어렵다고 할 것이다(대법원 2008. 2. 28. 선고 2007다41560 판결).

2) 경락허가결정에 대하여 이해관계인이 추완에 의한 항고를 제기한 경우 항고법원에서 추완신청이 허용되었다면 비록 다른 이유로 항고가 이유 없는 경우에도 경락허가결정은 확정되지 않고, 따라서 경매법원이 경락허가결정이 확정된 것으로 알고 경락대금 납부기일을 정하여 경락인으로 하여금 경락대금을 납부하게 하였다고 하더라도 이는 적법한 경락대금의 납부라고 할 수 없다(대법원 1998. 3. 4. 자 97마962 결정); 피고가 공시송달의 방법에 의하여 소장 기타의 소송서류 및 판결의 송달을 받았던 관계로 그 패소의 판결이 있는 사실을 모르고 불변기간인 상소기간을 도과하였을 경우에 제173조 소정의 기간 내에 적법한 추완이 있는 이상 동 판결은 확정되지 않는다고 할 것이다(대법원 1979. 9. 25. 선고 79다505 판결).

3) 확정판결에 대한 원고의 추완항소제기가 있는 경우에도 그 추완항소에 의하여 불복항소의 대상이 된 판결이 취소될 때까지는 확정판결로서의 효력이 배제되는 것은 아니므로 위 확정판결에 기하여 경료된 소유권이전등기가 미확정판결에 의하여 경료된 원인무효의 것이라고 할 수 없다(대법원 1978. 9. 12. 선고 76다2400 판결).

4) 담보 없이 하는 강제집행의 정지는 그 집행으로 말미암아 보상할 수 없는 손해가 생기는 것을 소명한 때에만 한다(제500조 제2항).

## Ⅱ. 항소

### 1. 항소의 제기

#### (1) 항소장의 제출

항소의 제기를 위해서는 항소기간 내에 항소장을 제1심법원에 제출하여야 한다(제397조 제1항). 원심법원 이외의 법원에 항소장이 제출된 경우에도 항소제기의 효력은 있고 관할위반에 의한 이송규정에 따라 원심법원으로 이송하여야 한다는 것이 다수설이나, 판례는 항소장을 원심법원으로 송부하여 원심법원에 접수된 때에 적법한 항소가 제기된 것으로 보고 있다.[1] 구술이나 전화에 의한 항소제기는 허용되지 않으나, 전자접수에 의하여 항소를 제기할 수 있다.

#### (2) 항소장의 기재사항

항소장에는 당사자와 법정대리인, 제1심판결의 표시와 그 판결에 대하여 불복한다는 뜻의 항소의 취지를 반드시 기재하여야 한다(제397조 제2항). 불복의 범위와 그 이유기재는 임의적이며, 그 기재가 있으면 준비서면의 구실을 하게 된다(제398조). 항소장의 인지액은 소장의 1.5배이나, 상소로써 불복하는 범위의 소송물가액을 기준으로 한다(민사소송 등 인지법 제3조, 민사소송 등 인지규칙 제25조).

항소심에서는 상고심에서와 달리 항소이유서의 제출이 강제되지 않는다. 그러나 항소인은 항소의 취지를 분명하게 하기 위하여 항소장 또는 항소심에서 처음 제출하는 준비서면에 제1심판결 중 사실인정 또는 법리적용에서 잘못된 부분, 항소심에서 새롭게 주장할 사실, 항소심에서 새롭게 신청할 증거와 그 입증취지, 이러한 주장과 증거를 제1심에서 제출하지 못한 이유를 기재하여 제출하여야 한다(민사소송규칙 제126조의2). 그러나 이러한 방식의 준비서면을 제출하지 않았다고 항소가 각하되는 것은 아니다.

#### (3) 재판장의 항소장 심사

##### 1) 원심재판장에 의한 심사

항소장이 원심법원에 제출되면 원심재판장은 필요적 기재사항의 기재 여부, 인지의 납부 여

---

1) 대법원 1981. 10. 13. 선고 81누230 판결; 2010. 12. 9. 선고 2007다42907 판결.

부를 심사하여 그 흠결이 있으면 상당한 기간을 정하여 보정을 명하고(제399조 제1항), 항소인이 그 기간 내에 보정하지 않으면 명령으로 항소장을 각하하여야 한다(동조 제2항). 항소기간을 도과한 것이 분명하거나(제399조 제2항) 또는 항소권포기 등으로 제1심판결이 확정된 후 항소장이 제출되었음이 분명한 경우에도 마찬가지이다.[1] 원심재판장의 항소장각하명령에 대하여는 즉시항고를 할 수 있다(제399조 제3항). 이 경우의 항고는 성질상 최초의 항고이므로 항고법원은 제2심법원이다.[2]

### 2) 항소심재판장의 재심사

항소장이 항소기록과 함께 항소심법원으로 송부되면 항소심재판장이 항소장을 다시 심사한다. 항소장에 필요적 기재사항이 흠결되었거나 소정의 인지를 붙이지 않았음에도 원심재판장이 보정명령을 하지 않은 경우 또는 항소장의 부본을 송달할 수 없는 경우에는 항소심재판장은 항소인에게 상당한 기간을 정하여 그 흠결을 보정하도록 명하여야 한다(제402조 제1항). 항소인이 기간 내에 보정을 하지 않거나 항소기간을 도과한 것이 분명한 경우에는 항소심재판장은 명령으로 항소장을 각하하여야 한다(동조 제2항).[3] 항소장각하명령에 대하여는 즉시항고를 할 수 있다(동조 제3항). 항소장에 대한 항소심재판장의 심사 후 항소심법원은 항소장부본을 피항소인에게 송달하여야 한다(제401조).

---

1) 제399조 제2항에 의하면, '항소기간을 넘긴 것이 분명한 때'에는 원심재판장이 명령으로 항소장을 각하하도록 규정하고 있는바, 그 규정의 취지에 비추어 볼 때 항소권의 포기 등으로 제1심판결이 확정된 후에 항소장이 제출되었음이 분명한 경우도 이와 달리 볼 이유가 없으므로, 이 경우에도 원심재판장이 항소장각하명령을 할 수 있는 것으로 봄이 상당하다(대법원 2006. 5. 2. 자 2005마933 결정).

2) 집행법원인 원심법원의 항고장각하명령은 채권압류 및 전부명령을 1차적인 처분으로 하여 원심법원이 그 채권압류 및 전부명령의 당부에 관하여 항고법원의 재판을 대신하여 판단하는 2차적인 처분이 아니라, 위 채권압류 및 전부명령의 당부와는 무관하게 채무자가 이에 불복하여 제출한 즉시항고장에 필요적 기재사항이 기재되어 있는지 여부, 소정의 인지가 첨부되어 있는지 여부나 즉시항고기간 내에 항고가 제기되었는지 여부 등에 관하여 자기 몫으로 판단하는 1차적인 처분으로서, 그에 대한 불복방법인 즉시항고는 성질상 최초의 항고이다(대법원 1995. 5. 15. 자 94마1059 결정).

3) 항소장에 기재된 피항소인의 주소로 항소장부본과 제1차 변론기일통지서를 송달하였다가 '수취인 불명'으로 송달불능이 되자 원심재판장이 항소인에게 주소보정을 명한 다음 주소보정을 하지 않았다는 이유로 항소장을 각하한 사안에서, 소송기록에 나타나 있는 다른 주소로 송달을 시도해 보고 그곳으로도 송달이 되지 않는 경우에 주소보정을 명하였어야 하는데도, 이러한 조치를 취하지 않은 채 항소장에 기재된 주소가 불명하여 송달이 되지 않았다는 것만으로 송달불능이라 하여 주소보정을 명한 것은 잘못이므로, 주소보정을 하지 않았다는 이유로 항소장을 각하한 원심명령은 위법하다고 할 것이다(대법원 2011. 11. 11. 자 2011마1760 결정).

## 2. 부대항소

### (1) 의의

부대항소란 피항소인이 항소심절차에서 자기에게 유리하게 항소심 심판의 범위를 확장시키는 신청을 말한다. 예를 들어, 원고 일부승소판결이 있었고 원고만이 자기패소부분에 대하여 항소한 경우에 피고는 항소기간이 도과하였거나 항소권을 포기하는 등으로 항소할 수 없게 되었더라도 원고가 제기한 항소에 부대하여 자기패소부분에 대하여 유리하게 원심판결의 변경을 구하는 신청을 할 수 있는데, 이것이 부대항소이다.

### (2) 성질

부대항소는 단순히 항소기각을 구하는 방어적 신청이 아닌 원심판결 이상으로 자신에게 유리한 판결을 구하는 공격적 신청이라고 할 수 있다. 부대항소는 공격적 신청 내지 특수한 공격방법이고 항소가 아니기 때문에 항소기간이 도과한 이후에도 가능하고, 항소의 이익을 필요로 하지 않는다. 부대항소는 상대방의 항소에 편승한 것뿐이고, 이에 의하여 항소심절차가 개시되는 것은 아니다.

### (3) 요건

#### 1) 피항소인이 항소인을 상대로 제기할 것

주된 항소가 적법하게 계속되어 있어야 하고, 주된 항소의 피항소인이 항소인을 상대로 제기하여야 한다. 당사자 쌍방이 모두 항소를 제기한 경우에는 부대항소를 제기할 수 없다. 통상공동소송에서 피항소인이 아닌 다른 공동소송인이 부대항소를 제기하거나 또는 항소인이 아닌 다른 공동소송인을 상대방으로 하여 부대항소를 제기하는 것은 허용되지 않는다. 공동소송인독립의 원칙에 의하여 다른 공동소송인에 대한 판결은 분리되어 확정되었기 때문이다.

#### 2) 변론종결 전일 것

부대항소는 항소심 변론종결시까지 제기하여야 한다(제403조). 피항소인에게 항소장부본이 송달되기 전이라도 부대항소를 제기할 수 있고, 부대항소를 취하하였더라도 변론종결시까지 다시 부대항소를 제기할 수 있다. 피항소인은 항소권의 포기나 항소기간의 도과로 항소권이 소멸된 경우에도 부대항소를 제기할 수 있다(제403조). 물론 부대항소권까지 포기한 경우에는 그렇지 않다.

### 3) 부대항소의 범위

피항소인이 부대항소를 할 수 있는 범위는 항소인이 주된 항소에 의하여 불복을 제기한 범위에 의하여 제한을 받지 않는다. 따라서 제1심에서 전부승소한 피항소인도 청구의 확장·변경 또는 반소의 제기를 위하여 부대항소를 제기할 수 있다.[1]

### (4) 방식

부대항소장에는 항소장에 준하는 인지를 납부하여야 한다. 부대항소장을 제출하지 않고 대신에 청구취지확장신청서나 반소장을 제출한 경우에도 상대방에게 불리하게 되는 한도에서 부대항소를 한 것으로 본다. 판례는 피고만이 항소한 경우에 원고가 항소심에서 청구취지를 확장 내지 변경하였다면, 부대항소의 취지가 명시되어 있지 않더라도 피고에게 불리한 한도에서 부대항소를 한 것으로 의제된다고 한다.[2]

### (5) 효과

부대항소에 의하여 항소심법원의 심판범위가 확장되고, 그 범위에서 항소인에 대한 불이익변경금지원칙이 적용되지 않는다. 부대항소는 상대방의 항소에 의존하는 은혜적인 것이기 때문에, 주된 항소의 취하 또는 부적법각하에 의하여 효력을 잃는다(제404조 본문).[3] 그러나 독립하여 항소할 수 있는 기간 내에 제기한 부대항소는 독립된 항소로 보기 때문에(제404조 단서), 항

---

[1] 부대항소란 피항소인의 항소권이 소멸하여 독립하여 항소를 할 수 없게 된 후에도 상대방이 제기한 항소의 존재를 전제로 이에 부대하여 원판결을 자기에게 유리하게 변경을 구하는 제도로서, 피항소인이 부대항소를 할 수 있는 범위는 항소인이 주된 항소에 의하여 불복을 제기한 범위에 의하여 제한을 받지 아니한다고 할 것인바, 이 사건의 경우 원고가 구상금청구의 소를 제기하여 제1심에서 원고의 청구가 모두 인용되었는데, 이에 대하여 피고는 지연손해금부분에 대하여만 항소를 제기하고 원금부분에 대하여는 항소를 제기하지 아니하였다고 하더라도 제1심에서 전부승소한 원고가 항소심계속 중 부대항소로서 (원금을 포함한) 청구취지를 확장할 수 있는 것이므로, 원심이 원고의 부대항소를 받아들여 제1심판결의 인용금액을 초과하여 원고청구를 인용하였더라도 불이익변경금지의 원칙이나 항소심의 심판범위에 관한 법리오해의 위법이 있다고 할 수 없다(대법원 2003. 9. 26. 선고 2001다68914 판결).

[2] 제1심에서 전부승소한 원고가 항소심계속 중 그 청구취지를 확장·변경할 수 있는 것이고 그것이 피고에게 불리하게 하는 한도 내에서는 부대항소를 한 취지로도 볼 수 있다(대법원 1995. 6. 30. 선고 94다58261 판결); 피고만이 항소를 한 경우에도, 상대방이 항소심에서 청구취지의 확장을 한 경우엔 부대항소가 있는 것으로 의제된다 할 것이다(대법원 1980. 7. 22. 선고 80다982 판결).

[3] 항소심의 종국판결이 있기까지는 항소인은 피항소인이 부대항소를 제기하였는지 여부에 관계없이 항소를 취하할 수 있고, 그 때문에 피항소인이 부대항소의 이익을 잃게 되어도 이는 그 이익이 본래 상대방의 항소에 의존한 은혜적인 것으로 주된 항소의 취하에 따라 소멸되는 것이어서 어쩔 수 없다 할 것이므로, 이미 부대항소가 제기되어 있다 하더라도 주된 항소의 취하는 그대로 유효하다(대법원 1995. 3. 10. 선고 94다51543 판결).

소의 취하·각하에 의하여 영향을 받지 않는다. 이를 독립부대항소라고 한다. 독립부대항소는 독립된 항소로서의 요건을 갖추어야 한다. 그리하여 항소의 이익이 있어야 하고, 항소권을 포기한 경우 등이 아니어야 한다.

## 3. 항소심의 심판

### (1) 항소심의 심리

항소심법원은 항소요건에 관하여 직권조사하여야 한다. 조사결과 부적법한 항소로서 흠결을 보정할 수 없으면 변론 없이 판결로 항소를 각하할 수 있다(제413조). 불항소합의를 하였음에도 제기한 항소, 전부승소한 판결에 대한 항소, 소송제기 전에 이미 사망한 자를 당사자로 한 판결에 대한 상소[1] 등이 여기에 해당된다.

항소가 적법하면 항소가 이유 있는지 여부에 관하여 본안심리를 한다. 항소심의 심판대상으로서 변론의 범위는 항소인이 제1심판결의 변경을 청구하는 한도, 즉 불복신청의 범위 내이고(제407조 제1항), 항소심은 그 불복의 한도 내에서 판결을 한다(제415조 본문). 항소인은 항소의 이익이 있는 한 항소심 변론종결시까지 항소취지의 확장을 통하여 불복의 범위를 넓힐 수 있고, 피항소인도 부대항소에 의하여 항소심의 심판범위를 넓힐 수 있다.

당사자는 제1심의 재판자료를 항소심에 상정할 필요가 있다. 이를 위해 불복신청을 하는 데 필요한 범위 내에서 제1심 변론의 결과를 진술하여야 한다(제407조 제2항). 이와 같이 항소가 제기되면 변론을 갱신하여야 한다. 제1심 변론결과의 진술은 당사자가 사실상·법률상 주장, 정리된 쟁점 및 증거조사의 요지 등을 진술하거나 또는 법원이 당사자에게 해당 사항을 확인하는 방식으로 할 수 있다(민사소송규칙 제127조의2). 변론의 갱신은 출석한 당사자의 일방만이 하여도 되지만,[2] 변론결과의 일부만을 분리하여 진술할 수 없다. 당사자나 대리인이 출석하여 소송관

---

[1] 당사자가 소제기 이전에 이미 사망하여 주민등록이 말소된 사실을 간과한 채 본안판단에 나아간 원심판결은 당연무효라 할 것이나, 민사소송이 당사자의 대립을 그 본질적 형태로 하는 것임에 비추어 사망한 자를 상대로 한 상고는 허용될 수 없다 할 것이므로, 이미 사망한 자를 상대방으로 하여 제기한 상고는 부적법하다(대법원 2000. 10. 27. 선고 2000다33775 판결); 소제기 전에 이미 사망한 자를 당사자로 한 제1심판결은 당연무효이며 망인의 재산상속인이 수계신청과 동시에 항소를 한 경우에는 수계신청을 할 수 없어 수계신청과 동시에 한 항소도 부적법하므로 이를 각하한 것은 정당하다(대법원 1971. 2. 9. 선고 69다1741 판결).

[2] 항소심에 있어 당사자 일방이 적법한 소환을 받고도 출석치 않을 때에는 출석치 않은 당사자가 소장, 답변서 기타 준비서면 또는 변론조서 및 준비절차조서에 기재된 사항을 진술한 것으로 간주하고 출석한 상대방에게 변론을 명하고 이를 기초로 판결할 수 있을 것이다(대법원 1951. 4. 17. 선고 4282민상114 판결; 1960. 6. 3. 선고 4292민상805 판결).

계를 표명하고 증거조사결과에 대하여 변론하였다면, 제1심에서 이루어진 모든 공격방어방법과 증거조사의 결과를 원용한 것이 된다.[1]

항소심에서 당사자는 변론종결시까지 종전의 주장을 보충·정정하고 새로운 공격방어방법을 제출할 수 있다(제408조). 이를 당사자의 변론갱신권이라고 한다. 그러나 항소심에서 당사자의 변론갱신권을 무제한으로 인정할 수는 없으며 일정한 제한이 있다. 적시제출주의(제146조), 재정기간제도(제147)는 항소심에서도 적용되고, 제1심의 변론준비절차는 항소심에서도 그 효력을 가진다(제410조).

## (2) 항소심의 재판

### 1) 항소장각하

항소장의 방식위배(제397조), 항소기간의 도과, 항소장의 송달불능의 경우에는 재판장의 명령으로 항소장을 각하한다. 항소장의 방식위배와 항소기간의 도과를 이유로 한 항소장각하는 원심재판장도 할 수 있다. 다만, 항소장부본이 송달된 후에는 판결로 항소를 각하하여야 한다. 따라서 항소장부본은 송달되었으나 이후 변론기일소환장이 송달불능이 된 경우에는 비록 주소보정명령에 따르지 않았다고 하더라도 명령으로 항소장을 각하할 수는 없다.[2] 판례는 항소장이 송달되지 않았더라도 소송기록에 있는 피항소인의 다른 주소로 송달을 시도해 보지 않은 채 곧바로 주소보정을 명하고 이에 응하지 않았다고 항소장을 각하하는 것은 잘못이라고 한다.[3]

---

1) 원심 제4차 변론조서에 의하면 당사자 대리인이 그 변론기일에 출석하여 소송관계를 표명하고 증거조사결과에 대하여 변론하였음을 알 수 있는 바, 사실이 이와 같다면 그 당사자는 제1심 소송절차에서 이루어진 모든 공격방어방법과 증거조사의 결과를 원용한 것이 된다 할 것이므로, 비록 당사자가 그 이전의 변론기일에서 제1심 변론결과를 진술하지 아니하였다 하더라도 그에 관한 위법은 모두 치유되었다 할 것이다(대법원 1987. 12. 22. 선고 87다카1458 판결); 피고가 항소심의 변론기일에 출석하여 소송관계를 표명하고, 증거조사의 결과를 진술함으로써 피고는 그 제1심 소송절차에서 이루어진 모든 공격방어방법과 증거조사의 결과를 항소심에서 그대로 원용한 것이라고 할 것이다. 그렇다면 제1심 소송절차에서 피고를 대리하여 소송행위를 한 변호사가 피고주장과 같이 피고의 적법한 소송대리인이 아니었다고 하더라도 피고 본인이 그 항소심 변론기일에 출석하여 소송관계를 표명하고 증거조사의 결과를 원용함으로써 그 제1심 소송절차에서 무권대리인에 의하여 이루어진 소송절차상의 하자는 모두 치유되었다고 보아야 할 것이다(대법원 1980. 7. 22. 선고 79다2148 판결).
2) 항소심재판장이 항소인에게 상당한 기간을 정하여 그 기간 내에 흠결을 보정할 것을 명하고 항소인이 그 흠결을 보정하지 않은 때에는 명령으로 항소장을 각하하는 것은 항소장이 제397조 제2항의 규정에 위배되거나 항소장에 법률의 규정에 의한 인지가 붙어 있지 아니한데도 제1심재판장이 보정명령을 하지 아니한 때 및 항소장의 부본을 송달할 수 없는 때에 한하는 것이고, 항소인에 대한 변론기일소환장이 송달불능되었다고 하더라도 피항소인에게 항소장부본이 적법히 송달된 이상 항소인에 대한 변론기일소환장 등의 송달을 공시송달로 하여 변론기일을 실시함은 별론으로 하고, 항소심재판장이 항소인에 대하여 항소인 자신의 주소를 보정할 것을 명하고 이에 따른 보정이 없다고 하여 명령으로 항소장을 각하할 수는 없다(대법원 1995. 5. 3. 자 95마337 결정).
3) 항소장이나 판결문 등에 기재된 피항소인의 주소 외에 다른 주소가 소송기록에 있는 경우에는 그 다른 주소로

## 2) 항소각하

항소요건에 흠결이 있어 항소가 부적법한 경우에 항소심법원은 판결로써 항소를 각하하여야 한다. 항소요건에는 적극적 요건으로 항소의 대상적격, 방식에 맞는 항소제기, 항소기간의 준수, 항소의 이익 등이 있고, 소극적 요건으로 항소권의 포기나 불항소합의 등이 없을 것 등이 있다. 항소장의 방식위배, 항소기간의 도과, 항소장의 송달불능의 경우에는 재판장은 명령으로 항소장을 각하할 수 있지만, 항소장부본이 피항소인에게 송달된 뒤에는 법원이 판결로 항소를 각하하여야 한다. 그러나 항소인 또는 그 대리인이 진술금지의 재판을 받고 변호사선임명령을 받았음에도 새 기일까지 변호사를 선임하지 않은 경우에는 법원은 판결이 아니라 결정으로 항소를 각하할 수 있다(제144조 제4항). 항소요건의 흠결을 보정할 수 있는 경우에는 상당한 기간을 정하여 보정을 명하여야 하고, 항소인이 그 기간 내에 보정을 하지 않으면 항소를 각하하여야 할 것이다. 그러나 흠결을 보정할 수 없는 경우에는 변론 없이 판결로 항소를 각하할 수 있다(제413조).

## 3) 항소기각

항소가 이유 없는 경우, 즉 제1심판결이 정당한 경우에는 항소기각판결을 한다(제414조 제1항). 항소이유대로 제1심판결의 이유가 정당하지 않더라도 다른 이유에 의하여 항소심의 결론이 제1심판결의 주문과 일치하는 경우에도 판결이유 중의 판단에는 기판력이 생기지 않으므로 항소기각판결을 한다(제414조 제2항). 예를 들어, 대여금청구사건에서 제1심이 소비대차사실이 인정되지 않는다고 하여 원고의 청구를 기각하였으나, 항소심에서는 소비대차사실은 인정되지만, 소멸시효의 항변이 이유 있어 청구를 기각할 경우라면, 판결이유는 다르나 원고의 청구를 배척함에는 제1심판결과 결론이 같으므로 항소기각을 하여야 한다.

그러나 상계항변에 의하여 승소한 피고가 항소를 한 경우에 항소심법원에서 상계에 의할 필요 없이 변제의 항변 등 다른 이유로 청구를 기각할 수 있다고 판단하면, 원판결을 취소하고 청구기각판결을 선고하여야 한다. 상계의 항변에 관한 판단에는 기판력이 생기므로, 결론은 같은 청구기각이지만 기판력의 객관적 범위가 달라지기 때문이다. 즉, 형식적으로는 판결주문이 일치하지만, 기판력이 미치는 범위가 달라지므로 항소기각판결을 하여서는 안 되고, 원심판결을 취소하고 청구기각판결을 하여야 한다.

---

송달을 시도해 본 다음 그곳으로도 송달되지 않는 경우에 항소인에게 주소보정을 명하여야 하고, 그러한 조치를 취하지 않은 채 항소장에 기재된 주소로 송달이 되지 않았다는 것만으로 곧바로 주소보정을 명하고 이에 응하지 않음을 이유로 항소장을 각하하는 것은 올바른 조치가 아니다(대법원 2014. 4. 16. 자 2014마4026 결정).

## 4) 항소인용

항소가 이유 있는 경우, 즉 제1심판결이 정당하지 않은 경우 또는 제1심판결의 절차가 법률에 어긋나는 경우에는 항소심법원은 제1심판결을 취소하여야 한다(제416조, 제417조). 제1심판결이 실체법적인 사유로 부당한 경우뿐만 아니라 절차법적으로 어긋난 경우에도 취소사유가 된다. 판결의 절차가 법률에 어긋난 경우란 판결의 성립과정에 흠결이 명백하여 그 존립 자체에 의문이 있는 경우를 말한다.[1] 예를 들어, 변론에 관여하지 않은 법관이 서명날인한 판결,[2] 부적법하게 진행된 변론기일에 변론을 종결하고 판결선고기일소환장을 송달도 하지 않은 채 이루어진 판결[3] 등이 여기에 해당된다.

항소가 이유 있는 경우 항소심법원은 판결로써 제1심판결을 취소한 후 스스로 제1심에 갈음하여 종국적 해결의 재판을 하거나(自判), 원판결 법원으로 환송(還送)하거나, 또는 이송(移送)한다. 항소심은 사실심이므로 자판(自判)을 하는 것이 원칙이다. 그러나 취소할 원판결이 소각하 판결인 경우에는 제1심에서 본안심리가 행해지지 않았기 때문에 심급의 이익을 보장하기 위하여 사건을 제1심법원으로 환송하여야 한다(제418조 본문). 이를 필수적 환송이라고 한다. 항소심법원이 재량에 의하여 임의로 사건을 제1심법원으로 환송하는 임의적 환송은 현행법상 인정되지 않고 있다. 다만, 제1심에서 본안판결을 할 수 있을 정도로 심리가 된 경우, 또는 당사자의 동의가 있는 경우에는 항소심법원이 스스로 본안판결을 할 수 있다(동조 단서).[4] 환송받은 제1심

---

1) 이시윤, 882면.

2) 제1심판결에 관여한 판사 정○○은 제1심변론에 관여한 바 없음이 명백하여 제1심판결은 판결절차가 법률에 위배된 것에 해당하므로 원심은 제1심판결을 취소한 후 자판하여야 할 것임에도 불구하고 제1심판결을 취소하지 아니한 채 항소기각을 한 원판결에는 제417조를 간과한 위법이 있다(대법원 1971. 3. 23. 선고 71다177 판결).

3) 제1심법원으로서는 기록에 현출되어 있는 소장부본의 송달장소나 답변서의 발신인 주소지에 변론기일소환장을 송달하여 보고, 그 곳으로도 송달되지 않을 때에 비로소 종전에 송달받던 장소로 등기우편에 의한 발송송달을 하였어야 함에도, 원고의 주소보정서에 기재된 피고의 송달장소로 변론기일소환장을 송달한 후 송달불능되자 막바로 등기우편에 의한 발송송달을 한 것은 분명한 위법이다. 제1심법원은 피고에게 소장부본만을 제대로 송달하였을 뿐 제8차에 걸친 변론기일소환장 전부를 피고에게 적법하게 송달하지 않고 피고가 출석하지도 아니한 상태에서 변론기일을 진행하였으며, 판결선고기일소환장은 아예 송달하지도 아니하였으므로, 제1심의 중대한 소송절차가 법률에 어긋난 경우에 해당하여 제1심판결은 부당하다고 아니할 수 없고, 제1심의 판결절차(판결의 선고절차) 역시 법률에 어긋난 것으로 보지 않을 수 없다. 따라서 원심은 제1심판결 전부를 취소하고 소장의 진술을 비롯하여 소송서류의 송달과 증거의 제출 등 모든 변론절차를 새로 진행한 다음 본안에 대하여 다시 판단하였어야 함에도 불구하고, 제1심판결 중 피고 패소부분의 일부만을 취소하고 피고의 나머지 항소를 기각한 것은 위법하다(대법원 2004. 10. 15. 선고 2004다11988 판결).

4) 현행 민사소송법은 소송의 지연을 방지하기 위하여 항소심이 재량에 의하여 임의로 사건을 제1심법원에 환송할 수 있는 임의적 환송에 관한 규정을 두지 않고, 제418조가 항소법원은 소가 부적법하다고 각하한 제1심판결을 취소하는 경우에만 사건을 제1심법원에 필요적으로 환송하도록 규정하면서 그 경우에도 제1심에서 본안판결을 할 수 있을 정도로 심리가 된 경우 또는 당사자의 동의가 있는 경우에는 항소법원은 스스로 본안판결을 할 수 있도록 규정함으로써, 재판의 신속과 경제를 위하여 심급제도의 유지와 소송절차의 적법성의 보장이라는 이념을

법원이 다시 심판할 경우 항소심법원이 취소의 이유로 한 법률상 및 사실상의 판단에 기속된다(법원조직법 제8조). 이 기속력은 상고심법원의 환송판결의 기속력(제436조 제2항)과 동일하다. 한편 전속관할위반을 이유로 원심판결을 취소하는 경우에는 원심법원으로 환송하는 것이 아니라 직접 관할권 있는 제1심법원으로 사건을 이송하여야 한다(제419조). 당사자는 항소심에서 제1심법원의 임의관할위반을 주장하지 못하므로(제411조), 임의관할위반은 원심판결의 취소사유가 아니다.

## 4. 불이익변경금지의 원칙

### (1) 의의

항소심은 당사자로부터 불복신청된 범위 내에서 심판하여야 한다. 이는 처분권주의에 따른 당연한 결과이다. 그리하여 상대방으로부터 항소나 부대항소가 없는 한, 불복한 항소인에게 제1심판결보다 더 불리하게 변경할 수 없다(불이익변경금지). 변경할 수 없는 이러한 경우에는 항소기각판결을 하여야 한다. 따라서 항소인은 아무리 불리해도 항소기각판결을 받는데 그친다. 예를 들어, 원고가 1억원의 손해배상을 청구하여 6천만원이 인용되었는데, 원고만이 항소한 경우에 항소심법원이 손해배상으로 5천만원만 인정되는 것으로 판단되어도 항소기각을 할 수 있을 뿐이지, 불복하지 않은 원고 승소부분인 6천만원까지 취소하고 5천만원을 인용하는 판결을 할 수 없다.

한편, 항소인의 불복신청의 범위를 넘어서 제1심판결보다 더 유리하게 변경할 수도 없다(이익변경금지). 예를 들어, 원고가 소유권이전등기말소청구와 금전지급청구 모두 패소하였는데, 그 중 소유권이전등기말소청구부분만 항소한 경우에 불복하지 않은 금전지급부분까지 심판대상으로 하여 이유 있다고 원고에게 유리하게 판단하는 것은 허용되지 않는다.[1] 일반적으로 불이익

---

제한할 수 있는 예외적인 경우를 인정하고 있는 점 등에 비추어 볼 때, 항소법원이 제1심판결을 취소하는 경우 반드시 사건을 제1심법원에 환송하여야 하는 것은 아니다. 따라서 원심이 제1심에서 변론 없이 한 판결을 취소한 후 사건을 환송하지 않고 직접 다시 판결하였다고 하여 거기에 심급의 이익에 관한 법리를 오해한 잘못이 없다(대법원 2013. 8. 23. 선고 2013다28971 판결).

1) 수개의 청구를 기각 또는 각하한 제1심판결 중 일부의 청구에 대하여만 항소가 제기된 경우, 항소되지 아니한 나머지 부분도 확정이 차단되고 항소심에 이심은 되나, 항소심 변론종결시까지 항소취지가 확장되지 않은 이상 그 나머지 부분은 항소심의 심판대상이 되지 않으므로, 항소심으로서는 항소하지 아니한 부분을 다시 인용할 수 없으며 그 부분은 항소심의 판결선고와 동시에 확정되어 소송이 종료된다. 소유권이전등기말소청구와 금원청구를 모두 기각한 제1심판결에 대하여 원고가 말소청구부분에 관하여만 항소하였을 뿐 그 변론종결시까지 항소취지를 확장한 바 없는 이 사건에 있어서 항소심의 심판범위는 말소청구부분에 한하고 나머지 부분에 관하여는 항

변경금지의 원칙은 이익변경금지의 원칙까지 포함하는 넓은 의미로 사용되고 있다. 결국 항소인이 불복하지 않은 부분에 대하여는 불이익으로든 이익으로든 변경할 수 없다.

### (2) 불이익변경 여부의 판단기준

불이익하게 변경된 것인지 여부는 기판력의 범위를 기준으로 판단한다. 따라서 제1심판결 주문의 불리한 변경이 문제되는 것이지 이유의 변경은 항소인에게 더 불이익한 변경이 되어도 상관없다. 그러나 피고의 상계항변은 예외이다. 상계항변은 판결이유에서 판단하지만 기판력이 인정되기 때문이다. 피고의 상계항변을 인정하여 원고청구기각의 판결을 하였는데, 원고만이 항소한 경우에 그 불복범위는 반대채권의 존부에 한정되고 소구채권의 존부는 항소심의 심판대상이 아니다. 따라서 항소심에서 원고주장의 소구채권이 부존재하는 것으로 판단되어도 반대채권이 존재한다면, 제1심판결과 동일한 이유를 달아 항소기각판결을 하여야 하는 것이고 제1심판결을 취소하고 원고청구기각판결을 하거나 소구채권의 부존재를 이유로 항소기각판결을 하는 것은 불이익변경금지원칙에 반하여 허용되지 않는다. 만일 반대채권이 존재하지 않는다면, 소구채권의 존부를 떠나서 제1심판결을 취소하고 원고청구인용판결을 하여야 한다. 한편 위의 사례에서 피고만이 항소한 경우에는 원고주장의 소구채권의 존부만이 항소심의 심판대상이 되므로 소구채권이 존재하지 않는다면 반대채권의 존부를 떠나 제1심판결을 취소하고 원고청구기각판결을 하여야 하고, 피고주장의 반대채권이 존재하지 않는다고 하여 피고의 상계항변을 배척하면서 항소기각판결을 하는 것은 불이익변경금지원칙에 위배되어 허용되지 않는다.

공동소송의 경우에는 불이익변경 여부를 공동소송인별로 개별적으로 판단하여야 하고, 동시이행의 판결에 대하여 원고만이 항소한 경우 원고가 그 반대급부를 제공하지 않고는 판결에 따른 집행을 할 수 없어 비록 피고의 반대급부이행청구에 관하여 기판력이 생기지 않더라도 반대급부의 내용이 원고에게 불리하게 변경된 경우에는 불이익변경금지의 원칙에 반하게 된다.[1] 원금채권과 지연손해금채권은 별개의 소송물이므로 양자를 합산한 전체금액을 기준으로 불이익

---

소심판결의 선고와 동시에 확정되어 소송이 종료되었다 할 것임에도 원심이 금원청구부분까지 심리판단한 것은 잘못이라고 할 것이다. 따라서 원심판결 중 금원청구부분을 파기하고 이 부분에 대하여는 당원이 직접 소송이 종료되었음을 선언하고, 피고의 나머지 상고를 기각한다(대법원 1994. 12. 23. 선고 94다44644 판결; 2014. 12. 24. 선고 2012다116864 판결).

1) 불이익하게 변경된 것인지 여부는 기판력의 범위를 기준으로 하나 공동소송의 경우 원·피고별로 각각 판단하여야 하고, 동시이행의 판결에 있어서는 원고가 그 반대급부를 제공하지 않고는 판결에 따른 집행을 할 수 없어 비록 피고의 반대급부이행청구에 관하여 기판력이 생기지 아니하더라도 반대급부의 내용이 원고에게 불리하게 변경된 경우에는 불이익변경금지 원칙에 반하게 된다고 볼 것이다(대법원 2005. 8. 19. 선고 2004다8197 판결).

변경 여부를 판단할 것이 아니라, 각각 따로 비교판단하여야 한다. 따라서 원금과 지연손해금의 지급을 명한 제1심판결에 대하여 피고만이 항소하였는데, 항소심 심리결과 지연손해금은 제1심보다 줄고 원금이 늘어난 경우에 원금부분은 항소기각하고 지연손해금은 줄어든 만큼 항소인용을 하여야 한다.[1] 판례는 소각하판결에 대하여 원고만이 항소한 경우, 항소심에서 소는 적법하나 본안의 이유가 없어 청구기각할 사안이라고 판단되더라도 청구기각판결을 하는 것은 항소인에게 더 불리하므로 항소기각을 하여야 한다고 한다.[2]

### (3) 예외

### 1) 직권조사사항

불이익변경금지의 원칙은 처분권주의에 근거하여 인정되는 것이므로 직권조사사항인 소송요건의 흠결이나 판결절차의 위반 등의 경우에는 이 원칙이 적용되지 않는다.[3] 따라서 제1심에서 일부패소한 당사자가 항소한 경우에도 항소심에서 소송요건이 흠결되었거나 전속관할위반이라고 판단되는 때에는 그 전부를 취소하고 소를 각하하거나 관할 법원으로 이송하여야 한다. 또한 법원이 직권으로 할 수 있는 소송비용의 재판이나 가집행선고에도 이 원칙이 적용되지 않는다. 예를 들어, 가집행선고가 붙지 않은 제1심판결에 대하여 피고만이 항소한 경우에 항소심에서 항소를 기각하면서 가집행선고를 붙였어도 불이익변경금지의 원칙에 위배되지 않는다.[4]

---

1) 금전채무불이행의 경우에 발생하는 지연손해금채권은 그 원본채권과는 별개의 소송물이므로, 불이익변경에 해당하는지 여부는 원금과 지연손해금 부분을 각각 따로 비교하여 판단하여야 할 것이다. 원본채권과 지연손해금채권에 대한 제1심판결에 대하여 피고만이 항소하였는데, 지연손해금은 제1심 인용액수보다 적고 원본채권에 대한 인용액이 늘었다고 하면 원심으로서는 원본채권부분에 대한 항소만을 불이익변경금지원칙에 따라 기각하고 지연손해금채권에 대한 부분은 파기하여 바로잡았어야 할 것이므로, 원본채권에 대한 인용액이 늘었음을 이유로 지연손해금부분을 포함하여 피고의 항소를 모두 기각한 원심에는 소송물에 대한 법리 및 불이익변경금지원칙에 대한 법리를 오해한 위법이 있다(대법원 2005. 4. 29. 선고 2004다40160 판결).
2) 원고들의 청구는 본안에서 기각되어야 할 것임이 분명하므로 원고들의 청구를 각하한 원심판결은 파기되어야 할 것이나, 원고들만이 상고한 이 사건에 있어서 불이익변경금지의 원칙상 상고인 원고들에게 불이익하게 청구기각의 판결을 할 수는 없는 것이므로, 원심판결을 파기하는 대신 원고들의 상고를 기각하기로 한다(대법원 2001. 9. 7. 선고 99다50392 판결).
3) 이시윤, 887면.
4) 가집행선고는 당사자의 신청 유무에 관계없이 법원이 직권으로 판단할 사항으로 처분권주의를 근거로 하는 제415조의 적용을 받지 아니하므로, 가집행선고가 붙지 아니한 제1심판결에 대하여 피고만이 항소한 항소심에서 항소를 기각하면서 가집행선고를 붙였어도 불이익변경금지의 원칙에 위배되지 아니한다(대법원 1998. 11. 10. 선고 98다42141 판결; 1991. 11. 8. 선고 90다17804 판결).

### 2) 형식적 형성소송

처분권주의가 제한되는 형식적 형성소송, 예를 들어, 토지경계확정소송이나 공유물분할청구소송에서도 이 원칙이 적용되지 않는다. 그리하여 항소심법원은 제1심판결이 정한 경계선이나 분할방법이 정당하지 않다고 판단하는 경우 달리 정할 수 있으며, 그것이 항소인에게 불리하여도 무방하다.

### 3) 합일확정이 요청되는 공동소송

합일확정이 요청되는 필수적 공동소송이나 예비적·선택적 공동소송 또는 독립당사자참가소송에서도 이 원칙이 적용되지 않으며, 항소하지 않은 당사자에게도 항소의 효력이 미치고 제1심판결보다 불리하거나 유리하게 판결이 날 수 있다.

### 4) 항소심에서 상계항변이 인정된 경우

항소심에서 피고의 상계항변이 이유있다고 인정된 경우에도 예외이다(제415조 단서). 예를 들어, 피고의 변제항변을 일부 인정하여 일부패소판결을 받은 원고만이 항소한 경우, 항소심에서 피고의 변제항변은 전부 이유 없지만 상계항변이 이유있는 것으로 인정된다면, 제1심의 원고승소부분마저 취소되어 원고의 청구가 전부 기각될 수 있다.

## 5. 항소의 취하

### (1) 의의

항소의 취하는 항소인이 항소의 신청을 철회하는 소송행위이다. 항소를 취하하면 항소를 제기하지 않았던 것과 같은 상태로 된다. 이 점에서 소제기 자체의 효과를 소멸시키는 원고의 소취하와 구별된다. 항소심 변론종결 전까지 항소를 취하하면 항소인은 항소장에 붙인 인지액의 2분의 1에 해당하는 금액을 환급받을 수 있다(민사소송 등 인지법 제14조 제1항 제2호).

### (2) 요건

### 1) 허용시기

항소의 취하는 항소심의 종국판결선고 전까지 할 수 있다(제393조 제1항). 소의 취하가 종국판결선고 후에도 확정될 때까지 가능한 것과 구별된다. 항소심의 종국판결이 상고심에서 파기되어 사건이 다시 항소심으로 환송된 경우에도 종전의 종국판결은 효력을 잃고 종국판결이 없었던 것과 같은 상태로 돌아가므로 새로운 종국판결이 있기까지 항소인은 항소를 취하할 수 있다.[1]

## 2) 허용범위

항소의 일부취하는 허용되지 않는다. 항소의 제기는 항소불가분의 원칙에 따라 청구 전부에 미치기 때문이다. 통상공동소송에서 공동소송인 가운데 일부의 또는 일부에 대한 항소를 취하할 수 있으나, 필수적 공동소송에서는 공동소송인 전원의 또는 전원에 대한 항소를 취하할 것이 요구된다. 보조참가인은 피참가인이 제기한 항소를 취하할 수 없지만, 보조참가인이 제기한 항소에 대하여는 피참가인의 동의가 있으면 취하할 수 있다. 독립당사자참가에서 패소한 두 당사자가 항소하였다가 그 중 1인이 항소를 취하하여도 취하의 효력이 발생하지 않으나, 패소당사자 중 1인만 항소하였다가 취하한 경우에는 항소가 소급하여 소멸한다.[2] 항소의 취하는 직권탐지주의에 의하는 절차에서도 허용된다.

## 3) 상대방의 동의 여부

항소의 취하에는 어느 때나 상대방의 동의가 필요 없다.[3] 항소가 취하되면 원심판결이 확정되므로 상대방인 피상소인에게 불리할 것이 없기 때문이다. 그러나 증권관련집단소송에서 항소의 취하를 하려면 법원의 허가를 필요로 한다(증권관련 집단소송법 제38조 제1항, 제35조).

## (3) 방식

항소의 취하는 서면으로 하여야 한다. 다만, 변론기일이나 변론준비기일에서 구술로 할 수 있다(제393조 제2항 및 제266조 제3항). 항소의 취하는 항소심법원에 하여야 하나, 소송기록이 원심법원에 있을 때에는 원심법원에 하여야 한다(민사소송규칙 제126조). 항소장이 송달된 후에는 항소취하의 서면을 상대방에게 송달하여야 하고(제393조 제2항 및 제266조 제4항), 기일에 구술로 항소를 취하한 경우 상대방이 기일에 출석하지 않은 때에는 그 기일의 조서등본을 송달하여야 한다(제393조 제2항 및 제266조 제5항). 서면에 의하여 항소를 취하할 경우 항소취하의 효력이 발

---

1) 항소는 항소심의 종국판결이 있기 전에 취하할 수 있는 것으로서, 일단 항소심의 종국판결이 있은 후라도 그 종국판결이 상고심에서 파기되어 사건이 다시 항소심에 환송된 경우에는 먼저 있은 종국판결은 그 효력을 잃고 그 종국판결이 없었던 것과 같은 상태로 돌아가게 되므로 새로운 종국판결이 있기까지는 항소인은 피항소인이 부대항소를 제기하였는지 여부에 관계없이 항소를 취하할 수 있다(대법원 1995. 3. 10. 선고 94다51543 판결).
2) 김홍엽, 1060면; 이시윤, 869면.
3) 항소취하에는 상대방의 동의가 필요 없을 뿐더러, 본건은 필요적 공동소송사건도 아니므로 피고는 원심 공동피고이었던 위 박○○에 대한 원고의 항소취하의 효력을 다툴 수 없다(대법원 1971. 10. 22. 선고 71다1965 판결).

생하는 것은 항소취하의 서면이 항소심법원에 제출된 때이고 항소취하의 서면이 상대방에게 송달된 때가 아니다.[1]

### (4) 효과

항소취하에 의하여 항소는 소급적으로 그 효력을 잃게 되고, 항소심절차는 종료된다. 원판결을 소급적으로 소멸시키는 소의 취하와 달리 항소의 취하는 원판결에 영향을 미치지 않으며 그에 의하여 원판결은 확정된다. 항소를 취하한 후에도 항소기간이 남아있는 경우에는 상대방은 물론 항소인도 다시 항소를 제기할 수 있다. 다시 항소를 제기할 수 없는 항소권의 포기와 구별된다. 다만, 항소심에서 청구의 교환적 변경이 이루어진 경우에는 그 후 항소를 취하하여도 항소취하는 그 대상이 없어 아무런 효력이 발생하지 않는다.[2] 2회에 걸쳐 항소심 변론기일에 당사자 쌍방이 불출석하고 1월내에 기일지정신청이 없거나 그 신청에 의하여 정한 기일에 출석하지 않은 때에는 항소가 취하된 것으로 간주된다(제268조 제4항).

## Ⅲ. 상고

### 1. 상고의 제기

### (1) 상고장의 제출

상고를 제기하기 위해서는 상고기간 내에 상고장을 항소심법원에 제출하여야 한다. 상고장이 제출되면 원심재판장이 필요적 기재사항의 기재 여부, 인지의 납부 여부를 심사하여 그 흠결이 있으면 상당한 기간을 정하여 보정을 명하고(제425조 및 제399조 제1항), 상고인이 그 기간

---

1) 적법한 항소취하서가 항소심법원에 제출되면 그때에 취하의 효력이 발생하여 항소의 효과는 소급적으로 소멸하고, 이는 항소인의 일방적인 행위이기 때문에 상대방의 동의를 필요로 하지 아니하나 제393조 제2항에서 제266조 제4항을 준용하여 항소취하서를 상대방에게 송달토록 한 취지는 항소취하를 상대방에게 알려주라는 뜻이지 그 통지를 항소취하의 요건 내지 효력에 관한 규정이라고 볼 수 없다(대법원 1980. 8. 26. 선고 80다76 판결).
2) 피고의 항소로 인한 항소심에서 소의 교환적 변경이 적법하게 이루어졌다면 제1심판결은 소의 교환적 변경에 의한 소취하로 실효되고, 항소심의 심판대상은 새로운 소송으로 바뀌어지고 항소심이 사실상 제1심으로 재판하는 것이 되므로, 그 뒤에 피고가 항소를 취하한다 하더라도 항소취하는 그 대상이 없어 아무런 효력을 발생할 수 없다(대법원 1995. 1. 24. 선고 93다25875 판결).

내에 보정하지 않으면 명령으로 상고장을 각하하여야 한다(제425조 및 제399조 제2항). 상고기간을 도과한 것이 분명한 경우에도 명령으로 상고장을 각하한다(제425조 및 제399조 제2항). 원심재판장의 상고장각하명령에 대하여는 즉시항고를 할 수 있다(제425조 및 제399조 제3항).

상고장이 소송기록과 함께 상고심법원에 송부되면, 상고심법원의 법원사무관 등은 당사자에게 소송기록접수의 통지를 하고(제426조),[1] 상고심재판장은 상고장을 다시 심사한다. 상고장에 필요적 기재사항이 흠결되었거나 소정의 인지를 붙이지 않았음에도 원심재판장이 보정명령을 하지 않은 경우 또는 상고장의 부본을 송달할 수 없는 경우에는 상고심재판장은 상고인에게 상당한 기간을 정하여 그 흠결을 보정하도록 명하여야 한다(제425조 및 제402조 제1항). 상고인이 기간 내에 보정을 하지 않거나 상고기간을 도과한 것이 분명한 경우에는 상고심재판장은 명령으로 상고장을 각하한다(제425조 및 제402조 제2항). 상고심재판장의 상고장각하명령에 대하여는 즉시항고를 할 수 없다. 상고장에 대한 상고심재판장의 심사 후 상고심법원은 상고장부본을 피상고인에게 송달하여야 한다(제425조 및 제401조).

## (2) 상고이유서의 제출

상고인이 상고장에 상고이유를 기재하지 않은 때에는 소송기록의 접수통지를 받은 날로부터 20일 이내에 상고심법원에 상고이유서를 제출해야 한다(제427조). 제출기간 내에 상고이유서를 제출하지 않은 때에는 상고심법원은 변론 없이 상고를 기각하여야 한다. 다만, 직권조사사항이 있는 경우에는 상고이유서를 제출하지 않았다고 상고기각을 할 수 없다(제429조). 상고이유서 제출기간은 법정기간이지만 불변기간이 아니다. 따라서 당사자가 책임질 수 없는 사유로 제출기간을 준수하지 못하였다고 하더라도 추후보완이 허용되지 않는다.[2] 다만, 상고이유서 제출기간을 늘리는 것은 가능하다.[3] 당사자가 책임질 수 없는 사유로 인하여 상고이유서 제출기간을 도과하여 상고기각판결이 확정된 경우에는 재심의 소를 제기하여 구제받을 수 있다. 판례는 우편집배원의 배달착오로 상고인이 소송기록접수통지서를 송달받지 못하여 상고이유서 제출기

---

1) 소송기록접수의 통지는 그 사유를 적은 서면을 당사자에게 송달하는 방법으로 한다(민사소송규칙 제132조).
2) 상고이유서 제출기간은 불변기간이 아니므로 추완신청의 대상이 될 수 없다(대법원 1981. 1. 28. 자 81사2 결정).
3) 소정의 기간 내에 상고이유서를 제출하지 아니하였더라도 직권조사사유가 있거나 상고장에 상고이유의 기재가 있는 때에는 그 적용대상에서 제외하고 있는 점, 당사자의 책임에 돌릴 수 없는 사유로 제출기간을 준수하지 못한 경우 추후 보완은 허용되지 않지만 기간이 경과된 후라도 상고이유서가 제출되면 기간의 신장을 인정하여 상고이유서를 적법한 것으로 처리할 수도 있는 점, 또한 상고이유서 제출과 관련하여 권리구제의 필요성이 인정되는 때에는 제451조 제1항 소정의 재심으로 구제될 여지도 있어 당사자의 권리구제의 가능성이 봉쇄되었다고 볼 수도 없는 점 등에 비추어, 제429조는 최소침해성의 원칙에도 반하지 아니한다(헌법재판소 2008. 10. 30. 선고 2007헌마532 결정).

간 내에 상고이유서를 제출하지 못한 경우에는 대리권의 흠결이 있는 때에 준하여 재심의 소를 제기할 수 있다고 한다.[1]

상고심법원의 판단대상이 되는 상고이유는 상고이유서 제출기간 내에 제출된 것에 한하고, 기간 경과 후에 제출된 것은 이미 제출한 상고이유서를 보충하는 한도 내에서만 판단의 대상이 된다. 그러나 직권조사사항 또는 기간 경과 후에 새로운 상고이유가 생긴 경우에는 그 후에도 추가 제출할 수 있다.[2] 또한 상고이유를 기재함에는 원심판결의 어떤 점이 법령에 어떻게 위반되었는지에 관하여 구체적이고도 명시적인 이유를 적시하여야 하고, 원심판결이 대법원의 판례와 상반됨을 주장하는 때에는 그 판례를 구체적으로 명시하여야 한다. 상고이유서에 구체적인 이유의 적시 없이 원심에서의 준비서면 또는 다른 서면의 기재내용을 단순히 원용하는 것은 허용되지 않는다.[3] 상고이유서에 구체적이고도 명시적인 이유의 기재가 없는 때에는 상고이유서를 제출하지 않은 것으로 취급된다.[4]

---

1) 우체국 집배원의 배달착오로 상고인인 원고(재심원고)가 소송기록접수통지서를 송달받지 못하여 상고이유서 제출기간 내에 상고이유서를 제출하지 않았다는 이유로 원고의 상고가 기각된 경우, 원고는 적법하게 소송에 관여할 수 있는 기회를 부여받지 못하였으므로, 이는 제451조 제1항 제3호에 규정된 '법정대리권, 소송대리권 또는 대리인이 소송행위를 함에 필요한 수권의 흠결이 있는 때'에 준하여 재심사유에 해당한다고 봄이 상당하다(대법원 1998. 12. 11. 선고 97재다445 판결).

2) 상고법원이 상고이유서 제출기간 내에 제출된 상고이유서 기재의 상고이유에 한하여 조사·판단하여야 함은 제429조, 제431조의 규정에서 보아 명백하고, 상고이유서 제출기간이 지난 후에 제출된 상고이유보충서 기재의 상고이유는 그것이 기간 내에 제출된 상고이유서에서 이미 개진된 상고이유를 보충한 것이거나 직권조사사항에 관한 것이 아닌 새로운 주장을 포함하고 있을 때에는 그 새로운 주장은 적법한 상고이유로 삼을 수 없다(대법원 2006. 12. 8. 선고 2005재다20 판결; 1998. 3. 27. 선고 97다55126 판결).

3) 상고이유는 상고장에 기재하거나 상고이유서라는 독립된 서면으로 하여야 하고 다른 서면의 기재내용을 원용할 수 없는 것이다. 이 사건에 있어서 원고들 소송대리인이 제출한 상고이유서에는 "원심은, 원고들이 제1심 및 제2심에서 제출한 소장, 각 준비서면, 항소이유서 등에 설시한 바와 같이, 이 사건 재산세부과처분의 위법성 여부를 판단함에 있어 헌법상 조세법률주의, 평등의 원칙, 재산권보장의 원칙, 관련 지방세법 위반 등 주장에 관하여 법령해석의 위반을 함으로써 판결에 영향을 미친 위법사유가 있다."고 한 다음 원심기록 일체를 빠뜨리지 않고 정독한 후 판단하여 달라고 기재되어 있는바, 위와 같은 상고이유서의 기재는 다른 서면의 기재내용을 원용하고 있을 뿐이고, 또한 상고이유를 특정하여 원심판결 중 어떤 부분이 법령에 어떻게 위반되었는지에 관하여 구체적이고 명시적인 근거를 밝히지 아니한 것이므로 적법한 상고이유의 기재가 될 수 없다(대법원 2008. 1. 24. 선고 2007두23187 판결); 상고이유는 상고장에 기재하거나 상고이유서라는 독립된 서면으로 하여야 하고 다른 서면의 기재내용을 원용할 수 없는 것이고, 원심판결의 어떤 부분이 어떻게 법령에 위배되었는가를 구체적으로 명시하지 아니하면 상고이유의 제출이 있었다고 할 수 없을 것인바, 상고이유서에 "원고가 1심 이래 원심에서 주장하여 온 원인을 상고이유로 원용한다."는 기재만으로는 적법한 상고이유의 제출이 있었다고 할 수 없다(대법원 1991. 10. 11. 선고 91다22278 판결).

4) 상고법원은 상고이유에 의하여 불복신청한 한도 내에서만 조사·판단할 수 있으므로, 상고이유서에는 상고이유를 특정하여 원심판결의 어떤 점이 법령에 어떻게 위반되었는지에 관하여 구체적이고도 명시적인 이유를 적시하여야 하며, 상고인이 제출한 상고이유서에 위와 같은 구체적이고도 명시적인 이유의 기재가 없는 때에는 상고이유서를 제출하지 않은 것으로 취급할 수밖에 없다(대법원 2011. 4. 14. 선고 2008다14633 판결). 원심판결이 대법원의 판례와 상반됨을 주장하는 때에는 그 판례를 구체적으로 명시하여야 하며, 상고인이 제출한 상고이유

## (3) 부대상고

피상고인은 상고에 부대하여 원판결을 자기에게 유리하게 변경할 것을 신청할 수 있다. 이를 부대상고라고 한다. 법률심인 상고심에서는 청구의 변경이나 반소가 허용되지 않으므로, 부대항소와 달리 전부승소자는 부대상고를 할 수 없다. 판례는 부대상고를 제기할 수 있는 기한은 항소심의 변론종결시에 해당하는 상고이유서 제출기간이 만료하는 때까지이고, 그 제출기간 내에 부대상고이유서를 제출하여야 한다고 한다.[1] 상고이유서 제출기간을 경과한 후 제기한 부대상고는 부적법하므로 각하하여야 하고,[2] 제출기간 내에 부대상고를 제기하였으나 부대상고이유서를 제출하지 않은 경우에는 부대상고를 기각하여야 한다.[3]


## 2. 상고이유

### (1) 일반적 상고이유

상고심은 법률심이므로 법령위반만이 상고이유가 되고, 사실인정의 과오는 상고이유가 되지 않는다. 법령위반의 법령에는 헌법, 법률, 명령, 규칙은 물론이고, 국내법적인 효력을 갖는 조약이나 협정, 판결의 준거가 된 외국법이나 관습법 등도 포함된다. 경험법칙도 법령과 마찬가지로 사실판단의 대전제가 된다는 점에서 여기에 포함시켜야 할 것이다.[4]

---

서에 위와 같은 구체적이고도 명시적인 이유의 설시가 없는 때에는 상고이유서를 제출하지 않은 것으로 취급할 수밖에 없다(대법원 1998. 3. 27. 선고 97다55126 판결).

1) 부대상고를 제기할 수 있는 시한은 항소심에서의 변론종결시에 대응하는 상고이유서 제출기간 만료시까지라고 보아야 할 것이다(대법원 2007. 4. 12. 선고 2006다10439 판결); 피상고인은 상고권이 소멸된 후에도 부대상고를 할 수 있지만 상고이유서 제출기간 내에 부대상고를 제기하고 부대상고이유서를 제출하여야 한다(대법원 2004. 9. 24. 선고 2004다7286 판결; 2002. 12. 10. 선고 2002다52657 판결).

2) 부대상고를 제기할 수 있는 시한은 항소심에서의 변론종결시에 대응하는 상고이유서 제출기간 만료시까지라고 보아야 할 것인바, 기록에 의하면 원고는 상고소송기록 접수통지서가 상고인인 피고에게 송달된 날로부터 20일이 지난 다음 부대상고를 제기하였음이 명백하므로, 원고들의 부대상고는 부적법한 것으로서 그 흠결을 보정할 수 없는 것이어서 원고의 부대상고를 각하하기로 판결한다(대법원 2010. 11. 11. 선고 2010두14534 판결).

3) 피상고인은 상고권이 소멸된 후에도 부대상고를 할 수 있지만, 상고이유서 제출기간 내에 부대상고를 제기하고 부대상고이유서를 제출하여야 하는바, 기록에 의하면 피고는 부대상고장에 부대상고이유를 기재하지 아니하였고 상고이유서 제출기간 내에 부대상고이유서를 제출하지도 않았으므로, 피고의 부대상고는 기각을 면할 수 없다(대법원 2006. 10. 13. 선고 2006다39720 판결).

4) 처가 남편으로부터 그 재산의 처분권을 위임받았다면 이를 미성년자인 아들에게 소유권이전등기를 경료한 후 제3자에게 처분하는 것은 이례에 속하는 것으로서 그렇게 하여야 할 특단의 사정에 대한 심리를 다하지 아니하고 처분권위임사실을 확정한 것은 증거없이 경험칙에 위배하여 사실을 확정한 위법이 있다(대법원 1971. 11. 15. 선고 71다2070 판결).

## 1) 법령위반의 원인

법령위반은 위반의 원인을 기준으로 '법령해석의 과오'와 '법령적용의 과오'로 구분할 수 있다. 전자는 법령의 내용이나 효력을 잘못 이해한 경우를 말하고, 후자는 법령의 해석에는 잘못이 없으나 구체적인 사건에 법령을 잘못 적용한 경우를 말한다. 법령적용의 과오(법률문제)와 사실인정의 과오(사실문제)는 그 구별이 쉽지 않다. 구체적 사실의 존부는 사실문제이지만, 사실에 대한 평가적 판단, 예를 들어, 과실, 선량한 풍속, 정당한 사유, 신의칙 위반 등 불확정 개념의 법률요건에 해당하는지 여부에 대한 판단은 법률문제이다. 증거가치의 평가는 사실문제이나, 사실추정의 법리 또는 논리법칙·경험법칙의 위반 여부는 법률문제이다.[1] 법률행위와 관련하여 의사표시의 존부 및 내용의 인정 자체는 사실문제이나, 그에 기하여 어떠한 법률효과를 인정할 것인가는 법률문제이다.[2]

## 2) 법령위반의 형태

법령위반은 형태를 기준으로 '판단상 과오'와 '절차상 과오'로 구분할 수 있다. 전자는 법률판단이 부당하여 청구의 당부판단에 잘못을 초래한 경우를 말하고, 후자는 절차법규를 위반한 절차가 있는 경우를 말한다. 법령의 올바른 적용은 법원의 직책이므로 법원은 당사자 주장의 상고이유에 구속됨이 없이 법률판단의 과오 유무를 직권으로 조사하여야 한다(제434조). 따라서 상고이유로 한 법령위반이 있어도 원심판결이 다른 이유로 결론에 있어서 정당한지 여부를 심사하여야 하며, 주장한 법령위반 이외의 다른 법령위반 여부도 심사하여 상고인이 주장한 것과 다른 판단상의 과오로 원심판결을 파기할 수 있다.[3]

절차법규 가운데 훈시규정을 위반한 경우는 상고이유가 되지 않으며, 임의규정위반의 경우에 당사자가 이의권을 포기·상실하였으면 절차상 과오에 해당되지 않는다. 절차상 과오는 판결에 잠재적으로 존재하여 발견하기 쉽지 않으므로 직권조사사항을 제외하고는 당사자가 상고이유로 주장한 경우에 한하여 조사한다(제431조). 판례는 심리미진도 상고이유가 된다고 하는데,[4]

---

1) 증거의 취사와 사실의 인정은 사실심의 전권에 속하는 것으로서 이것이 자유심증주의의 한계를 벗어나지 않는 한 적법한 상고이유로 삼을 수 없다(대법원 2006. 6. 29. 선고 2005다11602 판결; 2005. 7. 15. 선고 2003다 61689 판결).

2) 의사표시와 관련하여, 당사자에 의하여 무엇이 표시되었는가 하는 점과 그것으로써 의도하려는 목적을 확정하는 것은 사실인정의 문제이고, 인정된 사실을 토대로 그것이 가지는 법률적 의미를 탐구·확정하는 것은 이른바 의사표시의 해석으로서, 이는 사실인정과는 구별되는 법률적 판단의 영역에 속하는 것이다(대법원 2011. 1. 13. 선고 2010다69940 판결).

3) 이시윤, 896면.

4) 유류분액 및 그 침해액을 산정하기 위해서는 유류분 산정의 기초가 되는 전 재산의 가액에 대한 심리가 전제되어야 한다는 점에서 유류분반환청구소송에서 당사자가 새로운 증여재산을 추가하여 청구취지를 확장하자마자

이것은 법령의 해석·적용 이전의 단계에서 필요한 심리를 다하고 변론을 종결하여야 함에도 그렇지 않은 절차법규의 위반을 의미한다.[1]

### 3) 판결에 영향

법령위반이 판결에 영향을 미쳤어야 한다. 따라서 법령위반이 있더라도 판결에 영향을 미치지 않았다면 상고이유가 되지 않는다. 법령위반이 없었다면 원심판결의 결론인 주문이 달라질 가능성이 있어야 상고이유가 된다. 판례는 당사자의 주장에 대한 판단누락의 위법이 있더라도 그 주장이 배척될 것이 명백한 경우에는 판결의 결과에 영향이 없다고 할 것이므로 원심판결을 파기할 이유로 삼을 수 없다고 한다.[2]

### (2) 절대적 상고이유

원심판결의 결론에 영향을 미쳤는지 여부와 관계없이 상고이유가 되는 경우이다. 제424조에 열거된 절차상의 과오가 여기에 해당된다. 다만, 절대적 상고이유(제424조 제6호 사유는 제외)라고 하더라도 원심판결에 영향을 미치지 않은 경우에는 심리불속행으로 인한 상고기각판결을 면할 수 없다(상고심절차에 관한 특례법 제4조 제1항 제6호 및 제3항).

### 1) 법률에 따라 판결법원을 구성하지 않은 때(제1호)

판결법원의 구성이 법원조직법이나 민사소송법에 위반된 경우이다. 예를 들어, 판사 2인만으로 합의부를 구성한 경우(법원조직법 제7조 제1항, 제3항 및 제5항), 기본이 되는 변론에 관여하지 않은 법관이 판결에 관여한 경우(제204조 제1항), 법관이 변경되었음에도 변론의 갱신절차를 거치지 않은 경우(동조 제2항) 등이다.

### 2) 법률에 따라 판결에 관여할 수 없는 판사가 판결에 관여한 때(제2호)

예를 들어, 제척이나 기피된 법관이 판결에 관여한 경우(제41조, 제43조), 원심판결에 관여한 법관이 파기환송심의 판결에 관여한 경우(제436조 제3항) 등이다. 판결에 관여한 경우란 변론과

---

그 가액에 대한 입증기회도 부여하지 아니한 채 바로 변론을 종결한 원심은 심리미진의 위법이 있다(대법원 2002. 4. 26. 선고 2000다8878 판결).

1) 김홍엽, 1079면; 이시윤, 896면 및 897면.
2) 당사자의 주장에 대한 판단유탈의 위법이 있다 하더라도 그 주장이 배척될 경우임이 명백한 때에는 판결 결과에 영향이 없다고 할 것이므로, 원심의 위와 같은 판단유탈은 판결의 결과에 영향을 미치는 것이라 할 수 없고, 따라서 이 점에 관한 상고이유의 주장은 받아들일 수 없다(대법원 2006. 6. 29. 선고 2005다11602 판결; 2002. 12. 26. 선고 2002다56116 판결).

판결의 합의에 관여한 경우를 말하고, 판결선고에만 관여한 경우는 여기에 포함되지 않는다. 판결에 관여한 것 이외의 직무수행은 통상적인 절차위반에 불과하다.[1]

### 3) 전속관할에 관한 규정에 어긋난 때(제3호)

전속관할을 위반한 경우에만 상고이유가 되고, 임의관할위반은 상고이유가 되지 않는다.

### 4) 법정대리권·소송대리권 또는 대리인의 소송행위에 대한 특별한 권한의 수여에 흠결이 있는 때(제4호)

대리인이 대리권 없이 소송행위를 대리한 경우 또는 대리권이 있더라도 특별한 권한이 필요함에도 그러한 권한 없이 한 경우에는 상고이유가 된다. 나아가 당사자가 변론에서 공격방어방법을 제출할 기회를 부당하게 박탈당한 경우에는 대리권의 흠결에 준하여 상고이유가 된다. 예를 들어, 성명모용자에 의하여 소송절차가 진행되고 판결이 선고된 경우,[2] 당사자의 사망 등으로 소송절차가 중단되었음에도 이를 간과하고 변론을 진행하여 판결이 선고된 경우,[3] 소장부본부터 공시송달의 방법으로 송달되어 피고에게 책임을 물을 수 없는 사유로 변론기일에 불출석하였음에도 그대로 절차를 진행하여 판결이 선고된 경우[4] 등이다. 다만, 대리권의 흠결을 추인한 경우에는 상고이유가 되지 않는다(제424조 제2항).

---

1) 이시윤, 898면.
2) 만일 피고 아닌 제3자가 피고를 잠칭하여 소송을 진행하여 판결이 선고되었다고 하면 피고는 그 소송에 있어서 적법히 대리되지 않는 타인에 의하여 소송절차가 진행되므로 말미암아 결국 소송관여의 기회를 얻지 못하였다고 할 것이며, 이는 피고 아닌 자가 피고를 잠칭하여 소송행위를 하였거나 소송대리권이 없는 자가 피고의 소송대리인으로서 소송행위를 하였거나 그간에 아무런 차이가 없는 것이며, 이러한 경우에 피모용자는 상소 또는 재심의 소를 제기하여 그 판결의 취소를 구할 수 있다고 할 것이다(대법원 1964. 11. 17. 선고 64다328 판결).
3) 대법원 1995. 5. 23. 선고 94다28444 전원합의체 판결.
4) 피고에게 소장부본부터 공시송달 등의 방법으로 송달됨으로써 그의 귀책사유 없이 소송이 제기된 사실조차 모르고 있었고, 이러한 상태에서 피고의 출석 없이 변론기일이 진행되어 피고가 자신의 주장에 부합하는 주장·입증을 할 기회를 상실함으로써 절차상 부여된 권리를 침해당하였다고 평가할 수 있다면, 이는 당사자가 대리인에 의하여 적법하게 대리되지 아니하였던 것과 같이 보아 제424조 제1항 제4호의 규정을 유추적용하여 절대적 상고이유에 해당한다고 봄이 상당하다(대법원 2012. 4. 13. 선고 2011다102172 판결; 2011. 4. 28. 선고 2010다98948 판결). 그러나 만약 피고의 귀책사유로 인하여 그러한 기회를 얻지 못하게 된 것이라면 위 규정 소정의 절대적 상고이유에 해당한다고 볼 수는 없다. 소장부본부터 송달이 불가능하여 공시송달 등의 방법으로 소송서류를 송달한 경우와는 달리 피고는 그의 처를 통하여 소장부본을 송달받았으므로 피고로서는 소제기사실을 알고 있었다고 봄이 상당하고, 따라서 피고는 소송의 진행상황 등을 법원에 문의하거나, 최소한 자신의 주소가 변경되었다면 이를 법원에 신고하여야 할 의무가 있다고 할 것임에도 피고가 이러한 의무를 게을리 한 탓에 원심법원이 피고에 대한 변론준비기일 및 변론기일 통지서를 우편송달하게 된 것이라면 원심법원의 조치에 잘못이 있다고 할 수 없고, 이 때문에 피고가 위 통지서를 현실적으로 수령하지 못하여 결과적으로 자신에게 유리한 주장·입증이나 방어를 할 기회를 얻지 못하게 되었다고 하더라도, 이는 피고의 귀책사유로 인한 것이라고 할 것이어서 이로 인하여 피고가 절차상 부여된 권리를 침해당하였다고 할 수는 없다(대법원 2005. 4. 29. 선고 2004재다344 판결).

## 5) 변론을 공개하는 규정에 어긋난 때(제5호)

헌법 제109조와 법원조직법 제57조의 규정에 위반하여 변론을 공개하지 않는 경우에는 상고이유가 된다. 판례는 수소법원 외에서 수명법관에 의하여 비공개리에 증인을 신문하거나 또는 현장검증 및 기록검증을 하더라도 공개규정에 위반되는 것은 아니라고 한다.[1]

## 6) 판결의 이유를 밝히지 않거나 이유에 모순이 있는 때(제6호)

판결에 이유를 명시하지 않은 경우란 판결에 이유를 전혀 기재하지 않거나 이유의 일부를 빠뜨린 경우 또는 이유의 어느 부분이 명확하지 않아 법원이 어떻게 사실을 인정하고 법규를 해석·적용하여 주문에 이르렀는지가 불명확한 경우를 말한다.[2] 판결에 영향을 미치는 중요사항에 대한 판단누락(제451조 제1항 제9호)이 포함된다. 판결에 이유를 기재하도록 한 취지는 법원이 증거에 의하여 사실을 인정하고 여기에 법규를 적용하여 법적 결론을 도출하는 판단과정이 합리적이고 객관적으로 이루어졌음을 검증하기 위한 것이므로, 판결의 이유는 그와 같은 과정이 합리적이고 객관적이라는 것을 밝힐 수 있도록 그 결론에 이르게 된 과정에 필요한 판단을 빠짐없이 기재하여야 한다. 따라서 그와 같은 이유의 기재가 누락되거나 불명확한 경우에는 절대적 상고이유가 된다.[3]

그러나 판결의 이유에는 주문이 정당하다는 것을 인정할 수 있을 정도로 당사자의 주장, 그 밖의 공격방어방법에 관한 판단을 표시하면 되고, 당사자의 모든 주장이나 공격방어방법에 관하여 판단할 필요는 없다. 또한 당사자의 주장이나 항변에 대한 판단이 반드시 명시적으로만 하여야 하는 것은 아니며, 묵시적 방법이나 간접적인 방법으로도 할 수 있다.[4] 따라서 원심판

---

1) 수명법관에 의하여 수소법원 외에서 증인을 신문하거나 또는 현장검증 및 기록검증을 할 경우에는 반드시 공개심리의 원칙이 적용되지 아니하는 것이므로 원심이 수명판사에 의하여 실시한 증인신문, 현장검증, 기록검증을 비공개리에 시행하였다 하더라도 이것이 헌법 제109조, 민사소송법 제153조, 제424조의 법리를 오해한 위법이 있다고 할 수 없다(대법원 1971. 6. 30. 선고 71다1027 판결).

2) 제424조 제1항 제6호 소정의 절대적 상고이유인 '판결에 이유를 명시하지 아니한 경우'라 함은 판결에 이유를 전혀 기재하지 아니하거나 이유의 일부를 빠뜨리는 경우 또는 이유의 어느 부분이 명확하지 아니하여 법원이 어떻게 사실을 인정하고 법규를 해석·적용하여 주문에 이르렀는지가 불명확한 경우를 일컫는 것이다(대법원 2007. 7. 27. 선고 2007다18478 판결).

3) 판결에 이유를 기재하도록 하는 법률의 취지는 법원이 증거에 의하여 인정한 구체적 사실에 법규를 적용하여 결론을 도출하는 방식으로 이루어진 판단과정이 불합리하거나 주관적이 아니라는 것을 보장하기 위하여 그 재판과정에서 이루어진 사실인정과 법규의 선정, 적용 및 추론의 합리성과 객관성을 검증하려고 하는 것이므로, 판결의 이유는 그와 같은 과정이 합리적·객관적이라는 것을 밝힐 수 있도록 그 결론에 이르게 된 과정에 필요한 판단을 빠짐없이 기재하여야 하고, 그와 같은 기재가 누락되거나 불명확한 경우에는 제424조 제1항 제6호의 절대적 상고이유가 된다(대법원 2007. 7. 27. 선고 2007다18478 판결; 2005. 1. 28. 선고 2004다38624 판결).

4) 판결이유에 주문에 이르게 된 경위가 명확히 표시되어 있는 이상 관계법률이 위헌이라는 당사자의 주장을 판단하지 아니하였다는 사정만으로 판결에 이유를 명시하지 아니한 위법이 있다고 할 수 없고, 또한 당사자의 주장

결에 당사자가 상고이유로 주장한 사항에 대한 구체적·직접적인 판단이 표시되어 있지 않더라도 판결이유의 전반적인 취지에 비추어 그 주장을 인용하거나 배척하였음을 알 수 있는 정도라면 이유를 명시하지 않았다고 할 수 없다.[1] 판결에 이유를 전혀 기재하지 않았고, 그로 인하여 당사자가 상고이유로 내세우는 법령위반 등 주장의 당부를 판단하지 못할 정도에 이른 경우에는 그와 같은 사유는 당사자의 주장이 없더라도 법원은 직권으로 조사하여 판단할 수 있다.[2]

판결이유에 모순이 있는 경우란 판결이유의 문맥에 있어서 모순이 있어 일관성이 없고, 이유로서 체제를 갖추지 못한 것을 말한다. 예를 들어, 과실유무 및 그 정도를 제1심판결의 이유를 그대로 인용한다고 하면서 제1심보다 원고의 과실정도를 무겁게 다루어 과실상계를 한 경우,[3] 판결이유에서는 각자 지급할 의무가 있다고 판시하면서 판결주문에서는 각 지급하라고 명한 경우,[4] 동일한 세목에 대하여 이유 본문에서 설시한 세액과 판결에 첨부된 별지 세액산출근거표에 기재된 세액이 다르게 설시된 경우[5] 등이 여기에 해당된다.

---

이나 항변에 대한 판단은 반드시 명시적으로만 하여야 하는 것이 아니고 묵시적 방법이나 간접적인 방법으로도 할 수 있다(대법원 2006. 5. 26. 선고 2004다62597 판결). 따라서 원심이 특별조치법에 기한 행정처분으로 피고가 임야에 대한 소유권을 적법하게 취득하였다고 판단한 내용 가운데에는 위 특별조치법이 위헌이어서 그에 기하여 이루어진 소유권이전등기가 무효라는 원고들의 주장을 배척한다는 취지도 포함되어 있다고 봄이 상당하다(대법원 1995. 3. 3. 선고 92다55770 판결).

1) 판결서의 이유에는 주문이 정당하다는 것을 인정할 수 있을 정도로 당사자의 주장, 그 밖의 공격·방어방법에 관한 판단을 표시하면 되고 당사자의 모든 주장이나 공격·방어방법에 관하여 판단할 필요가 없다. 따라서 법원의 판결에 당사자가 주장한 사항에 대한 구체적·직접적인 판단이 표시되어 있지 않더라도 판결이유의 전반적인 취지에 비추어 그 주장을 인용하거나 배척하였음을 알 수 있는 정도라면 판단누락이라고 할 수 없고, 설령 실제로 판단을 하지 아니하였다고 하더라도 그 주장이 배척될 경우임이 분명한 때에는 판결결과에 영향이 없어 판단누락의 위법이 있다고 할 수 없다(대법원 2015. 5. 14. 선고 2013다69989,69996 판결).

2) 판결에 이유를 밝히지 아니한 위법이 이유의 일부를 빠뜨리거나 이유의 어느 부분을 명확하게 하지 아니한 정도가 아니라 판결에 이유를 전혀 기재하지 아니한 것과 같은 정도가 되어 당사자가 상고이유로 내세우는 법령위반 등의 주장의 당부를 판단할 수도 없게 되었다면 그와 같은 사유는 당사자의 주장이 없더라도 법원이 직권으로 조사하여 판단할 수 있다(대법원 2005. 1. 28. 선고 2004다38624 판결).

3) 원심이 교통사고로 인한 손해배상책임의 발생 및 원고 자신의 과실유무와 그 정도에 관하여 제1심판결의 이유를 그대로 인용한다고 하면서 제1심이 인정한 것보다 원고의 과실정도를 무겁게 다루어 이에 따라 과실상계를 하고 피고의 배상범위를 낮추었다면 이는 판결이유에 모순이 있는 경우에 해당한다(대법원 1974. 6. 11. 선고 73다1753 판결; 1980. 7. 8. 선고 80다597 판결).

4) 원심판결은 그 이유에서는 자동차사고로 인하여 원고에게 배상할 총액을 금8,714,898원으로 확정한 다음 위 금원에 대하여 버스운전자인 피고 임재두는 금8,714,898원을, 위 버스소유자인 피고 전북여객자동차주식회사는 상계항변이 인정된 금3,540,000원을 공제한 금5,174,898원을 각자 지급할 의무가 있다고 판시하고서, 그 주문에서는 "원고에게 피고 전북여객주식회사는 금5,174,898원을, 피고 임재두는 금8,714,898원을 각 지급하라."고 명함으로써 결국 합계 금 13,889,796원의 지급을 명하고 있는 바, 그 이유와 주문에 모순이 있다 할 것이고 이는 원심판결의 파기사유에 해당한다(대법원 1984. 6. 26. 선고 84다카88, 89 판결).

5) 원판결이유에 의하면, 원심은 원고의 1983년도 소득에 대한 정당한 세액을 판시함에 있어 원판결이유에서는 종합소득세는 금8,013,632원, 방위세는 금140,618원이라고 설시하고 있음에 대하여, 원판결이유의 일부로서 원판결에 첨부된 별지 세액산출근거표의 1983년도 귀속란에서는 종합소득세는 금30,387,677원 방위세는 금6,969,596원이라

## (3) 재심사유

재심사유도 상소에 의하여 주장할 수 있으므로(제451조 제1항 단서), 비록 절대적 상고이유에 포함되어 있지 않아도 법령위반으로 상고이유가 된다.[1] 그러나 재심사유는 해당 사건에 대한 것이어야 하고, 관련된 다른 사건에 재심사유가 존재한다는 점을 들어 상고이유로 삼을 수는 없다.[2] 제451조 제1항 제1호 내지 제3호의 재심사유는 제424조 절대적 상고이유와 중복되므로 제454조 제4호 이하의 재심사유가 또 다른 상고이유가 된다. 재심사유에 해당하는 사실은 직권조사사항이므로 상고심에서도 사실조사를 할 수 있다(제434조, 제432조). 형사상 또는 행정상 처벌받을 행위를 이유로 하는 재심사유(제451조 제1항 제4호 내지 제7호)의 경우에는 처벌받을 행위에 대하여 유죄의 판결이나 과태료부과의 재판이 확정된 때 또는 증거부족 외의 이유로 유죄의 확정판결이나 과태료부과의 확정재판을 할 수 없을 때에만 재심의 소를 제기할 수 있으므로(제451조 제2항), 상고이유로 삼기 위해서도 마찬가지로 유죄확정판결 등이 요구된다고 할 것이다.[3]

## 3. 상고심의 심리

### (1) 상고이유서 및 답변서의 제출

상고심법원은 상고이유서를 제출받은 경우 지체 없이 그 부본이나 등본을 피상고인에게 송달하여야 한다(제428조 제1항). 피상고인은 그 송달받은 날부터 10일 이내에 답변서를 제출할 수 있다(동조 제2항). 상고이유서와 달리 답변서의 제출이 강제되지 않는다. 그러나 답변서 제출기간 내에 답변서의 제출이 없음에도 상고를 인용하여 원심판결을 파기하는 것은 피상고인의 절차권을 침해할 우려가 있으므로 허용되지 않는다.[4]

---

는 취지로 설시함으로써 서로 다르게 되어 있는바, 이는 이유모순에 해당하여 위법하다(대법원 1989. 1. 17. 선고 88누674 판결).

1) 제451조 제1항 단서에 의하여 재심사유는 당연히 상고이유가 되므로 제451조 제8호에 규정된 판결의 기초된 민사나 형사의 판결 기타의 재판 또는 행정처분이 다른 재판이나 행정처분에 의하여 변경된 때에는 그 사유는 상고이유가 되는 것이다(대법원 1962. 8. 2. 선고 62다204 판결).

2) 제451조 제1항 각 호 소정의 재심사유를 상고이유로 삼을 수 있다고 할 것이나, 그 재심사유는 당해 사건에 대한 것이어야 하고, 당해 사건과 관련한 다른 사건에 재심사유가 존재한다는 점을 들어 당해 사건의 상고이유로 삼을 수는 없다(대법원 2001. 1. 16. 선고 2000다41349 판결).

3) 김홍엽, 1081면; 이시윤, 901면.

4) 김홍엽, 1089면; 이시윤, 910면.

## (2) 심리의 범위

### 1) 심리속행사유의 심사

상고심법원은 먼저 상고이유가 「상고심절차에 관한 특례법」 소정의 심리속행사유를 포함하고 있는지 여부를 직권으로 조사한다. 위 특례법에서는 심리속행사유로 6가지를 규정하고 있다. 원심판결이 헌법에 위반되거나 헌법을 부당하게 해석한 경우(제1호), 원심판결이 명령·규칙 또는 처분의 법률위반 여부에 대하여 부당하게 판단한 경우(제2호), 원심판결이 대법원 판례와 상반되게 해석한 경우(제3호), 대법원 판례가 없거나 대법원 판례를 변경할 필요가 있는 경우(제4호), 중대한 법령위반에 관한 사항이 있는 경우(제5호), 이유불명시·이유모순을 제외한 제424조 소정의 절대적 상고이유가 있는 경우(제6호)이다(동법 제4조 제1항). 가압류 및 가처분에 관한 판결의 경우에는 위의 심리속행사유 중 제1호 내지 제3호의 사유에 해당하는 경우에만 심리속행이 가능하다(동조 제2항).

상고이유에 위의 심리속행사유가 포함되어 있지 않다고 판단되면, 상고심법원은 본안심리를 속행하지 않고 상고기각판결을 하여야 한다(동법 제3조 제1항). 상고이유에 위의 심리속행사유가 포함되어 있어도 그 주장 자체로 이유 없거나 또는 원심판결과 관련이 없고 영향을 미치지 않은 경우에도 심리를 속행하지 않고 상고기각판결을 하여야 한다(동조 제3항). 그러나 상고이유에 위의 심리속행사유가 포함되어 있다고 판단되면, 상고심법원은 상고이유에 관하여 심리를 속행한다. 상고심법원은 상고이유로서 주장한 사항에 한하여 또한 불복신청한 한도 내에서 원심판결의 정당 여부를 심리한다(제431조). 다만, 직권조사사항은 예외이다(제434조).

### 2) 법적 당부의 심사

상고심은 법률심으로 원심판결의 당부를 법률적인 측면에서만 심사한다. 원심판결이 적법하게 확정한 사실은 상고심법원을 기속한다(제432조). 따라서 상고심에서는 새로이 소송자료를 수집하거나 사실확정을 할 수 없다. 당사자도 상고심에서는 새로운 사실을 주장하거나 새로운 증거를 제출하여 원심의 사실인정을 다툴 수 없다. 다만, 예외적으로 직권조사사항인 소송요건이나 상소요건의 존부, 재심사유, 원심의 소송절차위반 여부 등을 판단함에 있어서는 새로운 사실을 참작할 수 있고, 필요한 증거조사를 할 수 있으며, 당사자도 이에 관한 새로운 주장을 하거나 새로운 증거를 제출할 수 있다. 또한 상고심에서는 새로운 청구를 할 수 없다. 새로이 사실조사를 해야 하기 때문이다. 그리하여 상고심에서는 청구의 변경이나 반소의 제기 등이 허용되지 않는다. 판례는 가집행선고로 인한 지급물의 반환신청은 신청이유로서 주장하는 사실관계에 대하여 당사자 사이에 다툼이 없어 사실심리를 요하지 않는 경우에 한하여 상고심에서도 허용

된다고 한다.[1]

### (3) 심리의 방법

상고심법원은 상고장, 상고이유서, 답변서 그 밖의 소송기록에 의하여 변론 없이 서면심리만으로 판결할 수 있다(제430조 제1항). 상고심은 임의적 변론절차이다. 다만, 상고심법원이 소송관계를 분명하게 하기 위하여 필요하다고 인정하는 경우에는 특정한 사항에 관하여 변론을 열어 참고인의 진술을 들을 수 있다(제430조 제2항). 상고심법원에서는 변론을 열더라도 임의적 변론절차이므로 기일해태의 효과가 생기지 않는다.


## 4. 상고심의 재판

### (1) 상고장각하명령

상고장의 방식위배, 상고기간의 도과, 상고장의 송달불능의 경우에는 재판장은 명령으로 상고장을 각하할 수 있다(제425조, 제399조, 제402조 제1항 및 제2항). 원심재판장의 상고장각하명령에 대하여는 즉시항고를 할 수 있으나(제425조 및 제399조 제3항), 상고심재판장의 상고장각하명령에 대하여는 즉시항고를 할 수 없다.

### (2) 상고각하

상고요건에 흠결이 있어 상고가 부적법한 경우에는 상고심법원은 판결로서 상고를 각하하여야 한다(제425조 및 제413조).

---

1) 가집행선고로 인한 지급물의 반환신청은 가집행에 의하여 집행을 당한 채무자로 하여금 본안 심리절차를 이용하여 그 신청의 심리를 받을 수 있는 간이한 길을 터놓아 반소 또는 차후 별소를 제기하는 비용, 시간 등을 절약하게 만들어 놓은 제도로서 집행을 당한 채무자가 본안에 대하여 불복을 제기함과 아울러 본안을 심리하고 있는 상소심에서 변론종결 전에 그 신청을 하여야 함이 원칙이고, 그 신청의 이유인 사실의 진술 및 그 당부의 판단을 위하여는 소송에 준하여 변론이 필요한 것인데 상고심은 법률심이어서 과연 집행에 의하여 어떠한 지급이 이행되었으며 어느 범위의 손해가 있었는가 등의 사실관계를 심리 확정할 수 없기 때문에, 신청의 이유로서 주장하는 사실관계에 대하여 당사자 간에 다툼이 없어 사실심리를 요하지 아니하는 경우를 제외하고는 상고심에서의 가집행선고로 인한 지급물의 반환신청은 허용될 수 없다(대법원 1980. 11. 11. 선고 80다2055 판결).

## (3) 상고기각

### 1) 원심판결이 정당한 경우

상고가 이유 없는 경우, 즉 원심판결이 정당한 경우에는 상고기각판결을 한다(제425조 및 제414조 제1항). 또한 상고이유대로 원심판결의 이유가 정당하지 않더라도 다른 이유에 의하여 결과적으로 정당하다고 인정되는 경우에도 상고기각을 하여야 한다(제425조 및 제414조 제2항).

### 2) 심리속행사유의 부존재

상고이유에 심리속행사유가 포함되지 않은 경우에는 상고심법원은 상고이유에 대한 본안심리를 속행하지 않고 상고기각판결을 하여야 한다(상고심절차에 관한 특례법 제4조 제1항). 심리불속행기각에 관한 규정은 민사소송, 가사소송 및 행정소송의 상고사건과 재항고 및 특별항고사건에 적용된다(동법 제2조 및 제7조).[1] 그러나 소액사건에 대한 상고사건과 재항고 및 특별항고사건에는 적용되지 않는다. 심리불속행기각판결은 내용상으로는 소송판결이나, 형식상으로는 기각의 본안판결에 해당된다. 원심법원으로부터 상고기록을 받은 날로부터 4개월 이내에 기각판결원본이 법원사무관 등에게 교부되지 않으면 심리불속행기각판결을 할 수 없다(동조 제2항). 따라서 심리속행사유 존부의 조사기간은 원심법원으로부터 상고기록을 송부받은 날로부터 4개월 이내이다(동법 제6조 제2항). 위 기간 내에 심리불속행기각판결이 없으면 심리불속행절차는 끝나고 통상의 상고심절차에 따라 심리가 속행된다.

심리불속행기각을 함에는 판결이유의 기재를 생략할 수 있고(제5조 제1항), 판결의 선고가 불필요하며 판결정본이 상고인에게 송달되면 효력이 발생한다(동조 제2항). 심리불속행기각판결을 하는 경우 그 판결원본을 법원사무관 등에게 교부하고, 법원사무관 등은 즉시 이를 받은 날짜를 덧붙여 적고 도장을 찍은 후 당사자에게 송달하여야 한다(동조 제3항). 따라서 심리불속행기각판결의 성립시기는 판결원본을 법원사무관 등에게 교부한 때이고, 이때가 심리속행 여부 심사의 기준시가 된다. 심리불속행기각은 대법관 3명 이상으로 구성된 부(部)에서 재판하는 경우에만 할 수 있고, 대법원 전원합의체에서 심판하는 경우에는 할 수 없다(제6조 제1항). 심리불속행기각판결을 받은 경우에 상고인은 상고장에 붙인 인지액의 2분의 1에 해당하는 금액의 환급을 청구할 수 있다(민사소송 등 인지법 제14조 제1항 제6호).

---

[1] 심리불속행기각 건수 및 그 비율이 매년 증가하는 추세에 있다. 연도별 상고된 민사사건 건수 가운데 심리불속행기각된 건수는 2012년 11,581건 중 5,792건(50%), 2013년 11,907건 중 6,192건(52%), 2014년 13,227건 중 7,210건(54.5%), 2015년 13,823건 중 8,385건(60.7%), 2016. 6. 30.까지 7,371건 중 5,128건(69.6%)이다.

### 3) 상고이유서 부제출

상고장에 상고이유서를 기재하지 않은 경우에 상고기록접수통지서의 송달을 받은 날로부터 20일 이내에 상고이유서를 제출하지 않은 때에는 변론 없이 판결로 상고를 기각하여야 한다(제429조). 상고이유서에서 여러 개의 청구 중 하나의 청구에 대해서만 원심판결의 내용을 다투는 기재가 있고 다른 청구에 대해서는 아무런 이유가 명시되어 있지 않다면, 그 부분만 상고이유서의 제출이 없는 것으로 기각하여야 한다.[1] 상고이유서 부제출로 인한 상고기각판결의 경우에도 판결이유를 기재하지 않을 수 있고(상고심절차에 관한 특례법 제5조 제1항), 판결의 선고가 불필요하며 판결정본이 상고인에게 송달되면 효력이 발생한다(동조 제2항). 상고이유서 부제출로 인하여 기각판결을 받은 경우에 상고인은 상고장에 붙인 인지액의 2분의 1에 해당하는 금액의 환급을 청구할 수 있다(민사소송 등 인지법 제14조 제1항 제7호).

### (4) 상고인용

### 1) 환송, 이송, 자판

상고심법원은 상고가 이유 있다고 인정하는 때에는 원심판결을 파기한다(제436조). 파기사유는 상고이유가 있거나 직권조사사항에 관하여 조사한 결과 원심판결이 부당한 경우이다. 비약상고에 대하여는 원심판결의 사실확정이 법률에 어긋난다는 것을 이유로 그 판결을 파기하지 못한다(제433조).

상고심법원이 원심판결을 파기하는 경우에 새로운 사실심리가 필요한 경우가 많으므로 사건을 환송 또는 이송함이 원칙이다. 항소인용의 경우에 자판이 원칙인 항소심과 구별된다. 환송은 원심법원에 대해서 하지만, 원심법원이 제척 등으로 환송심을 구성할 수 없는 경우에는 동등한 다른 법원으로 이송하여야 한다(제436조 제1항). 전속관할위반이 있는 경우에는 관할권 있는 법원으로 이송하여야 한다.

그러나 상고심법원이 자판을 하여야 하는 경우도 있다(제437조). 첫째, 확정된 사실에 대하여 법령적용이 잘못되어 판결을 파기하는 경우에 사건이 그 사실을 바탕으로 재판하기 충분한 때(제1호)이다. 새로이 사실조사를 요하지 않고 법령적용의 당부만을 판단하면 되는 경우에 환송하는 것은 불필요한 재판의 반복을 초래하여 소송경제에 반한다는 점에서 상고심법원에서 자

---

1) 상고이유는 구체적으로 불복대상이 원심판결의 어떠한 부분이고 그것이 어떻게 법령에 위배되는가를 명시하여야 하는 것이므로 상고장에 상고이유의 기재가 없고 상고이유서에는 재산상 손해에 관하여 원심의 과실상계를 탓하는 내용만 기재되어 있을 뿐 위자료부분에 관하여는 아무런 이유가 명시되어 있지 않다면 위자료부분에 대하여는 상고이유서를 제출하지 아니한 것이 되어 이를 기각하여야 한다(대법원 1980. 7. 8. 선고 80다597 판결).

판하도록 한 것이다. 둘째, 사건이 법원의 권한에 속하지 않아 판결을 파기하는 때(제2호)이다. 재판권 등 소송요건이 흠결되었으나, 그 보정이 불가능한 경우가 여기에 해당된다.

### 2) 환송 후의 심리절차

환송판결이 선고되면 사건은 환송받은 법원에 당연히 계속된다. 따라서 환송받은 법원은 새로 변론을 열어서 심판하여야 한다(제436조 제2항 본문). 환송 후의 항소심의 변론은 환송 전의 항소심의 속행에 지나지 않는다. 그에 따라 당사자는 새로운 사실과 증거를 제출할 수 있음은 물론 소의 변경, 부대항소의 제기뿐만 아니라 청구의 확장 등 그 심급에서 허용되는 모든 소송행위를 할 수 있고, 이러한 이유로 환송 전의 판결보다 상고인에게 불리한 결과가 생길 수도 있다.[1] 환송 후의 항소심은 새로 재판부를 구성하여야 하므로 변론의 갱신절차를 밟아야 한다(제436조 제3항, 제204조 제2항). 판례는 환송 전 항소심의 소송대리권이 환송에 의하여 당연히 부활된다고 한다.[2]

환송 후 환송심의 심판대상인 청구는 원심판결 중 파기되어 환송된 부분만이다. 예를 들어, 원고청구 일부인용판결에 대하여 피고만이 그 패소부분을 상고하여 파기환송된 경우라면 원심판결 중 원고패소부분은 확정되어 환송 후 심판대상에서 제외된다.[3] 즉, 원심판결 중 상고로 불복하지 않은 부분, 상고이유가 없어 기각된 부분, 파기자판한 부분 등은 환송 후 환송심의 심판대상에서 제외된다. 환송 전의 원심판결에 관여한 판사는 환송 후의 재판에 관여할 수 없다(제436조 제3항). 여기의 원심판결에 관여한 판사란 수차 파기환송되었다면 바로 직전에 파기된 원심판결에 관여한 판사만을 말한다.[4]

---

1) 환송 후 원심의 소송절차는 환송 전 항소심의 속행이므로 당사자는 원칙적으로 새로운 사실과 증거를 제출할 수 있음은 물론 소의 변경, 부대항소의 제기뿐만 아니라 청구의 확장 등 그 심급에서 허용되는 모든 소송행위를 할 수 있고, 이러한 이유로 환송 전의 판결보다 상고인에게 불리한 결과가 생기는 것은 불가피하다(대법원 2014. 6. 12. 선고 2014다11376 판결; 1991. 11. 22. 선고 91다18132 판결); 환송 후 원심의 소송절차는 환송 전 항소심의 속행이므로 당사자는 소의 변경 등 그 심급에서 허용되는 모든 소송행위를 할 수 있고, 이때 소를 교환적으로 변경하면, 제1심판결은 소취하로 실효되고 항소심의 심판대상은 교환된 청구에 대한 새로운 소송으로 바뀌어 항소심은 사실상 제1심으로 재판하는 것이 된다(대법원 2013. 2. 28. 선고 2011다31706 판결).

2) 사건이 상고심에서 환송되어 다시 항소심에 계속하게 된 경우에는 상고 전의 항소심에서의 소송대리인의 대리권은 그 사건이 항소심에 계속되면서 다시 부활하는 것이므로 환송받은 항소심에서 환송 전의 항소심에서의 소송대리인에게 한 송달은 소송당사자에게 한 송달과 마찬가지의 효력이 있다(대법원 1984. 6. 14. 선고 84다카744 판결).

3) 원고의 청구가 일부인용된 환송 전 원심판결에 대하여 피고만이 상고하고 상고심은 이 상고를 받아들여 원심판결 중 피고패소부분을 파기환송하였다면 피고패소부분만이 상고되었으므로 위의 상고심에서의 심리대상은 이 부분에 국한되었으며, 환송되는 사건의 범위, 다시 말하자면 환송 후 원심의 심판범위도 환송 전 원심에서 피고가 패소한 부분에 한정되는 것이 원칙이고, 환송 전 원심판결 중 원고 패소부분은 확정되었다 할 것이므로 환송 후 원심으로서는 이에 대하여 심리할 수 없다(대법원 2013. 2. 28. 선고 2011다31706 판결).

4) 제436조 제3항에서 말하는 '원심판결에 관여한 판사'라 함은 파기된 원심판결 자체만을 가리키는 것이고, 그 이

## 3) 환송판결의 기속력

① 의의: 환송을 받은 법원이 다시 심판을 하는 경우에는 상고심법원이 파기이유로 한 법률 상 및 사실상의 판단에 기속된다(제436조 제2항). 이를 환송판결의 기속력이라고 한다. 환 송판결의 기속력은 법령의 해석·적용의 통일성을 기하고 심급제도를 유지하기 위하여 원심법원을 구속하는 특수한 효력이다. 판례도 법원조직법 제8조[1] 및 민사소송법 제436 조 제2항에 의하여 인정되는 특수한 효력으로 보고 있다.[2]

② 범위: 환송판결의 기속력은 객관적으로는 판결이유 중의 판단에도 미치지만 당해 사건 에 한정되고, 다른 사건에는 미치지 않는다. 또한 환송판결의 기속력은 주관적으로는 환 송을 받은 법원 및 그 하급심법원, 다시 상고된 경우의 상고심법원에도 미친다.[3] 다만, 법령의 해석·적용에 관한 의견을 스스로 변경할 수 있는 대법원 전원합의체에 대하여는 미치지 않는다.[4] 대법원 전원합의체는 종전의 환송판결의 법률상 판단을 변경할 필요가 있다고 인정하는 경우에는 그에 기속되지 않고 이를 변경할 수 있다.

③ 내용: 기속력은 파기이유로 한 법률상 및 사실상 판단에 생긴다. 여기서 법률상 판단이 란 법령의 해석·적용상의 견해를 말하는데, 구체적 사실에 대한 법률적 평가도 포함한 다.[5] 파기이유로 한 법률상 판단에는 명시적으로 설시한 법률상 판단은 물론이고 명시

---

전에 파기된 원심판결까지 포함하는 취지는 아니다(대법원 1973. 11. 27. 선고 73다763 판결).
1) 상급법원 재판에서의 판단은 해당 사건에 관하여 하급심을 기속한다(법원조직법 제8조).
2) 대법원의 환송판결도 동일 절차 내에서는 철회, 취소될 수 없다는 의미에서 기속력이 인정됨은 물론 법원조직법 제8조, 제436조 제2항 후단의 규정에 의하여 하급심에 대한 특수한 기속력은 인정되지만, 소송물에 관하여 직 접적으로 재판하지 아니하고 원심의 재판을 파기하여 다시 심리판단하여 보라는 종국적 판단을 유보한 재판의 성질상 직접적으로 기판력이나 실체법상 형성력, 집행력이 생기지 아니한다(대법원 1995. 2. 14. 선고 93재다 27,34(반소) 전원합의체 판결).
3) 상고법원이 파기이유로 한 법률상의 판단은 항소심뿐만 아니라 상고법원도 기속하므로 당해 사건에 관하여 상 고법원도 그와 다른 견해를 취할 수 없고, 이 경우 종전의 대법원판례와 배치되는 내용의 파기환송판결이 전원 합의체가 아닌 소부에서 행해졌다고 하더라도 파기이유로 한 법률상의 판단은 하급심 및 상고심을 모두 기속한 다(대법원 1995. 8. 22. 선고 94다43078 판결).
4) 환송판결의 하급심법원에 대한 기속력을 절차적으로 담보하고 그 취지를 관철하기 위하여서는 원칙적으로 하급 심법원뿐만 아니라 상고법원 자신도 동일 사건의 재상고심에서 환송판결의 법률상 판단에 기속된다. 그러나 한 편, 대법원은 법령의 정당한 해석적용과 그 통일을 주된 임무로 하는 최고법원이고, 대법원의 전원합의체는 종 전에 대법원에서 판시한 법령의 해석·적용에 관한 의견을 스스로 변경할 수 있는 것인바, 환송판결이 파기이유 로 한 법률상 판단도 여기에서 말하는 '대법원에서 판시한 법령의 해석·적용에 관한 의견'에 포함되는 것이므 로 대법원의 전원합의체가 종전의 환송판결의 법률상 판단을 변경할 필요가 있다고 인정하는 경우에는, 그에 기 속되지 않고 통상적인 법령의 해석·적용에 관한 의견의 변경절차에 따라 이를 변경할 수 있다고 할 것이다(대 법원 2001. 3. 15. 선고 98두15597 전원합의체 판결).
5) 환송 또는 이송을 받은 법원은 새로운 변론에 의하여 새로 제출된 공격방어방법을 기초로 하여 상고법원의 판 단과 다른 판단을 하는 경우 외에는 당해 사건에 적용할 법률의 해석·적용에 관한 판단이나 구체적 사실에 대

적으로 설시하지 않았더라도 그와 논리적·필연적인 관계에 있는 법률상 판단도 포함된다.[1] 그러나 파기이유로 하지 않은 부분에서 부수적으로 지적한 사항에는 기속력이 미치지 않는다.[2]

상고심법원은 사실심이 아니므로 '사실상 판단'이란 직권조사사항, 절차위반, 재심사유에 관한 사실상의 판단에 국한되고, 본안에 관한 사실판단은 여기에 포함되지 않는다.[3] 따라서 환송받은 법원은 새로운 증거에 의하여 본안에 관한 새로운 사실을 인정할 수 있다.[4] 새로운 주장이나 증거에 의하여 사실관계가 변동되거나, 판례 또는 법령이 변경이 된 경우에는 기속력이 미치지 않는다.


## Ⅳ. 항고

### 1. 의의

항고란 판결 이외의 재판인 결정·명령에 대한 독립의 간이한 상소이다. 소송절차에 부수적이며 파생적인 사항에 대한 재판까지 모두 종국판결과 함께 항소 또는 상고에 의하게 한다면

---

한 법률적 평가판단과 증거의 취사선택 등 증거판단에 의한 사실의 확정과 같은 사실상의 판단 등에 기속되어 상고법원의 판단에 반하는 판단을 할 수가 없다(대법원 1983. 6. 14. 선고 82누480 판결).

1) 제436조 제2항에 의하여 환송받은 법원이 기속되는 '상고법원이 파기이유로 한 법률상 판단'에는 상고법원이 명시적으로 설시한 법률상 판단뿐 아니라 명시적으로 설시하지 아니하였더라도 파기이유로 한 부분과 논리적·필연적 관계가 있어서 상고법원이 파기이유의 전제로서 당연히 판단하였다고 볼 수 있는 법률상 판단도 포함되는 것으로 보아야 한다(대법원 2012. 3. 29. 선고 2011다106136 판결; 1991. 10. 25. 선고 90누7890 판결).

2) 상고법원으로부터 사건을 환송받은 법원은 그 사건을 다시 재판함에 있어서 상고법원이 파기이유로 한 사실상 및 법률상의 판단에 기속을 받는 것이나, 환송판결의 기속력은 파기이유와 논리적·필연적 관계가 없는 부분에 대하여도 미치는 것은 아니라 할 것이므로, 환송 후 원심이 환송판결에서 파기이유로 하지 않은 부분에서 부수적으로 지적한 시효이익의 포기의 점에 대하여 더 심리를 하지 않고 환송 전 원심판결과 같은 판단을 하였다고 하더라도 위법하다고 할 수는 없다(대법원 1997. 4. 25. 선고 97다904 판결).

3) 파기환송판결의 기속력이라 함은 사건을 환송받은 법원은 상고법원이 파기의 이유로 삼은 사실상 및 법률상 판단에 기속된다는 것으로서, 여기에서 '파기이유로 삼은 사실상의 판단'이란 상고법원이 절차상의 직권조사사항에 관하여 한 사실상의 판단을 말하고 본안에 관한 사실판단을 말하는 것이 아니다(대법원 2008. 2. 28. 선고 2005다11954 판결).

4) 환송을 받은 법원은 변론을 거쳐 새로운 증거나 보강된 증거에 의하여 본안의 쟁점에 관하여 새로운 사실인정을 할 수 있는 것이므로, 그 심리과정에서 당사자의 주장·입증이 새로이 제출되거나 또는 보강되어 상고법원의 기속적 판단의 기초가 된 사실관계에 변동이 생긴 때에는 환송판결의 기속력은 미치지 않는다(대법원 2008. 2. 28. 선고 2005다11954 판결).

상소심의 소송절차가 번잡해지고 본래의 소송사건의 해결이 지연될 우려가 있으므로, 이러한 사항에 대하여는 항고라는 별도의 간이·신속한 불복방법에 의하도록 한 것이다. 더욱이 판결에 이르지 않고 결정·명령으로 완결되는 사건, 당사자가 아닌 제3자에 대한 재판 등에 대하여는 항소 또는 상고에 의할 여지가 없다는 점도 항고제도를 마련한 이유라 할 것이다.[1] 또한 항고는 간이·신속한 결정절차에 의하고 원심법원이 원심결정을 변경할 기회를 갖는다는 점에서 판결에 대한 상소와 차이가 있다.

항고는 상급법원에 대한 불복신청이다. 이러한 점에서 같은 심급에 대한 불복신청인 이의신청, 즉 수명법관·수탁판사의 재판에 대한 이의신청(제441조), 변론의 지휘에 대한 이의신청(제138조), 화해권고결정·지급명령·조정을 갈음하는 결정·이행권고결정 등에 대한 이의신청(제226조, 제469조, 민사조정법 제34조, 소액사건심판법 제5조의4), 가압류·가처분결정에 대한 이의신청(민사집행법 제283조 및 제301조) 등과 구별된다.

항고에는 통상항고와 즉시항고가 있다. 통상항고는 항고제기의 기간에 제한이 없고, 항고의 이익이 있는 한 언제나 제기할 수 있다. 그러나 즉시항고는 신속한 해결의 필요상 1주일의 불변기간 내에 제기할 것이 요구된다(제444조). 즉시항고는 법률에 별도의 규정이 없는 한,[2] 집행정지의 효력이 인정된다(제447조). 통상항고가 원칙이며, 즉시항고는 법률에 즉시항고를 할 수 있다는 명문의 규정이 있는 경우에 예외적으로 허용된다.


## 2. 적용범위

### (1) 항고로서 불복할 수 있는 결정·명령

### 1) 소송절차에 관한 신청을 기각한 결정·명령

소송절차에 관한 신청을 기각한 결정이나 명령에 대하여 불복하면 항고할 수 있다(제439조). 소송절차에 관한 신청이란 본안에 관한 것이 아닌 절차의 개시·진행 등에 관한 신청을 말한다. 예를 들어, 기일지정신청(제165조 제1항),[3] 소송인수신청(제82조), 수계신청(제234조), 공시송달신

---

1) 이시윤, 918면.
2) 제척 또는 기피신청의 각하결정에 대한 즉시항고(제47조 제3항), 필수적 공동소송인의 추가를 허가하는 결정에 대한 즉시항고(제68조 제5항), 집행절차에 관한 집행법원의 재판에 대한 즉시항고(민사집행법 제15조 제6항) 등의 경우에는 법률의 규정에 의하여 집행정지의 효력이 부인되고 있다.
3) 법원에 의한 기일의 직권지정을 촉구하는 의미에서 하는 기일지정신청의 경우에 법원은 재판할 의무가 없고, 설사 기각하는 재판을 하였더라도 당사자는 이에 불복할 수 없다. 그러나 소송종료 후에 그 종료의 효력을 다투며

청(제194조), 피고경정신청(제260조), 증거보전신청(제375조) 등을 기각한 결정·명령이다. 그러나 소송절차에 대한 신청이 있더라도 당사자에게 신청권이 없고 법원이 직권으로 재판할 사항에 대하여는 항고를 할 수 없다. 이 경우 당사자의 신청은 법원의 직권발동을 촉구하는 의미를 갖는데 불과하므로, 법원은 당사자의 신청에 대하여 재판을 할 필요가 없고, 설사 법원이 신청을 기각하는 재판을 하였다고 하더라도 항고로 불복할 수 없다. 예를 들어, 관할위반을 이유로 하는 이송신청,[1] 변론재개의 신청, 변론의 분리 또는 병합의 신청, 변론기일의 변경신청[2] 등이 여기에 해당된다.

신청을 인용한 결정·명령에 대하여는 항고할 수 없음이 원칙이다. 그러나 법률에서 그 재판에 의하여 불이익을 받는 상대방이나 이해관계인을 보호하기 위하여 즉시항고를 인정하는 경우가 있다. 중간적 재판에 대하여도 독립하여 항고할 수 없으며, 종국재판과 함께 상소할 수 있을 뿐이다. 예를 들어, 청구취지변경불허결정은 종국판결에 대하여, 인지보정명령은 보정에 응하지 않았다는 이유로 하는 소장각하명령에 대하여 각각 상소할 수 있을 뿐이다.

### 2) 형식에 어긋나는 결정·명령

결정이나 명령으로 재판할 수 없는 사항에 대하여 결정 또는 명령을 한 때에는 항고할 수 있다(제440조).

### 3) 집행절차에 관한 집행법원의 재판

민사집행법상 집행절차에 관한 집행법원의 재판에 대하여는 특별한 규정이 있는 경우에 한하여 즉시항고를 할 수 있다(민사집행법 제15조 제1항). 민사집행법은 재산관계명시신청기각결정(제62조 제2항 및 제8항), 채무불이행자명부등재결정(제71조), 재산조회거부에 대한 과태료결정(제75조 제3항), 매각허가여부결정(제129조), 압류명령·추심명령·전부명령(제229조 제3항) 등의 경우 즉시항고를 할 수 있도록 규정하고 있다.

이 경우 즉시항고를 함에는 항고이유서를 제출하여야 한다. 항고장에 항고이유를 적지 않은

---

하는 기일지정신청과 당사자 쌍방이 2회 불출석한 후에 소의 취하간주를 막기 위하여 하는 기일지정신청의 경우에는 당사자의 신청권이 인정되므로 법원은 당사자의 신청에 대하여 재판을 할 의무가 있고, 신청을 기각하는 재판에 대하여 당사자는 불복할 수 있다.

1) 대법원 1996. 1. 12. 자 95그59 결정; 1993. 12. 6. 자 93마524 전원합의체 결정.
2) 재판장은 현저한 사유가 없는 한 기일변경을 허가하여서는 안 된다(민사소송규칙 제41조). 다만, 첫 변론(준비)기일은 현저한 사유가 없더라도 당사자들이 합의하면 허가한다(제165조 제2항). 따라서 당사자들의 합의에 따른 첫 변론(준비)기일의 변경신청을 제외하고, 당사자의 기일변경신청은 법원의 직권발동을 촉구하는 의미를 갖는데 불과하므로 법원은 이에 대하여 응답할 의무가 없으며, 설사 당사자의 신청을 기각하는 재판을 하더라도 불복신청을 할 수 없다.

때에는 원심법원에 항고장을 제출한 후 10일 이내에 항고이유서를 제출하여야 하고(동법 제15조 제3항), 위 기간 내에 항고이유서를 제출하지 않으면 원심법원은 즉시항고를 각하하여야 한다(동조 제5항). 또한 여기서의 즉시항고에는 집행정지의 효력이 없다. 다만, 항고법원(재판기록이 원심법원에 있으면 원심법원)은 즉시항고에 대한 결정이 있을 때까지 집행정지를 명할 수 있다(동법 제15조 제6항).

### 4) 보전처분에 대한 이의 및 취소

가압류·가처분의 이의신청 및 취소신청에 대하여 결정으로 재판하고(민사집행법 제286조 제3항, 제287조 제3항, 제288조 제3항, 제301조), 이러한 결정에 대하여는 즉시항고할 수 있다(동법 제286조 제7항, 제287조 제5항, 제288조 제3항, 제301조, 제307조 제2항).

## (2) 항고할 수 없는 결정·명령

### 1) 불복할 수 없는 결정·명령

명문상 또는 해석상 불복할 수 없는 결정·명령에 대하여는 항고할 수 없다. 다만, 후술하는 특별항고의 대상이 될 수 있다.

### 2) 항고 이외의 불복신청방법이 인정된 결정·명령

예를 들어, 변론의 지휘에 관한 재판장의 명령 또는 합의부원의 조치에 대한 이의신청(제138조), 화해권고결정·지급명령·조정에 갈음하는 결정·이행권고결정에 대한 이의신청(제226조, 제469조, 민사조정법 제34조, 소액사건심판법 제5조의4), 가압류·가처분결정에 대한 이의신청(민사집행법 제283조 및 제301조) 등 별도의 불복신청방법이 마련된 경우에는 항고에 의할 수 없다. 또한 수명법관이나 수탁판사의 재판에 대해서도 항고할 수 없고 수소법원에 이의신청을 제기하는 방법으로 불복하여야 한다(제441조 제1항). 그러나 이의신청에 대한 수소법원의 재판에 대해서는 항고를 할 수 있다(동조 제2항).

### 3) 대법원의 결정·명령

최종심인 대법원의 결정·명령에 대하여는 항고는 물론이고 재항고, 특별항고도 허용되지 않는다.[1]

---

1) 대법원의 결정에 대하여는 항고나 특별항고를 할 수 없다(대법원 1987. 9. 15. 선고 87그30 판결).

### 4) 항고권이 실효되거나 즉시항고기간이 도과한 경우

항고권을 포기한 경우에도 마찬가지이다.[1]

## 3. 항고절차

### (1) 당사자

원재판에 의하여 불이익을 받는 당사자 또는 제3자는 항고를 제기할 수 있다. 항고는 편면적 불복절차이고, 두 당사자의 대립구조가 아니다. 따라서 항고장에 피항고인을 표시하거나 항고장을 상대방에 송달하여야 하는 것은 아니다.[2]

### (2) 항고의 제기

항고의 제기는 원심법원에 항고장이라는 서면의 제출로 한다(제445조). 항고기간은 통상항고는 제한이 없고, 즉시항고는 원재판이 고지된 날로부터 1주일 내이다(제444조 제1항). 이 기간은 불변기간이다(동조 제2항). 항고이유서의 제출이 강제되지 않는다.[3] 다만, 민사집행법상 집행절차에 관한 집행법원의 재판에 대한 즉시항고의 경우에는 항고이유서의 제출이 강제된다(민사집행법 제15조 제3항 및 제5항). 항고심의 결정이 있을 때까지 항고를 취하할 수 있다(제443조 제1항 및 제393조 제1항).

### (3) 항고제기의 효력

#### 1) 원심법원의 경정(재도의 고안[4])

항고의 경우 원심법원은 자신이 한 재판을 경정할 수 있는 권한이 있다. 항고가 제기되면 원재판에 대한 자기구속력이 배제되어 원심법원은 스스로 항고의 당부를 심사할 수 있으며, 항고

---

1) 이시윤, 921면.
2) 항고는 편면적 불복절차이므로 항고장에 반드시 피항고인의 표시가 있어야 하는 것은 아니고, 또 항고장을 반드시 상대방에게 송달하여야 하는 것은 아니다(대법원 1966. 8. 12. 자 65마473 결정).
3) 민사소송법상 항고법원의 소송절차에는 항소에 관한 규정이 준용되는데, 민사소송법은 항소이유서의 제출기한에 관한 규정을 두고 있지 아니하므로 즉시항고이유서를 제출하지 않았다는 이유로 즉시항고를 각하할 수는 없다(대법원 2016. 9. 30. 자 2016그99 결정).
4) 다시 한 번 고려한다는 의미에서 재도의 고안(再度의 考案)이라고 한다.

에 정당한 이유가 있다고 인정하는 때에는 그 재판을 경정하여야 한다(제446조). 원심법원의 경정은 판결의 경정에서와는 달리 단순한 표시상의 잘못을 경정하는데 그치지 않고, 원재판을 취소하거나 변경하는 것을 포함한다.

항고가 적법한 경우에 한하여 경정이 허용되고 부적법한 항고에 대하여는 경정을 할 수 없다.[1] 원심법원은 경정 여부를 판단하기 위하여 필요하다면 변론을 열거나 당사자를 심문하고 새로운 사실이나 증거를 조사할 수 있다. 그러나 특별항고의 경우에는 통상의 절차에 의하여 불복할 수 없는 결정·명령에 대하여 특별히 대법원에 위헌·위법의 심사권을 부여한 그 인정취지에 비추어 원심법원의 경정을 허용할 수 없으며, 원심법원은 기록을 그대로 상고심법원에 송부하여야 한다.[2]

재판을 경정하면 당초 항고의 목적이 달성되어 항고절차는 당연히 종료된다. 경정결정에 대해서는 즉시항고가 허용된다(제211조 제3항). 이는 최초의 항고이며 재항고가 아니다. 만일 항고법원이 경정결정을 취소하면 경정결정이 없는 상태로 환원되어 당초의 항고가 존속된다.[3]

### 2) 이심의 효력

항고제기에 의하여 사건은 항고심으로 이심된다.

### 3) 집행정지의 효력

결정·명령은 곧바로 집행력을 갖는다. 항고를 제기하여도 집행력이 정지되지 않는다. 그러나 즉시항고가 제기되면 일단 발생한 집행력이 정지된다(제447조). 다만, 예외적으로 기피신청 각하결정에 대한 즉시항고(제47조 제3항), 필수적 공동소송인추가결정에 대한 즉시항고(제68조 제5항), 증인에 대한 과태료·감치결정에 대한 즉시항고(제311조 제8항 단서), 집행절차에서 집행법원의 재판에 대한 즉시항고(민사집행법 제15조 제6항 본문)에는 집행정지의 효력이 없다. 통상 항고에서는 항고법원 또는 원심법원이 항고에 대한 결정이 있을 때까지 원심재판의 집행정지를 명할 수 있다(제448조).

---

1) 재항고가 항고각하결정이 확정된 후에 한 부적법한 것임에도 불구하고 재도의 고안에 의한 경정결정을 한 것은 위법하다(대법원 1967. 3. 22. 자 67마141 결정).
2) 일반적으로 원심법원이 항고를 이유 있다고 인정하는 때에는 그 재판을 경정할 수 있으나, 통상의 절차에 의하여 불복을 신청할 수 없는 결정이나 명령에 대하여 특별히 대법원에 위헌이나 위법의 심사권을 부여하고 있는 특별항고의 경우에 원심법원에 반성의 기회를 부여하는 재도의 고안을 허용하는 것은 특별항고를 인정한 취지에 맞지 않으므로, 특별항고가 있는 경우 원심법원은 경정결정을 할 수 없고 기록을 그대로 대법원에 송부하여야 한다(대법원 2001. 2. 28. 자 2001그4 결정).
3) 대법원 1967. 3. 22. 자 67마141 결정.

### (4) 항고심의 심판

항고심의 심판절차에는 성질에 반하지 않는 한 항소심에 관한 규정이 준용된다(제443조 제1항). 따라서 항고법원의 심판범위는 항고인이 불복신청한 범위 내로 한정되고(제443조 제1항 및 제407조), 항고인은 항고심재판이 있기까지 불복신청의 범위를 확장할 수 있으며, 부대항고가 허용된다.

항고심은 속심제로서 제1심법원의 자료와 항고심의 새로운 자료를 바탕으로 제1심의 결정·명령의 당부를 재심사한다. 따라서 당사자는 항고심에서 심문을 연 때에는 심문종결시까지, 그렇지 않은 때에는 결정고지시까지 새로운 사실이나 증거를 제출할 수 있다. 항고절차는 결정으로 완결할 사건이므로, 변론을 열 것인지 여부는 항고법원의 재량이다(제134조 제1항 단서). 변론을 열지 않고 서면심리를 하는 경우에도 당사자, 이해관계인 그 밖의 참고인을 심문할 수 있다(제134조 제2항). 항고의 재판은 결정으로 한다. 항고심의 재판은 항고각하, 항고기각, 원재판취소 중 어느 하나이다. 원재판을 취소하는 때에는 자판(自判)이 원칙이다.[1]


## 4. 재항고

### (1) 의의

재항고는 항고법원의 결정과 고등법원 또는 항소심법원의 결정·명령에 대하여 법률심인 대법원에 하는 항고를 말한다. 재판에 영향을 미친 헌법·법률·명령 또는 규칙의 위반을 이유로 하는 때에 한하여 인정된다(제442조, 민사집행규칙 제14조의2 제1항[2]). 제424조의 절대적 상고이유도 재항고이유가 된다.


### (2) 적용범위

재항고는 항고법원의 결정과 고등법원 또는 항소심법원의 결정·명령을 그 대상으로 한다. '항고법원의 결정'은 고등법원 또는 지방법원 항소부가 항고심(제2심)으로서 한 결정을 말하고, '고등법원 또는 항소심법원의 결정·명령'은 고등법원 또는 지방법원 항소부가 제1심으로 한 결

---

1) 항고법원이 제1심결정을 취소하는 때에는 특별한 규정이 없는 한 사건을 제1심법원으로 환송하지 아니하고 직접 신청에 대한 결정을 할 수 있다(대법원 2008. 4. 14. 자 2008마277 결정).
2) 집행절차에 관한 항고법원, 고등법원 또는 항소법원의 결정 및 명령으로서 즉시항고할 수 있는 재판에 대하여는 재판에 영향을 미친 헌법·법률·명령 또는 규칙의 위반을 이유로 드는 때에만 재항고할 수 있다(민사집행규칙 제14조의2 제1항).

정·명령을 말한다. 그러나 대법원은 최종심이므로 대법원의 결정·명령에 대하여는 항고는 물론 재항고, 특별항고도 허용되지 않는다.

항고법원의 결정에 대한 재항고 여부는 항고법원의 결정내용에 따른다. 항고를 부적법각하한 결정은 재항고할 수 있다(제439조). 항고기각의 결정도 원재판을 유지하는 것이므로 재항고할 수 있다. 다만, 항고기각결정에 대하여는 항고인만이 재항고할 수 있으며, 항고인 이외의 제3자는 이해관계가 있더라도 재항고할 수 없다.[1] 항고를 인용한 결정에 대해서는 그 내용이 항고에 적합한 경우에 한하여 재항고할 수 있다. 예를 들어, 법관에 대한 기피신청이 기각 또는 각하되자 즉시항고를 하였고, 항고법원이 기피신청을 인용하는 결정을 한 경우에 이에 대하여는 불복할 수 없으므로(제47조 제1항), 재항고가 허용되지 않는다. 항고인용결정에 대하여 재항고가 허용되는 경우에는 항고인뿐만 아니라 이해관계 있는 제3자도 재항고를 할 수 있다.[2]

재항고가 통상항고인지 즉시항고인지 여부도 항고법원의 결정내용에 따른다. 즉시항고를 기각 또는 각하한 경우에는 원재판이 유지되므로, 이에 대한 재항고는 즉시항고이다. 그런데 항고심이 원재판을 변경한 경우에는 그 내용이 즉시항고에 의할 것이면 즉시항고, 그렇지 않으면 통상항고이다. 예를 들어, 담보취소신청을 기각하는 결정은 통상항고의 대상이 되고, 담보취소결정은 즉시항고의 대상이 되므로(제125조 제4항), 담보취소결정에 대하여 즉시항고를 하였고, 이에 대하여 항고법원이 항고를 인용하고 담보취소신청을 기각하는 결정을 한 경우, 이에 대한 재항고는 통상항고가 된다. 재항고가 즉시항고인 경우에는 재항고기간의 제한이 있다. 즉, 재판을 고지받은 날부터 1주일 이내에 재항고를 제기하여야 한다(제444조 제1항).

## (3) 절차

재항고에 대하여는 상고에 관한 규정이 준용된다(제443조 제2항). 따라서 재항고장을 원심법원에 제출하여야 하고(제425조, 제397조), 소송기록접수의 통지를 받고 20일 이내에 재항고이유서를 제출하여야 한다(제427조, 제429조). 재항고이유는 재항고장 또는 재항고이유서에 직접 기재하는 방법으로 제출하여야 하고, 다른 서면의 기재내용을 원용할 수 없다.[3] 그런데 집행절차

---

[1] 항고법원이 항고를 기각한 결정에 대하여는 그 재판을 받은 항고인만이 재항고를 할 수 있고, 다른 사람은 그 결정에 이해관계가 있다 할지라도 재항고를 할 수 없다(대법원 1992. 4. 21. 자 92마103 결정; 1985. 4. 2. 자 85마123 결정).

[2] 항고법원이 항고를 기각한 경우 항고인만이 재항고를 할 수 있고 다른 사람은 그 결정에 이해관계가 있다 할지라도 재항고를 할 수 없는 것이지만, 항고법원이 항고를 인용하여 원결정을 취소하고 다시 상당한 결정을 하거나 원심법원으로 환송하는 결정을 하였을 때에는 그 새로운 결정에 따라 손해를 볼 이해관계인은 재항고를 할 수 있다(대법원 2002. 12. 24. 자 2001마1047 전원합의체 결정).

[3] 재항고이유는 재항고장 또는 재항고이유서에 직접 기재하는 방법으로 표현하여야 할 것이고 다른 서면의 기재내용

에 관한 집행법원의 재판에 대한 재항고에는 민사집행법 제15조의 규정이 준용된다(민사집행규칙 제14조의2 제2항). 그리하여 집행절차에 관한 재항고에서는 상고이유서제출기간이 재항고장을 제출한 날부터 10일 이내이다(민사집행법 제15조 제3항).[1] 재항고심은 법률심이므로 새로운 증거를 참작할 수 없고, 자유심증주의의 한계를 벗어나지 않는 한 원심의 사실인정과 달리 판단할 수 없다.[2]

「상고심절차에 관한 특례법」은 재항고사건에도 준용된다(동법 제7조). 따라서 재항고이유에 원심재판이 헌법에 위반되거나 헌법을 부당하게 해석한 경우(제1호), 원심재판이 명령·규칙 또는 처분의 법률위반 여부에 대하여 부당하게 판단한 경우(제2호), 원심재판이 대법원 판례와 상반되게 해석한 경우(제3호) 등 세 가지 심리속행사유를 포함하고 있는 경우에만 심리속행이 가능하고(동법 제4조 제2항), 그렇지 않으면 본안심리를 속행하지 않고 재항고기각판결을 하여야 한다(동법 제3조 제1항). 재항고이유에 위의 심리속행사유가 포함되어 있어도 그 주장 자체로 이유 없거나 또는 원심판결과 관련이 없고 영향을 미치지 않은 경우에도 심리를 속행하지 않고 재항고기각판결을 하여야 한다(동조 제3항).

## 5. 특별항고

### (1) 의의

특별항고란 불복할 수 없는 결정·명령에 대하여 재판에 영향을 미친 헌법위반이 있거나, 재

---

을 원용할 수는 없다 할 것이므로 다른 서면의 기재를 원용한 재항고인의 재항고이유는 적법한 재항고이유라 할 수 없다(대법원 1999. 4. 15. 자 99마926 결정); 재항고인이 재항고이유는 항고이유를 원용한다라고 하고 있음은 적법한 재항고이유의 기재로 볼 수 없어 재항고이유가 될 수 없다(대법원 1987. 8. 29. 자 87마689 결정).

1) 집행절차에 관한 재항고에서의 이유서제출기간이 더 짧게 규정되어 있다. 법률에서 규정한 내용보다 당사자에게 불리하게 규칙으로 정하는 것이 타당한 것인지 의문이다. 입법적인 개선이 요구된다.

2) 민사집행법 제23조 제1항에 의하여 이 사건에 준용되는 민사소송법 제442조에는 재항고는 재판에 영향을 미친 헌법·법률·명령·규칙 위반만을 사유로 할 수 있다고 규정하여, 재항고심을 법률심으로 정하고 있다. 따라서 재항고사건에서는 원심의 사실인정이 자유심증주의의 한계를 벗어나는 등 법령에 위반된 점이 있는 경우를 제외하고는 증거의 취사나 사실인정이 잘못되었다는 사유를 재항고이유로 주장하는 것이 허용되지 않고, 재항고심에서 사실심리를 새로이 해 달라는 요구 역시 받아들일 수 없다. 그리고 재항고심은 사후심으로서, 원심의 사실인정에 자유심증주의 위반 등 법령위반이 있는지 여부를 판단하는 것은 원심결정단계까지 제출된 소송자료를 기초로 하여야 하는 것이고, 원심결정 이후에 제출된 자료를 그 판단의 자료로 삼는 것은 허용되지 아니한다. 가사 원심결정 이후에 제출된 자료까지 포함하여 판단해 보면 원심의 사실인정이 잘못된 것으로 판단될 여지가 있는 경우라 하더라도, 원심결정 단계까지 제출된 자료만에 근거하여 판단해 볼 때 그 사실인정에 자유심증주의의 한계를 벗어나는 등의 위법사유가 있다고 인정되지 아니하는 경우에는 사후심·법률심인 재항고심으로서는 원심결정에 법령위반에 해당하는 재항고이유가 없는 것으로 보아 재항고를 기각할 수밖에 없다(대법원 2010. 4. 30. 자 2010마66 결정).

판의 전제가 된 명령·규칙·처분의 헌법·법률의 위반 여부에 대한 판단이 부당하다는 것을 이유로 대법원에 바로 제기하는 항고이다(제449조 제1항). 이것은 재판확정 후의 비상불복방법이고, 통상의 불복방법으로서의 상소가 아니다.[1] 따라서 특별항고에는 재판의 확정을 차단하는 효과가 없다.

## (2) 대상

특별항고의 대상은 불복할 수 없는 결정·명령이다. 명문으로 불복할 수 없는 결정·명령뿐만 아니라 해석상 불복할 수 없는 결정·명령도 그 대상이 될 수 있다. 전자의 예(例)로는 관할지정결정(제28조 제2항), 법관·감정인에 대한 제척·기피결정(제47조 제1항, 제337조 제3항), 특별대리인의 소송종료행위 불허가결정(제62조의2 제2항), 지급명령신청각하결정(제465조 제2항) 등이 있고, 후자의 예(例)로는 판결경정신청에 대한 기각결정,[2] 화해조서의 경정신청에 대한 기각결정,[3] 개인회생절차에서 면책취소신청에 대한 기각결정[4] 등이 있다.

최종심인 대법원의 결정·명령은 특별항고의 대상이 되지 않는다.[5] 판례는 관할 위반을 이

---

1) 특별항고는 불복을 신청할 수 없는 결정이나 명령에 대하여 재판에 영향을 미친 헌법 또는 법률의 위반이 있음을 이유로 하는 때에 한하여 제기할 수 있는 것으로서 재판확정 후의 비상불복방법인 것이지 통상의 불복방법으로서의 상소가 아니므로 그 결정이나 명령에 재판에 영향을 미친 헌법이나 법률의 위반이 있는지의 여부는 그 결정이나 명령 당시의 헌법이나 법률의 규정에 따라서 판단되어져야 할 것이다(대법원 1989. 11. 6. 자 89그19 결정).

2) 판결경정신청을 이유 없다 하여 기각한 결정에 대하여는 제211조 제3항 본문의 반대해석상 항고제기의 방법으로 불복을 신청할 수는 없고 제449조 소정의 특별항고가 허용될 뿐이라 해석되며, 이러한 결정에 대한 불복은 당사자가 특별항고라는 표시와 항고법원을 대법원이라고 표시하지 아니하였다 하더라도 그 항고장을 접수한 법원으로서는 이를 특별항고로 취급하여 소송기록을 대법원에 송부함이 마땅하다(대법원 1995. 7. 12. 자 95마531 결정).

3) 확정판결과 동일한 효력을 가지는 화해조서의 경정신청에 대하여 이유 없다고 기각한 결정에 대하여는 그것이 소송절차에 관한 신청을 기각한 결정이라고 해석할 수 없어서 제211조 제3항의 반대해석상 불복을 신청하지 못한다고 할 것이므로 화해조서경정신청 기각결정에 대한 항고는 동법 제449조 소정의 특별항고만이 허용될 뿐이므로, 이러한 불복불허의 결정에 대한 불복은 당사자가 특별항고라고 표시하지 않았고 대법원 귀중이라 하지 아니하였어도 이를 특별항고로 보아 그 기록을 대법원에 송부함이 마땅하다(대법원 1984. 3. 27. 자 84그15 결정).

4) 채무자 회생 및 파산에 관한 법률 제33조는 "회생절차에 관하여 이 법에 규정이 없는 때에는 민사소송법을 준용한다."라고 규정하고, 제13조 제1항은 '이 법의 규정에 의한 재판에 대하여 이해관계를 가진 자는 이 법에 따로 규정이 있는 때에 한하여 즉시항고를 할 수 있다'라고 규정하고 있는데, 제627조는 '면책 여부의 결정과 면책취소의 결정에 대하여는 즉시항고를 할 수 있다'라고 규정할 뿐 면책취소신청 기각결정에 대하여는 아무런 규정을 두고 있지 아니하므로, 이에 대하여는 즉시항고를 할 수 없고, 제449조 제1항의 특별항고만 허용될 뿐이다(대법원 2016. 4. 18. 자 2015마2115 결정).

5) 하급심에서 한 결정이나 명령으로서 법률상 불복을 신청할 수 없는 경우에 그 결정이나 명령에 재판에 영향을 미친 헌법 또는 법률위반이 있음을 이유로 하는 때에 한하여 대법원에 특별항고를 제기할 수 있는 것이고, 대법원의 결정이나 명령에 대하여는 특별항고를 제기하지 못한다(대법원 1984. 2. 7. 자 84그6 결정).

유로 한 이송신청은 법원의 직권발동을 촉구하는 의미밖에 없으므로 이에 대한 기각결정은 항고, 재항고는 물론이고 특별항고의 대상도 되지 않는다고 하고,[1] 위헌심판제청신청에 대한 기각결정은 중간적 재판의 성질을 갖는 것으로 특별항고의 대상이 되지 않는다고 한다.[2]

### (3) 항고이유

특별항고이유는 재판에 영향을 미친 헌법위반이 있거나, 재판의 전제가 된 명령·규칙·처분의 헌법 또는 법률의 위반 여부에 대한 판단이 부당한 경우이어야 한다(제449조 제1항). 결정이나 명령이 법률에 위반된다거나 대법원 판례에 반한다는 것만으로는 특별항고이유가 되지 못한다.[3] 판례는 재판에 영향을 미친 헌법 위반이 있는 경우란 결정이나 명령의 절차에 있어서 헌법 제27조 등에서 규정하고 있는 적법한 절차에 따라 공정한 재판을 받을 권리가 침해된 경우를 말하는데, 판결경정신청을 기각한 결정에 있어서 신청인이 그 재판에 필요한 자료를 제출할 기회를 전혀 부여받지 못한 상태에서 그러한 결정이 있었다든가, 판결과 그 소송의 전 과정에 나타난 자료 및 판결선고 후에 제출된 자료에 의하여 판결에 오류가 있음이 분명하여 판결이 경정되어야 하는 사안임이 명백함에도 법원이 이를 간과함으로써 기각결정을 한 경우 등이 여기에 해당된다고 한다.[4]

---

1) 당사자가 관할 위반을 이유로 한 이송신청을 한 경우에도 이는 단지 법원의 직권발동을 촉구하는 의미밖에 없고, 따라서 법원은 이송신청에 대하여 재판을 할 필요가 없고, 설사 법원이 이송신청을 거부하는 재판을 하였다고 하여도 항고가 허용될 수 없으므로 항고심에서는 이를 각하하여야 하고, 항고심에서 항고를 각하하지 아니하고 항고이유의 당부에 관한 판단을 하여 기각하는 결정을 하였다고 하여도 이 항고기각결정은 항고인에게 아무런 불이익을 주는 것이 아니므로 이 항고심결정에 대하여 재항고를 할 아무런 이익이 없는 것이어서 이에 대한 재항고는 부적법한 것이다(대법원 1993. 12. 6. 자 93마524 전원합의체 결정). 당사자의 이송신청을 기각하는 결정에 대한 특별항고도 마찬가지 이유로 부적법하다(대법원 1996. 1. 12. 자 95그59 결정).
2) 위헌심판의 제청신청을 기각한 원심의 결정에 대하여 특별항고인은 '즉시항고장'을 제출하여 불복하였으나, 헌법재판소법 제41조 제4항은 위헌심판의 제청에 관한 결정에 대하여는 항고할 수 없다고 규정하고 있고, 같은 법 제68조 제2항은 위헌심판의 제청신청이 기각된 때에는 그 신청을 한 당사자는 헌법재판소에 헌법소원심판을 청구할 수 있다고 규정하고 있을 뿐이므로, 위헌제청신청을 기각하는 결정에 대하여는 민사소송에 의한 항고나 재항고를 할 수 없다. 한편 위헌제청신청 기각결정은 본안에 대한 종국재판과 함께 상소심의 심판을 받는 중간적 재판의 성질을 갖는 것으로서 특별항고의 대상이 되지 않는다(대법원 2015. 1. 6. 자 2014그247 결정).
3) 특별항고는 법률상 불복할 수 없는 결정·명령에 대하여 재판에 영향을 미친 헌법위반이 있거나, 재판의 전제가 된 명령·규칙·처분의 헌법 또는 법률의 위반 여부에 대한 판단이 부당하다는 것을 이유로 하는 때에 한하여 허용되므로, 결정이 법률을 위반하였다는 사유만으로는 재판에 영향을 미친 헌법위반이 있다고 할 수 없어 특별항고사유가 되지 못한다(대법원 2008. 1. 24. 자 2007그18 결정).
4) 특별항고를 할 수 있는 결정이나 명령에 대하여 재판에 영향을 미친 헌법위반이 있다고 함은 결정이나 명령의 절차에 있어서 헌법 제27조 등에서 규정하고 있는 적법한 절차에 따라 공정한 재판을 받을 권리가 침해된 경우를 포함한다 할 것인데, 결정경정신청을 기각한 결정에 대하여 위와 같은 헌법위반이 있으려면, 신청인이 그 재판에 필요한 자료를 제출할 기회를 전혀 부여받지 못한 상태에서 그러한 결정이 있었다든가, 결정과 그 소송의

## (4) 절차

재판이 고지된 날부터 1주의 불변기간 내에 특별항고를 제기하여야 한다(제449조 제2항 및 제3항). 특별항고기간을 도과한 것이 분명한 때에는 재판장은 명령으로 항고장을 각하하여야 하고, 이 명령에 대하여는 즉시항고를 할 수 있다(제450조, 제425조, 제399조 제2항 및 제3항, 제402조 제2항 및 제3항).[1] 특별항고의 제기는 원재판의 집행을 정지시키지 못한다. 그러나 원심법원 또는 대법원은 특별항고에 대한 결정이 있을 때까지 집행정지를 명할 수 있다(제450조, 제448조).

특별항고의 경우에는 재도의 고안(제446조)이 허용될 수 없다[2] 판례는 특별항고에 의하여야 할 것을 통상항고로 제기한 경우에 항고장을 접수한 법원은 특별항고로 보아 대법원에 기록송부를 하여야 하고,[3] 반대로 통상항고에 의하여야 할 것을 대법원에 특별항고한 경우에는 통상항고의 관할법원으로 기록송부를 하여야 한다고 한다.[4]

특별항고에는 상고에 관한 규정이 준용된다(제450조). 「상고심절차에 관한 특례법」도 특별항고사건에 준용된다(동법 제7조). 그러나 위 특례법 소정의 심리속행사유보다 특별항고이유의 인정범위가 훨씬 협소하여 특별항고에 대하여 위 특례법이 준용될 여지는 거의 없다.

---

전 과정에 나타난 자료 및 결정 고지 후에 제출된 자료에 의하여 결정에 오류가 있음이 분명하여 결정이 경정되어야 하는 사안임이 명백함에도 법원이 이를 간과함으로써 기각결정을 한 경우 등이 이에 해당될 수 있다(대법원 2013. 6. 10. 자 2013그52 결정).

1) 제450조, 제425조에 의하여 특별항고에 준용되는 제399조 제2항, 제3항은 특별항고제기기간을 넘긴 것이 분명한 때에는 원심재판장은 명령으로 항고장을 각하하여야 하고 그 명령에 대하여는 즉시항고를 할 수 있다고 규정하고 있다. 따라서 특별항고인은 특별항고제기기간을 넘긴 것이 분명하다는 이유로 특별항고를 각하한 집행법원의 재판에 대하여 불복이 있다면 즉시항고를 제기할 수 있고, 재항고나 특별항고를 제기할 수는 없다(대법원 2010. 6. 7. 자 2010그37 결정).

2) 대법원 2001. 2. 28. 자 2001그4 결정.

3) 특별항고만이 허용되는 재판에 대한 불복으로서 당사자가 특히 특별항고라는 표시와 항고법원을 대법원으로 표시하지 아니하였다고 하더라도 항고장을 접수한 법원으로서는 이를 특별항고로 보아 소송기록을 대법원에 송부하여야 한다(대법원 2011. 2. 21. 자 2010마1689 결정).

4) 피고경정신청을 기각하는 결정에 불복이 있는 경우에는 통상항고를 제기하여야 하는 것이고, 따라서 비록 원심법원에 제출한 서면의 제목이 '특별항고장'이고, 그 끝부분에 '대법원 귀중'이라고 기재되어 있다고 하더라도, 이는 통상항고를 제기한 것으로 보아야 할 것이다(대법원 1997. 3. 3. 자 97으1 결정).

# 제2절  재심

## I. 의의

재심은 확정된 종국판결에 재심사유에 해당하는 중대한 흠결이 있는 경우에 그 판결의 취소와 이미 종결된 사건의 재심판을 구하는 비상(非常)의 불복신청방법이다. 재심은 법적 안정성과 구체적 정의의 상반되는 요청을 조화시키기 위해 마련된 제도이다. 판결이 확정된 후에 판결의 내용을 임의로 부인한다면 법적 안정성을 해치게 되고, 그렇다고 판결에 중대한 하자가 있음에도 불구하고 더 이상 다툴 수 없다면 구체적 정의에 반하게 된다. 그리하여 일정한 재심사유가 있는 경우에 한하여 재심기간 내에 재심이라는 소송방식을 통하여 확정판결의 효력을 다툴 수 있는 길을 마련한 것이다.

재심의 소의 소송물은 확정판결의 취소요구와 구소송의 소송물 두 가지로 구성된다. 재심의 소는 확정판결의 취소에 중점을 두고 있다는 점에서 그 법적 성질은 형성소송에 해당된다. 판례는 재심의 소는 확정판결의 취소와 본안사건에 관하여 확정판결에 갈음한 판결을 구하는 복합적 목적을 가진 것으로서 재심의 허부와 재심이 허용됨을 전제로 한 본안심판의 두 단계로 구성된다고 한다.[1] 구소송물이론에 의하면 개개의 재심사유마다 소송물이 별개이고, 재심사유를 변경하는 것은 청구의 변경에 해당된다. 판례도 구소송물이론의 입장에서 개개의 재심사유마다 소송물이 별개이므로 재심기간의 준수 여부도 각 재심사유마다 그 주장된 시기를 표준으로 하여 판단하여야 하고,[2] 재심소송계속 중에 새로운 재심사유를 추가하는 것은 청구의 변경에 해당된다고 한다.[3]

---

[1] 확정된 판결에 대한 재심의 소는 확정된 판결의 취소와 본안사건에 관하여 확정된 판결에 갈음한 판결을 구하는 복합적 목적을 가진 것으로서 이론상으로는 재심의 허부와 재심이 허용됨을 전제로 한 본안심판의 두 단계로 구성되는 것이라고 할 수 있다(대법원 1994. 12. 27. 선고 92다22473 판결).

[2] 재심사유는 그 하나하나의 사유가 별개의 재심청구를 형성한다 할 것이므로 재심의 소가 불변기간 내에 제기된 것인가의 여부도 각 재심사유마다 그 주장된 시기를 표준으로 하여 가려져야 할 것이다(대법원 1982. 12. 28. 선고 82무2 판결).

[3] 재심대상판결에 제451조 제1항 제9호의 재심사유가 있다는 피고 보조참가인의 주장에 대하여, 피고는 이 사유를 주장한 바 전혀 없고, 참가인만이 재심심판청구사유보충서에서 이를 주장하였는데, 제451조 제1항 각호 소정의 재심사유는 각각 별개의 청구원인에 해당하고, 한편 참가인은 피참가인이 당사자로 되어 있는 기존의 소송을 전제로 피참가인을 승소시키기 위하여 참가하는 것이기 때문에 소의 변경과 같이 기존의 소송형태를 변형시키는 행위는 할 수 없으므로, 참가인의 위 주장은 재심청구를 추가하는 것으로서 받아들일 수 없다(대법원 1992. 10. 9. 선고 92므266 판결).

## II. 적법요건

## 1. 재심당사자

재심의 소는 확정판결을 취소하고 그 기판력의 배제를 구하는 것이므로, 확정판결의 기판력에 의하여 불이익을 받은 사람이 재심원고, 이익을 받은 사람이 재심피고이다. 확정판결에 표시된 당사자뿐만 아니라 변론종결 후의 승계인(제218조 제1항), 제3자의 소송담당에 있어서 권리귀속주체(제218조 제3항)도 당사자적격을 갖는다.[1] 또한 판결의 효력이 제3자에 확장되는 경우에 판결의 취소에 대하여 고유의 이익을 갖는 제3자도 당사자적격을 가진다. 이 경우 제3자는 독립당사자가참가의 방식에 의하여 본소 당사자를 공동피고로 하여 재심의 소를 제기하여야 한다.[2] 가사소송에 있어서 상대방이 될 사람이 사망한 경우에는 검사(가사소송법 제24조 제3항)가 승계인으로 당사자적격을 가진다. 다만, 판례는 채무자와 제3채무자 사이의 소송이 계속된 이후의 소송수행과 관련한 개개의 소송상 행위는 그 권리의 행사를 소송당사자인 채무자의 의사에 맡기는 것이 타당하다는 이유로 재심의 소는 채권자대위권의 목적이 될 수 없다고 한다.[3]

필수적 공동소송의 확정판결에 대하여 공동소송인 가운데 한 사람이 재심의 소를 제기하면 다른 공동소송인도 당연히 재심당사자가 되고, 상대방으로부터 재심의 소가 제기된 때에는 공동소송인 모두가 재심피고가 된다(제67조 제1항 및 제2항). 전소송의 보조참가인도 보조참가신청과 함께 재심의 소를 제기할 수 있다(제72조 제3항). 다만, 보조참가인은 청구의 변경과 같은 기존의 소송형태를 변경시키는 행위를 할 수 없으므로 새로운 재심사유를 추가하여 청구할 수 없다.[4] 판례는 제3자가 다른 사람 사이의 재심소송에 독립당사자참가를 하였다면, 이 경우 제3자

---

1) 재심의 소에 있어서 재심피고는 원칙적으로 확정판결의 승소당사자 및 그 변론종결 후의 승계인과 승소당사자가 타인을 위해 원고 또는 피고가 된 경우 그 확정판결의 효력을 받는 타인(선정자) 등이다(대법원 1987. 12. 8. 선고 87재다24 판결).
2) 법률에 명문의 규정을 둔 경우가 있다. 예를 들어, 주주의 대표소송이 제기된 경우 당사자가 공모하여 소송의 목적인 회사의 권리를 사해할 목적으로 판결을 하게 한 때에는 회사 또는 주주는 확정된 종국판결에 대하여 재심의 소를 제기할 수 있고(상법 제406조), 행정소송에서 처분 등을 취소하는 판결에 의하여 권리 또는 이익의 침해를 받은 제3자는 자기에게 책임 없는 사유로 소송에 참가하지 못함으로써 판결의 결과에 영향을 미칠 공격 또는 방어방법을 제출하지 못한 때에는 이를 이유로 확정된 종국판결에 대하여 재심의 소를 제기할 수 있다(행정소송법 제31조).
3) 채권을 보전하기 위하여 대위행사가 필요한 경우는 실체법상 권리뿐만 아니라 소송법상 권리에 대하여서도 대위가 허용되나, 채무자와 제3채무자 사이의 소송이 계속된 이후의 소송수행과 관련한 개개의 소송상 행위는 그 권리의 행사를 소송당사자인 채무자의 의사에 맡기는 것이 타당하므로 채권자대위가 허용될 수 없다. 같은 취지에서 볼 때 상소의 제기와 마찬가지로 종전 재심대상판결에 대하여 불복하여 종전 소송절차의 재개, 속행 및 재심판을 구하는 재심의 소 제기는 채권자대위권의 목적이 될 수 없다(대법원 2012. 12. 27. 선고 2012다75239 판결).
4) 대법원 1992. 10. 9. 선고 92므266 판결.

는 재심사유 있음이 인정되어 본안사건이 부활되기 전에는 참가이유를 주장할 여지가 없는 것이므로, 제3자는 재심대상판결에 재심사유가 있음이 인정되어 본안소송이 부활되는 단계를 위하여 참가를 한 것으로 볼 수 있다고 한다.[1]

## 2. 재심의 대상적격

재심의 소는 '확정된 종국판결'에 대해서만 허용된다. 미확정판결은 재심의 소의 대상이 되지 못한다. 미확정판결에 대한 재심의 소가 제기된 뒤에 그 판결이 확정되어도 재심의 소가 적법한 것으로 되지 않는다.[2] 중간판결도 독립하여 재심의 소의 대상이 되지 않으나, 재심사유가 있고 그 판결이 종국판결의 기본이 되는 경우에는 그 재심사유를 이유로 종국판결에 대하여 재심의 소를 제기할 수 있다. 나아가 민사소송법에서는 판결의 기본이 되는 재판에 재심사유가 있는 경우에는 그 재판에 대하여 독립된 불복방법이 있더라도 그 재심사유를 이유로 종국판결에 대하여 재심의 소를 제기할 수 있도록 하고 있다(제452조). 예를 들어, 종국판결에 앞서서 이루어진 소송절차상의 결정·명령에 대하여 항고나 즉시항고로 불복할 수 있는 경우에도 그 결정·명령에 재심사유가 있다면 이를 이유로 종국판결에 대하여 재심의 소를 제기할 수 있다. 이 경우 판결의 기본이 되는 결정·명령 등에 재심사유가 있는 것으로 충분하고 종국판결 자체에는 재심사유가 존재할 필요는 없다.

판례는 대법원의 환송판결은 해당 심급을 종료시킨다는 의미에서 종국판결이라고 할 수 있지만 종국적 판단을 유보한 재판의 성질상 기판력이나 형성력, 집행력이 생기지 않아 실질적으로 확정된 종국판결이라고 할 수 없어 재심의 소의 대상이 되지 않는다고 한다.[3] 중재판정은

---

1) 확정된 판결에 대한 재심의 소는 확정된 판결의 취소와 본안사건에 관하여 확정된 판결에 갈음한 판결을 구하는 복합적 목적을 가진 것으로서 이론상으로는 재심의 허부와 재심이 허용됨을 전제로 한 본안심판의 두 단계로 구성되는 것이라고 할 수 있고, 따라서 재심소송이 가지는 위와 같은 복합적, 단계적인 성질에 비추어 볼 때, 제3자가 타인 간의 재심소송에 제79조에 의하여 당사자참가를 하였다면, 이 경우 제3자는 아직 재심대상판결에 재심사유 있음이 인정되어 본안사건이 부활되기 전에는 원·피고를 상대방으로 하여 소송의 목적의 전부나 일부가 자기의 권리임을 주장하거나 소송의 결과에 의하여 권리의 침해를 받을 것을 주장할 여지가 없는 것이고, 재심사유 있음이 인정되어 본안사건이 부활된 다음에 이르러서 비로소 위와 같은 주장을 할 수 있는 것이므로, 결국 제3자는 재심대상판결에 재심사유가 있음이 인정되어 본안소송이 부활되는 단계를 위하여 당사자참가를 하는 것이라고 할 것이다(대법원 1994. 12. 27. 선고 92다22473 판결).
2) 판결확정 전에 제기한 재심의 소가 부적법하다는 이유로 각하되지 않고 있는 동안에 판결이 확정되었다고 하더라도 위 재심의 소가 적법한 것으로 되는 것이 아니다(대법원 1980. 7. 8. 선고 80다1132 판결).
3) 대법원의 환송판결은 형식적으로 보면 '확정된 종국판결'에 해당하지만, 원심의 재판을 파기하여 다시 심리·판단하여 보라는 종국적 판단을 유보한 재판의 성질상 직접적으로 기판력이나 실체법상 형성력, 집행력이 생기지

별도로 중재판정취소의 소가 인정되므로 재심의 소의 대상이 되지 않으며(중재법 제35조, 제36조), 소송비용재판이나 가집행선고에 대해서는 독립하여 재심의 소를 제기할 수 없다. 외국판결도 재심의 소의 대상이 아니다. 확정판결과 동일한 효력이 있는 청구의 포기·인낙조서, 재판상 화해조서, 확정된 화해권고결정이나 조정에 갈음하는 결정은 후술하는 준재심의 소의 대상이 된다(제461조).

## 3. 재심기간

재심사유 중 '대리권 흠결'과 '기판력의 저촉'을 제외하고(제457조), 나머지 재심사유에 관하여는 제소기간이 정해져 있다(제456조). 재심기간의 적용이 배제되는 '대리권의 흠결'이란 대리권이 전혀 없는 경우만을 말하고, 대리권은 있지만 소송행위를 함에 필요한 특별수권의 흠결이 있는 경우에는 여기에 해당되지 않아 재심기간의 적용을 받는다.[1]

### (1) 재심사유를 안 날로부터 30일

재심은 당사자가 판결확정 후 재심사유를 안 날로부터 30일 내에 제기하여야 한다(제456조 제1항). 이 기간은 불변기간이다. 따라서 추후보완이 가능하다. 각 재심사유마다 이를 안 때로부터 별개로 재심기간이 진행된다.[2] 판결법원구성의 위법(제451조 제1항 제1호)이나 판단누락(동항 제9호)은 판결정본이 송달된 때로부터 기산한다. 소송대리인이 있는 경우에는 대리인이 판결정본을 송달받은 때로부터 기산한다.[3] 형사상 처벌받을 행위를 재심사유로 하는 경우(동항 제4호 내지

---

아니하므로 이는 중간판결의 특성을 갖는 판결로서 '실질적으로 확정된 종국판결'이라 할 수 없다. 따라서 환송판결은 재심의 대상에 해당하지 아니하는 것이어서, 환송판결을 대상으로 하여 제기한 재심의 소는 부적법하므로 각하하여야 한다(대법원 1995. 2. 14. 선고 93재다27,34(반소) 전원합의체 판결).

1) 제457조 소정의 '대리권의 흠결'이라고 함은 대리권이 전혀 없는 경우를 의미하는 것이므로, 대리권은 있지만 소송행위를 함에 필요한 특별수권의 흠결이 있는 경우에는 위 제456조가 적용되지 않는다(대법원 1994. 6. 24. 선고 94다4967 판결); 비법인사단의 대표자가 총유물의 처분에 관한 소송행위를 하려면 특별한 사정이 없는 한 사원총회의 결의가 있어야 하는 것이지만, 그 결의 없이 소송행위를 하였다고 하더라도 이는 소송행위를 함에 필요한 특별수권을 받지 아니한 경우로서, 제451조 제1항 제3호 소정의 재심사유에 해당하되, 전연 대리권을 갖지 아니한 자가 소송행위를 한 대리권 흠결의 경우와 달라서 제457조는 적용되지 아니한다(대법원 1999. 10. 22. 선고 98다46600 판결).

2) 재심사유는 그 하나하나의 사유가 별개의 재심청구를 형성한다 할 것이므로 재심의 소가 불변기간 내에 제기된 것인가의 여부도 각 재심사유마다 그 주장된 시기를 표준으로 하여 가려져야 할 것이다(대법원 1982. 12. 28. 선고 82무2 판결).

3) 제451조 제1항 제1호의 재심사유는 특별한 사정이 없는 한 당사자가 판결정본을 송달받았을 때 판결법원 구성

제7호)에는 유죄판결 등이 확정된 때에만 재심의 소를 제기할 수 있으므로(동조 제2항) 유죄판결 등이 확정되었음을 알았을 때부터 기산한다.[1] 다만, 증거부족 이외의 이유로 유죄확정판결을 할 수 없는 경우, 예를 들어, 공소시효의 완성을 이유로 불기소처분을 받은 경우 등에는 이를 알았을 때부터 기산한다.[2]

## (2) 판결확정일 등으로부터 5년

당사자가 재심사유의 존재를 알지 못한 경우에도 판결이 확정되어 5년이 경과하면 재심의 소를 제기할 수 없다(제456조 제3항).[3] 이 기간은 제척기간으로서 불변기간이 아니므로 추후보완이 인정되지 않는다. 5년의 기간은 재심사유가 판결확정 후에 생긴 때에는 그 사유가 발생한 때부터 기산한다(동조 제4항). 즉, 가벌적 행위에 대한 유죄확정판결 또는 공소시효의 완성·사면·피의자의 사망 등 유죄확정판결을 할 수 없는 사실, 판결의 기초가 된 재판 또는 행정처분

---

의 위법 여부를 알게 됨으로써 재심사유의 존재를 알았다고 할 것이고, 또한 소송대리인이 있는 사건에서는 그 판결이 소송대리인에게 송달되었을 때 특별한 사정이 없는 한 당사자도 그 재심사유의 유무를 알았던 것으로 보아야 할 것이므로 재심의 소의 제기기간은 소송대리인이 판결정본을 송달받았을 때부터 진행한다(대법원 2000. 9. 8. 선고 2000재다49 판결); 특별한 사정이 없는 한 재심의 대상이 된 판결이 당사자나 소송대리인에게 송달되었을 때에 판단유탈사실의 유무를 알았다고 보아야 할 것이고, 따라서 그로부터 재심제기기간인 30일 이상이 경과하여 판단유탈을 이유로 재심을 제기하는 경우 그 재심의 소는 부적법하다(대법원 1991. 3. 12. 선고 90다18470 판결).

1) 증인의 허위진술이 판결의 증거로 된 때를 재심사유로 하는 경우에 그 판결의 증거로 된 증인의 증언이 위증이라는 유죄판결이 확정된 사실을 알았다면 위 재심사유를 알았다고 보아야 할 것이고, 그 때부터 재심제기기간이 진행한다(대법원 1996. 5. 31. 선고 95다33993 판결); 국가를 상대로 한 소유권보존등기말소 등 청구사건의 증인이 허위증언에 대한 유죄판결을 받아 그 유죄판결이 확정되고 대법원이 유죄판결이 확정되자 같은 날 그 재판결과를 대검찰청에 통지하였다면, 국가로서는 그 유죄판결이 확정된 사실을 국가소송에 있어서 국가를 대표하는 법무부장관의 산하 기관으로서 법무부장관을 보좌하고 나아가 그 명을 받아 국가를 당사자로 하는 소송의 일부의 수행을 지휘·감독·관장하는 대검찰청이 그 결과를 통지받음으로써 그 때 알았다고 보아야 할 것이다(대법원 1994. 12. 9. 선고 94다38960 판결).

2) 재심의 대상이 되고 있는 확정판결에 증거로 된 문서가 위조되었다 하여 재심원고가 위조한 사람을 고소하여 검사가 수사한 결과 위조사실이 인정되는지 여부에 관하여는 판단하지 아니한 채 공소시효완성으로 인하여 공소권이 없다는 이유로 불기소처분을 한 경우 재심기간은 문서위조 등 고소사실에 관하여 증거흠결 이외의 이유로 유죄의 확정판결을 할 수 없다는 사실을 안 날, 즉 공소시효의 완성으로 인한 검사의 불기소처분이 있는 것을 안 날부터 진행된다(대법원 2006. 10. 12. 선고 2005다72508 판결; 1994. 1. 28. 선고 93다29051 판결). 당사자가 검사의 공소권이 없다는 불기소처분에 불복하여 검찰청법상의 항고절차나 형사소송법상의 재정신청절차를 거친 경우에는 항고나 재정신청에 대한 결정이 있었던 것을 안 날 즉, 그 결정의 통지를 받은 날에 재심사유를 알았다고 본다(대법원 1997. 4. 11. 선고 97다6599 판결).

3) 재심사유의 발생일이 아니라 재심사유를 안 날로부터 진행하는 제456조 제1항의 출소기간은 같은 조 제3항 제척기간과는 별개의 재심제기기간으로서, 그 출소기간이 경과한 이상 재심대상판결의 확정일로부터 진행하는 제척기간이 경과하였는지 여부와는 관계없이 재심의 소를 제기할 수 없다(대법원 1996. 5. 31. 선고 95다33993 판결)

의 변경 등이 재심대상판결의 확정 전에 생긴 때에는 그 판결확정일로부터, 확정 후에 생긴 때에는 그 사유가 발생한 때로부터 기산한다.[1]

## Ⅲ. 재심사유

### 1. 의의

재심의 소는 제451조에 한정적으로 열거된 재심사유가 있는 경우에 한하여 허용된다. 재심의 소에 있어서 재심사유는 소의 적법요건이므로 이에 대한 주장이 없거나 주장된 사유가 재심사유에 해당하지 않는 경우에는 재심의 소를 부적법각하하여야 한다.[2] 그러나 재심사유를 적법하게 주장하였으나 그 존재가 인정되지 않는 경우에는 재심청구를 기각하여야 한다.

### 2. 보충성

재심사유는 전(前)소송에서 상소로써 주장할 수 없었던 경우에 한하여 보충적으로 허용된다(제451조 제1항 단서). 따라서 당사자가 재심사유를 상소로써 주장하였으나 기각된 경우 또는 이를 알고도 상소심에서 주장하지 않은 경우에는 같은 사유로 재심의 소를 제기할 수 없다. 이것은 재심사유가 당연히 상고이유가 됨을 전제로 한 것이다. 상소심에서 주장하지 않은 경우에는

---

1) 제456조 제3항, 제4항은 재심사유가 재심대상판결 확정 전에 생긴 때에는 그 판결확정일로부터, 재심의 사유가 재심대상판결 확정 후에 생긴 때에는 그 사유가 발생한 날로부터 각 5년이 경과한 때에는 재심의 소를 제기하지 못하도록 규정하고 있고 위 기간은 판결확정이라는 객관적 사실에 바탕을 두고 재심제기의 가능성을 언제까지나 남겨둠으로써 당사자 사이에 일어나는 법적 불안상태를 막기 위하여 마련한 제척기간이라 할 것이므로, 제451조 제1항 제6호, 제2항 후단에 기한 재심의 소의 제척기간은 위 규정에 따라 계산함에 있어서는 피의자의 사망, 공소권의 시효소멸, 사면 등의 사실이 재심대상판결 확정 전에 생긴 때에는 그 판결확정시부터, 확정 후에 생긴 때에는 위 사유가 발생한 때로부터 기산하여야 하고, 각 그때부터 5년이 경과된 뒤에는 재심의 소를 제기할 수 없다고 보아야 할 것이다(대법원 1988. 12. 13. 선고 87다카2341 판결).
2) 재심의 소가 적법한 법정의 재심사유에 해당하지 않는 사유를 재심사유로 주장하였거나 재심제기기간이 경과된 후에 주장된 재심사유를 바탕으로 하여 제기된 경우, 그 재심의 소는 부적법하므로 각하되어야 한다. 그럼에도 불구하고 원심이 이 사건 재심의 소를 각하하지 않고 재심청구가 이유 없다고 하여 이를 기각한 조치는 부당하다고 할 것이다(대법원 1996. 10. 25. 선고 96다31307 판결); 재심의 소는 제451조 소정의 사유가 있는 때에 한하여 허용되는 것이므로 재심원고의 주장하는 사유가 이에 해당하지 아니할 때에는 재심의 소는 부적법하므로 각하하여야 한다(대법원 1982. 9. 14. 선고 82사14 판결).

상소 자체를 제기하지 않은 경우,[1] 상고이유서 제출기간을 도과하여 상고가 기각된 경우[2] 등을 포함한다. 이를 재심의 소의 보충성이라고 한다. 재심의 소의 보충성은 소의 적법요건이므로, 보충성이 흠결된 경우에는 재심의 소를 부적법각하하여야 한다.[3]

재심사유와 추완상소사유가 동시에 존재하는 경우 추완상소기간 내에 상소를 제기하지 않았다면 제451조 제1항 단서 '이를 알고도 주장하지 아니한 때'에 해당되어 재심의 소를 제기할 수 없는지 논의가 있다. 추완상소와 재심은 독립된 별개의 제도이므로 당사자는 양자 중 어느 하나를 선택하여 각각의 기간 내에 제기할 수 있다고 할 것이고, 따라서 비록 추완상소기간 내에 상소를 제기하지 않았더라도 재심기간이 경과하지 않았다면 재심청구를 할 수 있다고 할 것이다.[4] 상고이유를 제한하고 있는 소액사건에서는 재심사유가 상고이유가 될 수 없으므로(소액사건심판법 제3조), 재심의 소의 보충성이 요구되지 않는다.[5]

## 3. 개별적 재심사유

민사소송법에서는 재심사유 11가지를 제한적으로 열거하고 있다(제451조 제1항). 민사소송법에서 열거한 재심사유를 살펴보면 다음과 같다.[6]

### (1) 절대적 상고이유

'법률에 따라 판결법원을 구성하지 아니한 때(제1호)', '법률상 그 재판에 관여할 수 없는 법

---

1) 대법원 2011. 12. 22. 선고 2011다73540 판결.
2) 김홍엽, 1115면.
3) 이건 재심사유는 제451조 제1항 단서규정에 의하여 적법한 재심사유가 될 수 없다 할 것이므로 원심으로서는 재심의 소를 각하하여야 할 것임에도 불구하고, 이를 간과하여 기각하였음은 부당하나 결국 이 사건 재심의 소를 배척한 점에 있어서는 타당하므로 원판결은 결과적으로 정당하다(대법원 1980. 11. 11. 선고 80다2126 판결).
4) 제451조 제1항 단서 조항은 재심의 보충성에 관한 규정으로서 당사자가 상소를 제기할 수 있는 시기에 재심사유의 존재를 안 경우에는 상소에 의하여 이를 주장하게 하고 상소로 주장할 수 없었던 경우에 한하여 재심의 소에 의한 비상구제를 인정하려는 취지인 점, 추완상소와 재심의 소는 독립된 별개의 제도이므로 추완상소의 방법을 택하는 경우에는 추완상소의 기간 내에, 재심의 방법을 택하는 경우에는 재심기간 내에 이를 제기하여야 하는 것으로 보이는 점을 고려하면, 공시송달에 의하여 판결이 선고되고 판결정본이 송달되어 확정된 이후에 추완항소의 방법이 아닌 재심의 방법을 택한 경우에는 추완상소기간이 도과하였다 하더라도 재심기간 내에 재심의 소를 제기할 수 있다고 보아야 한다(대법원 2011. 12. 22. 선고 2011다73540 판결).
5) 김홍엽, 1114면; 이시윤, 939면.
6) 상법에서는 주주대표소송이 제기된 경우에 원고인 주주와 피고인 이사가 공모하여 소송의 목적인 회사의 권리를 사해할 목적으로써 판결을 하게 한 때에는 회사 또는 다른 주주로 하여금 확정된 종국판결에 대하여 재심의 소를 제기할 수 있도록 하고 있다(제406조 제1항).

관이 관여한 때(제2호)', '법정대리권·소송대리권 또는 대리인이 소송행위를 하는 데에 필요한 권한의 수여에 흠결이 있는 때(제3호)'는 절대적 상고이유도 되고 재심사유도 된다. 이는 절대적 상고이유와 같으므로 판결결과에 영향을 미쳤는지 여부를 불문한다. 그러나 나머지 제4호 내지 제10호의 사유는 판결주문에 영향을 미칠 가능성이 있어야 한다.

판례는 피고의 참칭대표자에게 소송서류가 송달되도록 하여 자백간주에 의한 승소판결을 받은 경우,[1] 우편집배원이 착오로 소송기록접수통지서를 상고인 아닌 사람에게 배달함으로써 상고이유서 부제출로 인한 상고기각판결을 받은 경우[2]에도 대리권 흠결에 준하여 재심사유에 해당된다고 한다. 대리권의 흠결이 있더라도 추인이 있는 때에는 소송행위가 소급하여 유효해지므로 재심사유가 되지 않는다(제451조 제1항 제3호 단서). 판례는 항소심에서 당사자 본인이 변론기일에 출석하여 소송관계를 표명하고 증거조사의 결과를 진술하였다면 제1심 소송절차에서 소송대리권 흠결의 하자도 모두 치유되었다고 볼 것이라고 한다.[3] 대리권의 흠결을 재심사유로 한 취지는 당사자를 보호하는 데 있으므로 그 상대방이 이를 재심사유로 하기 위해서는 그러한 사유를 주장함으로써 이익을 받을 수 있는 경우, 즉 대리권 흠결 이외의 사유로도 종전 판결이 상대방에게 이익으로 변경될 수 있는 경우에 한한다.[4]

---

1) 제451조 제1항 제3호 소정의 재심사유는 무권대리인이 대리인으로서 본인을 위하여 실질적인 소송행위를 하였을 경우뿐만 아니라 대리권의 흠결로 인하여 본인이나 그의 소송대리인이 실질적인 소송행위를 할 수 없었던 경우에도 이에 해당한다. 참칭대표자를 대표자로 표시하여 소송을 제기한 결과 그 앞으로 소장부본 및 변론기일소환장이 송달되어 변론기일에 참칭대표자의 불출석으로 의제자백판결이 선고된 경우, 이는 적법한 대표자가 변론기일소환장을 송달받지 못하였기 때문에 실질적인 소송행위를 하지 못한 관계로 위 의제자백판결이 선고된 것이므로, 제451조 제1항 제3호 소정의 재심사유에 해당한다(대법원 1999. 2. 26. 선고 98다47290 판결).

2) 우체국 집배원의 배달착오로 상고인인 원고(재심원고)가 소송기록접수통지서를 송달받지 못하여 상고이유서 제출기간 내에 상고이유서를 제출하지 않았다는 이유로 상고가 기각된 경우, 원고는 적법하게 소송에 관여할 수 있는 기회를 부여받지 못하였으므로, 이는 제422조 제1항 제3호에 규정된 '법정대리권, 소송대리권 또는 대리인이 소송행위를 함에 필요한 수권의 흠결이 있는 때'에 준하여 재심사유에 해당한다고 봄이 상당하다(대법원 1998. 12. 11. 선고 97재다445 판결).

3) 재심대상판결의 소송절차(항소심)에서 피고 본인이 그 변론기일에 출석하여 소송관계를 표명하고 증거조사의 결과를 진술하였다면 피고는 그 제1심 소송절차에서 이루어진 모든 공격방어방법과 증거조사의 결과를 항소심에서 그대로 원용한 것이라고 볼 것이므로 본건 재심대상판결의 제1심 소송절차에서 피고를 대리하여 소송행위를 한 변호사가 가사 적법한 소송대리인이 아니었다고 하더라도 그러한 소송절차상의 하자는 그로써 모두 치유되었다고 할 것이다(대법원 1980. 7. 22. 선고 79다2148 판결).

4) 민사소송법에서 법정대리권 등의 흠결을 재심사유로 규정한 취지는 원래 그러한 대표권의 흠결이 있는 당사자 측을 보호하려는 데에 있으므로, 그 상대방이 이를 재심사유로 삼기 위하여는 그러한 사유를 주장함으로써 이익을 받을 수 있는 경우에 한하고, 여기서 이익을 받을 수 있는 경우란 위와 같은 대표권 흠결 이외의 사유로도 종전의 판결이 종국적으로 상대방의 이익으로 변경될 수 있는 경우를 가리킨다(대법원 2000. 12. 22. 선고 2000재다513 판결).

## (2) 형사상 또는 행정상 처벌받을 행위

### 1) 제4호 내지 제7호

'재판에 관여한 법관이 그 사건에 관하여 직무에 관한 죄를 범한 때(제4호)', '형사상 처벌을 받을 다른 사람의 행위로 말미암아 자백을 하였거나 판결에 영향을 미칠 공격방어방법의 제출에 방해를 받은 때(제5호)', '판결의 증거가 된 문서 그 밖의 물건이 위조되거나 변조된 것인 때(제6호)', '증인·감정인·통역인의 거짓 진술 또는 당사자신문에 따른 당사자나 법정대리인의 거짓 진술이 판결의 증거가 된 때(제7호)'는 가벌적 행위를 재심사유로 한 경우이다.

① 재판에 관여한 법관이 그 사건에 관하여 직무에 관한 죄를 범한 때(제4호): 법관이 담당사건과 관련하여 수뢰죄나 공문서위조죄 등을 범한 경우를 말한다.

② 형사상 처벌받을 다른 사람의 행위로 인한 공격방어방법의 제출 방해(제5호): 여기의 형사상 처벌받을 행위는 형법을 비롯한 특별형법을 포함하여 형사법상 범죄행위를 한 경우를 말하고, 경범죄처벌법 위반행위나 질서벌은 여기에 포함되지 않는다.[1] '형사상 처벌받을 다른 사람의 행위', '공격방어방법의 제출 방해', '불리한 판결' 사이에 인과관계가 있어야 한다. 먼저, 형사상 처벌받을 다른 사람의 행위로 인하여 해당 소송절차에서 공격방어방법의 제출이 직접 방해받았어야 한다. 해당 소송절차와 관계없이 다른 사람의 범죄행위로 어떤 사실이 조작되었다든가[2] 또는 다른 소송절차에서 공격방어방법의 제출이 방해되어 사실을 잘못 인정함으로써 그 결과 법원이 사실인정을 그르친 경우는 여기에 해당되지 않는다.[3] 또한 공격방어방법의 제출이 형사상 처벌받을 다른 사람의 행위

---

1) 김홍엽, 1120면, 이시윤, 942면.
2) 제451조 제1항 제5호 소정의 재심사유인 형사상 처벌을 받을 타인의 행위로 인하여 판결에 영향을 미칠 공격방어방법의 제출이 방해된 때라 함은 타인의 형사처벌을 받을 행위로 인하여 당해 소송절차에서 당사자의 공격방어방법 제출이 직접 방해받은 경우를 말하는 것이고 당해 소송절차와 관계없이 타인의 범죄행위로 인하여 실체법상의 어떤 효과발생이 저지되었다든가 어떤 사실이 조작되었기 때문에 그 결과 법원이 사실인정을 그르치게 된 경우까지 포함한다고 해석할 수 없다고 할 것인바, 이 사건에서 문제된 채권양도인이 채무자인 피고에게 배달된 내용증명우편(채권양도통지)을 피고가 읽기도 전에 찢어버린 행위는 그로 인하여 채권양도통지의 효력발생이 저지되었고 그럼에도 불구하고 채권양도가 된 양 보였기 때문에 법원이 사실인정을 잘못하게 되었으며 또 위 소위가 없었다면 피고는 그 양도통지를 받아보게 되어 원고에게 적법하게 양도된 사실을 알고, 그 후에 양수한 자에게 채권을 변제하지 않았을 것이라고 볼 사유는 될지언정 그 행위로 인하여 이 사건 재심대상 판결사건의 소송절차에서 피고의 방어방법 제출이 직접 방해받게 되었다고는 할 수 없는 것이므로 이를 들어 제451조 제1항 제5호 소정의 재심사유에 해당된다고 할 수 없다(대법원 1982. 10. 12. 선고 82다카664 판결).
3) 제451조 제1항 제5호 소정의 '공격 또는 방어방법의 제출이 방해된 때'라 함은 타인의 형사상 처벌받을 행위로 인하여 그 재심대상판결의 소송절차에서 당사자의 공격방어방법의 제출이 직접 방해받은 경우만을 말하는 것이지, 재심대상판결의 소송절차가 아닌 다른 사건의 소송절차에서 사실을 잘못 인정하는 등의 위법이 있는 판결의 판결서가 증거로 제출됨으로써 패소의 판결이 확정되고, 그에 따라 그 사건소송의 제기에 의하여 점유로 인한

로 인하여 이루어졌다고 하더라도 다른 사람의 범죄행위가 그 소송행위를 하는데 착오를 일으키게 한 정도에 불과할 뿐 소송행위에 부합하는 의사가 존재할 때에도 여기의 재심사유에 해당되지 않는다.[1]

그 다음 형사상 처벌받을 다른 사람의 행위로 인하여 자백 또는 공격방어방법의 제출이 방해된 사실과 불리한 판결 사이에 인과관계가 있어야 한다. 판례는 형사상 처벌받을 다른 사람의 행위로 인한 사유가 청구의 인낙에 대한 준재심사유가 되기 위해서는 형사상 처벌받을 다른 사람의 행위가 인낙의 의사표시를 하게 된 직접적인 원인이 된 경우만이라고 할 것이고, 간접적인 원인이 되는데 그친 경우는 준재심사유가 되지 않는다고 한다.[2]

공격방어방법에는 판결에 영향을 주는 주장, 부인, 항변뿐만 아니라 증거방법도 포함된다. 따라서 소송의 승패에 중요한 영향을 미치는 문서를 절취하거나 손괴하는 경우, 중요한 증인을 체포 또는 감금함으로써 출석할 수 없게 하는 경우 등도 여기에 포함된다.[3] 판례는 재심대상사건의 공격방어방법이 담긴 합의서를 소송계속 중 제3자가 반환을 거부하였고, 그로 인하여 횡령의 유죄확정판결을 받았다면 그러한 문서의 반환거부도

---

부동산소유권취득기간의 진행이 중단되었다는 주장이 재심대상판결에서 배척되었다는 등의 사유는 위와 같은 재심사유에 해당하는 것이 아니다(대법원 1993. 11. 9. 선고 93다39553 판결).

1) 소송행위가 사기, 강박 등 형사상 처벌을 받을 타인의 행위로 인하여 이루어졌다 하더라도 이를 이유로 그 소송행위를 부인할 수 없고, 다만 그 형사상 처벌을 받을 타인의 행위에 대하여 유죄판결이 확정된 경우에는 제451조 제1항 제5호, 제2항의 규정취지를 유추해석하여 그로 인한 소송행위의 효력을 부인할 수 있다 하겠으나, 이 경우에도 그 소송행위가 이에 부합되는 의사 없이 외형적으로만 존재할 때에 한하여 그 효력을 부인할 수 있다고 해석함이 상당하므로, 타인의 범죄행위가 소송행위를 하는데 착오를 일으키게 한 정도에 불과할 뿐 소송행위에 부합되는 의사가 존재할 때에는 그 소송행위의 효력을 다툴 수 없다고 할 것이다(대법원 1984. 5. 29. 선고 82다카963 판결); 원고의 기망에 의하여 피고들의 항소취하의 동기에 착오가 있다 하여도 항소취하의 무효 또는 취소를 주장할 수 없으며, 항소취하가 형사상 처벌받을 타인의 행위로 인한 때에는 제451조 제1항 제5호를 유추하여 그 무효를 주장할 수 있다함은 형사상 처벌받을 타인의 행위로 항소취하의 의사 없이 항소취하의 외형적 행위가 있을 때, 예를 들면 문맹자를 속여서 항소취하서에 날인케 하여 그 항소취하서를 제출한 경우와 같이 항소취하의 의사 없는 항소취하의 무효를 주장할 수 있다는 것이며, 본건과 같이 소송행위자의 진의에 부합한 소송행위가 그 동기에 있어 착오있는 경우에 소송행위의 무효 내지 취소의 주장을 할 수 있다는 것이 아니다(대법원 1963. 11. 21. 선고 63다441 판결).

2) 제451조 제1항 제5호 소정의 형사상 처벌받을 타인의 행위로 인한 사유가 청구의 인낙에 대한 준재심사유가 되기 위하여는 그것이 당사자가 인낙의 의사표시를 하게 된 직접적인 원인이 된 경우만이라고 할 것이고, 그렇지 않고 그 형사상 처벌받을 타인의 행위가 인낙에 이르게 된 간접적인 원인밖에 되지 않았다고 보이는 경우까지 준재심사유가 된다고 볼 수는 없다(대법원 1995. 4. 28. 선고 95다3077 판결); 제451조 제1항 제5호 소정의 형사상 처벌을 받을 타인의 행위로 인한 사유가 소송상의 화해에 대한 준재심사유로 될 수 있는 것은 그것이 당사자가 화해의 의사표시를 하게 된 직접적인 원인이 된 경우만이라고 할 것이고, 그렇지 않고 서증에 대한 감정결과가 불리하게 나오자 그것으로 인하여 패소할 것을 우려한 나머지 화해를 하게 된 경우와 같이 그 형사상 처벌받을 타인의 행위가 당사자가 화해에 이르게 된 간접적인 원인밖에 되지 않았다고 보이는 경우까지 준재심사유가 된다고 볼 수는 없다(대법원 1979. 5. 15. 선고 78다1094 판결).

3) 이시윤, 943면.

여기의 재심사유에 해당된다고 한다.[1]

③ **판결의 증거가 된 문서, 그 밖의 물건의 위조·변조(제6호):** '판결의 증거가 된 문서가 위조 또는 변조된 때'라 함은 위조 또는 변조된 문서가 판결주문을 유지하는 근거가 되는 사실인정의 증거로 채택된 경우를 말한다. 비록 문서가 위조 또는 변조되었다고 하여도 그것이 법관의 심증에 영향을 주었을지라도 사실인정의 직접적 또는 간접적인 증거로 채택되지 않았다면 여기의 재심사유에 해당되지 않는다.[2]

'문서'에는 공문서, 사문서를 모두 포함하고, '그 밖의 물건'에는 공인(公印), 사인(私印)은 물론 경계표 등도 포함한다. '위조·변조'에는 형사상 처벌되는 공정증서원본부실기재나 허위공문서작성 등이 포함되지만,[3] 형사상 처벌되지 않는 사문서의 무형위조는 포함되지 않는다.[4] 공인 또는 사인의 경우에는 부정사용된 경우도 여기에 포함되고(형법 제238조, 제239조), 경계표의 경우에는 손괴하거나 이동하는 행위를 의미한다(형법 제370조).[5]

④ **판결의 증거가 된 증인 등의 거짓 진술(제7호):** '증인의 거짓 진술 등이 판결의 증거로 된 때'라 함은 증인 등의 거짓 진술이 판결주문에 영향을 미치는 사실인정의 자료로서 증거로 채택되어 판결서에 구체적으로 기재되어 있는 경우를 말한다. 따라서 법관의 심증에 영향을 주었을 것이라고 추측되는 자료가 된다고 하여도 그것이 증거로 채택되어 사실인정의 자료가 되지 않았다면 재심사유가 될 수 없다.[6] 예를 들어, 그 거짓진술이 판결

---

1) 재심대상사건에 관한 공격방어방법이 담긴 합의각서를 동 소송계속 중 제3자가 반환을 거부하였다면 그 반환을 거부한 소위는 공격방어방법의 제출을 방해한 것이라고 못 볼 바 아니고, 그 반환거부로 인하여 동인이 횡령의 유죄확정판결을 받았다면 이는 제422조 제1항 제5호 소정의 재심사유에 해당한다(대법원 1985. 1. 29. 선고 84다카1430 판결).

2) 제451조 제1항 제6호 소정의 '판결의 증거로 된 문서 기타 물건이 위조된 것인 때' 또는 제422조 제1항 제7호 소정의 '증인의 허위 진술 등이 판결의 증거로 된 때'라 함은 위조문서 또는 그 허위 진술이 판결주문을 유지하는 근거가 된 사실을 인정하는 자료로서 증거로 채택되어 판결서에 구체적으로 기재되어 있는 경우를 말하고, 가사 법관의 심증에 영향을 주었을 것이라고 추측되는 자료가 된다 하여도 그것이 증거로 채택되어 사실인정의 직접적 또는 간접적인 자료가 된 바 없는 것이라면 이는 재심사유가 될 수 없다(대법원 1997. 9. 26. 선고 96다50506 판결).

3) 제451조 제1항 제6호 소정의 증거된 문서 기타 물건의 '위조나 변조'에는 형사상 처벌될 수 있는 허위공문서작성을 포함한다(대법원 1982. 9. 28. 선고 81다557 판결).

4) 형사상의 범죄를 구성하지 아니하는 사문서의 소위 무형위조의 경우 그 사문서는 제451조 제1항 제6호 소정의 판결의 증거로 된 문서가 위조나 변조된 것인 때의 위조나 변조된 문서에 해당하지 않는다(대법원 1995. 3. 10. 선고 94다30829,30836,30843 판결).

5) 한충수, 841면 및 842면.

6) 제422조 제1항 제7호의 '증인의 허위진술 등이 판결의 증거로 된 때'라 함은 그 허위 진술이 판결주문의 근거가 된 사실을 인정하는 증거로 채택되어 판결서에 구체적으로 기재되어 있는 경우를 말하므로, 증인의 진술이 증거로 채택되어 사실인정의 자료가 되지 않았다면, 그 진술이 허위이고 법관의 심증에 영향을 주었을 것으로 추측된다 하더라도 재심사유가 되지 않는다(대법원 2001. 5. 8. 선고 2001다11581 판결)

이유에 가정적 또는 부가적으로 인용되는데 그치거나 또는 쟁점인 사실의 인정에 관계가 없거나 그 진술을 제외하여도 쟁점인 사실을 인정할 수 있는 경우에는 재심사유가 되지 않는다.[1]

그러나 판결주문에 영향을 미친다는 것은 그 거짓 진술이 없었다면 판결주문이 달라질 수도 있었을 것이라는 개연성이 있는 경우를 말하고 변경의 확실성을 요구하는 것은 아니며, 사실인정의 자료가 되었다고 함은 그 거짓 진술이 직접적인 증거가 된 경우만을 가리키는 것은 아니며 대비증거로 사용되어 간접적으로 영향을 준 경우를 포함한다.[2] 한편 증인 등의 거짓 진술은 재심대상이 된 소송사건에서 이루어진 경우에만 재심사유가 되고, 다른 사건에서 거짓 진술을 하고 그 진술이 기재된 조서가 재심대상판결에 서증으로 제출된 경우는 여기의 재심사유에 해당되지 않는다.[3]

## 2) 유죄의 확정판결

제4호 내지 제7호의 처벌받을 행위에 대하여는 유죄의 판결이나 과태료부과의 재판이 확정된 때 또는 증거부족 이외의 이유로 유죄의 확정판결이나 과태료부과의 확정재판을 할 수 없을 때에만 재심의 소를 제기할 수 있다(제451조 제2항). 여기서 '증거부족 이외의 이유로 유죄의 확정판결이나 과태료부과의 확정재판을 할 수 없을 때'라고 함은 범인의 사망, 사면, 공소시효의 완성, 심신상실 등의 사유가 없었다면 유죄판결을 받을 수 있었던 경우를 의미한다.[4] 그리하여

---

1) 증인의 증언이 허위라도 그 증언이 판결이유에 가정적 또는 부가적으로 인용된 때 혹은 위증의 증언이 쟁점의 인정에 전연 관계가 없다던가 위증의 증언을 제외하여도 쟁점을 인정할 수 있는 경우에는 재심사유가 되지 않는다(대법원 1983. 12. 27. 선고 82다146 판결); 허위 진술을 제외한 나머지 증거들만에 의하여도 판결주문에 아무런 영향도 미치지 아니하는 경우에는 비록 그 허위 진술이 위증으로 유죄의 확정판결을 받았다고 하더라도 제451조 제1항 제7호 소정의 재심사유에는 해당되지 않는다(대법원 1997. 12. 26. 선고 97다42922 판결).

2) 제451조 제1항 제7호 소정의 재심사유인 '증인의 허위 진술이 판결의 증거가 된 때'라 함은 증인의 허위 진술이 판결주문에 영향을 미치는 사실인정의 자료가 된 경우를 의미하고, 판결주문에 영향을 미친다는 것은 만약 그 허위 진술이 없었더라면 판결주문이 달라질 수도 있었을 것이라는 개연성이 있는 경우를 말하고 변경의 확실성을 요구하는 것은 아니며, 그 경우에 있어서 사실인정의 자료로 제공되었다 함은 그 허위 진술이 직접적인 증거가 된 때뿐만 아니라 대비증거로 사용되어 간접적으로 영향을 준 경우도 포함된다(대법원 2001. 6. 15. 선고 2000두2952 판결).

3) 제451조 제1항 제7호 소정의 '증인의 허위 진술이 판결의 증거로 된 때'라 함은 그 증인이 직접 그 재심의 대상이 된 소송사건을 심리하는 법정에서 허위로 진술하고 그 허위 진술이 판결주문의 이유가 된 사실인정의 자료가 된 경우를 가리키는 것이지, 그 증인이 그 재심대상이 된 소송사건 이외의 다른 민·형사 관련사건에서 증인으로서 허위 진술을 하고 그 진술을 기재한 조서가 재심대상판결에서 서증으로 제출되어 이것이 채용된 경우는 위의 재심사유에 포함될 수 없다(대법원 1992. 6. 12. 선고 91다33179,33186 판결)

4) 제451조 제2항에서 말하는 '증거부족 외의 이유로 유죄의 확정판결이나 과태료부과의 확정재판을 할 수 없을 때'라 함은 증거흠결 이외의 사유, 즉 범인의 사망, 사면, 공소시효의 완성, 심신상실의 경우 등이 없었더라면 유죄판결을 받을 수 있었을 경우를 의미하는 것인바, 판결의 증거가 된 문서가 위조된 것이 분명하고 공소시효

범죄혐의 없음의 불기소처분,[1] 소재불명으로 인한 기소중지결정[2] 등은 여기에 포함되지 않는다. 증거부족 이외의 이유만 없었다면 유죄확정판결을 받을 수 있었던 사실은 재심원고가 입증하여야 한다. 예를 들어, 공소시효의 완성으로 불기소처분을 받은 사실뿐만 아니라 공소시효가 완성되지 않았으면 유죄의 확정판결을 받을 수 있었던 사실, 즉 문서를 위조하였거나 위증을 하였다는 사실 등도 재심원고가 입증하여야 한다.[3]

가벌적 행위와 유죄확정판결 등이 합체되어 재심사유가 된다는 견해(합체설)가 있으나, 가벌적 행위만이 재심사유이고, 유죄확정판결 등은 재심의 소의 남용을 방지하기 위한 소의 적법요건으로 이해함이 타당하다(적법요건설). 유죄확정판결 등이 없는 때에 합체설에 의하면 재심의 소를 기각하게 되나, 적법요건설에 의하면 부적법각하하여야 한다. 판례는 유죄확정판결 등이 없는 때에는 재심의 소를 각하하여야 한다고 하여 적법요건설에 의하고 있다.[4] 다만, 유죄의 확정판결 등을 기다리지 않고 재심의 소가 제기되었어도 변론종결시까지 유죄의 확정판결 등이 있으면 그 재심의 소는 적법하다고 한다.[5]

---

의 완성으로 그 문서의 위조행위의 범인에 대하여 유죄판결을 할 수 없게 되었다면, 그 위조행위의 범인이 구체적으로 특정되지 않았다고 하더라도 위 조항 소정의 '증거부족 외의 이유로 유죄의 확정판결을 할 수 없을 때'에 해당한다고 봄이 상당하다(대법원 2006. 10. 12. 선고 2005다72508 판결).

1) 허위공문서작성의 피의사건에 관하여 범죄의 혐의가 없다는 이유로 불기소처분을 한 경우는 제422조 제2항에서 말하는 증거흠결 이외의 이유로 유죄의 확정판결을 할 수 없는 때에 해당한다고 할 수 없다(대법원 1999. 5. 25. 선고 99두2475 판결); 증언이 일부내용이 허위이긴 하나 증언 당시 그것이 허위라는 인식이 있었음을 인정할 만한 증거가 없어 범죄혐의가 없다는 이유로 검사가 불기소결정을 하였다면 이는 곧 증거흠결을 이유로 한 것이므로 재심사유가 되지 못한다(대법원 1985. 11. 26. 선고 85다418 판결).

2) 제451조 제2항 소정의 적법요건 해당사실은 같은 제1항 제4호 내지 제7호 소정의 재심의 소를 제기한 당사자가 유죄의 확정판결을 받아 그 판결이 확정되었다는 것을 증명하거나 또는 유죄의 확정판결을 받을 가능성이 있었는데 피의자가 사망하거나 공소시효가 완성되었거나 기소유예처분을 받았거나 해서 유죄의 확정판결을 받을 수 없었다는 것을 증명해야 한다. 그런데 피의자의 소재불명을 이유로 검사가 기소중지결정을 한 경우에는 위에서 본 기소유예처분의 경우와는 달리 위에서 본 제2항의 요건에 해당하지 않는다(대법원 1989. 10. 24. 선고 88다카29658 판결).

3) 증인의 허위 진술이 판결의 증거가 되었음을 재심사유로 삼을 경우에 공소시효의 만료로 인하여 위증에 대한 유죄확정판결을 받을 수 없는 때에는 공소시효완성의 사유만 없었다면 위증의 유죄확정판결을 받을 수 있었으리라는 점을 재심청구인측에서 입증하여야 한다(대법원 1982. 9. 14. 선고 82다16 판결); 허위공문서작성의 피의사건을 들어 제451조 제1항 제6호에 의하여 판결에 증거된 문서 기타 물건이 위조나 변조된 것임을 재심사유로 주장하는 재심원고로서는 같은 법조 제2항에 따라 위 피의사건에 대한 검사의 불기소처분이 있었던 사실뿐만 아니라 공소시효가 완성되지 아니하였다면 그 피의자가 유죄의 확정판결을 받았을 가능성도 증명해야 한다(대법원 1990. 8. 14. 선고 89다카6812 판결).

4) 피의자의 소재불명을 이유로 검사가 기소중지결정을 한 경우에는 제451조 제2항 소정사유에 해당되지 않는다 하여 재심의 소를 각하한 것은 옳다(대법원 1989. 10. 24. 선고 88다카29658 판결).

5) 제451조 제1항 제7호 소정의 증인의 허위 진술이 확정판결의 증거가 된 때임을 재심사유로 하는 경우에는 원칙적으로 위증의 유죄확정판결이 있어야 할 것이나, 그 확정판결을 기다리지 않고 재심의 소가 제기되어도 재심의 소의 판결이 있을 때까지 유죄의 확정판결이 있으면 그 재심의 소는 적법하다(대법원 1983. 12. 27. 선고 82다146 판결).

## (3) 판결의 기초가 된 재판 또는 행정처분의 변경(제8호)

재판 또는 행정처분이 '판결의 기초'가 되었다고 함은 재판 또는 행정처분이 재심대상판결에 법률적으로 구속력을 미치는 경우뿐만 아니라 재판이나 행정처분의 내용이 재심대상판결에서 사실인정의 자료가 된 경우를 포함한다. 여기서 사실인정의 자료가 되었다고 하는 것은 재판 또는 행정처분이 재심대상판결의 사실인정에 있어서 증거자료로 채택되었고, 그 재판 또는 행정처분의 변경이 재심대상판결의 사실인정에 영향을 미칠 가능성이 있는 경우를 말한다.[1] 예를 들어, 유죄의 형사판결이 재심대상판결의 사실인정에 있어서 증거로 채택되었는데 그 뒤 형사판결이 변경 또는 무죄확정되거나,[2] 제권판결을 이유로 어음금청구를 기각하였는데 그 뒤 제권판결이 취소된 경우[3] 등이 여기에 해당된다.

여기의 재판에는 민사재판, 형사재판, 가사심판, 가압류·가처분결정,[4] 비송재판이 모두 포함된다. 행정처분의 변경은 재판기관에 의하든 행정청에 의하든 무방하나, 그 변경은 판결확정 후일 것을 요하며,[5] 확정적이고 소급적인 변경이어야 한다.[6] 행정처분이 당연무효인 경우는 여

---

1) 제451조 제1항 제8호 소정의 재심사유인 '판결의 기초로 된 민사나 형사의 판결 기타의 재판 또는 행정처분이 다른 재판이나 행정처분에 의하여 변경된 때'라 함은 그 확정판결에 법률적으로 구속력을 미치거나 또는 그 확정판결에서 사실인정의 자료가 된 재판이나 행정처분이 그 후 다른 재판이나 행정처분에 의하여 확정적이고 또한 소급적으로 변경된 경우를 말하는 것이고, 여기서 사실인정의 자료가 되었다고 하는 것은 그 재판 등이 확정판결의 사실인정에 있어서 증거자료로 채택되었고, 그 재판 등의 변경이 확정판결의 사실인정에 영향을 미칠 가능성이 있는 경우를 말한다(대법원 1994. 11. 25. 선고 94다33897 판결).
2) 사실인정에 대한 증거자료로 채택된 형사유죄판결이 상소심에서 무죄로 확정된 경우에 재심의 대상인 판결을 한 법원이 위의 형사판결에 당연히 기속되어 판결을 한 것이 아니라 할지라도 동 판결이 위 판결의 사실인정에 있어서 증거자료로 채택되었으면 동 판결의 변경이 재심의 대상인 위 판결의 사실인정에 영향을 미칠 가능성이 있으므로 이는 재심사유에 해당된다(대법원 1980. 1. 15. 선고 79누35 판결).
3) 제권판결로 말미암아 어음의 효력이 상실되었다는 이유로 약속어음금청구를 기각한 원심판결이 선고된 후에 그 제권판결을 취소하고 어음에 대한 공시최고신청을 기각하는 내용의 판결이 선고되어 확정되었다면 원심판결에는 제451조 제1항 제8호가 규정하고 있는 재심사유인 '판결의 기초로 된 민사나 형사의 판결 기타의 재판 또는 행정처분이 다른 재판이나 행정처분에 의하여 변경된 때'에 해당하는 위법이 있다고 볼 수밖에 없다(대법원 1991. 11. 12. 선고 91다25727 판결).
4) 처분금지가처분결정이 판결로써 취소된 경우도 판결의 기초가 된 재판이 다른 재판에 의하여 변경된 때에 해당한다(대법원 1962. 8. 2. 선고 62다204 판결).
5) 제451조 제1항 제8호 소정의 '판결의 기초가 된 행정처분이 다른 재판이나 행정처분에 의하여 변경된 때'라 함은 확정판결의 기초가 된 행정처분이 다른 재판이나 행정처분에 의하여 확정적이고 소급적으로 변경된 경우를 말하는 것이므로, 판결의 기초가 된 행정처분이 확정판결 이전에 이미 취소되었음에도 당사자가 그 사정을 알지 못하여 소송에서 주장하지 못한 경우에는 이에 해당되지 아니한다(대법원 1981. 1. 27. 선고 80다1210,1211 판결).
6) 제451조 제1항 제8호에서 '판결의 기초가 된 행정처분이 다른 행정처분에 의하여 변경된 때'라 함은 어떠한 행정처분의 성립과 그 효력을 전제로 하여 판결을 하였을 경우에 그 판결의 전제가 되었던 위의 행정처분이 다른 행정처분에 의하여 취소되고 또 그 취소의 효력이 소급하여 발생하는 경우를 말한다(대법원 1972. 12. 12. 선고 72다1045 판결); 검사의 불기소처분이 재심대상판결에 법률적으로 구속력을 미치는 것이 아님은 의문의 여지가

기에 해당되지 않으며,[1] 판결의 전제가 된 행정처분의 적법 여부에 관한 판례의 변경도 여기에 해당되지 않는다.[2] 재심대상판결에서 사실인정의 자료가 된 재판 또는 행정처분이 변경되었다는 사정은 사실심판결에 대한 재심사유는 될지언정 상고심판결에 대한 재심사유는 되지 않는다.[3]

## (4) 판결에 영향을 미칠 중요사항의 판단누락(제9호)

'판단누락'이라 함은 당사자가 제출한 공격방어방법으로서 판결주문에 영향이 있는 것에 대하여 판결이유 중에서 판단을 표시하지 않은 것을 말한다. 직권조사사항인지 여부를 불문하고 판결주문에 영향을 미치는 사항으로서 당사자가 주장하거나 법원의 직권조사를 촉구하였음에도 판단을 하지 않으면 판단누락에 해당된다. 그러나 당사자가 주장하지 않거나 그 조사를 촉구하지 않은 사항에 대하여는 판단을 빠뜨려도 판단누락이 아니다.[4] 또한 판단을 한 이상 그 판단내용이 잘못되었거나 판단에 이르는 이유를 설시하지 않았거나 또는 주장을 배척한 이유를 개별적으로 설시하지 않았다고 하여도 판단누락은 아니다.[5] 재판누락은 추가판결의 대상이지

---

없고, 검사의 불기소처분에는 확정재판에 있어서의 확정력과 같은 효력이 없어 일단 불기소처분을 한 후에도 공소시효가 완성되기까지 언제라도 공소를 제기할 수 있는 것이므로, 일단 불기소처분되었다가 후에 공소가 제기되었다고 하여 종전의 불기소처분이 '소급적'으로 변경된 것으로 보기 어렵고, 나아가 그 기소된 형사사건이 유죄로 확정되었다 하여도 이는 마찬가지이다(대법원 1998. 3. 27. 선고 97다50855 판결).

1) 제451조 제1항 제8호에서 말하는 재판의 기초가 된 행정처분의 변경은 다른 재판이나 행정처분에 의하여 확정적이며 소급적으로 변경된 경우를 의미하며, 행정처분이 당연무효인 경우를 포함하는 것이 아니다(대법원 1977. 9. 28. 선고 77다1116 판결).

2) 제451조 제1항 제8호의 재심사유는 판결의 기초가 된 행정처분이 그 후의 다른 재판이나 행정처분에 의하여 확정적이고 또한 소급적으로 변경된 경우를 말하는 것이므로, 판결의 전제로 된 행정처분의 적법 여부에 관한 법원의 해석이나 판단이 그 후 다른 사건에서의 판례변경으로 그와 상반된 해석을 내렸다는 것만으로는 이에 해당하지 아니한다(대법원 1987. 12. 8. 선고 87다카2088 판결).

3) 제451조 제1항 제8호가 정하는 재심사유는 확정판결에 법률적으로 구속력을 미치거나 또는 그 확정판결에서 사실인정의 자료가 된 재판이나 행정처분이 그 후 다른 재판이나 행정처분에 의하여 확정적이고 또한 소급적으로 변경된 경우를 말하는 것으로서, 그 중 확정판결에서 사실인정의 자료가 된 재판 또는 행정처분이 변경되었다는 사정은 원칙적으로 사실심판결에 대한 재심사유는 될지언정 상고심판결에 대한 재심사유는 되지 않는다(대법원 2007. 11. 15. 자 2007재마26 결정).

4) 제451조 제1항 제9호에 정하여진 '판결에 영향을 미칠 중요한 사항에 관하여 판단을 누락한 때'라고 함은, 직권조사사항에 해당하는지 여부를 불문하고 그 판단 여하에 따라 판결의 결론에 영향을 미치는 사항으로서 당사자가 구술변론에서 주장하거나 또는 법원의 직권조사를 촉구하였음에도 불구하고 판단을 하지 아니한 경우를 말하는 것이므로 당사자가 주장하지 아니하거나 그 조사를 촉구하지 아니한 사항은 이에 해당하지 아니한다(대법원 2004. 9. 13. 자 2004마660 결정).

5) 제451조 제1항 제9호 소정의 '판단유탈'이라 함은 당사자가 소송상 제출한 공격방어방법으로서 판결에 영향이 있는 것에 대하여 판결이유 중에서 판단을 표시하지 아니한 때를 가리키며, 그 판단이 있는 이상 설령 그 판단내용에 잘못이 있다거나 판단에 이르는 이유가 소상하게 설시되어 있지 않거나 또는 그 주장을 배척한 근거를 일일이 개별적으로 설명하지 아니하더라도 이를 위 법조에서 말하는 판단유탈이라고는 볼 수 없다(대법원 1991. 12. 27. 선고 91다6528 판결).

재심사유는 되지 않는다. 판례는 상고이유서를 제출기간 내에 제출하였음에도 제출기간을 도과하였음을 이유로 상고를 기각한 경우에는 판결에 영향을 미칠 중요한 사항에 관하여 판단을 누락한 것이므로 여기의 재심사유에 해당된다고 한다.[1]

## (5) 전에 선고한 확정판결에의 저촉(제10호)

'재심을 제기할 판결이 전에 선고한 확정판결과 저촉되는 때'라고 함은 전에 선고한 확정판결의 효력이 재심대상판결의 당사자에게 미치는 경우로서 양 판결이 서로 저촉되는 경우를 말한다.[2] 확정판결이 서로 저촉되는 경우에 어느 것이 먼저 제소되었는지 여부를 불문하고 나중에 확정된 판결이 재심의 대상이 된다. 동일한 당사자 사이에 같은 내용의 사건에 관하여 저촉되는 확정판결일 것을 요하므로 당사자를 달리하면 서로 저촉되어도 재심사유에 해당하지 않는다.[3]

## (6) 상대방의 주소를 알고 있음에도 모른다고 하거나 주소를 거짓으로 하여 소를 제기한 때(제11호)[4]

상대방의 주소를 허위 주소로 하여 판결편취를 한 경우를 대비한 재심사유이다. 그러나 판

---

1) 상고이유서 제출기간의 원래 만료일이 임시공휴일이어서 제161조에 의하여 그 익일에 기간이 만료함에도 불구하고 그 익일에 제출된 상고이유서를 기간만료 후에 제출된 것으로 보고 상고이유에 대하여 판단하지 않고 상고를 기각한 경우, 이는 판결에 영향을 미칠 중요한 사항에 관하여 판단을 유탈한 것이므로 제451조 제1항 제9호 소정의 재심사유가 된다(대법원 1998. 3. 13. 선고 98재다53 판결).

2) 제451조 제1항 제10호 소정의 재심사유는 재심의 대상이 되는 판결의 기판력과 전에 선고된 확정판결의 기판력과의 충돌을 피하기 위하여 마련된 것으로, 그 규정의 '재심을 제기할 판결이 전에 선고한 확정판결과 저촉되는 때'라고 함은 전에 선고한 확정판결의 효력이 재심대상판결의 당사자에게 미치는 경우로서 양 판결이 저촉되는 때를 말하고, 한편 확정판결의 기판력은 판결주문에서 결론적으로 판단된 부분에 한하여 생기는 것이므로 재심원고의 청구가 기각된 이유와 설명이 다를 수 있다고 하더라도 전후의 두 판결이 모두 재심원고의 청구를 기각한 것이라면 서로 저촉된다고 할 수 없다(대법원 2001. 3. 9. 선고 2000재다353 판결).

3) 전에 선고한 확정판결이 재심대상판결과 그 내용이 유사한 사건에 관한 것이라고 하여도 당사자들을 달리하여 그 판결의 기판력이 재심대상자에게 미치지 아니하는 때에는 위 규정의 재심사유에 해당하지 아니한다(대법원 1994. 8. 26. 선고 94재다383 판결).

4) 제소자가 상대방의 주소를 허위로 표시하여 소송서류를 그 허위 주소로 보내고 상대방 아닌 다른 사람이 그 소송서류를 받아 의제자백의 형식으로 승소의 판결이 선고된 경우에는 판결정본이 상대방 아닌 다른 사람이 수령한 것이니 상대방에 대한 판결정본의 송달은 부적법하여 무효이고 그 판결에 대한 항소기간은 진행을 개시하지 않은 것이라고 할 것이다. 그렇다면 본건 사위판결은 형식적으로 확정된 확정판결이 아니어서 기판력이 없는 것이라고 할 것이고, 제422조 제1항 제11호의 재심사유는 공시송달의 방법에 의하여 상대방에게 판결정본을 송달한 경우를 말하는 것이고(공시송달의 방법에 의하여 상대방의 허위 주소에다가 판결정본을 송달하였다고 하여도 공시송달의 방법을 취하였기 때문에 그 송달은 유효한 것으로 보아야 하기 때문이다), 본건 사위판결에 있어서와 같이 공시송달의 방법에 의하여 송달된 것이 아닌 경우까지 재심사유가 되는 것으로 규정한 취지는 아니라고 할 것이다(대법원 1978. 5. 9. 선고 75다634 전원합의체 판결).

례는 자백간주에 의한 판결편취의 경우에는 여기의 재심사유에 해당되지 않는다고 한다. 즉, 자백간주에 의한 판결편취의 경우에는 진정한 피고가 판결정본 기타 소송서류를 받은 사실이 없으므로 항소기간이 진행되지 아니하여 진정한 피고는 지금이라도 항소를 제기할 수 있다고 하고, 아직 판결이 확정되지 않았으므로 재심청구는 허용되지 않는다고 한다.[1] 그러나 공시송달에 의한 판결편취의 경우에는 피고의 주소가 허위라고 하여도 공시송달에 의하는 경우 그 송달은 유효하므로 판결이 확정되었다고 할 것이고, 진정한 피고는 재심에 의하여 구제받을 수 있는데, 이때 재심사유가 제451조 제1항 제11호가 된다고 한다.[2] 그리하여 판례는 여기의 재심사유는 공시송달의 방법에 의하여 상대방에게 판결정본을 송달한 경우를 말하는 것이고, 공시송달의 방법으로 송달한 것이 아닌 경우까지 포함한 것은 아니라고 한다.

## Ⅳ. 재심절차

### 1. 재심대상판결

제1심판결이 확정된 경우에는 제1심판결이 재심의 소의 대상이 됨은 의문의 여지가 없다. 문제는 제1심판결에 불복하여 상소함으로써 항소심판결 또는 상고심판결이 선고되어 확정된 경우이다. 이 경우에는 상소심판결과 원심판결 가운데 어느 것이 재심의 소의 대상이 되는지 논란이 있다.

항소심에서 본안판결을 하였을 때에는 제1심판결에 대하여 재심의 소를 제기하지 못한다(제451조 제3항). 여기서 항소심의 본안판결이란 항소기각판결을 말한다. 항소인용판결의 경우에는 제1심판결이 취소되어 항소심판결만 남게 되므로 제1심판결이 재심의 소의 대상이 될 여지가 없기 때문이다. 따라서 항소심에서 항소인용판결을 하거나 항소기각판결을 한 경우에는 항소심판결만이 재심의 소의 대상이 된다.

문제는 항소각하판결을 한 경우이다. 항소심에서 항소가 부적법하다는 이유로 항소각하판결을 한 경우에는 항소심에서 제1심판결의 당부에 관하여 심리가 이루어지지 않았다고 할 것이므로 원칙적으로 제1심판결이 재심의 소의 대상이 된다고 보아야 한다. 다만, 항소심판결에도 재심사유가 있는 경우에는 항소심판결도 재심의 소의 대상이 될 수 있다. 즉, 항소심에서 항소각

---

1) 대법원 1994. 1. 11. 선고 92다47632 판결; 대법원 1999. 2. 26. 선고 98다47290 판결.
2) 대법원 1980. 7. 8. 선고 79다1528 판결; 1978. 5. 9. 선고 75다634 전원합의체 판결.

하판결을 한 경우에는 원칙적으로 제1심판결이 재심의 소의 대상이 되지만, 항소각하판결에도 독자적인 재심사유가 있는 경우에는 제1심판결과 항소각하판결이 각각 재심의 소의 대상이 된다.

상고심에서 상고인용판결을 한 경우에는 원심판결이 취소되어 소멸되었으므로 상고심판결이 재심의 소의 대상이 된다. 다만, 서증의 위조·변조(제451조 제1항 제6호) 또는 허위 진술(동항 제7호) 등 사실인정에 관한 것을 재심사유로 하는 경우에는 상고심판결이 아니라 원심판결을 재심의 소의 대상으로 하여야 한다.[1] 상고심에서 상고각하판결을 한 경우에는 항소심에서와 마찬가지로 원칙적으로 원심판결이 재심의 소의 대상이 되고, 다만 상고심판결에도 독자적인 재심사유가 있는 경우에는 상고심판결도 그 대상이 될 수 있다고 할 것이다. 한편 상고심에서 상고기각판결을 한 경우에는 항소심에서와는 달리 별도의 규정(제451조 제3항)이 없으므로 해석에 의할 수밖에 없는데, 원심의 사실인정은 상고심의 심판대상이 되지 않으므로 원칙적으로 원심판결이 재심의 소의 대상이 되고, 상고심판결에도 재심사유가 있는 경우에는 원심판결과 상고심판결을 각각 재심의 소의 대상이 된다고 보아야 할 것이다.

## 2. 재심관할법원

재심의 소는 취소대상인 판결을 한 법원의 전속관할에 속한다(제453조 제1항). 다만, 심급을 달리하는 법원이 같은 사건에 대하여 내린 판결에 대한 재심의 소는 상급법원이 관할한다(제453조 제2항 본문). 예를 들어, 항소심에서 항소각하판결을 하였고 제1심판결과 항소심판결에 각각 재심사유가 있는 경우에 제1심법원과 항소심법원에 각각 재심의 소를 제기하여 함께 심리하게 되면 재판이 모순·저촉될 우려가 있고 소송경제를 해칠 수 있으므로 상급법원인 항소심법원에서 이를 병합하여 심리하여야 할 것이다. 다만, 같은 사건에 대하여 심급을 달리하는 법원이 항소심법원과 상고심법원인 경우에는 항소심법원에 대한 재심의 소까지 상고심법원에서 심리해야 하는 것은 아니다(제453조 제2항 단서). 이 경우에는 항소심법원과 상고심법원이 각각 재심의 소를 관할한다.

---

1) 상고심의 판결에 대하여 재심의 소를 제기하려면, 상고심의 소송절차 또는 판결에 제451조 소정의 사유가 있는 경우에 한하는 것인바, 상고심에는 직권조사사항이 아닌 이상 사실인정의 직책은 없고, 다만 사실심인 제2심법원이 한 증거의 판단과 사실인정의 적법 여부를 판단할 뿐이고 사실심에서 적법하게 확정한 사실은 상고심을 기속하는 바이므로, 재심사유 가운데 사실인정 자체에 관한 것, 예컨대 제451조 제1항 제6호의 서증의 위조·변조에 관한 것이나 제7호의 허위 진술에 관한 것 등에 대하여는 사실심의 판결에 대한 재심사유는 될지언정 상고심판결에 대하여서는 재심사유로 삼을 수 없다(대법원 2000. 4. 11. 선고 99재다746 판결).

## 3. 재심의 소의 제기

재심의 소의 제기도 소장의 제출에 의하고, 소액사건에서는 구술로도 가능하다. 재심의 소장에는 재심의 대상인 판결의 표시, 재심을 구하는 취지 및 재심사유를 기재하여야 한다. 인지는 심급에 따라 소장, 항소장, 상고장의 그것과 동일하다. 재심소장의 제출에 의하여 그 재심사유에 대한 기간준수의 효력이 생긴다(제455조 및 제265조). 재심의 소는 확정판결의 취소를 구하는 것을 목적으로 하므로 전부승소한 당사자는 재심의 소를 제기할 이익이 없다.[1]

재심소송절차에는 그 성질에 반하지 않는 범위 내에서 각 심급의 소송절차에 관한 규정이 준용된다(제455조). 재심피고는 자기의 재심사유에 기하여 반소를 제기할 수 있고, 부대상소에 준하여 원판결을 자기에게 유리하게 변경할 것을 구하는 부대재심을 구할 수도 있다. 판례는 재심청구에 통상의 민사상 청구를 병합할 수 없다고 한다.[2] 재심의 소는 확정판결의 기판력을 배제하기 위하여 인정된 비상의 불복신청방법으로 일반 민사소송절차와는 그 성질을 달리한다는 점을 논거로 하나,[3] 재심원고가 승소할 경우를 대비한 원상회복 등 관련청구를 병합하여 제기함이 소송경제적이라고 할 것이므로 긍정함이 타당하다.[4]

## 4. 재심의 소의 심판

재심소장의 방식준수를 재판장이 심사한 뒤에 소의 적법 여부, 재심사유의 존부, 본래 사건에 대한 본안심판의 단계로 심리한다. 그런데 법원은 소의 적법 여부와 재심사유의 존부에 관한 심판을 본안에 관한 심판과 분리하여 먼저 시행할 수 있다(제454조 제1항). 이 경우에 재심의 소가 적법하고 재심사유가 있다고 인정하면 그러한 취지의 중간판결을 한 후에 본안에 관하여

---

1) 재심의 소에 있어서 재심원고는 확정판결의 효력을 받는 자로서 그 취소를 구할 이익이 있는 자라야 할 것이므로 전부승소한 당사자는 재심의 소를 제기할 이익이 없다(대법원 1993. 4. 27. 선고 92다24608 판결).
2) 원고(재심피고)가 소유권이전등기말소청구사건에 있어 피고(재심원고)의 주소를 알면서 허위의 주소로 하여 소를 제기하여 송달불능이 되자 공시송달의 방법에 의하여 승소확정판결을 받았던 것임을 이유로 하여 피고가 원고를 상대로 위 확정판결의 취소를 구하는 재심의 소에서는 위 확정판결의 취소를 구하는 동시에 그 본소청구의 기각을 구하는 이외에 원고가 위 확정판결에 기하여 경료한 소유권이전등기의 말소절차의 이행을 구하는 청구나 원고명의로 부터 다시 소유권이전등기를 받은 제3자를 인수참가인으로 하여 그의 소유권이전등기에 대한 말소등기절차를 구하는 청구 등을 병합할 수 없다(위와 같은 새로운 청구들은 별소로 청구하여야 할 것이었다) (대법원 1971. 3. 31. 선고 71다8 판결).
3) 김홍엽, 1127면.
4) 이시윤, 950면.

심판하고(동조 제2항), 만일 인정되지 않으면 재심의 소를 각하하거나 기각하여 절차를 종결하게 된다.

## (1) 소의 적법 여부

법원은 먼저 일반 소송요건과 함께 재심의 소의 적법요건을 심리하여야 한다. 이 요건은 법원의 직권조사사항이다. 재심의 소의 적법요건에 흠결이 있는 경우 그 흠결을 보정하지 않거나 보정할 수 없을 때에는 판결로 재심의 소를 각하한다(제455조 및 제219조, 제413조).

재심원고가 주장하는 재심사유가 법정의 재심사유에 해당하지 않는 경우,[1] 재심사유 가운데 가벌적 행위를 주장하면서 유죄확정판결 등의 사유를 주장·증명하지 못한 경우,[2] 재심사유는 존재하나 재심사유에 해당하는 사유를 당사자가 상소에 의하여 주장하였거나 이를 알고도 주장하지 않은 경우[3]에는 재심의 소는 부적법하여 각하하여야 한다.

## (2) 재심사유의 존부

재심의 소가 적법하면 그 다음 재심사유의 존부를 조사하여야 한다. 그 증명책임은 재심원고에게 있다. 재심사유의 존부에 관한 자료의 수집은 직권탐지주의에 의한다. 재심사유의 존부에 관하여 당사자의 처분권을 인정할 수 없고, 법원은 직권으로 재심사유 존부에 관한 자료를 탐지하여 판단할 필요가 있기 때문이다. 따라서 재심사유에 대하여는 자백이나 자백간주가 허용되지 않는다.[4] 또한 재심의 소에 관하여는 청구의 포기·인낙이나 화해, 조정이 허용되지 않는다.[5] 이 점에서 재심에 대한 본안심판의 경우와 차이가 있다.

법원은 재심원고가 주장하는 재심사유에 관해서만 조사하여 판단한다. 심리한 결과 재심사

---

1) 대법원 1996. 10. 25. 선고 96다31307 판결; 1987. 12. 8. 선고 87재다24 판결; 1982. 9. 14. 선고 82사14 판결.
2) 대법원 1989. 10. 24. 선고 88다카29658 판결; 1983. 12. 27. 선고 82다146 판결.
3) 대법원 1980. 11. 11. 선고 80다2126 판결.
4) 재심의 소는 확정판결에 대하여 그 판결의 효력을 인정할 수 없는 흠결이 있는 경우에 구체적 정의를 위하여 법적 안정성을 희생시키면서 확정판결의 취소를 허용하는 비상수단으로서, 소송제도의 기본목적인 분쟁해결의 실효성과 정의실현과의 조화를 도모하여야 하는 것이므로 재심사유의 존부에 관하여는 당사자의 처분권을 인정할 수 없고, 재심법원은 직권으로 당사자가 주장하는 재심사유 해당 사실의 존부에 관한 자료를 탐지하여 판단할 필요가 있으므로, 재심사유에 대하여는 당사자의 자백이 허용되지 않으며 의제자백에 관한 민사소송법의 규정이 적용되지 아니한다(대법원 1992. 7. 24. 선고 91다45691 판결).
5) 조정이나 재판상 화해의 대상인 권리관계는 사적 이익에 관한 것으로서, 당사자가 자유롭게 처분할 수 있는 것이어야 하므로, 재심대상판결 및 제1심판결을 취소한다는 조정은 법원의 형성재판의 대상으로서 원고와 소외인이 자유롭게 처분할 수 있는 권리에 관한 것이 아니어서 당연무효라 할 것이다(대법원 2012. 9. 13. 선고 2010다97846 판결).

유가 없는 것으로 인정되면 종국판결로 재심청구를 기각하여야 한다.[1] 재심사유가 인정되면 본안에 대한 심리에 들어가야 할 것이나, 당사자 사이에 다툼이 있으면 중간판결 또는 종국판결의 이유에서 판단한다.

### (3) 본안에 관한 심판

재심사유가 인정되면 본안에 대한 심리를 한다. 원판결에 의하여 완결된 전(前)소송에 대하여 다시 심판한다. 처음부터 다시 심리하는 것이 아니라 전소송의 변론종결 전의 상태로 돌아가서 심리하는 것이다.[2] 본안에 대한 변론은 전소송의 변론의 속행으로 그것과 일체를 이룬다. 변론의 갱신절차를 밟아야 하며, 사실심이면 전소송의 변론종결 후에 발생한 새로운 공격방어방법이라도 당연히 제출할 수 있다.[3]

본안의 변론과 재판은 재심청구이유의 범위, 즉 원판결에 대한 불복신청의 범위 안에서 하여야 한다(제459조 제1항).[4] 재심피고에 의하여 부대재심이 제기되지 않는 한 재심원고에 대하여 원래의 확정판결보다 불이익한 판결을 할 수 없다(불이익변경의 금지).[5]

원판결이 부당하다고 인정되면 불복신청의 한도 내에서 이를 취소하고, 이에 갈음하는 판결을 한다. 재심판결은 원판결을 소급적으로 취소하는 형성판결이다. 원판결이 정당하다고 인정하면 재심사유가 있더라도 재심청구를 기각하여야 한다. 비록 원판결이 부당하지만 원판결의 변론종결 이후에 발생한 새로운 사유 때문에 원판결의 결론이 정당한 경우에도 재심청구를 기각하여야 한다(제460조).[6] 판례는 재심사유가 인정됨에도 재심대상판결의 변론종결 후에 발생

---

1) 재심의 소는 확정판결에 관하여 재심사유가 있음을 주장하여 그 취소와 확정판결에 의하여 종결된 재심대상 본안사건의 재심판을 구하는 소이므로, 법원은 재심대상 본안사건의 기록을 검토하지 않고서도 재심소장의 기재만으로 그 주장의 재심사유가 존재하는지 여부를 심리하여 재심사유의 존재가 인정되지 아니할 때에는 재심의 소를 배척할 수 있다. 달리 원고가 주장하는 재심사유의 존재에 관한 입증자료를 찾아볼 수 없으므로 이 사건 재심청구를 기각한다(대법원 2000. 8. 18. 선고 2000재다87 판결).

2) 서증의 번호도 재심 전 소송의 서증의 번호에 연속하여 매기고(민사소송규칙 제140조 제1항), 재심사건에 대하여 상소가 제기된 때에는 상소기록에 재심 전 소송기록을 붙여 상소법원에 보내야 한다(동조 제2항).

3) 재심사유가 있는 것으로 인정되어 재심의 대상이 된 확정판결사건의 본안에 대하여 다시 변론을 한다는 것은 전소송의 변론이 재개되어 재심 이전의 상태에 돌아가 속행되는 것을 말하며, 따라서 재심법원이 사실심이라면 새로운 공격방어방법을 제출할 수도 있다(대법원 2001. 6. 15. 선고 2000두2952 판결).

4) 제459조 제1항 소정 본안의 변론과 재판은 재심청구이유의 범위 내에서 한다는 것은 재심에 의한 원판결에 대한 불복의 범위 내에서 본안의 변론과 재판을 하여야 한다는 의미로 해석함이 상당하다(대법원 1965. 1. 19. 선고 64다1260 판결).

5) 재심은 상소와 유사한 성질을 갖는 것으로서 부대재심이 제기되지 않는 한 재심원고에 대하여 원래의 확정판결보다 불이익한 판결을 할 수 없다(대법원 2003. 7. 22. 선고 2001다76298 판결).

6) 재심대상심판에 제451조 제1항 제7호 소정의 재심사유가 있다고 하더라도 원고의 청구를 인용한 재심대상심판의 결론은 결과적으로 정당하다고 할 것이므로, 결국 피고의 이 사건 재심청구를 기각하여야 할 것이다(대법원

한 사유를 이유로 재심청구를 기각하는 경우에 그 기판력의 표준시는 재심대상판결의 변론종결시가 아니라 재심판결의 변론종결시라고 한다.[1] 재심의 소에 대한 종국판결에 대하여는 어느 심급의 재심인가에 따라 다시 항소나 상고가 인정된다.

# V. 준재심

## 1. 의의

준재심이란 '확정판결과 같은 효력을 가지는 조서'와 '즉시항고로 불복을 신청할 수 있는 것으로 확정된 결정·명령'에 재심사유가 있을 때에, 재심의 소에 준하여 재심을 제기하는 것을 말한다(제461조). 조서에 대한 준재심인 '준재심의 소'와 결정·명령에 대한 준재심인 '준재심신청'으로 구분된다.

## 2. 준재심의 소

화해조서, 청구의 포기·인낙조서, 조정조서에 재심사유가 있을 때에는 준재심의 소를 제기하여야 한다. 화해조서에는 소송상 화해조서뿐만 아니라 제소전 화해조서도 포함한다. 화해권고결정, 조정에 갈음하는 결정도 재판상 화해와 동일한 효력이 있으므로 준재심의 소를 유추하여야 한다(제231조, 민사조정법 제34조 제4항).

확정된 지급명령이나 이행권고결정은 확정판결과 동일한 효력이 있지만(제474조, 소액사건심판법 제5조의7 제1항), 집행력만 인정되고 기판력은 인정되지 않는다.[2] 따라서 확정된 지급명령

---

1991. 12. 24. 선고 91므528 판결).

1) 재심사건에서 법원이 재심사유는 있다고 인정하면서도 재심대상판결의 변론종결 후의 사유를 이유로 재심청구를 기각한 경우에는 그 기판력의 표준시는 재심대상판결의 변론종결시가 아니라 재심판결의 변론종결시이다(대법원 2003. 5. 13. 선고 2002다64148 판결).

2) 소액사건심판법 제5조의7 제1항은 확정된 이행권고결정은 확정판결과 같은 효력을 가진다고 하고, 같은 법 제5조의8 제3항은 이행권고결정에 대한 청구이의의 소에서 민사집행법 제44조 제2항에 의한 제한을 받지 않고 그 결정 전에 생긴 사유도 주장할 수 있도록 하고 있다. 이에 비추어 보면 위 소액사건심판법 규정들의 취지는 확정된 이행권고결정에 확정판결이 가지는 효력 중 집행력 및 법률요건적 효력 등의 부수적 효력을 인정하는 것이고, 기판력까지 인정하는 것은 아니다(대법원 2009. 5. 14. 선고 2006다34190 판결).

이나 이행권고결정에 비록 재심사유에 해당하는 하자가 있더라도 준재심의 소를 제기할 수 없고, 청구이의의 소를 제기하거나 또는 강제집행이 완료된 경우에는 부당이득의 반환을 구하는 등의 별소를 제기하여 다투어야 한다.[1] 지급명령이나 이행권고결정에 대한 청구이의의 소에서는 결정 이전에 생긴 사유도 이의사유로 주장할 수 있다(민사집행법 제58조 제3항, 소액사건심판법 제5조의8 제3항).[2]

재심사유는 판결에서 생길 수 있는 하자를 예상하여 규정한 것으로 준재심의 소에 전면적으로 준용될 수 없다. 제451조 각호의 사유 가운데 법률상 그 재판에 관여할 수 없는 법관이 관여한 때(제2호), 대리권의 흠결이 있는 때(제3호), 형사상 처벌받을 다른 사람의 행위로 판결에 영향을 미칠 공격방어방법의 제출이 방해받은 때(제5호) 등 일부사유만이 준용되는데 그친다. 조서에 대한 준재심은 소의 방식으로 제기하여야 하고, 판결절차에 의하여 심판하여야 한다. 준재심에서는 결과가 정당한 경우의 재심기각을 규정한 제460조가 준용되지 않는다. 따라서 재심법원은 재심사유가 인정되면 반드시 조서를 취소하여야 한다.[3] 조서가 취소되면 소송상 화해, 청구의 포기·인낙에 의하여 종료되었던 소송이 부활하므로 이에 대하여 스스로 재판하여야 한다. 그러나 제소전 화해조서를 취소할 때에는 부활될 소송이 없으므로 취소 이외에 다른 판단조치를 요하지 않는다.[4] 다만, 대리권의 흠결을 이유로 하는 경우에는 제소전 화해신청을 각하할 것을 요한다.

---

1) 재심은 확정된 종국판결이 갖는 기판력, 형성력, 집행력 등 판결의 효력의 배제를 주된 목적으로 하는 것이므로, 기판력을 가지지 아니하는 확정된 이행권고결정에 설사 재심사유에 해당하는 하자가 있다고 하더라도 이를 이유로 제461조가 정한 준재심의 소를 제기할 수는 없고, 청구이의의 소를 제기하거나 또는 전체로서의 강제집행이 이미 완료된 경우에는 부당이득반환청구의 소 등을 제기할 수 있을 뿐이다(대법원 2009. 5. 14. 선고 2006다34190 판결).
2) 확정판결에 대한 청구이의사유를 변론이 종결된 뒤(변론 없이 한 판결의 경우에는 판결이 선고된 뒤)에 생긴 것으로 한정하고 있는 민사집행법 제44조 제2항과는 달리 같은 법 제58조 제3항은 지급명령에 대한 청구이의의 주장에 관하여는 위 제44조 제2항의 규정을 적용하지 아니한다고 규정하고 있으므로, 확정된 지급명령에 대한 청구이의의 소에서는 지급명령 발령 이후의 그 청구권의 소멸이나 청구권의 행사를 저지하는 사유뿐만 아니라 지급명령 발령 전에 생긴 청구권의 불성립이나 무효 등도 그 이의사유가 된다. 이러한 의미에서 지급명령에는 기판력이 인정되지 아니한다(대법원 2009. 7. 9. 선고 2006다73966 판결; 2004. 5. 14. 선고 2004다11346 판결).
3) 제소전 화해에 있어서는 종결될 본안소송이 계속되었던 것이 아니고 종결된 것은 제소전 화해절차뿐이므로, 이러한 제소전 화해절차의 특성상 제소전 화해조서를 대상으로 한 준재심의 소에서는 제460조가 적용될 여지는 없고, 재심사유가 인정되는 이상 그 화해의 내용이 되는 법률관계의 실체관계의 부합 여부를 따질 수도 없어 화해조서를 취소할 수밖에 없다(대법원 1998. 10. 9. 선고 96다44051 판결).
4) 제소전 화해에서는 종결될 소송이 계속되었던 것이 아니고 종결된 것은 화해절차뿐이므로, 재심사유가 있어 준재심 소에 의하여 제소전 화해를 취소하는 준재심판결이 확정된다 하여도 부활될 소송이 없음은 물론 그 화해절차는 화해가 성립되지 아니한 것으로 귀착되어 그 제소전 화해에 의하여 생긴 법률관계가 처음부터 없었던 것과 같이 되는 것뿐이다(대법원 1996. 3. 22. 선고 95다14275 판결).

## 3. 준재심의 신청

즉시항고로 불복할 수 있는 결정·명령이 확정된 경우에 재심사유가 있으면 준재심을 제기할 수 있는데, 소가 아니라 신청의 방식에 의하여야 한다. 즉시항고로 불복할 수 있는 결정·명령 가운데 준재심의 대상이 되는 것은 종국적 재판의 성질을 갖는 소장각하명령, 상소장각하명령, 소송비용액확정결정, 과태료결정, 매각허가결정, 추심명령·전부명령 등이다. 그러나 민사소송법이 즉시항고로 불복할 수 있는 결정·명령을 준재심의 대상으로 하고 있는 것은 대표적인 사례를 든 것에 불과하고, 종국적 재판의 성질을 가진 결정·명령 또는 종국적 재판과 관계없이 독립하여 확정되는 결정·명령이라면 독립하여 준재심신청의 대상이 될 수 있다.[1] 그러나 경매개시결정은 종국적 재판의 성질을 갖거나 또는 독립하여 확정되는 결정에 해당하지 않으므로 준재심신청의 대상이 되지 않는다.[2]

# 제3절 특별절차

## I. 소액사건심판절차

## 1. 소액사건의 범위

소액사건심판절차에 의하는 소액사건이란 소가 3천만원 이하의 금전, 그 밖에 대체물이나 유가증권의 일정한 수량의 지급을 청구하는 사건을 말한다(소액사건심판규칙 제1조의2). 부동산

---

1) 제461조는 준재심의 대상을 '즉시항고로 불복할 수 있는 결정이나 명령'으로 한정하고 있으나, 이는 대표적인 사례를 든 것에 불과하고, 따라서 종국적 재판의 성질을 가진 결정이나 명령 또는 종국적 재판과 관계없이 독립하여 확정되는 결정이나 명령에 해당하는 경우라면 독립하여 준재심을 신청할 수 있다(대법원 2004. 9. 13. 자 2004마660 결정).

2) 담보권실행을 위한 경매개시결정에 대하여는 즉시항고를 할 수 있다는 취지의 규정도 없고, 경매개시결정에 대하여는 즉시항고에 의하여 상급심의 판단을 받지 아니하더라도 매각허가결정에 대한 즉시항고로써 다툴 수 있는 것이므로, 이와 같은 경매개시결정은 종국적 재판의 성질을 가진 결정이나 명령 또는 종국적 재판과 관계없이 독립하여 확정되는 결정이나 명령에 해당하지 아니하므로 준재심의 대상에 해당하지 아니한다(대법원 2004. 9. 13. 자 2004마660 결정).

등 특정물에 관한 청구는 비록 소송목적의 값이 3천만원 이하라고 하여도 제외된다.[1] 소액사건심판법은 민사소송법의 특례법으로써 상고제한에 관한 규정을 제외하고는 소액사건의 제1심절차에만 적용된다. 소액사건은 지방법원 관할구역 내에서는 지법단독판사가 관할하지만, 시·군법원 관할구역 내의 사건은 시·군법원판사의 사물관할에 속한다(법원조직법 제34조 제1항 제1호).[2]

소액사건심판법의 적용대상인 소액사건에 해당하는지 여부는 제소 당시를 기준으로 정해지므로 소액사건으로 심판되던 중 다른 소액사건과의 변론의 병합으로 그 소가의 합산액이 3천만원을 초과하더라도 소액사건에 해당된다.[3] 그러나 청구취지의 확장으로 소가가 3천만원을 초과한 경우 또는 반소, 중간확인의 소, 당사자참가나 변론의 병합으로 소액사건이 아닌 사건과 병합심리하게 된 경우에는 소액사건에서 제외되고(소액사건심판규칙 제1조의2), 사물관할에 따라 일반 단독사건으로 재배당하거나 합의부로 이송하여야 한다.

## 2. 이행권고결정

법원은 소가 제기된 경우에 결정으로 소장부본을 첨부하여 피고에게 청구취지대로 이행할 것을 권고할 수 있다(소액사건심판법 제5조의3 제1항 본문). 그러나 독촉절차 또는 조정절차에서 소송절차로 이행된 때, 청구취지나 청구원인이 불명한 때, 그 밖에 이행권고를 하기에 적절하지 않다고 인정되는 때에는 이행권고를 하지 않을 수 있다(동항 단서).

법원사무관 등은 이행권고결정서의 등본을 피고에게 송달하여야 한다(제5조의3 제3항 본문). 다만, 결정서등본을 송달함에 있어서 우편송달이나 공시송달의 방법에 의할 수 없다(동항 단서). 통상의 송달방법에 의하였으나 송달불능이 된 때에는 지체 없이 변론기일을 지정하여 변론절차에 들어가야 한다(동조 제4항). 피고는 결정서등본을 송달받은 날로부터 2주일 이내에 서면으로 이의신청을 할 수 있다(제5조의4 제1항). 이 기간은 불변기간이다(제5조의4 제2항). 피고가 부득이

---

1) 주택임대차보호법(제13조)과 상가건물임대차보호법(제18조)에서는 임차인이 임대인을 상대로 제기한 보증금반환청구소송에 관하여 소액사건심판법 제6조(소장의 송달), 제7조(기일지정 등), 제10조(증거조사에 관한 특칙) 및 제11조의 2(판결에 관한 특례)를 준용하도록 규정하고 있다.

2) 시·군법원은 소액사건심판을 적용받는 민사사건, 화해·독촉 및 조정에 관한 사건, 20만원 이하의 벌금 또는 구류나 과료에 처할 범죄사건, 협의상 이혼의 확인 사건을 관할한다(법원조직법 제34조 제1항). 시·군법원의 심판권은 단독판사가 행사한다(동법 제7조 제4항).

3) 소액사건심판법의 적용을 받는 소액사건인지의 여부는 제소한 때를 표준으로 하여 정하여지는 것이므로 소액사건으로 제소되어 소액사건심판법에 따라 심리하여야 할 수개의 소액사건을 법원이 병합심리하게 되어 그 소가의 합산액이 소액사건의 범위를 넘게 된다 하더라도 이미 결정된 소액사건임에 변동이 생기는 것은 아니다(대법원 1986. 5. 27. 선고 86다137,138(병합) 판결).

한 사유로 이 기간 내에 이의신청을 할 수 없었던 경우에는 그 사유가 없어진 후 2주일 이내에 이의신청을 추후보완할 수 있다(제5조의6 제1항 본문). 이의신청을 한 피고는 제1심판결이 선고되기 전까지 이의신청을 취하할 수 있다(제5조의4 제4항).

피고가 등본을 송달받은 날부터 2주일 이내에 서면으로 이의신청을 한 때에는 원고가 주장한 사실을 다툰 것으로 간주되고(제5조의4 제5항), 법원은 지체 없이 변론기일을 지정하여야 한다(제3항). 그러나 피고가 위 기간 내에 이의신청을 하지 않은 때, 이의신청각하결정이 확정된 때, 이의신청이 취하된 때에는 이행권고결정은 확정되고, 확정판결과 동일한 효력을 갖는다(제5조의7 제1항). 이 때 법원사무관 등은 결정서정본을 원고에게 송달하여야 한다(동조 제2항).

확정된 이행권고결정은 집행력만 인정되고 기판력은 인정되지 않는다.[1] 피고는 청구이의의 소를 제기함에 있어서 이행권고결정 이전의 발생사유를 가지고 이의사유로 할 수 있다(제5조의8 제3항, 민사집행법 제44조 제2항). 확정된 이행권고결정은 집행권원이 되고, 강제집행을 함에는 집행문을 부여받을 필요가 없다(제5조의8 제1항 본문). 다만, 이행권고결정의 집행에 조건이 붙은 경우, 당사자의 승계인을 위하여 또는 승계인에 대하여 강제집행을 하는 경우에는 조건성취집행문, 승계집행문을 받아야 한다(동항 단서).


## 3. 절차상의 특칙

### (1) 소송제기의 특칙

소액사건에 관한 소는 구술로써 제기할 수 있다(소액사건심판법 제4조 제1항). 이 경우 법원사무관 등은 제소조서를 작성하고 이에 기명날인하여야 한다(제3항). 소장부본이나 제소조서등본은 지체 없이 피고에게 송달하여야 한다. 다만, 피고에게 이행권고결정서의 등본이 송달된 때에는 소장부본이나 제소조서등본이 송달된 것으로 본다(제6조).

### (2) 소송대리에 관한 특칙

당사자의 배우자, 직계혈족, 형제자매는 변호사가 아니라도 법원의 허가 없이 소송대리인이 될 수 있다(제8조 제1항).

---

1) 대법원 2009. 5. 14. 선고 2006다34190 판결.

### (3) 기일지정 등

판사는 되도록 1회의 변론기일로 심리를 종결하도록 하여야 한다(제7조 제2항). 이를 위하여 소장부본 등을 지체 없이 송달하고(제6조), 피고의 답변서제출을 기다리지 않고 바로 변론기일을 지정할 수 있으며(제7조 제1항),[1] 변론기일 이전이라도 당사자로 하여금 증거신청을 하는 등 필요한 조치를 취할 수 있다(제7조 제3항). 판사는 필요한 경우 근무시간외 또는 공휴일에도 개정할 수 있다(제7조의2).

### (4) 심리절차상의 특칙

법원은 소장, 준비서면 기타 소송기록에 의하여 청구가 이유 없음이 명백한 때에는 변론 없이 청구를 기각할 수 있다(제9조 제1항). 또한 판사의 경질이 있는 경우라도 변론의 갱신 없이 판결할 수 있다(제2항).

### (5) 증거조사에 관한 특칙

판사는 직권증거조사를 할 수 있다. 그러나 그 증거조사의 결과에 관하여는 당사자의 의견을 들어야 한다(제10조 제1항). 증인은 판사가 신문한다. 당사자는 판사에게 고하고 신문할 수 있다(동조 제2항). 이와 같이 증인신문에 있어서 교호신문제를 폐지하여 판사가 주신문을 하고 당사자가 보충신문을 하는 직권신문제를 채택하였다. 증인신문사항의 제출이 필요 없다. 판사는 상당하다고 인정한 때에는 증인 또는 감정인의 신문에 갈음하여 서면을 제출하게 할 수 있다(동조 제3항).

### (6) 판결에 관한 특칙

변론종결 후 즉시 판결을 선고할 수 있다(제11조의2 제1항). 판결이유의 기재를 생략할 수 있다(제3항).

### (7) 상고 및 재항고의 제한

소액사건에 대한 지방법원 본원 합의부의 제2심판결이나 결정·명령에 대하여는 '법률·명령·

---

1) 제256조 및 제257조의 적용이 배제되는 것은 아니므로 소장부본송달시 30일 이내에 답변서제출의무 있음을 고지하고 그럼에도 답변서를 제출하지 않으면 무변론판결을 선고하는 것도 가능하다.

규칙 또는 처분의 헌법위반 여부와 명령·규칙 또는 처분의 법률위반 여부에 대한 판단이 부당한 때', '대법원의 판례에 상반되는 판단을 한 때'에 해당하는 경우에 한하여 대법원에 상고 또는 재항고를 할 수 있다(제3조). 그런데 판례는 '대법원의 판례에 상반되는 판단을 한 때'라 함은 구체적인 당해 사건에 적용될 법령의 해석에 관하여 대법원이 내린 판단과 상반되는 해석을 한 경우를 말하고, 단순한 법리오해나 채증법칙위반 내지 심리미진과 같은 법령위반사유는 여기에 해당되지 않지만, '구체적 사건에 적용할 법령의 해석에 관한 대법원판례가 아직 없는 상황에서 같은 법령의 해석이 쟁점으로 되어 있는 다수의 소액사건들이 하급심에 계속되어 있을 뿐 아니라 재판부에 따라 엇갈리는 판단을 하는 사례가 나타나고 있는 경우'에는 법령해석의 통일이라는 대법원의 본질적 기능을 수행하는 차원에서 상고이유나 재항고이유로 삼을 수 있다고 한다.[1]

## Ⅱ. 독촉절차

### 1. 의의

독촉절차란 금전, 그 밖에 대체물(代替物)이나 유가증권의 일정한 수량의 지급을 목적으로 하는 청구에 대하여 보통의 소송절차에 의함이 없이 채권자의 신청에 의하여 간이·신속하게 집행권원을 얻게 하는 절차이다(제462조). 채권자의 신청으로 법원에서 서면심리를 거쳐 채무자에 대하여 지급명령을 발하고, 채무자가 일정기간 내에 이의신청을 하지 않으면 그 명령에 확정판결과 동일한 효력을 부여한다(제474조). 채권자는 독촉절차를 이용할 수도 있고, 곧바로 이행의 소를 제기할 수도 있다. 지급명령에 대하여 기간 내에 채무자의 이의신청이 있으면 지급명령을 신청한 때에 소가 제기된 것으로 간주되고, 정식의 소송절차로 이행된다.

---

1) 소액사건심판법 제3조에 의하여 상고할 수 있는 '대법원의 판례에 상반되는 판단을 한 때'라 함은 구체적인 당해 사건에 적용될 법령의 해석에 관하여 대법원이 내린 판단과 상반되는 해석을 한 경우를 말하고, 단순한 법리오해나 채증법칙위반 내지 심리미진과 같은 법령위반사유는 이에 해당하지 않는다. 그러나 소액사건에 있어서 구체적 사건에 적용할 법령의 해석에 관한 대법원판례가 아직 없는 상황에서 같은 법령의 해석이 쟁점으로 되어 있는 다수의 소액사건들이 하급심에 계속되어 있을 뿐 아니라 재판부에 따라 엇갈리는 판단을 하는 사례가 나타나고 있는 경우에는 소액사건에 관하여 상고이유로 할 수 있는 '대법원의 판례에 상반되는 판단을 한 때'의 요건을 갖추지 아니하였다고 하더라도 법령해석의 통일이라는 대법원의 본질적 기능을 수행하는 차원에서 실체법 해석·적용에 있어서의 잘못에 관하여 직권으로 판단할 수 있다고 할 것이다(대법원 2004. 8. 20. 선고 2003다1878 판결).

## 2. 지급명령의 신청

### (1) 적용의 요건

첫째, 금전, 그 밖에 대체물이나 유가증권의 일정한 수량의 지급을 목적으로 하는 청구이어야 한다(제462조 본문). 채무자의 이의신청기간의 경과 전까지 이행기가 도래하여 즉시 그 지급을 구할 수 있는 것이어야 한다. 반대급부와 상환하여 이행을 구하는 것은 허용되나, 즉시 집행할 수 없는 조건부·기한부 청구는 허용되지 않는다.

둘째, 지급명령을 국내에서 공시송달에 의하지 않고 송달할 수 있는 경우이어야 한다(제462조 단서). 지급명령이 송달불능이 되면 주소보정을 명할 수 있으나, 보정명령을 받은 채권자는 보정 대신에 소제기신청을 하여 소송절차로 이행할 수 있다(제466조 제1항). 지급명령을 공시송달에 의하지 않고는 송달할 수 없거나 외국으로 송달하여야 할 때에는 법원은 직권에 의한 결정으로 사건을 소송절차에 부칠 수 있다(동조 제2항). 다만, 금융기관이 업무상 취득하여 행사하는 대여금, 구상금, 보증금 및 그 양수금 채권에 대한 지급명령은 공시송달에 의하는 경우에도 가능하다(소송촉진 등에 관한 특례법 제20조의2 제1항).

### (2) 관할 법원

관할 법원은 채무자의 보통재판적 또는 특별재판적 소재지 지방법원이다(제463조). 지급명령은 청구의 가액에 불문하고 지방법원 단독판사 또는 시·군법원판사, 사법보좌관의 직분관할에 속한다.

### (3) 신청

지급명령의 신청에는 소에 관한 규정이 준용된다(제464조). 따라서 신청은 원칙적으로 서면으로 하여야 하고, 청구의 취지와 원인을 기재하여야 한다. 그러나 권리의 존재나 관할에 관한 소명자료를 첨부할 필요는 없다. 신청서에는 소장의 10분의 1에 해당하는 인지를 붙여야 한다(민사소송 등 인지법 제7조 제2항). 지급명령의 신청에도 시효중단의 효력이 발생한다.

### (4) 결정

지급명령의 신청에 대하여 채무자를 심문하지 않고 결정으로 지급명령을 한다(제467조). 관할위반, 신청요건의 흠결, 신청의 취지에 의하여 청구가 이유 없음이 명백한 때에는 신청을 각하하고(제465조), 그 이외에는 청구가 이유 있는지 여부를 심리하지 않고 지급명령을 발한다. 신청을 각하하는 결정에 대하여는 불복할 수 없다(제465조 제2항). 각하결정은 기판력이 없으므로 새로 소를 제기하거나 다시 지급명령을 신청할 수 있다.

## (5) 효력

채무자가 지급명령을 송달받고 2주일 이내에 이의신청을 한 경우 지급명령은 효력을 상실하고(제470조 제1항), 지급명령을 신청한 때에 소가 제기된 것으로 간주된다(제472조 제2항). 이의신청기간은 불변기간이므로(제470조 제2항), 책임질 수 없는 사유로 이의신청기간을 도과한 경우에는 추후보완신청이 가능하다. 판례는 이의신청으로 인하여 소송으로 이행되는 경우에 지급명령에 의한 시효중단의 효과는 소송으로 이행된 때가 아니라 지급명령을 신청한 때에 발생한다고 한다.[1]

소송절차로 이행되는 경우에 채권자는 인지액의 10분의 9를 추가로 납부하여야 한다(제473조 제1항). 법원은 채권자가 추가 납부하도록 상당한 기간을 정하여 보정을 명하여야 하는데, 채권자가 그 기간 내에 보정하지 않으면 지급명령신청서의 각하결정을 하여야 하고(동조 제2항), 인지보정이 이루어지면 법원사무관 등은 바로 소송기록을 관할 법원으로 보내야 한다(동조 제3항). 법원의 인지보정명령에 대하여 채권자는 인지를 보정하는 대신 조정으로의 이행을 신청할 수 있고(민사조정법 제5조의2 제1항), 이 경우 지급명령을 신청한 때에 조정이 신청된 것으로 본다(동조 제3항).

그러나 이의신청기간 내에 이의신청이 없거나, 이의신청을 취하하거나, 이의신청에 대한 각하결정이 확정된 때에는 지급명령은 확정판결과 동일한 효력이 있다(제474조). 이의신청은 인지보정명령에 따라 보정할 때까지 취하할 수 있다. 따라서 인지보정이 이루어져 소송기록이 관할 법원으로 송부된 후에는 이의신청을 취하할 수 없다.[2] 지방법원 단독판사 또는 사법보좌관은 이의신청이 적법한지 여부, 즉 신청인의 소송능력이나 대리권의 유무, 기간준수 여부 등을 조사

---

1) 제472조 제2항은 "채무자가 지급명령에 대하여 적법한 이의신청을 한 경우에는 지급명령을 신청한 때에 소가 제기된 것으로 본다."라고 규정하고 있는바, 지급명령사건이 채무자의 이의신청으로 소송으로 이행되는 경우에 지급명령에 의한 시효중단의 효과는 소송으로 이행된 때가 아니라 지급명령을 신청한 때에 발생한다(대법원 2015. 2. 12. 선고 2014다228440 판결).

2) 제470조에 의하면 채무자가 이의를 신청할 때에는 지급명령은 이의의 범위 내에서 그 효력을 잃는다고 하였고, 제474조에는 지급명령에 대하여 이의신청을 취하한 때에는 그 지급명령은 확정판결과 동일한 효력이 있다고 규정하고 있는 점 등 관계규정으로 미루어보면, 독촉법원이 이의신청을 적법한 것으로 인정하고 따라서 지급명령이 신청된 때에 소가 제기된 것으로 간주되어 기록을 관할 법원에 송부한 후에는 그 이의를 취하할 수 없다고 해석함이 상당하다(대법원 1977. 7. 12. 선고 76다2146,2147 판결).

하여 부적법하다고 인정되면 결정으로 각하하여야 하고(제471조 제1항), 이에 대하여는 즉시항고를 할 수 있다(동조 제2항). 이의신청이 적법할 경우에는 아무런 재판을 요하지 않는다.

확정된 지급명령은 확정판결과 동일한 효력이 있다. 확정된 지급명령은 집행권원이 된다(민사집행법 제56조 제3호). 확정된 지급명령에 의하여 강제집행을 함에는 집행문을 부여받을 필요가 없다. 다만, 지급명령의 집행에 조건이 붙은 경우 또는 당사자의 승계인을 위하여 또는 승계인에 대하여 강제집행을 하는 경우에는 조건성취집행문 또는 승계집행문을 받아야 한다(동법 제58조 제1항). 그러나 지급명령은 확정되어도 집행력이 생길 뿐이고 기판력이 인정되지는 않는다. 확정된 지급명령에 대한 청구이의의 소에서는 지급명령 발령 이후에 그 청구권의 소멸이나 청구권의 행사를 저지하는 사유뿐만 아니라 그 발령 이전에 생긴 청구권의 불성립이나 무효 등의 사유도 그 이의사유가 될 수 있다(동조 제3항).[1]

## Ⅲ. 배상명령

제1심 또는 제2심의 형사소송절차에서 폭행죄, 상해죄나 재산죄(사기·공갈·횡령·배임·손괴의 죄), 강간과 추행의 죄 등으로 유죄판결을 선고할 경우에 법원은 직권 또는 피해자나 그 상속인의 신청에 의하여 피고사건의 범죄행위로 인하여 발생한 손해배상을 명할 수 있다(소송촉진 등에 관한 특례법 제25조 제1항). 배상신청은 민사소송에서의 소의 제기와 동일한 효력이 있다(제26조 제8항). 따라서 시효중단이나 기간준수의 효력이 발생한다. 그러나 배상신청에 의해서는 소송계속의 효과가 발생하지 않으므로 나중에 민사소송으로 배상청구를 하더라도 중복제소에 해당되지 않는다.

배상명령은 유죄판결의 선고와 동시에 하여야 하고(제31조 제1항), 일정액의 금전지급을 명하는 방식으로 배상의 대상과 금액을 유죄판결의 주문에 표시하여야 한다(동조 제2항). 유죄판결에 대한 상소가 제기된 경우에는 배상명령은 피고사건과 함께 상소심으로 이심된다(제33조 제1항). 상소심에서 원심의 유죄판결을 파기할 때에는 원심의 배상명령을 취소하여야 하고(동조 제2항), 원심판결을 유지하는 경우에도 원심의 배상명령을 취소하거나 변경할 수 있다(동조 제4항). 피고인은 유죄판결에 대하여 상소를 제기하지 않고 배상명령에 대하여만 상소제기기간에 형사소송법에 따른 즉시항고를 할 수 있다(동조 제5항). 확정된 배상명령은 기판력은 없지만 집행력이 있

---

1) 대법원 2009. 7. 9. 선고 2006다73966 판결; 2004. 5. 14. 선고 2004다11346 판결.

다(제34조 제1항). 배상명령이 확정된 경우 피해자는 그 인용된 금액의 범위에서 민사소송 등 다른 절차에 의하여 손해배상을 청구할 수 없다(동조 제2항). 피고인과 피해자가 민사상 다툼에 관하여 합의한 경우, 피고인과 피해자는 그 피고사건이 계속 중인 제1심 또는 제2심법원에 합의사실을 공판조서에 기재하여 줄 것을 공동으로 신청할 수 있고(제36조 제1항), 합의가 공판조서에 기재된 때에는 재판상 화해와 같은 효력이 생긴다(동조 제5항).

## Ⅳ. 소송구조

소송비용을 지출할 자금능력이 부족한 사람이 패소할 것이 분명한 경우가 아닐 때에는 소송구조를 통하여 소송비용의 납입을 유예받을 수 있다(제128조 제1항). 소송비용에는 인지대, 송달료, 감정비용이나 증인여비 등 증거조사비용, 변호사보수 등이 포함된다. 여기의 변호사보수는 소송구조를 받은 사람을 위하여 소송을 수행한 변호사의 보수를 말하고, 그 상대방의 변호사보수는 여기에 포함되지 않는다.[1] 자금능력이 부족한 사람이란 소송비용을 부담하게 되면 통상적인 경제생활을 유지하기 어려운 사람을 말한다. 국민기초생활보장법 등에 따른 보호대상자 등은 일응 여기에 해당되는 사람으로 볼 수 있으나, 무자력자나 극빈자에 한정되지 않는다. 자연인뿐만 아니라 법인 등 단체도 구조대상자가 될 수 있다. 패소할 것이 분명한지 여부는 법원이 구조신청 당시까지 나타난 자료를 기초로 판단할 것이고, 신청인이 승소가능성을 적극적으로 주장하거나 소명하여야 하는 것은 아니다.[2]

소송구조결정은 당사자의 신청에 의하는 것이 일반적이지만, 법원이 직권으로 소송구조결정을 할 수도 있다(제128조 제1항). 소송구조의 범위는 일부구조도 가능하고(제129조 제1항),[3] 본안

---

1) 여기에서 말하는 '변호사의 보수'는 변호사가 소송구조결정에 따라 소송구조를 받을 사람을 위하여 소송을 수행한 대가를 의미하고 소송구조를 받을 사람의 상대방을 위한 변호사보수까지 포함된다고 볼 수는 없다(대법원 2017. 4. 7. 선고 2016다251994 판결).
2) 제118조 제1항의 규정에서 패소할 것이 명백하지 않다는 것은 소송상 구조신청의 소극적 요건이므로 신청인이 승소의 가능성을 적극적으로 진술하고 소명하여야 하는 것은 아니고 법원이 당시까지의 재판절차에서 나온 자료를 기초로 패소할 것이 명백하다고 판단할 수 있는 경우가 아니라면 그 요건은 구비되었다고 할 것이며, 항소심은 속심으로서 원칙적으로 제1심에서 제출하지 않았던 새로운 주장과 증거를 제출할 수 있으므로 제1심에서 패소하였다는 사실만으로 항소심에서도 패소할 것이 명백하다고 추정되는 것은 아니어서, 제1심에서 패소한 당사자가 항소심에서 소송상 구조를 신청하는 경우에도 신청인이 적극적으로 항소심에서 승소할 가능성을 진술하고 소명하여야 하는 것은 아니고 법원은 신청인의 신청이유와 소명자료는 물론 본안소송에서의 소송자료 및 증거자료도 함께 종합하여 항소심에서 신청인이 패소할 것이 확실한지를 판단하여야 할 것이다(대법원 2001. 6. 9. 자 2001마1044 결정).
3) 민사소송법상 소송구조의 범위는 일부구조도 가능하다(대법원 2001. 6. 9. 자 2001마1044 결정)

사건 뿐만 아니라 강제집행사건도 소송구조의 대상이 되나 비송사건은 소송구조의 대상이 아니다.[1] 소송구조결정이 있으면, 소송비용의 납입이 유예되고, 국고에서 대납한다. 구조자가 승소한 경우 국가는 소송비용의 부담재판을 받은 상대방으로부터 대납한 비용을 직접 지급받을 수 있다(제132조제1항). 그러나 구조자가 패소한 경우에는 구조자가 유예된 소송비용을 지급하여야 하며, 만일 구조자가 무자력이면 국고부담으로 돌아간다. 소송승계인이 있는 경우 법원은 소송승계인에게 미루어 둔 비용의 납입을 명할 수 있다(제130조 제2항).

---

1) 비송사건절차법에서 민사소송법의 개별 규정을 준용하고 있으나 소송구조에 관한 규정은 준용하지 않고 있으므로, 비송사건절차법이 적용 또는 준용되는 비송사건은 소송구조의 대상이 되지 아니하고, 이러한 비송사건을 대상으로 하는 소송구조신청은 부적법하다(대법원 2009. 9. 10. 자 2009스89 결정).

## [민사소송절차 흐름도]

**보전처분**
- 분쟁의 사전 방지 – 계약서 작성, 제소전 화해 등
- 소제기 여부 – 승소가능성 및 판결의 실효성 판단
- 보전처분 – 가압류, 가처분
- 지급명령

↓

**소 제기**
- 소장접수
- 소장심사
- 소장부본 송달
- 피고의 답변서 제출의무 – 무변론판결

↓

**변론준비절차**
- 임의적인 절차(원칙은 변론기일지정, 다만 필요한 경우)
- 당사자의 주장 및 증거 정리 – 실권효
- 준비서면의 제출 및 증거신청
- 화해 및 조정의 권고
- 변론준비기일 – 비공개, 당사자불출석(진술·자백·소취하 간주)

↓

**변론절차**
- 준비서면 제출 및 증거신청
- 화해 및 조정의 권고
- 변론기일 – 당사자불출석(진술·자백·소취하 간주)
- 증거조사기일 – 증인신문, 감정, 현장검증
- 변론종결

↓

**판결선고**
- 본안판결선고 후 소취하 – 재소(再訴)금지
- 판결정본 송달 후 2주일 이내 항소 제기
- 항소장은 제1심법원에 제출

↓

**항소심**
- 지방법원 본원 항소부 또는 고등법원 관할
- 사실심 – 계속심
- 항소심 변론종결시까지 – 청구변경, 반소 등 가능

↓

**상고심**
- 대법원 관할
- 법률심

# 소 장

원 고  김 갑 동
      대전 서구 둔신동 ○○아파트 제○동 제△△호

피 고  이 을 동
      서울 강남구 논현동 ○○

대여금 청구의 소

## 청 구 취 지

1. 피고는 원고에게 금500,000,000원 및 이에 대한 2015. 10. 2.부터 이 사건 소장부본 송달일까지 연 5푼, 그 다음날부터 완제일까지 연 1할 5푼의 각 비율에 의한 금원을 지급하라.
2. 소송비용은 피고의 부담으로 한다.
3. 제1항은 가집행할 수 있다.
라는 판결을 구합니다.

## 청 구 원 인

1. 피고는 2014. 10. 1. 원고로부터 금5억원을 2015. 10. 1.갚기로 하고 차용하였습니다(갑제1호증 차용증서).
2. 그런데 피고는 위 변제기한이 초과한 현재까지 위 대여금을 전혀 지급해 주지 않고 있습니다(갑제2호증 내용증명우편). 이에 원고는 피고로부터 위 대여금을 지급받고자 이 사건 소를 제기하기에 이른 것입니다.

## 입 증 방 법

1. 갑제1호증             차용증서
1. 갑제2호증             내용증명우편

## 첨 부 서 류

1. 위 입증방법             각 1통
1. 납부서

2016.  3.  1.

원 고  김 갑 동

대전지방법원                          귀중

# 당사자(피고) 표시 정정 신청

사 건  2016가합○○○  대여금
원 고  김갑동
피 고  이을동
피고의 수계인  ○ ○ ○  외 3인

위 사건에 관하여 원고 소송대리인은 다음과 같이 피고 표시 정정을 신청합니다.

## 다       음

1. 피고 표시의 정정
   피고 ○ ○ ○(주민등록번호)
   주소

   ○ ○ ○(주민등록번호)
   주소

   ○ ○ ○(주민등록번호)
   주소

   ○ ○ ○(주민등록번호)
   주소

   종전 피고의 표시
   이을동(주민등록번호)
   주소

2. 신 청 이 유
   종전 피고 이을동은 2016. 2. 1. 사망하였고, 그에 따라 이 사건 대여금채무를 포함한 그의 모든 재산은 그의 처인 ○○○와 아들인 ○○○, ○○○, ○○○에게 공동상속되었습니다(제적등본 참조). 그러나 원고는 착오로 이러한 사실을 알지 못하고 위 망 이을동을 피고로 이 사건 소송을 제기하였습니다. 이에 원고는 피고의 표시를 망 이을동에서 그 상속인들인 위 ○○○외 3인으로 정정하고자 이 사건 신청에 이르게 되었습니다.

## 첨 부 서 류

1. 제적등본                    1통
1. 위임장

2016.  5.   .
원고 소송대리인
변호사 ○ ○ ○

○○지방법원          제○민사부                    귀중

# 답 변 서

사 건   2016가합 ○○○ 대여금
원 고   김갑동
피 고   이을동

위 사건에 관하여 피고는 다음과 같이 답변합니다.

## 다          음

청구취지에 대한 답변

1. 원고의 청구를 기각한다.
2. 소송비용은 원고의 부담으로 한다.
   라는 판결을 구합니다.

### 청구원인에 대한 답변

　피고는 원고로부터 돈을 차용한 사실이 없습니다. 따라서 대여금의 지급을 구하는 원고의 이 사건 청구는 없습니다. … (이하 생략) … 가사 백보를 양보하여 원고의 청구가 이유 있다고 가정하더라도, 원고는 피고로부터 공구절삭용 기계장비를 금1억원에 매입한 사실이 있는데(을제1호증 매매계약서), 원고는 지금까지 위 매입대금 금1억원을 지급해 주지 않고 있으므로, 피고는 위 매매대금채권을 가지고 원고의 이 사건 대여금채권과 상계하는 바이고, 따라서 원고의 이 사건 대여금채권은 상계로 인하여 전부 소멸하였습니다. 그렇다면 이 점에서도 원고의 이 사건 청구는 이유 없음이 명백하므로 기각되어 마땅합니다.

### 첨 부 서 류

1. 을제1호증          매매계약서

2016.  4.  1.
피고 이 을 동

대전지방법원          제○민사부          귀중

# 준 비 서 면

사 건  2016가합 ○○○ 대여금
원 고  김갑동
피 고  이을동

위 사건에 관하여 원고는 다음과 같이 변론을 준비합니다.


## 다          음

　피고는 원고로부터 금전을 대여한 사실이 없다고 주장하나, 이는 전혀 근거 없는 주장입니다. …
(이하 생략) … 한편, 피고는 원고로부터 공구절삭용 기계장비 매매대금 금1억원을 지급받지 못했다고
주장하고 있습니다. 원고가 피고로부터 위 기계장비를 매매대금 금1억원으로 약정하여 매입한 것은 사
실이나, 위 기계장비는 당초 원고가 요청한 장비와 비교하여 그 성능이나 품질이 현저히 떨어지는 불
량품으로, 위 기계장비로는 공구절삭작업을 수행할 수 없었습니다. 그리하여 원고는 피고에게 수차에
걸쳐 위 기계장비를 수리해 주든지 아니면 다른 제품으로 교체해 줄 것을 요구하였으나, 피고는 아무
런 조치도 취하지 않았습니다. 이에 원고는 위 매매계약을 해제하였고, 피고에게 매매대금으로 지급한
위 금1억원의 반환을 요청하였으나, 피고는 현재까지 위 매매대금을 반환해 주지 않고 있습니다. 그렇
다면 피고가 주장하는 매매대금채권 금1억원은 존재하지 않으므로, 위 매매대금 금1억원을 자동채권
으로 하여 이 사건 대여금채권과 상계한다는 피고의 주장은 이유 없습니다.


2016.  5.  1.
원고  김 갑 동

대전지방법원　　　　　　　　제○민사부　　　　　　　　귀중

# 증 인 신 청

사 건   2006가합○○○  보증채무금
원 고   주식회사 ○○
피 고   ○○○○조합

위 사건에 관하여 피고 소송대리인은 주장사실을 입증하기 위하여 다음과 같이 증인을 신청합니다.

## 다      음

1. 증인의 표시
   성명 : ○○○
   주소 : 대전 서구 ○○동 ○○○의 ○   ○○○건축사사무소
   전화 : 042) ○○○-○○○○, 011-○○○-○○○○

2. 증인신문사항 : 별지기재와 같음.

2006.   9.   .
위 피고 소송대리인
변호사  ○  ○  ○

대전지방법원            제○민사부                        귀중

---

## 증인 ○○○에 대한 신문사항

1. 증인은 ○○○○신축공사(이하 '이 사건 신축공사'라고 함)의 감리 업무를 수행하였지요.

2. 이 사건 신축공사의 기성금은, ○○건설로부터 기성부분의 통지를 받고 증인과 발주기관 감독이 기성부분을 검사하여 인정한 기성고비율에 따라 지급하지요.

3. (을제5호증의 9 공사기성부분내역서, 을제5호증의 13 건축공사집계표 및 을제11호증 공사일보를 각 제시하며)
   가. 4회 기성내역서(을제5호증의 9)를 보면, 동 내역서 작성일자가 2005. 11. 14.로 기재되어 있습니다. 그렇다면 '4회 기성부분'이란 2005. 11. 14.까지 시공된 기성부분을 말하나요.

… (이하 생략) …

# 현장검증 및 감정신청

사　건　　2004가합○○○　공사대금
원　고　　주식회사 ○○
피　고　　○　○　○외 1

위 사건에 관하여 원고 소송대리인은 다음과 같이 검증 및 감정을 신청합니다.

다　　　　　음

1. 검증신청
　가. 검증의 목적물
　　　서울 ○○구 ○○동 ○○○의 ○ 대 1,108.1m² 지상 ○○○○아파트 신축공사 중 골조공사(형틀, 철근공사, 콘크리트, 비계공사 및 골조와 관계된 일체의 공사 포함, 이하 '이 사건 공사'라 함)부분

　나. 검증에 의하여 입증하려는 사항
　　　원고가 이 사건 공사를 시공한 사실

2. 감정신청
　가. 목적물
　　　위 검증목적물과 같다.

　나. 감정사항
　　　별지기재와 같습니다.

2004.　5.　　.
원고 소송 대리인
변호사　○　○　○

○○지방법원　　　　　　　제○민사부　　　　　　　귀중

```
┌─────────────────────────────────────────────────────────────────────────┐
│                              감 정 사 항                                    │
│                                                                           │
│                                                                           │
│  1. 이 사건 공사계약이 해지된 2002. 12. 5.을 기준으로 이 사건 공사의 설계서 및 이 사건 공사 현장  │
│     의 공사 진척사항을 대비하여 이 사건 공사 중 이미 완성된 부분의 공사내역과 미완성된 부분의 공  │
│     사내역을 구체적으로 확정                                                    │
│                                                                           │
│                                                                           │
│                                                                           │
│  2. 이미 완성된 부분에 소요된 구체적인 공사비 내역(공사와 관련된 제세공과금 등 일체의 필요경비  │
│     포함)                                                                   │
│                                                                           │
│                                                                           │
│                                                                           │
│  3. 미시공부분을 완성하는데 소요될 구체적인 공사비 내역(공사와 관련된 제세공과금 등 일체의 필요  │
│     경비 포함)                                                               │
│                                                                           │
│                                                                           │
│                                                                           │
│  4. 전체공사비 가운데 이미 완성된 부분에 소요된 비용이 차지하는 비율                     │
└─────────────────────────────────────────────────────────────────────────┘
```

# 부동산 시가 감정 신청

사 건  2003가합 ○○○○  사해행위취소 등
원 고  주식회사 ○○건설
피 고  ○ ○ ○ 외 2

위 사건에 관하여 원고 소송대리인은 다음과 같이 감정을 신청합니다.

## 다      음

1. 감정 목적물
   별지 기재와 같음

2. 감정사항
   감정 목적물인 별지 기재 각 부동산에 대한 2003. 9. 8. 당시의 시가(時價) 및 현재의 시가(時價)

3. 신청이유
   감정 목적물은 2003. 9. 8. 당시 피고 ○○○ 및 같은 ○○○이 각 소유한 부동산으로서 사해행위가
   이루어진 2003. 9. 8. 당시 및 현재 위 피고들의 책임재산의 수액(數額) 및 무자력(無資力) 여부를 판
   단하기 위하여 위 각 부동산에 대한 2003. 9. 8. 당시의 시가 및 현재의 시가감정을 신청합니다.

2004.  7.  .
원고 소송대리인
변호사 ○ ○ ○

○○지방법원          민사○단독          귀중

---

# 감정 목적물

1. 가. 청주시 ○○구 ○○동 ○○의 ○○ 대 298.5㎡
   나. 청주시 ○○구 ○○동 ○○의 ○○ 지상
      조적조 슬래브지붕2층주택
      지하층 45.05㎡
      1층 157.64㎡
      2층 105.02㎡
                    … (이하 생략) …

# 문서등본송부촉탁신청

사 건   2003가합 ○○○○  공사대금
원 고   주식회사 ○○일건설
피 고   △△건설주식회사

위 사건에 관하여 원고 소송대리인은 그 주장사실을 입증하기 위하여 다음과 같이 문서등본 송부촉탁을 신청합니다.

## 다       음

1. 송부촉탁할 기관
   경북 ○○군 ○○읍 ○○리 ○○○의 ○
   경상북도 ○○군청 ○○사업소

2. 송부촉탁하는 문서
   가. 별지 기재와 같습니다.
   나. 송부할 문서의 양이 많으니 디스켓이나 콤팩트디스크(CD)에 저장할 수 있는 문서는 등본과 함께 디스켓이나 콤팩트디스크(CD)에 저장하여 보내 주시기 바랍니다.

                                           2004.   12.    .
                                           원고 소송대리인
                                           변호사 ○  ○  ○

      ○○지방법원            제○민사부                    귀중

---

# 송부촉탁하는 문서

경상북도 ○○군이 △△건설주식회사와 체결한 『○○○○공사』계약 중 「4차 공사, 5차 공사, 6차 공사」에 관한 계약관계서류 중

1. 최초 설계도면과 최후 변경된 (준공)설계도면(시공상세도 포함)

2. 현장설명서, 시방서(특기시방서 포함), 공사지시서

3. 위 공사와 관련하여 △△건설주식회사와 주고받은 문건 일체
   (각종 공사지시 문건, 각종 요청 문건, 각종 회신 문건 등 및 △△건설주식회사가 설계변경으로 인한 계약금액 조정을 요청하며 그 산출근거로 제출한 변경수량산출서, 변경일위대가표, 변경단가산출서 등 관련서류 포함)

# 소 취 하 서

사 건  2004가합○○○○  공사대금
원 고  ○ ○ ○
피 고  ○ ○ ○

위 사건에 관하여 원피고간에 원만히 합의가 이루어졌으므로 원고는 이 사건 소를 전부 취하합니다.

2005.  1.    .
원고 소송대리인
변호사  ○  ○  ○

위 취하에 동의함.
피고 소송대리인
변호사  ○  ○  ○

○○지방법원          제○민사부              귀중

# 청구취지 및 청구원인 변경신청

사 건   2002가합○○○ 공사대금
원 고   ○○건설 주식회사
피 고   주식회사 ○○건설

위 사건에 관하여 원고 소송대리인은 다음과 같이 청구취지 및 청구원인을 변경합니다.

## 다    음

변경된 청구취지

1. 피고는 원고에게 금2,101,095,573원 및 이에 대한 2001. 11. 25.부터 이 사건 소장부본 송달일까지는 연 1할 4푼의, 그 다음날부터 완제일까지는 연 2할 5푼의 각 비율에 의한 금원을 지급하라.
2. 소송비용은 피고의 부담으로 한다.
3. 제1항은 가집행할 수 있다.
   라는 판결을 구합니다.

변경된 청구원인

# 반 소 장

사              건    2003가합○○○ 공사대금
반소원고(본소피고)    ○  ○  ○
                     주 소
반소피고(본소원고)    ○  ○  ○
                     주 소


공사대금 청구의 소


## 반소 청구취지

1. 반소피고(본소원고)는 반소원고(본소피고)에게 금58,465,000원 및 이에 대한 이 사건 반소장 송달일
   부터 완제일까지 연 2할의 비율에 의한 금원을 지급하라.
2. 소송비용은 반소피고(본소원고)의 부담으로 한다.
3. 위 제1항은 가집행할 수 있다.
   라는 판결을 구합니다.


## 반소 청구원인

[판결문 견본]

# 대전지방법원
# 판 결

사 건   2007가합 ○○○ 대여금


원 고   김 갑 동
　　　　주 소

피 고   이 을 동
　　　　주 소

변론종결   2007. 10. 22.

판결선고   2007. 11. 19.


## 주   문

1. 원고의 청구를 기각한다.
2. 소송비용은 원고의 부담으로 한다.


## 청 구 취 지

피고는 원고에게 금500,000,000원 및 이에 대한 2005. 3. 2.부터 이 사건 소장부본 송달일까지 연 5푼, 그 다음날부터 완제일까지 연 2할의 각 비율에 의한 금원을 지급하라.


## 이   유

판사 ○ ○ ○

# 항 소 장

사　　　　　건　○○지방법원 2007가합 ○○○ 대여금

원 고(항 소 인)　김 갑 동
　　　　　　　　　주 소

피 고(피항소인)　이 을 동
　　　　　　　　　주 소

### 대여금 청구 항소사건

위 당사자간 대전지방법원 2007가합 ○○○ 대여금 청구사건에 관하여 원고는 위 법원에서 2007. 11. 19. 선고한 아래 판결에 대하여 전부 불복이므로 이에 항소를 제기합니다(원고는 위 판결문을 2007. 11. 26. 송달받았습니다).

### 원판결 주문의 표시

1. 원고의 청구를 기각한다.
2. 소송비용은 원고의 부담으로 한다.

### 불복정도 및 항소범위

원고는 원판결에 전부 불복하고 다음과 같이 항소를 제기합니다.

### 항 소 취 지

1. 원판결을 취소한다.
2. 피고는 원고에게 금50,000,000원 및 이에 대한 2005. 3. 2.부터 이 사건 소장 부본 송달일까지 연 5푼, 그 다음날부터 완제일까지 연 2할의 각 비율에 의한 금원을 지급하라.
3. 소송비용은 제1, 2심 모두 피고의 부담으로 한다.
4. 제1항은 가집행할 수 있다.
　　라는 판결을 구합니다.

### 항 소 이 유

추후 제출하겠습니다.

### 첨 부 서 류

　　1. 항소장 부본　　　　　　　　　　　　　　1부
　　1. 위임장
　　1. 납부서

　　　　　　　　　　　　　　　　　　2007. 12. 3.
　　　　　　　　　　　　　　　　　　원고　김 갑 동

　　○○지방법원　　　　　　　　　　　　　　귀중

# 찾아보기

**저자약력**

고려대학교 대학원 법학과 졸업(법학박사)
변호사
현재 한남대학교 법정대학 법학부 교수

# 민사소송법

| | |
|---|---|
| 초판발행 | 2019년 3월 10일 |
| 지은이 | 전현철 |
| 펴낸이 | 안종만·안상준 |
| 기획/마케팅 | 정연환 |
| 표지디자인 | 김연서 |
| 제 작 | 우인도·고철민 |
| 펴낸곳 | (주) **박영사** |
| | 서울특별시 종로구 새문안로3길 36, 1601 |
| | 등록  1959. 3. 11. 제300-1959-1호(倫) |
| 전 화 | 02)733-6771 |
| f a x | 02)736-4818 |
| e-mail | pys@pybook.co.kr |
| homepage | www.pybook.co.kr |
| ISBN | 978-11-303-3358-8  93360 |

정 가    42,000원